湘潭市志

1986–2005

湘潭市地方志编纂委员会 编

第一册

方志出版社
Publishing House of Local Records

图书在版编目(CIP)数据

湘潭市志：1986—2005 / 湘潭市地方志编纂委员会编. ——北京：方志出版社，2016.9
ISBN 978-7-5144-2053-1

Ⅰ.①湘… Ⅱ.①湘… Ⅲ.①湘潭市—地方志—1986—2005 Ⅳ.①K296.43

中国版本图书馆CIP数据核字（2016）第206700号

湘潭市志（1986—2005）

编　　者：湘潭市地方志编纂委员会
责任编辑：张　昊
出 版 人：翼祥德
出 版 者：方志出版社
地址 北京市朝阳区潘家园东里9号(国家方志馆4层)
邮编 100021
网址 http://www.fzph.org
发　　行：方志出版社发行中心
电话（010）67110500
经　　销：各地新华书店
印　　刷：湖南江麓文化传播有限公司
开　　本：889×1194　1/16
印　　张：193
字　　数：5099千字
版　　次：2016年9月第1版　2016年9月第1次印刷
印　　数：0001～5000册
ISBN 978-7-5144-2053-1　定价：1480.00元

湘潭市地方志编纂委员会

名誉主任：曹炯芳　周放良

主　　任：谈文胜

副 主 任：杨　广　陈忠红　徐亚健　李光泉　江　鸣　易小兰（专职）

委　　员：（以姓氏笔画为序）

王永红　毛先林　文孝男　吉朝发　朱红兵　刘光明　刘良丰　杨　灿　杨英杰
肖树人　吴纯杰　何　锋　陈利文　陈育松　陈景泉　周佩珞　胡建略　段伟长
唐亦政　黄　韧　黄小平　曹建英　常　华　彭瑞林　蒋立军　傅国平　游志华
廖晓燕

易小兰兼任市地方志编纂委员会办公室主任。

《湘潭市志（1986~2005）》总纂领导小组

总　　纂：谈文胜

常务副总纂：易小兰

副 总 纂：陈育松　黄小平

执行总纂：曹建英

《湘潭市志(1986~2005)》审稿小组

责任领导:谈文胜　陈忠红

专职审稿:易小兰　陈育松　黄小平　曹建英　宋毓培　周　磊　胡亿群　张跃安　蒋子君　周芳应

湘潭市地方志办公室人员

主　　任:易小兰

副 主 任:陈育松　黄小平

专业人员和工作人员:

曹建英　常　华　胡亿群　沈丛林　唐　徽　蒋爱兰　周喜珍　彭送来　蒋子君　张跃安　肖　韧　谭　平　冯　拥　刘静文　刘晓坚

湖南省地方志编纂委员会审稿验收人员

易介南　邓建平　杨盛让　隆清华　杨　帆　李章进　杨雍悦

序

湘潭是一方胜地，山川秀美，物产丰富，区位良好，交通便利，历来为湘中重要的商业中心，明清时即有“金湘潭”之称。这片土地人文荟萃，英才辈出，是湖湘文化的重要发祥地，中国红色文化的摇篮，毛泽东、彭德怀、齐白石等伟人、巨匠灿若星辰。新中国成立以来的各个历史时期，她更以自己的勤劳和智慧书写了时代浩卷，经过改革开放前、后30年的建设和发展，已形成了比较完备的产业体系，成为湖南乃至全国重要的工业基地、国家重要的农产区，同时拥有多所高校和众多国家级发展平台，科教和创新实力领先于省内同类地区。发展带来人民生活水平的显著提高，人民创业热情不断高涨。这些都是这个地方的活力所在，是这个地方不断推进改革开放和现代化建设的重要标志，也成为湘潭地方志书编著的亮点。

湘潭市地方志编纂委员会曾于1986~1999年，对上起1840年下止1985年的湘潭历史，进行了编纂，是为湘潭建市以后的第一轮修志。《湘潭市志(1986~2005)》则为第二轮修志。

1986~2005年，正是中国改革开放加快推进、社会主义市场经济体制逐步建立和完善的时期。在这波澜壮阔的20年间，湘潭和全国各地一样，发生了翻天覆地的变化。这一时期，湘潭在改革中前行，生产关系实现变革，国营工业企业大包干责任制、厂长负责制、现代企业制度等改革迭次推进，公有企业全面改制，民营企业快速成长，对外开放与对内放开同举并行，各种经济成分竞相登台，市场活力开始全面释放。这一时期，湘潭经济发展格局不断调整，传统产业焕发新的生机与活力，新兴产业不断培育和发展，科技实力提升，园区经济异军突起，县域经济乘势发展，开放型经济格局加速形成，经济总量由1985年的22亿元增长到2005年的367亿元。这一时期，湘潭城乡建设步伐加快，行政中心完成东移，城市框架大幅拓展，新农村建设成效显著，基础设施日益完善，城区面积由1985年的29平方公里增长到2005年的76平方公里，城镇化率由21.8%提高到42.5%，广播电视通信等实现村村通。这一时期，湘潭各项社会事业全面发展，社会保障体系不断完善，人民生活水平大幅提高，城镇居民人均收入由1985年的760元提高到2005年的9685元，农村居民人均收入由475元提高到4177元。总之，这一时期，从经济体制到各项制度，从经济发展到人民生活水平，从城市到农村，都堪称沧桑巨变，意义重大，影响深远。

2011年，组织安排我到湘潭工作，并担任市人民政府市长，在与湘潭人民共同创业的过程中，深刻感受到湘潭的发展基础十分厚实。此时距2005年尚为时不远，这种厚实的基础与1986~2005这20年改革发展的成果是密不可分的。将这20年之历史变迁编纂成志，确实有独特的价值。在中共湘潭市委、湘潭市人民政府的领导下，湘潭地方志编撰工作者历经10余寒暑，呕心沥血，勤耕不辍，《湘潭市志(1986~2005)》方始付梓。该志4册70余篇计500余万字，内容丰富而翔实，地方特色浓郁，融科学性、历史性、时代性于一体，可谓鸿篇巨制。它真实地记录了湘潭改革开放关键时期20年的历史变迁，讲好了湘潭故事，是一段湘潭改革发展史的完整解构和精心呈现。

“修志问道，以启未来”。当前，湘潭人民正按照党中央“四个全面”的战略布局，书写着中华民族伟大复兴的中国梦的湘潭篇章。我们坚信，在党的十八大精神的指引下，湘潭人民立足已有的基础，秉承优良的传统，开拓进取，创新创业，一定能以如椽巨笔，谱写出更加壮丽动人的诗篇。

史耀斌

二〇一五年九月于北京

凡 例

一、本志编纂坚持以马列主义、毛泽东思想、邓小平理论、“三个代表”重要思想和科学发展观为指导，借鉴现代科学理论和方法，系统记载湘潭市1986~2005年的历史与现状，力求思想性、科学性、资料性统一，服务当代，垂鉴后世。

二、本志记述的时间断限，一般上肇于1986年，但有些事物必须交代此前之情节者则适当上溯，如在《总述》中交代清楚湘潭的历史发展脉络；还有本轮市志新设之篇章更可上溯源起；下限定于2005年，对某些需下延的事物，作适当下延。

三、本志记述的空间范围系2005年湘潭市所辖之行政区域。遵循“越境不书”的传统规则。但凡本地人在外地干的事，外地人在本地干的事，均作记述的范围。

四、本志采用述、记、志、传、图、表、录等体裁，以志为主。按现代科学分类，并结合社会实际分工设置篇目。其中有关群众团体的收录标准为该团体在市编委有正式的机构、人员编制方可进入群团篇。

五、本志为小篇结构，章节体，设篇、章、节、目、子目五个层次，共设1述、1记、72篇、1附录，510万字，分4个分册，按国际16开出书。全书顺序按总类、政治、经济、经济管理、城乡建设、社会事业、人物七大类排列。

六、为了减少交叉重复，遵循专志贵专的原则，多个部门涉及的事，只能在一个类内记述，如教育无论谁办，均在教育篇内记述。有些前后均需记述的内容，采用后面只记标题，内容详见前面某某篇章的写法。

七、一般采用公元纪年。非用民国和历史朝代纪年不可的则用民国和历史朝代纪年。公元与民国纪年的全用阿拉伯数字；用历史朝代纪年的，先用汉字记朝代年份，再注明公元年份。同一年号在同一传记里连续出现的，只注明第一个，不连续加注。

八、本志所称全市（境域、市内）包括湘潭县、湘乡市、韶山市、雨湖区、岳塘区；市区包括雨湖区、岳塘区。城区包括除雨湖、岳塘两区农村之外的城市区。

九、记载经济收入、国内生产总值、工农业总值等均按当年价计算。计算增长速度时，按可比价格计算。统计表一律用新法编制。

十、本志对改革的记述，采用分散与小集中相结合的方式，并且以分散为主，作为事物发展的原因来写；小集中是指不集中设改革篇，只视情况需要设若干章节集中记述某项改革。

十一、本志基本数据以市统计局公布的数据为准，若统计局未作统计的则用部门或行业的数据。

十二、志中资料，一般不注明出处，但重要资料、独家资料、引文均注明出处。

十三、使用地名以市地名委员会所认定的地名为准。使用古、旧地名时夹注今地名。

十四、使用名称一般不用简称，用全称。使用频繁的名称如“中国共产党湘潭市委员会”“湘潭市人民政府”简称“市委”“市政府”，“中国共产党湖南省委员会”“湖南省人民政府”简称“省委”“省政府”。

十五、本志立传人物按“《市志·人物篇》入志人物标准”收录，并且据此补录1986年之前过世人物，补录人物与断限内人物分开排序。

长沙市
长沙绕城高速
京珠高速
湘江
株洲市
湘潭市
雨湖区
岳塘区
石峰区
天元区
湘潭县
易俗河镇
属湘潭市林科所
属雨湖区
湘黔铁路
涟水
涓水
南干渠
衡阳市
株洲市
跳马镇
花明楼镇
道林镇
大屯营镇
银田镇
楠竹山镇
云湖桥镇
姜畲镇
响塘镇
鹤岭镇
响水乡
昭山乡
易家湾镇
荷塘乡
河口镇
杨嘉桥镇
石潭镇
乌石镇
射埠镇
锦石乡
排头乡
分水乡
花石镇
龙口乡
中路铺镇
谭家山镇
梅林桥镇
白石镇
茶恩寺镇
古月峰镇
马家河镇
群丰镇
雷打石镇
三门镇
洲坪乡
王十万乡
朱亭镇
平山乡
砖桥乡
三樟乡
大桥镇
白果镇
长青乡
岭坡乡
福田铺乡
望峰乡
龙凤乡
江东乡
贯塘乡
京广铁路
G107
G320
G030

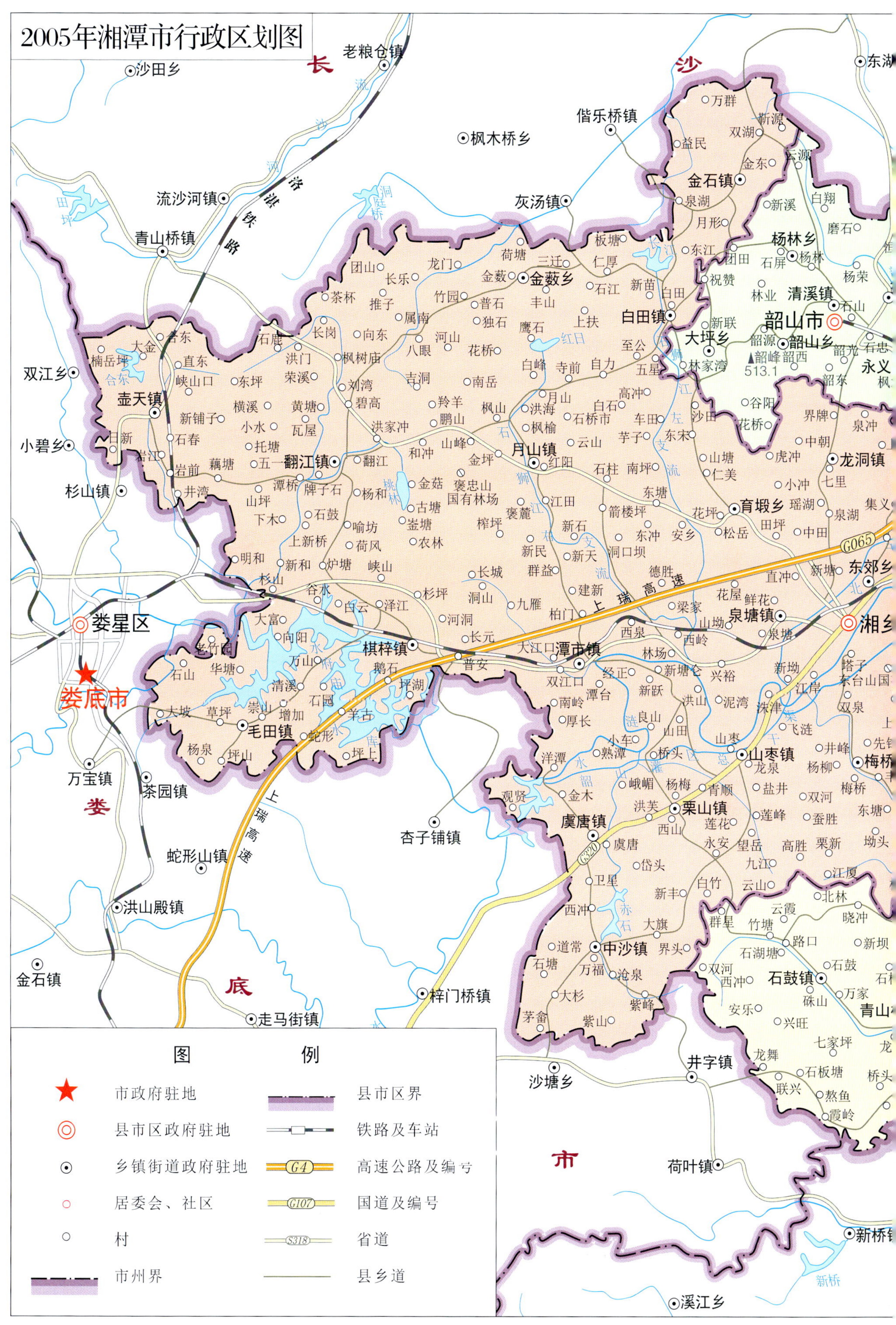

2005年湘潭市行政区划图
长
沙
老粮仓镇
沙田乡
枫木桥乡
偕乐桥镇
东湖
流沙河镇
灰汤镇
青山桥镇
双江乡
小碧乡
杉山镇
娄星区
娄底市
万宝镇
茶园镇
娄
蛇形山镇
洪山殿镇
金石镇
底
走马街镇
梓门桥镇
杏子铺镇
沙塘乡
井字镇
市
荷叶镇
新桥镇
溪江乡
壶天镇
翻江镇
金薮乡
月山镇
白田镇
金石镇
韶山市
大坪乡
韶山乡
杨林乡
清溪镇
永义
龙洞镇
育塅乡
东郊乡
湘乡
泉塘镇
潭市镇
棋梓镇
毛田镇
山枣镇
梅桥
栗山镇
虞唐镇
中沙镇
石鼓镇
青山
上瑞高速
G065
G320
513.1
图例
市政府驻地
县市区政府驻地
乡镇街道政府驻地
居委会、社区
村
市州界
县市区界
铁路及车站
高速公路及编号
国道及编号
省道
县乡道
G4
G107
S318

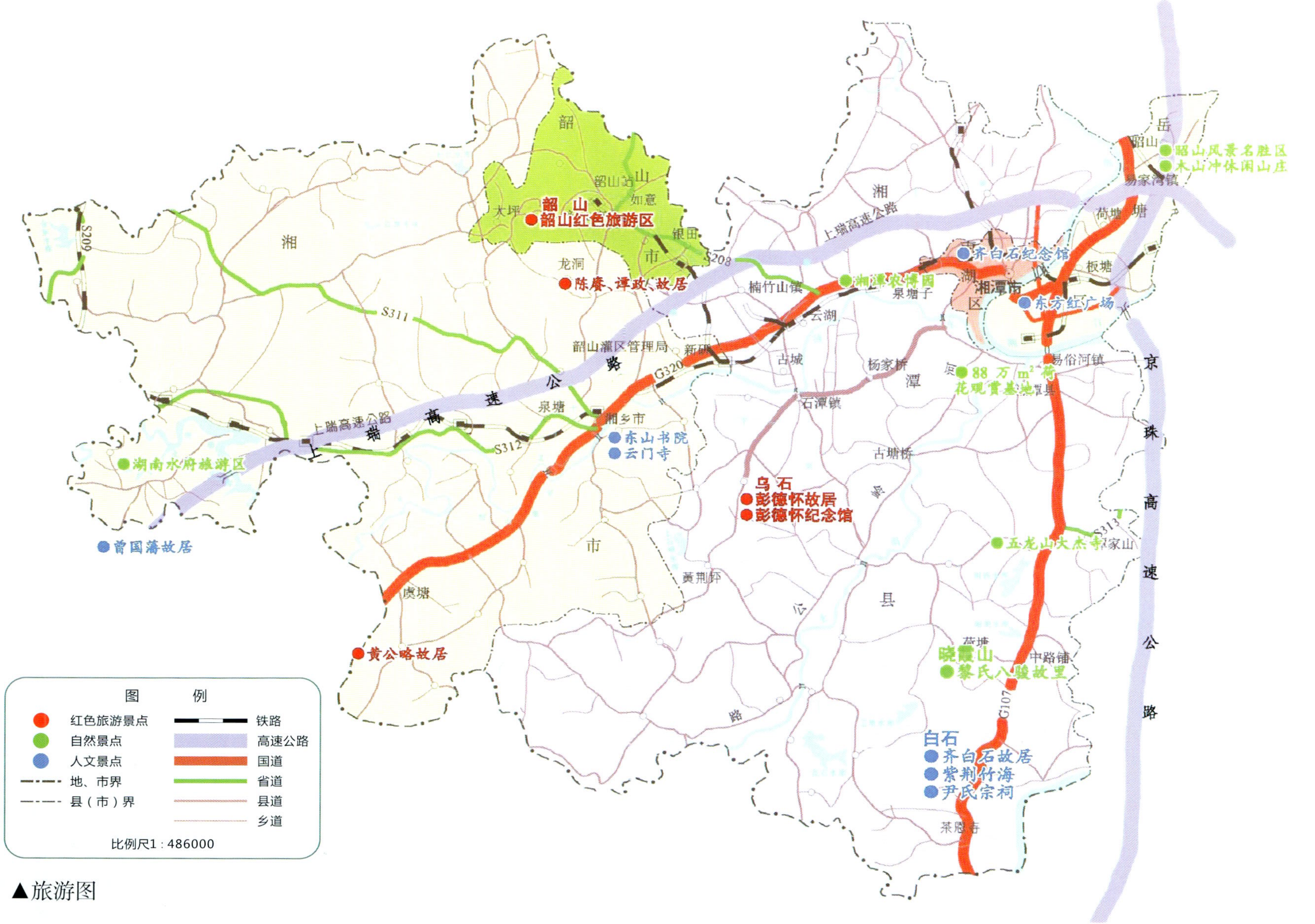

韶山红色旅游区
陈赓、谭政故居
湘潭农博园
齐白石纪念馆
湘潭市
东方红广场
韶山风景名胜区
木山冲休闲山庄
88万m²荷花观赏基地
五龙山大杰寺
乌石
彭德怀故居
彭德怀纪念馆
东山书院
云门寺
湖南水府旅游区
曾国藩故居
黄公略故居
晓霞山
黎氏八骏故里
白石
齐白石故居
紫荆竹海
尹氏宗祠
京珠高速公路
上瑞高速公路
图例
红色旅游景点
自然景点
人文景点
地、市界
县（市）界
铁路
高速公路
国道
省道
县道
乡道
比例尺1：486000

▲旅游图

▲湘潭高新技术产业开发区工业园区

▲九华经济技术开发区

▲昭山经贸旅游区

▲湘潭天易示范区

▲湘潭电机股份有限公司生产车间

▲九华吉利汽车生产基地

▲湘潭钢铁集团有限公司厂区

▲大唐湘潭发电公司

▲湘潭电机集团公司生产的城市轻轨车

▲湘潭电机集团公司生产的电动轮自卸车

▲湘潭钢铁集团有限公司生产的线材

▲江滨机器厂生产的活塞

▲湘潭电缆厂生产的金风电缆

▲江麓机电科技有限公司生产的无人驾驶压路机

▲江南机器厂生产的Rimoldi超高速工业包缝机

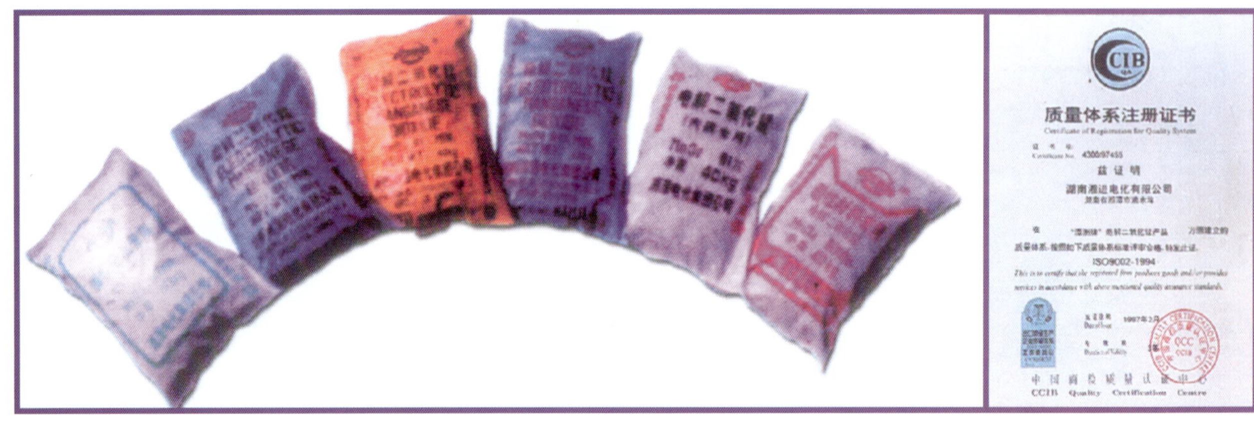

▲湘潭电化集团有限公司生产的二氧化锰

▲湘潭化纤厂生产的涤纶长丝产品

▲湘潭纺织印染厂控股的服饰公司生产的中国虎衬衣

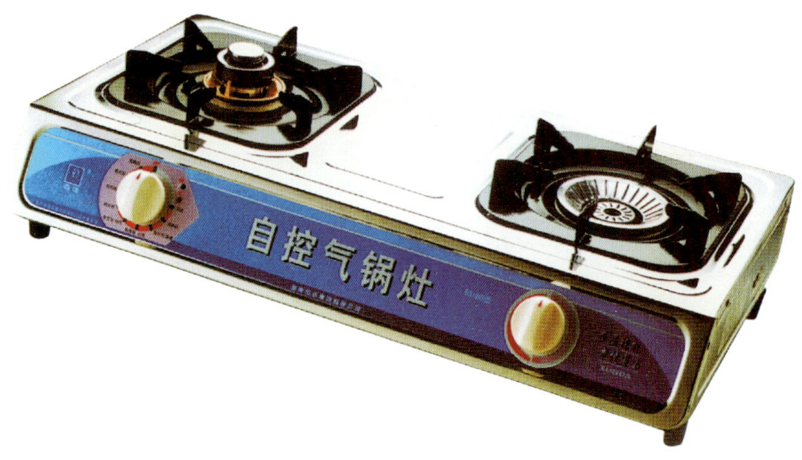

▲湖南迅达集团有限公司生产的燃气灶

▲泉塘子水稻高产试验基地

▲龙牌酱油

▲沙子岭猪

▲湘莲

▲伟鸿食品股份有限公司分割肉加工车间

▲韶山三旺实业有限公司屠宰加工生产线

▲槟榔食品加工现场

▲韶山银河

▲山平塘整治

▲农田改造

▲标准化渠道

▲步步高商业连锁股份有限公司解放路店

▲心连心集团有限公司中荣店

▲红旗商贸城

▲中南地区最大的布市——湘潭布市

▲金都大市场

▲白石公园

▲锦源广场

▲市政中心区俯瞰

▲湘潭体育中心

▲河东大道中段

▲芙蓉中路

▲湘江河西沿江大道

▲韶山东路

▲京港澳高速殷家坳互通立交

▲湘江二大桥

▲水府庙高速公路桥

▲湘江三大桥和湘黔铁路桥

▲三水厂净水车间

▲河西污水处理厂

▲泉塘220千伏变电站

▲新奥燃气黄茅加气站

▲湘潭大学图书馆

▲湖南科技大学校园

▲湖南工程学院

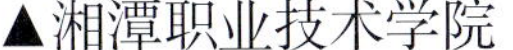
▲湘潭职业技术学院

▲市第一中学

▲白石公园健身

▲首届中国（湘潭）齐白石国际文化艺术节开幕式

▲全民健身周活动启动仪式

▲花古戏《筒车谣》获文化部“文华新剧目奖”

▲八一队在湘潭主场迎战重庆队

▲韶山市毛泽东铜像广场

▲湘潭县彭德怀纪念馆

▲湘乡市东山学校

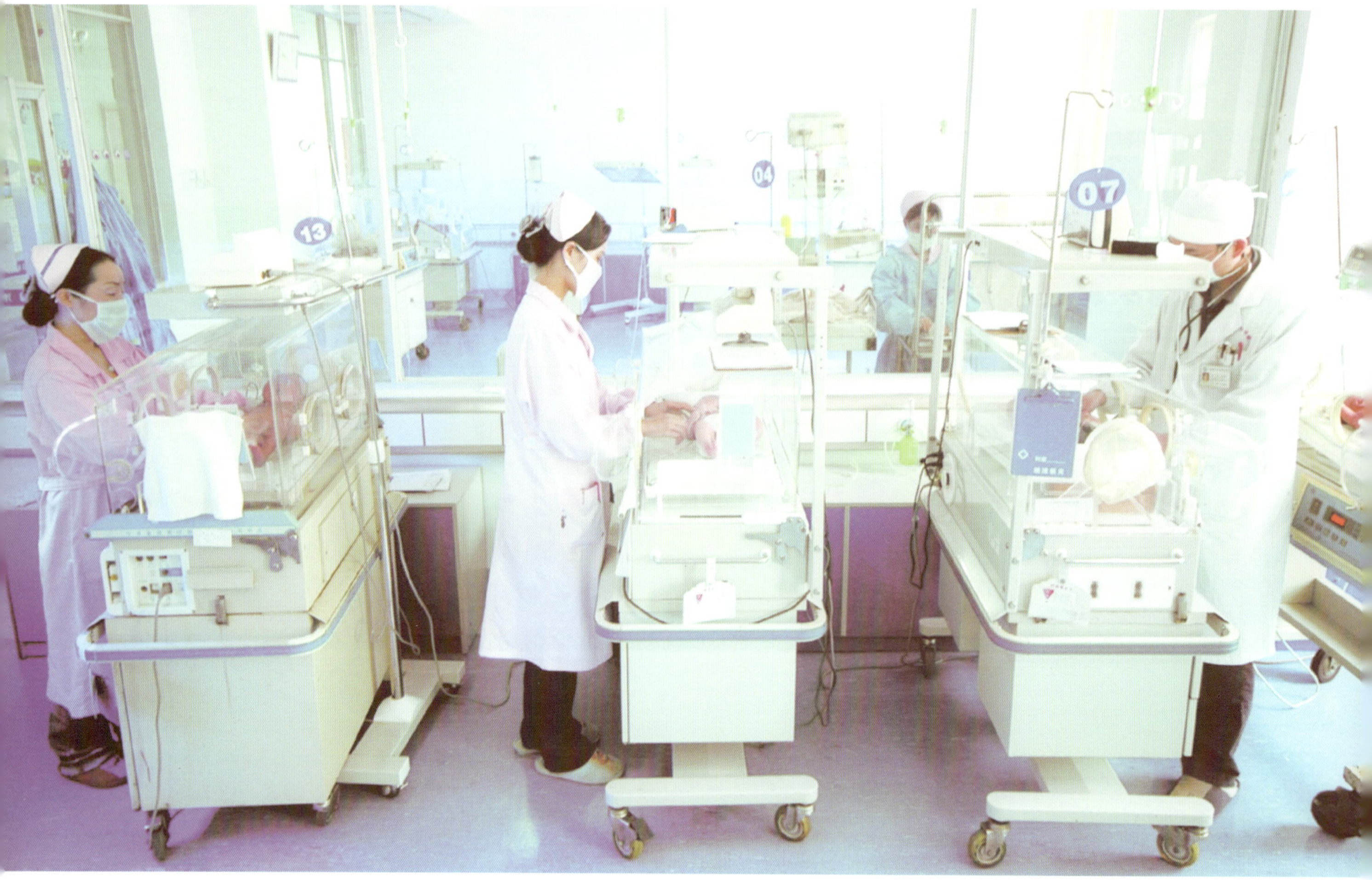

▲妇幼保健院新生儿护理

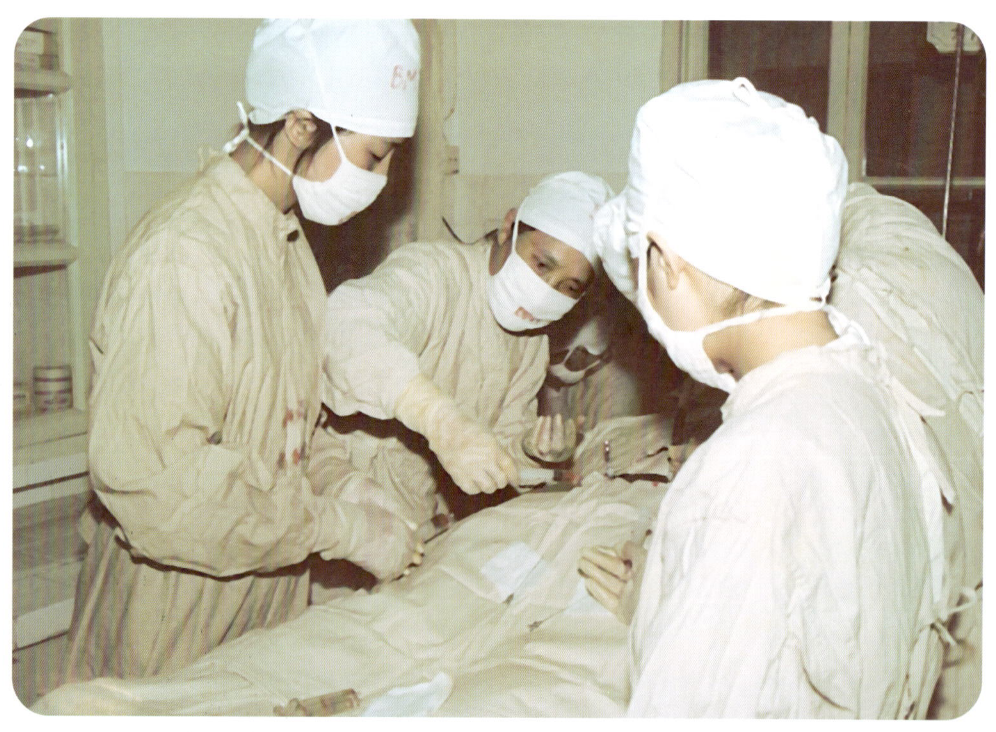

▲中心医院采用骨髓移植治疗血液病

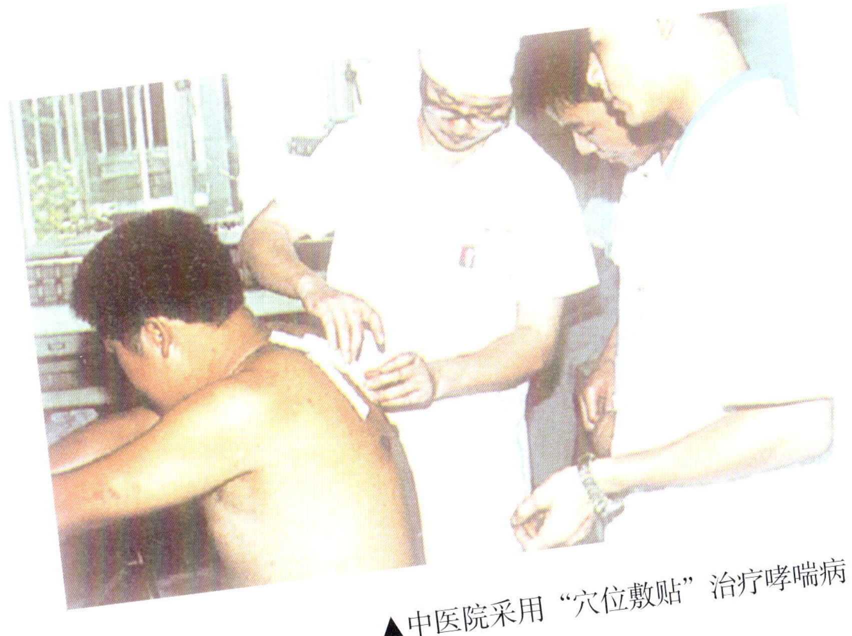

▲中医院采用“穴位敷贴”治疗哮喘病

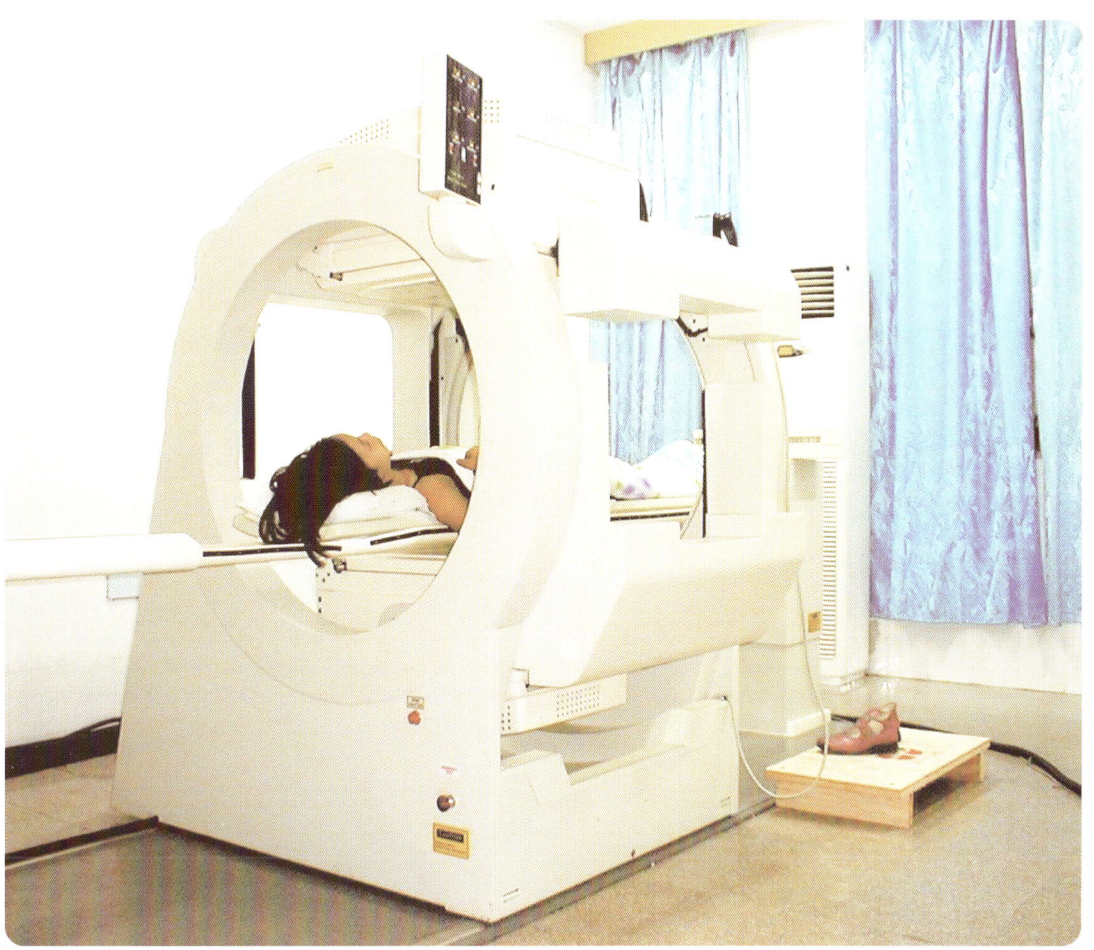

▲中心医院斥资1000多万元购置的核磁共振仪

▲新景家园

▲阳光山庄

▲电厂新村

▲高新区邓桥安置小区

总目录

第一册

序
凡　例
总　述
大事记
第一篇　地理
第二篇　人口
第三篇　中共湘潭地方组织
第四篇　人大
第五篇　政府
第六篇　政协
第七篇　民主党派湘潭地方组织
第八篇　群众团体
第九篇　外事侨务
第十篇　民政
第十一篇　人事
第十二篇　劳动和社会保障
第十三篇　军事
第十四篇　公安
第十五篇　检察
第十六篇　审判
第十七篇　司法行政

第二册

第十八篇　工业经济综述
第十九篇　冶金工业
第二十篇　机械工业
第二十一篇　纺织服装工业
第二十二篇　化学工业
第二十三篇　建材工业
第二十四篇　轻工电子工业
第二十五篇　电力工业
第二十六篇　食品医药工业
第二十七篇　煤炭工业
第二十八篇　建筑工业
第二十九篇　商业贸易
第三十篇　外经外贸
第三十一篇　粮油
第三十二篇　供销合作
第三十三篇　饮食服务业
第三十四篇　金融
第三十五篇　交通
第三十六篇　信息产业
第三十七篇　旅游业

第三册

第三十八篇　农业经济综述
第三十九篇　种植业
第四十篇　养殖业
第四十一篇　林业
第四十二篇　水利
第四十三篇　农机应用与管理
第四十四篇　乡镇企业
第四十五篇　发展计划
第四十六篇　财政
第四十七篇　国家税务
第四十八篇　地方税务
第四十九篇　统计
第五十篇　物价
第五十一篇　审计
第五十二篇　工商行政管理
第五十三篇　质量技术监督
第五十四篇　土地矿产管理
第五十五篇　食品药品监督管理

第四册

第五十六篇　城市规划
第五十七篇　城乡建设
第五十八篇　城市管理
第五十九篇　房地产
第六十篇　环境保护
第六十一篇　教育
第六十二篇　科学技术
第六十三篇　文化
第六十四篇　卫生
第六十五篇　体育
第六十六篇　大众传媒
第六十七篇　档案
第六十八篇　社会生活
第六十九篇　宗教
第七十篇　县(市、区)概况
人物
附录
索引
后记

Table of Contents

Volume 1

Foreword

Notes on the Use

General Description

Chronicle of Events

Part One Geography

Part Two Population

Part Three Local Organizations of the CPC in Xiangtan

Part Four People's Congress

Part Five Government

Part Six CPPCC

Part Seven Local Organization of Democratic Parties in Xiangtan

Part Eight Mass Group

Part Nine Foreign and Overseas Chinese Affairs

Part Ten Civil Affairs

Part Eleven Human Resources

Part Twelve Labor and Social Welfare

Part Thirteen Military

Part Fourteen Public Security

Part Fifteen Prosecution

Part Sixteen Trial

Part Seventeen Judicial Administration

Volume Two

Part Eighteen Overview of the Industrial Economy

Part Nineteen Metallurgic Industry

Part Twenty Engineering Industry

Part Twenty-One Textile and Apparel Industry

Part Twenty-Two Chemical Industry

Part Twenty-Three Construction Material Industry

Part Twenty-Four Light and Electronic Industry

Part Twenty-Five Power Industry

Part Twenty-Six Food and Pharmaceutical Industry

Part Twenty-Seven Coal Industry

Part Twenty-Eight Construction Industry

Part Twenty-Nine Commerce and Trade

Part Thirty External Economy and Trade

Part Thirty-One Grain and Oil

Part Thirty-Two General Supply and Marketing

Part Thirty-Three Catering Service Industry

Part Thirty-Four Finance

Part Thirty-Five Transport

Part Thirty-Six Information Industry

Part Thirty-Seven Tourism Industry

Volume Three

Part Thirty-Eight Overview of Agricultural Economy

Part Thirty-Nine Plantation

Part Forty Breeding Industry

Part Forty-One Forestry

Part Forty-Two Water Conservancy

Part Forty-Three Application and Management of Agricultural Machines

Part Forty-Four Enterprises in Towns and Villages

Part Forty-Five Development Plan

Part Forty-Six Fiscal

Part Forty-Seven State Taxation

Part Forty-Eight Local Taxation

Part Forty-Nine Statistics

Part Fifty Price of Goods

Part Fifty-One Audit

Part Fifty-Two Administration of Industries and Commerce

Part Fifty-Three Supervision of Quality and Technology

Part Fifty-Four Management of Mineral Resources

Part Fifty-Five Supervision and Administration of Food and Medicine

Volume Four

Part Fifty-Six Urban Planning

Part Fifty-Seven Urban and Rural Construction

Part Fifty-Eight Urban Management

Part Fifty-Nine Real Estate

Part Sixty Environmental Protection

Part Sixty-One Education

Part Sixty-Two Science and Technology

Part Sixty-Three Culture

Part Sixty-Four Health

Part Sixty-Five Sports

Part Sixty-Six Mass Media

Part Sixty-Seven Archives

Part Sixty-Eight Social Life

Part Sixty-Nine Religion

Part Seventy General Situation of Counties (Districts and Regions)

Character

Appendix

Index

Postscript

第一册责任分纂

陈育松　胡亿群

第一册编撰人员

总　述

主　　编:易小兰

编撰人员:张跃安　周芳应

大事记

主　　编:谢镜清

第一篇　地理

主　　编:周芳应

编撰人员:符如堂　周光明　林明丽　曾太平　侯东南　唐岳衡　尹北海　詹志一

第二篇　人口

主　　编:颜晓媚

副 主 编:傅世珍

编撰人员:傅世珍

第三篇　中共湘潭地方组织

主　　编:吉朝发

副 主 编:贺竞文　曾洪良　谭作权　毛先林　刘建湘　贺大斌　肖建雄

编撰人员:邓望军　蒋异城　刘红裕　甘正气　颜曼云　李先荣　李思军　王　觉　凌　敏
赵志安　张湘东　武　铭　张衍彦　彭建辉　谭　平　冯沛壬　李向荣

第四篇　人大

主　　编:李新桥

编撰人员:戴正强　冯金明　周惠宗　陈金培　朱素兰

第五篇　政府

主　　编:邹联安

编撰人员:陈柏青　何国光　蒋子君

第六篇　政协

主　　编:易建军

副 主 编:周韶光　寻春阳

编撰人员:陈光华　陈维昌　谢咸禹　张作奇　叶新良

第七篇　民主党派湘潭地方组织

主　　编:赵志安

编撰人员:谭铁炎　胡文理　胡文俊　李文艳　姚　宏　张　敏　肖洪武

第八篇　群众团体

主　　编:曹建英

副 主 编:张跃安　周芳应

编撰人员:娄少林　李先金　王先跃　刘湘辉　刘素明　李　霞　赵永华　尹利古　黄友津
杨建平　李季琨　田晶晶　肖曙光　徐宝良　王宗意　刘恩伯　符如堂　王依群
周　云　易　波　侯果君　李习贤　周雪辉　刘　洋

第九篇　外事侨务

主　　编:王惠亚

副 主 编:梁永丽

编撰人员:田中柱　葛声进

第十篇　民政

主　　编:符如堂

副 主 编:章启仪

第十一篇　人事

主　　编:彭子玉

副 主 编:曾辉扬　易湘宁　肖清满

编撰人员:龙革锋　刘治治　赵　俊　龙正才　周孟杰　王志君　刘电波

第十二篇　劳动和社会保障

主　　编:彭子玉

副 主 编:肖清满　周孟杰

编撰人员:周孟杰　王志君

第十三篇　军事

主　　编:张　明

编撰人员:何星健　肖红斌　文路常

第十四篇　公安

主　　编:赵庆成

副 主 编:赵合高　胡义明　宋文旭　罗忠堂

编撰人员:李美群　毛新球　颜长林　刘南桂　邓威权　付毅芳　李惠兰　周月平　朱永超

第十五篇　检察

主　　编:吕友德

编撰人员:吕友德　邓新和

第十六篇　审判

主　　编:胡署先

副 主 编:陈青松　过基文

编撰人员:张志辉　贺运生　陈志雄　韩小平　蔡日总　李　凯

第十七篇　司法行政

主　　编:傅　军

副 主 编:王　霞　荣雪强

编撰人员:彭杜平　李建湘　李　晟　皮莎莎

目 录

总述 …… 1

大事记 …… 20

第一篇　地理 …… 93
第一章　建置·区位 …… 93
第一节　地理位置 …… 93
第二节　建置沿革 …… 93
第三节　行政区划 …… 94
第二章　地质 …… 96
第一节　地层 …… 96
第二节　岩浆岩 …… 101
第三节　地质构造 …… 103
第四节　工程地质 …… 106
第三章　地貌 …… 110
第一节　地貌特征 …… 110
第二节　地貌类型 …… 114
第四章　气候 …… 116
第一节　气候特征 …… 116
第二节　气象要素 …… 117
第五章　水文 …… 123
第一节　河流水系 …… 123
第二节　河流水文特征 …… 128
第六章　土壤 …… 129
第一节　母岩与母质 …… 129
第二节　土壤类型与分布 …… 131
第七章　自然资源 …… 133
第一节　土地资源 …… 133
第二节　水资料 …… 134
第三节　矿产资源 …… 136
第四节　野生动植物资源 …… 140
第八章　自然灾害 …… 142
第一节　旱灾 …… 142
第二节　水灾 …… 143
第三节　风雹灾害 …… 145
第四节　冷冻灾害 …… 146
第五节　雷电灾害 …… 149
第六节　地质灾害 …… 150
第七节　病虫灾害 …… 151
第八节　外来生物侵害 …… 152

第二篇　人口 …… 154
概　述 …… 154
第一章　人口分布 …… 155
第一节　人口密度 …… 155
第二节　城乡人口分布 …… 156
第三节　区域人口分布 …… 157
第二章　人口构成 …… 158
第一节　自然构成 …… 158
第二节　社会构成 …… 160
第三章　人口变动 …… 166
第一节　自然变动 …… 166
第二节　机械变动 …… 168
第四章　流动人口 …… 169
第一节　流出人口 …… 170
第二节　流入人口 …… 171
第五章　计划生育 …… 171
第一节　宣传教育 …… 172
第二节　节制生育 …… 173
第三节　计划生育服务 …… 178

第三篇　中共湘潭地方组织 …………… 181
概　述 …………………………………… 181
第一章　机构设置 ……………………… 182
第一节　领导机构 ………………… 182
第二节　工作机构及下辖地方党委 ……………………………… 186
第二章　代表大会与市委全会 ……… 187
第一节　代表大会 ………………… 187
第二节　市委全会 ………………… 189
第三章　重大决策 ……………………… 191
第四章　纪检监察(行政监察) ……… 199
第一节　党风廉政宣传教育 …… 199
第二节　反腐倡廉机制建设 …… 200
第三节　专项清理 ………………… 201
第四节　案件查处 ………………… 204
第五节　纠风治乱 ………………… 205
第六节　行政监察 ………………… 207
第五章　组织工作 ……………………… 208
第一节　干部队伍建设 ………… 208
第二节　基层组织建设 ………… 213
第三节　人才队伍建设 ………… 218
第六章　宣传工作 ……………………… 221
第一节　理论教育 ………………… 221
第二节　新闻宣传 ………………… 222
第三节　社会宣传 ………………… 223
第四节　文艺管理 ………………… 224
第五节　精神文明建设 ………… 225
第七章　统一战线工作 ……………… 227
第一节　民主党派工作 ………… 227
第二节　党外干部工作 ………… 229
第三节　经济统战工作 ………… 230
第四节　海外联谊和对台工作 …… 231
第八章　政法工作 ……………………… 233
第一节　社会治安综合治理 …… 233
第二节　专项治理行动 ………… 234
第三节　维护社会稳定 ………… 236
第四节　政法队伍建设 ………… 237
第九章　其他党务工作 ……………… 238
第一节　党校工作 ………………… 238
第二节　政策研究 ………………… 241
第三节　党史研究 ………………… 242
第四节　机关党建工作 ………… 244
第五节　老干部工作 …………… 245

第四篇　人大 ……………………………… 252
概　述 …………………………………… 252
第一章　人民代表大会 ……………… 255
第一节　人大代表产生 ………… 255
第二节　人民代表大会会议 …… 258
第二章　人民代表大会常务委员会 …… 266
第一节　重大事项决定 ………… 266
第二节　法律监督与工作监督 …… 270
第三节　议案督促办理 ………… 280
第四节　国家机关工作人员任免 … 282
第三章　代表工作 ……………………… 283
第一节　代表培训 ………………… 283
第二节　代表活动 ………………… 284
第三节　代表建议、批评和意见督办 ……………………………… 285
第四章　人大机关建设 ……………… 286
第一节　人大机构 ………………… 286
第二节　人大规章制度建设 …… 287

第五篇　政府 ……………………………… 290
第一章　政府机构设置 ……………… 290
第一节　政府组成部门 ………… 290
第二节　政府直属机构 ………… 294
第三节　政府基层机构 ………… 296
第二章　施政方式 ……………………… 297
第一节　规范决策施政制度 …… 297
第二节　依法行政 ………………… 298
第三节　行政审批制度改革与政务公开 ………………………………… 301

第三章　政事纪要 …… 302
第四章　人民来信来访 …… 337
第一节　接访 …… 338
第二节　办信 …… 340
第五章　民族宗教事务管理 …… 341
第一节　民族事务管理 …… 342
第二节　宗教事务管理 …… 343
第六章　地方志工作 …… 346
第一节　市县(市、区)志编修 …… 346
第二节　年鉴编修 …… 348
第三节　部门志、专业志编修 …… 348

第六篇　政协 …… 350
概　述 …… 350
第一章　政协委员 …… 352
第一节　委员产生 …… 352
第二节　委员结构 …… 352
第二章　政协会议 …… 355
第一节　政协湘潭市委员会会议 …… 355
第二节　政协湘潭市委员会常务委员会会议 …… 357
第三章　职能履行 …… 360
第一节　政治协商 …… 360
第二节　民主监督 …… 363
第三节　参政议政 …… 366
第四章　其他职能工作 …… 370
第一节　文史资料征编 …… 370
第二节　海外联谊 …… 371
第三节　自身建设和委员联络 …… 371
第四节　“两为”活动 …… 373

第七篇　民主党派湘潭地方组织 …… 375
概　述 …… 375
第一章　中国国民党革命委员会湘潭市地方组织 …… 376
第一节　组织建设 …… 376
第二节　参政议政 …… 377
第三节　社会服务 …… 378
第四节　祖国统一联谊 …… 379
第二章　中国民主同盟湘潭市地方组织 …… 380
第一节　组织建设 …… 380
第二节　参政议政 …… 380
第三节　社会服务 …… 382
第三章　中国民主建国会湘潭市地方组织 …… 383
第一节　组织建设 …… 383
第二节　参政议政 …… 384
第三节　社会服务 …… 385
第四章　中国民主促进会湘潭市地方组织 …… 386
第一节　组织建设 …… 386
第二节　参政议政 …… 387
第三节　社会服务 …… 389
第五章　中国农工民主党湘潭市地方组织 …… 390
第一节　组织建设 …… 390
第二节　参政议政 …… 390
第三节　社会服务 …… 392
第六章　中国致公党湘潭市地方组织 …… 393
第一节　组织建设 …… 393
第二节　参政议政 …… 393
第三节　社会服务 …… 395
第七章　九三学社湘潭市地方组织 …… 396
第一节　组织建设 …… 396
第二节　参政议政 …… 396
第三节　社会服务 …… 398

第八篇　群众团体 …… 402
第一章　湘潭市总工会 …… 402
第一节　职工队伍 …… 402
第二节　工会组织 …… 403
第三节　工会活动 …… 405
第二章　共青团湘潭市委 …… 414

第一节 共青团组织 …………………… 414
第二节 共青团活动 …………………… 416
第三章 湘潭市妇女联合会 ………… 423
第一节 妇联组织 …………………… 423
第二节 妇联活动 …………………… 424
第四章 湘潭市科学技术协会 ……… 431
第一节 科协组织 …………………… 431
第二节 科协活动 …………………… 432
第五章 湘潭市归国华侨联合会 …… 439
第一节 侨联组织 …………………… 439
第二节 侨联活动 …………………… 439
第六章 湘潭市工商业联合会 ……… 445
第一节 工商联组织 ………………… 445
第二节 工商联活动 ………………… 446
第七章 湘潭市文学艺术界联合会 …… 449
第一节 文联组织 …………………… 449
第二节 文联活动 …………………… 450
第八章 湘潭市社会科学界联合会 …… 453
第一节 社科联组织 ………………… 453
第二节 社科联活动 ………………… 454
第三节 社会科学成果 ……………… 457
第九章 湘潭市贸促会 ……………… 462
第一节 贸促会组织 ………………… 462
第二节 贸促会活动 ………………… 463
第十章 湘潭市残疾人联合会 ……… 467
第一节 残联组织 …………………… 467
第二节 残联活动 …………………… 469
第十一章 湘潭市红十字会 ………… 476
第一节 红十字会组织 ……………… 476
第二节 红十字会活动 ……………… 477
第十二章 湘潭市个体劳动者私营企业协会 ………………………………… 482
第一节 个协组织 …………………… 482
第二节 个协活动 …………………… 484

第九篇 外事侨务 …………………… 488
概 述 ………………………………… 488
第一章 外事 ………………………… 489
第一节 涉外管理 …………………… 489
第二节 友城交往 …………………… 493
第三节 智力引进 …………………… 496
第二章 侨务 ………………………… 497
第一节 侨务对象 …………………… 497
第二节 侨务工作网络与权益维护 ………………………………… 498
第三节 侨务经济管理 ……………… 499

第十篇 民政 ………………………… 502
概 述 ………………………………… 502
第一章 基层自治组织 ……………… 504
第一节 村民委员会 ………………… 504
第二节 居民委员会 ………………… 506
第二章 社会福利事业 ……………… 508
第一节 孤儿、弃婴收养 …………… 508
第二节 城市孤寡老人和农村“五保”供养 ……………………………… 509
第三节 福利生产 …………………… 511
第四节 社会福利有奖募捐 ………… 512
第三章 赈灾救济 …………………… 513
第一节 赈灾 ………………………… 513
第二节 社会救济 …………………… 515
第三节 城乡居民最低生活保障 …… 517
第四节 慈善事业 …………………… 518
第四章 优待抚恤 …………………… 519
第一节 优待 ………………………… 519
第二节 拥军优属 …………………… 521
第三节 褒扬 ………………………… 522
第四节 抚恤 ………………………… 524
第五节 扶持革命老区建设 ………… 527
第五章 安置 ………………………… 527
第一节 复员退伍军人安置 ………… 527
第二节 军队离休、退休、退职人员安置 ………………………………… 531
第六章 其他社会事务管理 ………… 531

第一节　婚姻登记管理 …………… 531
第二节　殡葬管理 ………………… 533
第三节　勘界与地名管理 ……… 536
第四节　社会团体组织登记管理 … 538
第五节　老龄工作 ………………… 539

第十一篇　人事 …………………… 543
概　述 …………………………………… 543
第一章　机构编制及事业单位法人登记管理 ………………………………… 545
第一节　机构管理 ………………… 545
第二节　人员编制管理 …………… 552
第三节　事业单位法人登记管理 … 555
第二章　干部来源与素质结构 ……… 555
第一节　干部来源 ………………… 555
第二节　干部结构 ………………… 560
第三章　人事制度改革 ……………… 565
第一节　企业人事制度改革 ……… 565
第二节　事业单位人事制度改革 … 566
第三节　公务员制度实施 ……… 567
第四章　人才开发与交流 …………… 568
第一节　人才资源开发 ………… 568
第二节　人才市场 ………………… 571
第三节　人才引进 ………………… 572
第四节　人事代理 ………………… 573
第五章　人事管理 …………………… 574
第一节　计划管理 ………………… 574
第二节　行政任免与调配 ……… 575
第三节　考核奖惩 ………………… 576
第四节　干部(公务员)教育培训与人事考试 ……………………… 579
第五节　专业技术人员管理 …… 581
第六节　退休干部管理 ………… 588
第六章　工资福利 …………………… 589
第一节　工资 ……………………… 589
第二节　福利 ……………………… 591

第十二篇　劳动和社会保障 ………… 594
概　述 …………………………………… 594
第一章　企业劳动用工管理 ………… 598
第一节　企业劳动用工计划与调配 ……………………………… 598
第二节　劳动合同制 …………… 599
第二章　就业与再就业 ……………… 600
第一节　劳动服务公司安置就业 … 601
第二节　组织劳务输出异地就业 … 602
第三节　劳动力市场介绍就业 …… 603
第四节　社区安置就业 ………… 604
第三章　劳动工资 …………………… 607
第一节　企业工资水平 ………… 607
第二节　企业工资改革 ………… 608
第三节　企业工资宏观调控 …… 610
第四章　职业技能培训与鉴定 ……… 612
第一节　职业技能培训 ………… 612
第二节　职业技能鉴定 ………… 616
第五章　劳动争议仲裁与劳动监察 …… 617
第一节　劳动争议仲裁与劳动合同鉴证 ……………………………… 617
第二节　劳动监察 ……………… 618
第六章　安全生产与劳动保护 ……… 620
第一节　安全生产监督管理 …… 620
第二节　劳动保护 ……………… 623
第七章　社会保险 …………………… 625
第一节　职工基本养老保险 …… 625
第二节　城镇职工待业(失业)保险 ……………………………… 630
第三节　城镇职工医疗保险 …… 631
第四节　城镇职工生育保险 …… 633
第五节　职工工伤保险 ………… 633
第六节　农村社会养老保险 …… 634

第十三篇　军事 ………………… 635
概　述 ………………………………… 635

第一章　军事组织 …………………… 636
第一节　湘潭军分区 …………… 636
第二节　县(市、区)人民武装部 … 638
第三节　湖南陆军预备役步兵师第一团 …………………………… 638
第四节　武警湘潭市支队 ……… 639
第二章　兵役 ……………………… 640
第一节　兵员征集 ……………… 640
第二节　预备役 ………………… 643
第三章　后备力量建设 …………… 645
第一节　预备役部队建设 ……… 645
第二节　民兵 …………………… 646
第四章　拥政爱民 ………………… 651
第一节　参加地方经济建设 …… 651
第二节　参加地方精神文明建设 … 651
第三节　内卫执勤和处置突发事件 …………………………… 652
第四节　扶贫帮困 ……………… 655
第五节　抢险救灾 ……………… 655
第五章　国防动员与国防教育 ……… 658
第一节　国防动员 ……………… 658
第二节　国防教育 ……………… 660
第六章　人民防空 ………………… 662
第一节　人防组织机构 ………… 662
第二节　人防执法 ……………… 663
第三节　人防工程 ……………… 664
第四节　人防组织指挥 ………… 666
第五节　人防通信警报 ………… 668
第六节　人防经费保障 ………… 669

第十四篇　公安 ……………………… 670
概　述 ……………………………… 670
第一章　治安管理 ………………… 673
第一节　查禁贩毒吸毒 ………… 673
第二节　查禁卖淫嫖娼 ………… 675
第三节　查禁赌博 ……………… 676
第四节　特种行业管理 ………… 677
第五节　危爆物品管理 ………… 678
第六节　“110”报警服务 ……… 680
第七节　公共信息网络监察 …… 681
第二章　户政与出入境管理 ……… 682
第一节　户口管理 ……………… 682
第二节　居民身份证管理 ……… 686
第三节　重点人口管理 ………… 687
第四节　出入境管理 …………… 689
第三章　刑事侦查 ………………… 690
第一节　刑事技术 ……………… 690
第二节　刑事破案 ……………… 692
第三节　预审 …………………… 695
第四章　道路交通安全管理 ……… 696
第一节　道路交通秩序整治 …… 696
第二节　道路交通事故处理 …… 697
第三节　车辆、驾驶员管理 ……… 699
第五章　警卫与内部保卫 ………… 700
第一节　警卫 …………………… 700
第二节　企事业单位保卫 ……… 701
第三节　治安联防 ……………… 702
第四节　保安服务 ……………… 703
第六章　监所管理 ………………… 704
第一节　看守所管理 …………… 704
第二节　拘留所管理 …………… 705
第三节　收容教育所管理 ……… 706
第四节　强制戒毒所管理 ……… 707
第五节　收审所管理 …………… 708
第七章　打击邪教组织和非法宗教活动 …………………………… 710
第一节　打击“法轮功”邪教组织 … 710
第二节　打击“一贯道”“主神”等邪教组织 ……………………… 713
第三节　打击非法宗教活动 …… 714
第八章　消防 ……………………… 715
第一节　机构队伍 ……………… 715
第二节　防火 …………………… 716
第三节　灭火 …………………… 718

第四节 消防设施 …………………… 721

第十五篇 检察 ………………………… 722

概 述 ………………………………………… 722
第一章 刑事诉讼检察 ……………………… 724
第一节 审查批捕 …………………… 724
第二节 审查起诉 …………………… 725
第三节 出庭公诉 …………………… 727
第四节 侦查监督 …………………… 728
第五节 审判监督 …………………… 731
第二章 职务犯罪检察 ……………………… 732
第一节 反贪污贿赂检察 ………… 732
第二节 渎职侵权犯罪检察 ……… 736
第三节 涉税犯罪检察 …………… 737
第四节 职务犯罪预防 …………… 738
第三章 监所检察 …………………………… 739
第一节 看守所检察 ……………… 739
第二节 监狱检察 …………………… 741
第三节 劳教所检察 ……………… 742
第四节 监外执行检察 …………… 743
第四章 民事行政诉讼检察 ……………… 745
第一节 案件受理与审查 ………… 745
第二节 案件抗诉 …………………… 746
第五章 控告申诉检察 ……………………… 748
第一节 控告检察 …………………… 748
第二节 申诉检察 …………………… 750

第十六篇 审判 ………………………… 752

概 述 ………………………………………… 752
第一章 刑事审判 …………………………… 755
第一节 严重刑事犯罪案件 ……… 756
第二节 严重经济犯罪案件 ……… 759
第三节 危害国家安全案件 ……… 760
第二章 民商事审判 ………………………… 761
第一节 经济纠纷案件 …………… 762
第二节 婚姻家庭纠纷案件 ……… 764
第三节 民事侵权纠纷案件 ……… 765
第四节 破产案件 …………………… 768
第五节 民商事案件执行 ………… 772
第三章 行政审判 …………………………… 775
第一节 行政诉讼案件 …………… 776
第二节 行政非诉执行案件 ……… 778
第四章 审判监督 …………………………… 779
第一节 申诉立案审查 …………… 780
第二节 再审案件审判 …………… 781
第三节 减刑、假释案件 ………… 783

第十七篇 司法行政 …………………… 788

概 述 ………………………………………… 788
第一章 普及法律常识与依法治理 …… 790
第一节 普及法律常识 …………… 790
第二节 依法治理 …………………… 793
第二章 人民调解 …………………………… 795
第一节 调解组织 …………………… 795
第二节 调解活动 …………………… 796
第三章 劳动改造与劳动教养 ………… 798
第一节 劳动改造 …………………… 799
第二节 劳动教养 …………………… 803
第四章 律师事务与公证事务 ………… 805
第一节 律师事务 …………………… 805
第二节 公证事务 …………………… 812
第五章 其他 ………………………………… 815
第一节 司法考试 …………………… 815
第二节 法律援助 …………………… 816
第三节 司法医学鉴定 …………… 818
第四节 安置帮教 …………………… 819

CONTENTS

General Description ································ **1**
Chronicle of Events ································ **20**

Part One Geography ································ **93**
Chapter 1 Establishment and Location ······ 93
Section 1 Location ······················ 93
Section 2 History ······················ 93
Section 3 Administrative Divisions ··· 93
Chapter 2 Geology ······················ 96
Section 1 Strata ······················ 96
Section 2 Magma Tic Rocks ········· 101
Section 3 Geological Structure ······ 103
Section 4 Engineering Geology ······ 106
Chapter 3 Topography ······················ 110
Section 1 Topographic Features ······ 110
Section 2 Topographic Types ········· 114
Chapter 4 Climate ······················ 116
Section 1 Climate Characteristics ··· 116
Section 2 Meteorological Elements ··· 117
Chapter 5 Hydrology ······················ 123
Section 1 River Water System ······ 123
Section 2 Hydro Logical Characteristics of Rivers ··················· 128
Chapter 6 Soil ······················ 129
Section 1 Mother Rock and Parent Material ····················· 129
Section 2 Soil Types and Distribution ··························· 131
Chapter 7 Natural Resources ············ 133
Section 1 Land Resources ············ 133
Section 2 Water Resource ············ 134
Section 3 Mineral Resources ········· 136
Section 4 Wildlife Resources ········· 140
Chapter 8 Natural Disasters ·············· 142
Section 1 Drought ······················ 142
Section 2 Floods ······················ 143
Section 3 Wind and Hail Disasters ··· 145
Section 4 Cryogenic Disasters ······ 146
Section 5 Lightning Disaster ········· 149
Section 6 Geological Hazards ······ 150
Section 7 Severe Pests and Diseases ······························ 151
Section 8 Invasion of Exotic Species ······························ 152

Part Two Population ························ **154**
Overview ···································· 154
Chapter 1 Population Distribution ········· 155
Section 1 Population Density ········· 155
Section 2 Population Distribution in Urban and Rural Areas ········· 156
Section 3 Population Distribution ··· 157
Chapter 2 Population Composition ······ 158
Section 1 Natural Composition ······ 158
Section 2 Social Composition ········· 160
Chapter 3 Population Change ············ 166
Section 1 Natural Variations ········· 166
Section 2 Mechanical Changes ······ 168
Chapter 4 Floating Population ············ 169
Section 1 Outflow of Population ······ 170
Section 2 Inflows to Population ······ 171
Chapter 5 Family Planning ·············· 171

Section 1 Education and Publicity ··· 172
Section 2 Birth Control ··············· 173
Section 3 Family Planning Services ··· 178

Part Three Local Organizations of the CPC in Xiangtan ······································ 181
Overview ······································ 181
Chapter 1 Organization Settings ·········· 182
Section 1 Leadership ·················· 182
Section 2 Work Organization and Local Party Committees ········· 186
Chapter 2 Congress and the Municipal Committee ······················· 187
Section 1 Congress ·················· 187
Section 2 The Municipal Committee ······························ 189
Chapter 3 Major Decisions ··············· 191
Chapter 4 Discipline Inspection and Supervision (Administrative Supervision) ··· 199
Section 1 Publicity and Education of Party Conduct and Clean Government ······························ 199
Section 2 Construction of Anti – Corruption Mechanism ··· 200
Section 3 Special Clearance ········· 201
Section 4 Investigation of Cases ··· 204
Section 5 Rectification and Governance ··············· 205
Section 6 Administrative Supervision ······························ 207
Chapter 5 Organizational Work ············ 208
Section 1 Construction of the Cadre Team ······················· 208
Section 2 Basic Organization Construction ··············· 213
Section 3 Construction of Talent Team ······························ 218
Chapter 6 Publicity ······················· 221
Section 1 Theoretical Education ······ 221
Section 2 Press and Publicity ······ 222
Section 3 Social Publicity ··········· 223
Section 4 Art Management Section ··· 224
Section 5 Construction of Spiritual Civilization ················· 225
Chapter 7 United Front Work ············ 227
Section 1 Work of the Democratic Parties ····················· 227
Section 2 Work of Non – Party Cadres ······························ 229
Section 3 Economic United Front Work ······························ 230
Section 4 Overseas Friendship and Taiwan Affairs ············ 231
Chapter 8 Political and Legal Work ······ 233
Section 1 Comprehensive Administration of Public Security ········· 233
Section 2 Special Governance Action ······························ 234
Section 3 Maintenance of Social Stability ······························ 236
Section 4 Construction of Political and Law Contingent ············ 237
Chapter 9 Other Party Work ··············· 238
Section 1 Party School Work ········· 238
Section 2 Policy Studies ············ 241
Section 3 Study of the Party History ······························ 242
Section 4 Party Construction Work ··· 244
Section 5 Retired Cadres Work ······ 245

Part Four People's Congress ··············· 252
Overview ······································ 252
Chapter 1 People's Congress ············ 255
Section 1 Selection of Deputy to People's

Congress 255
Section 2 Deputies to the People 's Congress 258
Chapter 2 The Standing Committee of the People 's Congress 266
Section 1 Significant Events Decision 266
Section 2 Legal Supervision and Work Supervision 270
Section 3 Urge on Dealing With Proposals 280
Section 4 Appointment and Removal of State Organs 282
Chapter 3 Representative Work 283
Section 1 Representative Training ··· 283
Section 2 Representative Activities 284
Section 3 Representation of Recommendations, Criticism and Comments 285
Chapter 4 Construction of NPC Organs ··· 286
Section 1 People 's Congress Institutions 286
Section 2 Construction of Rules and Regulations of People 's Congress 287

Part Five Government **290**
Chapter 1 Setting of Governmental Institutions 290
Section 1 Governmental Departments 290
Section 2 Departments Directly under Administration of Governments 294
Section 3 Organs of Governments at Primary Level 296
Chapter 2 Governance Approaches ······ 297
Section 1 Regulating the Policy – Making System 297
Section 2 Administration According to Law 298
Section 3 Administrative Examination and Approval System Reform and Openness of Government Affair 301
Chapter 3 Summary of Political Affairs ··· 302
Chapter 4 Letters From the People ······ 337
Section 1 Reception 338
Section 2 Letter Dealing 340
Chapter 5 Administration of Ethnic and Religious Affairs 341
Section 1 Administration of Ethnic Affairs 342
Section 2 Management of Religious Relationships 343
Chapter 6 Local Chronicles Work 346
Section 1 Compilation of Municipal, County and Regional Chronicles 346
Section 2 Yearbook Compilation ··· 348
Section 3 Compilation of Department and Professional Records ······ 348

Part Six CPPCC **350**
Overview 350
Chapter 1 CPPCC Members 352
Section 1 Members Selection 352
Section 2 Membership Structure ··· 352
Chapter 2 CPPCC Meetings 355
Section 1 Committee Meetings of the CPPCC in Xiangtan City ··· 355
Section 2 Standing Committee Meetings of Xiangtan Committee of the

CPPCC ········ 357
Chapter 3 Fulfillment of Functions ······ 360
Section 1 Political Consultation ······ 360
Section 2 Democratic Supervision ··· 363
Section 3 Participation in the Administration of State Affairs ········ 366
Chapter 4 Other Functional Work ········ 370
Section 1 Collection and Editing of Literary and Historical Documents··· 370
Section 2 Overseas Friendship ······ 371
Section 3 Self – Construction and Committee Liaison ········ 371
Section 4 The "Two For" Activity —Make Contribution for Economic Revitalization of Xiangtan and Make More Splendid Development of CPPCC for People ········ 373

Part Seven Local Organization of Democratic Parties in Xiangtan ········ 375
Overview ········ 375
Chapter 1 Revolutionary Committee of the Kuomintang in Xiangtan City ··· 376
Section 1 Organization ········ 376
Section 2 Participation in the Administration of State Affairs ········ 377
Section 3 Social Services ········ 378
Section 4 Reunification of the Motherland ········ 379
Chapter 2 Local Organizations of China Democratic League in Xiangtan City ········ 380
Section 1 Organization Construction··· 380
Section 2 Participation in the Administration of State Affairs ········ 380
Section 3 Social Services ········ 382
Chapter 3 Local Organization of China Democratic National Construction Association ········ 383
Section 1 Organization Construction ········ 383
Section 2 Participation in the Administration of State Affairs ········ 384
Section 3 Social Services ········ 385
Chapter 4 Local Organizations of China Democratic Association in Xiangtan City ········ 386
Section 1 Organization Construction ········ 386
Section 2 Participation in the Administration of State Affairs ········ 387
Section 3 Social Services ········ 389
Chapter 5 Local Organizations of China Agricultural Democratic Party in Xiangtan City ········ 390
Section 1 Organization Construction ········ 390
Section 2 Participation in the Administration of State Affairs ········ 390
Section 3 Social Services ········ 392
Chapter 6 Local Organizations of China Zhi Gong Party in Xiangtan City ··· 393
Section 1 Organization Construction ········ 393
Section 2 Participation in the Administration of State Affairs ········ 393

Section 3 Social Services ············ 395

Chapter 7 Local Organizations of Jiu San Society in Xiangtan City ······ 396

Section 1 Organization and Construction ······························ 396

Section 2 Participation in the Administration of State Affairs ······························ 396

Section 3 Social Services ············ 398

Part Eight Mass Group ····················· 402

Chapter 1 Xiangtan City Federation of Labor Unions ························· 402

Section 1 Staff and Workers ········· 402

Section 2 Labor Union Organizations ······························ 403

Section 3 Labor Union Activities ··· 405

Chapter 2 Xiangtan Municipal Committee of Communist Youth League ······ 414

Section 1 The Communist Youth League ······························ 414

Section 2 Activities of the Communist Youth League ·············· 416

Chapter 3 Women ′s Federation of Xiangtan City ····························· 423

Section 1 Women ′s Federation ······ 423

Section 2 Activities of the Women ′s Federation ·················· 424

Chapter 4 Xiangtan Science and Technology Association ······················ 431

Section 1 Organizations ·············· 431

Section 2 Activities of the Association for Science and Technology ······························ 432

Chapter 5 Returned Overseas Chinese Federation of Xiangtan City ··· 439

Section 1 Federation of Returned Overseas Chinese ········· 439

Section 2 Activities of the Federation of Returned Overseas Chinese ······························ 439

Chapter 6 Xiangtan City Federation of Industry and Commerce ······ 445

Section 1 Federation of Industry and Commerce ·················· 445

Section 2 Activities of the Federation of Industry and Commerce ··· 446

Chapter 7 Xiangtan Federation of Literary and Art Circles ················· 449

Section 1 Federation of Literary and Art Circles ····················· 449

Section 2 Activities of the Federation of Literary and Art Circles ··· 450

Chapter 8 Association of Social Sciences in Xiangtan City ·················· 453

Section 1 Social Sciences Associations ······························ 453

Section 2 Activities of Social Science Associations ··············· 454

Section 3 Social Science Achievements ······························ 457

Chapter 9 CCPIT of Xiangtan City ······ 462

Section 1 CCPIT Organization ······ 462

Section 2 Activities of CCPIT ······ 463

Chapter 10 Xiangtan Disabled Persons′ Federation ······················ 467

Section 1 Organization ··············· 467

Section 2 Activities of the Disabled Persons′ Federation ······ 469

Chapter 11 Xiangtan Red Cross Society ··· 476

Section 1 Organization ··············· 476

Section 2 Activities ················· 477

Chapter 12 Private Enterprises Association in Xiangtan City ················· 482

Section 1 Organization ··············· 482
Section 2 Activities ··················· 484

Part Nine Foreign and Overseas Chinese Affairs ······································ 488
Overview ······································ 488
Chapter 1 Foreign Affairs ················· 489
Section 1 Management of Foreign Affairs ······················ 489
Section 2 Sister Cities ················ 493
Section 3 Introduction of Intelligence ································ 496
Chapter 2 Overseas Chinese Affairs ······ 497
Section 1 Overseas Chinese ········· 497
Section 2 Overseas Chinese Work Network and Rights and Interests Maintenance ··· 498
Section 3 Overseas Chinese Economic Management ················ 499

Part Ten Civil Affairs ························ 502
Overview ······································ 502
Chapter 1 Grass – Roots Autonomous Organizations ··················· 504
Section 1 Villagers′ Committee ······ 504
Section 2 Resident Committee ······ 506
Chapter 2 Social Welfare Services ······ 508
Section 1 Adoption of Orphans and Abandoned Babies ········· 508
Section 2 “Five Guarantees” for Old People Living in Villages and Rural Areas ················ 509
Section 3 Welfare Production ······ 511
Section 4 Social Welfare Lottery Fund – Raising ····················· 512
Chapter 3 Disaster Relief and Social Relief ································· 513
Section 1 Disaster Relief ············ 513
Section 2 Social Relief ················ 515
Section 3 Minimum Living Guarantee for Urban and Rural Residents ······························· 517
Section 4 Charity ······················ 518
Chapter 4 Preferential Pensions ·········· 519
Section 1 Preferential Pensions ······ 519
Section 2 Respect Military Men and Their Family Members ··· 521
Section 3 Commendation ············ 522
Section 4 Pensions ····················· 524
Section 5 Supporting the Construction of Old Revolutionary Areas ··· 527
Chapter 5 Resettlement ···················· 527
Section 1 The Resettlement of Ex–servicemen ·················· 527
Section 2 The Resettlement of Retired Military People ············ 531
Chapter 6 Other Social Affairs Administration ·················· 531
Section 1 Marriage Registration Administration ············ 531
Section 2 Funeral and Municipal Management ··············· 533
Section 3 Distribution and Management of Geographical Personnel ······························· 536
Section 4 Registration and Administration of Social Organizations ··· 538
Section 5 Service for the Aged ······ 539

Part Eleven Human Resources ············ 543
Overview ······································ 543
Chapter 1 Administration of Registration of Institutions and State Related Working Units ················· 545

Section 1 Organization Management ······························ 545

Section 2 Staffing Management ······ 552

Section 3 Registration and Administration ············ 555

Chapter 2 Cadres' Source and Quality Structure ························ 555

Section 1 Cadre Source ··············· 555

Section 2 Structure of the Cadres ··· 560

Chapter 3 Personnel System Reform ······ 565

Section 1 Reform of Enterprise Personnel System ····················· 565

Section 2 Personnel System Reform of Public Institutions ········· 566

Section 3 Implementation of the Civil Service ····················· 567

Chapter 4 Talent Development and Communication ················· 568

Section 1 Human Resources Development ······························ 568

Section 2 Human Resources Market ······························ 571

Section 3 Introduction of Talents ··· 572

Section 4 Personnel Agencies ······ 573

Chapter 5 Personnel Management ······ 574

Section 1 Program Management ······ 574

Section 2 Administrative Appointment and Removal ··············· 575

Section 3 Evaluation and Punishment ······························ 576

Section 4 Educational Training and Personnel Examination for Cadres (Civil Servants) ··· 579

Section 5 Management of Professional and Technical Personnel ······························ 581

Section 6 Retired Cadre Management ······························ 588

Chapter 6 Wage and Welfare ············ 589

Section 1 Salary ························ 589

Section 2 Welfare ······················ 591

Part Twelve Labor and Social Welfare ··· 594

Overview ······································· 594

Chapter 1 Enterprise Labor and Employment Management ····················· 598

Section 1 Enterprise Labor Planning and Allocation ··················· 598

Section 2 Labor Contract System ··· 599

Chapter 2 Employment and Re – Employment ······································· 600

Section 1 Employment of Labor Service Companies ·················· 601

Section 2 Export Labor Services to Other Cities for Employment ··· 602

Section 3 Employment Service for the Labor Market ············ 603

Section 4 Community Resettlement Employment ·············· 604

Chapter 3 Labor Wage ····················· 607

Section 1 Enterprise Wage Level ··· 607

Section 2 Enterprise Wage Reform ··· 608

Section 3 Macro Adjustment of Enterprise Wages ····················· 610

Chapter 4 Vocational Skill Training and Identification ····················· 612

Section 1 Vocational Skill Training ······························ 612

Section 2 Professional Skill Identification ······························ 616

Chapter 5 Labor Dispute Arbitration and Labor Inspection ··············· 617

Section 1 Labor Dispute Arbitration and

Labor Contract Authentication ······························ 617
Section 2 Labor Monitoring ········· 618
Chapter 6 Safety Production and Labor Protection ······················· 620
Section 1 Supervision and Management of Safety Production ······ 620
Section 2 Labor Protection ··········· 623
Chapter 7 Social Insurance ··············· 625
Section 1 Basic Pension Insurance for Employees ················· 625
Section 2 Urban Staff and Unemployment Insurance ················· 630
Section 3 Medical Insurance for Urban Staff and Workers ········ 631
Section 4 Maternity Insurance for Urban Employees ················· 633
Section 5 Employee Injury Insurance ······························ 633
Section 6 Rural Security Insurance ··· 634

Part Thirteen Military ······················ **635**
Overview ···································· 635
Chapter 1 Military Organizations ········· 636
Section 1 Xiangtan Military Sub – District ······························ 636
Section 2 People 's Armed Forces of Counties (Cities, Districts) ······························ 638
Section 3 The First Regiment of Hunan Army Reserve Infantry Division ···················· 638
Section 4 Armed Police Detachment of Xiangtan City ·············· 639
Chapter 2 Military Service ················· 640
Section 1 Conscription ··············· 640
Section 2 Reserve Duty ·············· 643
Chapter 3 Building of Reserve Force ······ 645
Section 1 Construction of Reserve Force ······················· 645
Section 2 Militia ···················· 646
Chapter 4 Support the Politics and Care for People ························· 651
Section 1 Participate in Local Economic Construction ··············· 651
Section 2 Participate in the Construction of Local Spiritual Civilization ······························ 651
Section 3 Duration of Internal Service and Disposal of Emergencies ······························ 652
Section 4 Support the Poor ········· 655
Section 5 Emergency Relief and Disaster Relief ······················· 655
Chapter 5 National Defence Mobilization and Education ······················· 658
Section 1 Mobilization of National Defense ···················· 658
Section 2 National Defense Education ······························ 660
Chapter 6 Civil Air Defense ·············· 662
Section 1 Civil Air Defense Organizations ······························ 662
Section 2 Air Defense Law Enforcement ······························ 663
Section 3 Air Defense Projects ······ 664
Section 4 Command of Civil Air Defense Organizations ·············· 666
Section 5 Civil Air Defense Communications Alert ··· 668
Section 6 Fund Guarantee for Civil Air Defense ··············· 669

Part Fourteen Public Security ··············· **670**

Overview ······································· 670

Chapter 1 Security Administration ······ 673

Section 1 Prohibition of Drugs and Drug Selling ····················· 673

Section 2 Prohibition of Prostitution and Whoring ···················· 675

Section 3 Prohibition of Gambling ··· 676

Section 4 Special Industries Management ····························· 677

Section 5 Hazardous Materials Management ····························· 678

Section 6 "110"Alarm Service ······ 680

Section 7 Public Information Network Supervision ················· 681

Chapter 2 Household Administration and Exit – Entry Administration ········ 682

Section 1 Account Management ··· 682

Section 2 Administration of Resident Identity Cards ············ 686

Section 3 Key Population Management ····························· 687

Section 4 Exit – Entry Administration ····························· 689

Chapter 3 Criminal Investigation ········ 690

Section 1 Criminal Techniques ······ 690

Section 2 Criminal Cases ············ 692

Section 3 Pre – Trial ··············· 695

Chapter 4 Traffic Safety Management ··································· 696

Section 1 Regulation of Traffic Order ······················· 696

Section 2 Handling of Traffic Accidents ·················· 697

Section 3 Vehicle and Driver Management ··············· 699

Chapter 5 Guarding and Internal Defense ···································· 700

Section 1 Security Guard ············ 700

Section 2 Enterprise and Units Security Guard ····················· 701

Section 3 Joint Force for Security Guard ······························· 702

Section 4 Security Services ········· 703

Chapter 6 Administration of the Prisons and Detentions ······················ 704

Section 1 Management of Detention Centers ····················· 704

Section 2 Management of Detention ······························· 705

Section 3 Management of Educational Institutions ·················· 706

Section 4 Administration of Compulsory Drug Addiction Treatment ······························· 707

Section 5 Administration of Reconsideration ··········· 708

Chapter 7 Combating Cult Organizations and Illegal Religious Activities ··· 710

Section 1 Combating "Falungong" Cult Organization ··············· 710

Section 2 Striking Against "Yiguan Dao", "Lord God" and Other Cult Organizations ··············· 713

Section 3 Combating Illegal Religious Activities ·················· 714

Chapter 8 Fire Protection ·················· 715

Section 1 Institutional Team ········ 715

Section 2 Fire Protection ············ 716

Section 3 Fire Fighting ··············· 718

Section 4 Fire Fighting Facilities ··· 721

Part Fifteen Prosecution ······ 722

Overview ······ 722

Chapter 1 Prosecution of Criminal Proceedings ······ 724

Section 1 Review and Approval ··· 724

Section 2 Review of Prosecution ··· 725

Section 3 Public Prosecution ······ 727

Section 4 Investigation Supervision ··· 728

Section 5 Trial Supervision ······ 731

Chapter 2 Prosecution of Duty Crime ··· 732

Section 1 Anti – Corruption and Bribery Prosecution ······ 732

Section 2 Prosecution of Malfeasance and Tort ······ 736

Section 3 Tax – Related Criminal Prosecution ······ 737

Section 4 Prevention of Duty Crime ······ 738

Chapter 3 Prosecution of Prisons and Detentions ······ 739

Section 1 Prosecution of Detention Center ······ 739

Section 2 Prosecution of Prisons ··· 741

Section 3 Prosecution of Labor Camps ······ 742

Section 4 Prosecution of Execution of Service outside Prisons ··· 743

Chapter 4 Prosecution of Civil Administrative Litigation ······ 745

Section 1 Acceptance and Examination of Cases ······ 745

Section 2 Case Resolution ······ 746

Chapter 5 Accusation and Appeal Prosecution ······ 748

Section 1 Accusation Prosecution ··· 748

Section 2 Appeal Prosecution ······ 750

Part Sixteen Trial ······ 752

Overview ······ 752

Chapter 1 Criminal Trial ······ 755

Section 1 Serious Criminal Criminal Cases ······ 756

Section 2 Serious Economic Criminal Cases ······ 759

Section 3 Cases of Endangering State Security ······ 760

Chapter 2 Civil and Commercial Matters ······ 761

Section 1 Cases of Economic Disputes ······ 762

Section 2 Cases of Marriage and Family Disputes ······ 764

Section 3 Cases of Civil Infringement Disputes ······ 765

Section 4 Bankruptcy Cases ······ 768

Section 5 Enforcement of Civil and Commercial Cases ······ 772

Chapter 3 Administrative Trials ······ 775

Section 1 Administrative Litigation Cases ······ 776

Section 2 Executive Non – Litigation Cases ······ 778

Chapter 4 Trial Supervision ······ 779

Section 1 Examination of Appeal ··· 780

Section 2 Trial of Retrial Cases ······ 781

Section 3 Cases of Commutation and Parole ······ 783

Part Seventeen Judicial Administration ··· 788

Overview ······ 788

Chapter 1 Popularizing Legal Common Sense and Administering According to Law ······ 790

Section 1 Popularizing Legal Knowledge ······························ 790

Section 2 Administering According to Law ························· 793

Chapter 2 People ′s Mediation ··········· 795

Section 1 Conciliation Organization ··· 795

Section 2 Conciliation Activities ··· 796

Chapter 3 Labor Reform and Reeducation Through Labor ················· 798

Section 1 Labor Reform ·············· 799

Section 2 Reeducation Through Labor ······························ 803

Chapter 4 Lawyer Affairs and Notarization Affairs ·························· 805

Section 1 Lawyers Affairs ··········· 805

Section 2 Notarization Affairs ······ 812

Chapter 5 Others ·························· 815

Section 1 Judicial Examination ······ 815

Section 2 Legal Assistance ········· 816

Section 3 Forensic Medicine Identification ······························ 818

Section 4 Resettlement Assistance ··· 819

总 述

一

湘潭位于湖南中部偏东，湘江下游，与长沙、株洲成“品”字状，构成湖南省政治、经济、文化的“金三角”城市群。地处北纬27°20′55″~28°05′40″，东经111°58′0″~113°05′0″，东西最大跨度108千米，南北最大跨度81千米；东接株洲市区、株洲县，南与衡阳市的衡东县、衡山县及株洲市的株洲县交界，西与娄底市娄星区、双峰县接壤，北连长沙市宁乡县、望城区、长沙县。全市总面积5006.46平方千米，占全省总面积的2.36%，辖1县（湘潭县）、2市（湘乡市、韶山市）、2区（雨湖区、岳塘区）。2005年底，全市总人口290.62万人，人口密度每平方千米580人；有土家族、满族、蒙古族等30多个常住少数民族，人口1.36万人，占总人口的0.47%，其中最多的土家族3800多人。

湘潭地处湘中丘岗向湘江的过渡地带，地层发育较全，几十万年来全境地壳一直稳定。地势起伏和缓，近80%的面积在海拔150米以下，西南高峻东北较为平缓；北、西、南三面山丘环绕，中东部岗平展布。西北为雪峰山余脉环绕，南为越城岭之北端余绪所夹峙，相对高度不大。西部湘乡褒忠山顶为全市地势最高处，海拔802米，称“湘中第一山”，拔地而起，直插苍穹，云缭雾绕。东部湘江东岸易家湾镇吴家港地势最低，海拔29.6米。平原和岗地面积3008.2平方千米，占总面积的60.1%；丘陵962.91平方千米，占19.23%；山地607.76平方千米，占12.13%。“六分平岗三分山丘一分水面”的地貌结构，有利于农、林、牧、副、渔的综合发展。

湘潭属亚热带季风性湿润气候，四季分明，阳光充足，雨量充沛，春温多变，夏秋多旱，严寒期短，暑热期长。全市年平均日照1507.7~1570.5小时，是全省多日照地区之一，比同纬度的湘西地区多200小时；年平均温度在16.9~17.4℃，平均无霜期269~281天；年均降水量1389.4~1437.8毫米，年均蒸发量900~1000毫米，第二季度（4~6月）降水量最多，占全年的42.2%；全市降雪量少，年平均降雪日数为10天。旱灾、水灾、风雹为境域农业主要灾害。

湘潭水系发达，河网密布，主要河流有湘江及其支流涟水、涓水、靳江等。湘江从株洲自东南流入，撞上石嘴垴后折向东北；涟水、涓水和靳江由西南向东北流。境域水资源全年63.10亿立方米，年人均水资源1326立方米，低于全省人均水平。2005年供水总量166186万立方米，用水总量160058万立方米，略有余水；水能资源理论蕴藏量213418千瓦，因地势平缓，无激流峡谷，可利用159739千瓦，占蕴藏量的74.8%。

2005年，全市耕地119.36千公顷，其中水田110.11千公顷，占92.25%，人均耕地0.04公顷（0.62亩），因属洞庭湖尾闾地区，沉积物发育良好，土壤肥沃。市内矿藏以锰、铝、磷、石膏、海泡石、陶瓷土、水泥灰岩、玻璃用砂岩、熔剂灰岩、冶金用白云岩、耐火黏土、水泥配料用黏土、砖瓦黏土为主，矿产资源储量潜在经济价值列全省第7位。除锰外，金属矿产贫乏，非金属矿产在湖南省内则占有举足轻重的地位。由于垦殖历史悠久，人为活动频繁，原生植被开发殆尽，植被主要是常绿阔叶次生林和马尾松林、湿地松、火炬松林、杉木林、油茶林、毛竹林和灌木林等,2005年森林覆盖率45.95%。境域有野生动物100多种,其中被列入国家二级保护动物的有小灵猫、果子狸、穿山甲、红腹角雉等21种。随着人们森林保护意识增强、生活方式改变和对柴薪需求量的减少,野生动物的种类和数量增加,白鹭、斑鸠、野兔、野猪等增加尤快。

湘潭山灵水秀、景色如画。是全国甲类开放城市和优秀旅游城市之一,拥有各类旅游景区(点)110余处。韶峰、昭山、褒忠山、隐山、晓霞山、仙女山、金霞山等皆为市内名山。昭山顶有昭阳寺,山下有昭潭,湘江至此成90度转折,为境域水陆第一门户,其"山市晴岚"是著名的"潇湘八景"之一;湘乡涟水南岸的东台山国家森林公园"东台起凤"为古湘乡八景之首;水府庙水库面积45平方千米,碧波荡漾,岛屿众多,被省旅游局评为新"潇湘八景"之一。旅游景点中,与古代名人相映生辉的祠庙、桥梁、书院、亭台、楼阁、坊塔到处可见;湘潭红色旅游资源丰富,是毛泽东、彭德怀等无产阶级革命家故里。

二

湘潭人文精神独特。春秋时期,老莱子以贤孝名扬天下。三国时,湘乡人蒋琬被诸葛亮临终托以辅国大事,殚精竭虑,人品韬略为人折服。至唐,屡有中原衣冠如褚遂良等驻足湘潭,播种忧国忧民、奋争不屈等精神。晚唐,何涓、潘纬双中进士,开境域人才昌盛之始。

北宋中原沦丧,人才南移,催生以经邦济世、经世致用为特征的湖湘学派。胡安国父子讲学湘潭县碧泉书院,以修身齐家治国平天下为己任,湘潭史册为之一新。史学家路振、王容,辞赋家王以宁,碧泉书院培养出的黎明、彪虎臣等,他们博闻强识,在外族入侵面前表现出强烈的爱国精神。其中的文武全才王以宁屡建战功,辞赋充满具良知知识分子的忧愤;被宋孝宗擢为状元的王容,力主抗金不遂,英年郁郁而终。

南宋末,元军南下,蒙古铁骑在湘潭遭遇顽强抵抗,湘潭县丞李长庚不屈被杀,官民"多举家自尽",湘乡平民刘荣叔率义兵保卫乡土,兵败全家入贞女山自杀,后人将贞女山改称褒忠山。湘乡冯子振"一挥万余言",诗文赋曲书法皆工,深得忽必烈赏识,为元代湖湘文坛写下灿烂一页。

元施高压政策,湘潭县进士熊桂、刘斗元联合衡山、攸县人起兵反抗。湘乡人易华先反元,后联陈友谅抗朱元璋,虽有"堕粮"事件,但乡亲们并没怨易华,反而为之立庙纪念。明后期湘潭县石潭周之屏六兄弟官德文辞俱佳,声名显达。周氏后人周圣楷著地理巨著《楚宝》。明末,礼部尚书李腾芳被贬回湘潭,为乡民谋福祉,筹建湘潭城墙、高峰塔和万楼,被人缅怀。

明清更替,济尔哈朗屠刀下的鲜血,浇灌出的是湘潭人宁为玉碎、不为瓦全的悲壮。湘潭屡仆屡起,社会稍微稳定又出现新的繁荣,继"小南京"后有"金湘潭"之誉。清康熙时,湘潭县陈鹏年任江宁布政使,入京无钱租房;署河道总督,日夜坐黄河决口处办公,誓言"不成功即以身殉",积劳成疾死在任上,数万堤工泣悼。清中叶张九钺,一生诗文戏曲数十卷,人称"仙才";著名教育家和经学大师罗典,主持岳麓书院27年,两江总督陶澍、云贵总督贺长龄均出其门下。

19世纪六七十年代,湘潭出现两个震撼朝廷的群体。一是湘军。湘乡一县因军功叙官者武职副将以上1153人,其中提督180人;湘潭县副将以上200多人。这个群体将爱国和忠君联为一体。曾国藩一介书生，所领湘军成太平军劲敌；他倡“师夷智”以制夷，创办江南制造总局，开办近代兵工学校和翻译馆大量翻译西方科学文化著作，奏请派遣留学生出国，成为中国近代化的奠基人。刘锦棠率领“老湘营”饮马红河(喀什噶尔河)，血染黄沙，收复新疆，功与天山同在。曾纪泽折冲樽俎，虎口夺食，收复伊犁名震诸欧。另一个是会党反抗群体。湘军被裁撤后，游勇与游士归乡者逾十万，不少投入会党，湘潭成为湖南反帝反清最激进地区之一。1910 年发生花石神拳党反清排满起义，参与群众 4000 余人。向萌和、朱林山、谢太和、曾广八、赖荣甫、王漱芳、马福益等首领先后死难，会党起义愈演愈烈。六君子喋血菜市口，八国联军打进紫禁城，西方列强欲亡我中华。对此，杨度宣言：“若道中华国果亡，除非湖南人尽死”，展示邑人爱国之情与抗敌之心。外国殖民者提出开放通商口岸，湘潭“反开埠”斗争最为强烈。到辛亥革命时，这种反抗精神演进为反帝反封建的革命潮流，涌现出刘揆一、刘道一、禹之谟等大批旧民主主义革命人士。

清末至民国初年，湘潭出现大批文化人才。有国学大师王闿运；有武术家和小说家向恺然、作家张天翼、音乐家吕骥、翻译家黎烈文；有爱国高僧释敬安、释虚云等著名人物。世界文化名人齐白石，诗书画印一时冠绝中国，毕加索为之称羡。黎锦熙等“黎氏八骏”，有语言学家、音乐家等六类人才，堪称家族人才奇迹。湘潭县碧泉乡周怀煊个人捐资创办 4 所小学；易俗河胡元倓倡导“磨血办学”，1903 年于长沙创办湖南第一家私立中学明德学堂，苦心经营 40 年，以毕生精力为国家培养人才，其中成为大学教授、副教授者 300 多人，20 余人入选科学院院士。

20 世纪前期，为挽救民族危亡，投身于革命运动的湘潭人前仆后继。湘乡人杨王鹏、龚铁铮等人发起反汤(汤芗铭)倒袁(袁世凯)起义，被汤剖腹剜心。袁世凯签订卖国《二十一条》，19 岁的湘乡学生彭超“志不愿顾国破家亡”，愤而投湘江自殉。为寻求救国救民真理，1918 年，毛泽东与蔡和森、萧三等在长沙成立新民学会，在学会倡导下，蔡和森、蔡畅、李卓然、萧三、罗学瓒、林蔚等相继赴法俄勤工俭学。大革命和第二次国内革命战争中，罗亦农、黄公略、林蔚、彭公达、杨昭植、庞叔侃等大批志士献出年轻生命。在大革命失败后的“清乡”中，湘乡一县被杀革命骨干 300 多人。毛泽东、彭德怀、陈赓、谭政、彭绍辉等无产阶级革命家，以“为有牺牲多壮志，敢教日月换新天”的精神，敢为天下先，百折艰难中担当大任，如璀璨群星，照耀历史长空。毛泽东将马克思主义与中国革命实践相结合，成为中国共产党、中国人民解放军、中华人民共和国的主要缔造者。

1932 年淞沪战争爆发，湘潭抗日义勇军、抗日救国团、义勇铁血团奔赴抗日前线。8 年全面抗战期间，输出壮丁列全省前茅。1941 年，湘乡县抗日伤亡抚恤令和抚恤金为全省各县之冠。毛岱钧、易式谷等许多将校级军官血洒抗日疆场；湘乡县谭熙云、彭馨临、陈定亚，湘潭县黄君钰等女青年主动投军，发誓“不除倭寇，何以生为！”奋勇杀敌，均壮烈殉国。日寇侵占湘乡时，同盟会会员吴剑学不惧日寇威逼利诱，宁死不任伪职，显示乡人在民族敌人面前“宁可站着死、不愿跪着生”的气节。整个抗战期间，湘乡县有 5.7 万余人服兵役，阵亡国民革命军官兵 4356 人，伤 2045 人；湘潭县 1937 ~ 1944 年有 4.9 万人服兵役，有 1100 多人前线阵亡，其中将校级军官 25 人。

在抗美援朝中，湘潭、湘乡两县和湘潭市区有 17000 多人参加志愿军赴朝作战，其中 800 多人牺牲在异国，涌现出毛岸英、莫崇碧等英雄儿女。和平时期，湘潭精神薪火长传。在战火纷飞年代立下赫赫战功的彭德怀，深为极“左”路线危害而痛心，不计个人得失，在庐山会议上挺身而出，敢为“人民鼓咙胡”，写下一曲刚直、爱民的正气歌。罗健夫从事科学研究至生命的最后一刻，被称为“中国式保尔”。“我是导游，请先救游客”的文花枝，在生死面前，把生的希望留给他人，把死的威胁留给自己，正是敢于担当、无私奉献的湘潭精神在新时代的延续。不管历史如何大浪淘沙，爱国抗暴、坚持正义、不惧牺牲、勇于担当的湘潭主体精神，一如既往是湘潭发展繁荣的内在动力。

三

湘潭文明久远。在湘乡牛形山发现的旧石器，证明20万年前湘潭有人类活动。湘潭县老虎坑和堆子山两大遗址是公元前4400年至公元前3300年大溪文化遗址，遗址中种类繁多的器皿、炊具等陶器，证明当时先民处于新石器时代。湘乡市龙潭村岱子坪公元前2800年至前2300年龙山文化时期居民村落遗址，出土大量新石器时代后期陶器和石制生产工具。湘中古为三苗之地，相传舜南巡时曾奏韶乐，故有韶山之名。

商代，境域形成“荆蛮”部族，湘潭县九华出土的豕尊、湘乡洪塘出土的三牛头尊等商代青铜器，证明商文化进入境域。周时，据传昭王南巡至湘江昭山卒，昭山因之得名。春秋时期，境域属楚。战国时，楚推行重商政策，湘潭西接苗蛮北卫长沙，经济发展，今岳塘区霞城乡、湘潭县云湖桥、湘乡牛形山战国墓出土大量建筑遗址和制作精美的陶器、漆器、青铜器，并有铁制工具。战国后期，楚从黔中郡划出长沙郡，湘潭全境属长沙郡。秦统一中国，境域属长沙郡，是秦征战南越(今五岭南一带)的跳板和后方保障基地。秦始皇凿灵渠连接湘江和漓江，湘江成为“南联海域、北达中原”的水运大动脉，这为后来湘潭经济的发展创造重要交通条件。

西汉，境域地跨长沙国湘南县和临湘县。湘南县是境域历史上第一个县级政权，县治在今湘潭县石潭镇古城村。西汉铁器普遍使用，贾谊的重农和休养生息政策在长沙国推行，境域农业发展迅速。西汉建平四年(公元前3年)，汉哀帝分湘南县部分地域封刘昌为湘乡侯，“湘乡”之名始于此。东汉在其领地建湘乡县，属零陵郡。东汉安帝时，域内曾建湘南侯国，但旋即复为湘南县。时农业较为发达，稻米产量很高，为北方灾荒时所倚重。20世纪后期易俗河出土大量两汉五铢钱，说明两汉该地商贸活动频繁。

三国时，境域先由刘备管辖，后归孙权东吴。东吴孙亮太平二年(257)，湘南县被分属四县，新的湘南县属衡阳郡，郡治在今湘潭县石潭镇古城村，是境域第一个郡级行政机构。西晋时湘南、湘乡县属湘州衡阳郡。时中原战祸绵延，人口南迁，先进生产技术和文化加速传入，湘潭渐渐跻身于比较发达地区行列。漕运兴盛，湘潭造船业发展，易俗河成为重要港口，陶侃屯兵石嘴垴和大唐兴寺一带。南朝刘宋时废郡，连道(今涟源)并入湘乡县。萧梁时湘南县被撤，并入湘西、建宁、新康诸县。梁天监(502～519)初年，武帝萧衍“分阴山县(县治在今攸县)立湘潭县”，后又封萧退为湘潭侯，由此始见湘潭之名(今湘潭仅马家堰、茶恩寺一带属之)。六朝300多年，湘江及其支流航运较前兴盛，因湘潭港口江深岸近，水流平缓，北可经长江入吴越，南可经灵渠至两广，航运优势地位渐渐凸显，商业日益繁盛。

隋统一全国，湘乡、湘西、衡山3县被合并为衡山县，属潭州总管府，隋大业二年(606)潭州总管府改为长沙郡，形成郡县两级，境域属长沙郡。唐初，以州府领县，长沙郡复改为潭州。唐武德四年(621)析衡山县复置湘乡县，湘乡、湘潭两县(皆不同今域)分别属潭州和衡州，湘乡县治一度西迁到连道故治龙城。湘潭县域析出很多，所余部分于天宝八年(749)与衡山县北部(原湘西县)合并成新的湘潭县，移县治于洛口(今易俗河镇)，属衡州衡阳郡，唐元和元年(806)改属潭州长沙郡。新湘潭县基本承继汉以来的湘南县地域，北抵岳麓山，南接衡山，东连醴陵，西邻湘乡(历经宋、元、明、清，变化不大)。唐前期政治清明，境域大量垦荒造田，至开元、天宝年间，百余年无战乱，农业、商业、手工业迅速发展，人口大增。湘米北漕，舻舳相接。湘潭水路、驿道四通八达，辐射到中原、两广、云贵、浙赣地面。由于湘江湘潭以上多礁石浅滩，不利大船通过，下游来的货物运上游必须在湘潭改小船分装，上游的货物在湘潭改用大船外运，湘潭成为重要货物集散地，湘潭城区湘江段形成较大水运码头，洛口帆樯林立，唐在此设洛口场。

五代十国，境域属马殷所立楚国之长沙府。楚政权兴修水利，奖励农桑，周边贸易活跃，湘潭成为南方最大茶市，易俗河设有场官，为当时大型交易集市。马殷死，五子夺王位，在湘乡、长沙连续大战，“五马争槽”，百姓流离。南唐李璟渔翁得利，境域归南唐统治，仅两年又归后周，北宋建隆四年(963)，归宋。

宋，湘潭、湘乡属湖南路潭州。湘潭县治由洛口迁到水陆交通便利的湘江北岸(今观湘门直街一带)，作为商业城市中心的湘潭城区开始兴起。两宋时境域经济文化取得较大发展，占城稻被引进，稻麦二熟制得到推广，湘潭成为全国产粮基地之一；商业活跃，花石、昭港(易家湾)等市镇崛起。宋室南渡，中原厚重的文化也随人口南移，“湖湘学派”由此在境域兴起。

元世祖忽必烈至元十三年(1276)正月，元军攻下长沙，旋即克湘潭，同年又攻入湘乡。至元十四年(1277)，元在潭州设行省，后改行省为“路”，下领州、县。元贞元年(1295)，湘潭县因居民超过五万户升为州，随后湘乡升为州，两州都属天临路管辖。

明洪武初，湘乡、湘潭复降为县，归属湖广行省长沙府(清代沿袭)。洪武二年(1369)，陈友谅故将饶鼎臣反明于茶陵，严广讨平饶鼎臣后屠湘潭，洪武初湘潭县民仅 4653 户 20053 口，不及元文宗时(1328～1337)十分之一。在湘乡，因朱元璋报复易华助陈友谅 10.8 万石军粮等缘故，县民被迫每年按此数额缴纳田赋(史称“堕粮”或“仇堕”，比原纳粮 3.3 万石增加 2 倍多，至清乾隆四年始减至 5.92 万石)，且屡遭杀戮，洪武年间编户仅 74097 人。两县人口锐减，不得不“招四方之民以充实”，从江西移来者尤其多，俗称“江西填湖广”。

此后 200 多年，境域较为安定，经济发展。“湖广熟，天下足”，湘潭县城沙湾成为湖南谷米运销中心。桑、棉、麻、茶等经济作物普遍种植，易俗河谷米、花石茶油、杨塘莲子成地方名产，石潭、姜畲、中路铺、易家湾商业日盛。湘乡发展稍慢，也沿涟水和驿道形成潭市、谷水、虞唐、山枣等集市。万历四年(1576)，筑湘潭县城，设观湘等六门，前临湘江，背靠平岗，“广袤三里许”，城区若干商户以段为“总”，共分 19 总；湘乡县城有望春等四门，城区分 8 总。到明中后期，湘潭城内街肆鳞次栉比，店铺林立，商贸超过长沙成为转口贸易中心；城外沿江码头 10 多处，形成带状街市达 7 千米，是云、贵、川及南洋货物重要集散地，帆连樯接，货物云集，成为湖南一大商业都会。湘潭城富室巨商汇聚，茶楼酒肆管弦不绝，绣户珠帘宾客如云，时有“小南京”之称。

明崇祯十六年(1643)，张献忠挥兵入境。义军和明军反复拉锯，百姓遭殃，尸横遍野，两县一片萧条。清初，湘潭成为湖南抗清前沿阵地。李自成死后，其余部与明军在何腾蛟统领下联合抗清。顺治六年(1649)，何腾蛟被清郑献亲王济尔哈朗率骑兵在湘潭城捕获，不屈被杀，湘潭人为之建衣冠家以纪念。济尔哈朗占据湘潭,以“邑人多贰于圣朝”为由,屠城9日。湘潭城血流成河,尸骸枕藉,城中百姓几被杀光,幸存者不足百人,其惨状不亚于“扬州十日屠”。接着,一场瘟疫袭击湘潭,病死者十之八九,致白骨塞道,虎夜入城,满目蓬蒿。明末湘潭县人口20万以上,顺治十年(1653),湘潭县存丁3196,湘乡县6413。顺治十一年,几十里不见行人。

康熙朝起,招民垦荒,发展生产,人口渐渐繁衍。然康熙十三年(1674),吴三桂反清军队陷湘潭,在潭驻军5年,湘潭一直处于清军与吴军往来交战要地,百姓再受兵祸。此后130余年,社会比较稳定。由于湘江在湘潭城绕成大鱼钩形,湘潭城区正好在钩背上,江阔水深流缓且背北风,形成天然良港,使湘潭有水运发展优势,成为国内巨大商埠。乾隆、嘉庆时,湘潭再度繁荣,湘江上帆樯绵延20里,沿江码头近40座,街市店铺5400余家。各地客商纷至沓来,渐成行会和帮会。江西商营药材、锡箔、钱庄,苏浙商专绸布酒酱,福建商擅烟丝,四川商主丹漆,广东的海味、葵扇、槟榔,北五省(山西、山东、河南、陕西、甘肃)的裘、汾酒、关角、潞参、甘草,加上湘潭的铁锅、烘糕、香粉、镰刀、纸伞等名扬全国的地方产品,商业日贸易额达五六百万两白银,仅槟榔交易年达数10万。易俗河年交易谷米约400万石,隔江沙湾年约100万石,湘潭成为全国四大米市之一和著名“药都”,有“药不到湘潭不灵,药不到湘潭不齐”之说。湘潭县所缴赋税倍于省内他县,被称为“天下第一壮县”“金湘潭”。受此拉动,湘乡商业也蓬勃发展,街道形成“三街九巷十八弄”格局,县城各帮商人和会馆遍布。湘潭经济空前鼎盛,在湖南乃至全国地位举足轻重。

咸丰四年(1854)林绍璋率太平军轻取湘潭县城,并攻湘乡,湘军将领塔齐布、杨载福、彭玉麟率水陆湘勇驰援,鏖战3天,太平军阵亡近万人,在占据湘潭城九天后撤出。次年,为镇压太平军,湘乡、湘潭两县先后设厘金分局,年收入白银近15万两,境域成为湘军主要兵源、饷源之地。到咸丰六年(1856),湘军中湘乡籍者2万多人。成千上万湘潭籍人士走出乡村,驰骋十八行省,视野大开,改变境域人的价值追求乃至社会经济模式。全国政治格局亦受到影响,出现“湘军遍中国,督抚半湘人”局面。同治三年(1864)开始裁撤湘军,大量湘军将士带着资财回到湘潭,加上汇入的饷银、抚恤金,境域兴起买田建屋之风,余资经商,一时当铺、鸦片馆、酒楼、妓院林立,呈现别样繁荣。

鸦片战争后五口通商,上海取代广州成为全国最重要的贸易口岸,随后汉口、九江相继开埠,湘潭贸易地位式微。光绪十六年(1890),广货改海运,云贵货物也改运广西梧州,或运北海转香港,湘潭的贸易优势地位被进一步削弱,幸猪鬃交易依然兴盛,成为全国五大猪鬃市场之一。

甲午战后,维新风气渐开,湘潭在梁焕奎、黄修元、蒋德钧等倡导下,兴实业创办之风,以工矿业为主的民族工业开始起步。光绪二十二年(1896),探出湘潭小花石煤田,开湖南近代工矿业先河。蒋德钧在湘乡开办煤矿公司,又创办轮船局,1898年正式开航,湘潭轮船运输业从此发轫;后来梁焕奎与人创办华昌炼锑公司,提炼益阳板溪锑沙,带动境域有色金属冶炼业发展。随着岳州和长沙先后开埠,湘潭进一步失去货物集散地地位,逊位长沙。光绪三十一年(1905),湘潭被列强辟为“寄港地”,修建码头,大量浅水轮船取代传统木帆船,外货源源涌入,挤压本土物产销售,地方民族工商业倍受打击。列强势力扩张,引发火烧洋货、驱逐日商、抵制教会学校等系列事件。

此时境域教育、医卫事业取得发展。湘潭自南宋碧泉书院、元涟溪书院起,教育不衰,晚清有涟滨书院、昭潭书院、涟壁书院、东皋书院、霞城书院等多所,滋兰树蕙。1840年至1904年,湘潭县学和昭潭书院有170多人中举人、进士。光绪十六年(1890),湘乡陈舫仙等人发起集资筹建东山书院并公推回家休假的新疆巡抚刘锦棠为倡修，先办东山精舍于东台山，并于光绪二十一年(1895)正式开业授课，授课内容虽以中学为体，但提倡以西学为用，格物致知，以算学为先，成为湖南最早引进西学的学校。光绪二十七年(1901)起，遵清廷上谕，改革书院制度，办起不少中、小学堂，私人办学中出现女校。光绪二十八年，建湘潭县学堂(今湘潭市一中前身)；1904年东皋书院改为湘乡县中学(今湘乡县一中前身)，境域书院先后改为中小学堂。光绪二十六年(1900)教士凌霄志开办诊所，名美国长老会湘潭医院，后改名湘潭惠景医院，是今湘潭市中心医院前身。

1911年，辛亥革命浪潮影响湘潭，10月，湘潭宣布"反正"，湘潭地方政权由立宪派人士余屏垣掌握。余在湘潭采取打击国外势力买卖土地行为、兴办工矿企业、促办新学、革除女子缠足陋习等改革措施。1913年，全国第一条标准公路——长50千米的长潭军路(长沙小吴门至湘潭河东盐码头)开始修筑。1914年，中华民国废府州建制为道，两县属湘江道(1922年撤道直属省管)。1916年后数年中，南北军阀在湘混战，境域成为"拉锯"中心。1920年6月，谭延闿、赵恒惕入湘，境域北洋军阀统治结束，获得暂时安宁。谭延闿在湖南注重发展资本主义经济，一批近代企业相继开办。湘潭河东一带在民国元年成为全国两大石膏矿产地之一。1919年湘潭唯一膏盐矿公司在滴水埠试熬膏盐成功，后发展到30多家公司，员工近万人。1913年湘潭县发现锰矿，裕甡矿业公司成立后，适逢第一次世界大战爆发，美、日向中国争购锰矿砂，带动湘潭矿业发展，湘潭不久被称为"中国锰都"。1918年长沙人黄雁九在湘潭城十八总成立大明电灯公司发电厂，开启湘潭照明新时代；窑湾钧兴机器厂能制造80马力蒸汽机。但帝国主义经济侵略变本加厉，加上军阀政府的苛索及自身技术水平等原因，民族工商企业大多急转直下。易俗河米市因谷米运输被外商垄断而重受打击，后又因靖港米市兴起、城市机器碾米厂开设而一蹶不振。

1919年五四运动消息传到湘潭，各界纷纷响应，群众反帝爱国斗争如火如荼。1920年，毛泽东受陈独秀委托在长沙建立共产主义小组，1921年10月毛泽东任新成立的中共湖南支部书记。1923年12月，株洲转运局支部在湘潭县株洲镇成立，为境内第一个共产党支部，随后两县城乡均成立起党支部。国共两党合作后，境域反帝反封建国民革命运动迅速发展，为声援青沪惨案受难同胞，各处纷纷举行罢工、罢课、罢市，成立"雪耻会"，反对帝国主义侵略和军阀卖国行径。1925年毛泽东回韶山开办农民夜校，成立中共韶山特别支部，鼓励发展农民运动和建立党组织。县、乡、村各级纷纷成立农民协会，掀起农民革命风暴，禁烟禁赌，破除封建迷信，减租减息，取消苛捐杂税，斗争土豪劣绅，"一切权力归农会"，到1926年11月，两县农会会员达31万多人。同年，北伐军进驻湘潭，各界群众大力支援。1927年1月，毛泽东回乡考察农民运动后，境域工农运动和革命组织更快发展，中共湘潭特别区委员会，中共湘潭、湘乡地方委员会(县委)先后建立。"四·一二"反革命政变和"马日事变"发生后，群众奋起声讨反击。许克祥率部反扑，残酷"清乡"，湘潭一时被白色恐怖笼罩。兵灾屠杀加上之前一些殷实户纷纷携资外逃，昔日繁华的湘潭经济陷入困境。

1928年，潭宝(湘潭—湘乡—宝庆)公路全线通车，对促进境域经济民生起到重要作用。1929年，何键主湘，推行"筑路剿共"，潭衡、湘黔、湘桂等公路陆续建成，湘潭至四方各省的公路交通网形成，电信业同时发展。1930年，湖南省政府按人口、财富、面积，将全省75县厘定等级，湘潭、湘乡为一等县。1936年，由于境域较发达的交通和电信基础，国民政府资源委员会确定湘潭下摄司为新兴工业基地，加速发展电力和重工业。兴办中央电工器材厂、中央钢铁厂、中央机器厂，并规划建设湘潭发电厂、水运码头等配套设施。然而,这些建设和规划大多因日军进犯湘北而夭折。

1937 年,湘潭、湘乡两县分别属湖南省第一、第六行政督察区专员公署管辖,公署分别驻长沙和邵阳(1940 年湘乡改属第五行政督察区,公署设益阳)。是年日本发动全面侵华战争,国共实现第二次合作,各级中共党组织陆续恢复。群众抗日救亡运动风起云涌,大批湘潭热血青年走上抗日前线,地方群众广泛参与演讲宣传、募捐、查禁日货、慰问伤病员、破坏交通线等行动。1938 年 11 月长沙“文夕”大火后,周恩来、叶剑英等从长沙撤到湘潭,会同在此驻防的国民革命军第二百师师长兼湘潭警备司令杜聿明制止湘潭纵火,湘潭得以成为长沙灾民主要避难地。长沙一批工商企业、学校就近迁入,湘潭经济呈现战时畸形繁荣,城区人口增至 10 余万。长沙会战起,湘潭成为备战准前线,拆城、破路、空室、清野,建于明清时的古城墙被拆除以修建工事,长潭、潭衡、潭宝公路被挖断,粤汉、株萍、湘黔铁路被拆毁,中央电工器材厂等大企业大部分设备迁到桂林。中共湘潭中心县委、中共湘潭县委、中共湘乡县工委等共产党组织机构相继建立,宣传动员群众抗日和革命。民众抗日爱国热情高涨,各种抗日文艺宣传团体纷纷出现。1940 年,湘潭各界发起“一人一元”捐机献金运动,两县各捐飞机一架和现金 50 万元。

1944 年 5 月,日军为打通大陆交通线,发动长衡会战,6 月分三路由东北部侵入境域,17 日,湘潭县城陷;又侵入湘乡,遭到中国军队顽强阻击,终因实力悬殊,21 日,湘乡县城陷。侵略者烧、杀、掳、抢、奸,无恶不作,企业厂房及未能迁走的设施被破坏殆尽,并大肆掠夺粮食、矿产和各种财物,一次就将 20 余船的铜元和锡转运日本。面对凶残侵略,抗日队伍和群众同仇敌忾,誓死保卫家乡。第七十三军在军长彭位仁(湘乡人)指挥下从益阳驰援,阻敌西犯,并寻机痛击日军,收复洙津渡一战即毙敌 40 多人。抗日队伍中,除国民革命军第七十三军、军事委员会别动军第四纵队(正义军)外,还有属战区指挥的游击队湘潭支队、两县政府组织的抗敌自卫团(挺进军),中共湘潭县工委组织的抗日突击队,以及后来接受中共指挥的张鹏飞、马扬德抗日游击队等队伍,历经湘乡阻击战、收复洙津渡、潭市争夺战、袭击狮子山、上星桥、郭家桥等战斗,至 1945 年 4 月,在湘乡县毙伤日军 900 多名,给敌人以沉重打击。1945 年 8 月 20 日、23 日,驻湘潭县的日军八十二旅团专田盛寺部队和驻湘乡县的十七旅团金井部队分别投降,9 月 20 日,驻潭日军正式签署投降书,向国民党第七十三军投降。自 1938 年日军进犯湖南至沦陷,湘潭被日军狂轰滥炸,城市精华尽毁。在沦陷期间,两县被日军杀害 38812 人,被打伤打残 122867 人;烧毁房屋 72636 栋,损失谷米 6611337 石、耕牛 47238 头。两县民众在抗战中付出巨大牺牲和代价。

抗战结束,国民政府采取恢复经济的措施,境域农业、工商业有所复苏,湘江电厂、中央电工器材厂(新中国成立后发展为湘潭电机厂、湘潭电缆厂)等企业得到恢复和重建,锰矿和膏盐矿一度恢复开采。然而,国民党当局撕毁国共两党停战协定,两县又卷入内战漩涡。内战时期,湘潭物价飞涨,民不聊生,中共地方组织发动群众开展抗粮、抗税、抗丁斗争,加紧统战和策反工作,党员队伍不断扩大。1949 年 7 月,湘中纠察总队配合解放军主力部队在湘潭、宁乡边界将白崇禧部第十九师 3000 多人歼灭。到新中国成立前夕,境域有 113 个党支部、3385 名党员。这些都从武装和组织上为迎接解放创造了条件。此时,域内经济极度萧条,仅有私营商业 1400 多户,从业人员 6400 余人,“小南京”“金湘潭”风光不再。

1949 年 8 月,全境和平解放,湘潭县、湘乡县人民政府于月内先后成立,湘潭进入一个全新的历史时期。1949 年的湘乡县属益阳专区，湘潭县属长沙专区，长沙专员公署机关设湘潭城关。1949 年 10 月，湘潭县城关区改为湘潭市，属湘潭县管辖，1950 年改属长沙专区（1952 年 10 月改名为湘潭专区），9 月成立湘潭市人民政府（1955 年改称湘潭市人民委员会），成立中共湘潭市委员会。解放之初，山河重整，百废待兴。湘潭相继开展统一使用人民币、收编武装、减租退押、清匪反霸等运动。1949 年，全市地区生产总值为 9124 万元。此后三年，重在巩固人民政权、进行新民主主义革命和社会主义改造。城乡实行民主建政、镇压反革命；在农村开展土地改革运动；在国家机关开展“三反”（反贪污、反浪费、反官僚主义）运动，在市级党政机关还开展整风审干运动，并组织支援抗美援朝。1952 年年底，全市国民经济恢复工作基本完成。

1953 年起，进入第一个五年计划期，湘潭市被列为中南地区重点建设城市之一。政务院批准湘潭市为省辖市，省授权湘潭专署领导。国家安排在湖南的 13 个全国重点建设项目，5 个在湘潭市，即扩建湘潭电机厂、湘潭锰矿、湘潭电厂，兴建湘潭电缆厂、湘潭市玻璃厂（即后来的湖南玻璃厂）。国家投入湘潭市的资金占全省工业投资总额 18.6%，一批大中型工业企业建成投产。1956 年春，全市农业、手工业全部实现合作化，工商业实现全行业公私合营，三大改造顺利完成。1957 年 11 月，“一五”计划胜利完成，当年全市地区生产总值 2.19 亿元，比 1949 年增加 140%。其间还开展第三期“镇反”、内部肃反，党内整风等运动。整风运动后来转为大规模的群众性反“右派”斗争，全市共划“右派分子”2792 名。由于斗争严重扩大，给社会主义建设事业带来损失。

1958 年起，根据中共中央制定的把国家经济建设重心从沿海转向内地的方针，国家加大对湘潭市的工业投资，进行工业基础设施建设。湖南最大的钢铁企业湘潭钢铁厂、湖南水力发电设备厂（后名江麓机械厂）、中国当时最大的水泥生产企业湘乡水泥厂、国内当时最大的氟化盐生产单位湘乡铝厂、湘潭市纺织印染厂、湖南铁合金厂、湘乡水府庙水利工程等大型项目陆续开建或建成。至 1960 年的 3 年中，国家对湘潭市的工业投资达 4.497 亿元，为“一五”时期的五倍。此外，还创办起湘潭大学，建成姜畲十万垅排灌工程和省内第一座跨湘江公路大桥即湘潭大桥。期间，全市掀起树立三面红旗（“大跃进、总路线、人民公社”）和反“右倾”运动。“大跃进”中，开展大办工业、大炼钢铁、大办煤矿、大办学校、大办公共食堂等系列大规模行动，特别是大炼钢铁，全市投入劳动力 20 余万人，新建炼钢厂 25 个，小土炉 5000 多座，炼出劣质土钢铁 10 万吨，致使森林资源遭到严重破坏，正常农业生产荒废，大量人力、物力、财力浪费。由于瞎指挥、高指标、浮夸风、“共产风”、强迫命令风及自然灾害影响，国民经济严重失调，人民生活困难，境域超过 10 万农民流入江西，不少人患上水肿病。1961 年起，市委全面贯彻“调整、巩固、充实、提高”八字方针，精简城市人口，压缩基本建设，整顿企业规模，大办农业和粮食，撤销公共食堂，开展整风整社整党运动，清理“一平二调”（平均主义的供给制、食堂制，对生产队的劳力、财物无偿调拨），是年全市地区生产总值 2.72 亿元，为 1960 年的 60%；工业总产值 2.93 亿元，不及 1960 年（6.64 亿元）一半。1962 年经济形势开始好转。随后三年，因国家将建设重点转移到内地“三线”，对湘潭投入减少，新增大型企业很少，但原有的中央和省属大中型企业逐渐形成生产能力，门类更加齐全，冶金、电力、煤炭、化工、机械、纺织等逐渐具备相当规模。1965 年，全市地区生产总值 4.82 亿元，完成工业总产值 5.78 亿元。3 年中，境域还先后开展干部群众“反修防修”、狠抓阶级斗争、以“四清”（清政治、清思想、清经济、清组织）为内容的城乡社教运动、学雷锋等活动；兴建韶山灌区水利工程，其干、支渠总长 2700 多千米，湖南 7 个县（市、区）6.67

万公顷农田受益。1964年7月,湘潭专区分为湘潭、岳阳两个专区,湘潭专区辖湘潭县等6县,代管湘潭市;1965年7月,湘乡县由邵阳专区改属湘潭专区。

1966年5月,湘潭市开始声讨"三家村反党集团",拉开"文化大革命"序幕。中共中央"五·一六"通知传达后,湘潭成立市委文化大革命领导小组,广大党员、群众秉着朴素的感情纷纷投入到这场声势浩大的群众运动中来,各式各样的群众组织纷纷成立。运动中,大鸣大放大字报大辩论大串联充斥各处,全国各地成千上万红卫兵来湘潭串联,步行到韶山。任意揪斗不断发生。破"四旧"(旧思想、旧文化、旧风俗、旧习惯)给传统文化和文物古迹带来灭顶之灾,古建筑、古艺术品、神龛庙宇及旧街名、招牌、商标都被冠以"封资修"名加以破坏,城内20多座古牌坊一周之内被拆毁。地市党政机关受冲击陷于瘫痪,生产生活学习秩序受到严重干扰,"天天读""早请示、晚汇报"、跳"忠"字舞形成热潮。1967年2月,湘潭军分区驻潭部队介入地方"文化大革命",执行"三支两军"(支左、支农、支工、军管、军训)任务。是年夏秋,刮起全面武斗歪风,湘潭两大造反派组织"革造联"和"红造联",加上其他抵潭的造反组织,发生大规模武斗和打砸抢事件,甚至抢夺武器弹药,出动坦克,造成数百人伤亡。1968年,湘潭县、湘乡县、湘潭市革命委员会相继成立,广泛开展"三查一清"(查"走资派"幕后活动、查特务叛徒、查地富反坏破坏活动、清理阶级队伍)等运动,大批干部下放到市革委"五·七干校"劳动,经济发展严重受阻,工业总产值出现负增长,全市地区生产总值4亿元,比1966年下降29.9%;完成工业总产值3.14亿元,不及1966年的40%。是年12月,湘潭县5个公社、湘乡县大坪公社被划出设为韶山区,直属湖南省领导。其时,还掀起知识青年上山下乡热潮。

1969年7月起,先后有多批毛泽东思想宣传队进驻各单位,开展"斗、批、改"运动。1971年2月,中共湘潭市委恢复。此后至1973年,还开展"一打三反"(打击反革命破坏活动、反对贪污盗窃、反对投机倒把和反对铺张浪费)、揭批陈伯达反党罪行、清查"五·一六分子"等运动。随后两年,开展"批林批孔""围剿资本主义""批邓和反击右倾翻案风"等政治运动;学大庆、大寨等工作相继展开。广大干部职工和群众抵御"左"的干扰,坚持生产,经济总量有所增长。1975年地区生产总值7.28亿元,比1965年(4.82亿元)增长25.59%。

1976年10月23日,市区20万军民集会,庆祝粉碎"四人帮"。全市各级党组织和人民群众,投入到"一批两打三清"(揭批"四人帮"、打击阶级敌人破坏活动、打击资本主义势力、清政治、清劳力、清经济)和党的基本路线教育中。交通、治安、市场、教学等各项秩序陆续恢复。1977年冬,恢复高等学校招生考试。1978年,开始"改正"错划右派、给"反党反社会主义分子"平反。随后,全市开展"实践是检验真理的唯一标准"讨论,开始思想上的拨乱反正。中共十一届三中全会后,全市党政工作重点是全面开创社会主义现代化建设新局面。1979年2月,市委作出关于解决"文化大革命"中若干遗留问题的决定,全市陆续开展平反冤假错案、地主富农摘"帽"、落实干部、知识分子政策,全面纠正"文化大革命"以来"左"的错误。1980年,湘潭市由地区代管改为由省委、省政府直接领导,市革命委员会恢复为湘潭市人民政府。次年,省辖韶山区改为县辖区,划归湘潭县管(1984年5月改为县级区,由湘潭市管辖)。此后,相继开展农村经济体制改革,实行联产承包责任制,调整地方工业,扩大企业自主权;被破坏的重要文物建筑被陆续修复开放。1982年11月,市委开始清理"三种人"(追随林彪、江青反革命集团造反起家的人,帮派思想严重的人,打砸抢分子)工作,结合整党,处理"文革"遗留问题。1983年3月,撤销湘潭地委和湘潭地区行政公署,地市机构合并,实行市带县的领导体制，湘潭市辖湘潭、湘乡2县和城市5区；随后农村改变“政社合一”的人民公社行政体制，恢复乡政权。理顺生产关系的农村爆发出巨大生产潜力，1983年湘潭市粮食总产量突破13亿千克，农业社会总产值13亿多元，是有史以来最大丰收年。1985年2月，国务院定湘潭市为全国甲类开放市，当年全市地区生产总值22.55亿元，是1978年的2.16倍；财政收入3.13亿元，社会总产值42.07亿元，工业总产值达26.46亿元，农业总产值8.97亿元。形成机电、冶金、纺织、建材四大工业支柱，农业上单一落后的粮猪型向农林牧副渔多面发展的格局发展。

四

1986年，市委、市政府贯彻实施中共湘潭市第六次代表大会精神，把发展农业、工业、教育和科技作为重点，坚持物质文明与精神文明并重。工业仍以国营大中型企业为骨干，以机械、轻纺、冶金工业为基础，加强技术改造，加快结构调整；农业贯彻中共中央一号文件精神，“决不放松粮食生产、积极发展多种经营”，继续稳定和完善家庭联产承包责任制，落实农村经济政策，改善生产条件；商业贸易实行“计划经济与市场经济相结合”政策，发挥国营商业和供销社主导作用，满足市场供应。加强市政建设，提升城市面貌，市人大常委会决定，选定樟树作为“市树”，菊花作为“市花”，广为种植，城市面貌一新。制定《湘潭市实施九年义务教育工作的有关规定》，有步骤地实施九年义务教育；推进科技体制改革，放宽科技人员政策，支持和鼓励科技人员到工农业生产第一线进行技术承包和技术服务；卫生事业贯彻“面向工农，预防为主，团结中西医，卫生工作与群众运动相结合”的方针，依靠科技，中西并举；建立健全劳动保障体系，开始建立城镇职工社会养老保险和待业保险制度。是年，全市地区生产总值24.51亿元，一、二、三产业按所占比重依次为二、一、三，其中第二产业增加值占地区生产总值49.86%；工业总产值29.58亿元；农林牧渔业总产值9.51亿元；粮食总产122.37万吨；财政总收入33024万元；全市社会消费品零售总额9.42亿元。城市居民人均可支配收入885元，农村居民人均纯收入514元。市城区面积29.13平方千米，城镇化率21.64%，城市人均绿地面积1.4平方米；有各类学校2164所，在校学生48.4万人，专职教师23237人；科研机构46家，专业技术人员32582人；医疗卫生人员1.01万人，每千人有病床2.46张；人均拥有体育场地0.21平方米；全市参加养老保险人数10074人，参加待业保险16.87万人，居全省第一。1987年起，市国营工业企业改革分配制度，普遍推行工资总额与经济效益挂钩；改革企业领导体制，全面推行厂长负责制；改革劳动用工制度，逐步打破全民工、集体工、合同工的界限，实行择优上岗；强化企业管理，实行厂长聘任制和公开招聘制，进行技术设备更新改造，促进企业上等级。企业自主权扩大、实施“利改税”。湘潭市成为全国第一个实行全民企业工资总额与净产值挂钩的中等城市。1989年，市委、市政府制定《关于加快发展乡镇企业的若干规定》，提出“积极扶植、合理引导、加强管理”的指导方针，对乡镇企业实行优惠政策，实行乡(镇)、村、联户、个体企业“四个轮子”一齐转。鼓励各类专业技术人员领办、联办、承包、租赁、创办乡镇企业，促进乡镇企业发展。国营商业企业普遍推行承包经营责任制、租赁经营，集体商业实行股份制政策。对国有小型商业企业实行国有民营改革，使其经营管理体制由计划管理型逐步向市场经营型转变，商业贸易逐步向大流通、大市场方向发展。市直52家国营中型商业企业全部实行承包经营，156家小型企业有73家实行租赁经营。改革农产品统派购制度，粮食实行国家定购，其他农副产品逐步放开，建立和完善农产品市场；稳定家庭联产承包责任制，理顺和处理"三农"（农业、农村、农民）关系和存在的问题。1990年，工业企业展开横向联合，推行现代企业管理制度，提高质量管理，促进企业晋级。1990年11月，经省绿化委员会验收，湘潭市成为全省率先消灭宜林荒山的两地市之一。至是年的5年间，全市工业企业投入技术改造资金12.18亿元，通过更新技术设备，改善技术装备，工艺水平、产品质量提高，江麓机械厂出产的QT120塔式起重机获国家质量金质奖。全市101家企业晋级，其中国家大型二档企业16家。湘潭电缆厂作为国家大型二档企业，是中国南方规模最大的综合性电线电缆厂家；湘乡铝厂生产的氟化盐产量居全国第一，钾盐产量居全国第二，电解铝产量为全省第一。

1991年，湘潭市执行第八个五年计划，出台《关于科技兴市的决定》，实行科技兴工、科技兴农，普及全民科技意识，增加科技投入，落实各项规划，对高新技术革命以及产业开发进行扶持和引导。工业重点扶植100项规模较大、效益较好的新产品的试制和开发；农业推广12项技术成熟、效益显著的科技成果和先进技术。同年，市委、市政府提出全市建设"吨粮田、花果山、小康户、文明村"目标。针对合同定购中粮油收购困难情况，将粮食合同定购改为国家定购，确保粮油市场稳定和平价粮油供应。切实减轻农民负担，市委、市政府组织开展全市农民负担大检查，废止涉农收费文件和收费项目，减少收费1960多万元。实施"走出去"战略，制定出口创汇优惠政策，实行出口创汇专项奖励；鼓励外贸企业推销地方产品。全市出口创汇达到1465.78万美元。城市建设提出"一年一变样，三年大变样"，启动城区环线道路建设，改造城市主干道。教育以基本实现9年义务教育，高标准扫除青壮年文盲、半文盲为首要工作，以改善办学条件，加强教师队伍建设，作为推动"普九"工作重点，制定《普及九年义务教育规划》，对1988年制定的"普九"目标进行调整，要求到2000年，全市全面实现"普九"义务教育（1993年湘潭市提前10年完成扫盲任务，被省人民政府认定为全省第一个高标准基本无盲市）。卫生工作贯彻"预防为主，依靠科技进步，动员全社会参与，中西医并重，为人民健康服务"的方针，加大新技术、新项目开发力度。市疾控中心立项参加国家"八五"肝病防控攻关课题，被评为全国乙肝防治先进单位。1992年，经国务院批准，湘潭市撤销雨湖、湘江、岳塘、板塘和郊区5个区，以湘江为界，河西设雨湖区，河东设岳塘区。市委在全市开展解放思想、深化改革大讨论，打破"左"的禁锢和摆脱姓"资"与姓"社"的困扰，贯彻国务院《全民所有制工业企业转换经营机制条例》精神，对境内企业实行承包经营、实施破产、出售出租、公有私营、股份制、一厂两制、一厂多制、混合经营等八项改革，转换企业经营机制，理顺企业产权关系，实行政企分开，落实企业自主权。对湘潭电机厂、湘潭电缆厂、湘潭化纤厂、湖南农药厂等10家企业进行无行政主管部门试点，对35家企业全面推行三项制度改革，涉及8万余工人。经国家体改委批准，湘潭市为股份制企业试点市，开始在企业中试行股份制。在岳塘区建设南路和吉安路之间设立湘潭市高新技术产业开发区，面积25平方千米。经国务院经贸办、国家计委等部委联合批准，江南机器厂、江麓机械厂、湘潭纺织印染厂、湘潭电机厂、湘潭电缆厂、湘乡水泥厂、湘潭钢铁公司、湖南铁合金厂、湘潭锰矿、湘乡铝厂为大型一类企业。市委、市政府提出"工业兴市"指导思想，全市开展"强化管理，从严治厂，转机建制，练内功，争效益"活动。是年，全市完成工业总产值67.52亿元，比上年增长10.8%。市政府制定《关于国营商业实行经营、价格、分配、用工"四放开"的有关政策规定》，确定在市五交化公司、糖酒副食公司等33家企业试点，打破国营商业企业的"大锅饭""铁饭碗"，初步建立起合同用工制度，试行工人内部合同制、干部聘任制、职工内部待业制和内部退休制。市政府贯彻实施国务院关于《农民承担费用和劳务管理条例》,市、县(市、区)召开各级干部会议,运用各类媒体广泛宣传,将《条例》落实。由于粮食生产连年丰收,粮油仓库不足,出现粮油部门收储困难、农民卖粮难问题。1993年,湘潭市国有企业实施破产作法,湘潭味精厂、湘潭五金电镀厂第一批破产。市政府制定《湘潭市城镇集体股份合作试行办法》,对设定方式、股份股权、效益分配、管理体制、审批程序等8个方面作出规定,全面启动企业股份制。市委、市政府采取一系列措施,贯彻落实中共中央、国务院"两办"关于减轻农民负担的政策,先后发出《关于切实解决当前农民负担几个突出问题的意见》等3个文件,对各级党委、政府及有关部门增加农民不合理负担的文件进行第二次清理, 共废止文件67件, 减少向农民收费3056万元,国务院宣布取消的收费项目全部取消。市政府制定《湘潭市达小康规划》和湘潭市小康县(市区)、小康乡、小康村、小康户标准,提出全市提前三年率先在全省进入小康目标。全市取消定购粮"三挂钩"政策,放开粮油购销价,粮食收购由国家定购改为按经济合同和保护价收购(1994年,因按粮食经济合同收不到粮食,致粮源紧缺,又恢复为粮食定购。2002年,粮食购销价格和市场全面放开)。全市批准建立股份制企业21家,实际登记注册16家,实募股本5.72亿元,投入企业项目建设和技术改造。1994年,国家实行分税制财政体制,湘潭财政管理体制由包干制改为分级分税制。围绕生财、聚财、理财,在组织收入、科学管理、优化支出等方面实行改革。是年,湘潭市被列为国家12个精细化工基地之一。工业企业处在新旧体制转型时期,面临企业冗员增加、市场竞争激烈、产品结构不合理等诸多问题和矛盾,处境困难。人民银行所监测的38家国有大中型企业中,17家亏损;78家预算内工业企业中,23家亏损。亏损总额近2亿元。公有制企业停产、半停产110多家,涉及职工2万余人。1995年,中共湘潭市第八次代表大会提出"强工富市"战略,实施"打好基础、突破重点、拉长短腿、控制物价、加快发展经济"方针。全市以经济建设为中心,经济建设以工业为重点,工业以管理与创新为关键。工业企业深化管理,转机建制,推行大包干责任制,进行技术改造,引进先进技术,研究开发新产品,调整产品结构,提高产品质量,增强竞争能力。全市工业总产值116.2亿元,比1990年增长117.07%。湘潭电机厂组建的湖南南方通用电气集团公司进入"中国脊梁"国有企业500强。是时,市委、市政府把农业放在全市经济工作首位,把农村经济发展放在农村工作首位,培育农村经济超常规增长点。制定《关于开发丘岗山地的若干规定》和《湘潭市丘岗山地深度开发规划》,深度开发丘岗山地43530公顷,占应开发面积39.33%。改造低产耕地、低产油茶林、低产鱼塘12840公顷,建立优质米、湘莲、茶叶、小水果等十大基地。市委、市政府发文件,宣布农民承包耕地再延长30年不变。全市派出干部组成176个工作组,进驻176个村,落实政策,帮助农民增产增收,农业稳步发展,全市农林牧渔业总产值44.21亿元,粮食总产145.97万吨。生猪生产突破长期发展缓慢局面,全市出栏肉猪316.94万头,比1990年增长63.82%,年均增长12.76%,居全省第一位。森林覆盖率提高到46.6%。市委、市政府成立个体私营经济领导小组,引导个体私营经济发展。湘潭市南北特产食品有限公司职工王填创办湘潭步步高食品有限公司, 开办全市首家超市——步步高量贩店,以开放自选、电脑结账式的新型商业经营模式,开全市新型商业购物先河,带动新型商贸经济快速发展,市内超市、量贩、连锁店、大卖场、专卖店等不断涌现。国营商业企业通过兼并、联合、股份合作、租赁、托管、破产、出售等多种形式,加快产权制度改革。市政府制定鼓励出口企业的奖励政策,扩大企业自行出口权,不断推动全市工业产品出口。全市社会消费品零售总额45.33亿元，出口创汇6429万美元。湘潭电信部门加强信息系统建设，升级改造通讯网络，开发利用计算机现代信息技术，实现持续、快速、稳定、协调发展。城市设施建设加强、煤气二期工程竣工，河西城市防洪堤建成，小城镇建设加快。市城区面积达到44平方千米，道路街巷总长222千米，城市人均绿地面积2.92平方米，全市城镇化率28.79%，全市公路总长2225千米。固定电话用户8.3万户，移动电话用户0.6万户。总用电量24.38亿千瓦时。市委、市政府作出《关于在1998年全市实现普及九年制义务教育目标的决定》，各级政府按照《义务教育法》要求，严格组织适龄儿童和少年接受义务教育。小学毕业升学考试取消，毕业生按户口所在地就近进初中学校。全市加强劳动工资宏观调控，开始实行《工资手册》使用制度和最低工资标准制度；社会养老保险进入发展巩固、完善时期，多方位、多层次、一体化的社会养老保险制度初步建立。至1995年，城市建设投入资金5.1亿元，先后拓宽改造民主西路、大湖路、宝庆路、吉安路等20多条主次干道和砂子岭广场以及30多条小街小巷道。新建湘潭湘江二大桥，解决市区到易俗河交通不便问题，全市投入教育经费8.12亿元，新建小学88所，新建校舍及配套用房54.43万平方米，改建校舍43.83万平方米(1997年，湘潭市全面实现“两基”达标和“普九”目标)。全市科技对工业、农业生产的贡献率分别达到35%和40%。全市文学创作每年在省级以上各类刊物发表300件左右；湘潭是全省戏曲创作最活跃地区；美术创作进入历史上最繁荣时期，湘潭在全省、全国美展入选作品量为省内地州市之首。卫生事业贯彻“动员全社会参与”的卫生工作方针，个体行医得到政策保障，全市医疗卫生系统开展职业道德教育，对个体诊所进行全面整治。群众体育迅速发展，形式多样，参加体育锻炼人口增加。全市参加社会养老保险16.25万人，实行劳动合同制职工27.7万人，占职工总数95%，名列全省第一。

1996年起，市委、市政府实施“强工富市”方案，把立足工业、依托工业作为加快湘潭市经济建设重点，实施支柱产业工程、工业基础工程、名牌产品工程和大集团工程。对关系全市经济命脉的大型企业和企业集团实施优惠政策，并制定《湘潭市工业技术及工业结构调整实施方案》。同时，深化国有企业改革、改制。针对国有企业改制重组、出售拍卖、股份合作等方面，相继制定18个政策性文件，确保企业改革改制顺利进行。是年，全市国有中小企业放开放活面达到46%。审结破产企业21家，支持企业投入22亿元，比最多的1995年翻一番。市委、市政府实施“科教兴农”战略，制定《湘潭市加快农业结构调整的若干政策规定》和《关于加强农业产业化发展的意见》，建立百里农业科技走廊与持续高效农业科技示范区，推广先进农业技术和农业产业化经营。围绕“过吨粮，奔小康”的总目标，市委书记、市长、市人大常委会主任等市级领导深入湘潭县、韶山市办小康示范点，解决“三农”存在的热点、难点和焦点问题。全市1000多名干部到基层，整顿农村村党支部班子，选好村党支部书记，带领群众发展农村经济。是年，全市林业率先在省内实现全面绿化达标。市内145.02万亩双季稻，总产稻谷146.81万吨，亩均产量1012.3千克，实现亩产成建制过吨粮，成为全省第二个双季稻田亩产成建制过吨粮的地级市。是年，湘潭县青山桥镇被文化部命名为“中国民间艺术之乡——唢呐之乡”；湘潭市被国家爱国卫生运动委员会授予“全国卫生城市”称号。1997年，湘潭市被批准为全国优化资本结构试点城市，全市19户企业被批准进入优化资本结构试点单位。市政府以此为契机，实行以建立现代企业制度为目标的企业改革，实施“抓大放小”战略。采取划小核算单位，实行国有私营、租赁、拍卖、破产等形式，改革企业管理制度。全市国有中小企业放开放活面达到48%，全市248家县及县以上公有制企业，通过规范破产、鼓励兼并、减负增收、增资减债等措施，有

135家实行股份合作制。全市10家企业建立现代企业制度，全部挂牌运作。湖南电线电缆集团和南方通用电气集团成为省级跨地市的大集团。是年起，农产品价格回落，农民负担回升，乡镇企业滑坡，农村经济出现徘徊。市委、市政府加强招商引资，实施农业产业经营。1998年，市委、市政府制定《关于乡镇集体企业产权制度改革的意见》，全市乡镇企业开始实行产权制度改革。乡镇企业通过出售、拍卖、兼并等多种方式，转变为民营企业和股份制企业。对资不抵债乡村集体企业实行租赁经营（“九五”期末改制基本完成）。湘潭市农村成为全省第一个基本达到小康标准地级市。全市人均产肉量51千克，比全国人均高出1倍，生猪出栏率188.4%，接近世界先进水平。全市医疗卫生工作贯彻“以农村为重点”和“2000年人人享受初级卫生保健”目标，对乡（镇）卫生院危房全面进行改造，促进农村卫生事业发展。市级各单位和企业对口支援乡（镇）卫生院建设，湘潭市成为全省农村卫生保健市。同时，贯彻卫生部等10部委《关于发展城市社区卫生服务的若干意见》，建立社区卫生服务中心。全市形成预防、医疗、保健、康复、健康、计划生育技术指导“六位一体”的全方位服务体系，网络覆盖率达100%。市委、市政府对国营商业企业实行“放开搞活，逐步退出，适当收缩，效益为本”改革方针，国营商业企业逐步向民营经济和混合经济转变，实现资本重组。国营商业企业以实现投资主体多元化为改革方向，全面放开中小国有企业，采取承包租赁经营、合资合作经营、托管拍卖等形式，自由组合、自筹资金、自主经营、自负盈亏等改革改制办法，国有商业企业和职工实现两个“退出”，国营商业企业逐步退出商品经营和市场竞争，商业贸易形成私营企业唱主角的格局。商业企业引进人才、资本和机制，仓储式商店、连锁经营店等新型商业形态开始形成。全市出口商品市场逐步拓宽，湘莲、化工原料、建筑塔吊、立德粉、矿山机械等商品出口量不断增长。湖南迅达集团等3家民营企业获得自行出口权，出口潜力增大。是年，全市供销合作社面临人员臃肿，欠账多，包袱重，加上体制不顺，机制不活，市场竞争激烈等诸多矛盾，经营活力减弱，经济效益滑坡，逐步陷入困境。1999年，市政府贯彻国务院《关于解决当前供销社几个突出问题的决定》，实行改革改制，一部分企业退出经营，一部分企业资不抵债，实行破产。市委、市政府贯彻中共十六大关于全面繁荣农村经济，加强城镇建设精神，确定湘潭城镇建设“规划定位、产业兴镇、多元筹资、典型引路”思路，提出“打开通道，拓展框架，着重新区，东建西改”指导思想，实现“路平、灯亮、水通、草绿、道通、街洁”目标。全市改革教育体制、办学体制和教育投资体制，调整教育结构，全面实施素质教育；提出教育“适度发展普通高中”办学原则，高中规模不断扩大，在校学生急增。招生人数比上年增长63.9%。市直学校开始实行校长选聘制、副校长聘任制，并在各县（市区）中小学全面推行；普通小学逐步取消学科成绩百分制，建立综合素质登记评价制度和综合素质等级评价制度。市委、市政府出台《关于加快科技进步推动产业结构优化升级的决定》，全面实施10个重点科技项目，扶持10个科技型龙头企业、10个科技型中小企业和10个民营科技企业，发展高科技产业。湘潭市被评为“全国首批10个专利试点城市和全国新材料成果转化及产业化基地”三个示范区之一。湘潭市在全省率先实施城市居民最低生活保障制度，确定最低生活标准为每户每人120元。

2000年，市委、市政府制定《湘潭市2001～2005年农业结构调整规划》和《湘潭市加快农业结构调整的若干政策规定》，继续壮大粮猪主导产业，发展名优特新产业。全市工业企业改革逐步深化，工业企业发展的体制问题初步得到理顺与解决。2001～2005年，全市投入城市建设资金8.56亿元，投入交通建设资金26.89亿元，建设小城镇和市城区。新建和改造双拥路、河东大道等主干道和白石、建鑫、君子莲等广场和众多县乡村公路。既美化市容,又为市民提供较好休闲条件。湘潭湘江三大桥、杨梅洲大桥建成通车,城区交通得到缓解。全市投入工业技术改造资金43.68亿元,加快结构调整和技术改造,产品质量提高。湘潭电机厂出厂的108吨电动轮自卸车获国家质量金质奖。大多数工业企业面临体制改制、技术改造、社会事业繁重、职工下岗以及产品竞争等问题,全市工业企业连续五年发生亏损,亏损总额16.83亿元,下岗工人8万余人。社会事业全面发展,基础教育教师录用实行招聘制。湘潭机电专科学校与湖南纺织高等专科学校合并组建为湖南工程学院(本科)。湘潭市被省人民政府授予巩固"普九"成果奖。文化事业不断发展,小说、诗词诗歌、电影文学、美术创作繁荣,戏曲杂文略有下降,图书、文物、体育事业兴起。全市创省级文明卫生单位381个、14家"爱婴医院",湘潭市被省确定为"爱婴市"。全市职工实行工资指导线的国有企业162家,全市有职工30.3万人,职工年人均工资6682元,全市建立起培训考核、就业、待遇相联系的技能培训激励机制。城镇登记失业率为2.92%。

2001年起,市委、市政府贯彻落实"三个代表"重要思想,加强党的建设和精神文明建设。加快对工业的改革改制和优化升级,大中型企业实行公司制改革,建立起规范的法人治理结构。中小型企业按照有进有退原则,重点抓好"两个分离"和"两个置换",增强企业活力。市政府制定《湘潭市国有工业中小型企业产权制度改革若干规定(试行)》,对国有工业企业进行破产关闭、整体出让、联合兼并、分立经营、股份制、租赁经营等多方面改革,全市按照市委、市政府提出"以产权制度改革为核心,以化解债务为前提,以盘活资产为途径,以安置职工为重点,以创新制度为目标"的宗旨,全面推进国有企业产权制度改革,并建立现代企业制度;市属工业企业全面改革产权制度,企业退出国有、职工退出全民身份。市属企业改革,坚持"招商改革,招商改造"发展思路,引进外资和民有资本,盘活存量资产与闲置资产。以民间资本激活国有资本,以增量资产盘活存量资产,产权主体实现多元化。全市贯彻中共湘潭市委九届二次全会精神,按照农业产业化要求,培育龙头企业和加工、营销等中介组织。市委、市政府制定优惠政策和措施,推进全市农业产业化经营。推进农村综合改革,建设生态能源,继续加强农业基本建设。市政府制定农民素质培训实施方案,加强农民科技培训,农村劳力转移加快,劳务经济成为农民致富的重要途径。中共湘潭市第九次代表大会决定,全市按照"大旅游、大产业、大发展"思路发展旅游业,把湘潭建设成为独具特色的旅游观光休闲基地。市委、市政府作出《关于加快发展旅游业的决定》,明确把旅游业作为湘潭市国民经济新的增长点与新兴支柱产业和第三产业的龙头产业,重点培育,优先发展。并提出以韶山为龙头,带动乌石、昭山、水府庙和隐山发展。全市供销社采取措施扭亏增盈,对边远、小型、亏损企业实行关停并转,对严重资不抵债,扭亏无望的企业,依法破产。市委、市政府在城区实施"一化三清"工作,拆除违法违章建筑和有碍市容建筑20万平方米,清理违法用地166.2公顷,清理规范70家房地产开发企业,补税入库1357.96万元。并提出城市建设"拓宽框架、完善功能、美化空间、突出中心、提高品位"的总方针和"东扩西改"的战略决策,实现"一年一变化、三年一大步、五年一跨越"的目标。全市筹措城市建设资金5亿多元,加强基础设施建设,实施"破瓶颈、畅通道、建网络"的畅通工程。锦源广场、锦程大道、东方红广场、湖湘公园等相继建成,宝园花苑等一批高档住宅小区先后出现,城市中心区成为湘潭市城市建设最大亮点。对农村中小学进行调整,撤点并校。但大规模的撤并造成城镇小学生源集中、大班授课,也给边远农村儿童带来新的上学远、上学难问题。为巩固"普九"教育成果,全市实行农村义务教育阶段“两免一补”政策，解决贫困家庭上学难问题。文化事业上，美术创作和其他艺术创作稳步发展，群众文化活跃，小说创作显著回升，诗词繁荣，电影文学创作成果增加。全市卫生事业实行以预防为主，防治结合，依靠科技进步化解诊治难题的政策，提高疾病防控能力。2002年，全市筹集资金1800万元，强化乡（镇）卫生院建设，乡（镇）卫生院基本实现人员、设备、技术三配套，农村卫生事业得到明显改观。是年，市政府实施“城区5万人就业工程”，采取社区就业和市场推荐就业等形式，全市4.25万人实现就业和再就业。湘潭市被省政府评为“两个确保和再就业工作先进单位”。新增安置就业6.8万人，市劳动和社会保障局被国家劳动和社会保障部记一等功。2003年，市委、市政府决定把湘潭市打造成湖南制造业中心、湘中南现代物流中心和长株潭休闲中心。围绕打造湖南现代制造业中心，制订《关于建设湖南先进制造业中心的意见》和实施方案，同时制订《湘潭市加快推进工业化进程的若干政策规定》，扶持大型企业和中小型企业发展以及工业园区建设，开展招商引资，加大工业投入。市政府制订鼓励优势民营商贸企业兼并收购国营商业贸易企业政策，湖南步步高商业连锁有限公司收购湘潭市百货大厦和华隆大厦，成为全市国营商业企业改革典范。连锁超市由城市向农村延伸，实施以“农家店”为主要内容的“万村千乡市场工程”。湘潭市在全国首创生活资料、医药、农资“三合一”和生活资料、医药“二合一”的农村连锁超市新模式。2004年5月，市委、市政府作出《关于创建全国科技进步先进城市的决定》，采取以项目带动产业发展，突出扶持优势项目和产业，实施制造信息化工程、产学研结合、推进专利战略，促进科技进步与创新。是年8月，市人大常委会第十四次会议通过市政府《关于湘潭市人民政府驻地搬迁的方案》，决定市行政中心东迁。

2005年，全市国有工业企业以产权制度为核心的改革继续推进，国有大型企业改革主要实行股份制，实现投资主体多元化，促进经营机制转变，建立现代企业制度；中小型企业实行“两个退出”，全面放开搞活。市县属国有企业和集体企业90%以上完成改制任务，完成“两个退出”。全市规模以上工业企业508个，其中股份制企业276个，股份合作企业37个。全市工业企业通过技术改造促进产业优化升级，增强企业后续发展能力，形成新的经济增长点，工业经济迅速提升。全市工业产品在全省居第一位的有啤酒、焦炭、铁合金、交流电动机、电解二氧化锰、卫生陶瓷、玻璃制品等；湘铝的干法氟化铝、高分子冰晶石，湘钢的优质线材、棒材，湘机的Y系列电机、城市轻轨车、108吨、154吨电动轮自卸车，江麓的吊塔、压路机等技术水平在国际国内处于领先水平。迅达牌燃气灶具获中国名牌产品称号。全市贯彻国务院“三补”和省政府免征农业税政策，市委、市政府制定社会主义新农村建设方案和对农村基层干部实行考核奖励政策，广大干部和农民积极性提高。全市农业产业化初具规模。伟鸿食品、聚宝米业等农业产业化龙头企业与境内生猪养殖、粮食生产、湘莲生产、竹木生产基地地区及农户签订种植、收购、加工、销售合同，使四大产业逐步形成“种养加”“产供销”“科工贸”一条龙产业化格局。湘潭市先锋企业集团、湖南怀其皮革集团制品有限公司成为国家级农业产业化龙头企业，湘潭市聚宝米业有限公司、湖南伟鸿食品有限公司等10家成为省级农业产业化龙头企业。全市商业服务业基本建立起以城区店为龙头、乡镇店为骨干、村级店为基础的农村现代流通网络。全市金融行业深化改革，创新服务方式，重点支持城市中心区、经济开发区和国有大型企业改造；开办中小企业下岗人员小额担保贷款，支持下岗工人再就业；继续推行农户小额担保信用贷款和农户联贷业务，促进农村种养业发展。旅游业不断提升，韶山、乌石列为全国红色旅游精品线路和红色旅游经典景区，水府庙、紫荆湖、农博园等景点景区相继开放，旅游人数迅速增加，全市接待游客 627 万人次，营业收入 27 亿元。交通运输、邮政电信、饮食服务等第三产业继续提升。市城区面积 76 平方千米，道路街巷总长 396 千米，人均道路面积 11.38 平方米，天然气和液化气用户达 93%，居全省领先地位；城市人均绿地面积 7.97 平方米。全市公路总长 2719 千米。固定电话用户 41.4 万户，移动电话 49.5 万户；总用电量 43.11 亿千瓦时，全市城镇化率达到 42.5%。市内全面推行义务教育一贯制和收费公示制，建立特困家庭学生资助制度。全市基本形成以政府办学为主、社会办学为辅，公办学校与民办学校共同发展的体制；教育投资以财政拨款为主，以征收教育附加费为辅；在抓基础教育同时，发展职业技术教育，促进教育事业全面发展。全市有各类学校 910 所，在校学生 49.8 万人，各类学校共有专任教师 27996 人。全市取得各类科技成果 774 项，其中获省、部级以上科技奖 254 项；114 项达到国内先进水平。专利授权量 1379 件；获“全国科技进步先进城市”称号。全市大中型企业基本完成信息化主干网络建设，企业信息化水平在全省排名第一；科技对国民经济的贡献率达到 48%；科技进步综合排名全省第二。文学创作在省级以上各类公开报刊发表 500 件左右；雨湖区被中宣部命名为“全国先进文化城区”；电影文学实现零的突破，《毛泽东在 1925 年》被搬上银幕，获中宣部“五个一工程奖”和《大众电影》金鸡奖之最佳故事片奖与广电部中国电影华表奖之优秀故事片奖；电影文学《毛泽东去安源》获中国电影华表奖之优秀故事片奖。全市有 6 个文化馆、艺术馆，其中国家级文化馆（岳塘区）1 个、国家一级艺术馆（市艺术馆）1 个。乡（镇）街道文化站 80 个，市级文艺家协会 15 个，文学艺术社团 86 个，会员、社团成员 5000 余人。公共图书馆 7 个，其中国家一级图书馆 1 个；图书馆（室）1100 余个，藏书 23378 万余册。国家、省级、市级文物保护单位共 34 处，有各类文化娱乐场所 2000 多家。医疗卫生事业继续推进医院重点学科建设，全市有重点学科 11 个，通过对重点学科的建设，全市形成较为完整的医疗体系。开展做文明市民、建设文明家庭活动；对医务人员进行医德、医疗安全教育；运用先进科学技术化解诊治难题；重点学科有市中心医院心血管介入科、肝胆外科、内分泌代谢科；市一医院泌尿外科，市妇幼保健院遗传与优生科，市口腔医院口腔内科，市中医院骨伤科，湘乡市中医院眼科等 11 个学科。全市共有医疗卫生人员 1.25 万人，每千人有医疗卫生人员 4.39 人；开设病床 8620 张，每千人有病床 3.03 张。职工体育活动频繁，农民体育、老年体育迅速发展，竞技体育水平提升。市内建立社区体育辅导站 402 个。雨湖区中山街道迎宾社区、岳塘区滴水埠街道江滨社区、湘潭县易俗河镇城塘社区，被评为湖南省城市体育工作先进社区。湘潭市有 22 名运动员进入湖南代表团参加全国第十届运动会，获得金牌 2 枚、银牌 2 枚、铜牌 2 枚和 17 个有奖名次。全市人均拥有体育场地 0.69 平方米。各种社会保险制度基本建立，全市建立起职工养老、失业、医疗、生育、工伤等 5 大社会保障体系，社会保障功能逐步完善，社会保障工作稳步推进。全市养老保险人数 27.56 万人，参加失业保险人数 28.93 万人，参加医疗保险人数 29.28 万人，参加城镇职工生育保险 14.13 万人，参加工伤保险人数 18.48 万人，城镇登记失业率控制在 4%以内。社会救济人数 13.82 万人次，参加城镇低保人数 7.63 万人。湘潭市经济以工业为支柱，基本形成以冶金、机电、化纤纺织、新材料为主的工业制造业体系。湘潭市被列为全国制造业信息化试点城市、全国知识产权示范创建市、国家火炬计划湘潭机电一体化产业基地。商业贸易、旅游业、金融保险、交通运输、邮政电信、饮食服务等第三产业在湘潭市经济中占有重要地位。农业是湘潭市经济的基础，以粮食、生猪为主导产业，其单产、人均占有量处在全省前列；湘莲是境内特产，湘潭被称为“中国湘莲之乡”；竹木、蔬菜、小水果、水产、草食动物、家禽、特种养殖等多种经营全面发展。全市地区生产总值366.84亿元，比1985年增长15.28倍，年均增长14.97%，一、二、三产业按所占比重排列依次为二、三、一，第二产业增加值占地区生产总值43.32 %。全市财政总收入24.16亿元，比1985年增长6.72倍，年均增长10.76%；全市社会固定资产投资169.24亿元，比1985年增长47.91倍，年均增长21.47%；全市工业总产值426.82亿元，比1985年增长15.13倍，年均增长14.92%；全员劳动生产率人均16.12万元，万元综合能耗2.5吨标煤。全市消费品零售总额113.41亿元，比1985年增长12.58倍，年均增长13.93%；经济发展对外贸依存度达到17.7%。全市粮食总产量155.56万吨，比1985年增长27.12%，人均生产粮食居全省第二位；出栏肉猪600.83万头，比1985年增长3.14倍，人均产肉量居全省第一位；生猪出栏率217%，比全国高出86.2%；农林牧渔业总产值94.92亿元，比1985年增长5.98倍，年均增长12.52%；城市居民人均可支配收入9685元；农民人均纯收入4177元，居全省第二位。

在1986至2005年的20年中，湘潭经济社会全面发展，取得的成就令人瞩目。但湘潭还存在工业经济总量不大、企业结构与产品结构不够合理、非公有制工业实力不强、生产要素供需矛盾突出，企业优秀人才不足等问题。高污染、高能耗的冶金、化工、建材企业的比重占规模工业50%以上，而科技含量高、附加值高，低能耗的电子信息和生物医药工业产值不到规模工业1%；工业原料对外依存度较高，全市年耗煤150万吨左右，而自给率只有约10%，这些问题严重制约工业经济发展。商业企业改制还没有完成，国有商业企业改制和国营企业职工身份置换还存在遗留工作，商业贸易拉动内需、刺激消费、促进经济发展有待加强。农村人均占有土地资源不多，农村经济发展潜力受限；农民生活水平不平衡，城乡差别仍然较大。据此，市委、市政府认真贯彻中共中央、国务院关于社会主义新农村建设的指示精神，制定社会主义新农村实施方案，组织广大干部群众全面推进社会主义新农村建设。在中共湘潭市委、市人民政府强工富市、科技兴市战略指引下，全市人民同心协力，扬长避短，将把“湖湘胜地、伟人故里”建设得更加繁荣昌盛。

大事记

1986年

1月1日　获得亚洲“大米杯”少年网球赛女子单打冠军、亚军和双打冠军的湘潭市运动员唐敏、李芳载誉归来。

1月3日　湘潭火车站实现安全生产1500天，在全省铁路、电力系统表彰会上获“文明车站”称号。

1月3～4日　中共湘潭市委召开全市农村整党联络员工作会议。180名党员干部分赴农村帮助整党。

1月10日　湘潭市举行首届残疾人艺术表演。

1月25日　在中国食品工业协会召开的国家优质食品授奖大会上，湘潭市龙牌酱油荣获“银质奖”。

1月27～28日　湘潭市赴广西、云南边防前线两慰问团，由中共湘潭市委副书记钟明星、市政府副市长郑曾铨分别任团长，启程慰问解放军官兵。

2月25～28日　湘潭市政协第五届委员会举行第四次会议。审议第五届委员会工作报告和其他报告，通过相应决议。补选袁明辉为市政协主席。

2月26日～3月2日　湘潭市第八届人大举行第四次会议。审议《政府工作报告》等6个报告，通过相应决议。补选谭景阳为市人大常务委员会主任。

4月10日　参加湖南省少年举重比赛的湘潭市运动员获得6个第一名，其中陈敬辉以80.5千克成绩打破15龄组的全国抓举记录。

是日　15时15分至15时50分，湘乡县壶天、谷水、月山、棋梓、潭市等乡镇遭受10级强风和暴雨、冰雹袭击，40个村的早稻秧苗损失80%，人、畜、房屋均受到不同程度的损失和伤害。死3人，伤354人。

4月17日　湘潭市人民政府召开清理整顿“皮包公司”会议，要求各主管单位把这项工作作为端正党风的大事来抓。

4月18～20日　中共中央顾问委员会常务副主任薄一波一行到韶山和湘潭。19日在韶山滴水洞召开座谈会。20日上午参观彭德怀故居，下午在湘潭宾馆与部分干部合影，观看江麓机械厂某产品的操作表演。

4月29日　中华全国总工会授予湘潭市劳动模范杨亚清、陈善周、陆文斌、王庆河4人“五一劳动奖章”。

是月　湘潭市郊区昭潭乡被评为全国计划生育先进集体。

5月26日　文化部常务副部长高占祥在省文化厅厅长谢作孚等陪同下，到湘潭检查指导工作。是日下午在市文化局召开座谈会，晚上观看市花鼓剧团演出的《风流嫂子》。

6月20日　中国致公党湘潭市工作委员会成立。选举王宋大为主任委员。

是月 由湘潭百货大楼倡议的横向联合的商业形式——贸易联合会(简称“贸联会”)成立。有湘潭和衡阳、怀化等10个地市的18家商业企业参加。贸联会以成员单位为基础,通过商商联营、商工联营,开辟货源渠道和销售市场。贸联会期间,各成员单位签订商品购销合同和互相调剂商品总金额达500多万元。

7月17日 湘潭市科技工作者在湖南省首次科技进步表彰大会上获奖19项。

7月19日 湘潭市八届人大常委会第二十一次会议通过樟树为湘潭市市树,菊花为湘潭市市花和关于做好《湘潭市志》编纂工作的决议。

8月9日 北京地区经济科技顾问团结束在湘潭为期6天的考察。考察38个企事业单位,签订经济技术合同、协议、意向书82项,并作学术报告5场。

8月12日 在省伤残人游泳赛上,湘潭市代表队夺得金牌5枚。其中岳光辉夺得伤残男子组A9级50米、100米自由泳两块金牌;李农贵获聋哑女子组50米、100米仰泳两个第一。

9月6日 市委召开抗旱紧急会议。全市10.73万公顷晚稻有7万公顷需要抗旱,其中3.56万公顷脱水,0.73万公顷开坼。会议强调各级组织要加强对抗旱的领导,听从统一指挥和调度。

9月7日 湘潭市召开庆祝第二届教师节暨表彰优秀教师、先进集体大会。表彰优秀教育工作者468人、先进教育集体29个、尊师重教单位11个,伍志远、李爱南被评为出席全国的优秀教师代表。

9月11日 凌晨1时40分,湘潭百货大楼二楼发生火灾,针棉仓库和绸毛柜被烧。出动14部消防车、160名消防人员,及时灭火,凌晨3时30分,火灭。

9月13日 湘潭市建设北路布市场、民主路集贸市场开业。建设北路布市场经营面积8000平方米,从业人员1200人,是南方最大的三个布品市场之一。

9月18日 省政府发出通知,经国务院批准,同意撤销湘乡县,设立湘乡市(县级),原湘乡县的行政区域为湘乡市的行政区域。

9月19~27日 19日下午,湖南省第六届运动会在湘潭市体育中心开幕。27日闭幕。湘潭代表团获“精神文明奖”,并以总分1028.3分名列第二。获金牌42枚,银牌48枚,铜牌35枚。

9月21日 省城市园林绿化竞赛揭晓,湘潭市建设南路获“最美一条街”称号,湘潭电机厂等单位评为花园式单位。

10月5日 湘乡市1300多人举行集会纪念黄公略牺牲55周年暨故居开放仪式。中顾委委员、南京军区原政委杜平,省领导刘夫生、谢新颖、徐君虎、齐振瑛及湘潭市市长李壬申,黄公略女儿黄岁新参加会议。黄公略1898年生于湘乡市桂花乡高木冲,早年参加湘军,1927年入黄埔军校学习,年底加入中国共产党。1928年7月同彭德怀等组织领导平江起义,创建中国工农红军第五军。后任红五军副军长和红三军、红六军军长。在中央革命根据地第一至第三次反“围剿”作战中,屡建战功。1931年9月15日遭敌机扫射,中弹牺牲,时年33岁。

10月24日 湘潭县首届“德怀杯”篮球赛开幕。中顾委常委、全国政协副主席王首道题杯名。此赛由农民企业家、湘潭县人大常委会委员刘芳奎倡议并赞助举办,有28支运动队参赛。

11月3日 由交通部部长钱永昌率领的长江水系航运考察团,一行60余人来湘潭考察湘江水运情况,就如何整治湘江、涟水复航等问题,提出具体建议和要求。

11月19日 由省计委、省科委等五家联合下达给湘潭县的重点科研项目——埃及胡子鲶人工繁殖和养殖，实验成功。

11 月 23 ~ 24 日　中共中央书记处书记邓力群在省委书记毛致用陪同下到湘潭视察有关企业和学校。

11 月 25 日　化工部部长秦仲达到湘潭视察化学工业。

12 月 12 日　湘潭市文物考古工作队在湘乡发掘两座大型战国时期古墓，出土历史文物 20 余件。

12 月 20 日　市人民政府颁发吨粮田开发奖。湘潭县泉塘子乡获特等奖，郊区先锋乡、韶山区韶山乡获甲等奖。

12 月 23 ~ 24 日　市委举行六届二次全体(扩大)会议，通过《关于七五期间加强社会主义精神文明建设的措施》。

12 月 25 日　省内第一家由人民银行牵头组建的资金市场——湘潭资金市场开业。

是日　中国人民武装警察部队湘潭市消防支队成立。

12 月 31 日　湘潭市歌舞剧团创作演出的大型历史剧《深宫欲海》在全国歌剧交流演出中获创作奖、演出奖、优秀演员奖。

是月　湘潭县基本消灭疟疾，为全省 6 个基本消灭疟疾县之一。

1987 年

1 月 8 日　中央顾问委员会委员帅孟奇一行到湘潭视察。

1 月 14 日　湘潭大学与日本鹿儿岛大学缔结校际协定，从 1987 年秋季起互相交流教师、留学生。

1 月 27 日　湘潭市青少年宫建成开放。

2 月 27 日　国务委员、中国人民银行行长陈慕华视察湘潭电机厂、湘潭钢铁厂、湘潭电缆厂及湘潭市染料化工厂。

2 月 28 日　湘潭县谭家山镇紫竹村唐自根等联户办的小煤窑发生瓦斯爆炸，死 9 人。

是月　经中央绿化委员会第六次会议评选，湘潭市获全国绿化先进集体称号。湘潭县马家堰乡安定林场场长马少凡获全国绿化劳动模范称号。

3 月 6 日　湘乡市举行成立大会。省顾委常委刘亚南，全国人大代表、省人大常委会委员霍旭奎及湘潭市党政军主要负责人出席。中央军委顾问谭政、中顾委委员李卓然发来贺电。

3 月 8 日　国务院副总理李鹏到湘潭视察湘潭钢铁厂和湘潭电厂。随同视察的有冶金部部长戚元清、铁道部部长丁关根和水电部副部长赵正炎。

3 月 10 日　市政府召开首次科技进步奖授奖大会。表彰获得市级科技进步奖的 45 个项目、65 个单位、186 名科技人员。

3 月 29 日 ~ 4 月 9 日　由中国足协、湖南省足协、重庆市足协联合举办，湘潭市体委承办的全国第四届贺龙杯足球赛在湘潭市举行。有 6 个足球队、129 名运动员参赛。

4 月 1 日　湘潭市首届工业品交易会开幕。来自全国 12 省、市的 350 家企业代表参加交易会，交易品种 3 万多种，其中名、优、俏、特产品 300 多种。

4 月 11 ~ 21 日　在团长李壬申、副团长谭景阳率领下，湘潭市友好代表团，应日本滋贺县彦根市市长井伊直爱的邀请，对彦根市进行友好访问。

5月19日　湘乡市境域暴雨成灾，灾情严重的有潭市等18个乡镇。早稻受灾面积2.73万公顷，成灾1.47万公顷，绝收3000公顷。倒房2900多间，死4人，伤151人。

6月11日　湘潭市伤残人体育代表团参加省第二届伤残人运动会和首届特殊奥运会载誉归来。获金牌23枚，银牌15枚，铜牌5枚。

6月27日　湘潭市南北特商场获全国城市商业服务文明经营示范单位称号。

7月20～21日　省委副书记刘正视察湘潭大学、湘潭矿业学院和湘潭师范学院。

7月24日　团中央书记处书记洛桑一行到江南机器厂视察。

7月29日　钟明星、谭景阳、王权生、黄祖示、袁明辉等党政军负责人前往湘潭县中路铺区解决当地农民因买不到农用化肥而拦路哄抢过境化肥运输车事件。

是月　湘潭航海运动学校摩托艇运动员高勇，在法国沙隆兹举行的世界摩托艇OA250级锦标赛中，夺得亚军。

8月20日　由湘潭市郊区副食品局、科委组织种植的2400亩无公害蔬菜，经省、市卫生防疫部门随机多点取样测检合格。8月陆续投放市场。

是月　截至8月22日，市属预算内29户大中型企业除市针织厂外，均已落实承包经营责任制。湘潭县、湘乡市经委亦与县、市政府签订承包合同，并逐步落实到企业。

9月8日　湘潭市歌舞剧团《深宫欲海》剧组和市残疾人艺术团启程赴北京参加首届中国艺术节主会场演出。29日，市委、市政府为《深宫欲海》剧组召开庆功授奖大会，给歌舞剧团集体记功一次和嘉奖12000元奖金。

9月16日　国内第一台120吨米塔式起重机在江麓机械厂研制成功。

9月27日　首届湘潭文化节开幕，于10月中旬结束。

是月　在湘潭市召开的全省计划生育工作会议上，湘江区坚持宣传与服务工作一起抓，控制人口增长的经验受到推广。该区人口自然增长率下降到2.96‰。

10月13～15日　湘潭市举行少年先锋队代表会。通过首届工委名单，授予152名孩子为“湘潭市好孩子”，20名辅导员获“辅导艺术奖”。

11月7日　市政府召开全市清查非农业用地处理工作会议。据统计1982～1986年全市共减少耕地3027.3公顷，其中属于乱批滥占耕地1052公顷；违法占地建房案件16563起，占地256.9公顷。会议强调对乱批乱占耕地的人和事，必须进行严肃认真处理。

11月25日　中共湖南省委书记毛致用在湘潭召开湘潭、邵阳、株洲三市市委书记座谈会。郑培民、李壬申参加。

11月27日　中共中央宣传部部长王忍之到韶山，并视察省轻机厂、湘潭纺织印染厂。

12月15日　多哥人民联盟代表团到湘潭参观访问。

12月16日　湘潭市召开吨粮田开发表彰大会。全市27万亩农田过吨粮，平均亩产1027千克。湘潭县泉塘子乡获省吨粮开发二等奖，韶山区韶山乡、湘乡市山枣镇分别获市吨粮开发先进奖。

12月20日　中央军委批准南海舰队一艘导弹护卫舰命名为湘潭舰。以郑曾铨为首的湘潭市代表团赴沪参加命名及交接仪式。

1988 年

1月8～13日　湘潭市政协第六届委员会举行第一次会议。选举钟明星任主席，王耀章等8人任副主席。通过第六届一次会议的政治决议和第五届常委会工作报告的决议。

1月9～16日　湘潭市第九届人大召开第一次会议。选举产生市人大常委会，谭景阳任主任，许建安等7人任副主任。选举李壬申任市长，孔令志等4人任副市长，通过批准政府工作报告、人大常委会工作报告等决议。

1月24日　湘潭市召开煤气第一期工程送气成功祝捷会。第一期供气6000户。经国家计委1984年6月核准，利用市合成化工厂焦炉煤气供应民用的节能工程于同年11月动工，1988年1月8日置换、送气成功。湘潭市成为全省第一个使用管道煤气城市。

2月6日　中共中央政治局常委、书记处书记、中纪委书记乔石视察湘潭电机厂。

3月1日　全市启用居民身份证。

3月6日　市政府召开紧急会议，就湘潭县杨嘉桥地区发生地面塌陷部署抢险救灾。杨嘉桥地处地层活动断裂地带的复合地段，年内出现200多处塌陷，损坏房屋170多栋，农田66.7公顷。

3月8～9日　市委、市政府召开服务农业先进单位、优秀农民企业家经验交流会。87个服务农业先进单位、41名农民企业家和先进个人出席。省委书记毛致用、省顾委副主任王治国看望与会代表。

3月24～25日　市委召开大型企业党委书记座谈会，研究探讨企业党政分开中存在的问题，完善和落实厂长责任制。

4月27日　市委举行新闻发布会。市委、市政府决定今后定期举行新闻发布会，一般每季度举行一次。

5月9～11日　市委在湘乡市召开生产力标准讨论经验交流会。各县（市、区）、大厂矿宣传部长、各战线负责人参加。

5月13日　中共中央顾问委员会副主任宋任穷到湘潭视察。

5月19日　湘潭市首次实行建设项目审批联合办公。该日有4个单位的9个基建项目逐关审批签章，平均每个项目只花16分钟。

5月23日　省长熊清泉，市领导郑培民、孔令志、齐美成到湖南农药厂召开现场办公会。

6月3日　市政府邀请湘潭大学部分专家、教授共同承担编制湘潭市1989～2000年经济、科技、社会发展规划，并举行协议书签字仪式。

6月11日　日本彦根市友好代表团到湘潭市访问。两市就增进友好合作进行会谈，签订发展友好关系协议书。

6月24日　湘潭市人民检察院设立经济罪案举报中心。

7月9日　省长熊清泉视察湘潭钢铁厂、湘潭电缆厂和湖南农药厂。

8月9日　湘潭军分区召开现役军官改任文职干部大会。22名现役军官改任文职干部。

8月13日　省军区在湘潭市举行授勋仪式。宣布中央军委授予镇文卿等38人中国人民解放军功勋荣誉章，广州军区授予胡葆安等69人中国人民解放军功勋荣誉章。

8月27日　省政府在长沙召开“全省人民群众见义勇为与犯罪分子作斗争的先进分子表彰会”,湘潭市10人受到表彰。他们是湘乡市东风商店经理阳国强、营业员胡朝晖、文继平、钟革新、刘冬桥,湘乡铝厂工人潘俊辉,湘潭县姜畲镇姜畲村农民宋声明、张正兵、江铁牛,湘潭市拉丝编织厂工人汤平。

9月26~29日　市九届人大常委会举行第四次会议，审议市政府关于新房新租暂行实施办法和公有住宅出售暂行实施办法,并原则同意;审议第五次修订的城市总体规划纲要和防洪规划、热力规划草案等议案;决定任命陈玉春为副市长。

10月6日　市政府颁发《湘潭市公有住宅出售暂行办法》和《湘潭市新房新租暂行办法》。《湘潭市公有住宅出售暂行办法》就总则、出售范围和对象、出售价格、优惠措施及付款办法、交易手续、售房管理和维修、附则作出规定;《湘潭市新房新租暂行办法》根据国务院文件和省政府文件精神,就湘潭市范围内实施“新房新租”的有关问题制定12条暂行办法。

10月24日　中共湘潭县委、县政府在乌石举行纪念彭德怀诞辰90周年大会和彭德怀雕像揭幕式。省委副书记、省人大常委会主任刘夫生出席会议并讲话。捐资建造雕像和六角重檐亭的爱国华侨陈成福从新加坡到湘潭参加仪式并致词。

是日　国务委员、财政部部长王丙乾到湘潭考察。

11月13日　省人大常委会主任刘夫生率省执法检查组来湘潭市进行执法检查。

是日　湘潭市21个单位、20名个人在全省计划生育表彰会上,受到省人民政府表彰。

11月19日　中共中央政治局委员胡耀邦到湘潭视察。

11月24日　国家主席杨尚昆在省委书记熊清泉陪同下到韶山参观。

11月27~28日　全国人大常委会副委员长、全国总工会主席倪志福视察江南机器厂、湘潭电机厂等。

12月5日　湘潭市残疾人艺术团代表中华人民共和国前往捷克斯洛伐克参加国际“聋哑人”哑剧50周年纪念暨第十届国际“聋哑人”哑剧比赛,获最高奖——友谊金奖归来。

12月29日　湘潭电机厂生产的108吨电动轮自卸车获国家优质产品金奖。

1989年

1月14日　市委、市政府召开全市打击严重刑事犯罪分子和严重经济犯罪分子,整顿公共秩序、交通秩序、文化市场、特种行业的“一打四整顿”动员大会。

2月26日　全国春季竞走女子5000米赛在湘潭市体育中心举行。

4月3日　团中央书记处书记刘奇葆到湘潭考察。

4月7日　市委召开全市打击处理经济罪犯大会。湘潭市中级人民法院判处震动全省的彩电特大诈骗犯张某雄无期徒刑。

5月5日　湘潭市人民政府发布《关于维护安定团结制止动乱的通告》。

是日　全国城市社会福利事业单位深化改革工作座谈会在湘潭市召开，民政部副部长张德江作报告。

5月13日　美国古生物学会主席、教授格尼斯特等2人在湘潭县谭家山地区考察地层剖面，发现一批两亿年以前生物化石。

5月22日　湘潭市平政路派出所被不法分子捣毁，公安干警60多人被打伤，公安部门采取果断措施，迅速平定该事件。24日，20名打砸抢烧分子被收审。

5月23日　是日晚，少数不法分子趁市政府办公楼前坪人多拥挤之机，大搞打、砸、抢、烧，16名歹徒被抓获。

6月7日　湘潭市召开工交战线各级负责人紧急会议。贯彻落实国务院《关于坚决制止破坏经济秩序，确保工业生产正常进行的公告》。

6月8日　市长李壬申前往湘潭钢铁厂和该厂领导一道解决部分高校学生围堵厂门和厂办公大楼事件。

6月9日　下摄司解放村发生一起抢劫、砸毁和焚烧公安人员家产事件。郑培民等到现场指挥平息事件。

7月2～3日　湘潭县连续召开防汛抢险紧急电话会议，全县5万防汛抢险大军，奔赴第一线。

7月26～27日　省委副书记刘夫生到湘潭视察工作。

8月11日　自7月26日开始的市人大常委会、市政府领导与部分省、市人民代表对话共计38场。代表们要求国家机关为政清廉，惩治腐败，取信于民。

是月　市委对6名在政治风波中公开声明退党的党员作出开除党籍决定，并向全市各党组织发出通报。

9月9日　市委、市政府贯彻执行“两院”《通告》精神，召开查处经济违纪案件、打击经济犯罪公开处理大会。一批违纪违法党政干部分别受到党纪、政纪处分和法律制裁。

10月15～17日　省委书记熊清泉在市委、市政府领导陪同下，先后视察省建筑陶瓷厂、市玻璃厂、湘潭纺织印染厂、湘潭电机厂、湘潭电缆厂、湘潭锰矿、市柴油机厂、湘潭钢铁厂、江南机器厂等大中型企业，就如何搞活大中型企业提出重要意见。

10月21日　湘潭市召开进一步贯彻《通告》宽严政策兑现大会，对经济犯罪分子从宽处理11名，从严处理5名。

11月3日　省顾委主任万达到湘乡市和韶山区检查水利、林业情况。

11月9日　李卓然在北京病逝。李卓然1899年11月10日生于湘乡县洪塘乡（今湘乡市山枣镇），参加过二万五千里长征，出席过遵义会议，是党和军队杰出的政治工作领导者。

11月17日　市委、市政府召开扫除卖淫嫖娼、制作贩卖传播淫秽物品、拐卖妇女儿童、私种吸食贩运毒品、聚众赌博和利用封建迷信骗财害人“六害”动员大会。22日，市公安局处理一批“六害”犯罪分子。

11月27日　湘潭市2000年经济科技社会发展规划通过国家科委委托省科委进行的国家级鉴定。

是月　省辖七市爱国卫生检查评比，湘潭市获团体总分第一名。

12月10日　市委召开县（市、区）委书记工作会议。研究部署农村开展社会主义思想教育工作。

12月12日　来自全国各地的80多名专家学者在湘潭举行毛泽东教育思想研究会成立会暨首

届学术交流会。大会由湘潭师范学院党委副书记蒋伟杰主持，省委党史委主任、湖南毛泽东思想研究会会长王中杰受省委副书记刘正委托在开幕式上讲话。会期4天。

1990年

1月10～12日　市委、市政府召开全市农村工作会议，宣布1989年湘潭市农业生产获全面丰收，粮食总产13.15亿千克，单位面积产量居全省第一位，26项主要经济作物有23项增产。

1月16日　市委发布关于在全市广泛深入开展学雷锋的决定。21日，全市开展万名共青团员、青年学雷锋奉献日活动。

是月　湘潭市近3000名干部陆续进乡入村开展农村社会主义教育。

2月3日　市检察院召开与罪犯搏斗英勇献身的检察员游炳炎追悼会。游炳炎，市检察院检察员。是年1月25日凌晨，他和几名干警押着犯罪嫌疑人张志伟去其岳母家追赃，张企图逃跑。游与张搏斗中，从三楼坠下，不幸身亡。4月16日，省人民政府批准其为烈士。6月21日，中共湘潭市委、市人民政府作出《关于开展向游炳炎烈士学习活动的决定》。11月29日，最高人民检察院决定追授其“模范检察员”称号。

2月16日　湘潭船厂首次制造的海洋拖网渔轮2119号下水，结束湖南不能制造海洋轮的历史。

3月18日　湘潭市红十字会获全国红十字会颁发的“全国先进集体”奖牌。

3月26日　湘潭湘江二大桥奠基。大桥位于向家塘。全长1830.4米，其中主桥长852.7米，南引桥长142.5米，北引桥长835.2米；桥面净宽20米，其中机动车道宽15米，人行和非机动车道两边各2.5米。1993年8月15日9时30分大桥顺利合龙，11月9日全线贯通。

是月　湘潭钢铁公司职工子弟唐敏和李芳在西班牙国际女子网球卫星赛中夺得第一站与第二站冠军。

4月26日　市政府召开局属以上工交、财贸等各企业负责人会议，动员在全市开展清理“三角债”工作。

5月12～13日　湘潭市残疾人联合会召开第一次代表大会，国家残联主席、理事长邓朴方，省民政厅厅长赵悌，市领导郑培民、李壬申等出席会议。在开幕式上，邓朴方作重要讲话。会议选举产生市残联第一届主席团执行委员会和三个专门协会。13日闭幕，市残联主席团主席任永骏致闭幕词。

5月23日　新任湘潭市委书记曹伯纯、副书记范多富到任。

6月4日　市第九届人大常委会举行第十八次会议，决定任命范多富为副市长、代理市长。

6月6～15日　副市长王为民带领湘潭市代表团参加首届中国同苏联、东欧国家的经贸洽谈会。

6月8日　湘潭市马少凡、罗同初等10人分别获全国、全省绿化奖章。

6月12日　最高人民法院院长任建新到湘潭考察工作。

是日　湘潭县响塘区遭受特大山洪袭击，6个乡78个村受灾。全区倒房683间，受伤54人，早稻被淹面积3067公顷。

6月22日　湘潭军分区政委黄祖示调任省军区副政委。

7月1～2日　省委副书记孙文盛到湘潭调研。

7月10～11日　中国民主促进会湘潭市委举行第一次代表大会。选举唐泽映为市民进第二届委员会主任委员。

7月22日　市政府决定关闭严重亏损的市食杂公司和市果品公司。

9月3～7日　中共湘潭市第七次代表大会召开，审议通过市委、市纪委工作报告，选举产生新一届市委和市纪委。

9月8日　市委举行第七届第一次全体会议，选举曹伯纯为书记。同日，纪委第一次全体会议，选举罗德文为纪委书记。

是日　“亚运之光”火炬接力由株洲传到湘潭市，20万市民迎送圣火。

9月15～18日　省全民国防教育现场经验交流会在湘潭市召开。

10月1日　省长陈邦柱前往湘潭钢铁公司、市塑料四厂、霞城电工厂、湘潭纺织印染厂、湘潭玻璃厂慰问节日上班的职工。

10月13日　湘潭市13名少先队员获全国学赖宁奖章，9个少先队组织分别获全国“红旗大队”“红旗中队”称号。

10月26日　日本国彦根市友好代表团到湘潭访问。范多富、孔令志、谭景阳等在市政府二楼会议室进行会见。

是月　湘潭县、湘乡市进入全国粮、肉生产大县(市)一百强县。湘潭县列为产粮大县25位，产肉大县22位；湘乡市列为产肉大县21位。

11月2日　湘潭市邹红梅等8位勇斗犯罪歹徒的勇士受到第二次省人民群众见义勇为表彰大会的表彰奖励。

11月22～24日　中共中央委员华国锋到湘潭。参观韶山滴水洞、毛泽东纪念馆等。24日下午到中共湘潭市委机关(今广云路602号)院内，与部分老同事和机关干部照相留念。

11月26日　经国务院批准，撤销湘潭市韶山区，设立县级韶山市，属湖南省直辖。1991年1月15日，湖南省人民政府发文，明确韶山市由湘潭市代管。

11月30日　政协湘潭市第六届委员会举行第四次会议，选举赵焱森为第六届委员会主席。

是月　湘潭市8项专利技术在广州召开的第二届国际专利及新技术、新产品展览会上有5项获奖。

12月　湘潭市15～40周岁的青壮年无盲率达99.2%，被省教委授予“全省扫除文盲先进市”称号。

是年　湘江区获全国计划生育先进集体称号。

1991年

1月7日　全国人大代表、省人大常委会主任刘夫生率全国、省、市三级人大代表46人，到湘潭市视察。

1月上旬　湘乡市潭市蛋品专业市场被国家工商行政管理局授予“全国文明集贸市场”称号。

1月16日　中共湘潭市委召开七届二次全体会议。提出湘潭市“八五”期间经济工作基本思路为“一二三五五工程”，即：坚持一个中心(经济建设)，发挥两个优势(农业基础比较好和大中型企业比较多),突出三个重点(乡镇、区街工业,市、县属工业和外向型经济),落实五项措施(深化改革、强化管理、优化结构、加速改造、搞活流通),实现五个目标(国民经济稳步发展;国民经济实力明显增强,人民生活由温饱达到小康水平;城建事业稳步发展,人口增长严格控制;对外经济贸易实现重大突破,外向型经济不断发展;社会主义精神文明建设达到新水平,人民群众思想道德素质和科学文化素质明显提高)。

1月25～27日 市委、市政府召开农村工作会议。这是湘潭市近6年来最隆重的一次农村工作会议,8个振兴农业的先进典型介绍经验。

1月30～31日 市委、市政府召开全市科技工作会议,宣读市委、市政府《关于科技兴市的决定》,表彰98名优秀专业技术工作者。

2月1日 湘潭市最大的集贸市场——民主路综合集贸市场第二期改造扩建工程竣工,并全面开业。该市场扩建后,建筑面积由2000多平方米扩展为7000平方米,经营范围由单一的农副产品发展为农副产品和工业品合为一体的批发、零售市场。

2月5～7日 湘潭市第九届人民代表大会常务委员会举行第二十二次会议,通过关于撤销韶山区设立韶山市有关人大工作等几个问题的决定,审议市政府关于开展纠正行业不正之风工作的情况汇报。

2月22～24日 省委书记熊清泉带领省直有关部门负责人到湘潭,就怎样搞活大中型企业问题,先后考察湘潭纺织印染厂、湘潭电机厂等10个大中型企业。

3月4～5日 熊清泉在市委、市政府负责同志陪同下,视察湘潭县古城乡,到韶山考察和研究兴建毛泽东铜像、图书馆、诗词碑林等选址问题。

3月7日 列家桥煤矿发生–150米水平放炮引发煤尘、瓦斯爆炸,致35人死亡的特大安全事故。

3月9日 市委、市人大、市政府、市政协、军分区领导和机关干部80余人,到市农业综合开发试点乡——湘潭县古城乡植树,纪念开展全民义务植树活动10周年。

是日 香港明爱基金会肖惠姬等一行3人到湘潭市考察残疾人事业,重点考察听力残疾人康复工作。

3月11～12日 中共中央总书记江泽民到湘潭视察,在省、市领导陪同下,先后参观韶山毛泽东同志纪念馆,在毛泽东故居山坡上植树,并召开座谈会。随后视察江南机器厂、湘潭电机厂和湘潭县泉塘子乡农民刘再山家沼气建设。

3月15日 西藏自治区副主席图道多吉到湘潭省建筑学校考察内地中专办西藏班情况,看望西藏班学生。

3月12～16日 湘潭市第九届人民代表大会举行第四次会议,通过《依法治市的决议》和《关于依靠科技振兴湘潭的决议》;选举范多富为湘潭市人民政府市长。

3月16日 湖南省农村第一家有价证券交易所在湘潭市农业银行信托办事处开业。

是日 湘潭市第一个直拨美国的电话接通,结束湘潭不能直拨国际长途电话历史。

4月4～5日 全国妇联副主席杨衍银到韶山,走访韶山区“两学两比”活动女能手、毛家饭店老板汤瑞仁,并在湘潭市召开城市妇女工作座谈会。

4月6日 湘潭县响塘区供销社综合商场,荣获“全国执行物价政策法规优秀商店”称号。这是全国35万个参赛单位中评选出来的39个最佳商店或优秀商店之一。经省政府批准，给商场的干部、工人每人向上浮动半级工资，其中正、副经理和物价员每人上浮一级工资。

4月7日　应国务院邀请来华访问的美籍华人黄崇期博士到湘潭市考察，参观考察市开关厂和湘潭电机厂。

4月11～12日　市委、市政府召开全市乡镇企业工作会议。会议安排大中型企业、大专院校与乡镇企业的双向交流。省委副书记孙文盛参加会议并讲话。

4月18日　在中国包装技术协会举办的全国包装成果展览会上，湖南纸浆模塑厂的鸡蛋托盘获金奖和优秀成果奖；湘潭淀粉厂的淀粉(包装黏合剂)、市塑料九厂的柔性集装袋获银奖。

4月22日　铁道部十二工程局湘潭技工学校获全国造林绿化先进单位和铁道部绿化先进单位称号。

4月23日　谭景阳、范多富、王为民接见参加全国个体劳动者代表大会暨先进表彰会的代表——韶山区“毛家饭店”店主汤瑞仁和受到大会表彰的湘江区中南电力电频厂厂长朱建鸿。

5月1日　武警部队司令员周玉书中将到湘潭市武警支队检查、指导工作。

是日　少将玄风贤率朝鲜人民民主共和国社会安全部户籍技术代表团到湘潭访问，参观市公安局有关项目表演。

5月4日　市塑料九厂从奥地利引进具有20世纪80年代先进水平的柔性集装袋生产线，与外商正式签订合同。这是湖南省“八五”期间100个重点技术改造项目之一，总投资1933万元。

5月5日　市委书记曹伯纯调任省政府副省长。

5月15日　经中国人民银行湖南省分行批准成立的湘潭市汇源典当商行正式开业。这是全省第一家以实物为抵押的特殊贷款方式的商行。与之配套服务的机构——湘潭市拍卖商行，同时在杨家湾工业区成立并开业。

5月21～23日　省长陈邦柱一行5人到湘潭，先后视察湖南农药厂、湘潭钢铁公司、湘潭化纤厂、民主路农贸市场、湘潭县化工厂、湘乡市东郊乡五塘学校等单位，在湘潭二大桥工地，他敦促省政府有关部门落实尚未到位的1700万元资金。

5月24～27日　全国军队离退休干部“韶峰杯”门球邀请赛在湘潭钢铁公司门球场举行。参加邀请赛的有23个省、市、自治区和湘潭市共24个代表队。

6月2～3日　由人民日报社、光明日报社、中央电视台、中央人民广播电台、农民日报社、农村工作通讯、农业部声像中心7家新闻单位组成的全国农村能源记者考察团，到湘潭考察市郊区和湘潭县农村大办沼气的情况。

6月7日　市政府颁布《外商投资企业管理暂行规定》《关于鼓励出口创汇的若干政策规定》和《关于鼓励外商投资的若干规定》。

6月16日　凌晨，位于大湖路口的中山市湘潭工贸大厦发生重大火灾。大火从2楼烧至8楼，商品全部烧毁，烧死3人，直接经济损失数百万元。

6月25日　韶山市举行成立大会。宋光、万达、孙国治、赵处琪、沈瑞庭、刘玉娥、储波、周政、徐君虎、黄祖示、杨第甫等中央国家机关、省党政军领导和部分老同志专程前来祝贺。

7月1日　中南海丰泽园毛泽东故居复制陈列室，在韶山毛泽东同志纪念馆正式对外开展。

7月8日　中国——联合国儿童基金会健康教育合作项目——湖南培训中心在湘潭卫校建立。

7月22日　湘潭市杂交商品瘦肉型猪生产综合技术开发,获国家星火三等奖。

7月28日　市委召开常委扩大紧急会议,通报湘潭市农村出现的严重旱情,研究抗旱的紧急措施。全市已连续40天高温无雨,有130个乡镇、1115个村的56.6万亩农田受旱,856个村民组发生饮水困难,水源干涸的小型水库31座、山塘33881口,溪河断流338条。30日,湘潭县、湘乡市、韶山市设炮点实施人工降雨。全市大部分地区降雨,最多的地方达56.4毫米,最少的地方也有20毫米,对缓和全市旱情起到较好作用。

8月1日~9日　在苏联布良斯克举行的世界航海模型比赛中,湘潭市体校的欧阳向阳获得F3—V级冠军,并以15秒的成绩打破15秒9的世界纪录。

8月5日　由副市长陈玉春、军分区副司令员李四保为领队的湘潭市慰问团,带17辆载重汽车,装载水泥100吨、钢材10吨、布6600米、浴巾3600条和35万元汇款,赴常德、澧县和临澧县干旱重灾区进行慰问。此后,湘潭市还两次派员赴湘西自治州和零陵灾区慰问。

8月6日　湘潭钢铁公司龙舟队参加在北京十三陵水库举行的第一届"九龙杯"全国龙舟邀请赛,夺得800米直道竞速冠军。

8月8日　湘潭市所属各县(市、区)农村,自1990年4月起,进行改水工作,至是月,共兴建手动泵井15111处,建自来水56处,改大口井1604处,已有177万多人饮用清洁卫生水,占农村人口86.3%。为此,获全省改水先进集体称号。

8月25日　湘潭县列家桥乡吴力中、泉塘子乡刘正秋等10位农民在广州创办生猪销售信息站。6月20日正式挂牌营业,业务兴隆,头一个月成交生猪10000多头。

8月29日　湘潭钢铁公司职工子女、18岁中国网球队员李芳,在意大利西西里国际网球卫星赛中,以2:0战胜美国运动员获女子单打冠军;并与队友唐敏(湘钢职工子女),打败美国和意大利一对选手,获得女子双打冠军。

9月3日　经中国人民银行湖南省分行允许,全省第一家试点、无行政主管单位的股份制企业——湘潭市湘江城市信用社成立。

9月5日　市政府召开房改工作新闻发布会。常务副市长孔令志宣布,湘潭市城镇住房制度改革第一步实施方案经湖南省人民政府批准,于10月1日起全面实施。

9月12日　江麓机械厂研制,具有20世纪80年代国际水平,国内第一台全液压、微电脑控制的吸扫式扫路机通过部级鉴定。

9月22日　凌晨4时,湘潭市第一期5000门程控电话开通。

9月23~27日　市第九届人大常委会举行第二十六次会议,审议和批准《湘潭市国民经济和社会发展第八个五年计划》,以及《湘潭市普及九年制义务教育规划》。

9月29日　市政府召开赈灾募捐总结表彰大会,给捐献款物5万元以上的17个单位和500元以上的22名个人颁发奖状和荣誉证书。全市自7月下旬开始赈灾募捐活动两个月内,共收到捐款237.48万元,捐物折款34.3万元,粮票2.2万千克(不包括各单位和个人直接捐往灾区款物)。

是日　市政府印发《湘潭市城镇住房制度改革第一步实施方案配套政策》。

10月18日　全国人大常委会委员刘诗白、全国经济团体联合会顾问宋涛、国务院学位委员会委员卫兴华等6位经济学家到湘潭,与江麓机械厂党政领导、专业人员座谈搞活大中型企业等问题。

10月19日　副省长曹伯纯率领省科委、省教委、省卫生厅等部门负责人和专家10余人,到湘潭考察湘潭县古城乡农科教基地。

10月23日　中央顾问委员会委员江渭清、省顾委副主任王治国到湘潭化纤厂和红旗综合农场考察。

10月26日　湘潭市支援安徽灾区、运送御寒衣被的船队启航,这次募集的衣被有3180捆、20余万件,不少是全新的,一般都有七成新。

10月27日　上海市长宁区党政代表团到湘潭访问。湘潭市党政领导范多富、孔令志、赵焱森、方大鹏等与上海市长宁区党政代表团团长、区委书记李仁杰,副团长巢卫林等人,就双方经济技术协作问题进行恳谈,并陪同参观湘潭电机厂等大型企业。双方财委、科委、经济技术协作办负责人分别进行对口洽谈。

10月28日　以范多富为团长、市人大常委会副主任何寒光为副团长的湘潭市友好代表团一行6人,赴日本国滋贺县彦根市进行为期一周的友好访问,并参加在该市举行的湘潭市与彦根市正式建立友好城市关系签字仪式。

10月29~31日　卫生部在湘潭市召开全国推广使用乙肝疫苗免疫接种工作现场会,湘潭市卫生局等11个单位介绍经验,卫生部长陈敏章讲话并宣布从次年1月1日起在全国推广湘潭市对新生儿接种乙肝疫苗经验。副省长曹伯纯,常务副市长孔令志出席并讲话。来自全国各地的160多名专家、学者,参观湘潭县石潭镇卫生院等院站。陈敏章、曹伯纯和中国预防医学科学院院长陈春明还专程参观考察湘潭县古城乡卫生院、八角亭村卫生室、九龙村沼气开发技术示范户。

11月4日　斯里兰卡自由党主席、前总理班达拉奈克夫人访问韶山。

11月5~8日　6省市8地区的第七次多边经济技术协作会议在湘潭市举行。参加此协作活动的成员是:浙江省嘉兴市、四川省自贡市、上海市南市区、南京市建邺区、江西省吉安地区和湖南省的湘潭市、湘西自治州及吉首市。会议共签订各种互补协议178项,其中湘潭市占38项。

11月13日　湘潭市粮油机械厂生产的MN2—20型组合米机模型,送北京参加"国家星火计划科技成果展览",获参展金奖。

11月14日　全国首次专利系统先进单位评选活动揭晓,湘潭市专利办荣获全国专利系统先进单位,副研究员卢钟廷获"全国专利管理工作先进个人"称号。

11月15~17日　中国菊花研究会第一届年会在湘潭召开。来自北京、天津、上海、河北、山西、河南、山东、安徽、江苏、浙江、四川、江西、湖北、广东、湖南等省、市的专家,观赏湘潭市菊展,新鉴定和定名100个菊花品种。

11月20日　市委、市政府发出《关于表彰有突出贡献科技工作者的通报》,授予邓定武、刘武松、李同庆、蒋中柱、朱菱5位同志为"湘潭市有突出贡献科技工作者"。

是日　湘潭钢铁公司投资5800万元兴建的14000立方米/小时制氧机工程破土动工。1993年4月24日投入制氧生产。这是国内自行设计、制造、安装的最大制氧机。

11月26~29日　湘潭市第九届人大常委会举行第二十七次会议,听取和审议市政府关于贯彻执行市九届人大四次会议《关于依法治市决议》等情况汇报,通过关于批准《中华人民共和国湘潭市和日本国彦根市缔结友好城市协议书》的决定，会议同意范多富辞去市长职务，决定孔令志担任代市长。

11月29日 湘潭市“八五”重点工程之一——十四总千吨级码头举行奠基典礼。该码头设计为重立试码头，岸线长75米，占地面积10600平方米，总投资960万元。1993年12月25日主体工程竣工。

是日 湘潭市有9位专家、学者和科技人员，经党中央、国务院批准，享受政府每人每月100元的特殊津贴。他们是：市化工研究设计院副研究员王庆河，湖南农药厂厂长、高级工程师眭宝华，湘潭钢铁公司高级工程师李先萌、韩光烈，湘潭大学教授尹世杰、姜书阁、陈传森，湘潭师范学院副教授张锡亭，江麓机械厂高级工程师余忠。

12月10～12日 湖南省第四届省辖8市文明城市建设协作研讨会在湘潭举行。齐美成代表市委、市人民政府作题为《紧紧围绕经济建设中心，加强文明城市建设》的发言。省委副书记杨正午、副省长曹伯纯、省军区副政委黄祖示和省委宣传部领导出席会议并讲话。

12月14日 国内重大装备技术之一，国家“七五”“八五”计划重点攻关项目——154吨电动轮自卸车国产化自制率达70%的首台样车，在湘潭电机厂研制成功。这标志中国步入与美国、日本同能生产这种大车的“三强”之列。

12月19日 市政府决定在25个国合商业企业实行经营、价格、分配、用工“四放开”试点，对“四放开”的有关政策作出12条明确规定。21～22日，召开“四放开”试点工作会议，对试点组织工作和具体要求作出部署。

12月25日 省委、省政府在韶山召开座谈会，纪念毛泽东主席诞辰98周年。省委、省顾委、省政府、省政协、省军区领导和离休老干部，以及湘潭市党政负责人参加会议，听取省纪念毛泽东主席诞辰百周年筹备领导小组和韶山市委、韶山管理局关于筹备工作情况汇报。熊清泉、陈邦柱在会上发表重要讲话。

是年 湘潭布市商品成交额达1.52亿元，上缴国家税收270万元，跨入全国162个成交额超亿元集贸市场。

是年 韶山市公安局坚持从严治警狠抓队伍建设；坚持综合治理，狠抓基层基础工作，被评为全国先进公安局。

1992年

1月26日 江麓机械厂1991年自营出口创汇超过1000万美元，获全国机电产品出口先进单位称号。

1月24日 省政协主席刘正到湘潭视察。

3月9～14日 市第九届人大五次会议召开，审议并通过市人民政府工作报告和其他各项报告，选举孔令志为市人民政府市长，李文杰为市人大常委会副主任。《政府工作报告》中提出，1992年市政府将为市民办8件实事：开始市区内环路建设，改造潭锰公路，继续抓好4项重点工程（二大桥主体工程、程控电话大楼、千吨级码头、煤气二期工程），着手改造平政路旧城，兴建时鲜水果生产基地,新建和改建一批商业网点,改造拓宽通往韶山和乌石的公路,为城市居民住房解危解困。

3月11日　交通部部长黄镇东考察湘潭二大桥工程。

3月12日　省产品质量检查站抽查全省产品质量,湘潭市有13家企业的14项产品质量不合格。当日,市政府召开抽查产品不合格企业负责人说清会。

3月20日　省人民政府给湘潭市颁发超额完成劳动就业目标任务优胜奖杯。1988～1991年湘潭市连续4年超额完成省政府下达的劳动就业任务,其中1991年,全市净安置待业人员9045人,为省下达目标的102.7%;劳务输出5029人,为省下达目标111.7%。

3月21日　全省农村改水工作检查组对湘潭农村改水工作进行为期4天的检查,实地考察湘潭县古城乡和韶山市清溪镇等地改水现场。湘潭市已有80%以上的农民饮上清洁卫生水。

3月26日　湘江发生特大春汛,湘江湘潭段水位达39.7米。

3月30日　市委书记范多富走访湘潭县石潭区列家桥乡。该乡开展"一个好家庭,一栋好住房,一院好果树,一栏好生猪,一圈好家禽,一万元收入"的"六个一"家庭活动,得到范多富肯定。

4月12日　湘潭市3500多名市民签名支持北京申办2000年奥林匹克运动会。

4月17～18日　市委常委召开扩大会议,讨论深化改革方案,提出坚决打好"四个总体战",即以改革劳动人事、分配、社会保障三项制度为突破口转变企业经营机制的工业改革总体战,以经营、价格、用工、分配四放开为内容的商业改革总体战,以建立健全社会化服务体系为重点的农村改革总体战,以转换职能、精兵简政等为主要内容的行政事业机关改革总体战。

4月中旬　在1992年中国新产品新技术博览会上,湘潭市调速电机厂yyT调压调速电动机等11个产品获金奖。

4月21日　凌晨2时左右,湘乡市棋梓镇、虞唐镇、东山乡等地遭到10级左右大风连带暴雨和冰雹袭击,受灾乡达23个、受灾村251个,其中重灾乡11个,灾民达28万人。死亡6人,伤512人,其中重伤126人,倒房3500多间,毁坏秧田266.67公顷,掀倒电杆3000多根,经济损失达2500多万元。

4月30日　湘潭市推进行政事业单位改革方案出台。

5月3日　湘潭钢铁公司职工艺术团赴京参加"'92中国民族歌舞周"演出归来,舞蹈《冶炼之光》获一等奖,该团还获最佳组织奖。

5月4日　市政府举行国有土地有偿使用工作目标管理责任书签字仪式,刘运前代表市政府与雨湖区、湘江区、岳塘区、板塘区、郊区区长和国土局局长,分别在责任书上签字。

5月5～6日　湘潭市举办首期法人代表消防安全学习班,市政府与66家企事业单位法人代表签订消防安全管理责任书。

5月10日　全省地州市委书记流动现场会议先后在湘潭县古城乡、省轻工机械厂、湖南省农药厂召开。省委书记熊清泉,副书记杨正午、孙文盛等党政领导参加。

5月19～22日　中国红十字总会、卫生部联合举办"全国无偿献血宣传周"活动期间,市中心医院有64人自愿无偿献血。湘潭县人民医院外科医师刘显瑞从20世纪50年代起已先后无偿献血1.8万毫升。

5月27日　市政府召开新闻发布会,宣布湘潭市设立三个开发区,即:湘潭市高新技术产业开发区、湘潭市经济开发区、湘潭昭山旅游经贸开发区。

是月　湘乡市东郊区新研乡和该乡向韶村干部在组织征收计划生育连环费和建校集资费时，少数干部工作粗暴，强行逼款，导致村民潘群英投塘自杀身亡。事后，湘乡市委领导带领区、乡负责人登门慰问，赔礼、道歉，给其家属经济补偿8700元，将潘的丈夫安置到乡化工助剂厂工作；给予东郊区委副书记、区长刘爱萍党内严重警告和行政记大过处分，免去其区委副书记、区长职务；给予乡党委副书记周祚群留党察看一年处分；撤销因打抱不平而被拘留的3名村民的治安拘留处罚，并给予经济补偿；全面清理农民负担，取消计划生育连环费、农民打井水资源费、生猪防疫费、非生产性达标检查费、不合理学杂费等，把农民负担减少到人均纯收入的5%以内。

6月4日　全国人大常务委员会委员李瑞山率全国人大常委会执法检查组到湘潭检查社会治安综合治理等工作。谭景阳主持汇报会，齐美成汇报社会治安综合治理情况，市公安局副局长黄嵩阳汇报贯彻执行全国人大常委会关于严禁卖淫嫖娼等4个决定的情况。

6月5日　江南机器厂深化环保管治工作，全厂工业废水治理达标率97.34%，各类污染物排放综合达标率96.02%，为1992年国家表彰的全国100家环境保护先进单位之一。

6月18～19日　中顾委委员、中国工业经济协会会长吕东率中国工业经济协会调研组到湘潭考察。

7月10日　常务副省长董志文率省科委负责人到湘潭考察高新技术产业开发区进展情况。

7月中旬　湘潭市在国家科委和黑龙江省政府举办的“’92哈尔滨全国科技成果展览交易会”上，参展的机械、化工、电器、轻工、粮食、饲料等行业的18个项目，有13项获奖。其中获金奖5项，银奖6项，创新奖2项。

7月中旬　市化纤厂被国家统计局等3家单位列入1992年度全国500家最佳经济效益工业企业，在全国的化纤行业中居第6位。

7月23～25日　市第九届人大常委会举行第三十一次会议，审议城市综合开发和三个开发区开发进展情况以及工业企业内部三项制度改革情况，通过关于撤销城市5区设立2个新区的决定。

7月23～25日　市委常委在韶山宾馆一号楼集中3天时间学习邓小平南方讲话。

8月2～5日　省长陈邦柱，副省长汪啸风、储波到湘潭现场办公。先后听取湖南农药厂、湘潭电缆厂、市化纤厂、高新开发区、昭山经贸旅游开发区情况汇报。到湘潭钢铁公司炼钢、炼铁分厂生产一线看望战高温、夺高产的干部和职工，考察昭山旅游经贸开发区，考察杨梅洲水上公园。

8月7日　省军区司令员庞为强到湘潭军分区检查、指导工作，考察军分区正在兴建的华兴大酒店、加油站、农场等。

8月8日　市政府发出《关于加快发展个体私营经济的若干政策规定》。

8月10日　全市第一家搬家公司——中意搬家公司开业。

8月11日　市政府召开首次全市个体、私营企业代表座谈会。30多名个体、私营企业主踊跃发言。

8月13日　省政府通知，经国务院批准，调整湘潭市市辖区和湘潭县人民政府驻地。撤销原市辖雨湖区、湘江区、岳塘区、板塘区和郊区，以湘江为界新组建雨湖区和岳塘区。雨湖区行政区划包括原雨湖区、湘江区，原郊区的长城、昭潭、先锋、护潭乡和先锋农场；岳塘区行政区划包括原岳塘区、板塘区,原郊区的霞城、宝塔、板塘、荷塘、昭山乡和仰天湖、宝塔农场;湘潭县政府驻地由市区城正街迁往易俗河镇。

8月17日　北京地区湘潭经济科技顾问团一行22人到湘潭考察。

8月18日　湘潭市消费者协会成立。

8月20日　市政府发布《湘潭高新技术产业开发区暂行规定》和《湘潭经济技术开发区暂行规定》。

8月25日　台北市进出口商会访问团一行30余人到湘潭访问。

8月28日　湘潭市高新技术产业开发区举行奠基大会。范多富致辞,省委常委、省委秘书长沈瑞庭代表省委、省政府讲话。湘潭市高新技术产业开发区地处岳塘区境域,东起向阳林场,西至建设南路,南起书院路,北至长潭路,共24平方千米。

9月7日　湘潭县新县治在易俗河镇举行奠基典礼,省市领导刘夫生、庞为强、王治国、赵处琪、黄道奇、齐寿良、金锋、何耀东、杨第甫和范多富、方大鹏、郭果夫等参加。1995年9月28日,在易俗河镇举行县治移址庆典。

9月18日　湘潭移动通讯开通。

9月21日　湘潭县籍著名音乐家、中国音乐家协会名誉会长吕骥应市文联邀请回家乡访问。

9月22日　毛泽东主席铜像设计者、中国人民革命军事博物馆雕塑家程允贤携铜像模型到湘潭征求修改意见。

10月中旬　经国务院经济贸易办公室、国家计委等部门联合审查批准:江南机器厂、江麓机械厂、湘潭纺织印染厂、湘潭电机厂、湘潭电缆厂、湘乡水泥厂、湘潭钢铁公司、湖南铁合金厂、湘潭锰矿、湘乡铝厂为大型一类企业;江滨机器厂、湖南农药厂、湖南玻璃厂为大型二类企业。

10月22日　日本彦根市议会议长北泽信孝率友好访问团12人抵湘潭访问。

10月23日　市政府发出《关于进一步放宽对外经贸优惠政策的补充规定》。

10月24日　副市长张汉良在全市粮食改革工作会议上宣布,全市从11月1日起放开粮油销价与经营。

是日　湘潭市首次召开优秀个体经营者、私营企业主表彰大会,全市64名优秀个体工商业者和私营企业主受到市政府表彰奖励。

10月27日　韶山革命烈士陵园举行奠基仪式。次年12月25日举行竣工典礼,向社会开放。

11月12日　新任市委副书记陈叔红由郴州地委副书记调任。

11月16~17日　中共中央政治局候补委员、中央书记处书记温家宝在省委书记熊清泉陪同下到韶山视察。

11月18日　省政府批准湘潭县易俗河经济开发区为省级重点经济开发区。

11月中旬　湘潭百文站改组成“湘潭百货贸易股份有限公司”,为省内首家商业股份制企业。

11月23~26日　1992年湘潭(深圳)商品展销订货会暨经技贸洽谈会在深圳市博物馆开幕。此前,市政府分别于11月18日和21日在深圳召开新闻发布会和同乡联谊会,扩大宣传和影响。会议期间,内外贸成交总金额9.8亿元;引进外资项目签约47项,总金额13110万美元;湘潭县易俗河经济开发区有偿转让土地使用权引进资金1亿元。

12月9～11日　省委书记熊清泉、副省长汪啸风率省经委、省委政研室等部门领导到湘潭调查考察。

12月18日　航空航天工业部机关党委负责人韩穗民、司德鹏等人专程到韶山，向韶山纪念毛泽东主席诞辰100周年活动筹备办公室递交该机关1000名党员捐献的21190元。

12月25日　湘潭市首部年鉴——《湘潭年鉴》1992年卷举行首发式。

12月28日　湘潭军分区根据省军区指示，举行授予在潭中国人民解放军离退休军人功勋荣誉章大会。

是年　韶山市获中央社会治安综合治理委员会授予的1992年“全国社会治安综合治理先进市”称号。

是年　雨湖区获1992年“全国城市计划生育工作先进集体”称号。

1993年

1月1日　政协湘潭市第七届委员会第一次会议闭幕，选举产生第七届委员会领导成员，齐美成当选为市政协主席。

1月3～9日　湘潭市第十届人民代表大会第一次会议召开，听取孔令志《政府工作报告》和审议各项提议，选举伍克文为市十届人大常委会主任，孔令志为市人民政府市长，刘锡东为中级人民法院院长，邱昭开为市人民检察院检察长。选举产生人大常委会副主任和市人民政府副市长。

1月8日　省内首家期货市场——湘潭裕华期货经纪公司开业。

2月5日　市政府召开新闻发布会，推出职工住房公积金制新举措。定于10日召开全市企事业单位负责人会议，动员全面实施《湘潭市职工住房公积金暂行办法》。

2月16～20日　在湘全国政协委员一行22人，在全国政协委员、省政协主席刘正率领下，到湘潭进行为期5天的视察。

2月20～21日　全省计划生育会议在湘潭市举行，国家计生委主任彭珮云，省市党政领导熊清泉、陈邦柱等出席会议，并到宝塔乡、霞城乡等地视察乡、村计划生育工作，慰问计划生育干部。湘潭市1992年共出生4259人，比上年少出生3197人，人口出生率下降1.54个百分点，计划生育率提高13.53个百分点，多孩率下降2.66个百分点。计划生育工作在全省14个地、州、市名列第二。

2月20日　陈邦柱省长视察湘潭市国药城、高新技术开发区、二大桥等。

2月22～28日　湘潭市友好代表团一行14人在团长孔令志率领下，访问日本彦根市。

2月23日　湘潭市行政学院成立。

3月6日　省政府批复同意湘潭市昭山旅游经贸开发区为省级开发区。

3月10日　雨湖区解放南路36号，发生一起恶性勒索爆炸案，受害者杨桃英负重伤，一歹徒在追捕中被击毙，另一歹徒于次日追捕归案。

3月16日　湘潭钢铁公司重奖科技工作者，有10项科技成果分别发给奖金1万元和5000元；并对“公司级有特殊贡献的专家”每月发给80元特殊津贴。

3月22～23日　副省长周伯华率省有关委、办、厅及几家银行负责人到湘潭考察工交生产及重点工程建设情况，并专程赴江南机器厂现场办公，针对该厂奥拓车工程中存在的11个急需解决的问题，当场拍板定出解决措施，确保奥拓轿车年内投放市场3000辆。6月20日，首批江南奥托轿车出厂。

3月25日　省政府批准同意湘潭市经济开发区改名为湘潭市商贸工业特区。

3月27日　省委常委、省委秘书长胡彪到湘潭考察减轻农民负担问题。

3月29日　市委、市政府举行大会，向一、二、三级警督代表授警衔。

4月3日　在常德市召开的全国星火计划成果展销洽谈会上，韶山电视机厂的电视机超亮电源及自控关机装置、停电宝逆变器、聚氨酯胶辊、自复式保险器获金奖。

4月19日　中共中央政治局常委、国务院副总理朱镕基在省委书记熊清泉，省长陈邦柱，省委常委、省委秘书长胡彪，副省长周伯华陪同下视察湘潭。在湘潭电缆厂召开大中型企业转换经营机制座谈会，视察湘潭县泉塘子农技站，听取市委、市政府工作汇报。

4月23日　经市委、市政府批准，市减轻农民负担领导小组向全市农户分发《农民负担卡》。

5月17日　湘潭市举行3.5万门程控电话开通庆典，向"5·17"国际电讯日献礼。

5月23日　齐白石纪念馆开馆。

5月24日　马来西亚魏伟杰被授予湘潭市"荣誉市民"称号，并被聘为市经济顾问。

5月28日　湘潭市证券公司与深圳、上海上市股票电脑联网开通。

6月2～4日　经中共中央宣传部批准召开的纪念毛泽东诞辰100周年暨全国第八次社会主义社会辩证法研讨会在湘潭举行。来自全国17个省市的30多位教授、40多位副教授及一批年轻学者近100人参加会议。

6月12日　市委、市政府作出进一步搞好减轻农民负担的8条规定。一、依法对农民承担费用和劳务定项限额；二、坚决停止《条例》规定之外向农民的一切收费；三、国家机关设在乡镇的机构和人员所需一切经费不得由农民负担或补贴；四、要保证国家给农民各种优惠政策的兑现；五、认真搞好涉及农民负担文件的清理；六、建立健全农民负担监督管理制度；七、各部门、各单位都要认真执行减轻农民负担的法律、法规和有关文件；八、切实加强对减轻农民负担工作的领导。

6月13～14日　中共中央政治局委员、国务委员、国家体改委主任李铁映考察湘潭。听取范多富工作汇报，视察湘潭湘江二大桥工地、江麓机械厂，参观韶山。

6月17～20日　17日晚，市委、市政府在胜利电影院举行电影晚会，欢迎到湘潭参加全国残运会"天赐杯"田径、游泳、射击赛的13个省、市、自治区的运动员。省市领导王克英、孔令志等出席晚会。20日运动会闭幕。湘潭市选手韩文、周少波、郭异、刘立新共获五个第一。

6月24日　国务院学位委员会主任、全国政协常委何东昌视察湘潭市第一职业中专学校，参观校史展览和校服装厂，观看专业实习课，对该校办学成绩表示赞赏。

6月25日　湘潭县委、县政府严肃处理杜塘铺乡农技站销售35000千克假冒威优35晚稻种子一案。杜塘铺农技站承包人李耀奇从是年2月起先后5次从汝城县种子公司杂交种子经营部购进"威优35"晚稻种子35000千克，出售给易俗河区、响塘区、中路铺区农技站。湘潭县30多个乡镇及株洲县2个乡的农民购买这批种子。经省有关专家鉴定，这批种子不是威优35晚稻种子。李耀奇从中牟取暴利3万多元。经政法部门组织力量对其查处，并没收全部非法所得，组织人员回收假冒种子。

6月30日~7月1日　中共中央政治局常委、书记处书记胡锦涛在省长陈邦柱、省委副书记孙文盛等人陪同下参观毛泽东同志故居、滴水洞和毛泽东同志纪念馆，并听取市委、市政府关于经济建设及党建工作汇报。

7月5日　湘江流域普降大到暴雨，湘江湘潭段水位超过危险水位1.45米，且呈上涨趋势。18时，水位达40.05米。

是日　湘潭市运动员张华在全国第七届运动会滑水比赛中，与队友黄美丽一起获跳跃滑水金牌。

7月21~23日　1993年中国湖南湘潭市(曼谷)经贸招商会于21日上午(泰国时间11时38分)在泰国首都曼谷的帝日酒店四楼会议大厅开幕。大会由张汉良主持，孔令志致开幕词。23日闭幕。招商会签订合资项目15个，总投资1.2亿人民币，引进外资1543.66万美元，外贸成交380.6万美元。

8月2日　回家探亲的湘潭县严冲乡籍、空军第十六飞行学院学员章伟为抢救落水儿童而牺牲。9月，兰州军区司令部、政治部批准其为革命烈士。

8月2~4日　1993年湘潭市经贸招商会在香港会议展览中心举行。开幕式由张汉良主持，范多富致辞。会期签订合资项目14个，投资总额12.08亿元人民币，引进外资4064万美元。

8月7~8日　湘乡市白田区遭受特大暴雨袭击，两天降雨达300毫米，造成山洪暴发，山体滑坡，全区受灾面达60%。龙潭、仁厚、金石、金薮4乡为重灾区。淹晚稻2000公顷，水冲沙压666.67公顷，已无法复耕226.67公顷，冲垮山塘180口，大型河坝440座，冲垮渠道1900多处，冲垮桥梁40座，倒房2550间，致伤82人，死耕牛11头、死牛猪430多头，直接经济损失1000万元以上。

8月9日　省人民政府批复：湘潭市恢复设立雨湖区鹤岭镇和楠竹山镇。

8月18日　市制革总厂实行国有私营，举行合同签字仪式。

9月2日　经省政府批准，湘潭市岳塘区设宝塔街道办事处，撤销宝塔乡。

10月7日　湘乡市育塅乡扬名村扬名鞭炮厂发生爆炸事故，死亡9人，重伤5人，轻伤2人。

10月8日　原北京市政协常委、陈赓大将夫人傅涯回到阔别32年的陈赓故乡湘乡市探亲访问。

10月9日　省长陈邦柱率省经委、机械工业厅、财政厅等部门负责人到湘潭考察企业生产经营情况，并到省长“支帮促”联系点——湘潭柴油机厂现场办公。

是日　国家计委批准湘潭新电厂第一期2×30万千瓦发电机组工程立项。

10月18日　全市第三产业普查工作全面铺开。

10月18~19日　中共湖南省委书记王茂林在省委常委、省委秘书长胡彪等陪同下，到湘潭、韶山考察。

10月23日　国防大学350名将、校级军官，在校长朱敦法上将率领下，专程到韶山现场教学。

10月24~25日　国家经贸委主任王忠禹一行7人到湘潭参观韶山，并考察江南机器厂、湘潭钢铁公司、市化纤厂等企业。

10月28日　全省首家人寿保险股份有限公司在湘潭市成立。范多富、孔令志等出席成立大会并为公司揭牌。

11月7日　市味精厂、市五金电镀厂经法院审理，宣告破产。

11月8日　湘潭市纪念毛泽东诞辰100周年文艺汇演暨经技贸洽谈会在湘潭体育中心开幕，13个国家和地区的工商界，全国29个省、市、自治区及全省13个地、州、市代表出席会议。

是日　中共中央候补委员、化工部常务副部长贺国强考察市合成化工厂。

11月10日　中共湘潭市委发出关于贯彻落实《中共中央关于学习〈邓小平文选〉第三卷的决定》的安排意见。

11月10～11日　国家教育委员会抽调7名专家组成的金工实习教学评估组，检查湘潭机电高等专科学校。

11月18日　全省第一家电话银行在中国银行湘潭分行开通。

11月23日　兵器工业总公司总经理张俊九与副省长周伯华、市委书记范多富及有关厅、局、银行负责人到江南机器厂，共商奥拓微型轿车上规模、上水平发展大计。

11月25日　全国地市报毛泽东新闻思想研讨会在湘潭召开，30多家地市级报社和中央、省、市有关部门的领导参加。

11月28日　星月大厦发生被盗价值21.8万元黄金首饰特大案件。12月3日凌晨案件破获。

12月6日　毛泽东及其6位亲人的铜像抵达韶山，中共湖南省委和湘潭市委举行迎接仪式。省委副书记杨正午，省委常委、省委秘书长胡彪，市委范多富、孔令志等出席。

是日　毛泽东图书馆在韶山破土动工。1996年12月20日，由中共中央总书记江泽民题写馆名的“韶山毛泽东图书馆”开馆。省委常委、省委秘书长吴向东，省委常委、省委宣传部部长文选德和各界人士400多人参加开馆仪式。

12月11日　市房改领导小组在新闻发布会上宣布：全市公房出售工作全面铺开。

12月20日　中共湖南省委、省政府在韶山举行毛泽东铜像揭幕仪式。中共中央总书记、国家主席、中央军委主席江泽民为铜像揭幕，省长陈邦柱主持揭幕仪式，省委书记王茂林发表讲话。陪同江泽民的有中共中央办公厅主任曾庆红、中央政策研究室主任王维澄、中央军委办公厅主任程建宁，广州军区司令员李希林、政委史玉孝。

是日　湘潭电厂节能技改工程，6万千瓦机组并网发电。

12月21日　江西省委书记毛致用在湖南省副省长郑培民陪同下到湘潭视察。

12月21日～26日　纪念毛泽东诞辰100周年系列活动在湘潭、韶山举行。21日晚，中央电视台、湖南电视台在韶山毛泽东故居坪前水塘内搭台联合举办纪念毛泽东诞辰100周年大型文艺晚会。22日，市委、市政府在市政府大礼堂举行纪念毛泽东诞辰100周年报告大会。孔令志主持大会，范多富作报告。市党政军负责人，老红军、老干部代表及市直机关各部门负责人1200多人参加大会。25日，市委、市政府在市体育馆举行纪念毛泽东诞辰100周年献礼活动。湘潭市历任市委书记、人大常委会主任、市长、政协主席，原湘潭地委书记、专员，湘潭军分区历任司令员、政委，曾在毛泽东身边工作过的工作人员，老红军、老干部代表，全省13个地州市党政负责人应邀出席大会。韶山毛泽东诗词碑林和韶山烈士陵园举行剪彩典礼，向社会开放。中共湘潭市委将全市126166名共产党员和3722名建党积极分子、非党群众自愿交纳的特殊党费87万多元交付给中共韶山市委，用于安放毛泽东6位亲人铜像和韶山烈士陵园门楼。26日，韶山市纪念毛泽东诞辰100周年大会在韶山影剧院举行。当晚，在烈士陵园举行焰火晚会。

是年　全市经济建设情况较好。其中，国民经济增长速度创历史最好水平，工业总产值完成93.07亿元，比上年增长20.7%；农民人均纯收入、外商投资到位率均居全省第一。

是年　湘潭市获省级卫生城市称号。

1994年

1月1日　湘潭市在齐白石纪念馆举行集会，纪念齐白石130周年诞辰。

1月4日　市政府发布《湘潭市农民负担监督管理实施办法》。

1月6日　市委、市政府召开房改新闻发布会，提出加快公有住房出售，适当提高住房租金，搞好安居工程。

是日　宝塔岭高峰塔重建竣工并开放。

是日　湘潭县谭家山镇紫竹村腰塘煤井发生瓦斯爆炸，死2人，伤10人，其中重伤2人。

1月18日　市委、市政府颁布《关于贯彻省委省政府〈关于加快发展个体私营经济的决定〉的意见》。

1月22日　市委、市政府在政府大礼堂召开加快发展个体私营经济动员大会。孔令志主持会议，范多富作动员报告。会议动员全市各级党组织和广大群众进一步解放思想，放开胆量，放宽政策，放开手脚，加快发展个体私营经济。

1月25日　经国家建设部批准，韶山市列为国家旅游开发区。

1月28～29日　全省爱国卫生工作现场总结会在湘潭召开，湘潭市被省爱卫会授予“省级卫生城市”和“灭蟑先进市”称号。

1月29日　朱菱等24位科技工作者被国务院批准享受政府特殊津贴，孔令志等市党政领导为他们颁发由国务院签发的证书。至此，全市已有46位人员享此殊荣。

2月2日　国内最大牵引力和最大吨位的200吨工矿电力机车在湘潭电机厂研制成功。

2月8日　107国道1623千米加170米的易家湾地段，发生一起汽车撞压致死4人，肇事者逃离现场特大交通肇事逃逸案。

2月26日　凌晨3点40分位于岳塘区岳塘路的海天娱乐城发生大火，一、二楼歌舞厅被焚毁，5人丧生，直接经济损失40多万元。

3月11日　市委、市政府决定授予王庆主等12人“杰出政法干警”称号并通报表彰。

是月　市委决定从1994年1月起提高农村老地下党员生活补助标准，每人每月提高20元。

4月24～25日　省委常委、省纪委书记杨敏之率省监察厅及省纪委党风廉政室等有关部门负责人和长沙、株洲等13个地州市廉政办主要负责人来湘潭，观摩湘潭市第三次行风评议会，对湘潭行风评议工作给予高度评价。

4月26日　17时，湘江出现年度首次洪峰，湘潭段水位40.05米，市、县（区）领导组织抢险。

4月27日　湘乡市石柱乡石桥中心小学一间危房坍塌，11名学生和1名幼师受伤。

5月1日　湘乡市栗山镇骤降暴雨、冰雹，房屋倒塌，山塘滑坡，农田被淹，电话中断，死1人，伤5人，直接经济损失20多万元。

5月3日　市政府颁布施行《湘潭市劳动监察暂行规定》。

5月上旬　市政府决定在机关事业单位售房款中拿出100万元修建教师宿舍；全市增加定点支教学校100所。

5月11日　湖南迅达集团总裁、市新产品开发研究所所长伍尚魁获首届全国优秀发明企业家称号领奖归来。

5月13日　越南同奈省访问团抵达湘潭。

5月14日　韶山市杨林乡农村妇女蒋春华为抢救落水少年英勇献身。

5月17~18日　省人大常委会主任刘夫生到湘乡视察湖南铁合金厂、湘乡铝厂、湘乡氮肥厂等,还听取湘乡市委、市人大、市政府工作汇报。

5月22~26日　省委书记王茂林到湘潭市考察城乡生产、生活情况。

5月27日　长潭高速公路湘潭段开工典礼在殷家坳举行。1996年12月15日,湘潭段举行通车典礼。湘潭段从境域丛树岭至吉安路口,总长25.58千米,采取全封闭、全立交方式,双向四车道,路基宽27.5米,设计时速120千米。

是日　以日本彦根市市长长中岛一为团长，议员松本一义为副团长的日本彦根市友好代表团一行14人抵湘潭访问。孔令志、吴昌续、陈玉春在市政府二楼会议室会见代表团一行。

6月2日　全国人大常委会副委员长李锡铭、省人大常委会副主任俞海潮等到湘潭视察工作。

6月4日　湘潭锰矿子弟中学初中一年级学生王志坚为抢救溺水同学，献出年仅13岁的宝贵生命。

6月6~7日　地质矿产部部长宋瑞祥在省地矿厅厅长仇水旺陪同下,到湘潭视察。

6月7~10日　七省九市地区科技协作网第六次科技协作交流会在湘潭召开。

6月8日　省建委组织专家审定“湘潭市政设施普查”,认为湘潭市这项工作走在国家建设部文件要求的前面,在全省处于领先地位。

6月9~10日　市个体私营经济工作会议召开。会议强调进一步解放思想，加强引导和管理，形成具有湘潭特色个体私营经济发展格局。

6月11~18日　从11日开始,湘江流域普降大到暴雨,洪水猛涨。16日2时湘潭段水位超警戒水位,达38.12米。17日21时,水位达41.74米,超过历史最高水位,沿江5处堤垸垮塌,1330多公顷农田受淹。是日,副省长周时昌抵湘潭察看灾情。18日13时,新中国成立以来湘江最大洪峰通过湘潭,水位为41.94米,超过危险水位2.94米。至是日,湘潭城市两区和湘潭县80个乡镇(街道办事处)、68个村（居委会),633100人受灾，农作物受灾51129公顷，绝收10969公顷，粮食减产9597.2万千克。全市20多万人奋战抗灾。20日,刘运前代表市委、市政府将第一批救灾粮、物送到灾民手中。

6月22日　中共中央政治局候补委员、书记处书记温家宝率国家有关部委领导,在省长陈邦柱等陪同下到湘潭视察灾情。

6月23~24日　省委书记王茂林到湘潭视察灾情、慰问受灾群众。

6月28日　湘潭钢铁公司6万余职工、家属,向市灾区人民捐献钱物总值110万元。

是月　湘乡啤酒厂主要产品骄杨干啤获布鲁塞尔第八届酒类博览会金奖。

7月6日　常德市组团到湘潭慰问灾区人民，捐献现金20万元、稻谷90吨、化肥20吨、水泥20吨。

7月8日　市政府召开全市新粮入库工作动员大会，强调定购粮只征实物，坚持现金结算，对农民不许打白条。

7月11日　湘潭二大桥南线地段发生一起涉外交通事故，1名外籍乘客当场死亡，2人受伤，车辆报废。

7月12日　在第五届亚太国际贸易博览会上，湘潭龙牌酱油等5种食品获金奖，月亮情牌湘莲等7种食品获银奖，获奖总数名列全省第一。

7月17日　湘潭县花桥乡遭受特大山洪侵袭，1.5万人受灾，直接经济损失327万元。

7月18日　省委副书记储波视察湘潭化纤厂扩建聚酯工程。

7月29日　市财政局退休干部、民革市委委员杜志平遗产捐赠仪式举行。杜志平立下遗嘱，将九汇街29号1栋砖木结构、建筑面积250平方米的两层楼房捐赠给希望工程。

8月14日　下午，江南机器厂厂区骤降暴雨，遭特大洪水袭击，厂大门前一片汪洋，水深0.5米，12个二级厂、3个集体企业，8000多台设备及加工品浸在水中，全厂被迫半停产。

8月14～15日　湘乡市遇特大暴雨，16小时内降雨260毫米，28个乡镇受灾，3人丧生，300余人受伤。湘潭县青山桥区降暴雨，7小时内降雨158毫米，山洪暴发，河水陡涨，4667公顷稻田被淹，倒塌房屋940多间，死2人，直接经济损失3200多万元。

8月15日　湘潭市邓小平理论研讨会成立，范多富、孔令志任名誉会长，齐美成任会长。

9月1日　湘潭市税务局撤销，分设湘潭市国家税务局和湘潭市地方税务局。

9月8日　湘潭银行票据大同城电子清算网正式运行，效果达省内一流水平。

是日　市工商银行信托投资公司开通上海、深圳股市。

9月上旬　湘潭钢铁公司新变电所为架设220千伏供电高压线，建成高107米、重1400吨、跨距1114米的过江铁塔，为湖南电力铁塔之最。

9月上旬　在远东及南太平洋地区残疾人运动会上，湘潭钢铁公司职工韩文夺得LAF4级铁饼比赛金牌、铅球银牌和标枪铜牌。

9月中旬　湘潭市被列为国家12个精细化工基地之一。

9月24日　袁隆平教授率全国杂交水稻专家考察组，赴韶山市韶山乡、银田乡两系法杂交水稻示范现场考察评议，认为湘潭两系法杂交水稻生产居全国领先水平。

9月29日　湘潭钢铁公司在国务院第二次全国民族团结进步表彰大会上被授予“全国民族团结进步模范单位”称号。

10月9～10日　中共中央政治局委员、书记处书记、中纪委书记、中华全国总工会主席尉健行来湘潭视察。

10月13日　市委、市政府召开全市减轻农民负担工作会议，提出减轻农民负担的5条措施：第一，各级党政主要领导要亲手抓，负总责；第二，狠抓现有法律、法规和政策的落实；第三，严格执法，及时查处加重农民负担事件；第四，强化农民负担监督管理职能；第五，大力发展农村经济，壮大村级经济实力。

10月16日　省委副书记、省长陈邦柱视察江南机器厂表示:省委、省政府全力支持把湘潭建成一座现代化汽车工业城。

10月18日　市整治湘江大堤开工典礼举行,副省长郑培民参加典礼并讲话。

10月19~23日　由市体委,市委农村工作部、市政府农村工作办公室联合举办的市首届"小康杯"农民运动会在体育中心举行。5个县(市、区)近400名农民运动员,参加田径、游泳、武术、篮球、乒乓球、象棋、射击7个项目比赛。经过5天角逐,湘乡市代表队在57个单项比赛中夺得28个第一,以较大优势捧走"小康杯"。

11月2日　《邓小平文选》第一、二卷第二版首发式在市新华书店举行。

11月9~10日　中共湘潭军分区第十次代表大会召开,选举产生中共湘潭军分区第十届委员会,范多富当选第一书记,邓荣兴当选书记,潘季良当选副书记。

11月11日　湘潭市与美国南艾尔蒙地市结为友好市。

11月14日　湘潭市希望工程基金促进会成立。孔令志、齐美成任顾问,陈叔红、陈玉春任名誉会长,团市委书记李江南任会长。

11月16日　湘潭市妇女儿童工作委员会成立,常务副市长王为民任主任。

11月16~21日　省委常委、省委秘书长胡彪率督查组到湘潭督查工作,强调要把湘潭建成工业大市、农业强市。

11月23日　湘潭籍运动员周美红在土耳其伊斯坦布尔举行的第八届世界女子举重锦标赛上,获70千克级总成绩世界冠军和挺举金牌、抓举第三名。

12月1日　湘潭市国家安全局成立。

12月6日　湘潭市首次发行中国体育彩票。

是年　湘乡市成建制亩产过吨粮。

是年　湘潭市计划生育工作排名在全省14个地州市中与长沙市、常德市并列第一。

1995年

1月1日　省委书记王茂林、副省长周伯华率省总工会、省经贸委等有关部门领导到湘潭慰问特困企业——市毛纺厂、市针织厂职工,考察湘潭化纤厂聚酯切片工程和湘江河西防洪大堤。

1月2~3日　2日22时至3日7时,湘潭市全境连续9个多小时降雪,降雪量达160毫米,大批林木被雪压毁。

1月10日　市检察院在湘潭锰矿召开打击严重经济犯罪分子动员大会,湘潭锰矿原矿长容某因利用职权收受贿赂被逮捕。

1月18~20日　市十届人大常委会第十二次会议举行。会议决定:同意接受孔令志辞去湘潭市人民政府市长职务的请求;陈叔红任湘潭市人民政府副市长,代理市长。

1月27日　国家化工部常务副部长贺国强一行到湘潭考察,听取湘乡市委、市政府及湘乡氮肥厂情况汇报。

2月3日　长沙大托铺机场口加油站处发生交通事故。湘潭市振兴节能工贸实业有限公司董事长张庆军乘车路过现场，主动救人，将伤者送湖南医学院附二医院抢救，并拿出4000元作手术费，不留姓名和住址。伤者康复出院后，通过市交警支队车管科才找到张庆军。

2月7~8日 市委、市政府号召掀起储蓄高潮，市党政领导和市直各部门100多位负责人，分别向市中国银行、工商银行、农业银行、建设银行等4家专业银行储蓄，累计存款10万元。

2月16日 湖南金迪化纤有限责任公司挂牌暨湘潭兴建6万吨聚酯工程奠基仪式在湘潭化纤厂举行。副省长周伯华、国家计委轻纺司司长曲平纪、中国银行总行、省计委等有关部门负责人及市领导范多富、陈叔红等出席奠基仪式。12月21日，聚酯工程开工。开工报告于11月28日国务院总理办公会批准，12月6日国家计委下发正式批文。工程总投资10.87亿元。

2月18日 韶山市银田乡南湖村部分个体户、私营企业主共捐资53200元用于建南湖学校。

2月19日 市板塘副食店20岁的青年职工郭干在店里值夜班时与进店行窃的歹徒搏斗，光荣献身。

2月25日 市环境卫生管理处举行成立40周年庆祝会。会上，市政府授予李德琪等10位环卫职工"优秀城市美容师"称号。

3月1日 市十届人大三次会议举行第三次全体大会，范多富当选市人大常委会主任，陈叔红当选市人民政府市长。

3月10日 省委常委、宣传部部长文选德，省政府副秘书长翁晖及省建委、省文化厅、省财政厅有关负责人，在市委有关领导陪同下到湘潭县乌石乡，商议落实彭德怀铜像和纪念馆规划建造事宜。

3月15日 市文明建设先进单位表彰会召开。雨湖区获省文明单位建设工作先进区；湘潭电业局用电管理所、湘潭县中医院、湘潭电厂、湘乡市东山乡张江村、护潭信用社、湘潭市技工学校获省文明建设先进单位称号；省储备局115处油库、武警湘潭支队二中队获省军民共建先进单位称号；省委直属机关党校等67个单位获市文明建设先进单位称号。

3月20~22日 湖南省中小学德育和普通高校工作会议在湘潭召开，副省长郑培民作工作报告，范多富致欢迎词，国家教委有关部门，省政府有关部门负责人参加会议。

3月22日 《湘潭市政府与北京航空航天大学科技合作协议》在北京签订。

3月27日 《清华大学与湘潭市人民政府关于开展经济技术合作，建立研究生实践基地的协议》在北京签订。

是月 湘潭县依法整顿种子市场，先后对花石、易俗河、石潭、河口、青山桥等7个乡镇，检查10个水稻种子经营店(点)，收缴各类假冒伪劣稻种1.5万余千克，有关责任人受到查处。

4月4日 由市化工研究设计院院长、国家级中青年专家王庆河研究员主持的"八五"国家重点科技攻关项目——喹吖啶酮系列有机颜料(应用于化妆品和食品包装材料等领域的着色剂)的研制(中试)，在湘潭通过国家级鉴定。

4月6日 在国务院发展研究中心、中国农学会、中国优质农产品开发服务协会联合举办的"首批百家中国特产之乡"命名大会上，湘潭县被命名为"中国湘莲之乡"。

4月12日 市政府第十届第四次全体会议举行。陈叔红在工作报告中指出，振兴湘潭经济要走"实业建市、科技兴市、流通旺市、改革活市、筹资富市"的路子，即以实业为基础，科技为先导，流通为纽带，改革为动力，筹资为杠杆，互相依存，互为条件，环环相扣，配置联动的五环发展战略。

4月12~13日　越南胡志明市平盛郡友好代表团抵湘潭参观访问。

4月14日　市政府公布《湘潭市贯彻〈国务院关于深化城镇住房制度改革的决定〉的实施方案》。就深化城镇住房制度改革的指导思想和基本内容、巩固和完善住房公积金制度、积极推进租金改革、稳步出售公有住房、加快经济适用住房的开发建设以及加强领导、统筹安排、积极推进城镇住房制度改革作出具体规定。

4月15日　湘潭锰矿矿区简易公路上发生汽车翻车事故,3人死亡,4人受伤。

4月27日　市首届职工文化节在市工人文化宫开幕。

4月28日　江麓机械厂进出口公司第三次外商座谈会召开。来自韩国、泰国、马来西亚、新加坡、阿联酋、印度尼西亚、菲律宾、德国、加拿大、美国、法国、澳大利亚、日本、利比亚、中国香港、中国台湾16个国家和地区客商到会。

是月　湘潭市花鼓戏剧团创作演出的现代戏《筒车谣》获得文化部颁发的最高奖——"文华奖"。市花鼓戏剧团获"全国文化系统先进集体"称号。

是月　《湘潭县、湘乡市农村撤区并乡行政区划调整方案》经省人民政府同意后开始实施。5月,此项工作完成。

5月4日　湘潭市举行首批爱国主义教育基地授牌，韶山毛泽东诗词碑林、韶山毛泽东纪念园、韶山烈士陵园、黄公略故居、湘乡东山学校、湘潭烈士陵园、齐白石纪念馆、湘潭钢铁公司、韶山灌区、湘潭市全民国防教育展览馆成为市十大爱国主义教育基地。

5月6日　湘潭市电话号码从6位升为7位。

5月10日　湘潭市在长沙召开经济和社会发展情况汇报会,刘夫生、文选德、郑培民、龙禹贤等省领导和省直56个部门负责人出席。市党政领导范多富、陈叔红等及40多个部、办、委、局的负责人参加汇报会。

5月13日　江南工学院学生邓远亚为从急流中抢救同学献出年轻生命。

5月16~18日　省长杨正午率省直有关部门负责人到湘潭纺织印染厂、省轻机厂、湘潭新电厂、湘潭化纤厂调查湘潭工业生产情况,并听取彭宪法关于工业生产情况汇报,听取范多富、陈叔红作市委、市政府工作汇报。

5月18日　凌晨5时,一名盗窃人员在湘潭电缆厂盗窃黄铜杆时被发现,逃至湘潭电机厂禾花村一居民家,挟持一名人质与警方对抗。警方经6个多小时劝说无效后,将犯罪嫌疑人击毙,解救出人质。

5月20日　湘潭市政公用设施普查工作被列为全国样板。

5月22日　中共中央政治局委员、国务院副总理邹家华,国家计委主任陈锦华等在省长杨正午、副省长周伯华和中国兵器工业总公司副总经理马之庚等有关领导陪同下,到江南机器厂视察工作。

5月25日　湘乡市梅桥镇遭大暴雨袭击,降水量154毫米,山洪淹没稻田,冲毁山塘、桥梁、电杆、公路,倒塌房屋131间,直接经济损失300万元。

5月26日　市委、市政府作出《关于在全市开展向党的好干部许照约学习活动的决定》。6月6日前后,省委书记王茂林等相继题词盛赞许照约。7月6日,中国人民保险公司党组授予许照约"人民保险事业的好干部"称号。7月14日,市委、市政府授予许照约"党的好干部"称号。许照约系人民保险公司湘潭支公司运工部原副经理。1985 年从部队转业到保险公司,多次变换工作,干一行爱一行,干一行专一行,无论在哪个岗位上,都是兢兢业业,尽职尽责。他被确诊为鼻咽癌晚期后,还在忘我工作。1994 年,除住院 30 天外,都是出勤,赴现场查勘大案难案 50 余起,年批赔案 13000 多件,就在去世前 5 天还从医院溜回办公室审批完 17 件赔案。

5 月 30 日　中午,龙卷风席卷岳塘区下摄司地带,不到半个小时,该地区大面积范围停电、停水,不少房屋倒塌,风景林被毁,经济损失 100 余万元。

6 月 5 日　勇斗歹徒牺牲的广州军区驻广东化州某部湘潭籍战士杨建国，被所在部队批准为革命烈士,被追认为中国共产党党员,追记二等功。

6 月 6 日　市政府颁发《湘潭市生猪定点屠宰管理暂行办法》。

6 月 7 日　中意合作、世界上最新型超高速工业包缝机在江南机器厂投入批量生产。意大利外贸部和缝纫机协会授权利满地公司总裁冈茨亚尼,向江南机器厂刘水冰等 10 人颁发“优秀工程师”证书。

是日　市纪念抗日战争及世界反法西斯战争胜利 50 周年图片展览在齐白石纪念馆举行。

6 月 14 日　中共中央政治局委员、国务院副总理钱其琛,在省委副书记储波、湘潭市委书记范多富等陪同下,到韶山参观访问。

6 月 25 ~ 26 日　湘潭县响水乡降特大暴雨,降水量 130 毫米,农田被淹,直接经济损失 300 多万元。

6 月 30 日　至 16 时,湘潭县连续 24 小时降雨,平均降雨量 175 毫米,最多达 245 毫米。全县 22 个乡镇、583 个村、62 万人口受灾。倒塌房屋 470 栋 1740 余间,死亡 6 人。农田、工厂、道路、通讯设施均受灾严重,直接经济损失 1.3 亿元。晚 10 时,湘潭县涓水水位 50.03 米。

7 月 1 ~ 2 日　省委常委、宣传部长文选德到湘潭察看灾情,慰问受灾群众。

7 月 1 日　省军区副司令员肖求如到湘潭县花石镇、射埠镇、龙口乡慰问受灾群众,解决抢险中的问题。

7 月 2 日　连续一周内,湘乡市 22 个乡镇街道普遍遭受洪水袭击。全市受灾人口 53.8 万,因灾死亡 10 人,重伤 109 人,直接经济损失 2.5 亿多元。

7 月 17 日　副省长潘贵玉到湘潭考察市高新技术产业开发区。

7 月 18 日　湘潭供销大厦和湘潭百货大楼（集团）公司被国内贸易部授予“全国商业信誉企业”牌匾。

8 月 1 ~ 10 日　湘潭市举行第七届运动会。1 日,开幕式暨市全民健身计划启动仪式举行。10 日,运动会闭幕。5 人 6 次打破全国和全省纪录。

8 月 4 日　市政府公布《市国家公务员制度实施办法》。

8 月 8 日　《湘潭市城市管理暂行办法》公布实施。

8 月 15 ~ 16 日　省委、省政府在湘潭召开行风评议现场观摩会暨行风评议座谈会。国务院纠风办副主任王宝良,省领导杨正午、杨敏之等到会。四川省纪委副书记吴才荣率四川省纪委有关部门负责人和该省 6 个地市纪委负责人参加观摩会。长沙、株洲、岳阳、衡阳、邵阳、常德、张家界、益阳、郴州 9 个市长、副市长现场观摩行风评议活动。省纪委副书记、省监察厅厅长邝良宇就全省加强廉政建设、实行办事公开制度试点工作情况作通报。

8月15～17日　市佛教协会在海会寺举行法会，纪念世界反法西斯战争和中国抗日战争胜利50周年，并为祈祷世界和平做文疏。

8月16日　省委常委、省军区司令员庞为强少将到湘潭视察工作。

8月18日　市各界人士祭奠抗日阵亡将士，市领导范多富、陈叔红向抗日阵亡将士纪念碑献花篮。

8月22日　市委召开县以上单位党员主要负责人会议。会上，省委组织部副部长杨章林根据省委通知宣布省委关于湘潭市主要领导干部调整的决定，陈叔红任中共湘潭市委书记；范多富不再担任中共湘潭市委书记职务；蒋建国任中共湘潭市委副书记；陈坤任中共湘潭市委副书记；方大鹏调省二轻集团总公司任党组副书记；劳动任中共湘潭市委常委。

8月23日　市最低工资保障制度出台，最低月工资确定为：雨湖区、岳塘区为175元；湘潭县、湘乡市、韶山市为160元。

8月27～29日　1995年全国摩托艇锦标赛暨国际摩托艇邀请赛在湘潭举行。10个省级队、中国队、意大利队参赛。湘潭岚园大酒店队取得较好成绩，文勇夺得B组OA级男子10千米比赛第一名，史文海获B组OB级男子1千米赛第一名。

8月28日　市妇联主任刘德莲、湘潭大学外语系副教授罗婷赴京参加第四次世界妇女代表大会。

8月30日　16时至次日8时，湘潭县第三化工厂工人在处理化学工业废渣时，发生严重砷中毒事故，9人中毒，其中4人死亡。

8月下旬　从秋季起，市教委将小学英语列为基础课程，小学五年级为小学英语课起始年级，先行试点，以后逐步推开。

是月　市农科所新品种繁育基地5000亩潭早籼1号获丰收，平均亩产过500千克。

9月1日　上午10点40分，一辆牌照为湘E/95321的湘运邵阳总公司洞口分公司大客车因司机违章，连车带乘客，滑落韶山水库坝基，造成13人当场死亡特大事故。

9月5日　副省长周伯华在湘潭主持召开现场办公会，研究湘娄公路和湘潭新电厂建设问题。

9月8日　湘潭市全国优秀教师座谈会召开。会上，中国佛教协会副会长、中国佛学院副院长释圣辉代表中国佛教协会，将1万元人民币捐赠市希望工程。

9月13日　离湘乡市城区5千米的万福桥上，发生汽车冲入涟水河中的特大交通事故，车上12人当场死亡6人，送医院抢救无效死亡1人，其余5人中3人重伤、2人轻伤。

9月13～16日　省政府顾问、政协副主席杨汇泉和省乡镇企业局局长刘学文等一行，到湘潭督查农业和乡镇企业。

9月13～14日　美国通用汽车公司副总裁施雷恩一行3人，就合作生产汽车到江南机器厂实地考察。

9月14～18日　中国共产党湘潭市第八次代表大会召开。吕滨主持大会，蒋建国致开幕词，陈叔红作工作报告。会议通过《关于第七届委员会工作报告》的决议、《关于制定湘潭市国民经济和社会发展第九个五年计划的建议》的决议；通过《关于市纪律检查委员会工作报告》的决议。会议选出中国共产党湘潭市第八届委员会委员、候补委员和市纪委委员。

9月19日　中共湘潭市委举行八届一次全会。选举陈叔红为书记,蒋建国、吕滨、刘运前、陈坤为副书记。市纪委第一次全会,选举贺汉琪为书记。

9月21日　全市耕地延期承包工作会议召开。耕地延期承包30年,在延期承包期内,增人不增地,减人不减地;经发包方同意,允许土地使用权有偿转让;有条件的地方,实行土地的适度规模经营。

9月24日　湘潭南方高新技术研究所研制的“超豪华珠光聚酯系列家具漆”“自干型豪华汽车面漆”和“MF—008高效防火阻燃剂”在国家科委举办的1995中国新技术新产品博览会上获金奖和优秀新产品奖。

9月25~27日　市十届人大常委会召开第十六次会议,决定蒋建国为湘潭市人民政府代理市长。

9月27日　印度11名农业专家在袁隆平陪同下,到湘潭县泉塘子两系杂交晚稻示范点参观考察。

9月29日　副省长庞道沐带领各地、州、市主管农业副专员、副州长、副市长至湘潭县泉塘子乡,实地察看两系杂交晚稻示范点。

10月14日　在全国节能工作表彰大会上,湘潭钢铁公司热电厂被国家经贸委、国家计委、国家科委、中华全国总工会授予“全国节能先进企业”称号。

10月18~21日　1995年湖南(湘潭)秋季商品交易会在金都大市场举行,张汉良主持开幕式,副省长周时昌为开幕式剪彩。全省14个地(州)市参加,参展企业930家,参展品种16000多种;国内客商2000多人、外商35人到会。签订合同2380多份,签订合作项目13个,贸易和合作项目总金额19.35亿元。

10月19日　解放军总后勤部政委周克玉上将、总后勤部原副部长王政柱在省军区副政委黄祖示陪同下,到湘潭县乌石乡视察彭德怀诞辰100周年纪念工程。

10月20日　全国政协副主席吴学谦在省政协副主席邓有志陪同下,到湘潭视察。

10月26日　省委书记王茂林到湘潭视察泉塘子农技站两系杂交晚稻示范田、先锋企业集团的万头猪场和防爆电器厂,并听取市党政领导关于全市工业生产情况汇报。

10月29日　澳大利亚林务官员布拉格、克尔德以及CSR跨国集团软木公司总经理黑克斯到湘乡市考察森林资源。

11月8日　市普及九年制义务教育工作会议在红叶宾馆召开。

11月11日　湘乡水泥厂获“八五”全国节能先进企业称号。

11月12日　省人大常委会主任刘夫生,副主任朱东阳、吴运昌,秘书长郭俊秀带领全省地、州、市人大常委会负责人,视察先锋企业集团公司。

11月14日　省军区政委乔新柱少将到湘潭检查武装工作和征兵工作。

11月16日　湘潭县农村能源综合建设通过国家级验收,跨入全国先进行列。

11月30日　湘潭有线电视台开始转播加密卫星电视节目。

12月1日　中共中央政治局常委、国务院副总理朱镕基在中南海接见陈叔红、蒋建国。

12月2日　在第一次全国村民自治示范工作经验交流暨城乡基层先进集体和先进个人表彰大会上,韶山市韶山乡,雨湖区雨湖路街道、平政路街道关圣殿居委会分获中国乡镇之星、中国街道之星、全国模范居委会称号。

12月3~4日　3日下午,由中宣部、团中央和中国残联联合组织的全国残疾人“热爱祖国、自强不息”报告演出团到湘潭。演出团成员有第二届“中国十大杰出青年”“学雷锋模范”“一级英模”李志军等。4日下午,报告演出团在江麓俱乐部作报告演出。市党政领导蒋建国、陈坤、潘季良、王为民等出席报告演出会。

12月7日　市政府向新闻界宣布湘潭县杨嘉桥镇羊鹿茶场(厂)选送参加湖南省名茶评审和1995第二届中国农业博览会的4个茶叶品种,分别获3个金杯奖,1个银杯奖。

12月9日　320国道姜畲湘潭师范路段发生因司机打盹而撞车的恶性交通事故,2人当场死亡,5人重伤,6人轻伤。

12月上旬　中国有色二十三冶一公司机械厂和中南工业大学联合开发生产的ZYZ180、240、320、480型液压静力沉桩机获中国第七届新技术新产品博览会金奖。

12月上旬　湘潭县光荣院被民政部命名为“全国文明光荣院”。

12月14日　湖南迅达集团湘潭新产品开发研究所生产的专利产品——迅达牌旋流燃气灶被中国质量管理协会用户委员会评为1995年“全国用户满意产品”,为全国各种牌号燃气灶具中唯一进入国家金榜的燃气灶。

12月16日　省委常委、宣传部长文选德一行到韶山视察毛泽东纪念园工程进展情况。

12月18日　市委、市政府发出《关于表彰奖励优秀科技工作者的通报》,授予王庆河等12人“科技兴市奖”;授予何昌辉等25人“湘潭市中青年专业技术拔尖人才”称号。

12月19日　国家“八五”重点工程和省十二大重点工程之一的湘潭钢铁公司高线工程竣工投入试生产。

12月19~20日　全市科学技术大会召开。副市长陈玉春传达全国科技大会、全省科技大会精神,市长蒋建国作题《依靠科技进步,加快经济发展》的报告,市委书记陈叔红在闭幕式上讲话。

12月中旬　水府庙水电站被水利部列为大坝安全管理和监测示范工程。

12月26日　湖南省纪念毛泽东诞生102周年大会暨毛泽东纪念园开园庆典在韶山举行。省委书记王茂林、省政协主席刘正、省人大常委会副主任沈瑞庭、副省长唐之享、省军区副政委黄祖示;女将军廖文海、吴晓恒、乔佩娟、胡斐佩、李希楷、钟玉征;毛泽东亲属代表邵华、毛新宇、李实、朱旦华、毛华初、韩瑾行;湘潭市党政军领导陈叔红等和中央、省市有关部门负责人,文艺界、企业家代表及各界群众共5000多人出席庆典。

12月30日　全市社会福利彩票销售首发式在市体育中心场外举行。

是年　两系杂交水稻在湘潭县泉塘子栽培获得成功,200公顷晚稻平均亩产645.5千克,单产比三系杂交稻高90千克,比常规稻高120~150千克。

1996年

1月5~6日　全市11.2万多名适龄儿童普服脊髓灰质炎糖丸疫苗。

1月7日　湘潭县云湖桥镇良湖管区盛家山煤矿发生重大瓦斯爆炸事故,死亡15人,直接经济损失达70万元。

1月9日　由市广播电视局与湖南电视台电视剧制作中心联合拍摄的反映毛泽东廉洁形象的重大革命历史题材电视剧《亲情》(上、下集)开机仪式在韶山毛泽东纪念馆举行。9月5日,《亲情》在长沙首映。

1月11日　市委召开经济工作会议。会议提出,坚持以提高经济效益为中心,实现农业增产、工业增效、群众增收、财政增长、后劲增强的“五增长”目标,力争实现“六个突破”:搞活搞好国有大中型企业有实质性突破,以乡镇企业为主体的农村经济有新的突破,个体私营经济和外向型经济有新的突破,开源节流、实现财政状况好转有新的突破,重点建设和开发区建设有新的突破,提高人民群众生活质量有新的突破。促进经济快速健康发展和社会全面进步,为全面实现“九五”计划各项任务奠定良好基础。

是日　省农村电气化建设领导小组对韶山农村电气化建设进行检查验收，认为各项指标已达部颁标准,成为湘潭市第一个农村电气化建设达标(县)市。

1月20日　市首批安居住宅交付使用,湘潭钢铁公司部分职工搬进新居。市领导陈叔红、蒋建国、王为民等出席交接仪式。

1月23~24日　市政府召开第五次全体会议,通过《湘潭市“强工富市”发展战略实施方案》。

2月1日　市委、市政府作出《关于加速科学技术进步的决定》。

2月13日　市委宣传部、市财办、市消费者协会联合召开湘潭市参加全国“百城万店无假货”活动动员会,31家商店负责人出席会议并联名向全市各商业企业发出《消除假冒商品,净化湘潭市场,参加“百城万店无假货”活动倡议书》。

2月19日　省长杨正午、副省长周伯华、省政协副主席范多富,市领导陈叔红、蒋建国等到湘潭钢铁公司、湖南电线电缆集团公司慰问一线工人。

2月26日《湘潭市人民政府关于在城区禁止燃放烟花爆竹的通告》在《湘潭日报》刊登。通告自1996年3月1日起实施。

3月2日　省长杨正午、副省长周伯华率有关部门领导在陈叔红、蒋建国等陪同下到江南机器厂视察工作并为江南汽车实业有限公司揭幕。

3月15~17日　市十届人大常委会举行第四次会议。同意范多富辞去湘潭市十届人大常委会主任职务,选举王为民为市人大常委会主任,蒋建国为市人民政府市长。通过《关于湘潭市国民经济和社会发展“九五”计划和2010年远景目标纲要》的决议;通过市计划工作和市财政工作报告的决议;通过市人大常委会、市中级人民法院、市人民检察院工作报告的决定。

3月18日　湘潭市举行国家公务员证、任命书首发式,市经委、市人事局、市交通局、市农村工作办公室、市技术监督局5单位共158名政府机关工作人员成为湘潭市第一批国家公务员。

3月中旬　湘潭县古城敬老院被民政部评为“全国模范敬老院”。

3月24日　中共中央政治局委员、书记处书记、中央宣传部长丁关根由中国广播电影电视部部长孙家正,国务院副秘书长刘奇葆,省委副书记郑培民,省委常委、宣传部长文选德等陪同到韶山参观。

3月26日　市政府制定下发《关于维护企业及其周边治安秩序的若干规定》。

4月2日　联合国开发计划署考察团抵湘潭考察村委会民主政治建设。

4月3日　市委在韶山举行毛泽民诞辰100周年纪念会。省、市有关领导出席纪念会。王茂林发表讲话。毛泽民是毛泽东的大弟，1896年4月生，1921年投身革命，1922年入党，被派遣到江西安源路矿从事工人运动，倡议、筹办安源路矿工人消费合作社。1932年2月出任中华苏维埃共和国国家银行第一任行长。1938年被派往新疆从事抗日民族统一战线工作。1943年9月27日深夜被军阀盛世才杀害。

4月4日　国务委员、国家民族事务委员会主任司马义·艾买提一行在副省长唐之享陪同下到韶山参观。

4月7日　凌晨3时，五强溪水电站货车载5吨炸药在107国道湘潭县柱塘铺地段的公路边停靠休息，犯罪分子割开篷布，盗取乳化炸药56箱，重约1.38吨。此案经湘潭市警方两个多月的努力于6月下旬被侦破，犯罪嫌疑人谭应征等5人悉数归案。

4月8日　全国人大常委会原副委员长廖汉生到湘潭参观彭德怀故居。参观结束后，廖汉生题签："功勋著青史，风范昭后人"。

4月18日　以农业和农村发展部副部长阮善伦为团长的越南农业代表团到湘潭参观访问。

4月24～25日　全国政协副主席孙孚凌一行到湘潭视察并参观韶山。

4月25日　团中央书记处第一书记李克强一行到韶山参观。

4月30日　20时至5月1日8时，全市出动公安干警、党政干部、联防队员2600余人，出动车辆近300台，开展严打斗争第一次集中统一行动，共抓获各类违法犯罪人员141人。

5月7日　市警方破获一起特大麻醉抢劫杀人团伙案，韩某、郑某、欧阳某军、欧阳某4名团伙成员全部抓获。

5月8日　国务委员李贵鲜在副省长周时昌等陪同下到韶山参观。

5月10日　市委、市政府作出《关于开展向龚赴里同志学习活动》的决定。龚赴里系市公安局副县级侦察员。他身患顽疾，历时15年，研究笔迹微机管理系统，改变传统笔迹检验方法获得成功。1995年11月5日因病逝世。

5月14日　中共中央政治局委员、国务院副总理李岚清，国家内贸部副部长杨树德，国家教委副主任周远清，国务院研究室副主任徐荣凯一行在省长杨正午、副省长郑培民陪同下视察湘潭机电职业中专。同日，李岚清一行到韶山参观。

是日　市县(市、区)人武部军官授衔仪式在军分区举行。

5月15日　劳动部部长李伯勇到湘潭检查工作。

5月19日　省委常委、宣传部长文选德率省直有关部门负责人和市党政主要领导到湘潭县乌石乡现场办公，落实彭德怀诞辰100周年纪念活动筹备工作。

5月中旬　韶山市获国家绿委、林业部和人事部颁发的"全国绿化先进单位""全国造林绿化百佳县(市)"奖牌。

5月21日　市自来水公司一水厂搬迁工程发生安全事故，死亡3人，重伤4人，轻伤6人。

5月29日　省委书记王茂林一行到湘潭县、岳塘区等严打斗争一线督战视察并慰问政法公安干警，号召把严打斗争第二仗打得更好。

5月30日　市委、市政府召开国有企业领导干部廉洁自律专项清理动员大会，省纪委副书记赵焱森、市领导蒋建国等出席。会议向与会人员印发《市国有企业领导干部廉洁自律工作专项清理实施方案》和《国有企业领导干部廉洁自律的暂行规定》。

6月1日　以净化语言、美化环境、倡导文明为主题，湘潭大学举行校园文明建设万人签名活动。

6月2日　韶山灌区工程通水30周年庆典在韶山灌区工程管理局举行。省人大常委会主任刘夫生，省委常委、省委秘书长吴向东，省政协副主席范多富，基建工程兵原副司令员黎原，多位离休省领导，省委农村工作部、省计委、省水利水电厅相关领导及市党政军负责人等出席庆典。

6月3日　市民兵抢险救灾突击营成立暨汇报表演大会举行，陈叔红、蒋建国等出席，省军区副参谋长郑治栋出席会议并讲话。

6月13~15日　省委书记王茂林一行到湘潭考察国有大中型企业并听取湘潭工作汇报，强调要解放思想换脑筋，转变观念促发展。

6月25日　湘潭县谭家山镇棠霞煤矿发生煤层穿水特大事故，死亡15人。

6月29日　由财政部主持的全国城市街道财政理论与实践研讨会在湘潭召开。

7月1日　市政府通过下发《湘潭市国有企业破产有关政策规定(试行)》。

7月3日　湖南"高炉之王"——湘潭钢铁公司1050立方米一号高炉扩容改造竣工并炼出第一炉铁水。高炉改造投资概算2.4亿元，设计年产生铁63万吨。

7月5日　市警方快速破获一起外国人盗抢团伙案，伊朗人姆斯来姆等3名案犯被抓获。

7月9日　市人民政府通过《湘潭市中小型国有工业企业出售及拍卖试行办法》《湘潭市企业兼并实施办法》和《湘潭市股份合作制企业试行办法》。

7月10日　《湘潭市城市综合配套改革方案》经省人民政府研究予以通过。

7月上旬　湘潭柴油机厂党委获中组部"全国先进基层党组织"称号。

7月11日　市经济体制改革暨公有企业抓大放小工作会议召开。省政协副主席范多富，市领导蒋建国、吕滨等出席大会。蒋建国作题为《以公有企业改革为重点、把全市经济体制改革推向新阶段》的讲话。

7月12日　湘潭锰矿地区井下发生重大中毒窒息事故，造成5人死亡，12人重伤。

7月17日　市精神文明建设领导小组会议召开。会议围绕加强社会公德建设主题，提出在全市广泛讨论《湘潭市民公约》和《湘潭市民"十不"行为规范》，并就讨论作出具体部署。1997年1月27日，市政府公布《湘潭市民公约》和《湘潭市民"十不"行为规范》。

7月17~18日　湘乡市境域普降大雨，降雨120多毫米，涟水河湘乡市城区段超过警戒水位1米。境域22个乡镇、街道办事处受灾，2000多名群众被洪水围困，17万多亩稻田被淹，部分乡镇交通中断，倒房致死7人，伤243人，其中重伤36人。

7月19日　省委书记王茂林、省长杨正午给湘乡市发来慰问电，对受水灾群众表示慰问，要求各级党委、政府发动群众，全力以赴抓好抗洪救灾工作。

7月中旬　湘潭市"湘莲高产栽培技术""湘莲深加工技术"和"小儿先天马蹄内翻足治疗"3个项目被列入国家重点科技成果推广计划。

7月23~26日　市十届人大常委会第二十二次会议举行。会议通过《湘潭市〈城市规划法〉实施细则》和《关于确保教育投入,发展中小学教育的决定》,任命殷正海、马扬为市人民政府副市长。

7月24日　市委、市政府召开全市抗洪救灾暨募捐工作会议。陈叔红、蒋建国就抗灾救灾和募捐工作作全面部署并带头捐款,会议现场募捐170多万元。

7月26~27日　市级相关单位在雨湖路举行办事公开制度宣传一条街活动,29个单位将各自办事程序、收费标准等一一公开,受到群众好评。省委常委、省纪委书记杨敏之在蒋建国、刘运前等陪同下观看"宣传一条街"所有展板,对这一活动给予肯定。

8月中旬　由全国农业劳动模范、湘潭县泉塘子农技站站长李罗斌承担的国家重点农业推广项目水稻软盘旱育抛秧技术获得成功,供试的208亩二系杂交早稻,平均亩产491千克。

8月27日　市政府发出《关于清理整顿"三乱"减轻企业负担的通告》。

8月28日　全省基层政权建设工作会议在湘潭召开。是年,湘潭市59个乡镇1632个村全面进行第三次村委会换届选举。选民参选率98.5%,参选选民直投率91.4%。全市有300个村被定为村民自治示范村,有184个村被授予村民自治模范村,湘潭县被省民政厅批准为村民自治示范县。

8月29日　全省整治厂矿企业及其周边治安秩序经验交流现场会在湘潭钢铁公司召开。省委政法委书记、省公安厅厅长李贻衡,全省14个地(州)市及部分厂矿企业公安保卫部门负责人参加会议。市领导吕滨、谭伟明,湘潭钢铁公司领导李振川、黄耀衡等出席会议。市委助理巡视员、市公安局局长符国保介绍湘潭市整治企业周边环境经验。

8月31日　投资5.6亿元、湖南最大的80吨顶底复吹转炉——湘潭钢铁公司1号转炉竣工投产。

9月6日　化工部副部长成思危一行到湘潭考察市精细化工基地建设情况。

9月14~15日　省政协主席刘正一行到湘潭视察企业改革、农业产业化情况。

9月16日　彭德怀诞辰100周年纪念工程在湘潭县乌石奠基。工程占地53公顷,规划区为214公顷。出席奠基典礼嘉宾有:解放军政治学院原院长兼政委刘志坚,中纪委常委、总政纪检部部长彭钢,总后勤部原副部长王政柱,原彭总办公室主任、《解放军报》原副总编辑王焰,总参兵种部副部长周少钧,中组部地方干部局副局长江岩,第1集团军副政委高武生,第38集团军副政委郤万增等。还有省市党政军领导及彭德怀的亲属,中央、国家机关各部门,解放军三总部,各部队、院校,省直有关部门,省军区所辖全省各军分区和社会各界人士等。

9月24日　省委副书记郑培民率省直有关单位负责人到湘潭大学现场办公,听取工作汇报,积极支持湘潭大学申报博士单位和博士点。

是日　省委常委、副省长周伯华率省直有关部门负责人到湘潭锰矿和湘潭纺织印染厂现场办公,指出"三改一加强"(改革、改组、改造和加强管理)是国有企业走出困境的根本出路。

9月26日　湘潭机电职业中专电会六班学生吴秋平、戴跃龙在湘江湘潭段古桑洲为救落水卷入急流的同学而献身。

9月28日　湘潭钢铁公司煤气与市煤气联网工程竣工,市区煤气供应有双气源。

9月下旬　在全省水泥行业质量大检查中,湖南韶峰水泥集团公司产品以1113.4分高居湖南500多家水泥企业榜首,获湖南省水泥行业质量50家标兵企业称号。

10月1日　省长杨正午、副省长周伯华到湘潭视察市重点工程。

10月4日　省绿化委员会全面绿化达标验收组宣布:湘潭市响应省委、省政府1989年提出"五年消灭宜林荒山、十年绿化湖南”的号召,已提前实现全面绿化,各项指标均已达到省绿委要求,验收合格。

10月9日　以市长中岛一为团长、议长藤田昌利为副团长的日本彦根市代表团抵湘潭访问并参加湘潭市、彦根市缔结友好城市5周年庆祝活动。

10月10日　湘乡市委、市政府举行纪念会,纪念无产阶级革命家、杰出的共产主义文艺战士、国际著名诗人、文学翻译家萧三诞辰100周年。湘潭市委常委、市委宣传部部长郭果夫代表市委、市政府参加会议并讲话。

10月17日　市委、市政府在湘潭宾馆召开老红军座谈会,纪念长征胜利60周年。陈叔红代表党政军和全市人民向老红军表示亲切慰问。

10月25日　市委、市人大常委会、市政府、市政协召开大会,庆祝首届环卫工人节(经省政府提议,省人大常委会审议通过,今后每年10月26日为“环卫工人节”),并向全市环卫系统职工发出慰问信。

10月27日　市党政领导赴京汇报会在北京航空航天大学举行。中国致公党副主席王宋大,北京顾问团主任文裕武,副主任梁裕厚、周荫清等出席会议。常务副市长张汉良主持会议,市委书记陈叔红致词,市长蒋建国汇报工作。

10月28日　北京航空航天大学和湘潭市人民政府科教合作座谈会在北航举行。北航党委书记楼士礼、副校长卢松明和市长蒋建国、市委副书记毛公宁等参加座谈会。会议表示继续加强科技交流,扩大合作领域,为湘潭经济发展携手并进。

10月29日　中共中央政治局委员、国务委员、国家体改委主任李铁映在中南海接见湘潭市党政赴京汇报团负责人蒋建国、郭果夫等。

是日　国家科委党组成员、秘书长林源,副秘书长黎懋明以及所属11个司、局负责人接见市党政赴京汇报团,听取汇报并就湘潭市科委提出的一批科技项目立项问题进行座谈。

11月1~2日　全省星火计划工作会议在湘潭召开。省科委副主任季益贵和市领导陈坤、吴昌续等出席会议。会议期间,省科委领导到先锋企业集团公司、防爆电器厂、粮油机械厂、成套电机厂等单位考察星火计划项目。

11月8日　市首次拍卖城市出租车牌照,27块新增X牌照经营权各归其主。

11月11日　建设部副部长毛如柏率建设部、国家教委有关部门领导和天津、上海、山西、四川、江苏、山东、湖南7省、市建委主任到湘潭考察省建筑学校。

11月12日　国家农业综合开发办常务副主任韩连贵一行由省农业综合开发办、省财政厅和市有关领导陪同到韶山视察农业综合开发农田水利建设部分工程。

是日　中国民主同盟湘潭市第十一次代表大会召开。会议选举产生第十一届委员会,余明光当选主任委员。

是日　为北京地铁GTO斩波调压系统科研攻关作出重大贡献的湘潭电机厂技术开发中心工程师李根良,在北京人民大会堂与全国各条战线“八五”科技攻关有功人员一道,受到中共中央总书记、国家主席、军委主席江泽民等接见并合影留念。

11月15日　湖南省为参加第一届亚太地区特殊奥林匹克运动会的湖南运动员取得好成绩在

湘潭召开庆功会。湘潭市派出 8 名选手竞赛,获得 12 枚金牌、12 枚银牌和 3 枚铜牌。

11 月 18 日 ~ 20 日　1996 年湘潭秋季商品交易会暨十二届八省(市)九地区经济技术协作年会在岳塘区昭山旅游经贸开发区新世纪家具城开幕。浙江省嘉兴市、黑龙江省哈尔滨市南岗区、四川省自贡市、上海市南市区、江苏省南京市建邺区、江西省吉安地区、河南省驻马店地区、湖南省湘西自治州及吉首市等参会。秋交会上,860 多个单位展出 2200 多种产品和商品, 国内贸易总额 10.04 亿元,进出口贸易总额 1038 万美元。驻马店地区和邵阳市成为协作网络新成员。

11 月 22 ~ 24 日　由共青团上海市委书记薛潮、副书记张仁良率领的团中央检查组由团省委书记刘莲玉、副书记胡伯俊陪同到湘潭考察青工工作。

11 月下旬　湘潭县青山桥镇被文化部命名为“中国民间艺术之乡——唢呐之乡”称号。

12 月 4 日　省委常委、省军区司令员庞为强少将和省军区副司令员朱森泉少将一行到湘潭视察征兵工作和人武部建设情况。

12 月上旬　在武汉召开的全国整治钢铁企业及周边治安秩序经验交流会上,湘潭市委、市政府发言介绍经验。

12 月 15 日　湘潭高新技术产业开发区芙蓉路竣工典礼举行。交通部副部长李居昌和省、市领导王茂林、杨正午、陈叔红、蒋建国等为竣工剪彩。

12 月中旬　湘潭市成为全国 111 家优化资本结构试点城市之一。

12 月 23 ~ 24 日　中共湘潭市委八届三次全体(扩大)会议召开,陈叔红作报告,蒋建国传达中央、省委经济工作会议精神并部署来年工作。会议通过《中共湘潭市委关于进一步加强社会主义精神文明建设的意见》。

12 月 27 日　全市职工医疗保障制度改革工作会议召开,会议确定从 1997 年 3 月 1 日起,第一批参保单位实行新的职工医疗保险制度。1997 年 2 月 26 日,市政府公布《湘潭市职工基本医疗保险试行办法》。

1997 年

1 月 3 ~ 5 日　省人大常委会主任刘夫生到湘潭县视察。

1 月 28 日　省长杨正午在市领导陪同下走访韶山市韶山村农户并看望老地下党员。29 日,视察湘潭市区,走访困难企业与职工家庭,查看工业和市场建设,并到湘潭大学研究发展高等教育问题。

1 月 30 日　经省验收鉴定委员会验收鉴定:湘潭市双季稻田成建制亩产过吨粮。该项目荣登 1997 年全省星火奖榜首。

2 月 19 ~ 25 日　邓小平于 19 日 21 时零 8 分在北京逝世。全市各机关、团体和人民群众以各种形式沉痛悼念邓小平。

2 月 24 日　中共湖南省委通知,省委决定卞翠屏任中共湘潭市委委员、常委、书记;免去陈叔红中共湘潭市委书记、常委、委员职务。

是月　湘潭市被列为全国劳动预备制度试点城市(全国 35 个试点市,湖南 1 个试点市)。

3 月中旬　市妇幼保健院被评为全国妇幼卫生先进单位。

3月24日　《湘潭市第三次工业普查公报》在《湘潭日报》刊登。

3月26日　市表彰见义勇为先进个人新闻发布会举行，湘潭县响塘乡农民刘春华等4人获“湘潭市见义勇为先进个人”奖励。

3月30日　湖南通用电气集团暨湘潭电机集团有限公司成立。省委书记王茂林等参加挂牌仪式并为集团公司揭牌。

4月初　在中宣部、国内贸易部联合发出的《关于通报表扬100家积极参加“百城万店无假货”活动商业企业的通知》中，市南北特产总公司榜上有名，为湘潭市唯一获此荣誉企业。

4月14～17日　省委书记王茂林到湘潭视察。先后视察湘潭化纤厂、湘潭电线电缆集团、湘潭市制药厂、湘潭电化厂和市南北特食品公司。到湘潭县花石镇视察湘莲种植基地和湘莲加工户，到月亮情食品有限公司察看饮料加工。到韶山，听取韶山市委、市政府及韶山村汇报；17日，听取卞翠屏工作汇报。

4月20日　水利部副部长、全国政协常委严克强率省水利水电厅有关领导到湘潭视察水利工程，检查防汛备战情况。

4月30日　中国人民解放军51034部队副政委郤万增一行到湘潭，代表该部向彭德怀诞辰100周年纪念工程捐款38万元。

5月1日　湘乡市撤县建市10周年庆典在湘乡剧院举行。省市领导刘玉娥等到会祝贺。

5月8日　晚，全市境普降大到暴雨，其中市区降雨83.2毫米，韶山降雨87.5毫米，湘潭县、湘乡市部分乡镇受灾。

5月12日　湘潭籍新兵朱修阳在宁波空军某部为抢救战友牺牲，年仅19岁。

5月13日　湘潭县谭家山镇禾场煤矿发生瓦斯爆炸，死亡9人。

5月20日　全国人大常委会副委员长吴阶平率全国人大常委会《食品卫生法》执法检查组在省领导刘玉娥、潘贵玉等陪同下到湘潭检查工作。

6月16日　湘潭大学董事会成立。省委常委、常务副省长王克英任董事长，湘潭大学校长潘长良任常务副董事长。

6月16～17日　省委副书记胡彪，省政府副秘书长、省委农村工作部部长谢康生率省直有关部门负责人到先锋企业集团公司现场办公，并在市领导陪同下到韶山考察小康工程建设。

6月29日　市委、市政府颁发《关于进一步加快发展个体私营经济的意见》。

6月30日　市迎香港回归庆祝大会在体育中心举行，市党政军领导和万余名群众参加大会。会后举行文艺演出活动。7月1日，市委、市政府在市体育中心举行焰火晚会，喜庆香港回归。市领导和数万市民观看焰火。

是月　韶山市、雨湖区、岳塘区先后经省农村小康验收检查组检查核实，综合评分分别为95.4分、97.4分、94.95分，基本达到小康目标。被省委、省政府分别授予“湖南省小康市”“湖南省小康区”称号。

7月1日　市外经贸委党组书记、主任朱培立被省人民政府授予“湖南省十佳公仆”称号。

7月11～12日　市首届人才、劳动力交流集市在江麓俱乐部举行，蒋建国主持开幕仪式并讲话。入市求职者1.6万多人，近千人达成劳务成交意向。

7月15～17日　省长杨正午、副省长周伯华率省直有关部门负责人先后考察湘潭纺织印染厂、南天股份有限公司、湘潭电线电缆集团公司、湖南铁合金厂、湘乡铝厂、湘乡啤酒厂和湘潭柴油机厂等企业的生产情况，还考察湘潭湘莲、制革和生猪养殖、加工等产业。

7月20日　全省第一家保税集团——湖南电线电缆集团有限公司保税集团在湘潭成立，长沙海关关长周卓为宣读批复文件，副省长贺同新给公司授牌，蒋建国等出席授牌仪式。

7月24日　中共中央政治局委员、国务院副总理吴邦国在省委副书记、省长杨正午和市领导卞翠屏等陪同下，先后考察湘潭电机集团有限公司和湖南电线电缆集团公司，就搞活国有大中型企业等问题提出指导性意见。同日，吴邦国一行到韶山参观。

7月26日　“星期天干部学校”在市政府举行迎接彭德怀诞辰100周年演讲会，市领导及市直机关副处级以上干部参加大会。会上，卞翠屏等带头向彭德怀诞辰100周年纪念工程捐款，各单位纷纷响应，捐款93万多元。

8月18日　京珠主干线湖南湘潭至耒阳高速公路奠基开工。在湘潭境域全长4.2千米，联络线长6.9千米。2000年12月26日，湘耒高速公路通车。

8月21日　省军区副政委黄祖示一行到湘潭县乌石乡考察彭德怀诞辰100周年纪念工程建设情况。

9月19日　湘潭市城市合作银行开业。

10月1日　广州至韶山25次旅游列车开通。首列由广州至韶山的25次旅游特快列车上午8:38分正点到达韶山火车站。

10月6日　市劳动部门实施再就业工程，组织劳务输出，该部门首批下岗女职工16人启程去毛里求斯做电动缝纫工。

10月10日　中纪委常委、中央军委纪委副书记、总政纪检部长彭钢少将等专程到湘潭县乌石乡视察彭德怀诞辰100周年纪念工程。

10月14～15日　全国人大常委会副委员长王丙乾率全国人大《水法》执法检查组来湘潭检查工作，实地察看韶山灌区工程，听取汇报，对湘潭市《水法》执行工作和韶山灌区工作给予肯定。

10月15日　中央电视台心连心艺术团在韶山毛泽东铜像广场举行“情满潇湘”文艺演出。16日，中央电视台心连心艺术团小分队到湘潭县乌石乡彭德怀故居慰问演出。

10月18日　市政府召开新闻发布会：为推广公安“110”成功做法，市政府决定，在公安“110”报警服务台基础上，分期分批组织市直窗口单位和有关事业单位入网。会上宣布市煤气公司等18家首批入网单位名单。

10月19日　下午5时许，10级左右龙卷风夹着直径3厘米大冰雹袭击湘乡市白田镇的高冲、高丰、五星等18个村。龙卷风过后，下暴雨40分钟，随后下雪。受灾村部分房屋被毁，47人受伤，66.7公顷晚稻颗粒无收，造成直接经济损失1000万元以上。

10月22日　台湾高雄市槟榔工会50多人组成的旅游参观团到市槟榔花(王爷)食品有限公司生产车间参观，交流槟榔加工、经营技术。

10月28日～11月1日　1997年湘潭商品交易会暨中国艺术大展·齐白石回顾展在金都大市场举行。省市领导刘夫生、刘正、卞翠屏、蒋建国等和有关部门负责人及钟正山(马来西亚艺术学院院长）、娄师白、王憨山等艺术家参加开幕式。活动期间，国内贸易合同成交额23.32亿元，签订招商引资合同项目32个，投资总额66637.9万元；调集展出白石老人真迹67件；60多位国内外画家参加艺术大展。

是月　湘潭县畜牧水产局引进中国农业大学北京动物科技有限公司在梅林镇白云管区柞树坪征用6.9公顷土地建万头原种猪场。猪场投资1000万元，从加拿大引进瘦肉型猪原种，年产12000头种猪。同时建立种猪配合力测定站，万吨复合肥厂。

11月10～11日　国务委员、国家计生委主任彭珮云由副省长潘贵玉等陪同到湘潭考察医改工作，听取蒋建国、陈玉春关于湘潭市计划生育、农村卫生三项建设和医改工作情况汇报并参观韶山。

11月26日　省领导王茂林、郑培民、文选德到湘潭县乌石乡和雨湖区商贸工业特区、先锋集团公司、迅达集团公司考察。

12月1日　全国土地监察工作会议在湘潭召开，中央有关部门领导，各省、市、自治区土地管理部门代表200人出席会议。周伯华到会讲话，国家土地管理局党组副书记、副局长李元作题为《开拓进取，加快改革，为建设现代地政监督体系而奋斗》的报告。

12月3～4日　由全国人大财经委主任柳随年率领的全国金融执法检查组到湘潭检查《中华人民共和国人民银行法》《中华人民共和国商业银行法》和《中华人民共和国票据法》贯彻执行情况。副省长贺同新等省市领导陪同检查。

是日　湘潭县白石乡朝阳渠红石村地段因石灰岩溶洞引起自然塌方垮堤，造成直接经济损失100多万元。

12月13日　10时16分，湘潭新电厂一号机组提前顺利并网发电。23日，举行并网发电庆典。一号机组建设工期16.5个月，创全国30万千瓦火电机组工程工期最短纪录，被中国企业管理协会、中国企业家协会认定为“中国企业新纪录”。

12月20日　湘潭烟草公司三角坪仓库发生火灾，经消防官兵和群众近1个小时奋力扑救，将大火扑灭，挽回经济损失3000余万元，3名消防队员在灭火中身负重伤。

12月30日～1998年1月5日　市政协第八届第一次会议召开。齐美成当选政协主席，伍守成、刘锡东、马扬、张传升、伍尚魁、王键、黄水清、黄少君、邹崇埴、刘炜当选副主席。

是年　湘潭市被评为全省计划生育工作红旗单位，连续6年列居全省一类地区。

是年　湘潭钢铁公司突破年产生铁和钢各100万吨大关。

1998年

1月1日　省长杨正午、副省长周伯华在市领导陪同下，先后考察市丝绸厂、湘潭锰矿并慰问职工。

是日　湘潭电化集团万吨技改项目投产，年产电解二氧化锰能力由1.5万吨提高至2.5万吨，由原来世界排名第六位跃居第二位。

1月3日　市中心医院晋升“三级甲等”医院，为湘潭首家最高技术等级医院。

1月3～8日　市第十一届人大第一次会议召开。吴昌续当选人大常委会主任，张丽婷、伍劭斌、余明光、刘异群、刘德莲、谭世明、刘光辉当选人大常委会副主任；蒋建国当选市长，张汉良、彭宪法、殷正海、颜向阳、朱明华、谭山平当选副市长；符国保当选法院院长；王晓琴当选检察院检察长。大会审议通过相关工作报告。

1月9日　红军将领黄公略诞辰百周年纪念大会暨黄公略铜像揭幕仪式在湘乡碧洲公园举行。解放军总政治部宣传部长徐天亮、纪检监察部部长彭钢，省委常委、宣传部长文选德，省政协副主席方毓棠，省军区副政委黄祖示，广州军区政治部副主任姚成友，黄公略女儿黄岁新，市党政军领导蒋建国等，以及湘乡市各界人士数千人参加揭幕仪式。蒋建国主持仪式，湘乡市委书记阳祖耀致辞，徐天亮、文选德为铜像揭幕，文选德发表讲话介绍黄公略一生。

是日　湘潭电化集团公司正式兼并湘潭汽车修配厂，省轻工厅厅长陈保民、副市长彭宪法等出席兼并仪式。

1月17日　市委、市人大、市政府组团到湘潭县乌石乡开展送理论、送法规政策、送科技、送文化、送卫生"五下乡"活动，受到当地群众欢迎。

1月25日　位于南岭南路11号的湘潭拍卖交易总公司开业。该公司为市政府指定的全市公物与罚没物资集中公开拍卖单位。

2月上旬　江南机器厂与意大利合办的"江南——利满地缝制设备有限公司"成立。中国兵器工业总公司副总经理马之庚为公司揭幕。

2月14日　为进一步落实"强工富市"发展战略和优化资本结构各项政策，湘潭市组建企业改革工作团，180多名机关干部组成57个工作队，到企业帮助工作。工作团由卞翠屏任政委，蒋建国任团长，吕滨任副政委，彭宪法任副团长。

2月16日　为迎接1999年在泰国举行的第七届远南运动会，全省53名残疾人运动员到湘潭体育中心开始为期4个月集训。

2月17日　省委书记、省人大常委会主任王茂林在市领导陪同下，视察湘潭国有大中型企业，强调国有企业必须改革，才能在三年内实现基本解困和建立现代企业制度。

2月中旬　湘潭火车东站南场运煤站场一期工程开通启用，接发湘潭新电厂和湘潭钢铁公司等原材料列车。湘潭火车东站南场国家投资1亿元。

2月中旬　教委自主办学、自主管理试点单位的湘潭市一中和湘潭市和平小学，分别制定《湘潭市一中章程》和《湘潭市和平小学章程》，于1998年上学期开学之日起实施，在全国率先按章程办学。

2月中旬　韶峰水泥集团ISO14001环境管理体系获国家环保局技术委员会认证，成为全国建材行业和省内第一家获得计量、质量、环保体系认证企业。

2月22日　省委常委、常务副省长周伯华和副省长郑茂清率省政府有关部门和各家银行及市领导到湘潭电缆厂现场办公，并敲定年内注入1亿元启动资金。

3月6日　市政府颁发《湘潭市建立统一企业职工基本养老保险制度的实施意见》和《湘潭市城镇私营企业、个体工商户从业人员养老保险实施办法》。

3月7日　由市卫生防疫站主持的国家重点科研攻关项目"乙肝疫苗免疫持久性和预防效果研究"被认定"达到国内领先水平"，并由国家科委全部录用，作为此项课题技术标准在全国推广。

3月7～10日　湘江出现特大春汛。10日15时，湘江湘潭段洪峰水位40.45米，为有水文资料记载以来的历史同期最高水位。洪灾涉及3个县(区)12个乡镇、街道办事处,受灾人口2万多人,直接经济损失9000多万元。在这次特大春汛中,湘潭县姜畲镇尚泉村桃花港大堤穿孔,河东大堤和仰天湖大堤多处出现险情,十万垅大堤求子桥地段出现险情。

3月19日　湘潭宾馆三星级宾馆挂牌,成为湘潭首家三星级宾馆。

3月23日　市委作出《关于进一步加快发展小城镇的决定》。

3月25日　湘潭县谭家山镇肖冲村金鸡煤矿发生瓦斯爆炸事故,死亡14人,伤3人,直接经济损失60余万元。

3月28日　纪念沈春农烈士英勇就义70周年暨沈春农烈士纪念碑揭碑仪式在湘乡东山森林公园举行。沈春农,湘乡市龙洞乡人,1886年生。1925年加入毛泽东在韶山组织的“雪耻会”,同年底加入中国共产党。1926年,根据党的指示,以个人身份参加国民党,当选为国民党湘乡县党部执行委员,任农民部长。1927年1月,当选中共湘乡县地方执行委员会委员。3月,任湘乡县特别法庭审判长。马日事变后坚持地下斗争。1928年3月26日被反动团防局所抓,28日被杀害于湘乡县政府前坪。

3月31日　湘潭电化集团无汞碱性电池专用电解二氧化锰技术通过省级鉴定,产品各项质量指标达到或超过国外同类产品水平。这项产品填补国内空白。

4月8日　《湘潭市人民政府关于加强殡葬管理的公告》在《湘潭日报》刊登。

4月9~11日　省长杨正午、副省长郑茂清率省直有关部门负责人到湘潭检查工作,视察工厂,考察劳动力集市,召集乡镇企业负责人座谈,听取市党政领导经济工作汇报。

4月11日　15时,湘乡市境域水府庙水库区突遭龙卷风袭击,3艘客船和一些正在水面作业的渔船倾覆,4人死亡,6人失踪。

4月12日　省政协主席刘夫生一行到湘潭钢铁公司、湘潭锰矿就下岗职工再就业状况进行调查。

4月13~17日　省委宣传部组织新华社、《光明日报》等中央驻湘记者站记者,以及省各新闻单位记者新闻采访团,到湘潭钢铁公司采访全国劳动模范艾爱国。21日,市委、市政府作出《关于开展向艾爱国同志学习活动的决定》。23日,艾爱国被评为“’98全国十大杰出工人”。

4月24日　市政府召开专题会议,部署禁止任何形式的传销。

4月27日　市政府颁发《关于清理整顿“三乱”,减轻个体私营企业负担的通告》。

是月　因湘潭县易俗河地区“黄赌毒”、岳塘区株易路口赌风蔓延至市区等问题受到省委书记王茂林批评,省、市公安机关对易俗河等地区开展查禁专项行动。

5月1日　齐白石纪念馆举行建馆5周年庆典暨王憨山画展、百位名家书画展,省军区副政委黄祖示及省文联领导到会祝贺。

5月9日~8月11日　全国足球乙级联赛湘潭赛场(市体育中心为湖南莱孚队主场)举行4场球赛。

5月18日　市政府颁发《关于取消福利型建房、分房,实行住房货币分配,放开已售公有住房市场交易的暂行办法》。

5月19日　湘潭市制药厂、湘潭电化集团、湘潭锅炉厂、湖南玻璃厂、市纺织机械厂、市化工厂、湘潭百货大楼、湘潭龙牌酱油公司、市染料化工厂、湘潭运输公司、市水泥厂、湘潭压缩机有限公司等 12 家企业被列入全市产权制度改革重点突破企业，并要求在 1998 年 9 月底完成改制任务。

5 月 21 ~ 22 日　湘潭普降大到暴雨。湘乡暴雨成灾，有 447 个村、36 万多人不同程度受灾，倒塌房屋 3000 多间，死亡 12 人，伤 30 多人，冲毁稻田 167 公顷，冲走鲜鱼 45 万千克，部分水利、交通、通讯设施破坏。24 日，市领导卞翠屏、陈坤、劳动率民政等部门负责人前往受灾地区察看灾情，部署抗灾救灾工作。

5 月 28 日　全国人大常委会委员、全国人大内司委委员黄玉章，民政部基层政权司调研员汤晋苏到湘潭考察，征求村民对《中华人民共和国村委会组织法》实施意见。省人大常委会副主任罗桂求及省民政厅有关负责人陪同考察。

6 月 4 日　市政府办印发《关于解决外来投资人员城市户口的实施办法》。

6 月 9 日　湘潭市与娄底市界线勘定完毕。

6 月 12 日　湘潭县、湘乡市分别以 92.8 分和 90.31 分的小康综合得分通过省级小康达标验收。至此，湘潭 5 个县(市、区)全部通过省级验收。

6 月 12 ~ 18 日　湘乡市西北部遭大暴雨袭击，9 个乡镇 27 个村 24 万人受灾，死亡 3 人，重伤 9 人，倒塌房屋 2500 间，直接经济损失 4200 多万元。

6 月 13 日　省委书记、省人大常委会主任王茂林到湘潭考察红旗商贸城、城市道路建设、粮食储备与销售、旧货市场等。

6 月 16 日　湘潭部分地区降强暴雨，4 小时降雨多的达 167 毫米，一些地方出现严重灾情，部分水库塘坝工程出现新的隐患和险情。17 日，市领导蒋建国、陈坤等前往各地察看灾情，检查防汛工作落实情况。

6 月 24 ~ 28 日　湘潭境域湘江水位持续上涨，28 日零时洪峰水位 40.94 米，流量 13400 秒立方米。这次洪水外涨内渍同时出现，造成直接经济损失 2.32 亿元。5 个县(市、区)62 个乡镇、街道受灾，受灾人口 43.05 万人，其中特重灾民 2.5 万人；倒塌房屋 10570 间，121 个工厂停产，农作物受灾面积 15266.67 公顷，其中成灾面积 13200 公顷，绝收面积 4200 公顷，冲走鲜鱼 24 万多千克；损坏堤防 601 处计 10.4 千米，冲毁塘坝 403 座，冲毁公路桥梁 360 座，毁坏公路 62 千米，中断公路交通 93 条次。27 日，省委常委、宣传部长文选德抵湘潭指导抗洪抢险。

6 月 27 日　美国卡特中心代表团到湘潭县响水乡雅爱村和黄龙村、响塘乡长安村、云湖桥镇北岸村等地考察村委会民主选举。

7 月 1 日　是日起，市政府决定对市区 70 岁以上老人以及离休干部免费乘坐市内公共汽车、个体中巴车和免票入市内各公园、昭山风景区、博物馆、齐白石纪念馆等 10 项优待服务。

是日　最低生活保障制度扩展至城市两区居民。是日起，有 8000 多人在当地基层民政部门领取最低生活保障金。

7 月 4 日　参加全国“863 计划”两系法杂交水稻示范现场会的 150 名专家考察湘潭县泉塘子棋盘村水稻试验田。全国两系法杂交水稻中试责任专家卢兴旺说：“湘潭可以称得上中国两系法杂交水稻第一乡。”

7 月 5 ~ 7 日　以全国人大财经委员会副主任郭振乾为组长的全国人大常委会《税收征收管理

法》执法检查组湖南小组，在省人大常委会副主任罗海藩陪同下，到湘潭执法检查。

7月8日　为纪念《中华人民共和国国防法》颁布实施一周年和毛泽东为湘潭大学题写校名41周年，由17名湘潭大学学生组成的“湘潭大学南沙万里行”自行车小分队，启程慰问南沙群岛官兵，把韶山的水、乌石的石、花明楼的种、湘大的土和万人签名旗带往南沙。

7月22日　湘潭市第十一届人大常委会第三次会议作出《关于加强生猪品改推进生猪产业化的决定》，市政府将每年从财政拿出100万元资金扶持生猪品种改良。

是月　中国农业大学动物科技学院同湘潭市政府合作的“中国农村现代化养猪示范工程”在湘潭启动。该工程总投资1.8亿元，由17个子项目组成，涉及良种、饲料、加工、流通、防疫等领域。

8月5日　在市人大代表评议市中级人民法院工作会上，代表对吴震、刘美桂诉张自强建筑承包合同纠纷一案认为是一件执法不严、判决不公的案件，建议依法依纪依程序追究两级法院主审法官责任。会上，市中院负责人表示接受建议，进行重新审理。

8月9日　中共中央政治局常委、国务院副总理李岚清在北京举办的全国火炬计划10周年成就展暨高新技术产品博览会上，仔细察看湘潭市恒兴机床有限公司参展的自旋式电火花线切割机床，得知这是国家电火花线切割机床行业第一台具有自主知识产权和整机民族品牌的产品，且具有世界先进的走丝方式、最理想的加工状态、最低电极丝消耗和优越的加工性能时，李岚清连声赞好。在当天的经验交流会上，他又再次肯定这一新型机床。

8月12日　市委、市政府颁发《关于切实做好国有企业下岗职工基本生活保障和再就业工作的实施意见》。

8月16～19日　以卞翠屏为团长、陈坤为副团长的湘潭市赴永顺赈灾扶贫慰问团，赠送100万元赈灾扶贫款，支持永顺县灾区人民生产自救，重建家园。23日，吕滨、刘锡东率湘潭市救灾慰问团赴益阳、常德两地慰问，向两地各捐赠60万元现金和价值60万元的物资。25日，蒋建国、谭世明和颜向阳率湘潭市救灾慰问团赴岳阳慰问，送去40万元现金和价值20万元的抢险救灾急需物资。此前，湘潭已出动汽车100多台次、船舶100多艘次，捐献价值300多万元的物资支援岳阳抗洪救灾。

8月26日　市外经贸委主任朱培立在“全市资助企业特困职工子女就学暨希望工程志愿者”仪式上，个人捐赠4.5万元资助150名特困职工子女就学。

9月1日　中共中央总书记、国家主席、中央军委主席江泽民为湘潭大学建校40周年题词：“办好湘潭大学，为培育和造就高素质人才作出新贡献。”

9月8～12日　蒋建国、谭山平率湘潭代表团，参加在厦门举行的第二届中国投资贸易洽谈会。湘潭代表团共签订招商引资合同4个、协议3个，合同利用外资3040万美元。

9月10日　市委、市政府在湘潭宾馆举行“振兴湘潭经济汇报会”，听取专家意见。8名中国科学院院士、6位中国工程院院士以及一批知名学者、博士生导师应邀参加。

9月20日　湘潭罗村民、冯友根等10名乡镇企业家赴北京参加中央党校举办的首期乡镇企业家理论学习研讨班。

9月30日　省科委在湘潭主持召开两系杂交稻现场推广会。与会专家、教授一致评定湘潭市“创造了国内两系法杂交稻持续不间断推广、规模大、大面积平衡高产、辐射效果好的样板”。其经验可供全国同类地区借鉴。

10月1日　320国道湘乡市东郊西北村地段发生一起货车相撞交通事故，当场死亡3人(2人被烧死)，直接经济损失12万余元。

10月5日　中共中央组织部部长张全景在省委常委、组织部部长戚和平及市领导和韶山管理局负责人陪同下，到韶山考察农村基层党组织建设。

是日　日本彦根市市长中岛一为团长的彦根市友好代表团一行18人到湘潭进行友好访问。

10月17～20日　湘潭代表团参加在长沙举行的1998年中国中西部地区对外经济技术合作洽谈会，共签约利用外资项目22个，总投资18377.68万美元，利用外资15560.7万美元。

10月18日　湘潭湘江三大桥工程开工。省市有关领导参加开工典礼。2001年4月30日，三大桥通车。该桥为双塔双索面预应力混凝土斜拉桥，全长1354.56米，桥宽24米，设四车道，总投资1.85亿元。

10月20日　彭德怀元帅诞辰百周年纪念大会暨铜像揭幕仪式在湘潭县乌石举行。出席大会的有：中央军委委员、总装备部部长曹刚川上将，全国人大常委会原副委员长廖汉生，中顾委原委员、中组部原常务副部长李锐，总后勤部原副部长王政柱，全国人大财经委员会副主任委员迟海滨，中组部部务委员赵杰兵，中央党史研究室副主任石仲泉，南京军区副司令员兼东海舰队司令员杨玉书中将，南京军区副政委兰保景中将，广州军区参谋长宋文汉中将，广州军区原副司令员周玉书中将，中央军委办公厅副主任孙凤山少将，海军政治部副主任刘晓江少将，广州空军政治部主任韩贤敏少将，广东省军区副政委李洪义少将，第1集团军政治部主任刘晓榕少将，第16集团军政治部主任林少先少将，驻港部队副司令员陈知庶少将等。省领导有：杨正午、储波、郑培民等。市县领导有：卞翠屏、蒋建国、何坤布、宋厚源等。还有彭德怀元帅的亲属及生前身边工作人员代表参加大会。曹刚川、廖汉生为铜像揭幕。杨正午讲话，储波主持大会，卞翠屏辞词。广州军区战士歌舞团在现场进行大型专题文艺演出。彭德怀铜像高5.1米，连底座8.1米。由中国人民军事博物馆程允贤设计，南京晨光机械厂制作。底座上镌刻着江泽民题写的“彭德怀同志”五字。

10月28日　江麓——浩利工程机械有限公司自行研制的QTZ250塔机和W1803D振动式压路机均获“国家重点新产品”称号。是日，国家成果办在湘潭市举办其产品应用推广会。QTZ250塔机、W1803D振动式压路机不但具有稳定性好、通用性强、装拆方便等优点，而且作用空间大，效率高、动作灵敏。

10月29日　全国政协副主席毛致用在省政协主席刘夫生、副主席石玉珍陪同下，到湘潭县乌石参观彭德怀故居和纪念馆。

10月30日　湘潭慈善会挂牌成立。市领导陈坤、殷正海等出席成立大会。

是日　中午，市水泥制造有限公司22名职工及家属在市内砂子岭某酒家吃喜宴后集体食物中毒，经市三医院抢救均脱离危险。

11月6日　湘潭煤矿机械厂由郑州煤炭工业集团有限责任公司兼并，组建湘潭(郑州集团)机械电器有限公司，实行全新的公司化管理。

11月13日　湘江湘潭段水位降至27.3米，为历史最枯水位。市自来水公司供水告急。

11月15日　湖南华莲电工铜材有限公司在湘潭拍卖交易总公司拍卖成功，成为湘潭首家被整体公开拍卖的破产企业。

11 月 20 日　总投资 3.33 亿元,分五年实施的韶山灌渠续建配套项目付诸实施,这是灌渠建成以来投入最多的工程建设。

11 月 28 日　韶山海关奠基。地处湘潭高新技术产业开发区芙蓉路口,占地 1 公顷多,建筑面积 10000 多平方米,总投资 2000 万元。市领导蒋建国和长沙海关关长周卓为等出席奠基仪式。2001 年 12 月 27 日,韶山海关开关。2003 年 1 月 19 日,韶山海关首票中转货物出港启航。

11 月下旬　湘潭送展的菊花《战洪魔》,获第六届中国菊花展览“景点布置最佳奖”。

12 月上旬　湘潭钢铁公司唐拥军获“全国青年岗位能手”称号。

12 月 4 ~ 5 日　省政协主席刘夫生、副主席陈彰嘉带领的省政协科教兴农视察团到湘潭视察。

1999 年

1 月 9 日　省委常委、常务副省长周伯华率领省计委、省经贸委、省建委、省财政厅、省劳动厅、省房改办、省地方税务局及省工商银行、建设银行、中国银行、农业银行等部门、单位负责人到湘潭考察。

2 月下旬　雨湖区被省委、省政府授予“省文明建设先进区”称号,成为全省第一批、全市第一家省级文明建设先进县(市、区)。

2 月下旬　湘潭市被国家农业部列为全国无规定动物疫病示范区。

3 月 4 ~ 5 日　长株潭城市公交同城规划座谈会在湘潭召开,参加会议的有长沙、株洲、湘潭三市城建、公共交通负责人和有关专家学者。

3 月 6 日　代表湘潭市参加全国女检察官法庭辩论赛的路明、王东晖获第一名回到湘潭。

3 月 11 日　全省第三产业工作座谈会在湘潭召开，会议提出应对第三产业的结构进行调整，加快第三产业的发展速度。

3 月 15 日　市消费者协会组织工商、技术监督、卫生防疫、物价和大批消费者信得过单位,50 多辆宣传车,上街进行消费者权益保护法宣传,并将价值为 127 万元假冒伪劣商品运往张家浸垃圾场公开销毁。

4 月 1 日　市人民政府发布《关于禁止机动三轮车在城区载客营运的通告》,规定从 5 月 15 日零时起,自湘潭大学、涟水大桥以北,长潭高速公路以西,二大桥、半边街以北,电化广场、石油库、桃源路、湘潭电大以南的城区范围内,禁止机动三轮车载客营运。

4 月 11 日　市政府通过《湘潭市拥军优属若干规定》。

4 月 16 日　市委、市政府作出《关于在全市开展整治企业及学校周边治安秩序的行动方案》,决定对全市大中型企业,大专院校及中小学周边环境集中整治。

4 月 20 日　1998 年全国十大陈列展览精品颁奖大会在湘潭县乌石举行。彭德怀纪念馆获此荣誉。参加颁奖会的有国家文物局和省委、省政府领导及有关部门负责人郑欣淼、文选德、唐之享、董保华、刘健民、吕济民、李文儒、谢辟庸等,市领导和湘潭县负责人参加会议。

4 月 22 日　建设银行湘潭市分行举行欢迎仪式,迎接获“中国优秀青年卫士”称号的阳靖从北京归来。“中国优秀青年卫士”评选活动由团中央、人民银行总行、公安部等 12 个部门共同举办。阳靖为建设银行湘潭分行职工。1997 年 10 月 9 日,一歹徒持手枪和炸药包窜入建行雨湖支行国药城分理处抢劫。他迅速按响报警器,抄起灭火器向歹徒扫射。当歹徒引燃炸药包置于柜台上逃走时,他奋不顾身将炸药包推出柜台,并呼喊群众离开。炸药包爆炸后,无人员伤亡,账表、设备完好。市政府为其记三等功,建设银行总行授予他"中国建设银行卫士"荣誉称号,并晋升一级工资。

4 月 30 日　市政府出台《市建筑工程施工招标投标管理补充规定》《市建设工程招标投标监督工作制度》和《市建设工程施工公开招标实施办法》。

5 月 4 日　市委召开湘潭市纪念"五四"运动 80 周年暨青年群英大会。市十大杰出青年、市十大青年企业经营管理者、市十佳青年科技工作者、市十佳青年岗位能手、市十佳农村青年学科技致富标兵、市十佳青年志愿者、市十佳团干部、市十佳大中学生、市十佳少先队以及市支持团建工作十佳领导干部、市十佳基层团组织在大会上受到表彰。卞翠屏在会上发表讲话。

5 月 5 日　市委、市政府发布《关于加快乡镇企业改革和发展的意见》。

5 月 6 日　市委、市政府发布《关于进一步加强城市管理的意见》。

5 月 7 日　午夜,湘潭大学校园里,数以千计的大学生,以多种形式,强烈抗议北约袭击中国驻南联盟大使馆所造成的馆舍严重毁坏和人员伤亡。8 日,全市广大干部群众对北约轰炸中国驻南联盟大使馆,表现极大的震惊和愤慨,各种抗议活动迅速开展。

5 月上旬　市干部人事制度改革出台重大举措,实行党政领导干部公开选拔、党政机关中层干部竞争上岗、党政领导干部任前公示制度。

5 月 11 日　全国 24 个城市人大工作研讨会第 11 次秘书长会议在湘潭召开。

5 月 17 日　市委、市政府发布《关于加快科技进步推动产业结构优化升级的决定》。

5 月 21 日　市广播电视"村村通"工程启动。

5 月 23 日　市委、市政府发布《关于引进和开发科技人才的暂行规定》及《关于授予李同庆等五位同志科技兴市突出贡献奖的决定》。

5 月 27 日　市政府在湘潭宾馆举行中华人民共和国成立后首轮《湘潭市志》首发式。

6 月 5 日　位于岳塘区竹埠港的湘潭市翔鹏化工仓库发生火灾,有毒化工物品发生爆炸,直接经济损失超过 200 万元。在救火中,有 14 名消防官兵中毒。

6 月 16 日　300 多名特困人员领到市慈善会发的慈善医疗资助卡(每人 400 元),持卡人可在定点医院就诊,医院免收挂号费,并优惠为患者治病。

6 月 23 日　省委办公厅、省政府办公厅和省军区联合发出《关于表彰民兵预备役政治工作先进单位湘潭市的通报》。

6 月 28 日　全省促进科技成果转化会议在湘潭召开。出席会议的有省委、省人大、省政府、省政协及各地州市有关领导。

7 月 2 日　市内发现 10 起急性肠道传染病例。市政府召开全市餐饮业预防急性肠道传染病动员大会,通报疫情,部署防治方案。6 日,市政府成立"急性肠道传染病疫情控制指挥部"。

7 月 4 日　湘潭钢铁公司最后一座平炉"退役",标志着湘钢"转炉替代平炉"的炼钢工艺结构调整全面完成。

7 月 6 日　湘潭移动通信分公司挂牌成立。

7月14日　解放军总装备部副部长肖贞堂少将率观摩团到江南机器厂观摩。

7月31日　湘潭县谭家山镇黄竹村东组村民，因不服县、市政府对公坟山山林权属处理决定，遂将县政府告上法庭，县政府法人代表、县长彭鉴萱以被告法定代表人身份成为被告。这是市内首例民众告政府案例。

8月3日　市政府发布《湘潭市城区城市综合管理执法规定》。

8月9日　市党政军及各界人士在市政府大礼堂举行集会，热烈庆祝湘潭和平解放50周年。11日，《纪念湘潭解放50周年档案史料展览》开幕仪式在齐白石纪念馆隆重举行。

8月23日　湘乡市区县前街一居民楼发生两歹徒挟持5名人质特大暴力绑架案，经湘潭和湘乡警方处置，当日16时50分，两名歹徒有一人被当场击毙，一人被生擒。5名人质中有3名安然无恙，1人受伤，1人被歹徒刺死。

8月27日　市政府与北京航空航天大学加强产学研合作协议签字仪式在湘潭宾馆举行。蒋建国和北航副校长费斌军分别在协议上签字。

8月28日　湖南省第三届青少年运动会在湘潭市体育中心开幕，并演出大型团体操《新世纪的希望》。参加这次运动会的有来自全省各地州市的运动员、教练员、裁判员3000多人。9月4日，运动会闭幕。在这次运动会上，湘潭市队夺得61.5块金牌，位居全省第二，并获得体育道德风尚奖。

8月29日　1999年中国湘潭地方名优特产品交易会、中小企业产权招商会、工业企业订货会在湘潭工业品市场开幕。参加这次会议的除来自省内外客商1000多人之外，还有来自东南亚、欧洲及中国台湾等地客商100余人。会议31日结束。会议期间，共签订对外招商和产权转让合同53项，内外贸易共签约52项，上述经济合作签约项目总投资额折合人民币111646万元，合同(协议)引进国内外资金折合人民币90308万元。产权交易合同(协议)成交额4044.7万元，土地出让成交2597.6万元，外贸出口成交320万美元，内贸合同(协议)成交额94456万元。

9月2日　320国道1308千米处的湘乡市虞唐地段发生一起特大交通事故，当场死亡3人、伤17人，其中重伤6人。

9月6~8日　省委书记、省人大常委会主任杨正午率省委办公厅、省委政研室负责人到湘潭考察部分大中型国有企业。

9月11日　湖南省第五届残疾人运动会在市体育中心隆重开幕。省领导郑培民、王克英、庞道沐、张春发，老领导董志文、黄祖示等和省体委、市党政领导参加开幕式。14日闭幕。湘潭代表团获团体总分第一名、体育道德风尚奖。

9月12日　湘潭市庆祝中华人民共和国成立50周年群众歌咏比赛《祖国颂》在市体育馆隆重举行。来自全市各条战线14支代表队3500多名演员参加比赛。

9月30日　市内各界群众2万多人在体育中心举行集会，庆祝中华人民共和国成立50周年。当晚举行焰火晚会。

10月7~10日　湖南省第二届农民运动会在市体育馆举行。来自全省14个地州市1000名农民运动员、教练员、裁判员参加运动会。湘潭市队获竞赛成绩一等奖、体育道德风尚奖。

10月10日　市委召开讲学习、讲政治、讲正气"三讲"教育动员大会。11月16~17日，市级领导班子和领导干部"三讲"教育剖析材料接受民主评议和测评。2000年3月2日，市领导卞翠屏与省委驻市“三讲”教育巡视组成员及5个县(市、区)有关负责人围绕市县级单位“三讲”教育座谈。2000年4月14日,以王怀远为组长的中央“三讲”教育检查组到湘潭检查“三讲”教育工作情况。

10月17日　由南非、俄罗斯、法国、美国、意大利、比利时等国组成的多国使节访湘团参观韶山。

10月22日　湘潭电机集团有限公司研制的红旗七号战车，在中华人民共和国成立50周年国庆阅兵式中,顺利通过检阅,受到国务院和中央军委表彰。

是日　雨湖区先锋乡、韶山市韶山村和湘潭县化工厂获全国首届创建文明工作先进单位称号。

10月27日　湖南电线电缆集团公司原党委书记兼总经理陈某燕和妻子陈某慧及4名同伙,因犯有挪用巨额公款、特大贪污、虚开增值税专用发票和偷税等四大罪行,受到湘潭市中级人民法院公开审判。2002年2月24日,市中级人民法院在市政府大礼堂召开宣判大会,陈某燕一审被判无期徒刑。

11月5日　市财政统发工资启动,首批统发工资单位128个计9370余人。

是日　湘潭钢铁公司机修厂职工李清,3小时连续俯卧撑6677次，创造一项吉尼斯纪录。是日,湘潭钢铁公司工会举行颁奖仪式,将上海大世界吉尼斯总部颁发的“连续俯卧撑之最”证书授予李清。

11月17~18日　教育部全国高校设置评议委员会一行4人，在省教委有关领导陪同下到湘潭，就湘潭机电高等专科学校与湖南纺织高等专科学校申请合并组建湖南工程学院事宜进行为期两天考察。2000年6月12日,国家教育部发出《通知》,同意两校合并组建湖南工程学院。2000年12月21日,湖南工程学院成立。钟子才任党委书记,刘国荣任院长。

11月19日　雨湖公安分局在先锋乡建新村捣毁一邪教组织“全范围教”。

11月23日　湘潭县响水乡塘高村樟树组发生特大投毒杀人案,导致4人死亡,3人受伤。该案于12月4日侦破,凶手系该组农妇莫某某。

12月16日　湘潭市城区“跑跑”(三轮摩托车)载客全面禁运。

12月18日　江麓机械厂召开“9910”工程有功之臣表彰大会。“9910”工程即指该厂为中华人民共和国成立50周年阅兵式生产的战车工程。“9910”工程生产的战车通过阅兵式后,该厂受到国务院、中央军委阅兵装备工作领导小组通令表彰,被国防科工委授予铜奖,被兵器集团公司授予铜奖和技术保障先进单位,厂长贺先明等6人荣立一、二、三等功。大会还对六分厂等3个单位和36位有功人员进行表彰。参加表彰会的有省政府办公厅,省国防科工委,市委、市政府领导。

12月27日　市委、市政府召开纪念黄君珏烈士座谈会。省委常委、组织部长戚和平,省老领导刘正、王治国、齐寿良、罗秋月、黄道奇和市党政领导、烈士亲属及社会各界100余人参加座谈会。黄君珏,女,湘潭县响水人,1912年生,15岁参加革命。先后参与第三国际远东情报局情报工作、《新华日报》华北版经理部秘书兼总会计师。1942年6月2日晨,在日寇“五月大扫荡”中,被日伪军围困于一个山洞。宁死不当俘虏,跳崖牺牲,年仅30岁。

2000年

1月5日　市人民政府发布2000年第一号通告,严禁非法鉴定胎儿性别和选择性终止妊娠。

1月8日　市公安干警破获一起中华人民共和国成立以来湘潭市首例特大麻醉抢劫和重大敲诈勒索案,犯罪嫌疑人刘某某被捕。

1月9日　位于车站路的金泉大酒店发生特大火灾,有9人丧生,18人受伤被送进医院抢救。3月19日,市检察院终结特大火灾侦破,犯罪嫌疑人陶某某、段某某涉嫌失火罪被依法批捕。

1月15日　全市近2000名县处级领导干部参加全省统一组织的干部理论学习考试。

2月1日　市委、市政府作出《关于开展向杨垣尧同志学习活动的决定》。杨垣尧是市地税局城西分局专管员。他1990年由部队转业。10年来先后4次荣立三等功,5次被市委或市直工委评为优秀共产党员,1995年被省委、省政府评为先进工作者,1997年被省政府授予湖南省"人民满意公仆"称号,1999年被国家税务总局授予"全国优秀税务工作者"称号。

2月21日　全国政协副主席毛致用视察市先锋企业集团。

3月19日　中共湘潭市委作出决定,在全市农村开展以"争创农村基层组织建设先进县(市、区),争当农民群众满意的农村基层党组织,争当农民群众满意的农村基层干部,争当农民群众满意的农村党员"的"一创三满意"活动。

4月15日　省委通知陈润儿任中共湘潭市委副书记。

4月17日　市第十一届人大常委会举行第十五次会议,决定接受蒋建国辞去湘潭市人民政府市长职务的请求,陈润儿任湘潭市人民政府副市长、代理市长。

4月中旬　湘乡市公安局昆仑桥派出所破获一起中华人民共和国成立以来湘潭市最大的摩托车盗窃案,收缴被盗车30辆。

4月21日　中国银行湘潭易俗河支行成功堵截一张232万元假银行承兑汇票,当场抓获4名犯罪嫌疑人。

4月30日　潭邵高速公路开工。2002年12月26日,竣工通车。潭邵高速公路东起湘潭市株易路口,西至邵阳市隆回县周旺铺,全长218千米,双向四车道。湘潭境域主线长96千米,连接线9.4千米,投资28亿元。

5月8日　湘潭县严肃处理非法鉴定胎儿性别事件,9家医疗单位、16名医务工作者受到处理。

5月11~13日　全国人大常委会副委员长布赫率全国人大常委会《中华人民共和国乡镇企业法》执法检查组到湘潭检查执法情况。

6月4日　中共湘潭市委发出《关于学习贯彻江泽民总书记"三个代表"重要思想的通知》。7月5~6日,市委、市政府召开县(市、区)委书记、县(市、区)长会议,传达贯彻全省市州委书记、市州长会议精神,按照江总书记关于"三个代表"的要求,研究部署转变干部作风工作。2001年8月8日,市委、市政府举行实践"三个代表"重要思想先进事迹报告会,5位先进典型在会上作汇报和介绍。

是日　湘乡市发生一起特大水上安全事故。16时,湘乡市潭市镇高仑村和虞唐镇邓氏村龙舟在涟水河中比赛。群众挤在两村之间的浮桥上观看,浮桥侧翻,造成130多人落水,13人死亡,其中学生11人。

6月5日　世界华人工商互助联合总会会长程万琦博士率该会商务投资考察团一行25人抵湘潭考察双马工业园、丝绸路及市政广场场址。

6月15~17日　省委书记、省人大常委会主任杨正午一行到湘潭考察。先后考察湘潭钢铁公司、湘潭飞鸽药业有限公司、湘乡水府庙旅游开发区、湘潭县泉塘子农技站和在建中的农博园。召集湘潭电化集团、湖南铁合金厂、湘潭化纤厂、湘潭碱业公司的负责人座谈。

6月24日 全市打击毒品犯罪处理大会在市工人文化宫举行。12人被逮捕,13人被判刑,新中国成立以来湘潭最大毒枭夏利军被判处死刑。夏为湘潭首例因贩毒被判死刑的犯罪分子。

6月28日 湘乡市东郊乡长丰中学14岁初二女学生宋吉,为抢救失足落水的同学,献出生命。

7月21~23日 省委常委、组织部长戚和平一行到湘潭,就非公有制经济组织和街道社区的党建工作进行调研。

7月25日 市十一届人大常委会第十七次会议召开,会议听取和审议市政府关于达标排放和小城镇建设等工作报告。会议决定接受张汉良辞去副市长职务的请求。

8月1日 中宣部副部长、中央"三讲"教育联席会议成员刘鹏到湘潭师院调研该院开展"三讲"教育情况。

9月7日 以省人大常委会副主任罗海藩为组长的省治理经济环境检查组到湘潭检查工作。

9月27日 全市农村工作会议结束。会议部署农业结构调整工作,印发《湘潭市2001~2005年农业结构调整规划》和市委、市政府《关于加快农业结构调整的政策规定(征求意见稿)》。

9月27~28日 市第十一届人大常委会第十八次会议召开。会议决定任命阳祖耀、肖军为市政府副市长。

10月7日 全国佛教协会副会长、全国政协常委圣辉大法师到湘潭县隐山考察。

10月10日 越南胡志明市高级经贸考察团应邀到湘潭考察。

10月23日 全市纪念中国人民志愿军抗美援朝出国作战50周年座谈会在市民政局召开。20多名抗美援朝功臣代表、战士代表和烈属代表参加会议。

10月30日 瑞典慈善机构"希望之星"国际部负责人毕婕捐资8万元,帮助湘潭市儿童福利院兴建的游乐项目落成。

是日 北京军神集团总裁张庆民在湘乡市东山学校设立50万元奖励基金。

11月1~4日 中共湘潭市第九次代表大会在市政府礼堂召开。大会听取、审议和通过中共湘潭市第八届委员会工作报告;听取、审议并通过纪律委员会工作报告;选举产生中共湘潭市第九届委员会,选举产生中共湘潭市纪律检查委员会。出席大会代表359名。

11月4日 参加第十一届悉尼残疾人奥运会获得男子蛙泳银牌的湘潭残疾人运动员赵伟载誉归来。

11月5日 中共湘潭市委举行第九届第一次全体会议,选举卞翠屏为书记。中共湘潭市纪委举行第一次全体会议,选举杨慕如为市纪委书记。

11月5~6日 大连市经贸代表团一行32人来湘潭访问,并到韶山、乌石瞻仰毛泽东、彭德怀铜像和故居。

11月17日 全国政协副主席陈锦华、毛致用在省长储波、省政协副主席游碧竹及市领导陪同下考察湖南金迪化纤有限公司。

12月4日 11时10分左右,一蒙面歹徒劫持一辆出租车,在湘乡宾馆大厅门前引爆随身携带炸药,致使3人死亡,30余人受伤。

12月11日　市委、市政府召开“一化三清”动员大会。对全面加强城市绿化，清理整顿城区建设用地、清理整顿城区违章违法建筑、清理整顿城区房地产开发市场进行具体部署。到2001年5月中旬，“一化三清”重中之重——第二批违章建筑基本拆除。2001年10月10～12日省城乡执法检查组来湘潭检查，对湘潭“一化三清”工作予以充分肯定。2002年3月20日，全市“一化三清”总结表彰大会上总结，自2000年实施“一化三清”以来全市拆除违法建筑和影响城市规划的建筑物1996处20万平方米，清理城区70家开发企业和建设单位，补缴税费入库1357.96万元；清理违法用地218宗，计166.2公顷；市区新增绿地面积40万平方米，新增路灯2000余盏。

12月19日　市计生工作获得省“红旗单位”称号。

12月21日　省、市质量技术监督局、公安执法人员查获湘乡市东郊乡旺兴村两家伪劣食用油制售窝点。

12月22～23日　中共湘潭军分区第十一次代表大会召开。大会选举卞翠屏为军分区党委第一书记，政委张邦祖为党委书记，司令员李四保为党委副书记。

12月27日　全国政协副主席毛致用视察湖南燕京啤酒有限公司。

12月28日　市少年儿童图书馆被国家文化部评为全国“读者喜爱的图书馆”。

12月31日　市委、市政府以“迈入新世纪，建设新湘潭”为主题，在市体育中心广场举行“世纪狂欢夜”大型群众联欢活动。市领导和1万余名群众参与火炬长跑赛和篝火晚会，观众达10万人。

是年　雨湖区获“1999～2000年全国科技进步先进城区”称号。

2001年

1月4～8日　湘潭市第十一届人大第四次会议召开。会议补选陈润儿为市人民政府市长，易本昌为市人大常委会副主任。

1月9日　市委召开全市农村“三个代表”重要思想学习教育活动工作会议，部署全市农村“三个代表”重要思想学习教育活动。2002年8月5日，全市农村“三个代表”重要思想学习教育活动总结表彰大会召开。大会总结全市农村“三个代表”学习教育活动经验，表彰一批学习教育活动先进集体和学习实践“三个代表”基层干部标兵，并对进一步贯彻落实“三个代表”重要思想、加强农村基层组织建设工作作出部署。

是日　湘潭县《石鼓镇志》出版发行。这是湘潭市出版发行的第一部乡镇志。

2月14日　湘潭县江声实验中学初三学生刘婷写给市委书记卞翠屏的信在《湘潭日报》头版头条发表，引发全市开展“改变陋习，走向文明”宣传教育活动。

2月15日　市政府发布《关于严肃查处违法建筑的通告》《关于整顿用地秩序查处违法用地的通告》《关于整顿房地产开发市场严肃查处违法行为的通告》，要求整顿城区建设，坚决查处“三违”（违法建筑、违法用地、违反房地产开发建设法律法规）。

2月28日　国家税务总局局长金人庆到湘潭考察税收工作，对湘潭市税务部门自觉服从和服务于经济建设大局、税收收入实现良性循环、税收征管改革取得历史性突破等成绩给予肯定。

3月5日　全市农村税费改革工作会议召开。会议决定取消乡统筹费等专门面向农民征收的行政事业性收费和政府性基金，取消农村教育集资，取消屠宰税，逐步取消统一规定的劳动积累工和义务工，调整农业税政策和农业特产税政策，严禁两税重复交叉征收。

3月15日　市委作出《关于开展向武警韶山警卫中队党支部学习的决定》。5月15日，市委授予武警韶山警卫中队"实践'三个代表'的战斗堡垒，毛主席故乡的忠诚卫士"匾牌。

4月2日　市十六中、市气象台、市一医院十一病室获"全国巾帼文明示范岗"称号；市红旗农场良种养猪场场长冯青、市妇联主席胡湘玲分别被全国妇联授予"全国城镇妇女巾帼创业带头人"和"全国巾帼建功标兵"称号。

4月12日　市统计局发布《2000年湘潭市第五次人口普查主要数据公报》。截至2000年11月1日零时，湘潭市总人口267.17万人（包括外来人口，不包括外出人口；包括驻潭武警部队，不包括中国人民解放军现役军人）。

4月17日　中央政府驻澳门联络办副主任李水林一行到湘潭参观考察。

4月18日　湘潭电化科技股份有限公司成立。同日，全国最大无汞碱锰电池专用电解二氧化锰项目在该公司竣工投产。年生产能力达4万吨。

4月22日　湘潭市第四届"十大杰出青年"和首届"杰出青年厂长经理"评选结果产生，林武、成仲山等20人分别获得第四届"十大杰出青年"和首届"杰出青年厂长经理"称号。

4月27日　市委、市政府召开全市整顿和规范市场经济秩序工作动员大会，要求各级党委、政府认真贯彻落实党中央、国务院关于整顿和规范市场经济秩序的决定，把这项工作作为事关改革、发展、稳定的大事来抓。

5月22日　最高人民法院院长肖扬到湘潭考察，听取市中级人民法院工作汇报，参观韶山毛泽东故居。

5月24日　南非北开普敦省省长曼内·迪科到湘潭参观访问，表示与湘潭市进行经济技术合作意向。

6月8日　雨湖区在雨湖公园门前举行"建文明城市，创文明单位，做文明市民"万人签名活动。

6月8～10日　中央综治委严打整治检查组到湘潭督查，要求湘潭市积极探索新形势下抓好社会治安综合治理新路子，为人民群众创造一个良好的治安环境。

6月9日　省政府在湘潭召开规范个人账户管理、完善养老保险制度现场会，向全省推广湘潭市规范个人账户管理、完善养老保险制度的经验。

6月12日　省政协主席王克英到湘潭调研考察长株潭经济一体化工作。

6月14日　省委副书记、省长储波到湘潭调研国有大中型企业情况，先后考察江南机器厂、江麓机械厂、湘潭钢铁公司、湘潭电机集团公司等企业。

6月14～15日　中共中央政治局委员、全国人大常委会副委员长姜春云就《全国人大代表大会和地方各级人民代表大会代表法》执行情况到湘潭调研，对湘潭市贯彻实施代表法工作给予肯定。

6月30日　湘潭市在韶山毛泽东铜像广场举行庆祝中国共产党成立80周年老党员重温入党誓词、新党员入党宣誓仪式。来自全市各条战线300名老党员和220名新党员重温和宣读入党誓词。

是月　历时5年的全市勘界工作完成，勘定市级行政区域界线4条计752千米，县级行政区域界线6条计288千米，彻底勘清全市行政区域边界。

7月5日　湘潭“扫黑打恶”第一案开庭公审，湘潭县射埠镇泉井坝村尹氏家族流氓恶势力6名团伙成员分别被判处1至5年有期徒刑。

7月13日　夜晚，全市各界群众欢庆北京获得2008年奥运会主办权。

7月19日　团中央书记处第一书记周强以及来自全国的30多名共青团干部到韶山参观。

7月26日　市民兵高炮团成立。市委常委、军分区政委张邦祖主持成立大会。总参动员部装备局副局长姜久之，省军区参谋长黄明开，市领导卞翠屏、陈润儿等出席。高炮团团长由岳塘区人武部部长刘国兴兼任。

8月1～3日　省委书记、省人大常委会主任杨正午就进一步学习贯彻江泽民“七一”讲话精神、推进工业化进程和加强城市工作到湘潭调研。

8月5日　湘潭拍卖总公司首次公开拍卖全市繁华地段户外立柱广告位经营权。

8月21日　市政府召开“一站式审批”“一门式收费”工作专题会议，优化经济环境，推行政务公开。

8月25日　由省残联、省体育局、省残疾人体育协会，湘潭市人民政府承办的省第三届残疾人少年运动会在湘潭市体育中心开幕。来自全省13个市州120多名运动员进行四个大项比赛。26日下午闭幕，湘潭市代表队总分居第三位。

8月29日　代省长张云川来湘潭考察企业，省领导郑茂清、范多富和市领导及省有关部门负责人陪同考察。

8月31日　经省政府批准，省内首家由陈欠电费转为股权的“费转股”企业湖南铁合金有限责任公司及其控股母公司湖南铁合金集团有限公司成立。

是月　省政府同意在湘潭职工大学和湘潭市机电工业中专学校实质性合并的基础上建立湘潭高等职业技术学院，学院纳入普通高等学校序列。

是月　湘潭市再次调整提高企业最低工资标准。全市自2001年7月起最低工资标准调整为两个档次，雨湖区、岳塘区境域从每月250元提高到265元，湘潭县、湘乡市、韶山市境域从每月225元提高到245元。

9月12日　由市委宣传部、市文明办、市防范和处理邪教问题办公室、市公安局、市司法局、市科协联合举办的《反对邪教、崇尚文明》大型展览在齐白石纪念馆开幕。

9月20日　韶山市计生委主任、党组书记苏爱平被中组部、中宣部、中央文明办、人事部授予全国“人民满意的公务员”称号。

9月25～27日　市第十一届人大常委会第二十四次会议召开，审议并通过《关于保护和促进个体私营经济发展的决定》和《关于进一步开展法制宣传教育继续推进依法治市的决议》。

9月28日　市政府召开新闻发布会，向全市大中企业和娄底、邵阳、怀化等地区的有关部门宣布：湘潭十四总千吨级集装箱码头竣工，该码头年货物吞吐能力20万吨，将成为湘江五大港口之一，加上韶山海关即将开关，湘潭已成为二级通关口岸。

10月9日　市委、市政府召开市县乡三级机构改革动员大会，全市机构改革工作全面铺开。

10月12日　国家劳动和社会保障部副部长张小建率调研组到湘潭，重点了解社会养老保险金统筹发放和下岗职工有关情况。

10月19日　国务院城市低保工作联合调查组到江南机器厂调查最低生活保障工作情况。

10月30日　应日本彦根市市长中岛一邀请,为纪念两市缔结友好城市10周年,以卞翠屏为团长,谭世明、朱明华为副团长的湘潭市友好代表团和少儿艺术团对彦根市进行友好访问。11月5日,访问结束。

11月24日　湘潭市与越南边和市建立友好城市关系签字仪式在湘潭宾馆举行。

12月1日　湘潭电信告别磁卡电话,换成IC电话卡和"潇湘行"账号IC卡。

12月2日　省委副书记、常务副省长周伯华到湘潭考察320国道文明路建设情况。

12月6日　中共湘潭市委作出《关于进一步加强和改进作风建设的若干规定》。

是日　省委副书记、省纪委书记孙载夫到湘潭调研行政审批制度改革、依法行政公开执法等情况。

是日　香港亚太地区资深特教专家鲍美(女)到湘潭访问交流。

12月中旬　江滨机器厂"船用发动机活塞"项目和韶峰水泥集团2号窑技改项目被列入《第二批国家重点技术改选"双高一优"项目导向计划》。

12月25日　湘潭市首家按五星级标准建设的宾馆——盘龙山庄大酒店开业。2002年8月29日,盘龙山庄大酒店被国家旅游局批准为五星级涉外酒店。

12月27日　位于湘潭县白石铺杏子坞星斗塘的齐白石故居对外开放。

12月28日　长株潭大市场开业,举行首届元旦、春节物资交易大会。该市场由湖南金三角投资建设开发有限公司投资,建在岳塘区株易路口附近,占地120公顷,门面摊位超1万个,建筑面积100万平方米,是一个集百货、家电、名酒、饮料、副食、干货、日化、文化用品、小商品、鞋帽、摩托车配件、农副产品等为一体的综合性批发大市场。

是年　湘潭县承担的首批国家农业科技跨越设计项目——南方优质稻米生产技术"中鉴100、中香一号优质水稻生产技术体系试验示范"获得成功,取得一系列科研成果,解决优质与高产的矛盾,圆满完成项目规定任务。

是年　全市财政总收入首次突破11亿元,比上年增长24.8%,增幅高于全国、全省平均水平;市本级和5个县市区财政总收入全面增长。全市经济总量创历史新高,国内生产总值(GDP)完成239.87亿元,比上年增长11%,增速超过全省、全国平均水平,在全省14个市州中位居第二。

2002年

1月10日　副省长周时昌到湘潭考察并慰问困难企业职工。

1月11日　湘潭市人民政府与"八一振邦"足球俱乐部签订湘潭主场协议,"八一振邦"足球队移师湘潭。3月17日,中国甲A足球联赛湘潭赛区开赛,"八一振邦"足球队主场首战上海申花足球队,双方0:0战平。

1月14日　中央军委委员、中国人民解放军总政治部主任于永波上将,广州军区副政委张国初中将,省军区政委李今伟少将到韶山参观毛泽东故居。

2月4日　全市农村工作暨农村税费改革工作会议召开。会议要求推进农业和农村经济结构战略性调整,抓好农村税费改革,促进农民收入持续稳定增长。

2月24日　省委副书记文选德，省委副书记、常务副省长周伯华，省委常委、省委秘书长谢康生，省委常委、省委宣传部部长黄建国，副省长贺同新到韶山现场办公，专题研究韶山市城市规划、建设和管理等工作，要求把韶山建设成为充分体现伟人故乡文物和历史价值的领袖故里。

3月7日　国家人防办副主任、总参人防局局长王胜利到湘潭考察人防工程。

3月20日　全市建设工作会议召开。会议提出，要强化城市意识，拉动经济发展；提出“一区二岸三路四园五点”的重点建设项目，即：全面启动城市中心区建设，湘江两岸风光带建设，丝绸南路、富洲路、泗洲路建设，扩建续建雨湖公园、和平公园、白马湖公园、体育中心广场及新景、百姓、电力、金侨、芙蓉五个高标准住宅示范小区。

4月2日　中央电视台体育频道《五环夜话》节目组到湘潭录制“八一与湘潭”专题节目，陈润儿和八一体工大队大队长李富胜、八一足球队主教练贾秀全应邀与节目主持人张虹对话。

4月4~5日　省政协主席王克英率省政协“湖南私营经济发展环境”课题组到湘潭调研。

4月6~7日　全国人大内务司法委员会副主任委员束怀德到湘潭检查实施《中华人民共和国妇女权益保障法》情况，省人大常委会副主任罗桂求陪同检查。

4月10~11日　省委常委、省委组织部部长戚和平到湘潭调研私营经济发展环境情况，考察市政设施建设。

4月12~15日　省委书记、省人大常委会主任杨正午，省委常委、省委秘书长谢康生到湘潭考察工作，要求优化经济环境，加快经济发展步伐，提高经济发展水平；要抓住“八一振邦”足球队落户湘潭这个机遇把文化体育产业做大做强。

4月15~16日　省政协副主席范多富到湘潭考察农副产品加工发展情况。

4月19日　全市招商引资工作会议召开。会议要求构筑招商大格局，营造引资大环境；会议颁布《湘潭市鼓励外来投资的若干规定》《关于引进外来资金的奖励办法》。

4月20~22日　全省市、州人大常委会主任会议在湘潭市召开。省人大常委会副主任吴向东、罗海藩、颜永盛、郭俊秀，秘书长刘永寿及全省14个市州人大常委会主任出席会议。

4月23日　省委常委、省政协副主席、省委统战部部长石玉珍到湘潭考察统战工作，并在湘潭钢铁公司作统战工作形势报告。

5月4日　湘潭市一中举行建校100周年庆祝大会，教育部副总督学郭福昌到会祝贺。

5月11日　湘江湘潭段出现第一次洪峰。至10月31日，一共出现7次洪峰，其中最高洪峰水位达到40.23米。全市广大干部群众和解放军、武警官兵抗洪抢险，没有垮一堤一垸。

5月15日　中共湖南省委在湘潭举行纪念罗亦农诞辰100周年座谈会。全国政协副主席毛致用，省委书记、省人大常委会主任杨正午及省直有关部门负责人，湘潭市党政领导以及罗亦农故乡湘潭县代表等出席会议。罗亦农1902年5月28日生于湘潭县易俗河小雷公塘。1920年，经陈独秀介绍，入上海共产党组织举办的“外国语学社”学习，并加入中国社会主义青年团。1921年春，由党组织选派赴莫斯科东方劳动大学学习。是年冬，由团转党，任中共旅俄支部书记。1925年3月回国，在广州参与发动省港大罢工。12月调任江浙区委书记。1926年10月~1927年3月，与周恩来、赵世炎等在上海组织三次工人武装起义。1927年，在党的八七会议上，被选为临时中央政治局委员，不久任长江局书记。11月，当选中央政治局常委，任中央组织局主任兼组织部部长。1928年4月15

日,因叛徒告密被捕。4月21日,在上海龙华就义,年仅26岁。

5月16～17日　省委副书记胡彪率市有关领导到湘潭大学、岳塘区霞光村居委会、雨湖区东环小区、南盘岭钟点服务中心等考察社区党建、下岗职工再就业和社会治安综合治理工作。

5月26～30日　湘潭市参加“2002年湖南上海经贸合作活动周”,签约22项,合同引进外资4150万美元。

5月29日　全市加强公民道德建设、创建文明城市动员大会召开。大会要求全面落实中共湘潭市委《关于贯彻〈公民道德建设实施纲要〉的意见》,推进社会主义道德建设,形成良好的社会风尚,提高城市文明程度。

5月下旬　国家防汛抗旱总指挥部秘书长、水利部党组成员鄂竟平,省军区副司令员郑治栋到湘潭考察水文工作,要求水文部门尽职尽责,做到准确监测、及时通报汛情。

6月16日　全省青少年法制宣传教育工作现场经验交流会在湘潭召开,湘潭市介绍对青少年进行法制宣传教育经验。

6月18日　省委书记、省人大常委会主任杨正午到湘潭考察防汛工作。

6月26日　市长陈润儿召开社区建设座谈会,讨论如何通过社区建设鼓励、支持、扩大社区再就业,解决城市5万人就业问题。

7月13日　凌晨2点,湖南铁合金厂一化工仓库发生剧烈爆炸。由于处置得当,未造成人员伤亡。

是日　市会计集中核算中心挂牌成立。

7月15日　由人事部、全国博士后管理委员会批准的湘潭电机股份有限公司博士后工作站成立。这是湘潭市第一个博士后工作站。

7月16日　市政府第十三次常务会议通过《湘潭市科学技术进步奖励办法》,规定市科技进步奖每年评审一次,奖励项目不超过30项。一、二、三等奖的奖金分别由过去的8000元、3000元、1500元提高至4万元、2万元、1万元。

7月18日　湘潭电机股份有限公司(简称“湘电股分”)A股上市仪式在上海证券交易所举行,并正式上市交易。这是湘潭市第一家上市公司。

7月23日　韶山海关驻湘潭港监管点揭牌暨上海——湘潭江海内支线开通仪式在湘潭港码头举行,标志着湘潭正式成为对外贸易国际江岸城市。

7月31日　湘潭市文物管理处和湘乡市文物管理所在湘乡市东郊乡发现距今20万年的原始人类用石英砂岩打制的尖状砍砸器。这是湘江流域迄今发现的最早人类活动见证物。

8月15日　劳动和社会保障部副部长李其炎到湘潭考察社会保障工作,对湘潭市“两个确保”工作取得的成绩给予肯定,并要求进一步完善社会保障体系,狠抓就业和再就业工作,确保社会长治久安。

9月11日　省委副书记、常务副省长周伯华到湘潭考察农业产业化发展及堤防建设情况,要求以体制创新、机制创新,加快农业产业化步伐;要高标准、高质量搞好湘江堤防建设,加大冬修水利力度。

9月19日　湘潭工学院和湘潭师范学院合并组建为湖南科技大学。合并后的湖南科技大学有教授130多人、专任教师1200多人,拥有经济学、法学、文学、管理学、理学、工学、历史学等八个学科门类,在校全日制本科生、研究生2.3万多人。2003年7月24日,湖南科技大学首届领导班子就位。肖国安任党委书记,田银华任校长。

9月23日 省委书记杨正午、省长张云川率领参加全省再就业工作会议代表到湘潭考察再就业工作情况。

10月15日 市委举行学习郑培民同志先进事迹座谈会。2003年3月29日至4月1日,市委学习中心组学习讨论胡锦涛总书记关于深入学习郑培民重要批示和中央、省委关于深入开展学习郑培民活动的通知,安排部署深入学习郑培民先进事迹工作。郑培民1970年3月到湘潭工作、生活,前后20年。曾任中共湘潭市委副书记、书记。他以“做官先做人,万事民为先”为座右铭,严格要求自己,密切联系群众,以忘我工作的拼搏精神,不知疲倦地为人民群众谋利益。2002年初他被抽调北京工作,3月11日,突发心肌梗塞,不幸逝世。

10月17日 省长张云川到湘潭考察江南机器厂、江麓机械集团有限公司、江滨机器厂等军工企业。他要求军工企业不断拓宽思路,更新观念,采取军民结合、军转民、以民养军的形式,转换经营机制,加大高新技术开发力度,立足长远谋求发展。

10月21日 全市再就业工作会议召开。会上,市劳动和社会保障局、市工商局分别发出《关于对下岗失业人员实行“一站式”就业服务》《关于建立湘潭市下岗失业职工再就业办理证照“绿色通道”的实施意见》的通知。

10月22~23日 国家计委有关负责人率全国10个省市计委负责人到湘潭考察第三产业情况。

10月24日 省人大常委会副主任罗海藩到湘潭进行长株潭一体化调研。

10月29日 全国17城市劳动保障工作座谈会在湘潭召开。会议围绕促进就业与再就业、完善社会保障体系工作进行交流和讨论。

10月30日 前国家女子排球队队长杨希兰向湘潭市二中女子足球队捐赠运动服。副市长谭山平出席捐赠仪式。

是月 湘潭县种业有限公司经理胡某和副经理左某、肖某3次从溆浦县种子公司第14门市部购进金优207种子31135千克,未按规定索要纯度鉴定和正式发票,即将种子出售。2003年2月后,已明知种子不纯和试验结果不合格的情况下,仍将剩余种子出售。致使湘潭县19个乡镇6422家农户的晚稻减产,直接损失110多万元。2004年5月10日,湘潭县人民法院以失职罪判处胡某拘役6个月,缓行1年;左某和肖某被拘3个月零25天。在此之前,该公司已向受害农户赔偿损失689822.30元。

11月12日 湘潭军分区原政治委员、老红军高玉林逝世,终年86岁。

11月20日 市委召开全市传达贯彻党的十六大精神报告会。十六大代表卞翠屏介绍十六大盛况,并就全市学习贯彻落实十六大精神作出部署。是日,市委发出《关于认真学习贯彻党的十六大精神的通知》。

11月28日 副省长贺同新到湘潭调研招商引资工作。他要求把各类园区作为招商引资重中之重,作为推进工业化的重点。

11月29日 中国人民解放军总政治部副主任、中共中央纪委副书记张树田上将,广州军区副政委张国初中将,省军区政委李今伟少将到韶山参观考察。

12月13～15日　湘潭市通过省建设厅组织的省级园林城市考核验收。24日，省政府批准湘潭市为"湖南省园林城市"。

12月18日　市委、市政府有关领导召集卫生、药监、工商、物价、综治办等部门负责人开会，就12月17日，中央电视台《焦点访谈》披露湘潭市医疗市场存在虚高定价、夸大疗效等不规范行为紧急部署整改措施。

12月25日　由人民日报、新华社、中央电视台、中国国际广播电台、中国日报、香港文汇报、香港商报、湖南日报等25家新闻单位组成的"伟人故里奔小康"采访团到湘潭采访。

12月27日　省委副书记、省纪委书记孙载夫率省直有关部门负责人到湘潭慰问困难企业、困难职工和农民。

是年底　湘潭市被列入全国制造业信息化重点城市。

2003年

1月2～6日　政协湘潭市第九届委员会第一次会议召开。会议选举产生政协湘潭市第九届委员会主席、副主席、秘书长和常务委员。殷正海当选市政协主席。

1月3～9日　湘潭市第十二届人民代表大会第一次会议召开。吴昌续当选市人大常委会主任，选举陈润儿为市人民政府市长，罗凯元为市中级人民法院院长，常智余为市人民检察院检察长。

1月13～14日　全国总工会副主席、书记处书记徐锡澄及中华国防邮电工会、省总工会等单位领导到湘潭市化纤有限公司、江南机器厂等企业和困难职工家中进行慰问。

1月13～15日　乌克兰卢茨克市市长科里威斯基访问湘潭市。湘潭市与卢茨克市于15日签订建立友好城市关系意向书，10月1日签署建立友好关系协议书。

1月26日　全市《再就业优惠证》首次发放仪式在市职业介绍服务中心举行，市领导彭宪法、劳动为208名下岗失业人员颁发《再就业优惠证》。

2月24日　市委召开党员负责干部会议。省委组织部副部长周阳生宣布省委关于湘潭市委主要领导调整决定：卞翠屏任省委办公厅特邀顾问，免去其中共湘潭市委书记、常委、委员职务；陈润儿任中共湘潭市委书记。

2月25日　陈赓大将诞辰100周年纪念大会在湘乡市召开。全国政协副主席毛致用和湖南省、湘潭市领导以及湘乡市数千名群众参加纪念大会。

2月28日　全省"放心菜"工作经验交流会在湘潭召开，推介湘潭市建设"放心菜"工作经验。湘潭市护潭、羊牯两个基地被列入全省第一批"放心菜"基地。

是日　市政府与八一体工大队举行"八一湘潭"足球队冠名签约仪式。市政府以1200万元买断2003赛季八一足球队主场经营权和冠名权，八一足球队将冠名"八一湘潭"足球队参加2003赛季中国职业足球甲A联赛。

3月11日　湖南省"百城万店无假货"创品牌活动暨"3·15"宣传活动在湘潭市步步高购物广场启动。

3月16日　2003赛季中国职业足球甲A联赛湘潭赛区开幕式在湘潭市体育中心举行。首场比赛,“八一湘潭”队以1:0战胜天津康师傅队。

3月19日　中央组织部原部长、全国党建研究会会长张全景到湘潭考察调研农村党建工作。

3月29日　湖南农资批发交易市场开业暨首届中南地区农资产品交易会开幕。湖南农资批发交易市场位于湘潭市昭山开发区,是中南地区规模最大的专营农资产品市场和集散中心

4月9日　市第十二届人大常委第二次会议接受陈润儿辞去市人民政府市长职务,任命彭宪法为市人民政府代市长。

4月12日　湘潭高新科技工业园开工建设。

是日　全市召开防治非典型肺炎(简称“非典”)工作会议。15日,彭宪法召集卫生部门负责人会议,落实“非典”防治措施。17日,彭宪法到市疾控中心视察“非典”防治工作,批示拨付专项经费。

4月23日　司法部、省司法厅在湘潭市举行公司律师授牌颁证仪式。湘潭钢铁集团有限公司、湘潭电机集团有限公司、江南机器(集团)有限公司被列入全国首批公司律师试点企业。

4月25日　市政府印发《关于促进国家新材料成果转化及产业化基地湘潭示范区快速发展的若干政策规定》。

5月14~15日　中共中央政治局常委、国家副主席曾庆红到湘潭视察。参观毛泽东故居、毛泽东纪念馆,检查韶山市如意镇防治非典型肺炎工作情况。

5月16~18日　湘江湘潭段水位连续上涨。18日16时,湘江第一次洪峰抵达湘潭,最高水位40.84米。流量每秒18700立方米。全市各界投入防汛工作。

5月20日　国家防总防汛成员、长江水利委员会副主任王忠法率国家防总防汛督查组到湘潭督查抗洪抢险工作。

6月30日　市委、市政府印发《关于加快民营经济发展的若干政策规定》。

7月1日　“湘潭在线”(http://www.xtxc.cn)网站开通,为湘潭唯一的新闻综合门户网站。

是日　《湘潭市见义勇为人员奖励和保护试行办法》实施。

7月2日　市政府采购办首次采用公开招标形式对全市行政事业单位机动车辆定点保险进行集中采购。初步匡算,全市行政事业单位年车辆保险费用可节省100多万元。

7月6日　湘潭移动通信指挥中心投入使用。

7月24~25日　市长彭宪法、副市长谭山平会见来访的欧洲第十届华侨华人社团联合协会主席曹燕灵(女)一行。

7月28日　湘潭市重点项目签约暨招商项目发布会举行。签约10个项目,引进外资850万美元、5000万港元,内资2.67亿元。同时,发布27个招商项目,计划引资70.53亿元。

7月30日~8月1日　省委副书记、常务副省长于幼军到湘潭钢铁公司、湘潭电厂、江麓机械集团公司、江南机器厂等10多家企业和学校、市场、建设工地调研经济发展、城市建设和管理。8月1日下午,听取市委、市政府工作汇报。

7月下旬　全市最低工资标准确定。小时工资:城区4元,县(市)3.5元;月工资:城区340元,县(市)320元。

是月　全市自6月底以来持续晴热高温天气,平均降雨不足1毫米。全市有25个乡镇1.762万公顷耕地受灾,1.62万人饮水困难,11.55万处山塘干涸,282条溪河断流。

8月1日 《湘潭市城市建筑垃圾沙砾石运输管理办法》《湘潭市城市“门前三包”管理规定》实施。

8月3日 中午,位于下摄司街道附近的湘电大酒店承办3户人家寿宴,47名顾客食物中毒。

8月9日 市政府发布《湘潭市下岗失业人员小额担保贷款实施办法》。

8月11日 全市治理报刊工作会议召开,决定《湘潭县报》《湘乡报》《韶山报》停刊。

9月6日 市考古人员从湘潭县易俗河镇一战国墓中挖掘一块玉璧、一枚玉印章和一只鼎敦壶。玉璧为湘潭市首次发现。

9月8~10日 德国HTM公司和特隆手喷漆公司负责人到湘潭考察并签约。高新开发区德国工业园迎来首批德国企业。

9月13~14日 全国归侨侨眷下岗职工再就业暨发展归侨侨眷非公有制经济工作经验交流会在湘潭召开。国务院侨务办公室副主任李海峰主持会议。国务院侨务办公室主任陈玉杰和省委副书记、代省长周伯华讲话。

9月19日 全国首届“煤炭产业与区域经济发展高峰论坛”在湘潭举行。

9月21日 国务委员唐家璇到韶山参观考察。

9月30日 杨正午、周伯华、陈润儿、彭宪法等省市领导出席在韶山举行的全国第五届城市运动会圣火采集传递活动。

10月1日 中共中央总书记、国家主席胡锦涛在省市领导陪同下到韶山就加快经济发展、关心群众生产生活和加强干部作风建设等问题进行考察。上午11时50分,胡锦涛向毛泽东铜像敬献花圈。下午,瞻仰毛泽东故居、毛泽东纪念馆,并在韶山村老地下党员毛振南家与老党员代表座谈。

10月2日 全国人大常委会副委员长李铁映到韶山参观考察,并向毛泽东铜像敬献花圈,参观毛泽东纪念馆、毛泽东故居等。

10月9日 泉塘子超级杂交稻通过农业部验收。实割实收亩产807.4千克,理论测算亩产839.47千克。

10月12日 市委召开九届八次全体(扩大)会议,研究部署把湘潭建设成为湖南先进制造业中心、湘中南现代物流中心、长株潭生态休闲中心,实现湘潭跨越发展。

是日 全市首例跨市域探矿权出让——湘潭县坪塘煤矿冷水冲井田探矿权由湖南省辰溪煤矿以306万元竞得。

10月15~26日 第五届全国城市运动会男子足球赛在湘潭举行。26日,足球比赛在市金侨体育中心落下帷幕。代市长彭宪法出席闭幕式并讲话,为冠军队延边队队员颁发奖牌。

10月18~20日 湘潭市首届汽车博览交易会暨湘潭汽车城开业庆典举行。18家汽车商共52个品牌的180多辆新车参展。

10月19日 湘潭职业技术学院举行挂牌仪式。

10月24日 市委、市政府宣布设立昭山、九华经济区的决定。

10月26~27日 中共中央政治局委员、国务院副总理曾培炎参观韶山。

10月29日 中央再就业工作检查组到湘潭督查再就业工作。

11月6日 湖南麦当劳(餐厅食品)有限公司湘潭餐厅签约仪式在盘龙山庄举行。全球快餐业巨头麦当劳落户湘潭。

11月7日　全国政协原副主席万国权率全国政协委员考察团到韶山参观考察。

11月8日　中共中央政治局委员、书记处书记、中宣部部长刘云山到韶山参观考察。要求精心组织毛泽东诞辰110周年纪念活动，把韶山建设成为全国最好的爱国主义教育基地。

11月21日　湖南工程学院北校区西边护坡施工工地突然出现山体滑坡，酿成4死4伤。

11月29日　市委、市政府印发《关于建设"湖南先进制造业中心"的意见》《关于建设"湘中南现代物流中心"的意见》《关于建设"长株潭生态休闲中心"的意见》。

是日　湘乡市红仑公路收费站撤销。这是湘潭市撤销的第一个普通公路收费站。

11月30日　全国职业足球甲A联赛最后一场比赛在湘潭落幕。"八一湘潭"队以2:1战胜云南红塔队。

12月1～7日　彭宪法率团赴德国就湘潭高新区德国工业园项目招商。

12月2～5日　全国特殊奥运会篮球赛在湘潭举行。12个省、市、自治区19支男女代表队参赛。山东队、上海队、辽宁队和湖南队分获男子篮球A、B、C、D组的第一名，女子A、B、C组的冠军则由哈尔滨队、北京队和湖南队获得。

12月3日　国家水上训练基地落户湘乡市洋潭水库。

12月8～9日　全国党建研究会在韶山举行学习毛泽东建党思想暨纪念毛泽东同志诞辰110周年座谈会。

12月11日　计划投资28.8亿元，占地333.33公顷、年产26万辆中高档轿车的江南汽车九华生产基地奠基。

12月11～12日　中共中央政治局常委、中央书记处书记李长春到韶山参观考察。在中宣部副部长徐光春，文化部部长孙家正及省市领导陪同下，向毛泽东铜像敬献花圈，参观毛泽东纪念馆、滴水洞、毛泽东故居。

12月13日　根据国家发改委、经贸委、财政部、统计局新颁布的大中型企业划分标准，湘潭市大中型企业重新认定，湘潭钢铁集团公司等7户为大型企业，湘潭电厂等19户为中型企业。

12月24日　湖南省纪念毛泽东同志诞辰110周年座谈会在韶山举行。全国政协原副主席毛致用，中央文献研究室副主任陈群，省党政领导杨正午、周伯华、胡彪、于幼军、文选德、孙载夫等出席会议。座谈会由省委副书记、代省长周伯华主持。省委书记、省人大常委会主任杨正午讲话。

是日　由省委宣传部、省广播电视局、省文化厅和湘潭市委联合举办的纪念毛泽东诞辰110周年大型诗词歌会《东方红》在韶山毛泽东铜像广场举行。

12月25日　陈润儿和韶山市委书记刘建业、韶山村党支部书记毛雨时赴京参加中共中央举行的纪念毛泽东诞辰110周年座谈会。

12月30日　湖南省重点工程——湘潭湘江四大桥（现名莲城大桥）建设工程开工。四大桥位于湘潭市三大桥下游四千米处，西起二环线上瑞高速公路连接线交点，东接107国道，全长4.7千米，主桥长1.4千米，宽27米，主跨约400米，总投资5亿多元，由中港四航局投资建设。

是年　在2003年全国高中生学科奥赛中，湘潭市一中获9金、25银、15铜。

是年　湘潭市全年兽药产业产值突破2亿元。中国农业大学动物保健集团湘潭兽药厂通过农业部 GMP 达标认证，为湖南省首家获此资格的兽药生产企业。

2004 年

1 月 3～7 日　湘潭市第十二届人大第二次会议召开。补选何坤布为湘潭市第十二届人民代表大会常务委员会副主任，补选彭宪法为湘潭市人民政府市长。

1 月 7 日　国家林业局副局长雷加富、武警森林指挥部副主任李文江少将到韶山考察森林防火工作。

1 月 8 日　中国红十字会总会党组书记江亦曼到湘潭向雨湖区困难群众捐赠一批价值 6 万多元的物资。

1 月 9～10 日　由湘潭市箫韶民间艺术团创作排演的大型音乐剧《再度南风》演出成功。被省内专家称为“十年来难得一见的一部民族古典音乐剧”。9 月 24 日，应邀参加第五届中国电视金鹰节演出。

1 月 13 日　湘潭市科学技术进步奖评出一、二、三等奖 27 项。其中，湘潭电机股份有限公司《SF31904 型 108 吨电动轮自卸车》、湘潭华莹精化有限公司《颜料黄 150 高栏有机颜料研究开发》项目填补国内空白，生产工艺技术水平国内领先。

1 月 16 日　副省长杨泰波到湘潭县杨嘉桥镇杨昆亭村慰问 1957 年获得全国农业劳动模范的贺庆莲(女)。

1 月 22 日　省委副书记、省长周伯华到湘潭视察建设大堤、双马工业园、市行政中心建设情况，并慰问群众。3 月 30～31 日，周伯华到湘潭考察工作，要求树立科学发展观，高速高效加快发展。10 月 17 日，周伯华就如何加快韶山建设和发展到韶山现场办公，要求高起点规划，高质量建设。

2 月 5 日　市委、市政府召开防治高致病性禽流感工作紧急会议，要求拒疫情于湘潭门外。10 日，国家工商总局副局长刘凡到湘潭检查禽流感防治工作。

2 月 6 日　湖南翔鹏船舶制造有限公司在湘潭注册，这是当年落户湘潭市的第一家外资企业。该公司系新加坡鹏程精密化学有限公司独资收购原湘潭船舶厂全部资产后设立。

2 月 11 日　省委副书记、常务副省长于幼军到湘潭调研国有企业改革改制工作。6 月 2 日，于幼军到湘潭督察民营经济工作。8 月 13 日，于幼军到湘潭考察县域经济。

2 月 18 日　副省长许云昭到湘潭调研企校剥离工作。4 月 29 日，许云昭到湘潭考察民办教育工作。

2 月中旬　第一部系统整理湘潭市文化遗产的大型丛书——湘潭历史文化丛书由湖南人民出版社出版。丛书分设《历史考述》《经济史略》《文化史话》《风物揽胜》4 册。

2 月 22 日　湘潭(德国)工业园开园。园区规划面积 350 公顷，其中产业用地 261 公顷。主要产业定位于环保、机电、建材等产品。按规划，园区在 3～5 年内引进 30 家以上德国企业，实现年销售收入 50 亿元以上；10 年内争取达到年销售收入 100 亿元以上，年创税收 8 亿元以上。是日，湘潭(德国)工业园 6 个项目签约。

2 月 23 日　国家税务总局总会计师宋兰到湘潭调研税收征管改革工作。

2月26日　湖南韶峰水泥集团有限公司整体划转中国建筑材料集团公司签字仪式在长沙举行。这标志着韶峰水泥加盟中国建材集团，以整体划转方式实现战略联合。

3月2日　市政府印发《湘潭市实施〈城市居民最低生活保障条例〉细则》。

3月6日　泰国玛哈扎克里·诗琳通公主到韶山参观访问，并在毛泽东同志纪念馆用中文题词"一代伟人"。

3月26日　中共中央政治局常委、国务院副总理黄菊在省市领导陪同下到韶山视察。

3月27日　中共中央政治局委员、中央书记处书记、中央组织部部长贺国强到韶山视察。

4月3日　商务部党组成员、部长助理付自应到湘潭伟鸿食品有限公司调研。

4月5日　中共中央政治局委员、国务院副总理回良玉考察湘潭农业、农村、农民工作。

4月10日　香港知名人士林旭明为建设毛泽东塑像公园捐资1000万元人民币，这是韶山有史以来接受的最大一笔个人捐款。

4月11日　全国政协副主席、全国供销合作总社理事会主任白立忱到韶山视察。

4月14日　公安部常务副部长田期玉到湘潭视察派出所综合信息管理系统建设。

4月19～21日　省政协副主席王汀明到湘潭县、湘乡市调研县域经济。

4月19～26日　湘潭市开展以保护知识产权，优化经济环境为主题的"保护知识产权宣传周"活动。22日，市政府发布《2003年度湘潭市知识产权保护状况白皮书》。全市19家企业联合发出"尊重知识产权，维护市场秩序"倡议书。

4月21日　在永州举行的2004年全国女子举重锦标赛暨奥运会选拔赛上，湘潭选手杨炼囊括48千克级3枚金牌。

4月26日　中共中央政治局原常委、中央纪律检查委员会原书记尉健行参观韶山。

4月27日　科技部副部长程津培到湘潭调研地方科技工作。

是日　副省长徐宪平到湘潭调研上市公司和拟上市公司情况，要求加快发展湘潭资本市场。7月26日，徐宪平来湘潭督查河西污水处理厂建设工程。

4月28日　湖南省庆祝"五一"国际劳动节暨颁奖表彰大会在长沙召开。湘潭市有3人获全国"五一"劳动奖章。他们是：湘潭电业局客户服务中心抢修班班长王郁之，湘潭钢铁集团有限公司党委副书记、纪委书记、工会主席庄志源，江南机器（集团）有限公司兵大实习工厂铣工技术指导周民。

4月30日　湘潭铁牛埠、河西中心港区投资签约仪式在湘潭宾馆举行。两个港区总投资1.9亿元，建设6个千吨级泊位，年吞吐能力200万吨。

5月1日　湘潭大酒店河西店发生一起食物集体中毒事件，67人中毒，所幸无人死亡。

5月3～4日　国家发展和改革委员会与德国经济部在德国柏林联合举办中德高技术对话论坛第三次会议。会上，湘潭（德国）工业园中外合资生产汽车三元净化器项目签约。该项目落户湘潭，由德国AR机械制造有限公司、德国ZNGGRZMM公司、江南机器（集团）有限公司、湘潭市国润招商投资有限公司和湘潭聚龙高科有限公司合作建设，总投资3000万欧元，年产值40亿元人民币。

5月18日　副省长贺同新到湘潭督办中德环境论坛暨合作洽谈会承办工作。10月19日，贺同新在湘潭会见前来参加中德（湘潭）环境管理与企业合作大会的德方代表。

5月20日　市文物管理处在湘潭县易俗河镇牛头岭南战国墓群中发掘4件陶器文物，分别为陶鼎、陶敦、陶壶、陶豆。26日，又发掘4件青铜器和部分陶器。4件青铜器分别为青铜戈、青铜剑、青铜壶、青铜戈樽(武器饰品)，其中青铜戈基本完整，属国家级珍贵文物。

5月23日　国家水利部副部长陈雷一行到湘潭视察水利工程建设。

5月24日　中共湘潭市委、市人民政府作出《关于创建全国科技进步先进城市的决定》。

是日　因对市政府禁止两轮摩托车载客营运不满，部分“摩的”司机聚集，堵塞湘潭一大桥、三大桥交通，冲击市政府召开的禁止两轮摩托车非法载客营运大会，并非法游行。公安部门对其4名为首人员依法拘留。

5月26日　湖南华菱线缆股份有限公司出资1.35亿元收购湘潭电缆厂签约仪式在盘龙山庄举行。

5月27日　晚上9点多，位于市竹埠港的湘潭建设化工股份有限公司一车间内的化工原料萘突然起火燃烧，引燃反应釜内的甲醇和二氧化硫，发生大爆炸。救火消防官兵4人烧伤、9人中毒。

5月30日　中共中央对外宣传办公室、国务院新闻办公室主任赵启正到韶山考察。

5月31日　中国兵器工业集团公司总经理马之庚到江南机器(集团)有限公司视察。

6月2日　市政府印发《湘潭市城镇最低收入家庭廉租住房管理办法(试行)》。

是日　省委副书记、常务副省长于幼军一行督查湘潭民营经济的发展工作。到湘潭县易俗河开发区考察五洲通药业集团、海洋生物制药厂、新大粉末冶金制造公司、胖哥槟榔加工厂4家民营企业。听取彭宪法关于民营经济工作汇报。

6月8日　市公安局破获湖南首个“K粉”制造和贩卖团伙，缴获“K粉”水剂48.10千克，收缴毒资10多万元，抓获涉案人员15名。

6月23日　全市打击严重刑事犯罪宣判执行大会召开，6名严重刑事犯罪分子被处决。

7月7日　德国萨尔兰州官员到湘潭考察，洽谈组团参加10月在湘潭举行的中德环境管理与企业合作大会及经贸合作事项。

7月8日　湘潭市在江麓俱乐部举行创建省级文明城市再动员大会。2005年4月6日，省委、省政府授予湘潭市“省级文明城市”称号。

7月上旬　湘潭市第九届运动会召开。全市18个代表队、5000余名运动员参与田径、游泳、篮球、拔河等15个大项竞赛。

7月14日　湘潭县谭家山镇双扶煤矿发生井下火灾事故。矿工有7人遇难，3人失踪。陈润儿、彭宪法等赴现场指挥抢救。

7月15日　省委副书记戚和平到韶山考察农村党员干部现代远程教育工作。

是日　全市142家民营(乡镇)企业家汇聚一堂，盘点上半年民营(乡镇)经济。并成立湘潭市首届民营企业家协会。

7月22日　湘潭市首次采矿权拍卖成功。湘潭县鑫源、丰源锰矿分别以235万元和45万元竞拍价成交。

是日　市第十中学被中国人民解放军空军招飞工作局授予“空军飞行员早期培训基地”。

7月31日　由共青团中央、国家旅游局、湖南省人民政府主办的“中国红色之旅·百万青少年湘潭韶山行”启动仪式在韶山举行。共青团中央书记处书记杨岳，中纪委驻国家旅游局纪检组长王军,湖南省副省长贺同新等省市领导出席启动仪式。

8月3日 中共中央宣传部副部长雒树刚率中央马克思主义理论研究和建设工程首席专家以及主要成员到韶山考察。

8月5~6日 广州军区政治部主任周遇奇中将在省军区政委李今伟少将、政治部主任王振杰少将陪同下到湘潭视察,强调要实现经济建设与国防建设协调发展。

8月5~6日 省委副书记戚和平到湘潭调研生猪产业和生猪产业协会发展情况。

8月8~9日 省人大常委会原副主任朱东阳到湘潭检查《土地管理法》《湖南省基本农田保护条例》贯彻实施情况。

8月11日 省政协主席胡彪到湘潭视察民营经济工作,视察湘潭市几个工业园的民营经济单位,并在盘龙山庄召开座谈会,听取彭宪法关于湘潭民营经济发展情况汇报。

是日 湖南省军区后勤保障社会化改革现场会议在湘潭召开。省政府、省军区和省直有关部门,全省14个市州政府、军分区,某预备役师,某后勤保障旅80多名代表,省政府、省军区领导于幼军、郑治栋、黄明开、李仲文和市领导陈润儿、彭宪法参加会议。

8月15日 湘潭市党政代表团向邓小平家乡——四川广安市赠送大型双面湘绣座屏。该座屏宽4米、高2.8米,正面图案为“报春图”,画面是傲霜斗雪的红梅昂首报春,取意《春天的故事》;背面图案为“富丽堂皇”,画面是孔雀开屏,寓意生活美好。

8月19日 湘潭市举行纪念邓小平诞辰100周年理论研讨会。

8月20日~10月30日 全市开展“中国红十字会百年华诞”庆祝活动。活动由“献爱心予急需救助的人群”和“献出一点爱,生命因你而精彩”两大主题组成,以弘扬红十字会“人道、博爱、奉献”精神。

8月30日 经省统计局、经委审查核实,湘潭30家企业被认证为省大中型工业企业,其中大型工业企业7家。7家大型工业企业是:江南机器(集团)有限公司、江麓机械集团有限公司、湘潭钢铁集团有限公司、湘潭电机集团有限公司、韶峰水泥集团有限公司、湖南铁合金有限责任公司、湖南湘锰有限责任公司。

是月 在十三届世界航海模型锦标赛上,湘潭选手曾庆红获一银一铜。

9月3日 广州军区司令员刘镇武上将在湖南省军区司令员郑治栋少将、政委李今伟少将陪同下到湘潭调研,对军分区和民兵预备役建设进行考察。

9月7日 湘潭市艾滋病防治工作会议召开,出台《湘潭市艾滋病防治工作方案》。

9月8日 湘潭市第一次经济普查全面铺开。

9月10日 湘潭市举行天然气利用工程奠基仪式。11月23日,西气东输忠武线湘潭主管道工程启动。2005年7月23日,湘潭市天然气利用工程通气点火仪式举行。首批120余户居民在全省率先用上管道天然气。

9月12日 台湾台北市湖南同乡会湖南经贸考察团到湘潭考察和洽谈商务。

9月15日 湘潭市城市供水项目暨特许经营权签约仪式在香港举行。由市政府授权的市城市供水项目特许经营权被湘潭中环水务有限公司获取,特许期30年。湘潭中环水务有限公司是由市自来水公司整体改制而成的一家中外合资经营企业,其中市自来水公司占30%股份,中环水务投资公司占70%股份。

9月18日　首届中国(湘潭)齐白石国际文化艺术节新闻发布会和齐白石纪念馆巨匾及书画作品捐赠仪式在北京人民大会堂举行。全国人大常委会原副委员长万国权、全国人大华侨委员会副主任王宋大、首任驻美大使柴泽民,中国文联党组副书记、副主席覃志刚和省市领导杨泰波、彭宪法等出席。

9月21日　中德(湘潭)环境管理与企业合作大会在北京国际饭店举行新闻发布会。

9月27日　部分梅花鹿养殖户上访,聚集堵塞湘黔路湘潭东站路段,造成湘黔线交通中断近1小时。13名为首肇事者被依法治安拘留。

是日　湘潭市加快县域经济发展工作会议召开,会议强调突出重点,抓住关键,加快发展。10月12日,市委、市政府出台《关于加快县域经济发展的若干意见》。

9月29日　"以人为本,关注就业,湖南省迎'十一',全省联动大型招聘会"在湘潭举行。329家用人单位提供12295个空岗信息,18000多人前往求职。3780人现场达成用工意向,其中下岗失业人员3099人。

10月8日　湘潭市人民政府办公地址由雨湖区雨湖路134号迁移至岳塘区芙蓉路新址。湘潭市人民政府办公楼长211米,宽171米,建筑面积47250平方米,总投资9600万元。

10月13~15日　挪威驻华大使馆科技专员郭文、环保参赞卫莺歌及企业代表一行8人到湘潭考察环保产业。

10月16日　湖南省"扫黄打非"暨网吧专项治理会议在湘潭召开。省委常委、宣传部长蒋建国,省文化厅、省新闻出版局领导出席会议,会上公布中共湖南省委办公厅、湖南省人民政府办公厅《关于深入开展"扫黄打非"建立出版物市场长效管理机制的意见》和《关于深化网吧治理建立长效管理机制的意见》。

10月19日　自7月1日启动的湘潭市首届"文明市民标兵"评选活动,在市公证处监督下,卢光华、陈农曲等20人被评为"文明市民标兵"。

10月19~21日　全国政协副主席、全国工商联主席黄孟复到湘潭视察并出席中德(湘潭)环境管理与企业合作大会。

10月20日　湘潭(德国)工业园3大项目举行开工典礼。三大项目是:湘机五菱中德合资无机房电梯、湖南威斯特(中德合资)汽车净化器和万博港国际工程。

是日　出席中德(湘潭)环境管理与企业合作大会的国家环境保护总局副局长祝光耀视察湘潭企业。

10月20~22日　中德(湘潭)环境管理与企业合作大会举行。签约项目104个,其中外资项目32个,总投资5.539亿美元;内资项目72个,总投资41.68亿元。

10月21日　全国工商联参政议政委员工作会议在湘潭举行,黄孟复出席会议。

是日　全国整顿和规范市场经济秩序办公室主任、国家商务部副部长张志刚到湘潭督查食品安全、采供血液及保护知识产权工作。

10月23日　在湖南省民营企业成果展暨大型优秀人才招聘会上,900名拥有博士、硕士学位和高级技工资格证书人才与湘潭市民营企业签订就业意向协议书。

10月25日　中共中央政治局常委、中央政法委书记罗干由省长周伯华，省委副书记孙载夫，省委常委、政法委书记李江等陪同到韶山。罗干向毛泽东铜像敬献花圈，瞻仰毛泽东故居，参观毛泽东纪念馆、滴水洞。

10月25～26日　“推进长株潭先进制造业集群化发展学术论坛”在湘潭举行。

11月1～2日　国家教育部副部长陈小娅到湘潭考察调研教育改革与发展情况。

11月3日　早上7时30分，湘潭县乌石学校三年级(1)班的数名学生出现呕吐、头痛、发热症状，有关部门迅速开展救治和调查，经市县防疫部门检测认定这起突发群体性病情是细菌性痢疾。

11月9日　共青团湘潭市委在湘潭宾馆举行表彰大会，授予王填等8名优秀青年“湘潭青年五四奖章”。

11月10日　市建设局向市检察院发出“建设北路改造工程报名查询函”，查询14家报名投标参与建设北路改造工程的公司是否有行贿记录。这是全省首份工程建设领域行贿档案查询函。

11月上旬　据国家统计局首次发布的全国综合实力百强城市信息显示，湘潭市排名第66位。

11月12日　11时许，齐白石纪念馆新馆开馆仪式举行。彭宪法和中国美协党组书记、常务副主席刘大为分别讲话。

11月12～13日　12日上午，5000多人聚集白石广场参加首届中国(湘潭)齐白石国际文化艺术节开幕式。全国人大常委会原副委员长王光英宣布文化艺术节开幕，副省长许云昭主持开幕式。中国文联党组书记、常务副主席李树文，省委副书记谢康生，齐白石后人齐展仪，市委书记陈润儿分别讲话。省委原书记熊清泉，省政协原主席刘夫生、刘正、王克英，省政协副主席范多富，印尼、日本等国友人，著名戏剧理论家和散文家余秋雨，书画艺术界知名人士廖静文、王仲、刘雪涛、陈白一、刘国松、梅葆玖及齐白石后人齐良末等参加开幕式。期间，评出9名“齐白石艺术新人奖”金银奖获得者；签约项目16个，签约金额12.44亿元。

11月16日　最高人民检察院检察长贾春旺到湘潭视察。

11月21日　湘潭钢铁集团公司年产钢突破300万吨，成为湖南省首家突破这一规模钢铁企业。省委副书记、省长周伯华和市委、市政府发去贺电。

11月22日　由湖南、湖北、江西、山西、河南5省省委宣传部组织的“聚焦中部崛起”采访团来湘潭采访。

11月23～24日　省委书记、省人大常委会主任杨正午到湘潭考察工农业和城市建设发展情况，要求湘潭发挥自身优势，加快经济社会全面发展，并加强党的执政能力建设。

11月30日　法国驻武汉总领事德盖义到湘潭访问。

12月9日　省政协副主席文选德到湘潭视察江南汽车生产线。

12月11～12日　全省第六届“挑战杯”大学生课外学术科技作品决赛在湖南科技大学举行。6件作品获特等奖，17件作品获一等奖。其中5件作品作为科技成果转让给企业，并签订转让协议。

12月13日　湘潭县谭家山镇新立煤矿发生火灾，18名矿工遇难。陈润儿等市领导赴事故现场组织抢救。

12月26日　首批40台1.8L江南风光汽车在九华汽车生产基地下线。

12月28日　2005年湖南省理论、法律政策、文化、科技、卫生“五下乡”集中示范活动在雨湖区楠竹山镇举行。省委副书记谢康生，省委常委、宣传部长蒋建国，省人大常委会副主任颜永盛，市领导陈润儿等参加。

是年　湘潭市进口付汇核销 22056 万美元，比上年增长 90.87%；出口收汇核销 35103 万美元，两项指标均突破历史记录，增幅居全省之首。

是年　全市工业摆脱“扭亏”局面，步入“增盈”快车通，实现工业利润 15.58 亿元，增幅居全省之首。

是年　湘潭县养猪总产值 15.56 亿元，占农业总产值 47.6%，成为全省生猪生产第一县，居全国第 12 位。

是年　至年底，全市养老保险参保人数突破 20 万。

2005 年

1 月 1 日　全市第一次经济普查展开。这次经济普查，主要是为了全面掌握二、三产业的发展规模结构和效益等信息，为国家和各级政府制定“十一五”规划提供翔实依据。

是日　湘潭县新型农村合作医疗试点启动，有 41.8 万人于年前参加新型农村合作医疗。

1 月 5 日　在中共中央召开保持共产党员先进性教育活动电视电话会议的湘潭分会场，市委部署全面开展保持共产党员先进性教育活动。2 月 3 日，市委就上半年开展第一批保持共产党员先进性教育活动进行安排。7 月 11 日，全市第二批保持共产党员先进性教育活动启动。12 月 12 日，第三批保持共产党员先进性教育活动展开。

1 月 10 日　湘潭文明网（www.xtwm.gov.cm）开通。该网由湘潭市精神文明建设指导委员会主管、湘潭市精神文明建设指导委员会办公室主办，是湖南省 14 个市州第一个由主管部门率先建立的精神文明建设专业信息网站。

1 月 11 日　国内最大规模、首例以湖水为能源的水源热泵中央空调在市政府新办公楼成功运行。

1 月 13 日　全市对低收入劳模发放补助金。凡市级劳动模范，退休养老金及收入不足 800 元 / 月，由市财政补足到 800 元 / 月。

1 月 14 日　全市 400 户特困户搬进党和政府援建的“爱民房”。

1 月 28 日　省红十字会在湘潭举行“博爱送万家”春节慰问活动，慰问雨湖区窑湾街道 100 户特困户。

2 月 4 日　全市 2005 年迎春文艺晚会在湘潭大剧院举行。中国京剧院、梅兰芳京剧团、北京京剧院、北京军区战友京剧团、中国戏剧学院的艺术家到湘潭献艺。

2 月 5 日　国土资源部部长孙文盛到韶山调研土地管理工作。

是日　省委副书记、省长周伯华到韶山参加韶山市保持共产党员先进性教育活动。

2 月 25 日　土耳其萨姆桥市市长尤苏夫·兹亚·依马兹一行到湘潭考察。

3 月初　湘潭市“十大农村创业女杰”评选揭晓。她们是：刘新辉、陈滨湖、陈艳辉、唐红丽、尹春英、肖金兰、左秋桂、毛亮辉、谭翠芬、张爱明。

3 月 4 日　全省价格监督检查会议在湘潭召开，提出对化肥、燃气、运输市场价格进行巡回检查，对农资价格和涉农收费、教育收费、医疗服务价格进行专项检查，重点查处哄抬价格、价外加价、不执行规定价格等违法行为。

3月6日　湘潭县中路铺镇发生特大山林火灾，受灾山林233.33公顷。

是日　纪念庞叔侃诞辰100周年座谈会在韶山举行。庞叔侃是韶山农民运动的重要组织者和领导者，于1925年经毛泽东介绍加入中国共产党，为韶山第一批中共党员之一，于1927年10月27日被国民党政府杀害，时年22岁。

3月8日　中共中央保持共产党员先进性教育督导组到湘潭督查保持共产党员先进性教育工作，并瞻仰韶山毛泽东同志纪念馆和湘潭县乌石彭德怀同志纪念馆。6月18~19日，中共中央保持共产党员先进性教育办公室综合组到湘潭调研。9月14日，中共中央保持共产党员先进教育检查组到湘潭检查保持共产党员先进性教育活动。

3月10日　由新华社、人民日报社、中央电视台、工人日报社等中央新闻媒体组成的新闻采访团到湘潭采访农业产业化、国有大型企业改革和红色旅游。

3月19日　九华香港工业园签约仪式在湘潭举行。该园以大型项目为主体，以机电一体化等高新技术现代企业为核心，规划用地266.67公顷，一期用地66.67公顷，计划3年内完成一期用地项目招商并建成投产，年销售收入10亿元以上。

3月26日　全国第一个人民警察个人网站陈秋明纪念馆(www.chen-qiuming.cn)开通。陈秋明系湘潭市公安局雨湖分局原局长，被称为任长霞式的基层公安局局长，于2004年7月18日以身殉职，时年43岁。

3月28日　全市第一次非公有制经济发展大会召开，全体市委常委、市政府副市长及非公有制经济发展领导小组正副组长出席会议。出台一系列扶植非公有制经济的新政策。20位“优秀中国特色社会主义事业建设者”和100家非公有制企业纳税贡献奖获得者受到表彰和奖励。

3月30日　市公安局召开新闻发布会，通报“张衡生事件”，采取四条措施整治警务。“张衡生事件”指2005年3月7日，衡阳市人张衡生在湘潭县茶恩寺镇107国道交通事故中受伤。市公安局“110”指挥中心、湘潭县交警支队、茶恩寺派出所等5家单位接到报案后未采取措施，致使张衡生死亡。

4月1日　全市公交IC卡收费乘车全面执行。

5月9日　台湾亲民党主席宋楚瑜应中共中央和胡锦涛总书记邀请访问大陆。上午，宋楚瑜偕母亲胡宛容和夫人陈万水等家人在省市领导陪同下到湘潭县射埠镇巨鱼村祭祖。下午，宋楚瑜到母校——雨湖区曙光学校参观访问，并捐款20万元建校图书馆。学校将宋楚瑜1949年上半年在该校就读的学籍表等复印赠给宋楚瑜作纪念。

5月15日　由大公报报社、文汇报报社、凤凰卫视等9家香港媒体组成的采访团到湘潭采访工业和红色旅游。

5月17日　斯里兰卡国会议员、原国土资源部部长塞纳拉特内博士率斯中社会文化合作协会代表团到湘潭考察参观。

5月28日　国家发展和改革委员会主任马凯率“中部崛起”调研组考察湘潭电机集团有限公司。

是日　全国第一个国际护理教育基地落户湘潭职业技术学院医学院。

5月31日~6月1日　湘乡市遭遇50年来最大暴雨袭击，发生山体滑坡等灾情，造成6人死亡,直接经济损失8400多万元。

6月1日　湖南“港洽周”湘潭经贸洽谈会在香港举行。签署招商引资项目合同11个,合同引进外资1.9亿美元。

6月9日　中湘科技股份有限公司TET-LCD彩色液晶显示器投资项目落户九华经济区。该项目计划投资170亿元,其中首期投资50亿元。投资方将在九华经济区建成全国第一、亚洲最大的TET-LCD工业生产规模,预计形成年产1000万片TET-LCD显示器的生产规模和能力。

6月14日　中共中央政治局委员、湖北省委书记俞正声率湖北省党政代表团到湘潭参观考察。

6月15~16日　中央、省、市10余家媒体对湘潭市生猪产业化进行专题采访。

6月20日　全国政协常委、中国佛教协会常务副会长圣辉大师到湘乡赈灾。7月2日,圣辉大师到湘潭县赈灾。

6月25日　省委、省政府在韶山举行纪念中共韶山特别支部成立80周年座谈会。座谈会由省委常委、省委组织部部长黄建国主持。省委副书记谢康生讲话。

是日 市委、市政府在韶山举行共建韶山座谈会。来自哈尔滨、长春、沈阳、大连、济南、西安、杭州、宁波、武汉、南京、广州、成都、长沙等15大城市的代表,省委原领导熊清泉、刘夫生、赵培义参加座谈会。15城市的代表围绕韶山红色旅游开发、工农业建设、环境保护、公益事业建设方面献计献策,提出意见和建议,还就如何与韶山进行投资洽谈、旅游市场开发,公益事业援助表达合作愿望。

是日　省委、省政府组织发起的“中国红色之旅”大型主题活动之一“百万共产党员韶山行”活动在韶山启动。省委常委、省委宣传部部长蒋建国主持启动仪式。

6月28日　湘潭市申报国家级科技计划项目取得重大突破,6个项目成为国家重点新产品项目,9个项目进入国家级重点火炬计划,项目数居全省第二位,创历史新高。

6月29~30日　北京地区湘潭经济科技顾问团的10位专家、学者到湘潭共商跨越发展大计。

6月30日　国家知识产权局批准将湘潭市列为国家知识产权示范城市创建市。

7月1日　全省农村部分计划生育家庭奖励扶助金首发仪式在韶山举行。湘潭市有3000多名农村老人每年每人可领取600元。

7月6日　全市加快“城市村庄”改造工作会议召开,部署启动“城中村庄”改造工作,计划用5年左右的时间,通过土地转让、人口转户、管理转体、资产转制以及集中安置、就业援助、生活保障等办法,基本完成对城市建成区内“城中村庄”的改造。

7月12日　由中共中央宣传部、中华全国总工会联合组织的全国劳动模范和先进工作者事迹报告会在湘潭大剧院举行。到湘潭宣讲的全国劳动模范和先进工作者有:山东省青岛港集团前湾集装箱码头有限责任公司桥吊队队长许振超、辽宁省鞍钢集团设计研究院院长李龙珍、山西省荣军医院护士长郝颂琴。

7月13日　全市深化行政审批制度改革推进政务公开工作会议召开。经改革,全市行政审批项目由改革前的2248项精简到行政许可审批项目330项、非行政许可审批项目90项,比改革以前减少1828项,精简81.3%。

7月15日　中共中央政治局常委、全国政协主席贾庆林到韶山参观考察。

是日　湖南华菱管线股份有限公司总经理曹慧泉、湘潭电机集团有限公司车工董日中获“湖南十大杰出青年“称号。

7月18～19日　全省专项整治“两非”（非医学需要鉴定胎儿性别和选择性终止妊娠）联合执法行动现场经验交流会在湘潭召开，副省长甘霖及市领导陈润儿、彭宪法等出席会议。

是月　在2003～2004年度全国科技进步考核中，湘潭市顺利通过考核，科技进步综合排序居省内14个市州第二位，被国家科技部认定为全国科技进步先进城市。

8月上旬　国家科技部确认湘潭市为国家火炬计划机电一体化产业基地，并审查认定湘潭电机集团有限公司、湖南五菱机械股份有限公司、江麓机械集团有限公司、平安电气集团公司、恒信电气集团公司、湘潭电气设备制造有限公司6家企业为首批骨干企业。8月25日，国家科技部党组成员、纪检组长吴忠泽到湘潭考察，并向湘潭市授“国家火炬计划机电一体化特色产业基地”匾牌。

8月12日　中共中央政治局常委、国务院总理温家宝到湘潭考察。先后考察湘潭电机集团、中央储备粮总公司湘潭直属粮库、湘潭县泉塘子农技站，并在盘龙山庄召开农业和农村工作座谈会。

8月15日　“勿忘历史，强我中华——纪念中国人民抗日战争胜利60周年”图片展览在市博物馆开展。29日，全市举行纪念抗日战争胜利60周年报告会。8月1日，全市举行纪念抗日战争暨世界反法西斯战争胜利60周年群众歌咏晚会。

8月30日　全市农村义务教育贫困家庭学生免费教科书发放仪式举行。5.6万多名农村贫困家庭学生（义务教育阶段）领取免费教科书，书款总额320余万元。

9月13日　国家信息产业部部长王旭东到韶山考察农村党员干部现代远程教育工作。

9月23～25日　泛珠三角区域知识产权战略培训班在湘潭举行。国家知识产权局副局长张勤作专题报告。

9月27日　全省干部人事制度改革工作会议在湘潭召开。湘潭市探索政绩考核机制创新、深化干部制度改革经验被推介。省委副书记戚和平，省委常委、省委组织部长黄建国出席。

10月10日　在全国第十届运动会女子48千克级举重比赛中，湖南体育代表团湘潭籍运动员杨炼夺取金牌。10月30日，在第四届东亚运动会举重比赛中，杨炼以117千克打破女子48千克级挺举世界纪录。

10月11日　省人大常委会副主任王四连到湘潭检查《中华人民共和国水污染防治法》执行情况。

10月17日　市政府第十二届第五次全体（扩大）会议召开，讨论并通过《湘潭市国民经济和社会发展第十一个五年规划纲要（草案）》。12月23日，《湘潭市国民经济和社会发展第十一个五年规划纲要（草案）》向社会公示。

10月18日　湘潭县射埠镇发生禽流感疫情。疫情发生后，湘潭县政府发布封锁令，设立5个封锁哨卡；关闭疫点周围10千米范围内市场，禁止禽类及产品移交和交易；对可能污染的场地及环境进行全面消毒；对受威胁区家禽开展紧急免疫；对疫区外相邻7个乡镇进行疫情监测。11月11日，湖南省政府新闻发布会宣布，湘潭县射埠镇禽流感疫情扑灭。15日，射埠镇禽流感疫区解除封锁。

是日　《长株潭城市群区域规划》获省政府批准。

10月19日　副省长郑茂清在湘潭会见部分参加中德企业合作大会的德国企业家代表，并与德国驻华使馆经济参赞傅培言进行友好交谈。

10月20～21日　第二届中德(湘潭)企业合作大会暨万博港·物流国际论坛召开。大会签约项目80个,实现合同引资28亿元,贸易额102亿元。

10月23日　省委常委、省委宣传部部长蒋建国到湘潭调研企业宣传及企业思想政治工作情况。

11月2日　湘潭市被省授予"湖南湘潭车辆及装备制造产业基地"牌匾。

是日　湘潭吉利汽车制造基地落户九华经济区。省市领导贺同新、陈润儿、彭宪法等和全国政协委员、浙江吉利集团董事长李书福出席签字仪式。该基地建成投产后,年产可达10万辆。

11月3日　省委副书记、省长周伯华在梦泽山庄会见吉利集团董事长李书福。

11月5日　长株潭经济一体化暨"一点一线"地区加快发展座谈会在湘潭召开。省领导杨正午、周伯华、梅克保、于来山、贺同新、杨泰波、徐宪平、罗桂求等出席会议。

11月12日　19时许,湘潭县射埠镇湾塘村感染H5N1禽流感患者9岁的贺俊尧痊愈。这是国内首例人感染禽流感病例。

11月13日　湘潭锰矿集团先锋矿产公司发生重大安全事故,3名矿工遇难。

11月26～29日　2005年全国特殊奥林匹克高尔夫球、自行车、网球邀请赛在湘潭举行。

11月29日　国务院保护知识产权专项行动督查组到湘潭督查保护知识产权情况。

12月21～22日　湘潭军分区第十二次党代会召开。陈润儿、胡伏安、李四保、王松华分别当选湘潭军分区党委第一书记、书记、副书记和纪委书记。

12月22日　副省长贺同新在韶山宾馆接见湖南省模范导游文花枝。

12月23日　副省长许云昭到湘潭检查冬季防火工作。26日,许云昭到湘潭视察职业教育、民办教育和农村教育工作情况。

12月25日　全国15个副省级城市和省内14个市州有关负责人在韶山签订"共同建设新韶山"协议,省领导谢康生、蒋建国、许云昭和市领导陈润儿、彭宪法等出席。15个副省级城市和省内14个市州与韶山的签约资金将近3000万元,主要用于援建韶山毛泽东诗词碑林、毛泽东艺术馆、希望学校等项目。

是日　中央组织部副部长沈跃跃到湘潭,慰问韶山部分老党员,询问农村党员开展保持共产党员先进性教育活动情况。

12月26日　再现毛泽东1959年回家乡与父老乡亲在一起的大型群雕《乡情》在东方红广场揭幕。

12月26～28日　省委书记张春贤在省委常委、省委秘书长于来山陪同下到湘潭调研。

第一篇　地理

第一章　建置·区位

第一节　地理位置

湘潭市位于湖南中部偏东，湘江下游，与长沙、株洲各相距约40千米，成“品”字状，构成湖南省政治、经济、文化最为发达的“金三角”城市群。

湘潭交通便利，是内陆地区通往广州、上海等沿海地区的重要通道之一。湘江贯穿市区，水路航运可达长江出海。公路有北京至深圳107国道，上海至昆明的320国道和京珠高速、上瑞高速公路均在市区交汇、穿越。市中心从长潭高速公路至长沙黄花机场约63千米。铁路有京广、湘黔线通过市境，并有广州至韶山的直达旅游列车。有10余家大型企业各有铁路专线与两条大铁路主干线相通。

地理位置为北纬27°20′55″~28°05′40″，东经111°58′0″~113°05′0″，东西最大横距108千米，南北最大纵距81千米；东接株洲市区，南与衡阳市的衡东县、衡山县、株洲市的株洲县交界，西与娄底市的双峰县、涟源县接壤，北连长沙市的宁乡县、望城县、长沙县。全市总面积5006.46平方千米。

第二节　建置沿革

湘潭历史悠久。境域湘乡市牛形山有旧石器时期人类活动。湘潭县老虎坑、堆子山出土公元前4400~3300年间居民村落遗址。湘乡市岱子坪遗址属公元前2800~2300年间龙山文化时期村落遗址。商周时期，境域为荆楚之地，战国时属楚国。战国后期，楚从黔中郡划出长沙郡，湘潭全境属长沙郡。

秦统一中国后，郡属仍旧。西汉，湘河口下为临湘县，湘河口上为湘南县。湘南县治在今湘潭县石潭镇古城村，这是境域历史上第一个县级政权。西汉哀帝建平四年（公元前3年），封长沙王之子刘昌为“湘乡侯”，此为湘乡建置之始。新莽改长沙为填蛮郡，县属之。东汉建武初年，在原湘乡侯领地置湘乡县，属零陵郡。东汉延光四年（公元125年），安帝刘佑封中常侍黄龙为湘南侯，食五千户，辖今湘潭、株洲、衡山、长沙、望城等地。东汉永和二年（公元137年）因黄龙获罪撤湘南侯国，复为湘南县。建安十五年（公元210年）归刘备政权。建安二十年以湘水为界，东归吴，西归蜀。后吴又扩充地盘越湘江。东吴孙亮太平二年（公元257年）将湘南县四分：湘水以西涟水以北之地并属湘西县（石潭以上仍属湘南）；湘水以西涓水以东之地并入衡阳县（晋改称衡山县）；现株洲市，株洲县及望城县、湘潭县部分地域并为建宁县；所余之涓、涟两水地域仍为湘南县，治所在今石潭镇。湘西、衡阳、湘南属衡阳郡，建宁县属长沙郡。东晋时，湘南县属湘州（州治长沙）。

南朝宋时废郡,把连道(今涟源县)并入湘乡,故湘乡亦有连道之称。南朝齐时,湘南县废,其地分入湘西、湘乡、新康、衡山诸县。属衡阳内史。齐、梁、陈恢复郡制,仍属衡阳郡。梁天监年间(公元502~519年)分阴山地置湘潭县。隋时,湘西与衡山、湘乡并为衡山县,属潭州总管府。大业二年(公元606年)改为长沙郡。

唐初湘潭析出3县1州,仅余小部分。唐武德四年(公元621年)复置湘乡县,属潭州(州治长沙)。唐天宝八年(749),将衡山县北部(湘西故地)并入湘潭所余部分,为新设之湘潭县,县治设洛口(今易俗河镇)属衡州衡阳郡。唐元和元年(公元806年)改属潭州长沙郡。五代时,湘潭县属楚国长沙府,宋因唐制,湘潭县属潭州长沙郡。五代、宋,湘乡县属潭州(长沙府)。宋移湘潭县治于今雨湖区城正街(观湘门直街)。元元贞元年(公元1295年),湘潭县升为州,属天临路。随后湘乡县升县为州,亦属天临路。明时,降州为县,属长沙府。清代,湘潭县,湘乡县仍属长沙府。

民国3年(1914)属湘江道,11年(1922)撤道,属省直管。民国26年(1937)湘乡县属湖南省第六行政督察区,民国29年(1940年)改属第五行政督察区,湘潭县属第一行政督察区。

中华人民共和国成立后,湘潭县属长沙专区,湘乡县属益阳专区。1950年1月湘潭县城关区成立县辖湘潭市。4月撤市,仍为湘潭县的城关区。7月再建县级市。1951年5月从湘潭县析出株洲市。1952年长沙专区改称湘潭专区,湘潭县仍属之。同年12月,湘乡县属邵阳专区。1953年湘潭市被定为省辖市。1958年9月升格为地级市。1959年1月从湘潭县析出五星、卫星、星星、上游、红旗人民公社与马家河、伞铺、妙泉3个乡及雷打石镇入株洲县(今株洲县西部)。1959年4月湘潭县划归湘潭市。1961年5月湘潭县又从湘潭市划出,复隶湘潭地区。1965年湘乡县改属湘潭专区管辖。1968年12月,湘潭县划出韶山区5个公社、湘乡县划出大坪公社及白田公社的祝赞大队,设立韶山区,由省直辖。1980年7月,湘潭市由湘潭地区代管改为省直管。1981年1月,韶山区复归湘潭县辖。

1983年8月,湘潭地、市合并。湘潭地区所属的浏阳县划归长沙市,醴陵、攸县、茶陵、酃县(炎陵县)划归株洲市;湘潭市辖湘潭、湘乡两县和雨湖、湘江、岳塘、板塘、郊区5个区。1984年12月,韶山区升为县级区,辖6个乡和银田镇,归湘潭市辖。1987年,湘乡县改市,仍归湘潭市辖。1990年12月,韶山区撤区建市。1992年6月,湘潭市将雨湖、湘江、岳塘、板塘及郊区5个行政区调整为雨湖、岳塘2个行政区。是年,湘潭市辖1县(湘潭县)、2市(湘乡市、韶山市)、2区(雨湖区、岳塘区),至2005年无变化。

第三节　行政区划

1986年9月,经国务院批准,撤销湘乡县,设立湘乡市,以原湘乡县行政区域为湘乡市行政区域。1987年3月正式建市,撤销城关镇,分设望春门、新湘路、昆仑桥3个街道办事处,并增设15个居民委员会。湘乡市辖8个区、41个乡、5个镇(其中2个区级镇,3个乡级镇)、3个街道办事处。

1990年12月,经国务院批准,撤销韶山区,设立韶山市,以原韶山区行政区域为韶山市行政区域,辖6个乡、2个镇。是年,湘潭市辖1县(湘潭县)、2市(湘乡、韶山市)、5区(雨湖、湘江、板塘、岳塘、郊区),下设17个区公所(湘潭县9个、湘乡市8个,均属县市派出机构)、18个镇、113个乡、24

个街道办事处。

1992年，根据省政府《调整湘潭市市辖区和湘潭县人民政府驻地迁移的通知》精神，湘潭市城区行政区划以湘江为界，河东板塘区、岳塘区和郊区的霞城、宝塔、板塘、荷塘、昭山5个乡以及仰天湖、红旗2个农场合并为岳塘区，总面积206.03平方千米，8.5万户27万余人。河西雨湖区、湘江区和郊区的长城、昭潭、护潭、先锋4个乡及先锋农场合并为雨湖区，总面积84平方千米，8.5万户28万余人。两区实施区带乡新体制。经省政府批准，湘潭县政府驻地由雨湖区城正街(观湘门直街)迁往易俗河镇。

1993年，为适应改革开放，振兴湘潭经济的需要，市政府决定撤乡建镇。经省政府批准，恢复雨湖区楠竹山镇和鹤岭镇；撤销岳塘区宝塔乡，设立宝塔街街道办事处，划入湘潭市高新技术开发区管辖；湘乡市撤乡建镇有栗山、翻江(桃林乡)、梅桥、泉塘、中沙、金石；湘潭县撤乡建镇有茶恩寺、河口、石鼓镇，并撤销易俗河乡和上马乡，划入易俗河镇管辖。是年，湘潭市辖2市(湘乡市、韶山市)、1县(湘潭县)、2区(岳塘区、雨湖区)、101个乡、29个镇、23个街道办事处。

1995年4月，根据国务院、省政府关于农村基层政权精简机构撤区并乡，加快农村小城镇建设及市场经济发展的精神，湘潭县、湘乡市实施撤区并乡。经省政府批准，湘潭县撤销河口、响塘、石潭、花石、射埠、姜畲、中路铺、青山桥、易俗河9个区公所，64个乡镇合并为21个乡镇，易俗河镇行政区划不变。湘乡市撤销东山、东郊、泉塘、虞塘、谷水、月山、壶天、白田8个区公所，45个乡镇合并为18个乡镇，东山乡和望春门、新湘路、昆仑桥街道办事处行政区划不变。是年，湘潭市辖1县(湘潭县)、2市(湘乡市、韶山市)、2区(雨湖区、岳塘区)、31镇、28乡、22个街道办事处。

1996年，经省政府批准，撤销湘乡市东山乡，设立东山街道办事处；撤销韶山市如意乡，设立如意镇；撤销岳塘区易家湾办事处、马家河街道办事处和仰天湖农场，设立易家湾、双马镇。是年，编绘出版湘潭市实行地市合并以后第一代湘潭市行政区划图。

1998年，经省政府批准，撤销湘潭县乌石乡，设立乌石镇。是年，雨湖区、岳塘区先后出版雨湖区、岳塘区行政区划图。

2001年，经省政府批准，韶山市银田乡、银田镇合并为银田镇。是年，湘潭市辖1县(湘潭县)、2市(湘乡市、韶山市)、2区(雨湖区、岳塘区)，24乡(湘潭县7个、湘乡市5个、韶山市4个、雨湖区4个、岳塘区4个)，35镇(湘潭县15个、湘乡市13个、韶山市3个、雨湖区2个、岳塘区2个)，22个街道(湘乡市4个、雨湖区8个、岳塘区10个)办事处。

2004年10月8日，市政府驻地由河西雨湖路搬迁至河东芙蓉路。是年，编制出版韶山市，湘乡市行政区划图。2005年，湘潭市辖1县(湘潭县)、2市(湘乡市、韶山市)、2区(雨湖区、岳塘区)，24乡(湘潭县7个、湘乡市5个、韶山市4个、雨湖区4个、岳塘区4个)，35镇(湘潭县15个、湘乡市13个、韶山市3个、雨湖区2个、岳塘区2个)，22个街道(湘乡市4个、雨湖区8个、岳塘区10个)办事处。

2005 年湘潭市行政区划

表 1-1-1

县市区	面积（平方千米）	乡、镇、街道办事处	行政村、社区、居委会、
湘潭县	2512.98	7 个乡、15 个镇	757 个行政村、8 个社区、27 个居委会
湘乡市	2003.64	5 个乡、13 个镇、4 个街道办事处	710 个行政村、18 个社区、24 个居委会
韶山市	210.11	3 个镇、4 个乡	61 个行政村、2 个社区、5 个居委会
雨湖区	73.70	4 个乡、2 个镇、8 个街道办事处	37 个行政村、76 个社区（居委会）
岳塘区	206.03	4 个乡、2 个镇、10 个街道办事处	57 个行政村、74 个社区（居委会）

第二章　地质

第一节　地层

境域地层发育较全，从冷家溪群到第四系，各个地质历史时期均有出露。总厚大于 25000 米。

一、冷家溪群

分布于茶恩寺、花石等地，为区内最老地层，厚度大，往往出露不连续。上部为绿色条带状板岩，下部为板岩夹砂岩及粉砂质板岩。厚度大于 1500 米。

二、板溪群

属浅变质的具复理石特征的浅海相碎屑沉积岩，分布于茶恩寺、壶天、东台山、韶山、鹤岭、冷水冲等地。黑色炭质板岩段为该组的标志层。

（一）横路冲组

厚度大于 1798 米。下部，灰绿色灰黑色变质细砂岩，变质粉砂岩；中部为灰绿色，灰黑色条带状绢云母板岩及粉砂质绢云母板岩；上部为灰绿色厚层状变质细砂岩，长石质粉一细砂岩。

（二）马底驿组

厚 2023 米。下部为深灰、灰黑色千枚状绢云母板岩；中部为黑色炭质绢云母板岩，灰紫及紫红色含钙绢云母千枚状板岩；上部为灰黑色含炭质绢云母板岩及黄绿色绢云母板岩为主。

（三）通塔湾组

厚度大于 1227 米。下部为灰白、灰黄及灰绿色块状变质长石砂岩与长石石英砂岩；中部为灰绿色、青灰色条带状凝灰质灰板岩与凝灰质绢云母板岩；上部为灰黑色、灰绿色条带状马尾丝状绢云母板岩与灰绿色硅质绢云母板岩。

(四)五强溪组

厚度大于 1300 米。下部为灰绿色变质长石质粉—细砂岩夹少量板岩及粉砂质板岩;中部为灰绿色板岩,条带状板岩;上部为灰绿色与灰黑色条带状板岩夹灰绿色变质细砂岩。

(五)多益塘组

厚 1838.5 米。下部为紫红色绢云母条带状泥板岩与粉砂质泥板岩，上部为紫红色及灰绿色条带状板岩与灰白、灰黄色板岩互层。

(六)百合垅组

厚度大于 2024 米。壶天、韶山、东台山、紫金山一带出露最好,沉积韵律明显,复理石特征显著,岩性变化大。湘乡东台山主要为灰白色、灰黄色厚层状变质细粒长石石英砂岩、灰白色板岩,灰白、灰黄色块状及层状,中、细粒变质长石石英砂岩。

三、南华系

分布于韶山、湘潭锰矿区、黄荆坪九潭冲至石江等地。其他地区尚有零散分布。

(一)富禄组

该组与下伏地层板溪群接触。厚 21 ~ 37 米。灰白色细、粗粒长石石英砂岩。

(二)大塘坡组

湘潭锰矿岩性主要为黑色板状页岩夹泥质灰岩。九潭冲至旗山一带底部夹有黑色含砾板岩,普遍存在锰,比较稳定,层状、似层状、扁豆体状产出。厚 0.6 ~ 5 米,最厚达 7.2 米。黄荆坪九潭冲一带为无烟煤,鸡窝状。煤厚 0.2 ~ 1 米,最厚可达 4 米。

(三)南沱组

厚 16 ~ 146 米。地层为灰绿色、灰白带绿色冰碛砾岩。

四、震旦系

分布于韶山、湘潭鹤岭、冷水冲、黄荆坪等地。

(一)陡山沱组

厚 0 ~ 86 米。地层为炭质板岩、白云岩、硅质岩,下部夹锰矿和磷矿各一层。

(二)灯影组

厚 1 ~ 12 米。为灰黑色厚层硅质岩。

五、寒武系

分布于湘潭梁山桥、湘乡吉家洞以及韶山等地。

(一)牛蹄塘组

厚255.7 米,地层为青灰色硅质板岩,深灰色硅质岩,灰白色薄层硅质板岩与硅质页岩互层,夹四层灰岩。

(二)污泥塘组

厚 245.5 米。地层为风化后为灰白、灰紫色板岩夹砂板岩,板岩,夹硅质板岩。

(三)探溪组

厚741.5米。地层为深灰色薄层、中层状含泥质灰岩、条带状灰岩,下部夹硅质板岩。

六、奥陶系

分布于响塘西部仙女山一带的断裂带旁侧,主要出露下统,青灰色厚层状具纹理构造板状页岩、含钙泥岩与具微纹理云板状页岩。厚度大于300米。

七、泥盆系

境域分布广泛,缺失下统。中统岩相、岩性、化石特征较稳定,上统则变化较大。总厚1980米。

(一)中统

下部以碎屑岩为主,上部以碳酸盐类岩石为主,结合化石和区域对比,分为跳马涧组和棋梓桥组。跳马涧组:厚180米,分布于韶山、黄荆坪等地。底部为石英砾岩、含砾石英砂岩,局部为砂岩,与下伏地层呈不整合接触。棋子桥组:厚300米,以棋梓桥地区发育最为典型,底部泥灰岩与下伏跳马涧组之砂质页岩或砂岩呈整合接触。

(二)上统

佘田桥组:厚407~1128米。分布于韶山、方上桥、万罗山等地,该组整合于棋梓桥组之上,为黑色、灰黄色泥灰岩,泥质灰岩夹薄层硅质岩及砂页岩,或泥灰岩、砂质页岩与灰岩。锡矿山组:厚372米。广泛分布于谭家山、草塘、小冲等地,以底部之泥灰岩,或砂质页岩夹灰岩、钙质砂岩与下伏佘田桥组呈整合接触。

八、石炭系

(一)下统

孟公坳组:厚351米,分布于棋梓桥、中路铺等地。下部:下为灰黄色泥灰岩,上为灰白色薄至中层状石英砂岩夹泥灰岩及页岩,厚28米;中部:下为灰色厚层状灰岩,上为薄至中层状泥灰岩夹灰岩、灰岩透镜体和钙质砂岩,厚93米;上部:为灰色泥灰岩、泥质灰岩、中夹厚层灰岩,偶夹钙质砂岩,厚230米。石磴子组:分布于列家桥等地,灰黑色中至厚层状泥质灰岩、灰岩夹薄层泥灰岩,厚52米。测水组:分布于中路铺、湘乡连山等地,厚20米。下部为灰白色、灰黄色泥质砂岩、细粒含长石石英砂岩夹砂质页岩,顶有一透镜状煤层,厚14米;上部为浅灰色厚层状石英砂岩,局部含砾石,并夹煤一层。梓门桥组:分布于棋梓桥、韶山等地,厚128米。下部为灰色中、薄层状泥灰岩,上夹页岩,厚36米;上部为中至厚层状灰岩,多具燧石团块、底夹泥质灰岩,厚47米。

(二)中、上统一壶天群

境域分布较广。为灰白色厚层状白云岩与下伏梓门桥组呈整合接触。该群在区内露头极差,尤以下部多出露不全,且化石稀少,故难于分统。总厚度大于427米。其层序为:下部为灰白色厚层状白云岩,偶夹白云质灰岩或白云质灰岩透镜体,底有厚2米左右的泥质白云岩;中部为灰至深灰色厚层状白云岩,偶夹灰岩透镜体;上部为灰色至灰白色厚层状灰岩,下具硅质条带及团块,上偶夹厚层白云岩,顶为厚8米的厚层白云岩与上覆二叠系栖霞组分界。

九、二迭系

发育齐全,古生物群丰富。总厚1614米。

(一)下统

分布于壶天、银田寺、云湖桥等地。栖霞组:厚117~282米,下部为灰色、灰白色厚层灰岩,中部为深灰色、黑灰色薄层至厚层状硅质条带灰岩,上部为灰色至深灰色厚层灰岩;小江边组:厚24.5~48米,以黑色页状泥灰岩为主夹灰岩和少量薄层硅质岩、黄铁矿结核等;茅口组:厚549米,在壶天地区最发育,下部为深灰色中薄层状硅质条带灰岩,上部为灰色、灰白色厚层块状灰岩,含硅质团块。

(二)上统

上统岩性、岩相分异显著,厚度差异悬殊,分为龙潭组、大隆组(东部为长兴组),厚126~783米。分布于壶天、云湖桥、谭家山等地。龙潭组:厚20~772米,该组是区内主要的含煤地层,含煤段由三个旋回组成,每个旋回是长石石英砂岩、砂质页岩夹煤层构成,产大羽羊齿植物群和腕足、瓣鳃等化石,厚18~336米,一般141米,含煤3~8层,稳定者有5层,其中有4层可采,可采层总厚0~24.7米,平均厚5.3米,以烟煤为主,无烟煤为次;底部系黑色页岩,其上为砂质页岩夹薄层细砂岩,顶部时含菱铁矿结核或薄层,厚315米,不含煤。海相岩段下部为硅质页岩夹少量薄层硅质岩、透镜状灰岩;中部为黑色薄层硅质岩夹少量硅质页岩;上部为硅质页岩夹灰岩,厚81.2米。大隆组:厚11米,分布于沩山岩体西侧的壶天一带,为灰黑色硅质页岩,岩性单调,厚度稳定,通常在11米左右,与下伏龙潭组整合接触。长兴组:分布于云湖桥及以东一带,厚126~237米。为浅灰色至深灰色硅质灰岩,含燧石结核,局部上部为灰白色厚层灰岩。大隆组和长兴组二者为相变关系,在同一剖面上并不共存,但均整合于龙潭组之上。

十、三叠系

小面积分布于杨嘉桥、楠竹山、谭家山等地。

(一)下统大冶组

厚480米。岩性分三部分:底部为黄色页状泥灰岩,厚约数十米至百余米;下部及中部为青灰色薄至极薄层状微晶质灰岩夹少量极薄层状泥灰岩及一层灰白色厚层状同生角砾状灰岩,厚约300余米;上部为肉红色厚层状灰岩,厚度约30余米。以假整合覆于二叠系上统长兴组或大隆组之上。

(二)上统造上组

分布于杨嘉桥一带,厚约400米。为一套海陆交互相之含煤沉积,不整合覆于二叠系之上,据岩性、生物群及含煤特征分为两段。下段为主要含煤段,岩性分三部分:底部为灰色、灰白色厚层状燧石质砾岩,最大厚度为24.5米;下部及中部为灰黑色泥岩及粉砂质泥岩,夹煤6~8层,局部夹燧石砾岩透镜体,最大厚度约50米;上部以灰黑色、灰色粉砂岩与细砂岩为主,夹少量粉砂质泥岩及薄煤1~3层,厚60米,以自上而下均含煤层,但上部及下部煤层均很薄,且不稳定。中部一般见两层较厚之烟煤层,一般厚为0~2.8米,亦不稳定。上段厚290米,不含煤层,产大量海相瓣鳃类化石,其岩性以灰绿色、灰黑色等粉砂岩与细砂岩互层为主,间夹灰黑色、紫红色杂色泥岩,泥质灰岩;底部时见灰色砾岩或沙砾岩,局部地段偶夹极薄煤层及铝土质泥岩,最大厚度约290米。

十一、侏罗系

零星分布于大屯营、家塘铺、黄荆坪、冷水冲等地,厚1600余米。

(一)高家田组

厚度大于100米,分布于大屯营一带。为一套灰白色长石石英砂岩夹黄绿色粉砂岩及粉砂质泥岩,底部为厚度不等之灰褐色、杂色磁石质砾岩,局部地段下部夹劣质薄层烟煤1~2层。

(二)千佛岩组

分布于茶恩寺南之家塘铺一带,厚642.3米。下部主要为黄绿色粉砂质泥岩、泥岩夹黄绿色中—薄层状含云母质泥质粉砂岩,其中产少量植物化石碎片;上部为黄绿色含粉砂质泥岩与紫红色含粉砂质泥岩互层;中部夹一段灰白色中、厚层状长石砂岩,产少量瓣鳃化石。

(三)沙溪庙组

厚度大于939.9米。分布于茶恩寺南之家塘铺一带。以一套颇具页理的紫红色粉砂质泥岩及泥岩夹中、薄层状泥质粉砂为主,间夹成套灰白色厚—巨厚层状长石石英砂岩及含砾石英砂岩。

十二、白垩系

主要分布于湘乡盆地、湘潭盆地及中路铺以东之白皮桥和九家湾一带。其他地区尚有零星分布。据古生物化石组合及沉积旋回,分为上、下统。

(一)下统东井组

中路铺以东之盆地边缘有极小面积出露,为一套紫红色钙质泥岩,厚数十米。不整合覆于前白垩纪地层之上,伏于产介形类及轮藻化石的上白垩统底部砾岩之下。

(二)上统戴家坪组

厚2660米。总体岩性大致分为三部分:底部为棕红色块状砾岩夹沙砾岩或含砾粗砂岩透镜体,厚度各处不一,分布于花石一带,厚约240米;下部以紫红色中、厚层状钙泥质砂岩为主,中夹紫红色中、薄层状粉砂岩及粉砂质泥岩,分布于花石一带,厚约1300米;上部为紫红色钙质泥岩及粉砂岩,一般厚约1100米。

十三、第三系

分布于湘乡盆地之西山塘、城区、洙津渡、潭市一带,三仙坳之西亦有小块出露。为一套湖泊至沼泽相沉积,不整合覆于前新生代地层之上。

(一)车江组

为灰色、灰绿色、淡紫灰色花岗质砾岩、砂砾岩或含砂砂岩,厚200~300米,薄零至数十米。

(二)茶山坳组

厚大于500米,分为三段。下段为黄灰色、黄绿色中、薄层状泥灰岩、间夹紫红色粉砂质泥岩及少量黑色油页岩薄层,并夹纤维石膏20~30层,石膏单层厚一般2~7米,最大达11米,最小0.5米,一般沿走向200~300米即行尖灭;该段厚约164米;中段为深灰色,灰黑色薄、中层状沥青质灰岩为主,次为灰色,黄灰色中、薄层状泥灰岩,中夹黑色、黑褐色油页岩5~6层,油页岩单层厚

0.15～0.6米不等，其中有两层较稳定，该段产介形类、鱼及植物化石，厚约165米；上段为黄绿色，黄灰色中、薄层状泥灰岩与黄褐色粉砂质钙质页岩相互成层，中产极丰富的介形类、鱼类及植物化石，厚约170米。

十四、第四系

主要分由于湘江、涟水、涓水河谷，沉积物发育，梯状阶地层次分明。

（一）洞井铺组

厚5～24米，主要分布在湘江流域的五级或六级阶地上。岩性上部为棕红色、砖红色含铁锰质网纹状黏土、砂质黏土；下部为沙砾石层，底部偶见漂砾，沙砾石层最大厚度8米。

（二）新开铺组

厚2.2～49.5米。上部为暗红色、棕红色网纹状黏土、粉砂质黏土，含砾网纹状黏土、杂色黏土，顶部含氧化铁锰较高；下部为黄色砾石层、沙砾石层夹砂层；底部为漂砾，砾石层厚一般3～8.61米，最小厚度1米，最大厚度26.03米，主要分布在湘江流域的四级阶地上。

（三）白砂井组

厚1.3～22.9米。上部为红色网纹状黏土、粉砂质黏土；下部为黄色沙砾石层，砾石层厚一般3.9～10.75米，最小厚度0.74米，最大厚度15米。

（四）马王堆组

厚3～48.3米。上部网为纹状砂质黏土，下部为灰黄色砂石层、沙砾石层。

（五）白水江组

厚6.1～34.0米。上部为灰色、灰黄色、浅褐色含铁锰质结核似网纹状黏土、砂质黏土、细砂；下部为灰黄色沙砾石层或砂层，厚度一般2～10.25米，最薄0.22米，最厚28.3米。

（六）橘子洲组

厚3～16.7米。上部为褐色黏土、砂质黏土、砂土夹砂层或沙砾石层，下部为灰黄色沙砾石层、砾石层。

第二节　岩浆岩

市区内岩浆岩主要为印支期花岗岩体、燕山期花岗岩体侵入其中，主要有伪山岩体、歇马岩体和紫云山岩体北部边缘部分。岩体分布面积约780平方千米。总体上呈北西向分布。区内岩浆活动频繁，期后蚀变作用及破碎硅化带较发育，对各类金属矿产的产出起着重要的控制作用。

一、歇马岩体

位于歇马与青山桥一带，近圆形，面积约300平方千米。侵入于板溪群内，东南部状元桥处与上白垩统呈沉积接触。岩体由两次侵入的花岗岩及多种岩脉构成。

（一）花岗闪长岩—二长花岗岩—黑云母花岗岩

约占全杂岩体面积95%，同位素年龄测试结果，其形成于中三叠世。除北西部边缘小部分呈细粒结构外,其余均为中、细粒花岗结构,按粒度不易划分相带,但岩性大致分为三部分,并有一定规律。边部为莲花桥北及青山桥等地,岩性为细粒及中、细粒角闪石黑云母花岗闪长岩;过渡带为莲花桥—北冲环山铺—栗山嘴等地,岩性为中、细粒角闪石黑云母二长花岗岩;中部为富晓冲,岩性为细、中粒黑云母花岗岩。岩石中微量元素普遍有锡、铜、铅、锌、铬、镍、钴、钒、铋,平均含量:锡0.0015%,铜0.0037%,铅0.024%,锌0.02%。

(二)细粒黑云母花岗岩

共有大小岩株8个,面积分别为万余平方米至2.5平方千米。侵入于主体岩基内,被侵入的围岩有弱绢云母化。同位素年龄测试结果,其形成于晚侏罗世。岩石为浅灰色,细粒花岗结构,矿物成分含钾长石32%~45%,斜长石10%~30%,石英33%~38%,黑云母2%~3%。

(三)岩脉

花岗斑岩脉最发育,细粒花岗岩脉、花岗闪长斑岩—闪长斑岩脉、石英脉等次之,花岗伟晶岩脉少。细粒花岗岩脉特点与呈岩株的细粒黑云母花岗岩相同。

二、沩山岩体

位于市域西北部,北西延入长沙市境,图区出露面积约450平方千米。大部分侵入于板溪群内,少量侵入震旦系、寒武系、泥盆系中;与上白垩统呈沉积接触。岩体与围岩接触线不规则,接触面产状多数倾向围岩。倾角大于50° 。

(一)二长花岗岩—黑云母花岗岩

图区内出露约410平方千米,组成杂岩体的主体,同位素年龄测试结果,其形成于中三叠世。按岩石结构、原生构造及岩脉分布特征分为三带:边缘带宽0~2500米,出露于南东边部,灰色细中、中粒至细、中粒少斑状角闪石黑云母二长花岗岩;过渡带约占岩基面积80%,为灰色中粒斑状及细、中粒斑状角闪石黑云母二长花岗岩—黑云母花岗岩;内部带出露于西北部富佳湾至同新祠等地,面积约20平方千米。同灰色中粒黑云母花岗岩组成。

(二)黑云母花岗岩

境域有石洞冲岩株等大小岩株十余个,总面积32平方千米,侵入于主体岩基内,同位素年龄测试结果,其形成于中晚侏罗世。石洞冲岩株面积达25平方千米,长春滩岩株约2平方千米,其余均小于1平方千米。除长春滩、张家湾岩株外,其他各岩株岩性相似,为灰色细粒黑云母花岗岩,矿物成份钾长石40%,斜长石、微量元素普遍出现的有:锡、铜、铅、铬,部分出现的有锌、钼、钇、锂、镍、钒等。长春滩岩株中,岩石内斜长石38%、钾长石15%、石英20%~25%、黑云母5%~10%,有少量白钨矿,属二长花岗岩型。张家湾岩株有电气石化,岩石内普遍含1%~2%电气石。

(三)其他岩株岩脉

主要有细粒花岗岩、花岗细晶岩脉,花岗伟晶岩脉,花岩斑岩株(脉),石英斑岩脉,花岗闪长斑岩脉,石英闪长玢岩脉,辉绿(玢)岩脉,石英脉等。分布于岩内及其外侧。

三、紫云山岩体

市域内出露约25平方千米,分布在中沙镇南部,向西延入娄底市。岩体大部分侵入板溪群中,西部(双峰)侵入于寒武系、泥盆系内,南侧(衡阳)与白垩系呈沉积接触。岩石类型较多,但结构、构造大致相似,岩石呈似斑状结构,斑晶占10%~20%,西部部分5%~10%,由斜长石(多)及钾长石组成,基质为中、细粒花岗结构。各岩石类型为渐变关系,分布在中沙镇桂花一带,为中、细粒斑状角闪石黑云母斜长花岗岩,其余大多为中、细粒斑状角闪石黑云母二长花岗岩。岩石中微量元素在北端普遍有铜、锡、铅、锌、钼、铬、镍、钴、钒、锂,含量0.01%~0.02%;平均含量:锡0.003%,铜0.002%,铅0.005%,锌0.015%,钼0.0001%。

四、琵琶山岩体

位于花石、日华乡,面积约3平方千米。东侧侵入板溪群内,使围岩强烈角岩化;西侧与白垩系呈断层接触,致使岩体内岩石普遍破碎。岩石为灰色中、细粒至细粒二云母花岗岩及白云母花岗岩。矿物成分有钾长石45%,斜长石20%,石英30%,黑云母及白云母5%。岩石内白云母大部分属次生产物,尤以边部为明显。副矿物有少量锆石、磷钇矿、电气石、石榴石。微量元素普遍有锡、钼、铜、铅、铬等;平均含量:锡0.001%,钼0.000075%,铜0.00075%,铅0.0035%。在岩体西部接触带中的断裂硅化带中,赋存有小型铅锌矿体。

五、金宝冲岩体

位于琵琶山岩体北东延长线上。宽200~500米、长3.5千米,呈长条状,东侧侵入板溪群内,西侧与白垩系呈断层接触,岩石破碎明显。岩石为中一细粒黑云母二长花岗岩。矿物成分:钾长石27%,斜长石31%,石英32%,黑云母9%。副矿物有少量锆石、绿帘石、重晶石等。量少。主要微量元素及平均含量为:锡0.001%,钼0.0001%,铜0.001%,铅0.004%,锌0.007%;以及铬、钒等。与琵琶山岩体不同处是:岩石内片状为黑云母,且量较多;白云母极少,并为次生褪色而成。

第三节　地质构造

各类构造形迹,是地质构造发展过程中一定的运动形式的产物。按其组合形态,平面展布特征,可以分为下列四类:即中西部以北东向构造为主,北部以北西向构造为特征,东部主要为北北向构造,而盆地构造则嵌镶在上述各构造之间,共同组成市区内复杂的构造图像。

一、韶山北西向构造

区内北部韶山、银田寺一线,出现一个主要由元古界、古生界的地层组成的北西向构造。在北西部为伪山花岗岩体吞并而中止,东部为中生界白垩系所不整合覆盖。

组成该构造的一系列大致平行的褶皱和冲断而群与该区呈北西向布列的山脉走向相吻合。同时,由于这一构造在下古生代时期已具雏形,因此在该构造范围内,造成区中唯一的下石岩统梓门桥段超覆于上泥盆统之上。这些现象,都是该弧形构造的重要特征。

楠竹山及石湖湾向斜,是该构造中的重要褶皱,由二迭系及下三迭统大冶组所组成,上二迭统煤系地层位于向斜翼部。它们按北西向构造展布规律,应在被白垩系覆盖的弧顶部位出现。经煤田勘探指挥部第六勘探队工作，证实中生界白垩系砾岩层之下，隐伏着上二迭统煤系。

与上述褶皱大致平行的冲断层十分发育，断面一般都倾向北东和南西，倾角较缓，部分属逆掩断层。

该构造被三叠纪伪山花岗岩体侵入破坏，其形成时期较早。

二、湘潭锰矿——楠竹山北东向构造

湘潭锰矿复背斜是该北东向构造保存较完整的褶皱。背斜轴线呈北东向弧形弯曲，延伸在20千米以上，轴部由板溪群深灰色板岩、砂岩所组成，两翼主要为变质长石石英砂岩及震旦、寒武纪地层。复背斜翼部，由于受较强挤压形成了多个次级背向斜。岩层倾角较陡，一般在40° 以上。楠竹山及石湖湾向斜，是该构造中的重要褶皱，由二迭系及下三迭统大冶组所组成。上二迭统煤系地层位于向斜翼部。

三、琵琶山——金霞山北北东向断裂系

位于区内东南福田铺、继述桥一带。组成或牵及这一构造的地层，在琵琶山至金霞山一线北西侧为中生代白垩纪地层，南东侧为元古代板溪群及上古生代地层等。这一构造由三部分组成。即琵琶山至金霞山压扭性主干断裂带；与此主干断裂带呈锐角斜交的冲断层，它们在主干断裂南东侧，虽然很发育，但始终没跨越这一主干断裂，这是鉴别该构造的重要特征；相伴展布的湘潭盆地构造。

（一）主干断裂

该主干断裂呈北北东走向，分别跨入株洲及衡阳，长度大于70千米。沿这一主干断裂有许多大致与其平行的规模小的断层或破裂面，构成一个复杂的断裂带。该断裂带，在金宝冲以北逆冲于白垩系及泥盆系之上，并普遍见有强烈挤压，出现数米至十余米的破碎、糜棱岩带以及水平擦痕，绢云母化、硅化、碳酸盐化等蚀变现象。在金宝冲以南主要表现为仰冲性质，断层切过金宝冲、琵琶山岩体以及白垩纪地层。断面主要倾向北西，倾角一般在45° 以上，且断面较平直，往往形成山脊或陡坡。白垩纪地层也偶尔见有大致平行断层的宽约0.2～0.5米的破碎带和石英脉。在望峰坪见破碎带宽达3米。这些现象说明它成生时期较长、多次活动、受过强烈的挤压和扭动的断裂带。在新构造时期，该断层依然活动，是地貌单元的分界线。

（二）分支断裂

该分支断裂与主干断裂带成锐角相交，由一系列褶皱和分支断裂组成，其共同特点是褶皱轴面（倒转）或冲断面多数均倾向北西或北西西上，倾角介于40° 之间，普遍存在挤压、破碎硅化现象。福田铺断层位于该构造南缘，呈近东西向延伸，在东段茶恩寺南表现为逆断层，板溪群岩层由北向南以45° 倾角逆冲于侏罗纪地层之上，见宽约2米的破碎挤压带；西段表现为仰冲断层，断面倾向北，较光滑平直，沿倾向有波状起伏，顶部有一层0.5～3米的黑色断层泥，普遍具强烈硅化破碎以及绿泥石化、碳酸盐化、重晶石化、绢云母化等蚀变现象。土地庙断层位于土地庙南部，该断层呈北走向，长约20千米，断面倾角约40° ，沿线泥盆系、石岩系及二迭系岩层受横冲而产生缺失或平移；南东盘相对向北东挪动最大水平距在500米以上；断层两侧出现大量水平擦痕，该断层具有明显的压扭性质。

(三)湘潭盆地

该盆地是一个由白垩系戴家坪组构成的四周为断层围限的地堑式盆地。由于盆地边缘断层的运动和后期变形的结果,使盆地中形成下摄司、响水坝、板石港等多个厚度中心,造成盆地具多向迁移的表象。依据勘查资料分析,盆地原始迁移方向为南东,即向盆地边缘断层靠近。盆地呈北北东走向,受盆地内部断层影响,往西与湘乡盆地相接。盆地关闭于晚白垩世末期,并在早喜山运动的南东至南东东水平挤压作用下,在盆地内部形成一系列北东向的逆断层和北东向宽缓隆起及北西向正断层组成。这些断层在新构造时期的活动是导致湘潭盆地尤其是响水、双板桥一带灰质砾岩岩溶发育的主要因素,从而构成湘潭市河西区溶洞——裂隙储水系统。断层多倾向北西、倾角 60° ~ 70°。由于地下水的不均衡开发,沿断层带及钙质砾岩区段多有岩溶塌陷发生。

四、太平寺北东向构造

分布壶天、大富冲一带,由泥盆系至下三叠统岩层形成的成群的褶皱及压扭性断裂群组成。它们呈大致平行的北东走向,伴随与其成直角相交的一系列张性或张扭性断层,构成该区的北东向构造。该构造在北部,褶皱轴线排列较紧密,平面上呈弧形展布,走向偏转为北北东,压扭性及张扭性断层发育,延伸较远,断层北西盘推覆于南东盘之上,形成迭瓦式构造;在南部,褶皱轴线排列较开阔,压性或压扭性断层不甚发育,延伸较近,它们的轴面或压扭断面走向大致呈 40° ~ 60°;该构造压扭性断面均倾向北西,断面倾角一般 40°左右,呈弯曲状,常见挤压破碎现象。

五、东台山北东向构造

由湘乡盆地、东台山北东向断裂带构成。

(一)湘乡盆地

湘乡盆地位于图区中部,呈北东 40°走向,斜截韶山北西向构造等,长约 60 千米,宽约 10 千米,由白垩系及下第三系组成。呈向南东缓倾斜之单斜层。在山枣、东台山一带与板溪群、上古生界岩层呈断层接触,向北至湘潭及易家湾一带,与湘潭盆地互相汇合。属区域内最具规模的晚期构造。

(二)东台山断裂

该断层走向约 45°,长达 60 千米,切截南北向、华夏系及帚状构造。在山枣、东台山一段表现为张扭性质,断面倾向 330° ~ 340°,倾角一般大于 45°,形成强烈硅化破碎带以及绿泥石化、绢云母化等。在金坑冲、跳石铺一段表现为压扭性质。板溪群岩质板岩层由南东向北西逆冲于下第三系砾岩层之上,板溪群板岩见强烈挤压及绢云母化现象。断层南东盘相对向南西平移达 300 米。与此断层相平行或斜交的断层或硅化破碎带很发育。

六、新构造运动

该构造运动系指第四纪以来的地质构造。它以缓慢的振荡性升降运动为基本特征,由于地壳升降不均衡,导致构造运动的地区性差异,并伴生掀斜拱坳、褶白和断裂等构造迹象以及地震活动。

(一)新构造区

根据第四纪沉积物厚度,分布高度和范围,接触关系以及现今地貌特征,该区基本特征明显地出现整体抬升,但不同地段之间又出现明显的不均衡上升、掀斜和相对沉降。因此,形成新构造亚区。

1. 易俗河、古塘桥掀斜亚区　该区东西均为活动断裂,北邻湘江。白水江、新开铺组沉积物沿涓水河两岸堆积成——四级内叠阶地。河东为残留四级阶地,上述表明该区在区域整体抬升运动中,以涓水河为中心,上升幅度略缓慢,表现为“相对沉降”。由于受邻区杨嘉桥抬升构造亚区上升的影响,涓水河东部在晚更新世以掀斜、斜降构造运动为主,使白水江组沉积物在西部分布较广,而东部仅见四级残留阶地,且以剥蚀作用为主,地壳由东至西方向的倾斜斜降,使涓水河道迁徙和新开铺组沉积物直接与白水江组沉积物接触,表明早更新世末以来,该区一直处于“斜降”构造运动变形中。

2. 湘潭相对沉降构造亚区　为两个抬升构造块体之间的凹陷地带——湘潭盆地。自西而东为构造剥蚀丘陵和河谷侵蚀堆积地貌。——四级内叠阶地发育完全,局部见残留五级阶地。反映该区由西向东掀斜、斜降构造运动的特点,并且中更新世以前掀斜幅度大于中更新世晚期以后。在中更新世晚期,该区北缘翅起,南缘斜降,使近东西向涟水三次南迁(航卫片反映出三条古河道),形成宽阔的涟水河冲积平原。该区相对邻近几个抬升亚区,表现为相对“沉降”或“斜降”。

(二)新构造带

地壳不均衡升降,使各新构造运动亚区之间的一些基底断裂重新活动,并产生一些新的断裂和断块的组合带。市区典型的新构造带为九华活动断裂带。该断裂带是由一系列北东向、北西向基底断裂与上新世末以来的新生断裂呈有规律组合的一个活动断裂带,其构造样式近于棋盘格状,从构造带两侧向中心的构造断面上,北东向为一系列的正断层,构造对称的阶梯状地堑式组合。由南西向北东的纵向剖面上北西向断裂却使一系列断块呈南低北高的掀斜叠列。二者促使湘潭盆地向东、向南发生掀斜。该构造带的活动时间长,活动期次多,测得主断裂活动同位素年龄值在3.9万~1.5万年之间。并多次发生地震,震中在该构造带中部的庙湾里一带,该构造带是挽近时期仍有活动的能动性断裂带,是湘潭市区区域稳定性平价中的重要因素。由于构造活动,岩层破碎、裂隙发育,白垩系钙质砾岩多溶蚀形成溶洞,地下水丰富,地下水的超量开采导致地面岩溶塌陷灾害的不断发生。调查资料显示,带内主要断裂在新开铺组中留下3~6米宽的破裂变形带、地裂缝、砂土液化带等遗迹,测得强度较高的氡气异常沿断裂线分布。

第四节　工程地质

一、岩体类型工程地质特征

(一)陆相碎屑岩组

1. 较坚硬厚层状砾岩　该砾岩分布在峡山口等地,砾石成分主要为硅质岩、灰岩,岩体呈厚层状,岩石较坚硬,抗软化、抗风化能力较差,抗变形能力较好,岩石力学性质差异性大,岩体节理裂隙中等发育。

2. 软质中至厚层状砂岩、粉砂岩综合体　该综合体分布在鹤岭东北及湘潭盆地南部一带,范围较小,由钙质砂岩、粉砂质泥岩、钙泥质粉砂岩等组成岩体呈中一厚层状。除砂岩外,岩石抗压强度均较低,抗风化能力、抗水性均差,抗变形能力较差,属软质岩石。且力学性质变化大,不均一。地表岩风化程度高，岩体节理裂隙中等发育。

3. 软质层状泥岩、粉砂岩综合体　该综合体分布在姜畲、杨嘉桥等地，范围较广；由粉砂质泥岩、钙质泥岩、钙泥质粉砂岩夹少量泥灰岩组成，岩体呈层状。岩石强度低，抗水性、抗风化能力、抗变形能力均差，且力学性质差异性较大。岩石风化后强度显著降低，岩体裂隙较发育。

4. 较坚硬至软质层状砾岩、粉砂岩、泥岩综合体　该综合体分布在易俗河一古塘桥等地，其他地区零星出露。由砾岩、粉砂岩、砂岩、泥岩组成，多呈中厚层状。砾岩较坚硬，抗水性较差，易风化。泥岩、粉砂岩强度低，为软质岩石，抗软化，抗变形能力均差，易风化。岩体节理裂隙中等发育。

5. 较坚硬层状砾岩综合体　麦子石、双板桥一带分布面积较广。由砾岩、砂砾岩夹泥质粉砂岩、粉砂质泥岩等组成，岩体多呈厚层状。砾岩抗压强度较大，为较坚硬岩石，抗软化、抗风化能力中等，抗变形能力较强，但力学性质差异较大。泥岩、粉砂岩强度低，抗水性、抗风化、抗变形能力均差，易风化。岩体节理裂隙中等发育。

6. 坚硬厚层状灰质砾岩综合体　该综合体分布在鹤岭北部、古塘桥等地。砾石成分多为灰岩，钙质胶结，岩体呈厚层状。岩石强度高，坚硬、抗水性、抗风化能力较强。岩溶发育，板石港、双板桥一带，在标高负 100 米以上，溶洞率为 5.31%。

（二）海相碎屑岩组

1. 坚硬厚层状石英砾岩、砂岩　分布在易家湾、马家河等地，范围较小。为石英砾岩、石英砂岩，呈厚层状。岩石坚硬，强度高，抗软化、抗风化及抗变形能力均好。岩体节理裂隙发育。

2. 软质薄层状页岩综合体　零星分布在雁坪、罗家寨、易家湾等地。由页岩夹泥灰岩、粉砂岩等组成，岩体多呈薄层状。岩石强度低，易变形，易软化、抗风化能力差。岩体节理裂隙发育。

3. 坚硬厚层状石英砂岩、砾岩夹软质页岩综合体　该综合体分布在鹤岭以西、麦子石、昭山等地，范围小。主要岩性为石英砂岩、砂岩、砾岩、砂质页岩、板状页岩等，多呈厚层状，页岩为薄层状。石英砂岩、砾岩岩石较坚硬、强度高，抗软化性好，不易风化，抗变形能力好；页岩强度低，易风化、软化，易形成较弱夹层。岩体节理裂隙较发育。

（三）可溶盐岩组

1. 坚硬薄、厚层状硅质灰岩、灰岩、泥质灰岩综合体　该综合体分布在鹤岭西部、雁坪、麦子石、谭家山、中路铺等地，范围小。主要岩性有硅质灰岩、灰岩、生物碎屑灰岩、白云质灰岩、泥质灰岩夹泥灰岩等，薄、厚层状；灰岩坚硬、强度高，抗软化，抗风化及抗变形能力均较好，且物理力学性质较均一；泥灰岩为软质岩石，强度中等，易软化及风化。岩体节理裂隙发育不均一，一般厚层状灰岩裂隙不甚发育，中厚层及薄层状灰岩、泥灰岩裂隙较发育。岩组岩溶较发育，岩溶率达 0.05 ~ 3.48。

2. 坚硬厚层状白云岩、灰岩　分布在麦子石、塔岭等地，范围较小。主要包括白云岩、灰岩、白云质灰岩，岩石质纯、厚层。岩石坚硬，强度高，抗软化、抗风化及变形能力均好，且物理力学性质较均一。岩体节理裂隙一般不甚发育，岩溶发育强烈，岩溶率高者达 3.52%。

（四）变质岩组

1. 软质薄层状板岩　分布在梅林桥、易家湾等地，为条带状板岩、粉砂质板岩，薄层状；岩石强度较低，抗软化性能差，易风化，抗变形能力较差，为软质岩石；岩体节理裂隙发育。

2. 软质薄层状板岩综合体　鹤岭至姜畲出露面积大，坪塘、梅林桥、昭山均有小范围分布。主要为板岩,夹变质石英砂岩、杂砂岩、长石石英砂岩等,岩体主要呈薄层状,少量中厚层状。板岩岩石强度较低,抗水性、抗变形能力差,易风化,且物理力学性质不均一,差异性较大。变质砂岩坚硬,强度高、抗水性、抗风化能力及抗变形能力均较强。岩体节理裂隙发育。

3. 较坚硬至软质中、厚层状板岩、绢云母板岩综合体　该综合体在昭山小面积出露。岩性为砂质粉砂质板岩、绢云母板岩夹杂砂岩、凝灰质砂岩等,呈中、厚层状;岩石强度高,但抗软化性差,易风化,为较坚硬岩石,抗变形能力较强;绢云母板岩强度低,抗水性较差,易风化。岩体节理裂隙较发育。

4. 坚硬厚层状浅变质杂砂岩综合体　该综合体分布在姜畲、梅林桥等地,范围较小;包括板溪群横路冲组、五强溪组、百合垅组,变质杂砂岩,长石石英砂岩、粉砂岩、少量板岩等,岩体呈厚层状。岩石坚硬,抗软化性较好,抗变形能力强,不易风化;板岩强度较低,其抗水性、抗风化变形能力较差。岩体节理裂隙一般不甚发育。

5. 坚硬薄层状硅质岩、硅质板岩综合体　鹤岭一带小面积分布。主要包括寒武系的硅质岩、硅质板状页岩、炭硅质板岩等,呈薄层状结构。硅质岩坚硬,强度高,页岩、硅质板岩强度较低,岩体节理裂隙较发育。

二、土体类型工程地质特征

(一)橘子洲组均一至多层结构黏性土、砂类土、卵砾类土综合体

该综合体分布在湘江及其支流两岸和沟谷中,北部新康一带面积较大,一般范围小,呈长条形分布,为冲积土;在心滩及大部分沟谷中呈均一结构,其他地区呈双层结构,局部及湖区部分地段呈多层结构。河谷区土体总厚 5.30 ~ 10.10 米,上覆黏性土层,厚 2.50 ~ 6.00 米,部分地段缺失;下部砂类土,厚 0 ~ 7.10 米,局部地段直接出露于地表,底层卵砾类土层厚 0 ~ 5.40 米,与砂类土呈渐变关系;砂类土,沟谷区黏性土层厚 4.00 ~ 7.96 米,砂类土层 2.00 ~ 6.10 米,卵砾类土 0 ~ 2.30 米,分布不稳定,不连续。黏性土含水量中等,呈坚硬、可塑状。以中液限、低液限、高液限、中塑性,中、大孔隙比,中、低压缩性含沙砾的亚黏土、粉质轻黏土,部分亚砂土为主,砂类土、卵砾类土分选性较差,饱水、松散,砂类土多为易形成流沙的粉、细砂。

(二)白水江组双层至多层结构黏性土、砂类土、卵砾类土综合体

该综合体分布在河流两岸,其中湘潭市区分布范围大,土体多为双层结构,部分地段呈多层结构,为冲积土。土体总厚 6.10 ~ 11.85 米,最大达 33.30 米。黏性土为粉质轻黏土、重亚黏土,中、高液限,中塑性,很湿至饱水,中、低压缩性,坚硬、可塑。

(三)马王堆组双层结构黏性土、卵砾类土综合体

该综合体分布在河流两岸,为黏性土、卵砾类土,局部夹不稳定的砂类土。土体总厚 7.00 ~ 17.84 米,最大 47.60 米;其中黏性土厚 4.63 ~ 10.00 米,最大 11.40 米;黏性土一般为网纹状粉质轻黏土、亚黏土、微含沙砾,中、高液限,中、低压缩性,坚硬、更塑状态。由上而下土层因含水量增加有逐渐变软的趋势。卵砾类土厚 4.15 ~ 15.10 米,最大 19.40 米;夹 2.68 ~ 5.10 米厚的砂类土,分布不稳定,不连续。砂类土为中、粗砂,砾砂、含泥质,卵砾类土多为中、细砾石,固结紧密,强度高。

(四)白沙井组双层结构黏性土、卵砾类土综合体

该综合体市域内分布较广。为第四系白砂井组冲积土。土体以双层结构为主,总厚 10.60 ~ 25.80

米，最厚为 74.18 米，上部黏性土厚 3.05 ~ 11.27 米，最厚达 27.96 米，下部卵砾类土厚 4.33 ~ 10.75 米，最厚 29.86 米，中夹不稳定的砂类土，厚 1.50 ~ 6.98 米，最厚可达 49.27 米。

(五)新开铺组双层结构黏性土、卵砾类土综合体

该综合体分布较广，主要分布在湘江流域的四级阶地上。厚 2.2 ~ 49.5 米。土体具双层结构，上部为暗红色、棕红色网纹状黏土、粉砂质黏土，含砾网纹状黏土、杂色黏土。顶部含氧化铁锰较高。下部卵砾类土，为黄色砾石层、沙砾石层夹砂层。一般厚 3 ~ 8.61 米，最小厚度 1 米，最大厚度 26.03 米。

三、工程地质区特征

(一)工程地质分区

沿湘江及其一级支流涓水、涟水两岸带状分布。区内地形由一至五组阶地构成，漫滩和一、二级阶地平坦宽阔，三级以上各级阶地均遭剥蚀切割，五级阶地大多呈蚀余阶地而完全丘陵化。该区仅分布有冲积成因的工程地质土体类型。且各不同时期沉积的土体由新至老，河漫滩和一至五级阶地逐级分布。其中构成漫滩和一级阶地的冲积土与构成二级及其以上各级阶地的冲积之间的工程地质特性存在显著差异，据此，又分为二种工程地质区段。

1. 橘子洲组、白水江组冲积土工程地质区段　该区段为河漫滩和一级阶地地貌，沿河床两侧对称发育，顺河流呈带状展布。一般在河流下游及支流与湘江交汇地带分布宽广。涟水入湘江处宽约 8 千米，属最宽。阶面平坦、宽阔，残留古河道片段分布较广泛。阶面向河床及河流下游方几缓倾斜，倾角 5° ~ 7°。分别由橘子洲组、白水江组、株洲地芪由马王堆冲积土堆积形成。橘子洲组冲积土傍河断续分布，范围小，除河床边滩多单层结构外，十体多为双层结构，次为多层结构。白水江组冲积土分布连续，范围大，土体以多层结构为主，次为双层结构。土体上层均为中等压缩性坚硬、硬塑黏性土，区段土的物理力学性质差异较大，部分区段处于地下水位下的土层，呈中、高压缩性硬塑、可塑状，存在上硬下软现象。局部分布有高孔隙比，高压缩性软塑软土、游泥质软土层。黏性土厚度一般小于 10 米、下伏砂类土和卵砾类土，土体总厚度小于 18 米。由于砂类土松散、无固结和饱水，极易产生流沙，局部存在地震液化的可能性。地质土容许承载力介于 150 ~ 180 千帕之间，强度中等。主要存在地基沉降和不均匀沉陷工程地质问题；漫滩低洼有受洪水泛滥淹没的威胁；沿河流侵蚀岸一侧侵蚀作用强烈，岸崩、座滑现象较为发育。

2. 马王堆组、白沙井组、新开铺组冲积土工程地质区段　该区段为二至五级阶地地貌。阶地沿河流两岸断续分布，九华一带宽约 8.5 千米，下摄司一带宽约 10 千米，洞井铺一带宽约 7 千米。各级阶地均遭受不同程度的剥蚀切割，二级、三级阶地一般发育宽大，切割深度 10 米左右，阶面略呈舒缓波状起伏，四级及其以上各级阶地切割深度一般 20 米左右，呈蚀余阶地，丘陵化，阶面波状起伏。二级至五级阶地分别由马王堆组、白沙井组、新开铺组与洞井铺组冲积土堆积形成。马王堆组冲积土普遍为多层结构，部分地段为双层结构，白沙井组冲积土基本为双层结构，新开铺组与洞井铺组冲积土具多层结构。土体上层均为具网纹构造的黏性土，厚约 3.6 ~ 12 米，各地土的物理力学性差异小、均匀。黏性土之下，一般为半固结弱胶结砂类土和卵砾类土。在后期风化淋滤作用下，土中可溶盐类流失量大，表层一般含可溶盐量，0.01 克土左右，中层会每千克 0.5 克左右，下部每千克一般大于 0.1 克，表土的流失量大于深部，铁锰质成分则由矿物形态转变成为氧化物胶体形成，形成后生胶结物，增强土体强度；地质土容许承载力介于 300～600 千帕，强度很大。区段内掀斜、褶曲、裂隙、断层等新构造形迹较发育，土层倾角最大达 55°。存在主要工程地质问题是切坡滑动与崩塌。

（二）工程地基承载力

湘潭市区位于冲积型土体上，其中商业区和工业区大部分位于第四系马王堆组、白沙井组地层上。通过钻孔，对不同深度土体采样分析、地表采样分析及原位测试，湘潭钢铁厂、板塘区、湘潭火车站等地段，地基承载力均较高，一般为 300～500 千帕；涟水、涓水两岸土体承载力比较稳定，一般为 200～300 千帕，该土体物理力学性质比较均一；原市人民政府至霞城以及向家老屋一带，地基承载力较低，一般为不稳定的软土或填土区。其他局部地段地质承载力也有低值。

湘潭市区地基沉降变形显得不突出，地基土的均一性较好，压缩性较小，其沉降量一般在 0.7～4.0 厘米之间，最大为 11.3 厘米。市区由于钻孔抽水，响水变电站附近以及和平小学曾出现过岩溶塌陷。

第三章 地貌

第一节 地貌特征

一、地貌轮廓

湘潭市位于湘江下游地段，全市地势起伏和缓，反差强度不大。西部褒忠山最高峰海拔 807 米，东部湘江东岸易家湾镇吴家港最低地面海拔 29.6 米，全市最大高差 772.4 米。两者平距 75 千米，地势平均比降为 10.3‰。地势总的特点是西高东低，南北高中部低。北、西、南三面山丘环绕，中东部岗平展布。西部褒忠山为全市地势最高处，主峰多在海拔 600～800 米之间，向南北延伸，北延至羚羊山（628 米）、一字排（578 米）、三角寨（635 米），南伸到达石笏大山（504 米）、梅花山（704 米），为湘乡盆地与涟邵盆地的分野。北部地区有灰仑峰（484 米）、（南薰山）（449 米），韶峰（519 米）、黑石寨（581 米）、舒塘冲山（448 米）等，山峰高度多在 300～500 米之间，少数超过 500 米略呈东西向分布。西北角为乌江谷地、地势较低，海拔多在 200 米以下。南部东段以低山丘陵为主，海拔在 500 米以下，晓霞山（452 米）、天马山（422 米）等略呈南北走向。南部西段以昌山（755 米）为主体向西北铜梁大山（613 米）、杨家大托（630 米）至荆紫峰（726 米）连绵于南部边界、为涟水与涓水的分水岭。东部地势为低山丘陵向涓水谷地倾斜，海拔多在 200～500 米之间；境域中东部地势低平，岗平地貌发育，海拔多在 200 米以下；湘江和涟、涓二水谷地地面低平开阔，冲积平原广布，海拔多在 50 米以下。全市地势相对低平，近 80%的面积在海拔 150 米以下。

二、山势特点

境域山脉共分四支，东南支、中央支、西北支属衡山山脉，西北角支属雪峰山脉。

（一）东南支

由衡山北出，余脉延伸入湘潭县南境，始为天马山，系南岳七十二峰之一（清《南岳志》为屏障峰），山有十八峰，峰巅昔有李仙庙，主峰海拔 421.5 米。山上茂林修竹，是境域竹木主产地之一，山西 4 千米许为琵琶山，主峰日华峰亦南岳七十二峰之一。主峰海拔 324.7 米。山周层峦叠嶂，云雾蒸腾。为当地人们观日出之处。天马山东 3.5 千米为紫荆山，山有 5 峰，绵亘 20 余千米，杉涛竹浪，郁郁葱葱，有灵惠泉。山脉至此分为二：一支北迤为分水坳、斗米坳、九峰寨、芙蓉寨、雷祖峰、果合岭、磨前岭，止于吟江之涓水东岸；一支东迤为莲花寨，寨东北为晓霞山，亦名饶笱山，山多景物，远看林澜起伏，蔚为壮观。又北为佛祖岭，为五龙山，昔有大杰寺，明吉王为僧慧安建。湘、涓水 5 条溪涧，源出于此。又北 6.5 千米为观音山，即衢山，上有石马峰，翠竹清泉，泉称灵泉，大旱不涸，古之胜迹。又北为尖冈山，山碧如玉笱，其东为白云峰，峰北为大王岭、土地山，至金霞山，峰高秀拔，能远瞰潭城，上有奇石如笔，古称“文笔峰”，朝阳映翠，岚气金光，异彩纷呈。自天马山起至此，绵延近 60 千米，为湘、涓水分水之脊。山脉再北迤经株洲市之天梯岭过湘江，沿湘潭市区、株洲市区分界线为法华岭、道仙岭、马皇坳，坳传为五代十国的楚国马殷屯兵得名。再北上沿湘潭市区、长沙县界为金坑坳、玉屏峰，由此折西为凿头岭、湘潭坳，止于昭山。山临湘江岸，临江而立，又名昭山，山峰耸峙，烟云接暖，百里能瞻。颠有寺曰昭阳，山下有潭，为昭潭，甚深，即《水经注》所云无底者。宋抗金名将刘锜曾筑室山麓。湘江至此成 90°转折，为境域水陆第一门户。

（二）中央支

由双峰县内九峰山经白石峰入湘潭县南境，始为昌山，周 20 千米，攒峰挺秀，主峰高海拔 755.1 米，为湘潭县境域之最。山南有锦鳌峰亦南岳七十二峰之一（清《南岳志》称灵应峰），峰北曾有定海寺，明末僧竹浪所建。山脉至鹰嘴石分为二：北迤为铜梁山，山谷有石板小道，为通往双峰荷叶塘之捷径，山麓有石龙口，石泉湍流，汇于响水潭。

出西北为丫枝岭，岭凹有两湘亭，为进入双峰蒋市街之要道。8 千米为云霞岭，再东北为插茶寨，北为雷祖顶，再东为沿山、东雾山，山上有东岑庵，清陈鹏年曾读书于此，死后葬山麓。东北为青翠峰、天山仑，折东 5 千米为分水坳，再 4 千米枫木坑，其东北为福海山，再北为隐山。山有龙泉，旧名龙山，传为唐游僧良价偕僧隐居此山，故名，山麓有南宋胡安国墓。入西北为雷祖殿、营盘寨。自昌山至此，逶迤 35 千米，为湘潭县与湘乡市分界之脊。营盘寨西北入湘乡境为峰城寨、花桥大山、金鸡大山。东南复入湘潭县界为笋壳寨，再东北为乌石峰，主峰突兀矗立，十分雄伟，元末农民起义军首领易华曾屯兵于此。峰下彭家围子为彭德怀故居。山脉至此又分为两支，一自乌石折东南，为望祭岭，传为明代望祭衡岳之地。东向 5 千米为郑家坳、暂塘坳、万家坳，折北为雷祖峰，再东北为黄家坳、紫云峰、高岭、金盘岭、界牌岭，止于河口鹿子岭。一自乌石折西北，为观音山、白石寨、石和尚、青山寨、启昌寨，入湘乡市界为喜鹊仑、东台山。东台山又名凤凰山，山上原有楼亭寺院，竹林荫日，风景优美，旧称“东台起凤”，为湘乡八景之一。

另一支由铜梁山西出 4 千米为荆紫峰，海拔 726 米，原名金子峰，明代无学幻禅师建庵其土，改今名。山脉至此又分为二支：一支向北为左家仑、峡山口、大旗山、刘家大山、九峰山、胡家大山，折东有望岳峰，登山顶可隐约望见南岳衡山。再东有金鸡山，山上有石似鸡踞，临顶可观湘乡城外舟楫之胜。再北有天井峰、范铎峰，五代时邑人范铎隐于此，因以名。再西北为雷祖殿。

另一支由荆紫峰沿朝阳向西南为高紫山，再西为人形山，折北为大石岩、梅龙山，再北穿潭邵公路经龙王殿至虞塘镇南部的涟水河畔。此段支脉处于湘乡、双峰接壤地区，为两市县分界之脊。

整个中央支脉，分支百出，逶迤起伏于涟、涓二水之间，为二水分水之脊。昌山、荆紫峰、梅龙山海拔均在700米以上，雄峰高耸，众山环绕，山中盛产楠竹。

(三)西北支

由双峰县入湘乡市南部为天门大山，逶东北复经双峰境至石笏大山再入市境，北上为万古仑。再北为榔山，山间有一长达7千米的峡谷名十里石，越过湘黔铁路向西北为峰紫殿、万罗山。再西为连山，山下青龙潭为龙潭水发源地。由榔山过湘黔路北为插花山(黄花水发源于此)、榔木寨、梅水洞、鉴湖塘山、鹰坑垴山、白沙井山，再北至山脉主峰褒忠山，山原名贞女山，相传晋代某女下嫁入山修道仙去，故名。宋末乡民刘荣叔起义抗元，死难于此山，遂改名褒忠，海拔807米，是市内第一高峰。山北为羚羊山，以山势如羚羊而名，南坡为青陂水发源处，北坡为板山水发源处。折向东北为黑山仑、侧仑峰、灰仑峰、鹰嘴石、天福庵，再北为南薰山，乃轧桥水发源处，再北为茶子坳、黄龙山。山脉至此分为二:一支继续北上入宁乡界为东雾山;一支东折经舒堂山(云湖水发源地)、高山仑、邹家冲至韶峰。韶峰又名仙顶灵山，山峰尖耸，海拔519米，景色秀丽，相传舜帝南巡至此，演奏韶乐而得名。山下的韶山冲上屋场为毛泽东诞生处。山脉至此再分为三，南向为舒家山、晏家洞山、虎形山、长公寨、头公寨、飞鹅壁、楠木寨、牛头山。韶峰向东为十八罗汉、将军寨、弥勒山。向北为观音山、黑石寨、谷皮寨、铁石坳，迤东南沿湘潭宁乡界线为天子岭、大凤岭、梅湖坳、狮子山，再折东为高雾山，上有尼庵，单峰独秀。转东南为托家山、大船牯牛山;再北上为香炉山、史家坳、寒婆山、谭家坳。山脉至此复分二支一:一支继续沿潭宁界线迤东北为大盖岭、栲木岭、豹山岭;一支东出为仙女峰，峰亦名龙安山，南涟北靳、一览无余、平地突起，高311米，清《南岳志》以其为南岳第七十一峰，取名碧岫。唐贞元初年，海禅师入定于此，筑寺称龙安。相传宋理宗时，有老妇携女登山，得桃如碗，在此食之仙去。峰南有冬桃岭，云为得桃之处。再东为架木寨、牛头山。山脉至此再分为二，向北为尚书岭，岭以李文庄(李腾芳，明礼部尚书)得名。再北为黄峰寺、傅仙岭、青山、凤池岭，至于靳江河右岸。另一支折东南为黄龙山，汉湘南侯黄龙故祠所在;再东南为高岭，马坡岭，清塔齐布与太平军一部战于此。折西为西凤岭、高碑岭、湖头岭(以位于夔家湖头而名)，均属低岗，止于湘潭城郊。其尾为壶山即陶公山，此于江边石嘴头(垴)，巨石矗立江边，又名马蹄石，湘流冲波，碍山回曲，石上有亭名“望衡”，山有晋陶侃及明何腾蛟衣冠墓。

西北支脉南起天门大山，北自宁乡入，东达湘潭城郊，以褒忠山为主峰，分支四出，起伏绵连，重岗迭峰，岩石林立，洞穴幽深，山势雄伟，矿藏丰富，为全市最大的一支，既是涟水、乌江分水之脊，又是湘潭与宁乡的分界线。

(四)西北角支

涟源与宁乡两县分界线上有雪峰山脉一支余脉伸入，竹妖峰向东南延伸，由市西北角入境。主峰在湘乡与宁乡分界处的三角寨，由此向南至大石坡，折南经风仁坪至大花山后向四面散开，延向东南有一字排、大坳仑、豹子岩等400米以下的山峰;延向东南有香炉山、文家大山、范波仑、延向西南经天坧仑、猫公仑、犁劈山转西至东海仑、云盘寨，至湘乡和涟源交界处的庚子山;延向西北有案山仑、蔡家牌、仙女山、四角寨、雪峰顶等海拔较高山峰，整个山脉形似五爪，散布于湘乡市西北角。山内多石灰石。林澜不断,望之使人神怡。

全市的四条支脉,既有相对的独立性,又互为连贯,绵延全市,或突兀高耸,或蜿蜒环抱,或群峰并立,或秀丽清奇,各有特异之处。

湘潭市地貌各高度层面积统计

表 1-3-1

高度层海拔(米)	面积(平方千米)	占全市总面积(%)	地貌表现
<50	576.52	11.50	多为江河平原
50～100	2161.76	43.18	多为平原及低岗地
100～150	1220.19	24.38	多为低岗地、溪谷平原、少量高岗
150～200	524.24	10.47	多为高岗地、低丘陵
200～300	360.35	7.20	多为丘陵、高岗地
300～500	141.58	2.83	多为低山、局部溪谷平原
500 以上	21.82	0.44	多为中低山地
合　计	5006.46	100	—

全市地貌类型多样,以平原、岗地为主,按成因有流水侵蚀和堆积地貌,兼有部分岩溶地貌;按形态有山、丘、岗、平地及水面。地貌类型组合如下:

湘潭市地貌类型组合

表 1-3-2

类型		面积(平方千米)	占总面积(%)	山、丘、岗再分类		
				面积(平方千米)	占同类面积(%)	占总面积(%)
水面		427.59	8.54	427.59	100	8.54
平原	江河	1406.81	28.12	377.73	26.85	7.55
	溪谷			1012.40	71.96	20.22
	溶蚀			16.68	1.19	0.33
岗地	低岗	1601.39	31.98	504.66	31.51	10.08
	高岗			1096.73	68.49	21.90
丘陵	低丘	962.91	19.23	730.77	75.89	14.62
	高丘			232.14	24.11	4.63
山地	低山	607.76	12.13	476.16	78.35	9.50
	中低山			131.60	21.65	2.63
合计		5006.46	100	5006.46	100	100

全市平原和岗地面积占总面积60.1%，其地貌组合总体为六分平（原）岗（地）、三分山（地）丘（陵）和一分水面。这种地貌结构特征，有利于农、林、牧、副、渔的综合利用和发展。

第二节　地貌类型

一、平原

境域平原呈狭带状半珠式分布于湘江、涟水、涓水及主要支流的两岸，地面平坦开阔、地面坡度小于5度，横向相对高差小于10米，微向河床及下游缓倾，河网冲沟密度为1～2.5千米/平方千米。全市平原面积1406.81平方千米，其中冲积平原1390.13平方千米，占平原总面积的98.81%；溶蚀平原面积16.68平方千米，占平原总面积的1.19%。冲积平原按形态及利用分为江河平原和溪谷平原。

（一）江河平原

集中连片分布于中、东部湘江、涟水、涓水两岸，西起潭市东至湘江，呈宽带状展布，面积377.73平方千米，占冲积平原面积的27.17%。江河平原地面坡度小于3度，多为0～2度，横向高差小于10米，海拔高度多在50米以下，东部多在30～40米，西部侧达50～55米。

（二）溪谷平原

主要分布于湘江小支流及涟水、涓水的支流两岸，面积1012.4平方千米，占冲积平原面积的72.83%，为境域平原的主体，地面坡度多为2～4度，横向高差小于10米，海拔高度50～150米之间，一般宽100～500米。

二、岗地

岗地主要分布于中部、东部及东北部的湘江、涟水、涓水河谷外侧，乌江、青山河、韶河及棋梓、壶天一带亦有分布，面积约1601.39平方千米，占土地总面积的31.98%。岗地地表切割微弱，起伏和缓，岗顶为平顶状、浑圆状及部分垄岗状，岗间宽线坳沟、洼地发育，地面坡度小于15度，相对高度小于60米。河网冲沟密度为2.1～4.3千米/平方千米。按形态及利用分为低岗地及高岗地。

（一）低岗地

主要分布于湘江、涟水、涓水及其主要支流的河谷平原外侧，是平原与丘山的过渡地带，面积504.66平方千米，占岗地面积的31.51%，低岗地面切割较浅，切割深度10～25米，岗体呈平顶状、浑圆状及短条状，地面坡度多为4～8度，海拔高度大多在100米以下，河网冲沟密度2.1～3千米/平方千米，岗间发育有宽浅坳沟、浅洼地。低岗内侧与平原接触处常见3～6米陡坎，外侧与高岗或丘陵逐渐过渡。

（二）高岗地

主要分布于湘乡市的大田、东郊、龙洞、泉塘、横洲、东山、河山、大乐、谷水、白田、月山、新铺及湘潭县的九华、响塘、南谷、郭家桥、乌石、青山桥、白石铺与岳塘区的昭山、板塘等地，面积1096.73平方千米，占岗地面积的68.49%。高岗呈缓丘起伏，地面坡度10～15度，部分岗地缓坡达20%以上，相对高度30～60米。海拔高度小于150米，岗体多呈浑圆状、短条状、垄岗状，少数平顶，岗间冲沟坳谷，较低岗窄且深，河岗冲沟密度为2～2.63千米/平方千米。

三、丘陵

湘潭市丘陵多分布于市域山地与平岗之间的过渡地带，部分为山地延伸部分，面积为962.91平方千米，占土地总面积的19.23%。丘陵地面坡度大多在15～25度，相对高度60～200米，海拔高度100～300米，河网冲沟密度为2～4千米/平方千米。按形态特征分为低丘陵及高丘陵。

（一）低丘陵

主要分布在湘乡市栗山、苏坡、莲花、毛田、崇山、谷水、金薮、金石、梅桥、横铺、轧桥、湘潭县的花桥、茶恩寺、石潭坝、霞岭、歇马、日华、石坝、花石、土桥、继述桥、谭家山、长岭、烟山、响塘、仙女、南谷及岳塘区的昭山、荷塘等地，面积730.77平方千米，占全市丘陵面积的75.89%。低丘地面坡度多为15～20度，相对高度60～150米，海拔高度110～250米，东部多在200米以下，西部可达250米。低丘陵地面切割较强烈，河网冲沟密度1.7～3.5千米/平方千米。丘陵多孤立分散，呈垄岗状、谷状、丘陵多浑圆，丘谷交错，丘间冲沟，坳沟发育，其宽度一般比岗地窄，且深度较大，多辟为冲田，少数为垅田。

（二）高丘陵

分布于湘乡市的金石、仁厚、酒铺、苏坡、潭市、桃林，湘潭县的南谷、荷塘、白石铺、长岭、市区的昭山及韶山市等地境域，面积232.14平方千米，占全市丘陵面积的24.11%。高丘陵地面坡度大为20～25度，局部可达30度，相对高度为150～200米，海拔高度多在200～300米之间。河网冲沟密度为2～4千米/平方千米，多分布于山地前缘，或为山地支脉延伸部分。丘体常呈短条状，丘谷为冲沟岩地，略呈带状相间排列，丘坡多两侧对称呈猪背状，丘顶浑圆，丘脊较平缓，除局部基岩裸露外，大多发育为厚度不一的风化壳。部分高丘植被破坏，水土流失严重。

四、山地

湘潭市山地面积较少，主要分布于市境北部西段、西部及南部，面积607.76平方千米，占全市土地总面积的12.13%。境域山地多系孤山，地面坡度较大，一般为25～35度，相对高度大于200米，海拔高度在300～802米，河网冲沟密度为2.5～3.4千米/平方千米。按形态特征分为低山和中低山两类。

（一）低山

主要分布于湘乡市的酒铺、梅桥、横铺、莲花、巴江、潭市、大乐、岐山、月山、白田、仁厚、金薮、龙洞、花坪、育塅，湘潭县的石潭、响塘、青山桥、花石、中路铺等地及韶山市境域，面积为476.16平方千米，占全市山地面积的78.35%。低山地面坡度多数为25～30度，少数大于35度，相对高度200～400米，海拔高度为300～500米，河网冲沟密度为1.25～2.5千米/平方千米。西部低山分布较连片，山体脉络清晰，山顶山脊多为浑圆状和猪背状，部分尖背山坡两侧近于对称，多呈凸坡，上部山坡稍缓，约25度左右，下部30～35度。涟水以北低山的主山脊多呈北西、北东及南北向延伸，涟水以南低山脊呈北东向，部分呈北西转北东向的弧形。东部地区低山分布较少且较零乱，多呈北西、北东、北北东方向延伸。低山区缓谷延伸较远,多呈峡谷状,部分为底平陡坡的隘谷,部分沟谷开阔处可形成溪谷平原或山间盆地、谷地,低山区风化壳较发育,山坡较缓处和山麓地带残坡积物厚度可达 0.5 ~ 1.5 米,山顶 0.1 ~ 0.5 米。局部基岩裸露,土壤以红壤为主,400 米以上可发育红黄壤。

(二)中低山

主要分布于湘乡市的壶天、桃林、太平、新铺、桂花、中沙、虞唐、巴江,湘潭县青山桥及韶山市等地,面积 131.60 平方千米,占全市山地面积的 21.65%。中低山坡度一般为 30 ~ 35 度,部分可达 40 度,相对高差 400 ~ 600 米,海拔高度多为 500 ~ 800 米。河网冲沟密度为 1.35 ~ 1.75 千米 / 平方千米。中低山具有山岭陡峻,山脊明显的特点。山顶大多为浑圆状,少部分为头棱状,山脊以直线坡、凸形坡为主,主山方向以北北西、北西、北西西为主。中低山区地形起伏大,溪流切割深,局部造成隘谷及盆地、谷地地貌。由于地势较高,自然条件的垂直分带性较低的山明显。中低山区切流面积大、流水线状侵蚀的垂直下切是主要的现代地貌过程,局部地段出现过泥石流及滑坡现象。

附　市区地貌

湘潭市区东北稍高,西南偏低。东北部分布有昭山、玉屏峰、寨子岭、龙骨岭、凤形山、道仙岭、法华山等,海拔高度均为 120 米以上的丘陵。西南部海拔都是几十米的岗地和平原。湘江自东绕南然后转北,呈"U"字形贯穿境域。由于湘江流水的冲积作用,沿江两岸形成较为平坦而又宽窄不一的冲积平原,还有少量的红岩、红土丘岗,地表微向河谷倾斜,略有起伏。

市区内最高点为法华山,海拔 299.1 米,最低点在易家湾吴家港,海拔 29.6 米,高差为 270 米,地势比降为 33.7%。昭山至法华山一带为丘陵区,海拔高度 200 ~ 300 米,坡度 20 ~ 25 度,相对高度 150 ~ 200 米。与高丘地带连绵在一起的低丘地带,海拔高度在 150 ~ 200 米之间,坡高在 15 ~ 20 度之间。东北部为高岗地,海拔高度为 100 ~ 150 米,相对高度在 30 ~ 60 米,坡度 10 ~ 15 度。市城区及其西南为低岗地,海拔高度为 50 ~ 100 米,相对高度 10 ~ 30 米,坡度在 5 ~ 10 度。湘江两岸为平原区,一般由深厚的河流冲积物或第四系松散堆积物组成,地势平坦,海拔小于 50 米,相对高度小于 10 米,坡度小于 5 度。

第四章　气候

第一节　气候特征

湘潭地处欧亚大陆东部低纬地区,有明显的季风气候特点,属中亚热带季风湿润气候类型,其基本气候特点为:四季分明、热量丰富、雨水集中、春温多变、夏秋多旱、严寒期短、暑热期长。由于季风的影响,气温的界限温度年际变化大,也带来"三寒"(倒春寒、五月低温、寒露风)以及干旱、洪涝、大风、雷暴等灾害性天气。

湘潭四季分明，冬夏长而春秋短。根据气象学上以候平均气温作为界定季节的标准，候(5天)平均气温低于10℃为冬季，高于22℃为夏季，介于10℃～22℃之间为春季和秋季。大致为：3月23日进入春季，5月27日结束；5月28日进入夏季，9月18日结束；9月19日进入秋季，11月20日结束；11月21日进入冬季，3月22日结束。民间习俗以农历一、二、三月为春季，四、五、六月为夏季，七、八、九月为秋季，十、十一、十二月为冬季。以"立春""立夏""立秋""立冬"为四季之首日。

春季是冬季风向夏季风过渡的季节，风向较不稳定，但以偏北风居多。春季是湘潭一年中冷空气活动最为频繁的季节，当有冷空气入侵时，气温骤降陡升，易出现寒潮或低温连阴雨天气；天气变化剧烈时，还会带来强对流天气。故民间有"春似孩儿脸，一天变三变"的说法。4月中旬一般进入湘潭的雨季，晚春5月局部地方常有雷击、冰雹、大风、暴雨等灾害性天气。

夏季受西太平洋副高和印度低压控制，为偏南的热带海洋季风，盛行偏南风。初夏(6月初)南北气流仍交绥频繁，雨量增加，一年中暴雨出现最多的于6月份，占全年暴雨日数的35%，洪涝也一般发生在此月。6月中旬以后，随着副热带高压第一次北跳（高压脊线自20° N北跳到25° N附近)，湘潭的雨季结束(历年平均结束时间一般在7月上旬初)，并进入相对干季。第二次副热带高压发生明显季节性北跳(高压脊线达到28～30° N附近)后，湘潭进入盛夏期(7月中旬至8月上旬)，由于受副热带高压控制，盛吹西南风，是一年中最热时期，常出现高温天气过程，加上蒸发大，易发生干旱。夏末期(8月中、下旬)仍是炎热少雨，以旱为主，相对湿度小，偶尔受台风影响，稍有降水，可缓和旱情。

秋季是夏季风向冬季风的过渡季节，初秋时节(9月上、中旬)湘潭为一致的偏北气流，湿度很小，是湘潭"秋高气爽，天高云淡"的时节，由于降雨少，常发生秋旱。9月下旬，当冷空气入侵时，降温明显，常出现"寒露风"。10月中旬以后，西南风急流又重新建立，冷空气南下后在南岭形成静止锋，因此阴雨天气日数显著增加，在10月到11月常出现连阴雨天气，即"秋雨"现象。

冬季常在变性极地大陆冷气团控制下，盛吹偏北风，是一年中最冷、雨量最少的季节。冷锋侵入时，可造成寒潮、大风、雨淞等灾害性天气。深冬时节，也有严寒和冰雪天气，但连续降雪或出现冰冻的时间不长，多在1～7天消失。地表水面结冰的日子常不足20天，若以候平均气温在0℃或以下为严寒期标准，湘潭大多年份没有出现严寒天气，故冬季严寒期不长。

湘潭市雨量充沛，光热资源丰富，是全省多日照地区之一，比同纬度的湘西地区约多200小时。光、热、水基本同季的气候特点，为工农业生产及人们的生产、生活提供了丰富的气候资源。

第二节　气象要素

20世纪80年代以来，由于大气中二氧化碳及其他温室气体含量的增长，使地球的温室效应更为明显，致使全球气候变暖，并带来一系列环境问题。据统计分析表明，1986～2005年湘潭气候变化的主要特点呈气温升高、降水量增加、日照减少的趋势。季气温方面：冬春秋为上升趋势，而冬季气温上升的幅度较大，暖冬趋势明显；夏季气温为下降趋势，渐转为凉夏。季降水：冬夏秋降水为偏多趋势，春季呈偏少态势。季日照：各季均呈下降之势。

一、温度

(一)气温

1. 气温年际变化　湘潭市年平均温度在 16.9～17.4℃，最低年平均气温 16.2～16.7℃(1993 年),最高年平均气温 17.8～18.2℃(1998 年),气温年变化变幅为 1.5℃左右,年平均年际变化不大。一年中最冷时段出现在 1～2 月,年极端最低气温极值为 -12.1℃(1991 年 12 月 29 日);一年中最热时段出现在 7～8 月,年极端最高气温为 41.8℃(2003 年 8 月 3 日)。

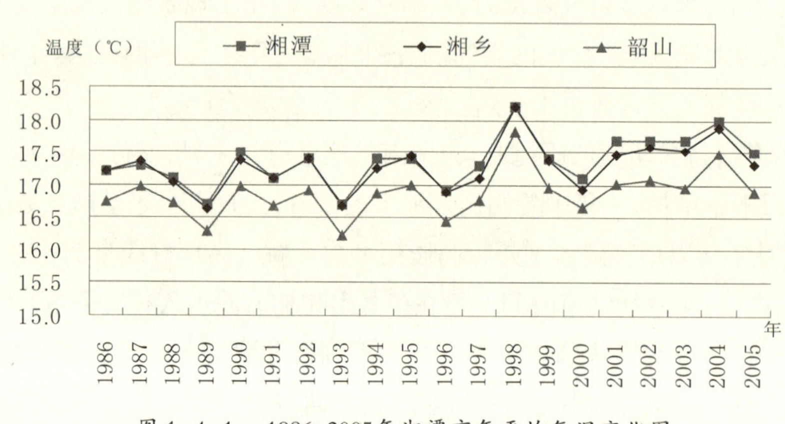

图 1-4-1　1986~2005年湘潭市年平均气温变化图

2. 气温季节变化　季平均气温按春、夏、秋、冬分,春季平均气温 16.9℃,夏季平均气温 27.4℃,秋季平均气温 18.4℃,冬季平均气温 6.7℃。

3. 气温月变化　常年月平均气温,1 月为 5.1℃,2 月为 7.2℃,3 月为 10.5℃,4 月为 16.9℃,5 月为 21.3℃,6 月为 24.7℃,7 月为 27.8℃,8 月为 26.9℃,9 月为 23.2℃,10 月为 18.0℃,11 月为 12.9℃,12 月为7.7℃,其中 1 月平均气温为最低月,7 月平均气温为最高月。

4. 气温水平变化　全市气温水平差异为东高西低,由境域西部和西北部向东部递增。即湘潭县青山桥盆地热量较多,湘乡市褒忠山到大乐、岐山一带热量稍低,中东部涟水、涓水、湘江沿岸热量多,始期早,终期迟,持续日期长。

(二)地温与无霜期

1. 地面温度　海拔 60 米左右的地方,平均地面温度为 18.6～20.5℃,在同时间内,地面温度比气温要高,春季偏高 1～2℃,夏季偏高 4～5℃,秋季偏高 2～3℃,冬季偏高 1℃左右。地面温度元月平均 5.8℃,7 月平均 33.9℃。年极端值最低地面温度 -15.6℃(1991 年 12 月 29 日),年极端值最高地面温度为71.7℃(2005 年 8 月 1 日)。

2. 地中温度　海拔 60 米左右的地中深度（5、10、15、20、40、80、160、320 厘米）平均温度在 18.9℃左右,变化值很小。但地中各层温度随时间和季节变化则比较明显,1～3 月、9～12 月为逐层递增(即深度愈深,温度愈高);4～8 月则逐渐递减(即深度愈浅,温度愈高)。地中各深度的变化 1～8 时和 15～24 时为逐层递增,9～14 时为逐层递减。

3. 无霜期　湘潭市平均初霜日期一般在 11 月中、下旬,平均终霜日在第二年 2 月下旬,平均无霜期 269～281 天。无霜期最长的年份为 311 天(1987 年),最短的年份为 227 天(1996 年)。

二、降水

（一）降雨量

1. 降雨量地域分布　全市年均降水量1389.4～1437.8毫米，大体分布是山区多于丘陵、平岗，东南部多于西北部。

2. 降雨量年变化　湘潭市降水量，年与年之间变化很大，最少年996.9毫米（1986年），最多年为1923.3毫米（2002年），之间相差926.4毫米。降水多集中于春夏两季，秋季次之，冬季最少。

3. 各季雨量分布　湘潭市降水量季值、月值变化较大。一季度300毫米，占全年的21.6%；二季度（4～6月）为主汛期，降水量最多，为586.9毫米，占全年的42.2%；三季度308.2毫米，占全年的22.2%；四季度最少，为194.3毫米，占全年的14.0%。历年各月以6月份平均降水量最多，历年平均228.2毫米，最多年份396.8毫米（1990年），12月份最少，历年平均45.2毫米。

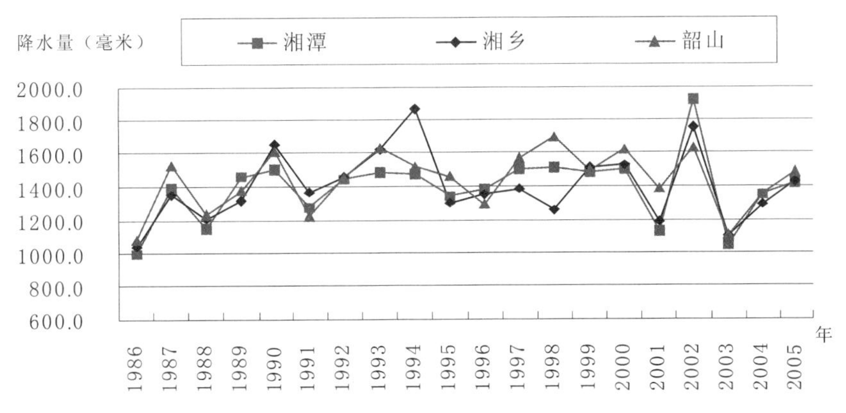

图1-4-2　1986~2005年湘潭市年总降水量变化图

（二）降雪（含积雪）

全市降雪量少，降雪的日数不多，年平均降雪日数为10天，降雪平均开始日期为12月18日，有记录最早为11月23日，最迟日为3月25日，农谚有“清明断雪”的说法。

降雪少，积雪的日数更少，积雪日数一般不超过5天，山区积雪比平地多，个别年份积雪厚度25厘米。

三、蒸发

蒸发分水面蒸发和陆地蒸发。水面蒸发量因全境处在湘江下游河谷地地域，属于蒸发高值区。境域年均蒸发量1323.4毫米，陆地蒸发因属洞庭湖地区，它随高程增加而减少，境域蒸发，高值在涟水流域一线，低值在紫荆山周围。7月蒸发量最大，为230.7毫米，占全年的17.51%，1月蒸发量最小，只有40.8毫米，占全年的3.17%。除湘乡外，湘潭县、市城区与韶山市降水量多于蒸发量。

湘潭市历年月均水分盈亏一览

表 1-4-1　　　　单位：毫米

月份	湘潭市区			湘乡市			韶山市		
	降水量	蒸发量	盈亏	降水量	蒸发量	盈亏	降水量	蒸发量	盈亏
1	70.4	40.8	29.6	70.8	41.1	29.7	70.8	40.7	30.1
2	92.1	44.9	47.2	91.8	44.8	47	88.6	43.3	45.3
3	125.6	62.1	63.5	123.9	61.6	62.3	127.3	60.5	66.8
4	181.2	94.5	86.7	175.2	95.3	79.9	195.5	91.5	104
5	181.5	129.3	52.2	184.3	129.4	54.9	195.8	126.1	69.7
6	219.5	143.1	76.4	199.1	145.3	53.8	219	139.9	79.1
7	111.5	230.7	－119.2	117.8	233.9	－116	116	225.2	－109.2
8	108.4	202.3	－93.9	118.2	203.2	－85	110.1	192	－81.9
9	67.5	142	－74.5	63.8	143.9	－88	70.9	132.4	－61.5
10	88.4	104.9	－16.5	83	108.4	－25.4	87.3	101.1	－13.8
11	62.3	72.6	－10.3	62	74.6	－12.6	62	73	－11
12	38.3	56.2	－17.9	37	58.6	－21.6	37.7	58.4	－20.7
全年	1346.7	1323.4	23.3	1326.8	1340	－13.2	1381.1	1284.1	97

四、日照

（一）日照年变化

湘潭市年平均日照时数为 1507.7～1570.5 小时，占可照时数的 34%～36%。年日照时数年际变化大，最多年日照时数 1822.1 小时（1986 年），最少年日照时数 1356.2 小时（1989 年），年变化变幅近 500 小时。

（二）日照季变化

季节分配上，夏季日照最多，秋季和春季次之，冬季最少。夏季平均日照时数 600.3 小时，最多年 695.6 小时（1992 年）；秋季平均日照时数 424.9 小时；春季平均日照时数 317.2 小时；冬季平均日照时数 224.1 小时；最少年仅 114.5 小时（1990 年）。

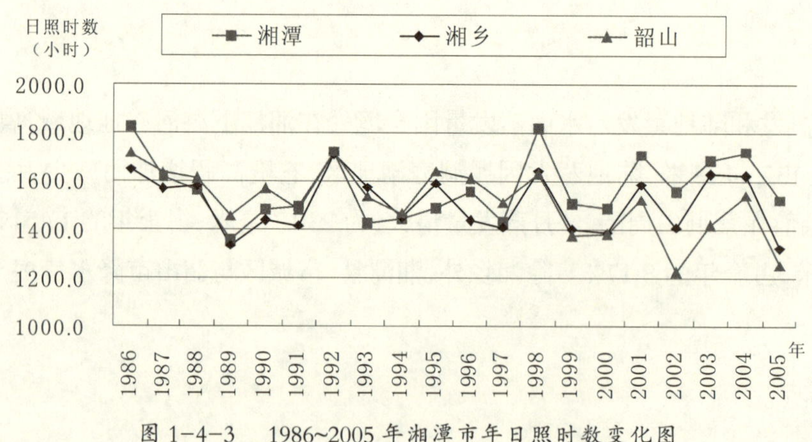

图 1-4-3　1986~2005 年湘潭市年日照时数变化图

(三)日照月变化

日照时数的逐月变化，呈一峰一谷形式，低谷出现在1月，月平均日照时数60.3小时，日照百分率在20%左右。2月以后，日照逐渐增多，2～6月增加幅度较小，该时期阴雨日数多。7月雨季结束，日照时数比6月显著增加，一年中以7、8月日照时数最多，均在200小时以上，日照百分率54%～58%。8月以后至12月，日照时数逐月递减。

五、气压

(一)气压年月变化

湘潭年平均气压为1008.1百帕，年平均气压变化幅度很小，年最大变幅仅1.5百帕。月变化呈一峰一谷形式，其峰值出现在12月份，自1月以后开始下降，3～4月下降最快，至7月达到最低值，9～10月升高最快，到12月份又达到最高值。

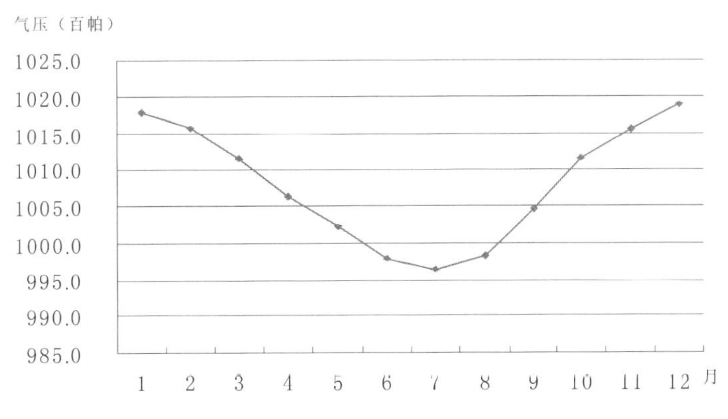

图1-4-4　1986~2005年湘潭市累年各月气压变化图

(二)气压日变化

气压一昼夜间，有着明显的周期变化。境域一般情况下，其日变化呈一峰两谷形式：峰值出现在上午9～12时。高值出现的季节，夏季略早，冬季稍迟；最低值出现在15～18时，次低值出现在凌晨4～5时，其低值出现时间夏季偏迟，冬季较早。

六、风

(一)风向

湘潭市属中亚热带季风湿润气候，风向具有明显的季节变化；冬季盛行偏北风，夏季盛行偏南风。春秋二季为冬夏季风的转换时期，风向不如冬季稳定，但各地仍以偏北风居多。

(二)风速

湘潭市年平均风速在2米/秒以上，一年中以3、4月和7月风速较大，这是由于3、4月初春冷空气活动及高空风速的动量下传作用的结果，7月内陆多热低压活动，使海陆气压差异增大，因而风速较大，而10～12月风速则较小。

湘潭市月最大风速(2分钟平均风速)，平均为10～20米/秒之间，风向以偏北风为主，湘乡、韶山月最大风速平均为 10～28 米 / 秒，风向以偏北风为主。冬季和春季主要是冷空气活动形成大风天气，所以最大风速的风向多是偏北风，而夏、秋季两季的大风风向较乱。

七、湿度

（一）年月平均相对湿度

湘潭市年平均相对湿度为 80%，月平均相对湿度都在 77%以上。一年中冬季相对湿度为 80%；春季为 82%（最大）；夏季为 81%；秋季为 79%（最小）。湿度的变化与温度的变化恰好相反，凌晨的湿度一般在 80%以上，最大时可达 100%。12～16 时前后最小（不含阴雨天）一般在 75%以下。

（二）最小相对湿度的年月分布

最小相对湿度能表示出某地的干燥程度。湘潭市各站年平均最小相对湿度在 10%～15%之间，大部分出现在冬季 12～1 月。月分布上，11 月和 12 月是最小相对湿度历年出现的月份。

1986～2005 年湘潭市主要气象要素极值情况

表 1-4-2

要素	项目	湘潭	湘乡	韶山
最高气温（℃）	极值	41.8	40.8	40.1
	日期	30/7	29/8	1/8
	年份	2003	2003	2003
极端最低气温（℃）	极值	–12.1	–11.0	–12.1
	日期	29/12	29/12	29/12
	年份	1991	1991	1991
≥35℃天数（天）	天数	40	43	37
	年份	2003	2003	2003
一日最大降水量（毫米）	极值	143.6	156.5	163.1
	日期	22/5	14/8	27/6
	年份	1998	1994	1990
最大积雪深度（厘米）	极值	18	20	26
	日期	28、29/12	28/12	28/12
	年份	1991	1991	1991

第五章 水文

第一节 河流水系

湘潭地处湖南中部，湘江中下游，水系发育，河网密布，境域主要河流有湘江及其支流涟水、涓水、靳江等。

一、湘江

湘江发源地为广西兴安县海阳山近峰岭，由东安县叉江进入湖南省境域，经永州市、衡阳市、株洲市，进入湘潭市境域。

湘江南段自湘潭县茶恩寺镇龙井村三冲子进入境域东南角，为与衡东县界河。樊田港水（向阳渠）从左汇入，入口处河中有一石洲。向东北4千米至衢子口，再3.5千米至寺门前，潭口港水（朝阳渠、马家堰河）及连家港水从左汇入。再0.3千米，至湘潭县马家堰湘河村都石站进入株洲县。此段，长14.2千米。

湘江北段从岳塘区板塘乡云和村橘子口港入境，左纳严家港、深潭港水。河中有洲长约1千米，名古磉洲，洲尾右纳洛步港水。折西经向家塘4千米至下摄司，左纳杨家洲河（向东渠），右纳杜家港水，再西3千米于易俗河北涓水左来汇入。又西折北流2千米至湘河口，涟水左来汇入，再直北流，黄旗港水右来汇入，河中有洲长1千米许，名杨梅洲，唐兴桥水左来汇入，烧窑港及灵官渡二水右来汇入。折东北经石嘴垴下有潭，过城区出湘潭一大桥，三大桥、铁路大桥右纳宋家桥护潭一级撇洪渠至文昌阁复折北流8千米至滴水埠，阳雀港、滴水埠二水右来汇入。再北3千米至竹埠港，竹埠港水左来汇入，其对岸入一小水亦名竹埠港。湘江至此出城区沿市区、县界北流，1.5千米处渣埠港水（争光渠）左来汇入。又1.5千米至罐子窑，转东北，2千米至鹞子岩复折北流，2千米至易家湾，吴家港水、易家湾水右来汇入。1千米至昭山，折西北，至长沙县界，2千米幕云市，江中有洲，名兴马洲，洲尾板石港水（湘江渠）左来汇入，江中又一洲名莪洲，戊寅港、下港二水左来汇入。洲之西北即炭塘，湘江由湘潭县响水乡富家村船形山下王家坝出境入长沙。此段长50.4千米。湖南省湘阴县濠河口入洞庭湖。

湘江干流全长856千米，流域面积94660平方千米。湘潭境域长64.6千米，流域面积5006.46平方千米。

湘江在湘潭境域河宽一般为600～1200米，最宽处有1500米，最窄处仅有320米，平均坡降0.04/1000。河床地质为沙泥，间有卵石。

马家河至昭山42千米常年能航行千吨级船队。

二、涟水

涟水为境域湘江最大支流，其原头有二，左支为蓝田河，出于湖南新邵县西南部汤角山梅寨坳。右支为杨家滩河，出于新邵县龙山骡马冲。以右支为主干，两支汇合于娄底市犁头嘴后，于毛田乡老竹园村入湘乡市水府庙水库。由犁头嘴东流8千米至西河口，西阳河、佘庄河、歧潭河、翻江河水从左岸汇入，毛田河水从右岸汇入水库，龙潭水从窑街仑附近汇入，黄竹洞水于下马河左岸汇入。河道从水府庙水库大坝出境，再入双峰，至杏子铺后呈"S"形急弯，河道从山间穿行，除杏子铺及江口附近河道呈一葫芦状并中间有一沙洲以外，其余河宽均在110～250米之间，河床多为岩石及卵石，有泥沙。自江口折东北，从虞塘镇观贤村复入湘乡市境，河出大洋潭，有洋潭引水坝，部分河水入韶山灌区总干渠，两岸山势突然展开，尤以右岸为甚，形成苏坡、洪塘平原，河道大体呈"S"形，经小车、潭市到石狮江，长23千米，有"U"形小湾4处，"U"形急湾1处，河宽160～410米。平均坡降为10.28/1000，河床多为卵石及泥沙，间有岩石。在苏坡有虞塘、城江河水从右汇入，在潭市有竹洞水从左汇入，在石狮江有石狮江水东西干流从左汇入。

从石狮江向南复折东北，经山枣、洙津渡到湘乡市城，长21千米，在山枣有"U"形大湾1处，洙津渡有"U"形小湾2处，河宽170～530米，平均坡降0.29/1000。河床多卵石、泥沙。育泉河水从杨洲桥左岸汇入，萧家河水(梅桥水)从右岸汇入。莱石港、芦塘河从左汇入，虎涧河从右汇入。从湘乡市城南过东山大桥。河中一洲称孤洲(碧洲)。

河从湘乡市城东北流过，南岸经文佳滩、鸟子嘴入湘潭县境，其间，右岸入尧塘水、文佳滩水，再折东至石潭，共长25.3千米，河道向东北弯曲，有"U"形湾3处，大湾1处，平均坡降为0.38/1000，河宽170～400米，河床为卵石、泥沙。此段中，左岸有三湘河水、白托水、赵家港水、龙家港水、李家港水、马家港水汇入，右岸有杨泗庙水、炭勾港水、铁水桥水(石潭水)汇入。

自石潭经石潭大桥转北至箕子岭，崖下有潭，再过箕子滩4千米，其间龙泉港、梁家港、牛库坝三水从左汇入。再2千米至湖江口，云湖水从左汇入，屯塘水从右汇入。再约1千米至南北塘，折东北5千米至姜畲，其间沙子坝水从左汇入，粘米港水、黄草港水(列雁荆河)、谢家港水由右岸汇入，又纳建中渠于左岸，易家坝水从左岸汇入。由姜畲折东偏南，友谊渠水自左汇入，又纳尧家湖(友谊渠)水6千米至杨家港，龙口桥水、桃花港水、杨家港水(团结渠)从左汇入，林家坝从右汇入。再东南4千米，经落笔渡折东至源湘河，寻笔港水从右汇入，过涟水大桥再折东南4.7千米，万赛港水从右岸汇入至湘河口进入湘江。

涟水干流全长224千米，流域面积7155平方千米，湘潭境域长94千米，流域面积2665.5平方千米，平均坡降0.3/1000。

石屋塘至工农电厂27千米为7级航道，江口至湘河口107千米为等外级航道。

三、涓水

涓水发源于双峰县南部，北源黄巢山、南源九峰山，从西向东流经双峰、衡山，于湘潭县龙口乡泥湾村下犁头嘴进入湘潭县南境，0.2千米青山河自左汇入，又纳桃花港水从左汇入。再8千米至花石，其中小梓木港水从右汇入。至龙口西，龙口港水从右汇入，花石水从观政桥自右汇入。又北流至回龙桥，回龙桥水自左岸汇入，折东共10千米至盐埠，其间尹家港水从右汇入，延化港水、同心桥水从左汇入，同边桥港水从右汇入。过盐埠河坝从盐埠折东北5千米至锦石，宁家潭水从右汇入，流阳桥水（群英渠）从左汇入，再3千米至射埠，如归桥水从左汇入，约东流4千米右纳铁江坝水至铁江义渡，左纳烂泥坝、牛形坝、石嘴港三水，右纳谢家港水。再北流6千米至吟江，碧水港水、吟江口水、继述桥水从右汇入。3千米至吟江坝，又1千米至打石坑，打石坑水自左汇入。再折东又折北6千米至古塘桥，石湾桥、硬石桥、古塘桥诸水从左汇入，牛角冲、崩勘湾二水从右汇入。自古塘桥折东4千米至郭家桥，石桥、郭家桥二水从左汇入，黄竹港、忠信港、黄龙桥三水从右汇入。折东北经双板桥，双板桥水自左汇入，6千米至石头碑，麻古滩、双江港、樟树港水从左汇入，烟霞港水从右汇入。自石头碑历一"S"形弯道后经杨溪埠11千米至易俗河镇西汇入湘江，期间穿涓水大桥，有株木港水、长龙坝水从右汇入。

涓水干流全长117千米，流域面积1764平方千米；湘潭境域干流长65千米，流域面积1070平方千米，平均坡降0.82‰，河面宽100～150米；涓水流域地势平坦，沿岸多为稻田或泥沙土，暴雨之后，泥沙冲刷入河，河床多为泥沙、卵石，且逐年淤塞增高，容易发生洪水灾害。

石头碑至河口11.25千米为等外级航道，可以通行10吨以下的运沙船。

四、靳江

靳江又名建水。发源于湘乡市金石镇靳源村罗仙寨，入宁乡县后又从宁乡县出，于烧汤河入湘潭县境，折南复折东北至青竹港，东流2.1千米至杜家坝，再1.5千米至仙人桥，其中双塘湾水、南庙水、青竹港水（南谷水）从右汇入。再北流5.5千米至龟头市，黄獭桥水从右岸汇入，涧山、大石坝二水从左岸汇入。过龟头市出境入望城县，东北流24.5千米至靳江河口入湘江。靳江全长85千米，境域河长10千米，平均河宽50米，流域面积781平方千米，平均坡降0.55/1000河床多为细沙，两岸为沙土，在龟头市河中有巨石状如伏龟，有头张望（已被毁）。

五、乌江

发源于湘乡市番江镇吉洞村黑山仑，于河山东北流，于司鼓塘南纳花乔河水，又纳仁厚河、金石河，再东北流入宁乡境入沩水，在境域长约14千米。

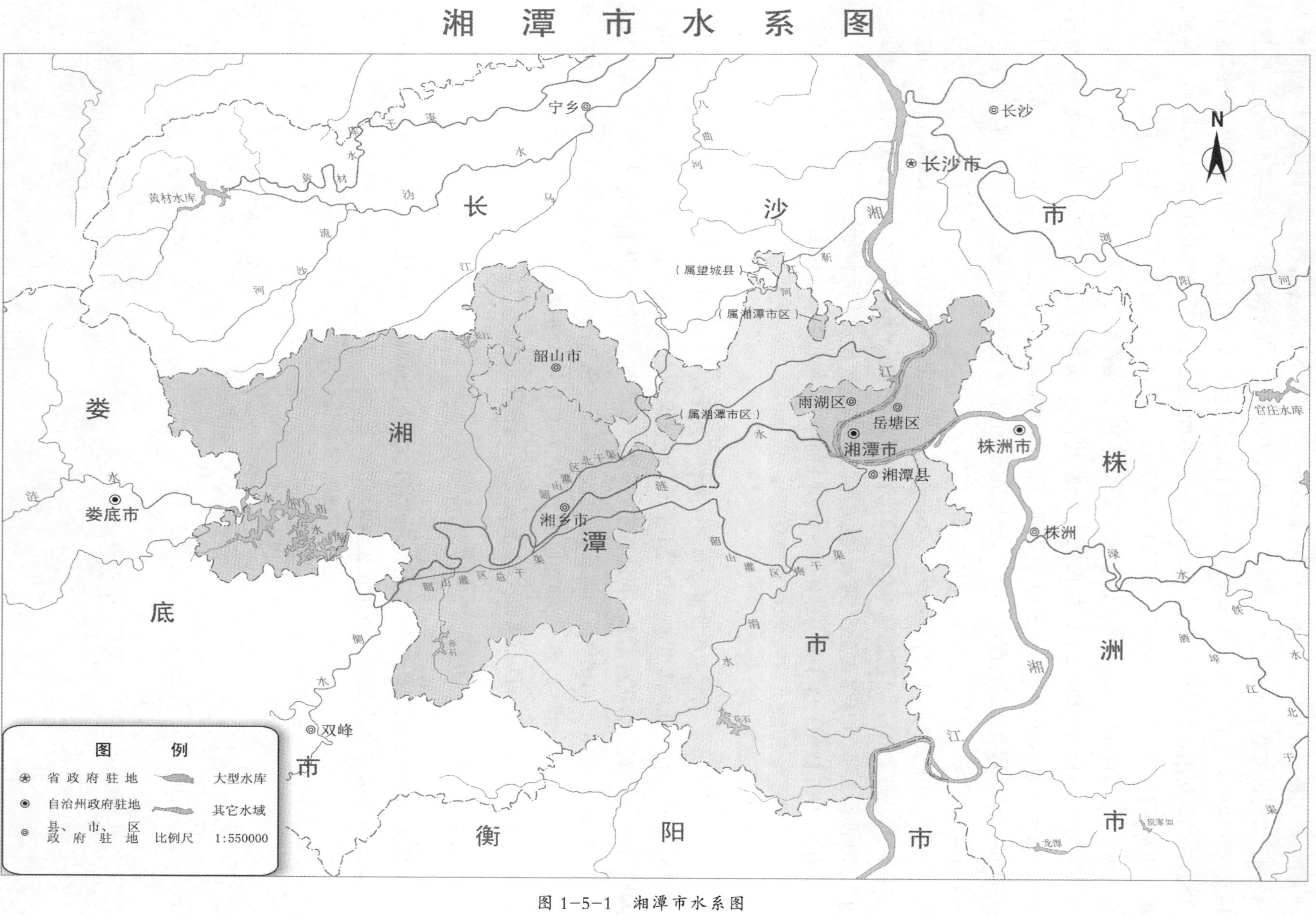

湘潭市水系图
N
长沙市
株洲市
湘潭市
岳塘区
雨湖区
湘潭县
湘乡市
韶山市
娄底市
长沙
株洲
宁乡
双峰
黄材水库
官庄水库
（属望城县）
（属湘潭市区）
（属湘潭市区）
韶山灌区总干渠
韶山灌区北干渠
韶山灌区南干渠
图例
省政府驻地
自治州政府驻地
县、市、区政府驻地
大型水库
其它水域
比例尺 1:550000

图 1-5-1 湘潭市水系图

表 1-5-1

湘潭市境域湘江、涟水、涓水 10 千米以上的主要支流

河流名称	发源地	流经地段	境域长（千米）	流域面积（平方千米）
潭口港水	湘潭县中路铺镇五龙山南麓	沿途纳桥头湾、罗家坝、深塘湾、罗家洲四条二级支流。自北向南，经柱塘铺、中路铺、马家堰。1971年，建成“朝阳渠”，长 12 千米，在凤形山东折，于寺门前入湘江	19.4	196
杨家洲河	杨家洲河，又名茶园水，发原于湘潭县继述桥鸡肝岩荷塘坪	北流经石坝口水库至石坝口，荷叶坝水从右汇入。再东北流 6 千米，大林冲水从左汇入。北 3 千米至梅林桥，黄竹冲水从左汇入，再 5 千米，枫木冲水从左汇入，再 5 千米紫金河水从右汇入。再 6 千米至湾东港折西 1 千米至杨家洲，于杨家洲入湘江。杨家洲河全长 31 千米，下游人工渠化，称向东渠，流域面积 272 平方千米，是发原于境域较大的湘江支流	31	272
竹埠港水	湘潭县响塘乡水口山	流经响塘乡、鹤岭镇，于竹埠港入湘江	26	63.1
渣埠港水	湘潭县响水乡毛家村止贵塘	下游段为“争光渠”，于响水乡渣埠港入湘江	15	34.5
石狮江	红日水库与长江水库	有东西干流，西干流源出红日水库，经月山，太平，新铺、石柱、双江，至双江口，长 39 千米；东干流源出长江水库，流经白田、沙田，太平、轧桥，花坪、泉塘等地，至双江口，长 33 千米。东西干流聚于双江口后，南流 2.5 千米至石狮江口入涟水	41.5	418
云湖河	韶山市大坪乡祝赞村书堂山	流经如意镇石坝桥，西汇韶河水，向东南而流，过银田寺，于楠竹山镇荷芙村入湘潭县境，穿过通湖桥，折东流过云湖桥，至山塘湾。云湖江口入涟水	52	281
烈雁荆河	湘潭县乌石峰北麓观音山	向东南而流，流经景泉、乌石，抵达方上桥，过见龙桥折北流，经列家桥至雁坪，在马颈坝分为二水，东支黄草港，西支粘米港，二水汇从杨嘉桥镇荆州入涟水。下游段为“烈雁荆河”，控制集雨面积 154.7 平方千米	35	162
尧家湖水	湘潭县响塘乡谭家坳北麓	该水从莳竹棚起，经诸公桥、百子桥、傍山至龙子桥，为排灌兼用的“友谊渠”。于龙子桥入涟水	16	37.9
杨家港水	湘潭县响塘乡仙女山东	已改建为排灌兼用的“团结渠”，流经塔岭、长城等地，杨家港入涟水	20	55
石潭水	湘潭县乌石镇黄泥坳	石潭镇杉木桥入涟水	11	28.5
花石水	紫金山西麓毛山坝	湘潭县花石镇观政桥入涓水	19	75
延化港水	湘潭县分水乡石江村人形山南麓	上游有南田水库，水库以下干流为“胜天渠”，至盐埠入涓水	20	48
回龙桥水	湘潭县分水乡人形山北麓	流经排头乡，于回龙桥入涓水	13	32.8
流阳桥水	湘潭县乌石镇潭口	流经湘潭县景泉、黄荆坪、锦石，于流阳桥入涓水。下游段从胜利坝起为“群英渠”，从金塘街入涓水	23	80.3
南谷水	湘潭县响塘乡谭家坳北麓	自南向北，于仙女桥入靳江	15	66.1

第二节 河流水文特征

一、径流

湘江、涟水、涓水等河流径流主要依靠降水补给，多年平均年径流深约 752.3 毫米。径流量的年内变化与降水季节变化相应；汛期（4～9）月占 72.5%，其他月份只占 27.5%，其中 6 月最大，1 月、12 月最小。1985～2005 年，根据湘潭水文站、湘乡水文站、涓水射埠水文站实测记录：湘江多年平均径流量约 681 亿立方米，最大年径流量 1035 亿立方米（1994 年），最小年径流量 466 亿立方米（1986 年）。涟水多年平均径流量约 45 亿立方米。涓水多年平均径流量约 12 亿立方米。射埠（二）站记载，1985 年径流深 527.33 毫米，比多年（1985～2005 年）年均径流深 750.9 毫米，下降 223.57 毫米；1990 年径流深 748.83 毫米，比多年年均径流深略有下降；2002 年径流深 1087.31 毫米，为最大值，比 1990 年增加 338.48 毫米；2005 年径流深 868.23 毫米，比 2002 年径流深下降 219.08 毫米。

1985～2005 年涓水射埠（二）站径流参数一览

表 1-5-2

年份	月均径流量（立方米 / 秒）	年径流量（10^8 立方米）	径流模数（公升 / 秒·平方千米）	径流深（毫米）
1985	23.48	7.40	16.72	527.33
1990	33.34	10.51	23.75	748.83
1995	33.45	10.55	23.82	751.25
2000	47.39	14.95	33.76	1064.50
2005	38.80	12.19	27.50	868.23

二、水位

1985～2005 年，根据湘潭水文站、湘乡水文站、涓水射埠水文站实测记录：湘江年均水位 31 米（吴淞高程，以下亦同），最高水位 41.95 米（1994 年 6 月 8 日），最低水位 27.04 米（2005 年 11 月 8 日），水位变幅 14.91 米；超过警戒水位 39 米的有 16 年。涟水最高水位 48.48 米（2002 年 8 月 20 日），最低水位 40.89 米（2003 年 9 月 26 日），水位变幅 7.59 米；涓水最高水位 50.06 米（1995 年 6 月 30 日），最低水位 43.61 米（2003 年 8 月 28 日），水位变幅 6.45 米。

三、流量流速

1985～2005 年，根据湘潭水文站、湘乡水文站、涓水射埠水文站实测记录：湘江最大流量每秒 20800 立方米（1994 年 6 月 18 日），最小流量每秒 100 立方米（1986 年 10 月 6 日）；最大流速每秒 2.5 米（1994 年 6 月 18 日）。涟水最大流量每秒 3930 立方米（2002 年 8 月 20 日），最小流量每秒 3.64 立方米（2003 年 11 月 12 日）；最大流速每秒 3.05 米（2002 年 8 月 20 日）。涓水最大流量每秒

1220 立方米(1995 年 6 月 30 日),最小流量每秒 1.46 立方米(2003 年 8 月 28 日);最大流速每秒 2.22 米(1995 年 6 月 30 日)。

四、河流泥沙

20 世纪 80 年代以后,湘江流域植树造林加强,森林复益率提高,水土保护良好,河流泥沙减少。据湘潭水文站实测资料记载,湘江湘潭段多年年平均悬移质含沙量每立方米为 0.179 千克,含沙量最高年每立方米 0.338 千克(1994),含沙量最低年每立方米为 0.096 千克(1986);多年平均输沙模数每平方千米 122 吨,多年年平均输沙量 1139 万吨,最高年(1994 年)2950 万吨,最低年(1986 年)269 万吨,2005 年,湘江湘潭站年平均输沙率年内分配统计见表 1-5-3。

2005 年湘江湘潭站年平均输沙率年内分配统计

表 1-5-3

月份	1月	2月	3月	4月	5月	6月	7月	8月	9月	10月	11月	12月	年值
平均输沙率	17.8	361	32.4	74.4	548	737	50.9	17.6	6.3	4.14	13.2	5.04	153
年内分配(%)	0.95	19.3	1.73	3.98	29.34	39.46	2.73	0.94	0.34	0.22	0.71	0.27	100

涟水、涓水流域普遍绿化、森林植被增加,水土保持能力增强、河流泥沙逐年减少(具体数据缺)。

第六章　土壤

第一节　母岩与母质

境域成土母岩与母质有板页岩、砂岩、花岗岩、第四纪红色黏土、紫色砂岩、石灰岩、河流冲击土等七类风化物,一般呈区域性分布。

一、第四纪红色黏土

又称网纹红土，主要由富铝化的网纹状黏土层和砾石层构成的第四纪沉积地层。由于高温高湿,风化作用强烈,土壤中"盐基"被流失,有机质分解快,而难以流失的铁、铝等物质相对聚集,形成的土壤呈酸性反应,质地黏重,养分贫乏,网纹层板实坚硬,透水不良。此类母质形成的土壤面积为 66530 公顷,占土壤总面积的 18.2%。主要分布在湘潭县响塘乡、姜畲镇、云湖桥镇、石潭镇、河口镇、杨嘉桥镇、射埠镇、锦石乡、花石镇、青山桥镇、分水乡、易俗河镇、梅林桥镇、中路铺镇、茶恩寺镇、白石乡;湘乡市东郊乡、龙洞乡、泉塘镇、育塅乡、山枣镇、虞塘镇、栗山镇;韶山市银田镇、永义乡、如意镇、韶山乡;岳塘区的板塘乡、荷塘乡、双马镇;雨湖区长城乡、昭潭乡、护潭乡。垂直分布区间在海拔 50～100 米。

二、紫色砂页岩风化物

俗称为“见风消”，是世界公认的三大难利用地之一。母岩松脆，易分化崩解，抗蚀性极弱。紫色土是在频繁的风化作用和侵蚀作用下形成的，其过程特点是：物理风化强烈、化学风化微弱。此类母质形成的土壤面积为16900公顷，占土壤总面积的4.6%。主要分布在湘潭县响塘乡、姜畲镇、石潭镇、河口镇、杨嘉桥镇、射埠镇、花石镇、青山桥镇、易俗河镇、梅林桥镇、中路铺镇、茶恩寺镇、白石乡；湘乡市潭市镇、栗山镇、虞塘镇、棋梓镇、毛田乡、东郊乡、龙洞乡、壶天镇、翻江镇、育塅乡。垂直分布区间在海拔50～100米。

三、沙砾岩风化物

沙砾岩是一种沉积岩，是由石粒经过水冲蚀沉淀于河床上，经千百年的堆积变得坚固而成。砂岩形成的土壤为酸性，由于内部含的成分不同，又分别称之为硅质砂岩、铁质砂岩、钙质砂岩。砂岩的风化程度是由胶结物质决定，即硅质的最难，钙质的较容易。硅质砂岩风化后形成的土壤，一般是肥力较低的沙土，养分含量少，保水保肥力差，而铁质、钙质砂岩形成的土壤，肥力较高。此类母质形成的土壤面积为95400公顷，占土壤总面积25%。主要分布在湘潭县响塘乡、姜畲镇、云湖桥镇、石潭镇、射埠镇、锦石乡、河口镇、杨嘉桥镇、花石镇、青山桥镇、易俗河镇、梅林桥镇、中路铺镇、白石乡；湘乡市东郊乡、龙洞乡、育塅乡、月山镇、翻江镇、壶天镇、棋梓镇、毛田乡、潭市镇、泉塘镇、虞塘镇、山枣镇、栗山镇、东山办事处；韶山市银田镇、永义乡、如意镇；雨湖区楠竹山镇。垂直分布区间在海拔60～700米。

四、花岗岩风化物

花岗岩是一种岩浆在地表以下凝却形成的火成岩，主要成分是长石和石英，化学风化强烈。风化后石英变成沙粒，长石变成黏粒，再经过成土过程，形成粗、细粒都有的壤质土，土层较厚，理化性质较好，磷、钾含量丰富，呈酸性反应。但保水保肥能力差，风化黏粒极易流失。此类母质形成的土壤面积为63470公顷，占土壤总面积17.3%。主要分布在湘潭县花石镇、石鼓镇、青山桥镇、分水乡；湘乡市月山镇、白田镇、金薮乡、金石镇、梅桥镇、东山办事处、栗山镇、山枣镇、虞塘镇、翻江镇；韶山市大坪乡、杨林乡。垂直分布区间在海拔60～700米。

五、板页岩风化物

板岩、页岩相互伴生，是一种沉积岩。成分复杂，但具有薄页状或薄片层状的节理，主要是由砂粒和黏土沉积经压力和温度形成的岩石。含沙的称为砂质页岩，不含沙的称为泥质页岩，有石灰反应的称为钙质页岩，含煤的称为碳质页岩。形成的土壤一般土层较厚，养分含量丰富，特别是含磷、钾较多，土壤品质好于其他母质形成的土壤。此类母质形成的土壤面积为98670公顷，占土壤总面积的26.6%。主要分布在湘潭县响塘乡、姜畲镇、石潭镇、射埠镇、锦石乡、花石镇、青山桥镇、石鼓镇、分水乡、易俗河镇、梅林桥镇、中路铺镇、茶恩寺镇、白石乡；湘乡市东郊乡、龙洞镇、育塅乡、月山镇、翻江镇、壶天镇、棋梓镇、毛田乡、潭市镇、泉塘镇、虞塘镇、山枣镇、栗山镇、东山办事处；韶山市大坪乡、杨林乡、韶山乡、如意镇;岳塘区昭山乡、易家湾镇、双马镇;雨湖区鹤岭镇。垂直分布区间在海拔60~800米。

六、石灰岩风化物

简称灰岩,主要化学成分是$CaCO_3$,易溶蚀,故在石灰岩地区多形成石林和溶洞,称为喀斯特地形。形成的土壤质地黏重,可塑性强,透气性差,保水保肥性能好,磷、钾元素缺乏。此类母质形成的土壤面积为11000公顷,占土壤总面积的3%。主要分布在湘乡市棋梓镇、壶天镇,岳塘区板塘乡有零星分布。垂直分布区间在海拔70~350米。

七、河流冲积物

分布于境域河漫滩或阶地,面积15600公顷,占土壤总面积4.3%。由于受水流影响,土层厚度变化较大,泥沙沉积呈明显的带状和层状分布。离河床近则沙重,远则泥重,境域河流上游多为粗沙,下游多为细沙。养分含量较丰富,肥力较高,呈微酸性反应,是粮食作物的主要土壤。

第二节 土壤类型与分布

一、水稻土类

水稻土是境域主要耕作土壤,共有110110公顷,占土壤总面积30.57%。由于成土母质、地形部位、水分状况及发育过程等差异,形成不同的亚类、土属、土种。1978~1979年第二次土壤普查,将水稻土划分为地表型、地下水型和凉水型3个亚类;1980~1985年调整为淹育型、潴育型、渗育型、潜育型、沼泽型和矿毒型6个亚类;1986年为了与全国土壤分类一致,又调整为淹育性水稻土、潴育性水稻土、漂白性水稻土、潜育性水稻土4个亚类。境域共有28个土属,105个土种。

(一)淹育性水稻土亚类 面积1443.13公顷,占水稻土面积的1.31%。一般分布位置较高,主要分布丘岗山地板页岩、石灰岩、紫色砂页岩和沙砾岩地区,俗称高岸田。有浅麻沙泥、浅黄沙泥、浅黄泥、浅灰黄泥、浅灰泥田、浅酸紫泥、中性浅紫泥、浅碱紫泥、浅岩渣田、浅红黄泥10个土属22个土种。淹育性水稻土开垦利用时间较短,分布较高,离住居点远,耕作层浅,熟化程度低,发育不完全,土壤肥力较低,土壤容重大,孔隙度小。

(二)潴育性水稻土亚类 面积82813.53公顷,占水稻土面积的75.21%,是境域水稻土主要类型。主要分布于各大小河流沿岸的一、二级阶地和冲垄地带,有麻沙泥、黄泥田、扁沙泥田、岩渣田、黄沙泥、灰泥田、灰黄泥、酸紫泥、中性紫泥、碱紫泥田、红黄泥、河沙泥、白鳝泥13个土属,59个土种。主要特点是:地理位置优越,温光条件好且水源充足,排灌条件好。土体表面发育完全,层次风化明显。潴育性水稻土淹水期水分以下渗为主,旱作及干水期水分以上升为主,由于水分上下不断交替,犁低层以下形成一个潴育层,使上下层能进行水、肥、气、热的交换。

(三)漂白性水稻土亚类 面积599.13公顷,占水稻土面积0.54%。主要分布于河流一、二级阶地的缓坡地带,有白散泥1个土属,4个土种。是土体中某一层断因水分长期定向移动发生强烈漂洗，形成一个漂白断层的水稻土。主要发育于第四纪红色黏土、河流冲积物等母质，漂白性水稻土所处地形部位地势平坦开阔，水源充足，一般地下水位高，土壤滞水现象严重，多为低产田。

(四)潜育性水稻土亚类 面积25254.27公顷，占水稻土面积22.94%。分布位置较低，多为冲田和垄田，地下水位较高，排水不良，受水作用特别强，多为低产田。是土体大部分处于长期淹水还原条件下发育的水稻土。有青泥田、冷浸田、烂泥田、青矿毒田4个土属，20个土种。潜育性水稻土水分在土壤中下层乃至全层积聚，土壤处于嫌弃状态，形成青泥层。耕作层较深，无明显耕作层和犁低层。

二、红壤

红壤是境域分布最广的一类土壤，面积239330公顷，占土壤总面积66.44%，分布于600米以下的丘陵低山区，心土层呈红色或棕红色，心土紧实，土层深厚，质地沙壤或粘壤，土壤酸碱度值在4.3～5.5，氮、磷缺乏，钾的含量中等。此类土壤其变化随地形、母质不同而异。第四纪红壤发育于第四纪红色黏土，分布于丘陵岗地，红土层具有酸、瘦、粘和水土流失现象。砂岩红壤发育于硅质砂岩和红色沙砾岩母质，分布于高丘陵地；土壤肥力和水湿条件相对较好。花岗岩红壤发育于花岗岩母质，分布于低山丘陵地区；土壤结构松散，易受侵蚀。石灰岩红壤发育于石灰岩母质，分布于中低山地；土壤多为少量或中量有机质薄厚层土壤，土壤易受侵蚀，利用情况较差。板页岩红壤，发育于板页岩母质，分布于低山高丘地区土壤肥力高于其他母质形成的土壤，多为少量或中量有机质中厚层土壤。由于红壤成土母质不一，有红壤亚类、黄红壤亚类和红壤性土亚类3个亚类。

(一)红壤亚类 面积164770公顷，有耕型第四纪红土红壤、耕型花岗岩红壤、耕型板页岩红壤、耕型砂岩红壤和耕型石灰岩红壤5个土属。

(二)黄红壤亚类 面积3300公顷，该亚类是红壤向黄壤过渡的类型，其垂直分布在红壤之上，黄壤之下，海拔高度在400～600米之间。全部分布在湘乡市境域。有黄红麻沙土和黄红沙土2个土种。由于常年空气湿度较大，气温较低，土体成黄红色。

(三)红壤性土亚类 面积71260公顷，一般分布在山坡下部，有耕型花岗岩红壤性土、耕型板页岩红壤性土和耕型第四纪红土红壤性土3个土属，4个土种。是一类年幼而发育不完全的土壤，土层浅薄，自然肥力低。

三、紫色土

主要分布在湘潭县涓水两侧部分地区和湘乡市东郊、泉塘部分岗地。此类土壤呈鲜明的紫红色，大多数是有机质缺乏的薄层土壤，钾的含量比较丰富，物理性质不良，土壤容易流失，易遭干旱。全市面积9845.67公顷，占土壤总面积的2.73%，其中山地9502.7公顷，旱土343公顷。根据石灰岩在土壤中的淋溶情况，分酸性紫色土、石灰性紫色土和中性紫色土。酸性紫色土，由于土内碳酸钙全被淋溶作用洗走，故呈酸性反应。石灰性紫色土，其碳酸钙达10%左右，微有向下淋溶趋势，呈石灰反应。中性紫色土，其土壤中碳酸钙明显向下淋溶，表层碳酸钙基本流失，呈中性反应，底层含有微量“钙盐”，呈中性或微碱性反应。

(一)酸性紫色土亚类 面积5746.8公顷，占紫色土面积58.3%，其中山地5609.4公顷，旱土137.4公顷。有紫红土和酸紫沙土2个土种。主要分布于紫色砂页岩地区丘岗坡脚，土层较深，土壤肥力较高。

(二)中性紫色土亚类　面积 1339.8 公顷,占紫色土面积 13.6%,其中山地 1229.27 公顷,旱土 110.53 公顷。有耕型中性紫色土和耕型中性紫沙土 2 个土种。一般分布在丘岗地区,主要分布在湘潭县射埠、方上桥、易俗河。表土层紫红色,土层较深,发育层次明显,质地中壤至黏壤。

(三)石灰性紫色土亚类　面积 2759.47 公顷,占紫色土面积 28.1%,其中山地 2664.07 公顷,旱土 95.4 公顷。发育于石灰性紫色砂页岩母质,有耕型石灰性紫色土和耕型石灰性紫沙土 2 个土种。集中分布在湘潭县。土壤呈碱性,有石灰反应,土层浅薄,质地黏重,不耐旱。

四、山地黄壤

山地黄壤形成于亚热带生物气候条件下,热量条件较同纬度地带的红壤偏低,在形成过程中,富铝化作用表现相对较弱,土层较厚,肥力较高,土体中氧化铁水化而呈黄色,土壤呈强酸性反应,酸碱度值在 4.5 ~ 5.5。全市面积 733.6 公顷,占土壤总面积 0.2%,其中山地 716.2 公顷,旱土 17.4 公顷。主要分布于湘乡市 600 米以上的中山地带,垂直分布于红壤之上,母质以板页岩、砂岩为主。板页岩上所形成的山地黄壤多为壤土,具有良好的渗透性,风化程度较低,淋溶作用较弱。而发育在砂岩上的山地黄壤,质地偏砂,渗透性强,淋溶作用较明显。

五、潮土

全市潮土面积 200.8 公顷,占土壤总面积的 0.06%。主要分布在湘潭县石潭、湘乡东郊、虞塘、泉塘和雨湖区、岳塘区湘江沿岸地区。由河流冲积物发育而成,有耕型河潮土 1 个土属,分潮菜园土、河沙土、河沙泥土、紫河潮土和熟菜园土 5 个土种。土壤含沙量高,土质疏松,土层深厚,呈酸性至中性反应,全量养分含量不高,速效养分中等,供肥性好。

六、山地草甸土

分布在湘乡市褒忠山山顶开阔部位,面积极小。因风大,树木不能生长,由于气候冷湿,自然植被为茅草,草甸植被繁茂,覆盖度大,有明显的草根盘结层,腐殖质较厚,土层较薄,且岩片较多,土壤剖面为 A ~ C 型。

第七章　自然资源

第一节　土地资源

1986 年,全市土地总面积 501496 公顷,人均土地面积 0.20 公顷。全市耕地面积 126660 公顷,人均耕地面积 0.043 公顷。无统一、规范的土地分类标准。

1996 年,根据航空测量,全市土地总面积 500646.2 公顷。按照《湖南省土地利用现状调查土地分类表》，全市有耕地 122170 公顷（国土局航测面积 144504 公顷），占土地总面积 28.86%；园地 13548 公顷，占土地总面积 2.71%；林地 191420 公顷，占土地总面积的 38.24%；草地 88 公顷，占土地总面积 0.02%；城镇及工矿用地 58607 公顷，占土地总面积 11.71%；特殊用地 754 公顷，占土地总面积 0.15%；交通用地 2678 公顷，占土地总面积 0.54%；水域水利设施用地 14431 公顷，占土地总面积的 2.88%；水工建筑地 1435 公顷，占土地总面积的 0.27%；未利用地 74031 公顷，占土地总面积 14.62%。

2000 年，全市耕地 120960 公顷，占土地总面积 28.83%；园地 13262 公顷，占土地总面积 2.65%；林地 191160 公顷，占土地总面积 38.18%；草地 88 公顷，占土地总面积 0.02%；城镇及工矿用地 59641 公顷，占土地总面积 11.92%；特殊用地 757 公顷，占土地总面积 0.15%；交通用地 3170 公顷，占土地总面积 0.63%；水域水利设施用地 14437 公顷，占土地总面积 2.88%；水工建筑地 1444 公顷，占土地总面积 0.29%；未利用地 72476.2 公顷，占土地总面积 14.45%。

2001 年，根据国土资源部《全国土地分类标准(试行)》，全市耕地 120680 公顷，占土地总面积 28.78%。园地 13180 公顷，占土地总面积 2.63%。林地 190905 公顷，占土地总面积 38.13%。牧草地 88 公顷，占土地总面积 0.02%。居民点及工矿用地 54575 公顷，占土地总面积 10.90%(其中，城镇用地 5187 公顷，独立工矿用地 4358 公顷，农村居民点用地 44274 公顷)。交通运输用地 6906 公顷，占土地总面积 1.38%。水域水利设施用地 51518 公顷，占土地总面积 10.29%。未利用地 39371 公顷，占土地总面积 7.87%。

2005 年，全市土地总面积 500646.20 公顷，人均土地面积 0.18 公顷。其中湘潭县土地总面积 251298.03 公顷，占全市土地总面积 50.20%；湘乡市土地总面积 200363.74 公顷，占全市土地总面积 40.02%；韶山市土地总面积 21010.84 公顷，占全市土地总面积 4.20%；雨湖区土地总面积 7370.66 公顷，占全市土地总面积 1.48%；岳塘区土地总面积 20602.93 公顷，占全市土地总面积 4.12%。

全市耕地 119360 公顷，占土地总面积的 28.16%。园地 13059.85 公顷，占土地总面积的 2.61%；林地 193932.14 公顷，占土地总面积的 38.74%；牧草地 87.45 公顷，占土地总面积的 0.02%；居民点及工矿用地 55742.84 公顷，占土地总面积的 11.13%(其中城镇用地 5985 公顷，独立工矿用地4867.35 公顷，农村居民占用地 44138.5 公顷)；交通用地 8117.27 公顷，占土地总面积的 1.62%；水域水利设施用地 63015.35 公顷，占土地总面积的 12.58%；未利用地 25745.56 公顷，占土地总面积的5.14%。

全市人均拥有耕地 0.041 公顷。湘潭县耕地 67550 公顷，人均 0.060 公顷；湘乡市耕地 42280 公顷，人均 0.047 公顷；韶山市耕地 5225 公顷，人均 0.051 公顷；雨湖区耕地 1320 公顷，人均 0.004 公顷；岳塘区耕地 4509 公顷，人均 0.013 公顷。

第二节　水资源

一、总水量

自然降水是境域水资源主要来源，年降水总量 63.10 亿立方米，年径流深 752.3 毫米，多年年均径流总量 37.66 亿立方米。全市人均年径流量 1380 立方米，只有全省人均年径流量 79%。

境域地下水动储量6.3亿立方米,年均地下水径流模数每平方千米12.56万立方米。地下水分布不平衡,湘乡市西部石灰岩地区,岩溶水蕴藏丰富;湘江、涟水、涓水下游冲积平原的沙砾石层中,孔隙水蕴藏较丰富;其他地区岩层中有裂隙水,但水量很少,不宜过量开采。全市年均利用地下水1亿多立方米。

湘江、涟水、涓水等河流流经境域的客水总汇水面积77698平方千米,多年年平均径流总量738亿立方米,其中湘江干流681亿立方米,涓水12亿立方米,涟水45亿立方米。农业灌溉用水、工业用水和城市居民生活用水以及牲畜饮水,多数从湘江、涟水、涓水提取,客水起到调节作用。但这些客水资源多以洪水的形式通过,利用不多。

二、水量供需

1986年,境域可供水量增加甚少。需水量最多的是农业,其次是工业和城乡人民生活用水以及牲畜饮水。全市水利设施(大型灌区、中小型水库、中小型河坝、山平塘、中小型电灌站、水泵站、泉井等)蓄引提总水量15.89亿立方米,地下水0.48亿立方米,合计16.37亿立方米。其中农业用水12.6亿立方米,工业用水2.8亿立方米,生活用水0.97亿立方米。

1998年,根据湖南省制定的水功能区划数据统计,境域地表水供量为17.50亿立方米,地下水(含浸水)1.65亿立方米,合计19.15亿立方米。需水量为17.45亿立方米,其中农业用水12.7亿立方米,工业用水3.17亿立方米,城镇生活用水0.62亿立方米,农村生活用水0.95亿立方米,供水量与需水量基本平衡。此后,丰水年有余水,干旱年出现缺水。2005年,境域蓄水量为9.49亿立方米,引水量为4.71亿立方米,提水量为1.35亿立方米,蓄引提总水量为15.55亿立方米,利用地下水1.09亿立方米,共16.64亿立方米。其中农业用水13.34亿立方米、工业用水1.27亿立方米、生活用水0.87亿立方米、牲畜用水0.54亿立方米,共计16.02亿立方米,略有余水。

三、水能利用

1985年,全市水能资源理论蕴藏量213418千瓦(包括水府庙电站湘乡部分),可开发利用的水能资源130处,装机容量159739千瓦,发电量57575万度(包括水府庙电站湘乡部分)。是年,有水电站80处,装机容量40552千瓦(水府庙电站30000千瓦),占可开发利用装机容量的25.39%,发电量9265千度(含水府庙电站5823千度),占装机容量的22.85%。

1986年以后,湘乡洙津渡、赤石坝、洋潭、东山,湘潭县吟江坝、花石水库、明珠、列家桥、塔岭、杜家坝等电站由于地理条件限制,大多数低水头运行,设备严重老化,有一部分自然报废。到1990年,运行生产的电站30处,发电机组56台,装机容量9116千瓦,占可利用装机容量5.7%。虽然装机容量减少,但效益提高。5年累计发电13370千度(不含水府庙电站,以下同),年均比1985年增长44.31%。全市小型水力发电站累计安全运行3816天,连续6年评为湖南省优秀小型水力发电站。1991年以后,发电量稳步增长。至1995年,发电站30处,发电机组62台,装机容量29160千瓦,占可利用装机容量18.25%。5年累计发电量43850千度,比前5年增长227.97%。1996年以后,用水量增加,发电量略有下降。到2000年,累计发电量32449千瓦,比前5年减少26%。2001~2005年,电站及发电机组仍为30处62台,装机容量8960千瓦,占可利用装机容量5.61%。5年累计发电

37300 千度,比上个 5 年增长 14.95%。

第三节 矿产资源

1985 年,境内已发现矿产 31 种,140 余处。其中金属矿产 13 种,非金属矿产 18 种;探明储量 17 种,累计探明储量 6.5 亿多吨,矿产资源储量经济价值 205.04 亿元;1986 年以后,不断加大探矿力度、探明一些新的矿种,矿产储量有所增加。至 2005 年,全市共发现矿产 46 种,占全省发现矿种(120 种)的 38.33%,占全国发现矿种(171 种)的 26.9%;其中探明储量矿种 18 种,占全省探明储量矿种(93 种)的 19%;共发现各类矿产地 165 处,探明储量者 60 处,小型以上矿床累计探明各级储量 8.64 亿吨,保有储量 7.22 亿吨。其中大型矿产 11 处,占探明处所 18.3%,小型矿床 24 处,占探明处所 40%;矿点 25 个,占探明矿点 41.70%。探明矿种储量列湖南省前五位的有锰、铝、磷、石膏、海泡石、陶瓷土、水泥灰岩、玻璃用砂岩、熔剂灰岩、冶金用白云岩、耐火黏土、水泥配料用黏土、砖瓦黏土等 14 种。全部矿产资源储量潜在经济价值 238.96 亿元(1990 年不变价)。列全省第 7 位。

全市除锰外,金属矿产贫乏,而非金属矿产在湖南省内则占有举足轻重的地位。

一、能源矿产

境内能源矿产仅煤炭一种,以烟煤为主,有焦煤、气煤、长焰煤和烟煤。绝大部分煤分较好,平均灰分 5%~15%,硫 1%~1.5%,牌号主要为焦煤和气煤,属低灰低硫优质煤,为省内炼焦及动力用煤产地之一。主要分布在湘潭县谭家山矿区、杨嘉桥矿区、云湖桥矿区、坪塘矿区及韶山市银田矿区。至 2005 年,境内累计探明煤炭资源储量 14684.7 万吨,保有资源储量 12605.2 万吨,煤的潜在经济价值 64.34 亿元(按 1990 年不变价计),居全省第 6 位。探明储量地 17 处,在资源储量中,经济的基础储量 8760.6 万吨,占总资源储量 69.5%(湖南省为 68.8%)。在经济的基础储量中开采设计已占用储量 4753.8 万吨,能供开发利用的只有 702.2 万吨。

二、金属矿产

(一)黑色金属矿产

境内主要有铁和锰。至 2005 年,共探明铁矿产地 20 处,探明储量者 6 处,保有资源储量 631.2 万吨,其中基础储量 20.3 万吨,占总资源储量 3%;储量不大,品位不高,属贫铁矿。共探明锰矿产地 9 处,其中中型矿床 6 处,小型 2 处,矿点 1 处。锰矿集中分布在鹤岭及金石一带,矿床规模大。累计探明储量 3079.4 万吨,保有资源储量 1568.9 万吨,其中经济的基础储量 765.6 万吨,占全部资源储量 48.8%,保有资源储量潜在经济价值 9.99 亿元,居全省第 3 位。

(二)有色金属矿种

境内有色金属矿种除铝、铅探明有少量储量外,钨、锡、铧、钼、锑、汞、铜、镍、钴、金等矿种均为一些零星的矿点及矿化点,未发现工业意义的矿床。境内有铅(锌)矿点及矿化点共 9 处,其中探明储量的只有湘潭琵琶山铅锌矿 1 处。保有储量 321.2 万吨(矿石),铅含量 1.88%,居全省第 12 位。铝(提铝黏土)矿只有湘乡棋梓桥连山黏土矿 1 处,属小型矿床。至 2005 年,累计探明储量 219.4 万吨,保有基础储量176.6万吨,其潜在经济价值0.84亿元。矿石品位:三氧化二铝35.5%,三氧化二铁1.51%,二氧化铊1.81%,二氧化硅46.17%.储量居省内第2位。

三、非金属矿产

(一)化工原料矿产

境内化工原料矿产仅有磷矿产地3处，探明储量的只有黄荆坪1处。探明储量702.7万吨,保有资源储量572.7万吨,其中经济的基础储量437.4万吨,占总保有资源储量的76.7%,保有资源储量潜在经济价值2.75亿元,资源总量占全省总量的0.28%;矿石平均品位:五氧化二磷19.92%;三氧化二铁7.12%,三氧化二铝5.74%。矿石以Ⅲ级品为主,居省第5位。

(二)冶金辅助原料矿产

1. 熔剂灰岩　境内有熔剂灰岩1处。至2005年,探明储量6895.7万吨,属大型矿床;保有总资源量6895.7万吨,均系基础储量;资源储量潜在经济价值13.79亿元,总资源储量居省内第5位。矿石品位:氧化钙54.28%,氧化镁0.755%,氧化磷0.27%,质量好,多系Ⅰ级品。

2. 冶金用白云岩　境内冶金用白云岩储量有2处;大中型各1处,分布在湘潭县花桥和湘乡市棋梓桥。至2005年,共探明保有资源储量15008.5万吨,其中经济的基础储量7268.9万吨,占总资源储量的48.4%,其潜在经济价值30.02亿元,居省内第1位。矿石品位:氧化镁8.82%~20.24%,三氧化二铁0.08%,二氧化硅0.3%~0.51%,属Ⅰ级优质品。

3. 耐火黏土　境内耐火黏土分布于湘潭县谭家山、马家桥一带。至2005年,探明有耐火黏土产地共5处,储量855.8万吨,保有资源量848.7万吨,占省内储量的18.7%,其潜在经济价值4.24亿元,居省内第3位。矿石品位:"三氧化二铝+二氧化铊"33.3%~43.71%,三氧化二铁1.54%~2.5%,二氧化硅52.79%~56.92%,耐火度1360~1790℃,硬质黏土主要为Ⅱ级品以上,软质黏土Ⅰ~Ⅱ级。

(三)建材原料及其他

境内建材原料及其他非金属矿产有水泥用灰岩、水泥配料砂岩、水泥配料用黏土、玻璃用石英砂岩、陶瓷黏土、砖瓦黏土、石膏、海泡石等8个矿种。

1. 水泥灰岩　至2005年,境内探明水泥灰岩有4处,探明储量的有湘乡市棋梓桥和岳塘区板塘乡姚家塘2处,即大中型矿床各1处。共探明储量29882万吨,保有资源储量20829.3万吨,其中经济的基础储量20539.3万吨,占总资源储量的99%,资源储量占省内总资源储量的8%,其潜在的经济价值41.66亿元。居省第5位。矿石品位:氧化钙51.51%~5.98%,氧化镁1.42%~2.01%,二氧化硅0.51%~3.45%,属Ⅰ级品。

2. 水泥配料砂岩　水泥配料砂岩有2处,分布在湘乡市泉塘、八亩田、万罗山等地。至2005年,共探明储量3870万吨,保有储量3569万吨,其潜在经济价值6.53亿元。其中经济的基础储量居全省第1位。矿石品位:二氧化硅65.5%~4.95%,三氧化二铝10.1%~15%,三氧化二铁5.02%~5.5%。

3. 水泥配料用黏土　有水泥配料用黏土6处,其中小型矿床4处,矿点2处。分布在湘潭县八亩冲、湘乡市夏家冲、八亩田以及万罗山等地。至2005年,共探明储量1210万吨,保有储量1209万吨,经济的资源储量1168万吨,占省内资源储量的31%,潜在经济价值2.42亿元,居省内第3位。矿石品位:二氧化硅57.5%~65.95%,三氧化二铝16.21%~23.3%,三氧化二铁7.77%~10.12%,矿石质量较差。

4. 玻璃用石英砂岩　境内有玻璃用石英砂岩3处,中型矿床2处,矿点1处。分布在湘潭县雷子排和湘潭县至宁乡谭家坳等地。至2005年,共探明储量1552万吨,保有资源储量1224万吨,其中经济的基础储量1164万吨,占总资源储量的95%;潜在经济价值6.12亿元;资源总量占省内资源总量22%,居省内第4位;矿石品位:二氧化硅96.43%~97.08%,三氧化二铝0.63%~1.26%,三氧化二铁0.1%~0.63%,矿石质量好。

5. 陶瓷黏土　境内共探明陶瓷黏土有3处,大中型各1处。上表(紫砂陶土)储量1处,至2005年,探明储量1016.2万吨,保有资源储量1016.2万吨,其中经济的基础储量157.6万吨,占总资源储量的15.5%;次边际经济资源储量585.6万吨,占总资源储量的84.5%,占省内探明储量的50%;潜在经济价值6.1亿元;居省内第1位。矿石品位:二氧化硅60.95%,三氧化二铝18.24%,三氧化二铁9.12%,属劣质紫砂陶土矿。

6. 砖瓦黏土　境内共探明易家湾黏土矿1处,湖南省砖瓦用黏土也仅此1处。至2005年,探明储量136万立方米,保有资源量134万立方米,属小型矿床。潜在经济价值0.83亿元。矿石品位:三氧化二铝17%;三氧化二铁1.89%,二氧化铊0.68%。

7. 石膏　境内探明石膏产地7处,大中、小型各1处,矿点4处,上表探明储量1处。分布在湘潭县易俗河等地。至2005年,探明储量5238万吨,保有资源储量5238万吨,潜在经济价值31.43亿元,均属次边际经济的资源量,占省内总资源的19%,居省内第4位。矿石品位:二水硫酸钙89.1%,三氧化二铝1.54%,三氧化二铁0.55%。

8. 海泡石　境内探明海泡石黏土矿2处。分布在湘潭县石潭镇雁坪至八亩冲,湘乡市龙洞等地。至2005年,共探明储量342.7万吨,保有资源储量336.3万吨,其中经济的基础储量70.2万吨,潜在经济价值15.13亿元,占总资源储量的21%,资源量266.1万吨,占资源总储量的79%,资源总量占全省资源总量的27.6%,居全省第3位,矿石品位:海泡石含量21.1%,造浆率5.01%,脱色率95.2%,属中等偏贫矿床。

四、矿泉水

1974年,湖南省水文地质一队勘探发现滴水洞矿泉水,位于韶山区大坪乡大坪村龙潭坳,为偏硅酸、硒矿泉水,年开采量16.5万吨。1975年,省地质局468队勘探发现湘乡市东山矿泉水,位于湘乡市区南乐山,含锌,偏酸型矿泉水,年开采量71万吨;1999年,省地质调查院勘探,发现湘潭县青山桥三富村龙泉矿泉水。该矿泉水为低钠、低矿化度偏硅酸型饮用天然矿泉水,并含有对人体有益的锂、锶、锌、硒及氡等10余种微量元素,年开采量20万吨左右。3处矿泉水都是属断裂破碎带中矿泉水。

2005 年湘潭市矿产资源储量

表 1-7-1　　单位:万吨

矿产名称	累计查明资源储量	保有资源储量	其中	
			基础储量	资源量
煤	14864.70	12605.20	8760.60	3844.60
铁	631.20	631.20	20.30	610.90
锰	3079.70	1568.90	765.60	803.30
铅	321.20	321.20	—	321.20
铝	219.40	176.60	176.60	—
磷	701.70	572.70	437.40	135.30
熔剂灰岩	6895.70	6895.70	6895.70	—
冶金白云岩	15545.40	15008.50	7268.90	7739.60
耐火黏土	855.80	848.70	—	848.70
水泥灰岩	29882	20829.30	20539.30	290
水泥用砂岩	3870	3569	3569	—
水泥用黏土	1210	1209	1168	41
玻璃用砂岩	1552	1224	1164	60
陶瓷土	1016.20	1016.20	157.60	858.60
砖瓦黏土	136	134	—	134
石膏	5238	5238	—	5238
海泡石	342.70	336.30	70.20	266.10
合计	86361.70	72184.50	50993.20	21191.30

2005 年湘潭市矿产资源保有储量一览

表 1-7-2

矿产名称	省内地位	占全省比例(%)	资源保有储量(万吨)
煤	第 6 位	4.10	12605.20
铁	第 11 位	0.58	631.20
锰	第 3 位	10	1568.90
铅	第 12 位	0.13	321.20
铝	第 2 位	25	176.60
磷	第 5 位	0.28	572.70
熔剂灰岩	第 5 位	12	6895.70
冶金白云岩	第 1 位	45.50	15008.50
耐火黏土	第 3 位	18.70	848.70
水泥灰岩	第 5 位	8	20829.30
水泥用砂岩	第 1 位	30	3569
水泥用黏土	第 3 位	31	1209
玻璃用砂岩	第 4 位	22	1224
陶瓷土	第 1 位	50	1016.20
砖瓦黏土	第 1 位	全省上表储量仅一处	134
石膏	第 4 位	19	5238
海泡石	第 3 位	27.60	336.30

第四节 野生动植物资源

一、野生植物

(一)植被类型

境域森林植被分区属中亚热带北部常绿阔叶林亚地带湘中湘东山丘盆地栲林、松林、竹林、油茶林区。组成森林的植物区系成分主要有壳斗科、樟科、山茶科、木兰科、金缕梅科、杜英科、冬青科、山矾科、竹科和亚热带松柏类植物。丘陵区,建群种主要是苦槠、青冈、栲树、钩栗、石楠、花榈木、杜英以及枫香、锥栗、山合欢、朴属等落叶树种。低山区,建群种主要有甜槠、大叶青冈、青冈、钩栗、厚皮香、枫香、拟赤杨等。灌木层多为杜鹃花属、乌饭属、柃木属、山胡椒属、木姜子属、杜茎山属、紫金牛属等。草本层主要有狗脊、鳞毛蕨等多种蕨类植物以及苔属、淡叶竹等。由于境域垦殖历史悠久,人为活动频繁,原生植被不多,现状植被主要是常绿阔叶次生林和马尾松林,湿地松、火炬松林,杉木林,油茶林,毛竹林和灌木林等。

1. 马尾松林　系境域地带性植被,遍布低山丘陵岗地,林冠多层。乔木层以建群种马尾松为主体,常有枫香、野柿等落叶阔叶树及苦槠、甜槠、青冈栎等常绿阔叶树伴生。灌木层主要有檵木、乌饭、杜鹃、冬青、大叶胡枝子、黄檀、茅栗、小果蔷薇、构骨、金樱子、灰叶野桐等。下层植被有芒箕、芫花、野香茅、黄背草等。2005 年,马尾松林面积 76034.7 公顷,多为人工造林、飞机播种和封山育林而成。

2. 湿地松、火炬松林　1974 年起,境域开始引进试种,因在丘岗山地生长良好,1983 年开始大面积推广,至 2005 年,保存面积 42974 公顷,形成新的人工林群落。群落上层有马尾松、枫香等树种伴生,下层有落叶栎类、檵木、乌饭、杜鹃、金樱子等灌木及蕨、芒、茅等草本植物。

3. 杉木林　主要分布于低山与丘陵山地。多形成杉木、芒、金星蕨群落,灌木层有檵木、白栎、小果蔷薇、满天星、芫花等。草本层有芒、金星蕨、刺芒野古草、苔草等。2005 年境域杉木林面积有 29604.9 公顷。

4. 油茶林　主要分布于湘潭县土桥、继述桥、中路铺、排头、长岭及湘乡市新铺、潭市等地。2005 年境域油茶林面积 22049.6 公顷。

5. 毛竹林　集中分布于湘潭县茶恩寺、石潭坝、霞岭、紫荆山、昌山和湘乡市桂花、中沙、莲花、荆紫峰等地,其他乡镇也有零星分布。天然毛竹林常与杉、马尾松等树种形成杉—竹混交林、马尾松—竹混交林,林下常见有鼠刺、檵木、崖花海桐、异叶榕、细枝柃、百两金等。草本植物有求米草、淡竹叶、沿阶草、狗脊、金星蕨等。2005 年境域竹林面积 10893 公顷。

6. 针、阔混交林和常绿、落叶混交林　境域的混交林集中分布在韶山、昭山、法华山、东台山、褒忠山、隐山、仙女山等地。针、阔混交林主要树种为马尾松、枫香,伴生树种有木荷、杉、槠、栎、樟、冬青等。常绿、落叶混交林的乔木层树种有樟、槠、栎、石楠、刺楸、野柿、枫香、泡桐、榆树等,中层有鼠刺、柃木、冬青、乌饭、蔷薇等,下层植物有蕨、苔草、淡叶竹等。

(二)植物种类

境域野生植物主要有茶果植物、药用植物与园林植物。茶果植物有 364 个品种。茶叶有福云 6

号、7号、福鼎大白、茗丰、白毫早、高芽齐、碧香早、尖波黄13号、槠中齐9号等30个品种。蚕桑有湖桑7号、9号、19号、197号等18个品种，柑橘有宫川、宫本、乌石早、脐橙、浏阳金柑、南丰蜜橘、华盛顿脐橙、安江香柚等43个品种，桃有早花露、春花、五月火、芒种桃、蟠桃、水蜜桃、夏至桃、毛桃、中华猕猴桃等18个品种，李有奈李、六月李、桐子李、芙蓉李等18个品种，梨有黄金梨、金秋梨、黄花梨、早美酥、新兴、清香、脆绿等49个品种，梅有木洞杨梅、靖县杨梅、浙江杨梅3个品种，葡萄有夏黑无核、夕阳红、高妻、粉红亚都蜜、京玉、维多利亚、优无核、奇妙无核、无核白鸡心、爱莫无核等186个品种，杏有银杏、本地杏2个品种，柿有磨盘柿、腰带柿、四方柿、中心柿4种，栗有板栗、毛栗2个品种，石榴有黄皮石榴、红皮石榴2个品种，枣有小枣、酸枣、大红枣3个品种，枇杷有大枇杷、小枇杷2个品种，草莓有宝交早生、鸡冠、丽红、上海、红颜5个品种。

药用植物有4门6纲153科498属779种。主要有：丹参、白术、玄胡、淮山、枳壳（枳实加工）、半夏、木瓜、玄参、白芍（芍药根加工）、白前、附片（乌头加工）、青木香、白芷、香附、黄精、粉葛、土茯苓、紫苏、石菖蒲、黄栀子、吴萸子、香橼（果实加工为枳壳）、苡米（慧苡、川谷）、薄荷、佩兰、旱莲草、仙鹤草、香薷、半枝莲、金银花、夏枯球（夏枯草）、钩藤、夜交藤、姜、当归、陈皮（干橘皮）、天仙子、路边菊、桔梗、海金沙、鱼腥草、女贞子、玉竹、荆芥、菊花、款冬花、大青叶、金樱子、蒲公英、益母草、铁马鞭（马鞭草）、细辛草、薄荷、何首乌、麦门冬、天花粉、莱菔子、桃仁、艾、五加皮、辛夷花（木兰）、乌药、木通、冬桑叶、野山楂、山慈菇、天门冬、小茴、苦参、独活、荠、天南星、紫草、瓜蒌、牵牛子、槐花、白茅根、牛膝、车前草等。土农药植物主要有：苦栋、夹竹桃、威灵仙、打破碗、花花、贯仲（杜仲）、雷公藤、羊踯躅（闹羊花）等。

园林植物有142科，559种。境域种子植物属的地理成分有明显的交汇和过渡特征。热带成分分布（以泛热带分布和热带亚洲分布为主）161属，占总属数54.5%。主要有杜英属、算盘子属、黄檀属、崖豆藤属、冬青属、花椒属、野茉莉属、山矾属等泛热带成分，以及含笑、山胡椒、山茶、木荷、青冈栎等热带亚洲分布。北温带成分分布134属，占总属数45.5%。主要有松属、蔷薇属、绣线菊属、紫荆属、杨属、柳属、栗、栎属、槭属、杜鹃花属等。

二、野生动物

1986～1995年，随着森林覆盖面积逐渐上升，野生动物繁殖环境不断改善，境域陆生野生动物不断增加，绝迹多年的穿山甲、果子狸、豺、大灵猫、小灵猫、鹿、鸳鸯、草鹗、大鲵、野猪等重新出现。

1999年5～8月，全市第一次野生动物资源普查：境域兽类有9科12种，鸟类18科29种，两栖爬行类7科18种，共34科59种。其中国家重点保护动物8科8种，具有科研和经济价值的保护动物27科51种。

2000年以后，对野生动物的保护工作加强，野生动物种群增长。2005年，境域有野生动物21目，78科，100多种。被列入国家二级保护的动物21种，如小灵猫、大灵猫、果子狸、豺、虎纹蛙、大鲵、穿山甲、红腹角雉、大头龟、鹿、水獭、草鹗、隼、鸳鸯等；列为省重点保护的野生动物54种，如大白鹭、小白鹭、苍鹭、白鹭、池鹭、牛背鹭、夜鹭、绿头鸭、环颈雉、鹌鹑、山斑鸠、八哥、画眉、普通翠鸟、华南兔、豪猪、野猪、银星竹鼠、中华竹鼠、貉、鼬獾、猪獾、狍獾、豹猫、蛇类、蛙类、乌龟等。湘潭县青山桥、射埠一带，华南兔、野猪等繁衍快，种群数量过大，危害农作物。

第八章 自然灾害

第一节 旱灾

1986 年 7 月 22 日 ~ 10 月 22 日，全市夏秋连旱 91 天，降水量 30 多毫米。16 座小型水库、2.6 万口塘干涸，5 千米以上的溪河断流 52 条。7 万公顷晚稻受旱，严重开拆脱水的达 7300 多公顷，晚稻平均空壳率 35.4%，严重减产。水力发电只完成年计划 65%，比上年少发电 900 万度。

1992 年 8 月 20 日 ~ 12 月 10 日，全市秋冬连旱 113 天，总降水量 46.8 毫米，比历年同期 184 毫米减少 79.7%。5 个县(市区)119 个乡镇 1348 个村受旱。70 座水库、71000 口塘干涸，380 条溪河断流，450 个村 3500 个组 38 万多人饮水困难。直接经济损失 3450 万元。

1995 年 7 ~ 9 月，全市 71 天干旱，降水量 43.3 毫米。全市 53000 多公顷农田受到影响。

2001 年 6 月 26 日 ~ 8 月 9 日，全市持续 45 天干旱，降水量 49.1 毫米，最大日降水量 9.6 毫米。全市有 26 个乡镇受到干旱，有 3.7 万处山塘干涸，50 条溪河断流，脱水田 13600 公顷，开拆田 5250 公顷，过白田 1750 公顷，枯萎田 250 公顷，有 4300 人饮水困难。

2003 年 6 月 29 日 ~ 8 月 31 日，全市 63 天降水 39 毫米。9 月 4 日 ~ 11 月 18 日，76 天降水仅 47.6 毫米。两次连旱 139 天。是有记录以来干旱时间最长、旱情最严重的一年，属特大干旱年。全市受旱耕地 65733 公顷，晚稻脱水 30655 公顷，开拆 8973 公顷，过白 6713 公顷，枯萎 3710 公顷；全市有 2003 个村民组 18.53 万人饮水困难；水府庙水库的蓄水量仅 1.84 亿立方米，比上年同期减少 1 亿立方米，塘坝蓄水量为 8000 万立方米，占塘坝总蓄水量的 30%。全市因灾减少粮食 7.4 万吨，直接经济损失 4440 万元。至 11 月，全市 9 座中型水库 7 座达到死水位（即开闸放不出水），67 座小(一)型水库 58 座达到死水位，297 座小(二)型水库 238 座干涸，90%的山塘无水。11800 公顷旱土作物 60%绝收，近 30 万人饮水困难。湘潭县姜畲镇古新村干旱严重，全村 700 多人，由于连续干旱，全村 80%以上水塘干涸，90%以上水井每天难以抽出一担水。湘江河床部分见底，露出黄色沙滩，湘潭三大桥裸露出桥墩，境域大船无法通航，给航运部门带来严重经济损失。

2004 年 7 月下旬 ~ 8 月上旬，全市降水明显偏少，加上持续晴热高温，蒸发量大，局部出现旱情。9 月 1 日 ~ 10 月 31 日(61 天)境域总降水量 35.6 毫米，出现 36 天连晴天气(9 月 22 日 ~ 10 月 29 日)，秋旱日趋明显，湘潭县、湘乡达到大旱标准。全市有 36 座水库、2 万处山塘干涸，45 条溪河断流，近 4 万公顷稻田受旱。

2005 年 7 月份开始，由于晴热少雨，湘乡市、韶山以及湘潭县出现轻度干旱。至 8 月上旬，全市 5 个县(市区)45 个乡镇受旱，其中湘潭县花石、锦石、梅林桥、茶恩寺、谭家山等 11 个乡镇和湘乡市毛田、壶天、翻江、月山、龙洞，韶山市大坪、永义、如意、银田，岳塘区昭山、双马等乡镇受旱最为严重。全市农作物受旱 37537 公顷，其中水稻受旱 24447 公顷，旱作物受旱 13090 公顷，其中轻旱 8350 公顷，重旱 2940 公顷。全市 308 个村民小组 3.48 万人、2.0 万头大牲畜饮水困难。

至 2005 年的 20 年间，全市有 14 年发生干旱，占总年份 70%，平均每 1 ~ 2 年一遇。14 年干旱中，特大干旱 2 年，占总年份 10%，平均每 10 年一遇；大干旱 2 年，占总年份 10%，平均 10 年一遇；干旱 10 年，占总年份 50%，平均 2 年一遇；14 年干旱中，夏旱 4 年，占干旱年数 28.6%；秋旱 6 年，占干旱年数 42.9%；夏秋连旱 3 年，占干旱年数 21.4%，其中特大干旱 1 年，大旱 1 年；秋冬连旱 1 年，只占干旱年数 7.1%。

第二节　水灾

1986 年以后，境域日降暴雨（日降水量大于或等于 50 毫米）、大暴雨（日降水量大于或等于 100 毫米）和特大暴雨（日降水量大于或等于 200 毫米）多次，洪涝（洪涝指 4 ~ 9 月期间任意 10 天总雨量大于或等于 200 毫米或 4 ~ 9 月降水量比常年同期多两成或两成以上，或 4 ~ 6 月降水总量比常年同期多 3 成以上）灾害频繁。

1989 年 6 月 28 日 ~ 7 月 3 日，连续降暴雨到大暴雨，过程降水 213.5 ~ 247.1 毫米。全市 131 个乡镇 1298 个村受灾。倒屋 2400 多间，早稻和经济作物 67000 公顷受灾，其中 30000 公顷减收。死 3 人，伤 111 人，死亡大牲畜 453 头。

1990 年 6 月，境域连降 3 次暴雨和 1 次大暴雨。12 日，湘潭站降雨 109.9 毫米，韶山站 135.8 毫米，韶山 1 小时最大降水量达 31 毫米。全市淹田 47000 公顷，毁塘 5000 多处、河堤 5300 多处、河坝 3100 多处、渠道 5250 处、公路 1000 多处，死 16 人，伤 243 人，死牲畜 500 多头，倒屋 13776 间。湘潭合成化工厂被水淹 0.4 ~ 0.7 米，停产停气 12 小时，城区居民无气为炊。湘潭锰矿 3 个分厂和 1 个矿井停产 3 天。全市经济损失近亿元。

1994 年 6 月 11 日 ~ 17 日，全市连降暴雨到大暴雨，湘江水位陡涨。6 月 19 日湘潭站湘江水位高达 41.95 米，湘、涓水均出现决口。全市 4 个县、市、区，80 个乡镇，90.6 万人受灾，农作物受灾 6 万多公顷，绝收 9166 公顷，减产 12.9 万吨；死 2 人，伤 117 人，其中重伤 25 人，死牲畜 1583 头。倒屋 7366 间，毁公路 5112 处 35.5 千米，毁桥涵 600 座、小型水库 7 座；堤防决口 8 处，渠道决口 2585 处。2744 家工矿企业停产，中断航道 3 条次，公路 41 条次，供电 14 条次，共 208 小时。全市经济损失 5.2 亿元。

1995 年 6 月 23 日 ~ 7 月 2 日，境域 10 天内降水 223.8 毫米，湘江、涟水水位上涨，涓水超过有记载以来最高水位 1 米，全市 60 个乡镇，138.6 万人受灾。36200 公顷农作物受灾；倒塌房屋 1.3 万间，死人 19 人，重伤 120 人；279 家乡镇企业停产，9 个乡镇其交通通讯电力中断；毁坏机埠 265 处、堤防 597 处、水利工程 6800 多处；经济损失 10.5 亿元。

1996 年 7 月 10 日，湘潭日降水 52.4 毫米，7 月 18 日全市普降暴雨到大暴雨，湘乡达 118.6 毫米。10 天内湘潭降水 182.5 毫米，湘乡 307.8 毫米，韶山 200.3 毫米，局部地区出现洪涝。全市 64 个乡镇、646 个村、133 万人受灾，死 7 人，伤 614 人，倒屋 6318 间，冲毁塘坝 2256 处、水闸 967 座，渠道决口 4968 处、67.67 千米，282 家工矿企业及乡镇企业停产，全市经济损失 2.7 亿元。

1998 年 3 月 10 日，湘潭站湘江水位达 40.48 米，为罕见的春汛。全市有 20 个乡镇，7.9 万人受灾。2 所学校停课，44 家企业停产或半停产；毁水闸 12 座、渠道 2525 处，水利工程损失 4240 万元。5

月21日,全市普降暴雨到大暴雨,24小时降水湘潭143.6毫米,韶山136毫米,湘乡44.5毫米。全市17533公顷农田受灾;倒屋3955间,死11人,死牲畜370头;毁河堤渠道1130处、山塘2810口;毁公路85处、桥梁涵洞21处,中断交通21条次。5月22日晚到23日,湘乡市西部北部降大暴雨,水库库区降雨量为190~256毫米,雨势急骤,山洪暴发,山体滑坡,河堤、塘基、渠道决口崩塌,房屋倒塌,造成重大人员伤亡。月山镇寺前村烟冲组一口山塘崩塌,将塘基下两栋楼房冲倒,有8人被埋于泥沙下。6月13日~14日,境域又连续降暴雨,过程降水171毫米,最大日降水65.6毫米。湘乡市及韶山市6000公顷农作物受灾,倒屋786间,冲毁河堤渠道657处、公路150处、桥梁2座,死1人。湘乡市白田镇荷花村道士冲组文连球家因后山体滑坡倒房,3人被土压埋。6月26日,全市又普降暴雨,加之中旬以来雨量较多,湘江、涟水猛涨,6月27日湘潭站湘江水位达40.97米。全市62个乡镇,43.25万人口,1.38公顷农作物受灾,倒屋3637间,冲毁河堤渠道601处,垮塘坝403座,死亡4人。是年,水灾造成全市经济损4.35亿元。

2001年6月9日08时~10日08时,全市普降大到暴雨,局部地区降特大暴雨。湘潭降水量37.9毫米,湘乡55.0毫米,韶山75.4毫米。湘乡长江水库、桃林水库库区降水量178毫米,其他水库降水量57~153毫米。由于降水强度大,时间集中,局部地区出现山洪暴发。全市3个县(市)30个乡镇,173200人受灾。损失灌溉设施390处,直接经济损失2635万元。6月19日~20日,全市范围内降大到暴雨,20日,湘潭日降水75.8毫米、韶山97.6毫米,湘潭过程降水量137毫米。由于降水强度大,时间较集中,致使全市52个乡镇遭受暴雨洪涝袭击,受灾人口42万人,倒塌房屋2300间;农作物受灾20340公顷,成灾11010公顷,绝收270公顷;死亡大牲畜900头,损坏灌溉设施830处,小型水库2座,小水电站17座,护岸102处,水闸101座,冲毁塘坝861口,毁坏路基22.9千米,冲坏河堤41处3.6千米,中断交通公路29条,损坏输电线路12千米,通讯线路22.4千米。直接经济损失4438万元。

2002年6月13日以后,受湘江上游降水影响,19日湘潭站湘江水位达39.47米,全市25个乡镇,4.35万人受灾。倒塌房屋300多间,农作物受灾10666公顷,其中绝收500公顷,损毁小型水库4座,堤防15处,水闸21座,冲毁塘坝15座,损坏灌溉设施22处,机电井8眼,水电站10座,毁坏公路1300多米。6月27日~7月2日,湘江上游普降暴雨到大暴雨。7月4日,湘潭站湘江水位达40.1米,全市24个乡镇,17.2万人受灾。倒塌房屋200多间,损坏堤防4处,护岸93处,水闸15座,冲毁塘坝270座,损坏灌溉设施503处。7月24日~25日,湘潭县及湘乡市南面局部地区遭受暴雨袭击,26个乡镇、10.25万人受灾。8月10日,湘江流域普降大到暴雨,湘潭站湘江水位达39.83米。16日~20日,全市又普降暴雨到大暴雨,湘乡、韶山24小时(18日20时~19日20时)降水分别为105毫米和109.8毫米,加上上游地区的强降水,导致湘江水位全线上涨,涓水和涟水超过或接近历史最高水位,湘潭站湘江水位22日达40.32米。全市58个乡镇、81.95万人受灾,死亡2人(其中山体滑坡死1人),倒塌房屋6300间,36000公顷农作物受灾,651个工矿企业停产,公路线路中断673条次,损坏电线路324.8千米,通讯线路143千米,损坏中型水库2座、小型水库16座、堤防1157处,冲毁塘坝4402座、水闸191座,损坏小水电站5座。是年,水灾造成全市直接经济损失3.46亿元。是历年秋汛最严重的一年。

2003年5月15日20时~16日20时,境域局部地区降暴雨和大暴雨,湘潭、湘乡降水量分别为 50.0 毫米和 102.2 毫米，同时湘江上游也普降暴雨到大暴雨，再加上水库开闸泄洪，18 日下午 14 时湘江水位高达 40.84 米，为历年同期的最高水位。全市 58 个乡镇遭受洪水袭击。有 26.23 万人受灾，倒塌房屋 5500 间，受灾农作物 44730 公顷，34 个工矿企业停产。6 月 9 日 08 时 ~ 10 日 08 时，受高空小槽、中低层切变和地面西南暖湿气流共同影响，境域出现大到暴雨天气，且降水时空分布不均。湘潭站湘江降水达 78.6 毫米，湘乡 17.6 毫米，韶山 36.4 毫米。个别水库降暴雨到大暴雨，长江水库 168 毫米，红日水库 123 毫米，合东水库 66 毫米。由于降水过程时间短、强度大，湘乡、韶山部分乡镇出现严重的山洪灾害。全市共有 22 个乡镇、20.7 万人受灾，死亡 4 人（2 人在上学途中被洪水冲走，2 人因山体滑坡死亡），重伤 2 人，轻伤 5 人，倒房 3800 间，受灾农作物 15210 公顷，其中绝收 900 公顷，损坏一批水利及公交、电力、通讯设施。是年，水灾造成全市直接经济损失 9530 万元。

2005 年 5 月 5 日 08 时 ~ 6 日 08 时，境域降暴雨到大暴雨，湘潭站降水 113.9 毫米，湘乡 60.7 毫米，韶山 64.3 毫米。全市共有 52 个乡镇、30.085 万人受灾，倒塌房屋 541 间。3350 公顷农作物受灾，其中 50 公顷绝收，损坏水闸 1 座，冲毁塘坝 328 座。5 月 30 日晚 ~ 6 月 1 日，受高空小槽、中低层切变线和西南暖湿气流的共同影响，全市普降连续性暴雨，48 小时内，湘潭降水 139.2 毫米，湘乡 161.5 毫米，韶山 169.82 毫米。由于降水集中强度大，再加上桃林水库、水府庙水库开闸泄洪，涟水水位急速上涨，6 月 1 日晚 20 时，涟水水位上涨到 48.31 米，超警戒水位 1.31 米。境域均遭受不同程度的洪涝灾害，受灾最严重的是湘乡市的月山、虞塘、山枣、棋梓等乡镇。全市共有 60 个乡镇、64.52 万人受灾，倒塌房屋 5013 间，死亡 6 人（其中：2 名学生上学途中被洪水淹死，山洪灾害死亡 3 人，被洪水卷走死亡 1 人），死亡大牲畜 1.612 万头只，农作物受灾 23838 公顷，2100 公顷绝收，损坏小型水库 19 座，损坏堤防 6753 处，132.01 千米，损坏水闸 131 座，损坏河堤护岸 11705 处，损坏灌溉设施 6170 处，损坏输电线路 77.7 千米，损坏通信线路 69 千米，是年，水灾造成全市直接经济损失 14250 万元。

至 2005 年的 20 年间，全市暴雨、大暴雨 81 次，平均每年 4 次，最多年份达 9 次（1995 年）；全市洪涝 7 年，占总年数 35%，平均每 3 年有一年洪涝发生。7 年洪涝中，3 月份出现 1 年，占洪涝年数 14.3%；6 月份出现 3 年，占洪涝年数 42.9%；6 ~ 7 月出现 1 年，占洪涝年数 14.3%；7 月份出现 2 年，占洪涝年数 28.6%。

第三节 风雹灾害

境域大风（是指瞬时风速大于或等于 17 米 / 秒，或风力达到 8 级以上的风）以西部和西北部发生概率较多；四季可见，以春夏居多，3 月、4 月、5 月、8 月出现概率最高，占 56%；冬春季多寒潮大风，夏季多雷雨大风，寒潮大风发生面积大，雷雨大风为局部性，摧毁力大，常造成房屋倒塌，人畜伤亡。冰雹一般沿山脉河谷移动成条状分布，出现较多的为湘潭县的茶恩寺、中路铺、梅林桥、麦子石、青山桥及湘乡的壶天、棋梓桥。

1986 年 4 月 10 日，境域部分地区遭大风暴雨、冰雹袭击，最大风速 25 米 / 秒，持续半个多小时，湘乡崇山、谷水、新铺、棋梓、潭市和湘潭县歇马、霞岭等地为雹灾中心。全市遭灾 76 所中小学，70 个乡镇，943 个村，20.9 万户，79.6 万人口。倒屋 630 间，死 3 人，重伤 359 人，死伤牲畜 425 头，6533 公顷秧田及小麦、豆类、油菜等受损。8 月 8 日 18 时，湘潭县响塘、和平乡及市郊东北角 10 多千米长，1～2千米宽的地带遭大风袭击，吹坏房屋42间，刮倒基建工棚3处，伤3人，毁坏经济作物67公顷。湘潭矿业学院和师范学院受灾，有的房屋被掀顶，矿院毁树179株，最大树围1.5米。

1991年5月18日，湘乡市遭雷雨飑线袭击，最大风力达10级。以育塅、花坪、仁厚乡损失最严重，倒屋1150间，死2人，重伤32人，轻伤92人，死牛65头、猪260头。

1992年4月21日零时至1时，境域部分乡镇遭龙卷风、冰雹和雷雨大风袭击，持续40分钟，风力中心达12级，冰雹最大粒重1.23千克，最大直径200毫米。湘乡市栗山、横铺，湘潭县黄荆坪、锦石等68个乡镇625个村，17.5万户受灾，毁坏经济作物和蔬菜22333公顷，倒屋8028间，死9人，伤787人，死大牲畜1501头，吹断电杆1980根，直接损失3900多万元。

1995年5月31日下午，市郊下摄司一带雷雨大风，倒树、倒屋，通讯线路中断，停水停电，直接损失约78万元。

1996年8月6日傍晚，湘乡市毛田乡霞落村遭飑线袭击，并伴有雷雨和少量冰雹，持续约15分钟，损坏房屋120间，树木1200多株，断电杆40多根，造成该村停电12天。

1997年10月19日17时，湘乡市白田镇五星、高丰、高冲3个村在长约5千米、宽约0.5千米一带，自北向南遭飑线袭击、并伴有雷雨冰雹，风力达10级，持续约20分钟。雹大者如拳头，并有棒头、棒状，长约20厘米。3个村伤50人，毁屋179间，吹断树木150株，倒电杆210根。

1998年4月11日下午3时，湘乡市西北部毛田，棋梓、壶天、翻江等15个乡镇出现强对流天气，倒屋2000多间，死14人，伤25人。其中水府庙库区出现龙卷风，并伴有冰雹、雷雨，风暴猛烈，百年大树连根拔起，水库内覆舟28艘，溺死11人。当天，湘乡市还因大风倒屋打死3人，雷击死2人。

2002年4月7日，全市范围遭大风袭击，最大风力达9级。部分厂矿企业的车间、屋顶的玻璃瓦、石棉瓦被吹掉，损坏民房5间，一广告牌被风吹倒撞压供电线路，造成短路，供电中断，直接经济损失20多万元。8月11日，湘乡市出现瞬时雷雨大风。该市茶场、园艺场最大风力9～10级，持续约4分钟。部分房屋屋顶被吹掉，大树电线杆被吹倒，直接经济损失10多万元。

2004年4月7日，受冷空气和暖湿气流的共同影响，全市出现雷雨大风等强对流性天气。湘潭站最大风速达22.7米/秒(相当于9级大风)，降水量达51.3毫米，市区多处大树被刮倒，造成道路及交通堵塞；雨湖区护潭广场一幅巨型广告牌(宽60米，高约10米)被狂风刮倒，用来竖立广告牌的十多根电线杆也被齐齐折断，连接的角铁都弯曲变形，宣传布被撕得七零八落。

至2005年的20年间，全市平均每年发生大风4次、冰雹0.4次；风雹灾损坏房屋48216间，倒塌房屋8321间；毁坏农作物17916公顷，毁坏竹木30179根；受伤1129人，死亡11人；直接经济损失8177.1万元。

第四节 冷冻灾害

境域低温冷害主要有春寒或倒春寒(3月中旬～4月下旬旬平均气温或连续两候的候平均气温低于该旬或该两候准平均值2度或以上，并比前旬或前两候要低)、5月低温(5月中、下旬日平均气温等于或低于20℃连续5天或以上)、寒露风(9月份日平均气温等于或低于20℃，连续3天或以上)。春寒或倒春寒易造成早稻播种推迟，严重的甚至造成烂种烂秧；5月低温影响早稻分蘖或幼穗分比,造成早稻减产;寒露风影响晚稻抽穗扬花和灌浆成熟,影响晚稻产量。

境域冰冻是指雨淞雾冰结雪,约占全市冰冻次数的65%,常年冰冻多在12月上旬开始,第二年1月中下旬结束,一般称12月至翌年2月为结冰期。造成农作物冻死,交通通讯受阻。

一、冷害

1986~1992年,境域没有出现冷害。1993年5月13日~5月19日,全市出现连续低温天气,7天日平均气温17.3℃,降雨62.5毫米,阴雨无日照。5月23日~27日,5天日平均气温19.6℃。这两次五月低温,严重影响早稻分蘖和幼穗分化,禾苗普遍出现叶少、苗少、苗矮现象,每亩苗数比上年同期少2.275万株,约有10%以上僵苗。

1996年3月中、下旬由于北方冷空气活动频繁,从3月17日起,全市出现日平均气温等于或低于10℃的低温阴雨天气13天,期间极端最低温度仅3.2℃,连续11天无日照。4月上旬又持续低温阴雨,日照少,湿度大。这种“倒春寒”连春寒天气为历史罕见。

1997年9月12日下午,北方较强冷空气侵入境域,13日平均气温从27.2℃下降到20.5℃,加上日本南面洋面16号台风影响,致使低温持续到9月30日。18天中,有14天日平均气温低于20℃,日极端最低气温仅12.2℃,阴雨日长达11天。9月份平均气温之低,月降水之多(164.4毫米),寒露风天气维持时间之长,破市气象资料记录。

1998年3月20~27日,境域出现连续8天的低温阴雨天气,日平均气温4.8℃,极端最低气温0.6℃,造成早稻播种期普遍较往年推迟7天左右,3月20日前播种的出现烂种。

1999年9月16~24日,境域出现连续9天寒露风天气,日平均气温为20.8℃,其中19日~23日4天平均气温为20℃,极端最低气温为15℃。强冷空气过后又遇干北风,对正在抽穗扬花的迟熟品种,造成较明显影响,使晚稻秕粒增加,结实率降低,产量下降。

2000年9月6~12日,受强冷空气影响,境域连续7天出现日平均气温低于22℃的寒露风天气,其中6日~8日3天日平均气温低于20℃,日极端最低气温17.1℃,这种异常早到的寒露风,对正值抽穗的晚稻中迟熟品种及刚齐穗的早熟品种造成不同程度的影响,尤其是部分迟熟品种,出现较明显的抽穗卡颈现象,使晚稻产量受到一定影响。

2002年4月16~30日,境域连续低温阴雨,雨日13天,过程降雨185.2毫米,平均气温15.4℃,最低气温10.3℃。致使全市20多个乡镇早稻秧苗及蔬菜等农作物遭受不同程度的危害,出现水稻僵苗40533公顷,死苗座蔸12333公顷,蔬菜西瓜受灾1133公顷,直接经济损失1000多万元。

2003年2月10~11日,受北方强冷空气和西南暖湿气流共同影响,湘潭市区24小时降温幅度高达21.5℃,48小时降温幅度达24.9℃,最低气温-1.5℃,出现有记录以来48小时降温幅度的极值,全市各站均达到强寒潮天气标准,并伴有雨或雨夹雪,冰冻天气持续3天,但无严重影响。3月3日,随着一股强冷空气南下,全市48小时降温幅度18℃左右,最低气温-0.8℃,并维持4天的低温阴雨天气,市内各大医院小儿科就诊的感冒患儿比平时多出一倍多。11月7日下午,受北方强冷空气影响,24小时降温幅度25℃,10日,最低气温3.9℃。气温骤降,使不少人患上感冒。

2004年3月17日,受强冷空气影响,湘潭48小时降温幅度达14℃,18~27日,10天平均气温为9.3℃,较历年同期偏低了1.7℃。低温阴雨天气对春收作物及春播作物的生长造成严重影响。11

月下旬，受强冷空气影响，全市出现一次大幅度降温伴随大风和弱降水天气，湘乡、韶山分别在24日和23日出现寒潮天气过程。湘乡24小时降温幅度12.0℃，最低气温4.1℃(27日)；韶山48小时降温幅度12.4℃，最低气温5.0℃(26日)。

2004年12月下旬至2005年2月，全市气温持续负距平，历史记录中湘潭共有3年出现过这种连续低温天气。尤其是2005年2月9日~18日，受北方南下冷空气的不断影响，湘潭出现持续14天的低温雨(雪)天气，这是20世纪70年代以来同期最长的一次低温雨(雪)天气，也为有记录以来的次极值。2005年8月18日起，受北方冷空气南下影响，境域气温骤降，过程降温幅度最大达15.0℃(湘潭)，日极端最低气温17.4℃~17.9℃，全市均刷新有记录以来同期极端最低气温记录，并连续出现5~6天日平均气温低于22℃的阴雨寡照天气，为历史同期纪录中罕见。是年，全市发生叶稻瘟病3333.33公顷。

至2005年的20年间，全市低温冷害出现19年(38次)，其中春寒和倒春寒14年(19次)，5月低温11年(11次)，寒露风8次。

二、冻害

1988年1月，湘乡、韶山大雪冰冻。

1989年1月11~21日，韶山降雪9天，过程雨雪量105.7毫米，冰冻3天，对交通及水利建设造成影响。

1990年1月30日~2月3日，全市出现中等强度冰冻，韶山市最为严重。韶山至湘潭、株洲、长沙、益阳等线路及市内公共汽车停开2天，该市主水管裂2处，停供水2天，用户冻烂水管500余处，水表70多个。柑橘冻坏，减产40%~50%。

1991年12月15~30日，全市出现中等强度冰冻，日极端最低气温达-12.1℃，创历史纪录。27日普降大雪，雪深达18厘米，为历史少见。全市油菜受灾6666.7公顷，蔬菜940公顷，柑橘基本毁灭，冻死竹木无数。27日~30日，全市停客运汽车1803个班次，直接经济损失40万元。冻裂自来水管无数，还造成市区煤气供应不正常。

1995年1月3~4日，湘乡降雪19.9毫米，并伴有轻度雨淞，最深积雪18厘米，最低气温-1.6℃，倒屋30间，倒断树林70万株。2月2日~2月3日，全市过降雪19.9毫米，最低气温-6℃，交通、邮电、通讯及农业受损。

2003年1月5~6日，受北方强冷空气影响，全市普降暴雨，积雪深度12~13厘米，是近十年来出现的最大降雪。由于积雪路滑，湘潭市区发生几起交通事故，湘耒、潭邵高速公路相继实行交通管制，南来北往的车辆只好转道107国道，致使道路交通阻塞。另外，冬季蔬菜及部分油菜受到不同程度的冻害，市场菜价上涨。2月10~12日，受强冷空气影响，湘潭市区24小时降温幅度高达21.5℃，全市3站均达到寒潮标准。11~12日，全市普降大雪，过程雨雪量33~35毫米，最大积雪深度12厘米(韶山)，并均有冰冻发生。大雪、冰冻对电力、电信影响不大，未发现倒杆或停电现象。但对交通运输有较大影响，湘潭长途汽车站、汽车西站等客运站的大部分线路被迫叫停，长途站12日上午几乎没有发车次，短途站停开车次200多趟。韶山市停开车次160趟，翻车1辆。造成全市交通损失约25万元。此外，蔬菜也受到一定影响，特别是春后的茄子苗、辣椒苗等，受冻较为严重，包菜、青包菜和大部分莴苣也遭受冻害。

2004年12月21日起，受北方强冷空气影响，全市出现降温伴随雨(雨夹雪)、冰冻天气，湘潭站72小时(20~23日)最大降温幅度达10℃，最低气温0.3℃(23日)。尤其是27日晚~28日早上，全市普降大到暴雪，给人们生产生活、交通、农业均带来不便与影响。全市受灾较为严重的是湘乡市及湘潭县的部分乡镇，有26个乡镇62万人受灾，受伤4人，冻死一流浪汉，损坏房屋5443间，倒塌4737间，冻死冻伤大牲畜0.2万头只。电力线路和杆塔被冰雪封冻，断线、瓷瓶炸裂的事故频频发生，仅28日市内就发生大大小小的电力故障近30起，由于天气恶劣，电力低压线路倒杆数千根，断线600多根，发生跳闸事故100多次。林木受灾也较为严重，湘潭县1666.7公顷林木(含国外松、南竹林、杉木林、果木林、抚育林、混交林)85%以上被拦腰折断；湘乡有26666.7公顷林地受损，损失林木15万立方米，折断南竹20万根。另外，冰冻、雨雪天气对全市蔬菜生长也有一定影响，越冬蔬菜幼苗损失三成左右，蔬菜(莴苣、大白菜等)损失约两成。直接经济损失5612万元，其中农业经济损失3200万元。

至2005年的20年间，全市共出现冰冻7年，概率为35%，平均每年冰冻1.9天。冻害造成直接经济损失7205万元。

第五节　雷电灾害

1986年以后，境域雷电(多为春夏季，秋冬季节亦出现雷暴)灾害出现多次。

1987年3月22日，韶山雷电击坏电器设备。

1992年4月21日零时~1时，全市部分乡镇遭受雷雨大风袭击，击毁变压器40台。湘乡市栗山乡雷电击坏电视机187台。

1994年8月14日下午5时，湘乡出现雷雨，东郊乡王塘村3组刘顺达在水塘边堵鱼被雷电击死。8月14日晚7时，湘潭县石鼓乡欧冲村黄金组朱修和因屋破接漏时被雷击死。

1995年4月15日，韶山市永义乡永家村周云芬家因雷击电线起火，烧毁房屋3间，打稻机1台。银田乡被雷击坏变压器多台，5月31日下午湘潭电机厂、湘钢、电厂、化纤厂被雷电击坏变压器、电屏柜、程控电话机房等，直接经济损失50多万元。

1997年10月19日下午5时10分，韶山市大坪乡出现雷雨大风，雷电击毁电视机49台、电冰箱14台、变压器4台。

1998年4月11日下午3时，湘乡市西北部出现雷雨大风，雷电击死2人。

2000年7月29日18时，湘潭市江麓聚富新村四栋新楼房遭雷击，击崩该栋东南角的屋角，击坏住宅区20余家住户电视机。同日，湘潭化纤厂被雷电击坏1台价值90多万元的USTER—III型条干仪。市自来水公司被雷击坏水位仪1台，强度仪1台。12日该公司大型显示屏前端电脑被雷击受损。8月5日，市中心血站被雷电击坏3台计算机电源断电器及小程控机部分线路。

2002年7月17日下午，湘潭市区及湘潭县韶山市普降暴雨，并出现罕见的强雷暴，造成严重损失：湘潭县有2人在田中农作时遭雷击身亡。市区宝丰街配电间被雷击起火，直接经济损失0.5万元。湘潭火车站及湘潭大学30多户职工家庭电器被击坏，造成直接经济损失2万多元，韶山农业银行和江南机器厂的电脑网络设备及湘潭电机厂计算机中心、厂电视台均被雷击，直接经济损失 12.4 万元。市交警支队通信大楼一程控交换机遭雷击，致使 5 个交警大队的通信工作瘫痪 3 天，造成直接经济损失 9 万多元。湘潭钢铁公司动力分厂计量表和市自来水公司的流程表遭雷击，直接经济损失 0.2 万元。8 月 6 日，江麓机械厂遭雷击，击坏厂电视台调制器、稳压器、发生器、监视器、电视信号混合器等共 8 台，设备及电脑主机 2 台，扫描仪 1 台、打印机 1 台，还击坏彩电子、DVD、家庭影院设备 1 套，数字卫星接收机 2 台，电脑局域网部分受损，直接经济损失 20 多万元。8 月 7 日，市工商银行湘江支行电脑设备遭雷击，直接经济损失 3 万元。9 月 12 日下午 4 时，湘潭师范学院附近一农舍遭雷击，损坏电器设备约 0.6 万元。

2003 年 6 月 9 日下午，境域出现强雷暴天气。全市有 10 多个单位遭受雷击，市自来水公司三水厂易家湾水站遭受雷击；市集装箱公司因灾损坏门式吊车 1 辆；市电业局一台程控交换机及市电化厂 1 台柜式空调机均遭击坏；湘乡白田供电所 4 台变压器被击坏；金迪化纤公司的计量屏、单元箱被击坏；另击坏市工商银行计算机系统及市体育彩票中心的计算机 4 台。灾害造成全市直接经济损失 85 万元左右。9 月 3 日，市妇幼保健院及公安局因雷击损坏部分设备，直接经济损失 36 万元。

2004 年 4 月 7 日，韶山市农电总站被雷击，烧坏保安器 23 台、三相四线电表 5 块，交流接触器 3 台，配电间进出线 4 处，三相四线断线 23 处，其电线杆倒 13 基；220 伏两相断线 32 处，引起倒电线杆 12 基。直接经济损失 2.99 万元。4 月 23 日，韶山市气象局遭雷击，损坏计算机网卡 3 个，打坏 MODEM（调制解调器）1 个、电视机 1 台、交换机 1 台。韶山市电信局程控机房受雷电影响。5 月 1 日晚，湖南科技大学男校区家属宿舍 22、23 栋遭受雷击，损坏网络交换机 10 台，经济损失 2 万 ~ 3 万元。8 月 11 日，岳塘区板塘铺遭受雷击，损坏机器设备、电脑等，经济损失 14 万元左右。8 月 12 日，岳塘、板塘铺遭受雷击，损坏机器设备、电脑，直接经济损失 20 多万元。

2005 年 4 月 22 日 17 时 26 分 ~ 19 时 49 分，境域出现雷暴天气，湘潭县一中一名学生在学校足球场外的空地上遭雷击身亡。事发现场位于学校足球外准备建体育馆的空地，离学校建筑群校远，周围无高大建筑物，地面为草地且有少量积水。5 月 4 日韶山医院雷击打坏呼吸机 1 台、CT 机 1 台、电脑 16 台、路由器 3 部，以及部分家庭电器，直接经济损失 3 万多元。9 月 14 日下午，境域多处遭受雷电灾害。湘潭县响塘乡任兴村长塘组遭受雷击灾害，造成 1 人死亡。死者姜秀莲，女，51 岁，发生雷电时，从学校接孙女（3 岁，坐在单车竹筐里），推着自行车在较空旷的田埂上往家走而遭雷击，孙女无恙。韶山市电力部门被雷电击坏变压器 1 台，直接经济损失近 20 万元。中国石化杨林加油站击坏加油机主板 4 块，电话机 2 台，其他私人电脑、电话、电视等家用电器均有多户受到损坏。湘乡市再生资源公司 30 吨地磅的传感器遭雷击，损失 1 万元左右。湘潭市岳塘区损坏一批家庭电器，湘钢公司损坏部分电脑及机械设备等，直接经济损失 10 万元左右。

至 2005 年的 20 年间，全市发生雷暴的日数平均每年为 46.5 天，最多年份为 67 天。发生雷暴月数平均每年 8.6 个月，最多年份达 12 个月（湘潭站 1997 年）。直接经济损失 340.9 万元。

第六节　地质灾害

境域地质灾害有山体崩塌、滑坡、泥石流、地面塌陷、地裂缝、地面沉降、地震等灾害。

1983 年 5 月，湘潭县响塘乡湘潭锰矿区，因采矿产生地面塌陷，面积 6.6 平方千米(特大级)，毁坏房屋 40317 间，农田 1630 亩，水塘 8 座，公路 15100 米，直接经济损失 12086 万元。

1988 年，湘乡市壶天镇岩江村三组，因采矿产生塌陷，毁坏房屋 900 间、农田 40 公顷，直接经济损失 1380 万元。

1990 年，湘乡市新湘路办事处红仑居委会，因采矿产生地裂缝 80 米，毁坏房屋 200 间，直接经济损失 200 万元。

1991 年 4 月，湘潭市湘潭大学西山环保楼，因暴雨和工程建设产生滑坡，下滑 15000 立方米土石，毁坏房屋 1 栋，经济损失 50 万元。

1995 年 8 月 14 日，湘乡市泉塘镇白泉村二组，因采矿采空区塌陷 3 平方千米，毁坏房屋 200 间，直接经济损失 200 万元。

1998 年，湘潭县杨嘉桥镇柳湖村上坝组，因采矿排矿坑水，产生地面塌陷，毁坏房屋 432 间、农田 1.34 公顷，经济损失 880 万元。

2002 年 6 月，湘潭县云湖桥镇史家坳村马山组，因采矿排矿坑水，产生地面塌陷，毁坏房屋 50 间、农田 0.34 公顷，直接经济损失 140 万元。

2003 年 6 月 10 日，湘乡市月山镇包六村新塘组，因暴雨产生泥石流，下滑 3.6 万立方米土石，毁坏房屋 15 间、农田 10 公顷，直接经济损失 200 万元。

至 2005 年的 60 年间，全市共发生地质灾害 330 处，其中滑坡 204 处，崩塌 74 处，泥石流 11 处，地面塌陷 38 处，地裂缝 1 处，不稳定坡 2 处，造成 5 人死亡，13 人受伤，毁坏房屋 5174 间、农田 285.45 公顷，直接经济损失 19677.38 万元。

第七节　病虫灾害

1986年，全市水稻遭受多种病虫危害，病虫害发生面积 775933 公顷次(多种病虫多次发生的面积累加；以下同)，其中水稻纹枯病、稻瘟病、细菌性条斑病、二化螟、稻飞虱、稻纵卷叶螟等病虫害发生严重，主要发生在湘潭县石潭镇、湘乡县东郊乡等 56 个乡镇，造成水稻减产 1.6 万吨，直接经济损失 9600 万元。

1987 年以后，稻叶蝉、黄矮病、白叶枯病为害程度逐渐减轻，但细菌性条斑病上升。湘潭县易俗河、排头、花石、青山、云湖桥、姜畲、锦石、杨家桥、河口、龙口、中路铺以及湘乡市壶天、翻江和韶山市大坪等 33 个乡镇均有发生。1988 年病虫发生相当严重，发生程度达 5 级，属病虫害大发生年份，总发生面积 1093333 公顷次，损失粮食 1.6 万吨直接经济损失近 1 亿元。细菌性条斑病流行，殃及湘潭县白石乡、中路铺镇等良种繁育及杂交制种基地，成灾面积 164.33 公顷。至 1995 年，年发生面积 2600 ~ 6700 公顷。受灾水稻一般减产 15 ~ 25%，严重的减产 40% ~ 60%。1996 年以后，细菌性条斑病为害严重，至 2000 年，每年损失粮食 1000 多吨。直接经济损失 200 万元。

2001 年，全市稻瘟病发生严重，66 个乡镇有 51 个乡镇发生，面积 22720 公顷。其中叶瘟发生面积 14966.67 公顷，穗瘟 7753.33 公顷，主要发病品种有湘早籼 31 号、24 号、浙辐 7 号、中鉴 100，湘早籼 17 号、中优早 81、87233、娄早 5 号、浙 733 等。成灾面积 156.67 公顷，绝收 20 公顷。实际损失稻谷 2861 吨。直接经济损失 300 多万元。

2002 年,湘乡市虞塘镇、中沙、栗山、梅桥 3 个乡镇,韶山市大坪、银田 2 个乡镇,湘潭县云湖桥等七个乡镇农作物遭到稻蝗的为害,受灾面积 4 万亩。其中成灾 400 公顷,绝收的 66.67 公顷,实际损失稻谷 2322 吨直接经济损失近 300 万元。同年,6 月下旬和 9 月下旬,由于受洪涝影响,春玉米和秋玉米受斜纹夜蛾为害,暴发成灾。湘乡市东郊乡新园村 4 公顷秋玉米绝收。直接经济损失 40000 元。

2004 年,晚稻稻瘟病发生严重,苗瘟坐蔸绝收面积 66.67 公顷左右,穗瘟造成白穗率 70%以上,受灾面积 133.33 公顷。损失稻谷 2100 吨,直接经济损失 420 万元。

2005 年,全市普遍发生二化螟、稻飞虱、稻纵卷叶螟。为害面积 1368333 公顷次,总防治面积 1836406.67 公顷次,成灾面积 2286.67 公顷。通过防治,挽回粮食损失 61.18 万吨,实际损失粮食 3.7 万吨。直接经济损失近 2 亿元。

至 2005 年的 20 年间,二化螟、稻飞虱、稻纵卷叶螟、稻纹枯病等 4 种病虫害,年年发生严重,年平均发生面积 666666.67 公顷次;通过防治,每年挽回粮食损失 40～70 万吨,实际损失粮食 1 万吨左右。每年因病虫害造成的直接经济损失在 1 亿元左右。

第八节　外来生物侵害

境域外来生物侵害主要有空心莲子草、凤眼莲、加拿大一枝黄花、美洲斑潜蝇、稻水象甲 5 种。

一、空心莲子草

空心莲子草又称水花生、革命草等,属苋科莲子草属,是一种水生和半水生杂草,原产南美洲。20 世纪 70 年代作动物饲料、生物钾肥引进种植,以后逐步蔓延,造成危害。主要生长在河流、水道、沟渠及农田周边空地。在河流、水道和沟渠生长的革命草,能迅速覆盖水面,产生有毒物质,污染水质,影响其他水生植物,同时严重影响排灌、水上交通以及水产养殖;在农田中生长的革命草,抢夺农作物阳光、水分、肥料和生长空间,最终造成严重减产。到 2005 年,全市各乡镇均有分布,常年发生面积 6666.67 公顷左右。

二、凤眼莲

凤眼莲又称水葫芦,属雨久花科植物,原产于南美。1901 年作为花卉引入中国。20 世纪 70 年代开始,境域作为动物饲料推广种植,以后成为野生。由于其无性繁殖速度快,境域各地均有分布,凤眼莲对其生活的水面挡住阳光,致使水下植物得不到足够的光照和氧气而死亡;同时,影响大小船只航行;凤眼莲死后腐烂体沉入水底,形成生金属高含量层,直接杀伤底栖生物。到 2005 年,常年发生面积 3333 公顷左右。

三、加拿大一枝黄花

2004 年,湘潭市岳塘区、雨湖区和湘潭县相继发现“加拿大一枝黄花”入侵。“加拿大一枝黄花”(Solidago canadensis L.)属菊科(Compositae)一枝黄花属 Solidago),多年生植物;原产北美东北部,较耐寒、耐旱、喜阳光充足和凉爽干燥的环境。加拿大一枝黄花具有极强的繁殖和快速占领空间的能力,在生长过程中与其他作物竞争养分、水分和空间,使绿化灌木成片死亡;同时入侵低山疏林湿地生态系统和旱地,严重消耗土壤肥力,影响农作物质量和产量;还可与同属近源种,甚至不同属的种杂交,导致侵入地物种的遗传侵蚀,严重影响原有植被,破坏生物多样性。

2005 年 4 月 6 日市林业局发出《关于认真搞好外来有害生物“加拿大一枝黄花”调查和清除的通知》,并组织林业干部对全市“加拿大一枝黄花”的入侵情况进行调查。调查结果,“加拿大一枝黄花” 在湘潭市岳塘区昭山、易家湾、荷塘、板塘、双马、霞城等 6 个乡镇均有发生,主要分布在京珠高速和上瑞高速公路两旁的林地、农田和旱地内,发生面积 450 公顷。雨湖区长城乡十万垅大堤,发生面积 50 公顷。湘潭县易俗河镇也有发生,但面积很小。7 月,省林业厅领导到岳塘区现场办公,研究防治对策。7 月 18 日,湖南省政府在岳塘区昭山乡召开“全国‘十省百县’外来入侵生物灭毒除害行动湖南启动仪式暨现场铲除会”,启动以湘潭、长沙等 4 个市中的 9 个县为重点实施区域,开展以“加拿大一枝黄花”为重点对象的灭毒除害行动。当天有 600 多名与会人员和志愿者对“加拿大一枝黄花”进行人工拔除。是年,岳塘区采取化学药物杀除加“拿大一枝黄花”70 公顷;采取付费收购,鼓励村民手工拔除,按 0.12 元 /500 克价格共收购“加拿大一枝黄花”22.5 万千克,并进行集中烧毁,清除面积约 133.3 公顷。由于“加拿大一枝黄花”是通过根和种子两种方式繁殖,具有超强繁殖能力和强大生命力,是年,还没有彻底根除。

图 1-8-1　加拿大一枝黄花

四、美洲斑潜蝇

属潜蝇科双翅目。1995 年,境域普查发现该虫为害,全市各地均有发生。为境域蔬菜产区的常发性害虫,其成、幼虫均为害农作物。雌成虫飞翔把植物叶片刺伤,进行取食和产卵,幼虫潜入叶片和叶柄为害,产生不规则蛇形白色虫道,叶绿素被破坏,影响光合作用,受害轻的作物叶片脱落,造成花芽、果实被灼伤,严重的造成毁苗。受害田块受蛆率 30% ~ 100%,减产 30% ~ 40%,严重的绝收。至 2005 年,常年发生面积 100 ~ 133 公顷。

五、稻水象甲

稻水象甲又名稻水象、稻根象。鞘翅目象虫科。原产于北美洲,1988 年传入中国唐山。2005 年在境域首次发现,当年在湘潭县、湘乡市、岳塘区 23 个乡发生,由于幼虫对水稻根系的破坏,使稻株生长受阻,变得矮小、分蘖率低,成穗株率和每穗粒数明显减少,抽穗期和成熟期显著推迟,最终导致严重减产,一般地块减少 10% ~ 20%,严重地块减产 50% ~ 70%,全市发生面积 1620 公顷,直接粮食损失 1.39 万吨。其成虫取食叶片,幼虫取食稻根,以幼虫危害为主。

第二篇　人口

概　述

1986年末，湘潭市总人口247.31万，其中，男性128.59万，占52%，女性118.72万，占48%。1987年，市委、市政府执行中央“一对夫妇生育一个孩子加确有实际困难的夫妇照顾生育第二个孩子”的“开小口子”政策，由于个别地方照顾生育二孩的“小口子”乱开，结果，计划外生育的“大口子”被突破，适逢此时湘潭市正进入第三个人口生育高峰期，全市出生人口从上年的3.91万人增加到5.24万人，多增1.33万人。1988年，市委、市政府根据全市人口出生猛增势头，加大力度进一步认真贯彻国家推行计划生育大政方针，制定《二胎生育暂行规定》，严格控制计划外生育，杜绝多胎生育，实行人力、财力、物力“三集中”，全面开展两女户结扎和落实长效节育措施，降低妇女总和生育率（即妇女平均生育子女数，下同）。但是，由于前两个生育高峰（20世纪50年代和60年代末至70年代初）的惯性影响，全市人口仍然快速增长，出生人口再增加到5.45万人。1989年，湘潭市人口生育高峰达到峰极，这一年，据第四次全国人口普查[①]公布结果，全市出生5.98万人，自然增长4.5万人，自然增长率12.31‰，总人口达到261.28万。

1990年，市委、市政府为认真贯彻落实《湖南省计划生育条例》，采取有效措施，着力整顿生育秩序，在全市开展“清查早婚早育，清查超生对象，清查计划生育领域内不正之风，清查避孕节育措施，清查计划外怀孕；落实生育政策，落实人口计划”的“五清查两落实”活动，重点控制三个以上孩子的生育，有效地遏止生育高峰。是年，全市出生4.71万人，比上年少增1.27万人，自然增长率11.64‰，比上年下降0.67个千分点，净增3.96万人，总人口控制在265.24万人。

1991～1992年，市委、市政府继续贯彻《湖南省计划生育条例》，建立计划生育工作考核评估制度，不断加强领导力度和加大计划生育经费投入，采取“群众工作、综合治理、宣传教育、依法行政”相结合的措施，控制计划外生育特别是三个以上孩子的生育。各县（市、区）及各乡（镇）街道办事处严格执行市政府计划生育工作要求，落实节育手术和补救措施，使计划外生育特别是三个以上孩子的生育数量明显减少，人口自然增长率迅速下降。1993年，出生人口由1992年的4万人减少到2.6万人，人口出生率由1992年的14.88‰下降到9.61‰，自然增长率由上年的8.48‰下降到3.37‰。总人口控制在270.31万。

1994年，市委、市政府进一步认真贯彻《湖南省计划生育条例》，同时把计划生育工作重心转向基层，着眼点放在乡（镇）街道办事处，着力点放在村（居）委会。各县（市、区）按照全市统一要求，在各乡（镇）街道办事处建立有计划生育办公室、计划生育协会、宣传技术服务所、计划生育学校的“四

---

① 第四次人口普查登记的标准时点为1990年7月1日零时，与该年末人口统计数据不一致。

位一体”工作阵地，各村（居）委会建立有计划生育指导室、计划生育协会、计划生育学校的“三位一体”工作阵地，在基层计划生育干部和广大育龄群众中开展人口和计划生育基础知识教育，并一年开展四次“集中突击活动”，落实以结扎为主、结合上环等长效节育措施，落实以流产、引产的补救措施。同时，按照《湖南省计划生育条例》规定，对计划外生育对象征收计划外生育费，有效地整顿生育秩序。1995年，全市出生人口2.57万人，人口出生率9.38‰，自然增长率3.06‰，总人口控制在274.3万。

1996年起，市委、市政府根据人口增长过快势头已经得到有效控制情况，在强化计划生育法制管理的同时，开始把计划生育工作重点转入优质服务，加大科技服务力度，注重提高出生人口素质。计划生育、优生优育基本国策得到社会和广大群众认同，婚姻生育观念有新的改变，自觉实行计划生育的人越来越多，计划外生育逐年减少，2000年第五次全国人口普查①，湘潭市妇女总和生育率1.35（1990年第四次人口普查为2.35），平均每个妇女少生一个孩子。总人口控制在279.61万人。比1990年净增长14.37万人，平均每年净增长1.44万人，净增长速度比计划生育《条例》实施前五年减少了三分之二。五年内人口自然增长率一直保持稳定在2.95‰～3.42‰之间。人口再生产类型基本实现由“高出生—低死亡—高增长”向“低出生—低死亡—低增长”类型转变。

2001年开始，湘潭市贯彻《中华人民共和国人口与计划生育法》，坚持以人为本的方针，以稳定低生育水平为重点，强化法制管理和优质服务，深入开展“三查一治”（查环、查孕、查病；治妇科病），开展计划生育村（居）民自治试点，加大群众工作力度，启动利益导向机制，深受群众拥护。到2005年底，总人口控制在290.62万人。但是，随着人口再生产类型的转变，湘潭市开始出现出生人口性别比失衡、人口老龄化进程加快等问题。据第五次全国人口普查，0～4岁婴儿出生性别比达120以上，正常出生婴儿性别比应在103～108之间，超出正常值10多个比点；全市65岁以上人口占总人口比重8.45%。按国际统一标准已进入老年人口型社会，有待于进一步发展经济，完善社会保障机制，解决人口老龄化带来的问题。

第一章　人口分布

第一节　人口密度

1986年初，湘潭市总人口244.20万人，土地面积5006.46平方千米，人口密度为每平方千米487.7人。由于地理条件和经济发展的原因，城市两区人口密度大于农村三个县（市）。市区（雨湖、湘江、岳塘、板塘和郊区）每平方千米1821人，其中密度最大的是湘江区，每平方千米9810人。农村人口密度韶山区最大，每平方千米441人，其次是湘潭县，每平方千米410人；密度最小的是湘乡县，每平方千米403人，但其城关镇的人口密度为每平方千米2181人。

① 第五次全国人口普查标准时点为2000年11月1日零时，与该年末人口统计数据不一致。

1990 年第四次全国人口普查时，湘潭市总人口增加到 262.55 万，每平方千米增加到 524 人；5 年时间每平方千米增加 37 人。由于农村实行生产责任制后，部分农民进城务工、经商，市区的人口密度明显加大，此时，市区（仍然包含雨湖、湘江、岳塘、板塘和郊区）总人口 57.1 万人，每平方千米 2034 人，5 年间每平方千米增加 213 人。其次是湘潭县 111.34 万人，每平方千米 443 人，5 年间每平方千米增加 33 人。湘乡市，87.09 万人，每平方千米 433 人，5 年间每平方千米增加 30 人。韶山市 9.71 万人，每平方千米 462 人，5 年间每平方千米增加 21 人。

2000 年第五次全国人口普查，全市总人口 267.2 万，每平方千米 534 人，此 10 年每平方千米增加 10 人。随着城市经济的不断发展，市区的人口密度明显增大，是年城市两区共 67.13 万人，每平方千米 2397 人，10 年间每平方千米又增加 363 人。其次是韶山市，10.12 万人，每平方千米 480 人，10 年间每平方千米增加 18 人。湘乡市 89.36 万人，每平方千米 444 人，10 间增加 11 人。湘潭县 113 万人，每平方千米 450 人，10 年间每平方千米增加 7 人。

到 2005 年底，全市统计总人口 290.62 万，每平方千米 580 人。每平方千米增加 46 人。城市两区总人口为 71.78 万人，人口密度达到每平方千米 2557 人。5 年间每平方千米又增加 160 人，其中，雨湖区城区 8 个街道办事处 24.27 平方千米，合计 23.90 万人，人口密度高达每平方千米 9847 人，密度最大的雨湖街道，面积 0.97 平方千米，人口 3.74 万人，每平方千米 3.85 万人，密度最小的羊古塘街道 2.68 平方千米，1.12 万人，每平方千米 0.42 万人。鹤岭镇和楠竹山镇及长城乡、先锋乡、昭潭乡、护潭乡的人口密度也达到每平方千米 2413 人。农村三县（市）面积 4734.26 平方千米，2005 年合计 212.32 万人，平均人口密度仅 448 人，其中，湘潭县 112.80 万人，每平方千米 449 人，5 年间每平方千米减少 1 人；湘乡市 89.32 万人，每平方千米 444 人，保持 2000 年密度未变；韶山市每平方千米 485 人，5 年间每平方千米增加 5 人。

第二节　城乡人口分布

1986 年底，湘潭市总人口 247.31 万，按传统的户口性质划分城乡人口，乡村 193.79 万人，占 78.35%，城市 53.52 万人，占 21.65%。其后，随着湘潭经济的不断发展，加上部分农村人口购买“蓝印户口”变为非农户口人口，乡村人口比重逐年下降，城市人口比重上升。1990 年，第四次全国人口普查，湘潭市 262.55 万总人口中，农业户口人口 204.45 万人，占 77.87%，比 1986 年下降 0.48 个百分点，非农业户口人口 56.97 万人，占 21.7%，相应比 1986 年上升 0.05 个百分点。非农业户口人口主要分布在市城区，第四次人口普查时点，全市 56.97 万非农业户口人口中，雨湖区 10.89 万人，湘江区 11.16 万人，岳塘区 11.25 万人，板塘区 6.83 万人；城市四区合计 40.13 万人，占全市非农业户口人口的 70.44%。其他 29.56%的非农业户口人口分布在市郊区和农村三个县（市、区），其中，郊区 1.68 万人，韶山区 1.13 万人，湘潭县 6.00 万人，湘乡市 8.03 万人。

各县（市、区）内部的城乡人口分布差别较大。城市五区（雨湖、湘江、岳塘、板塘、郊区）非农业户口人口 38.06 万人，占五区总人口 74.06%，农业户口人口 13.33 万人，占五区总人口 25.94%，主要是郊区人口。湘潭县的非农业户口人口 6.01 万人，占该县总人口 5.83%，农业户口人口 96.86 万人，占该县总人口 94.17%。湘乡市非农业户口人口 8.03 万人，占该市总人口 9.83%，农业户口人口 73.7 万人，占该市总人口 90.17%。韶山区非农业户口人口 1.13 万人，占该区总人口 11.70%，农业户口人口 8.44 万人，占该区总人口 88.30%。

2000 年，第五次全国人口普查，湘潭市登记的户口人口为 266.30 万人，其中农业户口人口 192.84 万人，占总人口 72.42%，比 1990 年下降 5.45 个百分点，非农业户口人口 73.46 万人，占总人口 27.58%，比 1990 年上升 5.88 个百分点。按照国家统计局颁布的《关于统计上划分城乡的规定(试行)》(国统字〔1999〕114 号文件）规定的口径，此时湘潭市城乡人口的分布状况为：乡村人口占 64.10%，小城镇人口占 4.50%，城市人口占 31.40%。此次全国人口普查对城乡人口的统计口径与第四次人口普查不同，城市两区包括原郊区的人口全部为城市人口；湘潭县无城市人口，有镇人口 8.18 万人，占全县总人口的 7.71%，乡村人口 97.95 万人，占全县总人口的 92.29%。湘乡市的城市人口 12.01 万人，占该市总人口 14.87%，镇人口 35917 人，占该市总人口 4.47%，乡村人口 65.17 万人，占该市总人口 80.68%。韶山市的城市人口 1.18 万人，占该市总人口 12.37%，镇人口 0.25 万人，占该市总人口 2.63%，乡村人口 8.10 万人，占该市总人口 85.0%。

21 世纪以后，随着湘潭经济和社会的进一步发展，湘潭市人口城镇化水平有较大的提高。按 2005 年的行政区域，各县(市、区)人口的户口构成状况是：城市两区合计农业户口人口 17.92 万人，占两区总人口的 25.58%，与 1990 年比较，同区域农业户口人口占总人口比重下降 2.21 个百分点，非农业户口人口相应上升 2.21 个百分点。其中，雨湖区非农业户口人口 30.19 万人，占该区总人口 80.51%，农业户口人口 7.31 万人，占该区总人口 19.49%，岳塘区非农业户口人口 23.66 万人，占该区总人口 69.04%，农业户口人口 10.61 万人，占该区总人口 30.96%(因为行政区域的调整，不好作分别比较)。湘潭县农业户口人口 96.69 万人，占全县总人口 91.27%，比 1990 年的 94.34%下降 3.07 个百分点，非农业户口人口 9.25 万人，占全县总人口 8.73%；相应上升 3.08 个百分点；湘乡市农业户口人口 70.23 万人，占该市总人口 87.10%，比 1990 年的 90.17%下降 3.07 个百分点，非农业户口人口 9.25 万人，占该市总人口 12.90%；相应上升 3.20 个百分点。韶山市农业户口人口 8.00 万人，占该市总人口 84.15%，比 1990 年的 88.34%下降 4.19 个百分点，非农业户口人口 1.56 万人，占该市总人口 15.85%；相应上升 4.19 个百分点。

第三节　区域人口分布

1986 年，湘潭市辖 8 个县(区)，年初区域人口分布状况：市区共计 51.11 万人，其中，雨湖区 10.07 万人，湘江区 10.74 万人，岳塘区 10.38 万人，板塘区 6.65 万人，郊区 13.27 万人。3 个农村县(区)193.09 万人，其中，湘潭县 102.86 万人，湘乡县 80.96 万人，韶山区 9.27 万人。

1990 年第四次全国人口普查，湘潭市市区人口为 58.89 万人，5 年内增加 7.78 万人，其中，雨湖区 12.04 万人，增加 1.97 万人，湘江区 12.18 万人，增加 1.44 万人，岳塘区 12.15 万人，增加 1.77 万人，板塘区 7.37 万人，增加 0.75 万人，郊区 15.15 万人，增加 1.88 万人。3 个农村县(市、区)203.66 万人，增加 10.57 万人，其中湘潭县 108.72 万人，5 年内增加 5.86 万人。此时，湘乡由县改市，有 85.28 万人，5 年内增加 3.55 万人，韶山区 9.66 万人，5 年内增加 0.39 万人。

2000 年第五次全国人口普查，市区总人口 67.13 万人，比 1990 年增加 8.24 万人，其中，雨湖区

34.62 万人，岳塘区 32.51 万人（由于行政区划的调整，不好分别进行比较）。3 个农村县（市）212.48 万人。其中，湘潭县 113.00 万人，比 1990 年增加 4.28 万人；湘乡市 89.36 万人，比 1990 年增加 4.08 万人。是时，韶山也已由区改市，10.12 万人，比 1990 年增加 0.54 万人。

进入 21 世纪以后，3 个农村县、市（主要是湘潭县和湘乡市）部分乡村人口在湘潭市区购房，迁入城市两区，到 2005 年底，雨湖区达到 37.5 万人，5 年增加 2.88 万人；岳塘区达到 34.27 万人，5 年增加 1.76 万人。湘潭县和湘乡市的总人口比 2000 年略有减少。其中，湘潭县 112.80 万人，比 2000 年减少 0.20 万人；湘乡市 89.32 万人，比 2000 年减少 0.04 万人。韶山市 10.21 万人，比 2000 年增加 0.09 万人。

第二章　人口构成

第一节　自然构成

一、年龄构成

1986～1989 年，由于大力推行计划生育，出生人口增幅相对减少，特别是三胎以上的出生人口大大减少，加上人民生活不断改善，医疗卫生条件不断完善，全民健康水平不断提高，人均预期寿命相应延长，死亡率相对下降，湘潭市“老少人口比”明显提高。1990 年第四次全国人口普查，在全市 262.55 万总人口中，0～14 岁（国际通称少儿人口）68.42 万人，占总人口 26.06%，比 1982 年第三次人口普查时的 28.70%下降 2.46 个百分点；15～64 岁（国际通称劳动年龄人口）179.85 万人，占总人口 68.02%，比 1982 年的 63.46%提高 4.56 个百分点；65 岁以上（国际通称老年人口）15.55 万人，占总人口 5.92%，比 1982 年第三次人口普查的 7.83%下降 1.91 个百分点。20 世纪 90 年代，由于人口和计划生育工作进一步加强，人们生活水平进一步提高，受低出生率和低死亡率的影响，湘潭市人口开始出现老龄化趋势。2000 年第五次全国人口普查，全市 267.61 万总人口中，0～14 岁 55.50 万人，占 20.77%，比 1990 年第四次人口普查下降 5.29 个百分点。15～64 岁 189.12 万人，占 70.78%，比第四次人口普查上升 2.76 个百分点。65 岁以上 22.59 万人，占 8.45%，比第四次人口普查上升 2.53 个百分点。按国际统一标准，65 岁以上人口占总人口的比重达到 7%，即标志进入老年人口型社会，湘潭市已经超过这标准 1.45 个百分点。

二、性别构成

1986年末，湘潭市 247.31 万总人口中，男性 128.59 万人，占 52%，女性 118.72 万人，占 48%，性别比 108.31。城市人口性别比高于农村人口性别比。湘潭县、湘乡县和韶山区三个农村县（区）人口合计 191.00 万人，男性占 51.72%，女性占 48.28%，性别比 107.13，低于全市性别比平均值 1.18 个比点。城市五区（湘江区、雨湖区、岳塘区、板塘区和郊区）合计人口 53.20 万人，男性占 52.95%，女性占 47.05%，性别比 112.54，高出农村三个县(区)性别比 5.41 个比点，高于全市性别比平均值 4.23 个比点。

从 1987 年开始，湘潭市人口性别比慢慢下降，到 1990 年全国第四次人口普查时，全市总人口 262.55 万人，其中男性 135.29 万人，女性 127.26 万人，人口性别比下降到 106.31，比 1986 年初的人口性别比低 1.91 个比点。

1990 年湘潭市分年龄组性别构成情况

表 2-2-1　　女性=100

年龄组(岁)	性别比	年龄组(岁)	性别比	年龄组(岁)	性别比
总 计	106.31	30 ~ 34	111.26	70 ~ 74	89.53
0	112.19	35 ~ 39	107.06	75 ~ 79	78.47
1 ~ 4	107.02	40 ~ 44	112.73	80 ~ 84	65.25
5 ~ 9	104.84	45 ~ 49	120.07	85 ~ 89	50.86
10 ~ 14	105.10	50 ~ 54	124.71	90 ~ 94	37.02
15 ~ 19	106.39	55 ~ 59	116.27	95 ~ 99	35.14
20 ~ 24	100.77	60 ~ 64	109.11	100 ~	100.00
25 ~ 29	99.43	65 ~ 69	99.16	—	—

是时，人口性别比仍然存在城市高于农村的现象。农村三个县(市、区)合计 203.65 万人，男性占 51.36%，女性占 48.64；性别比 105.59，低于全市人口性别比平均值 0.72 个比点。其中，湘潭县 106.47，基本上处于全市平均值；湘乡市 104.65，低于全市平均值 1.66 个比点；韶山区 103.48，低于全市平均值 2.83 个比点；郊区 102.89，低于全市比平均值 3.42 个比点。城市四区(湘江区、雨湖区、岳塘区和板塘区)合计 43.74 万人，其中男性占 52.63%，女性占 47.37%，人口性别比 111.10，高出农村人口性别比 5.51 个比点，高出全市平均值 4.79 个比点。其中，雨湖区 110.53，高出全市平均值 4.22 个比点；湘江区 111.63，高出全市平均值 5.32 个比点；岳塘区 112.43，高出全市平均值 6.12 个比点，板塘区 109.08，高出全市平均值 2.77 个比点。全市总人口性别比虽然下降，但出生人口性别比在不断扩大。由于大力推行“一对夫妇只生育一个孩子，部分确有实际困难的对象经过批准生育第二个孩子，禁止生育第三个以上孩子”的政策，部分人受“养儿防老”“传宗接代”等传统观念的影响，加上一些人非法进行非医学需要的性别鉴定，并进行非医学原因的选择性别终止妊娠，致使出生人口性别比超出正常值(103 ~ 108)范围。1990 年出生婴儿性别比 112.19，超出出生人口性别比正常值上限 4.19 个比点。此后，出生婴儿性别比逐年增高，第五次全国人口普查数字显示，从 1997 年开始，出生婴儿性别比严重失调，该年达到 120.78，1998 年为 123.27，1999 年为 127.19，都高出出生婴儿性别比正常值上限 10 多个比点。

2000 年湘潭市分年龄组性别构成情况

表 2-2-2　　女性=100

年龄组(岁)	性别比	年龄组(岁)	性别比	年龄组(岁)	性别比
总计	105.92	30 ~ 34	96.53	70 ~ 74	97.90
0	122.56	35 ~ 39	98.88	75 ~ 79	83.66
1~4	122.23	40 ~ 44	108.06	80 ~ 84	69.81
5~9	114.25	45 ~ 49	105.96	85 ~ 89	55.04
10~14	107.16	50 ~ 54	111.62	90 ~ 94	46.75
15~19	113.84	55 ~ 59	117.71	95 ~ 99	76.02
20~24	107.07	60 ~ 64	122.12	100 ~	30.77
25~29	96.58	65 ~ 69	108.85	—	—

对倾向于生育男孩的性别偏好,城乡之间存在着很大的差异,市区低于镇,镇低于农村情况。2000 年第五次全国人口普查,湘潭市人口出生性别比 122.56,其中,市区人口出生性别比 109.51,低于全市出生人口性别比平均值 13.05 个比点。镇人口出生性别比 117.24,高于市区出生人口性别比 7.73 个比点,但低于全市出生人口性别比平均值 5.32 个比点。乡村出生人口性别比 128.78,高出全市出生人口性别比 6.22 个比点,高出镇出生人口性别比 11.54 个比点,高出市区出生人口性别比近 20 个比点。出生婴儿性别比长期高达 120 以上,意味着 20 年以后相当长一段时间,将存在进入婚育期的男性大大多于女性的现象,造成大量的单身汉,严重影响社会安定。

2000 年,市政府针对出生婴儿性别比连续多年严重偏高情况,采取有效措施予以矫正,出台《湘潭市人民政府关于禁止非医学需要鉴定胎儿性别和非医学需要选择性别终止妊娠的通告》。并召开全市乡(镇)街道办事处计划生育服务所和乡(镇)卫生院(所)负责人参加的“打击非医学需要进行胎儿性别鉴定和非医学需要选择性别终止妊娠违法行为动员大会”(简称打击“两非”行动)。通过有关部门通力协作,侦破并严厉打击几起“两非”违法行为典型案例,对违法从事非医学需要鉴定胎儿性别和选择性别终止妊娠的人员起了非常大的震慑作用,取得明显效果。从 2001 年起,湘潭市的出生人口性别比开始回落到正常值范围。其中,2001 年为 108.88;2002 年为 106.84;2003 年为 107.65;2004 年为 106.96;2005 为年 107.10。

第二节　社会构成

一、民族构成

1986 ~ 1989 年,湘潭市人口民族构成无详细资料。1990 年,第四次全国人口普查,全市 262.55 万人口由 30 个民族构成,其中,汉族 262.04 万人,占总人口 99.81%;29 个少数民族合计 0.51 万人,占总人口 0.19%,分别是:土家族 1702 人,苗族 928 人,回族 541 人,满族 486 人,侗族 395 人,壮族 298 人,瑶族 209 人,白族 155 人,蒙古族 73 人,布依族 66 人,藏族 39 人,彝族 37 人,朝鲜族 22 人,维吾尔族

16 人,锡伯族 11 人,佤族 11 人,傣族 9 人,黎族 9 人,水族 7 人,土族 7 人,纳西族 7 人,仡佬族 4 人,畲族 3 人,毛南族 3 人,哈尼族 3 人,高山族 2 人,仫佬族 2 人,普米族 1 人,俄罗斯族 1 人。

2000 年第五次全国人口普查,湘潭市人口的民族构成由第四次全国人口普查时的 30 个增加到 38 个。267.21 万总人口中,汉族 265.97 万人,占总人口的 99.54%;比 1990 年增加 4.66 万人,增加 1.77%。少数民族 1.24 万人,占总人口 0.46%;比 1990 年增加 0.73 万人,增加 145.19%。37 个少数民族的人口分别是:土家族 3805 人,苗族 2779 人,蒙古族 931 人,侗族 832 人,回族 828 人,瑶族 737 人,满族 686 人,壮族 612 人,白族 219 人,彝族 166 人,土族 127 人,朝鲜族 122 人,藏族 121 人,布依族 119 人,维吾尔族 98 人,黎族 40 人,哈尼族 22 人,傣族 14 人,仡佬族 13 人,畲族 13 人,锡伯族 10 人,佤族 9 人,水族 9 人,纳西族 9 人,羌族 9 人,仫佬族 8 人,高山族 4 人,毛南族 4 人,达斡尔族 3 人,京族 3 人,塔吉克族 3 人,塔塔尔族 2 人,赫哲族 2 人,撒拉族 1 人,阿昌族 1 人,独龙族 1 人,拉祜族 1 人。

二、文化构成

(一)受教育人口

1986 ~ 1989 年,湘潭市人口文化构成状况没有详细摸底资料。1990 年第四次全国人口普查,全市 6 岁及 6 岁以上人口 230.80 万人,其中受过小学及小学以上教育人数(含在校学生)211.56 万人,占同年龄段人口的 91.66%。各学历层次分别是:大学本科 1.99 万人,占 0.94%,大学专科 3.70 万人,占 1.75%,中专 4.44 万人,占 2.10%,高中 21.69 万人,占 10.25%,初中 71.37 万人,占 33.73%,小学 108.36 万人,占 51.22%。在受教育程度上,男性与女性有较大的差别。在 6 岁及 6 岁以上:118.82 万男性中,受过各类教育的 114.2 万人,占 96.13%;111.98 万女性中,受过各类教育的 97.33 万人,占 86.92%。女性受教育面低于男性 9.21 个百分点。而且,学历层次越高,女性与男性的差距越大。同年龄段比较,小学文化 108.36 万人,男性 57.59 万人,占 53.15%,女性 50.77 万人,占 46.85%,男性高于女性 6.30 个百分点。初中文化 71.37 万人,男性 38.17 万人,占 53.47%,女性 33.21 万人,占 46.53%,男性高于女性 6.94 个百分点。高中文化 21.69 万人,男性 12.04 万人,占 55.51%,女性 9.65 万人,占 44.49%,男性高于女性 11.02 个百分点。中专文化 4.44 万人,男性 2.42 万人,占 54.50%,女性 2.02 万人,占 45.50%,男性高于女性 9 个百分点。接受高等教育的女性远远低于男性,大学专科文化 3.70 万人,男性 2.51 万人,占 67.84%,女性 1.19 万人,占 32.16%,男性高于女性 35.68 个百分点。大学本科 1.99 万人,男性 1.50 万人,占 75.37%,女性 0.49 万人,占 24.63%,男性高于女性 50.75 个百分点。城市和农村也存在受教育程度的差异较大。雨湖、湘江、岳塘、板塘四个城市区 6 岁及 6 岁以上 40.75 万人,大学本科文化 1.81 万人,占全市大学本科文化人数 90.95%;大专文化 2.96 万人,占全市大专文化人数 80%。湘潭、湘乡、韶山和郊区四个农村县(市、区)6 岁及 6 岁以上 190.05 万人,为城市区同年龄段人口的 4.66 倍,大学本科文化 0.18 万人,占全市大学本科文化人数的 9.04%,不足城市区同学历人口的十分之一;大专文化 0.74 万人,占全市大专文化人数的 20%,仅为城市二区同学历人口的五分之一。

2000 年全国第五次人口普查,湘潭市人口文化素质有明显提高,全市 6 岁及 6 岁以上人口 251.72 万人中,受过各类教育的 243.68 万人,占 96.8%,比 1990 年提高 5.14 个百分点。其学历层次与 1990 年比较,本科及以上 5.14 万人(其中有研究生学历 1837 人),占 2.04%,增加 1.58 倍。大学专科 7.32 万人,占 2.9%,增加将近 1 倍。中专 9.71 万人,占 3.86%,增加将 1.19 倍;高中 26.49 万人,占 10.87%,增加 22.13%。初中 102.35 万人,占 42.0%,增加 43.41%。由于连续多年实行计划生育,取得明显成效,学龄儿童逐年明显减少,小学(含在校学生)92.67 万人,占 38.0%;比 1990 年减少 25.81%。是时,在受教育程度上,仍然存在男女性别差异和城乡差异。第五次人口普查时点数据:湘潭市 6 岁及 6 岁以上: 128.97 万男性中,受过各类教育的 127.51 万人,占同龄男性人口 98.87%;女性 122.75 万人,受过各类教育的 116.17 万人,占同龄女性人口 94.64%。女性受教育面虽然与 1990 年比较上升了 7.72 个百分点,但男女之间受教育面的差距还是高达 4.23 个百分点。第五次人口普查资料显示,全市具有大专文化的人口中,男性占 67.8%,女性占 32.2%;在具有大学本科以上文化人口中,男性占 66.35%,女性占 33.65%,其中,具有研究生学历的,男性 91.3%,女性占 8.7%。

2000 年湘潭市各类受教育程度人口性别构成

表 2-2-3 单位:%

性别	小学	初中	高中	大专	本科及以上
男	51	51.8	53.7	67.8	66.35
女	49	48.2	46.3	32.2	33.65

湘潭市人口在受教育程度上的城乡差异,主要是乡村人口受高等教育的比重远远低于城市。第五次人口普查资料显示:6 岁及 6 岁以上人口中,大学本科以上所占比重,市区为 6.2%,城镇为 1.0%,乡村仅 0.1%。大学专科文化所占比重,市区为 7.6%,城镇为 4.7%,乡村 0.4%(具体情况如下表)。

2000 年湘潭市城乡人口学历构成

表 2-2-4 单位:%

	占 6 岁以上人口的比重				
	本科	大专	高中	初中	小学
市	6.2	7.6	26.4	34.8	22.4
镇	1.0	4.7	23.7	42.0	22.6
乡村	0.1	0.4	7.8	43.5	44.7

(二)文盲、半文盲

1990 年第四次人口普查,湘潭市 15 岁及以上人口为 194.13 万人,其中,未受过学历教育的文盲、半文盲有 17.15 万人,占同年龄段人口的 8.83%。年龄越大,文盲、半文盲人口所占的比重越高。15～29 岁文盲和半文盲占同年龄段人口的比重在 1%以下,30～49 岁文盲和半文盲占同年龄段的比重在 1～10%之间,50 岁以上文盲和半文盲占同年龄段人口比重超过 10%,60 岁以上文盲和半文盲占同年龄段人口比重在 30%以上。文盲、半文盲同样存在较大的性别差异。在 15 岁以上人口未受过教育的文盲、半文盲 17.15 万人中,男性 3.53 万人,占男性同年龄段人口的 1.82%,女性 13.62 万人，占女性同年龄段人口的 7.02%；女性文盲、半文盲人口比例比男性文盲、半文盲人口的比例高出 5.20 个百分点。女性文盲和半文盲人口为男性文盲、半文盲人口的 3.86 倍。

2000 年，随着湘潭教育事业的不断发展，加上人口年龄构成变化的因素，湘潭市文盲、半文盲比重明显下降。第五次全国人口普查，全市 15 岁及以上人口 211.71 万人，其中未受过学历教育的文盲、半文盲 6.16 万人，占同年龄段人口 2.91%，比 1990 年下降 5.92 个百分点。文盲、半文盲人口占同年龄段人口的比重，分别是：15 ~ 19 岁：0.15%，20 ~ 24 岁：0.24%，25 ~ 29 岁：0.32%，30 ~ 34 岁：0.35%，35 ~ 39 岁：0.29%，40 ~ 44 岁：0.57%，45 ~ 49 岁：0.75%，50 ~ 54 岁：1.13%，55 ~ 59 岁：1.75%，60 ~ 64 岁：5.11%，65 岁以上：20.55%。文盲和半文盲同样存在性别上的差异。在 6.16 万文盲和半文盲人口中，男性 0.97 万人，占男性同年龄段人口的 0.9%，与 1990 年比较，下降 0.92 个百分比；女性 5.19 万人，占女性同年龄段人口的 5.01%，比 1990 年下降 2.01 个百分点。在绝对数上，女性文盲、半文盲人口为男性文盲、半文盲人口的 5.35 倍。

2001 ~ 2005 年以后的文化构成状况，有待第六次全国人口普查。

三、行业、职业构成

1986 年，随着改革开放的不断深化，湘潭市经济迅速发展，城乡人口职业结构发生显著变化。农民进城务工经商转向工矿、建筑、商贸、饮食、服务、运输等行业的人数达 12.07 万人，从事农业的人口相对减少。从事商业、饮食、服务业的 7.76 万人，比 1982 年第三次全国人口普查时增加 4.44 万人，增加 1.33 倍。从事其他个体经营的 6.77 万人，比 1982 年增加 0.64 万人，增加近 10%。

1990 年，第四次全国人口普查，湘潭市在业人口总计为 150.05 万人，其中，男性 82.59 万人，女性 67.46 万人。在业人口中，按行业门类、大类分：

农、林、牧、渔、水利业在业人数 104.46 万人。其中男性 55.10 万人，占 52.75%；女性 49.36 万人，占 47.25%。在这一大门(类)下，从事农业的 99.69 万人，占 95.43%，其中男性 54.40 万人，女性 45.29 万人；从事畜牧业的为 4.15 万人，占 3.97%，其中男性 0.16 万人，女性 3.99 万人。其他从事林、渔、水利业的仅占 0.6%。分别为渔业 0.18 万人，其中男性 0.16 万人，女性 263 人；从事林业的 1031 人，其中男性 916 人，女性 115 人；从事水利业的 0.08 万人，其中男性 695 人，女性 119 人；从事上述部门服务业 0.26 万人，其中男性 0.23 万人，女性 287 人。

工业在业人数 23.94 万人。其中男性 14.37 万人，占 60.03%；女性 9.57 万人，占 39.97%。在这一大门(类)下，从事机械工业的 4.01 万人，占 16.75%，其中男性 2.56 万人，女性 1.45 万人；从事电气机械及器材制造业的 2.88 万人，占 12.00%，其中男性 1.56 万人，女性 1.32 人；从事纺织业的 2.39 万人，占 10.03%，其中男性 0.85 万人，女性 1.54 万人；从事建筑材料及其他非金属矿物制品业的 2.09 万人，占 8.73%，其中男性 0.45 万人，女性 0.64 万人；从事化学工业的 1.54 万人，占 6.43%，其中男性 1.06 万人，女性 0.49 万人；从事黑色金属冶炼及压延加工业的 1.44 万人，占 6.02%，其中男性 1.01 万人，女性.043 万人；从事金属制品业的 1.31 万人，占 5.47%，其中男性 0.85 万人，女性 0.46 万人；从事其他行业的人口都在 1 万人以下，分别所占比例甚微。分别为：从事煤炭采选业的 0.66 万人，其中男性 0.56 万人，女性 0.1 万人；从事黑色金属矿采选业的 0.41 万人，其中男性 0.31 万人，女性 0.10 万人；从事有色金属矿采选业的 104 人，其中男性 95 人，女性 9 人；从事建筑材料及其他非金属矿采选业的0.44万人，其中男性0.37万人，女性713人；其他矿(不明矿产采选业的1人，系女性)；从事木材及竹材采运业的117人，其中男性97人，女性20人；从事自来水生产和供应业的573人，其中男性389人，女性184人；从事食品制造业的0.78万人，其中男性0.50万人，女性0.28万人；从事饮料制造业的0.28万人，其中男性0.17万人，女性0.11万人；从事烟草加工业的3人，均为女性；从事饮料工业的481人，其中男性301人，女性180人；从事缝纫业的0.75万人，其中男性0.05万人，女性0.70万人；从事皮革、毛皮及其制品业的0.4万，其中男性0.09万人，女性0.31万人；从事木材加工及竹、藤、棕、草制品业的0.12万人，其中男性791人，女性445人；从事家具制造业的0.82万人，其中男性0.79万人，女性337人；从事造纸及纸制品业的0.30万人，其中男性0.16万人，女性0.14万人；从事印刷业的0.26万人，其中男性0.11万人，女性0.15万人；从事电力、蒸汽、热水生产和供应业的0.57万人，其中男性0.40万人人，女性0.17万人；从事炼焦、煤气及煤制品业的0.28万人，其中男性0.21万人，女性767人；从事塑料制品业的0.32万人，其中男性736人，女性0.25万人；从事交通运输设备制造业的0.60万人，其中男性0.42万人，女性0.18万人；从事电子通信设备制造业的0.28万人，其中男性0.14万人，女性0.14万人。

地质普查勘探业在业人数0.21万人。其中，男性0.16万人，占76.19%，女性484人，占23.81%。

建筑业在业人数3.02万人，其中，男性2.47万人，占81.79%，女性0.54万人，占18.21%。在这一大门类下，从事土木工程建筑业的有2.86万人，占94.70%，其中男性2.36万人，女性0.50万人；其他分别是：从事线路、管道和设备安装业的1159人，其中男性856人，女性303人；从事勘察设计业的370人，其中男性230人，女性140人。

交通运输、邮电通讯业在业人数2.74万人，其中，男性2.31万人，占84.31%，女性0.43万人，占15.69%。在这一门类下，主要是从事交通运输业的人口，2.56万人，其中男性2.20万人，女性0.36万人；从事邮电通讯业的0.17万人，其中男性0.11万人，女性622人。

商业、公共饮食业、物资供销和仓储业在业人数5.89万人，其中，男性2.68万人，占45.50%，女性3.22万人，占54.50%。在这一大门类下，从事商业的5.04万人，其中男性2.26万人，女性2.78万人；从事公共饮食业的0.55万人，其中男性0.22万人，女性0.33万人；从事物资代销业的0.17万人，其中男性0.11万人，女性644人；从事仓储业的0.13万人，其中男性878人，女性403人。

房地产管理、公用事业、居民服务和咨询服务业在业人数1.51万人。其中，男性0.75万人，占49.67%，女性0.76万人，占50.33%。在这一大门类下，从事房地产管理业的855人，其中男性546人，女性309人；从事公用事业的0.29万人，其中男性0.15万人，女性0.14万人；从事居民服务业的1.11万人，其中男性0.53万人，女性0.58万人；从事咨询服务业的240人，其中男性173人，女性67人。

卫生、体育和社会福利事业在业人数1.15万人，其中，男性0.49万人，占42.61%，女性0.66万人，占57.39%。在这一门类下，从事卫生事业的1.10万人，其中男性0.46万人，女性0.64万人；从事体育事业的179人，其中男性114人，女性65人；从事社会福利事业的273人，其中男性161人，女性112人。

教育、文化艺术和广播电视事业在业人数3.64万人，其中，男性1.82万人，占50%，女性1.82万人，占50%。在这一门类下，从事教育事业的3.43万人，其中男性1.69万人，女性1.74万人；从事文化艺术事业的0.16万人，其中男性998人，女性615人；从事广播电视事业的470人，其中男性

303人,女性167人。

科学研究和综合技术服务事业在业人数0.34万人。其中,男性0.20万人,占58.82%,女性0.13万人,占41.18%。在这一大门类下,从事科学研究事业的0.17万人,其中男性为0.10万人,女性718人;从事综合技术服务的0.16万人,其中男性0.11万人,女性569人。

金融保险业在业人数0.48万人,其中,男性0.26万人,占54.17%,女性0.22万人,占45.83%。在这一大门类下,从事金融业的0.44万人,其中男性0.24万人,女性0.20万人;从事保险业的371人,其中男性252人,女性119人。

国家机关、政党机关和社会团体在业人数2.66万人。其中,男性1.95万人,占73.31%,女性0.71万人,占26.69%。在这一大门类下,在国家机关的1.90万人,其中男性0.15万人,女性0.41万人;在政党机关的0.15万人,其中男性0.13万人,女性238人;在社会团体的0.16万人,其中男性646人,女性941人;在企业管理机关的0.45万人,其中男性0.27万人,女性0.18万人。其他不便分门(类)的在业人口为239人,其中男性197人,女性42人。

2000年,第五次全国人口普查,只抽取10%的人口进行行业、职业构成调查。湘潭市人口行业、职业构成情况分为十六大门(类),据普查10%抽样资料,在业人口为13.09万人,其中,男性7.22万人,占55.16%,女性5.87万人,占44.84%。按各大门(类)划分,农、林、牧、渔业8.32万人,占63.56%;采掘业1427人,占1.09%;制造业1.67万人,占12.76%;电力、煤气及水的生产和供应业687人,占0.52%;建筑业0.45万人,占3.44%;地质勘查业、水利管理业83人,占0.06%;交通运输仓储及邮电通信业0.31万人,占2.37%;批发和零售贸易、餐饮业0.93万人,占7.1%;金融保险业898人,占0.69%;房地产业208人,占0.02%;社会服务业0.25万人,占1.91%;卫生体育和社会福利事业0.15万人,占1.15%;教育、文化艺术及广播电视电影业0.35万人,占2.67%;科学研究和综合技术服务业126人,占0.01%;国家机关、政党机关和社会团体0.27万人,占2.06%;其他行业440人,占0.03%。

四、家庭构成

1986年底,湘潭市家庭63.20万户,总人口247.31万人,平均每户3.91人,其中,湘潭县26.17万户,平均每户3.97人;湘乡市20.65万户,平均每户3.96人;韶山区2.32万户,平均每户4.02人,雨湖、湘江、岳塘、板塘和郊区共14.82万户,平均每户3.53人。

1990年始,随着计划生育工作开展,提倡一对夫妻只生育一个孩子,湘潭市户平均人口逐年减少,家庭构成发生变化。1990年第四次全国人口普查,全市有家庭户69.49万户,平均每户3.65人,比1986年减少0.26人。其中,湘潭县28.38万户,平均每户3.77人,减少0.20人;湘乡市22.99万户,平均每户3.64人,减少0.32人;韶山区2.59万户,平均每户3.65人,减少0.37人;雨湖区、湘江区、岳塘区、板塘区和郊区合计15.52万户,平均每户3.45人,减少0.8人。据人口普查资料,是时全市的家庭人数结构为:一人户4.65万户,占6.69%;二人户9.16万户,占13.18%;三人户17.90万户,占25.76%;四人户20.38万户,占29.32%;五人户11.53万户,占16.60%;六人户4.01万户,占5.77%;七人户1.33万户,占1.92%;八人户0.38万户,占0.55%;九人户988户,占0.14%;十人以上的大家庭470户,占0.06%。家庭世代构为:一代人家庭9.75万户,占14.03%,二代人家庭46.12万户，占 66.37%，三代人家庭 1.05 万户，占 15.47%，四代人家庭 0.31 万户，占 0.44%，没有五代以上同堂家庭。该次人口普查没有对家庭的民族构成进行分类登记。

2000 年，第五次全国人口普查，湘潭市家庭户 77.50 万户，比 1990 年增加 8.01 万户，增加 11.53%，高出总人口增加 1.17%的比例。每户平均 3.30 人，与 1990 年比较，减少 0.35 人。其中，湘潭县 29.91 万户，平均每户 3.50 人，减少 0.27 人；湘乡市 24.38 万户，平均每户 3.26 人，减少 0.38 人；韶山市 2.77 万户，平均每户 3.38 人，减少 0.27 人；雨湖区和岳塘区 20.44 万户，平均每户 3.04 人，减少 0.41 人，由于行政区域的调整，难以分别比较。是时，全市家庭人数结构有明显变化，与 1990 年比，三人及三人以下的家庭增加，其中，一人户 6.93 万户，增加 2.29 万户，占总户数的比重提高 2.25 个百分点；二人户 14.67 万户，增加 5.51 万户，提高 5.74 个百分点；三人户 24.18 万户，增加 6.29 万户，提高 1.89 个百分点。四人及四人以上的家庭户减少，其中，四人户 17.50 万户，减少 2.88 万户，占总户数的比重下降 6.74 个百分点。五人户 10.19 万户，减少 1.35 万户，占总户数的比重下降 3.45 个百分点。六人户 2.95 万户，减少 1.06 万户，占总户数的比重下降 1.95 个百分点。七人户 0.70 万户，减少 0.63 万户，占总户数的比重下降 1.01 个百分点。八人户 0.22 万户，减少 0.18 万户，占总户数的比重下降 0.27 个百分点。九人户 774 户，减少 214 户，占总户数的比重下降 0.05 个百分点。家庭户的世代结构，与 1990 年第四次人口普查比较也有变化，其中，一代人家庭 17.80 万户，占 22.97%，上升 8.94 个百分点；二代人家庭 46.12 万户，占 54.99%，下降 11.38 个百分点；三代人家庭 16.50 万户，占 21.29%，上升 5.82 个百分点；四代人家庭 0.58 万户，占 0.75%，上升 0.31 个百分点；五代人以上同堂的家有 7 户。该次人口普查对家庭户的民族构成作了详细分类。其中，单一民族的家庭 77.04 万户，占 99.4%；民族混合家庭 0.47 万户，占 0.6%。在民族混合家庭中，由二个民族构成的 4631 户，由三个民族构成的 31 户，四个及以上民族构成的 5 户。

2001 年以后，由于湘潭市人口已处于低生育水平的稳定阶段，只有一个孩子的家庭比重逐年增大，户平均人口逐年减少。2005 年末，全市总人口 290.62 万人，家庭户 89.50 万户，平均每户 3.25 人，与 2000 年比较，户平均人口减少 0.05 人。其中，湘潭县 35.02 万户，平均每户 3.22 人，减少 0.28 人；湘乡市 28.57 万户，平均每户 3.13 人，减少 0.13 人；韶山市 3.19 万户，平均每户 3.20 人，减少 0.18 人，雨湖区 11.48 万户，平均每户 3.27 人，岳塘区 22.72 万户，平均每户 3.16 人，增加 0.12 人。

第三章　人口变动

第一节　自然变动

1986 年以前，湘潭市的人口生育状况基本上是“二胎加多胎”。尽管市委、市政府按照“国家大力推行计划生育”的基本国策，重点控制一对夫妇生育三个孩子以上的胎次，但是，由于此前两个生育高峰具有惯性影响，人口基数越来越大，生育总量仍然不断增加。1987 年，全市统计出生 5.24 万人，比 1986 年出生人口 3.91 万人增加 1.33 万人，人口出生率达 16.25‰。以后二年，人口出生率继续攀升。1989 年人口生育高峰达到峰极，全市统计出生 5.98 万人，比 1986 年增加 2.06 万人，人口出生率达到 18.02‰。这一时期，随着人们生活水平不断提高，医疗卫生条件不断改善，人口死亡率特别是婴幼儿死亡率大幅度下降，人均寿命相应提高，人口自然增长率一直保持在 10.32‰~12.31‰之间，4 年累计自然增长 14.77 万人。

1990 年，市委、市政府贯彻实施《湖南省计划生育条例》，认真执行“一对夫妻只生育一个孩子，严格控制生育第二个孩子，禁止生育第三个孩子”的基本要求，采取“一胎上环、二胎结扎、计划外怀孕刮”的技术措施，计划外生育特别是三个孩子以上的生育明显减少，比上年少生 1.27 万人；人口出生率下降到 17.87‰，比上年的 18.02‰下降 0.15 个千分点；人口死亡率 6.23‰，比上年的 5.71‰高 0.52 个千分点，人口自然增长率 11.64‰，比上年的 12.31 下降 0.67 个千分点。

1991 年始，湘潭市育龄妇女的年龄构成开始发生变化，每年进入法定结婚年龄（20 岁）的女性以 8%左右的比例递减，相应带动处于生育旺盛期（20~29 岁）的妇女每年以 7%~9%之间的比例递减，自然生育力开始减弱，加上大力推行计划生育，当年全市出生 3.65 万人，比 1990 年少生 1.06 万人，人口出生率 13.71‰，自然增长率开始从增长峰极回落到 10‰以下，为 7.51‰。1992 年，由于生育妇女年龄构成的影响，全年出生 4 万人，比上年增加 0.35 万人，出生率 14.88‰，回升 1.17 个千分点；自然增长率 8.48‰，回升 0.97 个千分点。

1993 年，市委、市政府进一步贯彻落实《湖南省计划生育条例》，巩固“五清查两落实”活动成果，继续坚持“一胎上环、二胎结扎、计划外怀孕刮”的工作方针，强化落实结扎手术和上环等长效节育措施，结合落实补救措施。计划外生育特别是三个孩子以上的生育进一步减少，全年出生 2.60 万人，比上年少生 1.4 万多人。出生率降到 9.61‰以下，比上年下降 5.27 个千分点；自然增长率下降到 3.37‰，下降 5.11 个千分点。

1994 年，由于育龄妇女年龄结构变化的关系，湘潭市比上年多生 0.15 万人，出生率略有回升，自然增长率回升到 3.73‰。通过“五清查两落实”活动，采取强硬措施整顿生育秩序，加上多年计划生育宣传教育，人们生育观念逐渐发生变化，自觉实行计划生育的人越来越多，从 1995 年起，湘潭市妇女总和生育率开始下降，连续四年保持在 1.7~1.9 之间，年出生人口保持在 2.6 万人左右，人口出生率在 9.50‰以下，自然增长率 3.5‰以下，1996 年人口出生率 9.43‰，自然增长率 2.95‰，1999 年人口出生率 9.43‰，自然增长率 3.38‰。

2000 年，由于第一批独生子女已开始进入婚育年龄，生育计划内二胎的人群数量增大，全市出生 2.87 万人，人口出生率回升到 10.28‰，但由于人口死亡率比前几年相对提高，自然增长率为 3.42‰。

2001 年始，湘潭市计划内二胎生育人群大体保持在 2000 年水平，但妇女总和生育率进一步下降，保持在 1.35~1.5 之间，低于更替水平（妇女总和生育率为 2.1 时为更替水平，低于更替水平即为低生育水平）0.6~0.8 之间，人口发展已进入低生育水平稳定阶段，是年，全市出生人口 2.54 万人，比 2000 年减少 0.33 万人，人口出生率回落到 9.08‰，自然增长率回落到 3.26‰。

2002 年，出生人口 2.37 万人，人口出生率 8.45‰，自然增长率 2.55‰。2004 年出生 2.03 万人，人口出生率 7.18‰，自然增长率 2.01‰。2005 年，湘潭市出生人口第一次减少到 2 万人以下，仅 1.98 万人，人口出生率 6.98‰。由于这一年死亡率 3.66‰，自然增长率 3.32‰比上年回升 1.31 个千分点。

1986~2005 年湘潭市人口自然变动

表 2-1-1　　单位:人、‰

年度	出生人口	出生率	死亡人口	死亡率	自然增长	自然增长率
1986	39139	16.77	14013	5.70	25126	11.07
1987	52423	16.25	14480	5.81	37943	10.44
1988	54469	16.09	14770	5.82	39699	10.32
1989	59775	18.02	14773	5.71	45002	12.31
1990	47061	17.87	16413	6.23	30648	11.64
1991	36523	13.71	16515	6.20	20008	7.51
1992	40040	14.88	17209	6.40	22831	8.48
1993	25974	9.61	16882	6.24	9092	3.37
1994	27511	10.12	17375	6.39	10136	3.73
1995	25691	9.38	17306	6.32	8385	3.06
1996	25921	9.43	17802	6.48	8119	2.95
1997	25930	9.41	16665	6.04	9265	3.36
1998	25960	9.38	17146	6.19	8814	3.19
1999	26200	9.43	16810	6.05	9390	3.38
2000	28683	10.28	19144	6.86	9539	3.42
2001	25419	9.08	16300	5.82	9119	3.26
2002	23724	8.45	16580	5.90	7144	2.55
2003	22043	7.83	16252	5.77	5791	2.06
2004	20272	7.18	14599	5.17	5673	2.01
2005	19826	6.98	10407	3.66	9419	3.32

第二节　机械变动

1986 年,湘潭市迁入 4.49 万人,迁出 4.25 万人,机械增长(即净迁入人口)0.24 万人,机械增长率 0.97‰。1987 年,全市迁入 1.76 万人,比上年少迁入 2.73 万,迁出 1.05 万人,比上年少迁出 3.20 万人,机械增长 0.71 万人,机械增长率 2.89‰。1988 年,湘潭市人口机械增长量最大,迁入 5.19 万人,迁出 3.59 万人,净迁入人口 1.6 万,机械增长率 6.32‰。1989 年,全市迁入 4.60 万人,迁出 3.27 万人,机械增长率 4.91‰。

1990 年,当年机械增长人口 0.89 万人。是年,第四次全国人口普查时点(1990 年 7 月 1 日零时),湘潭市“按现居住地和 1985 年 7 月 1 日常住地划分登记的迁移人口(统计表)”:从市外迁入 10.47 万人,其中从省内其他市、州迁入 8.90 万人,从外省迁入 1.56 万人。迁移原因分别为:婚姻迁入2.31万人，学习培训2.30万人，务工经商1.27万人，工作调动1.22万人，分配和录用1.14万人，随迁家属0.69万人，投亲靠友0.67万人，退休、退职0.46万人，其他原因0.42万人。迁入人口的分布，按当时行政区域分别是：雨湖区1.98万人，湘江区1.86万人，岳塘区1.28万人，板塘区1.11万人，郊区0.68万人，韶山区0.45万人，湘潭县1.73万人，湘乡市1.38万人。

1991～1994年，湘潭市共迁入24.71万人，迁出22.19万人，平均每年机械增长0.50万人，平均机械增长率1.87‰。1995年，湘潭市机械变动最小，迁入2.30万人，迁出2.24万人，机械增长0.05万人，机械增长率0.19‰。1996年，全市迁入4.26万人，迁出4.05万人，机械增长率0.75‰。1997年，湘潭市迁入2.18万人，迁出2.43万人，迁出人口数大于迁入人口数0.25万，机械增长率为-0.89‰。

2000年，湘潭市当年迁入人口4.62万人，迁出4.13万人，机械增长0.49万人。是年第五次全国人口普查，按"湘潭市现居住地与户口登记地不同(统计表)"登记时点，机械变动人口25.33万人，绝大部分属于市内的机械变动，有15.21万人，占机械变动人口的60.04%。在市外迁入的人口中，从本省外市、州迁入的有8.39万人，占33.12%，比第四次人口普查少0.51万人；从省外迁入的1.73万人，占6.83%，比第四次人口普查多0.17万人。属于省内外市、州迁入的人口，人口普查数据中没有迁出市、州地的记录。从省外迁入的人口，分别来自全国30个省、市、自治区，其中，湖北省3037人，江西省2232人，广东省1995人，四川省1597人，浙江省1441人，福建省1300人，安徽省757人，贵州省663人，河南省650人，重庆市523人，广西壮族自治区398人，山西省385人，山东省355人，河北省310人，新疆维吾尔自治区216人，江苏省214人，海南省190人，黑龙江省175人，陕西省162人，上海市144人，云南省137人，辽宁省76人，甘肃省75人，吉林省68人，北京市49人，内蒙古自治区43人，青海省42人，天津市14人，宁夏回族自治区12人，西藏自治区5人。从外省、市、自治区迁入的人口分布状况：雨湖区8.64万人；岳塘区7.71万人，湘潭县4.03万人；湘乡市4.33万人；韶山市0.63万人。迁移原因：学习培训5971人，占25.90%；婚姻迁入3696人，占16.03%；务工经商3406人，占14.77%；拆迁搬家2950人，占12.79%；随迁家属2824人，占12.25%；工作调动(分配)1074人，占4.66%；投亲靠友1012人，占4.39%；分配录用935人，占4.06%。其他原因迁入的1189人，占5.16%；

2001年，湘潭市从市外迁入4.14万人，其中迁入市区的2.95万人(雨湖区2.13万人，岳塘区0.82万人)，湘潭市迁往市外3.69万人。2002年从市外迁入5.67万人，其中迁入市区4.42万人(雨湖区2.59万人，岳塘区1.83万人)，迁往市外5.20万人。2003年从市外迁入3.68万人，其中迁入市区的多少没有详细情况，迁往市外3.19万人。2004年从市外迁入3.86万人，其中迁入市区的2.64万人(雨湖区1.36万人，岳塘区1.28万人，迁往市外3.64万人。2005年从市外迁入5.08万人，迁往市外4.83万人。此5年间，全市共迁入22.43万人，迁出人口20.55万人，机械增长人口1.88万人，平均每年机械增长0.38万人，平均机械增长率1.04‰。

第四章 流动人口

20世纪80年代以后，随着经济体制全面改革、商品经济迅速发展，农业机械逐步使用，农业生产力水平不断提高,农业劳动力需求量相对减小,农村出现大量剩余劳动力,与此同时,城市第二、三产业特别是私营企业蓬勃发展,劳动力需求量相对增大,吸引农村剩余劳动力异地转移,从事务工、经商活动,形成实际居住地与户籍所在地不同的流动人口。

1986年初,湘潭市有原来从事农业生产的12.07万人转向工矿、交通、建筑、商业、饮食、服务等行业,农业人口减少;从事商业、饮食、服务等行业的人员增加到7.76万人,比1982年第三次全国人口普查增加4.44万人,增加1.34倍;从事其他个体经营的6.77万人,比1982年增加0.64万人,增加10.05%。

20世纪90年代以后,特别是邓小平南方谈话以后,湘潭市流出人口增多;流入人口也随着湘潭经济的发展增多。由于对这一新人口群体一直没有专门的主管部门统计，各部门的统计口径不一,所以没有详细的登记资料,到2000年第五次人口普查时,湘潭市流动人口才有比较详细的分类摸底。是年,全市流动人口总量46.81万人,其中,流出人口21.44万人,占流动人口的45.80%,流入人口25.36万人，占流动人口的54.20%。在流动人口总量中，属于湘潭市行政区域范围内流动的15.23万人。这批人相对于户籍所在地来说是流出人口,相对于现居住地来说是流入人口,计30.26万人，占流动人口总量的64.64%。真正流出湘潭市范围的和由湘潭市外流入湘潭市范围内的仅16.35万人,只占流动人口总量的34.93%。

2001年后,湘潭市流动人口在第五次人口普查时的数量徘徊,由于对这一新的人口群体没有专门的管理部门统计,具体数量有待第六次人口普查。

第一节　流出人口

1986~1989年,湘潭市流出人口尚未形成规模,进入90年代出现大量流出人口。绝大部分流出人口是流向广州、深圳、珠海、东莞等城市务工。据1993年计划生育部门抽样调查推算,当年全市有过外出务工、经商或居住一个月以上的实际人数达29.45万,超过总人口的10%,其中,最多的湘乡市月山镇，登记在册（办理流动人口计划生育证明并收取流动人口计划生育管理费）的外出人口9603人,抽样调查结果,实际外出一个月以上务工、经商的人员中有37.88%的人并未办理流动人口计划生育证明并交纳流动人口计划生育管理费。据此推算，该镇当年流出人口实际达到1.5万以上,将近占该镇总人口的25%。

2000年全国第五次人口普查,对湘潭市流出人口统计,是年11月1日人口普查时点,湘潭市登记户籍人口263.31万人,其中,常住本地(派出所为单位)240.97万人,除去居住在本地而户口待定0.86万人和原住本地而在国外工作或学习暂无户口424人，外出半年以上的21.44万人。在21.44万流出人口中，男性11.05万人，占51.54%，女性10.39万人，占48.46%。流出人口占户籍人口8.14%。各县(市、区)的具体情况是:雨湖区2.15万人,占全市流出人口10.03%,占该区户籍人口7.22%。岳塘区1.56万人,占全市流出人口7.28%,占该区户籍人口5.49%。湘潭县8.15万人,占全市流出人口38.01%,占该县户籍人口7.39%。湘乡市8.78万人,占全市流出人口40.95%,占该市户籍人口的10.30%。韶山市0.79万人,占全市流出人口3.68%,占该市户籍人口8.20%。

第二节　流入人口

由于流动人口是以派出所登记的户籍为依据的，流入人口也和流出人口一样，2000 年以前，由于没有专门的主管部门统计，公安部门只登记办“暂住证”的人口，工商部门只登记办“营业执照”人口，计划生育部门只登记办“婚育证明”的育龄人口，而且，在实际流入人口中，有不少人没办理这“三证”，所以没有统一准确数据。到 2000 年第五次全国人口普查才有具体资料。普查时点，湘潭市登记流入人口 25.33 万人，有 15.23 万人在湘潭市行政区域范围内流动形成，占 60.13%，实际从湘潭市范围外流入人口 10.10 万人，占 39.87%。其中从省内其他市（州）流入 8.40 万人，占 33.16%，从省外流入 1.70 万人，占 6.71%。

从湘潭市范围外流入 10.16 万人中，省内其他市（州）流入 8.39 万人，占 82.57%，省外流入 1.77 万人，占 17.43%。分布状况是：雨湖区共流入 3.76 万人，其中省内其他市（州）流入 3.22 万人，占 85.63%；外省流入 0.54 万人，占 14.36%。岳塘区共流入 2.98 万人，其中省内其他市（州）流入 2.52 万人，占 84.36%；外省流入 0.47 万人，占 15.65%。湘潭县共流入人口 1.82 万人，其中省内其他市（州）流入 1.50 万人，占 82.31%；外省流入 0.32 万人，占 17.69%。湘乡市共流入人口 1.30 万人，其中省内其他市（州）流入 0.94 万人，占 72.40%；从外省流入 0.36 万人，占 27.60%。韶山市共流入人口 0.25 万人，其中省内其他市（州）流入 0.22 万人，占 85.20%；从外省流入 376 人，占 14.80%。

在湘潭市内跨县（市、区）间流动形成的流入人口 9.61 万人。其中流入雨湖区 4.79 万人，占 49.84%；流入岳塘区 4.40 万人，占 45.79%；流入农村三县（市）0.42 万人，占 4.37%，其中流入湘潭县 0.14 万人，流入湘乡市 0.15 万人，流入韶山市 0.13 万人。

各县（市、区）的城关镇（市区）以及各乡（镇）间流动形成的流入人口 6.00 万人，其中，雨湖区 0.08 万人，岳塘区 0.32 万人，湘潭县 2.07 万人，湘乡市 2.87 万人，韶山市 0.25 万人。

第五章　计划生育

1986～1989 年，湘潭市开展全市性集中突击活动，重点控制一对夫妇生育三个孩子以上胎次。1990 年 1 月《湖南省计划生育条例》正式实施后，市委、市政府与各县（市、区），各县（市、区）与各乡（镇）街道办事处，各乡（镇）街道办事处与各村（居）委会签订计划生育目标责任书，年底考核评估。全市 131 个乡（镇）街道办事处均设置计划生育工作机构，配备专职管理人员和服务人员，一年四季常抓不懈。从 1996 年开始，湘潭市的计划生育工作开始实现“两个转变”：由就计划生育抓计划生育向与经济、社会发展紧密结合，采取综合措施解决人口问题转变；由以社会制约为主向逐步建立利益导向和社会制约相结合，宣传教育、综合服务、科学管理相统一的机制转变。1999 年，全市人口出生率稳定在 10‰以下，自然增长率稳定在 3.5‰以下。2001 年，人口出生率 9.08‰，自然增长率 3.26‰。是年，雨湖区因计划生育优质服务成绩突出，被评为全省计划生育优质服务模范单位。2005 年，全市人口出生率 6.98‰，自然增长率 3.32‰，总人口控制在 290.62 万人。全市连续 15 年在全省考核评估中获人口和计划生育工作先进单位称号，所属5个县(市、区)，除湘潭县外(只有14年)，其他区(市)连续15年获全省人口和计划生育工作先进单位称号。其中，雨湖区率先跨入全国计划生育优质服务先进单位行列。

第一节 宣传教育

1986～1989年，湘潭市执行国家提出的“计划生育工作三为主”(宣传教育为主、避孕为主、经常工作为主)一贯方针，一直把人口和计划生育宣传教育工作视为计划生育的首位工作。在“提倡一对夫妇只生育一个孩子是第一位的工作，由此而引发的问题都是属于第二位的”指导思想的指导下，计划生育宣传教育的内容主要是围绕严格有效地控制人口增长做文章。这一时期，计划生育宣传教育形式比较单一，口号比较粗放，但对限制三胎以上生育起到一定的作用。

从1990年开始，随着《湖南省计划生育条例》的贯彻实施，湘潭市的人口和计划生育宣传教育工作开始发生转变，在继续大力宣传一对夫妇只生育一个孩子、强化人口和计划生育政策法规宣传教育的同时，逐步将避孕节育、优生优育、生殖保健等方面的科普知识融于一体，进行综合性宣传。根据不同人群的生理特点，进行青春期、新婚期、孕产期、育儿期、更年期等“五期教育”。同时，各地还利用节日、纪念日和农村集镇赶场的机会，在街道、墟场采取播放录像、发放宣传资料和避孕药具、开展政策咨询等形式进行集中宣传。1991年，市计划生育委员会(下简称市计生委)被评为全省计划生育宣传教育工作先进单位。

1992年，全市各乡(镇)街道办事处按全省统一要求，建立“四位一体”(计划生育办公室、协会活动室、人口学校、计划生育服务站)工作阵地，各村(居)委会按要求相应建立“三位一体”(协会活动室、技术服务室、婚育学校)工作阵地。各地以乡(镇)街道办事处和村(居)委会为单位，利用人口学校(婚育学校)举办不同对象的培训班，开始对广大育龄群众进行人口理论、政策法规、避孕节育、优生优育、生殖保健等方面的基础知识宣传教育。

1993年，市计生委制定《湘潭市乡(镇)村人口与计划生育基础知识教育实施方案》，计划用3年时间在群众中普及人口与计划生育基础知识教育。为提高宣传教育效果，市计生委连续几年在全市计划生育干部和广大育龄群众中开展人口与计划生育基础知识竞赛活动，先后发放“五期教育”录像带130多套，人口与计划生育基础知识通俗读本5万多册。到1996年3年间，累计受教育人数达50余万人次，人口与计划生育基础知识受教育面达95%以上。至1998年，湘潭市先后7次获全省计划生育宣传工作各种单项奖励。

1999年，湘潭市按中央宣传部和国家人口和计划生育委员会等11部委的文件精神，在全市范围内开展以“婚育新风进万家”为主题的计划生育宣传教育活动。市委、市政府成立“湘潭市婚育新风进万家活动指导委员会”，把这一活动纳入全市精神文明建设总体规划，并列入“双文明”目标受理考核内容。同时，在《湘潭日报》开辟《计划生育利国利民》专栏，在湘潭电视台开辟《婚育新风》专栏，在湘潭人民广播电台开辟《人口与健康》专题。专栏和专题坚持每月刊播两期。2000年，湘潭市获全省“婚育新风进万家”新闻大赛三等奖，市人口计生委获全省新闻大赛组织奖。

进入21世纪以后，湘潭市的人口与计划生育宣传教育工作坚持以人为本的方针，围绕人口与计划生育方针政策以及避孕节育、优生优育、生殖保健等科普知识，改进宣传教育方法，引导广大育龄群众实行“自我教育、自我管理、自我服务”。各乡（镇）街道办事处和村（居委会）组织广大基层计生协会员，开展“两为两争”（我为国策作贡献、我为协会添光彩、争创先进协会、争当优秀会员）活动，积极参与“婚育新风进万家”的宣传教育活动，取得可喜成绩。2001 年，市人口计生委宣传科长谢波因工作任劳任怨，出色完成各项宣传工作任务，成绩突出，被评为全国“婚育新风进万家”活动先进个人。2002 年，湘潭市获全省“婚育新风进万家”活动先进单位。2003 年，市人口计生委组织征集人口和计划生育方面的宣传画，参加国际宣传画竞赛，有《我们的地球》等 6 件作品获“人口与计划生育国际宣传画竞赛”（中国赛区）三等奖和优秀奖，市人口计生委获计划生育国际宣传画竞赛组织奖。2004 年，湘潭电视台“婚育新风”栏目获全省第二届人口新闻优秀栏目奖。

2005 年，市委、市政府把“关爱女孩”“整治‘两非’（即整治非医学需要鉴定胎儿性别、非医学需要选择性别终止妊娠）”作为“婚育新风进万家”活动主题，组织全市各新闻媒体利用专题专栏大张旗鼓开展宣传，获全省“整治‘两非’行动新闻报道组织奖”。为营造宣传氛围，各县（市、区）和乡（镇）街道办事处在国道、省道、县道公路两旁竖立人口和计划生育宣传标牌。岳塘区昭山乡率先投资 3 万多元，用钢筋水泥制作 100 块宣传广告牌，书写全国统一规范的宣传婚育新风和关爱女孩子的标语，竖于全乡各乡村公路旁边。市人口计生委推广昭山乡的经验，采取以奖代补的形式，由每个乡（镇）在集镇或乡村公路显眼位置竖立两块宣传人口和计划生育的宣传广告牌。部分村（居）委会在人口集中的地方设立“文化长廊”，把人口和计划生育宣传作为重要内容，宣传婚育新风，为改变群众生育观念起到潜移默化的作用，自觉实行晚婚晚育、计划生育、优生优育的人越来越多，“生男生女一个样”“女儿也是传后人”等新型生育观念开始在湘潭市城乡逐步形成。

第二节　节制生育

一、常住人口节制生育

1986 ~ 1987 年，湘潭市按照湖南省人民政府 1984 年颁布的《关于二胎生育的暂行规定》实施计划生育工作。这一时期，控制人口出生，主要在控制三胎生育上下功夫。1988 年，市政府根据省政府《关于二胎生育的暂行规定》，结合湘潭市实际，制定《湘潭市计划生育暂行规定》：在普遍提倡一对夫妇只生育一个孩子的基础上，对“第一个孩子为非遗传性残疾，不能成长为正常劳动力，或因有严重生理缺陷的”等部分特殊情况允许生育二胎。凡安排生育二胎的，要求生育间隔四年以上。为了鼓励计划生育，对实行晚婚的国家工作人员、企业事业单位职工增加婚假 12 天；对实行晚育的国家工作人员和企业事业单位职工增加产妇一个月产假，在产假期间领取独生子女证的妇女再增加一个月产假，产假期间工资、奖金照发。同时对独生子女进行奖励，年满 14 周岁前，每年发给不少于 40 元的独生子女保健费。农村实行晚婚、晚育的村民增加的假期，比较国家工作人员和企业事业单位职工的标准抵作义务工；独生子女直到满 14 周岁前享受适当多承包责任田，或适当减少承包产量或减少上交集体提留。对违反计划生育政策规定的国家工作人员，计划外生育二胎的，每月扣除夫妻双方工资 5%，生育三胎以上的，每月扣除夫妻双方工资的 10%，扣至计划外生育的小孩年满 14

周岁止。对违反计划生育政策规定的农村村民,计划外生育的孩子不分配承包责任田、宅基地、自留山等。这样的奖励与处罚,不论是对鼓励少生还是对限制多生,也不论是对国家工作人员和企业事业单位职工或城镇居民,还是对农村村民,既没有多大的激励作用,也没有多大的约束作用,计划外生育得不到有效控制。1989年,全市落实男、女性结扎手术2.39万例,流产、引产3.06万例,但实际出生人口达5.98万以上(当年报表出生为4.69万人),实际计划生育(符合当时政策生育)率48.98%,不足50%,其中三个孩子以上生育率高达15%。

从1990年起,湘潭市严格贯彻实施《湖南省计划生育条例》,市委、市政府坚持按"提倡一对夫妻只生育一个孩子,严格控制生育第二个孩子,禁止生育第三个孩子"的基本要求,采取行政、经济与法制相结合的有效手段,着力控制计划外生育,特别是杜绝三个以上孩子的生育。为达到提高计划生育率的目的,不但提高对晚婚、晚育少生子女的优待与奖励:独生子女保健费由原来每年的40元提高到每年不低于60元;独生子女父母是国家工作人员、企业事业单位职工的,退休后增发基本工资5%的补助费。而且,加大对违反政策规定计划外生育的对象的处罚力度:对符合《湖南省计划生育条例》可以生育二胎但没达到规定间隔年龄生育的,征收200~500元的计划外生育费(后改名为社会抚养费,下同);对违反《条例》规定,超生一个孩子的:国家工作人员、企业事业单位职工按本人年工资的1.5倍征收计划外生育费;城乡私营企业主和个体户按本人上年度纯收入的1.5倍征收计划外生育费(纯收入不到2000元的按2000元计征);城镇居民中的无业人员按本市(镇)居民上年度人均可支配收入的1.5倍征收计划外生育费。鉴于当时城乡差别较大,农民纯收入水平不高的实际情况,对夫妻双方都是农民超生孩子的,按本村上年度人均纯收入的2倍以上征收计划外生育费。同时,加大落实各项节育措施和补救措施力度。当年全市落实节育措施8.63万例,节制生育取得明显成效,当年人口出生比1989年的5.98万人减少1.27万人,出生率下降4.41个千分点。计划生育(符合《计划生育条例》规定)率上升到51.96%;三个以上孩子生育率13.17%,比上年下降1.83个百分点。

1991年,湘潭市进一步贯彻落实《湖南省计划生育条例》,市委、市政府采取一系列措施整顿生育秩序。在全市开展"五清查两落实"活动,对清查出来的早婚早育对象和"超生"对象落实处罚,对计划生育对象落实节育措施。全市共落实各种节育手术9.43万例,计划外出生比上年的2.8万减少1.36万人,减少48.65%,计划生育率达69.88%,比上年的51.96%提高17.92个百分点,三个以上孩子生育率首次下降到10%以下。

1992~1994年,湘潭市的生育秩序得到有效整顿,计划外生育的人数逐年减少,计划生育率稳步提高。全市共落实节育手术17.42万例。1994年,经全省考核评估抽样调查,全市出生人口减少到2.75万人,计划生育率提高到93.64%,三个以上孩子生育率下降到0.39%,出生率控制在10.12‰,人口自然增长率下降到3.73‰。

1995年,湘潭市认真贯彻落实中央提出的计划生育工作"七个不准"(不准非法关押、殴打、侮辱违反计划生育规定的人员及其家属;不准毁坏违反计划生育规定人员家庭的财产、庄稼、房屋;不准不经法定程序将违反计划生育规定人员的财产抵缴计划外生育费;不准滥设收费项目、乱罚款;不准因当事人违反计划生育规定而株连其亲友、邻居及其他群众,不准对揭发、举报的群众打击报复;不准以完成人口计划为由而不允许合法的生育;不准组织未婚女青年进行孕检),湘潭市计划生育工作中的一些过激手段慢慢取消，强化依法行政。对违法生育又拒不缴纳计划外生育费的，依法申请人民法院强制执行。为适应“七个不准”的要求，湘潭市采取对育龄群众实行“合同制管理”办法：与新婚夫妻签订晚育合同；与生育一个子女的夫妻签订上环合同；与生育二个子女的夫妻签订结扎合同；与流出人口签订管理合同等等，并收取几百至数千元不等的合同押金（后改名为合同保证金）。同时，对已婚育龄妇女定期进行孕情检测。1996 年，全市计划生育率 95.32%，比 1990 年的 51.96%提高 43.36 个百分点；三个以上孩子生育率从 1990 年的 13.17%下降到 0.38%。1996 年以后，经省政府年终考核评估认定，全市计划生育率一直保持在 95%左右，三个以上孩子生育率控制在 1%以下。1999 年 9 月开始，湘潭市执行新修改的《湖南省计划生育条例》，在坚持控制违法生育的同时，注重禁止非医学原因选择性别终止妊娠。2000 年，全市计划生育率继续保持在 95%以上，第三个以上孩子的生育率控制在 0.5%以下。

21 世纪初，湘潭市的人口发展发生变化，控制人口数量增长已不是稳定低生育水平阶段单纯的主要任务，计划生育利益导向已基本形成机制。2000 年，市人口计生委在市政府的统一协调下，根据群众举报，联合卫生、公安、纪检监察等部门严肃查处市区某企业医院退休医生郭某非法鉴定胎儿性别案。其后，市政府颁布《湘潭市人民政府关于禁止非医学需要鉴定胎儿性别和选择性别终止妊娠的通告》的 1 号令，召开全市乡（镇）卫生所长、卫生院长、计生办主任、计生服务所长以上负责人以及相关医疗卫生技术人员和计划生育技术服务人员参加的动员大会，贯彻市政府《通告》，通报对“郭某非法鉴定胎儿性别案”的查处结果。市卫生局、市人口和计划生育委员会联合制定贯彻落实市政府 1 号令的《实施办法》和对“两非”行为举报有奖的《通告》，对“两非”案件的查处紧抓不放。当年全市查处 9 家医疗机构非法鉴定胎儿性别案，涉案的 18 名医务人员和 9 家医疗机构受到严肃处理，有效地煞住了非法鉴定胎儿性别和选择性别终止妊娠的歪风，在一定程度上遏制住出生人口性别比升高的势头。

2003 年，贯彻落实《湖南省人口与计划生育条例》（原名《湖南省计划生育条例》），独生子女保健费的标准提高到每月 5 ~ 20 元，独生子女一年最高可以享受 240 元保健费。同时，对依法领取退休金的独生子女父母，到法定退休年龄可以从退休之月起增发本人基本工资 5%的退休金。对违法生育对象，不论城市居民还是农村居民，按同一标准征收社会抚养费（即原来的计划外生育费）：违法多生育一个子女，按照上年度总收入的 2 倍征收社会抚养费，违法生育一个子女以后再多生育子女的，每再多一个子女，以依次增加 3 倍的数额征收社会抚养费；对未达到规定间隔年龄生育的，每提前一年就按上年度总收入的 40%征收社会抚养费，违法生育得到制约。但是，由于多年来严格控制二胎生育、强调杜绝三个以上孩子的生育，部分人存在生育子女性别偏好，出生婴儿性别比严重失调的问题日趋明显。市委、市政府根据出生人口性别比失调情况，在抓生育政策落实的同时，注重抓其他相关法律法规责任落实，致力于治理出生婴儿性别比严重失调问题。

2004 年，经省政府考核评估认定，出生婴儿性别比回落到 109。2005 年起，独生子女父母是农民的，年满 60 周岁以后，每人每年可以享受 600 元的奖励扶助金；对农民只生育两个女孩以后落实结扎手术的夫妻，年满 60 周岁以后，享受农村独生子女父母同等金额奖励扶助。当年，全市有 3037 名独生子女父母和“两女结扎户”夫妻享受这一奖励扶助，在公民中产生了很好的影响，对稳定低生育水平和平衡性别比都具有非常重要的作用。是年，全市共查处“两非”案件 19 起，其中典型案件 4

起，在全省产生重大影响。7月，省政府在湘潭召开“整治非医学需要鉴定胎儿性别和选择性别终止妊娠工作现场经验交流会议”，推广湘潭经验。是年底，经省考核评估认定，全市出生1.98万人，人口出生率6.98‰，自然增长率3.32‰，符合政策生育率（即计划生育率）提高到96%，出生婴儿性别比保持在正常值范围。

二、流动人口节制生育

（一）外出流动人口节制生育

1986～1989年，湘潭市外出流动人口规模不大，而且大多数只是季节性流动，农闲外出抓钱，农忙返乡种地，（人口学上称为“候鸟式”流动人口），动态性很大。这时没有明确的计划生育管理办法，外出人口的节制生育基本上处于放任状态。

1990年，湘潭市根据《湖南省计划生育条例》规定：“流动人口的生育计划按户籍地执行”，开始将流动人口的计划生育列入法制管理范围，对流动人口节制生育进行有效管理。1991年，市政府将流动人口节制生育纳入计划生育工作目标管理责任制，各乡（镇）街道办事处对赴异地居住、从业的育龄人口举办培训班，进行计划生育宣传教育，督促落实好节育措施，发给计划生育证明，并收取10～20元不等的管理费。乡（镇）街道办事处计划生育办公室与外出育龄人员签订管理合同，并收取500元至数千元不等的计划生育押金（后改名为保证金），如果育龄人员在外出期间违反计划生育，押金没收，另按《条例》规定给予处罚；同时要求外出务工、经商或居住的已婚育龄妇女一个季度回原籍接受一次孕情检测。一些地方对不按时回来接受孕情检测的育龄对象处50～200元不等的罚款。这些措施对外出人口节制生育起到一定作用，但效果并不很好。据是年底计划生育部门抽样调查推算，计划外生育10020人中，有83%的人是外出人口所生。

1992年，各乡（镇）办事处根据外出流动人口计划外生育严重的实际情况，按照市委、市政府出台的规定，对外出人口中的育龄对象实行“亲属责任制”，对不肯协助找回外出躲避计划生育对象的亲属（父母、兄弟姐妹）进行处罚。这一措施效果非常明显，对外出人口节制生育起到很大的作用。1994年，全市计划外生育人数比1991年减少87.03%，计划生育率从1991年的61.88%提高到93.64%，主要是外出流动人口计划外生育减少的结果。但是，群众对采取“亲属责任制”的办法意见很大，对保持社会稳定产生一定的负面影响。

1995年，湘潭市贯彻执行中央提出计划生育工作“七个不准”，强调“不准因当事人违反计划生育规定而株连其亲友、邻居及其他群众。”市政府出台的“亲属责任制”的措施取消。同时，根据“制止乱收费，乱罚款”的规定，取消计划生育押金和流动人口计划生育管理费。从1996年起，各乡（镇）街道办事处为适应新的工作要求，将计划生育押金改名“保证金”，将计划生育管理费改为“服务费”或“培训费”“资料费”，继续变相地收取。同时，将管理主体下移到村，对外出流动人口的计划生育进行“合同制管理”。同时，一些乡（镇）街道办事处按照国家提出的计划生育优质服务，定期组织计划生育技术服务人员到外出流动人口比较集中的务工、经商地进行孕情、环情检测等工作，不再强行要求育龄妇女按时回家接受检查。据1998年底各乡（镇）街道办事处上报统计，3年中各乡（镇）街道办事处主动去流动人口务工、经商地为育龄妇女开展孕情、环情检测等服务13.85万人次，就地落实各项节育措施和补救措施3326例。这些措施，对流出人口的节制生育和社会安定团结起到一定作用,但也发现新的问题。具有强烈生育意愿的外出育龄人员,宁愿损失为数不大的保证金而违背管理合同,在外计划外生育子女,乡(镇)街道办事处又因与外出人员签了合同,并收取了合同保证金,因而放松对他们的管理,部分乡(镇)街道办事处甚至为解决计划生育工作经费困难,有意对流出育龄人口收取保证金以后就放任不管,"放水养鱼",致使一些外出育龄人员向乡(镇)交过保证金后就等于"买断"计划生育管理,放心大胆在外地计划外生育子女,有的甚至超生 2 ~ 3 个,直到生下一个儿子才回来接受处罚。同时,由于外出流动人口离开户籍所在地以后,流动频繁,并非固定在一个地方务工或经商,随着时间增长,信息变化量大,流出地都难以及时掌握其生育、节育情况,管理很难到位,计划外生育很难得到控制。据人口计划生育部门抽样调查推算,此后几年全市计划外出生的绝对量虽然大幅度减少,但计划外生育的孩子仍然有 90%左右是流动人口所生。

1998 年,湘潭市执行国务院《流动人口计划生育工作管理办法》的规定:"流动人口的计划生育由其户籍所在地和现居住地的地方人民政府共同管理,以现居住地为主。"此后,对流动人口的节制生育重点由对外出人口的管理转向对外来人口的管理。对外出育龄人口,利用"全国流动人口计划生育信息交换平台",通过信息网络,建立计划生育信息档案,与现居住地的计划生育部门取得联系,配合现居住地共同管理。

(二)外来流动人口节制生育

1992 年,湘潭市贯彻落实《湖南省计划生育条例》和全国《流动人口计划生育管理办法》,市委、市政府采取"目标管理责任制"管理办法,与公安局、工商局、民政局、卫生局、劳动局、计生委、建委、经委、外经委、财办等部门签订《计划生育综合治理责任书》,对外来流动人口配合户籍地实行"齐抓共管,综合治理",年底考核评估。公安部门在外来育龄人口申请暂住或寄住本市时,首先查验户籍地出具的计划生育证明,再发给暂住证或寄住证;对计划外生育的对象注销其暂住或寄住户口。工商部门对申请营业执照的外来育龄人口,首先查验户籍地出具的计划生育证明,然后再办理营业执照;对有计划外生育行为的个体户、私营企业主吊销其营业执照。计划生育部门在公安、工商等部门的配合下,在市场建立计划生育管理机构,为外来已婚育龄妇女建档、建卡、建册,视同常住人口进行计划生育管理,并联合公安、工商部门定期查验流动人口计划生育证明(同时查验暂住证和营业执照),督促回原籍落实节育措施。查验中发现无计划生育证明的已婚育龄人员,大部分地方采取收取 200 ~ 500 元计划生育押金(保证金)的办法,限期回户籍地补办,逾期仍拒不补办或拒不交验计划生育证明的,处 500 元以下罚款。对计划外怀孕的对象,与户籍地联系,两地三部门共同配合,强制落实补救措施。其他接纳外来人口从业的有关部门、企业事业单位,以及为外来人口提供食宿条件的房屋出租户,首先查验流动人口计划生育证明;对接纳计划外生育的(包括计划外怀孕和躲避落实节育措施或中止妊娠)人员务工、经商,或为其提供食宿条件、交通工具,视同为计划外生育对象提供躲避场所,单位予以"一票否决",个人给予 400 ~ 800 元罚款。

1995 年,湘潭市贯彻执行中央在提出计划生育"七个不准"的同时,提出的计划生育优质服务指示精神,对外来流动人口的计划生育开始实行规范化、人性化管理,各县(市、区)的乡(镇)计划生育办公室主动与外来人口的户籍地乡(镇)计生办联系,为节育人员就地落实节育手术,就地实行孕情检测,向其户籍地的计划生育部门通报情况,出具节育手术证明或孕检证明。

但是,由于"流动人口的生育计划按户籍地执行"的政策规定,对外来育龄人口的管理实际上很不严密,不少地方部门配合查证验证流于形式,乡(镇)街道办事处和村、居委会发现有计划外怀孕或违法生育的对象,不是就地解决问题,采取赶出管辖范围,应付了事。有的地方甚至到年底上级检查考核评估时,将外来的计划外生育对象赶不走的就临时集中送到宾馆或茶楼"开座谈会",应付检查。

1998 年,湘潭市根据国务院《流动人口计划生育工作管理办法》关于"流动人口的计划生育由其户籍地和现居住地的地方人民政府共同管理,以现居住地为主"的规定,进一步细化各级政府及相关部门在流动人口计划生育管理中的职责。市政府增加财政局为计划生育综合治理部门,对外来流动人口的计划生育管理经费纳入常住人口计划生育管理经费一并投入;增加房产局为计划生育综合治理部门,对购房户查验计划生育证明,登记购房户的生育、节育信息,移交所在办事处的居委会计划生育办公室,纳入管理,房屋出租户出租房屋时,查验租房户的生育、节育情况,报居委会纳入常住人口进行管理;计划生育部门建立市、县、乡、村流动人口计划生育管理四级网络和流动人口计划生育信息网络。市人口计生委成立流动人口管理科,县(市、区)计生局相应成立流动人口计划生育管理机构,乡(镇)街道办事处计生办和居委会建立外来已婚育龄妇女计划生育信息档册,为之免费落实节育措施或补救措施,免费提供避孕药具和进行孕情检查,视同常住人口一样管理。乡(镇)街道办事处在各市场或流入人口集中地成立外来流动人口计划生育协会,发动计划生育工作人员和计生协会会员,开展与外来育龄妇女交朋友的活动,除了帮助为育龄人员提供避孕节育服务之外,还主动为她(他)们提供生产、生活方面的多种服务,包括帮助他(她)们改善经营环境、提供致富信息、解决子女上学等实际困难,为外来人口安心在湘潭经营提供方便,反过来促进对外来人口的计划生育管理。但是,由于流动人口的流动性太大,育龄人员的生育、节育信息变化频繁,流动人口的节制生育管理很难到位,这项工作实际上仍然是湘潭市人口和计划生育工作一大难点。

2005 年,市委、市政府针对流动人口计划生育管理难的问题,召开专门会议研究,把严格控制流动人口违法生育作为计划生育工作的重点,实施城乡联手,强化清查整顿,同时在年底的人口和计划生育考核评估中加大对流动人口计划生育管理的分值,狠抓落实。县(市、区)及乡(镇)街道办事处按市委、市政府的要求,建立"属地管理、单位负责、村(居)民自治、社区服务"的管理服务新机制,在工作方法上,由原来的限制型管理向服务型管理转化。

第三节 计划生育服务

1986~1989 年,湘潭市的人口和计划生育工作主要以行政措施和强迫命令的方式推行。1990 年《湖南省计划生育条例》实施以后,人口和计划生育工作虽然纳入法制轨道,但是,工作思路和工作方法上还是依靠强硬的行政手段推行。

1992 年,湘潭市开始实施计划生育优质服务。各乡(镇)街道办事处利用新建立的"四位一体"工作阵地,采取开设"人口学校"、建立"悄悄话室"、播放"优生优育专题录像"等形式,在对广大育龄群众进行人口理论、计划生育政策法规、避孕节育宣传教育的同时,逐步开展优生优育、生殖保健等方面的科普知识基础教育。1993 年,市人口和计划生育委员会为方便基层开展优生优育宣传,发放"五期教育"(青春期、新婚期、孕产期、育婴期、更年期)录像带 130 多套,各种宣传教育通俗读本 5 万多册。各县(市、区)和乡(镇)街道办事处普遍利用节假日、纪念日和集镇墟场赶集日,开展优生优育的集中宣传咨询活动。雨湖区计生局和区妇联协作，举办“优生优育专题讲座”，请国内知名优生优育专家为育龄夫妇进行优生优育指导，接受优生优育教育的达 5 万多人次。

1995 年，湘潭市在执行中央提出计划生育工作“七个不准”的同时，提出计划生育工作实现“两个转变”和“优质服务”的方针，从此，全市人口和计划生育工作进入新的转折。人口和计划生育部门加快职能转变，在各有关部门的通力协作下，积极开展计划生育综合改革和优质服务试点，逐步改进管理模式，拓展服务范围，提高服务质量，将人口和计划生育工作同发展经济、帮助群众勤劳致富奔小康、建设文明幸福家庭相结合。

1996 年春节期间，全市组织各村(居)计生协会员骨干 3.6 万多人，帮助新婚夫妇办、送生育证(即原来的准生证)4320 多份，给已育夫妇送避孕药具 5 万多盒，帮助流动人口办、送流动人口计划生育证明 7500 多份。两年内全市各级计生干部和计生协会员走访慰问节育手术对象 25.3 万多人次，护理落实节育手术对象 4.4 万多人次，接送手术对象 3.5 万多人次，为节育对象和五保老人洗衣服、被褥和打扫卫生近 3 万人次，为计划生育困难家庭募捐现金和生活物资(折合现金)100 多万元。各地采取多种形式，积极开展为育龄群众生产、生活、生育综合服务的“三生服务”活动。在生育服务方面，各地主要采取开展“四上门相送”活动，即为新婚夫妇送生育证和优生、优育、优教手册上门；为怀孕妇女送生育保健知识上门；为已生育子女妇女送避孕药具上门，为节育手术对象送慰问品上门。岳塘区霞城乡、雨湖区昭潭乡、湘乡市金石镇等地开展“为新婚夫妻送生育证上门，进行优生优育知识等宣传服务；即为生育子女的夫妻送优育、优教资料上门，进行育儿知识咨询服务；为落实节育手术的妇女送慰问品上门，进行术后随访服务”等内容的“十送十服务”活动。韶山乡韶山村计划生育专干毛桂香，在大力宣传计划生育工作的同时，坚持把协会活动的落脚点放在每个家庭，结合宣传婚育新风把“三查一治”(查环、查孕、查病；治病)和全心全意为育龄群众服务有机地结合起来，实施“六好”(即服务好怀孕的，慰问好受术的，教育好幼小的，诊治好有病的，帮扶好困难的，赡养好年老的)工作模式，深受群众赞扬，被评为全国优秀计划生育协会工作者。在生活服务方面，主要通过基层计生协会会员开展各种扶贫帮困活动，帮助群众少生快富奔小康。湘乡市金石镇石坝村石坝组计生协会小组长王桂香，是当地发家致富的典型，自己富了不忘乡亲，坚持帮助计划生育困难户，连续几年为计划生育困难户捐款 5000 多元，还垫付资金扶助计划生育困难户脱贫致富，被评为全省计生协会优秀会员。在生产服务方面，主要是为群众提供致富信息，与有关部门联系为育龄群众培训致富技术，致力于帮助群众发家致富。这一年，雨湖区坚持把计划生育工作与经济和社会发展相结合，与群众勤劳致富奔小康相结合，与建设文明幸福家庭相结合，积极帮助广大育龄群众特别是计划生育家庭排忧解难，向他们提供生产、生活、生育方面的优质服务，引导和扶持他们少生优生、勤劳致富。同时，整合避孕节育和生殖保健技术资源，开展计划生育知情选择等系列优质服务，取得显著成绩，人口和计划生育工作各项指标都在全省名列前茅，被省里确定为全省首批计划生育优质服务试点县(市、区)。

1997 年，湘潭市开始实施“出生缺陷干预工程”，对育龄妇女开展优生遗传检测。雨湖区、岳塘区整合计划生育和卫生部门的设备、技术资源，开展优生遗传检测。湘乡市政府投资 40 多万元购入优生遗传检测设备，于 9 月 8 日在该市计划生育技术服务站建立全市第一个“优生遗传检测室”。当年接受优生遗传检测的 1080 例，发现有影响优生遗传的巨细胞病毒、风疹病毒、弓形体、单纯疱疹病毒、乙肝病毒等异常情况以及胎儿先天胸梗管畸形、肝外露等胎儿先天残疾的13例，占检测人数平均达12.04‰。这一年，雨湖区开展计划生育优质服务的各项指标符合省统一标准，年验收合格，正式进入全省计划生育优质服务县（市、区）行列。

1998年，各县（市、区）按照省下达计划生育优质服务标准，参照雨湖区经验，开展争创“省优”活动。到年底，韶山市和岳塘区进入全省计划生育优质服务县（市、区）行列。

1999年，湘潭县政府投资45万元在县计划生育服务站建立优生遗传检测室，当年检测人数达近7000例，检测有各种影响优生遗传的异常情况和胎儿先天残疾的占检测人数11‰。韶山市计划生育优质服务各项指标优良，经过省里的检查验收，率先成为湘潭市第一个全省计划生育优质服务模范单位。

2001年，雨湖区计划生育优质服务通过省计划生育领导小组考核验收，进入全省计划生育优质服务模范县（市、区）行列。韶山市人口和计划生育局局长苏爱萍在开展计划生育优质服务活动中，长期深入基层，与育龄群众打成一片，协调有关部门为育龄群众解决生产、生活、生育中的实际困难，深受群众好评，被中宣部、中组部和国家人事部授予“人民最满意公务员”荣誉称号，赴京受奖，受到党和国家领导人的亲切接见，2003年当选为全国人大代表。

2005年，雨湖区计划生育优质服务有创新，人口和计划生育工作各项指标达到全国先进水平，经检查验收，率先跨入全国优质服务先进单位行列。湘潭县争取国债项目，投资286万元，建立“整体优生遗传检测室”。至是年底，全市五个县（市、区）优生遗传检测中心（含计、卫整合），开展生殖保健服务100多万人次，查治妇科病60多万人次，进行优生遗传检测20多万例，其中染色体检查305例，胎儿影像检测1.9万例，酶联检测18万多例。对检测出各种异常情况的对象，医务人员及时进行治疗指导，并定期给予复查，治愈率98%以上，有效地降低了出生缺陷婴儿的发生率。期间，湘乡市计划生育技术服务站评为全国科技工作先进集体，钟培林被评为全国科技工作先进个人，服务站长张小玲被评为全省“10佳”服务站长，李惠芳被评为全省“10佳”科技标兵。是年，湘潭县和湘乡市都进入全省计划生育优质服务先进单位行列，全市5个县（市、区）都成为全省计划生育优质服务先进单位。

第三篇　中共湘潭地方组织

概　述

1986～1987年，中共湘潭市委(以下简称市委)全面贯彻中国共产党在社会主义初级阶段的基本路线，实施中共湘潭市第六次代表大会确定的经济社会发展目标、任务和措施，把发展农业、能源、交通、教育和科技作为重点，实行城乡协调发展，促进共同繁荣；制定《关于七五期间加强精神文明建设的若干措施》，坚持物质文明和精神文明一起抓，实行互相促进共同发展；期间，市委整顿党的组织，下大力气端正党风，增强党的战斗力。坚持四项基本原则，反对资产阶级自由化，取得政治思想战线上的胜利。1988年，市委贯彻中共中央关于治理经济环境、整顿经济秩序的精神，清理整顿流通领域过多过乱的公司，抑制通货膨胀，压缩信贷基建规模，调整经济结构，治理流通领域的混乱现象，经济秩序明显好转。1989年，市委坚定不移地实行改革开放，聚精会神地抓好党的建设，提高党组织统揽全局的水平；对共产党员重新登记和民主评议，加强政治纪律教育。

1991年，市委落实市第七次党代会确定的目标和任务，执行第八个五年计划，企业承包、兼并、联合和组建企业集团迈出新步伐，改革企业体制、机制有新突破。同年，市委作出《关于深入开展学习和宣传毛泽东思想的决定》，深刻理解邓小平建设有中国特色的社会主义理论是对毛泽东思想的继承和发展，把搞好以经济建设为中心，全面推动湘潭市"两个文明"建设，作为落实学习毛泽东思想的实际行动。1992年，市委在全市开展学习邓小平南方谈话精神，广泛开展解放思想，深化改革大讨论，打破"左"的禁锢和摆脱姓"资"与姓"社"困扰，按照"三个有利于"的原则，对境域企业实行多种形式改革，转换企业经营机制，进一步扩大改革开放。市委市政府大力发展非国有经济，探索公有制经济有效实现形式，经济建设取得明显成效。

1993～1994年，市委隆重纪念毛泽东诞辰100周年，引导湘潭人民缅怀毛泽东丰功伟绩，继承发扬革命传统，激发全市人民建设"两个文明"热情。贯彻中共中央《关于加强党的建设的几个重大问题的决定》精神，就民主集中制、建设和整顿党支部、培养选拔德才兼备的领导干部等重大问题作出部署，为全市改革开放和经济建设实施强有力的领导。1995年，市委制定"强工富市"发展战略。立足"以工业立市"的思路，实施以"打好基础，突破重点，拉长短腿，控制物价，加快发展经济"的方针，加快湘潭经济发展步伐。

1996～1999年，市委根据市第八次党代会提出的任务和第九个五年规划，围绕"强工富市"发展战略，把立足工业、依托工业，作为加快湘潭经济建设发展重点，实行支柱产业工程、工业基础工程、名牌产品工程、大集团工程。对关系全市经济命脉、体现经济实力的大型企业和企业集团，实施优惠政策；对小型企业实行改组、联合、兼并、租赁、承包、股份合作制、出售等形式放开，形成多种经济成分、多种经营体制和机制，增强企业活力。期间，市委就新形势下进一步加强人民代表大会和政治协商会议作出多项决定，充分发挥人大、政协职能，积极投身湘潭经济社会建设；深入开展以“讲学习、讲政治、讲正气”为主要内容的党风党纪教育，全面加强领导班子建设。2000 年，市委以加快发展为主题，调整经济结构，经济运行质量提高，全市经济较快发展。

2001～2002 年，市委认真贯彻落实“三个代表”（中国共产党始终代表中国先进生产力的发展要求，代表中国先进文化的前进方向，代表中国最广大人民的根本利益）重要思想，执行党要管党，从严治党方针，全面加强党的建设。在农村开展“三个代表”重要思想的学习，以改善党群、干群关系为突破口，党的作风建设得到加强。加快对工业的改组改造和优化升级，大中型企业实行公司制改革，建立起规范的法人治理结构。中、小型企业按照有进有退的原则，重点抓好“两个分离”和“两个置换”，增强企业活力，加速工业化进程。实施经营城市战略，执行东扩西改、高起点城市建设发展战略目标，开展“一化三清”活动，城市建设进一步加快，城市管理进一步加强，城市品位得到提升；市委为加强党风廉政建设，先后制订出台一系列党风廉政建设文件，为预防腐败、遏制不廉洁行为的发生起到一定作用，助推经济建设健康稳定发展。

2003～2004 年，市委在全市开展“两个务必”“学习郑培民”“艰苦奋斗、廉洁从政”等主题教育活动，增强党员干部“立党为公、执政为民”、艰苦奋斗、廉洁从政意识。按照体现优势、错位发展原则，打造湖南先进制造业中心、湘中南现代物流中心和长株潭生态休闲中心，形成完整产业链，增强湘潭经济发展核心竞争力，实现经济跨越发展。按照“产业兴园、特色立园”的发展方向，以“项目兴园、园区兴工、工业兴市”发展思路，突出园区招商、节会招商、中介招商方法，园区建设逐年发展。2005 年，市委在全市开展以“三个代表”为主要内容的保持共产党员先进性教育，加强党的建设，促进作风转变，推动湘潭经济社会健康发展；抓住经济全球化趋势不断发展机遇，引导非公有制企业与大型企业配套协作，培育壮大支柱产业，推动非公经济发展。对园区建设实行科学规划，注重体制创新，抓住项目建设，推进产业集群、整合资源，引导企业入园和科学发展等措施，园区工业成为拉动湘潭市强工富市的引擎。

第一章　机构设置

第一节　领导机构

1985 年 12 月 15 日，根据《中国共产党章程》（以下简称“章程”）规定，中国共产党湘潭市第六次代表大会选举中共湘潭市第六届委员会（以下简称“市委”）和中共湘潭市纪律检查委员会（以下简称“市纪委”），任期 5 年。

1990 年 9 月 7 日，中共湘潭市第七次代表大会采取先预选后再选举办法，选举中共湘潭市第七届委员会和中共湘潭市纪律检查委员会，选出市委委员 35 名，市委候补委员 6 名，市纪委委员 25 名。8 日，分别召开市委七届一次全会和市纪委一次全会，均采取一次等额无记名投票选举的办法，选举中共湘潭市第七届委员会常务委员会（以下简称“市委常委”），选出市委常委 11 名，曹伯纯当选为市委书记，范多富、孔令志、赵焱森、齐美成当选为市委副书记；选举产生中共湘潭市纪律检查委员会常务委员会（以下简称“市纪委常委”），选出市纪委常委 7 名，市纪委副书记 2 名，罗德文当选为市纪委书记。

1995 年 9 月 18 日，中共湘潭市第八次代表大会，采取先差额预选后再等额选举办法，选举中共湘潭市第八届委员会和中共湘潭市纪律检查委员会，选出市委委员 35 名，市委候补委员 6 名，市纪委委员 25 名。19 日，分别召开市委八届一次全会和市纪委一次全会，均采取等额无记名投票选举的办法，选举中共湘潭市第八届委员会常务委员会，选出市委常委 12 名，陈叔红当选为市委书记，蒋建国、吕滨、刘运前、陈坤当选为市委副书记；选举中共湘潭市纪律检查委员会常务委员会，选出市纪委常委 9 名，市纪委副书记 3 名，贺汉琪当选为市纪委书记。

2000 年 11 月 3 ~ 4 日，中共湘潭市第九次代表大会举行选举，采取先预选后再选举办法，选举中共湘潭市第九届委员会和中共湘潭市纪律检查委员会，选出市委委员 37 名，市纪委委员 27 名；采取直接差额选举的办法，选举市委候补委员 7 名。5 日，分别召开市委九届一次全会和市纪委一次全会，市委常委和市纪委常委均采取差额选举办法，市委书记、副书记和市纪委书记、副书记均采取等额选举办法，选举中共湘潭市第九届委员会常务委员会，选出市委常委 13 名，卞翠屏当选为市委书记，陈润儿、陈坤、张光荣、符咏梅①（女）当选为市委副书记；选举产生中共湘潭市纪律检查委员会常务委员会，选出市纪委常委 9 名，市纪委副书记 3 名，杨慕如当选为市纪委书记。至 2005 年年底止，该届未换届改选。

1986~2005 年中共湘潭市委书记名录

表 3-1-1

姓名	籍贯	任期
郑培民	河北武安市	1986.01 ~ 1990.05
曹伯纯	湖南株洲县	1990.05 ~ 1991.05
范多富	甘肃永靖县	1991.05 ~ 1995.08
陈叔红	湖南湘潭县	1995.08 ~ 1997.02
卞翠屏	湖南永州市	1997.02 ~ 2003.02
陈润儿	湖南茶陵县	2003.02 ~ 2005.12

① 退休后，被省纪委查出任市领导期间有违纪违法行为，移交司法部门，判处有期徒刑。

1986~2005 年中共湘潭市委副书记名录

表 3-1-2

姓名	籍贯	任期	说明
李壬申	湖南湘乡市	1986.01 ~ 1990.05	—
钟明星	湖南沅陵县	1986.01 ~ 1988.11	—
孔令志	吉林德惠县	1986.01 ~ 1995.01	—
龚固忠	湖南安化县	1986.01 ~ 1988.03	韶山管理局党委书记兼
赵焱森	湖南华容县	1989.03 ~ 1993.02	—
齐美成	湖南攸县	1989.03 ~ 1995.01	—
范多富	甘肃永靖县	1990.05 ~ 1991.05	—
罗德文	湖南韶山市	1991.03 ~ 1995.05	—
陈叔红	湖南湘潭县	1992.11 ~ 1995.08	—
苏仁华	湖南绥宁县	1993.06 ~ 1994.08	—
吕　滨	山东泰安市	1995.01 ~ 1999.8	—
刘运前	湖南祁东县	1995.01 ~ 1998.05	—
蒋建国	湖南汉寿县	1995.08 ~ 2000.04	—
陈　坤	湖南茶陵县	1995.08 ~ 2003.04	—
毛公宁	广西上林市	1996.10 ~ 1998.12	中共中央统战部下派挂职
刘增祺	天津西青区	1997.06 ~ 1998.07	国务院法制局下派挂职
郭果夫	湖南湘潭市	1998.05 ~ 2000.11	—
陈润儿	湖南茶陵县	2000.04 ~ 2003.02	—
张光荣	湖南平江县	2000.09 ~ 2005.12	—
符咏梅(女)	湖南湘潭县	2000.11 ~ 2005.12	—
杨慕如	湖南湘乡市	2001.12 ~ 2003.12	—
彭宪法	湖南湘潭市	2003.03 ~ 2005.12	—
余爱国	湖南岳阳市	2003.04 ~ 2005.12	—
劳　动	江苏吴县	2003.04 ~ 2005.12	—
颜向阳	湖南茶陵县	2003.12 ~ 2005.12	—

1986~2005 年中共湘潭市委常委名录

表 3-1-3

姓名	籍贯	任期	说明
谭景阳	北京怀柔县	1986.01 ~ 1990.09	—
王权生	湖南汨罗市	1986.01 ~ 1990.09	—
郝朋柱	山西平定县	1986.01 ~ 1990.09	原名郝捧柱
肖光威	湖南醴陵市	1986.01 ~ 1987.04	—
潘季良	湖南宁乡县	1986.01 ~ 1987.05 1990.09 ~ 1999.02	军队干部
齐美成	湖南攸县	1986.01 ~ 1989.03	—
朱幼英(女)	湖南常德市	1986.01 ~ 1988.11	—
黄祖示	湖南韶山市	1987.05 ~ 1990.09	军队干部
彭铁干	湖南汨罗市	1989.01 ~ 1990.09	—
方大鹏	江苏靖江市	1989.07 ~ 1995.09	—
陈 坤	湖南茶陵县	1989.12 ~ 1993.03	—
伍克文	湖南湘潭县	1990.09 ~ 1994.04	—
罗德文	湖南韶山市	1990.09 ~ 1991.03	—
郭果夫	湖南湘潭市	1990.09 ~ 1998.05	—
郑曾铨	江苏常州市	1990.12 ~ 1991.11	—
王为民	河南南阳市	1992.12 1996.05	—
符咏梅(女)	湖南湘潭县	1993.03 ~ 2000.11	—
贺汉琪	湖南湘潭县	1993.06 ~ 2000.11	—
谭伟明	湖南湘乡市	1994.07 ~ 1998.10	—
劳 动	江苏吴县	1995.08 ~ 2003.04	—
张汉良	湖南衡山县	1996.05 ~ 2000.06	—
杨慕如	湖南湘乡市	1997.12 ~ 2001.12	—
廖才定	湖南浏阳市	1998.12 ~ 2005.12	—
张邦祖	湖南临澧县	1999.02 ~ 2002.04	军队干部
彭宪法	湖南湘潭市	2000.11 ~ 2003.03	—
颜向阳	湖南茶陵县	2000.11 ~ 2003.12	—
蒋国梁	湖南湘潭县	2000.11 ~ 2005.12	—
唐云景	湖南炎陵县	2000.11 ~ 2005.12	—
赖社光	湖南平江县	2002.04 ~ 2003.04	—
李四保	湖南岳阳市	2002.04 ~ 2005.12	军队干部
朱明华	湖南长沙县	2003.04 ~ 2005.12	—
刘清林	湖南湘乡市	2003.06 ~ 2005.12	—
曹炯芳	湖南澧县	2004.02 ~ 2005.12	—

1986~2005 年中共湘潭市委顾问、巡视员、助理巡视员名录

表 3-1-4

姓名	籍贯	职务	任期
任清淮	河北广平县	顾 问	1986.01 ~ 1990.12
任永骏	湖南汨罗市	顾 问	1986.01 ~ 1990.09
王权生	湖南汨罗市	特邀顾问	1990.09 ~ 1993.12
彭铁干	湖南汨罗市	特邀顾问	1990.09 ~ 1993.12
刘运前	湖南祁东县	巡视员	1998.05 ~ 2002.04
郭果夫	湖南湘潭市	巡视员	2000.11 ~ 2004.04
陈 坤	湖南茶陵县	巡视员	2003.04 ~ 2005.12
杨慕如	湖南湘乡市	巡视员	2003.12 ~ 2005.12
陈经启	湖南湘潭县	助理巡视员	1995.01 ~ 1999.04
殷正海	湖南湘潭市	助理巡视员	1995.08 ~ 1996.03
郭文祥	湖南湘阴县	助理巡视员	1996.03 ~ 2001.02
符国保	湖南桃江县	助理巡视员	1996.05 ~ 1998.01
廖玉林	湖南湘潭市	助理巡视员	1997.12 ~ 2003.09
张自涛	湖南浏阳市	助理巡视员	2000.12 ~ 2005.12
周端明	湖南湘乡市	助理巡视员	2005.12 ~
周莉萍(女)	湖南湘潭市	助理巡视员	2005.12 ~

第二节　工作机构及下辖地方党委

一、工作机构

1986 年 1 月,中共湘潭市委工作机构设:办公室、组织部、宣传部、统一战线工作部、政法委员会、政策研究室、农村工作部与农村经济委员会(合署办公,两块牌子一套人员)、工交财贸政治工作部;直属机构:市编制委员会、老干部工作局、党史资料征集办公室、落实政策领导小组办公室、直属机关委员会、打击经济犯罪领导小组办公室、市档案局、市信访办公室;设局级事业单位:党校、湘潭日报社、理论教育讲师团。8 月,工交财贸政治工作部撤销。11 月,农村工作部撤销,市农村经济委员会列入市人民政府(简称“市政府”)工作部门。

1987 年 4 月,打击经济犯罪领导小组办公室撤销。

1988 年 2 月,落实政策领导小组办公室撤销。6 月,直属机关委员会改为直属机关工委。12 月,市编制委员会更名为市机构编制委员会。

1991 年 6 月,设市社会治安综合治理委员会办公室,与政法委员会两块牌子一套人员。

1994 年,湘潭市进行党政(以下均指“党委、政府”)机关机构改革,市委工作机构设:办公室、组织部、宣传部、统一战线工作部、政法委员会与市社会治安综合治理委员会办公室两块牌子一套人员、政策研究室、直属机关工委、市机构编制委员会办公室。恢复农村工作部,市农村经济委员会改为市农村工作办公室,与农村工作部合署办公,两块牌子一套人员。市档案局(转为事业单位)、党史资料征集办公室、市信访办公室由市委办公室管理。老干部工作局由市委组织部管理。理论教育讲师团由市委宣传部管理。

1995 年 4 月,设有市委、市政府双重领导的市委、市政府接待处。

2001 年, 湘潭市党政机关机构改革, 市委工作机构作适当调整。老干部工作局更名为老干部局。市信访办公室更名为市信访局,由市委办公室和市政府办公室共同管理,以市政府办公室管理为主。撤销农村工作部,市委办公室加挂市农村工作领导小组办公室牌子。设市委处理“法轮功”邪教问题领导小组办公室(市政府防范和处理邪教问题办公室),由政法委员会管理。市机构编制委员会办公室既是市委工作机构,又是市政府工作机构。党史资料征集办公室与市地方志编纂办公室合并,两块牌子一套人员。

2002 年 3 月, 恢复农村工作部, 市农村工作领导小组办公室改为市政府农村工作领导小组办公室,合署办公,两块牌子一套人员。

2005 年底,市委工作机构有:办公室、组织部、宣传部、统一战线工作部、政法委员会与市社会治安综合治理委员会两块牌子一套人员、政策研究室、农村工作部、直属机关工委、市机构编制委员会。归口管理的机构有:市档案局、党史研究室与市地方志编纂办公室、接待处归口市委办公室管理;市信访局归口市委办公室和市政府办公室共同管理,以市政府办公室管理为主;老干部局归口市委组织部管理;理论教育讲师团归口市委宣传部管理;市委处理“法轮功”邪教问题领导小组办公室归口市委政法委员会管理;市委党校、湘潭日报社无变动。

二、下辖地方党委

1986 年 1 月,市委下辖中共湘潭、湘乡县委,中共雨湖、湘江、岳塘、板塘、郊区、韶山区委 8 个县级地方党委。9 月,经国务院批准,撤销湘乡县设立湘乡市,1987 年 3 月正式成立中共湘乡市委。1990 年 12 月,经国务院批准,撤销韶山区设立韶山市并成立中共韶山市委。1992 年 6 月,市区行政区划调整,撤销原雨湖、湘江、岳塘、板塘区和郊区,合并成立雨湖、岳塘区,7 月分别成立新的区委。至 2005 年底,市委下辖中共湘潭县委、湘乡市委、韶山市委、雨湖区委、岳塘区委 5 个县级地方党委。

第二章　代表大会与市委全会

第一节　代表大会

一、第六次代表大会

1985 年 12 月 11 ~ 15 日,市第六次党代表大会召开。代表 398 名,列席代表 39 名。大会通过市委《增强党性,坚持改革,团结奋斗,振兴湘潭》工作报告、市纪律检查委员会工作报告和相应决议。

市委工作报告在总结上次党代表大会以来工作时指出,随着党的工作重点转移,全市经济建设速度加快,提前一年超额完成“六五”计划。根据湘潭实际,提出今后 5 年全市经济和社会发展目标:到 1990 年,全市工农业总产值 50 亿元,年递增 8.4%;人均国民收入 900 元,年递增 6.3%;5 年内在城区和部分乡镇普及九年制义务教育,人民生活逐步实现由温饱型向小康型过渡。报告强调发挥市带县作用,发挥城乡两个优势,促进城乡共同繁荣;积极稳妥地进行经济体制和政治体制的全面配套改革,努力建设社会主义精神文明,健全社会主义民主和法制;加强新时期党的建设,搞好整党,端正党风,增强党的战斗力,带领全市人民全面开创湘潭市社会主义现代化建设新局面。

大会选举产生中共湘潭市第六届委员会委员35名,候补委员6名。在委员、候补委员中,40岁以下占24.3%,大专以上文化占78%,是年纪较轻、文化程度较高的一届委员会。大会还选举产生中共湘潭市纪律检查委员会。市第六届一次全会选举产生市委常务委员会委员、书记和副书记,批准市纪委常务委员会委员、书记和副书记。大会还选举出席省第五次党代表大会代表36人。

二、第七次代表大会

1990年9月3~7日,市第七次党代表大会召开。与会代表318人,列席代表34人。会议审议通过市委《坚持党的基本路线,加强改善党的领导,努力把湘潭两个文明建设推向新阶段》的工作报告和市纪委工作报告。会议还选举第七届市委委员、候补委员、市纪委委员和出席省党代会代表。

市委工作报告指出:过去五年,全市坚持以经济建设为中心,致力于发展社会生产力,实现国民经济持续稳定发展,社会生产总值56.68亿元,比1985年增长47.6%;坚持改革开放,进行富有成效的探索。今后五年的主要任务、工作思路:实现国民经济持续、稳定、协调发展,力争国民生产总值递增5%;坚决执行计划生育和国土保护基本国策;切实搞好城乡建设和管理;加强党的建设。建立健全宏观调控体系,推进治理整顿和改革开放,大力推进社会主义民主政治和法制建设,积极开展创建双文明单位活动。

三、第八次代表大会

1995年9月13~18日,市第八次党代表大会召开。与会代表339名,列席代表52名。大会审议通过市委《团结务实,加快发展,为建设社会主义现代化新湘潭而努力奋斗》的工作报告、市纪律检查委员会工作报告以及《中共湘潭市委关于制定国民经济和社会发展第九个五年计划的建议》。会议还选举第八届市委委员、候补委员、市纪委委员和出席省第七次代表大会代表。

市委工作报告明确指出:第七次党代会以来,国民经济发展加快,综合实力明显增强,国内生产总值五年年均递增10.7%;改革全面深化,全方位多层次对外开放格局初步形成;基础设施建设发展较快;精神文明建设和民主法制建设得到加强;党的建设成效显著。今后五年的工作思路和奋斗目标:坚持“抓住机遇,深化改革,扩大开放,加快发展,保持稳定”的方针;以经济建设为中心,确立和实施“强工富市”发展战略,坚持和完善“靠工业立市,靠农业稳市,靠科教兴市,靠流通旺市,靠筹资建市”的经济工作思路;提前三年实现国民生产总值翻两番,努力把湘潭建设成为全省改革先行、经济发达、生活富裕、社会文明、环境优美的社会主义现代化城市。

四、第九次代表大会

2000年11月1~4日,市第九次党代表大会召开。与会代表359人,列席代表44人。大会听取和审查中共湘潭市委《奋发图强,加快发展,夺取新世纪湘潭现代化建设的新胜利》的工作报告和中共湘潭市纪委的工作报告,选举第九届市委委员、候补委员和市纪委委员。

市委工作报告指出:过去五年,全市经济保持较快发展,国内生产总值年递增 10.3%;国有企业改制面达 60%;固定资产投资大幅增加,五年完成 250 亿元;人民生活水平继续提高,城镇居民人均可支配收入和农民人均纯收入年递增分别为 6.8%、9.2%。今后五年工作的主要任务是:以加快发展为主题,以调整结构为主线,以建设省内经济强市为目标,全面实施科教兴市、强工富市和可持续发展战略,不断增强经济实力,朝着省内强市迈进;努力提高人民生活水平,朝着富裕型小康社会迈进;大力加强精神文明建设和民主法制建设,朝着现代文明城市迈进。

第二节　市委全会

一、第六届委员会全体会议

1985 年 12 月 ~ 1990 年 9 月,中共湘潭市第六届委员会先后召开十一次全体会议。较重要的有:

1985 年 12 月 15 日,市委六届一次全会选举第六届市委常委、市委书记、市委副书记。选举出席省第五次党代表大会代表 36 人。

1986 年 12 月 23 ~ 24 日,市委六届二次全会传达中共中央十二届六中全会、中央农村工作会议、全国计划会议和省委五届二次全会、省委工作会议精神,部署下年经济工作和加强党的建设、改善党的领导等工作,讨论通过市委《关于“七五”期间加强社会主义精神文明建设的若干措施》。

1987 年 4 月 8 日,市委六届三次全会选举出席省党代表会议的代表。省委分配湘潭市出席省党代表会议的代表名额为 20 名,其中 4 人为省委直接确定,市委全会选举 16 名代表。

1988 年 10 月 19 ~ 22 日,市委六届六次全会传达贯彻中共中央十三届三中全会、中央工作会议和省委五届七次全会精神,研究治理经济环境、整顿经济秩序和全面深化改革的措施,部署当前和明年的工作。

1989 年 7 月 3 ~ 5 日,市委六届七次全会传达学习中共中央十三届四中全会和省委五届八次全会精神,学习邓小平 5 月 31 日、6 月 16 日的重要讲话和江泽民在中共中央十三届四中全会上的讲话,讨论通过市委工作报告。

1989 年 12 月 4 ~ 5 日,市委六届八次全会传达学习中共中央十三届五中全会和省委五届九次全会精神,学习《中共中央关于进一步治理整顿和深化改革的决定》,大会审议通过《中共湘潭市委关于贯彻〈中共湖南省委关于在农村深入开展社会主义思想教育的决定〉的意见》。

1990 年 4 月 10 ~ 12 日,市委六届九次全会传达中共中央十三届六中全会和省委五届十次全会精神,学习《中共中央关于加强党同人民群众联系的决定》,讨论通过市委《关于召开中共湘潭市第七次代表大会的请示》。

1990 年 8 月 9 日,市委六届十次全会讨论市委书记曹伯纯在中共湘潭市第七次代表大会上的报告(征求意见稿)。1990 年 9 月 1 日,市委六届十一次全会听取市第七次党代会筹备工作情况汇报和关于七届市委委员、市纪委委员的人事方案说明,审议通过市第七次党代会议程和出席省第六次党代会代表候选人预备名单。

二、第七届委员会全体会议

1990年9月～1995年5月,中共湘潭市第七届委员会先后召开十次全体会议。较重要的有:

1990年9月8日,市委七届一次全会选举第七届市委常委、市委书记、市委副书记,讨论通过市委七届一次全会决议,通过市纪律检查委员会第一次全会选举结果。

1991年1月16日,市委七届二次全会传达贯彻中共中央十三届七中全会和省委六届二次全会精神,确定科技兴市战略。

1992年1月21日,市委七届四次全会学习贯彻中共中央十三届八中全会精神。部署全年突出经济建设这个中心,坚持不懈地抓改革,坚持不懈地抓社教,坚持不懈地抓党建,坚持不懈地抓稳定的工作思路。

三、第八届委员会全体会议

1995年9月～2000年10月,中共湘潭市第八届委员会先后召开十三次全会。较重要的有:

1995年9月19日,市委八届一次全会选举中共湘潭市第八届委员会常委、市委书记和市委副书记,通过市纪委第一次全会选举结果,通过《中共湘潭市委关于加强自身建设的规定》和《中共湘潭市委第八届一次全会关于认真实施强工富市战略的决议》。

1996年7月30日,市委八届二次全会对深入实施强工富市战略进行安排部署。

1996年12月23日,市委八届三次全会传达贯彻中共中央十四届三中全会《决定》和全国农村工作、经济工作会议精神,总结全年工作,研究部署下年工作。

1997年1月6日,市委八届四次全会酝酿通过中共十五大代表候选人。会议酝酿通过陈叔红(中共湘潭市委书记)、李韵珍(韶峰水泥集团公司党委副书记、总经理)、毛雨时(中共韶山市韶山乡韶山村总支部书记)为湘潭市出席中共十五大代表候选人。

1997年4月29日,市委八届六次全会从14名候选人中选举12名正式代表,出席中共湖南省代表会议。

2000年10月22日,市委八届十三次全会听取关于市第九次党代会工作报告起草情况和人事安排情况的说明,审议通过关于召开市第九次党代会的决议和关于市委、市纪委提交市第九次党代会工作报告的决议。

四、第九届委员会全体会议

2000年11月～2005年11月,中共湘潭市第九届委员会先后召开十四次全会。较重要的有:

2000年11月5日,市委九届一次全会选举第九届市委常委、市委书记、市委副书记,讨论通过市委九届一次全会决议,通过纪律检查委员会第一次全会选举结果。

2001年12月18日,市委九届四次全会酝酿通过湘潭市出席中共十六大代表候选人初步人选。

2002年4月24日,市委九届五次全会选举湘潭市出席省党代表会议的代表38名(其中包括省委提名1名),总结前段工作,研究部署当前的经济发展和维护稳定工作。

2003年5月22日,市委九届七次全会审议通过《湘潭市"堡垒工程"实施方案》和《湘潭市党政领导班子和领导干部绩效考核办法(试行)》。

2003年10月12日,市委九届八次全会审议通过《关于建设湖南先进制造业中心的意见》《关于建设湘中南现代物流中心的意见》和《关于建设长株潭生态休闲中心的意见》。

2004年4月15日,市委九届十次全会全面部署和安排文明城市创建工作,审议通过《创建文明城市方案》。

2004年11月3日,市委九届十一次全会传达贯彻中共中央十六届四中全会和省委八届八次全会精神,切实加强党的执政能力建设。

2004年11月26日,市委九届十二次全会审议通过《中共湘潭市委关于全面建设和率先实现小康韶山指导意见》。

2005年11月18日,市委九届十四次全会学习贯彻中共中央十六届五中全会和省委八届十次全会精神,讨论研究未来五年经济社会发展的目标和措施。

第三章　重大决策

一、企业改革

1987年12月,市委六届四次全会提出,城市改革要围绕转变企业机制,按照"两权分离"(所有权与经营权分离)原则深化改革。即改革企业内部分配制度,在国营企业普遍推行工资总额与经济效益挂钩;改革企业领导体制,在国营企业中全面推行厂长(经理)负责制,确立厂长、经理在企业中的中心地位;改革劳动用工制度,逐步打破干部、工人,全民工、集体工、合同工的界限,实行择优上岗;强化企业管理,促使企业上等级。

1992年,市委七届五次全体会议决定,通过深化干部人事、劳动用工和分配制度改革,建立能上能下的干部制度、能出能进的用工制度、能多能少的分配制度。市委七届六次全体(扩大)会议贯彻落实国务院发布的《全民所有制工业企业转换经营机制条例》精神,着力抓好八项改革,即坚持和完善承包经营责任制;选择部分资不抵债、扭亏无望的中小型企业进行破产试点;将一部分国有小型企业出售、出租给集体或个人,包括出租、出售给外商,在供销、二商、二轻等行业,全面推行公有私营;积极推行企业内部股份制,把一部分市属国有、集体企业组成股份有限公司或有限责任公司;把一部分国有企业改组为"三资"企业;选择湘潭电机厂、湘潭电缆厂、湖南农药厂、湘潭化纤厂、湘潭百货大楼、市制药二厂等10个企业进行无行政主管部门试点;进一步推行一厂两制、一厂多制,实行混合经营;对部分困难企业划小经济核算单位,实行分而治之。进一步理顺产权关系,实现政企分开,落实企业自主权。对35家企业全面推行三项制度改革,涉及职工8万余人。

1997年5月,市委工作会议决定围绕"强工富市"发展战略,重点抓好以建立现代企业制度为目标的国有企业改革,实施"抓大放小"战略("抓大"就是抓好一些关系全市经济命脉、体现湘潭实力的大型企业和企业集团;"放小"就是采取改组、联合、兼并、租赁、承包经营和股份合作制、分管等形式,放开放活国有小型企业,使国有小企业能灵活地适应市场)。

1998年,市委围绕"强工富市"发展战略,按照"产权清晰、政企分开、权责明确、管理科学"方针和"两退两转"(即政府从企业逐步退出,实现职能转换,企业从国有逐步退出,实现经营机制转换)思路,重点推进企业改革。

1999年,市委、市政府先后制订《关于加快产权制度改革,进一步放开搞活国有中小型工业企业的意见》《关于国有中小型工业企业产权改革的实施意见》等10个政策性文件,对改制企业的资产处置、养老保险、职工安置、资产评估和收费等做出相应的规定。

2001年开始,市委坚持主攻以产权改革为核心的国有企业改革。至2005年,市县属国有工业企业成功实现"两个退出",即企业退出全民所有、职工退出全民身份,市县国有、集体企业产权制度改革90%以上,采用公司制模式。

二、发展乡镇企业

1989年1月,市委、市政府联合下发《关于加快发展乡镇企业的若干政策规定》,确立"积极扶植、合理引导、加强管理"的发展乡镇企业指导方针,实行乡(镇)、村、联户、户办企业"四个轮子"一齐转;提倡和鼓励各类专业技术人员领办、联办、承包、租赁、创办乡镇企业,对乡镇企业实行税收优惠,鼓励为乡镇企业引进资金、物资、推销商品。

1991年4月,市委制定下发《关于加快发展乡镇企业的若干政策措施》,组织发动40家国营大中型企业、科研院校向乡镇企业扩散转让231项产品,提供技术服务。

1992年,市委、市政府出台《关于进一步放开搞活乡镇企业的十项规定》,明确规定对于乡镇企业的一定资金额度以下的基建、技改、外资项目审批权一律下放到县市区,对于为发展乡镇企业和农村第三产业招聘的能人,其工资补贴和其他收入,由企业与被招聘人员认定。

1995年,市委、市政府对发展乡镇企业提出实施"亿元工程",采取"四不限制"的政策,即不限制规模、不限制雇工人数、不限制经营范围(国家明令禁止的除外)、不限制发展速度。并把企业办列入乡(镇)政府常设机构,确定人数及工作职责,实行定岗定责和目标责任管理。

1999年,市委、市政府下发《关于加快乡镇企业改革和发展的意见》,加强对乡镇企业的领导,继续深化乡村集体企业产权制度改革,进一步加快乡镇企业技术进步;合理调整结构,优化资源配置;稳定乡镇企业队伍。

2001年,市委、市政府作出《关于加快乡镇企业发展的决定》。乡镇企业加快"三个创新"(体制创新、技术创新、管理创新)步伐,实施"三上"方案(公司上市、信息上网、产品上档),推动乡镇企业发展。

三、发展园区经济

1992年3月,市委决定在岳塘区境域成立湘潭高新技术产业开发区,在雨湖区昭潭乡境域建立湘潭经济开发区,在昭山乡境域建立湘潭昭山旅游经贸开发区。

1993年3月,湘潭市经济开发区、湘潭昭山旅游经贸开发区经省人民政府批准列为省级开发区，同时湘潭市经济开发区更名为湘潭市商贸工业特区。市委七届八次全会决定重点抓好高新技术产业开发区建设，带动梯次开发，在107、320国道两旁兴建一批工业小区，由点到线，由线到面，逐步形成全方位、多层次的开放开发格局。

1997年，市委工作会议提出，湘潭高新区着重规划好高新科技园，湘潭昭山开发区推进株易路口的成片开发，湘潭市商贸工业特区着重发展专业批发市场；借鉴中央实行经济特区的办法，建立试验小区，在小区内实行特殊政策，包括建立"无费区"，实行封闭式管理，搞好"一门式"服务，推行新的干部人事制度。是年，市委、市政府决定昭山开发区管委会全面接管昭山风景区，其原有资金下发渠道不变，并纳入开发区整体开发规划；授予开发区项目立项审批权（1000万美元以下）、国土管理出让权、规划审批权、建设管理审批权、房地产管理权等市级综合经济管理权限，同时决定对开发区实行封闭式管理，为开发区每年核定一批农业户口转城镇户口指标。

1999年，市委八届十次全会提出建设三个园区，即高新技术产业开发区、持续高效农业科技示范区和以湘潭大学为龙头的大学科技园。2000年，市委八届十二次全会决定，加强高新技术产业开发区、持续高效农业科技示范区、大学科技园"两区一园"和新材料基地建设。2002年，市委第八次常委会议决定，湘潭大学科技园归属高新技术产业开发区管理。2003年，市委、市政府作出《关于加快工业园区建设的决定》，成立市、县（市、区）两级工业园区建设领导小组，并下发《关于设立昭山、九华经济区的决定》，依据行政管理体制及规划范围不变、司法管理体制及管辖区域不变的原则，两个经济区财政体制相对独立；规划、国土、工商管理由昭山、九华经济区统一负责，市规划、国土、工商局在昭山经济区分别设立分局，湘潭县规划、国土、工商局在九华经济区分别设立分局，由县市区共同领导。同时市委在昭山、九华经济区分别设立工作委员会，负责统一领导，并分别设立管理委员会，管委会分别下设开发建设公司作为投资经营实体，按照"实体经营、市场运作、法人管理"的原则，负责招商、投资、建设和经营。为加快九华地区的建设和发展，市委、市政府下发《关于成立九华项目建设协调委员会的通知》，负责九华地区项目建设的协调与服务工作。

2004年，市委经济工作会议决定发展园区经济，推进产业集群发展。同时提出"产业立园、特色立园"的原则，明确各园区的发展定位，高新区新材料工业园以发展新型能源材料、染料、颜料等新材料产业为主，湘潭（德国）工业园以发展环保产业和建材产业为主，双马工业园以发展机电产业为主，先锋工业园以发展农产品加工业和机械工业为主，天易生态工业园以发展生物医药产业和机械产业为主，湘乡皮革工业园以发展皮革加工业为主。

四、发展民营经济

1992年，针对全市经济运行中微观放得不开，宏观控制不力，市委七届六次全会提出要放开胆子，摆脱"左"的束缚，大力发展非国有经济。决定以后新办企业一般不搞国有制。实行不限制发展比例，不限制发展规模，不限制经营范围，不限制开业条件，不限制从业人员；维护个体私营经济组织合法权益。对个体私营经济实行放宽从业对象，在职人员经单位同意，利用业余时间可以从事第二职业；放宽办照手续，除特种行业外，只凭身份证和暂住证就可从事个体经营；放宽经营范围，在政策允许范围内，可以跨行业经营；适当放宽企业名称，在挂企业名前提下，可以直接挂市的牌子；放宽经营方式，政策允许经营产品都可批发零售；放宽注册资金，按法定额筹足60%的资金即可发照。新开办的私营企业(不含个体大户转办私营企业)，2年内减收50%的管理费，新开业的个体工商户管理费按最低起点收费。

1997年，市委下发《关于进一步加快发展个体私营经济的意见》，提出切实保障个体工商户和私营企业的合法权益，放开经营范围，简化申办手续，妥善安排生产经营场地，积极提供信贷支持，明确除国务院、省政府明文规定法律法规明确不准经营的行业和商品外，均允许个体工商户和私营企业生产、经营。

1999年，市委经济工作会议决定，大力发展混合所有制经济和非公有制经济，提出按照有进有退、有所为有所不为原则，从战略上调整湘潭国有经济布局和改组国有企业，除个别行业需要国有经济控制外，其他行业都实行资产重组和结构调整。

2002年，市委经济工作会议决定大力推进所有制结构调整，支持民营经济发展，实行“四个结合”，即与产业结构调整相结合；与国有集体企业改制相结合；与农业产业化经营相结合；与下岗职工再就业和农村劳动力转移相结合。

2003年，市委、市政府下发《关于加快民营经济发展的若干政策规定》，放宽民营经济市场准入，增加民营经济的土地供应，加大对民营经济的资金和财税支持，鼓励机关人员分流从事民营经济，实行促进民营经济发展奖励措施。

2005年，市委、市政府下发《关于加快非公有制经济发展的实施意见》，确立非公有制经济的市场主体地位，允许非公有资本进入法律法规未禁止的所有行业和领域，鼓励非公有制经济进入国防科技工业领域和电力、电信、石油等垄断行业；大力支持非公有制经济以并购和控股、参股等多种形式参与国有企业和集体企业及公有制社会事业单位的改组改制；鼓励非公有制经济全面进入公用事业和基础设施领域，实行产权转让和经营权转让，参与市政公用企事业单位产权制度改革和经营方式改革；允许非公有资本进入金融服务业、市域内股份制银行和合作性金融机构；允许具备资质的非公有制企业依法平等取得矿产资源的探矿权、采矿权，鼓励非公有资本进行商业性矿产资源的勘查开发。引导非公有制企业参与先进制造业、现代物流业、生态休闲业，培育壮大支柱产业，引导非公有制企业与大企业配套协作，拉长产业链条。

五、“强工富市”发展战略

1995年9月，市第八次党代会提出实施“强工富市”发展战略。决定抓好“四大工程”：即支柱产业工程，工业基地工程，名牌产品工程，大集团工程。支柱产业工程：调整和优化产业结构，优先发展机械、汽车制造、冶金、化工、纺织、建设等六大产业。工业基地工程：建立推动全省乃至全国的七大工业基地，即以湘潭电机厂、湘潭电缆厂为龙头企业的电工、电器基地；以江麓机械厂为龙头企业的工程机械基地；以江南机器厂为龙头企业的微型轿车基地；以湘潭钢铁公司为龙头企业的薄板线材钢材基地；以湘潭化医集团公司为龙头企业的精细化工基地；以湘潭化纤厂、湘潭纺织印染厂为龙头企业的纺织基地；以湘乡水泥厂、湖南省建筑陶瓷厂为龙头企业的建材基地。名牌产品工程：重点发展20种科技含量高、附加值高、市场占有率高、竞争力强的拳头产品。大集团工程：选择10家优势企业，实施大公司、大集团战略，使之成为技工贸一体化，能带动产业结构升级换代，推动经济增长方式转变，并带动中小型企业发展的国有大公司、大集团。

六、推进农业产业化

1995 年，市第八次党代会提出以推进农业产业化为突破口，建立一批竞争力强的龙头企业。

1997 年 1 月，市委、市政府下发《关于农村工作的意见》，决定突出抓好优质稻、湘莲、瘦肉型猪、渔业、国外松等种养业，建设大宗农产品生产基地；突出抓好湘潭县的湘莲、湘乡市的皮革和雨湖区先锋企业的养猪等三大产业；抓好湘莲交易市场、竹制品市场、皮鞋市场、生猪系列开发交易市场、优质农产品市场、饲料批发市场等市场的巩固、完善和配套工作。5 月，市委工作会议决定大力调整结构，建立"公司加农户""工厂带农户""基地连农户"的生产经营格局，建设一批有特色的名、优、特、新农产品基地，精心培育农业主导产业。

2001 年，市委九届二次全会提出按照农业产业化的要求，大力培育龙头企业和在加工、运销、仓储、保鲜、技术、信息等方面的社会中介组织。2003 年，市委把发展农产品加工业、加强深度开发、拉长产业链、提高农产品附加值作为推进产业化经营的重要措施和途径，培植一批农产品加工龙头企业，推广"公司 + 协会 + 农户"的产业化经营模式。

2005 年，市委、市政府出台《关于加快推进农业产业化经营的意见》，提出推进以生猪、粮食为主的优势产业和以槟榔、湘莲为主的特色产业的产业化进程，确定 15 个重点农业项目。

七、加快发展旅游业

1999 年，市委八届十次全会把发展旅游业列入议事日程。市委、市政府成立湘潭市发展旅游产业工作领导小组，明确市旅游局从外事侨务办公室单列出来，为正县级事业单位。

2000 年 11 月，市第九次党代会决定按照"大旅游、大产业、大发展"的思路，大力发展旅游业，把湘潭建设成为独具特色的旅游观光休闲基地。市委、市政府作出《关于加快发展旅游业的决定》，明确把旅游业作为湘潭市国民经济新的增长点和新兴支柱产业、第三产业的龙头产业来重点培育和优先发展。市委九届二次全会提出以韶山为龙头，带动乌石、昭山、水府庙、隐山发展，科学规划、综合开发，优化环境、搞好服务，努力使湘潭旅游产业有一个大的发展。

2003 年，市委、市政府下发《关于建设"长株潭生态休闲中心"的意见》，明确开发建设与生态保护、政府引导与市场运作、景点开发与设施建设、开发旅游资源与发展休闲产业、建设生态休闲中心与提高城市品位相结合原则，重点建设昭山休闲旅游区，加大韶山休闲旅游区的建设力度，积极开发湘乡水府庙休闲旅游区，切实抓好湘江生态景观带建设。

2004 年，市委九届十一次全会提出加快建设湘潭生态经济带、昭山景区、水府庙旅游区；全面振兴韶山旅游业。市委经济工作会议提出按照打造湘中南现代物流中心和长株潭生态休闲中心的整体思路，推进生态旅游业发展；加快发展开发山水风光之旅、红色革命之旅、历史文化之旅，突出打造韶山、昭山、乌石、白石、水府庙、湘江风光带等特色旅游区。

2005 年，市委经济工作会议决定加快发展休闲旅游业，突出红色文化、滨江风光，争创全国优秀旅游城市。

八、信息化带动工业化

2001年7月，市委九届二次全会提出积极探索用信息化带动工业化新路子，用信息技术对传统产业进行改造，推动信息化进程，形成后发优势，实现跨越发展。2002年，湘潭市被列入国家制造业信息化重点城市。

2003年2月，市委、市政府抓住湘潭市被正式列为国家制造业信息化重点城市的机遇，决定成立市信息化工作领导小组，由市委主要领导和市直23个部门负责人组成，加强全市信息化进程的组织领导。

2004年，市委提出“创环境，抓应用，促发展，见效益”的企业信息化工作指导方针，以抓应用示范企业为重点，大力推进数字化设计、数字化装备、数字化管理在企业中的应用。从市本级科技经费中安排150万元，争取国家和省专项经费50万元，用于制造业信息化工作，采用以奖代投方式，扶持引导30家示范企业开展信息化工作，建立专家与示范企业对口联系制度，制订《湘潭市示范企业年度考核指标体系》，建立制造业信息化网络。

九、优化经济发展环境

1988～1989年，市委六届六次、七次、八次全会研究治理经济环境、整顿经济秩序和全面深化改革的措施，压缩基本建设规模和社会集团购买力，清理各种公司，整顿重要产品流通秩序，坚决刹住乱涨价风，严格控制信贷投放。

2002年3月，市委决定全市以优化政务环境、法制环境、市场环境、社会与舆论环境为重点，进一步推进行政审批制度改革，积极探索收费改革，改进政府服务方式，大力推进机制创新，从根本上消除体制性障碍。并成立优化经济发展环境工作领导小组。

2004年，市委决定以提升政务环境为核心，优化经济发展环境，重点加强对外资企业的服务。完善项目申办代理制、报批服务一站制、跟踪协调服务制，并推行网上审批，减少程序和手续，提高服务效率。实行挂牌保护制度，要求各部门按规定实行定点定期服务，不准随意到外资企业检查、收费，杜绝各种索拿卡要现象。

2005年，市委决定推进行政审批制度改革，进一步转变政府职能，减少和规范行政审批，加强政府的社会管理和公共服务职能，全面推进依法行政，依法保护投资者的合法权益，努力形成更加开放的经济发展环境。

十、打造“三个中心”

2003年10月，市委九届八次全会按照体现优势、错位发展的产业定位原则，决定打造“三个中心”(即湖南先进制造业中心、湘中南现代物流中心和长株潭生态休闲中心)，并下发《关于建设湖南先进制造业中心的意见》《关于建设湘中南现代物流中心的意见》《关于建设长株潭生态休闲中心的意见》。

2005 年，市委、市政府制定《关于加快推进工业化进程的若干政策规定》，进一步完善年薪制、最低年薪制、财源建设重奖制、技改奖励、目标管理奖等奖励制度，同时按照“不求所属，但求所在，不求所有，只求所得”的原则，彻底打破所有制、隶属关系、地域界限。同年，市委经济工作会议决定大力发展先进制造业，要求立足现有制造业优势，按照壮大支柱产业、扶持龙头企业、培育品牌产品思路，坚持以产业布局为先导，以工业园区为载体，以骨干企业为支撑，以项目建设为手段，以产业集群为目标，优化产业布局，推动产业集群，建设先进制造业中心。同时提出大力发展现代物流业，重点抓好十大物流项目建设，早日建成湘中南现代物流中心。加快发展休闲旅游业，突出红色文化、滨江风光，以韶山为龙头，尽快形成“三区一带”（韶山风景旅游区、昭山风景名胜区、水府庙旅游区和湘江风光带）旅游休闲产业发展格局，早日将湘潭建设成为中国优秀旅游城市。

十一、机构和人事制度改革

1992 年，市委先后两次召开常委（扩大）会议，提出以“不动摇、不等待、不停步”为指导思想，争取在三年内基本完成政府转变职能和精简机构的改革任务。1993 年，市委下发《中共湘潭市委、湘潭市人民政府关于清理和裁减非常设机构的通知》，决定将市直机关设置的 123 个非常设机构，暂时保留 65 个，撤销 58 个。同年，市委下发《关于批转市机构改革领导小组 < 湘潭市 1993 年机构改革方案 > 的通知》，按照“先转职能后拆‘庙’”“先分流人员办实体，后与机关脱钩”“先撤并某些经济主管部门和合并若干职能相近的机构，后精简一般机构” 思路，计划在三年内基本完成转变职能和精简机构任务。1994 年，市委下发《湘潭市党政群机构改革方案的实施意见》，将市直党政机构设置 51 个，比原有 72 个减少 21 个，在前两年机构已精减 12% 的基础上再精减 29.2%，市直党政群机关共精简 1004 人。

1995 年，根据上级精神，市委决定湘潭县、湘乡市开展撤区并乡建镇、简政放权和乡镇机构改革工作，两县（市）原有 17 个区公所全部撤销，原有 114 个乡镇（含街道办事处）合并为 44 个。

1996 年，市委下发《湘潭市中国共产党机关参照 < 国家公务员暂行条例 > 管理的实施办法》，对市、县（市、区）、乡镇（街道）纪委（监察）机关，市委工作机构，县（市、区）委工作机构，乡镇、街道党委（工委）的机关干部进行参照公务员管理的人事制度改革。1998 年，市委下发《湘潭市党政领导干部任免管理工作暂行办法》，对党政领导干部任免的有关事项作出规定。1999 年，同时下发《湘潭市选拔任用党政领导干部实行任前公示制暂行办法》《湘潭市党政领导干部公开选拔暂行办法》《批转市委组织部、市人事局 < 湘潭市党政机关中层干部推行竞争上岗实施办法 >》，深化干部选拔任用制度改革。

2001 年，市委、市政府下发《湘潭市机构改革方案实施意见》，党委设 11 个机构；政府机构由 41 个精简为 32 个；工业、商业、物资等专业经济部门，撤销其局的牌子，有关行政职能划入政府相关部门；市委市政府承担行政职能的 35 个局级事业机构精简为 24 个。人员编制：党群包括人大、政协机关精简 20%，政府部门精简 30%。至 2002 年，市级 80 个部门的机构改革完成。

2003 年，市委下发《中共湘潭市委、湘潭市人民政府关于深化事业单位人事制度改革的实施意见》，除按照国家公务员制度进行人事管理和转制为企业的事业单位外，都实行人事制度改革。对事业单位领导人员任用，按照干部人事管理权限和程序，采用招聘或者任命形式。

2004 年，市委、市政府下发《湘潭市人民政府机构改革方案的实施意见》，市政府设置工作机构

29 个，直属特设机构 1 个，部门管理机构 2 个、议事协调机构的常设办事机构 1 个。涉及职能调整部门 18 家，调整职能 29 项。机构设置、人员编制均控制在省规定的限额之内。

十二、创建科技进步先进城市

1999 年起，市委、市政府以“强工富市”“科技兴市”为经济社会发展的主体战略，科技进步取得显著成效。2002 年，湘潭市被科技部列入全国 47 个制造业信息化试点城市之一。2004 年，市委、市政府出台《关于创建全国科技进步先进城市的决定》和《实施方案》，明确创建目标、创建步骤、工作任务和工作措施。市委常委会议专题研究部署创建全国科技进步先进城市工作，明确此后一个时期科技工作以创建全国科技进步先进城市为重点，全面提高科技进步水平，推动全市经济与社会事业跨越发展。是年，市委常委会议再次专题研究部署创建全国科技进步先进城市工作。重点加强创新平台建设和园区建设，实施项目带动工程、制造工业信息化工程和专利示范战略。至当年，湘潭市连续两年通过全国科技进步考核，并被国家科技部认定为全国科技进步先进城市。

十三、创建文明城市

2003 年，市委、市政府决定在全市深入开展以“伟人故里，文明湘潭”为主题的创建全省文明城市活动，下发《关于印发〈湘潭市创建文明城市工作方案〉的通知》，就创建文明城市工作作出专门部署。2004 年，市委常委会议和市委全会专题研究文明城市创建工作。市委、市政府下发《2004 年湘潭市创建省级文明城市工作方案》的通知。11 月，湘潭市创建全省文明城市工作通过省检查验收，全面实现创建全省文明城市的工作目标。2005 年，市委决定力争通过三年的努力创建全国文明城市。市委、市政府正式下发《关于创建全国文明城市的意见》，就创建全国文明城市工作进行专门部署和安排。

十四、党政领导班子和领导干部绩效考核

2003 年，市委决定实施以绩效考核为重点的领导班子建设“堡垒工程”。市委九届七次全体扩大会议讨论通过《湘潭市领导班子和领导干部绩效考核办法(试行)》及《湘潭市领导班子和领导干部绩效考核实施细则》；下发《湘潭市领导班子和领导干部绩效考核办法》及《湘潭市领导班子和领导干部绩效考核实施细则》，明确考核原则、范围、组织、程序，考核结果运用以及考核的纪律和监督。把 96 个县级单位分为县市区、经济管理部门、社会发展部门、执法监督部门、党群政务综合服务部门、人大和政协各委室 6 类，分领导班子、领导班子正职和领导班子其他成员三个层次进行。对领导班子主要考核工作目标、自身建设和社会公认情况三个方面，6 类单位按照不同的权重综合三个方面的情况计算出单位领导班子最后得分，分类排定一、二、三、四等，四个等次单位分别占 20%、50%、20%、10%。对领导班子正职和领导班子其他成员的考核主要由履行岗位职责情况和测评情况两部分组成，按照两部分综合得分评定为一、二、三、四、五等，五个等次的人数分别占 10%、40%、45%、3%、2%，对排在四、五等的领导干部经组织考察后予以诫勉、免职。当年，湘潭市直 88 个党政领导班子和

505名处级领导班子成员绩效考核结果:一类单位8个,二类单位50个,三类单位14个,四类单位6个。49名干部受到表彰,13名实行诫勉,5名免职。从当年起,党政领导班子和领导干部绩效考核延续。

第四章　纪检监察(行政监察)

1986年起,中共湘潭市委(简称市委,下同)、市纪委组织开展中国共产党章程和党内政治生活若干准则的再学习,再教育,规范党员领导干部从政行为;纠正吃、喝、玩、乐等不正之风。对违纪违规共产党员干部和国家工作人员,实施党纪和政纪处分。至1990年,全市受到党内纪律处分的党员干部1493人,其中338人开除出党;受行政处分国家工作人员783人,开除公职77人。

1991年,市委、市纪委对索、拿、卡、要等不正之风进行重点整治,开展对领导干部廉洁自律专项清理;治理"三乱"(农村三乱:乱收费、乱摊派、乱集资;企业三乱:乱收费、乱摊派、乱罚款;交通三乱:乱检查、乱收费、乱罚款)歪风;制止教育和行政领域内乱收费。1993年,市纪委与市监察局合署办公,加大反腐倡廉和执法监察的力度。至1995年的5年间,全市共有1348名党员受到党的纪律处分,其中312人开除党籍,分别比前五年下降9.71%、7.7%;受行政处分596人,其中开除公职56人,分别比前五年下降23.88%、27.27%。

1996～2000年,市委、市纪委开展反腐治奢艰苦奋斗主题教育,规范党员干部从政行为;实行反腐败工作目标责任制考核;在国有独资企业和国有控股企业开展效能监察。全市共有2138名共产党员受到党纪处分,其中开除党籍257人,分别比前五年上升58.61%、下降17.63%;受行政处分780人,其中开除公职92人,分别比前五年上升30.87%、64.29%。

2001年起,市纪委实行三书一单(党风廉政建设责任书,党风廉政建设建议书,廉洁自律监督通知书,党风廉政建设信息单,下同)、三谈两述(新任领导干部上岗前廉政谈话;群众反映不好,还未构成违纪的干部进行诫勉谈话;上级纪委负责人同下级党政一把手谈话;述职;述廉)监督机制;出台《治理经济环境工作方案》;在全市开展行风评议,纠正行业领域内不正之风,对一些腐败现象进行专项治理;同时,采取"标本兼治、综合治理、惩防并举、注重预防"方针,及时查处党员和国家工作人员违纪案件。至2005年,全市处分党员1532名,其中开除党籍175名,分别比前五年下降28.34%、31.92%;受行政处分668人,其中开除公职38人,分别比前五年下降14.35%、58.70%。

第一节　党风廉政宣传教育

1986～1987年,市委、市纪委结合整党,对党员进行中国共产党章程和党内政治生活若干准则的再学习、再教育。同时,将原市城建开发公司经理、党组书记郭某某占国家资财、用公款送子女读书贪腐案通报全市,对党员干部进行警示教育。

1990年,结合平息1989年春夏之交发生在北京的政治风波后的内部清理,对党员进行政治纪律教育,重新登记和民主评议,增强共产党员的政治纪律观念。

1992年,市纪委组织编写《邓小平论党的纪律和反腐败斗争》一书,出版1万册,免费发给县处级以上干部、纪检干部和基层党支部,组织党员学习。

1993 年,市纪委牵头,采取寓教于乐方法,开展反腐倡廉教育。当年,湘潭市纪委在中纪委召开的全国宣教工作会上介绍经验。1995 年,湘潭市代表队赴省演出的《结婚登记》讽刺有关部门在婚姻登记时乱收费、高收费和搭车收费现象,获得一等奖。同时参演的《打赌》获二等奖。参加省纪委举办的“四讲”“讲党性、讲团结、讲纪律、讲奉献”比赛中,获一、二等奖各一项。

1997 ~ 2003 年,市纪委组织全市党员干部学习《中国共产党领导干部廉洁从政若干准则》等 6 部党内监督法规,开展“反腐治奢、艰苦奋斗”“改变作风、拒腐防变”“艰苦奋斗、廉洁从政”主题教育。评选 68 名“艰苦奋斗、勤廉为民”优秀领导干部,其中 4 名受省委省政府表彰。

2004 年,市纪委组织全市党员学习《中国共产党纪律处分条例》《中国共产党党内监督条例》,还组织“移动杯”党内法规知识竞赛。

2005 年,在县处级以上领导干部中开展世界观、人生观、价值观、权力观、地位观、利益观的“六观”教育。组织学习“两个纲要”(《建立健全教育、制度、监督并重的惩治和预防腐败体系实施纲要》《“三个代表”重要思想反腐倡廉理论学习纲要》);市纪委组织创作 6 首反腐倡廉歌曲,其中一首获中纪委三等奖,三首分获省特等、一等和三等奖。

第二节 反腐倡廉机制建设

一、实行政务、厂务、村务公开

1995 年,在市区进行“两公开一监督”(公开办事制度、公开办事结果、实行群众监督)试点。1996 年,有 29 个市直机关向社会公开办事制度 200 多项,148 名县处级以上领导干部上街接受群众咨询服务 1500 多人次。1997 年,在国有企业实行厂务公开。从 2000 年起,市直和县(市、区)直机关、乡镇、街道推行政务公开。市直有关单位建立政务公开大厅,实行窗口化办公、一条龙服务,一门式收费。2002 年,实行村务公开制度,清理整顿 1513 个村的账务,占全市 1632 个行政村的 92.7%,审计集体资金账务 41407 万元,查出违纪金额 870 万元,挽回经济损失 400 多万元。2003 年,成立市政务公开全程代理中心,对由两个以上单位和部门审批的重大事项,按照中心受理、牵头部门承办、抄送相关单位、联合踏勘、并联审批、限时办结模式,逐步实行联合审批制度,解决职能交叉、多头审批、索拿卡要等问题,提高工作效率。至 2005 年,国有、集体企业及国有集体控股企业全部实行厂务公开,有 70%的村规范村务公开的内容和时间,99%的村成立民主理财小组。

二、落实党风廉政建设责任制

1997 年,市委、市政府印发《1997 年度反腐败工作目标责任制》,对 14 名市委常委和副市长明确分管职责,明确各级党委和政府把反腐败斗争责任制纳入领导干部任期责任目标范围,作为任职考核、评比表彰的重要依据。1998 ~ 2000 年,市委贯彻落实中共中央、国务院《关于实行党风廉政建设责任制的规定》,成立由市委书记任组长、副书记任副组长,常委和有关部门主要负责同志组成的落实党风廉政建设责任制工作领导小组,纪委书记兼任办公室主任,督促指导廉政责任制落实。

2001 年,市委印发《中共湘潭市委常委党风廉政建设责任制》和《市委、市政府领导班子成员党风廉政建设责任分解》的通知,市纪委在全国首创"三书一单"制度。2002 年,从市委书记、市长到乡、镇负责人层层签订责任书,建立横向到边、纵向到底的责任落实网络。对 5 个县市区和 18 个市直单位领导班子落实责任制的情况,采用 100 分制的方法进行检查考核并通报全市。2003 年,采取"四依据"(依据责任人在责任书上记载的情况、依据各级责任制办公室掌握的情况、依据党风廉政建设巡视员巡视的情况、依据纪检监察和公安、检察、法院、工商、税务、审计等部门掌握的情况)的方法,进行考核。当年有 29 名领导干部被评为优秀,19 名领导干部被确定为不合格。2005 年,根据市委、市政府领导班子成员变动的情况,再次制定《中共湘潭市委、湘潭市人民政府领导班子成员党风廉政建设责任分解》。当年底有 752 人落实责任制不力受到责任追究。其中:组织处理 195 人,纪律处分 211 人,写书面检查或谈话批评 296 人,刑事处罚 1 人,经济处罚 49 人。至 2005 年的 4 年内,共签订责任书 49812 份,责任对象 6.43 万人(缺 2004 年数),发出建议书 620 份、通知书 449 份、信息单 558 期。《中国纪检监察报》把湘潭市"三书一单"制度的做法向全国推介。

三、三谈两述制度

2000 年起,市纪委实行"三谈两述"制度。即上岗前的廉政谈话,筑起防腐拒变的思想防线,严守党的纪律;对群众反映不好的违纪干部实行诫勉谈话,以批评教育为主,敦促改正缺点和错误,体现组织的严格要求和关心爱护;同下级党政一把手谈话,一般每年进行一次;市、县(市、区)两级纪委负责人同下级党政一把手谈话,主要是沟通思想,交换和了解情况。2001 年起,各单位领导述职的同时必须述廉,并形成制度。至 2005 年的 6 年间,上岗前廉政谈话人数共计 1853 人,对违纪干部诫勉谈话共 405 人,市、县两级纪委负责人同下级党政一把手谈话 471 人(次)。

四、党风廉政建设巡视员制度

2002 年起,市委、市纪委建立党风廉政建设巡视员制度。市委聘请 20 位退休老干部担任市委党风廉政建设巡视员,对各县(市、区)和市直领导班子和领导干部贯彻党的路线方针政策、执行民主集中制、安排使用干部和党风廉政情况进行巡视考察。至 2004 年,全市共巡视 39 个单位,发现问题 168 个,其中领导干部经商,公车私用或私驾,以权谋私,违反财经纪律以及用人不正之风等方面问题 52 个,提出 90 条建议。2005 年,市委贯彻中共中央《党内监督条例》,规定党风廉政建设巡视员制度只实行到省一级的精神,停止巡视员制度。

第三节　专项清理

一、清理乱着装

1990 年起,湘潭市一些单位违反国家规定,巧立名目,擅自给干部、职工发制服。1991 年,市纪委牵头,组织有关部门对着装的 33 个部门单位,13248 人进行清理,清理乱着装对象 4845 人,退交服装金额 72.78 万元,并收缴 2027 人的肩章、帽徽等标志符号。2004 年,再次清理整顿违规着装人员 2850 人,进一步规范着装。

二、清理红包礼金

1991 年,市纪委贯彻上级有关清收红包礼金(品)规定,清理接受红包礼金人员 380 人次,清退金额 7.64 万元,清理接受礼品、纪念品人员 1322 人次,上交礼品折合金额 13 万多元。1992 ~ 2005 年,领导干部共上交红包礼金及礼品折款 258.23 万元、信用卡 6 张、礼品 45 件;拒收红包礼金、有价证券 636.43 万元。

三、清理党政机关和党政干部经商办企业

1987 ~ 1990 年,市纪委组织有关部门,对党政机关和党政干部经商办企业进行清理,对党政机关开办的 74 家公司实行停办或脱钩,165 名兼职经商办企业的党政干部辞去在企业或机关所担任职务,或作停薪留职处理。1993 年,清理出党政机关开办的经济实体 728 个,当年脱钩 49 个,停办 85 个,转出 24 个,注销 55 个。有 4 人辞去在企业的兼职,上交兼职报酬 1420 元。1998 年,根据中央关于军队、武警、政法机关不再从事经商活动的决定,市纪委清理出政法机关所属企业 99 家(其中自办 47 家,挂靠 52 家),撤销 37 家,移交 9 家,解除挂靠关系 52 家,保留 1 家。2004 年开始,清理党政领导干部违规兼任企业职务。至 2005 年的 2 年间,共清出 27 名县处级领导干部违规兼职,责令辞去兼职,与企业脱钩。

四、清理公职人员拖欠公款

1992 年,市纪委、监察局会同财政、审计等部门对公职人员拖欠公款情况进行一次集中清理,共清理出 10526 人拖欠公款, 计 1440.58 万元, 作出限期归还、超限处罚的硬性规定。是年底,有 9792 人偿还公款 1344.42 万元。2002 年,对党政干部拖欠银行贷款进行清收,共清出国家工作人员自借和担保不良贷款 1707 笔,本息共计 5516.36 万元。当年对 200 名被清收对象采取"双停"(停职停薪)措施,共收回不良贷款 1200 多万元。2004 年,又清出拖欠公款党政干部 142 人。至 2005 年的 4 年间,共收回党政干部拖欠不良贷款 4700 多万元。

五、清理公费出国(境)旅游

1995 年,市委、市纪委采取建班子、定措施、突出重点等措施,对 1992 年 7 月以后 157 人公费出国(境)旅游进行清理,共清出须返回款的参游人员 59 人,计人民币 6.7 万元、港币 5000 元,组团牟利行政单位一个,计人民币 6300 元,由市、县两级财政和企业财务收缴。至 2005 年的 11 年间,市纪委共取消、制止、压缩出国出境旅游团组 40 批,186 人,减少开支 163.6 万元。

六、清理违规购买、使用小汽车

1994 年,市纪委组织有关部门,清理出党政机关未按规定购买(是指不经批准、不办控购手续或老车未达使用年限又购新车)小车 88 辆,并对 32 辆超标车(是指 20 世纪 90 年代前期超过排气量标准;90 年代后期改为超过购车价格标准)进行变卖、与企业兑换或改作特种业务用车,对 56 辆

小车按有关规定进行处理和规范。1998 年,对党政机关违规使用(是指不上户上牌、不交规费或长期无偿借用、调用他人的车辆)小汽车进行清理规范。当年,全市党政机关有 13 辆小车补办上户上牌手续,30 辆车补办控购手续,40 辆车补交交通规费,6 辆公车由私户改办公户手续,12 辆手续不齐小车被封存,21 辆警车一牌多挂的现象得到纠正。通过清理,征收控购调节基金 7.5 万元,征收帮困资金 1.5 万元,补征交通规费 27.6 万多元。2000 年,清退党政机关借用和接受赠送小车 25 辆。至 2005 年的 11 年间,共清理纠正违规购买、使用车辆 149 台,对 122 台车辆补办有关手续。

七、清理公费配置电话和电脑

1996 年,市纪委、监察局牵头组织有关部门,清理公费配置移动、住宅电话和电脑。市区行政、企事业单位共清出违规配置手机 124 台,分别收缴和变卖处理。国有企业清理通讯工具 4780 台(部),作价处理 1114 台(部)。1997 年,市纪委、监察局会同有关部门清理党政机关、群众团体、事业单位公费配置手机 3552 部,按规定留用、给予话费补贴的 1141 部,折价处理 2411 部,收回资金 249.63 万元。清理公费安装的住宅电话 6176 部,折价处理 5563 部,收回资金 539.70 万元。并规定往后再不用公费购买移动电话和安装住宅电话。1998 年 4 月,市纪委牵头组织有关部门对市委、市人大、市政府、市政协、市纪委等 10 个重点单位的领导干部的住宅电话和移动电话的话费进行审计检查,并将话费开支情况列表通报到人;对全市党政机关、群众团体、国有企事业单位领导干部 1 ~ 5 月的话费进行审计检查,收缴个人超标话费 8.75 万元;规范全市行政事业单位的手机、话费报销标准,可享受补贴的手机减少 151 台,减少 17.68%;月话费补贴总额减少 10.37 万元,下降 38.74%。市委、市人大、市政府、市政协领导的月话费补贴减少 7243 元,下降 45.27%。同时,市纪委对可享受话费补贴手机建立台账。2000 年,检查发现全市有 33 人违规报销话费 6.4 万元,全部予以收缴。并清收用公款购置的住宅电脑 68 台。2003 年起,对手机话费的管理实行凭票限额报销,超支自负,节支年内滚动使用,不再审计。

八、清理党政机关干部住房中的不正之风

1989 ~ 1990 年,根据省纪委部署,市纪委、监察局组织有关部门成立清房办公室,查处违章、违纪、违法营建私房党政干部 246 人,收缴、退赔和罚款 61 万多元。对 25 名党政干部分别给予党纪、政纪和法纪处分,并以清房为突破口,揭发 15 名贪污、受贿、投机倒把犯罪嫌疑人。

1991 年,共清出多占、私自转让公房的党员干部 340 人(户),其中,县处级以上干部 50 人(户),科级干部 150 人(户)。责令退出公房 150 户,其他 190 户办理暂借手续或作加价处理。

1994 ~ 1997 年,由市纪委牵头,组织有关部门,结合房改工作,对干部超面积优惠购买公房进行清理。共清出超控制面积优惠购买公房 2354 人(其中市级干部 13 人,县处级干部 418 人),共超面积 26693.37 平方米,补交超面积购房款 959.8 万元。清出用公款装修住房的 182 人,其中县处级干部 20 人,责令补款 21 万元;清出在县以上城镇自建私房 578 人,其中违规违纪 348 人,补交各种税费 59.3 万元;清出私人购房贷款由公款贴息 243 人,补交利息 9.7 万元。并在清房中查处 25 件违规违纪事项,其中立案 7 件,罚没款 34.82 万元。

1998 ~ 1999 年,清理出集资建房单位 89 个,其中超面积建房单位 53 个,涉及 677 户,超面积

77865.5 平方米，应补款 1500.9 万元，当年补款 1440.51 万元；清出干部、职工多处优惠购（占）住房 1976 人、1993 套，均已退房或签订退房协议；清出由单位用公款购买商品房低价转售给个人 13 人、13 套，收缴补款 9.8 万元；清出违规扩建住宅单位 57 个，涉及 1665 户，全部规范并补款到位。2000 年，追缴被挤占、挪用住房资金 70.7 万元。

2002 年，对市区行政机关、财政拨款的事业单位、群众团体以及中央和省驻潭单位为干部职工新建的 464 套住房计 62771 平方米，所占用的国土面积进行清理。追缴土地出让金、报建费、国土转让契税等 334.2 万多元。

九、清理地方车辆挂军警车牌

1995～1997 年，市纪委针对党政机关少数领导干部利用职权向军事机关、公安机关索要军、警车号牌；有些私营企业、个体工商户通过关系或出重金买军、警车号牌情况进行两次重点清查，共清理收缴 41 副违规军警号牌，清理收缴 18 台地方车辆违规军警号牌、65 个警灯（警报器）和 70 块非法标志牌。

第四节 案件查处

一、现案查处

1986～1988 年，全市受纪律处分的党员 873 人，其中 152 人开除党籍；受行政处分 629 人，其中开除公职 66 人。在被查处共产党员中，以贪污、违反计划生育政策、腐化堕落者居前三位。

1989 年春夏之交发生在北京的政治风波被平息后，市纪委对在湘潭严重违反政治纪律的 43 名党员给予党纪处分，其中 10 名被清除出党。1990 年，以抓共产党员干部行贿受贿、贪污等经济案件和赌博案件为重点，全市查处行（受）贿 127 人，贪污 77 人，腐化堕落 67 人，赌博案件 15 起，全年处分 412 人，其中开除党籍 129 人；行政处分 120 人，其中开除公职 5 人。是年，原岳塘区委常委、组织部长熊某出于私利，捏造事实，诬告陷害该区纪委副书记受到严肃处理。至 1992 年的 4 年内，受纪律处分的党员 1190 人，其中开除党籍 347 人；受行政处分 404 人，其中开除公职 27 人。

从 1993 年开始，市纪委把查处国有企业腐败案件作为查案工作重点，当年市纪委直接办案 14 起，其中大要案件 12 起。同时，市纪委从当年起建立协审制度，逐步推广到县（市、区）。1996 年，共产党员、干部违规违纪案件上升，违反财经纪律受处分 87 人，行贿受贿 83 人，腐化堕落 90 人，贪污、赌博受处分的党员分别为 58 人、49 人。全年 518 人受处分，其中开除党籍 79 人。1997 年，全市纪检监察机关受理党纪政纪案件 502 件，审结率 100%，做到呈报案件无退补，自办案件无申诉。送省纪委评审的案卷，全部得 100 分，成为全省得 100 分最多单位，审案质量创全省第一。至 1997 年的 5 年间，受纪律处分的党员 1792 人，其中开除党籍 299 人；受行政处分 706 人，其中开除公职 84 人。

1998 年，为保证案件处理到位，市纪委对各县（市、区）、市直各战线、大型国有企业、院校办理的案件进行检查，查阅 1102 名违纪违法人员档案，发现执纪未到位和未落实处理决定 198 人，占 18%。对 6 个问题较多单位的党政主要领导和纪委负责人通知到市纪委谈话，责令限期纠正。对不将处分决定装入个人人事档案的某单位人事科长进行政纪处分，调离人事部门。为严肃纪律，市纪委与市委组织部、市人事局、市监察局联合下文，作出对违纪党员和国家工作人员党纪、政纪处分相配套的规定。1999 年，市纪委查处市饮食服务集团公司原总经理、党委书记谭某某受贿 21.48 万元，非法占有 3 万元，接受礼品折合人民币 13500 元案件。2003 年，市纪委查处市第十二届人民代表大会第一次会议换届选举贿选案，立案 5 件 6 人，协助省纪委立案调查 2 人，建议省、市、县(市、区)人大罢免和责令辞去代表资格 9 人、市人大常委 1 人，贿选当上副市长的胡某某被撤职。是年，全市受党纪处分的党员 270 人，其中开除党籍 65 人；受政纪处分 142 人，其中开除公职 7 人。2004 年，市纪委查处市国土资源局原局长郑某某受贿 6.45 万元，贪污 2 万元的国家公务员经济犯罪案件。是年，在湘潭县进行“乡案县审”试点，翌年全面铺开。即将乡镇和县(市、区)直机关所办案件一律收到县(市、区)纪委审理室审理，市纪委在全省案件审理工作会议上作经验介绍。当年，全市受党纪处分的党员 312 人，其中开除党籍 69 人；受政纪处分 156 人，其中开除公职 16 人。至 2005 年的 8 年间，全市共处分违纪党员 2656 名，开除党籍 284 人；受政纪处分 1088 人，其中开除公职 86 人。

二、案件复查

1986 年，市委、市纪委贯彻中共中央、省委落实干部政策有关指示精神，坚持实事求是、有错必纠原则，对中华人民共和国成立以来至中共十一届三中全会以前历史老案进行复查复议。这一时期，全市受党纪处分的党员 8149 人。其中，1985 年 10 月以前已复查 4933 人，尚有 3126 人待查。全市纪检系统共组织 241 人，在全面阅卷、摸清底子的基础上，确定复查对象 931 人，市纪委常委 18 次集体审批复查案件，严格按照政策，逐个复查落实。其中，全错全纠 300 人，部分错部分纠 123 人，维持原结论 508 人。至此，复查历史老案工作全面完成。

2004 年 11 月，市纪委在全省率先制定《关于办理申诉案件的暂行规定》，首诉必办、审复分离、保障申诉权利等各项制度得到贯彻执行。市纪委为落实审复分离制度，于 2005 年 8 月成立申诉复查组，专门办理不服党、政纪处分的申诉案件。同时，实行复查回避制度，独立于案件审理，对一审案件质量进行再监督，并同时印发《案件申诉复查工作规则》。当年顺利办理申诉案 1 件。

第五节　纠风治乱

一、纠正不正之风

(一)刹吃喝玩乐歪风

从 1986 年起，市委、市纪委把反对大吃大喝、铺张浪费列为纠正不正之风重要内容。1991 年，湘潭市执行中纪委关于党政机关领导干部廉洁自律“两个五条规定”及“补充规定”，对公费旅游、公费请跳(舞)请钓(鱼)等进行清理和整治。1995 年，市委、市纪委以贯彻落实中纪委“不准参加公费支付的高档娱乐活动”和“不准接受可能影响公正执行公务的宴请”的规定为突破口，狠刹吃喝玩乐歪风，查处顶风违纪、吃喝玩乐问题 13 件。1996 年后，多次对在职干部用公车公款钓鱼进行突击检查，查处通报一起典型案件。2000 年，市委、市纪委制定“禁赌”“禁酒”“禁私开公车”三条禁令。2003 年起，市纪委建立对招待费开支过大的单位负责人进行廉政谈话的制度，对市直单位中招待费总数占公用费用的比例、人均额，排名在前15位的单位一把手发出公开信进行批评，对排名前三位的进行廉政谈话。2005年，市纪委对“三条禁令”明察暗访；组织5个督查组对5个县市区和20个市直单位进行大规模专项督查，查处领导干部赌博案件20起，其中县处级干部2人，乡科级干部18人，给予纪律处分18人；查处3名县处级干部和5名科级干部违规驾驶公车；对5名违反规定在工作日中餐饮酒干部进行诫勉谈话或通报批评。

(二)治理“三乱”歪风

1993年起，市委、市政府和市纪委着手治理农村三乱(乱收费、乱摊派、乱集资)、实行农民减负党政一把手负总责制度，逐户发放减负卡，并以乡镇为单位，对农民负担进行专项审计。后又推行涉农价格和收费公示制。至2005年12年间，制止出台涉及增加农民负担文件9个，为农民和企业减负2.38亿元；收缴和清退乱收费金额663.26万元；查处加重农民和企业负担违纪案件和问题37件，受理投诉80件，党纪政纪处分17人。治理公路三乱(乱检查、乱收费、乱罚款)范围先由国、省道后伸延到县、乡道，先后撤销公路收费站、卡20个，整顿规范收费站3个、停车场2个；查处乱设卡、乱检查、乱收费等违纪违规的案件和问题143起，给予党纪政纪处分23人。治理企业三乱(乱收费、乱摊派、乱罚款)，清退党政机关无偿占用企业资金221万元、交通工具和通讯设备130台(件)；制止强制企业参加不必要的培训、评比和订购书报刊物等问题61个；清退向企业摊派、组团出国(境)旅游牟利、参游人员的返回款72040元。治理中、小学乱收费，全市检查中小学校1599所，查出和取消乱收费项目33个，乱收费金额2244.77万元，清退1461万元，取消违规收费25次，为学生减负524.97万元；共查处教育乱收费案件38起，给予党纪、政纪处分25人，通报批评6人。全市取消其他行政乱收费项目298个。暂停收费项目152个，清出乱收费金额1.02亿元，没收上缴42万元。

(三)刹医药购销中的不正之风

从1999年起，至2005年，市纪委与有关部门共查处医务人员和购销药品、医疗器械人员收受红包、回扣案件、问题26起，查处违纪金额134.9万元；有442名医务人员上交红包、回扣13万多元。全面推行药品明码标价和药品集中招标采购制度。

(四)清理整顿乱收税外费

1998年，市纪委组织有关部门查处一批乱收个体工商户和私营企业税外费典型案件，立案12起，查处违规违纪金额380.4万元，收缴73.4万元，退还127万元。给予党纪政纪处分5人，移送司法机关处理2人。取消擅自设立的收费项目95个，降低收费标准26项，规范收费项目51个，为个体工商户和私营企业减负1000多万元。

二、行风评议

1992年，市委决定在全市开展行风评议工作。1993年，市政府转发市廉政办《关于在全市开展行风评议的意见》，市纪委挑选109名人大代表、政协委员、离退休老干部和群众团体、新闻单位的人士为评议代表，对市直16个局级单位执行党的政策和国家法律法规、党风廉政建设和行业风气、职业道德和服务态度、工作效率和经济效益方面的情况进行评议。评议代表批评市邮电局领导和一些工作人员作风拖拉，对群众反映的“装机难”不予正视，用户装个电话机从填表到装机要等二三十天甚至几个月，等到装机员来了还要请吃送礼。因此第一批评议验收没有通过，并列入下一批再评。市邮电局对此高度重视,从外地借调装机员,为久拖未装的用户安装电话机。当年,市纪委受理评议代表在调查走访中发现的违纪案件70起,涉及金额47万多元,61人受到党纪、政纪和法纪处分,其中开除公职1人、辞退1人、行政开除留用2人、移送司法机关处理1人。被评市直机关中,共有36个二级单位调整领导班子,65人调换工作岗位,新建党风廉政方面的规章制度214个,完善工作规章制度315个。

1994年,行风评议扩展到各个县(市、区)和部分大型国有企业及基层单位。同年,中纪委、监察部在广东佛山市召开中南地区案件检查工作座谈会,特邀湘潭市纪委书记介绍湘潭市行风评议经验。中纪委书记尉健行同年10月到湘潭考察时,几次称赞"行风评议好,是一个很好的监督形式,要变成一种机制,长期坚持下去"。1995年,国务院纠风办副主任王宝良和省委副书记、省长杨正午,省纪委书记杨敏之和省人大、省政协的领导率全省10个市的市长来湘潭观摩第五批行风评议,要求各地都要学习湘潭经验,在全省推广行风评议。1996年,中纪委副书记侯宗宾、秘书长王光来湘潭考察,对行风评议给予高度评价。《湖南日报》《三湘风纪》、新华社《每日电讯》、中纪委《党风与党纪》《人民日报》等报刊都作了报道,中纪委办公厅对此发了专题通报。市廉政办被国务院纠风办评为先进单位。市纪委常委李光泉被评为全国纪检监察系统先进工作者。1998年,将行风评议与"文明窗口"建设活动结合起来,与效能监察和收支两条线工作结合起来,创新工作方法。市直各执法监督、行政执法、经济管理和公用事业等部门,专门聘请行风监督员或行风督查员促进行风建设。2001年,市纪委、监察局在《湘潭日报》上刊登行风评议征求意见表,同时市纪委和5个县市区纪委的干部上街设点发放征求意见表4500份,收集群众意见6350条,对意见比较集中的交警、地税、国税、法院4个系统的5个基层单位,派出评议员17名,开展行风评议。2002年,采取群众测评形式,确定评议对象和重点,先后4次组织机关干部、特邀监察员和有关部门同志70余人(次),深入到农村、学校、企业等基层单位进行调研和督查,收集群众反映的问题和建议156条。市纪委督促卫生部门聘请行风督查员,对12家市属医院进行评议,纠正医务人员临床促销药品得回扣、开大处方提成等不正之风。至2005年的12年间,集中开展行风评议16批。市直局以上行政事业单位、各家国有商业银行和省驻潭行政局和公司都进行评议,有11个系统进行全行业评议。

第六节　行政监察

一、执法监察

1987年,市委、市政府组建市监察局。1993年,市监察局与市纪委合署办公,增设监察综合室、执法监察室、廉政建设室。1994～1998年,市纪委、市监察局重点围绕治理"三乱"、两个"减负""农转非"、机构撤并、贯彻《全民所有制工业企业转换经营机制条例》、国企改制、住房制度和粮食流通领域的改革、住房公积金以及劳保等问题开展执法监察和监督保护。1999年,开展粮食执法监察,共查出非法收购粮食案件、问题266起,没收非法收购的粮食629.8吨,罚款100.13万元,立案9起,涉案36人,给予党纪政纪处分22人。2000年,对建筑领域进行专项治理整顿,立案查处违纪违法案件76起,处分党员干部63人,涉及违纪金额2000多万元。加强对招标投标活动的监督,建立健全工程交易管理规章制度,推行"一门式"服务。至2000年的7年间,共立项308个,发出监察建议212条,查出违纪违规金额6300万元,纠正、清退、追缴5200万元。

2001年,市纪委、监察局印发《关于积极参与整顿和规范市场经济秩序工作的实施意见》,查处市国土局违规出让土地50.79万平方米,导致311.87万元土地出让金流失案件,对该局局长、党委书记及分管土地审批副局长发出诫勉通知,责成其收回11.36万平方米土地,追缴流失土地出让金、契税等共200多万元,全部上交市财政,责成并协助国土部门对全市土地市场进行整顿和规范。2002年,市纪委、监察局制定《治理经济环境工作方案》。至2005年的5年间,共立项255个,发出监察建议223条,查出违纪违规金额3936.76万元,纠正、清退、追缴3086.68万元。

二、效能监察

从1995年开始,在国有独资企业和国资控股企业开展生产经营、节支增效监察。至2002年,共立项110个,帮助企业降低生产成本2800万元,避免和挽回经济损失1230万元。

2003年12月,以市政府令的形式出台《湘潭市行政效能监察暂行办法》和《湘潭市行政问责暂行办法》。2005年出台《关于湘潭市政务窗口规范化建设的实施意见》,督查行政单位的效能建设,实施服务承诺制、首问责任制、过错追究制、岗位责任制、挂牌上岗制、限时办结制和行政执法质量考评。市公安局办理《出入境通行证》由原来的20天缩短为5天,市林业局核发《省重点保护野生动植物猎采许可证》由原来的90天缩短为3天。对全市59个行政单位的821项行政审批项目进行全面清理鉴定,保留395项,取消426项,并有289个审批项目在法定时限的基础上缩短时限3658天。至2005年的3年间,共开展效能监察项目564个,提出效能监察建议291个,作出监察决定273个,建立和完善各项规章制度603个,为企业挽回经济损失9890万元,节支增效1.2亿多元。全市共受理影响行政效能的投诉180余件,共处理121人,给予党政纪处分31人,行政问责90人,其中免职12人,调离工作岗位7人,诫勉12人,取消评先评优资格14人,责令书面检讨17人,通报批评28人。

第五章　组织工作

第一节　干部队伍建设

一、干部选拔任用

1986年,市委在市机械等行业的企业结合推行承包、租赁经营工作,开展公开招聘厂长(经理)试点,1987年5月在全市推开。至1988年的3年间,全市实行承包责任制企业522家,采取公开招聘厂长(经理)的有193家,占总数24.4%。

1993年,市委开始全面推行干部交流和岗位轮换制度,先后撤销、合并和转体市直委、局12个,分流党政干部173人,交流党政机关县级领导干部56人。对市直单位从事执纪执法和管理人、财、物等重要岗位任职时间较长干部,全部实行岗位轮换或交流,并规定三、五年轮换一次。

1994年,市委在全市范围内开展公开选拔共青团市委副书记试点。共有309名青年干部、工人报考。经过统一考试和考察,选拔任用3名。

1996年3月,市委印发实施《关于在市管领导干部中实行诫勉的规定》,明确规定诫勉的指导思想、对象、内容、期限、方法及程序。是年,共对5名群众信任票未达到60%的县级领导干部给予"黄牌"警告,实行半年期限的诫勉。

1997年,市委开展公开选拔企业厂长(经理)试点。经过统一考试和考察,公开选拔10名企业厂长(经理)。1998年,市委依据批转的《关于民主选举国有企业厂长(经理)工作的意见》,在国有企业中全面推行民主选举厂长(经理)工作,全市42家中小型国有企业民主选举厂长(经理)。

1999年,市委决定印发《湘潭市党政机关中层干部推行竞争上岗实施办法》《湘潭市党政领导干部公开选拔暂行办法》《湘潭市选拔任用党政领导干部实行任前公示制暂行办法》,并对公开选拔的5名分管小城镇建设副县(市、区)长、4名市直单位正副局长、总工程师和总经理,分3批先后在湘潭日报、电视台公开告示拟任职人选有关情况,公示期满无原则问题均按时任职。省委组织部为此向全省推介。

2001年,市委决定印发《湘潭市直党政机关和企事业单位领导干部实行试用期制暂行办法》《湘潭市党政领导干部任期经济责任审计暂行办法》《湘潭市国有企业领导人员任期经济责任审计暂行办法》,并对新提拔的59名市直党政机关和企事业单位县级领导干部全部实行试用期一年,对其试任职情况进行考察认定。

2002年,市委决定印发《湘潭市选拔任用党政领导干部实行差额考察制暂行办法》《湘潭市选拔任用党政领导干部实行考察预告制暂行办法》,并以县(市、区)党政、人大、政协领导班子换届为契机,全面实行《考察预告制》和《差额考察制》。按照正职1:2或1:3,班子成员1:1至1:5的差额比例,确定差额考察对象294名,经过考察确定拟任人选147名。市委全会首次采取无记名投票方式,对10名县(市、区)党政正职拟任人选表决同意。

2004年,经过任职考察和年终绩效考核,市委对12名不胜任现职、5名绩效不佳领导干部给予免职;先后批准6名(1名厅级、5名县级)领导干部提出弃职经商和难以胜任现职的辞职请求。

至2005年的20年间,市委共公开选拔党政领导干部6批次61人,党政领导干部、企事业厂长(经理)任前公示67批次1007人,其中,1005人任前公示期满按时任职,2人暂缓期满后才予以任职;县级领导干部实行试用期的5批次,270人,全部试用期满按时任职;党政领导干部、企业领导人员任期经济责任审计126人;受到诫勉的县级领导干部33人。2005年,省委在湘潭市召开全省干部人事制度改革工作会议,市委在会上作典型发言。

二、领导班子建设

1986~1987年,市委继续坚持党中央关于干部革命化、年轻化、知识化、专业化方针,着力完善县级领导班子结构,有计划地调整充实县级领导班子86个,调整县级领导干部446人,新提拔副县级领导干部164人。新任副县级领导干部平均年龄43.4岁,大专以上文化占81.5%。县(市、区)人大、政府、政协领导班子的提名人选,在换届选举中严格按照法律程序,坚持差额选举,得到全国人大常委会通报表扬。

1989 年，市委组织开展党内清查清理、党员登记，同时对全市 163 个县级领导班子计 768 名县级领导干部进行一次全面考察和调整。至 1990 年 10 月，共调整充实县级领导班子 68 个、县级领导干部 99 人。

1992～1993 年，市委着重选拔懂经济、会管理的中青年干部进领导班子。5 个县(市、区)换届选举出新的党政领导班子成员，平均年龄为 40.9 岁，大专以上文化程度占 78%，来自企业、经济部门占 35%。市委在全国率先将市直 39 个行政职能局、事业单位转体为企业集团公司，共调整县级领导干部 156 人。

1994 年，市委调整充实县级领导干部 302 人，其中，提拔正县级领导干部 26 人，提拔副县级领导干部 89 人。是时，县级领导班子成员中，大专以上文化程度占 85%，70%的领导班子基本形成以中青年干部为主体的梯次年龄结构。

1995 年，市委实施跨世纪领导干部培养选拔规划，组织考察调整县级领导班子 148 个；对全市 168 家工交企业领导班子全面调查摸底，分类排队，共提拔 45 岁以下副县级干部 117 名。市委采取“增加职数，先进后出”的办法，新提拔县级女干部 20 人。雨湖、岳塘两区均配备女副区长，5 个县(市、区)都按要求配齐政府党外副职。当年，省委组织部在全省推介湘潭市培养选拔女干部工作经验。

1996～1998 年，市委在市直机关 104 个县级领导班子的 110 名党政正职中开展思想作风整顿，对 14 名基本称职和不称职党政正职分别作出批评教育或相应组织处理。对全市 50 家大中型企业和 278 家小型企业领导班子进行一次考核整顿。共调整企业领导班子 96 个，调整领导成员 231 名，60 名企业领导成员被降职免职，5 人被诫勉，7 人被立案查处。

2001 年 4～6 月，市委继续优化领导班子结构。共调整领导班子成员 412 名，还首次直接从乡(镇)、街道提拔 3 名 35 岁以下乡(镇)、街道党委书记进入市直机关领导岗位。

2003 年，市委决定年满 57 岁正县级、年满 56 岁副县级领导干部，从领导职务岗位上退到非领导职务岗位或离岗休息。决定建立党政县级领导班子和领导干部绩效考核制度。(见本志第三篇中共湘潭地方组织第三章重大决策“十四、党政领导班子和领导干部绩效考核”)

2005 年末，全市共有党政县级领导班子 199 个，其中：县(市、区)党政领导班子 10 个，市直机关、事业单位正县级领导班子 95 个，副县级领导班子 94 个。全市县(市、区)党政领导班子成员 100 人，市直党政机关、事业单位县级领导班子成员(副县级单位只统计党政正职)634 人，共计 734 人。

三、干部教育

1986 年，全市各级组织部门继续开展“两下”干部(年龄 45 岁以下，文化程度初中以下)的中专(高中)学历培训，开始对干部进行马克思主义基本理论的正规化教育以及干部短期业务技能培训；稳步发展大专学历教育。至 1988 年，全市共培训干部 48719 人次，其中大专以上 2820 人，中专 1463 人，高中 4392 人；参加省以上短期培训的县以上干部 582 名；97 个县级以上单位获“两下”干部培训验收合格证。

1989 年，市委加强对领导干部党的基本路线和“四项基本原则”教育，开展岗位职务培训，有选择地开展学历教育。全市共培训干部 23170 人次，其中省以上短期调训 44 人；市理论、岗位职务短期培训 22517 人次；学历培训 609 人。至年底，全市共培训“两下”干部 8435 人，提前一年基本完成任务。

1990～1992 年，全市重点开展对干部的马克思主义理论和经济管理知识培训。共培训干部 23041 人次，其中，中央、省委党校和大专院校短期调训 1230 人，学历教育 1131 人，各类短期培训

20680人次。

1993年，市委组织广大干部学习建设有中国特色社会主义理论和中共十四大文件。至1998年，全市共培训干部34348人次；市委开办双休日干部学校，培训干部10800人次；同时还对400名企业领导干部进行短期适应性培训，对128家国有大中型工业企业和商贸流通企业的221名厂长（经理）进行财税金融知识培训。

2002年，全市各级组织部门开始围绕贯彻中共十六大精神，采取短期轮训等多种形式，开展对干部的政治理论和新知识、新技能培训。至2003年底，全市共选派市级领导干部32人次、县处级干部69人次到中央、省委党校和大专院校培训；市委党校调训县处级干部750名；有9000名科级干部参加各类培训班学习。同时，委托湘潭大学、湖南科技大学等院校举办中青年领导干部研修班；各部门办班与举办知识讲座相结合，对全市1100名县处级领导干部和2万名科以下干部进行世界贸易组织（WTO）知识培训，全面完成WTO知识普及和计算机知识培训任务。

2004年，湘潭农校共培训乡（镇）领导班子成员540名；至此，市委对乡（镇）领导班子成员进行一次理论和实用技术的全面轮训任务完成。是年，市委在长三角、珠三角地区建立湘潭市干部教育培训基地。市委党校举办的主体班286名学员都安排到上海市长宁区和广东省佛山市进行培训，以学习借鉴沿海发达地区工作经验。

2005年，市委共选派7名市级领导干部、19名县级领导干部和11名乡（镇）党政正职到中央、省委党校和大专院校参训；市委与湖南大学联合举办公共管理硕士研究生（MPA）班，50名中青年干部通过全国联考被正式录取。

四、干部审查监督

1986年，市委对选拔任用干部工作程序、机构编制、干部调配纪律做出明确规定；并组织对1984年8月1日以后提拔的县级干部重新进行一次全面考察分析，对确不胜任现职的6名县级干部分别予以免职、降职或调离。

1987年，全市各级党组织全面清理“文化大革命”中的“三种人”（造反起家的人、帮派思想严重的人、打砸抢分子），全市列为“三种人”重点考察对象1279人，其中列入审查对象的156人，经过省、市整党指导小组和核查组审理，定为“三种人”的15人，定为犯严重错误的79人（含7名非党工人），定为犯一般性错误的54人，一般问题的8人，执纪执法部门分别给予适当处理。

1990～1991年，全党干部审查工作“从严掌握，适当调整，逐步收拢”。市委组成调查组，先后审阅市直单位、县（市、区）56岁以上的2000名干部的档案，为208名干部认定和更改为新中国成立前参加革命工作。

1994年，市委决定在全市开展民主评议县级领导干部工作。60个市直机关领导班子召开民主生活会，科学组织党员和干部群众对379名县级领导干部进行公开民主评议。市委根据民主评议的情况，表彰优秀，肯定称职，并对在民主评议中信任率未达到60%的4名领导干部作出调离或降职处理。

1996年，市委从县（市、区）和市人大等13个单位聘请18名干部为特约监督员，健全选拔任用干部监督网。1997年，市委组织部开始建立县级单位156名党政正职信息库；对52家大中型企业党政正职的工作及家庭等基本情况进行一次全面调查摸底。1998年，市委组织部先后制定《湘潭市党政领导干部任免管理工作暂行办法》《加强科级干部管理工作的意见》《干部选拔任用工作监督暂行规定》《关于对举报市管干部和干部选拔任用工作中不正之风问题的办理办法》《关于人事任免程序化和内部权力分解的实施意见》等规章制度。

2002 年,市委先后决定:凡未经民主推荐者,不得作为考察对象;凡未经考察的,不得列为提拔对象;不符合选拔任用程序的,不得提交常委会议讨论;提拔担任领导职务没有通过公示的不得任命。市委还全面推行党政正职工作报告制度和领导干部重大事项报告、收入申报制度。

2003 年,对全市 55867 名在职干部的学历、学位及年龄、工龄、党龄进行查档验证清理,对 4198 人的“三龄”予以重新认定,其中涉及县级干部 192 人。

2004 年,市委组织部向社会正式开通反映干部选拔任用工作问题的举报电话 12380,共收到群众反映干部现实表现问题和干部选拔任用工作问题的举报 114 件(次),涉及干部 78 人,调查核实 23 件(次),纳入干部考察重点了解 45 件(次),转下级单位调查核实 29 件(次),转纪检监察部门查处 17 件(次)。2005 年,为进一步严格选拔任用条件、程序及纪律,市委组织部印发《关于防止干部“带病上岗”“带病提职”现象的暂行规定》。

五、年轻干部培养

1986 年,市委组织部对后备干部对象的考察,严格实行民主推荐、撰写述职报告、综合情况调查和查阅档案等程序。是年,按照在职领导干部与后备干部 1:2 的比例,新补充市级后备干部 22 名,县级后备干部 170 名,对原有市、县级后备干部普遍进行一次年度考察。1987 ~ 1989 年,市委组织部组织开展“全市青年乡(镇)、街道党委书记、乡(镇)长、办事处主任创第一流工作水平竞赛”活动。经民主评定,6 名参赛对象获模范奖,18 名获优秀奖。1992 年,市委组织部制定全市《1992 ~ 1996 年 40 岁以下青年干部培养教育工作计划》,共选派 400 名中青年干部下基层锻炼。其中,100 名市直机关中青年干部去乡镇或企业任职挂职,100 名城区中青年干部到街道居委会任职,200 名中青年干部到农村村党支部或城区居委会任职挂职。

1994 年,市委选派 15 名 45 岁以下、大专以上文化的中青年干部赴大连市学习半年;选派 55 名缺乏基层领导工作经验的后备干部下乡(镇)、企业任职挂职;重点掌握 50 名懂经济、会管理的优秀中青年干部;选拔 97 名企业后备干部;任用 59 名优秀后备干部充实到县级领导班子。1995 年,市委制订《湘潭市实施跨世纪领导干部培养选拔工程规划》,市人大、政协及市直各部门共推荐各类优秀青年干部 681 名。市委选送 4 名年轻干部到省直机关跟班学习;从县(市、区)抽调 20 名年轻干部到市直机关跟班学习;在全市中小型企业中选送 138 名厂长(经理)赴江苏无锡市培训;选送 4 名年轻干部赴湘西永顺县任职。1996 年,全市各单位按照领导班子职数 1:1 的比例,共推选出 762 名在年龄上具有跨世纪优势的县级后备干部。

2000 ~ 2003 年,全市各单位按照“优胜劣汰、优化结构、群众公认”原则,对原有县级后备干部和拟补充对象进行全面考察和调整,全市县级后备干部总量 655 名,推荐市级后备干部 20 名。2005 年,按照领导班子正职 1:1、副职 1:2 的数量要求,市委组织部对全市县级后备干部再次进行调整补充,正式列入县级后备干部 522 人,其中研究生 7 人,大学本科 366 人,大专 149 人;女干部 105 人;非党干部 33 人。

第二节　基层组织建设

一、健全基层组织

1986 年，市委着力在乡（镇）、街道所办企业中建立健全党的组织。全市 1452 个乡（镇）、街道企业中，有 279 个建立党支部；在 553 个党员数量少的企业中，建立 90 个联合党支部或党小组；在 8223 名外出务工经商的党员中，建立 33 个党支部、105 个党小组。市化工厂成为全市中小型国有企业改革首家组建新党委的单位。

1988 年，全市 9 家大型企业中有 6 家撤销党委原有的办公室、组织部和宣传部，只设立党委工作部，专职党务干部比原来减少 60%以上，原设的专职党支部书记改为兼职的达 85%。是年，根据中共十三大有关精神，市委决定撤销市人事局、物价局、财政局、审计局、统计局、档案局、气象局、工商行政管理局、乡镇企业管理局、计划生育委员会、人民防空办公室党组，建立局长或主任办公会议制度，局（办）机关党的建设和日常事务工作由机关党支部承担。

1990 ~ 1992 年，市委认真执行党中央《关于切实加强企业党的建设的通知》，市工交系统 78 家企业，其中 31 家大中型企业有 30 家恢复和健全纪委、组织、宣传、办公室等职能部门，47 家小型企业有 23 家设有纪检和党的综合工作机构，党务、政工干部配备达到职工总数的 1.1%。市委还在全市 64 家大中型企业中开展以班子团结、制度健全等为主要内容的车间党支部达标竞赛活动，全市有 937 个车间党支部参加竞赛，其中达标的有 375 个。市直原被撤销的 11 个政府部门党组及工作机构，除市人事局外，其他 10 个得到恢复。同时，市委印发《关于开展村党支部建设达标竞赛活动的通知》，全市农村第一批达标的村党支部有 112 个。

1993 年 10 月，市委对 67 个驻潭的部省属企事业单位和市直单位党组织归口管理关系作出明确规定：部省属企业和大专院校、科研单位的党组织以及市属大型企业党组织，市委委托市委组织部管理；原省属企业下放到市的，市委委托市工交工委管理；已由市人民政府明确为无行政主管部门的中小型企业和部省属中专学校的党组织，市委委托市工交工委或战线党组（党委）管理。

1994 年，市委印发《关于加强和改进国有企业党的建设工作若干问题的意见》，对企业党组织机构设置、党建力量配备和工作关系的理顺、参与企业重大问题决策等方面作出明确规定。印发《关于贯彻省委〈关于加强农村党支部建设和整顿的工作方案〉的实施意见》，全市农村开展首批村党支部建设和整顿工作（简称建整工作）。全市共布建整工作后进村（点）174 个。县级以上领导实行定点联系村制度，全面推行“队员当代表，单位（部门）作后盾，包整顿，包达标”的包村责任制。年底检查验收达到合格 135 个村，基本合格 39 个村。

1995 年，全市开展以撤区并乡建镇、简政放权为内容的农村乡（镇）体制改革工作。除 2 个乡（镇）、3 个街道办事处保留原行政区划外，新设置的 39 个乡（镇），全部选举产生新的乡（镇）党委。是年，市委批准成立市个体私营企业临时党委。市委组织部印发《关于加强股份制企业中党的工作的意见》《关于加强外商投资企业中党的工作的意见》《关于加强个体私营经济中党的工作的意见》。

1996 年，市委在全市国有大中型企业开展以“选配一个好的领导班子，建设一支好的党员队伍,形成一个好的经营机制,开发好的产品,创造好的经济效益”为主要内容的达标竞赛活动。同时,选派33名干部组成工作队进驻11家企业指导和帮助工作。1997年12月,市委批准正式成立湘潭市个体私营经济党委,归口市工商联党组管理。

1998年,全市农村以乡(镇)党委建设“选配一个好班子,建设一支好队伍,选准一条发展经济好路子,建立一套好制度,保持一种好作风,形成一个好工作格局”为目标,全面开展乡(镇)党委及机关建设整顿工作。全市60个乡(镇),建设整顿验收合格的乡(镇)党委59个,调整乡(镇)党委书记22人。

2001年,市委印发《关于加强城市社区党的建设工作的意见》,在全市社区中建立141个社区党支部和9个社区联合党支部;明确街道、社区党组织按照“条块结合、以块为主”的要求,加强辖内非公有制经济组织、中介机构、社会团体和民办非企业单位中的党建工作。社区居委会党支部普遍建立社区党建工作联席会议制度,逐步形成以街道社区党组织为核心,社区党组织为基础,驻社区单位党组织和全体社区党员共同参与的社区党建工作机制。

2004年9月,市委批准全市首家非公有制企业湘潭新奥燃气有限公司成立党委,归口湘潭市个体私营经济党委管理。11月,湘潭市个体私营经济党委更名为湘潭市非公有制经济党委。

2005年底止,全市共有基层党委482个,党总支461个,党支部6656个,分别比1986年增加48.3%、56.8%、8.9%。全市非公有制经济企业建立党委的达5个,党总支9个,党支部158个。

1986~2005年湘潭市中共基层组织情况

表3-5-1　　单位:个

年度	项目	合计	工交通讯	农林牧渔	财贸服务	文教卫体	机关团体	其他	其中个体私营经济
1986	党委	325	135	2	10	17	161	—	—
	总支	294	198	10	37	24	25	—	—
	支部	6108	2277	1831	592	623	623	162	—
1988	党委	343	141	5	10	19	168	—	—
	总支	274	152	11	43	28	39	1	—
	支部	6382	2464	1778	633	666	707	134	2
1991	党委	379	156	6	16	30	171	—	—
	总支	304	85	77	43	61	38	—	—
	支部	6963	2543	1891	650	843	844	192	—
1993	党委	421	178	22	26	38	157	—	—
	总支	344	155	18	50	66	53	2	2
	支部	7222	2643	1881	727	897	886	188	9
1995	党委	413	213	11	28	35	124	2	2
	总支	469	134	32	49	108	144	2	2
	支部	7141	2597	1796	697	863	938	250	12
1998	党委	398	145	12	19	42	165	15	2
	总支	508	146	64	33	127	108	30	—
	支部	6826	1914	1854	540	937	1142	439	14
2001	党委	418	167	9	28	35	167	12	1
	总支	492	163	33	39	119	125	13	3
	支部	7110	2305	1624	561	955	1324	341	164

续表

<table>
<tr><th>年度</th><th>项目</th><th>合计</th><th>工交通讯</th><th>农林牧渔</th><th>财贸服务</th><th>文教卫体</th><th>机关团体</th><th>其他</th><th>其中个体私营经济</th></tr>
<tr><td rowspan="4">2004</td><td rowspan="2">党委</td><td rowspan="2">479</td><td colspan="2" rowspan="2">187</td><td colspan="2" rowspan="2">102</td><td rowspan="2">183</td><td>其他</td><td>其中非公有制经济</td></tr>
<tr><td>7</td><td>2</td></tr>
<tr><td>总支</td><td>467</td><td colspan="2">189</td><td colspan="2">122</td><td>145</td><td>11</td><td>11</td></tr>
<tr><td>支部</td><td>6877</td><td colspan="2">2380</td><td colspan="2">1482</td><td>1144</td><td>1871</td><td>156</td></tr>
<tr><td rowspan="3">2005</td><td>党委</td><td>482</td><td colspan="2">184</td><td colspan="2">100</td><td>189</td><td>9</td><td>5</td></tr>
<tr><td>总支</td><td>461</td><td colspan="2">182</td><td colspan="2">121</td><td>145</td><td>13</td><td>9</td></tr>
<tr><td>支部</td><td>6656</td><td colspan="2">2146</td><td colspan="2">1463</td><td>1171</td><td>1876</td><td>158</td></tr>
</table>

二、党员队伍建设

(一)党员发展

1986 年,全市各级党组织按照党中央“坚持标准,保证质量,改善结构,慎重发展”方针,重视在生产一线工人、农民和青年知识分子中发展党员。全市共发展新党员 4227 名,其中生产第一线的 2015 名,占发展总数的 47.7%。是年,全市共有共产党员 118833 名。其中,女性占 14.53%,大专以上文化程度的占 6.96%,56 岁以上的占 17.7%。

1989 年,市委规定凡是在平息“政治风波”后有清查清理任务的基层党组织,在清查清理工作结束之前暂不发展新党员。全市只发展新党员 1771 名,比 1988 年减少 34%。1993 ~ 1994 年,市委重视和支持各级共青团组织广泛开展推选优秀共青团员和青年加入党组织活动,全市 3071 名优秀共青团员、青年入党。1995 ~ 1996 年,各级党组织把发展党员的工作重点放在农村 363 个 5 年以上未发展党员的村党支部和国有企业无党员的班组,共发展新党员 1463 名,使 5 年以上没有发展党员的村党支部基本上发展 1 名以上党员,企业无党员的班组明显减少。为确保农村入党积极分子的培训质量,组织部门在全市实行入党积极分子党的基本知识、农业实用技术知识双合格证制度。

1997 ~ 1998 年,市委组织部依据《发展党员工作细则(试行)》,编制印发《发展党员工作流程图》,建立发展党员工作台账制度。其间,针对湘潭大学等 5 所高校近年来发展新党员速度偏快、数量比例偏高等问题,市委组织部按照中央和省委组织部的精神,对这 5 所高校发展党员计划作出适当调整,其发展新党员总数控制在 1000 名。2002 年,全市各级党组织开始在发展党员工作中试行公示、审查和责任追究制。对发展党员工作中的重大失误及违纪违规行为,要追究有关党组织和责任人的责任。

2004 年,全市各级党组织将发展党员的重点放在农村致富带头人、企业生产一线职工、青年、妇女、高知识群体和各类人才中。全市新发展的 7604 名党员中,35 岁以下的占 79.5%;妇女 40.8%;企业生产一线职工 8.6%;高知识群体和各类人才占 68.1%;农村致富带头人占 12.1%。2005 年,市委组织部印发《私营企业主入党积极分子财产状况和所作贡献情况调查流程图》和《关于在发展私营企业主党员工作中如何做好入党积极分子财产状况和所作贡献情况调查的答复》。全市各级党组织在新的社会阶层中发展新党员 14 名。

2005 年末,全市共产党员达 174837 名。其中,女性占 21.3%,大专以上文化程度的占 25.2%。分别比 1986 年增加 115.77%、433.04%。企事业、非公有制经济管理、技术人员占 18.4%;新的社会阶层占 0.45%。

1986~2005年湘潭市中共党员基本情况

表3-5-2　　　　单位:人

年度	党员人数	女	少数民族	年龄结构					文化结构			职业情况					
				35岁以下	36~45岁	46~55岁	56~60岁	60岁以上	大专以上	高中中专	初中以下	干部职工	农牧渔民	在校学生	离退人员	其他	其中新的社会阶层
1986	118833	17267	231	28004	32926	36871	11908	9124	8265	21691	88877	61346	42977	916	12100	1494	32
1988	125259	19169	311	26090	35455	37387	14420	11907	11068	25322	88869	65320	42925	443	15274	1297	75
1990	129182	20473	365	21990	37608	36074	17667	15843	13696	28039	87447	66382	42693	244	18201	1662	113
1992	135484	21958	402	20143	39696	36583	18301	20761	15718	31250	88516	68106	43177	388	22163	1650	131
1994	141369	23705	455	21531	38631	36831	19275	25101	18185	35009	88175	68787	43255	838	27097	1392	229
1996	148111	26002	529	24150	36992	37452	20149	29368	21899	39963	86249	71214	44721	1155	29220	1801	233
1998	153369	28231	565	26975	34955	38443	20070	32926	25514	42984	84871	68282	47115	1526	33526	2920	251
2000	158928	30602	734	27624	34283	39987	18798	38236	30109	45940	82879	69752	48019	1893	36507	2757	484
2002	165224	33164	774	29546	34547	39817	17690	43624	34718	50422	80084	63657	50162	2854	38413	10138	491
2005	174837	37257	838	35529	36014	39228	18929	45137	44056	55550	75231	61456	53078	6190	41855	12258	787

注:新的社会阶层包括:民营科技企业技术人员,受聘于外资企业管理技术人员,个体劳动者,私营企业主,中介组织从业人员和自由职业者

（二）党员教育与管理

1986年，市委组织全市党员和入党积极分子开展"共产党员在新时期如何发挥先锋模范作用"的大讨论。全市共组织先进典型报告会600场，专题党课2087堂，播放英模录像片270场。有448人撰写研讨论文435篇，被市理论研讨会采用65篇，省理论研讨会采用17篇。同时，市、县(市、区)共抽调380名干部，深入农村指导乡(镇)党委开展以《党章》为主要内容的农村党员轮训工作，共轮训党员47529名，占农村党员总数的91.5%；培训村党支部书记6563人，培训村党支部委员12122人。1987～1988年，全市各级党组织分层次、分期分批轮训党员，开展坚持"四项基本原则"和"两个基本点"、反对资产阶级自由化的教育，"生产力标准"大讨论。全市有4800多名党支部书记参加轮训，厂矿和机关党员的参训面达到95%，农村党员均在冬春季普训一次。同时，各级党组织开始建立民主评议党员制度。全市有5731个党支部按期结束评议与处置工作，占党支部总数的87.5%；参加评议的党员有108904名，占党员总数的86%；共表彰党员12689名，授予优秀党员称号的3812名，处置不合格党员726名。

1989年，全市开展清查清理参与当年春夏之交政治风波的人和事，共查清583名党员干部不同程度卷入当年春夏之交政治风波的情况，确定为立案审查的党员干部43名，其中给予组织处分的36名，免予处分的7名。1990年，在开展内部清查清理的基础上，市直机关和大中专院校、科研单位开展党员重新登记工作。共有106个单位7089名党员参加重新登记，占99.6%。按照《党章》和有关政策，对82名违纪党员给予组织处分的18名，不予登记的5名，缓期登记的53名，取消预备党员资格的6名。

1993年12月，市委组织全市党员和入党积极分子为纪念毛泽东同志诞辰100周年交纳一次特殊党费活动。共有12453名党员交纳特殊党费824557.62元，有3736名入党积极分子和非党群众自愿捐款24470.5元，合计为849028.12元。特殊党费和自愿捐款全额转交中共韶山市委，用于雕塑毛泽东同志的六位亲人烈士铜像和兴建韶山烈士陵园。1994年，市委组织部对流动党员组织关系管理问题作出规定：党员外出务工经商或从事其他正当职业，有固定地点、时间在6个月以上的，党员应办理组织关系转移手续；时间在3至6个月的，应出具党员证明信；党员短期外出3个月以内，或外出时间较长但无固定地点无法转移组织关系的，应通过适当方式主动与原所在党组织保持联系；党员擅自离职，党组织应予以批评教育；凡是按照规定转来党员关系和党员证明信的，有关地方和单位党组织应予以接纳。

1995～1997年，全市各级党组织在全市党员中开展学习邓小平建设有中国特色社会主义理论和《党章》活动，共授课907堂；组织5万名党员参加全国、全省举行的"双学"知识竞赛，有50人获得奖励。各级党校共培训党员112600名。各级党组织以迎接香港回归祖国为契机，组织10万名党员参加迎香港回归祖国知识竞赛活动，举办专题报告会、讲座600场次。1998年，随着国有企业改革过程中下岗党员人数的增多，各级党组织开始进一步完善组织管理体系，明确下岗党员归属，对短期外出务工、经商或长期外出且暂无法转移组织关系的党员，实行《流动党员活动证》；建立健全下岗党员登记、双向联系、党费收缴、党内活动、定期走访和考核评议制度。

1999～2000年，全市开展以"讲学习、讲政治、讲正气"为主要内容的党性党风教育。期间，各级党组织还开展对参练"法轮功"邪教党员的教育处理工作。全市参练过"法轮功"邪教的党员204名，

1 名赴新西兰探亲未归;其余 203 名中,有 186 名宣布不作问题提出,14 名宣布不予追究,给予党纪处分 2 名,劝退 1 名。

2001 ~ 2002 年,市委在全市农村乡(镇)、村、县(市、区)直部门,广泛开展“三个代表”重要思想学习教育活动。

2003 ~ 2004 年,为推进农村党员干部现代远程教育,市委组织部门创建“红星网湘潭站”,并与省委组织部红星网链接,与其他远教网站结成远教联盟。全市建成远教站(点)285 个,占应建站(点)任务的 67%,超额完成省委下达的任务。韶山市远程教育工作受到中组部和省委领导肯定。

2005 年,市委在全市党员中开始开展以学习实践“三个代表”重要思想为主要内容的保持共产党员先进性教育活动。并结合整改,全市新建基层党组织 197 个,整顿软弱涣散基层党组织 151 个,调整基层党组织领导班子 315 个,发展新党员 1597 人,帮教转化党员 467 人,处置不合格党员 18人。为加强对改制企业党员管理,将 88 家改制企业 5214 名党员的组织关系分两批集体转入街道社区。

三、党建主题活动

1986 ~ 1993 年,市委围绕改革开放,坚持四项基本原则,继续深入开展“创先争优”活动,总结表彰全市先进基层党组织,优秀共产党员和优秀党务工作者。受到省委表彰的全省先进基层党组织 8 个,优秀共产党员 19 名,优秀党务工作者 4 名,优秀领导干部 2 名。湘潭柴油机厂党委书记李后权被中组部评为全国优秀党员领导干部。1994 年,全市开展以表彰“红旗党组织”“模范共产党员”为主题的庆祝建党 73 周年活动。受到省委表彰的“红旗党组织”2 个,“模范共产党员”1 名。

1996 ~ 1998 年,市委在全市开展以“各级党组织争创‘强工富市’战斗堡垒,各级领导班子争做‘强工富市’表率,全体共产党员争当‘强工富市’先锋模范,努力创造一流工作业绩”为主要内容的“三争一创”活动。总结表彰一批先进单位和个人。受到省委表彰的先进基层党组织 5 个,优秀共产党员 9 名,优秀党务工作者 3 名,优秀领导干部 1 名。湘潭柴油机厂党委被中组部评为“全国先进基层党组织”;湘乡市龙洞乡中朝村党支部书记罗大孝被中组部评为“全国优秀党务工作者”。

2000 ~ 2003 年,市委在继续深入开展“创先争优”活动同时,在农村开始开展以“争创农村基层组织建设先进县(市、区),争当农民群众满意的农村基层组织、基层干部、党员”为主要内容的“一创三满意”活动,总结表彰先进单位和个人。受到省委表彰的先进基层党组织 5 个,优秀共产党员 5 名,优秀党务工作者 1 名。湘潭钢铁集团有限公司党委被中共中央评为“全国先进基层党组织”。

2004 年,根据中共中央关于深入开展以创建村党支部、乡(镇)党委领导班子好、党员干部队伍好、工作机制好、小康建设业绩好、农民群众反映好的活动精神,积极开展“创先争优”活动。受到省委表彰的全省“农村基层组织建设先进县(市)”1 个,“五个好”乡(镇)党委 2 个,“五个好”村级党组织 5 个。2005 年,全市党建主题活动继续开展。

第三节　人才队伍建设

1986 ~ 1987 年,全市落实知识分子政策工作进入扫尾阶段,1988 年基本完成。市委开始对全市有突出贡献的科技工作者进行一次全面调查,筛选掌握一批有突出贡献中青年知识分子拔尖人才;

先后成立人才信息中心和人才研究会。1989~1990年,围绕实现"科技兴市"战略任务,在市直专业部门、大中型企业推荐和组织部门考察基础上,市委为全市8个县(市、区)选拔配备好科技副县(市、区)长。

1991年,市委开展评选"湘潭市优秀专业技术工作者"。各单位共推荐386人参评,经考察和评审,市委、市政府通报表彰"湘潭市优秀专业技术工作者"98名,5人被授予"湘潭市有突出贡献科技工作者"称号。市委、市政府批转市委组织部等单位起草的《关于印发湘潭市中青年专业技术拔尖人才选拔管理办法的通知》。1992年1月,市委、市政府授予19人"湘潭市中青年专业技术拔尖人才"称号。是年,全市选拔配备科技副乡(镇)长39人,培训基层专业技术人员845人。1993年6月,市委、市政府严格按照终身享受国家特殊津贴人员的评定条件,组织对各单位推荐的50名对象进行考察、审核,经上级主管部门审查同意,选拔评审21名专家终身享受国家特殊津贴。8月,对市属15名取得突出成绩的科技人员逐个考察,通过评审复核,市委推荐7名同志为省管第二批优秀中青年专家。

1996年,成立湘潭市专家服务中心,开始建立高级人才信息库;推荐11名跨世纪学术技术带头人及后备人选;组织专家开展学术交流、科技咨询攻关等活动。1998年,市委、市政府对全市83名国家级及省管优秀专家、跨世纪学术带头人、市管专业技术拔尖人才及科技副县(市、区)长,进行全面走访慰问。是年,市委、市政府成立由19名专家、学者组成的湘潭市重大决策专家咨询组,为事关全市的重大决策进行咨询论证。

1999年,市委、市政府制定《关于引进和开发科技人才的暂行规定》,对选拔优秀专家的条件、程序、管理及待遇;引进高层次科技人才的条件、适应领域、待遇及引进技术、项目的鼓励政策;创造条件留住科技骨干人才、奖励有突出贡献的科技人才、加强对科技人才引进和开发工作的组织领导作出明确规定。2000~2001年,市委、市政府制订《市级优秀专家和专业技术骨干人才管理暂行办法》,规定每3年推荐评选一次市级优秀专家和专业技术骨干人才,实行滚动式管理,并开始在全市范围内推荐评选第一批市级优秀专家和科技骨干人才。经推荐考察、评审,共评选出市级优秀专家30名,专业技术骨干人才212名。同时,市委组织部等部门联合下发《湘潭市县(市、区)科技工作考核办法》,并对5个县(市、区)进行严格考核,评出"湘潭市科技工作先进县(市、区)"1个。

2002年,市委、市政府先后组织120名专家和专业技术骨干人才赴外地参观考察;组织100名专家和专业技术骨干人才进行体检。2003年,市委成立人才队伍建设工作领导小组。开始在全市范围内开展推荐评选第二批市级优秀专家和专业技术骨干人才活动。共评选出市级优秀专家34名,专业技术骨干人才227名。市委、市政府特设"科技进步奖"和"科技兴市突出贡献奖",每年奖励一批有突出贡献的科技工作者,将原来"科技进步奖"年度奖金20万元,提高到48万元;"科技兴市突出贡献奖"每人奖金2万元以上。

2004年,市委、市政府根据中共中央和国务院的精神,制定《关于加强人才工作的意见》,市委组织部同时制定下发《湘潭市有关部门人才工作主要职责》《湘潭市人才工作联席会议制度》。2005年,市委、市政府印发《湘潭市关于引进高层次人才和急需人才暂行办法》《湘潭市关于促进科技成果转化,深化企业专业技术人才收入分配制度改革和完善优秀人才社会保障机制暂行办法》。市委人才队伍建设工作领导小组印发并正式启动《湘潭市"111"人才工程实施方案》《湘潭市农村实用人才工程实施方案》《湘潭市技能振兴行动实施方案》《湘潭市企业经营管理人才工程实施方案》。是年，市委、市政府在全市范围内开展推荐评选第三批市级优秀专家和专业技术骨干人才活动，38人被授予“湘潭市优秀专家”，198人被评为“湘潭市专业技术骨干人才”。至年底，湘潭市共有享受政府特殊津贴的16人；市优秀专家84人，市专业技术骨干人才471人。

2005年末，全市共有党政人才10440人，国有、集体所有制企事业单位经营管理人才25991人，专业技术人才91374人。

补录　落实政策

湘潭市落实政策工作，1979年2月至1983年5月分别由中共湘潭地、市委领导，1983年6月至1988年2月由湘潭地、市合并后新成立的市委领导。地、市委根据中共十一届三中全会精神和省委的要求，开展平反冤假错案，妥善处理历史遗留问题的工作。整个落实政策工作，按照范围实行分口分层负责制，采取专门班子与群众相结合，层层摸底，逐人造册；内查外调，取证核实；依据政策，严格审批等方法。历经9年的努力，全市共复查涉“反右派”“反右倾”“四清”“文化大革命”及其他历史老案40460人，其中平反纠正25660人，占复查数63.4%。对在新中国成立初期整理地下党时被清理出党的1899名地下党员，通过复查纠正错误处理的441名，占出党总数的23.2%；纠正被宣布解散不予承认的5个地下党支部。对受错误处理的2403名农村基层干部予以纠正。改正错划右派及平反纠正知识分子中的冤假错案共2990件，解决历史遗留问题1039个。对干审中遗留下的“控制使用意见”全部撤销，为154名干部修改或撤销政治历史问题的审查结论。对“文化大革命”期间非法侵占公私财产问题予以妥善处理，为4209户清退被查抄的财物；为780户清退被挤占私房面积53566平方米；落实宗教房产60处23679平方米；退还占用工商联用房4处1430平方米。对168户有申诉的土改时错误没收的华侨私房，查核认定35户；对“私改”有申诉的房产1954户进行复查，发还原房或折价发还房金的1048户。认定地下武装人员身份和投诚起义人员身份的4122人，因追究历史问题而被错误处理的起义投诚、地下武装人员均予平反；恢复3051名小商、小贩、小手工业者的劳动者身份；为4474名政协委员、民主党派、宗教人士、工商业者做好政策落实工作；为1338名台胞、台属、归侨、侨眷解决历史遗留问题。全市恢复公职安排工作或作退休退职安置9032人；为已经死亡的1199人给予抚恤；为受株连的家属子女和错误处理期间在农村结婚的家属子女解决城镇户口791户、2370人；为4600人补发“文化大革命”和“四清”与“文化大革命”交叉时期被错误处理扣发的工资450万元；为6139人给予困难补助费276万元；给予1316人因冤假错案造成工资级别明显偏低调升工资。湘潭市落实政策工作成绩突出，被省委评为先进单位。

1995~1996年，市委统战部、市政协组成8个组，对政协委员的私房和在“文化大革命”中被查抄财物的清退进行调查，并综合向市委汇报和协商。17名市政协委员的私房按政策得到落实。21名市政协委员在“文革”期间被查抄的财物被清退或妥善处理。

第六章　宣传工作

第一节　理论教育

1986 年起，全市理论教育由过去以办学为主，转移到对在职干部进行正规化理论教育为主，采取集中学习与分散学习相结合办法，全面建立健全各项学习制度，完善县以上党委中心学习小组，建立市、县（区）以及行业、大型企业、基层单位三级思想政治工作研究网络，开展做“有理想、有道德、有文化、有纪律”的社会主义新人教育，组织“共产党员在新时期发挥先锋模范作用”等大讨论。至 1988 年，全市开展理论教育 1628 场（次），参加理论学习 17.5 万人次；举办理论学习班 503 期，参加理论学习 4 万多人次；撰写理论文章 400 多篇。

1989 年春夏之交，北京政治风波波及湘潭，针对少数干部群众模糊认识，市委向全市县以上单位印发《关于认真学习和贯彻江泽民同志国庆重要讲话的通知》，举办三期市直机关县团干部学习班，800 多名县团干部脱产参加理论学习。全市各县（区）、大型企业分期举办轮训班，对县团干部进行培训。1991 年，根据东欧局势急剧变化情况，为解决少数干部群众困惑和疑虑，市委按照中央、省委统一部署，举办县以上领导干部学习班以及各种形势报告会，学习《社会主义若干问题学习纲要》；广泛开展“三重温”（毛泽东在党的七届二中全会上的“两个务必”的教导，郭沫若的《甲申三百年祭》，毛岸英给他表舅的信）活动。至 1991 年的 3 年间，全市开展理论教育 1528 场（次），参加理论学习 16.3 万人次；举办理论学习班 62 期，参加理论学习 3500 人次；撰写理论文章 125 篇。

1992 年，市委发出《关于广泛深入开展解放思想、深化改革、振兴湘潭大讨论的通知》，组织全市干部群众开展解放思想大讨论，并将《邓小平关于建设有中国特色社会主义的论述专题摘编》等学习资料发放到各级党组织，作为理论教育教材。1995 ~ 1996 年，全市 142 个县处级单位中心学习组以及思想战线相关单位采取集中学习与党校培训相结合方式，学习《邓小平文选》1 ~ 3 卷、中共十四届四中、五中全会精神以及社会主义市场经济知识，1997 年，对全市 510 名县处级干部进行培训。组织 3 万余名基层党员参加学习中共十五大精神知识竞赛。1999 年，贯彻中共中央提出在县级以上领导班子和领导干部中深入开展以“讲学习、讲政治、讲正气”为主要内容的党性党风教育精神，市委中心学习组集中学习 4 次，举办县处级干部“三讲”教育 24 期，参加“三讲”教育 960 人次，推介“三讲”教育先进典型 17 个、表彰先进单位 18 个，先进个人 13 人。成立湘潭市干部理论学习考试考核委员会。至 1999 年的 8 年间，全市开展理论教育 1870 场（次），参加理论学习 19.3 万人次；举办理论学习班 82 期，参加理论学习 6960 人次；撰写理论文章 1400 多篇。

2000 年起，按照中央、省委要求，全市理论教育主要学习“三个代表”重要思想，举办副县级以上干部培训班，分期分批对市直机关和县市区副县级以上领导干部和理论骨干进行培训，成立学习“七一”讲话百人宣讲团，赴全市各单位宣讲理论。到 2001 年，共举办“七一”讲话宣讲 370 多场次，编印《学习江泽民“七一”讲话简明知识问答》2 万册，结集出版《湘潭市学习“七一”讲话，实践“三个代表”理论研讨会理论文集》。2002年,市委下发《关于组织学习党的十六大精神的通知》,组织开展学习中共十六大文件知识竞赛和干部理论考试;举办“湘潭入世对策”理论研讨会、县处级以上领导干部 WTO 培训班;邀请湖南省委党校、上海市社科院、深圳市政策研究室的专家学者做学术报告。2005年,按照中共中央和省委要求,市委作出《关于在全市开展以实践“三个代表”重要思想为主要内容的教育活动的实施意见》,全市分三批开展以实践“三个代表”重要思想为主要内容的理论教育。至2005年的6年间,全市开展理论教育1720场(次),参加理论学习17.5万人次;举办理论学习班51期,参加理论学习2550人次;撰写理论文章860篇。

第二节 新闻宣传

1986年起,全市新闻宣传以改革开放和经济建设为重点。湘潭各新闻媒体增设专栏和专题节目,对全市改革开放和经济建设中出现的新事物、新经验和先进典型进行宣传报道。1988年,各新闻媒体开辟“改革中的工商企业”“改革人物特写”等专题节目。市委贯彻中共中央《关于坚决妥善地做好报纸刊物的整顿工作的通知》精神,成立报刊整顿领导小组,定期召开新闻例会,对采编人员进行重新登记,并举办培训班进行思想政治教育。至1988年的3年间,全市在省以上新闻媒体刊播稿件1450条,其中中央媒体刊播298条。

1989年,市委为加强对意识形态领域工作的指导和管理,先后召开新闻例会和新闻单位负责人会议,强调以正确的舆论导向报道春夏之交北京发生的政治风波,清查新闻宣传在政治风波发生期间存在的问题,对不适宜负责新闻宣传的领导人进行调整。1990年,市委加强对报纸、广播、电视等新闻单位管理,引导新闻工作者正确处理“坚持党性原则服从全局与按新闻规律办事的关系;突出主旋律与宣传多样化的关系;正面宣传与批评报道的关系;指导性与可读(可视、可听)性的关系”。至1990年的2年间,全市在省以上新闻媒体刊播稿件1375条,其中中央媒体刊播251条。

1991年,新闻宣传以“八五”计划及中国共产党建党70周年为重点,全面报道湘潭经济社会发展。在全市范围内开展“我为振兴湘潭经济作贡献”大讨论,市委各新闻媒体设置专栏、专题,集中进行采访报道。1992年,宣传贯彻国务院关于《全民所有制工业企业转换经营机制条例》(以下简称《条例》)的先进典型,市各大新闻媒体开设“贯彻条例100例”“进市场”“改革人”等20多种专题、专栏,进行系列报道。市委在深圳召开“92湖南湘潭商品展销、订货暨经技贸洽谈会”,组织19家新闻单位及部分港澳记者参加新闻发布会,介绍湘潭投资环境。至1993年的3年间,全市在省以上新闻媒体刊播稿件1832条,其中中央媒体刊播316条,获省以上新闻奖54条,其中获中央新闻奖12条。

1994年,市委先后下发《关于加强新闻报道宏观管理的规定》《关于加强新闻工作责任制的规定》等文件,建立热点新闻审看、审读、审听“三审”制度,确保舆论导向的正确方向。全市各新闻媒体围绕市委、市政府的工作重点,开辟大小专栏、专题30多个,宣传报道各行各业典型事例和人物780多个。1995年起,新闻宣传以“强工富市”战略为重点,坚持正面宣传为主和团结、稳定、鼓劲的方针,结合重大纪念活动和典型人物,在全市范围内先后组织“湘潭经济再上新台阶”“打好工业宣传整体战”“宣传二十八个优秀科技人员”等新闻宣传战役。1996年,全市对外宣传稿件在《人民日报》发稿15条,其中头版6条,《韶山灌区润泽农田万顷》在《人民日报》头版头条刊发。中央电视台播出49条,其中《新闻联播》11条。《安居工程取得显著成效》被安排在大年三十《新闻联播》中播出。市委下发《关于加强新闻发布会管理的制度》及重大事项报道制度、突发事件报道请示制度等规定,坚持每月一次新闻例会制度、新闻日评月议制度、新闻审核审看制度。1997年,新闻宣传以经济建设为中心,围绕国有企业改革、重点工程建设、优化资本结构、加快农业产业化步伐等主题,湘潭日报、湘潭电台以"八论"和"八谈"形式连续推出"加快湘潭经济发展步伐"评论员文章。1999年,市委为加强新闻宣传和新闻管理,成立湘潭市新闻中心以及办事机构,制订《关于加强新闻宏观管理的意见》。围绕中华人民共和国成立50周年和改革开放20年以及纪念"五四"运动80周年,组织新闻宣传。至1999年的6年间,全市在省以上新闻媒体刊播的稿件7285条,其中中央媒体刊播1976条;获省以上新闻奖470条,其中获中央新闻奖163条。期间,湘潭电视台被省委、省政府授予抗洪救灾报道先进单位,获中国电视新闻专题一等奖。

2000年起,全市新闻宣传以宣传贯彻"三个代表"重要思想、加快湘潭经济与社会全面发展为重点。2003年,市委、市政府新闻综合网站"湘潭在线"开通,网站综合市内新闻资源,全年点击人数超过43万人次。是年,举办首届"十大新闻人物""十大新闻事件"评选。2004年,市委宣传部制定《湘潭市突发事件新闻报道实施办法》,建立相关应急工作网络和信息快报制度,建立新闻阅评制度,从新闻界和高校聘请资历深的新闻专家对市内各媒体的导向、内容、形式进行监评,监评意见在每期《新闻阅评》刊发。2005年,市委建立新闻发言人制度。先后推出"走进工业园""重点工程巡礼""永远的楷模"等专栏、专题和系列报道,推出"'十五'成就和'十一五'规划"等电视专题片,全年刊播宣传"三大战略"、打造"三个中心"稿件400余篇(条)。年底,各新闻媒体重点报道女导游员文花枝在突发事故中忠于职守、先人后己、坚强乐观的模范事迹。至2005年的6年间,全市在省以上新闻媒体刊播的稿件13427条,其中中央媒体刊播3114条;获省以上新闻奖593条,其中获中央新闻奖231条。

第三节 社会宣传

1986年起,市委组织宣传小分队,深入农村、城镇以及中小型企业宣传中共十三大精神,成立对外宣传办公室,先后编印《湘潭画册》《当代中国湖南·湘潭篇》与《湘潭·韶山》,拍摄电视片《金湘潭》,编印折页《莲城湘潭》、画册《韶山灌区》等大型宣传品对外宣传。至1988年的3年间,全市举办报告会、宣讲会、座谈会250余场,听众14万多人次;举办培训班128期,参训人数0.77万人;印发宣传资料4.8万份。

1989年,市委根据中央、省委指示精神,在全市范围内开展坚持四项基本原则,反对资产阶级自由化和积极维护社会稳定的宣传教育,宣传中华人民共和国成立40周年和改革开放10年所取得的巨大成就。1990年起,以稳定和鼓劲为重点,开展社会主义初级阶段思想教育宣传和以"反和平演变"为主线的爱共产党、爱社会主义教育。市委接待中央新闻媒体赴湘采访团,到市内20家台资企业和外向型企业采访,并制作《湘潭市》《中国艺术大师齐白石的故乡湘潭》折页和"湘潭出口产品巡礼"等一批对外宣传品,宣传湘潭社会稳定、经济发展、文化繁荣和招商引资的优惠政策;采用汉、英、日三种文字印制《湘潭经贸指南》,对外宣传湘潭市情以及涉外经贸机构。至1991年的3年间，全市举办报告会、宣讲会、座谈会 654 场(次)，听众 11 万人次；举办培训班 862 期，参训人数 2.3 万人；印发宣传资料 5 万多份。

1992 年，围绕邓小平南方重要讲话和中共十四大精神，市委组织人员深入农村、机关、企业、学校进行形势政策宣传教育。1993 年，根据中央、省委指示精神，市委为纪念毛泽东诞辰 100 周年，组织开展纪念毛泽东诞辰百周年火炬接力赛、美术、书画、摄影展；举办大型文艺汇演暨经技贸洽谈会以及报告会，编辑"爱我湘潭，兴我家乡"专辑 3.2 万多册，编发"乡土教材"4 万余册，举办各种竞赛 58 场次，参加人数 10 万多人。1995 年起，利用"秋交会""港交会"、对外贸易洽谈会等多种形式和渠道，宣传湘潭优越的地理位置、自然环境以及人文优势和湘潭改革开放在经济社会领域所取得的巨大成就。1996 年，市委制定《关于在全市农村开展爱国主义、集体主义、社会主义教育实施意见》，召开农村思想政治工作座谈会，开展"农村思想教育大家谈"征文、"学雷锋，弘扬湘潭精神""学济南交警，树立毛主席故乡警察形象"等宣传活动。至 1996 年的 5 年间，全市举办报告会、宣讲会、座谈会 674 场(次)，听众 20.23 万人次；举办培训班 1179 期，参训人数 5.7 万人次；印发宣传资料 6.4 万份。

1997 年起，围绕中共十五大召开和香港回归，市委举办香港回归形势报告会，成立学习中共十五大精神百人宣讲团，对全市各单位的党员干部学习中共十五大精神进行辅导。各媒体单位集中推出专栏、专题，开展"改革开放二十周年成就巡礼"宣传。组织展品参加"湖南改革开放 20 周年成就展览"。1999 年，为纪念中华人民共和国成立 50 周年，举办"辉煌 50 年——湘潭两个文明建设成就展览"，开展湘潭改革开放 20 年的巨大成就和经验宣传。2001 年，为纪念中国共产党成立 80 周年，举办《中国共产党 80 年与湘潭》大型图片展和书画、美术、摄影作品展览，制作出版《中国共产党 80 年与湘潭》宣传册以及电视专题片《党旗辉耀潭城》。至 2001 年的 5 年间，全市共举办报告会、宣讲会、座谈会 726 场(次)，听众 30 万人次；举办培训班 1059 期，参训人数 5.01 万人次；印发宣传资料 1.02 万份。

2002 年，市委召开加强公民道德建设动员大会，组织开展公民道德建设知识竞赛，邀请参加"湖南—上海经贸合作活动周"的沪湘记者 16 人到湘潭现场采访，为湘潭工业企业、旅游部门赴沪参加经贸活动进行宣传。2003 年，邀请境外媒体及上海卫视、北京卫视等媒体到湘潭、韶山采访，开展对外宣传报道。中德环境保护与企业合作大会及首届中国(湘潭)齐白石国际文化艺术节在湘潭举办。市委分别在北京和长沙举行新闻发布会，邀请各级领导、嘉宾及新闻记者近 300 人参会。在两大活动期间，先后邀请人民日报、新华社、香港商报、大公报、凤凰卫视等 20 余家中央、香港及有关省、市媒体 60 多名记者到潭采访报道。"湘潭在线"利用互联网，对"百万青少年、百万共产党员韶山行启动仪式"等重大活动进行网上直播，开展对外宣传。至 2005 年的 4 年间，全市共举办报告会、宣讲会、座谈会 475 场(次)，听众 21 万人次；举办培训班 501 期，参训人数 7.5 万人次；印发宣传资料 6.8 万份。

第四节 文艺管理

1986 年起，市委加强对文艺工作组织管理，结合重大节日及纪念日，举办文艺活动，开展文艺领域"扫黄打非"行动，制定相关政策和措施，促进和规范文艺事业的发展。1987 年，市委举办首届

“湘潭文化节”。制定《关于对全市音像制品经营单位实行总量控制的暂行规定》，对全市音像制品经营单位重新审核，严格按照省里要求的指标发放新证。是年起，市委开展“送文化下乡”活动。

1991 年，为庆祝中国共产党成立 70 周年，市委举办“了解党、歌颂党、热爱党”的文艺活动。1994 年，市委整顿文化市场，对全市 70 余家娱乐场所开展 7 次大整顿，其中取缔 13 家，停业整顿 9 家，查抄地下录像发行站 10 家。1995 年，市委进行文化体制改革，按“三三制”分流人员，三分之一的人员从事文艺事业的行政管理、三分之一的人员从事文艺创作和研究、三分之一的人员从事部门的“以文补文”工作，创办文艺实体，开办文艺培训场所。湘潭市“以文补文”工作在湖南省“以文补文”经验交流暨表彰大会上受到表彰，其经验在全省推介。继续开展“扫黄打非”行动，对 90 多家娱乐场所进行整顿，查处 14 家非法录像发行点。湘潭市被省委宣传部评为“扫黄打非”先进单位。

1996 年，市委先后组织“送文化下乡”活动，举办“湘潭大中专院校文艺汇演”，接待中央电视台心连心艺术团“情满潇湘”慰问演出，承办中国艺术展齐白石国画展。同时，以“五个一工程”建设为主题，召开全市“五个一工程”文艺生产工作会和 1995 年度“五个一工程”总结表彰大会，确定全市文艺生产的重点项目。承办中国艺术大展·齐白石回顾展，展出白石真迹 67 幅，白石弟子、国内外名家书画作品 180 幅。1997 年，市委对文化市场实行微机联网管理，在全省属于首家。同时，制定文艺演出、新闻出版、规费管理等 5 项规章制度。1998 年，召开文艺部门创作会、座谈会，制定重点作品生产“三年规划”，同时，对专业艺术团体体制进行改革，确定自主经营，考核上岗，优化组合，实行“一团两制”的运行机制。1999 年，为庆祝中华人民共和国成立 50 周年，举办大型文艺晚会。2000 年，制定《湘潭市精神文明建设“五个一工程”工作方案》。

2001 年，市委、市政府加强文化设施建设，投入 5800 万元建设湘潭大剧院，投入 2000 万元建设齐白石艺术中心。2002 年，市委下发《关于加快文化产业发展若干政策措施的意见》，从组织领导、政策措施以及实施办法对发展文化产业作出具体规定。制定《关于在全市宣传战线开展“五个一工程”评奖的办法试行》和《湘潭市精神文明建设 2002～2003 年度“五个一工程”工作方案》，鼓励全市文艺工作者参与创作。2004 年，市委组织“五下乡”“四进社区”活动，举办百名文艺家下基层活动。2005 年，市委制定《湘潭市文学艺术成果奖评选实施方案》，鼓励文艺工作者创作文艺精品。

第五节　精神文明建设

1986 年，市委六届二次全体（扩大）会议讨论通过《中共湘潭市委关于“七五”期间加强社会主义精神文明建设的若干措施》，决定在全市范围内广泛开展创建文明城市、文明行业、文明村镇、文明单位等系列群众性活动，以物质文明创建促精神文明建设。1988 年 2 月，市委召开全市文明单位表彰会，表彰 100 个市级文明建设先进单位。是年，全市共创建文明单位 260 个，其中省级 7 个，市级 253 个。

1990 年，市第七次党代会提出要大力加强社会主义精神文明建设；市委制定《关于在全市开展创建双文明单位竞赛活动的实施意见》，提出在全市两个文明建设中引入目标管理竞争机制，把创建活动与目标管理结合起来，推动两个文明建设的健康发展。市委成立“湘潭市创建双文明单位竞赛活动领导小组”，设立文明单位建设办公室，县（市、区）建立相应的机构，部分县以上机关企业事业单位明确具体负责机构和人员，开展文明创建活动。1991 年 4 月，市委、市政府召开全市双文明建设先进集体和先进个人总结表彰大会，命名表彰市级双文明建设先进单位 49 个，红旗单位 9 个，先进个人 439 人。1993 年 12 月，市委七届八次全体（扩大）会议提出，要进一步抓好社会主义精神文明建设，为改革和发展提供精神动力和智力支持。1995 年，市第八次党代会提出以湘潭精神促湘潭发展，并把“湘潭精神”概括为：合群合力的团结精神，敢教日月换新天的创新精神，敢为百姓鼓与呼的求实精神，舍小家为大家的奉献精神。至是年的 6 年间，全市共创建文明单位 134 个，其中省级 18 个，市级 116 个。

1996 年 12 月，市委常委会议专题研究通过《湘潭市社会主义精神文明建设“九五”规划》。同年，市委八届三次全体（扩大）会议讨论通过《关于进一步加强社会主义精神文明建设的意见》，明确全市精神文明建设的指导思想、目标任务、工作方针和重大措施，修订《湘潭市民文明公约》和《湘潭市民行为规范》。市委成立由市委书记任主任，市长、市委分管副书记任副主任，部办委主要负责人、县（市、区）委书记为成员的湘潭市精神文明建设指导委员会，制定《湘潭市九五期间社会主义精神文明建设规划》。1999 年，市委发文，决定以中华人民共和国成立 50 周年和澳门回归祖国庆祝活动为契机，在全市掀起精神文明建设新高潮。同年，湘潭县化工厂、雨湖区先锋乡、韶山市韶山村分别被中央文明委命名为国家级文明单位和文明村镇，湘潭电化集团被省文明委命名为省级文明建设模范单位。2000 年，开展以“建文明城市，创文明单位，做文明市民”为主要内容的文明创建活动。制定《关于在全市开展“建文明城市，创文明单位，做文明市民”活动实施方案》，修订文明创建评比办法。对 66 个文明建设先进单位、10 个文明建设标兵单位、5 个文明小区、5 条文明街道进行表彰。至 2001 年的 6 年间，全市共创建文明单位 73 个，其中省级文明单位 16 个，市级文明单位 57 个。

2002 年起，制定《中共湘潭市委关于贯彻 < 公民道德建设实施纲要 > 的意见》，市委召开加强公民道德建设动员大会，组织“公民道德建设知识竞赛”，举办“首届家庭文化艺术节” 活动。湘潭大学“雷锋公司”精神文明创建工作经验在全省推介。开展全市评选十佳模范单位、十佳文明户、十佳服务员和文明建设先进单位活动。市委下发《< 湘潭市创建文明城市工作方案 > 的通知》，成立“湘潭市文明创建工作领导小组”，召开创建省级文明城市动员大会，提出“整体部署，分步实施和巩固延伸辐射”的工作思路。市政府制订《湘潭市城区“门前三包”管理规定》等文件，规范各单位及市民创建文明城市行为。全市文明城市创建工作逐步法制化、规范化。2004 年，市委常委会议和市委全会专题研究省级文明城市创建工作，市委市政府下发《2004 年湘潭市创建省级文明城市工作方案》的通知，并召开全市创建省级文明城市动员大会。市委制定《关于在全市深入开展创建文明社区工作的意见》《关于开展创建文明行业的实施办法》，实行社区“联点共建”，提升城市文明程度，开辟文明创建工作新路径。是年，经省文明委检查验收，湘潭市全面实现创建省级文明城市的工作目标。2005 年，市委制定创建全国文明城市的意见和实施方案，成立以市委书记任组长，市长任第一副组长，相关单位负责人为成员的湘潭市创建全国文明城市工作领导小组，并召开创建全国文明城市动员大会暨创建省级文明城市表彰大会，全面启动创建全国文明城市工作。是年，全市有文明单位 164 个。其中，国家级文明单位 3 个，全国创建文明单位工作先进单位 3 个，省级 22 个，市级 136 个。韶山村被中央文明委评为全国文明村，湘潭发电厂、湘乡市国税局被评为全国文明单位，农业银行湘潭分行被评为创建全国文明单位先进单位。

第七章　统一战线工作

第一节　民主党派工作

1986年初，湘潭有中国国民党革命委员会、中国民主同盟、中国民主建国会、中国民主促进会、中国农工民主党、九三学社（以下分别简称民革、民盟、民建、民进、农工、九三）6个民主党派市级组织。同年6月成立中国致公党湘潭市工作委员会（简称致公湘潭市工委），全市民主党派增至7个。是年，中共湘潭市委（以下简称市委）发文，建立向民主党派例行通报重要情况、协商重要人事安排制度，规定凡有民主党派组织的县（区）委及学校、企事业单位的中共党组织每年都应召开几次有民主党派人士参加的协商座谈会，及时通报情况，虚心听取批评、建议；各级党政负责人与民主党派人士交朋友，开展谈心活动，接受民主监督。年内，共建立58个民主党派基层支部（社）和8个民主党派成员小组，吸收新成员247名，成员总数721人。全市民主党派成员中，有20人担任省、市人大代表，71人担任省、市政协委员，有2人担任市人大副主任、1人担任市政府副市长、5人担任市政协副主席。1987年起，除每年春节、端午节、中秋节，市委、市政府召开各界人士座谈会进行协商通报外，统战部门每季度召开协商通报会，遇到重大事项，及时通报协商。至1987年的2年内，市委、市政府及相关机构与民主党派召开协商座谈、通报会58次，接受提案议案232个、调研报告2个。

1988年，市委动员各民主党派积极为湘潭经济社会发展建言献策，全年采纳民主党派比较有价值提案、议案1000多件。1989年，市委贯彻落实中共中央《关于坚持和完善中国共产党领导的多党合作和政治协商制度的意见》，作出关于政府部门与民主党派开展对口协商的决定。同年，市委帮助致公湘潭市工委召开第一次全体党员大会，选举产生第一届致公党湘潭市委员会（以下简称致公），并健全办公机构。及时协助民革湘潭市委、民建湘潭市委、九三湘潭市委按照各自中央、省委的统一部署，实现提前换届选举，顺利完成领导班子的新老交替和政治交接；积极支持各民主党派市委建立健全基层组织，培养、选拔和吸纳优秀人才。1990年末，全市共有民主党派县级组织1个，支部（社）107个；成员总数达1554人，其中新成员58人，有高、中级职称的1038人。成员中，有28人担任市以上人大代表，其中全国人大代表1人，省人大代表6人；有86人担任市以上政协委员，其中全国政协委员2人，省政协委员13人；有2人担任市人大副主任，7人担任市政协副主席，2人担任县处级以上政府实职。从1991年开始，先后有文化、教育、卫生、农业、科技、税务等10个政府职能部门定期或不定期向对口的民主党派通报重要情况，围绕重大事项以及改革开放中的“难点”“热点”问题开展调研协商。是年，全市首次在民主党派成员中聘请“特约四员”（特约监察员、特约检察员、特约审计员、教育督导员）85人，次年增至99人。至1992年的5年内，市委、市政府及相关机构与民主党派召开协商座谈、通报会180次，接受提案、议案369个。

1994年，市委积极支持各民主党派加强基层组织建设，充实骨干队伍。至年底，全市共有民主党派县级地方组织1个，支部（社）113个（含小组3个）；成员1648人，其中高、中级职称的1194人。

成员中，有 21 人担任市以上人大代表，其中全国人大代表 1 人，省人大代表 6 人；有 86 人担任市以上政协委员，其中全国政协委员 2 人，省政协委员 11 人；有 2 人担任市人大副主任，有 5 人担任市政协副主席，有 2 人担任县处级以上政府实职。1995 年，市委认真贯彻全国、全省统一战线工作会议精神，召开全市党派组织工作经验交流会，总结推广民盟、民进、九三市委高素质发展成员的经验，引导民主党派进一步抓好组织发展工作。年内，全市各级党委共召开有各民主党派及党外人士参加的协商座谈会 140 多次，就重大决策进行协商讨论 59 次。全年共收到民主党派及党外人士提案、议案 1054 件，采纳 379 件。1996 年值民主党派换届之年，市委 5 次召开专题会议，研究换届工作方案及重要人事安排，市党政领导 30 多人次出席市民革、市民盟、市民建、市民进、市农工、市九三及民革湘乡市委的代表大会。换届后，6 个民主党派正副主委 19 人中，有 13 人为新任，平均年龄比上届降低 13 岁，全部具有大专以上文化，11 人具有高级专业技术职称。至 1997 年的 5 年间，市委、市政府及相关机构与民主党派召开协商座谈、通报会 260 次，接受提案议案 747 个、调研报告 68 个。

1998 年，市委将参政议政作为民主党派工作的重点，加大工作力度。1999 年末，全市共有民主党派县级委员会 1 个，总支委员会 1 个，支部 128 个（含小组 2 个）；成员 2105 人。成员中，15 人担任县（市、区）以上人大代表；196 人担任县（市、区）以上政协委员，其中省政协委员 14 人；有 2 人担任县（市、区）人大常委会副主任，有 9 人担任县（市、区）以上政协副主席，有 4 人担任县处级以上政府实职。2000 ~ 2001 年，湘潭市各民主党派市级委员会换届选举工作在全省率先完成，共选举产生民主党派市委委员 88 名，正、副主委 23 名。换届后，新的民主党派市委领导班子的政治素质、文化层次都有新的提高，正副主委中，有博士后 1 人，博士 1 人，硕士研究生 2 人。省委统战部在湘潭召开全省民主党派换届工作座谈会，推广湘潭的做法。2002 年，市委下发《关于积极协助民主党派市委、市工商联做好 2002 年度重点课题调研工作的通知》，召开 32 个相关部门负责人会议，对支持党派调研作出具体部署。至 2002 年的 5 年间，市委、市政府及相关机构与民主党派召开协商座谈、通报会 319 次，接受提案议案 1205 个、调研报告 64 个。

2003 年，在市委的强力推动下，各民主党派组织专门力量深入农村、工厂、社区，广泛开展调查研究，完成重大调研课题 12 项。2004 年，市委下发《中共湘潭市委关于进一步做好多党合作和政治协商工作的几项制度》，对之前有关重大决策前的民主协商、重要工作情况通报以及交友调研、党外人士安排使用、聘请特约四员等规定进行修订和完善，其中明确提交协商的“重大事项”有：市委市政府根据党中央、国务院和省委、省政府的大政方针准备出台的有关重要文件；市委市政府向党代会、人代会所作的重要工作报告；重要人事任免事项；民主党派向市委市政府提出的重大政策性建议；广大人民群众关心的重大问题等。2005 年，市委召开常委（扩大）会议，组织专题学习并采取有力措施贯彻落实《中共中央关于进一步加强中国共产党领导的多党合作和政治协商制度建设的意见》，并将民主党派市委机关及其工作人员纳入全市党政机关绩效考核范畴，民主党派机关管理更加科学规范。至年底，7 个民主党派辖有基层组织 142 个，其中有县级委员会 1 个、基层委员会 2 个、总支委员会 3 个、支部（社）136 个；成员达 2748 人，比 1986 年增长 1.97 倍。成员中，有 34 人担任县（市、区）以上人大代表，其中 3 人担任市及县（市、区）人大常委会副主任；有 250 人担任县（市、区）以上政协委员，其中省政协委员 12 人，县（市、区）以上政协副主席 15 人；有 9 人担任县处级以上政府实职。至 2005 年的 3 年内，市委、市政府及相关机构与民主党派召开协商座谈、通报会 270

次，接受提案议案 534 个、调研报告 67 个。

第二节　党外干部工作

1986 年，市委抓住市、县（区）两级人大、政府、政协换届选举契机，加大党外人士的政治安排和实职安排力度。至年底，全市有 6 名党外人士担任市人大常委，其中 2 人担任市人大常委会副主任；有 38 名党外人士担任市政协常委，其中 5 人担任市政协副主席；有 6 人担任县（区）人大常委会副主任，38 人担任县（区）政协副主席；有 112 人担任市、县（区）、乡（街道）三级政府副职，其中副市长 1 人、副县（区）长 7 人、市属局副局长 11 人、正副乡（科）长 93 人。1987 ~ 1990 年，市委成立党外人士安排工作领导小组，清除歧视党外干部“左”的思想残余，坚决贯彻“民主推荐、平等协商”的原则，促使一批德才兼备的党外优秀后备干部得到提拔和重用。期间，选配副市级党外领导干部 4 人，县（处）级党外领导干部 50 人，使全市担任政府部门、司法机关和企事业单位副处以上党外实职领导干部 93 人，副科以上 412 人。

1991 年开始，市委制定专门的党外干部培养使用工作规划，进一步调整充实党外后备干部队伍名单，并适时召开专门会议，总结推广中共湘潭县委“重安排更重使用”的经验。1992 年，一批熟悉经济工作的党外人士走上各级政府和国营大中型企业的领导岗位，在市直和县（市、区）担任政府及司法机关实职的副处以上领导职务有 64 人。1993 年增至 71 人。1994 年，市委统战部、市委组织部建立联席会议制度，每年召开 1 ~ 2 次会议，专题协商研究党外干部工作。1995 年，全市首次公开选拔副县级领导干部，市委明确要求在 15 个职位中配备 5 名党外干部。从 249 名党外候选人中选出 5 名担任副县级干部，其中 2 人分别选任湘潭县副县长和韶山市副市长，实现全市年内配齐各县（市、区）党外副县（市、区）长工作目标。同年，全市厂矿、院校党外实职安排大幅上升，副处以上达 242 人，湘潭大学、江南机器厂分别提拔 1 名党外副校长、副厂长。

1996 ~ 2000 年，市、县两级人大、政协先后换届，8 名市级、29 名县处级党外领导干部候选人全部当选。全市 1000 多名科以上党外实职和 200 多名副处后备党外干部和中共领导干部同步实行动态管理。

2001 年，市委采取面向全省公开招考的方式，为市检察院、市规划局、市劳动和社会保障局、市物价局各选配一名党外副检察（局）长。同时，通过采取提前准备、合理调配、及时补位等措施，确保年内 5 个县（市、区）人大、政府、政协领导班子党外副职全部选配到位。同年，全市选配党外副乡（镇）长 27 人，年增幅 40%。2002 年，安排市级党外干部 8 人（其中实职安排 1 人，政治安排 7 人），县处级党外干部 46 人（不含企事业单位），其中在政府及政府部门、司法机关任实职的 15 人，在人大、政协任专（兼）职的 26 人，在民主党派、工商联机关任职的 5 人。另有 4 人担任市人大常委，29 人担任市政协常委。2003 年，各级党委一手抓安排使用，一手抓培养锻炼，多次选送党外干部到中央社会主义学院、省社会主义学院、市委党校深造，参训总人数达 68 人。2004 年，各级党委强化组织措施，实行党内、党外干部“同步规划、同步培养、同步使用、同步管理。”是年，多年空缺的市中级人民法院党外副院长选配到位。2005 年，市委组织相关部门制订《2006 ~ 2010 年湘潭市党外干部培养选拔工作规划》；组成联合考察组，对 44 名民主党派市委领导班子后备人选进行全面考察，为新一轮民主党派换届工作提前做好人事准备；将560名优秀党外干部收入全市人才信息库；批准成立湘潭社会主义学院，并启动筹建工作。年末，全市党外人士担任市人大代表46名，其中市人大常委会委员4名，市人大常委会副主任1名；担任市政协委员207名，其中市政协常委33名，市政协副主席7名；担任市人民政府副市长1名，市政府部门副局长8名，市中级人民法院副院长1名，县处以上党外实职50人，副科以上党外实职298人（均不含企事业单位）；有5人担任县（市、区）人大常委会副主任、20人担任县（市、区）政协副主席。

第三节　经济统战工作

1986年，市委召开全市工商统战工作会议，对全市恢复工商联工作作出全面部署。是年，湘潭、湘乡两县恢复工商联组织，并分别在青山桥乡、潭市镇建立起基层分会。1987年，贯彻全国、全省统战工作会议精神，全市各民主党派、工商联大胆探索，通过各种途径直接或间接地支持和服务经济建设。1988年，市委批转市委统战部《关于统战工作为经济建设服务的意见》，并召开全市经济统战工作经验交流会。市工商联动员工商界人士集资入股创办"河西城市信用社"，开办当年即吸收社会储蓄590万元，成为当时个体私营业主一条便捷的融资渠道（后成为湘潭市商业银行重要组成单位）。1989年，全市各级党委充分调动和发挥非党知识分子的积极性和创造性，广泛开展各种服务经济的竞赛。江麓机械厂一批非党知识分子在科技竞赛中，完成技术革新174项，其中2个项目获全国科技成果奖。

1990年，市委、市政府重申对个体私营业主实行"三个不变"，即：坚持公有制为主体，发展多种经济成分总方针不变；允许通过诚实劳动，让一部分人先富起来政策不变；坚决制止"三乱"，保护个体、私营业主合法权益不变。同时加强思想政治工作，帮助广大个体私营业主消除疑虑，依法经营。1991年，市委总结推广市政协在委员中开展"贡献一条良策，提供一条信息，找准一个项目，举荐一个人才，用活一项政策，解决一个难题"（简称"六个一"活动）的经验，发动广大统战对象围绕经济中心献计献策，共收到建议2973条，采纳625条。1992年，贯彻《中共中央同意 < 中央统战部关于工商联若干问题的请示 >》的文件精神，市委批转市委统战部《关于做好工商联工作的意见》，要求各级党委加强对工商联工作的领导，支持工商联工作，积极稳妥地推动工商联工作职能的转变。是年，根据中央、省委的指示，市乡镇企业协会、私营企业协会、个体劳动者协会均以团体名义加入市工商联。贯彻中央"团结、教育、帮助、引导"的八字方针，坚持"爱国、敬业、守法"的基本标准，全市重点考察培养非公有制经济代表人士400多人，其中70人被选为省、市、县人大代表、政协委员；75人当选为市、县工商联执委；65人被评为市首届优秀个体劳动者、私营业主。

1993年，市委成立个体私营经济领导小组，召开全市发展个体私营经济动员大会，进一步放宽发展个体私营经济的政策。当年新增个体私营经济实体19478个，新增从业人员55185人。1996年，全市乡镇、街道普遍建立工商联基层分会，市、县（市、区）工商联在一些行业及有关经济部门组建行业协会或同业公会。1997年，湘潭市在全省率先在个体私营企业（单位）中开展党建工作和共青团、工会、妇女工作，并通过深情工贸有限公司、科通电气有限公司、步步高连锁超市以及仁和医院等单位试点取得经验，成立湘潭市个体私营经济党委。这项工作得到上级统战部门的支持和肯定。1998

年，市委统战部、市工商联、市人事局联合举办首届全市非公有制企业人才招聘会，一次促成600多名下岗工人实现再就业。1999年，以全省个体私营企业“百强”和个体私营业主“百优”评选活动为契机，大力宣传湘潭的优势私营企业、优秀私营企业家。有迅达集团等10家全省“百强”规模型私营企业、汤瑞仁等6名优秀私营企业家受到省委、省政府的表彰。2000年，召开全市个体私营经济会议，依法加强管理，引导合法经营，促其健康发展。

2001年起，市委鼓励和推动非公有制经济代表人士参与国企改革，做大做强非公有制企业，同时引导他们树立正确的义利观，投身光彩事业，回报社会。2002年，市个体私营经济党委吸收11名优秀私营业主和私营企业从业人员加入中共组织；通过开展扶贫、帮困、助学、救灾等活动，引导非公有制经济人士捐款达200多万元。2004年，各级统战、工商联组织继续发动非公有制经济人士关注“三农”及捐资助学献爱心，共募得善款200多万元。至2005年，市个体私营经济党委先后建立起4个基层党委、4个总支委员会、32个支部委员会，在册党员245人（不含流动党员），部分私营企业建立起共青团、妇联和工会组织，非公有制企业党建工作继续走在全省前列。

第四节 海外联谊和对台工作

1986年，市委根据中央、省委及上级统战部门指示，相继成立湘潭海外联谊会、湘潭市黄埔军校同学会以及“三胞”亲友联谊会，建立健全侨务和对台工作机构，围绕“祖国统一”和“振兴中华”的目标开展活动。市委、市人大、市政府联合举办孙中山生平事迹图片展览、纪念孙中山诞辰金石书画展览、纪念辛亥革命烈士刘道一就义80周年活动。全年接待台、港、澳同胞和海外侨胞645人；完成中央、省委对台部门交办的对台宣传、组稿203篇，拍摄电视宣传片一个；有39名“三胞”亲友获准赴境外会亲；成立“三胞”亲友联谊组织101个。1987年，市委根据全国、全省对台工作会议精神，通过举办台湾形势报告会、印发相关宣传资料等，在全市进行党的对台方针政策宣传教育。年内，建立“三胞”亲属联谊及联络小组203个。全市被全国对台、对外新闻单位采用的文字和图片稿150余篇；摄制的《中国·湘潭》画册及《金湘潭》《故土神游》等专题录相进入台湾，在岛内湘潭籍人士中传播。1988年，成立湘潭市“三胞”亲友联谊会和湘潭市台湾同胞接待处。年内共接待返乡探亲台胞1385人次。黄埔同学会会员宋希濂住湘潭农村的胞弟宋幼庚患急症不便就医，市政协派专车接诊，使病情得到及时治疗。身居台湾的台军原中校副官万某之母，长期寄住湘潭市区亲友家，要求解决户口问题，经市政协多次联系后，问题得到解决。是年，对台经贸开始起步。湘潭纺织印染厂同台北建欣缝纫有限公司签订来料加工合同，成为湘潭市首宗对台贸易。1989年4月，台胞出资10万美元，台属罗子坤、蒋长林、张绍余合作开办湖南会群塑料有限公司，为湘潭市第一家台资企业。同年，由林周毅女士出资50万美元兴建的“湘潭慈光幼稚园”开业，迈出台湾同胞在湘潭兴办公益事业第一步。1990年1月，副市长郑曾铨、市政协副主席王耀章、刘声耀、刘甲华接待台湾“中国统一联盟”执行委员何仲康。

1992起，全市海外联谊、对台工作围绕深圳、香港经贸洽谈会、“92中国·湘潭重九联谊暨经贸洽谈会”“纪念毛泽东主席诞辰100周年文艺汇演暨经技贸洽谈会”等大型招商活动展开，促成大批台商和海外知名人士来潭考察和参会。中国国民党原中央委员段宏俊、民主自由党主席何伟康、海峡两岸交流促进会理事长沈嘉生、台北市湖南同乡会、台湾桃园县湖南同乡会观光团等先后应邀来到湘潭交流考察。是年，全市联谊组织20个，会员5500多人。至1994年，湘潭市总商会（市工商业联合会）出席在香港举行的海内外华人友好商会成立庆典，成为该会团体会员。湘潭大学中文系教授李永明应邀出席台湾第一届语文国际学术研讨会，成为湘潭市第一位赴台进行学术交流学者。

1995年，市委组织各级统战对台部门学习贯彻总书记江泽民发表的关于台湾问题重要讲话精神；根据中央领导同志批示，市委责成有关部门组织专人帮助何伟康落实私房政策，为其明确产权，并给予23.5万元经济补偿；批准144人赴台探亲和进行文化、体育交流；港澳部分知名人士组团来韶山观光，台胞“寻龙登山旅游团”来潭考察，市委分管领导均陪同接待。1996年，由台湾《中国时报》《联合报》、友联卫视台等传媒组成的记者参访团首次到湘潭采访，市、县统战、对台部门积极配合他们精心制作正面宣传毛泽东主席故乡湘潭和韶山的电视专题片。1997～1999年，各级统战、对台部门和“三胞”亲友，每年向海外寄发招商引资信函3000余封，吸引大批台湾、海外亲友和客商来潭考察交流。期间，先后有中国国民党原中央评议委员、《中央日报》社长、时任台湾新闻学会理事长楚崧秋，台湾原陆军中将刘子田，中国国民党《青年战士报》总编、时任台北市湖南同乡会会长罗卓君（少将）等湘潭籍在台人士回乡。楚崧秋还力邀中国国民党原中常委、力霸集团董事长王又曾分别捐款50万元，在湘潭大学设立奖学基金，支持家乡发展教育事业。湘潭经贸考察团一行5人成功入台交流访问。

2000年，市委组织湘潭海外联谊会、湘潭市归国华侨联合会在香港召开“湖南湘潭香港侨界合作恳谈会”，有100多名港、澳、台商界人士与会。年内，台北湖南同乡会组团来潭交流观光，湘潭海外联谊会组团赴台开展文化交流，湘潭市书画家卢望明、丁剑虹、刘振涛等在台北市举办书画艺术精品展。2001年，台湾“行政院大陆工作委员会”原主任委员、时任台湾“欧亚教育基金会”董事长，湘潭籍知名人士张京育携夫人回乡探亲；亲民党主席宋楚瑜的代表张景宏来潭祭扫宋家祖墓，均有市领导出面接待。2002年，台湾教育考察团到湘潭师范学院进行学术交流。有7位台湾校友返校参加市一中百年校庆，并当场捐款3万多元支持母校建设。湘潭农业考察团、经贸考察团和教育访问团先后赴台考察交流，赴台总人数51人次。

图3-7-1 宋楚瑜偕家人祭扫祖墓

2003年起，市委发挥海外联谊、对台工作优势，大力开展对台、对外招商。先后引进美国麦当劳公司来潭开设门店；邀请35名重要客商出席首届“齐白石艺术节”，并成功签订招商项目6个。对台部门促成台湾东森电视台记者来潭采访报道宋楚瑜、马英九故乡。

2005年3月，台湾电影考察团应邀到潭进行投资考察，并签订在潭拍摄电影和建立影视基地等五项合作意向。是年，应总书记胡锦涛邀请，亲民党主席宋楚瑜率团访问大陆。5月9日，他和家人回到阔别半个多世纪的故乡湘潭。当天在老家湘潭县巨渔村举行祭祖仪式（附图），访问儿时母校——曙光学校并会见亲属。市委按照中央、省委关于宋楚瑜大陆访问接待工作部署，制订出严谨的接待工作实施方案，由书记挂帅，分管副书记具体组织落实。宋楚瑜一行上坟祭祖有一段山路，考虑到宋楚瑜母亲年岁已高，腿脚不便，接待时，乡亲们用特制竹椅，抬着她去祖坟祭祀。整体接待工作得到中央、省委有关部门肯定。6 月，根据中央、省委关于对台工作指示，市委将市委台湾工作办公室升格为正县级单位，进一步加强对台工作领导。同年，市委支持湘台房地产开发公司就 1993 年经济纠纷案依法向雨湖法院提起行政诉讼，最终由市中级人民法院审结裁定并促成雨湖法院向胜诉方支付国家赔偿款 30 多万元。

第八章　政法工作

第一节　社会治安综合治理

1986 ~ 1990 年，贯彻中共中央“治安情况要根本好转”指示精神，市委成立社会治安综合治理领导小组，由市委书记任组长、市长及市委主管常委任副组长；领导小组下设办公室，为常设机构，由市委政法委委员兼任办公室主任。相继出台《各部门综合治理职责任务》《领导夜间巡查治安制度》《一票否决权规定》《考核评比奖惩规定》等制度，将市、县(市、区)两级 119 个成员单位明确为 97 个责任区，并根据责任区综治工作情况对成员单位进行考核奖惩。湘潭市《加强综合治理　控制大案上升》经验材料被中央政法委刊用。

1991 ~ 1992 年，市委根据中共中央、国务院、全国人大常委会《关于加强社会治安综合治理的决定》精神，提出“全党动手，全民动员，力争社会治安综合治理跨入全国先进行列”的目标，进一步加强对综治工作的领导。经湖南省机构编制委员会批准，市社会治安综合治理领导小组办公室更名为市社会治安综合治理委员会办公室(下称市综治办)，机构规格定为正处级，与市委政法委合署办公。县市区综治办定为正科级机构；乡镇街道党委副书记兼任综治办主任；在全市政法系统选调 63 名民警到重点乡(镇、街道)担任党委副书记兼综治办主任，加强综治工作基层组织建设；设立“见义勇为奖励基金”，鼓励人民群众积极同违法犯罪行为作斗争；在城区重点路段、重点部位增设 9 个治安岗亭，防范街面违法犯罪。1993 年，湘潭市被湖南省授予唯一的“社会治安综合治理先进市”称号，省委政法委、省综治办到湘潭召开现场会，推介湘潭《富民须安民　一以贯之抓稳定》工作经验。

1994 年，市委、市政府制定《湘潭市创建治安模范城市总体方案》，提出用三年时间基本建成治安模范城市的目标。同时，在全市启动治安模范乡镇、单位、小区创建活动。翌年，为推动“创模”工作，市综治委、市委组织部联合下发《关于对社会治安综合治理第一责任人进行政绩考核的通知》，明确各县(市、区)党委书记、县(市、区)长为综治工作的第一责任人；在全市 81 个乡(镇、街道)设立“一办三所”(综治办、派出所、司法所、民政所)，配备一名党委副书记主抓政法、综治工作。组织开展“依法治村工作百日千村行”活动，推进村级基层单位依法治理，成功探索行业联防、厂社联防、村街联防等网络式联防平安创建模式。1996 年，市委办公室、市政府办公室批转市综治委、市委政法委《关于在全市开展创建治安模范单位、乡、镇、街道、小区的报告》，市综治委下发具体考核奖惩办法。1997 年，市综治委、市纪委、市委组织部、市人事局、市监察局联合下发《关于建立和落实社会治安综合治理领导责任制工作联系制度的实施办法》，健全维稳领导责任制、党委例会制、对重点地区派驻工作组制度和热点问题部门负责制“四项制度”；进一步明确各地区、各部门、各单位的党政一把手是综治工作的第一责任人，把抓好综治工作、确保一方平安作为各级党政领导干部任期内的重要目标，并与政绩考核、晋职晋级和奖惩直接挂钩。当年，除表彰奖励一批单位和个人外，有 9 个单位被市委、市政府“一票否决”，16 名责任人被追究责任。

1998 年，市委办公室、市政府办公室下发《关于进一步加强社会治安综合治理基层基础工作的意见》。此后三年，全市启动刑满释放、解除劳动教养（以下简称“刑释解教”）人员安置帮教工作，成立市、县（市、区）、乡（镇、街道）三级安置帮教工作领导小组及办公室，并在乡（镇、街道）设立安置帮教站；成立市流动人口治安管理领导小组及办公室，建立暂住人口信息管理系统；成立市青少年法制教育基地管理委员会，从政法部门聘任 307 名干警担任中小学法制副校长，市劳教所、市戒毒所被确立为全市青少年法制教育常年基地；全市创造以江南机器厂为代表的“厂社联防型”、以南天公司为代表的“睦邻友好型”、以湘潭钢铁集团公司为代表的“全面共建型”三种安全文明社区工作模式。

2001～2003 年，全市推广湘潭县姜畲镇以乡镇司法调解中心为依托、“一个窗口对外” 统一收案、集中力量调处矛盾纠纷的试点经验，建立矛盾纠纷排查调处工作机制、形成“大调解”工作格局，这一做法被全国、全省社会治安综合治理工作会议推介，经验材料被中央综治办收入《社会治安防范策略与实践》一书。中央综治委和中央电视台联合拍摄的《长治久安》电视片以及中央综治委机关刊物《长安》杂志推介湘潭县姜畲镇金陵村成立刑释解教人员帮教小组，加强对帮教对象的思想教育和转化工作，有效预防和减少刑释解教人员重新犯罪的工作经验。市政府发布《湘潭市见义勇为人员奖励和保护试行办法》，系湖南省就见义勇为发布的首个市级文件。2004 年起，启动“平安湘潭”创建工作。市委、市政府批转市综治委、市委政法委《关于创建“平安湘潭”的实施意见》，深入开展平安县（市、区）、乡（镇、街道）、社区（村）、单位创建活动。岳塘区板塘乡《乡为主、村负责、组落实，构建矛盾纠纷排查调处工作新局面》和湘潭县射埠镇《综治村为主 创建平安镇》的工作经验，分别被全国、全省综治工作会议肯定和推介。市委、市政府在射埠镇召开治安防范“村为主”现场经验交流会，着力构建“村为主”治安防范体系；在城区建立社区流动人口和出租房屋规范管理制度，强化出租户的责任，实行“谁租房、谁负责”，落实“以房管人、以业管人”工作措施；探索落实非公有制企事业单位治安防范责任，在华隆步步高、平安电器等 5 家民营企业进行试点，形成一套工作制度。2005 年，在全省首次市州综治年终考评中，湘潭市名列第四，被省委、省政府评为“社会治安综合治理先进市州”；韶山市在全省县市区综治考评中位居第一，因连续三年进入省前 40 名，被授予全省首批“平安县市区”称号。

第二节　专项治理行动

1986 年，湘潭市按照中共中央关于依法从重从快严厉打击严重刑事犯罪 “三年为期，三个战役”第三战役阶段的最后一年的部署，坚持以区域性专项斗争为主，突出集中打击与及时打击相结合、统一行动与局部小行动相结合的方式，集中打击盗窃、流窜犯和流氓恶势力犯罪。全市累计摧毁流氓、强奸、抢劫等犯罪团伙 151 个，侦破各类刑事案件 4177 起，挽回经济损失 400 多万元；期间出现的 11 件错案，均纠正到位。1987 年，湘潭市贯彻全省预防恶性案件现场会精神，加强对重大节庆日、文体活动、重点部位的布防、监控等措施，重点整治聚众赌博、卖淫嫖娼、盗窃等突出治安问题，组织开展反盗专项斗争、“抓大案，打团伙”集中行动，全市没有发生特大爆炸、纵火等恶性案件。

1989 年春夏之交，发生在北京的政治风波波及湘潭，全市政法机关与中共中央保持高度一致，严厉打击参与“打、砸、抢、烧”事件的刑事犯罪分子，逮捕、处理违法犯罪人员 100 多名，维护社会治安正常秩序。市委相继召开严厉打击严重刑事犯罪动员大会、集中打击专题工作会议、全市政法书记会议，组织三次全市性的集中打击统一行动和对重点部位的清查整顿。至 1990 年，抓获现行犯 340 多名，破获各类刑事案件 3600 多起，打掉团伙 212 个，逮捕犯罪嫌疑人 789 名。

1991～1992 年，按照中央开展反盗斗争的总体部署，以反窃车为主要内容，组织开展打团伙、破大案侦破战役，两年破获窃车案 1085 起，抓获犯罪嫌疑人 624 名，收缴赃车 9000 多辆。1993 年，开展以打击车匪路霸、打击抢劫和重大盗窃犯罪、打击拐卖妇女儿童犯罪，整顿重点地区和重点路段治安秩序、整顿交通秩序，查禁卖淫嫖娼为主要内容的“三打两整一查禁”行动。全市组织 100 多个追逃小组，跋涉 18 个省市区，抓获“三逃”（负案在逃、批捕批教在逃、越狱逃跑）人员 175 名，摧毁犯罪团伙 426 个，抓获车匪路霸 672 名，瓦解成员 1967 人。

1995 年，市政府颁布《关于维护企业及其周边治安秩序的若干规定》，派出 162 名干部到 25 个重点企业，采取上下联动（从市至县区统一行动）、内外联动（企业与地方政府同时开展）、城乡联动（城区与乡镇全面展开）、点面联动（以湘潭钢铁公司等 6 个企业为点，以点带面）方式推动工作。全市破获偷盗、哄抢工业器材和国有资源等案件 1404 起，处理阻碍企业基建、技改工程等治安案件 2456 起，挽回经济损失 700 余万元。在武汉召开的全国整治钢铁企业及周边治安环境会上，湘潭作经验介绍。1996 年，市委常委会议决定加大“严打”力度，部署两次全市性集中搜捕打击行动，市委书记、市长亲自参与指挥督战，破获“5·6”系列麻醉抢劫杀人案等一批大要案件，举行公开打击处理、宣判会议 32 次。1997 年，开展“春夏严打整治行动”“反内盗专项斗争”“冬季侦破战役”、打击车匪路霸和流氓恶势力等专项行动，整治治安较混乱的 70 个重点地区、84 个重点地段和 89 个行政村，捣毁严重刑事犯罪团伙 89 个 374 人，破获、审结一批影响较大的刑事案件。市中级人民法院首次审理涉外刑事犯罪案件，3 名伊朗人被依法判处有期徒刑。1998 年，因湘潭县易俗河地区“黄赌毒”、岳塘区株易路口的赌风蔓延至市区等问题较为突出，受到湖南省委书记王茂林批评。市委组织开展对易俗河等地区的查禁专项行动，查封“黄、赌”场所 246 处，抓获犯罪嫌疑人 517 人。对党政机关充当“黄、赌”违法经营的后台和保护伞的有关人员给予纪律处分，责令公安机关与 29 家挂靠的娱乐场所脱钩，干警家属开办的 13 家娱乐场所转向经营。抓获被公安部列为全国五大邪教组织之首的“主神教”教主刘家国及一批骨干，市中级人民法院依法判处刘家国死刑、剥夺政治权利终身。1999 年，对 107、320 国道和校园周边重点治理，拆除国道沿线违章建筑 183 处，整顿马路市场 26 处，清理整顿学校周边“三室两厅”（卡拉 OK 室、电子游戏室、桌球室、放映厅、营业性舞厅）269 家、出租房 368 户，调处校地纠纷 163 起。2000 年，组织网上“打拐”统一行动，侦破拐卖妇女儿童案件 23 起，摧毁拐卖团伙 4 个，抓获人贩子 26 名，解救妇女儿童 294 人。

2001～2002 年，按照中央部署，实施为期两年的严打整治行动，全面开展“打黑除恶”专项斗争。摧毁以汪志明和王北华为首的 2 个带黑社会性质的犯罪团伙，抓获犯罪嫌疑人 24 名；打掉恶势力团伙 43 个，抓获成员 221 人。重点整治湘潭县射埠镇泉井坝村、雨湖区先锋乡先锋村、韶山市杨林乡白鹤村、湘乡市山枣镇白砂村四个基层组织涣散、管理失控、恶势力为害一方的“治安失控村”，摧毁“土霸王”恶势力团伙。两年破获各类刑事案件9222起，摧毁犯罪团伙441个，涉案1747人。

2005年，组织打击“两抢一盗”违法犯罪专项行动。市委书记、市长亲自部署，重点对湘乡市社会治安进行专项整治，摧毁一批恶势力团伙，挖出中华人民共和国成立以来最大的一个盗抢机动车犯罪团伙，追缴被盗汽车12辆、摩托车100辆，打掉2个作案35次以上的飞车抢劫抢夺团伙。全市摧毁犯罪团伙147个。

第三节　维护社会稳定

1986～1987年，湘潭市贯彻全国人大常委会《关于加强法制教育维护安定团结的决定》精神，加强重大节庆假日安保维稳工作，及时处理部分转、退伍军人、残疾人员以及因工农纠纷引发的集体上访、请愿、闹事事件；从重从快打击严重影响群众安全感的恶性刑事犯罪，集中整治治安问题突出的地区和单位，保持社会大局平稳。

1989年，市委根据中共中央、国务院的决策部署，立足主动抓稳定，组织政法机关对流氓分子和“打、砸、抢、烧”事件的策划者和制造者给予坚决打击，抓获100多名刑事犯罪分子，维护社会正常秩序。7月，市委召开制止动乱表彰大会，表彰7个先进集体、184名先进个人和8名见义勇为先进个人。

1990～1993年，落实“稳定压倒一切”思想，全市各级党委、政府成立处置突发性事件领导小组和情报信息中心，全面掌握社会动态。建立健全敌情资料信息制度，密切关注敌情、社情动向，及时获取影响稳定的情报信息，成功处置游行示威等闹事苗头。市委加强策划、组织，确保了毛泽东同志诞辰100周年系列纪念活动的安全、有序。1994年，湘潭市实施“长治久安工程”，市、县(市、区)两级成立维护社会稳定领导小组，各大厂矿和县市区均组建不同规模的民兵应急小分队。加大情报收集和隐蔽战线斗争，组建湘潭市国家安全局，收集、处理涉及稳定的情报信息728条，妥善处理闹事和闹事苗头90余起，处理停工、罢工事件12起，游行、请愿12起，破获反动标语、反动传单案件5起，调解、审结民事纠纷3876起，防止一般民事纠纷、经济纠纷诱发不稳定因素。1995年，为做好企业改革、改制领域的维护稳定工作，全市成立24个帮促小组，由24名市级领导分片负责，帮助困难企业脱困、解困。1996年，在农村地区开展“维权减负”工作，维护农民的合法权益，消除农村不安定因素。

1997年，为化解因社会变革及利益分配引发的人民内部矛盾，市委加大对社会弱势群体“减负解困”等热点问题的工作力度，全市成立23个工作组，下基层指导、解决突出问题。进一步完善应急处突预案，明确对突发性、群体性事件“区分性质、讲究策略、把握时机、严格依法、冷静稳妥”的处置原则。稳妥处置湘潭县响塘乡500多名不明真相群众抗缴国税，殴打、扣押基层干部，以及堵塞320国道等突发事件。1998年，加大矛盾纠纷排查化解力度，向重点地区、重点单位派出186个工作组，防止矛盾纠纷激化、升级。1999年，贯彻执行中共中央、国务院决定取缔“法轮功”邪教组织指示精神，加大依法打击和教育转化力度，瓦解“法轮功”邪教在湘潭市的组织体系。2000年，受市委的委托，市、县(市、区)两级党委政法委组织维稳调查170余次，排查不稳定因素50余起，有效化解较大群体性事件67起。

2001年，探索维护稳定长效机制，建立健全各级维稳机构，形成由党政“一把手”负总责的市、县、乡、村四级大维稳工作网络，驻潭高校、企业和市直部门均建立维稳领导机构。市委抽调专门人员，组成农村、城区构建维稳工作大格局运行机制试点工作组，在湘潭县姜畲镇和岳塘区试点，创造“岳塘经验”和“姜畲模式”，受到中央综治委、省综治委好评。2002年，按照“一个问题、一名领导、一套班子、一抓到底”的“四个一”原则，加大对企业改制等重点问题的化解力度，市财政购买公益型就业岗位1500个，全部用于支持下岗职工再就业。全市化解企业改制不稳定因素287起。2003年，注重对各类矛盾纠纷及时排查、化解，把握维稳工作的主动权，市委集中向15个部门交办8个重大不稳定因素，年内全部办结。2004年，市委建立、完善13类应急处突工作预案。市委书记签发交办函，向各县(市、区)和市直单位交办38个重大不稳定因素，各级各部门认真落实“一个问题、一名领导、一套班子、一个方案、一抓到底、限期办结”的工作要求，各类不稳定因素得到化(缓)解。2005年，市委对不稳定因素部署6轮集中排查，交办、化解重大不稳定因素30多起，成功处置企业军转干部集体上访、湖南湘铝有限责任公司与湘乡市白托村大规模矛盾冲突等8起较大群体性、突发性事件。

第四节　政法队伍建设

1986年，湘潭市有政法干警1155人，其中男956人，女199人。从年龄结构来看，35岁以下干警596人，占总人数51.6%；35岁至55岁干警448人，占总人数38.8%；55岁以上干警111人，占总人数9.6%。从文化程度来看，大专以上文化程度的干警仅有107人，占总人数9.3%，高中以下文化程度干警1048人。针对个别政法干警有法不依、执法不严、违法不究等问题，市委在全市政法机关开展纪律作风整顿。明确各县市区委政法委书记、法院院长、检察长为副县级。在市委政法委和市直政法各部门设立纪检组，配备专职纪检组长，强化纪律监督。至1988年，先后将39名不符合政法工作岗位要求干警调出政法机关。

1989年，明确规定县市区公安、检察、法院均设立政工室和纪检监察室，基层派出所、法庭确定专人负责政治工作，形成自上而下的政工、纪检干部管理网络。市委政法委下发《关于切实抓好领导干部廉政建设的意见》，提出秉公执法，不许经商、到公司任兼职，不准请客送礼、收受礼物礼金等9条规定。1990年，进一步加强政法机关廉政建设，查处违法违纪案件59件59人，其中刑事处罚10人，给予党纪政纪处分24人。加大争先创优力度，涌现出“全国公安战线廉政勤政先进典型”韶山冲派出所、“全国公安战线二级英模”“全省学雷锋标兵”喻军、“全国检察系统模范检察干部”游丙炎、“全省法院系统廉政建设先进单位”壶天法庭、“全国司法行政系统‘三学’先进个人”彭惠智等一批先进典型。1991年，积极推行政法机关目标管理工作机制，将工作任务完成情况与评先评优和提拔任职挂钩，促进政法机关转变作风，全年确定的目标管理任务全面完成或超额完成，其中思想政治教育等31项工作受到国家、省有关部门表彰。

1992~1994年，调整和充实各级政法领导班子，实行干部异地交流，建立考核考绩和监督制度。加强政法机关形象建设，开展“强化四个观念，淡化四个意识”(强化法制观念、淡化权力意识，强化经济观念、淡化金钱意识，强化群众观念、淡化个人意识，强化廉政观念、淡化享受意识)教育活动，建立健全保障严格执法、预防司法腐败的规章制度，整改和查处各类问题60多个。1995年，全市有政法干警1561人，其中男1190人，女371人。从年龄结构来看，35岁以下干警587人，占总人数37.6%；35岁至

55岁干警777人，占总人数49.8％；55岁以上干警197人，占总人数12.6%。从文化程度来看，大专以上文化程度干警有592人，占总人数37.9%。是年，加强政法领导班子民主集中制建设，建立健全政治学习、议事、民主生活会等制度。实行县市区公、检、法“三长”异地任职交流和政法单位内部轮岗交流工作。查处违法违纪行为，收回非警车单位公安专用车辆牌照27块，清理出不当罚缴资金52万元。

1997年，结合市、县(市、区)两级班子换届，调整政法领导班子。制定《关于追究领导干部责任的规定》，完善领导干部谈话提醒等制度。组织开展对公检法单位的司法评议、行风评议、财务审计等工作，审查案件及举报线索4587件，立案查处干警违法违纪问题33起47人。2000年，市委下发《关于认真贯彻落实 < 中共中央关于进一步加强政法干部队伍建设的决定 > 的决定》，建立健全领导双重责任制，加强领导班子建设，组织专题整风活动，对市直政法单位副科职及县市区股、所长以上干部进行集中学习培训，以湛江走私等案例为教材，进行自查自纠。

2001年，市委政法委下发《关于加强和改进政法部门基层党的建设工作的意见》，在易俗河公安派出所、法庭、司法所进行基层政法队伍示范点建设，在市公安局看守所进行党建工作示范点建设，推介党建工作先进典型。严肃查处岳塘公安分局刑侦大队预审中队长杨某某、岳塘区人民检察院检察员贺某某徇私枉法案，追究两人刑事责任。2002年，组织开展强化“党的观念、群众观念、法制观念”教育活动。调整3个县市区委政法委书记，5个县市区法院院长、检察长全部实行异地交流。69人通过竞争上岗担任市直各政法单位的部门负责人。市委政法委制定《关于加强司法监督的若干规定》，进一步规范执法行为。实行警务、检务、审判公开，落实办事程序、收费项目、收费标准“三上墙”，以执法公开推进执法公正。2003年，开展“公正执法树形象”集中教育活动，建立以“督查、讲评、追究”为主要内容的执法监督机制，整改各类问题568个。设立“政法110”举报电话，方便投诉和举报。2004年，市委下发《关于进一步加强基层政法队伍建设的决定》，建立政法干警执法质量档案，强化政法系统内部监督，促进执法质量提高。立案查处市公安局治安支队侦查大队队长邹某某利用职务之便，收取娱乐行业“保护费”等违法违纪案件。

2005年，全市有政法干警2086人，其中男1648人，女438人。从年龄结构来看，35岁以下干警759人，占总人数36.4%；35岁至55岁干警777人，占总人数55.0％；55岁以上干警179人，占总人数8.5%。从文化程度来看，大专以上文化程度干警1601人，占总人数76.7%。

第九章　其他党务工作

第一节　党校工作

一、组织与基础设施建设

1986年，市委党校校园面积27333.5平方米，建筑面积8933平方米，有教学楼2栋，办公楼、大礼堂、图书楼、学员食堂各1栋。除第二教学楼建于20世纪80年代中期外，其他多为50年代建筑。

全校共有教职员工109人，其中教学人员46人，分属哲学、政治经济学、科学社会主义、党史党建、文化五个教研室和图书资料室。

1990年，为加强对党校工作领导，市委决定，由一位市委副书记兼任党校校长。1991年10月，党校学员楼改建工程动工。由市财政拨款130万元，将砖木结构的原地委党校学员楼改建为砖混结构的第一教学楼。次年9月新教学楼竣工，建筑面积3400平方米，包括学员宿舍60间和教室4间。1996年，为落实"全省党、干校系统评估达标创先争优活动"，市委常委办公会议专题研究党校工作，决定加强湘潭党校建设。

从1997年开始，为加强教师队伍建设，每年从应届大学本科毕业生中公开招聘教员2～3名，每年选派1/4的教员参加湖南省委党校行政学院师资培训班等各种形式的业务进修，每年选派2～3名骨干教员到基层单位挂职锻炼。当年首次从应届大学本科毕业生中录用新教员4名。2001年3月，为贯彻中共中央《关于面向21世纪加强和改进党校工作的决定》，市委发布《中共湘潭市委关于加强和改进党校工作的决定》，要求进一步加强和改善各级党委对党校工作的领导，明确党校教育的重要地位，努力改善党校办学条件，充分发挥党校的马克思主义理论阵地作用。同年7月，市委召开现场办公会议，决定由市财政拨款，按照保证教学和分步实施的原则，以党校信息化建设为重点，加快党校教学条件和教学手段的现代化进程。

2002年9月，市委党校开始在教学中普及多媒体教学；12月26日，中央党校远程教学网开通。自此，党校教学告别黑板加粉笔的传统模式，教学手段有了质的提高。2003年5月，第三教学楼动工兴建（次年3月第三教学楼竣工），建筑面积3320平方米，包括学员宿舍60间，教室、讨论室7间及相应的配套设施，总投资420万元。

2005年12月，市委党校顺利通过省委干部教育工作领导小组组织的评估复查，雨湖区委党校、湘乡市委党校落实中专体制的有关工作也全面启动。至当年底，学校建筑总面积14661.86平方米，比1986年增长64.13%，其中教学楼3栋；全校教职员工135人，比1986年增长23.85%，其中专职教员32人，具有研究生学历7人，大学本科学历25人，专职教员平均年龄36岁，有高级职称10人、中级职称13人，分属政治、经济、法学、计算机4个教研室和理论研究室。

二、干部培训

（一）培训轮训党员领导干部及后备干部

1986年，市委党校开始举办中青年干部培训班，学员为全市45岁以下的县处级后备干部，由市委组织部从全市各单位选调。教学内容包括理论基础、世界眼光、战略思维、党性修养4个方面，就"马列主义、毛泽东思想理论""党的学说与党的建设""法律法规""现代科技""行政管理""领导科学""计算机常识""市情研究"，采用专题教学方式，将学科相同或相近教学专题，按"单元"集中讲授，同时安排相应自学、讨论。1987年，开始举办乡镇干部进修班，学员为全市在职乡（镇）科级干部，举办13期，培养学员730名，后与科级干部进修班合并办学。1990年，开始举办县处级干部进修班和科级干部进修班，学员为在职县处级、科（局）级干部。

2001～2004年，为实现提高理论素养、开拓世界眼光、培养战略思维、提升领导能力、增强党性锻炼的培训目标，党校主体班传统的"单元"教学转向重点抓好"三基本""五当代"的学习，即"马列主义基本问题”“毛泽东思想基本问题”“邓小平理论基本问题”和“当代世界经济”“当代世界科技”“当代世界法制”“当代世界军事”“当代世界思潮”。至2005年的20年间，举办中青年干部培训班24期，培训学员1038名；举办县处级干部进修班31期，培训学员1363名；举办科级干部进修班46期，培训学员2329名。

(二)短期专题培训

1986~1991年，举办军队转业干部进修班8期，培训学员272名。培训内容为政治理论、法律常识、经济管理等。1992年10月，开办中共十四大文件学习班，时间为一个星期，市直各单位主要负责人117人参加学习。1994年5~8月，连续举办两期“邓小平理论”学习班，全市县级主要领导干部77人分两批参加学习，每期半个月，重点研讨《邓小平文选》第三卷和《中共中央关于建立社会主义市场经济体制若干问题的决定》；1994年9~10月，举办4期市场经济理论学习班，全市县处级干部共234人分4批参加学习，每期一个星期，分专题学习《中共中央关于建立社会主义市场经济体制若干问题的决定》。1997年10月，由党校与市委组织部、宣传部、讲师团共同主持的十五大精神研讨班，市属国有中小型企业、县市区党群文教系统、经济工作部门、执纪执法等部门主要负责人504人分五批学习党的十五大报告。1998~1999年，共举办3期企业工商管理干部培训班，主要学习管理经济学、市场营销、市场法制等课程，每期脱产学习3个月。2001年8~9月，全市县处级领导干部“七一”讲话学习班分4期举行，每期6天，全市县处级干部947人分4批参加。

(三)全日制学历教育

1986年，市委党校继续举办两年制干部大专培训班，招生对象为年龄30岁左右、具有高中以上文化程度、有5年以上实际工作经历的党员在职干部；同年，开始举办干部中专培训班，中专培训班招生对象为年龄25岁左右、有3年以上实际工作经历的党员在职干部。以上干部大、中专班，学员学完规定课程，经考试合格者，发给毕业证书，取得国家承认的学历。1989年，举办一年制专业证书班(专修班)，学员学完规定课程，成绩合格，由学校颁发省教委统一印制的干部中专(大专)专业证书。获得专业证书的干部，在同一专业范围内学用一致岗位上任职和使用，可视同普通大中专学历同等对待。至1991年的6年间，举办两年制干部大专培训班4期6个班，毕业学员322人；中专培训班3期4个班，毕业学员215人，其中两年制班两个，一年制班两个；一年制专业证书班3个，毕业学员85人。此后，该类全日制干部培训班不再招生，学历教育转向业余函授学习。

三、函授教育

1987年4月，市委党校湘潭函授学区成立，业务上隶属中央党校函授学院和湖南省委党校函授分院。招生对象以党员、干部为主，适当吸收其他工作人员，同年9月，开始举办中央党校函授大专班，学制3年，首批学员137人，其中政治专业40人，经济专业97人。1988年，开始举办省委党校函授大专班，学制3年，首批学员153人，其中行政管理专业50人，经济管理专业103人。1991年，开始举办中央党校函授本科班，学制两年半，首批学员56人，其中行政管理专业28人，经济管理专业28人。1997年，经省委干部教育工作领导小组批准，市委党校开始自办业余(函授)大专班。

1999年，湘乡党校、湘钢党校、湘潭县党校、韶山市委党校相继成立函授教学站。以市委党校为中介，与中央党校、省委党校相衔接，初步形成四级函授办学体系。同年，开始举办湖南行政学院函授专科、本科班,企业工商管理干部半年期函授培训班。2000年,开始举办省委党校函授本科班,学制两年半,首批学员672人,包括法律、行政管理、经济管理、投融资管理、财税管理等不同专业。2001年,开始举办省委党校经济管理专业在职研究生班,学员为副县级以上领导干部(后调整为科级以上干部),首届研究生班学员47人。2003年,雨湖、岳塘两区分别成立市委党校函授教学点,并开始招生办学。2004年,开设全省党校函授的第一个电子政务专业本科班。2005年,开设园林专业大专班,并在各县(市、区)委党校开办农村村干部函授大专班。

至2005年的20年间,市委党校函授教育共毕业学员25559人。其中,中央党校函授专科毕业生137人,函授本科毕业生9917人;湖南省委党校函授专科毕业生11629人,函授本科毕业生1479人,在职研究生158人;湖南行政学院函授专科毕业生688人,函授本科毕业生118人;市委党校自办函授大专毕业生1433人。

第二节　政策研究

1986年起,全市政策研究围绕国有企业改革,先后开展进一步推动横向经济联合、深化企业内部改革、推进资产经营责任制、放开搞活技术市场、资金市场等调研。其中深化企业内部改革,提出"三改一加强"(改革企业分配制度、改革企业领导体制、改革劳动用工制度、强化企业管理)的调研报告,被市委六届四次全体(扩大)会议采纳并作出相关工作部署。至1987年的两年间,共完成调研课题18个,形成调研报告50余篇。

1990~1994年,市委政策研究室加大对改革开放和经济建设调研力度,取得一批成果。在中央级刊物上发表19篇,其中以市委名义撰写的泉塘子乡农技站调研报告在《求是》杂志1994年第3期发表。湘潭县古城乡综合农业点加强农村水利基础设施建设调查材料先后被中央社教办《农村工作通讯》、省委《学习导报》《省委通报》等刊物采用。1995年,市委组织有关部门对全市经济和社会等方面进行广泛深入调查,形成市委第八次党代会确定的"强工富市"发展战略,作出《关于认真实施强工富市发展战略的决议》。是年,共组织开展重大调查研究9次,其中关于亏损企业党建工作调研文稿,先后被多家中央刊物采用。从1996年起,根据省、市委领导部署,突出对事关湘潭经济社会发展全局的重大课题调研,先后开展"百乡千村大调查""开放带动与强工富市""长株潭经济一体化"等课题调研。到1997年的3年间,共完成调查研究课题36个,有11项调研成果进入市委、市政府决策范围或被中央、省级刊物采用。"开放带动与强工富市"研究课题的调研报告,获省优秀调研报告二等奖。

1998年,市委政策研究室着力加大对经济发展环境、非公经济、旅游产业、科技兴农等重大课题调研,其中《关于加快湘潭县域经济发展的调查报告》发表在《中国乡镇建设》等刊物上,被评为全省县以上领导干部优秀调查报告二等奖。至1999年,共完成调查研究课题63个,并有6篇理论文稿在中央、省级刊物获奖。

2000年,市委召开第九次党代表大会,市委政策研究室组织对全市各行业各部门开展为期4个月的调查研究,形成"奋发图强,加快发展,夺取新世纪我市现代化建设的新胜利"的大会主题报告,确立继续坚定不移地实施强工富市发展战略,以加快发展为主题,以调整结构为主线,以建设省内经济强市为目标的发展思路。全年共组织重大调研15次,制定出台政策性文件8个。2001~2002年,先后组织开展"加速湘潭工业化进程""加快农业产业结构调整""加快高新技术产业发展""进一步扩大对外开放,加快发展外向型经济""加快发展旅游业""加快畜牧业及相关产业发展"等重大课题调研,完成重大课题调研20个,制定出台政策性文件6个。

2003年,市委政策研究室组织开展各类调研活动42次,制定出台政策性文件12个,在省级以上刊物发表文章45篇,其中《关于建设湖南先进制造业中心的意见》《关于建设湘中南现代物流中心的意见》《关于建设长株潭生态休闲中心的意见》等文件,为湘潭经济转型升级,加快发展奠定理论基础。2004年,按照中央贯彻落实科学发展观的要求,市委着力围绕经济发展、社会和谐、民生改善等重大课题开展调研。共组织重大调研活动23次,为领导起草各类文稿72篇。其中领导干部"夜访恳谈"文章,在《人民日报》发表。2005年,共组织开展重大调研活动16次,制定出台政策性文件14个,其中《关于建立城区合作医疗制度的意见》,使全市57.24万城镇居民享受到合作医疗政策;市委主要领导撰写的《紧扣发展主题,展现时代精神》被《人民日报》采用。

第三节 党史研究

一、党史资料征集

1986年,根据党中央批转的中央党史资料征委会《关于加强党史资料征集和整理工作的意见》及《中共党史资料征集、整理和编纂十年规划》,湘潭市制订《湘潭市党史工作十年规划》,把党史资料的征集整理、研究、编纂和利用结合起来,推动党史工作发展。1987~1988年,围绕专题征集任务,深入发掘历史文献资料,抓紧抢救活资料,全市征集3000万字的党史资料和一些图片、文物,搞清整个新民主主义革命时期中共在湘潭建立发展组织、领导革命斗争的基本史实,并澄清党史上某些疑点。

1991年,完成《中国共产党湖南省湘潭市组织史资料》编纂,80万字。1995年,编纂出版《湘潭市企事业系统组织史资料》,80万字。1996年,征集整理党和国家领导人在湘潭活动史料80多篇,照片58幅;编印《湘潭党史通讯》;公开出版《涟水春雷》。1997年,制订党史工作五年规划,《规划》经市委审定后,由市委办公室发文批转全市各单位贯彻执行;编写《胡耀邦年谱》中与湘潭有关的条目并上报;对湘潭市范围内尚未列为文物保护单位的名人故居和革命遗址进行普查,收集有关资料20余件。1998年,主要刊登湘潭离退休老同志回忆录和全市党史工作者征研成果的《回忆与研究》第一辑收入文章40篇,22万字,内部出版。2000年,编辑出版《漫话湘潭》;为《人民英雄大典》提供湘潭籍人物稿45篇;征集党史资料10万字。

2001年,市委党史资料征集办公室和市人民政府地方志办公室合署办公,两块牌子,一套人马,内设综合科、党史编研科、市志科、年鉴科4个科室。2001年,编辑出版《中国共产党湘潭历史图志(1921~2001)》,该书采用大16开,80万字,收录照片近百幅,主要记录中国共产党领导湘潭人民进行革命、建设和改革的光辉历程;编辑出版《中国共产党湘潭历次代表大会资料简介》,42万字。2002年,编辑出版《潭湘宁边区党史资料汇编》,为进一步研究地方党史提供翔实资料。2003年,撰写《开发红色文化旅游资源》,促进"长株潭生态休闲中心建设"调研报告,提出开发湘潭红色文化资源建议,并进入领导决策范围。2004 年,市委党史资料征集办公室更名为市委党史研究室,增设党史联络科。完成《湖南重点工程建设 50 年》的组稿工作,提供 12 篇文章。2005 年,拟定《中共韶山特别支部资料征集方案》等,并搜集整理相关图片资料 200 幅(件);将湘潭籍或在湘潭工作过的 100 位已故优秀共产党员典型事迹编印成《永远的楷模——湘潭历史上的共产党人》一书;《中国共产党湘潭县历史图志》出版,45 万字。

至 2005 年,《回忆与研究》共出版 7 辑,收入文章 360 篇,共 200 余万字。

二、纪念活动服务

1993 年,纪念毛泽东诞辰 100 周年,举办"永远怀念毛主席"征文活动;7 月,在韶山召开的"湖南省毛泽东生平与思想研究研讨会"上,湘潭市入选论文 16 篇。1995 年,在全市印发《关于开展纪念抗日战争和世界反法西斯战争胜利 50 周年活动的报告》; 开展一系列丰富多彩纪念活动。1996 年,开展纪念红军长征胜利 60 周年征文活动。1998 年,纪念彭德怀诞辰 100 周年,撰写并发表纪念文章与论文近 20 篇,其中两篇参加全国"彭德怀生平与思想研讨会"。纪念改革开放 20 周年,编辑出版《湘潭改革开放二十年》。1999 年,为纪念湘潭和平解放 50 周年,做好"湘潭和平解放 50 周年纪念大会"和"湘潭市庆祝新中国成立 50 周年老干部、老党员座谈会"筹备工作,及时提供党史资料;举办"纪念湘潭和平解放 50 周年档案史料展览";在《湘潭日报》开辟"庆祝湘潭和平解放 50 周年"专栏,撰写《湘潭和平解放纪实》专文。

2000 年,纪念抗美援朝胜利 60 周年,编辑出版《湘潭人民在抗美援朝中》。2001 年,举办《中国共产党 80 周年与湘潭》大型图片展。2002 年,举办罗亦农诞辰 100 周年纪念大会,协助省委党史研究室编辑出版《罗亦农诞辰 100 周年文集》。2003 年,纪念毛泽东诞辰 110 周年,举办"毛泽东建党学论与'三个代表'重要思想研讨会"。2005 年,纪念抗战胜利 60 周年,在《湘潭日报》开辟"纪念抗战胜利 60 周年征文"专栏,出版《湘水血魂——湘潭纪念抗战胜利 60 周年征文集》,并在《湘潭在线》网站以电子版形式传播。

三、专题研究

1983～1993 年,《湘潭县党史资料》第一至四辑出版,共 100 万字。1987 年起,为党史人物和革命烈士立传,编写出版《湘潭英烈》第一至四辑,共 100 万字;征集整理社会主义时期党史资料,编写出版《中国共产党在湘潭的活动史料选编》第一至四辑,共 100 万字。1991 年,征集整理湘潭市资本主义工商业社会主义改造史料,还完成 5 个典型行业和企业专题材料,共 20 万字;征集整理中华人民共和国成立以来中央领导来湘潭视察和调查专题资料,3 万字;《韶山英烈》出版。1993 年,《毛泽东与湘潭》和《毛泽东与湘乡》出版;《中共韶山党史资料》第一辑出版。1995 年,编印《潭湘宁边区县工委》专题资料。1996 年,编辑出版《国耻家仇岂能忘——湘潭人民回忆抗日战争》《湘乡英烈》。1998 年,《彭德怀与湖南》公开出版,全书 23 万余字;编写出版《红军将领黄公略》。2000 年,编辑出版《湘潭人民在抗美援朝中》。2004 年,《中共韶山党史资料》第二辑出版。2005 年,编写《中共韶山特别支部陈列方案》,促进韶山纪念毛泽东亲手创建中共韶山特别支部 80 周年活动和"缅怀毛主席,共建新韶山”活动的开展。曹建英撰写的《罗亦农对我党农村武装暴动理论与实践的探索》获省党史优秀成果论文类一等奖。唐徽撰写的《湖南会战对抗战全局的影响》被评为省优秀抗战论文。

四、党史基本著作编纂

1991 年,《中国共产党湘潭历史大事记(新民主主义时期)》送中共党史出版社审查、公开出版。该书上起 1919 年“五四”运动,下迄中华人民共和国成立,约 15 万字,其史料经反复核实,纠正以往史实叙述上某些讹误。

2001 年,《中国共产党湘潭历史大事记（社会主义时期)》由中共党史出版社出版，该书记述 1949 ~ 1999 年湘潭中共地方组织领导湘潭人民进行社会主义革命、建设和改革开放的重大历史事件,展示湘潭人民在中共领导下所取得的巨大成就,全书 27 万余字,收录大事条目 1233 条。

2004 年,全面启动《中共湘潭地方史》(第一卷)编写工作,制定《中共湘潭地方史》(第一卷)实施方案。至年末,完成《中共湘潭地方史》(第一卷)初稿,初稿分 7 章,30 余万字。同年,《中共湘乡地方史(1949 ~ 2002)》出版,43 万字;《中共湘潭县历史大事记》出版。2005 年,《中国共产党湘潭历史》(第一卷)定稿,分 7 章,30 余万字。

五、党史宣传教育

1991 年,全市开展党史宣传教育活动,举办党的基本知识竞赛、党史党建理论讨论会;通过报纸、刊物、广播、电视等传播媒介,加强对党的光辉历史的宣传;组织编写《中共党史学习和宣传提纲》。1992 年,全市党史联络组成员运用党史资料对青少年进行革命传统教育,成为党史宣传教育的一支重要力量。1998 年,湘潭市党史宣传教育工作,连续五年被评为全省先进。

2001 年,在《湘潭日报》开设“湘潭党史讲座专栏”,宣讲湘潭中共地方组织领导湘潭人民开展新民主主义、进行社会主义革命和建设的光辉历史。市党史联络组[①]部分成员在电视上以亲身经历颂扬中华人民共和国成立以来、特别是改革开放以来湘潭发生的巨大变化。2002 年,市党史联络组成立宣传教育小组,与市关工委、市教育局协商,利用党史联络组优势,对青少年进行党史和革命传统教育及理想信念教育。在湘潭县凤凰中学建立湘潭市党史教育基地,把党史“存史、资政、育人”中的“育人”落到实处。2003 年,在湘潭县云龙中学、彭德怀纪念馆建立 2 个党史教育基地。2004 年,全市党史系统成立宣传教育小组,撰写 7 万多字宣讲资料,开展党史宣传教育“六进”(进机关、进军营、进企业、进学校、进社区、进农村)活动。至 2005 年,宣讲 30 多场,听众 5 万多人。2005 年,在《湘潭日报》开辟“湘潭历史上的共产党人”专栏,每周刊登一位优秀共产党员事迹,连载半年多。

第四节　机关党建工作

1986 年,市直机关设有基层党委(党组)47 个,党总支 15 个,党支部 176 个;共有党员 3754 人,

① 1985 年,成立湘潭市中共党史联络组,之后各县市区和各大厂矿也先后成立党史联络组。2001 年,全市共有党史联络组 25 个,成员 260 多人。许多老同志从领导岗位上退下后,积极参与党史工作,提供、鉴别、审核、修改、补充史稿、史料、撰写专题材料和回忆资料,运用党史资料进行革命传统教育,成为做好党史工作一支重要力量。

其中正式党员 3567 人,预备党员 187 人。

1988 年 6 月,中共湘潭市直属机关委员会改为中共湘潭市直属机关工作委员会,作为市委派出机构,统一领导市直机关党的工作。1989 ~ 1990 年,市直机关全面开展内部清理,对党员进行重新登记,开展民主评议党员工作,有 259 个党支部按期结束民主评议工作,3830 名党员被评为合格和基本合格党员,占党员总数 99.1%,处置不合格党员 38 名。1991 年,市直机关开展学习党章、重温党史、继承传统的党建活动,举办“党在我心中”演讲比赛,在湘潭烈士陵园举行 100 名新党员入党宣誓活动,组织 4300 多名党员参加义务劳动。1992 年,市直机关印发《关于开展党支部工作目标管理,深化“创先争优”活动的意见》,健全“创先争优”常态化机制。

1996 年起,市直机关工委贯彻落实省、市委关于实施党建“先锋工程”精神,两次组织评选重视、支持机关党建工作“十佳领导”活动,21 名县级“一把手”受到表彰。在基层党组织中推行党建目标管理,开展党员“形象工程”活动。1998 年,市直机关召开“创先争优”表彰会,首次对 13 名机关党务工作者给予记功奖励。2000 年,启动全市党政机关联系困难企业、机关党员干部联系困难职工的“双联”工作,成立市“双联”工作领导小组及其办公室,29 名市级领导与困难企业建立帮扶联系点;机关党组织和党员干部帮助困难企业解决改制、生产、资金等困难和问题,为下岗失业人员开办职业培训、法律援助、生活救助等项目帮扶。2001 年起,市直机关先后开展“党员干部下基层、排忧解难促发展”“谋发展、作表率”“艰苦奋斗,廉洁从政”等主题教育活动。

2001 年,根据市委《关于湘潭市直机关在机构改革中机关党组织设置及党务干部配备的实施意见》《关于加强和改进市直机关党组织管理的实施意见》规定,机关党组织书记,由本单位党组(党委)成员兼任,专职副书记的职级按部门内设机构正职配备;市直机关工委对市直机关党组织实行统一管理和领导;党组织关系不在市内的中央、省属单位的机关党组织,由市委授权市直机关工委组织、指导参加市内的有关活动;市直各单位的工会、共青团、妇委会组织同时分别划归市直机关工会、团工委、妇工委统一管理。2002 年起,市直机关党组织深入贯彻落实《中国共产党党和国家机关基层组织工作条例》,按照“重基层、打基础”工作思路,开展创建“五好党支部”(班子建设好、队伍培养好、制度落实好、思想作风好、工作业绩好)活动,先后印发《市直机关党支部工作细则》《五好党支部创建管理办法》等文件。共评出 39 个“五好党支部”,复查取消 2 个“五好党支部”;指导 37 个机关党组织按期换届,配备党务干部 76 人;发展新党员 875 名。2005 年,市直机关印发《关于进一步加强基层党组织建设的通知》,先后召开机关党建工作和党支部建设座谈会,建立 10 个基层党建联系点,举办市直机关“党员风采”事迹报告会。至年底,市直机关共设有基层党委(党组)109 个、党总支 64 个、党支部 738 个;有党员 13768 人。“双联”工作中,共向困难职工捐款 1400 多万元,为“双联”企业和困难职工办实事 530 多件(次)。湘潭市“双联”工作两次被评为全省“双联”工作先进。

第五节　老干部工作

一、老干部管理体制

1986 年,市委根据省委组织部要求,成立市委老干部工作领导小组,定期研究加强老干部工作中的有关重大问题。各县(市、区)相继成立老干部工作领导小组。全市上下形成层层负责、上下协调的老干部管理服务体系。1987年,市委、市政府决定,在市委老干部局成立退休干部管理科,负责县处级干部管理服务工作。1990年,市政府下文撤销退休干部管理科,其工作职能交市人事局负责。1992年,市委决定将市委老干部工作局内设的老干部活动室更名为市老干部活动中心,为市委老干部局直属机构,主要负责指导市直机关开展老干部各种文体活动和组织全市性老干部大型文体活动。

2001年,全市机构改革,市委老干部工作局更名为市委老干部局,为市委机构序列。2004年,市委老干部局增设企业离休干部管理办公室,负责市直企业离休干部生活待遇落实工作,确保改制企业离休干部"安置到位、待遇到位、管理到位、服务到位"。老干局下属二级机构有市老干部第一休养所、市老干部第二休养所、老干部活动中心和市关心下一代工作委员会办公室。

二、老干部结构

1986年初,全市离休干部1187人。其中,第一、二次国内革命战争时期参加工作的9人,抗日战争时期参加工作的244人,解放战争时期参加工作的934人。从职级来分,有师级22人(含享受待遇),有处级136人(含享受待遇),科级以下1029人。

1988年,市委执行省委组织部《关于建国前我军开办的学校及训练班学员入伍时间问题的通知》文件,将境域785名退休干部改为离职休养。全市共有离休干部1506人。其中,第一、二次国内革命战争时期参加工作的10人,抗日战争时期参加工作的265人,解放战争时期参加工作的1231人。从职级来分,有师级22人(含享受待遇),有处级184人(含享受待遇),科级以下1300人。

1989年,全市离休干部1606人。其中,根据有关文件退休改离休的520人,有第一、二次国内革命战争时期参加工作的10人,抗日战争时期参加工作的262人,解放战争时期参加工作的1334人;按职级分,师级31人(含享受待遇),处级295人(含享受待遇),科级以下1371人。

1999年,全市离休干部1731人。其中,第一、二次国内革命战争时期参加工作的3人,抗日战争时期参加工作的192人,解放战争时期参加工作的1536人。从职级分,有正副师级101人(含享受待遇),有正副处级872人(含享受待遇),科以下758人。从性质来分,行政机关604人,事业单位601人,企业单位526人。

2005年末,全市离休干部2384人。其中,市直1393人,县(市、区)502人,中央、省属单位489人。第一、二次国内革命战争时期参加革命工作的3人,抗日战争时期参加革命工作的280人,解放战争时期参加革命工作的2101人,离休干部平均年龄为70.5岁。市老干部第一休养所和市老干部第二休养所共安置正副师级(含享受待遇)离休干部18人。湘潭市易地安置离休干部25人,外地安置到湘潭的31人。全市建立离休干部党支部14个,离退休干部党支部255个,共有党员18577人,其中离休干部党员1537人。

1986~2005 年湘潭市老干部休养所情况

表 3-9-1

年份	湘潭市老干部第一休养所		湘潭市老干部第二休养所	
	占地面积(亩)	老干部人数(人)	占地面积(亩)	老干部人数(人)
1986	19	25	34	24
1990	19	21	34	23
1995	19	15	34	20
2000	16	12	29.6	13
2005	16	8	20.4	10
说明	该所于 1975 年建所，位于湘潭市南盘岭 98 号		该所于 1982 年建所，位于湘潭市建设北路 297 号	

注：两个老干部休养所占地面积减少，是因为所里进行开发的缘故

三、落实老干部待遇

1986 年起，市委贯彻执行国务院《老干部离职休养制度的几项规定》文件精神，落实离休老干部政治和生活待遇。市内重要会议邀请同级老干部代表参加；市委、市政府在春节前召开一次市级实职离退休干部座谈会；每年召开一次离休干部和副处级以上退休干部形势报告会；处级以上老干部与同级在职干部一样阅看中央、省、市文件；为全市离休干部订阅一报一刊(人民日报和湖南老年)；每年组织市级离退休干部参观工农业生产建设项目 2 次。1987 年，市财政局、市委老干部局出台《关于组织离休干部进行健康休养》文件，规定"每位离休干部安排健康休养费标准为厅级每年 400 元、处级 350 元、科级 300 元，行政事业单位在包干经费中开支，企业单位在营业外支出中列支"。根据省委老干部局《关于对因公(工)致残的离休和退休人员、由于瘫痪等原因生活不能自理以及老红军发给护理费的通知》文件精神，对因公(工)致残、生活长期不能自理的离休干部以及老红军，发给每人每月护理费 51 元。

1988 年，市财政局和市委老干部局下发《关于增发护理补助费食品价格补贴的通知》文件，对享受护理费的离休干部每人每月增加食品补贴 10 元，共计发给每人每月 61 元，当年财政增拨 1.3 万元。

1989 年，为解决部分离休干部家庭生活困难，市财政局、市委老干部局联合下文，对红军时期离休干部无固定收入的配偶、遗孀发给每人每月 50 元生活困难补助费，抗日战争时期离休干部无固定收入的配偶、遗孀发给每人每月 40 元生活困难补助费，经费由离休干部所在单位解决。并明确，地市级离休干部乘车定额每人每月 150 千米，按每千米 0.2 元计算，月底结算，节约归己。县处级、科级每月分别发 12 元、8 元乘车费，当年市财政共支付离休干部乘车费用 1 万元。

1990 年，市委组织部、市委老干部局下发《关于落实老干部政治待遇几个问题的通知》，进一步重申"离休干部阅文、听报告、参加庆祝活动、组织定期学习等基本政治待遇不变"。1992 年，市政府执行湖南省《关于给抗日战争时期参加革命工作并年满 70 岁以上的离休干部发给护理费的通知》，对符合条件的离休干部发给每人每月护理费 51 元，当年市财政发放护理费 15 万元。同年，市委老

干部局下发《关于对解放战争时期参加革命工作的部分南下干部配偶无工作的发给生活困难补助费的通知》,对符合条件的发给每人每月40元的生活困难补助费,当年财政支出费用0.4万元。

1993年,根据省委老干部局《关于增加部分老红军、老干部生活困难补助费的通知》,对第一、二次国内革命战争时期的17名老红军、老同志的生活困难补助费由每人每年30元提高至每人每年100元,增长率为233%,当年符合条件的17人,由财政拨专款支付1700元。当年,市财政局和市委老干部局下发《关于落实离休干部特殊经费等问题的通知》,将离休干部乘车费标准按地师级、县处级、科级分别由原30元、12元、8元提高至每人每月30元、16元、12元;离休干部的健康休养费全额包干到人;特殊经费每人每年150元,经费来源仍按原渠道不变。市财政局和市委老干部局下发《关于给配偶无固定收入的离休干部发放生活补助的通知》,为离休干部无固定收入配偶发给每人每年600元生活困难补助费,已经达到的按原标准发给,未达到的增加到每人每年600元,当年财政支出约1万元。

1994年,市财政局和市委老干部局下发《关于调整离休干部特殊经费和护理费标准的通知》,对离休干部的护理费标准由每人每月61元提高至90元,增长率为47%;特需经费由每人每年150元提高至每人每年300元,增长率为100%。1995年,市财政局和市委老干部局下发《关于离休干部护理费的补充通知》,对解放战争时期参加革命工作且年满80岁的离休干部发给每人每月护理费90元,当年财政支出约1万元。执行《中共湖南省委组织部、中共湖南省委老干部局、湖南省人事厅、湖南省财政厅、湖南省卫生厅关于做好老干部健康体检的通知》,离休干部每年一次体检,每人体检费100元,所需经费在单位公费医疗包干经费中列支。

1996年,市财政局和市委老干部局下发《关于提高无固定收入老干部遗孀生活补助费的通知》,将无固定收入的老红军遗孀、抗战时期老干部遗孀、解放战争时期干部遗孀的生活困难补助费分别由每人每月111元、89元、81元提高至每人每月200元、150元、120元,当年财政增加支出11072元。同年,市委明确市直各单位离休干部的医疗费实行实报实销。

1997年,根据省委老干部局《关于提高无固定收入离休干部配偶、遗孀及新中国成立前参加革命新中国成立后退职干部生活补助费标准的通知》精神,将无固定收入老红军、抗战时期老干部、解放战争时期老干部配偶、遗孀的生活补助费分别提高至每人每月150元、225元,120元、200元,100元、180元,由离休干部所在单位落实。是年,根据省政府办公厅《关于进一步做好企业离休干部与机关离休人员基本离休金平衡工作的意见》文件精神,市劳动局和市委老干部局联合下发《关于做好企业离休干部与机关离休人员基本离休金平衡工作的通知》,规定企业离休干部从1997年1月1日起,基本离休金比照国家行政机关同职务、同条件离休干部基本离休金标准执行,当年企业离休干部751人,离休金按文件要求全部得到落实。市财政局和市委老干部局下发《关于调整解放战争时期参加工作的离休干部护理补助费发放年龄界限的通知》,规定解放战争时期参加革命工作且年满75周岁的离休老干部每人每月享受护理费90元。1998年10月起,离休金全部实行社保统筹、社会化发放。

1999年,市政府按照省人事厅《关于调整因瘫痪等原因生活长期完全不能自理的离休干部护理费标准的通知》,对因公(工)致残、生活长期不能自理的离休干部以及老红军的护理补助费提高至每人每月100元,当年财政支出18万元。为更好地落实老干部政策,切实从生活上关心照顾老干部,市委、市政府下文对离休干部的电话费、误餐费作出规定,离休干部按本单位在职同职级干部的50%发给住宅电话费。地厅级每人每月50元,处级每人每月25元,误餐费每人每月60元,由发放工资单位发放。市委组织部、市财政局、市委老干部局下发《关于转发(关于适当提高无固定收入的离休干部配偶、遗孀及建国前参加革命建国后退职干部生活补助费标准的通知)的通知》,按参加革命工作时间将遗孀生活补助费分别提高至每人每月325、300、280元,增长率分别为44%、50%、55%,无固定收入的配偶分别提高至每人每月250、220、200元,增长率分别为66%、83%、100%,离休干部所在单位发放,确实无力支付的市属困难单位,由财政帮助解决,实行社会化发放。

2002年,市财政局、市委老干部局下发《关于调整离休干部特需经费标准的通知》,特需经费由原来的300元提高至每人每年500元,增长率为66%,老红军按每人每年300元标准发放高龄生活补贴,当年财政支出经费135万元。是年,为全面落实企业离休干部的生活待遇,根据省委老干部局关于清欠离休干部"两费"(离休费和医疗费)紧急电话精神,全市认真抓好离休干部"两费"清欠工作,年初清欠"两费"180.1万元。同时,市政府每年拨款220余万元,用于解决困难企业离休干部工龄工资、50%生活补贴、无固定收入配偶、遗孀生活补贴等费用。市委、市政府相继出台《关于建立和完善离休干部离休费保障机制有关问题的通知》《关于建立和完善离休干部医药费保障机制有关问题的通知》《关于建立和完善离休干部离休费、医药费财政支持机制有关问题的通知》等文件。2003年7月,湘潭市离休干部"三个保障机制"(离休费保障机制、医疗费保障机制、财政支持保障机制)启动运行,离休干部生活待遇落实得到制度保障。

2004年,市委、市政府出台《关于切实做好市属国有企业改革中离休干部安置管理工作的意见》,明确改制、破产企业离休干部"人由谁管,钱由谁出"的问题,改制、破产企业一次性足额提留离休干部10年的各项费用。2005年,全市共有市属改制、破产企业70家。已经改制破产的企业32家,有离休干部61人,其中22家企业按政策规定提留部分经费387万元,包含医药费统筹金279万元,有10家企业分文未提,合并未提留的缺口经费853.97万元;正在改制破产的企业38家,有离休干部111人,有待提留的经费为2672万元。是年,市财政局、市委老干部局下发《关于调整因瘫痪等原因生活长期完全不能自理的离休干部护理费标准的通知》,将因瘫痪等原因长期完全不能自理的离休干部护理费标准调整为每人每月200元,财政支出费用24万元。同时,明确健康休养费全额发到个人,包干使用,单位不再组织活动;并明确离休干部病故后丧葬费每人4000元,抚恤费为本人生前20个月工资。全市离休干部基本养老保险社会统筹和医疗统筹率均达到99.9%以上,"两费"无拖欠,离休干部各项政策性补贴经费由所在单位按政策发放,困难单位离休干部的各项政策性补贴和"两费"资金缺口部分由各级政府纳入财政预算帮助解决。同年8月,在纪念抗日战争胜利60周年之际,市委、市政府领导走访慰问老红军、抗日老干部和老战士,并给251名老干部颁发中国人民抗日战争胜利60周年纪念章。

四、发挥老干部作用

1986年,全市有617名离休干部利用社会阅历、工作经验、专业技术特长优势,参加社会公益事业。是年,为宣传老干部发挥作用的先进事迹,全市举办较大规模的事迹展览,展出143位离退休老干部及3个老干集体老有所为事迹,历时4个月,参观人数4345人次,广西、北京等省市亦派人到湘潭参观学习。

1987年5月，市关心下一代协会成立，其办公室归口市委老干部局管理。市关心下一代协会组织“五老”（老干部、老战士、老专家、老教师、老模范）人员向青少年进行爱国主义、理想信念、道德品质和法制教育，为青少年健康成长作贡献。1988年，市关心下一代协会首次召开表彰大会，授予市委机关关心下一代协会等3个单位为关心下一代工作先进单位，表彰关心下一代工作先进个人4人。

1989年春节前，市关心下一代协会与市直机关工委、团市委联合组织探视团去市劳教所进行探视。1991年11月，市关心下一代协会更名为市关心下一代工作委员会。1992年，湘潭县易俗河镇关工委主席吴中炳被中国关心下一代工作委员会授予关心下一代工作先进个人称号。

1993年，市政府根据省委办公厅《关于组织支持离退休干部在经济领域发挥作用》的通知，在全市创办以老干部为主体的经济实体，以发挥老干部作用。至1994年底，全市以离退休干部为主体的经济实体有698个，其中市区内有69个，5884人参加，年产值1853万元，科技发明20项，湘潭电机厂离休干部马云朋、湘潭钢铁厂离休干部李国章获“全国科技工作者先进个人”称号。湘潭军分区原副司令员、离休干部杨信积极做好失足青少年转化工作，与市劳教所联系，每个月两次到市劳教所与劳教人员个别谈心，取得好的效果，1995年获全国关心下一代工作先进个人。市关工委常务副主任颜昌荣、湘潭县文化馆退休干部赵在和在2000年被评为全国关心下一代先进工作者，颜昌荣代表湖南省出席全国关心下一代工作表彰会，受到党和国家领导人的接见。

2001年，经市委、市政府批准，市关心下一代工作委员会和各县市区、部分大型企业、大专院校建立关心下一代基金，开展募捐助学活动。当年全市募集资金523336元。至2005年，市本级关工委募集基金增至302万元，救助贫困学生644人，救助资金37万元，余下募集基金累积入下一年。市关心下一代工作委员会在市、县（市、区）（含乡镇社区）、大型企业、大专院校、市直机关分别建立关心下一代组织2359个，参与关心下一代工作的“五老”人员3.5万人。市关工委主任谭景阳被评为全国关心下一代先进工作者，湘潭市关心下一代工作委员会被评为全国关心下一代工作先进集体。

2001~2005年湘潭市关心下一代工作委员会基金募集扶贫助学统计

表3-9-2　　单位:人、元

基金募集		扶贫助学	
年份	总金额	人数	总金额
2001	523336	—	—
2002	435209.7	71	39400
2003	446597.7	162	76605
2004	583475	183	112200
2005	1037205.8	228	147400
合计	3025824.2	644	375605

五、老年教育与文体活动

1987年，市委、市政府批准成立市老年大学，由市老龄委主办，校址设在工人文化宫，当年开设2门课程，2个班级，招收学员101人。随后，湘潭纺织印染厂、湘潭电机集团公司、湘潭钢铁集团公司、湘潭电缆厂、江南机械厂、江麓机器厂相继成立分校。1991年10月，市体委、市委老干部局举办第一届老干部门球赛，有33支队伍，297人参加。1992年下半年，市老年大学迁址市老干部活动中心，主管单位改为市委老干部局。此后，湖南科技大学、湘潭大学、各县(市、区)先后创办老年大学。老年大学(学校)以"增长知识，陶冶情操，丰富生活，服务社会"为办学宗旨，坚持"教、学、乐、为"的办学方针，采用课堂讲授、心得交流、现场教学、成果展览等教学方法，每年邀请党政领导或专家教授到校作形势报告，进行专题讲座，组织学员开展诗歌吟唱会、书画展、出墙报等活动；组建艺术团、合唱团、门球队、太极拳队、腰鼓队、秧歌队等文艺团队，开展丰富多彩的文体活动。1993年，成立市老年教育领导小组，与市老干领导小组两块牌子，一套人马，由市委老干局负责全市老年教育日常工作。

1995年起，老年大学引导学员发挥见识广、阅历深、经验多的优势，积极为本地区经济发展献计出力。当年，市老年大学在全省老年教育工作会议上，交流依靠学员开展民主办学，勤俭办学经验。1996年，在全省老年教育工作会议上，市老年大学以"把老年大学办成精神文明建设的一方沃土"为题作交流经验。1997年，市委老干部局在全省老年教育工作会议上，作"学以致用，积极做好关心下一代工作"的经验介绍。1999年，市委根据中央组织部《关于加强离退休干部党支部建设意见》精神，建立和完善离退休党支部"三会一课"(党支部会、党小组会、党员大会、党课)制度，开展"创先争优"活动。是年，市委办公室离退休干部党支部被评为湖南省先进离退休干部党支部，高臣唐、刘正伦、吴景斌被评为湖南省老干部先进个人。

2000年，在全省"金秋颂"老年合唱比赛中，由市老年大学、湘潭电机集团公司、湘潭钢铁集团公司等老年大学学员组成的100人合唱团获金奖。2003年，参与省委老干局组织的老年教育课题调研，调研报告《试论老年教育在老干部思想政治工作中的作用及影响》在全省理论研讨会上获三等奖，并被《湖南老年教育》杂志社入选《老年教育论文选集》。学员杨彦春和教师刘华先合作的工笔画《鹦鹉紫藤》在桂林举办的全国促进统一书画大赛中获金奖；学员陈欣阳创作的《富贵有余》《松鹤图》《祝寿图》等作品被北京中国书画收藏家协会收藏，并刊登在《中国书画作品收藏宝典》；学员段碧芳的国画入选中国画出版社主办的《世纪珍藏版》。

2004年，市老年大学校腰鼓队、秧歌队在全市首届中老年腰鼓、秧歌大赛中分获最佳表演奖和优秀表演奖。2005年，全市有老年大学(学校)12所，开设文学、诗词等21个专业，106个班，在校学员14879人。是年，在市首届离退休干部才艺展示大奖赛中，市老年大学艺术团获"最佳表演奖"。同年，老年大学组织参加湘潭市第四届老年人运动会，有96名运动员参加11项比赛，54人在比赛中获奖，老年大学运动队获团体总分第二名和"体育道德风尚奖"。当年，湘潭市老年大学、湘乡市老年大学率先成立党的组织和关心下一代组织的经验在全省推介，市老年大学被评为湖南省先进老年大学。

第四篇　人大

概　述

1986～1987年，是湘潭市第八届人民代表大会任期的后两年，先后举行会议2次，听取和审查市人民政府、市中级人民法院、市人民检察院(以下简称“一府两院”)、市人大常委会工作报告，审查和批准湘潭市国民经济和社会发展计划、财政预算，选举市级国家机关领导人员。两次会议共收到议案42件，其中有10件经大会主席团决定立案并提请大会审议，作出《关于加强经济监督和经济司法工作的决议》《关于加强土地管理，制止乱占滥用耕地的决议》等决议，7件议案经大会主席团决定立案交市人民政府办理，其余转作建议批评和意见。市人民代表大会闭会期间，市八届人大常委会先后举行13次会议，检查和审议全市加强社会主义民主法制建设、国民经济和社会发展“七五”计划、搞活农村经济、加强土地管理、城市规划等71项重大事项，并就发展湘潭经济、财政预算、编纂湘潭市志、城市总体规划等重要工作作出15个决定或决议；根据市委的意图和工作需要，依法任免国家机关工作人员77人；组织开展对《中华人民共和国经济合同法》《中华人民共和国会计法》《中华人民共和国义务教育法》等9部法律进行执法监督检查，督促“一府两院”及其相关执法部门严格执法，及时整改执法和司法中存在的问题；组织开展增收节支、取缔“皮包公司”等14项重点工作的监督检查；督办加强土地管理、制止乱占滥用耕地等议案16件，督办人大代表建议、批评和意见662件；受理人民群众申诉和接待来访3317人次，处理人民群众来信1864件。增设市人大常委会联络工作委员会。市人大常委会在向代表大会报告工作时，分析监督力度不大、监督实效不强、常委会作用发挥不充分等方面的工作差距与问题。

1988～1992年，湘潭市第九届人民代表大会共举行会议5次。这5次会议审查市人大常委会、“一府两院”等工作报告30个，审查并批准国民经济和社会发展计划、财政预算工作报告10个，批准湘潭市国民经济和社会发展“八五”计划，通过湘潭市经济科技社会发展纲要(1988～2000年)；作出关于依靠科技振兴湘潭、依法治市、治理整顿经济发展环境、加强对农业生产的领导、保护森林资源、加强村民委员会建设、加强全民国防教育等决议或决定44个；共收到议案147件，其中经大会主席团决定立案并提请大会审议作出决议15件，决定立案交市人民政府及有关部门办理22件，其余转作建议批评和意见。市九届人大一次会议首次对市级国家机关领导人员实行差额选举，并增设法制、财政经济、教育科学文化卫生、城乡建设4个专门委员会作为人民代表大会工作机构，在代表大会闭会期间接受常委会领导。市人民代表大会闭会期间，市九届人大常委会28名组成人员，共举行34次常委会会议。先后开展加强城市管理、清理整顿公司、普法和廉政建设、增加农业投入和禁止向农民乱收费、乱派款等216项重大事项的检查和审议；就批准湘潭市国民经济和社会发展的“八五”计划、修订湘潭市城市总体规划及湘潭市城市规划区划定方案、湘潭市经济科技社会发展规划纲要(1988～2000年)、普及九年制义务教育、撤销原城市五区设立两个新区、开展法制宣传教育、加强社会治安综合治理、整顿房产市场和加强房产管理、与日本彦根市缔结友好城市、市本级财政预决算等重大事项,作出决议、决定33个;常委会依法任免国家机关工作人员249名;开展对国有工业企业调整和完善所有制结构、发展高科技、整顿文化市场等34项重点工作的监督检查;组织开展对《中华人民共和国森林法》《中华人民共和国企业法》《中华人民共和国行政诉讼法》《中华人民共和国传染病防治法》《中华人民共和国计划生育条例》《中华人民共和国义务教育法》《中华人民共和国城市规划法》《中华人民共和国文物保护法》《中华人民共和国水污染防治法》等50部法律法规执法检查;人大代表工作不断得到加强,共培训人大代表930人次,并先后组织人大代表开展评议国家机关工作和组织代表工作"创三优"(优秀人大代表小组、优秀人大代表、优秀人大工作联络员)活动,开展环境保护、社会咨询等联系人民群众的活动790次,撰写反映城乡民情民意的调研报告和建议837篇;督办代表关于切实加强城市规划管理、改变城区中小学布局等议案21件,督办代表建议、批评和意见2563件;人大信访把农民反映土地纠纷、司法不公等问题作为重点,共受理人民群众来访15375人次、来信4549件;常委会机关建设得到加强,先后增设农村经济工作委员会、研究室,作为常委会的工作机构和办事机构;制定市人大常委会议事规则、主任会议议事规则,常委会组成人员守则,人事任免工作暂行办法,财政预算监督办法,人大代表建议批评意见征集及督促办理办法,处理人民群众来信来访办法。常委会在向各次代表大会报告工作时认为:全市改革和建设中,存在对重大问题的处理缺乏全面和系统的调研,对行政宏观决策监督不够大胆、对重大建设项目和大要案件的查处监督乏力等问题。

1993～1997年,湘潭市第十届人民代表大会共举行会议5次。这5次会议主要是围绕市委提出的强工富市发展战略和推进依法治市,在促进全市国民经济持续、快速、健康发展和社会全面进步上共商大计。审查"一府两院"、市人大常委会工作报告20个,审查湘潭市国民经济和社会发展计划、财政预算报告10个,依法选举市级国家机关领导人员。大会共收到议案138件,其中10件经大会主席团决定立案交市人民政府及有关部门办理,其余转作建议批评和意见。根据代表所提议案及全市经济社会发展需要,就审查批准湘潭市国民经济和社会发展"九五"计划和2010年远景目标纲要及报告,以及市人民代表大会设立农业委员会、内务司法委员会和城乡建设环境保护委员会等重大事项作出41项决议决定。26名常委会组成人员先后举行32次会议。开展对全市经济体制改革、加强对外开放、调整经济结构、发展股份合作制企业和乡镇企业、加强小城镇建设规划等119项重大事项的检查和审议;就批准湘潭市国民经济和社会发展"九五"计划调整、开展法制宣传教育和依法治市、湘潭市第五次城市总体规划调整、市本级财政预决算、城市规划管理、市劳动模范称号授予等重大事项作出26项决议决定;依法任免"一府两院"国家机关工作人员250名,并组织开展对国家机关工作人员的述职评议活动;开展对毛泽东诞辰一百周年献礼工程项目建设、社会治安综合治理、科技兴市、股份制企业试点、乡镇企业发展等36项重点工作的监督检查;针对农业、工业、教育、环境保护方面执法中的现状及其存在的主要问题,组织对《中华人民共和国农业技术推广法》《中华人民共和国义务教育法》《中华人民共和国农业法》《中华人民共和国环境保护法》《中华人民共和国企业法》等54部法律法规的执法检查;根据全国人大和省人大的安排部署,开展环保世纪行等专项监督活动;人大信访共受理人民群众来访5788人次,来信4137件,通过对"一府两院"信访部门的联系与督促,促进人民群众有关诉求的处理与解决;采取多种形式培训人大代表 770 人次,鼓励代表小组到农村、企业、街道依法开展活动,各代表小组开展活动 914 次,撰写反映人民群众意见与要求的调研报告和建议 1620 份;督办关于严厉打击毒品犯罪等议案 8 件,督办市人大代表建议、批评和意见 2312 件;制定和落实拟任干部任前法律知识考试、审议意见交办反馈、常委会主任联系代表、闭会期间代表活动暂行办法等制度,组织成立市人大制度理论研讨会,加强人民代表大会制度建设的理论研究。常委会在向各次代表大会报告工作时,提出法律监督与工作监督力度有待提高,监督实效有待增强,常委会自身建设要加强。

1998 ~ 2002 年,湘潭市第十一届人民代表大会共举行会议 5 次。共审查“一府两院”和市人大常委会工作报告、国民经济和社会发展计划、财政预决算等工作报告 30 个,批准湘潭市国民经济和社会发展“十五”计划纲要,选举市级国家机关领导人员,还通过湘潭市人民代表大会议事规则。共收到议案 103 件,其中经大会主席团决定立案交市人民政府办理的 7 件。闭会期间,市十一届人大常委会 31 名组成人员,共举行 32 次会议。常委会根据市委建设省内经济强市的战略决策要求,认真调查研究,开展关于经济社会发展、计划和预算、农业与农村工作、科技教育、城市建设与管理、公正司法等 105 项重大事项的检查和审议;就加速生猪品改、推进生猪产业化,发展个体私营经济,建设白马湖公园,建设湘潭持续高效农业科技示范区,审查湘潭市第六次城市总体规划修编方案等重大事项,作出决议、决定 37 个;依法任免国家机关工作人员 263 名;突出对城市管理、科技创新、环境保护、农业产业化建设、中小企业产权制度改革等 41 项重点工作进行监督检查,对检查发现的问题,及时向市人民政府提出整改建议;组织对《中华人民共和国水法》《税收征收管理办法》《中华人民共和国城市规划法》《中华人民共和国村民委员会组织法》《中华人民共和国预算法》等 61 部法律法规实施情况执法检查;持续开展湘潭环保世纪行活动;代表评议工作不断深化,每年选准人民群众普遍关注的热点难点问题,组织人大代表集中评议市中级人民法院工作、治理经济发展环境工作、城市管理和“一化三清”等工作,人民日报、法制日报、瞭望和中国人大杂志及省内外媒体多次对湘潭市代表评议工作做专题报道;共督办保护农业资源等议案 6 件,督办代表建议、批评和意见 2672 件;人大信访重点关注下岗工人社会保障、农民征地拆迁问题的有关诉求,接待人民群众申诉和来访 11032 人次,受理群众来信 5000 件;制订闭会期间组织人大代表开展活动的暂行办法,组织开展争创十佳人大代表的活动,先后建立和完善 18 项工作规则、规定和办法,修订 44 项机关日常工作制度和工作职责,促进常委会及机关工作的规范化。常委会向各次代表大会报告工作时认为:对全市经济发展深层次问题调研不深入、督促治理经济发展环境不到位、对热点难点问题的法律监督和工作监督力度不够。

2003 ~ 2005 年,湘潭市第十二届人民代表大会共举行会议 3 次。审查“一府两院”、市人大常委会以及国民经济和社会发展计划、财政预算等工作报告 18 个,选举市级国家机关领导人员。从市十二届人大三次会议起,在会议程序上,采取对计划和财政报告只提请会议审查批准,不在大会作报告的方式。3 次会议共收到议案 56 件,其中经大会主席团决定立案交市人民政府办理的 4 件。闭会期间,28 名市人大常委会组成人员,举行 23 次会议。组织开展湘潭市第六次城市总体规划修编方案、打造“三个中心”(即市委提出的打造先进制造业、现代物流、生态休闲三个中心)建设经济强市、九华经济区开发建设等 64 项重大事项的检查和审议;就湘潭市人民政府驻地迁移、市本级财政预决算等重大事项，作出决议、决定32个；依法任免国家机关工作人员126名；对非典型性肺炎防治、农业结构调整和农业产业化经营、创建省级文明城市、政府专项切块资金安排等25项重点工作进行监督检查；对《中华人民共和国电力法》《中华人民共和国道路交通安全法》《中华人民共和国农业法》《中华人民共和国动物防疫法》《中华人民共和国科学技术进步法》《中华人民共和国城市规划法》等37部法律法规进行执法检查；继续组织开展国家机关工作人员述职评议、湘潭环保世纪行活动，启动湘潭三湘农产品质量安全行活动；为了强化对政府财政的监督，常委会增设预算工作委员会；代表工作更加深入，共培训人大代表495人次，各代表小组突出打造"三个中心"建设省内经济强市主题，开展活动396次，撰写调研报告和建议260篇；督办关于加快和规范旧城改造等议案4件，督办人大代表建议、批评和意见2256件；人大信访共受理人民群众申诉、来访12347人次，来信3089件；组织开展纪念人民代表大会制度建设50周年系列活动。常委会在向代表大会报告工作时分析，依法行使重大事项决定权力度不大，推动和促进全市经济社会发展力度还要加强，法律监督和工作监督存在诸多薄弱环节。

第一章 人民代表大会

1986~2005年，湘潭市人民代表大会历经第八届(2年)、第九届(5年)、第十届(5年)、第十一届(5年)、第十二届(3年)。其间共举行代表大会会议20次。根据宪法和有关法律法规，听取和审查市人大常委会、市人民政府、市中级人民法院、市人民检察院的工作报告132项，作出决议决定159项，选举市人大常委会组成人员136人，选举政府领导人员41人，选举省人大代表165人，收到议案485件、建议批评和意见10639件。

第一节 人大代表产生

湘潭市第九届人民代表大会，根据中华人民共和国全国人民代表大会和地方各级人民代表大会选举法(以下简称选举法)、中华人民共和国全国人民代表大会和地方各级人民代表大会代表法(以下简称代表法)等规定，设区的市代表名额基数为240名，每2.5万人可以增加一名代表，报请湖南省人大常委会确定，全市应选代表名额为339名。应选代表名额由市人大常委会依法分配到各选区。规定按照广泛性、代表性、先进性要求，各政党、各人民团体，可以联合或者单独推荐代表候选人。职务代表候选人由中共湘潭市委根据权力机关工作实际需要提名。选民十人以上联名，也可以推荐代表候选人。代表候选人名额，多于应选代表名额五分之一至二分之一，实行差额选举。湘潭市属于设区的市，依照法律规定，市人大代表采取间接选举方式。选举前，各县(市、区)人民代表大会主席团将各政党、各人民团体、选民联名或者单独依法提出的市人大代表候选人名单印发全体代表，由全体代表酝酿、讨论，提名、酝酿市人大代表候选人的时间不得少于两天。各县(市、区)召开人民代表大会，解放军驻潭部队召开军人代表大会，实行无记名投票，市人大代表候选人获得全体代表过半数的选票时，方可当选。经选举，符合当选条件，湘潭县选出市人大代表80名，湘乡市69名，雨湖区 36 名，湘江区 39 名，岳塘区 37 名，板塘区 25 名，郊区 22 名，韶山区 16 名，驻潭部队 5 名。共选出 329 名，缺额 10 名。当选代表中：中共党员代表占代表总数 75.3%，民主党派和无党派人士分别占 5.7%、19%；干部和知识分子代表分别占 29.5%、27%，工人、农民代表分别占 20.7%、21.3%；大中专文化程度的占 82.4%，初中以下占 17.6%。

湘潭市第十届人民代表大会，根据代表法规定，湖南省人大常委会确定为市人大代表名额 350 名。将名额分配到各选区后，各选区依法组织选举。湘潭县选出 87 名，湘乡市选出 70 名，雨湖区选出 78 名，岳塘区选出 78 名，韶山市选出 16 名，驻潭部队选出 5 名，共选出市人民代表大会代表 334 名，缺额 16 名。与上届比，干部代表增加 85 名，上升 25 个百分点；工人代表减少 53 名，下降 16.2 个百分点；农民代表减少 14 名，下降 4.5 个百分点；知识分子代表减少 13 名，下降 4.3 个百分点。

湘潭市第十一届人民代表大会应选代表名额 351 名，经湘潭县、湘乡市、韶山市、雨湖区、岳塘区人民代表大会和解放军驻潭部队的代表无记名投票选举，共选举市人大代表 337 名。其中，湘潭县 84 名，湘乡市 79 名，雨湖区 78 名，岳塘区 72 名，韶山市 17 名，驻湘潭部队 7 名。因不符合当选条件，缺额 14 名。与上届比，当选代表中，代表职业结构发生新的变化，即工人、农民代表恢复性增加，干部代表恢复性减少。工人代表增加 48 名，上升 14.2 个百分点；农民代表增加 30 名，上升 8.7 个百分点；干部代表减少 58 名，下降 17.7 个百分点。在一定程度上纠正上届代表中结构不合理现象。

湘潭市第十二届人民代表大会代表应选名额为 351 名，各选区共选举市人大代表 349 名。其中，湘潭县选出 88 名，湘乡市 78 名，雨湖区 84 名，岳塘区 76 名，韶山市 18 名，驻湘潭部队 5 名，缺额 2 名。本届当选代表中，最显著的特点是出现新的社会阶层代表，即在改革开放中出现的非公有制经济组织中的代表，主要是一些个体户和私营企业主。这些新社会阶层当选的代表达 60 名，占代表总人数的 17%。当选代表中，工人代表减少 29 名，下降 9 个百分点；农民代表减少 43 名，下降 13.2 个百分点；干部代表增加 35 名，上升 8.8 个百分点。

湘潭市第九至十二届人民代表大会代表结构表

表4-1-1

届次	任期	实选代表数	性别				代表界别												政治面貌						文化程度							
			男代表		女代表		工人		农民		知识分子		干部		军人		其他		中共党员		民主党派		无党派人士		大学以上		大专		中专及高中		初中以下	
			人数	占比(%)	人数	占比(%)	人数	占比(%)	人数	占比(%)	人数	占比(%)	人数	占比(%)	人数	占比(%)	人数	占比(%)	人数	占比(%)	人数	占比(%)	人数	占比(%)	人数	占比(%)	人数	占比(%)	人数	占比(%)	人数	占比(%)
九届	1988.1~1992.12	329	257	78.1	72	21.9	68	20.7	70	21.3	89	27	97	29.5	5	1.5	—	—	248	75.3	19	5.7	62	19	60	18.2	91	27.7	120	36.5	58	17.6
十届	1993.1~1997.12	334	257	76.9	77	23.1	15	4.5	56	16.8	76	22.7	182	54.5	5	1.5	—	—	256	76.6	16	4.8	62	18.6	73	21.9	95	28.4	116	34.7	50	15
十一届	1998.1~2002.12	337	275	81.6	62	18.4	63	18.7	86	25.5	57	16.9	124	36.8	7	2.1	—	—	285	84.6	6	1.8	46	13.6	75	22.3	111	32.9	107	31.8	44	13
十二届	2003.1~2005.12	349	306	87.7	43	12.3	34	9.7	43	12.3	48	13.7	159	45.6	5	1.7	60	17	300	86	7	2	42	12	82	23.5	123	35.3	101	28.9	43	12.3

注:不包括另行选举和补选代表结构情况

第二节 人民代表大会会议

一、第八届人民代表大会会议

1986年2月26日至3月2日举行第四次会议，出席代表357名。会议听取和审查市人民政府工作报告以及计划、财政报告，听取和审查市人大常委会工作报告和市中级人民法院、市人民检察院工作报告，并作出相应的决议。要求市人民政府以经济建设为中心，把改革开放摆在首位，按期建成体育公园，完成煤气第一期工程，加强思想政治工作和社会主义法制教育，抵制和反对资本主义腐朽思想的侵蚀和蔓延，争取社会风气好转；要求市人大常委会要大力加强法制建设，尤其要重视和加强对经济执法和经济司法工作的监督。大会接受市人大常委会主任石维刚、副主任祁政(女)及2名常委会委员的辞职请求，接受袁明辉辞去副市长职务的请求，补选谭景阳为市人大常委会主任、谢蛟云为副主任、何寒光为秘书长，补选1名市人大常委会委员。大会收到议案14件，建议、批评和意见268件。其中：关于加强经济监督和经济司法工作的议案，关于加强农村土地管理、坚决制止乱占滥用耕地的议案，经大会主席团决定立案并提请审议，分别作出《关于加强经济监督和经济司法工作的决议》《关于加强土地管理、制止乱占滥用耕地的决议》；关于普及九年制义务教育的议案、关于大力抓好农业区划研究工作成果应用的议案，经大会主席团决定立案交市人民政府办理；其余议案转作建议、批评和意见办理。

1987年3月12～16日举行第五次会议，出席代表352名。会议听取和审查市人民政府工作报告以及计划、财政报告，听取和审查市人大常委会工作报告和市中级人民法院、市人民检察院工作报告，并作出相应的决议，审查并批准湘潭市国民经济和社会发展第七个五年计划。要求市人民政府在政治思想领域里坚决反对资产阶级自由化，在经济工作中深入开展增产节约、增收节支活动，切实解决工业经济不理想、农业后劲不足等问题；要求市人大常委会加强对宪法和法律实施的监督，加强对行政机关、审判机关、检察机关的法律监督和工作监督，不断提高监督效能。大会收到议案28件，建议、批评和意见345件。其中：关于加强全市村镇规划、建设、管理工作的议案、关于进一步加强老龄工作问题的议案等8件，经大会主席团决定立案并提请大会审议作出相应决议；关于加快河西地区内环路建设的议案、关于切实解决好残疾人就业问题的议案等5件，经大会主席团决定立案交市人民政府办理；其余议案转作建议、批评和意见办理。

二、第九届人民代表大会会议

1988年1月10～16日举行第一次会议，出席代表329名。会议听取和审查市人民政府工作报告以及计划、财政报告，听取和审查市人大常委会工作报告和市中级人民法院、市人民检察院工作报告，并作出相应的决议。会议依据1986年修订的选举法、地方各级人民代表大会和地方各级人民政府组织法(以下简称组织法)，首次对市级国家机关领导人员实行差额选举。经选举产生市人大常委会组成人员28名，其中：谭景阳为主任，许建安、谢蛟云、张丽婷(女)、何寒光、吴昌续、杨则敬、金志林为副主任，吴昌续兼秘书长，委员20名；选举李壬申为市人民政府市长，孔令志、郑曾铨、王宋大、伍克文为副市长；选举陈新民为市中级人民法院院长，熊桂森为市人民检察院检察长；选举湖南省第七届人民代表大会代表46名。要求新一届市人民政府进一步解放思想，振奋精神，转变职能，加强对经济工作的领导，加快和深化改革；大力加强社会主义民主与法制建设；加强农业基础地位，发展粮食生产；大力抓好科技工作，鼓励科技人员领办、承包企业；努力安排好市场，稳定物价；进一步抓好城市基础设施建设。要求新一届人大常委会加强对全市经济建设重大事项的审查和监督，不断提高监督效能；认真行使任免权，加强对所任命的国家机关工作人员的监督。大会收到议案49件，建议、批评和意见557件。其中：关于保护和发展森林资源、加强人大代表工作、将重阳节定为敬老日等5件议案，经大会主席团决定立案并提请大会审议，分别作出相应决议；关于保护消费者合法权益等6件议案，经大会主席团决定立案交市人民政府办理；其余议案转作建议、批评和意见办理。会议作出在市人大设立法制、财政经济、教育科学文化卫生、城乡建设等四个专门委员会的决定。

1989年3月12～16日举行第二次会议，出席代表336名。会议听取和审查市人民政府工作报告以及计划、财政报告，听取和审查市人大常委会工作报告和市中级人民法院、市人民检察院工作报告，并作出相应的决议。要求市人民政府认真治理经济环境，整顿经济秩序，保障改革和建设顺利进行，集中资金加强重点建设，增加农业投入；要求市人大常委会认真贯彻执行全国人大常委会关于加强民主法制维护安定团结保障改革和建设顺利进行的决定，保障和促进治理经济环境、整顿经济秩序、全面深化改革各项措施的落实。大会补选市人大常委会委员2名，补选王为民为市人民政府副市长。大会收到议案39件，建议、批评和意见417件。其中：关于加强村民委员会建设等6件议案，经大会主席团决定立案并提请大会审议，作出相应决议；关于发展区街工业、振兴湘潭经济，加强交通建设、整顿交通秩序，多渠道增加教育投入，进一步搞好社会治安工作等9件议案，经大会主席团决定立案交市人大有关专门委员会审议；其余议案转作建议、批评和意见办理。

1990年3月9～13日举行第三次会议，出席代表336名。会议听取和审查市人民政府工作报告以及计划、财政报告，听取和审查市人大常委会工作报告和市中级人民法院、市人民检察院工作报告，并作出相应的决议。要求市人民政府坚决贯彻中共中央关于稳定大局和坚持物质文明建设、精神文明建设“两手抓”的指导思想，清除国家机关腐败现象，树立高效务实的政风，促进国民经济持续、稳定、协调发展；要求市人大常委会把稳定大局作为根本任务，围绕治理和深化改革，围绕社会主义民主与法制建设，充分发挥代表作用，积极主动地开展工作。大会收到议案20件，建议、批评和意见474件。其中：关于加强全民国防教育、认真做好《中华人民共和国行政诉讼法》实施准备工作等2件议案，经大会主席团决定立案并提请大会审议，分别作出相应的决议；关于切实加强青少年工作等4件议案，经大会主席团决定立案交市人大有关专门委员会审议；其余议案转作建议、批评和意见办理。

1991年3月12～16日举行第四次会议，出席代表337名。会议听取和审查市人民政府工作报告以及计划、财政报告，听取和审查市人大常委会工作报告和市中级人民法院、市人民检察院工作报告，并作出相应的决议。要求市人民政府加强依法治市工作，依靠科技兴市，提高经济效益，做到发展速度与经济效益同步，推进经济体制改革和住房制度改革，不断改善人民生活；要求市人大常委会充分发挥地方国家权力机关的职能作用，为振兴湘潭经济，促进社会进步，积极主动地开展工作。因李壬申辞去市长职务和1名市人大常委会委员辞去职务，会议补选范多富为市人民政府市长，补选1名市人大常委会委员。大会收到议案25件，建议、批评和意见600件。其中2件议案经大会主席团决定立案并提请大会审议，分别作出《关于依法治市的决议》《关于依靠科技振兴湘潭的决议》；其余议案转作建议、批评和意见办理。

1992 年 3 月 10 ~ 14 日举行第五次会议，出席代表 339 名。会议听取和审查市人民政府工作报告以及计划、财政报告，听取和审查市人大常委会工作报告和市中级人民法院、市人民检察院工作报告，并作出相应的决议。要求市人民政府以经济建设为中心，进一步解放思想，加快改革，转换企业机制，提高经济效益，大力发展第三产业；要求市人大常委会抓住改革和建设中的重大问题深入调查研究，有效地进行监督，为促进湘潭市经济持续、稳定、协调发展作出新的贡献。因范多富辞去市长职务，会议补选孔令志为市人民政府市长，补选李文杰为市人大常委会副主任。大会收到议案 14 件，建议、批评和意见 379 件。其中：关于组织全市人民以实际行动纪念毛泽东同志诞辰 100 周年等 3 件议案，经大会主席团决定立案，分别交市人大有关专门委员会审议；其余议案转作建议、批评和意见办理。

三、第十届人民代表大会会议

1993 年 1 月 6 ~ 10 日举行第一次会议，出席代表 334 名。会议听取和审查市人民政府工作报告以及计划、财政报告，听取和审查市人大常委会工作报告和市中级人民法院、市人民检察院工作报告，并作出相应的决议。要求新一届市人民政府以经济建设为中心，加快政府职能的转变，加快市场体系和社会保障体系的建立和完善；加快企业机制的转换，进一步优化经济结构，发展科技，增加投入，全面提高经济效益，使全市的人均国民生产总值走在全省前列；全面发展教育、文化、卫生、体育等各项社会事业；进一步发展社会主义民主，加强社会治安综合治理；认真抓好毛泽东同志诞辰 100 周年纪念活动。要求新一届市人大常委会以发展社会主义民主、健全社会主义法制为重点，加强法律监督和工作监督，更好地发挥人大代表的作用，密切同人民群众的联系，使人大工作更加富有成效。会议选举产生第十届人大常委会组成人员 26 名，其中：伍克文为主任，吴昌续、张丽婷（女）、李文杰、刘胜筹、刘胜美、伍劭斌、肖克俭、余明光为副主任，刘胜美兼秘书长，委员 17 名；选举孔令志为市人民政府市长，王为民、张汉良、刘运前、康庆浩、陈坤为副市长；选举刘锡东为市中级人民法院院长，邱昭开为市人民检察院检察长。选举湖南省第八届人民代表大会代表 45 名。大会收到的 33 件议案全部转作建议、批评和意见，和所收到的 428 件建议、批评和意见一同办理。

1994 年 3 月 4 ~ 8 日举行第二次会议，出席代表 334 名。会议听取和审查市人民政府工作报告以及计划、财政报告，听取和审查市人大常委会工作报告和市中级人民法院、市人民检察院工作报告，并作出相应的决议。要求市人民政府尽快研究出台建立市场经济体制的一系列重大改革措施，并精心组织实施；加快建立现代企业制度，加强宏观调控，完善市场体系和社会保障体系，大力招商引资，深化农村改革；进一步加强社会主义民主法制建设，为改革开放和经济建设创造良好的社会环境。要求市人大常委会进一步增强监督意识，强化监督机制，加大监督力度，讲求监督实效。大会收到议案 32 件，建议、批评和意见 471 件。其中：关于确保湘潭市“普九”（即普及九年制义务教育）任务依法如期完成的议案、关于加强农村五保供养和敬老院工作的议案，经大会主席团决定立案，分别交市人大有关专门委员会审议；其余议案转作建议、批评和意见办理。

1995 年 3 月 1 ~ 5 日举行第三次会议，出席代表 344 名。会议听取和审查市人民政府工作报告以及计划、财政报告,听取和审查市人大常委会工作报告和市中级人民法院、市人民检察院工作报告,并作出相应的决议。要求市人民政府以经济建设为中心,深化国有企业改革,完善宏观管理体系,提高经济的整体素质和效益;重视粮食生产,大力发展乡镇企业,繁荣农村经济,确保全市经济持续快速健康发展。要求市人大常委会紧紧围绕经济建设中心,加强对重大事项的审议,促进重大经济决策的民主化、科学化。因市长孔令志和副市长刘运前相继辞职,会议补选陈叔红为市人民政府市长,彭宪法为副市长;因主任伍克文病逝,补选范多富为市人大常委会主任,补选市人大常委会委员2名,补选省八届人民代表大会代表1名。大会收到议案32件,建议、批评和意见524件。其中:关于加快全市残疾人事业发展的议案、关于要求加速彭德怀故居建设的议案、关于加速解决安居工程的议案、关于解决河东地区排污工程的议案、关于严禁在公共场所燃放烟花爆竹的议案,经大会主席团决定立案交市人大有关专门委员会审议;其余议案转作建议、批评和意见办理。大会还作出关于市人大法制委员会和城乡建设委员会更名为内务司法委员会和城乡建设环境保护委员会的决定。

1996年3月13~17日举行第四次会议,出席代表348名。会议听取和审查市人民政府工作报告以及计划、财政报告,听取和审查市人大常委会工作报告和市中级人民法院、市人民检察院工作报告,审查和批准《湘潭市国民经济和社会发展"九五"计划和2010年远景目标纲要》,并作出相应的决议。要求市人民政府以经济建设为中心,把工业作为湘潭现代化建设的重点,培育和发展一批支柱产业,大力发展规模高效农业,加速农业产业化进程,加大改革开放力度,建立现代企业制度,认真抓好"九五"计划和强工富市战略的实施;要求市人大常委会严格依照宪法、法律的规定行使职权,抓重点,议大事,求实效,积极推进强工富市发展战略的实施。会议接受范多富辞去市人大常委会主任职务的请求,补选王为民为市人大常委会主任。因陈叔红辞去市长职务,会议补选蒋建国为市人民政府市长,补选2名市人大常委会委员。大会收到议案29件,建议、批评和意见480件。其中:关于加强韶山市地区环境保护的议案,关于改变全市城区小学布局不合理状况、解决小学生入学难问题的议案,经大会主席团决定立案交市人大有关专门委员会审议;其余议案转作建议、批评和意见办理。

1997年3月4~8日举行第五次会议,出席代表346名。会议听取和审查市人民政府工作报告以及计划、财政报告,听取和审查市人大常委会工作报告和市中级人民法院、市人民检察院工作报告,并作出相应的决议。要求市人民政府实施强工富市发展战略,把搞好国有企业改制放到突出位置;大力发展乡镇企业,抓好扶贫工作;大力调整经济结构,开拓新市场和培育新的经济增长点;搞好依法治市,提高国家机关公务员依法行政水平。要求市人大常委会认真贯彻实施湖南省县级以上人民代表大会常务委员会监督条例(以下简称监督条例),进一步推进依法治市,监督政府依法行政、司法机关公正司法,提高监督实效。大会收到议案12件,建议、批评和意见355件。其中,关于严厉打击毒品犯罪的议案,经大会主席团决定立案交市人民政府办理;其余议案转作建议、批评和意见办理。大会作出设立市人大农业委员会的决定。

四、第十一届人民代表大会会议

1998年1月3~8日举行第一次会议,出席代表337名。会议听取和审查市人民政府工作报告以及计划、财政报告,听取和审查市人大常委会工作报告和市中级人民法院、市人民检察院工作报告,并作出相应的决议。要求新一届市人民政府高举邓小平理论伟大旗帜,坚持以经济建设为中心,促进强工富市战略的深入实施,促进国民经济整体素质和效益的提高;深化改革,加快经济结构调整,加快市场体系和社会保障体系的建立和完善;进一步改善投资环境,扩大外引内联,开拓国内外市场;大力发展城乡非公有制经济,抓好农业主导产业、龙头企业和名牌产品,加快农业产业化进程;加强财源建设,不断提高城乡人民生活水平;切实加强社会治安综合治理,努力维护社会稳定。要求新一届市人大常委会把推进社会主义民主法制建设作为根本任务,坚持依法治国方针,积极推进依法治市,努力探索市场经济条件下强化人大职能的新途径、新方法。会议选举产生市十一届人大常委会组成人员31名,其中:吴昌续为主任,张丽婷(女)、伍劭斌、余明光、刘异群、刘德莲(女)、谭世明、刘光辉为副主任,易本昌为秘书长,委员22名;选举蒋建国为市人民政府市长,张汉良、彭宪法、殷正海、颜向阳、朱明华、谭山平为副市长;选举符国保为市中级人民法院院长,王晓琴(女)为市人民检察院检察长;选举湖南省第九届人民代表大会代表35名。大会收到关于要求在全市进一步推进农科教结合的议案1件,经大会主席团决定立案交市人民政府办理;大会收到建议、批评和意见473件。

1999年1月18~22日举行第二次会议,出席代表348名。会议听取和审查市人民政府工作报告以及计划、财政报告,听取和审查市人大常委会工作报告和市中级人民法院、市人民检察院工作报告,并作出相应的决议。要求市人民政府以提高经济效益为主攻方向,深化国有企业改革,加大所有制结构调整力度;加大高新技术发展和技术改造力度;加快小城镇建设,加速个体私营经济的发展;要关心群众生活,重视社会热点、难点问题,廉洁务实,努力为基层、为人民办实事。要求市人大常委会加强法律监督和工作监督,推进科教兴市和依法治市。大会收到的25件议案全部转作建议、批评和意见,和所收到的439件建议、批评和意见一同办理。

2000年1月15~19日举行第三次会议,出席代表347名。会议听取和审查市人民政府工作报告以及计划、财政报告,听取和审查市人大常委会工作报告和市中级人民法院、市人民检察院工作报告,并作出相应的决议。要求市人民政府加大改革力度,加快建立现代企业制度;以科技创新,大力发展高新技术产业,促进经济增长方式的转变;加大整治经济环境力度,切实减轻企业负担;大力调整农业结构,加快小城镇建设,抓好农产品流通。要求市人大常委会围绕经济建设中心,把加快湘潭发展、治理经济环境作为监督重点,提高监督实效。大会收到的30件议案全部转作建议、批评和意见,和所收到的529件建议、批评和意见一同办理。大会还作出将市人大农业委员会更名为市人大农业农村委员会的决定。

2001年1月4~8日举行第四次会议,出席代表349名。会议听取和审查市人民政府工作报告以及计划、财政报告,听取和审查市人大常委会工作报告和市中级人民法院、市人民检察院工作报告,审查和批准《湘潭市国民经济和社会发展“十五”计划纲要》,并作出相应的决议。要求市人民政府大力推进经济体制和经济增长方式两个根本转变,努力提高经济增长的质量和效益;大力发展高效农业、乡镇企业,提高县域经济水平;要以建立现代企业制度为目标,加快企业改革,提高工业运行质量和效益;要全面实施“科教兴市”战略,加快科技成果向现实生产力转化,推动高新技术产业的发展;大力发展非公有制经济;加强城市管理,树立经营城市理念;千方百计扩大就业;坚持“两手抓,两手都要硬”的方针,坚持依法治市,严厉打击各种刑事犯罪活动;加强政府自身建设,努力实践“三个代表”重要思想,廉洁勤奋,实实在在地为人民群众谋利益。要求市人大常委会把依法保障和促进湘潭市经济加快发展作为中心任务,进一步完善监督程序,拓宽监督渠道,增强监督实效。会议号召全市人民振奋精神，艰苦奋斗，确保“十五”计划和新世纪第一年开好局，起好步，把湘潭市建设成为省内经济强市。因蒋建国辞去市长职务，会议补选陈润儿为市人民政府市长，补选易本昌为市人大常委会副主任，补选市人大常委会委员1名。大会收到议案24件，建议、批评和意见568件。其中：关于湘潭市取水府庙水库水作城市供水水源的议案、关于尽快制定《湘潭市个体工商户和私营企业权益保护办法》的议案、关于加快湘潭文化建设的议案、关于在全社会倡导弘扬正气见义勇为的议案，经大会主席团决定立案，在大会闭会期间分别由有关专门委员会研究后，交市人民政府办理；其余议案转作建议、批评和意见办理。大会首次审议通过《湘潭市人民代表大会议事规则（试行）》。

2002年1月18～22日举行第五次会议，出席代表349名。会议听取和审查市人民政府工作报告以及计划、财政报告，听取和审查市人大常委会工作报告和市中级人民法院、市人民检察院工作报告，并作出相应的决议。要求市人民政府突出抓好国有企业的改革和发展，治理经济发展环境，确保经济快速发展和社会全面进步；认真研究中国加入世贸组织后湘潭市的应对措施，抓好国有中小企业产权制度改革，采取优惠政策，加大招商引资力度；加快小城镇建设，确保农民增收；认真落实市人大常委会《关于保护和促进个体私营经济发展的决定》，促进个体私营经济的发展；认真实施经营城市战略，巩固和发展“一化三清”（即城市绿化，清理整顿违法用地、违法建设、违法开发）成果，提升城市品位；切实关心城乡贫困群众生活。要求市人大常委会继续加大督促治理经济发展环境的力度；依法搞好人大换届选举，把握好代表的结构，注重代表的素质。大会收到议案23件，建议、批评和意见663件。其中：关于切实加强整治湘潭市医药市场的议案，关于完善农业社会化服务体系建设、推进新的农业科学技术革命的议案，经大会主席团决定立案，在大会闭会期间由有关专门委员会研究后，交市人民政府办理；其余议案转作建议、批评和意见办理。

五、第十二届人民代表大会会议

2003年1月4～9日举行第一次会议，出席代表349名。会议听取和审查市人民政府工作报告以及计划、财政报告，听取和审查市人大常委会工作报告和市中级人民法院、市人民检察院工作报告，并作出相应的决议。要求市人民政府认真实施开放带动战略，优化投资环境，大力招商引资；加大国有企业改制力度，整顿规范市场秩序；实施科教兴市，深化科技体制改革，加速科技成果产业化步伐；完善农业科技服务体系，推进农业产业化经营；进一步完善社会保障体系，扩大就业，确保社会稳定；进一步转变政府职能，简政放权，廉政务实。要求市人大常委会认真学习实践“三个代表”重要思想，与时俱进，开拓创新，不断改进监督方法，提高监督水平，增强监督效果。会议选举产生十二届人大常委会组成人员28名，其中：吴昌续为主任，刘德莲（女）、刘光辉、易本昌、李江华、杨雄赳、汤泽培、李崇轩、王卫国为副主任，杨雄赳兼秘书长，委员19名；选举陈润儿为市人民政府市长，彭宪法、朱明华、谭山平、阳祖耀、周放良（女）、胡友建为副市长；选举罗凯元为市中级人民法院院长，常智余为市人民检察院检察长；选举湖南省第十届人民代表大会代表36名。由于个别人员在本次会议选举中采取非法买票等不正当手段，使选举结果出现不公现象。为了改变这种不公现象，是年6月18日，市十二届人大常委会第四次会议按照有关法律程序，表决通过撤销胡友建的副市长职务的决定，并接受王卫国辞去市人大常委会副主任职务。大会收到议案16件，建议、批评和意见777件。其中：关于加强农村基层政权建设的议案经大会主席团决定立案，交市人民政府办理；其余议案转作建议、批评和意见办理。

2004 年 1 月 3 ~ 7 日举行第二次会议，出席代表 349 名，会议听取和审查市人民政府工作报告以及计划、财政报告，听取和审查市人大常委会工作报告和市中级人民法院、市人民检察院工作报告，并作出相应决议。要求市人民政府聚精会神抓建设，一心一意谋发展，继续实施开放带动、强工富市、科教兴市三大战略，大力推进工业化、城市化、农业产业化“三化”进程，努力把湘潭建设成为湖南先进制造业中心、湘中南现代物流中心、长株潭生态休闲中心；进一步优化经济发展环境，推进体制创新，增强经济发展活力；大力发展开放型经济，支持非公有制经济发展，以工业园区为载体，推动高新技术产业集群发展。要求市人大常委会围绕市委九届八次全会作出的“打造三个中心，实现跨越发展”的重大决策，加强对重大事项的审议，切实关注人民群众反映强烈的热点、难点问题。因陈润儿辞去市长职务、一名副市长被撤销职务、一名市人大常委会副主任辞去职务，会议依照程序，补选彭宪法为市人民政府市长，补选何坤布为市人大常委会副主任，补选市人大常委会委员 4 名，补选湖南省第十届人民代表大会代表 1 名。大会收到议案 24 件，建议、批评和意见 922 件。其中：依法保护农业资源迫在眉睫的议案，经大会主席团决定立案交市人民政府办理；其余议案转作建议、批评和意见办理。

2005 年 1 月 17 ~ 21 日举行第三次会议，出席代表 349 名。会议听取和审查市人民政府工作报告，审查计划、财政报告，听取和审查市人大常委会工作报告和市中级人民法院、市人民检察院工作报告，并作出相应决议。要求市人民政府把发展作为解决一切问题的关键，要大开放，大发展，大改革，推进体制创新，积极推进工业的产业集群和资本集中，增强经济发展活力；创新招商引资思路，加大引资力度，大力发展开放型经济；抓好农业结构调整，提高农业综合效益；加强城乡环境与资源保护，实现可持续发展；切实关注民生，努力构建和谐社会。要求市人大常委会牢固树立和全面落实科学发展观，突出发展第一要务，紧紧围绕全市工作大局，认真履行宪法和法律赋予的职责。会议接受 2 名市人大常委会委员因工作变动的辞职请求，补选市人大常委会委员 2 名，补选湖南省第十届人民代表大会代表 1 名。大会收到议案 16 件，建议、批评和意见 571 件。其中：关于加快和规范湘潭市旧城改造的议案、关于实施千万头生猪产业化工程议案经大会主席团决定立案，由有关专门委员会研究后，交市人民政府办理；其余议案转作建议、批评和意见办理。从本次会议开始，在会议程序上，首次采取对计划报告、财政报告只提请会议审查批准，不在大会全体会议上作报告的方式。

1986~2005 年湘潭市人民代表大会常务委员会主任名录

表 4-1-2

届别	职务	姓名	任职时间
八	主任	石维刚	1983.10 ~ 1986.02
八、九	主任	谭景阳	1986.03 ~ 1992.12
十	主任	伍克文	1993.01 ~ 1994.04（逝世）
十	主任	范多富	1995.03 ~ 1996.02
十	主任	王为民	1996.03 ~ 1997.12
十一、十二	主任	吴昌绫	1998.01 ~ 2006.12

1986~2005 年湘潭市人民代表大会常务委员会副主任名录

表 4-1-3

届别	职务	姓名	任职时间
八	副主任	祁政(女)	1983.10 ~ 1986.02
八	副主任	李永献	1983.10 ~ 1987.12
八	副主任(兼)	钱南浦	1983.10 ~ 1987.12
八、九	副主任	许建安	1983.10 ~ 1992.12
八	副主任(兼)	唐泽映	1983.10 ~ 1987.12
八	副主任	梁振云	1983.10 ~ 1987.12
八	副主任	关洁文	1985.04 ~ 1987.12
八、九	副主任	谢蛟云	1986.03 ~ 1992.12
九、十、十一	副主任	张丽婷(女)	1988.01 ~ 2002.12
九	副主任	何寒光	1988.01 ~ 1992.12
九、十	副主任	吴昌绫	1988.01 ~ 1997.12
九	副主任(兼)	杨则敬	1988.01 ~ 1992.12
九	副主任(兼)	金志林	1988.01 ~ 1992.12
九、十	副主任	李文杰	1992.03 ~ 1997.12
十	副主任	刘胜筹	1993.01 ~ 1997.12
十	副主任	刘胜美	1993.01 ~ 1997.12
十、十一	副主任	伍劭斌	1993.01 ~ 2002.12
十	副主任	肖克俭	1993.01 ~ 1997.12
十、十一	副主任(兼)	余明光	1993.01 ~ 2002.12
十一	副主任	刘异群	1998.01 ~ 2002.12
十一、十二	副主任	刘德莲(女)	1998.01 ~ 2006.12
十一	副主任	谭世明	1998.01 ~ 2002.12
十一、十二	副主任	刘光辉	1998.01 ~ 2006.12
十一、十二	副主任	易本昌	2001.01 ~ 2007.12
十二	副主任	李江华	2003.01 ~ 2007.12
十二	副主任	杨雄超	2003.01 ~ 2006.12
十二	副主任(兼)	汤泽培	2003.01 ~ 2005.12
十二	副主任	李崇轩	2003.01 ~ 2007.12
十二	副主任	王卫国	2003.01 ~ 2003.06
十二	副主任	何坤布	2004.01 ~ 2007.12

1986~2005 年湘潭市人民代表大会常务委员会秘书长名录

表 4-1-4

届别	职务	姓名	任职时间
八	秘书长(兼)	许建安	1983.10 ~ 1986.04
八	秘书长	何寒光	1986.05 ~ 1987.12
九	秘书长(兼)	吴昌续	1988.01 ~ 1992.12
十	秘书长(兼)	刘胜美	1993.01 ~ 1997.12
十一	秘书长 秘书长(兼)	易本昌	1998.01 ~ 2000.12 2001.01 ~ 2002.12
十二	秘书长(兼)	杨雄赳	2003.01 ~ 2005.12

第二章　人民代表大会常务委员会

1986 年 ~ 2005 年,湘潭市人大常委会历经第八届(2 年)、第九届(5 年)、第十届(5 年)、第十一届(5 年)、第十二届(3 年)。在市人民代表大会闭会期间,常委会依法行使重大事项决定权、监督权和人事任免权,共举行会议 144 次,听取和审议市人民政府和市中级人民法院、市人民检察院专题工作报告 299 项,作出决议、决定 147 项;采取执法检查、视察调查、组织代表评议、督办议案和建议批评意见等多种方式,加强对市人民政府和市中级人民法院、市人民检察院工作的监督。

第一节　重大事项决定

一、经济工作

1986 年 4 月，市八届人大常委会第二十二次会议审议《湘潭市国民经济和社会发展第七个五年计划(草案)》,指出市人民政府要坚持走内涵扩大再生产的路子,进一步充实发展农业、轻纺、食品工业方面的内容。会议原则同意"七五"计划草案,要求市人民政府根据审议意见作出修改后,提请市第八届人民代表大会第五次会议审议通过。"七五"计划通过后,市人大常委会在每年年中和年底,结合年度计划执行情况,对"七五"计划的实施进行专项调查视察和审议,以督促落到实处。

1991 年 9 月，市九届人大常委会第二十六次会议审议《湘潭市国民经济和社会发展第八个五年计划(草案)》,要求市人民政府对计划草案中提出的发展重点,从措施、政策等方面具体落实;充分利用本地资源发展具有地方特色的产品,调整产品结构;促进农业进一步发展,解决农民增产不增收问题。经过审议,会议批准《湘潭市国民经济和社会发展第八个五年计划》,并作出相应的决议。1993 年 5 月,市十届人大常委会第二次会议审议《湘潭市 1988 ~ 2000 年经济科技社会发展纲要和"八五"计划调整方案(草案)》,会议认为,鉴于改革步伐进一步加大,经济发展建设明显加快,适当调整规划纲要和"八五"计划部分内容和主要指标,对于实现市委关于人均国民生产总值提前三年翻两番、人民生活率先实现小康水平的战略目标是完全必要的。要求市人民政府进一步解放思想，采取有力措施狠抓落实，争项目、用能人、给政策、除障碍，切实保证完成调整后的主要指标，实现湘潭市经济超常规发展。会议批准《湘潭市1988～2000年经济科技社会发展纲要和“八五”计划调整方案》，并作出相应决议。

1996年1月，市十届人大常委会第十八次会议审议《湘潭市国民经济和社会发展“九五”计划和2010年远景目标纲要（草案）》，提出四个方面的意见：经济体制从传统计划经济向社会主义市场经济转变、经济增长方式从粗放型向集约型转变体现不充分；规划经济建设既要“抓大放小”，又要加大发展地方经济、增加地方财政收入力度；对固定资产重点投资项目要认真筛选、分类和排队，分出轻重缓急；对各项社会事业的发展要统筹规划，既要符合上级精神，又要体现湘潭实际，更要适应经济建设快速发展的需要，具有针对性、可操作性。会议原则同意“九五”计划和2010年远景目标纲要草案，要求市人民政府根据审议意见对“九五”计划（草案）进行修改，并提请市第十届人民代表大会第四次会议审查批准。针对“九五”计划执行情况，市人大常委会通过调查视察和审议等方式，逐年进行检查督促。

2000年12月，市十一届人大常委会第二十次会议审议《湘潭市国民经济和社会发展“十五”计划纲要（草案）》，提出六点意见和建议：坚持以提高经济运行质量和效益为中心，调整优化产业结构；提高技术创新能力和全民素质，优先发展科技教育；加快城市建设步伐，促进经济发展和人民生活质量的提高；坚持可持续发展战略，保持全市经济与社会的协调发展；加强社会主义精神文明建设，提高全市人民思想文化素质；加强社会主义民主法制建设，积极推进依法治市。会议原则同意“十五”计划纲要（草案），要求市人民政府根据审议意见进一步修改，并提请市十一届人民代表大会第四次会议审查批准。2001年9月，市十一届人大常委会第二十四次会议作出《关于保护和促进个体私营经济发展的决定》。对个体工商户和私营企业主的权利和义务、对市人民政府及有关部门保护个体工商户和私营企业生产经营活动的行为，依法作出具体规定，并要求市县人大常委会上下联动，加强检查督促。决定实施后，市人大常委会连续三年开展专题评议监督工作，督促政府治理和优化经济发展环境，使这几年全市个体私营经济得到快速成长。

二、民主法制

1988年7月，市九届人大常委会第三次会议审议通过市人大常委会《关于贯彻湖南省人民代表大会常务委员会〈关于开展执法情况大检查的决定〉的决定》。要求全市各部门、各系统对与本部门、本系统有直接关系的法律、法规执行情况普遍进行自查，并重点组织检查《中华人民共和国刑法》《中华人民共和国刑事诉讼法》《全国人大常委会关于严惩破坏经济的罪犯的决定》《中华人民共和国土地管理法》《中华人民共和国森林法》《中华人民共和国矿产资源法》《中华人民共和国企业法》《中华人民共和国义务教育法》《中华人民共和国食品卫生法》《中华人民共和国治安管理处罚条例》的贯彻执行情况，共查出违法事例1536件。12月，在市九届人大常委会第五次会议上后，“一府两院”按照常委会的要求进行切实有效的整改，对检查出的有关执法人员的严重违法、违纪行为作出党纪、政纪处分，并于1989年1月，分别将整改结果向市九届人大常委会第六次会议作出汇报。6月，市九届人大常委会第十一次会议听取和审议市人民政府关于制止动乱稳定局势的情况汇报、市公安局关于当前社会治安情况和公安工作任务的汇报。会议作出《关于加强社会治安综合治理强化治安工作的决议》。要求对制造动乱和搞打、砸、抢、烧、杀的犯罪分子彻底清查,依法从重从快惩处;各级国家机关和领导干部要切实担负起社会治安综合治理的责任，依靠和发动群众搞好社会治安综合治理;政法机关要严格执法,从严治警。

1991年7月，市九届人大常委会第二十五次会议听取和审议市人民政府《关于全市社会治安综合治理工作情况的报告》、市中级人民法院《关于结合审判工作积极参加综合治理情况的报告》、市人民检察院《关于社会治安综合治理工作情况的报告》。会议通过《关于认真贯彻执行全国人大常委会关于加强社会治安综合治理的决定的决议》。要求“一府两院”及各部门、各社会团体、企事业单位认真贯彻落实全国人大常委会关于加强社会治安综合治理的决定，把社会治安综合治理纳入两个文明建设的总体规划;建立综合治理目标管理责任制;落实内部各项治安防范措施,严防发生违法犯罪和其他治安问题；强调各级人大常委会和乡镇人大要加强对社会治安综合治理工作的监督检查。在随后的五年时间里，市人大常委会结合实施两个决议开展多部法律法规的执法检查和审议,推进“二五”普法和依法治市工作有新的起步。

1996年7月的市十届人大常委会第二十二次会议在听取和审议市人民政府关于“二五”普法工作情况、“三五”普法工作规划报告后,作出《关于继续开展法制宣传教育,进一步推动依法治市的决议》,要求全市以各级国家机关和领导干部为重点,加强执法队伍建设,建立执法责任制。1997年,“一府两院”分别与市人大常委会签订执法责任书。随即,执法责任制、错案追究制、评议考核制在国家机关中广泛开展起来。市县两级还进行大规模的清理规范性文件工作,两级共清理规范性文件1028件,对照法律法规条文,废除39个文件,修改731个文件;市人大常委会每年听取和审议一次“一府两院”关于推进依法治市工作报告;市人大常委会还审议通过《关于对拟任干部进行法律知识考试的暂行办法》,规定今后凡属常委会任命的干部,在拟任前都必须参加由常委会组织的法律知识考试,合格才予任命,以逐步增强国家机关干部的法律意识,促进依法行政和司法公正。

2001年9月,市十一届人大常委会第二十四次会议听取和审议市人民政府关于“三五”普法、依法治市工作情况和制定“四五”普法规划情况的报告,审议通过《关于进一步开展法制宣传教育,继续推进依法治市的决议》。要求市人民政府认真组织实施“四五”普法和依法治市工作,进一步提高公民特别是各级领导干部的法律素质和社会化管理水平,全方位推进各项事业的依法治理;要求各级人大常委会要认真履行职责,加强对法制宣传工作和依法治市工作的监督。

三、教科文卫

1986年7月,市八届人大常委会第二十一次会议审议市人民政府关于把编纂湘潭市地方志作为精神文明建设来抓的议案,作出《关于做好〈湘潭市志〉编纂工作的决议》。要求市人民政府和各级各部门站在认识湘潭、规划湘潭、振兴湘潭、促进湘潭社会主义物质文明和精神文明建设的起点上,切实做好新一轮《湘潭市志》的编纂工作。

1990年8月，市九届人大常委会第十九次会议听取和审议市人民政府《关于湘潭市1988～2000年经济科技社会发展规划工作的报告》,会议批准《湘潭市经济科技社会发展规划纲要(1988～2000)》,并作出相应决议。决议要求市人民政府采取有力措施,广泛发动和依靠群众,认真组织实施

《湘潭市1988~2000年经济科技社会发展规划》。

1991年9月，市九届人大常委会第二十六次会议审议批准《湘潭市普及九年义务教育规划》，要求市人民政府切实加强领导，把普及九年义务教育规划变成现实；地方财政预算应适当向教育倾斜，保证教育经费落实；继续抓好师资队伍建设，调动教师积极性；全面规划、调整中小学校布局；在1~2年内取消重点初中和取消小学升初中升学考试，实行就近入学。1996年7月，市十届人大常委会第二十二次会议听取和审议市人民政府关于实施《中华人民共和国教育法》情况的报告，作出《关于依法确保教育投入发展中小学教育的决定》。要求各级政府加大对《中华人民共和国教育法》的宣传力度，切实提高全社会对教育重要性的认识，依法确保对教育的投入，坚持以财政拨款为主，多渠道筹措教育经费的体制，保障教育经费按政策落实到位。要求市人民政府理顺市、区办学关系，切实解决城区中小学生入学难问题，制定规划，确保1998年下半年城区6岁儿童就近入学。

四、城建环保

1986年3月，市八届人大常委会第十九次会议针对控制和消除环境噪声，保护人民身体健康，促进经济发展，审议通过《湘潭市城市噪音管理试行办法》，由市人民政府公布实施。

1987年1月和5月，市八届人大常委会第二十四次会议和第二十七次会议，先后两次审议《湘潭市城市总体规划(第五次修订)草案》，对城市性质、城市中心点、开发河东、改造河西等方面提出意见和建议，提出在工业布局规划中要考虑污染防治，正确处理易家湾地区保护与开发的关系，正确处理开发河东与改造河西的关系，逐步实现城市中心的东移。要求市人民政府根据审议意见作进一步修改，报省人民政府批准后严格执行。1988年10月，市九届人大常委会第四次会议审议并原则通过《关于第五次修订的湘潭市城市总体规划纲要部分调整和城市防洪规划、热力规划(草案)》。指出城市防洪规划要采取有效措施，进行综合治理；城市热力规划要根据经济发展情况合理布局。要求市人民政府进一步做好规划修改工作，上报省政府批准。还批准由市人民政府提出的《湘潭市新房新租暂行办法》和《湘潭市出售公有住宅暂行实施办法》。

1994年9月，市十届人大常委会第十次会议审议《湘潭市城市规划法实施细则》，要求市政府进一步搞好规划管理职责的划分，强化城市规划管理工作；进一步修改完善《实施细则》，并就规费的收取以及监管和临时建筑的审批等提出意见。会后，市人民政府作了较大修改，以《湘潭市城市规划管理细则》提请市十届人大常委会第二十二次会议再审并获得通过。1995年7月，市十届人大常委会第十五次会议审议并批准《湘潭市城市管理暂行办法》，要求市人民政府认真组织实施，建立和完善各级城市管理机构，不断提高城管人员的素质，努力把湘潭市早日建成现代化文明城市。1997年9月，市十届人大常委会第三十次会议听取和审议市人民政府《关于湘潭市第五次城市总体规划调整方案的报告》，要求立即着手编制分区规划和控制性详细规划，并依法做好各专业规划，使规划管理更加科学、合理、严密。要求市人民政府根据审议意见对规划作进一步修改，报主任会议审定。调整规划待省政府批准后，依法实施，不得随意更改。1998年7月，市十一届人大常委会第三次会议审议并通过《湘潭市城市管理办法》，要求市人民政府大力宣传，认真贯彻实施。本次常委会还审议批准《湘潭市白马湖公园规划暨开发建设方案》。

2002年7月，市十一届人大常委会第三十次会议审查并原则同意湘潭市第六次城市总体规划修编方案。要求在总体规划修编方案中继续明确九华地区为工业发展的备用地,以保障工业发展需要;明确姜畲镇、响塘乡、响水乡所辖范围的功能分区,以利搞好湘潭市向北发展的规划控制;修改完善交通规划,保持湘潭作为东西南北高速公路和国道交通枢纽的区位优势。要求市人民政府根据审议意见抓紧对修编方案进行修改、补充、完善,尽快完成法定审批程序,并认真实施。2004 年 9 月,市十二届人大常委会第十五次会议审查同意《湘潭市第六次城市总体规划修编方案修改意见》。

五、农业农村

1998 年 7 月,市十一届人大常委会第三次会议针对生猪出现结构性过剩、猪价猛跌等情况,作出《关于加速生猪品改,推进生猪产业化的决定》。要求市人民政府及有关部门切实加强领导,加快生猪品改力度,大力推进生猪产业化;市财政每年安排不少于 100 万元资金用于扶持生猪品改;力争用 3 年时间,实现良种猪为主导。1999 年 9 月,市十一届人大常委会第十一次会议审议《湘潭持续高效农业科技示范区建设总体规划》,认为湘潭市具有较好的农业基础条件和较发达的农业与农村经济,以持续高效发展为核心,先进科技成果转化为主线,研究、引进高新技术,以农业技术创新推进产业管理体制,促进农业和农村经济持续高效发展,是未来发展必由之路。会议作出关于批准《湘潭持续高效农业科技示范区建设总体规划》的决定。2001 年 11 月,市十一届人大常委会第二十五次会议对市人民政府执行《关于加速生猪品改,推进生猪产业化的决定》的情况进行审议,要求市人民政府从 2002 年起,三年内每年安排 100 万元专项资金,用于推进生猪品改和产业化。

六、其他

1986 年 9 月,市八届人大常委会第二十二次会议作出关于市树、市花的决定。决定:樟树为湘潭市市树,菊花为湘潭市市花。

1991 年 12 月,市九届人大常委会第二十七次会议,听取市人民政府关于率湘潭友好代表团赴日本彦根市签订缔结友好城市协议情况汇报,作出关于批准《中华人民共和国湘潭市和日本彦根市缔结友好城市协议书》的决定。2003 年 3 月,市十一届人大常委会第二十六次会议听取市人民政府《关于湘潭市与越南边和市缔结友好城市情况的汇报》,同意湘潭市与越南边和市缔结友好城市。

至 2005 年的 20 年间,市人大常委会根据市人民政府提请,先后 10 次会议作出决定决议,共授予湘潭市劳动模范 252 名。

第二节　法律监督与工作监督

一、法律法规实施检查

1986 年 10 月,市八届人大常委会为贯彻《中共中央关于全党必须坚决维护社会主义法制的通知》精神,对全市 101 个单位进行执法检查。(详见首轮《湘潭市志》第七册第 323 ~ 324 页)。1987 年 10 月,市八届人大常委会义务教育法执法检查发现,全市中小学危房面积 78671 平方米,严重影响学生安全。市人大常委会建议市人民政府按照义务教育法中关于义务教育所需事业费、基本建设投资筹措和教育财政拨款增长比例要求，努力增加教育投资，搞好危房改造，促使市人民政府投资602.6万元加强义务教育，改造中小学校舍面积32989平方米。至1987年的2年中，市八届人大常委会共检查《中华人民共和国会计法》《中华人民共和国环保法》《中华人民共和国土地管理法》《中华人民共和国文物保护法》《中华人民共和国食品安全法》等9部法律实施情况。

1988～1992年，市九届人大常委会对"七法一条例"（《中华人民共和国森林法》《中华人民共和国会计法》《中华人民共和国商标法》《中华人民共和国土地管理法》《中华人民共和国食品卫生法》《中华人民共和国矿产资源法》《中华人民共和国治安管理处罚条例》）和湖南省禁止向农民乱收费乱派款的规定、农民承担费用和劳务管理条例等50部法律法规实施情况组织检查。其中，市人大常委会检查国务院农民承担费用和劳务管理条例执行情况发现：全市农民负担越来越重，违背农民自愿原则的摊派越来越多，一些地方在收费中违法乱纪，强迫命令，侵犯公民人身权利，甚至个别地方还出现逼死人命的问题。建议市人民政府把制止向农民乱收费乱派款与纠正行业不正之风、清除腐败结合起来，对农村各种收费、派款、集资、罚款进行全面清理整顿；由市人民政府授权农民负担监督管理部门归口管理审核农民承担费用和劳务，村提留和乡统筹费项目，做到年提年清，专款专用，张榜公布，使农民放心，确保农民群众利益不受侵犯。

1993年6月，市十届人大常委会检查企业法、全民所有制工业企业转换经营机制条例实施情况时发现，一些行政部门和单位对企业放权不到位，还权不彻底，还存在向企业屡禁不止的乱摊派、乱收费、乱罚款的问题。建议市人民政府通过转换国有企业经营机制激活企业改革发展活力；强化监督，制止"三乱"（乱摊派、乱收费、乱罚款），优化企业经营环境；严格依法处理违反企业法、全民所有制工业企业转换经营机制条例的案件，坚决维护企业的合法权益，促进全市经济健康发展。1995年1月，市人大常委会组织检查组对《中华人民共和国产品质量法》《湖南省商品质量监督条例》的实施情况进行检查。是月召开的十届人大常委会第十二次会议听取和审议市人大财经委关于检查上述"一法一条例"实施情况的报告。要求市人民政府进一步深入抓好"一法一条例"的宣传学习，树立"质量兴市、质量兴厂、质量兴业"的思想，采取有力措施，整治产品、商品质量，严厉打击生产、销售假冒伪劣产品和商品的违法行为，查处卖假、制假窝点；重点查处中央、省、市新闻媒体已曝光的注水猪肉和假烟、假酒；建立"市场索赔制度"，保护公民切身利益。至1997年的5年中，市十届人大常委会共检查《中华人民共和国教师法》《中华人民共和国教育法》《中华人民共和国预算法》《中华人民共和国国家赔偿法》《中华人民共和国科学技术进步法》《中华人民共和国矿产资源法》等54部法律法规实施情况。

1998年6月，市十一届人大常委会检查环境保护法实施情况时发现，环保法制难落实、环保执法难到位、环保治理征收排污费困难等多方面问题，一些未经处理的工业废水和生活废水直排湘江，严重影响市民饮用的湘江水质。建议市人民政府加大环境保护法执法力度；落实环保法定管理"三同时"制度（即企业在新建、改建、扩建时，防治污染的设施必须与主体工程同时设计、同时施工、同时投产运行）；落实环保治理资金，加快环保治理工程建设；继续突出湘江湘潭段污水的防治和水质的保护，加快河西城区污水工程建设。至2002年的5年中，市十一届人大常委会共对《中华人民共和国乡镇企业法》《中华人民共和国城市规划法》《中华人民共和国森林法》《中华人民共和国土地管理法》《城市绿化条例》等61部法律法规实施执法检查。各专门委员会组织或配合省人大进行执法检查70余次。

2004年6月起，市十二届人大常委会开展对《中华人民共和国农业法》《湖南省农业投资条例》《湖南省实施中华人民共和国农业技术推广法办法》《湖南省基本农田保护条例》《湖南省禁止向农民乱收费乱派款的规定》等6部法律法规实施情况进行检查。检查历时8个月，涉及市人民政府及15个涉农部门。检查以“农业投入、农民合法权益保护和农产品质量安全”三项内容为重点。检查活动分自查、抽查、整改三个阶段进行。建议市人民政府强化农业基础地位认识，依法加大农业投入，强化农业技术队伍建设，保护好基本农田，加强小型农田基本水利建设。至2005年的3年中，市十二届人大常委会共对《中华人民共和国城市居民委员会组织法》《中华人民共和国消防法》《中华人民共和国安全生产法》《中华人民共和国道路交通安全法》《中华人民共和国动物防疫法》《中华人民共和国科学技术进步法》《中华人民共和国水污染防治法》等37部法律法规实施执法检查。

二、决议决定执行检查

1987年7月，市八届人大常委会就市八届人大五次会议作出的《关于广泛深入开展增产节约增收节支运动的决议》贯彻执行情况进行检查。市八届人大常委会第二十八次会议听取和审议市人民政府关于全市贯彻执行决议的情况汇报。建议市人民政府搞好领导机关带头，深化改革，严明法纪，坚决落实“四严控”(即：严格控制行政经费；严格控制社会集团购买力；严格控制会议；严格控制人员编制)、“四不准”(即：不准请客送礼；不准公费旅游；不准超标准开支会议费、招待费；不准讲排场、比阔气、搞形式主义)双增双节措施。至是年底，市八届人大常委会对《关于加强经济监督和经济司法工作的决议》《关于加强土地管理、制止乱占滥用耕地的决议》等3个决议执行情况进行检查。

1988年10月，市九届人大常委会组织检查组对省人大常委会《关于维护老年人合法权益的决议》和市人大常委会《关于进一步加强老龄工作的决议》贯彻执行情况进行检查。11月，市九届人大常委会第五次会议听取和审议市人大常委会检查组关于上述决议执行情况的检查报告，要求市人民政府切实维护老年人合法权益；对侵犯老年人合法权益的案件，及时依法查处；对离退休人员和社会孤寡老人(五保户)的各项待遇，进一步检查落实；进一步健全老龄工作机构，配好干部，安排好办公用房和经费。

1991年8月，市人大常委会组织检查组对市人民代表大会《关于依靠科技振兴湘潭的决议》实施情况进行检查，11月，市九届人大常委会第二十七次会议听取市人大教科文卫委员会关于检查上述决议执行情况的报告。要求市人民政府不断增强各级领导的科技意识，加强对科技工作的领导；下决心全方位、多渠道筹集科技兴市所需资金；认真落实党的知识分子政策，把科技人员的积极性引导到技术市场的轨道上来。以后的几年时间里，市九届人大常委会对中央、省、市作出的《关于加强民主法制维护安定团结保障改革和建设顺利进行的决定》《关于加强社会治安综合治理的决定》《关于开展“全民爱路月”活动的决定》《关于认真实施中华人民共和国行政诉讼法的决议》等10多个决议决定执行情况进行检查。

1996年8月，市十届人大常委会组织检查组对所通过的《湘潭市城市管理暂行办法》实施情况进行检查，9月，市十届人大常委会第二十三次会议听取和审议市人大城乡建设环境保护委员会关于检查《湘潭市城市管理暂行办法》执行情况的报告。要求市人民政府：从依法治市的高度进一步增强城市管理意识，抓好城市管理；尽快建立市、区、街道、社区居委会四级管理网络、明确责权利相统一的管理责任制；清理整顿主次干道乱摆摊担和乱停车辆、城乡结合部燃放烟花鞭炮等问题；制定颁布市民公约，开展争当文明市民活动。至1997年，市十届人大常委会对《关于继续深入开展法制宣传教育，进一步推动依法治市的决议》《关于加速科学技术进步的决定》等3个决定、决议实行情况进行检查。

1998年5月，市十一届人大常委会组织检查组对市九届人大四次会议作出的《关于依法治市的决议》执行情况进行检查。是月，市十一届人大常委会第二次会议听取和审议市人大内司委关于贯彻落实依法治市决议和执法责任书检查情况的报告。要求“一府两院”及有关部门进一步提高对依法治市的认识，增强依法治市观念，领导干部要率先垂范，不断提高自己的法治水平；建立和落实执法责任制、错案追究制、评议考核制等制度，促进依法行政和公正司法；抓好行政执法队伍的教育整顿，全面提高行政执法队伍的政治思想水平和业务素质，确保公正执法、文明执法、廉洁执法。

1999年6月，市人大常委会组织检查组对全国人大常委会《关于加强社会治安综合治理的决定》实施情况进行检查，7月，市十一届人大常委会第十次会议听取和审议市人大内司委检查《关于加强社会治安综合治理的决定》实施情况报告。要求市人民政府树立强烈的政治责任感，继续认真贯彻实施决定，把社会治安综合治理工作引向深入，及时化解各种不稳定因素，体察民情，切实解决关系群众切身利益的问题；坚持“谁主管、谁负责”的原则，实行“领导责任制”“部门负责制”“目标管理制”和“一票否决制”，形成齐抓共管，达到综合治理；坚持严打方针，继续抓好专项整治，依法严厉打击严重刑事犯罪；加强基层工作，促进群防群治；切实加强执法和司法队伍建设，依法行政、公正司法；解决个别地区公安派出所设置不合理，综治经费紧张问题，保障综治工作深入开展。

1999年12月，市人大常委会组织检查组对市人大常委会《关于加速生猪品改，推进生猪产业化的决定》贯彻执行情况进行检查，2000年1月市十一届人大常委会第十三次会议听取市人大农业农村委员会关于检查上述决定执行情况报告。要求市人民政府进一步统一认识，加强领导，确保决定落实。至2002年底，市十一届人大常委会对《关于保护和促进个体私营经济发展的决定》等4个决定、决议实施情况进行检查。

2003～2005年，市十二届人大常委会连续抓了《关于加速生猪品改，推进生猪产业化的决定》实施的检查，并在市十二届人大三次会议上将陈桂兰等代表提出的《实施千万头生猪产业化工程议案》由主席团批准立案，为此市人民政府每年安排生猪产业化专项经费500万元，生猪的龙头企业、防疫免疫、“瘦肉精”治理、猪粪沼气池建设等工作都出现新的发展局面。

三、工作监督

1986年7月，市八届人大常委会第二十一次会议听取和审议市人民检察院关于上半年打击严重经济犯罪情况的汇报。要求“一府两院”克服畏难情绪，秉公执法，认真履行自己的职责，狠狠打击经济犯罪分子的嚣张气焰；针对当前存在的阻力大、办案难等问题，采取有力措施，打开新局面。1987年7月，市八届人大常委会第二十八次会议听取和审议市人民政府关于强化环境监督管理、提高环保执法水平的报告。责成市人民政府严肃查处违反环境保护法的典型事件，并向市人大常委会报告查处结果。

1988 年 3 月，市九届人大常委会第一次会议听取和审议市人民政府关于支农工作情况的汇报。要求市人民政府增加对农业的投入，做好对农药、化肥、地膜等农用物资的组织调拨工作。1989 年 1 月，市九届人大常委会第六次会议听取和审议市人民政府关于清理整顿公司的汇报。要求市人民政府按照党中央、国务院作出的关于清理整顿公司的决定，深入开展清理整顿公司工作，对清理整顿中发现的问题，归口交有关执法部门立案查处。至 1992 年，市九届人大常委会还听取和审议市人民政府经济和社会发展计划与财政预算执行、发展农业社会化服务体系、大力发展第三产业、对外贸易、小城镇建设、文化市场整顿、反腐倡廉、减轻农民负担等工作的汇报，并对政府提出相关改进工作的审议意见。

1993 年 3 月，市十届人大常委会第一次会议听取和审议市人民政府《关于 1992 年城市维护建设资金使用计划执行情况和 1993 年安排计划》的汇报。要求市人民政府采取有力措施，积极筹措资金，加强城市维护建设资金的监督管理，注重城市建设投入效益，理顺城市管理体制，加强对城管队伍的整顿，把城市管理工作纳入法制轨道。1994 年 1 月，市十届人大常委会第六次会议听取和审议市人民政府关于股份制企业试点情况汇报。要求市人民政府切实加强对股份制试点企业的规范化管理；认真贯彻执行中央“坚持试、不求多、务求好、不能乱”的方针、促进股份制试点企业转换经营机制，健康发展；切实解决好党政领导干部在企业中兼职问题，按照中央有关规定，尽快脱钩。至 1997 年，市十届人大常委会就经济和社会发展计划与财政预算执行、农产品商品基地建设、农村初级卫生保健、优化资本结构试点、社会治安综合治理、“严打”斗争、“二五”普法、小城镇建设和发展、吨粮市建设、农业产业化和农村奔小康等方面的工作组织监督。

1998 年 11 月，市十一届人大常委会第五次会议听取和审议市人民政府《关于国有工业企业调整和完善所有制结构工作进展情况》的汇报，要求市人民政府统一认识，加大企业改制宣传力度，采取切实有效措施，确保企业改制目标的实现；加大改制力度，完善和落实已出台政策措施，营造宽松环境，减轻企业负担，减少收费项目，多为企业改制工作开绿灯；对企业分类指导，督促改制企业抓紧搞好后续工作，做好职工思想政治工作，全心全意依靠工人阶级，搞好企业改制工作；加强企业领导班子建设，推进企业主要领导人员的民主选举工作，防止有的人在企业改制中捞一把，对长期亏损企业的法人代表要建立离职审计制度，对违法违纪的人要严肃查处；严格按法律法规和市场经济规律办事，对企业改制中资产评估机构多的问题认真整顿。此后三年，市人大常委会连续多次开展国企改制情况的调查视察，听取和审议市人民政府的专项工作报告。

2001 年 5 月，市十一届人大常委会第二十二次会议听取和审议市人民检察院《关于预防职务犯罪工作情况的报告》，要求各级领导充分认识加强预防职务犯罪工作的重要性，明确预防职务犯罪工作的任务、目标和要求，建立有效机制，规范工作制度，形成预防工作大格局；各职能部门各尽其职，密切配合，形成合力，共同做好预防职务犯罪的工作；加强领导，加大监督力度，采取多种措施，加强全社会预防职务犯罪工作。至 2002 年，市十一届人大常委会还就经济和社会发展计划与财政预算执行、国有中小企业产权制度改革、农业产业化经营、城市维护建设资金使用、深化科技体制改革、优化经济发展环境等工作组织监督。

2003 年 11 月，市十二届人大常委会第十七次会议听取和审议市人民政府《关于农业结构调整和推进农业产业化经营情况》的汇报，要求全市各级政府加大农业结构调整力度，突出湘潭特色，发展有市场竞争力的优势农畜产品；切实增强为“三农”（农业、农村、农民）服务意识，及时为农民提供法律、政策和信息、技术服务，千方百计增加农民收入；加大招商引资力度，做大做强农业产业化龙头企业；注重农产品质量安全，提高市场竞争力，保障农业结构调整和农业产业化经营取得良好的经济效益和社会效益；依法设立动物防疫专项经费，切实解决畜禽动物疫病检测设备落后问题。2004年7月，市十二届人大常委会第十三次会议听取和审议市人民政府关于大力建设“三个中心”（湖南先进制造业中心、湘中南现代物流中心、长株潭生态休闲中心）、推动湘潭经济跨越发展情况的报告。要求市人民政府抓住机遇，增强发展意识，进一步加快“三个中心”的建设步伐；全面准确领会和把握国家宏观调控政策，顺势而为，进一步促进湘潭市经济建设的健康发展；科学规划、严格项目准入，防止产生新的污染源，确保“三个中心”建设质量；坚定信心，齐心协力，将“三个中心”建设工作一抓到底，全面完成年度国民经济计划和社会发展目标。至2005年3年中，市十二届人大常委会还就创建省级文明城市、社会养老保险扩面征缴、农业产业化龙头企业发展、防控稻水象甲（注：一种外来水稻害虫）、防治高致病性禽流感、国企改革、公共卫生防疫体系建设等工作组织监督。

四、述职评议

从20世纪80年代末、90年代初开始，市人大常委会根据宪法、地方组织法赋予职权，对选举、任免的国家机关工作人员开展述职评议，加强对其依法行政、公正司法的监督。1994年，市十届人大常委会首次组织市交通局局长、市卫生局局长、市中级人民法院院长述职评议。述职评议前，市十届人大常委会组成人员和部分市人大代表深入到被评对象所在单位和有关部门调查视察，广泛听取意见。11月底，市十届人大常委会第十一次会议听取被评对象述职报告，常委会组成人员作评议发言。根据评议情况，常委会会议要求被评对象在12月底拿出整改计划，并在次年2月底前书面报告整改结果。1995年，市十届人大常委会借鉴外地经验和总结本地实践组织市劳动局局长、市审计局局长、市司法局局长、市教委主任和市外经委主任述职评议。1996年，市十届人大常委会组织市计委主任、市民政局局长、市建委主任、市科委主任就执法、施政、廉政情况述职评议。1997年，市十届人大常委会根据湖南省县级以上人民代表大会常务委员会监督条例的规定，将述职评议作为监督本级人民政府、人民法院、人民检察院的方式之一，述职人员由人大常委会确定，述职时间和内容由主任会议决定，述职人员须在述职的15日前报送述职报告；人大常委会听取审议述职报告并提出意见，由主任会议决定转交述职人员及其所在机关，述职人员须在3个月内向人大常委会汇报改进工作的情况。是年，组织市人民政府秘书长、市计划生育委员会主任、市监察局局长、市财政局局长、市林业局局长、市文化局局长述职评议。

1998年，市十一届人大常委会首次将述职评议对象上伸下延，在开展对1名副市长的述职评议的同时，还将述职评议对象下延到市中级人民法院和市人民检察院的庭长、审判员、检察员。此后，因市人大常委会集中抓组织代表评议市级国家机关工作，述职评议工作一度间断五年。

2004年，市十二届人大常委会按照湖南省县级以上人民代表大会常务委员会述职评议工作条例规定，组织市科技局局长、市司法局局长、市环保局局长、市统计局局长会议述职评议，对市人民政府1名副市长和市建设局局长、市农业局局长、市文化局局长、市商贸局局长以及市中级人民法院1名副院长、市人民检察院1名副检察长实行书面述职评议。对会议述职评议人员，市人大常委会组织评议调查组进行调查,将述职人员履职情况及存在问题,写出调查报告。述职人员述职后,由常委会组成人员进行评议发言,提出意见。由出席会议的常委会组成人员按称职、基本称职和不称职进行无记名投票,并当场宣布投票结果。书面述职人员向市人大常委会提交书面述职报告,常委会组成人员和列席会议人大代表提出书面评议意见。常委会组成人员和人大代表对述职人员提出的意见,由选举任免联络工作委员会综合,经主任会议研究,交述职人员进行整改。要求述职人员在收到整改意见 90 日内报告整改结果。2005 年,市十二届人大常委会采取同样方法,组织市人民政府 1 名副市长和市发展改革委主任、市人口和计划生育委主任,市中级人民法院 1 名副院长会议述职评议,市人民政府 1 名副市长、市监察局局长、市财政局局长、市交通局局长、市林业局局长、市卫生局局长、市审计局局长和市安监局局长书面述职评议。

五、代表评议

1989 年,市九届人大常委会首次组织 222 名市人大代表和 33 名省人大代表评议市人民政府的工作。当时,全市有 102 家党政机关公司,有的政企不分,有的倒卖重要生产资料和紧俏耐用消费品;461 名干部利用职权营建私房;市场物价上涨居高不下,元月份物价上涨 37.5%。人大代表针对社会上出现的这些热点问题,依据法律和政策,对政府工作提出评议意见。市人民政府 6 名正副市长及各委、办、局负责人 60 人分别到会认真听取代表评议意见。市人民政府认真落实省、市人大代表的评议意见,组织清理整顿公司、清理国家机关干部营建私房和控制物价工作。

1990 年,先由各县(市、区)人大常委会共组织 256 名市人大代表进行两个月视察调查,写出 33 份调查报告。8 月 7 ~ 16 日,市人大常委会分别在湘潭县、湘乡市、韶山市、湘江区、雨湖区、岳塘区、板塘区和郊区召开 8 场评议会,主题是评议市级国家机关工作(包括市人大常委会和“一府两院”的工作)。在各地评议会上,共有 87 名代表作评议发言,提出各方面的意见 370 条,其中:农业方面 58 条,工交财贸方面 73 条,城市建设方面 65 条,环境保护方面 23 条,教科文卫方面 53 条,社会治安方面 30 条,廉政建设方面 43 条,其他方面 25 条。参加评议会议的市人民政府市长、副市长,市中级人民法院院长、副院长,市人民检察院检察长、副检察长分别答复代表提出的问题,当场拍板解决市建设路农贸市场新建、湘潭县列家桥中学搬迁等 122 个问题。

1991 年,由市人大常委会统一组织代表在年中一次集中评议市级国家机关工作,各代表小组组长和县(市、区)人大常委会中的市人大代表参加评议会议。在 2 天的评议会上,代表们共提出各方面建议批评和意见 151 条。会后,市人民政府认真组织整改,促进城市管理等方面工作的改进。

1992 年,探索开展代表评议专项工作。8 月,市人大常委会组织人大代表对 12 个单位的执法和司法工作进行评议。参加评议活动的市、县、乡三级人大代表 762 人。代表们经过三个月调查,掌握大量第一手材料,综合分析归纳为 125 条意见,59 件重点案件。主要反映公安、司法机关少数工作人员改革开放意识不强、服务经济建设差、工作不落实,侵犯公民人身权利,乱罚款、乱扣押钱物,办人情案、关系案、金钱案,有法不依、执法不严和徇私枉法等问题。经过评议,125 条意见基本得到落实;59 件重点案件,依法纠正 54 件;退还罚没款 31830 元。

1993 年,探索代表综合评议工作。6 ~ 8 月,市人大常委会组织市人大代表历时两个月开展视察调查,综合评议市级国家机关工作。参加评议调查的市人大代表 308 人,写出调查报告 26 份。8 月

26日召开评议大会，由26位市人大代表发言，共提出评议意见142条。其中，工业交通方面18条，财政金融方面20条，教科文卫方面21条，城市建设管理方面16条，发展乡镇企业方面10条，行政事业改革方面11条，反腐败治“三乱”方面18条，社会治安方面10条，法院和检察院方面9条，其他方面9条。代表提出评议意见的同时也提出解决问题的办法，其中对市第二期煤气工程建设存在的6个问题，代表集思广益提出3个解决方案，得到市政府采纳。至1996年，市人大常委会连续四年组织市人大代表评议国家机关工作，通过前期的调查视察，于每年8月份集中召开市人大代表评议国家机关工作大会，四年里市人大代表向“一府两院”综合提出评议意见538条，通过“一府两院”认真落实和市人大常委会的督查，人民群众反映强烈的许多问题得到有效解决。1997年因涉及市人大换届准备工作，代表评议间断一年。

1998年，市人大常委会专门组织市人大代表评议市中级人民法院工作。这次专题评议从调查至评议大会召开，历时半年。参加评议调查代表335名，接待来访234批331人次，召开各种座谈会17次，涉及案件262件。先后在韶山市法院、湘乡市法院、岳塘区法院、雨湖区法院召开4场专题评议会议。8月28日，市人大常委会组织召开对市中级人民法院工作综合评议大会。市人大代表组长和市中级人民法院全体干警共350人参加会议。13名代表作评议发言，提出153条评议意见。问题主要集中在：判决不公；滥用查封、扣押、拘留等司法权力，损害当事人合法权益；利益驱动，办金钱案、人情案、关系案。评议大会交办的27件重点案件，依照法定程序，基本上得到纠正，其中依法改判17件。这次评议对市中级人民法院震动很大，法院加强对干警的教育和管理，建立和完善12项规章制度，加强内部监督等工作。这次评议还引起舆论传媒高度关注，人民日报、瞭望、中国人大、法制日报等中央媒体和江苏、山西等省的人大报刊以及本省、市媒体都作专题报道。至2002年的5年间，市十一届人大常委会还先后组织市人大代表开展城市管理、治理和整顿经济发展环境、经营城市、保护和促进个体私营经济发展专项工作评议，共组织召开17场次专题评议会，提出774条评议意见，内容涉及“一府两院”60多个单位和部门工作。

2003年，以经济发展环境为切入点，组织人大代表评议优化经济发展环境和依法行政中存在的问题。从加快工业园区建设和强化政府有关部门服务职能入手，经过5个月调查，掌握大量第一手材料后召开评议大会，对市国土、规划、物价、计委等单位工作进行评议。市人大代表以“改善我市园区经济发展环境迫在眉睫”“前置审批是阻碍经济发展的瓶颈” 等为题进行评议发言。评议大会后，市人民政府召开专门会议研究整改措施，并制定出《湘潭市行政中介机构整顿规范工作方案》。市物价局对所有收费审批项目进行全面清理，决定取消6项收费，降低一部分中介服务收费标准；市规划局决定撤销城市规划服务部，取消规划服务这一审批前置条件；市计委取消民营投资和外商投资项目由工程咨询公司做评估这一立项审批前置条件。2005年，市人大常委会再次组织代表评议市人民政府治理经济发展环境工作和市中级人民法院工作。在评议治理经济发展环境工作中，人大代表以市建材钢铁总厂破产改制受阻的典型事例为切入点，就如何切实规范政府行政行为、努力改善经济发展环境进行深入分析评议。市人民政府根据代表评议意见专题研究整改措施，督促有关部门举一反三解决问题，转变作风。在评议市中级人民法院工作中，人大代表深入调查，了解掌握、核实和筛选一些社会关注的典型个案，要求市中级人民法院认真整改。市中级人民法院针对代表评议提出的问题和个案，研究制定整改措施，改进司法工作，对重点评议个案，按法定程序依法作出判决并执行到位，纠正原审判决中的错误，维护当事人合法权益。

六、受理申诉和意见

1986年，市八届人大常委会经申报和批准，在办公室设立信访科，负责办理人大代表和人民群众来信、接待人大代表和人民群众来访工作。1987年6月，市人大代表杨善育来信反映市为民药店在药品经营活动中以甲代乙、以次充好等不正之风严重。市人大常委会几次约见来信人听取情况和意见，并与市人民政府及有关部门负责人研究，责成市医药总公司对为民药店的非法经营行为严肃处理，并对全市医药系统进行认真整顿。至1987年的两年中，市八届人大常委会受理人民群众申诉、控告和意见及来访3317人次。

1988年起，市九届人大常委会不断探索人大信访工作机制，至1992年6月，制定出台《湘潭人大常委会处理人民群众来信来访办法》，确定对人民群众来信来访按照“分级负责，归口办理”的原则处理，并相应建立主任信访接待日制度、重大信访件呈阅报告制度。与此同时，市人大常委会机关制定《市人大常委会机关信访工作若干规定》《市人大常委会办公室向各县(市、区)人大交办信访事项暂行办法》《市人大常委会向“一府两院”交办信访事项暂行办法》。这些规定和办法对各种案件的交办方式、办理时限、督办方式、责任追究等作出明确规定。市九届人大常委会还注重整合各方面的力量做好信访工作。1992年被列为重点监督并要求报告查处结果的71件案件，当年办结56件，向司法部门交办的34件久诉不息的案件当年办结24件。至1992年的5年中，市九届人大常委会共受理人民群众反映、申诉、控告来访15375件次，接收处理来信4549件。

1993年起，市十届人大常委会注重人民群众来信来访中重点案件的处理。1995年，市人大常委会信访部门接待黄某某遭枪击死亡赔偿案来访。黄某某因债务纠纷曾搬走亲戚于某某家(张家界)一台彩电，于向当地派出所报案后，张家界市公安机关在黄家搜出彩电并口头委托湘潭县中路铺镇派出所协助抓黄。当年12月，张家界市公安机关将彩电还失主，于表示与黄家是亲戚，要求就此结案。但半年后，中路铺镇派出所干警无意中发现黄，并实施抓捕，黄逃跑，但没有暴力抗拒，在相距10米左右，被干警枪击头部死亡。死者父亲多次上访各级人大常委会，要求赔偿，省、市、县公安机关认为干警开枪合法，不应赔偿。对此群众意见很大。市人大常委会重视此案，即组织调查组对此案进行调查。调查认定：干警违法使用武器，应予赔偿。经市人民检察院对此案进行复查，复查处理意见与市人大常委会调查结论一致。此处理意见得到最高人民法院的确认与支持。此案在省、市人大常委会的多次督促下，公安机关作出赔偿149580元的决定，并赔偿到位。至1997年5年中，市十届人大常委会共受理人民群众申诉、控告和反映等方面的来信4137件，来访5788人次，其中一些重点案件督促办理取得实效，受到社会各界人民群众高度评价。

1998年，市十一届人大常委会机关成立信访工作领导小组，针对受理的人民群众申诉和意见，实行统一协调，重点督办，办理人民群众反映强烈的219件热点、难点问题。领导小组和常委会主任会议定期听取信访工作汇报，重要信访案件及时提交领导小组和主任会议研究，提出交办、督办意见。至2002年的5年中，市十一届人大常委会共受理人民群众反映、申诉和控告等来信5000件，来访11032人次。

2003～2005年，市十二届人大常委会重要信访案件由信访领导小组和主任会议研究，提出督办意见。坚持市人大常委会主任信访日接待制度，每次处理一两件重要信访案件，召开督办会，听取有关部门汇报，督促限期办理。按照"属地管理、分级负责、谁主管、谁负责"原则，对所有来访者一律依规热情接待，按照政策和法律法规，接谈、回答并协调、督促有关部门合法合理解决上访者要求解决的有关问题，共接待人民群众的来访12347人次，接受人民群众申诉、控告和反映意见来信3089件。

七、专题活动监督

（一）湘潭环保世纪行

1997年，市十届人大常委会首次组织开展湘潭环保世纪行活动。是年，湘潭环保世纪行活动成立组委会，由市人大城乡建设环境保护委员会牵头，市委宣传部、市人民政府相关部门、市级新闻单位为成员单位，组委会主任由市人民政府分管城建环资工作的副市长担任，组委会办公室设在市人大城乡建设环境保护委员会办公室。组委会围绕"保护资源，永续利用"这个主题，组织开展一系列新闻采访报道活动，宣传韶山市国土、林业部门保护土地和森林资源，韶峰水泥集团、湘潭电厂加强综合治理、创建清洁工厂等先进典型；同时，对一些区域性环境资源问题，进行跟踪采访报道。督促市人民政府相关部门对披露的违法用地和违法采矿事件进行处理和整改，关闭炸毁小煤窑、小锰矿井20多座。

1998年，湘潭环保世纪行活动以"保护湘江"为主题，针对人民群众关心的饮用水源质量问题，组织执法检查和新闻采访报道。对湘潭县射埠镇6家设备简单、污染严重、周围村民反映强烈的再生纸厂进行曝光。市人大常委会分管领导还带领市人大城乡建设环境保护委员会前往深入调查，提出"停产治理"的建议，得到湘潭县人民政府的积极支持。1999年以"向水和大气污染宣战"为主题的活动，与常委会组织的城市管理工作评议相结合，舆论监督与权力机关监督形成合力，重点督促推进市城区"脏、乱、差"综合整治和2000年工业企业污染物达标排放。先后组织开展代表视察、新闻采访、利用"六·五"世界环境日等纪念日进行宣传等系列活动，并对舆论曝光的问题跟踪督查，取得明显效果，督促市人民政府制订《湘潭市城区城市管理执法规定》。从2001年起，连续两年以"绿化湘潭，保护生态环境"为主题的活动，与城市管理执法专项监督和"一化三清"工作相结合、与森林植被保护和城市绿化保护相结合，对排污不达标企业、市属医院"三废"处理、城市绿化等方面的问题集中采访报道，促进市人民政府及有关部门完成长潭高速公路连接线和长潭板易路共15.28千米绿化带建设，建成一批街头小游园和部分绿化广场；取缔"小炼焦"38座，关闭小锰矿、小煤矿10余家，初步实现全市各医院特种固体废弃物集中处理，搬迁取缔湘江城区段砂石场49家；并对隐山开发区森林植被破坏、韶山等地风景名胜区毁林采石、河西大堤夜宵摊点污染、湘潭县泉塘子玻璃厂烟尘污染空气等问题采取积极整治措施。

2003年起，湘潭环保世纪行突出"绿化湘潭，保护生态环境""保护水环境，促进创建文明城市""防止水污染，保护水环境"的三个主题，与创建文明城市和湘潭市环境保护2005～2007年三年行动计划实施及省市环保执法检查相结合，对环保世纪行采访和执法检查中发现的竹埠港地区环境污染、湘乡皮革工业园污水处理厂建设、涟水湘乡段污染整治、湘潭县吴家巷工业区及响水地区化工污染治理、市城区水厂附近砂场整改等存在的重点问题，组委会办公室共发出8份督查整改交办意见书，并多次跟踪督查。各级政府及有关部门认真整改，使一批重点问题得到解决：市环保三年行动计划中2005年度的10个建设项目,除医疗垃圾处理中心外,9个项目完成计划进度,其中湘钢公司干熄焦工程、湖南铁合金厂铬浸出渣处理工程投入运行;吴家巷工业区、响水地区和竹埠港地区污染治理力度加大,强制关停排镉等重点污染企业25家;河西污水处理厂如期投入试运动;下岳塘垃圾污染、原市二化厂小区脏乱差等城市卫生"死角"得到整治;雨湖区长城乡新月村养殖废水治理制定实施方案并着手治理,取得初步成效。王国祥等市人大代表多次参加环保世纪行采访活动,并自费对湘江水污染防治进行深入调查,向省、市环保部门提出许多有价值的建议和意见。湘乡一中高三学生钟浩就涟水污染治理上书国家环保总局局长,引起各级领导高度重视。至2005年,湘潭环保世纪行活动已连续开展9年,并连续9年获得省三湘环保世纪行组委会授予优秀组织奖或组织奖。

(二)湘潭农产品质量安全行

2003年,市十二届人大常委会根据湖南省人大常委会统一部署,在全市首次组织开展湘潭农产品质量安全行活动。组建由市人大农业农村委员会牵头,市委宣传部、市政府有关委、办、局及市广播电视局、湘潭日报社共23个单位为成员的"三湘农产品质量安全行湘潭组委会"。组委会主任由市长兼任,组委会副主任分别由市人大常委会联系市人大农业农村委员会的副主任和市人民政府分管农业的副市长兼任。组委会在湘潭日报设立"三湘农产品质量安全行"专栏,报刊、电视台等新闻媒体共发稿350余篇,对放心菜、安全肉的生产、加工进行大量宣传;组织人大代表视察调查伟鸿、莲邦、聚宝米业、港越等10个农产品加工龙头企业,羊牯塘、下摄司、响水、护潭等5个无公害蔬菜基地,以及重点屠宰场、蔬菜市场、水果市场,促进市人民政府及有关部门高度重视农产品质量安全工作,加强无公害农产品基地建设,加强农产品质量安全生产的技术保障,加强对农药、化肥等农业投入品管理的执法,加强农产品市场监管。

2004~2005年,湘潭农产品质量安全行活动围绕农业产地环境、蔬菜瓜果及茶叶违禁使用农药、生猪饲料使用"瘦肉精"等问题,组织开展宣传一条街、专题调研、执法检查、专项视察、专题讲座活动,促进市人民政府及有关部门加强农产品质量安全工作。此项活动连续三年被省三湘农产品质量安全行组委会评为先进。

第三节 议案督促办理

1986年,市八届人大常委会为督促市人民政府办理《关于普及九年制义务教育的议案》,组织力量到湘乡、湘潭两县的三个区、镇和三个乡,调查了解中小学教育的现状,普及九年制义务教育存在的困难和问题。同时,对两县118个乡镇普及九年制义务教育的财力进行定性、定量的分析,写出两个专题调查报告。市八届人大常委会第21次会议听取和审议这两个报告,并就全市制定普及九年制义务教育实施规划,提出建议与意见。1987年,市八届人大常委会督办《关于进一步加强老龄工作的议案》。通过督办,市人民政府组建各级老龄工作机构,开始实行退休金统筹,对60岁以上的老人发给"优先证",开办"湘潭老年大学",举办首届老年人文艺调演,组织成立"湘潭市关心下一代协会",有力地促进全市老龄工作的发展。两年中,市八届人大常委会共督办《关于积极促进残疾人就业的议案》等16个议案,促进市人民政府切实解决议案提出的相关问题。

1988～1992年，市九届人大常委会督办21件议案。其中《关于切实加强城市规划管理工作的议案》，在市人大常委会主任的率领下，市人大城乡建设环境保护委员会组织有18名人大代表参加的督办调查组，听取市规划办及5个县（市、区）及有关单位的汇报，并深入实地视察调查10多天，对议案办理提出建议和意见。市人民政府高度重视该议案的办理，组织完成第五次城市总体规划修编，编制城市防洪和热力规划；实行规划和业务例会制度；市政府作出设置湘潭市城市规划设计院和规划管理处的决定，初步建立一支规划设计和管理队伍。其他20件议案，都由市九届人大常委会督促市人民政府办理落实。

1993～1997年，市十届人大常委会督办8件议案。其中关于《改变湘潭市城区中小学布局不合理状况，解决小学生入学难仍是当务之急的议案》，在市人大常委会领导下，由市人大教科文卫委员会具体组织，召开交办会，分别召开市人民政府有关部门座谈会听取办理情况汇报，组织议案办理情况视察检查。市人民政府修订《实现全市城区儿童六岁入学的规划》，当年拨出200万元用于新建城区小学。市教委拿出400多万元用于城市两区小学的新建、扩建、改建工作，新建的韶山西路小学和岳塘区育才小学于秋季开学前竣工投入使用。并确定在1997年动工兴建、迁建2所小学，改扩建3所小学。《关于严厉打击毒品犯罪的议案》，由湘潭市人大常委会主任带队对议案办理进行检查督办。在市人民政府和政法机关的共同努力下，议案办理取得明显成效。

1998～2002年，市十一届人大常委会共督办6件议案。其中《关于进一步推动农科教相结合的议案》，市人大农业农村委员会进行认真的交办和督办。市十一届人大常委会听取该项工作汇报，要求市人民政府树立大农业、大科技、大教育观念，进一步加强领导，统筹协调，设立专项资金，保证农科教结合工作顺利实施，促进科技成果，通过教育推广传播，转化成产业化经营的现代农业。关于《切实加强整治湘潭市医药市场的议案》，市人大财政经济委员会会同市人大教科文卫委员会组织系列督办活动。由市人大常委会领导带队视察检查4家县级医院，21个乡村医疗点，83家药品销售店（点）的整治情况；组织部分市人大代表参与市政府组织的5次整治行动，多次听取市政府及有关部门和县（市、区）政府关于整治医药市场的情况汇报。通过议案的督办，医药市场的整治取得阶段性成果，医疗工作逐步规范，医德医风有明显好转，服务质量有所提高；市场药品零售价格有明显下降，群众得到实惠；假冒伪劣药品、虚假广告明显减少，医药市场有所规范。

2003～2005年，市十二届人大常委会督办议案4件。其中关于《依法保护农业资源迫在眉睫的议案》，由市人大农业农村委员会牵头督办，市人大城乡建设环境保护委员会、财政经济委员会和市人大常委会办公室、选举任免联络工作委员会协助督办。市人大农业农村委员会先后11次组织专题研究，并多次组织部分常委会组成人员和人大代表对议案办理情况进行检查和调查。议案办理取得明显成效，共立案查处违法占用耕地案件33起，共计17920平方米，新建基本农田保护标牌531块，层层签订基本农田保护责任书，争取土地整理项目资金2980万元；全市查处各类林业刑事、行政案件267起，打击处理违法犯罪分子188人，全市新造林3740.13公顷，补植6666.67公顷；并实施湘江鱼类人工放流。关于《加快和规范湘潭市旧城改造的议案》，由市人大城乡建设环境保护委员会组织部分人大代表对议案办理情况进行视察检查，并结合城市规划法的执法检查进行督办。市人民政府常务会议专题研究该议案的办理，成立专门班子，制订工作方案，把旧城改造纳入重要议事日程。通过办理，市人民政府成立旧城改造领导小组，设立办公室，配备专职工作人员。市人民政府

8次召开调研会，走访座谈100余人次，正式出台《湘潭市旧城改造实施方案》和《湘潭市旧城改造管理暂行办法》，组织编制《河西沿江地区旧城保护与更新规划》，市委、市人民政府还联合下发《关于"城中村庄"改造的意见》，并着手策划启动一批旧城改造项目。

第四节 国家机关工作人员任免

1986年，市八届人大常委会依法任免54名国家机关工作人员。其中，属于市人民政府组成人员的任职10名，免职10名；属于市人大常委会机关部门负责人任职13名，免职5名；属于市中级人民法院审判员和市人民检察院检察员的任职14名，免职2名。在人事任免工作中，重点加强对所任免人员的任前考察工作，基本做到按照法律法规程序办事。至1987年的两年中，市八届人大常委会共任免国家机关工作人员77名。

1988年5月，市九届人大常委会第二次会议审议通过《人事任免暂行办法》。办法规定，市人大常委会依照地方组织法，任免属于市人大常委会任免的国家机关工作人员；参照全国人大组织法的规定，任免市人大常委会副秘书长，办公室主任、副主任，工作委员会主任、副主任和委员。市人大常委会表决人事任免案，采取无记名投票方式，以全体组成人员过半数通过，方为有效。经市人大常委会任命的国家机关工作人员，由市人大常委会颁发任命书，任命书由市人大常委会主任署名，但决定任命的副市长和决定的代理市长、代理法院院长、代理检察长不颁发任命书。至1992年的5年中，市九届人大常委会依法任免国家机关工作人员249名。

1993年，市十届人大常委会共依法任免本级国家机关工作人员78名，其中市人民政府组成人员40名。常委会在行使任免权过程中，充分发扬民主，严格依法办事，听取有关部门的情况介绍和拟任人员的从政发言，正确评价他们的德才和政绩，指出他们的不足和努力方向，促使拟任人员增强为人民服务、对人民负责的责任感和依法行政、公正司法的使命感。1997年1月，市十届人大常委会第二十五次会议审议通过《关于对拟任干部进行任前法律知识考试的暂行办法》，规定凡由市人大常委会任命的国家机关工作人员，均应进行任前法律知识考试，未经任前法律知识考试的，市人大常委会不予审议。但在本届内已经考试的改任其他职务时不再进行考试。实行开卷考试，考试不及格的可以补考一次。考试成绩在市人大常委会会议上公布，供常委会组成人员审议时参考。至1997年的5年中，市十届人大常委会共依法任免国家机关工作人员250名。

1998年11月，市十届人大常委会第十一次会议对《人事任免暂行办法》进行修订，完善任命人员的提名方式，增加任前法律知识考试、从政发言等条款。修订后的《人事任免办法》增加规定：可对拟任干部进行任前调查，拟任的市人民政府组成人员、市中级人民法院副院长、市人民检察院副检察长应在常委会会议上作从政发言；市人大常委会可以听取和审议由本级人民代表大会及其常务委员会选举任命的国家机关工作人员的述职报告。至2002年的5年中，市十一届人大常委会共依法任免国家机关工作人员263名。

2003年，市十二届人大常委会在任命新一届市人民政府组成人员过程中，继续坚持国家机关工作人员任前法律知识考试制度、任前调查制度和任前从政发言制度。先后任免国家机关工作人员72名。并对新一届市人民政府组成人员任命的全过程首次由新闻媒体进行电视录播。至2005年的

3 中,市十二届人大常委会依法任免国家机关工作人员 126 名。

第三章　代表工作

第一节　代表培训

1986 年,市八届人大常委会重点对 155 名人大工作联络员进行培训,以选举法、地方组织法、代表法为主要培训学习内容,采取集中辅导、分组讨论的方式学习,结合代表小组活动,进行社会调查,巩固培训学习效果。至 1987 年的两年中,市八届人大常委会共培训人大代表 285 人次。

1988 ~ 1990 年,市九届人大常委会组织人大代表学习中共十三届五中、六中、七中全会文件精神,学习中国特色社会主义若干问题纲领、毛泽东著作和中央领导的讲话,引导人大代表正确认识国内、国际形势,坚持党的基本路线,坚持党领导下的人民代表大会制度,加强社会主义民主法制建设,坚定搞好人大工作的信心和决心。1991 年,常委会组织代表重点学习江泽民同志庆祝中国共产党七十周年大会上的讲话,学习邓小平、江泽民同志关于坚持和完善人民代表大会制度的重要论述、中央工作会议精神、中共十三届八中全会精神、中华人民共和国宪法和社会主义法制建设若干问题。至 1992 年的 5 年中,市九届人大常委会共培训代表 930 人次。

1993 年 5 月,市十届人大常委会针对全市各乡镇人大换届后大部分乡镇人大主席团主席是新当选的且急需学习人民代表大会制度建设的政治理论、了解乡镇人大工作的任务和工作方法的实际,举办乡镇人大主席培训班。1996 年,常委会再对 5 个县(市、区)144 名乡镇人大干部进行集中培训,重点学习社会主义市场经济理论、代表法、组织法、预算法等法律知识,并进行工作经验交流。至 1997 年的 5 年中,市十届人大常委会共培训人大代表、人大代表组长、人大工作联络员、地方乡镇人大主席团主席 770 人次。

1998 年,市十一届人大常委会根据换届后新代表比较多的情况,举办 33 名市人大代表组长和新任人大代表培训班。至 2002 年的 5 年中,先后两次培训市人大代表组长和乡镇人大主席团主席,集中学习代表法、选举法、地方组织法、湖南省乡镇财政管理条例等法律法规以及人大业务知识,参加培训的市、县两级人大代表共 825 人次。

2003 年,市十二届人大常委会对 349 名市人大代表采取集中授课和分组讨论方式,进行一次法律知识和人大业务工作普训。2004 年,组织全体市人大代表学习十届全国人大二次会议通过的宪法修正草案,并结合纪念人民代表大会成立 50 周年,开展以学习宪法为主的法律知识竞赛。2005 年,为了认真学习贯彻中共中央转发的《中共全国人大常委会党组关于进一步发挥全国人大代表作用,加强全国人大常委会制度建设的若干意见》(即中共中央 9 号文件)的通知精神,常委会举办市人大各代表小组长和乡镇人大主席团主席培训班,认真学习中共中央 9 号文件精神,并按照全国人大常委会办公厅 5 个相关文件要求,突出充分发挥代表作用和加强人大常委会制度建设这两个重点。至 2005 年的 3 年中,市十二届人大常委会共培训人大代表 495 人次。

第二节 代表活动

1986年，市八届人大常委会加强人大代表联络工作，聘请155名人大工作联络员，以方便代表依法开展闭会期间的活动，促进人大代表活动经常化、制度化。9月，常委会决定颁发代表视察证，便于代表随时随地开展视察活动；常委会对全市59个代表小组普遍联系一次，征询意见，商讨工作。湘潭电机厂20多名人大代表（包括省、市、区三级）抓住“农转非”这个群众反映强烈的问题专题调研，写出调研报告，引起市人民政府和市公安机关高度重视，解决按政策应该解决的问题。1987年12月，市八届人大常委会设立联络工作委员会，负责闭会期间代表活动的联络工作。

1988年3月，市九届人大常委会制订《关于加强同人大代表联系，充分发挥人大代表作用的办法》，明确规定按照便于组织、便于活动原则，就近就地建立代表小组，每组推荐1～2名召集人，负责组织代表小组活动，代表小组每年开展活动不少于两次；聘请市人大代表联络员，联络员受市人大常委会委托，加强与市人大代表联系，并帮助代表解决在活动中的具体问题；市人民代表大会举行会议之前，市人大常委会组织代表进行视察活动；市人大常委会举行会议时，根据会议议题，邀请有关代表列席会议；市人大常委会及人大各专门委员会进行专题调查时，根据需要组织有关代表参加。至1992年的5年中，代表活动方式不断拓宽，内容不断丰富，各小组闭会期间活动共916次。

1993年，全市各代表小组平均开展活动4次，共写出视察、调查报告12份，向市级国家机关提出建议、批评和意见428件，监督支持有关部门解决或促进解决一批人民群众反映强烈的问题，并直接为人民群众办了一批好事。湘潭县石鼓乡欧冲村长期无电，经济贫困。当地人大代表多次向市领导及有关部门反映情况，争取市县两级电力部门于是年7月为欧冲村安装1千米多电力线路，解决村民生产、生活用电问题，受到群众称赞。至1997年的5年中，在市十届人大常委会的组织下，全市40个代表小组共开展各种活动914次，写出视察调查报告582份，约请市人民政府领导和有关部门负责人现场办公解决热点难点问题327个，直接为人民群众办实事1800余件。

1998年11月，市十一届人大常委会制定《关于市人大闭会期间组织代表开展活动的暂行办法》，对代表闭会期间的活动方式、内容、范围、时间以及物质保障等作出明确的规定，使代表活动逐步规范。是年，市人大常委会还制订常委会主任、副主任走访代表的制度，规定常委会主任每年至少走访20名代表，副主任至少走访10名代表，及时了解代表开展活动的情况，指导代表开展活动。2001年，李献成在担任市人大代表期间，接待和走访选民8000多人次，提出建议、批评意见157件，写出有分量的评议材料6份，整理案例1200多份，旁听法院庭审200多次，参加调解交通民事案件34起，捐助贫困学生100余名。至2002年的5年中，市十一届人大常委会引导全市各代表小组闭会期间活动共731次。

2003～2005年，市十二届人大常委会适时指导各代表小组围绕实现湘潭经济跨越发展的主题开展活动，全市39个人大代表小组共开展活动396次。其中，岳塘区7个市代表小组设立代表工作室，建立接待群众制度，每周第四日定为代表轮流接待日。市代表岳塘区第六小组，制订学习、视察调查、接待和走访选民、为经济社会发展献计献策等制度，先后就双马工业园建设、湘钢周边治安环境综合整治等重大问题进行视察调查，写出视察调查报告，引起省、市领导及有关部门重视，双马工业园得到省政府及有关部门支持，建设步伐加快。该小组共组织代表小组活动 47 次，写出视察调查报告 81 份，接待和走访选民 10680 人次，提出建议、批评意见 363 件，为民办实事 1107 件，为代表所在单位提合理化建议 290 条，为代表所在单位解决生产、经营管理难题 117 个。

第三节　代表建议、批评和意见督办

1986 年，市八届人大常委会督促市人民政府、市中级人民法院、市人民检察院办理市八届人大四次会议期间代表提出的建议、批评和意见 270 件，并将办理结果答复代表。1987 年，常委会重点督办张国梁代表关于解决马家河地区群众饮水问题的建议，市人民政府领导到马家河实地勘察，拍板投资 29 万元，由城建部门组织自来水公司包干施工，从省金属仓库接线联管，接通马家河地区居民饮用自来水，给当地人民办好事。两年中，市八届人大常委会督办人大代表建议、批评和意见共 662 件。

1988 年，市九届人大代表刘汉娥提出建议要求有关部门解决湘潭大学围墙边露天垃圾场污染环境问题。经实地察看后，市人大常委会将其作为重点进行督办，促使环保部门迅速采取药杀和填埋办法使污染问题得到解决。以后，常委会注重在制度上进行规范，努力提高代表建议、批评和意见的水平和办理质量。1992 年 7 月，市九届人大常委会审议通过《关于代表建议、批评和意见的征集及督促办理办法》，明确规定代表建议的征集、交办和"一府两院"办理时限、办理程序、办理质量及向市人大常委会汇报办理情况、人大常委会的督办方式等。与此同时，市人大常委会还督促"一府两院"建立健全代表建议办理程序、办理质量，答复代表的行文方式，代表对答复的反馈意见，实地检查办理效果，表彰先进单位和先进个人以及对承办人员的培训等一整套制度。至是年的 5 年中，市九届人大常委会共督促市人民政府办理并答复的人大代表建议、批评和意见共 2563 件。

1993 年，市十届人大常委会重点对代表提出的关于要求市人民政府帮助江南机器厂新上奥拓轿车生产线的建议进行督办，市人民政府领导到该厂现场办公，帮助组织部分贷款，支持奥拓轿车的生产。至 1997 年的 5 年间，市十届人大常委会共督促办理并答复人大代表建议、批评和意见共 2312 件，建议、批评和意见的内容主要集中在经济社会发展的重大事项方面。

1999 年，市十一届人大代表罗菊初提出解决湘潭县印子山水库库区内金石村交通闭塞问题的建议。该村自修建水库以后，村民出村、生产资料和生活用品以及农产品销售的进出全部靠竹筏作交通和运输工具。先后有多名学生因乘竹筏到外村读书，被水吞没，其中有一户两名学生同时葬身水库。由于交通不畅，该村发展滞后，村民生活比较贫困，因此强烈要求各级政府帮助他们解决交通闭塞问题。有关部门勘察后认为，要解决这个问题，必须在水库的尾部建三座大小不等的桥梁，湘潭县人民政府也多次作过努力，终因资金不足未能实现。是年 6 月，市人大常委会选举任免联络工作委员会约请市人民政府市长蒋建国到印子山水库实地察看并召开现场办公会，决定由市水利局负责桥梁设计，资金由市县两级政府负责。建桥工作随即展开，至 2000 年秋，三座新建的桥梁跨越印子山水库。市十一届人大代表舒跃平、杨秉乾提出扶持湘乡市东郊乡三湘村黄花菜基地建设的建议。选举任免联络工作委员会督促市农业局指派有关人员指导，市农业局对该村黄花菜基地建设作出规划，并给予一定资金支持，派技术人员到生产基地传授、指导栽培技术和管理，帮助引进先进的加工、包装技术,使黄花菜的价格由原来的 11 元 / 千克提升到 20 元 / 千克。种植面积由原来的 20 余公顷发展到 66.67 公顷，种植户由原来的 30 多户发展到 200 多户，产值每亩达 3500 多元。至 2002 年的 5 年中,市十二届人大常委会共督促办理并答复人大代表建议、批评和意见共 2672 件,代表所提建议、批评和意见的重点逐步转移到经济发展和民生问题方面。

2003 年,市十二届人大常委会重点督办代表提出的关于建设湘乡皮革工业园、尽快解决园区内水电路问题的建议,市人大常委会约请市人民政府及有关部门负责人现场办公,建议基本得到落实。针对代表提出的鹤岭地区无路灯,造成群众生产、生活不便问题,市人大常委会多次督促市人民政府有关部门负责人实地察看,研究办法,问题得到较好解决,群众满意。至 2005 年的 3 年中,市十二届人大常委会共督促办理并答复的人大代表建议、批评和意见共 2256 件。

第四章　人大机关建设

第一节　人大机构

1987 年 12 月,市八届人大常委会机关在设有办公室和财政经济、法制、教育科学文化卫生、城乡建设 4 个工作委员会的基础上,由常委会第三十一次会议决定增设联络工作委员会。

1988 年 1 月,市九届人民代表大会第一次会议决定设立市人大法制委员会、财政经济委员会、教育科学文化卫生委员会、城乡建设委员会。4 个专门委员会设立后,市人大常委会所设的财政经济、法制、教育科学文化卫生、城乡建设 4 个工作委员会相应撤销。1989 年 6 月,市九届人大常委会第十一次会议决定增设市人大常委会研究室。1991 年 7 月,市九届人大常委会第二十五次会议决定增设市人大常委会农村经济工作委员会，并决定将市人大常委会联络工作委员会更名为市人大常委会选举任免联络工作委员会。

1995 年 3 月,市十届人民代表大会第三次会议决定将市人大法制委员会更名为市人大内务司法委员会,将市人大城乡建设委员会更名为市人大城乡建设环境保护委员会。1997 年 3 月,市十届人民代表大会第五次会议决定设立市人大农业委员会。市人大农业委员会设立后,市人大常委会农村经济工作委员会相应撤销。是年 5 月,《中共湘潭市委关于进一步加强人大工作的决定》明确:市人大及其常委会的专门委员会、工作委员会和办公室、研究室是同级党委政府部办委一级机构,市人大及其常委会的专门委员会、工作委员会的专职委员为副处级。

2001 年 1 月,市十一届人民代表大会第三次会议决定将市人大农业委员会更名为市人大农业农村委员会。

2005 年 11 月，市十二届人大常委会第二十三次会议决定增设市人大常委会预算工作委员会。至是年底止,市十二届人大及其常委会有工作机构和办事机构 9 个。分别是:湘潭市人大内务司法委员会、湘潭市人大财政经济委员会、湘潭市人大教育科学文化卫生委员会、湘潭市人大城乡建设环境保护委员会、湘潭市人大农业农村委员会、湘潭市人大常委会办公室、湘潭市人大常委会选举任免联络工作委员会、湘潭市人大常委会研究室、湘潭市人大常委会预算工作委员会。市人大机关共有在职在岗工作人员76人,其中厅级干部9人、处级干部32人、科级干部26人。

市人大常委会由设立的中共湘潭市人大常委会党组加强对人大工作的领导。市人大机关设有中共湘潭市人大常委会机关党委,机关各委室根据党员人数相应设立党支部。

第二节 人大规章制度建设

市九届人大常委会期间:1988年3月,市九届人大常委会首次制订《湘潭市人大常委会议事规则》和《主任会议议事规则》。这两个规则就主任会议和常委会议的职能、议案的提出和审议程序以及质询、表决程序等作出明确规定。市人大常委会还制订《关于加强同人大代表联系,充分发挥人大代表作用的办法》。1989年3月,市九届人大常委会第九次会议作出《关于保障市人大代表依法履行职责有关问题的决定》,明确规定有关单位在市人大代表执行职务时必须在时间、物资、待遇等方面提供相应的保障。1989年8月,市九届人大常委会会议通过《湘潭市人大常委会、市人民政府工作联系制度》,明确规定市人大常委会与市人民政府相互之间的工作联系与衔接,并确定不定期举行主任、副主任和市长、副市长联席会议,沟通情况,交换意见,协调工作。1990年2月,常委会对主任会议议事规则进行第一次修订。1992年1月,对常委会工作规则进行第一次修订;7月,市九届人大常委会制订《关于代表建议、批评和意见的征集及督促办理办法》《市人大常委会主任、市人民政府市长联席会议制度》《处理人民群众来信来访办法》。

市十届人大常委会期间:1994年1月,市十届人大常委会制订《湘潭市人民代表大会常务委员会组成人员守则》,对常务委员会组成人员的行为进行规范。1997年1月,市十届人大常委会制订《审议意见交办反馈办法》和《关于对拟任干部进行法律知识考试的暂行办法》。《审议意见交办反馈办法》规定,常委会审议"一府两院"工作报告和审议执法检查报告提出的意见和要求,在闭会后7日内由市人大有关专门委员会或常委会办事机构整理,交会议主持人审签,并在10日内由常委会办公室印发和交办。"一府两院" 及有关部门对审议工作报告的意见应在2个月内反馈整改落实情况,对审议执法检查报告的意见应在3个月内反馈整改落实情况。主任会议处理常委会重要日常工作提出的意见和建议、专门委员会审议"一府两院"的有关专题报告提出的审议意见,按此办法办理。

市十一届人大常委会期间:1998年11月,市十一届人大常委会制订《关于市人民代表大会闭会期间组织代表开展活动的暂行办法》,主要对代表活动的法律地位、活动方式、活动内容、纪律要求、物质保障等作出比较明确的规定,提出比较具体的要求。是年,常委会还对常委会议事规则、人事任免工作暂行办法进行第一次修订;对常委会工作规则、主任会议议事规则进行二次修订;常委会机关建立秘书长会议制度、机关联席会议制度等内部管理制度。2001年1月,市第十一届人民代表大会第四次会议通过由市人大常委会起草的《湘潭市人民代表大会议事规则(试行)》。《规则》共10章56条,主要依据有关法律法规和人大工作的实践经验,对会议的准备,会议的举行,议案的提出和审议,审查工作报告和计划、预算报告,选举、辞职和罢免,询问和质询,调查委员会的组成及工作方式,发言和表决等方面作出操作性的规定,使人民代表大会的举行更加规范。

市十二届人大常委会期间:2003年,市十二届人大常委会对常委会工作规则、议事规则以及机关各项规章制度和机关工作人员岗位职责等进行全面修订。

附一　湘潭市六至十届全国人大代表名单

第六届全国人民代表大会代表(3名)

谭景阳、张福财、周仕一

第七届全国人民代表大会代表(6名)

谭景阳、李罗斌、艾爱国、贺良辉(女)、杨向阳、梁伟伏

第八届全国人民代表大会代表(6名)

孔令志、向显德、周宇平、眭宝华(女)、朱品芳(女)、郭建平

第九届全国人民代表大会代表(4名)

蒋建国、孙菊四、周汉湘(女)、毛泽平

第十届全国人民代表大会代表(5名)

吴昌续、苏爱平(女)、任玉奇、王填、林武

附二　湘潭市六至十届湖南省人大代表名单

湖南省第六届人民代表大会代表(50名)

丁国友、王再明、王桂珍(女)、尹汉河、任清淮、刘西克、刘福宁、李曙、李序勇、李建平(女)、吴勇和(女)、陈玲(女)、张小莲(女)、罗学义、赵养浩、姜桂民、秦本杰、夏度衡、黄莺(女)、黄月恒(女)、喻运泉、曾南拱、欧阳丽(女)、关洁文、游秋生、陈且宁、喻海斌、周子辉、楚人何、张新安、石维刚、左湘华、彭希贤、陈怀诗、王中科、王长庚、文促良、卢泳莲(女)、任龙荪、李淑华(女)、辜鸽平(女)、曹文举、张式军、陈泽声、凌喜元、金学梅(女)、唐明佳、王忻、周育才、毛朝勋

湖南省第七届人民代表大会代表(46名)

丁罗生、马扬、马少凡、文士葵(女)、方秀英(女)、龙立山、刘小葵(女)、刘夫生、刘玉娥(女)、刘西克、许建安、阳祖耀、李曙、李壬申、李序勇、李俊芳、吴勇和(女)、何家辉、张小莲(女)、张式军、张新安、陈坤、陈玲(女)、陈思齐、金学梅(女)、周子辉、周述洪、周绍云、周绍诜、周经野、郑毓珍(女)、胡海清、胡淑元(女)、钟光武、贺良辉(女)、秦本杰、袁丽芳(女)、梁德懋、彭华林(女)、彭图胜、彭陶东(女)、傅锡光、曾利娜(女)、曾南烘、霍旭魁、戴绍初

湖南省第八届人民代表大会代表(45名)

丁则三(女)、丁罗生、王卫国、王为民、王玉林、王连福、王治来、毛泽武、方绪统、艾福义、左仲宜、龙立山、朱仁美(女)、伍克文、伍尚魁、向满洪、刘夫生、刘玉娥(女)、刘后拱、刘德莲(女)、孙立湘(女)、孙菊四、李乃恒(女)、李先桂、李罗斌、李和平、李炎巨、李树清、李森梅、肖旺琦、宋世杰、陈秀华(女)、林清法、罗双喜、金志林、赵荣球、贺良辉(女)、郭文祥、黄水清(女)、彭华林(女)、彭陶东(女)、傅锡光、雍正球(女)、谭景阳、李清桥

湖南省第九届人民代表大会代表(35名)

文选德、高锦屏(女)、万伏秀(女)、陈政清、马光荣、王卫国、王为民、王玉林、毛虔心(女)、卞翠屏、邓谦(女)、向满洪、李星、李乃恒(女)、李先桂、李杨维、李罗斌、李森梅、肖军、肖旺琦、吴昌续、邱中桥、罗村民、周群英(女)、胡永强、赵荣球、赵铁球、赵清香(女)、贺淑英(女)、晏清辉(女)、彭楚乔、蒋建国、曾新根、黎文辉(女)、颜力

湖南省第十届人民代表大会代表(36名)

马光荣、王填、王西平(女)、卞翠屏、文选德、冯友根、朱修南、刘振富、刘碧华(女)、江多阶、孙菊四、杨广、杨铁光、肖国安、吴光辉、吴昌续、邱兴隆、沈国凡、张茂希、陈长清、陈润儿、罗德文、周时昌、周奉阳、周群英(女)、赵铁球、胡迈鸿、贺淑英(女)、贺锡强、黄腾其、曹忠华、戚其林、龚罗平、梁红(女)、颜宇峰、潘翔凌

第五篇　政府

第一章　政府机构设置

第一节　政府组成部门

湘潭市第八届人民政府任期自1983年6月至1988年1月,有组成机构45个。1988年1月,湘潭市第九届人民代表大会第一次会议选举产生以李壬申为市长的第九届市人民政府,市人民政府组成机构仍为45个。1992年4月,市政府按照政企分开和精简高效的原则,采取机构转体、权力下放、人员分流等方式开始对政府机构进行调整,是年6~11月,先后将市机械冶金局、市物资局、市化学工业局、市第二轻工业局等企业主管部门撤销后转为经济实体,分别组建企业集团公司。1993年1月,第十届市人民政府经选举产生。新增市国土管理局为组成机构,原组成机构市轻工业局、市第一商业局、市第二商业局、市煤炭工业局成建制改组成企业实体,市政府组成机构减少至38个。

1994年8月,湘潭市实施党政机构改革方案,企业主管部门全部退出政府系列。9月24日,市十届人大常委会第十次会议通过市政府组成机构调整的决定:市计划委员会更名为计划物价委员会,市计划生育委员会更名为计划生育局;市农业委员会、市财经贸易委员会、市乡镇企业局、市体育运动委员会、市国土管理局、市城市建设局、市畜牧水产局、市广播电视局、市粮食局、市环境保护局、市人民防空委员会办公室、市档案局、市统计局、市工商行政管理局不再列入政府组成单位;市政府经济研究室并入市政府办公室,两块牌子,一套班子。调整后,市政府有组成单位24个。

1998年1月,第十一届市人民政府经选举产生,市政府组成机构未作调整。2001年10月,湘潭市实行新一轮政府机构改革,将市人民政府组成单位改称为政府工作部门。撤销原市政府组成机构市经济体制改革委员会和直属工作机构市财贸工作委员会、市国土管理局、市城市建设局、市城市管理办公室、市建筑工程管理局,新组建政府工作部门市国土资源局、市城市管理局、市商贸发展局;将原组成机构市建设委员会、市对外经济贸易委员会、市教育委员会、市科学技术委员会和直属工作机构市乡镇企业经济委员会分别更名为市建设局、市对外经济贸易合作局、市教育局、市科技局和市乡镇企业局;并将原政府直属工作机构市环境保护局、市统计局、市粮食局、市物价局、市城市规划局、市乡镇企业局列为政府工作部门;市国家安全局已于2000年归省直管,故改革后市政府工作部门为31个。2003年2月,第十二届市人民政府经选举产生,市人民政府工作部门仍为31个。2004年10月,市政府将市发展计划委员会改组为市发展和改革委员会,市计划生育局改称为市人口和计划生育委员会,市对外经济贸易合作局和市商业贸易发展局撤销后组建为市商务局,市政府直属工作部门市安全生产监督管理局改为政府工作部门,市乡镇企业局有关职能划入市经济委员会后改组为副县级事业单位,并增设直属特设机构市国有资产管理委员会。调整后的市政府工作部门为30个。2005年7月,经湖南省人民政府批准,增设湘潭市城市管理行政执法局,12月,市城市管理局更名为市公用事业局。到2005年底,湘潭市政府有工作部门31个,其中市监察局与市纪律检查委员会机关合署办公,列入政府工作部门序列,但不计政府机构编制数;市商务局加挂市招商合作局牌子,市文化局加挂市新闻出版(版权)局牌子。

1986~2005年湘潭市人民政府市长名录

表5-1-1

姓　名	性别	任职时间
李壬申	男	1983.6~1988.1 1988.1~1990.10
范多富	男	1991.3~1991.11
孔令志	男	1992.3~1995.1
陈叔红	男	1995.3~1995.9
蒋建国	男	1996.3~2000.4
陈润儿	男	2001.1~2003.4
彭宪法	男	2004.1~2005.12

1986~2005年湘潭市人民政府副市长名录

表5-1-2

姓　名	性别	任职时间	说明
郝朋柱	男	1983.6~1988.1	—
张丽婷	女	1983.6~1988.1	—
郑曾铨	男	1983.6~1988.1	—
王宋大	男	1983.6~1990.5	—
方大鹏	男	1985.11~1988.1	—
孔令志	男	1988.1~1992.3	1991年11月市九届人大常委会第28次会议决定为代理市长
伍克文	男	1988.1~1993.1	—
陈玉春	男	1988.9~1993.1 1993.7~1998.1	—
王为民	男	1989.3~1996.3	—
范多富	男	1990.6~1991.3	1990年6月市九届人大常委会第18次会议任命副市长、决定为代理市长
张汉良	男	1991.5~2000.7	—
刘运前	男	1992.7~1995.2	—
陈　坤	男	1993.3~1995.7	—
康庆浩	男	1993.1~1998.1	—

续表

姓 名	性别	任职时间	说明
陈叔红	男	1995.1 ~ 1995.3	1995 年 1 月市十届人大常委会第 12 次会议任命副市长、决定为代理市长
彭宪法	男	1995.3 ~ 2004.1	2003 年 4 月市十届人大常委会第 20 次会议决定代理市长
蒋建国	男	1995.9 ~ 1996.3	1995 年 9 月市十届人大常委会第 17 次会议任命副市长、决定为代理市长
殷正海	男	1996.7 ~ 2003.1	—
马 扬	男	1996.7 ~ 1998.1	—
朱明华	男	1998.1 ~ 2005.12	—
颜向阳	男	1998.1 ~ 2000.12	—
谭山平	男	1998.1 ~ 2005.12	—
陈润儿	男	2000.4 ~ 2001.1	2000 年 4 月市十一届人大常委会第 15 次会议任命副市长、决定为代理市长
阳祖耀	男	2000.9 ~ 2005.12	—
肖 军	男	2000.9 ~ 2003.1	—
周放良	女	2003.1 ~ 2005.12	—
胡友健	男	2003.1 ~ 2003.6	2003 年 6 月市十二届人大常委会第 4 次会议决定撤销其副市长职务
周巧艺	男	2003.7 ~ 2005.12	—
廖国锋	男	2003.7 ~ 2005.12	—
韩丽娟	女	2005.1 ~ 2005.12	—

1986~2005 年湘潭市人民政府秘书长名录

表 5-1-3

姓 名	性别	任职时间
王耀章	男	1984.6 ~ 1986.3
张永德	男	1986.3 ~ 1988.6
刘胜美	男	1988.7 ~ 1993.1
周克武	男	1993.3 ~ 1995.7
朱明华	男	1995.7 ~ 1998.3
李江华	男	1998.3 ~ 2003.4
王少庚	男	2003.4 ~ 2005.12

1986~2005 年湘潭市人民政府顾问、巡视员、助理巡视员名录

表 5-1-4

姓　名	性别	职务	任职时间	说明
岳祯锁	男	顾问	1985.5 ~ 1996.7	副厅级
傅述宏	男	巡视员	1986.9 ~ 1991.1	副厅级
唐　莹	女	巡视员	1986.9 ~ 1994.7	副厅级
郑曾铨	男	巡视员	1991.11 ~ 1995.6	正厅级
康庆浩	男	巡视员	1992.3 ~ 1993.1	副厅级
刘连坤	男	巡视员	1992.8 ~ 1997.2	副厅级
陈玉春	男	巡视员、顾问	1993.1 ~ 1993.7 1998.1 ~ 2000.4	副厅级
闵应章	男	助理巡视员	1994.8 ~ 1997.12	副厅级
李树清	男	助理巡视员	1995.1 ~ 1997.12	副厅级
宋春祥	男	巡视员	1997.3 ~ 2000.11	正厅级
李云德	男	助理巡视员	1997.12 ~ 2005.12	副厅级
卢东南	男	助理巡视员	1997.12 ~ 2004.12	副厅级
贺汉琪	男	巡视员	2000.11 ~ 2003.3	正厅级
杨建杰	男	助理巡视员	2003.5 ~ 2005.11	副厅级
黄桂生	男	助理巡视员	2005.11 ~ 2005.12	副厅级

1986~2005 年湘潭市政府本级机构设置

表 5-1-5

1986 年	组成机构	市政府办公室、市计划委员会、市劳动局、市物资局、市物价局、市统计局、市经济委员会、市交通局、市轻工业局、市二轻工业局、市机械冶金局、市化学工业局、市煤炭工业局、市农村经济委员会、市乡镇企业局、市农业局、市林业局、市水利水电局、市蔬菜畜牧水产局、市财贸经济委员会、市财政局、市税务局、市粮食局、市第一商业局、市第二商业局、市工商行政管理局、市审计局、市建设委员会、市城市建设局、市环境保护局、市人民防空办公室、市科学技术委员会、市公安局、市司法局、市民政局、市人事局、市监察局、市文化局、市卫生局、市教育局、市广播电视局、市体育运动委员会、市档案局、市计划生育委员会、市对外经济贸易委员会
1994 年	组成机构	市政府办公室、市计划物价委员会、市经济委员会、市经济体制改革委员会、市教育委员会、市科学技术委员会、市建设委员会、市对外经济贸易委员会、市公安局、市国家安全局、市司法局、市监察局、市审计局、市民政局、市财政局、市人事局、市劳动局、市交通局、市农业局、市水利水电局、市林业局、市文化局、市卫生局、市计划生育委员会
2001 年	工作部门	市政府办公室、市计划发展委员会、市经济委员会、市教育局、市科技局、市公安局、市监察局、市民政局、市司法局、市财政局、市人事局、市劳动和社会保障局、市国土资源局、市建设局、市交通局、市水利局、市农业局、市林业局、市对外经济贸易局、市文化局、市卫生局、市计划生育委员会、市审计局、市环保局、市统计局、市粮食局、市乡镇企业局、市物价局、市规划局、市城市管理局、市商业贸易发展局

续表

2005年	工作部门	市政府办公室、市发展和改革委员会、市经济委员会、市教育局、市科学技术局、市公安局、市监察局(不计政府机构编制数)、市行政执法局、市民政局、市司法局、市财政局、市人事局、市劳动和社会保障局、市国土资源局、市建设局、市交通局、市水利局、市农业局、市林业局、市商务局、市文化局、市卫生局、市人口和计划生育委员会、市审计局、市环境保护局、市统计局、市粮食局、市物价局、市规划局、市公用事业局、市安全生产监督管理局
	特设机构	市政府国有资产监督管理委员会

第二节 政府直属机构

1986年,湘潭市政府除组成机构外有直属工作机构21个,即市机构编制委员会办公室、市外事办公室、市侨务办公室、市国土管理局、市经济体制改革委员会(市政府经济研究室)、市政府经济技术协作办公室、市食品工业办公室、市城市管理办公室、市政府地方志办公室、市城市规划办公室、市人民来信来访办公室、市职工教育办公室、市技术监督局、市纺织工业局(公司)、市电子工业局(公司)、市建材工业局(公司)、市医药管理局(公司)、市房地产管理局(公司)、市农机管理局、市供销合作社、市韶山灌区管理局。1988~1993年,湘潭市政府先后设立市台湾事务办公室(与市委台湾工作办公室两块牌子,一套班子)、市文教卫生办公室、市政府法制办公室、市老龄委员会办公室、市蔬菜产销办公室、市爱国卫生委员会办公室、市地质矿产局、市信息中心、市高新技术产业开发区管委会等机构,并将市政府经济研究室从市经济体制改革委员会分离后单立。到1993年底,湘潭市政府有直属办事机构31个。

1994年8月施行的湘潭市党政机关机构改革方案中,将市政府组成机构外的其他直属机构细分为工作机构、委办局管理机构、议事协调机构的常设办事机构和直属局级事业机构。是年,市纺织工业局、市电子工业局、市建材工业局、市医药管理局改组为企业集团公司;撤销市文教卫生办公室、市职工教育办公室;合并市外事办公室与市侨务办公室;市高新技术开发区管理委员会、市韶山灌区管理局、市供销合作社、市信息中心未列入政府直属机构。调整后有政府工作机构10个、委办局管理机构6个、议事协调机构的常设办事机构4个、直属局级事业机构9个,合计29个。另有市政府地方志办公室、市政府经济技术协作办公室、市专利管理局、市招商合作局、市收费管理局、市农村能源办公室、市住房制度改革领导小组办公室、市移民开发局8个具有部分行政职能的事业机构,在此次调整中未涉及。

1995年,市政府将价格管理职能从市计划委员会分离,设工作机构市物价局。1999年,将市医药管理局(公司)与市卫生局所属市药品行政监督管理处合并组成市药品监督管理局,为政府工作机构;市工商行政管理局、市质量技术监督局由省直管。2000年,市信息中心更名市信息化办公室。2001年,市农村工作办公室更名为市农村工作领导小组办公室,列入市委机构编制系列;市信访办更名为市信访局,由市委、市政府共同管理,以政府为主;撤销市财贸办公室和市蔬菜产销办公室、市地质矿产局、市国土管理局、市城市管理办公室、市城市建设局、市招商合作局、市政府经济技术协作办公室,其职能分别并入新组建的政府工作部门市商业贸易发展局、市国土资源局和市城市管理局；撤销市国有资产管理局、市建设工程管理局、市食品工业办公室、市爱国卫生办公室、市老龄委员会办公室、市外事侨务办公室，其职能分别并入市财政局、市建设局、市商业贸易发展局、市对外经济贸易局、市经济委员会、市卫生局、市民政局、市政府办公室等部门，并分别保留其名称。将市政府地方志办公室与市委党史办公室合并，列入市委机构编制系列。原具有行政职能的局级直属事业单位市广播电视局、市档案局、市房地产管理局、市畜牧水产局、市农机管理局、市体育局予以保留；增设市旅游局、市信息化办公室、市供销合作社、市高新技术开发区管理委员会及市委、市政府接待处为有行政职能的直局局级事业单位。2003 年，设政府直属工作机构市安全生产监督管理局。2004 年 10 月，市人民政府工作机构再次调整时，将市安全生产监督管理局改为市政府工作部门；原市政府办公室管理的市政府法制办公室升格为正县级，仍归口市政府办公室管理。2005 年 8 月，市农村工作领导小组办公室更名为市人民政府农村工作办公室。至 2005 年底，湘潭市人民政府除政府工作部门外，设有直属工作机构 1 个、政府工作部门管理机构 1 个、议事协调机构的常设办事机构 1 个、直属局级事业机构 11 个。

1994 年、2005 年湘潭市政府直属机构及其他行政机构设置表

表 5-1-6

	1994 年	2005 年
政府直属工作机构	市农村工作办公室、市财贸办公室、市外事侨务办公室、市统计局、市工商行政管理局、市国土管理局、市乡镇企业经济委员会、市环境保护局、市地方税务局、市粮食局	市农村工作办公室
委办局管理机构	市政府法制办公室、市地质矿产局、市国有资产管理局、市技术监督局、市信访办公室、市人民防空委员会办公室	市政府法制办公室
议事协调常设办事机构	市城市管理办公室、市老龄工作委员会办公室、市蔬菜产销办公室、市爱国卫生委员办公室	市人民防空委员会办公室
直属局级事业机构	市城市建设局、市广播电视局、市畜牧水产局、市档案局、市体育运动委员会、市房地产局、市建设工程管理局、市农业机械管理局、市城市规划管理局	市政府接待处、市广播电视局、市体育局、市房产管理局、市供销合作社、市信息化办公室、市高新区管委会、市档案局、市农业机械管理局、市畜牧水产局、市旅游局

说明：
调整中未涉及单位有：市政府地方志办公室、市政府经济技术协作办公室、市专利管理局、市招商合作局、市收费管理局、市农村能源办公室、市住房制度改革领导小组办公室、市移民开发局

附　国务院有关部委和省人民政府有关部门驻潭机构

除市本级政府的组成机构和直属工作机构外，国务院有关部委和省人民政府有关工作部门在湘潭市均设有行政机构。1986~1994 年，有湘潭电业局、湘潭邮电局、湘潭市气象局、湘潭市烟草专卖局、湘潭盐务局、中国人民银行湘潭分行；1994 年 9 月，国家实行分税制，撤销湘潭市税务局，组建湘潭市国家税务局和湘潭市地方税务局，市国家税务局直属国家税务局，市地方税务局由省地方税务

局和市政府实行双重领导,以省地方税务局为主。1995 年,设湘潭水文局。1998 年 12 月,中国银行业监督管理委员会湘潭监管分局成立;是月,湘潭邮电局实行邮政和电信分家,成立湘潭邮政局和湘潭电信局,仍由省局直管。1999 年,湘潭电信局改制为湖南电信湘潭分公司,湘潭市工商行政管理局和湘潭市质量技术监督管理局改由省直管。2000 年 12 月,湘潭市国家安全局由省直管。2001 年 5 月,湘潭市药品监督管理局归属省直管;12 月,韶山海关开关。2005 年底,在潭中央和省派出行政机构 15 个。分别是:湘潭电业局、湘潭邮政局、湘潭市气象局、湘潭市烟草专卖局、湘潭盐务局、中国人民银行湘潭分行、湘潭市国家税务局、湘潭市地方税务局、湘潭水文局、中国银行业监督管理委员会湘潭监管分局、湘潭市工商行政管理局、湘潭市技术质量监督管理局、湘潭市国家安全局、湘潭市药品监督管理局、韶山海关。

第三节　政府基层机构

1986 年,湘潭市政府辖湘潭县、湘乡县、雨湖区、湘江区、岳塘区、板塘区、韶山区、郊区共 8 个县级政权。同年 9 月,经国务院批准,撤销湘乡县,设立湘乡市。1990 年 12 月,撤销韶山区,设立韶山市。至此,湘潭市政府辖县级政权 8 个,科级基层政权 155 个(计 113 个乡、18 个镇、24 个街道办事处)。其中:雨湖区政府辖 5 个街道办事处;湘江区政府辖 5 个街道办事处;岳塘区政府辖 5 个街道办事处;板塘区政府辖 6 个街道办事处;郊区政府辖 9 个乡;湘潭县政府辖 9 个区、59 个乡、9 个镇;湘乡市政府辖 8 个区、39 个乡、7 个镇、3 个街道办事处;韶山市政府辖 6 个乡、2 个镇。

1992 年 8 月,经国务院批准,撤销湘潭市所辖雨湖、湘江、岳塘、板塘城市 4 区及郊区,以湘江为界设立雨湖、岳塘两区。调整后,湘潭市人民政府所辖县级政权为 5 个,即湘潭县、湘乡市、韶山市、雨湖区、岳塘区人民政府。

1993 年 11 月,湘潭市实施以撤乡建镇为主要内容的农村区划改革,相继撤销湘乡市栗山、桃林、泉塘、梅桥、中沙、金石等 6 个乡,设立栗山、翻江、中沙、泉塘、金石、梅桥 6 镇;撤销湘潭县茶恩寺、河口、石鼓 3 个乡,设立茶恩寺、河口、石鼓 3 镇;撤销湘潭县易俗河乡、上马乡,其行政区划并入易俗河镇;撤销岳塘区宝塔乡,设宝塔办事处;恢复雨湖区楠竹山镇、鹤岭镇。1994 年 9 月,撤销湘潭县射埠、旺冲两乡,并为射埠镇。1995 年 4 月,湘潭市开展以撤区并乡建镇、简政放权为主要内容的农村政治体制改革。湘潭县撤销响塘、石潭、河口、射埠、花石、姜畲、青山桥、中路铺、易俗河 9 个区公所,保留易俗河镇的行政区划,将其余 64 个乡镇合并为 21 个乡镇;湘乡市撤销东山、东郊、泉塘、虞唐、谷水、月山、壶天、白田 8 个区公所,保留东山乡和望春门、新湘路、昆仑桥 3 个街道办事处的行政区划,将其余 45 个乡镇合并为 18 个乡镇。1995 年末,湘潭市政府辖 1 县 2 市 2 区共 5 个县级政权及 28 个乡、31 个镇、22 个街道办事处,共 81 个乡级政权,其中:雨湖区政府辖 4 个乡、2 个镇、8 个街道办事处;岳塘区政府辖 4 个乡、11 个街道办事处;湘潭县政府辖 8 个乡、14 个镇;湘乡市政府辖 6 个乡、13 个镇、3 个街道办事处;韶山市政府辖 6 个乡、2 个镇。

1996 年,撤销韶山市如意乡,设如意镇;1998 年,撤销岳塘区双马街道和易家湾街道办事处,设双马镇和易家湾镇;2001 年,将韶山市银田乡与银田镇合并为银田镇。2005 年末,湘潭市政府辖 5 个县级政权、81 个乡镇级政权。其中:雨湖区政府辖 4 个乡、2 个镇、8 个街道办事处;岳塘区政府辖

4个乡、2个镇、10个街道办事处；湘潭县政府辖7个乡、15个镇；湘乡市政府辖5个乡、13个镇、4个街道办事处；韶山市政府辖4个乡、3个镇。

第二章　施政方式

第一节　规范决策施政制度

一、市长依法民主决策

为实现市长负责制和民主集中制的统一，使施政决策制度进一步规范化，1988年6月，市政府依照《中华人民共和国地方各级人民代表大会和地方各级人民政府组织法》（简称《地方组织法》）的规定，实行市长负责制，并印发《湘潭市人民政府工作规则（试行）》（以下简称《规则》），从市政府职权、市长副市长职责、会议制度、文件审批制度、调查研究与社会协商对话、领导同志应邀参加活动、奖惩等7个方面制定32项工作规则。规则明确：市人民政府依法实行市长负责制，即：市长领导市政府的工作，副市长协助市长工作；市长召集主持市政府常务会议、市政府全体会议，签署市政府发布的决定、命令等规范性政策性文件及以市政府名义行文的人员任免文件和市政府提请市人民代表大会及其常务委员会审议的议案；副市长按分工或受市长委托履行职责，对政策性强和工作中的重要情况、重大事件向市长报告，并向市长提出解决问题的建议；市政府建立政府全体会议、政府常务会议、市长办公会议、市政府专题会议制度，集体讨论决定政府工作中的重大问题和涉及面广、需要政府统筹协调的问题。在1990年6月11日和7月2日的市政府常务会议上，根据代市长提议，确定政府工作原则要求，并重申和强调执行政府工作规则。1996年8月，市政府印发《湘潭市人民政府全体会议、政府常务会议、市长办公会议规则》，对会议的议事范围、与会人员、会议时间、会议召集和主持、议题提出及确定、议事原则、会议纪要签发和新闻发布及其有关要求作出规定；明确市政府全体会议、政府常务会议、市长办公会议按照民主集中制原则实行市长负责制，在充分发扬民主、广泛听取意见基础上，由市长根据相对集中的意见作出决定。1998年1月，市政府办印发市政府常务会议通过的《湘潭市人民政府全体会议、政府常务会议规则》，对政府全体会议、政府常务会议部分规定作出调整，在重申出席会议法定组成的同时，明确政府顾问、巡视员列席政府全体会议和政府常务会议；同时明确市政府办公室、经济研究室、法制办公室、督查室和监察局主要负责人列席政府全体会议和政府常务会议；会议召开时间，政府全体会议由每年2次调整为2～3次，政府常务会议由每月1次调整为2次，市长办公会议每月1次调整为2次。对会议议题的提出与确定、会议决定的原则、会议纪要签发和新闻发布、会议具体准备工作等相关事项，提出具体要求。1998年8月，市政府印发《湘潭市人民政府工作制度》（简称《制度》），对会议制度、公文审批制度、市内活动安排制度、处理重大突发事件制度、领导同志下基层制度、接待来访制度、公务活动制度、请假制度、车辆和通讯工具管理制度等进一步作出明确规定，使市长负责制得以进一步细化和具体落实。2003

年5月，对《规则》《制度》进行修改补充后，市政府再次印发《湘潭市人民政府工作规则》，强调市政府在决策中按照地方组织法规定，实行市长负责制，在充分发扬民主、广泛听取意见基础上，由市长集中正确意见作出决定；强调市长和副市长在工作中接受市人大及其常务委员会的监督。至2005年，继续依照《规则》实施民主决策。

二、科学民主施政

1986年1月，市政府成立经济研究室，为政府重要决策的制定和实施进行调查研究。8月，邀请北京湘潭经济科技顾问团回湘潭考察指导工作，先后作学术报告5场，考察单位38个，签订经济科技咨询协议意向书82项。尔后，市政府坚持每年在北京召开一次经济科技顾问团座谈会，通报湘潭情况，咨询决策意见。1992年7月，邀请北京大学教授、著名经济学家厉以宁和深圳科技大学教授、深圳市体制改革委员会主任符景安来潭讲学，有效推动湘潭股份制的发展和体制改革的深化。1997年8月，市政府邀请行政法学专家、国务院副秘书长兼法制办公室主任杨景宇到湘潭讲学，指导依法行政。2003年5月，市政府印发《湘潭市人民政府工作规则》，明确市政府工作必须实行科学民主决策，坚持依法行政，接受人民监督；政府组成人员必须履行宪法和法律赋予的职责，坚持解放思想、实事求是、与时俱进、开拓创新，公务人员要忠于职守、勤奋工作、服从命令、顾全大局，团结协作、清正廉洁、全心全意为人民服务；要求政府各部门依照法律、法规、规章行使职权，进一步转变政府职能、管理方式和工作作风，相互协调密切配合，提高行政工作质量和效率。同时还明确国民经济和社会发展计划、财政预算、宏观调控和改革开放的政策措施、区域发展规划、产业政策、重大建设项目、社会保障和就业、设立行政审批项目等事关全局的重大决策，由市政府全体会议或常务会议讨论决定；市政府在作出重大决策前，通过召开座谈会、听证会等形式，直接听取民主党派、工商联、人民团体、人大代表、政协委员、专家学者等各方面的意见和建议。至2005年，继续依照《规则》施政。

第二节　依法行政

一、行政行为法制化

1986年7月，为贯彻中共中央关于加强社会主义法制建设指示精神，市政府召开全体会议，市长作《一手抓建设，一手抓法制》的专题报告，着重阐述如何将政府行政工作纳入法制轨道，解决政府行政工作"一手硬"和"一手软""掌权"和"依法""改革开放"和"法制建设"的辩证统一关系，从指导思想上确立依法行政构架。1987年8月，市政府与市法律顾问处签订聘请法律顾问协议，聘请2名律师和1名兼职律师为市长法律顾问；11月，市政府召开全会，研究政府法制工作，分管政府法制工作的副市长作《加强法制工作，为改革和现代化建设服务》的专题报告，印发7个相关经验典型材料。1989年10月，市政府召开全市政府法制工作会议，为实施《中华人民共和国行政诉讼法》做准备工作。12月，市政府印发《关于制定规范性文件的规定》，明确政府规范性文件制定的原则、程序、要求。从此，市政府、市政府办公室的重要文件，坚持由政府法制机构负责审核把关，以确保政府抽象行政行为的合法有效。1990年3月，市政府作出《关于实施〈行政诉讼法〉的决定》，要求市政府组成人员和所属各行政机关，充分认识实施行政诉讼法的意义，加强政府法制机构和行政执法队伍建设，认真建立行政执法办案制度，规范行政执法行为，提高行政执法水平，确保具体行政行为合法有效。10 月，市政府批转市政府法制办《关于加强政府法制工作的若干意见》，对建立健全行政执法和行政复议办案制度、行政诉讼应诉制度、行政执法监查制度、法律顾问咨询制度作出明确规定。1991 年 3 月，市人大九届四次会议作出《关于依法治市的决议》后，市政府随即制定《依法行政规划》，从加强法制宣传教育、规范行政行为、加强行政执法监督、提高依法行政水平四个方面规划依法行政任务并付诸实施。1994 年 1 月 4 日，市长办公会议决定，市政府法制办负责人列席市政府常务会议和市长办公会议，为政府决策现场提供法律咨询服务。1995 年 1 月，市政府常务会议决定，建立市政府常务会议集体学习法律制度。1996 年 8 月，市政府常务会议决定，以市政府法制办法律骨干为主组建政府法律顾问团，并确定市政府法制办主任为市政府首席法律顾问，同时为市长、副市长分别配备 1 至 3 名法律顾问。1997 年初，市政府再次制定《湘潭市人民政府依法行政规划》，将依法行政作为依法治市工作的重中之重，大力推行依法行政责任制和依法行政考评制，市长向市人大常委会签订责任状，政府所属各部门负责人向市长签订责任状。是年冬，市政府组织全市依法行政考核评议，通报考评结果，并表扬一批依法行政先进单位。从此，考核、评议、通报坚持每年一次。1997 ~ 1998 年，市政府遵照国务院关于行政执法人员培训指示，由市政府法制办负责组织，共举办培训班 43 期，培训行政执法人员 4371 人，对考试合格者，市政府发给行政执法证。至 1998 年，全市共有 7227 人分别通过中央部门、省政府和市政府培训合格发证，持证上岗人员占 97.2%。1999 年，将当时清理鉴定合法有效的 214 件规范性政策性文件文本和需要修改的文件目录以及历次清理废止的文件目录汇编成册，印发各级各部门。2003 年 5 月，印发《市政府工作规则》，将依法行政的内容单列一章，作出六条规定，强调市政府及政府各部门应严格依照法定权限和法定程序行使行政职权，严格实行行政执法责任制、评议考核制和执法责任过错追究制，严格执法、公正执法。至 2005 年的 17 年间，为适应改革开放，减轻企业和农民负担，实施《中华人民共和国行政诉讼法》《中华人民共和国行政复议法》《中华人民共和国行政处罚法》《中华人民共和国国家赔偿法》《中华人民共和国行政许可法》等法律，转变政府职能，规范政府行政行为，市政府先后 12 次对本级政府发出的规范性文件进行清理，共清理鉴定文件 12807 件，其中废止 689 件，修改 200 件。

二、接受人大和政协监督

1986 年起，市政府坚持在每年头一次的市人民代表大会上，由市长（代市长）向大会作政府工作报告，报告上一年政府执行人大决议工作情况和新一年政府工作目标任务及工作措施，提请大会审议；年中向市人大常委会报告政府工作进程，接受监督；每两月一次的人大常委会，市政府按市人大常委会的通知要求，及时汇报有关工作情况。在每年头一次的市人大、政协会议期间，政协委员列席人大会议，听政府工作报告；年中工作检查，市政府坚持向市政协通报政府工作情况，市政府及政府所属各部门负责人主动听取政协委员对政府工作的意见。1987 年 3 月，市政府印发《关于办理人民代表建议批评意见和政协委员提案的若干规定》，要求各级政府、市政府各部门，以高度政治责任感和为人民当公仆的态度，及时认真办理人大代表建议和政协委员提案。要求对建议提案所提问题，能解决的必须切实抓紧解决；对应当解决而条件不具备暂时不能解决的，要作出规划，创造条件解决；对确因各种特殊原因不能解决的要实事求是作出说明。不管何种情况，都应在规定时限内书面答复代表和委员。1988年1月2日，市政府办印发《关于办理人民代表建议、批评、意见和政协委员提案的若干规定（修正稿）》，对上述若干规定作了补充修订，要求承办人大代表建议和政协委员提案的单位，由领导负责，明确承办机构，落实承办人员，及时与代表委员联系，反馈办理情况。是年6月，市政府印发《湘潭市人民政府工作规则（试行）》，将“接受人大及其常委会的检查和监督”明确纳入市政府工作规范。1990年9月，市政府邀请人大代表评议政府工作，代表们就人民群众反映的“热点”“难点”问题和政府工作存在不足的地方，提出建议批评意见370条，市政府领导和各部门负责人当场答复的322条，其中拍板立即解决的122条。1996年市政府印发《关于认真接受人大监督的意见》，再次要求市政府全体组成人员和各级行政机关认真执行人大及其常委会的决定决议，如实向人大及其常委会报告工作，认真办理议案和建议，切实加强与人大代表和人大常委会的联系，自觉维护人大及其常委会的权威；是年，市政府印发《关于认真搞好政治协商，接受民主监督的意见》，对接受政协民主监督作出相应规定。1997年，再次修订印发《关于办理人大代表建议和政协委员提案工作若干规定》，进一步明确办理范围、原则、程序，特别强调提高办理建议、提案的质量问题，要求把好“三关”（政策法律关、程序格式关、语言文字关），提高“三率”（建议提案所反映问题的解决率、办理建议提案与代表委员见面率、代表委员对办理答复的满意率）。办理建议提案“三率”，1998年分别为46.7%、92.4%、89.9%，2000年分别达到47.5%、92.4%、87.9%，2003年分别达到50.6%、95%、95%。至2005年20年间，市政府先后在市人大常委会上作过366次专题汇报，共办理市人大代表建议11313件、市政协委员提案3612件。

三、自我约束

1986年起，为保障政府及政府工作人员依法履行职责，提高行政工作效率，防止腐败，树立良好的作风和社会形象，市政府注重建立自我约束机制。1988年，市政府制定《政府工作规则（试行）》，对政府工作人员履行职权、遵守纪律、克服官僚主义等作出明确规定，要求政府全体组成人员自觉接受法律监督、民主监督、舆论监督和行政监督。1989年和1990年，市政府为完善行政机关上下层级监督和市政府及政府机关工作人员自我约束制度，自觉依法行政，先后建立起规范性文件和重大行政执法案件备案制度，市政府将规范性文件和重大决策事项报市人大常委会和省政府备案，接受同级人大和上级政府监督。1993年4月，市长办公会议对市政府办公室关于按人摊派扣缴灭鼠药费文件进行审议，认为灭鼠费用不应采取摊派扣缴办法，决定撤销市政府办潭政办发〔1993〕2号文件。1996年6月，市政府发出通知，制止党政机关、群众团体和机关干部到乡镇及个体户开办的矿场参与采矿及经营矿产品，严禁入资、技术入股，严禁纵容庇护子女亲友违规参与经营。1999年6月，市政府印发《关于切实转变政府机关作风的规定》，建立起政治理论学习、开展批评与自我批评、深入基层、勤政廉政等15个方面的约束和自我约束制度。2001年3月，市政府常务会议针对市国土局负责人不认真执行市政府经营城市的重大决策和有关规定，违规出让土地行为进行严厉批评，责令其立即整改，挽回损失。2003年5月，市政府印发《湘潭市人民政府工作规则》，对作风纪律作出8条具体规定，强调政府组成人员要带头学习，坚决执行政府决定，实行政务公开，严格遵守廉政建设规定。2004年2月，市政府印发《湘潭市政府问责暂行办法》，就行政问责的原则、范围、程序、责任追究等分5章作出32条规定。4月,市政府办印发《湘潭市行政问责管理制度》《湘潭市行政问责交办程序》和《湘潭市行政问责督查制度》。至2005年,市政府行政自我约束制度基本建立并付诸实施。

第三节　行政审批制度改革与政务公开

一、行政审批制度改革

2001年,根据国务院的部署,市政府将行政审批制度改革作为政府转变职能的重大步骤。6月11日,市长主持召开市政府常务会议,研究行政审批制度改革工作,审议并原则通过市政府办提出的工作方案,市政府成立行政审批制度改革领导小组,抽调13名干部组成办公室,负责鉴定、审核、清理行政审批项目,行政审批制度改革正式启动。7月,全市涉及62个有行政审批职能的行政事业单位的行政审批制度改革工作全面展开,至2002年1月,完成第一轮审改。此轮审改中,全市自清自查上报行政审批事项2297项,经审查鉴定,取消1137项,被取消的审批事项涉及年收费额3129万元。2002年2月19日《湖南日报》头版头条以《湘潭利斧砍权》为题,报道湘潭市行政审批制度改革情况。至2003年5月,完成第二轮审改,对第一轮审改保留、未确认的和重新申报的1128项审批事项进行审核鉴定,经市政府常务会议决定,取消66项,被取消项目涉及年收费额3309万元。2003年6月至2004年3月为第三轮审改。此轮审改参照《行政许可法》中有关行政审批制度改革方面的规定,取消审批项目20项,涉及年收费额576万元。2004年3月至2005年5月,为第四轮审改。按照《行政许可法》的规定和省政府的具体要求,先后四次将编制的目录下发各单位征求意见,两次召开行政审批领导小组会议,对前三轮保留项目和新增报项目进行审核鉴定,取消16个收费项目,降低部分项目的收费标准,共为企业年减负2786万元。2005年6月15日起为第五轮审改。在这轮审改中,市政府印发《关于继续实施的行政许可项目目录的决定》,同意409项行政许可项目继续实施,并印发《湘潭市人民政府关于保留部分非行政许可审批项目的通知》和《湘潭市人民政府关于公布改变管理方式实施自律管理的行政审批项目的通知》,对104项非行政审批项目暂予保留,对25项市级行政审批项目改变管理方式。10月,根据省政府198号令和《中共湖南省委办公厅、省政府办公厅关于扩大县(市)经济管理权限的通知》精神,对取消项目作出部分调整,调整结果于2005年11月在市政府12号令《关于公布取消、新增和调整的部分行政许可项目目录的决定》中公布。经过五轮行政审批制度改革,市本级行政审批项目由改革前的2248项,削减至395项。其中,行政审批项目314项,非行政审批项目81项,减幅达82.4%,减少年收费9800万元,一半以上项目压缩办理时间50%,有的压缩办理时间75%。

二、公开办事制度

2000年6月,市委、市政府召开全市推行政务公开工作的动员大会,市政府印发《关于进一步推进政务公开工作的实施意见》;8月,成立以市长为组长的政务公开领导小组及办公室。2001年1月,市政府常务会议专题研究政务公开工作,明确“一门式办公”(即一站式审批、一门式收费)的目的、原则、对象及试点运作方法。5月，市政务公开办公室印发《关于2001年全市政务公开工作的意见》。6月，召开全市推行政务公开工作表彰暨再动员大会，对上年度推行政务公开工作的先进单位予以表彰，对进一步做好政务公开工作进行再动员。8月，召开"优化湘潭环境，推行政务公开，实施一站式审批，一门式收费工作"专题汇报会。2002年8月，全市建设政务公开网工作会议召开。9月，市政府常务会议决定组建湘潭市人民政府政务公开全程代理中心。2003年2月，市政府常务会议确定政务公开全程代理中心组建方案；3月，市政府印发《关于开展政务公开全程代理工作的通知》，对中心的职责、全程代理的工作方式、工作要求及主要运作模式等作出明确规定。4月，湘潭市政府政务公开全程代理中心挂牌成立，湘潭市成为全省首家采取全程代理交办模式的城市。5月起，开始实施《湘潭市政务公开全程代理工作考核暂行办法》，并编制基础建设性投资项目办理行政审批及中介服务手续的立体操作流程。7月，新华网以《湘潭市实行政务公开全程代理》为题，推介湘潭市政务公开全程代理工作经验；11月，省政务公开检查组到潭检查，对湘潭市政务公开工作给予高度评价；11月16日，《湖南日报》以《阳光政府》为题报道湘潭市推行行政审批制度改革和实行政务公开的成绩，《人民日报》信息中心将此稿转载于环球资讯网。2004年4月，市政府办公室印发《关于进一步加强政务公开工作的意见》，就政务公开的指导思想、工作任务、工作重点、工作方式和组织领导等提出具体意见。5月，市委办公室、市政府办公室印发《关于调整政务公开工作领导小组等8个协调议事机构成员的通知》，明确市长为政务公开领导小组组长，办公地点设在市政务公开全程代理中心。2005年7月，市委办公室、市政府办公室印发《湘潭市政务公开工作考核办法（试行）》。中新网以《全程代理，探索行政审批"绿色通道"》为题，报道湘潭市全程代理所取得的成效。11月，由市政务公开全程代理中心牵头，组织政务公开领导小组成员单位对市政务公开工作进行年度考核，考核结论纳入年度政绩考核，年底市政府行文通报表彰。至2005年底，湘潭市全市拥有各类政务中心38个、政务大厅82个，进入中心（大厅）单位265个，设立窗口427个。3年内，市政府政务中心共接待投资者900人次；先后接受25个企业委托，代办项目56个，涉及159项行政审批手续，总投资34.8亿元，委托人满意率达100%。

第三章　政事纪要

一、吨粮田建设

1985年前，吨粮田建设处于试验研究阶段。1986年进入多点示范阶段。市政府成立吨粮田开发领导小组和技术顾问组，下设办公室，各县（市、区）和8个重点乡政府成立相应机构，各级农业部门组织骨干力量办示范点8个。是年，全市10.9万亩双季稻吨粮示范田平均亩产1024千克。此后，吨粮田示范面积逐年增加。1987年27万亩，1988年32万亩，1989年40万亩。双季稻平均亩产均过吨。

1990年，进入大面积吨粮田开发阶段。市政府组织大面积吨粮田开发，湘潭县楠竹山、湘乡市棋梓桥、谷水、崇山、毛田、东郊、花坪等7个乡镇成为第一批双季稻亩产过吨粮乡镇。1991年,市政府发文批转市吨粮田开发领导小组《关于湘潭市成建制开发吨粮田实施方案的报告》,明确提出力争在1995年全市双季稻亩产过吨粮,决定凡连续两年过吨粮的乡镇,给予一次性奖励5000元。1992年,全市吨粮田面积达74万亩,占双季稻面积的48.3%,有8个乡镇获得过吨粮奖。

1993年,进入成建制建设吨粮县(市、区)阶段,湘乡市被列入全省吨粮县(市)建设重点。年初,湘潭县、韶山市上报湘潭市和湖南省人民政府,要求列入吨粮县(市)重点建设单位。4月,市政府向省政府吨粮田开发领导小组呈报《关于申请列入全省吨粮田建设重点地市的请示》,均获批准。5月24日,市政府召开全市吨粮田建设工作会议,分管农村工作的副市长提出"'过吨粮,奔小康'总揽农业和农村工作"的举措。5月30日,市长办公会议决定,每年从市财政拿出15万元奖励过吨粮县(市、区),连续实行3年。经过两年努力,1994年湘乡市51.2万亩双季稻总产51.3万吨,平均亩产1002千克。经省吨粮办验收,成为湘潭市第一个亩产过吨粮的县市,获奖10万元,市政府发出通报,授予奖牌。1994年,全市过吨粮的乡镇达46个,占全市乡镇总数的36.5%;全市吨粮田面积87.5万亩,占双季稻面积的62.2%。1995年,市政府举办全市吨粮田骨干培训班,市委、市人大常委会、市政府、市政协、湘潭军分区五大家领导办吨粮田示范点6个,将吨粮田建设纳入农村各级干部的岗位责任制进行考核。是年全市双季稻面积142.455万亩,平均亩产1008.8千克。但岳塘区双季稻平均亩产只有999千克,因1千克之差,省里未进行验收。是年,市政府对过了吨粮的县(市、区)给予表彰。1996年初,市政府调整充实吨粮田开发领导小组,由市长任组长,全市市县乡三级政府共办吨粮田示范点324个,办点干部1021人,示范面积53.2万亩。是年,全市145.02万亩双季稻,总产稻谷146.81万吨,平均亩产1012.3千克。省政府邀请国家农业部、中国农业大学、中国农科院及省内有关专家组织现场验收评议,予以认可;省政府授予湘潭市"双季稻成建制亩产过吨粮市"的奖牌,并发给奖金50万元。湘潭市成为继株洲市之后,全省第二个成建制双季稻亩产过吨粮市。随着农业产业结构调整的进一步深化,粮食产量的矛盾趋于缓和,提高经济效益的要求更加突出。有的县区提出由吨粮田向万元亩迈进。在连续三年实现全市成建制双季稻亩产过吨粮后,市政府未再专门将其作为一项突出任务单独考核,吨粮田建设就此告一段落。

二、生猪产业化

1986年起,湘潭市政府为满足市场对生猪肉品品质的需求,将提高生猪瘦肉率作为一项重要工作抓,针对生猪品种杂、瘦肉率低、集约化经营程度不高、生猪产量规模发展受制约的状况,建设良种猪场,推行生猪产业化。1989年,全市新建良种猪场7个,引进良种猪2.1万头。1991年7月,湘潭市杂交商品瘦肉型猪生产综合技术开发获国家星火三等奖。1996年,市政府印发《关于开展生猪品改的通知》,将生猪品种改良作为生猪产业化工程突破口。1997年,进一步抓集约化经营,开始形成饲料加工、规模养殖、活大猪运销、冷冻分割肉加工、皮革加工、皮件制造等一条龙的生猪产业链。全市发展活猪运销组织5000家,专业运输车辆1000台,从业人员1万多人;冷冻分割肉加工厂30家,外销分割肉达3万吨;饲料加工销售网点5000处,整个生猪产业年产值达60亿元。1998年6月18日,市长办公会议决定,市政府同中国农业大学动物科技学院合作实施"中国农村现代化养猪示范工程”，成立示范工程领导小组及办公室。1999 年，市政府批转市畜牧水产局《关于进一步推进生猪产业化的报告》，市政府安排 120 万元配合农业部和省畜牧水产局分别安排的 180 万元和 160 万元，重点支持建设岳塘区荷塘湖南正大畜牧有限公司和湘潭县北农大动物科技有限公司两个原种繁殖场，扶持雨湖区先锋村、湘乡市张江村等 7 个良种繁殖场。是年，生猪养殖、皮革、肉食加工等招商引资 5000 万元，农民投入 1.3 亿元，引进良种公猪 1200 头、良种母猪 1.5 万头，建立生猪人工受精点 34 个，50%的村启动生猪人工授精工作；饲养良种猪和三元杂交猪 308.4 万头，占全市生猪饲养量的 52%。

2000 年 9 月，市政府印发《湘潭市 2001～2005 年农业产业结构调整规划》，包括指导思想、调整目标、调整重点、政策措施和增加投入五大内容。作为调整重点之一的生猪生产，其调整思路是增加总产量、提升品质、拉长产业链。调整后，规划重点建设 10 个万头猪场、10 个千头猪场、10 个万头猪专业村和一批专业养猪户，使生猪年出栏总量增加到 500 万头。

2004 年，全市出栏生猪达 495.08 万头，比上年增长 8.5%；全市肉类出口创汇达 2170 万美元，比上年增长 103.60%。2005 年，市政府办公室转发市畜牧水产局拟定的《湘潭市 1000 万头猪生猪产业化发展规划》，力争 3 至 5 年内全市生猪生产突破 1000 万头。是年全市出栏肉猪 541.16 万头，外销活大猪和分割肉达 347 万头，占全市生猪出栏数的 76.53%，生猪出口创汇 3280 万美元，以生猪为主的畜牧业及相关产业产值达 95 亿元，占全市国内生产总值的 28%，人均生猪出栏数、生猪外调率、规模养猪比例、生猪出栏率、以生猪为主的养殖业占农业总产值比重等主要指标，均进入全省全国先进行列，全市农村人均可支配收入 3806 元，比上年增长 640 元，其中以生猪为主的养殖业增加 389 元，占农民新增加可支配收入 60.8%。湘潭市成为省内主要生猪生产基地、猪肉加工基地、猪皮加工基地、中仔猪出口基地。

三、城市防洪堤建设

1986～1994 年，湘潭市防洪工作重点放在农田保护、农村堤防维修方面，但对十万垅等多个堤垸与城市防洪安全紧密相连的关系注重不够。1994 年 4 月和 6 月，湘潭市相继发生历史罕见的洪水灾害，造成 12 个堤垸决口，对城市防洪安全构成巨大威胁。是年 8 月，市政府为根治水害，印发《关于增加水利建设投入的决定》，决定将农业切块经费 40%、城市建设维护费 10%和水资源收费全部用于水利建设；堤垸内农村劳动力每人每年完成 20～25 个积累工，其他农村劳动力每年每人完成 15～20 个积累工；乡镇企业中的工交企业和城市个体工商户，按销售收入的 1%筹集补农资金；企业事业单位和国家机关干部职工按工资总额 1%筹集防洪保安和水利建设资金；城市防洪堤整修由雨湖、岳塘两区堤垸建设指挥部将任务分到企业、事业和机关单位，分段切块，包干完成。此决定从 1994 年起连续执行 3 年。9 月 19 日，市政府常务会议决定，成立湘潭市湘江大堤建设指挥部，市长任指挥长，下设三个分指挥部，分别负责石嘴脑至铁桥、十万垅大堤至犁头咀和河东全部堤垸修建任务。1998 年发生特大洪水后，9 月 26 日市政府常务会议决定将城市防洪大堤建设列入水利建设重点，并确定十万垅大堤、河东大堤等 8 项重点工程。至年底，全市共投资 1.5 亿元，完成十万垅河西堤中段和天星堤下段等 14 千米标准堤防建设。由于资金不足，岳塘区的河东大堤和仰天湖大堤未能按计划完成。从1999年起,市政府将城市防洪工程列入重点工程建设年度考核。2002年10月,市政府《关于印发〈湘潭市城市防洪工程建设实施办法〉的通知》,对城市防洪工程范围界定、建设标准、项目安排、工程管理、资金筹措、组织领导等作出明确规定,对城市防洪堤工程加固、加宽、加高,以达到彻底根除隐患、全面提高堤垸建设标准和防洪抗灾能力的目的。同时将河西、河东、仰天湖界定为3个防洪圈,由姜畲堤、十万垅堤、河西堤、文星堤、天星堤、和平堤、建设堤、河东大堤、仰天湖大堤等9处堤防组成,全长56.7千米,按百年一遇洪水(湘潭水文站湘江水位44米)标准设防,湘潭水文站堤顶建设高程达到44.9米。共安排城市堤防水毁水损工程恢复项目26处,城市防洪堤整修加固工程达标7处,实行主管部门和项目实施业主单位负责制。资金主要从市级筹集的水利建设资金中解决,不足部分由市区两级财政按比例分摊。至2005年12月,经过三年建设,城市主要防洪堤段建设基本达到抗御百年一遇洪水标准。

四、减轻农民负担

20世纪80年代后期,农村乡镇财政状况滑坡,摊派收费逐年增多,农民负担日益加重。1989年,全市农民负担项目有119项,农业人口人均35.79元,占上年人均纯收入的5.4%。1990年,人均负担43.5元,占上年人均纯收入的6.4%,超过国家规定限额标准。是年,市政府贯彻国务院《关于切实减轻农民负担的通知》精神,实施《农民承担费用和劳务管理条例》,并印发《关于认真做好农民负担预算方案的制定申报审批工作的通知》,对农民负担预算的制定、申报和审批,作出具体规定。1991年10月,市政府组织开展全市农民负担大检查,废止涉农收费文件12个,取消涉农收费项目13个,减少收费1960多万元,农民人均减负9.5元。1992年,市政府印发《关于贯彻实施国务院关于〈农民承担费用和劳务管理条例〉的通知》,并将条例纳入"二五"普法规划,开展条例宣传月活动,落实农民减负政策。1993年,市政府先后印发《关于切实解决当前农民负担几个突出问题的意见》《关于贯彻中央和省两办通知,切实减轻农民负担的规定》,对涉农收费文件进行第二次清理,废止67件、修改13件,市、县(市、区)共取消收费项目80个,减少向农民收费3056万元,国务院宣布取消的项目全部落实到位。当年,农民人均负担22.37元,占上年人均纯收入的3.41%。1994年1月4日,市政府印发《湘潭市农民负担监督管理实施办法》,对农民负担的40个收费项目标准、提取方式、用途、监督管理等在国家规定范围内作出明确规定。同时,物价部门对800多家机关企事业单位进行检查,查处违规收费72.428万元,退还农民和学生家长51.31万元。1995年,农民人均负担31.53元,占上年农民纯收入的3.4%。1998年9月上旬,由市领导带队,从有关部门抽调13人,组成3个工作组,对5个县(市、区)农民负担监督管理情况进行专项督查,抽查21个乡镇、21个村、32所中小学和58个农户。9月26日,市政府常务会议听取情况汇报,研究进一步规范减轻农民负担的监督管理工作,决定建立领导责任制和部门责任制,签订责任状;实行涉农负担文件会审会签,农民负担预算审批,发放农民负担卡;建立涉农案件责任追究制和农民负担资金专题审计、农民负担来信来访接待处理和农民负担专项督查等制度,严肃查处涉农乱收费、乱摊派等行为,有效遏制农民负担反弹。1999年,全市合同内乡村统筹提留及社会负担总额1.2亿元,人均59.98元,占上年人均纯收入的3.77%,低于国家规定限额标准。此后,政府继续减轻农民负担。2003年,全市农民人均负担56.1元，占上年农民人均纯收入的1.04%。2004年开始，国家和省给农民的涉农补贴大幅增加，并减免农业税。2005年，农业税全免，补贴继续增加，按政策，农民不仅无须上交，而且国家还给予补贴。

五、扶贫

市政府扶贫工作是1985年4月，市八届人大三次会议作出《关于加强对贫困乡村领导，做好扶贫工作的决议》后开展起来的。至1987年底，市县(市、区)两级扶持的7个贫困乡、168个贫困村，农户温饱问题基本解决。1988年，市委、市政府印发《关于继续扶助贫困乡村搞好扶贫与经济开发工作的决定》，将市政府所属有关部门与7个贫困乡建立扶贫与经济开发联系点，从人力、物力、财力和精神文明建设全方位开展对口扶贫。至1993年，7个贫困乡人均产粮460千克；出栏生猪14.7万头，比1985年增长85.4%；乡镇企业总产值增长42.8倍；人均纯收入达520元，比1985年增加280元，增长116.7%。1995年，根据省定标准，人均纯收入低于650元的村仍为贫困村。据统计，当年全市有23个贫困村、224个贫困村民小组，市委、市政府决定对其中12个最为贫困的村直接扶持，市财政拿出70万元用于扶贫解困，每个村由1名乡级领导负责，派出2名工作人员驻村办点，市直机关确立32个后盾单位以支持扶贫点，县(市、区)确立11个村为扶贫点，进行重点扶持。同时，按照省委、省政府统一部署，开始对永顺县进行对口扶贫，市政府领导带队，赴永顺县考察，组织各个部门和企事业单位，从人力、物力、财力各个方面，支援永顺县，派出干部到永顺县帮助扶贫工作。1996年，全市23个贫困村人均纯收入达650元，高于全省贫困村500元的水平。1997年，全市基本消灭贫困乡(镇)、特困村，大多数户摘掉贫困帽子，基本解决温饱问题。2003年12月25日，市政府印发《湘潭市农村特困户救助工作方案》，对农村特困户救助工作的指导思想、组织领导、救助范围、审批程序、管理规范、资金筹集与发放等作出明确规定。2004年，国家把人均纯收入825元以下的乡镇村列入扶贫对象，全市又确定65个扶贫重点村，市政府成立扶贫开发办公室，继续组织实施扶贫工作。至2005年，对永顺县进行对口扶贫10年，先后组织60多批次(580多人次)赴永顺考察和帮助工作，实施扶贫项目110个，无偿投入资金1821万元，引入协作资金1800万元，其中投入1182万元帮助改善水电路基础设施，450万元修建县城“湘潭路”，400万元援建猛洞旅游经济开发区“湘潭大道”，254万元帮助完成永顺一中、教师进修学校、田龙小学教学设施建设，20万元援助300多名贫困学生，275万元帮助灾区人民重建家园。

六、农村小康建设

1991年春，市委、市政府为实施中共中央关于建设小康社会的战略决策，决定派出工作组，到湘潭县古城乡办小康示范点，提出的目标是：“吨粮田、花果山、小康户、文明村”。1993年，市委、市政府正式提出全市提前三年率先在全省进入小康的奋斗目标。市委书记、市人大常委会主任、市长、市政协主席等市级主要领导到韶山市韶山乡，湘乡市东山乡、东郊乡，湘潭县南谷乡、响水乡、荷塘乡办小康示范点，并抽调18名科级干部驻乡帮助工作。1994年，市政府召开农村小康建设专题会议,印发《湘潭市农村达小康规划》和湘潭市小康县(市、区)、小康乡、小康村、小康户标准。1996 年 12 月,省委、省政府在湘潭市召开全省农村小康建设座谈会,分管副市长在会上介绍湘潭市农村小康建设情况。到 1997 年底,按当时国家实现农村小康的 16 项标准衡量,全市农村达小康综合评价为 92.67 分;5 个县(市、区)先后经省委、省政府验收合格,被分别授牌为“小康县(市、区)”;全市农村 64 个乡镇(办事处)1641 个行政村中,有 58 个乡镇(办事处)、1437 个行政村达到小康;全市 59.17 万户农户,有 85%进入小康。根据当时湘潭农村统计数据,市委、市政府提出的提前三年实现小康目标,在 1997 年已基本达到,经省委、省政府验收核准,湘潭市成为全省第一个农村小康市。1998 年后,全市农村进入建设全面小康社会时期。2004 年,市委、市政府印发《湘潭市全面小康示范村建设实施方案》,全市办 20 个示范村。2005 年,市委、市政府印发《社会主义新农村建设实施方案》,全市向“农民富、村庄美、风尚好”的全面小康社会和社会主义新农村迈进。

七、实施强工富市发展战略

1995 年,中共湘潭市第八次代表大会确立“强工富市”发展战略,将实施“强工富市”发展战略作为振兴湘潭经济的重大举措。10 月 15 日和 18 日,市长连续两次主持召开市长办公会议,研究实施“强工富市”发展战略问题,决定制定《湘潭市“强工富市”发展战略实施方案》(以下简称《实施方案》)。1996 年 1 月 24 日,市政府召开第五次全体会议,审议通过《实施方案》。2 月 2 日,市政府将《实施方案》以市政府文件印发。《实施方案》确定五大任务:培育和壮大机械电器、冶金、化工、纺织、建材、汽车等 6 大支柱产业;建设电工、电线电缆、工程机械、优质薄板和线材、精细化工、纺织品、建材、微型轿车等 8 大生产基地;组建和壮大 10 家规模效益好、技术力量强、产品畅销国内外的龙头企业为大型企业集团;培育电线电缆、工矿机车、湘莲系列、龙牌酱油等拳头产品;抓好湘潭电厂 B 厂第一期 2×30 万千瓦发电机组等 10 项重点工程建设。同时确定了经济总量、综合效益、经济结构、技术进步、社会贡献等指标。从加大企业改革力度、逐步增资减债、依靠科技进步、调整产品结构、强化企业管理、优化企业外部环境、切实加强企业领导班子建设等 10 个方面,制定 50 多项政策规定。4 月 29 日,召开湘潭市“强工富市”工作会议,要求用 5 年左右的时间,基本实现由计划经济体制向市场经济体制转变、粗放经营方式向集约经营方式转变的目标,推动全市国民经济持续健康发展和社会进步。

1996 年,市委、市政府建立实施“强工富市”发展战略的“一组六会”制度。一组即“强工富市”领导小组,由市委书记任组长,市长、市委分管工业的副书记和有关分管副市长及有关单位负责人任副组长;下设办公室,负责协调处理日常工作。六会即企业资金运行协调会、企业内部管理工作协调会、工业项目和招商引资协调会、企业改革工作协调会、改善企业外部环境工作协调会、扶持困难企业工作协调会。“一组六会”适时听取有关情况汇报,拟定政策,起草配套文稿,研究解决《实施方案》执行中遇到的困难和问题。是年,在方案实施中,针对企业改制重组、出售拍卖、股份合作、产品销售、市场管理体制、扶危解困、企业周边治安秩序、企业干部年薪等方面,相继制定出 18 个政策性文件;确定 10 家省市属企业作为建立现代企业制度试点单位。是年,中小企业放开放活面 46%,进入破产程序企业 37 家,其中当年审结 21 家,共冲销呆、坏账准备金 5000 万元。同时,加大对企业投入,支持企业投入22亿元,比历史投入最多的1995年翻了一番。

1997年,湘潭市被国务院批准为全国优化资本结构试点城市,市政府成立优化资本结构领导小组及其办公室,与“强工富市”发展战略领导小组及其办公室合署办公,从市直机关抽调100名干部,由18名市级领导带队,组成25支工作队,每个工作队由1名副县级干部任队长,派驻25个企业帮助工作,帮助企业制定改革措施93项,制定管理制度84个,协调有关金融部门帮助企业解决资金2372万元,收回欠款6427万元,协调企业开拓市场增加销售7251万元,帮助企业挖潜增效3621万元。是年,企业改制实现突破,抓大放小取得成效,现代企业制度试点企业组建完成11家;全市248家乡及乡以上公有制企业实行各种形式的改制,其中实行股份合作制的135家,全市中小企业放开放活面达48%。通过破产、兼并、减员增效、减息,共核销企业呆账、坏账1.9亿元,为企业减少债务2.8亿元,增加资本金2248万元,全市国有企业下岗分流2.9万人,其中列入11家减员增效企业下岗人员11388人,部分职工实现内退安置,其余进入再就业中心。

1998年,继续从市直机关抽调200名干部,从中选派57名副县级以上干部任队长,组成57支工作队,帮助企业抓改制。92家地方国有企业中有48家进行多种形式改制,企业普遍建立再就业服务中心,全市8万多名下岗职工安置分流5万多人。同时盘活存量资产,有6户中小企业重新启动生产。

1999年,市政府采取优化资本结构、兼并破产、减轻企业包袱等措施,帮助企业冲销呆账、坏账7.02亿元,为企业增资减债10亿多元。

2000年,工业经济整体效益好转,国有企业和国有控股企业盈亏相抵后实现盈利8840万元,比1999年减亏2.14亿元,扭转连续66个月亏损的局面,基本实现党中央国务院提出的国有工业企业整体扭亏和基本完成企业改制的三年两大目标任务要求,强工富市发展战略实施显现成效。

此后,市委、市政府继续重视强工富市发展战略的进一步实施,先后出台一系列政策措施:2003年6月印发《关于加快民营经济发展的若干政策规定》;2004年4月印发《关于扶持重点中小企业发展壮大的若干意见》;2005年8月印发《湘潭市加快推进工业化进程的若干政策规定》。这些政策措施,加大扶持民营经济和中小企业发展力度,提出打造湖南先进制造业中心目标,进一步明确工业发展方向和重点,充实和丰富强工富市发展战略内涵,推动工业生产高速增长。2005年,全市工业总产值实现426.8亿元,其中冶金、机电、化纤纺织、建材等四大支柱产业实现工业总产值256亿元,比2000年增长3.5倍。

八、完善企业承包经营责任制

20世纪80年代初,市政府在工业企业由点到面推行承包经营责任制,取得一定效果。但存在承包者“短期行为”,企业发展后劲不足。为进一步完善企业承包经营责任制,1986年,市政府总结第一轮承包的经验教训,决定从机械、化工、纺织系统选择不同类型企业,进行资产承包经营责任制试点。1987年5月,市政府常务会议决定,在全市预算内工业企业推行承包经营责任制。1988年7月4日,市政府常务会议听取市经委汇报后,决定深化企业改革,完善企业经营承包,简政放权,减少行政对企业干预,纠正不合理承包,改分层承包为由财政直接包到企业。1989年5月,市政府印发《关于进一步完善和发展我市承包经营工作会议纪要》《全民所有制工业企业实行滚动承包和招标承包暂行办法》《湘潭市全民工业企业实行全员风险抵押承包暂行办法》三个文件，要求根据企业实际情况，分别采取滚动承包、招标承包和全员风险抵押承包三种模式，进一步完善和发展企业经营承包制度。到1990年底，全市159家工业企业签订第二轮承包合同。1991年，对第二轮承包进行完善，市政府印发《湘潭市全民工商企业第二轮承包经营集团奖罚办法》，并对全市106家工商和外贸企业进行考核与奖罚兑现，对部分企业承包基数予以调整，以增强企业后劲。1992年，省、市确定在14家企业实行投入产出总承包，承包期为9年，承包内容主要包括实现利润和上缴利润基数及递增比例、技术进步和国有资产保值增值、偿还基建技改贷款、补充自有流动资金以及承包期末允许的固定资产贷款余额、工效挂钩基数及比例等。是年，市政府印发《湘潭市部分工交企业引进乡镇企业经营机制的有关政策规定》，并在9家市属企业和25家县(市、区)属企业进行试点，引进乡镇企业经营机制，从机构设置、劳动用工、内部分配、技改投入等方面扩大企业经营自主权，允许企业扩大经营范围、提足折旧基金和大修理基金，实行销售费用大包干以及享受类似乡镇企业的税收优惠政策。在575家边远、小型、亏损、微利企业实行“公有私营”，在11家企业实行“无主管”试点，在湘潭电缆厂实行“一厂多制”。1994年1月4日，市长办公会议决定进一步调整政策，对面上企业不再普遍采取承包经营办法，改为实行目标责任管理，将企业实现利润计划作为目标责任考核的主要指标之一；对实行投入产出总承包的企业，经请示省政府同意，继续维持到1995年，对亏损企业实行亏损目标责任管理。1995年7月17日，市政府常务会议研究确定，对已实行投入产出总承包的14家企业，经请示省政府同意可延长至2000年，但要满足确保1993年税收上缴基数和财政递增包干等条件，增值税新增部分地方所占25%返还企业，列入国家资本金。1999年12月，市政府印发《关于进一步完善经营者激励和约束机制的意见》，激励机制主要内容包括：进一步完善年薪制、资产经营责任制、目标责任分配制、试行股份期权制、实行岗位最低工资制、对企业经营者实行重奖；约束机制包括：建立企业领导任期经济责任审计制、厂务公开制、对实行年薪制企业派驻财务总监和稽查特派员制、建立企业经营者业绩考核和决策失误责任追究制。随着企业改革深化，至2005年，承包经营责任制不再施行。

九、企业三项制度改革

20世纪80年代初，企业以劳动人事、工资分配和社会保障为主要内容的三项制度改革，随着经济体制改革的进行而逐步开展起来。1986年开始，湘潭市企业对新招工人普遍实行合同制，对原有固定工资制度和劳动组合形式进行改革试点。在工资分配上，采取多种形式，推行工资总额与经济效益挂钩；在企业内部试行计件工资、结构工资以及联利联销等多种形式的分配制度。1987年，市政府决定在国营企业试行工资总额与经济效益挂钩的改革模式，受到国家劳动部和省有关部门的重视。1988年1月4日，为适应国有企业以工资总额与经济效益挂钩为中心内容的劳动制度改革的需要，市政府常务会议决定，成立全市企业劳动工资制度改革领导小组，下设办公室。1990年，实行岗位技能工资制试点，劳动合同制向纵深发展。至1991年底，全市劳动合同制职工达32090人，占职工总数的12.2%；全市302家市属国有企业进行内部分配制度改革，占国有企业总数的

90%。1992 年 2 月 27 日，市政府常务会议决定，成立以市长为组长的企业三项制度改革领导小组，下设办公室(简称“三改办”)，并要求劳动局等部门做好试点工作。3 月 23 日，市政府常务会议同意市劳动局关于在全市岗位技能工资试点企业和投入产出总承包试点企业实行三项制度综合配套改革的意见，并批转市“三改办”《关于进一步深化企业劳动人事、工资分配、社会保障制度改革的报告》。9 月 13 日，市政府常务会议听取参观学习徐州市“破三铁”经验汇报，决定推行“以经济效益定升迁去留，打破铁交椅；以企业收益定收入，打破铁工资；以个人技能工效定岗位，打破铁饭碗”的“破三铁”经验，突出抓企业内部分配、人事劳动制度改革，转换企业内部经营机制。是年，在劳动用工制度改革方面，有 35 家企业全面出台“三项制度”配套改革方案，出台单项改革方案 141 个；有 52 家企业实行合理劳动组合，对 554 名干部实行聘用制；精简机构 176 个，压缩非生产人员 514 人；3800 名富余人员下岗分流，通过办“三产业”和内退安置 1394 人；23 家企业实行劳动全员合同制管理，200 家企业实行优化劳动组合制。在工资制度改革方面，29 家企业实行技能工资制。在社会保障制度改革方面，印发《湘潭市职工养老保险暂行办法》等 4 个改革方案，并分别制定实施细则。全市国有企业有离退休费社会统筹单位 189 家，涉及在职职工 12.6 万人，离退休人员 3.8 万人；实行合同制职工养老保险企业 356 家、职工 21130 人。1992 年后，“三项制度”改革纳入企业转换经营机制条例的贯彻落实、强工富市战略的实施、建立现代企业制度工作中继续推进。为贯彻落实中共十五届四中全会通过的《中共中央关于国有企业改革和发展若干问题的决定》，市政府于 2000 年 1 月印发《关于进一步深化企业三项制度改革的意见和加强企业管理的意见》，决定在全市开展远学邯钢(邯郸钢铁公司)、安塑(安江塑料厂)，近学湘钢(湘潭钢铁公司)、电化(湘潭市电化厂)，深化企业三项制度改革，加强企业管理活动。由此，企业三项制度改革与建立企业现代化管理制度，加强企业管理融为一体，全面推进，对企业职工积极性和企业经营效益的不断提高起到促进作用。至 2005 年，这一政策仍在执行中。

十、贯彻实施企业转换经营机制条例

1992 年 7 月，根据国务院《全民所有制工业企业转换经营机制条例》(简称《条例》)和省政府关于《条例》的实施办法对扩大企业经营自主权的明确要求，市委、市政府印发《湘潭市关于贯彻〈湖南省全民所有制工业企业转换经营机制实施办法〉的实施意见》，共 20 条，将《条例》明确的企业生产经营决策权、产品劳务定价权、产品销售权、物资采购权、进出口权、投资决策权、资金支配权、资产处置权、联营兼并权、劳动用工权、人事管理权、工资奖金分配权、内部机构设置权、拒绝摊派权等 14 项自主权分解到相关部门。组织各级各部门，特别是工业相关主管部门举办培训班 1179 期，培训 5.8 万人次，使之明确《条例》实施的意义和政企分开、扩大企业自主权的政策要求。市直 14 个相关主管部门共出台 117 条落实企业自主权的实施办法，全市共给企业下放 187 项权力，精简企业内部机构 176 个，压缩非生产人员 914 人。至 1992 年底，《条例》规定的 14 项企业自主权，除出口权和拒绝向企业摊派权没有完全到位外，企业的投资决策权、留利资金支配权、产品定价权等 12 项企业自主权利已落实到位。此后，企业转换经营机制工作纳入强工富市和企业改制工作，统一继续推进。至 2005 年，企业出口权和拒绝摊派权得到落实。企业经营机制基本实现由计划经济体制向市场经济体制的转换。

十一、试行股份制

1992年,国家体改委批准湘潭市为股份制企业试点市。是年,经省体改委等部门批准,先后成立湘潭兴华房地产开发股份有限公司、湘潭市百货贸易股份有限公司和湘潭高新房地产开发股份有限公司。1993年2月1日,市政府常务会议听取市人民银行证券公司关于股权证上柜转让业务的情况汇报,决定成立由分管副市长为组长的市股权证转让业务协调监控领导小组,以加强协调监控工作,要求在股权证购买转让业务中,党政机关干部与群众股民同等待遇,共担风险,发行和代销单位要按有关法律法规办事。随后购买和转让股权证热潮骤起。1993年,市政府印发《湘潭市城镇集体股份合作试行办法》,对组建股份合作制企业的目的、意义、原则、设定方式、审批程序、股份股权、收益分配、管理体制等八个方面作出37项规定。到1993年底,全市已批准建立股份制企业21家,其中省体改委会同省有关部门联合审批的18家,由市体改委会同有关部门批准的3家。21家中,有5家批准后未挂牌运作,实际登记注册的16家。共批准股本总额7.52亿元,实募股本总额5.72亿元,其中社会个人股2.1亿元,占实募股本总额的37.5%。实募股本货币资金主要投入到相关企业的32个建设项目和技改项目。1996年,市政府加强对股份合作制企业的规范管理,根据国家有关法律法规和政策,结合湘潭实际,印发《湘潭市股份企业试行办法》,对股份合作制企业的内涵、原则、设立审批程序、产权界定、股权设置、管理机构、收益分配、变更与清算等八个方面,再次予以明确规范,共48条。1997年,根据国务院有关文件精神和省证监会要求,市政府组织有关部门对已经登记注册的股份有限公司进行全面清理规范,有湘桥发展股份有限公司、金太阳(原中苑房地产)股份有限公司、大同世界(原彩虹房地产)股份有限公司、天隆实业股份有限公司、恒泰实业股份有限公司、南天实业股份有限公司、大阳实业股份有限公司、金都(原金都商业城)股份有限公司、福星物业股份有限公司、南海房地产股份有限公司、百货贸易股份有限公司、高新房地产股份有限公司,共12家,经省证鉴会认可并重新登记注册。兴华房地产股份有限公司、大地房地产股份有限公司、广厦房地产股份有限公司、卓越房地产股份有限公司等4家未获准重新登记注册。经过多年的探索规范,股份制企业运作逐步走上正轨。湘潭钢铁公司与涟钢、衡钢联合组建华凌钢铁集团(简称华凌管线)后,于1998年8月在深圳证券交易所上市;湘潭电机股份有限公司组建湘潭电机集团后,于2002年7月18日在上海证券交易所上市。至2005年止,原规范后登记注册的12家股份公司,只有南天实业、湘桥发展、金都、大同世界、百货贸易、金太阳、高新房地产、海南房地产等8家股份有限公司在省工商局登记注册,尚未登记注册的股份公司仍处于继续整顿规范中。

十二、企业破产

1993年10月,市政府借鉴沈阳、南京等地试行企业破产的经验,决定成立企业破产工作领导小组,在市味精厂、市五金电镀厂开展企业破产试点。经企业申请,雨湖区法院受理,于11月7日宣告市味精厂、市五金电镀厂破产,从此迈开湘潭市企业破产工作的第一步。1996年7月1日,市政府印发《湘潭市国有企业破产有关政策规定(试行)》,制定33条政策,强调依法破产、优化资源配置和妥善安置职工,依法指导和规范企业破产工作,对企业破产操作过程中若干具体问题作出明确规定。11月25日,市政府印发《关于执行 <湘潭市国有企业破产有关政策(试行)> 的补充意见》,对企业的破产财产和债权债务等具体问题的处理,作出10条补充规定。同时,市政府成立新的企业破产工作领导小组和办公室,按照“依法破产、规范运作、突出重点、积极稳妥”的原则,具体指导、协调企业破产工作,重点选择市二轻机械厂、市合成制药厂、市毛纺厂等5家预算内工业企业和市钢丝绳厂、新型建材厂等4家集体企业作为破产试点。至年底,全市进入破产程序的企业37家(其中国有企业12家),当年终结的21家。37家破产企业涉及的职工4128人、资产总额5368万元、债务1.3亿元(其中银行贷款8153万元,占总负债的61.78%),核销呆账准备金5010万元。2001年市政府印发《国有工业中小企业产权制度改革的若干规定(试行)》,2002年市政府印发《关于市属国有工业中小企业产权制度改革的补充规定》,相继对破产企业用地处理和职工安置及其工资、社保经费提留进一步作出明确规定。至此,企业破产工作趋于规范完善。至2005年的13年间,全市法院受理破产案件累计158件,除2件驳回请求外,156件宣告破产。其中,国有企业76家,集体企业75家,中外合资1家,有限责任公司和股份公司4家;破产总额53.2亿元;破产企业职工79884人。破产企业通过企业拍卖、重组返聘和社保等多种形式安置职工72851人,占破产企业职工总数的91.2%。

十三、企业改制

1996年,全市特困企业达30家,成为全市工业发展沉重包袱。1997年,国务院批准湘潭市进入优化资本结构试点城市,市政府以此为契机,采取划小核算单位,实行国有私营、租赁、拍卖、破产等形式,改革企业管理制度。1998年,全市109家地方国有企业,有45家实行各种形式的改制,占41.3%。其中,破产兼并的16家;实行股份制或股份合作制的15家;变更经营形式,采取承租、分块搞活的14家。通过进入优化资本结构试点,经国家有关部门批准,湘潭市企业共核销呆坏账5.5亿元,兼并免息4711万元,减员免息1.56亿元,破产冲销银行债务3.46亿元,破一般债务2.89亿元,全市企业共减债13.88亿元。同时,分流安置富余人员31834人,相应精简62%的科室,裁减47.5%管理人员。通过改制,明晰产权,企业资本金和流动资金增加,发展后劲增强,14家减员增效企业有12家扭亏为盈。到2000年底,全市130家国有工业企业中有74家(占57%)实现不同形式的改革改制。2001年11月,市政府印发《湘潭市国有中小企业产权制度改革的若干规定(试行)》,规定在确保国有资产不流失、维护职工合法权益和不逃废银行债务的前提下,鼓励企业通过破产关闭、整体出让、兼并联合、分立重组、股份改造、租赁经营等形式优化资本结构。2002年3月,市政府印发《关于市属国有工业中小企业产权制度改革的补充规定》,从职工安置费标准、社会保险的提留和清偿、欠发职工费用的界定与清偿、债权债务处理、职工公房出售及管理、优惠收取各种费用、企业社会职能剥离、分立生活用水用电、档案管理及其他等10个方面作出18条补充规定,以进一步推动中小企业产权制度改革工作。是年,进入改制的市属企业19家,共需改制成本4.26亿元,其中10487名职工安置费1.8亿元,3300名离退休人员应留10年养老金计1.98亿元;协助2219名差10年以内退休职工续保,政府承担11%比例保险费1757万元;免土地出让金3000万元,除企业自筹和政府逐年支付外，当年政府实际批准支付 3550.4 万元。在此期间，市政府将中央、省属企业改革同市直企业改革摆在同等位置，帮助做好公司化改造和兼并破产重组工作，对湘缆、湘锰、湘纺等破产企业职工安置和企业办社会职能的分离，以及企业设立的学校、医院和公安机关向地方的移交等工作进行协调。至 2005 年底，市属 84 家国有企业有 74 家完成改制任务。全市化解企业债务 60 多亿元，补偿安置职工 6 万多人，盘活存量资产近 40 亿元。

十四、工业技术改造

1986～1990 年，湘潭市工业技术改造（简称技改）主要是以壮大骨干企业和发展名优产品为重点，开发周期短、见效快、效益高的项目，着眼于提高企业的设备和工艺的现代化水平，以实现内涵扩大再生产的目的。5 年共完成 410 个技改项目，开发新产品 209 项。

1991 年 3 月，市长在《政府工作报告》中提出，技改上规模、上水平、上效益，立足发展投资少见效快的项目，面向市场广阔、效益良好的企业，尤其是要确保重点建设，不断增强工业发展后续能力。报告经市人大审议通过。1992 年，市政府进一步采取措施加强技改工作，对技改成绩显著的单位和个人给予奖励，增加技改投入（包括贷款、发行债券、引进外资、技改贷款财政贴息），并推行技改项目目标管理责任制。通过技改，产品开发能力增强，至年底，开发鉴定新产品 101 个，其中有市染料化工总厂的分散红玉 17 号颜料等 17 个产品填补国内空白，76 个产品填补省内空白。至 1995 年的 5 年间，全市累计开发新产品 551 项，共有 250 个产品获省以上优质产品称号，243 个获得省（部）级优质奖。

1996 年，全市完成技改投资 13.18 亿元，比上年增长 58.8%；工业技改获得全省一等奖。1997 年 9 月，市政府印发《湘潭市工业技术改造及工业结构调整实施方案》，进一步明确工业技改的目标和任务，即从 1998 年起，全面实施“303”计划（重点发展已具相应规模的 10 种产品，培育具有发展前景的 10 种产品，开发科技含量和附加值高的 10 种先导型产品）；推动湘潭市冶金、机电、化工三大支柱产业的形成和壮大，重点抓好湘钢、湘缆、湖南通用电气和以电化为代表的化工行业技术改造项目，确保工业技术改造投入逐年增长。

2002 年 10 月，湘潭市进入国家制造业信息化重点城市试点行列，包括湘钢、湘机在内的 7 家企业成为全省首批制造业信息化示范企业。2003 年 11 月 15 日，市政府常务会议审议通过建设“先进制造业中心”的实施方案。加大技改加大力度。是年，全市完成企业技改投资 24.7 亿元，比上年增加 47.1%。2004 年，全省第二批制造业信息化示范企业立项，湘潭市又有 12 家企业入围。在重点项目拉动下，全市技术改造投入大幅攀升，共完成投资 46.3 亿元（比上年增长 61.9%），其中制造业技改投入 31.8 亿元（比上年增长 48.6%）。尤其是新上湘钢扩产到年产 500 万吨钢项目、湘潭电厂扩建二期 2×60 万千瓦发电机组工程、九华汽车基地项目，投入超过 100 亿元。同时，根据国家产业政策发展要求和企业自身实际，先后实施国家 4 个专项（即扩大出口、高新技术产业化、结构调整、中西部优势工程）和“双高一优”（即高新技术产业化、高新技术和先进适用技术改造传统产业，优化重点产品和技术结构）国债贴息项目、高新技术示范工程及省标志性工程等重大项目 50 多项，总投资 54 亿元。至 2005 年，全市 5 年累计投入技改资金 181.1 亿元，比前 5 年增长 3.2 倍。通过技改，工业经济效益显著提高，规模工业产值达379.7亿元，年均增长率达24.8%；5年内，全市规模以上独立核算工业扭转了连年亏损局面，盈亏相抵后，共实现利润38.1亿元，工业经济效益综合指数由76.5%提高到146.2%。

十五、实施发展园区经济战略

1992年3月，市委作出发展园区经济的战略部署，决定成立湘潭高新产业开发区、湘潭经济开发区、昭山旅游经贸开发区，为落实这一部署，是年5月21日，市政府印发《湘潭市经济开发区暂行规定》。该规定将市经济开发区设在雨湖区昭潭和长城乡区域内，面积为1平方千米，市政府授权市经济开发区实行统一领导和管理，涉及市政府的权力全部下放到开发区。开发区的优惠政策主要包括税、费、价、折旧率、劳动人事、工资总额等16个方面。6月27日，市政府召开新闻发布会，宣布湘潭市设立三个开发区，即湘潭市经济开发区、湘潭市高新技术产业开发区、湘潭市昭山旅游经贸开发区。6月30日，省政府行文批复，同意建立湘潭市高新技术产业开发区。8月20日，市政府印发《湘潭市高新技术产业开发区暂行规定》，高新技术产业开发区设在河东建设南路和吉安路地段。8月26日，市政府印发《湘潭市昭山旅游经贸开发区暂行规定》。规定将昭山旅游经贸开发区设在株易路口至九曲黄河新老107和320国道地段，面积为17平方千米，开发区领导机构为开发区管委会，并相应成立昭山旅游经贸开发总公司，两块牌子，一套人员，合署办公。省政府于11月19日批复，湘潭市高新技术产业开发区用地面积调整为25平方千米。1993年3月25日，省政府批准同意湘潭市经济开发区改为湘潭市商贸工业特区。

1997年11月，市政府同意高新技术产业开发区设立湘潭高新科技园和高新区生物医药工业园。其具体位置是：东起湘机铁路专线，南抵书院路，西至丝绸路、日华南路，北到板石路，规划面积7.2平方千米。2002年7月2日，市长主持召开加快生物医药园建设现场办公会，进一步明确园区规划，由高新区组织，市规划局审批；产业定位为以重点发展生物医药工业为主的高新技术产业，首期生物医药园用地33.3公顷。7月，市政府批准建立双马工业园，首期开发占地350公顷。

2003年6月30日，市委、市政府联合印发《关于加快民营经济发展的若干规定》，提出设立高新科技园、新材料基地工业园、大学科技园、湘潭天易生态工业园、湘乡市皮革工业园、雨湖先锋工业园、岳塘区双马工业园。8月12日，市委、市政府印发《关于加快工业园区建设的决定》。10月8日，市委、市政府发文宣布设立昭山、九华经济区，昭山经济开发区为易家湾镇与昭山乡所辖范围，九华经济开发区为湘潭县响水乡所辖范围。

2004年2月18日，市政府批复高新区，同意在原高新科技工业园范围内设立湘潭（德国）工业园，总面积3.525平方千米。湘潭（德国）工业园定位于中德中小企业合作基地，重点发展机电、建材、环保产业等。湘潭（德国）工业园于2月开园，园区基础设施建设投入3.5亿元，“三通一平”土地1.3平方千米，入园企业22家，其中中德合资合作项目11家。5月4日，在德国柏林举办的中德高新技术对话论坛第三次会议上，德国AR公司与江南机器实业有限公司等企业合资生产汽车三元净化器项目签约，中国总理温家宝和德国总理施罗德共同出席签字仪式。国家科技部批准湘潭（德国）工业园为国际科技合作示范基地和国家湘潭机电一体化特色产业基地核心园区。2004年市政府批准设立新材料工业园，该工业园位于湘潭市竹埠港，首期规划面积1.74平方千米，是国家14个精细化工基地之一，也是国家新材料成果转化产业化基地之一，重点发展电池材料、高分子耐高温材料和精细化工产品。园区引入26家企业，初步形成电化学材料、有机无机颜料、冶金化工、化工医药及中间体等9个产业群。2005年6月，韶山市成立韶山永泉科技园。

至2005年底，包括湘潭高新技术产业开发区（含高新科技工业园、高新区生物医药工业园、德国工业园、新材料工业园、湘潭大学科技园）、湘潭昭山旅游经贸开发区、九华经济区、易俗河经济开发区（含吴家巷工业园）、湘乡市皮革工业园、岳塘区双马工业园、雨湖区先锋工业园、韶山永泉科技园在内的全市工业园区，共招商引资25.64亿元，形成固定资产投资23.89亿元，入园企业273家，建成投产项目65个，在建待建项目117个，完成总产值41亿元，上缴税金8534万元。园区成为招商引资、聚集高新技术的平台，展现明显的洼地效应。

十六、招商引资

1986年，市政府为推动招商引资工作，总结推广湘潭市第一家中外合资企业—潭港汽车维修中心经验，探索招商引资具体途径。1988年9月，市政府印发《招商引资优惠办法》，出台20项优惠政策，其中税费优惠政策10项。1991年6月，市政府印发《关于外商投资企业管理暂行规定》《关于出口创汇的若干政策规定》和《关于鼓励外商投资的若干规定》三个文件，规范外商（含中国香港、澳门和台湾地区，下同）投资企业管理，鼓励外商投资，鼓励出口创汇。这一年实际利用外资3057万美元。

1992年，市政府为推介湘潭，加大招商引资力度，将开展经贸展销洽谈活动作为一项重要措施抓。4月，举办“’92湘潭市首届香港经贸洽谈会”。9月，参加湖南出口商品展销会暨经贸洽谈会，并在湘潭举办“’92中国·湘潭重九联谊暨经贸洽谈会”。10月，市政府印发《关于进一步放宽对外经贸优惠政策的补充规定》，提出“政策跟项目走”“让外商先得利、得大利”，产品不受内外销限制，进一步放宽外商投资企业的经营范围。这一年，新批外商投资企业34家，实际利用外资909万美元。

1993年5月，市政府印发《对引进外资项目成功者实行奖励的暂行办法》，对授奖条件、标准、奖金来源及授奖产生办法作出规定，对引资成功者，所引资金到位后由建设方按引资到位额的1%提取奖金，奖励引资者；6月，市政府印发《关于进一步鼓励外商投资的若干规定》。是年，市政府以纪念毛泽东诞生百周年纪念活动为契机，先后在曼谷举办“’93中国湖南湘潭（曼谷）经贸洽谈招商会”，在香港举办“湘潭（香港）经贸洽谈会”，分二批派出18个单位赴越南进行经贸考察洽谈。1993年，全市新批外商投资企业102家，投资总额1.8亿元，实际利用外资1560万美元。到1995年10月，全市先后设立各类外商投资企业204家。其中，中外合资企业147家，占72.1%；中外合作企业17家，占8.3%；外商独资企业40家，占19.6%。是年，实际利用外资金额2848万美元，累计出口创汇4275万美元，实现税收2880万美元。

1997年2月，市委、市政府相继出台《关于进一步加强外引内联工作的若干规定》《关于招商引资实行目标责任管理的意见》《关于进一步加快外经贸发展若干意见》，内容涉及多个方面，进一步明确发展战略，强化各种措施，落实优惠政策。这些政策更加注重招商引资的优化服务，注重招商引资的规模、质量和效益。市政府组织有关部门对开发项目建立项目库，网上推介招商。是年，新批外商投资企业 22 家，同比增长 57.1%；实际利用外资 4028.96 万美元，同比增长 21.87%。1998 年，新批外资企业 17 家，实际到位外资 4644 万美元，同比增长 15.3%；其中单项投资 2000 万美元以上的项目 3 个。2003 年 4 月，市政府印发《湘潭市鼓励外来投资的若干规定》，从“外来投资者的界定”“优惠外来投资者”“鼓励外来投资者”“方便外来投资者”“保护外来投资者”5 个方面作出 16 条规定。10 月，市委、市政府印发《关于进一步扩大招商引资和提高经济外向度的实施意见》，就目标任务和优惠政策等 5 个方面再次出台 18 条政策，使招商引资从政策优惠向简化手续和优化服务方面发展，市政府将 1000 万元以下的项目审批权下放到县（市、区），以调动基层招商引资的积极性。至 2005 年 5 年间，湘潭市累计批准外商投资企业 161 家，引进跨国集团和国内 500 强的企业 16 家；直接利用外资 5.09 亿美元，比前 5 年增长 1.7 倍，年均增长 34.4%；引进吸收内资 122 亿元，为前 5 年的 3.3 倍；2005 年外商投资企业入库税收达 1.53 亿元，为 2000 年的 4.7 倍。

十七、发展非公有制经济

1986 年，全市有个体工商户 23468 户，从业人员 37921 人，注册资金 3807 万元。1989 年 4 月，市委决定对个体私营经济，政治上鼓励，经济上扶持，政策法律上维护。市政府执行市委决定，采取措施扶持个私经济发展，重点对阻碍个私经济发展的“三乱”（乱摊派、乱收费、乱罚款）进行治理。

1992 年 8 月，根据中共中央国务院《关于加快发展第三产业的决定》和市委七届六次会议精神，市政府印发《关于发展个体私营经济的若干政策规定》，出台 14 项政策，主要内容包括：积极鼓励从机关分离出来并与机关脱钩的行政人员、企业优化组合后的富余人员和一部分退休职工从事个体经营，创办私营企业或到私营企业就业；鼓励农村剩余劳动力进城经商、办实业；积极引导个体工商户、私营企业向第三产业和手工业发展；允许个体工商户从事已放开的小商品批发业务；具备条件的可以与国有、集体企业联营或组建股份企业；清理“三乱”，以减轻个体工商户、私营企业的负担；利用金融和税收等经济手段扶持个体工商户和私营企业发展，对新办的工业生产私营个体经济纳税有困难的，经批准可以按政策在一定时期内缓征、减征所得税等。1993 年，市政府为发展个体私营经济，建立全市发展个体私营经济联席会议制度，印发《关于加快发展个体私营经济的补充规定》，召开全市“超常规发展个体私营经济动员大会”，鼓励扶持个体私营经济超常规发展。1994 年 1 月，市委、市政府召开加快发展个体私营经济动员大会，提出把发展个体私营经济作为全市第一个新的经济增长点来抓，印发《关于贯彻省委省政府〈关于加快发展个体私营经济的决定〉的意见》，从放开经营范围和经营方式、简化申办手续、创造宽松环境、改善经营场所、保护合法权益、切实加强领导 6 个方面，出台 30 条发展个体私营经济的政策。1996 年 1 月，市委、市政府决定每年 4 月定为湘潭市光彩事业活动月，大力宣传发展个体私营经济的重要意义，展示个体私营经济的业绩，形成有利于发展个体私营经济的氛围和宽松环境，促进湘潭经济迅速发展。

1997 年 5 月 26 日，市长办会议决定把加快发展个体私营经济作为全市经济发展新的增长点，认真解决优惠政策不到位、个私经济质与量发展不同步、“三乱”问题多和领导管理乏力等问题。6 月 29 日，印发《关于进一步加快发展个体私营经济的意见》，要求拓宽工作思路，加大工作力度，创造宽松环境，促进个体私营经济更快更好发展。7月4日，市委、市政府召开全市个体私营经济工作会议。1998年4月8日，市委、市政府召开个体私营经济工作会议，推介表彰私营企业30强，鼓励和引导全市私营企业上规模、上档次，向科技型、实体型经营方式发展。会议提出，各级政府要注重在经营范围、经营方式、经营场地、资产评估、登记办照、银行贷款、税收征管、人员就业、减轻负担等各方面提供优惠条件。4月27日，《湘潭日报》刊登市政府《关于清理整顿三乱、减轻个体私营企业负担的通告》，全市开展清理整顿个体私营企业税外费工作，取消擅自设立的收费项目95个，降低收费标准26个。

1999年，市委、市人大常委会、市政府、市政协的主要领导与13家重点私营企业建立联系点，进行示范扶持，并组织有关部门对全市贯彻落实省、市政策措施和个体私营经济发展情况进行督查。期间，对发现的乱收费等20个问题责令限期整改。

2000年4月25日，市委、市政府召开全市个体私营企业经济工作会议，进一步动员各级政府和有关部门重视治理和改善经济环境。全市新登记个体工商户户数、新增从业人员人数、注册资金，分别比上年增长91.9%、73.3%和108.8%；新登记私营企业户数、新增从业人员人数、注册资金，分别比上年增长27.67%、51.06%和47.9%。

2001年4月27日，市委、市政府召开全市整顿和规范市场经济秩序工作动员大会，贯彻落实中共中央国务院《关于整顿和规范市场经济秩序的决定》。是年，个体私营经济通过参股、控股、租赁等方式，取得500余家中小国有集体企业的经营(所有)权，全市有30家私营企业被评为全省十大行业500强。

2003年6月30日，市委、市政府为进一步推动民营经济更快更好发展，印发《关于加快民营经济发展的若干政策规定》，围绕放宽民营经济的市场准入、增加民营经济土地供应、加快工业园区建设、优化民营经济发展环境、加大民营经济的资金和财税支持、促进民营经济参与国际市场竞争、鼓励机关人员分流从事民营经济、促进民营经济发展的奖励措施、理顺和完善民营经济的管理体制等方面制定出30条政策。全市非公有制经济实现从“有益补充”到“重要组成部分”的转变。2005年3月28日，湘潭市第一次非公有制经济发展大会举行，张德富等20位“优秀中国特色社会主义建设者”和步步高商业连锁股份有限公司等100家非公有制企业纳税贡献奖获得者受到表彰。是年，非公有制企业出口创汇1.3亿元，占全市出口总额31%。全市非公有制经济已形成一定的区域产业特色。湘潭县的湘莲加工业、皮革加工业、医药化工业，湘乡市皮革制造及加工业，韶山市的旅游业、肉食加工业、兽药加工业，雨湖区商贸业、服务业，岳塘区的机电产业等，成为非公有制经济竞相投入和发展的优势产业。非公有制经济正在加速实现由分散型的粗放经济向集约化经济领域转化。

十八、发展旅游业

1986年，省委、省政府决定进一步开放韶山，明确韶山是革命纪念地，又是风景旅游区。9月1日，韶山滴水洞对外开放。至1989年，韶山接待参观旅游者达90万人次。

1993年，湘潭市以纪念毛泽东诞生100周年为契机，加快韶山旅游设施建设，韶山新开发的永久性纪念项目有毛泽东铜像广场、毛泽东诗词碑林、毛泽东图书馆、烈士陵园；旅游景区的开发项目有韶峰景区和滴水洞景区，恢复和兴建韶山八景及六朝松、飞来船、四方竹、观日台等游乐景点；新建旅游基础设施有韶山大道、韶峰寺索道和韶山冲旅游纪念品购物中心等；同时新开发一批具有韶山特色的旅游产品和纪念品。韶山旅游由瞻仰接待型开始向观光旅游型转变。

1995年5月4日，湘潭市为加强对年青一代的爱国主义教育，举行全市首批爱国主义教育基地授牌暨18岁成人仪式，韶山毛泽东诗词碑林、韶山毛泽东纪念园、韶山烈士陵园、黄公略故居、湘乡东山学校、湘潭烈士陵园、齐白石纪念馆、湘潭钢铁公司、韶山灌区、湘潭市国防教育展览馆被列为全市十大爱国主义教育基地，为旅游目的地注入新的红色内涵。7月，《韶山风景名胜区总体规划》通过国家评审，同时《湘潭市旅游发展"九五"计划和2010年长远规划》出台，在整体布局上实施"一个中心、两个重点、两个带动"的"122"战略工程，即以湘潭市区为商贸交通文化娱乐中心，以开发韶山、昭山人文景观与自然景观为重点，带动湘潭县、湘乡市旅游资源开发和基础设施建设，形成人文景观与自然景观并茂、观光度假产品与专项旅游产品并存的基本格局。是年，韶山投入资金4000万元，新增大型人文景观一处，12月26日，韶山毛泽东纪念园建成开园。1996年，毛泽东诗词碑林和滴水洞两景点被评为全省最佳旅游目的地。

1998年初，市委、市政府作出决定，把旅游业作为国民经济新兴产业的龙头来抓。湘潭县以纪念彭德怀诞生一百周年为契机，筹资3000万元，建设彭德怀纪念馆。10月，彭德怀故居开放，彭德怀纪念馆开馆，彭德怀铜像揭幕。

1999年1月，韶山市获全国首批"中国优秀旅游城市"称号。6月，市委、市政府根据国家旅游局《旅游规划通则》和省市国民经济社会发展10年规划，成立湘潭市旅游业总体规划编制领导小组和编制办公室，编制《湘潭市2001年～2010年旅游业发展总体规划》。

2000年4月，市委、市政府印发《关于加快发展旅游业的决定》，其内容包括：旅游业十年发展规划制定、加大对旅游业的投入、加强对旅游业发展的领导与管理等。《决定》要求将旅游业纳入国民经济和社会发展整体规划，并列入各级政府任期目标。5月30日，市委、市政府召开全市第一次旅游工作会议，贯彻上述决定，明确"十五"发展目标，力争到2010年旅游总收入达到全市国内生产总值6%以上，把湘潭建成文化氛围浓郁、现代气息强烈的优秀旅游城市。

2001年6月，彭德怀故居及景区景点被国务院公布为第五批全国百家爱国主义教育示范基地。在四川成都举办的"中国国内旅游交易会"上，湘潭、长沙、株洲三市首次共同推出"红太阳之旅"——长株潭旅游一体化的旅游品牌，"红太阳之旅"获评湖南展区唯一优秀展台。

2002年，市委、市政府进一步加强对全市旅游产业的领导和扶持，成立和调整充实假日旅游领导和协调机构，并将50万元旅游发展资金纳入财政预算并落实到位。

2003年，以纪念毛泽东诞生110周年为契机，推出"我们爱韶山的红杜鹃"品牌。7月31日，由湖南省人民政府、国家旅游局、共青团中央主办，湘潭市政府、省旅游局、共青团湖南省委、湖南省韶山管理局承办的"中国红色之旅、百万青少年湘潭韶山行"大型主题活动在韶山毛泽东铜像广场启动，这是全国第一次大规模启动红色旅游。12月5日，"我们爱韶山的红杜鹃"湘潭旅游产品推介会在韶山举办。12月28日，"我们爱韶山红杜鹃"湘潭旅游产品推介会在广州举行。是年，韶山争取国家投入国债资金5000万元，招商引资项目19个，引进内资3950万元，外资207万美元，拓宽迎宾路，建设新颜路，拉通日月路，改造文化路，使韶山冲变得更加庄严肃穆，风景秀丽。

2004 年 1 月，市政府批准《湘潭市 2001 ~ 2010 旅游发展总体规划》。《规划》在充分分析旅游业现状的基础上，对此后一个时期湘潭旅游业发展的指导思想、基本原则、战略目标进行明确定位。《规划》总布局是：以红色旅游为核心，以历史文化之旅、湘军故里之旅、白石艺术之旅、休闲娱乐之旅为补充；以人文资源为主线，以韶山风景区为龙头，以湘潭市城区为中心，以湘潭县、湘乡市为两翼，以湘潭旅游开发区、昭山名胜风景区、杨梅洲水上公园、水府庙、乌石—隐山景区、白石文化生态旅游区等景区为支撑，通过 10 年左右的建设，逐步形成"两心两翼四轴一环五区"（两心即韶山、湘潭市区；两翼即湘潭县、湘乡市；四轴即上端高速公路、107 国道、长衡高速公路和湘江涟水；一环即建设好韶山—湘乡—乌石旅游环线；五区即东部休闲旅游区、南部艺术文化休闲旅游区、西部滨水休闲度假旅游区、北部红色旅游区、中部湖湘文化旅游区）的红色旅游格局。是年 6 月，党中央国务院指示，在湘潭韶山组织实施爱国主义教育示范基地"一号工程"。"一号工程"分："一场、二馆、三路、四坪、一配套、一整治"等 12 个子项目，概算总投资 8 亿元。12 月 21 日，"中国红色之旅"韶山、花明楼、乌石"伟人故里'金三角'相约星城推介会"在长沙举行，韶山宾馆、韶山毛泽东纪念馆、花明楼刘少奇纪念馆、乌石彭德怀纪念馆联手向来自中央、省、市 50 家知名旅行社推介韶山、花明楼、乌石红色旅游两日游。是年 12 月底，中共中央办公厅、国务院办公厅公布《2004 ~ 2010 全国红色旅游纲要》，韶山红色景区被纳入 12 个重点景区之一。

2005 年，市委、市政府根据省委、省政府《关于加快发展我省红色旅游的意见》文件，抓住大力推动和发展红色旅游这一历史性机遇，着力将韶山打造成中国红色旅游第一品牌。4 月，举办"我们爱韶山的红杜鹃"——湘潭旅游产品广西推介会；6 月，举办"中国红色旅游，百万共产党员湘潭韶山行"大型活动；7 月，举办"我们爱韶山的红杜鹃"——湘潭旅游产品上海推介会暨旅游招商项目发布会；9 月，"2005 年湖南省旅游节"分会场主题活动"种棵红杜鹃，想念毛主席——红色旅游湘潭行"在韶山举行。湘潭红色旅游旺盛的人气，使投资者投资湘潭旅游业信心大增。是年，湘潭旅游招商到位内资 1 亿元、外资 208 万美元。全市全年接待国内外旅游者 626.79 万人次，比 2000 年增长 152.73%，在全省排名第三；实现旅游综合收入 26.77 亿元，比 2000 年增长 287.97%，全省排第四。

十九、韶山海关建设

1996 年，为发展外向型经济，改善湘潭的投资环境，市政府开始筹划申报在湘潭市设立海关机构的工作，由一位副市长具体组织落实。1997 年 10 月，时逢海关总署领导前往韶山瞻仰毛泽东故居，市委、市政府主要负责人及时汇报湘潭设立海关的意愿，得到明确支持，海关总署领导明确表示可设海关，关址设湘潭，海关名称可定为"韶山海关"。市政府随即正式行文呈报省人民政府并报海关总署。

1998 年 3 月 10 日，国务院批复湖南省人民政府，同意设立中华人民共和国韶山海关（简称韶山海关）。市委、市政府成立韶山海关筹备处，由市委常委、常务副市长负责，组建工作班子，开展筹建工作。11 月 28 日，韶山海关工程建设正式奠基。

2001 年 12 月 27 日，经海关总署批准，韶山海关正式成立并开关。韶山海关是隶属长沙海关的正处级海关。关址位于湘潭高新技术产业开发区内，建设南路与芙蓉路交叉路口，占地 1.13 公顷，建筑面积1万平方米,投资2000万元。韶山海关业务管辖为湘潭、邵阳、娄底三市。

2002年7月,设立湘潭港集装箱码头监管点,成为关区内第一个外运港口。经国家交通部和海关总署批准,韶山海关2003年1月派人赴上海海关备案,开通湘潭至上海的江海内支线,使湘潭的进出口货物有较为便捷的外运通道。通过中转模式出口,一个标准集装箱,平均可节省费用800元左右。

2005年,韶山海关监管货运量超过300万吨,两税入库达2.92亿元,超过前三年入库税收的总和。至2005年底,在韶山海关注册进出口企业已达240家,其中湘潭市注册企业119家;共受理进出口报关单1896票,监管货运量590.4万吨,征收关税和进口环节税8.9亿元。

二十、科技兴市

1986年,湘潭市根据邓小平关于"科学技术是第一生产力"的重要论述和国务院的有关部署,实施国家"星火计划"。1988年,湘潭市实施国家"火炬计划"。1990年,湘潭市实施科技兴农计划。1990年9月,中共湘潭市第九次代表大会确定"科技兴市"的战略构想。1991年1月30日,市政府召开全市科技工作会议,印发《关于科技兴市的决定》,要求各行各业都要把科学技术作为第一生产力来抓,重点是抓好科技兴工和科技兴农,采取有力措施普及全民科技意识,增加科技投入,落实科技兴市的各项规划。4月30日,市政府成立以分管科技的副市长为组长、18个政府部门负责人为成员的科技兴市领导小组及相应的工作机构。9月,市政府公布《湘潭市"八五"期间科技兴市工作的实施意见》,提出"八五"期间科技兴市的工作要点是"坚持一个中心(发展社会生产力),突出两个重点(科技兴工、科技兴农),实现三项目标(科技进步因素对工农业生产的作用明显增强、初步建成高新技术产业开发小区、劳动者素质有明显提高),落实四项措施(强化科技宣传、建设城乡科技管理和技术开发推广服务体系、科技投入支撑体系、科技政策支撑体系)"。是年,市政府本级财政投入科技三项费用(新产品试制费、中间试验费、重大科研项目补助费)55.96万元。工业方面,重点扶植100项规模较大、效益较好的新产品的试制和开发;农业方面,重点围绕粮、猪、鱼、禽、果、菜的开发、种养和加工,推广12项技术成熟、经济和社会及生态效益显著的科技成果和先进技术。

1995年,根据国务院和省政府的部署,市政府制定《湘潭市"九五"期间科教兴市工作实施意见》及1996~2010年科技工作规划。12月,召开全市科技大会,宣布市委、市政府《关于加速科学技术进步的决定》,提出湘潭市"九五"期间科技对农业、工业的贡献率分别达到50%和40%以上的科技进步目标。会后,市科技工作领导小组组长改由市长担任。1996~1997年,市长和分管科技工作的副市长先后8次带领市科委及其他有关部门的负责人赴京向国家科委汇报请示工作,争取科技项目。期间,共争取国家星火计划5项、火炬计划2项、成果推广计划8项、重点攻关计划1项、电子信息计划1项、新产品试制计划1项;争取列入省级科技计划123项,争取科技贷款1.13亿元,划拨和周转资金675万元。1997年,湘潭市实施科技兴市"双百工程",市政府将兴建东起湘潭县响水乡,西至湘乡市山枣镇的"百里科技长廊"作为科技兴农的重点工程,投入建设资金400万元,年内即实现新增产值4500万元。工业则以实施百项科技开发项目为重点,共争取国家科研项目17项,省级40项,争取上级下拨科研经费和流动资金8588万元。1998年5月,湘潭市被国家科技部定为全国15个国家级科技示范区之一。

1999年5月18日，湘潭市召开全市科技工作会议，市政府印发《关于加快科技进步推动产业结构升级的决定》《关于引进和开发科技人才的暂行规定》《湘潭市高新技术产业发展规划》《湘潭市持续高效农业科技示范区建设总体规划》《县（市、区）科技工作考核办法》等一系列政策文件，进一步明确湘潭市科技兴市的重点产业、重点项目、发展领域和具体目标。当年市本级财政投入科技三项经费达230万元，比上年增长77%，同年高新技术产业产值达43亿元，高新技术产业的规模、效益居全省第三位。

为增强湘潭市传统产业的竞争力，2001年，市政府领导率队考察广东南海、顺德、深圳的制造业信息化工作。从2002年开始，市政府将实施制造业信息化工程作为推进新型工业化的头号工程来抓，针对制约制造业发展的瓶颈问题，突出以三维CAD为代表的产品创新设计、以ERD为代表的企业数字化管理、以数控设备为代表的数字化装备三个重点，实行分类指导，坚持示范带动。2002年10月，湘潭市被列为全国47个制造业信息化重点城市之一。2004年5月11日，市委、市政府出台《关于创建全国科技进步城市的决定》，决定通过四年努力，全面提高湘潭市的科技进步水平，力争2007年跨入全国科技进步城市行列；会议还决定，从当年起市本级科技三项经费达到财政支出的1.6%以上，本年度由市财政安排300万元建立科技发展基金，以后逐年增加。至2004年底，市政府投入专项资金850万元，引导示范企业投入信息化建设经费4.88亿元，使制造业信息化工程进度加快。

2005年，全市大中型企业基本完成信息化主干网络建设，85%以上的规模工业企业采用CAD、CAPP技术，主要产品平均开发周期由2005年前的两年缩短至三个月左右，企业信息化水平在全省排名第一。是年，湘潭市高新技术产业产值达156亿元，科技对国民经济的贡献率达48%，科技进步综合排名全省第二。12月28日，科技部授予湘潭市“全国科技进步先进城市”称号。

二十一、普及九年义务教育

1986年4月起，实施全国人大六届四次会议通过的《中华人民共和国义务教育法》，该法规定：凡满六周岁的儿童，都应入学接受义务教育；义务教育实行地方人民政府分级负责，县级人民政府为主的管理体制。当时正值湘潭市第二个人口出生高峰期，每年新出生人口6万人以上。是年全市有小学专任教师11500人，其学历和岗位合格率为57.5%；有初中专任教师5540人，其学历和岗位合格率仅26.5%。中、小学危房达5万多平方米，上级下拨的教育经费只有3000万元（其中人头经费占85%），“普九”任务艰巨。

1988年下半年，市政府拟定《2000年普通基础教育发展规划》，提出“普九”目标，要求全市139个乡镇，根据各自基础教育现状和经济实力，共分八个阶段完成“普九”教育任务，争取到2000年，全市基础教育覆盖率达95.3%。为缓解教育经费的严重不足，1990年5月7日，市政府常务会议决定城市教育费附加率由2%增加到3%，另从区街、乡镇企业政策性减免税中提取10%用于教育。是年，市级财政教育事业费支出5348万元，占当年财政支出20%。

1991年10月，湘潭市制定《普及九年制义务教育规划》，对1988年制定的“普九”目标进行调整。《规划》要求，至 2000 年，全市全面普及九年制教育，95%的小学毕业生升入初中，教师合格率达 95%。1992 年 6 月 18 日，市政府召开市长办公会议专题议教，决定在学校内部引入竞争机制，对教师逐步实行聘任制，师范学校的毕业生原则上不能改行，以保证师资来源；会议还决定设立中小学、幼儿教师奖励基金，鼓励中小学教师通过参加各种专业学习培训，提高专业水平。是年，全市有 6239 名教师参加各类学习和专业培训，占当年中小学教师总数的 25%。

1993 年 5 月，市委、市政府印发《关于贯彻省委、省政府〈关于加快普及九年义务教育的决定〉的意见》（以下简称《意见》），明确提出湘潭市要在 1998 年实现“普九”目标。《意见》要求各级政府明确办学责任，实行县（市、区）办示范幼儿园、小学、高中和教师进修学校，乡镇办初中和中心小学，村或联村办小学的体制，适当加快“普九”步伐。是年，有 11021 名教师参加“三沟通”教育（函授、电视教育、高考和自考），初中教师合格率上升到 69.7%。1994 年 10 月 28 日，市政府印发《关于提倡和鼓励捐资助学集资办学的通知》，号召全市企事业单位及社会各界捐资、集资，支持九年制义务教育。同时还发出《关于继续为教育、教师办实事的通知》，推广湘乡市调整中小学布局，提高教育投资的做法，并决定市财政拨款 150 万元用于农村中小学危房改造，拨款 300 万元用于解决教育战线的一些特殊困难。12 月 10 日，市政府批转市教育委员会《关于实现我市城区儿童六岁入学的规划》，决定在 4 年内改扩建风车坪学校等 11 所小学，扩招 80 个班，新建熙春路小学和草塘小学，使扩招规模达到 110 个班，以满足六岁适龄儿童入学的要求。年内，韶山市普及九年制义务教育通过省政府教育“两基”评估团验收合格，成为湘潭市第一个“普九”达标县（市）和全国首批“普九”达标县（市）。

1995 年初，市委、市政府发出《关于积极推进教育改革，促进教育事业发展的通知》（以下简称《通知》），规定全市各级党政一把手为教育事业发展的第一责任人，主管教育的市、县（市、区）领导和教委主任、教育局长是直接责任的第一责任人。《通知》要求，各级政府按照《中华人民共和国义务教育法》和省委、省政府的要求，认真组织好适龄儿童和少年接受义务教育，采取有力措施降低初中学生的辍学率；同时还规定，全市城市教育附加费按消费税、增值税、营业税 3%的比例与“三税”同时征收，农村不缴纳“三税”的企业和个体工商户按销售收入的 4%征收教育附加费，并将此列入年度目标管理。《通知》还要求各县（市、区）在 1995 年底前将中小学危房比例降到 1%以下。2 月 20 日，市政府常务会议决定，当年城市维护建设税收入中用于教育的金额比上年度增加 10%，用以支持中小学危房改造。11 月 1 日，市委、市政府印发《关于在 1998 年全市实现普及九年制义务教育目标的决定》，要求雨湖区、岳塘区在 1996 年实现“普九”目标，全市在 1998 年全面实现“普九”目标；还决定对“普九”工作实行目标责任制，并将此作为对各级党政领导干部考核的主要内容之一；同时决定成立以市长为组长，一名市委副书记和一名副市长为副组长的“普九”工作领导小组。11 月 8 日，市委、市政府召开全市“普九”工作会议，对“普九”工作进行全面部署。是年，市财政教育事业费支出达 1.77 亿元，占当年财政支出的 26.8%。1996 年 10 月，雨湖区、岳塘区“普九”工作经省政府教育“两基”工作评估团验收合格。1997 年 10 月，湘潭县、湘乡市“普九”工作经省教育“两基”工作评估团验收合格，全市“普九”工作目标提前一年实现。是年，全市适龄儿童入学率为 99.8%，初中入学率为 95.72%；小学教师合格率为 95.4%，初中教师合格率为 83.5%。至 1997 年，全市新建中小学校 88 所，新建、扩建教学楼 812 栋，新建校舍及配套用房 544344 平方米，改建校舍 438293 平方米，全市“普九”总投入 8.12 亿元（其中预算内投入 6.32 亿元、社会捐资集资 1.8 亿元），各级政府因“普九”大量投入,形成债务 1.61 亿元。

二十二、组建湘潭职业技术学院

2000 年,湘潭市有各类中等职业技术学校 77 所,在校学生 4.36 万人,但全市无一所高等职业技术学校。2000 年 1 月 16 日,市政府根据中共中央、国务院关于发展高等职业技术教育指示精神,决定将湘潭市职工大学与湘潭市机电工业学校合并,组建湘潭高等职业技术学院。2 月 21 日,市委、市政府成立由一名市委副书记为组长,一名分管副市长为常务副组长的湘潭高等职业技术学院建设工作领导小组,由市财政拨款 350 万元,作为启动资金,组织专门工作班子进行筹备。2 月 24 日,市政府向省政府呈报《关于将湘潭市职工大学与湘潭市机电工业学校合并改办为湘潭高等职业技术学院的请示》。此后,市政府多次召开专题会议进行研究,并组织有关专家按照教育部《高等职业技术学校设置标准(试行)》和《普通高等学校设置暂行条例》的规定,对创办湘潭职业技术学院的必要性、可行性进行认真评估和论证,形成《湘潭市职工大学与湘潭市机电工业中等专业学校合并改办为湘潭高等职业技术学院的实施意见》,于 2001 年 4 月 25 日呈报省政府。8 月,省政府印发《关于建立湖南交通职业技术学院等 8 所高等职业学院的批复》,批准在原湘潭市职工大学和湘潭市机电工业学校实质性合并的基础上,组建湘潭职业技术学院。新建立的湘潭职业技术学院属于全日制普通高等学校,由湘潭市人民政府主管,教育及教学行政归省教育厅管理,教育部备案,事业经费和发展所需经费由湘潭市解决。新建学校的校址位于湘潭市丝绸中路(原湘潭市机电工业学校校址),占地 10.67 公顷,共有固定资产 4179 万元,教学仪器设备总值 646 万元,教职工 166 人。11 月,省委、省政府及市委任命了学校领导班子成员。学院设有经济与管理系、机电工程系、信息工程系、基础课部、成人教育部等教学机构和 11 个行政处室。

2003 年 11 月 29 日,经省政府批准,原湘潭卫生学校整体并入职业技术学院,由此学院用地面积增至 20 公顷,房屋面积达 13 万平方米,固定资产总额增至 2 亿元,教学仪器设备总值增至 1696.54 万元,在职教职工 402 人,其中有副高以上职称的 119 人。学院开设包括工科、医卫、经管、语言、信息等五大学科 28 个专业。2005 年 3 月 29 日,湘潭职业技术学院医学院揭牌。5 月 28 日,教育部教育研究发展中心在国内高职院校中唯一设立的“国际护理教育基地”落户湘潭职业技术学院。是年,在校学生人数 11000 人,学院人才培养工作通过教育部专家组评估,获得良好等次。

二十三、齐白石纪念工程建设

1982 年,由市政协、市文联有关人士发起,请求在湘潭市建立齐白石纪念馆。市政府向省政府呈报关于在湘潭市建设齐白石纪念馆的专题请示。1983 年 6 月 6 日,经中共中央宣传部同意,文化部行文批准在湘潭市建立齐白石纪念馆。1984 年,省、市计委正式为建设齐白石纪念馆立项。齐白石纪念馆选址白马湖风景区,批准征地 2000 平方米,建设馆舍 2000 平方米,投资约 141.8 万元。1987 年,齐白石纪念馆建设工程的征地拆迁工作完成,12 月中旬动工建设。1988 年上半年,因资金等问题停工缓建。1991 年 10 月恢复施工,1993 年 5 月建成并对外开放。市政府同时将多年来出资收购的35幅齐白石真迹移交给纪念馆珍藏。

2000年1月6日,市政府邀请市委、市人大、市政协领导参加市长办公会议,专题研究湘潭市的文化设施建设问题。鉴于原齐白石纪念馆场场地狭小,规格不高,与齐白石在世界的名望和湘潭市日益扩大的对外文化交流不相适应,会议决定改造、扩大齐白石纪念馆等文化场馆和设施。1月28日,白马湖公园开工建设,公园占地18.13公顷。概算投资9400万元。4月11日,市委常委会议决定在建设白马湖公园的同时,在公园景区重新建设齐白石纪念馆和市文化馆(群众艺术馆),使之与白马湖公园一道构成一个齐白石文化艺术中心。4月13日,市委办公室和市政府办公室联合发文,将正在建设中的白马湖公园冠名为"白石公园",并决定将原"白马湖公园建设指挥部"更名为"白石公园建设指挥部",由一名市委副书记任指挥部政委,一名副市长任指挥长。5月18日,齐白石文化艺术中心建设立项。2002年8月,齐白石纪念馆和群众艺术馆开工建设。2003年10月,白石公园第一期工程竣工;年底,市群众艺术馆新馆落成。

齐白石纪念馆、市群众艺术馆、白石公园共计占地21.33公顷,投资约2亿元。其建设资金通过财政投入和"以地押贷、让地还贷"、原馆资产置换及单位自筹等渠道筹集。其中,齐白石纪念馆和市群众艺术馆建筑面积1.2万平方米。新建的齐白石纪念馆由全国著名设计师陈大卫指导设计,为两层仿木砖瓦庭院式建筑。馆内设齐白石艺术人生陈列厅、绘画作品展厅、木雕作品展厅、篆刻拓印作品展厅、后人弟子作品展厅、本馆画家作品展厅、接待厅、交易厅、学术报告厅等。白石公园是湖南当时最大的纪念性文化主题公园,占地18.1公顷,整个公园布局由三条游路组成,分别代表白石诗、书、画、篆艺术风貌为主题的艺术景观带、艺术人生带、环境景观带,展现齐白石的艺术人生和艺术成就。在2004年第三届全国城市雕塑建设成就展览会上,《青年白石》获优秀作品奖。2004年11月,齐白石纪念馆新馆竣工投入使用,省、市政府在此举办首届国际齐白石文化艺术节。

二十四、承办"八一振邦"足球队湘潭主场

2001年9月,中国人民解放军"八一振邦"足球俱乐部为寻找和安排全国职业足球甲级联赛2002年"八一振邦"队的主赛场,"八一振邦"俱乐部总经理严佟率队到湘潭考察比赛场地,认为市体育中心是"八一振邦"足球队下一赛季理想的主赛场,经与市体育局负责人多次协商,初步达成"八一振邦"队移师湘潭,由湘潭市买断其主场经营权方式进行合作的意向。12月,市体育局负责人向市政府汇报时,市政府主要负责人表示,承办全国职业足球甲A联赛,是提高湘潭知名度,提升湘潭"人气",促进湘潭体育事业和经济发展的极好机会,应当考虑在较长时间内,将"八一振邦"主场定在湘潭。

2002年1月9日,市政府与"八一振邦"俱乐部就合作事项进行正式协商,确定"八一振邦"足球队落户湘潭,湘潭市政府以750万元买断2002年主场经营权。11日,双方在湘潭盘龙山庄大酒店举行签约仪式和新闻发布会;12日,市政府领导在市体育中心现场办公,部署"八一振邦"队入驻后承办方的有关工作,决定投资1000万元对原市体育中心进行改造维修。17日,市政府发文批准成立湘潭市文化体育产业发展有限责任公司,由该公司与市政府签定承包合同,并负责"八一"主场的经营工作。3月初,成立全国职业足球甲A联赛湘潭赛区组委会。3月17日15时50分,湘潭赛区在改

建后的体育中心举行全国职业足球甲A联赛“八一振邦”首场比赛开球仪式。至2002年底，湘潭赛区共举办14场甲A比赛、1场足协杯比赛、1场大型文艺晚会，共吸引球迷和观众20多万人次。

2003年2月28日，市政府与中国人民解放军八一体工大队在湘潭续约，由市政府以1200万元买断“八一振邦”足球队主场经营权和冠名权，八一足球队正式冠名为“八一湘潭”足球队，主场仍设在湘潭市体育中心。2003年，“八一湘潭”足球队在湘潭主赛场比赛14场，湘潭赛区也因赛场气氛热烈，安全有序，被中国足协评为2003年全国足球甲A联赛“观众秩序优秀奖”。

至2003年，八一足球队湘潭主场两个赛季共进行甲A比赛28场，吸引观众40余万人次，平均上座率达70%；省内外140多家媒体到湘潭进行采访，有专稿3200多篇，中央电视台5套节目还制作专题节目进行报道。两年中，全市餐饮业营业收入和社会消费品零售额均出现较快的增长，但主赛场经营的经济效益并不甚理想。2003年12月，八一足球队因改制撤编返回北京。

二十五、城乡电网改造

湘潭是重工业城市，随着国民经济发展，城乡生产生活用电不断增长。20世纪80年代，由于供电设施不足，电网老化，电力供应长期不能满足用电需求。进入90年代后，市政府曾采取发动企业自办电力和发动企业集资、收取电力增容费、增加财政投资等方式筹集资金建设和改造电网，每年投入电网改造资金都在1000万元以上，电力供需矛盾有所缓解。1994年，全市实现乡乡通电。1996年，全市实现村村通电。但湘潭电网的供电能力仍明显不足。

1998年，湘潭市被国家电力公司列为城网改造的重点城市，开始大规模的城乡电网改造工作。1998年7月，市政府成立城乡电网改造领导小组，负责协调电网改造中的矛盾，并将城乡电网改造项目列入市重点建设工程进行监管。

湘潭市城乡电网改造是同步展开的，其中城市电网改造分两期进行。1999年4月，湘潭市编制完成《湘潭市农网改造规划（1998～2000）》，计划在2000年前完成农网改造，投资3.78亿元，新、扩建一批变电站和输电线路，并逐步对农村实行一户一表式改造。11月，市政府批准湘潭电业局《关于湘潭市农网建设改造，农电体制改革方案》，决定在农网改造的同时，对农村变电站的管理体制及核算制度进行改革，实现城乡用电同网同价。是年，完成城乡电网改造投资1.89亿元，完成新、改建电力项目12个及142个农村行政村的一表一户改造。2001年11月，市政府印发《关于做好农村电力管理体制改革和农村电网改造，实现城乡用电同网同价的通知》，对农村电网改造和电力管理体制改革工作从组织领导、方法步骤、资金来源、优惠政策等方面作出具体规定。是年，城市电网改造一期工程竣工，累计完成投资3.38亿元，完成城网改造项目52个。2003年，全市农村电网改造工程全部完成，累计完成投资4.45亿元，完成农网改造项目23个。网改后，农村用电可靠性达99.6%，农网C类、D类电压合格率达98.6%，低压线损率下降13%，农村电价由网改前的0.78元/千瓦时下降到0.54元/千瓦时。2005年，城市电网改造二期工程完工，共完成投资6080万元，完成网改项目15项。网改后，城乡电网结构优化，供电能力和电能质量大为提高，茶园220千伏变电站实现自动化操作，城网供电线路也逐步电缆化、绝缘化、无油化。至2005年底，湘潭市有35千伏以上变电站48座，总容量256.799万千伏安，为1985年的3.5倍；输配电线路增至1988.549千米，为1985年的

1.67 倍，全市供电状况有明显改善。

二十六、建设新电厂

1985 年，湘潭市有发电装机容量 14.5 万千瓦，年发电 5.76 亿千瓦时，而当年全市用电量达 13.5 亿千瓦时，发电能力明显不足，缺电严重，供电不足直接影响了全市人民生产生活。为改善这一状况，市政府除号召全民节电、企业办电外，力争国家支持湘潭电厂技改扩建的同时在湘潭建设新电厂（湘潭电厂 B 厂），并在是年成立新电厂建设筹备小组。1987 年 3 月 8 日，中央政治局委员、国务院副总理李鹏到湘潭电厂视察，市长及湘潭电厂领导向李副总理汇报了湘潭电厂改建、扩建和建设湘潭新电厂的打算。此后五年间，市政府领导每年都进京向国家有关部委汇报情况，争取支持。1993 年 7 月 13 日，湘潭新电厂建设列入国家"八五"计划新增大型建设项目；9 月 30 日，国家计委批准湘潭新电厂 2×30 万千瓦机组工程立项，计划投资 31 亿元。新电厂一期工程占地 186.44 公顷，拆迁房屋约 9 万平方米。1995 年 6 月 21 日，市政府向厂方移交经拆迁完毕的主厂房用地 72.25 公顷。7 月 10 日，新电厂一期工程开工建设。1997 年 12 月 13 日，新电厂一期工程一号机组并网发电，中央政治局委员、国务院副总理邹家华参加竣工仪式并剪彩。1998 年 8 月 30 日，2 号机组并网成功。新电厂一期工程建设工期比国家规定缩短 15 个月，节约投资 3.44 亿元。

2003 年，市委、市政府领导先后四次到新电厂现场办公，解决新电厂二期工程筹备中的有关问题；市委书记两次率员赴京向国家发改委汇报二期工程筹备工作。4 月 30 日，国家发改委批准湘潭新电厂二期 2×60 万千瓦机组工程立项。二期工程新增用地 43.4 公顷，拆迁房屋约 7 万平方米。12 月 26 日，二期工程奠基。2005 年 7 月，新电厂二期工程列为当年国家重点工程项目。2005 年，湘潭电厂的发电量达 41.7 亿千瓦时，最高供电负荷为 79.02 万千瓦，供电 47 亿千瓦时，分别为 1985 年的 7.2 倍、3.28 倍和 3.47 倍。发电和供电能力基本满足湘潭城乡日益增长的用电需求。

二十七、燃气工程建设

1988 年 1 月，湘潭市煤气一期工程建成投产，当年有 6000 户市民用上煤气。市煤气公司经测算、分析后认为，若在一期炼气工程基础上扩大燃气用户 3 万户规模，比原设计，每年可节约标准煤 5.5 万吨以上，还可节省投资，减轻煤炭运输压力，减少燃煤污染。建议第一期煤气工程投产后，立即进行第二期煤气工程建设。市政府常务会议原则同意市煤气工程建设指挥部关于湘潭市第二期煤气工程建设方案。二期煤气工程包括气源和输配系统两大部分，总投资约 3447 万元，建设资金通过用户单位集资、市财政拨款、申请国家节能贷款等方式筹集。1991 年 1 月，市长办公会议确定二期煤气 5 万立方米储配气柜的选址方案，并确定"一次规划，分项建设，分期实施"的建设方针。1992 年初，省计委批准立项，7 月纳入国家节能计划并开工建设，当年完成投资 941.8 万元。1994 年底，位于东湖渔场的 5 万立方米气柜安装竣工。1995 年 4 月 17 日，市政府召开常务会议，分析一期煤气工程的生产经营情况和二期工程的施工进度，认为一期煤气生产经营成本过高（每生产 1 立方米煤气亏损 2.01 元，累计亏损 5513 万元），加上二期煤气工程所需原材料价格上涨，资金缺口太大，因此决定煤气公司不再扩户供气,将已建成的5万立方米气柜进行防腐处理后暂时封存,与煤气公司大楼一道抓紧转让,以偿还气柜建设贷款。二期煤气工程停建后,市民反映强烈,纷纷要求市政府恢复生产,扩户供气。1995年10月19日,市长率有关部门负责人到市煤气公司现场办公,决定续建二期煤气工程,并设法寻找新的气源。1996年2月9日,二期煤气工程投入简易运行。5月11日,市政府、市煤气公司与湘潭钢铁厂签订市区联网供气协议,由湘钢每月向市区供应煤气30万立方米(湘钢煤气比市煤气公司气源厂生产的煤气便宜),供气期限为3年。1996年9月28日,湘钢正式向市区供气。1999年4月22日,市政府、市煤气公司与湘钢续签煤气供应合同,供气量增至每月35万立方米,供气期限为5年。

2001年12月26日，市煤气公司经市政府同意，在长沙与中国石油天然气股份有限公司签订“照付不议”的天然气输送和购销合同。2002年3月12日,市煤气公司与河北廊坊新奥燃气有限公司签订为期30年的合作意向协议,以引进新奥公司的资金和技术,共同发展湘潭天然气。8月30日,省发展计划委员会行文批复湘潭天然气利用工程可行性研究报告,明确向湘潭市的中期供气规模为每年1500万立方米,从湖北潜江接管输至湘潭。9月3日,市政府批准市煤气公司与新奥燃气有限公司合作,并成立天然气利用工程领导小组。2003年5月31日,市煤气公司与新奥燃气湖南投资有限公司正式签订合资经营合同,合同约定湘潭方出资1500万元(占股份15%),新奥方出资8500万元(占股份85%),成立湘潭新奥燃气有限公司,由新成立的公司投资2.41亿元人民币,经营湘潭城市天然气利用项目。6月17日,市政府印发《关于推广利用天然气的实施意见》,明确由湘潭新奥燃气有限公司独家投资建设、经营湘潭市城市规划区内管道燃气(含天然气)项目,在合资经营的30年内,市政府不再审批新的管道燃气项目。湘潭天然气利用一期工程于2004年9月开始施工建设,至2005年6月,先后建成荷塘储配站,铺设8.2千米次高压管道、40多千米城区输气管道,并对市区原煤气管网的阀门、调压站和部分旧管网进行改造。7月23日,湘潭市在全省率先点火通气。至9月3日,完成全市约2.5万户原煤气用户的天然气置换工作,还为湘潭电机集团、电厂新村、湘钢耐火材料厂等部分单位的职工新安装了天然气管道,华都大酒店、乡里人家、湘里我家、福星楼等饭店、酒楼及市工商局等单位成为湘潭市首批天然气集团用户。至2005年底,湘潭市天然气用户达3.5万户。

二十八、高速公路建设

湘潭市的高速公路建设始于1994年,采取以国家投资建设为主,地方筹资为辅的建设模式进行建设。

1994年7月1日,京珠高速公路长潭段开工建设。长潭段湘潭境域长18.8千米,经岳塘区的昭山乡、板塘乡、荷塘乡、宝塔办事处等4乡镇21个行政村。开工前,市政府成立以常务副市长为指挥长、21个政府工作部门负责人参加的建设指挥部。开工后仅用3天划定用地红线图,用3个月完成全线的征地拆迁任务。主线范围内共征地2653.9亩,拆房263栋,迁坟968座。1996年12月15日建成通车。京珠高速潭耒段湘潭境域长4.17千米，途中有马家河湘江特大桥一座,1997年9月开工,2000年12月26日竣工通车。

1999年11月30日，潭邵高速湘潭段建设正式启动，湘潭市成立市委书记和市人大常委会主任为顾问，市长为指挥长，1名副市长、3名市政府助理巡视员为副指挥长的高速公路建设指挥部。12月3日，市政府召开征地拆迁动员大会，组织200多人的征地拆迁队伍，历时4个月，征用土地11430.17亩，拆迁房屋917栋、197393平方米，迁坟5156座，完成全线拆迁任务。潭邵高速湘潭段经湘潭市岳塘区、湘潭县、湘乡市的14个乡镇，84个行政村，长95.867千米。该段高速公路有水府庙大桥和湘江竹埠港特大桥各一座。2000年4月，省政府在邵阳市板桥乡举行潭邵高速公路开工典礼。2002年12月26日全线通车。潭醴高速湘潭段长2.75千米，2003年10月开始征地拆迁，征地711.69亩，拆房35户29栋，迁坟370座。2004年5月20日开工。至2005年底，基本完成全线土石方工程。

2003年10月10日，长潭西线高速公路湘潭段开始征地拆迁。长潭西线高速公路全长27.95千米，湘潭境域主线长7.39千米，途经湘潭县响水乡5个行政村，由澳门凯旋国际投资有限公司投资建设，2004年6月19日开工建设。至2005年底，完成全线96%的土石方工程和44%的底基础工程。

2004年12月26日，湘潭至韶山高速公路奠基，该高速公路长13.083千米，建设方为湘潭市政府，预算3.7亿元。至2005年底，完成投资3500万元。

至2005年底，湘潭有建成和在建的高速公路4条，全长141.7千米。

二十九、大桥建设

湘潭湘江一大桥于1961年10月建成通车，通车后车流量不断增加，日车流量由当初的1000多辆增加到20世纪80年代初的1万多辆，大桥不堪重负。1985年4月，以市长为首的向家塘湘江大桥建设筹备小组（1987年9月更名为湘江二桥建设领导小组）成立，并着手筹备二大桥建设工作。1988年，交通部批准修建湘潭湘江二大桥。二大桥设计日流量6000辆，计划投资9953万元，其中交通部投资3700万元，湘潭市财政承担3500万元，其余资金缺口采取“贷款建桥、收费还贷、以桥建桥、以桥养桥”方式筹集。该大桥于1990年3月26日开工建设，1993年12月19日建成通车，实际投资1.58亿元。通车后107国道在湘潭境域缩短里程17.4千米，分流市区约62%的过境车辆。

为拉通城市道路内环线，进一步缓解一大桥的通行压力，1998年，市政府决定以出让湘潭湘江一大桥及规划建设中的湘江三大桥23年收费权作为建设湘江三大桥的引资项目。是年，湘潭湘桥发展股份有限公司与英属维尔京群岛中强发展有限公司合作成立湘潭嘉祥路桥有限责任公司，负责三大桥的筹资和建设，工程概算1.99亿元。湘潭湘江三大桥位于湘江一大桥下游2.7千米处，为双塔双索面混凝土斜拉桥，1998年6月动工，2001年4月30日竣工通车，实际耗资1.78亿元。

为拉通城市道路二环线，分流107、320国道的过境车辆，进一步缓解市区的交通压力，优化市区环境，2003年，市政府决定修建规划中的湘潭湘江四大桥。四大桥位于三大桥下游4.3千米处，系双飞燕拉索钢管混凝土拱桥，桥型为国内首创，技术要求在同类桥梁中居世界领先水平。主跨400米钢管月牙拱超过马来西亚在建中的同型桥梁，为当时世界之最。2003年8月8日，市委、市政府主要领导主持召开四大桥建设专题会议，明确大桥建设的运行模式，决定由市城市建设投资开发公司向世界银行贷款1500万美元先期投入,然后以出让四大桥经营收费权及大桥两端土地使用权的方式筹集资金还贷。会上,市政府与大桥建设指挥部签订责任状。12月23日,四大桥建设指挥部与中港第四航务工程局签订合同,大桥主体由中港四局采取BOT(建设—经营—移交)模式投资建设,工程概算约4亿元。2003年12月30日开工,至2005年底,两座高达98米的主塔完工。

三十、港口建设

1985年,湘潭市港口货物吞吐量184.1万吨,旅客吞吐量57.99万人次。随着公路、铁路建设发展,20世纪90年代后,湘潭水运日益萎缩,2000年湘潭港区的货物吞吐量只有78万吨。

中国加入世贸组织后，通过湘潭的进出口贸易成倍增长，市政府决定加快湘潭集装箱码头建设。2001年6月28日,十四总千吨级集装箱码头第二期工程开工建设,12月26日竣工,年吞吐集装箱1万标箱,结束了湘潭港口不能装卸集装箱的历史。2001年12月27日,韶山海关开关,湘潭、邵阳、娄底200多家进出口企业注册韶山海关,湘潭由一个内陆城市升级为通江达海的二级通关口岸城市,给湘潭港口建设和水运发展带来新的压力和机遇。

2002年,省交通厅和湘潭市有关部门制定湘潭港区建设规划,计划在河东下摄司及九华工业园区建设铁牛埠港区、寒鸡港码头及宁家湾中心港区。2003年,铁牛埠港区规划编制完成,第一期计划投资7978万元,建设4个千吨级泊位,年吞吐量100万吨。是年,市政府投入800万元完成该港区及寒鸡港、宁家湾中心港区项目前期工程。2004年4月30日,市政府引导湘潭航运总公司与民营企业金三角投资有限责任公司签约成立湖南金航港务有限责任公司(简称金航公司)。5月,金航公司接手铁牛埠港口工程建设任务,并迅速完成征地拆迁和项目招标工作。宁家港中心港区由湖南华源港口物流公司、省交通厅及涟源钢铁公司投资建设,设计年吞吐量110万吨,计划投资1.2亿元。8月14日,市政府召开宁家湾中心港建设专题会议,将该港区建设列为当年市政府重点建设项目,纳入九华工业园区管委会进行项目管理,享受园区项目优惠政策。10月12日,市政府召开铁牛埠港区工程建设会议,同意湘潭钢铁公司入股建设该港区,并要求港区建设必须在10月底开工。10月28日,铁牛埠港口工程如期开工。12月28日,宁家湾港区工程开工。是年,湘潭钢铁公司专用矿石接卸线寒鸡港码头建成投产。2005年7月,铁牛埠码头1、2号泊区建成投产;11月,湘潭港被编入全国内河大港目录。年底,铁牛埠港区完成投资6195万元,宁家湾港区完成投资4580万元。

至2005年底,湘潭主要作业码头有十四总千吨级集装箱码头、铁牛埠码头、十六总散货码头、谭家湖散货码头、易家湾散货码头、寒鸡港码头及在建的宁家湾中心码头;有生产经营泊位53个,最大靠泊能力1000万吨,堆场面积10.93万平方米;在籍运输船只300艘(共3万多吨),年实际吞吐能力350万吨,是2000年的4.5倍。

三十一、通信工程建设

1990年前,湘潭市仅有纵横制电话交换机5500门,通信自动化程度不高。1990年2月5日,市政府常务会议决定建设程控电话工程，并同意由市邮电局按行政事业单位每增一门程控电话收费

1500 元，企业和非财政拨款单位每增一门收费 3000 元的标准收取改制费作为建设资金，同时市政府决定由市财政拨款 400 万元，引进法国 3.1 万门程控电话设备，兴建 4000 平方米电信楼和荷塘、板塘、桃源路三个模块局。1991 年 7 月，市政府召开全市通信建设工作会议，明确把加快湘潭邮电通信设施建设作为突破制约湘潭经济发展“瓶颈”的重点工程来抓，印发《关于加强邮电通信建设的规定》，把邮电通信建设纳入湘潭市城乡建设总体规划，制定扶植和加快电信事业发展具体政策。9 月，市区开通 5000 门程控电话和 390 线长途电话。至年底，全市已有公众电话交换机 11600 门、长途电话线路 261 条、无线寻呼用户 609 户。

1992 年，根据省邮电管理局提出在全省实施“165”通信工程，其中湘潭市新增电话交换机 8.5 万门，电话普及率达 13%的要求，市政府成立以主管电信工作副市长为指挥长的市通信建设工程指挥部，首期拨款 200 万元支持“165”工程建设，并对电话改制费的征收、建设用地的征用拆迁、工程报建手续及费用的减免等给予政策优惠。至 1995 年底，投资 5.2 亿元，历时三年多的“165”通信工程完工，湘潭市电话交换机容量增至 16 万门，长途电话线路增至 1499 条，电话主线用户 82633 户，移动电话用户 6440 户，无线寻呼用户 4367 户。

1995 年 12 月 28 日，市政府召开全市通信工作会议，部署湘潭市实施“718”通信工程。会上，市政府与各县（市、区）政府及市直相关工作部门负责人签订关于建设“718”通信工程责任状。该工程要求湘潭市到 2000 年城乡电话装机容量达 41.2 万部，18 个通信网络同期建成，总投资约 18.5 亿元。经过五年建设，至 2000 年底，湘潭先后开通国际互联网和 139 数字移动电话，完成市话中继、市话光缆等工程，实现湘潭电信、湘潭邮政的分立，引进中国联通、铁通等电信营运商落户湘潭，全市电话交换机容量 52 万门，电话主线用户 39.2 万户，电话普及率 12.9%，数据网用户 1375 户，移动电话用户突破 10 万户，18 个通信网络建成。2002 年，中国网络通信公司入潭。至 2005 年，各通信营运商通过不同渠道投入湘潭通信建设资金 27 亿多元。服务范围涵盖固定电话、移动电话、互联网及其他数据传输、无线寻呼、电子数据交换、可视电话会议服务等多方面，并形成以光缆为主，数字微波、卫星通信为辅的大容量、高效率传输网络。通信光缆长度 9.22 万芯千米，长途电话业务电路 1.08 万路，长途电话交换机容量 1.66 万路端；本地固定电话交换机容量 93.07 万门，固定电话用户 68.9 万户；移动电话交换机容量 81 万门，移动用户 79.01 万户，电话入户普及率 52%；数据、多媒体及互联网用户 33.62 万户，上网普及率 12%。

三十二、广播电视建设

1985 年 7 月 1 日，湘潭电视台开播，当时租用建设北路轻工大楼 9 楼房顶作为发射场地，发射功率 1 千瓦，覆盖范围有限。1990 年，市政府投资 180 万元在河东建成广播电视发射中心，发射塔高 167 米，发射功率 10 千瓦。1991 年 7 月 22 日，市长办公会议研究决定建立湘潭有线电视台，并成立以主管广电工作副市长为组长的湘潭有线电视台筹备建设领导小组。市政府拨给 1 万元开办费，向银行贷款 170 万元作为启动资金。9 月，省广播电视厅批准湘潭有线电视实施规划。1992 年 2 月 3 日，湘潭有线电视台试播，播出节目 12 套。是年，有线电视用户 19200 户。1993 年，市政府再投资 189 万元，建成中波广播发射中心，发射功率为 10 千瓦。

1997年，经市政府同意，湘潭有线电视台投资1000万元，引进光缆传输技术，将日渐老化电缆改为光缆。当年架设光缆135千米，连接主干线光接点48个。至年底，传输节目23套，有线电视用户增至10万户。1998年，有线传输节目增至31套。1999年，市委、市政府为解决广大农村地区用户收听收看广播电视问题，实施广播电视“村村通”工程，当年累计拨款50.96万元，解决391个广播电视盲村收听收看广播电视问题。

2000年1月19日，市政府常务会议研究决定对全市有线电视网络进行升级改造，并将其列入全市重点建设工程项目，同时成立“湘潭市有线电视网络升级改造工程领导小组”和“工程指挥部”。5月18日，有线网络升级改造工程开工，升级改造后的网络宽带由原来的300兆提升到860兆，节目传输容量200多套，传输的所有电视节目都达到或超过国家四级图像标准。由于市广电局机关及所属的电视台、广播电台分散在市广云路、车站路、韶山路、东湖路等6个地点办公和运行，人员设备分散，工作衔接不便。为整合广电资源，提高运行效率，加强广电事业管理，市政府决定新建湘潭广播电视中心大楼，并将其建设列入湘潭市“十五”重点工程，成立以市委宣传部部长及一名市政府顾问为顾问、主管广播电视工作的副市长为组长的广电中心建设指挥部。2002年，广电中心大楼选址于东方红广场的西侧，由市财政投资1000万元进行建设。是年，湘潭市在全国率先实施农村有线电视“户户通”工程。2003年7月18日，广电中心大楼开工建设。2005年竣工。大楼占地1.5公顷，建筑面积2.1万平方米，是一栋集办公、采、编、播为一体的多功能综合性广电大楼，湘潭电台新闻频道、交通频道，湘潭电视台新闻频道、都市频道、法制频道、商务频道，湘潭广播电视报社等广播电视媒体设在楼内。

2005年6月，市委办公室、市政府办公室联合印发《关于整合企业有线电视网络的意见》。当年整合湘潭锰矿、江麓机械厂、江南机器厂三家有线电视网络，并投入300万元对接收整合后的网络进行升级改造。2005年底，全市有线广播电视传输网络干线长2200千米、传输电视节目48套、城区有线电视用户20万户，全市51.58万户农户中，广播电视入户数21.83万户。

三十三、行政中心东迁

湘潭地市机构合并后，市政府分别在雨湖路的原市政府大院及建设路的原行署大院办公。为加快长株潭一体化进程，实施市政府关于“东扩西改”（扩建河东，改造河西）的城市建设方针，促进河东地区的社会经济发展，1997年，湘潭市城市规划第五次修编，确定将岳塘区河东大道以南、芙蓉路以北、丝绸路以西、宝塔路以东的围合区域建设成新的市政中心。2001年3月，市政府成立市政中心开发建设指挥部（2002年11月改为中心区开发建设指挥部）。7月，市政府在互联网上向全国招标，公开征集湘潭市中心区详细规划方案。至年底，共征集到6个规划方案。经向社会

图5-3-1　市政府办公大楼全貌

公示、专家评审、广泛征求意见,决定采用武汉建筑设计院设计的《湘潭市城市中心区详细规划》方案。根据该规划方案,市城市中心区用地240公顷,分为行政中心、文化中心、商贸中心和住宅小区四大功能区(另有保留生态区66.85公顷,占全部用地的27.85%)。规划建筑面积320万平方米,计划投资28.8亿元。2002年3月19日,市委常委会议原则同意该规划方案,并决定将市委、市人大、市政府、市政协及湘潭军分区等机关分批搬迁至市中心区。4月,市城市中心区开发建设有限公司成立,《城市中心区详细规划》开始实施,市政府授权市城市中心区开发建设有限公司为中心区唯一经营主体,采取“政府引导、公司经营、市场运作”方式经营。7月31日,中心区基础设施建设正式动工。2003年3月19日,城市中心区标志性建筑——市政府办公楼大楼正式开工建设。同年,动工建设的项目还有广播电视大楼、地下商城、锦源广场及湘潭大剧院等。2004年8月,市人大常委会第14次会议通过市政府提交的《关于湘潭市人民政府驻地搬迁的议案》。9月15日,新建的市政府办公大楼通过竣工验收;10月8日,市政府在新办公大楼举行升旗仪式,市政府领导及市政府办公室、市经委、市发展计划委等27个行政机关迁入该大楼办公。

新建的市政府办公大楼位于城市中心区核心区域,占地4.18公顷,建筑面积47300平方米,投资1.3亿元,主楼19层,高70米,宽101米。楼内设有市电子政务网络平台,驻楼单位可用于网上招商和电子公文交换、网上联合审批等。2005年,市委、湘潭军分区办公大楼及广电中心大楼、湘潭大剧院、地下商城、锦源广场、梦泽山庄竣工,投入使用;12月26日,占地约10万平方米的东方红广场落成暨大型群雕《乡情》揭幕。至此,市城市中心区竣工房屋面积17万平方米,完成建设投资8亿元。其中,市政府办公大楼获建设部建筑、安装、装饰三项“鲁班奖”,以毛泽东1959年回韶山为背景创作的《乡情》雕塑获2005年全国优秀城市雕塑奖。

三十四、住房制度改革

1986年,湘潭市公有住房仍实行“低租金、福利制”管理制度,随着城市的扩展和人口的增加,住房建设与分配中的矛盾日益突出。1987年11月,市政府派员到当时全国的房改试点城市山东烟台和安徽蚌埠学习考察。1988年,国务院印发《关于分期分批实行住房制度改革的实施方案》,湖南省长沙、湘潭、株洲、岳阳四市被列为全国第一批房改城市。该方案出台后,市政府及时成立住房制度改革领导小组及相应工作机构,房改工作正式起步。是年10月6日,市政府印发《湘潭市公有住房出售暂行办法》和《湘潭市新房新租暂行办法》。这两个暂行办法规定,湘潭市城市区及郊区范围内的公有住房,除国家政策规定不得出售的外,都应有计划地出售给职工或城镇居民个人,出售价格暂定为不高于220元/平方米;凡1988年8月1日后新建的公有住房,一律实行“先买后租,新房新租”,城市区每平方米月租金暂定为1.25元。当年,全市共出售公有住房7100套,约30万平方米,收回售房资金4298万元。

1991年9月,省房改领导小组批准《湘潭市城镇住房制度改革的第一步方案》(简称《方案》)。《方案》规定,湘潭市住房制度改革第一阶段的基本做法是“小步提租,以息代租,超标加租,优惠售房,集资建房,建立基金,强化管理”。根据《方案》,除继续优惠出售公有住房外,原有公房的月租金由1991年的平均0.056元/平方米,至1999年逐步提高到1.85元/平方米,以达到成本租金水平。

1992年12月,市政府印发《湘潭市住房公积金暂行办法》,决定全市职工从1993年4月1日起实行住房公积金制度,由职工个人按月交纳占标准工资一定比例的公积金,工作单位亦按月发给职工个人所交纳部分同等数额的公积金,两者同时存入职工个人住房公积金账户,作为购、建房的资金来源,专款专用。是年,全市有611个机关和企事业单位的12.3万名职工按规定实行住房公积金制度,归集住房公积金310.9万元。1994年1月,市政府常务会议决定,市房改办由挂靠市建委改为挂靠市体改委,并在市房改领导小组下设住房公积金管理中心。同时决定将原公房租金提高到0.72元/平方米。

1995年4月,省房改领导小组批准《湘潭市贯彻〈国务院关于深化城镇住房制度改革的决定〉的实施方案》。《方案》明确规定湘潭市1995年至20世纪末房改工作的主要任务是:巩固住房公积金制度;进一步推进住宅租金改革(自1995年8月1日起至1999年将原有公房租金提高到1.85元/平方米);继续向职工出售公房;大力开发建设经济适用住房,并加强对售后公房的维修管理等。1995年,湘潭市列为全国59个安居工程试点城市之一,当年全市实际投入安居工程建设资金1.0083亿元,开工建设面积21.35万平方米,竣工交付使用9.1万平方米。

1996年,市政府决定对全市1993年以前职工个人按标准价购买的原部分产权的公房,按1994年的成本价477元/平方米规范成全部产权。1998年5月,市政府发出通知,从当年7月1日起,全市取消福利型建房、分房,实行住房供应货币化。至1999年底止,全市434个售房单位出售给职工的59961套公房(146.18万平方米)的产权规范工作全部完成。2000年4月,市政府决定从当月起全市城镇停止按成本价向职工出售公房,不再审批福利性建房,存量公房按市场价出售。从此,在湘潭市实行了半个世纪的福利性住房政策宣告终止。2003年,湘潭市开始实行住房货币化分配,当年有26个单位的12614名职工获得购房补贴,总额达4390.98万元。

为妥善解决住房商品化以后城镇居民最低收入者和特困户的住房问题,2004年3月6日,市政府常务会议决定,对市区人均住房面积6平方米以下的特困户和低保户的家庭,由市、区政府提供廉租住房。6月24日,市政府印发《湘潭市城镇最低收入家庭廉租住房管理办法》,对廉租住房的来源、保障标准、保障办法等作出明确规定。当年市政府投入廉租房建设资金1402万元,落实实物配租房源1432平方米,以发放租金补贴、核减原公房租金和实物配租等方式解决433户最低收入家庭的廉租住房问题。11月1日,市政府印发《湘潭市经济适用住房管理办法》,决定重新启动经济适用住房建设,采取对经济适用住房用地实行行政划拨,对综合报建费实行减免,对中低收入者购买经济适用住房可申请住房公积金贷款等优惠措施。当年全市新建经济适用住房15808套,166.97万平方米,有506户中低收入家庭申请购买到经济适用房。

至2005年止,湘潭市已累计归集住房公积金11.24亿元,累计发放个人住房贷款5.90亿元,个人住房贷款率达59.63%。城镇居民住房私有率达83.92%。市城区人均住房面积21.19平方米,居住环境和质量明显改善。

三十五、职工基本养老保险和失业保险

1986年9月,湘潭市根据中共中央、国务院关于改革劳动用工制度,逐步建立职工劳动保险制

度的通知精神，组建社会劳动保险事业管理所，开始实行职工基本养老保险和失业保险制度，当时的全民所有制企业及其所属集体企业的合同制工人的养老保险、集体企业的职工养老保险、国有企业职工的待业保险，分别由市劳动局、市劳动服务公司及中国人寿保险湘潭分公司办理。至年底，733 家国有企业的 30523 名合同制工人参加基本养老保险，332 家国有企业的 168738 人参加待业保险，1470 名职工享受待业保险待遇。针对国有企业离退休费负担畸轻畸重的情况，12 月 30 日，市政府决定在市一、二商业局所属的国营企业中进行离退休金统筹。1987 年，市政府成立离退休金统筹领导小组，并分别在市社会劳动保险事业管理所和市人寿保险公司设立全民、集体单位离退休金统筹办公室。至 1991 年，市政府先后将离退休费统筹范围扩大到市属和驻市省属以上企、事业单位，全民所有制单位职工的养老保险范围扩大到市区范围内所有全民企、事业单位、国家机关、社会团体和经劳动部门批准录用的临时工。

1992 年，市政府先后印发《湘潭市城镇集体企业职工养老保险及待业保险有关暂行规定》《湘潭市国营企业职工及湘潭市私营企业职工、个体劳动者及帮工的养老保险暂行办法》《国营企业补充养老保险和职工个人储蓄性养老保险暂行办法》等 5 个文件，将养老保险和失业保险范围由国有企业扩展到私营企业和个体劳动者及帮工；国有企业职工的养老保险由过去的固定工、集体工、合同制工、临时工分轨运行改为并轨运行，实行“两金”合并使用。1994 年，养老保险扩大到“三资”企业中的中方职员，同时，按政策调整离退休金的缴纳和发放标准。

1995 年 4 月，市政府印发《湘潭市机关、事业单位工作人员养老保险试行办法》，规定从当年 4 月起，全市机关和事业单位工作人员按照“社会统筹和个人账户相结合”的办法计提和归集养老保险金。其中，单位按养老保险范围内工作人员工资总额和离退休费用之和计提 23%，个人按本人工资总额计提 1%。全市机关事业单位职工养老保险工作开始启动。7 月，市政府常务会议决定将原市社会保险委员会和社会保障委员会合并，成立以常务副市长为主任、两名副市长为副主任，财政、劳动等相关单位参加的市社会保障委员会，统一协调全市的社会保险工作。同时，将市劳动社会保险处升格为副县级的市社会劳动保险事业管理局，负责统一管理全市的社会劳动保险事业，并将原由市人寿保险公司承办的各类职工养老保险业务全部移交给劳动部门管理。是年，全市国有企业养老保险和失业保险覆盖面均为 100%，湘潭市被省政府评为社会保险工作先进单位。

1996 年 1 月 1 日，市政府印发《湘潭市企业职工养老保险改革实施办法》。该《办法》改变过去各种所有制形式的企业职工分轨运行的养老保险模式，实行统一制度、统一标准、统一管理、统一调剂使用养老金的社会统筹与个人账户相结合的养老保险制度。是年，全市参加养老保险的职工全部建立个人账户，首批 2 万名职工领取个人账户手册，7 万多离退休人员年内人均月增加离退休金 37.7 元。

1998 年，市政府印发《湘潭市建立统一企业职工基本养老金制度的实施意见》，湘潭市职工养老保险制度执行国家的统一方案，实行统一缴费比例、统一个人账户规模、统一养老金计发办法的制度。企业职工养老金改“全额结算差额支付”为“全额结算全额支付”。职工失业保险待遇则由上年的每人每月 155 元提高到 201.5 元。

1999 年，市政府先后印发《关于强化社会保险费征缴工作的暂行规定》《城镇私营企业和个体工商户从业人员参加社会保险的通知》《关于进一步做好机关事业单位养老保险金收缴工作的通知》等一系列文件，采取各种措施扩大社会保障的覆盖面和强化社保基金的征缴工作。是年，离退休人员基本养老金水平分别提高 30 和 60 元。2000 年 6 月 27 日,市政府召开十一届七次全会,专题研究建立社会保险制度问题,决定从加强基金征收、扩大覆盖面、拓宽资金来源等五个方面加强社保工作。2003 年,湘潭市全面推行企业退休人员社会化管理,全市设立 26 个社会保障站、176 个社保服务中心,配有 48 名街道社保员和 326 名社区社保员,发放企业退休人员社会化管理服务卡 10 万张,个人养老金账户发放率达 96%。12 月,市直机关事业单位社会保险工作由市人事局移交市劳动和社会保障局。

至 2005 年,湘潭市参加基本养老保险职工 21 万人,全市 87860 名离退休人员养老金得到按时足额发放,全年发放养老保险金 53715 万元;参加失业保险人数 28.08 万人,累计为 12300 名失业人员发放失业保险金 2500 万元,发放失业职工医疗补助 200 万元,城镇职工登记失业率在 4%以内。

三十六、城镇职工医疗保险

1996 年 4 月, 湘潭市被国务院确定为全国第二批职工医疗保险制度改革试点城市。市政府通过对全市 110 家企业职工医疗费用支出情况的调查测算,按照社会统筹与个人账户相结合的原则,确定职工医疗保险费缴纳比例和支付办法。1997 年 2 月,市政府印发《湘潭市职工基本医疗保险试行办法》,规定医保基金实行社会统筹和个人账户相结合的方式,参保单位按职工工资总额的 10% ~ 12%,职工个人按工资 1%缴纳医保基金。从此职工医疗保险制度在湘潭正式实施,当年湘潭市区范围内有 511 个单位的 33025 名职工参加医疗保险,参保单位和人数的参保率均为 89%。

1998 年,机关和行政事业单位医疗保险全面启动,当年的全市医保金亏损 410 万元。1999 年 3 月,市政府决定撤销市劳动局所属"湘潭市职工医疗保险基金管理中心"和市卫生局所属"湘潭市行政事业单位医疗保险基金管理中心",将行政事业单位的医疗保险工作移交劳动部门统一管理;同年 9 月,成立"湘潭市医疗保险基金管理中心"。为遏制医疗保险费用亏损,市政府采取对全市定点医疗机构实行"总额控制,目标管理"的办法,并取消一批管理混乱的定点医疗机构,当年医保基金由亏转盈。2001 年,《湘潭市城镇职工基本医疗保险实施办法》出台,"大病医疗互助"及"公务员医疗补助"制度实施。年底,所辖各县(市)医疗改革全面启动。2002 年,市政府决定对拒不参加医保的机关和行政事业单位,按其应缴纳的医保金数额由财政从其预算外财政专户中全额扣缴,从根本上解决参保面窄、共济能力不强的问题。是年底,医疗参保人数由年初的 10 万人增至 23.5 万人。2003 年,市政府对医保基金的缴纳标准进行调整,用人单位缴纳比例降为 6%,个人缴纳比例上升到 2%。同年,湘潭市职工公费医疗和劳保医疗制度停止实行。2004 年,"湘潭市医疗保险基金管理服务中心"更名为"湘潭市医疗、生育保险基金管理服务局"。至 2005 年底,全市医疗参保人数 292845 人。

三十七、城镇居民最低生活保障

1997 年 1 ~ 4 月,市政府指示市民政局和雨湖、岳塘两区政府组织专门人员对市区 19 个街道、2 个乡镇、86 个居委会的贫困居民和特困企业职工生活状况进行调查。调查显示,1996 年,城市居民维持最低基本生活的月人均支出约为135.4元；市区496539人中，月人均收入低于120元的家庭有2442户，6911人，占市区人口1.4%。为保障这部分人的最低生活需求，6月，市政府印发《湘潭市城市居民最低生活保障制度实施暂行办法》，规定从当年10月1日起，凡具有湘潭市城市常住户口的居民月人均收入低于120元最低生活保障线的，可享受当地政府提供的最低生活保障。同年9月30日，首批确定为市区城市居民低保对象840人，均领取每月人均61元低保金。

1998年，城市居民最低生活保障制度在湘潭市全面实施。当年享受低保的对象为2090户、3943人，累计发放低保金255万元。1999年，市政府决定将低保金发放标准在上年基础上提高30%，并进一步扩大覆盖面，享受低保对象增加到5837户、15023人。2000年，市政府发布《湘潭市城市居民最低生活保障管理制度》，对低保对象的确认、申报、审核审批、资金发放、工作人员职责等作出明确规定。2001年，市委、市政府印发《关于进一步加强城市居民最低生活保障的意见》，决定对低保工作进行动态管理，以确保低保金的按时足额发放。2002年1月1日，市政府将低保金发放标准提高至每人每月156元。同年8月，公开向社会招聘197名低保工作人员，充实到社区和街道办事处从事低保工作。2003年，成立城市居民最低生活保障工作管理局。2004年3月，市政府印发《湘潭市实施〈城市居民最低生活保障条例〉细则》，使低保管理工作进一步规范。至2005年底，全市享受最低生活保障家庭35606户、76515人，全年发放低保金6278万元，基本上做到“应保尽保”。

三十八、实施经营城市战略

为充分发挥财政投资形成的国有资产效益，建立合理的国有资产投资、管理、经营体系，2000年10月8日，市政府召开常务会议专题研究经营城市问题。会议要求对经营城市的战略意义、经营体制、经营内容、经营方式和经营资本的构成等一系列重要问题形成统一认识，并决定，本着财政资金与城建资金分开的原则，将城市土地、城市基础设施、市政设施及其他无形资产授权给一个专门的城市建设投资公司经营，实行市场化运作，以盘活这部分国有资产，完善城市建设投资的融资、偿债机制。其后又印发《湘潭市人民政府关于经营城市有关规定》（简称《规定》），宣布成立湘潭市城市基础设施国有资产经营公司和湘潭市城市建设投资开发公司（两块牌子，一套班子）。公司受市国有资产管理部门的委托，作为独立法人经营全市通过财政投资建设形成的国有资产，并负责城市基础设施建设的融资和投资。《规定》明确将市政府土地出让收入、城市基础设施配套费、城市基础设施国有资产经营利润、城市市政公用设施拍卖收入、特许经营收入、出租车牌照及公交线路专营权拍卖收入，以及其他可用于城市建设的资金和收益作为公司的经营资本投入。11月7日，市委常委会议决定原则同意这一《规定》。11月20日，市政府召开十一届八次全会，讨论并通过《湘潭市人民政府关于进一步加强城市土地管理的若干规定》《湘潭市人民政府关于加强城市规划管理的规定》《湘潭市地产管理办法》等文件，对经营城市问题作出全面部署。12月11日，市政府召开全市“一化三清”（城市绿化、清理违章建筑、违法建设用地、违规房地产开发市场）工作动员大会，会议要求用半年左右时间在全市范围内开展以全面加强城市绿化工作、清理整顿城区建设用地、清理整顿城区违法违章建筑、清理整顿城市房地产开发市场为主要内容的“一化三清”工作。2001年2月，市委常委会议同意，市政府在城区实施“一化三清”工作。2001年上半年，市政府先后三次召开常务会议，听取有关"一化三清"和经营城市情况的汇报,研究"一化三清"中发现的有关问题的处理意见。是年,湘潭市在"一化三清"中分四批拆除违法违章建筑和其他有碍市容的建筑物共1996处(近20万平方米),搬迁砂石场23处,清理违法用地218宗(166.2公顷),清理规范70家房地产开发企业,补税费入库1357.96万元。是年,全市筹措城市建设资金5亿多元,配套改造10条道路,兴建6个绿化广场,开工兴建和改造4个公园,新增城市绿地近40万平方米,更新路灯2381盏。

2002年,"一化三清" 工作由大规模整治向清理重点领域转移。市政府对政府有关部门及城市区人民政府实行分片包干责任制。是年,市规划局查处违法建设项目301起,计25.28万平方米;市国土局清理建设用地543宗,清理闲置土地121宗,计485.9公顷。8月19日,市政府发布《湘潭市规范和促进房地产业发展的意见》,从加强规划引导、强化土地管理、优化消费环境、规范市场行为、实行优惠政策五个方面就规范和促进湘潭市房地产业发展作出具体规定。

2003年,市政府针对城市基础设施国有资产经营有限公司、经济建设投资有限公司、土地储备中心等企业的规范管理问题,通过4个规范管理意见。2004年10月7日,市政府常务会议决定,对市城市基础设施国有资产经营有限公司进行整体改制,并更名为湘潭市城市建设投资经营有限责任公司。将市公汽公司、自来水公司及市政府在新奥燃气公司所持的股份、部分市属公益事业单位所占有的土地资产等8项资产总额9.74亿元作为改制后公司的经营资本。改制后的公司作为城市基础设施开发建设主体,履行建设业主职能,并承担融资、投资职责。随后,市政府批准市城市建设投资经营有限责任公司出资注册设立四大桥建设开发、北二环路建设开发、湘江防洪景观带建设开发和广告经营、管网建设、土地经营等6个子公司;对新设立的子公司所承担的道路、桥梁等基础设施建设项目,继续采取以道路两厢的土地开发促进道路建设的模式,并从项目报建、税费征收等方面给予优惠。从城市建设投资公司设立到2005年底,以该公司为业主的基础设施建设项目共35项,其中投资过亿元的项目10项,合计投入建设资金33.26亿元,其中招商引资和自筹资金17.03亿元,贷款16.23亿元;累计完成城建投资42.08亿元。

第四章 人民来信来访

1986年,市信访办由市委办、市政府办(以下简称两办)管理,以市委办管理为主。1994年,调整为以市政府办管理为主。1995年初,建立市委、市人大常委会、市政府、市政协和湘潭军分区五大家秘书长(政治部主任)信访工作联席会议制度。12月,市委决定原"湘潭市信访办公室"加挂"中共湘潭市委、湘潭市人民政府人民来信来访办公室"牌子,成立市信访办党组。1997年,市政府决定,将信访统计信息卡列入全市社会经济统计快报十表之一,按月向市政府常务会议通报情况。1999年7月,市委决定,市信访办主任为市政府办党组成员;8月,市政府任命市信访办主任为市政府副秘书长。市委、市政府根据人事变动情况,适时调整充实以市委常委、市委秘书长为组长,市委常委、市政府常务副市长和市政府秘书长为副组长的市委市政府信访工作领导小组。12月,两办通知,实行重要来信来访由市级领导亲自督办制,对县(市、区)实行月交月结制。

2000年,市委、市政府将信访工作纳入社会治安综合治理重要内容,实行"一票否决制"。2001

年12月，“湘潭市信访办公室”更名为“湘潭市信访局”，仍由两办共同管理，以市政府办管理为主。2003年6月，两办印发《关于进一步加强信访工作的通知》，进一步推动信访工作首问责任制、公开承诺制、滚动排查制、人民合理建议征集制、越级重复信访事件查处制和文明接访制等制度的落实。为加强对赴京上访人员的接访劝返工作，2003年11月，市委、市政府决定在湘潭市政府驻北京联络处设立劝返工作组，市信访局一名副局长常驻北京，负责赴京上访人员接访劝返工作。至2005年20年间，信访总量为158271件次，其中接访97730人次、处理来信60541件次。其变化呈波动趋降态势，见图5-4-1。

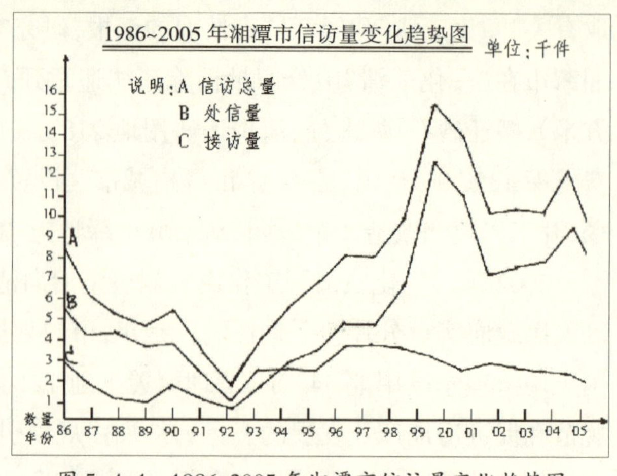

图5-4-1 1986~2005年湘潭市信访量变化趋势图

第一节 接访

一、领导接访

1986年，市委、市政府12位市级领导参加接访72人次，共接待来访者938人次，所受理的214个信访问题全部处理完毕。为切实处理集体上访和信访老户上访问题，从是年11月6日起，由市委分管信访工作的副书记带队集中20天时间帮助和督促有关县（市、区）及厂矿处理52个信访老户的问题。湘江区居民何某霞、何某光，原随知青下放茶陵县，在下放城镇居民返迁时被遗漏，两人身体有病，生活困难，多次上访，市委领导与有关部门研究决定由湘江区福利院接回安度晚年，劳动局拨给3000元修缮住宅和添置生活用品，民政部门将其养老包下来，各方均为满意。1988年2月，两办在《关于市委市政府领导同志继续实行接待日制度的通知》中明确：市委领导接待日定为每年1、3、5、7、9、11月的15日，市政府领导接待日定为每年2、4、6、8、10、12月的15日，每逢接待日，市委和市政府领导分别在市委、市政府人民来访接待室处理信访问题。1988年7月，赵某萍背着小孩到市委上访，向市委领导反映，其夫陈某某在承建郊区长城乡王某某住宅期间，晚上与盗窃分子搏斗身亡，公安部门评价为见义勇为，应对其家属适当抚恤，但因涉及多方，无人牵头落实，到市委上访时，市委书记亲自过问，派市委副秘书长组织协调落实，由市民政局、公安局、郊区长城乡政府、住宅业主等单位筹集5500元，一次性抚恤救济解决。市委、市政府领导在坚持定期接待日接待的同时，实行日常随机接待来访，及时接待处理群众重要上访事项。1989年，雨湖区云塘街道24名群众上访市委，反映集体资产被侵占，并准备邀集500多人上街游行。市委负责人几次到街道与群众对话，听取群众意见，责成街道办事处退回集体资产，平息了风波。同年，市委、市政府领导责成市信访办先后两次对3次以上的上访老户进行清理，共清理34户，市委、市政府领导出面交办，年底34户全部落实，稳定率在85%以上。1993年，有6位市级领导随机接访28人次，受理信访事项17件，当年办结14件。12月1日，市属6家特困企业的200多人因领不到退休金而集体上访市政府，在一大桥以静坐形式堵塞交通。市委副书记、市长出面接待，疏导劝返，并邀请32名代表座谈，及时召集经委、轻工、纺织、银行、信访办等有关部门负责人和6家特困企业厂长经理开会，筹集15万元发放退休金、50万元贷款启动生产，安定群众情绪。1994年，湘潭锰矿离退休人员集体赴省上访，要求查处原矿长容某的经济问题，市委、市政府领导指示市信访办派人调查，向省主管部门作了汇报并将材料移送司法机关，湘潭检察院经过4个月的侦查，批准将容某公开逮捕。2000年6月13日，雨湖区长城乡犁头嘴部分村民集体上访市政府，滞留时间长达30个小时，并强行围堵政府大门，市区两级党政领导和信访部门工作人员耐心劝阻无效，市委、市政府主要领导出面，组织有关部门依法将为首人员强行带离现场交雨湖区处理。7月7日，雨湖区对违法人员进行公开处理，宣布刑事拘留2人、治安拘留2人、警告3人。从2003年起，领导接待日制改定期为不定期。至2005年20年间，市级领导共接待来访2082人次。

二、专门机构接访

信访机构接访是处理人民来访的主要方式。1986年，全市接访2906人次。1989年，市信访办组织开展文明接访活动，热情接待来访群众，建立复信、初查和回访制度。是年来访复信率31%，问题初查率27%，并对部分上访者进行回访，上访人员由上年的1121人次下降到911人次。1990年上访人员上升到1825人次。1991年、1992年上访人员分别下降到1003人次、542人次。1993年，随着改革深入和部分国有工业企业经济效益严重滑坡，大量工人下岗，上访接待量急剧上升。市信访办接访达1498人次，且多数是集体上访。1994年，市信访办印发《接访工作制度》，进一步规范接访工作原则、方式、程序等。全年接访2831人次，比上年上升88.9%。1995年，全市上访3924人次。其中困难企业职工集体上访量占全市上访量的60%，市信访办与市经委经过共同调查列出24家重点困难企业，市委、市政府领导组织有关部门负责人到这些企业现场办公，帮助筹集资金，落实社保救助措施，控制集体上访案的发生，维护社会稳定。1996年，上访4739人次。1997年，上访4620人次，其中集体上访3421人次，分别比上年下降4.7%和11.9%。但由于企业下岗人员增多，1998年上访量反弹，到1999年出现高峰，上访人数达12728人次，其中集体上访达350批11036人次，分别为1986年的4.38倍、5.3倍和20.56倍。2000年，全市工业企业经济效益回升，信访接待量亦随之发生变化，是年市信访办接待处理上访11590人次，其中集体上访338批10440人次，分别比上年下降8.94%、3.4%和5.4%。对越级重复上访问题，信访机关采取专项治理措施，2002年8月7日市信访工作领导小组召开专题会议进行研究，8月12日召开全市清查动员大会进行部署。经过清查，全市清查出124件重复上访事项。按照“分级负责、归口办理”的原则，分别交由各级政府和有关部门办理，至10月底止，124名上访人员息诉103人，占总数83%；属精神病人加强监护的3人，占2%；继续做思想稳定工作的18人，占15%。2003年，在继续开展越级重复上访专项治理中，市县两级滚动排查的191件越级重复上访事项全部办结，劝阻和化解上访苗头24批次，共600多人次，接返赴省、京上访的19批次，共300多人次。2005年，市信访局接访6787人次，为1999年信访高发期的53%。至2005年20年间，共接访87730人次，其中集体上访2934批74564人次。

第二节 办信

一、领导阅批督办

1986年,市委、市政府14位市级领导阅批来信2196件,人均157件。1987年,要求落实政策的“诉求型”信件比上年下降26%,建议加快经济体制改革、反腐倡廉、精神文明建设方面的“参政型”信访增加5.3%。1989年,市委、市政府领导阅批来信交办216件。

1992年,由于经济滑坡,企业下岗人员增多,农民负担过重,引起群众不满意,全市信访总量绕过谷底后迅速上升。1993年,市委、市政府领导阅处群众来信批示交办478件,比前5年增加121.2%。是年3月,湘潭县中路铺镇双云村村民陈进德向国务院写信,反映农民负担过重,引起从中央到地方各级领导重视,市委、市政府领导阅后批示,责成市信访办会同市农委和湘潭县组成工作组调查处理,纠正对农民的不合理摊派。该镇1993年取消收费项目9个,全镇农民上交由上年的955738元减少到611470元,减轻负担344268元,人均减负21.9元,陈进德所在村人均减负46元。是年,市政府采取多项措施,减轻农民负担,全市全年减少农民负担8000多万元,人均达40元,全市农民负担均被控制在中央规定标准之内。1996年,市委、市政府主要领导阅批处来信22件,4年下降96.1%。

进入21世纪,对信访工作中大量群体性上访案件,特别是一些严重影响社会治安的突发案件,市委、市政府主要领导亲自出马,组织相关部门集中联合督办。2001年,市政府主要领导阅批处理人民来信11件。2004年9月2日,根据中央决定在全国范围开展集中处理信访突出问题及群体性事件专项整治活动安排。市委召开常委会议传达部署,并建立联席会议集中督办制度,明确市委为联席会议第一召集人,市委办公室、市政府办公室、市人大常委会办公室、市信访局等29家单位负责人为联席会议成员。联席会议下设办公室、专项工作组和案件查处组,市委两位副书记,市政府两位副市长,分别任办公室主任和专项工作组、案件查处组组长。专项工作组包括企业军转干部、军队退役人员、环境保护、土地征用、房屋拆迁、企业改制、梅花鹿养殖问题等8个专项工作小组。9月9日,市委、市政府召开全市集中处理信访突出问题和群体性事件工作会议,会上交办35个信访突出问题。其中,中央交办10个,省交办11个,市交办14个。每个问题都落实到责任领导和责任人,集中力量、集中时间研究解决。10月22日,省联席会议督查组到潭督查,对湘潭整治工作和联席会议集中联合督办的做法给予高度评价。至2005年20年间,市级领导共阅批办理来信案件3447件。

二、专门机构办理

1986年前,办信的主要任务是落实党的政策,纠正历次政治运动中的冤假错案。1987年,市信访办收到群众来信,反映韶山如意乡有人乱占耕地建房,4月20日,市政府常务会议决定查处,责成市国土局和韶山区政府依法彻底纠正,市区两级派出工作组,采取措施拆除违法建房22栋,退还农田9.4亩。1988年,办理化解集体信访案件成为一项突出任务,市信访办成立案件查办科,对市委、市政府领导批示的重大复杂案件组织专门力量调查核实,立专案办理。全年共立案查办187件,当年办结 178 件，61%的案件均在基层办理落实。1989 年 12 月，市信访办印发《关于 1989 年案件查办情况的通报》，是年立案查办 200 件，占初信初访的 8.8%。200 件案件中参政议政型的 88 件，占 44%（其中举报违法违纪的 45 件，反映党政社会风气和经济体制改革的 24 件）；反映自身实际问题求决型的 73 件，占 36%（其中要求解决房屋产权、落实政策的 12 件）；其他方面的 39 件，占 20%。

1991 年 4 月，市信访办印发《关于做好一般统转信件的处理意见》，建立对一般统转信件的“一登记、二办理、三回报”的文明办信制度。市信访办调查 28 个乡镇、10 个街道办事处、16 个市直机关和 5 个中型厂矿企业，总结 25 份基层信访工作经验材料，召开市直机关和中型企业信访工作经验交流会，印发《加强信访工作的意见》和《加强市直机关和中型企业信访工作意见》。是年，雨湖区万人新村 40 户居民联名致信市委、市政府，反映其住宅危房问题，市信访办派人现场调查，将情况报告市委、市政府领导，市委书记和市政府常务副市长召集有关部门现场办公，采取“财政帮一点，群众集一点，出售商品房凑一点”的办法，筹集资金 150 万元，建成一栋能安置 70 户居民的住宅大楼，解决了来信居民的住房困难。

1995 年，立案查办 121 件，为来信来访群众兑现工资和生活费用 1000 余万元，索回经济赔偿 4.7 万元，查处违法违纪金额 5.1 万元，调处各类纠纷 20 起，为 20 名被错误处理的职工平反。

1996 年 3 月，全市开展信访月活动，市长作出系列批示，市信访办确定化解 10 个信访热点难点、开展 60 次领导接待日、领导包案处理 100 个信访案件、为群众办 100 件实事、回访 200 名群众的“16112”工程的工作目标。至 6 月底，共排查和处理 117 个信访热点难点问题，开展 159 次领导接待日活动、接待来访 1635 人次、办理案件 241 件。其中，党政领导包案 154 件，为群众解决就业、住房、生活困难等实际问题 208 件，回访看望群众 225 人。通过这一活动，探索出领导包案“五个一”（即一个案子、一位领导、一个办法、一个会议、一个纪要）处理信访的有效办法，受到中央和省信访部门肯定。1997 年，信访机构办信 3444 件，2000 年降到 2505 件，2001 年反弹上升到 12939 件，之后呈下降态势。2005 年起，市信访局对来信来访案件直接办理相对减少，按照《信访条例》分级负责规定，来信来访有关问题交市直各有关部门和县（市、区）办理，市信访局主要任务是组织协调和督查督办。是年，办信降至 1675 件。至 2005 年 20 年间，市信访局（办）累计办信 6054 件，立案查办 3604 件，在立案当年结案的 2625 件，占 72.8%，其余转次年继续办结。

第五章　民族宗教事务管理

1986～1988 年，市民族、宗教事务工作由市委统战部负责。宗教工作重点放在落实教产政策以及宗教人士的政治和生活待遇等方面。1989 年，民族、宗教事务管理工作列入政府工作系列。1992 年，市政府有关部门开始对各宗教团体和神职人员进行登记和规范管理。1994 年，设立民族事务委员会（简称民委），与市政府民族宗教事务处一套工作班子，合署办公。1997 年 6 月，市委办公室、市政府办公室联合印发《关于进一步作好民族工作的通知》，对各级政府如何加强对民族工作的领导，保障少数民族的政治权益，尊重和照顾少数民族的生活习惯等问题作出明确规定。1998～1999 年，市政府针对少数不法分子利用宗教活动之名敛取钱物、危害社会秩序的违法行为进行专项整治，取缔部分非法聚会场所,处理少数不法分子。进入 21 世纪后,市政府积极引导宗教界人士开展爱国、爱教活动,鼓励他们兴办公益事业,自觉为社会主义物质文明和精神文明建设做贡献。2001 年,市委、市政府成立民族宗教工作协调小组,以适应和处理因少数民族流动人口增加而带来的各种民族和社会问题。2004 年,设立民族宗教事务管理局。至 2005 年,湘潭境内有土家族、满族、蒙古族、侗族、回族等 37 个常住少数民族,人口 13631 人,其中土家族有 3800 多人,为人口最多的少数民族;市佛教协会、道教协会、伊斯兰教协会、天主教爱国会、基督教三自爱国会共有教徒 5 万多人,其中佛教、道教、基督教教徒占 90%以上。湘潭钢铁公司因较好地发掘少数民族职工在企业改革和发展中的作用,连续四次被国务院授予"全国民族团结进步先进单位"称号。

第一节　民族事务管理

一、流动少数民族人口管理

2000 年起,外地特别是西藏、四川、新疆、甘肃等地的藏族、维吾尔族、回族群众来潭经商开店逐年增多,最多时达 3000 多人。2001 年,为加强对流动少数民族人口的管理,市委、市政府成立由市民委、工商、城管、公安、旅游、国安、教育等部门组成的民族宗教工作协调小组,由市委分管副书记任组长。2003 年,湘潭市建立少数民族工作例会制度,定期分析、解决因少数民族流动人口增多带来的各种民族问题和纠纷。2005 年,湘潭市民族工作网络基本形成,5 个县(市、区)、80 个乡镇及市属各机关、企事业单位有人负责民族工作,工作规划和工作制度相继建立。

二、维护少数民族权益,落实少数民族优惠政策

鼓励少数民族人士积极参政、议政,是党的基本民族政策之一。1986 年起,湘潭市本级及各县(市、区)在推选历届人大代表和政协委员时,都有一定数额的少数民族人士被选任。市第六届政协委员中有满族、回族等少数民族代表 4 名;第七届有维吾尔族、土家族等代表 3 人;第八届有回族、土家族、维吾尔族等代表 4 人;第九届有侗族、蒙古族、壮族、土家族代表 4 人。苗族代表张国梁曾任七至十二届市人大代表,写出调查报告 80 余份,曾两次被评为"十佳"市人大代表。1997 年,市委办公室、市政府办公室联合印发《关于进一步做好民族工作的通知》,规定各级、各单位在招生、招工、选拔培养干部时应照顾少数民族人士;少数民族较多的企业在选举工会委员、职工代表大会代表时都必须有一定数量的少数民族人士参加;在重大节日或庆典时应邀请少数民族代表观礼。是年,市内各中学、职业高中、中等技校在招收新生时开始实行给予少数民族学生 5 分的优惠加分。1998 年起,湘潭大学和湘潭师范学院每年都招收少数民族预科班,预科班的学生可在省考试院划定的最低录取控制线再降低 80 分录取。为帮助少数民族困难学生就学,各高等院校除建立以奖学金、助学金、勤工俭学补助金、特殊困难补助金和学杂费减免为主要内容的多元助学体系外,还优先安排少数民族学生勤工俭学。湘潭大学少数民族教师在分房时也享有一定优惠。至 2005 年,湘潭市先后为 500 多名少数民族考生办理民族成份审核手续,为 400 余人办理民族成份更改手续。2005 年,湘潭市有少数民族人大代表 9 人、政协委员 5 人、厅级干部 6 人、处级干部 37 人、科级干部 123 人;市内

各高等学校少数民族预科生超过1000人。

三、清真"三食"供应

为尊重少数民族的生活习俗,1985年起,市政府着力解决回、维等少数民族群众清真"三食"(肉食、副食、饮食)供应难问题,先后在解放路莲花街清真寺内办起清真食品厂,对下摄司和民主路回民饮食店进行装修改造,并在房租、税收等方面给予减免。为解决牛肉供应问题,市政府责成市副食品公司每月供应一头退役奶牛,并特地从邵阳引进阿訇宰牲。以后又在河南、贵州两省设立清真牛肉采购点,由当地阿訇操作,按伊斯兰教规贴上阿拉伯语封条,由回民代表押运回潭,在市肉食水产公司冷库专设清真肉食库房存放,并开办回民牛肉店,保障回、维等少数民族群众吃上新鲜牛肉。为避免因运费加重消费者经济负担,从1994年起,市财政给市清真食品供应单位每年补贴4万元。1996年4月,市民委和市财政局联合行文,规定全市各企事业单位对回、维等少数民族干部职工生活补贴由1985年起的每月5元增至10元。湘潭大学、湘潭师范学院等高校则在学生食堂开设清真饮食供应专窗。2001年,市政府有关部门妥善处理下摄司回民饮食店与饮食二公司的房屋产权纠纷,维护回民利益。2002年,市政府拨专款12万元,对民主路回民饮食店再次进行装修改造。至2005年,一批外地清真连锁店在湘潭获得发展,兰州拉面、新疆大盘鸡、常德牛肉米粉受到市民青睐,清真副食进入市内各大型超市。

四、回民公墓建设

湘潭市回民公墓墓地原在市近郊砂子岭,20世纪70年代因城市建设需要迁移,市政府在湘潭县响水乡郑家村安排0.77公顷山地作为回民公墓墓地。20世纪90年代后,当地少数村民因经济利益等问题常与死者家属发生矛盾,引起回民不满,市政府有关领导曾多次到现场了解情况,宣传民族政策,并组织市民族宗教管理部门、财政局、交通局负责人到现场考察,2002年拨款5万元修筑墓地至潭锰公路约300米的道路,化解回民与当地村民矛盾。至2005年,迁葬或在该公墓安葬的回民墓葬近60座。

第二节 宗教事务管理

一、登记管理

1991年前,湘潭市尚没有依法实行宗教团体登记制度。1992年,市政府宗教事务处和市民政局先后批准湘潭市佛教协会、道教协会、伊斯兰教协会、天主教爱国会和教务委员会、基督教三自爱国会等宗教团体进行登记。1994年底,湘潭市成立由分管副市长任组长、市委统战部、市委政法委、市民政局负责人参加的湘潭市宗教活动场所登记工作领导小组,全面展开宗教活动场所登记工作。1995年,全市获准登记宗教活动场所74处,此后每年对获得登记的宗教活动场所进行一次年度检查。2001年,湘潭市开展对佛教的比丘、比丘尼,伊斯兰教的阿訇,天主教的神甫、修生、修女,基督教的牧师、教师、长老、执事、传道、传道员等宗教教职人员的宗教身份进行认定登记工作,上述人员由各宗教团体认定后报市政府宗教事务管理机关备案（道教教职人员因故未能如期进行登记），当年获准登记的教职人员76人。同年，市政府公布宗教事务行政审批项目10项。2003年，市政府将岳塘区的岳塘街道、昭山乡，雨湖区的云塘街道、先锋乡，湘潭县的梅林桥镇、中路铺镇、谭家山镇、易俗河镇、射埠镇，湘乡市的虞唐镇、白田镇、月山镇、望春门街道、金薮乡，韶山市的大坪乡等15个乡镇及街道列为宗教管理重点。2004年，全市建立起市、县（市、区）、乡、村四级宗教事务管理网络。2005年，市民族宗教事务局在市政府公布的宗教事务行政审批项目基础上，又进一步明确审批程序，并编印《办事指南》。是年底，全市经登记的宗教活动场所159处，宗教教职人员200多人（不含道教）。

二、整顿宗教活动场所

20世纪90年代末，湘潭市辖区内一些地方出现乱建宗教活动场所和乱设露天佛雕像现象。1998年，市政府有针对性地开展专项治理活动，对坐落在韶峰（湘乡市龙洞乡石塘村一侧）、湘乡市碧洲公园、岳塘区株易路口等地的几处未经批准建设的露天佛像进行改建、拆除或搬迁；对其他乱建的60多座寺观、庙宇也根据不同情况进行处理。此次专项治理活动后不久，一部分人受经济利益驱动，借庙敛财，乱建庙宇和私设聚会点现象又开始抬头，且愈演愈烈，极少数不法分子甚至利用宗教外衣进行违法犯罪活动。2003年，市政府宗教管理部门决定开展新一轮对乱建宗教场所、乱设露天佛像的专项治理活动，着手对上述“两乱”行为进行全面调查摸底。2004年，市政府召开宗教工作会议，市政府与县（市、区）政府签订《宗教工作责任状》，明确治理工作责任。2005年，市委办公室、市政府办公室批转市民族宗教事务局《关于集中治理乱建庙宇和基督教私设聚会点工作方案》，对排查出来的249个乱建庙宇和私设基督教聚会点分别进行处理。其中，开放寺、观、教堂25处，开放其他固定处所67处，取缔和改作他用100处，对57处面积在30平方米以下的民间信仰场所按规定未作处置。

三、落实教产政策

1986年，市政府根据有关政策成立宗教房地产调查小组，调查小组通过全面摸底，本着先易后难原则，提出分期分批落实宗教房地产政策方案。是年，市政府决定由政府补助搬迁费用，先将湘潭市线带厂从所占用的佛教场所——海会寺搬迁。1987年，线带厂搬迁完毕，房产归还市佛教协会。1989年，市宗教事务处向市委、市政府、省宗教事务局提出《关于落实宗教房地产政策情况和意见》的报告，受到各级领导重视，全市落实宗教房地产工作进程加快。1992年，市卫生局对市立二医院拆除城正街天主堂作出233280元的补偿。1993年，市政府补助10万元帮助雨湖区城正街街道办事处搬迁，将其占用的城正街教堂归还市基督教会。1997年，省、市政府决定湘乡市博物馆从佛教寺庙云门寺搬出，由省政府投资220万元建新馆，1998年新博物馆建成后，将云门寺归还佛教管理。2000年，市委、市政府组织专门机构对市天主教反映的多处教产被挤占问题重新进行调查核定，认定应退还雨湖区先锋乡桥托湾坟山和市天主教堂等教产。2003年，市政府和雨湖区政府共同出资2万元，将居住在城正街基督教堂院内宿舍楼的居民迁走。2004年，市建设局对20世纪90年代因修建沿江大堤拆除的思永堂，给市基督教会追加补偿60万元，并在市区内划拨土地0.13公顷供基督教使用。为解决市天主教会与市十一中房产遗留问题,2005 年 3 月,市政府常务会议决定拨款 11.5 万元给市天主教会作为补偿。5 月,市天主教会与市十一中签订《房地产交还协议》,市天主教教产问题全部解决。至此,湘潭市宗教教产落实政策工作基本完成。

四、关心宗教界人士

(一)邀请宗教界人士参与国家政治生活

1986 年起,市历届人大、政协组织都有一定数量的宗教界人士代表参加,其中释法亮、释晓忏、释唯静分别当选为市第十、十一、十二届人大代表;郑化民、赵启先、徐灵石、唐运藏、张全恩、胡雨初、释渊博、刘永昌、李淑珍、孙燕新、马文龙先后分别当选市政协第七、八、九届政协委员,释渊博当选为常委。对宗教界人大代表、政协委员的建议、提案,各级政府和部门都能积极办理和认真答复。

(二)解决神职人员生活困难

1986 年,市政府根据国家政策,解决蔡祥凡、李金生、罗平、释昌雪、释续慧、释超波等一批神职人员的城市户口。从该年起,由市财政每年拨给民族宗教界人士生活补助费 1.2 万元。1987 年,市政府多次召开帮助昭山寺引水送电上山专题会议,解决千年古刹饮水、照明问题。1988 年,市政府有关部门根据政策,将市天主教神甫郑化民的工资提升为行政 19 级;考虑其独身、年龄大,需要人照料日常生活,特将他在河南农村的一个侄孙转为湘潭城市户口,市二医院还为其解决一套三室一厅的福利住房。为拓宽宗教团体自养门路,解决教徒生活困难,1992 年起,市政府支持宗教界出租部分教产房屋及自办企业开展自养活动,并在税收等方面给予减免。随着各宗教团体自养条件的改善,自 2003 年起,市政府每年拨付的宗教人士生活补助费改为 1 万元。至 2005 年,各宗教团体先后办起汽车修理、餐馆等自养企业 10 多家,先后有 94 人次得到生活补助,补助金额达 20 多万元。

五、鼓励教职人员遵纪守法、爱国爱教

20 世纪 80 年代中后期,市政府先后举办两期宗教界人士学习班,学习国家关于宗教问题的重要政策、文件。1990 年后,每年都举办类似学习交流活动,帮助宗教界人士提高爱国爱教、遵纪守法的自觉性。1998 年,市政府宗教管理机构推荐部分宗教界代表出席省宗教界人士为社会主义“两个文明”建设服务座谈会。会后,市宗教界根据各自条件和特点,积极兴办社会公益事业,开展扶贫、济困、支灾活动,宣传世界和平,加强与海内外宗教界人士的友好交流,取得一定成绩。2000 年,在全省宗教界为社会主义“两个文明”建设服务表彰大会上,湘潭市海会寺、天主教湘潭县麦子石敬老院、湘乡基督教北门教堂及释渊博、冯国香、付永生等集体和个人因积极开展社会福利事业,努力扶危济困受到表彰。2001 年起,市政府在宗教界开展双“五好”活动,即“五好”宗教活动场所(爱国爱教好、民主管理好、遵纪守法好、服务社会好、环境美化好)和“五好”个人(爱国爱教好、品质修养好、工作作风好、遵纪守法好、团结互助好)。2003 年,湘潭市召开宗教界双“五好”活动表彰大会,表彰佛教海会寺、天主教敬老院、基督教城正街教堂等 14 处“五好”宗教活动场所和释渊博等 14 名“五好”个人。在开展双“五好”活动同时,市政府号召并鼓励宗教界与时俱进,严格守法自律,对各自的教规教义作出符合社会主义社会要求的积极解释,各宗教团体响应政府号召,在讲经传道中结合实际积极进行公民道德宣传教育,受到社会好评和政府赞赏。

第六章 地方志工作

第一节 市县(市、区)志编修

1950年,湘潭建市后,未编过市志。1981年,市委、市政府决定编修市志,亦因未设置专门机构、配齐专职人员,未能开展工作。1986年,为贯彻国务院办公厅下发的《国务院办公厅转发中国社会科学院关于加强全国地方志编纂工作领导报告的通知》和省地方志工作会议精神,市委、市政府决定编纂湘潭历史上第一部市志——《湘潭市志(1840~1985)》(俗称第一轮修志)。市人大常委会作出《关于做好〈湘潭市志(1840~1985)〉编纂工作的决议》。随后成立以市长李壬申为主任的湘潭市地方志编纂委员会,下设市地方志编纂办公室(简称市志办),为全市地方志编修的具体业务指导机构。同时下发文件要求湘潭县、湘乡县和韶山区成立相应机构,配备专职人员,五城区(雨湖、岳塘、湘江、板塘、郊区)、市直机关各单位、各人民团体成立专志编纂领导小组或确定一名分管领导抓此项工作。市志办制订《湘潭市志编纂方案(1840~1985)》和相关措施。年底,召开全市修志工作动员大会,发动和部署修志工作。第一轮修志工作在全市迅速铺开。

《湘潭市志编纂方案(1840~1985)》规划市志篇幅500万字,由76篇专业志组成,由市直107个县团单位承编。被定为湘潭市重点文化工程。为完成这一重点文化工程,市委、市政府高度重视,多次召开专题会议,市主要领导亲自过问,解决编修中存在的困难和问题,市人大常委委员会组织人大代表,对编修工作进度慢的承编单位及时进行督查,有力推动编修工作。107个承编单位按要求先后成立修志工作领导小组,确定撰写人员,开展资料搜集、初稿撰写、修改评审,验收审定等工作。市志办加强修志工作业务指导。举办多期全市修志人员培训班;通过报纸、电台和电视台播发《征集资料公告》,校点光绪刊《湘潭县志》,编印成200万字的《清本·民国时期湘潭部分资料汇编》;在全省率先成立地方志学会,创办《湘潭市志通讯》,出版《方志论文选》《史志论丛》;严把志稿质量关,对各专业篇均进行评审,开展多次评优评先活动。

自从修志工作启动至1991年上半年,"党委领导,政府主修,人大督促"的地方志工作格局基本形成,市委、市政府为推动地方志工作,共召开4次全市地方志工作会议,连续就有关问题发36个文件。市财政拨给市志办经费39.3万元,补给无经费来源的20多个行政事业单位修志经费共10多万元。全市市直机关参加修志人员有310多人,两县一区五城区参加修志共有402人。共评出先进集体40个,先进个人205名。修志人员在全国和省、地、市一级修志刊物上发表理论文章242篇。市志共收集3.5亿多字资料,76部专业志,除人物、文献等3部外,评议或送审73部。期间,湘潭市、湘潭县被评为湖南省修志先进集体。

1991年底,根据省地方志编委会通知精神,成立市志审稿领导小组,确定李壬申(后为常务副市长张汉良)为总纂。市志办拟定《湘潭市志》总纂实施方案,编印《〈湘潭市志〉总纂工作手册》,1992年,市志编修进入总纂成书出版阶段。市志实行分册形成总纂评审稿通过省级评审,再分册成书出版的总纂模式,从是年起,由中国文史出版社陆续分册出版,至 1999 年 4 月,市志 11 册全部出版。5 月 27 日,市委、市政府在湘潭宾馆举行首发式。至此,该届修志工作经过全市修志工作者 14 年努力,完成编修任务。《湘潭市志》是湘潭市第一部社会主义新方志,上起 1840 年,下迄 1985 年,反映湘潭市境域自然和社会诸多方面 140 周年历史现状,根据“贯通古今,详近略远”的修志传统,整个编纂以中华人民共和国成立后为重点。述、记、志、传、图、表等诸体裁并用,设总述为全书之纲,大事记为全书之经,专业篇为全书之纬,人物传记及其附录、著述单独成篇,图、表则分附各类。全书分总类,自然、政治、经济、文教、社会、人物、杂记等 8 类,76 个专业篇,416 章,1151 节,设专录 2 个、附录 2 个,彩色图 1 幅,黑白图 78 幅,表 238 个,立传 293 人,人物名录 4951 人,插入黑白照片 67 帧,共 11 分册,475 万字。期间,《韶山志》《湘乡县志》《湘潭县志》先后公开出版。《雨湖区志》《郊区志》《湘江区志》《岳塘区志》《板塘区志》先后成书内部发行。《韶山志》《湘潭县志》被中国地方志工作指导小组和中国社会科学院评为全国社会主义时期第一轮志书一等奖。《湘潭市志》《湘乡县志》获湖南省地方志优秀成果一等奖。获湖南省地方志优秀成果一等奖还有曹建英著《论市志总纂质量的提高》一文。

在市县(市、区)行政区志编修影响下,1999 年,湘潭县响塘乡双湖村村志编纂委员会主编的《双湖村志》出版,成为湘潭有史以来第一部村志,也填补湖南省第一轮修志工作无村志的空白。该志分 8 章,18 万字,入志人物 1302 名。记述双湖村近百年来发生的深刻变化。2000 年底,湘潭市第一部乡镇志—《石鼓镇志》出版发行。全书 16 章,34 万字。记述上至清末民初,下至 1998 年。

2003 年,为贯彻落实国务院和省委、省政府关于编修第二轮省、市、县三级志书的精神,市委、市政府决定启动湘潭市、县(市、区)志书续修工作(俗称第二轮修志),批准同意市志办上报的《关于续修〈湘潭市志〉(1986 ~ 2005)的请示》及《续修〈湘潭市志〉编纂规划》。2004 年初,市委办、市政府办联合下发《关于续修市县两级志书的通知》和《关于成立湘潭市地方志编纂委员会的通知》,要求“坚持‘党委领导、政府主持’的修志管理体制”“认真落实‘一纳入,五到位’(一纳入:把修志工作纳入各地经济社会发展计划和各级政府的任务之中;五到位:领导到位,机构到位,经费到位,队伍到位,条件到位)的修志工作方针”。6 月,成立新一届市地方志编委会。9 月 14 日,召开全市第二轮修志工作动员大会,对第二轮修志工作作出部署和具体安排,全面启动全市第二轮修志工作。

编纂方案规划《湘潭市志(1986 ~ 2005)》为综合性地方志书,上起 1986 年,下讫 2005 年,全书采用述、记、志、传、图、表、录等体裁,以志为主体。分总类、经济、政治、文化教育、社会、人物、附录等大类,设 75 专业篇,由市直机关单位、人民团体、驻潭大型企业、大专院校等 170 多个单位承担编写。全书篇幅预计 300 万字,2012 年完成。市志办采取分战线上门业务指导,重点做好资料搜集、篇目确定及初稿试写工作;并根据编写人员大部分是新手的实际情况,举办编纂人员培训班,制定市志《凡例》《行文通则》《人物篇入志标准》等规范性文件,编撰出版业务指导用书《修志指南》,编发《史志通讯》,以提高撰稿人的业务素质。

至 2005 年底,全市召开市志编纂工作协调会及资料搜集篇目研讨会 65 场,75 个专业篇中确定 38 个篇的篇目,170 余家承编单位绝大多数都组建修志领导机构、选配专职编修人员,解决必需修志经费,150 余家开展资料搜集整理工作。此外,湘潭县、湘乡市、韶山市全面启动第二轮修志工作。其中,湘潭县拿出编目初稿,并收集 1000 多万字的资料。雨湖区、岳塘区(湘江、板塘、郊区于 1992

年撤并)形成修志规划。

第二节 年鉴编修

1987年,市统计局编纂专业性统计年鉴,提供权威性统计数据。1989年,省级综合性年鉴《湖南年鉴》在境域发行。1992年初,市委、市政府决定编纂市级综合性年鉴《湘潭年鉴》。5月,市政府办公室下发《关于编纂出版〈湘潭年鉴〉的通知》,指出"编纂地方年鉴是政府常年性的重要工作,我市已具备编纂年鉴的基本条件,市政府决定从1992年起,逐年编纂出版《湘潭年鉴》",随即在市地方志编委会主持下,成立《湘潭年鉴》编辑部(设在市地方志办公室内),具体负责组稿编纂、出版和发行工作。12月24日,湘潭首部市级地方综合性年鉴——《湘潭年鉴(1992)》出版发行。《湘潭年鉴(1992)》以年度为界限,分门类用条目形式,主要记载1991年全市重大事件与各行各业的发展状况,择要补记1949~1990年的重要资料,全书16开本,114.8万字,140个彩页,设特载、专文、大事记、湘潭综述、政治、法制、军事、经济管理、城乡建设、工业、交通邮电、农业、商业、财政税务审计金融、科学技术、教育文化卫生体育新闻、社会生活、名胜古迹纪念地、区县市、人物、文件法规选辑、统计资料、企事业名录、彩色插页24个类目,328分目(或次分目),1152个条目。为发挥好年鉴的信息资料工具书的功能,更好服务各行各业,市政府办公室下发《关于做好〈湘潭年鉴(1992)〉发行工作的通知》,给各县(市、区)、市直机关各单位、市属及驻市中央、省属各企事业单位下达发行任务。明确要求:居市省属以上厂矿发行到分厂(处、车间);大专院校发行到处、所、室和系;市属工商企业发行到科级厂、商店和公司;市直机关发行到部、办、委、局及所属科级单位;各县(市、区)发到直属厂矿、区、乡镇、街道和乡、镇、街办企业,以及县(市、区)直属机关各单位、各中学、各医院、各商业部门。是年底,发行1900册。

此后,《湘潭年鉴》每年出版一卷,以《湘潭年鉴(1992)》卷框架为蓝图,根据经济社会发展需要和不同时期特点,借鉴全国名优品牌年鉴做法和经验,对年鉴的框架结构进行调整。在实践中还形成《<湘潭年鉴>条目编写规范》。1999年,曹建英被中国地方志指导小组、中国年鉴研究会评为"全国年鉴优秀工作者"。至2005年底,《湘潭年鉴》共编辑出版14卷,1145.8万字,发行2.8万册。其中,《湘潭年鉴(1994)》卷在首届全国地方年鉴评奖中,获地市级年鉴框架设计、美术装帧2个二等奖。《湘潭年鉴(2000)》卷获省地方志优秀成果二等奖。此外,境域编辑出版的地方综合年鉴还有《湘潭县年鉴》《湘乡年鉴》;部门单位年鉴主要有《湘潭大学年鉴》《湖南科技大学年鉴》《湘潭钢铁公司年鉴》等;专业性年鉴有湘潭市统计局编辑的《湘潭市统计年鉴》。

第三节 部门志、专业志编修

1984年,湘潭钢铁厂编辑出版《湘潭钢铁厂志》。该志书105万字,大32开本,设158章,102统计表,入志人物586人,刊有黑白照片48面,内部刊行。全面记载1958~1980年湘潭钢铁厂建厂和发展壮大的历史。为境域首部部门志。随后,《湘潭邮电志(1840~1982)》,16万字;《国营江麓机械厂厂志》,65万字;《湘潭地、市电力志(1909~1982)》,30万字,相继成书出版。1986年,全市启动第一轮地方志编修工作后,全市部门、专业志的编修工作进入高潮。市志绝大部分承编单位把完成市县志编修任务和编纂部门志、专业志相结合起来,市志办加大对各部门、各局,驻市的大中专学校和六大厂矿编修业务指导,把凡是愿独立成书的部门志、专业志纳入湘潭市地方志丛书。通过评议、修改、审定,《湘潭市电力志续篇(1983~1986)》《湘潭公路总段志(1949~1985)》《湘锰志》《建材和非金属志(1840~1984)》《湘潭县教育志(1840~1986)》《湘潭市税务志(1840~1985)》等先后出版。至1990年,市、县两级编印出版部门志、专业志19部,750余万字,多为公开刊行。

1991年始,全市开展方志资料建档工作,推动部门志,行业志的成书出版。《湘潭市物资志(1840~1990)》,《湘潭市二轻工业志》,《湘潭市建筑志(1792~1989)》《湘潭市交通志(1840~1979)》,《湘潭市统计志(1840~1985)》《湘潭市教育志(1952~1987》《电子志(1840~1985)》《湘潭市乡镇企业志》《外经贸志(1840~1986)》《湘潭市工会志》《湘潭电机厂志(1936~1989)》等,相继编纂成书。至2000年,市、县两级编印的部门志、专业志50余部,1400余万字,多为内部刊行。

2001年,《湘潭路桥建设志(1980~2000)》《湘钢志(1981~1990)》编印成书,内部刊行,湘潭钢铁厂形成每10年编印一本厂志的修志工作机制。2002年,市交通局启动《湘潭市交通志(1980~2002)》编修工作。2004年,第二轮志续修工作启动,部门志、专业志编修工作再掀起高潮。《湘潭市烟草志》《湘潭人民防空志》《湘潭市地方税务志(1994~2009)》《湘潭市电业局志(1986~2005)》《湘潭市地名志》《湘潭市食品药品监督管理志(1986~2009)》《湘潭市军事志(1840~2005)》等编纂工作启动。至2005年,《湘潭人民防空志》定稿待印。《湘潭市交通志(1980~2002)》,全书6篇25章,50.8万字,编印成书,公开出版发行。市、县两级共编印部门志、专业志11部,150余万字,还有一些部门志、专业志在编修之中。

第六篇 政协

概 述

政协湘潭市第五届委员会第四、五次会议分别于1986年3月、1987年3月举行。会议的主题是坚持中国共产党的领导，旗帜鲜明地反对资产阶级自由化，坚持四项基本原则，围绕振兴湘潭经济献计献策，全面履行政协职能，开创政协工作新局面(五届委员会第四、五次会议详见首轮《湘潭市志》第七册人民政协篇第480页)。

政协湘潭市第六届委员会从1988年1月至1993年1月任期五年。六届政协由27个界别组成，比上届增加2个界别。届初有270名委员，经两次增补，届末为288名委员。届内共召开6次全体会议、22次常务委员会会议。全体会议听取并审议常委会工作报告和提案工作报告；委员列席湘潭市人民代表大会各次全体会议，听取并协商讨论市政府工作报告及其他报告。贯彻执行中共中央《关于坚持和完善中国共产党领导的多党合作和政治协商制度的意见》，深刻认识始终坚持长期共存、互相监督、肝胆相照、荣辱与共方针的重要性；进一步明确把握团结和民主两大主题，认真履行政治协商、民主监督、参政议政职能；深刻理解中国共产党领导的多党合作和政治协商制度是一项基本政治制度，推动人民政协工作规范化、制度化进程的重要意义。届内，市政协组织委员学习中共中央关于制止1989年春夏之交发生在北京政治风波的指示精神，学习邓小平南方重要讲话，开展解放思想大讨论，更加坚定在中国共产党领导下，高举爱国主义和社会主义旗帜，实行多党合作的决心和信心；制定《政协湘潭市委员会关于政治协商、民主监督、参政议政的实施办法》《政治协商、民主监督实施细则》，提出参政议政应遵循的原则、内容和形式；制定市政协《视察条例》《提案工作细则》等规章。这一时期，就加强社会主义民主政治建设、强化物价管理、发展第三产业、增加农业效益等问题，与市委、市政府领导专题协商；组织开展农村基础教育、街道乡镇企业和《中华人民共和国企业法》实施情况等专题调研和视察；常委会向市委、市政府提出《关于加速发展农业科技、振兴湘潭农业的建议》等4件建议案。经第十五次常委会议决定，从第五次会议起，在委员中开展“我为振兴湘潭经济争贡献，我为人民政协添光彩”活动，调动各界人士为湘潭经济社会发展献计出力的积极性。

政协湘潭市第七届委员会从1993年1月至1997年12月任期五年。七届政协由29个界别组成，比上届增加2个界别。届初有273名委员，其中经济界委员26名、教育界委员24名、科学技术界委员19名，委员数量分列各界别前三位，反映出以经济建设为中心、更加重视教育和科技的时代特征。后经四次增补和辞免，届末有委员296名。届内共召开5次全体会议、24次常务委员会会议。全体会议听取并审议常委会工作报告和提案工作报告；委员列席湘潭市人民代表大会全体会议，听取并协商讨论市政府工作报告及其他报告。按照《中共湘潭市委关于进一步加强人民政协工作的决定》,市政协主席、党组书记列席市委常委会。根据市政府《关于认真搞好政治协商接受民主监督的意见》,市政协副主席列席市政府常务会议。贯彻中共中央转发的《政协全国委员会关于政治协商、民主监督、参政议政的规定》,市政协制定《关于政治协商、民主监督、参政议政的规定》《常务委员会议事规则》等 7 个制度或规定,进一步明确政协的主要职能,加大推进履行职能规范化、制度化的工作力度。这一时期,就培育专业市场、发展民营科技企业、推进房改、申报组建湘潭市合作银行等问题,与市委、市政府领导进行专题协商;常委会向市委、市政府先后提出《关于放手发展个体私营经济的建议》《关于进一步加强农业社会化服务的建议》《关于加快小城镇建设的建议》《关于盘活国有企业资产存量的建议》《关于实施名牌战略,振兴湘潭经济的建议》等 13 件建议案;发挥人民政协的独特优势,积极宣传对外开放和祖国统一的方针政策,开展与台湾同胞、港澳同胞和海外侨胞的联系,促进祖国统一大业,推进湘潭对外开放。

政协湘潭市第八届委员会从 1998 年 1 月至 2002 年 12 月任期五年。八届政协由 29 个界别组成。届初有 282 名委员,经两次增补,届末有委员 288 名。共召开 5 次全体会议、22 次常务委员会会议。全体会议听取并审议常委会工作报告和提案工作报告; 委员列席湘潭市人民代表大会全体会议,听取并协商讨论市政府工作报告及其他报告。届内,市政协贯彻中共湘潭市委《关于进一步加强政协工作的意见》,制定《提案工作条例》《关于建立委员学习小组的办法》《关于同委员联系的办法》等规章,使委员参政议政的手段更趋规范和完善;修订《政协湘潭市委员会关于政治协商、民主监督、参政议政的实施办法》,对参政议政的内容和形式、基本程序和方法作出更加明确具体的规定。就私营企业参与中小型国有企业改制、加强“三农”工作、加强社会治安综合治理、加大治理经济发展环境、城市形象建设、大力发展高新技术产业、加快外向型经济发展、支持社会力量办学、深化政务公开等问题,与市委、市政府领导进行专题协商;组织开展湘潭城市文化定位、国有企业改革、农业结构调整、房地产经营情况等专题调研,组织开展对经济发展环境问题的重点视察和对全市“一化三清”工作情况等多项工作视察;常委会向市委、市政府先后提出《关于加快个体私营经济的建议》《发挥湘潭人文优势, 培育新的经济增长点的建议》《关于湘潭城市文化定位的调查与建议》《关于提高湘潭城市建筑品位的调查与建议》等 10 件建议案。

政协湘潭市第九届委员会从 2003 年 1 月至 2005 年 12 月为前三年任期,共有 29 个界别,届初有 286 名委员,经三次增补和辞免,至召开第三次会议时有委员 326 名。三年内共召开 3 次全体会议、15 次常务委员会会议。全体会议听取并审议常委会工作报告和提案工作报告;委员列席湘潭市人民代表大会各次全体会议,听取并协商讨论市政府工作报告及其他报告。这一时期,学习贯彻中共中央《关于进一步加强中国共产党领导的多党合作和政治协商制度的意见》,发挥政协组织的特点和优势,进一步密切各民主党派、工商联与中共湘潭市委的关系,为湘潭的经济社会发展和民主政治建设出谋献策;印发《关于充分发挥委员主体作用的意见》《关于充分发挥市政协界别作用的意见》等重要文件,创建界别活动小组,努力促进政协组织的自身建设;就拯救文化遗产问题,与市委、市政府领导进行专题协商;组织开展以信息化带动工业化、打造文化名城等调研和视察活动,向市委、市政府先后提出《以信息化带动工业化,实现湘潭经济跨越式发展的调研报告》及建议案、《关于拯救文化遗产,打造文化名城的调查与建议》等 3 件,为决策提供参考。

第一章 政协委员

第一节 委员产生

政协委员由党派、团体、区域和战线相结合的方法推荐人选，再由市政协党组、市委组织部、市委统战部相关人员组成考察组，对推荐人选进行考察，然后与各推荐单位进行协商，综合平衡后提出协商名单，经政协常委会议研究审议确定人选及界别，由市委常委会议审定。

一、六届政协委员

1987 年 12 月 16 日召开市政协五届二十一次常委会会议，协商决定六届市政协委员会由 27 个界别 270 名委员组成。界别比上届增加 2 个，即新增致公党界和九三学社界。

二、七届政协委员

1992 年 12 月 19 日至 21 日召开市政协六届二十二次常委会会议，协商决定七届市政协委员会由 29 个界别 273 名委员组成。界别比上届增加 2 个，即新增科协界和经济界，并将侨务界改名为侨联界，将工商界改为工商联界。

三、八届政协委员

1997 年 12 月 18 日至 19 日召开市政协七届二十二次常委会会议，协商决定八届市政协委员会由 29 个界别 282 名委员组成。

四、九届政协委员

2002 年 12 月 18 日召开市政协召开八届二十二次常委会会议，协商决定九届市政协由 29 个界别 286 名委员组成。

第二节 委员结构

一、六届政协委员

经审议通过，270 名六届市政协委员名额分配为：中共 21 名，民革 9 名，民盟 9 名，民建 9 名，民进 5 名，农工 5 名，致公党 5 名，九三 5 名，工商界 14 名，共青团 3 名，工会 6 名，妇联 7 名，青联 3 名，侨务界 7 名，台联 2 名，文学艺术界 12 名，科学技术界 40 名，社会科学界 10 名，教育界 30 名，农业界 12 名，体育界 3 名，新闻出版界 4 名，医药卫生界 13 名，社会救济福利 1 名，少数民族界 5

名，宗教界 4 名，特别邀请人士 26 名。

委员中，中共党员 108 名，占 40%；非中共人士 162 名，占 60%。女委员为 59 名，占 21.85%。新委员占 64.8%。委员平均年龄为 49.6 岁，比上届的 54.3 岁降低 4.7 岁。具有大专以上文化程度的占委员总数的 63%，具有中级以上专业技术职称的占委员总数的 39.3%。届内，因辞免、增补等原因，至届末委员总数为 288 名。

二、七届政协委员

经审议通过，273 名七届市政协委员名额分配为：中共 20 名，民革 10 名，民盟 10 名，民建 10 名，民进 6 名，农工 6 名，致公党 6 名，九三 6 名，工商联 6 名，共青团 3 名，总工会 6 名，妇联 7 名，青联 3 名，科协 7 名，侨联 6 名，台联 2 名，经济界 26 名，文学艺术界 8 名，科学技术界 19 名，社会科学界 8 名，教育界 24 名，农业界 12 名，体育界 3 名，新闻出版界 3 名，医药卫生界 10 名，社会救济福利 3 名，少数民族 5 名，宗教界 4 名，特别邀请人士 34 名。

委员中，中共党员 110 名，占 40%；非中共人士 163 名，占 60%。女委员 60 名，占 22 %。新委员占 56%。委员平均年龄为 49.05 岁，比上届的 49.6 岁降低 0.55 岁。具有大专以上文化程度的占委员总数的 72.5%，具有中级以上职称的占委员总数的 64.4%。届内，因辞免、增补等原因，至届末委员总数为 296 名。

三、八届政协委员

经审议通过，282 名八届市政协委员名额分配为：中共 20 名，民革 10 名，民盟 10 名，民建 10 名，民进 8 名，农工 6 名，致公党 6 名，九三 8 名，工商联 9 名，共青团 3 名，总工会 6 名，妇联 7 名，青联 3 名，科协 7 名，侨联 7 名，台联 2 名，经济界 25 名，文学艺术界 8 名，科学技术界 17 名，社会科学界 6 名，教育界 18 名，农业界 16 名，体育界 3 名，新闻出版界 3 名，医药卫生界 10 名，社会救济福利界 3 名，少数民族 5 名，宗教界 4 名，特别邀请人士 42 名。

委员中，中共党员 106 名，占 37.6%；非中共人士 176 名，占 62.4%。女委员 55 名，占 19.5%。新委员占 63.5%。委员平均年龄为 46.13 岁，比上届的 49.05 岁降低 2.92 岁。具有大专以上文化程度的占委员的 84.8%，具有中级以上专业技术职称的占委员总数的 60.6%。届内，因辞免、增补等原因，至届末委员总数为 288 名。

四、九届政协委员

经审议通过，286 名九届市政协委员名额分配为：中共 20 名，民革 10 名，民盟 10 名，民建 10 名，民进 8 名，农工 8 名，致公党 8 名，九三 8 名，工商联 9 名，共青团 3 名，总工会 6 名，妇联 7 名，青联 3 名，科协 7 名，侨联 7 名，台联 2 名，经济界 25 名，文学艺术界 8 名，科学技术界 17 名，社会科学界 7 名，教育界 18 名，农林界 13 名，体育界 2 名，新闻出版界 3 名，医药卫生界 10 名，社会救济福利 3 名，少数民族 4 名、宗教界 5 名，特别邀请人士 45 名。

委员中，中共党员 114 名，占 40%；非中共人士 172 名，占 60%。女委员 55 名，占 19.2%。新委员 187 名，占 65.4%。委员平均年龄为 44.17 岁，比上届的 46.13 岁降低 2 岁。具有大学本科以上文化程度的 165 人,占委员总数的 57.5%。具有中级以上专业技术职称的 177 人,占委员总数的 61.7%。届内,因辞免、增补等原因,至九届三次全体会议时,委员总数为 326 名。

政协湘潭市第六至九届委员会各界别委员构成情况

表 6-1-1 单位:人

界别	第六届委员会		第七届委员会		第八届委员会		第九届委员会	
	委员	占比(%)	委员	占比(%)	委员	占比(%)	委员	占比(%)
中共	21	7.6	20	7.4	20	7.1	20	6.9
民革	9	3.3	10	3.4	10	3.5	10	3.5
民盟	9	3.3	10	3.4	10	3.5	10	3.5
民建	9	3.3	10	3.4	10	3.5	10	3.5
民进	5	1.8	6	2.3	8	2.8	8	2.8
农工	5	1.8	6	2.3	6	2.1	8	2.8
致公	5	1.8	6	2.3	6	2.1	8	2.8
九三	5	1.8	6	2.3	8	2.8	8	2.8
工商联	14	5.1	6	2.3	9	3.2	9	3.1
总工会	6	2.2	6	2.3	6	2.1	6	2.0
共青团	3	1.1	3	1.1	3	1.1	3	1.0
妇联	7	2.5	7	2.6	7	2.5	7	2.4
青联	3	1.1	3	1.1	3	1.1	3	1.0
台联	2	0.7	2	0.7	2	0.7	2	0.7
侨联	7	2.5	6	2.3	7	2.5	7	2.4
科协	—	—	7	2.6	7	2.5	7	2.4
文艺	12	4.4	8	2.9	8	2.8	8	2.8
科技	40	14.5	19	7.0	17	6.0	17	6.0
经济	—	—	26	9.5	25	8.9	25	8.7
社科	10	3.6	8	2.9	6	2.1	7	2.4
农林	12	4.4	12	4.4	16	5.7	13	4.5
教育	30	10.9	24	9.1	18	6.4	18	6.2
体育	3	1.1	3	1.1	3	1.1	2	0.7
新闻	4	1.5	3	1.1	3	1.1	3	1.0
医卫	13	4.7	10	3.4	10	3.5	10	3.5
社会福利	1	0.4	3	1.1	3	1.1	3	1.0
民族	5	1.8	5	1.8	5	1.8	4	1.3
宗教	4	1.5	4	1.4	4	1.4	5	1.8
特邀	31	11.3	34	12.6	42	14.9	45	15.7
总数	270	100	273	100	282	100	286	100

注:以上数据均为每届第一次全体会议委员人数

第二章 政协会议

第一节 政协湘潭市委员会会议

一、五届委员会第四、五次会议

第四次会议于 1986 年 3 月 10 日至 28 日举行。本次会议接受主席和 4 位副主席辞职申请，选举主席、3 名副主席和 1 名常务委员。第五次会议于 1987 年 3 月 10 日至 14 日举行。(第五届委员会详见首轮《湘潭市志》第七册人民政协篇第 479～480 页)。

二、六届委员会会议

1988 年 1 月 8 日至 14 日举行第一次会议。会议由预备会议选举产生的主席团主持。王耀章副主席作第五届委员会常委会工作报告，秦本杰副主席作提案工作报告。委员列席市九届人大一次会议，听取并协商讨论市政府工作报告及其他报告。会议选举出市政协第六届委员会主席、副主席、秘书长和 39 名常务委员。

1989 年 3 月 10 日至 15 日举行第二次会议。刘声耀副主席作常委会工作报告，张绶九副秘书长作提案工作报告。委员列席市九届人大二次会议，听取并协商讨论市政府工作报告及其他报告。市党政领导与部分委员、民主党派负责人进行对话，听取对政府工作的批评和建议，并就巩固和发展中国共产党领导的多党合作制度召开专题座谈会。会议增选 2 名副主席和 4 名常务委员。

1990 年 3 月 5 日至 10 日举行第三次会议。王耀章副主席作常委会工作报告，秦本杰副主席作提案工作报告。委员列席市九届人大三次会议，听取并协商讨论市政府工作报告及其他报告。7 名委员作大会发言。各专门委员会作工作汇报。

1990 年 11 月 29 日至 30 日举行第四次会议。4 名委员作大会发言。会议选举赵焱森为主席。

1991 年 3 月 2 日至 6 日举行第五次会议。赵焱森主席作常委会工作报告，刘声耀副主席作提案工作报告。委员列席市九届人大四次会议，听取并协商讨论市政府工作报告及其他报告。23 名委员作大会发言。会议期间有 34 个提案承办单位的 63 名负责人到会，面对面协商和答复委员提案。会议决定组织政协委员开展“我为振兴湘潭经济争贡献，我为人民政协添光彩”活动。

1992 年 2 月 27 日至 3 月 1 日举行第六次会议。刘声耀副主席作常委会工作报告，刘甲华副主席作提案工作报告。委员列席市九届人大五次会议，听取并协商讨论市政府工作报告及其他报告。10 名委员作大会发言。会议期间，就加快改革步伐、发展第三产业、调整产业结构、增强农业效益，市委、市政府领导与委员举行 2 次专题协商会；表彰“我为振兴湘潭经济争贡献，我为人民政协添光彩”活动先进个人 100 名、先进集体 13 个、支持政协开展活动的先进单位 3 个。

三、七届委员会会议

1992年12月27日至1993年1月1日举行第一次会议。会议由预备会议选举产生的44人组成的主席团主持。刘声耀副主席作第六届委员会常委会工作报告，施宁苏副主席作提案工作报告。委员列席市十届人大一次会议，听取并协商讨论市政府工作报告及其他报告。大会就培育专业市场、促进经济发展等问题，与市政府领导同志进行专题协商。大会选举产生市政协第七届委员会主席、副主席、秘书长和34名常务委员。

1994年2月20日至23日举行第二次会议。刘声耀副主席作常委会工作报告，田书友副主席作提案工作报告。委员列席市十届人大二次会议，听取并协商讨论市政府工作报告及其他报告。12名委员作大会发言。会议进行2次专题协商。表彰优秀政协委员88名、优秀集体提案和优秀个人提案14件。

1995年2月27日至3月4日举行第三次会议。刘声耀副主席作常委会工作报告，田书友副主席作提案工作报告。委员列席市十届人大三次会议，听取并协商讨论市政府工作报告及其他报告。23名委员作大会发言。会议期间，召开新增补委员座谈会。表彰优秀委员86名、优秀集体提案和优秀个人提案13件。

1996年3月12日至16日举行第四次会议。齐美成主席作常委会工作报告，田书友副主席作提案工作报告。委员列席市十届人大四次会议，听取并协商讨论市政府工作报告及其他报告。28名委员作大会发言。表彰优秀委员81名、优秀集体提案和优秀个人提案16件。

1997年3月2日至6日举行第五次会议。齐美成主席作常委会工作报告，田书友副主席作提案工作报告。委员列席市十届人大五次会议，听取并协商讨论市政府工作报告及其他报告。22名委员作大会发言。表彰优秀委员83名、优秀集体提案7件和优秀个人(联名)提案15件。

四、八届委员会会议

1997年12月30日至1998年1月5日举行第一次会议。会议由预备会议选举产生的45人组成的主席团主持。齐美成主席作常委会工作报告，黄水清副主席作提案工作报告。委员列席市十一届人大一次会议，听取并协商讨论市政府工作报告及其他报告。12名委员作大会发言。举办统一战线和人民政协工作业务知识讲座。大会选举产生政协湘潭市第八届委员主席、副主席、秘书长和34名常务委员。

1999年1月16日至21日举行第二次会议。齐美成主席作常委会工作报告，黄水清副主席作提案工作报告。委员列席市十一届人大二次会议，听取并协商讨论市政府工作报告及其他报告。23名委员作大会发言。会议进行3场专题协商。表彰优秀委员68名、先进委员活动小组8个、优秀集体提案4件和优秀个人提案14件。

2000年1月14日至17日举行第三次会议。齐美成主席作常委会工作报告，黄水清副主席作提案工作报告。委员列席市十一届人大三次会议，听取并协商讨论市政府工作报告及其他报告。25名委员作大会发言。会议进行4次专题协商。表彰优秀政协委员66位、先进委员活动小组9个、优秀集体提案5件和优秀个人提案10件。

2001年1月17～21日举行第四次会议。齐美成主席作常委会工作报告，黄水清副主席作提案工作报告。委员列席市十一届人大四次会议，听取并协商讨论市政府工作报告及其他报告。22名委员作大会发言。会议进行4次专题协商。举办新委员座谈会。表彰优秀政协委员65名、先进委员活动小组9个、优秀集体提案5件和优秀个人提案10件。

2002年1月17日至21日举行第五次会议。齐美成主席作常委会工作报告，黄水清副主席作提案工作报告。委员列席市十一届人大五次会议，听取并协商讨论市政府工作报告及其他报告。22名委员作大会发言。表彰优秀委员69名、先进委员活动小组9人、优秀集体提案6件和优秀个人提案11件。

五、九届委员会会议

2003年1月1日至6日举行第一次会议。会议由预备会议选举产生的45人组成的主席团主持。黄少君副主席作常委会工作报告，黄水清副主席作提案工作报告。委员列席市十二届人大一次会议，听取并协商讨论市政府工作报告及其他报告。表彰优秀政协委员63名、先进委员学习活动小组6个、优秀集体提案7件和优秀个人提案10件。会议选举产生第九届委员会主席、副主席、秘书长和33名常务委员。

2004年1月1日至6日举行第二次会议。殷正海主席作常委会工作报告，黄水清副主席作提案工作报告。委员列席市十二届人大二次会议，听取并协商讨论市政府工作报告及其他报告。28名委员作大会发言。就拯救文化遗产问题与市党政领导进行专题协商。会议增选1名副主席，增选12名常务委员。表彰优秀委员63名、先进委员学习活动小组6个、优秀集体提案7件和优秀个人提案10件。

2005年1月15日至20日举行第三次会议。殷正海主席作常委会工作报告，黄水清副主席作提案工作报告。委员列席市十二届人大三次会议，听取并协商讨论市政府工作报告及其他报告。28名委员作大会发言。会议增选4名常务委员。表彰优秀政协委员61名、先进界别组10个、先进委员学习活动小组9个、优秀集体提案7件和优秀个人提案10件。

第二节 政协湘潭市委员会常务委员会会议

一、六届常务委员会会议

市政协六届一次会议选举产生第六届市政协常务委员会，由主席钟明星，副主席王耀章、刘声耀、刘甲华、秦本杰、袁龙蔚、施宁荪、唐泽映（女）、张传升，秘书长冯辉剑和39名常务委员共49人组成。六届二次会议增选田书友、林华国为副主席，增选5名常务委员。六届四次会议接受钟明星辞去主席职务，选举赵焱森为主席。

任期内共召开常务委员会议22次。主要重大事情有：研究决定市政协机构设置，决定人事任免；讨论通过《关于加速发展农业科技、振兴湘潭农业的建议案》《委员视察条例》《加强农村基础教育的调查报告》和《提案工作细则》等六个文件，审议通过《政治协商民主监督实施细则》；决定在委员中开展“我为振兴湘潭经济争贡献，我为人民政协添光彩”活动；决定将经济建设委员会与科技委员会合并为经济科技委员会。

二、七届常务委员会会议

市政协七届一次会议选举产生第七届市政协常务委员会，由主席齐美成，副主席刘声耀、田书友、唐齐斌、唐泽映（女）、袁龙蔚、施宁荪、张传升、郭文煌，秘书长李文学和34名常务委员共44人组成。七届三次会议增选伍守成、伍尚魁为副主席。七届四次会议选举黄少君为秘书长，增选2名常务委员。

任期内共召开常务委员会议24次。主要重大事情有：讨论决定七届市政协工作机构设7个专门委员会和办公室、研究室，决定任命委室负责人；审议通过《关于学习<邓小平文选>第三卷的决议》《关于放手加快发展个体私营经济的建议案》《以化纤产品为龙头，大力发展化纤纺织印染加工业，振兴我市纺织工业的建议》《对治理行政事业单位乱收费问题的建议案》《关于加强行政事业单位国有资产管理的建议》《政协湘潭市委员会关于政治协商、民主监督、参政议政的规定》《常务委员会议事规则》《关于加快小城镇建设的建议》《关于改善湘潭市煤气生产经营管理的建议》《关于进一步加强农业社会化服务的建议》《关于推行牲猪、湘莲、优质稻产业化的建议》等制度或建议案。

三、八届常务委员会会议

市政协八届一次会议选举产生第八届市政协常务委员会，由主席齐美成，副主席伍守成、刘锡东、马扬、张传升、伍尚魁、王键、黄水清（女）、黄少君（兼秘书长）、邹崇埴、刘炜和34名常务委员共45人组成。八届三次会议选举易建军为秘书长。八届四次会议决定免去伍守成副主席职务（改任副厅级干部）。

任期内共召开常务委员会议22次。主要重大事情有：决定任命市政协副秘书长和各专门委员会主任委员、副主任委员、兼职委员；审议通过《政协湘潭市委员会提案工作条例》《政协湘潭市委员会关于建立委员学习小组的办法》《政协湘潭市委员会关于同委员联系的办法》等制度或规定；审议通过《关于加大科技成果转化力度的建议》《关于加快个体私营经济发展的建议》《关于湘潭城市文化定位的调查与建议》《发挥湘潭人文优势，培育新的经济增长点的建议》《关于贯彻执行<土地管理法>，实现耕地总量动态平衡的建议》《关于加大国有大中型企业外经、外贸、外资工作力度的建议》等调研报告或建议案。

四、九届常务委员会会议

市政协九届一次会议选举产生第九届市政协常务委员会，由主席殷正海，副主席王运强、黄少君、马扬、黄水清（女）、宋厚源、杨鹏程、刘长庚、马石成、黄群策、陈安华，秘书长易建军和33名常务委员共45人组成。市政协九届二次会议增选苏健全为副主席，增选12名常务委员。市政协九届三次会议增选4名常务委员。

本任期的前3年内共召开常务委员会议15次。主要重大事情有：决定任命市政协副秘书长和各专门委员会主任、副主任、兼职委员；审议通过《关于充分发挥委员主体作用的意见》《关于充分发挥市政协界别作用的意见》等文件；审议通过《以信息化带动工业化，实现湘潭经济跨越式发展的调查报告》《关于拯救文化遗产，打造文化名城的调查与建议》等调研报告和建议案。

政协湘潭市第六至九届委员会主席、副主席、秘书长名录

表 6-2-1

届次	职务	姓名	任职时间
五	主席	袁明辉	1986.03 ~ 1988.01
六	主席	钟明星	1988.01 ~ 1988.12
六	主席	赵焱森	1990.11 ~ 1993.01
七 八	主席	齐美成	1993.01 ~ 1998.01 1998.01 ~ 2003.01
九	主席	殷正海	2003.01 ~
六	副主席	刘甲华	1988.01 ~ 1993.01
六	副主席	王耀章	1988.01 ~ 1993.01
六	副主席	秦本杰	1988.01 ~ 1993.01
六 七	副主席	袁龙蔚	1988.01 ~ 1993.01 1993.01 ~ 1998.01
六 七	副主席	施宁荪	1988.01 ~ 1993.01 1993.01 ~ 1998.01
六 七	副主席	刘声耀	1988.01 ~ 1993.01 1993.01 ~ 1998.01
六 七	副主席	唐泽映	1988.01 ~ 1993.01 1993.01 ~ 1998.01
六 七 八	副主席	张传升	1988.01 ~ 1993.01 1993.01 ~ 1998.01 1998.01 ~ 2003.01
六 七	副主席	田书友	1989.03 ~ 1993.01 1993.01 ~ 1998.01
六	副主席	林华国	1989.03 ~ 1993.01
七	副主席	唐齐斌	1993.01 ~ 1998.01
七	副主席	郭文煌	1993.01 ~ 1998.01
七 八	副主席	伍尚魁	1995.03 ~ 1998.01 1998.01 ~ 2003.01
七 八	副主席	伍守成	1995.03 ~ 1998.01 1998.01 ~ 2001.01
八	副主席	刘锡东	1998.01 ~ 2003.01
八 九	副主席	王　键	1998.01 ~ 2003.01 2003.01 ~ 2005.01
八 九	副主席	黄水清	1998.01 ~ 2003.01 2003.01 ~
八 九	副主席	黄少君	1998.01 ~ 2003.01 2003.01 ~

续表

届次	职务	姓名	任职时间
八 九	副主席	马　扬	1998.01～2003.01 2003.01～
八	副主席	邹崇埴	1998.01～2003.01
八	副主席	刘　炜	1998.01～2003.01
八 九	副主席	王运强	2000.12～2003.01 2003.01～
九	副主席	宋厚源	2003.01～
九	副主席	杨鹏程	2003.01～
九	副主席	黄群策	2003.01～
九	副主席	刘长庚	2003.01～
九	副主席	陈安华	2003.01～
九	副主席	马石城	2003.01～
九	副主席	苏健全	2003.01～
六	秘书长	冯辉剑	1988.01～1993.01
七	秘书长	李文学	1993.01～1996.01
七 八	秘书长	黄少君	1996.01～1998.01 1998.01～2000.01(兼)
八 九	秘书长	易建军	2000.01～2003.01 2003.01～

第三章　职能履行

第一节　政治协商

一、协商地方整体规划及发展战略

1986～1987年(五届政协任期后两年),市政协组织委员对市政府制定的“七五”计划草案开展专题协商,在五届十四次常委会议上深入进行讨论,共提出意见和建议72条,在市政府修改“七五”计划草案时被采纳50多条。期间,市委、市政府就《关于“七五”期间湘潭市社会主义精神文明建设的若干措施(草案)》,与市政协协商,市政协五届十六次常委会议经过充分讨论,提出30多条意见和建议,被市委、市政府大部分采纳。

1988～1992年政协六届会议期间,根据市委安排,市政协派出专人参加湘潭市十年规划和“八五”计划纲要的编制工作，并在全体会议和常务委员会议上，就计划纲要的基本思路、设想进行深入讨论，提出许多有价值的建议和意见；对湘潭市经济科技社会发展纲要（1988～2002年）、围绕如何实施好中共湘潭市委提出的“12355”工作思路（见本志《中国共产党地方组织篇》第二章第二节七届二次全会），市政协先后组织180多名政协委员分组进行专题调查研究后，与市委、市政府协商，递交16份调查报告，为决策提供重要依据。

1993～1997年政协七届会议期间，市政协围绕中共湘潭市委提交的第八次党代会重要文件和湘潭市“九五”计划、2010年规划纲要，多次召开政协委员座谈会进行讨论，向市委进言献策。党代会闭幕后，市政协又两次召开主席会议，专题讨论市政府制定的“九五”计划和2010年规划纲要初稿，提出许多重要修改意见。

1998～2002年政协八届委员会期间，市政协对市政府的“十五”计划纲要（草案）进行专题调研，写出专题调研材料后，与市委、市政府就人文资源开发利用，加快科技成果转化等意见进行协商，被纳入湘潭市国民经济和社会发展“十五”计划。

2003～2005年，是九届政协前3年，市政协听取市发改委关于制订“十一五”规划的情况介绍后，组织委员调查研究，召开政协常委扩大会议讨论，使“十一五”规划进一步完善。然后，根据市委委托，市政协召开座谈会，就湘潭市“十一五”规划纲要（草案）进行专题协商，对加大投入关注民生、关注“三农”、建设社会主义新农村；突出发展非公有制经济、外向型经济和循环经济；深入实施科教兴市；建设和谐湘潭等方面，提出许多意见和建议。得到市委、市政府肯定。

二、协商经济工作和社会生活重大事项

1986～1987年五届四、五次会议期间，市政协坚持以经济建设为中心，围绕全市经济和社会生活中的重大问题，组织政协委员进行专题考察，市政协农业组针对发展生猪生产中开发饲料资源的问题，广泛调研，论证市内玉米生产的必要性和可行性。经与农业部门协商提出建议后，把发展玉米生产作为调整粮食作物结构的一项重要措施，翌年全市种植玉米583.8公顷，并获得丰收。针对民用煤气工程建设缓慢的情况，市政协组织省、市部分政协委员和专业技术人员进行调研考察，提出改革管理体制、健全机构、明确职责等建议。市党政领导听取汇报后召开专门会议，要求相关单位研究落实政协的建议，促进煤气工程加快建设。市家具厂投资228万元，从国外引进家具生产线，由于历年亏损达114.5万元，经营仍步履艰难。市政协经济建设组通过实地调查，向市政府及主管部门协商提出3条改进意见。被采纳实施后，该厂进行整改，一举扭亏为盈。市政协针对群众反映有些医院有乱收费的现象开展抽样调查，发现确实存在，并及时与市卫生行政管理部门协商，解决问题。期间，共提出调整农业种植结构、加快食品工业生产、企业扭亏增盈和医疗卫生等100多条意见和建议，与市委、市政府及有关部门协商。

1988～1992年政协六届会议期间，市政协组织各专门委员会就建立健全农业社会化服务体系、深化科技体制改革、加快科技成果转化、加快社会保险制度改革、发展乡镇区街经济、调整农业产业结构、发展个体私营经济、打击卖淫嫖娼犯罪、加强“扫黄”工作、发展社会办学等重大问题，与市委、市政府及有关部门进行协商；为协助市委、市政府贯彻落实好《中华人民共和国义务教育法》，促进全市基础教育的发展，市政协教育组提出加强全市基础教育的协商建议，市政协农业界委员提出

《加快发展农村沼气的建议》,引起市党政领导的高度重视。在当年召开的全市教育工作会议和全市农村工作会议上,印发市政协的建议材料,并安排市政协领导在会上作专题发言。期间,从10个方面提出98条建议和意见,与市委、市政府及相关部门协商。

1993～1997年七届政协会议期间,市政协坚持"议大事、抓重点、办实事、讲实效"的原则,就培育专业市场、发展民营科技企业、组建湘潭市合作银行等专题进行协商,市政协《关于加快发展个体私营经济的建议》直接进入市委、市政府的决策程序。市政府制定颁发《关于加快发展个体私营经济的补充规定》,加大对个体私营企业的扶持力度;市政府采纳市政协《关于加强我市行政事业单位国有资产管理的建议》,发布政府2号令,把规费收入纳进财政预算管理,实行收支两条线制度;市政府采纳市政协关于合理调整中小学校布局的建议,在湘乡市先行试点,统一规划,分步实施,三年完成调整工作;市政府采纳市政协《关于实施名牌战略,振兴湘潭工业的建议》,制定《湘潭市工业主导产品调整意见》,对工业产品结构和产业结构作出重大调整。由于选题准确,建议合理,得到市委、市政府的充分肯定。期间,与市政府召开3场协商会,共协商16个方面的问题。

1998～2002年八届会议期间,市政协先后围绕实施名牌战略、科技成果转化、国企改制、人文资源开发利用、提升城市品位、促进非公有制经济发展、教育改革、科技园区建设、优化经济发展环境等重大问题,与市委、市政府召开专题协商会。市政协建议把湘潭丰富的人文旅游资源开发利用作为全市的一项重要经济发展战略,列为一项支柱产业加以大力发展,被市委、市政府纳入"十五"计划,出台湘潭市旅游业发展五年规划。期间,共召开13场专题协商会,协商16个方面的问题。

2003～2005年是九届政协任期的前3年,市政协贯彻落实科学发展观,为促进湘潭全面、协调、可持续发展积极建言协商。提出以信息化带动工业化的10项措施,对湘潭市加快信息化建设、推进传统工业改造提升,起到积极作用;围绕"三农"问题,提出六个方面的对策建议,被作为内参发给市委常委,并列为专题研究;开展"拯救文化遗产,打造文化名城"的调研,从全市文化遗产的现状和存在的问题、拯救文化遗产的历史价值和现实意义等方面进行分析,提出独特见解和切实可行的建议,与市党政领导进行专题协商;对实施"城中村庄"改造及建立被征地人员生活保障制度问题,进行深入调查研究,提出一系列的措施,与市委市政府多次进行专题协商,为市委、市政府制定《关于加快"城中村庄"改造的意见》出谋献策。期间,共与市委、市政府召开13场专题协商会,共协商11个方面的重要问题。

三、协商统战工作重要问题

1986～1990年,市政协根据《国务院批转宗教事务局、国家建委等单位关于落实宗教团体房产政策等问题的报告》精神,采取向中共湘潭市委汇报,与市政府主动联系,或邀请市党政领导参加政协有关会议等形式,开始对宗教教产和统战人员中落实政策的遗留问题,逐一与政府及有关部门协商解决。对中华人民共和国成立前国民党军队的起义投诚人员及湘乡东平武工队的政策落实问题进行协商。1995～1996年,市政协会同统战部,重点对政协委员被占私房、"文化大革命"期间被查抄财物清退情况与有关部门进行协商。1997～2000年,为宗教部门收回云门寺和西禅寺进行多次协商,并且均取得满意结果。

第二节 民主监督

一、委员视察

1986年,市政协组织部分政协委员,实地视察市内文物古迹和风景区,就文物古迹的修缮、管理、开发利用进行座谈。对有关部门在文物古迹修缮不力、管理不善、保护不够、开发利用方面缺乏整体规划等方面的问题提出批评。市政府和有关部门认真听取意见并采纳,拨出专款,组织力量建设齐白石纪念馆,修复陶侃墓、何腾蛟墓和刘烈士祠等文物古迹,并着手修缮昭山寺和制定开发昭山的规划研究工作。至1987年(政协五届委员会任期的后两年)的两年间,市政协就城市规划建设问题和涉及群众切身利益等问题组织委员50多人次进行12次视察,将存在的8个主要问题核实后,提出改进意见,向有关部门反映,使问题得到较好解决。

1988~1992年政协六届委员会期间,政协主要围绕"三农问题"展开视察,就农村沼气、蔬菜产销以及进一步加强扶贫工作等进行23项专题视察,所提出的意见建议受到市委、市政府的重视。其中关于加速发展农村沼气的建议被省沼气办印发全省。期间,共组织委员300人次进行59次视察,涉及"三农"方面的问题18个,形成调查报告16个送市委、市政府。

政协七届委员会期间,对行政单位和部门为了小集团利益乱收费,群众反映强烈的问题,组织委员重点视察。1993年,市政协组织委员先后视察市计委、市粮食局、市劳动局、市公安局、市建委、市人事局等单位,发现这些单位自设项目14项,且擅自抬高标准和搭车收费。市政协提出"治理行政事业单位乱收费问题的建议",并将乱收乱支的典型通过新闻媒体曝光,对遏制乱收费起到促进作用。期间,共组织委员285人次进行27次视察,形成报告15份送市委、市政府及有关部门。

政协八届委员会期间,围绕企业外引内联、治理经济发展环境、社会力量办教育、教师队伍建设和"一化三清"等方面的问题进行视察。1998年,市政协组织部分委员实地视察万士利饼干厂、湘进电化有限公司等7家外引内联企业,对有关单位政令不畅、执法不公、"三乱"严重等影响企业生产经营问题,提出切实的改进意见和建议,引起有关职能部门的重视,多数问题得到较好的解决。1999年,部分政协委员对全市社会力量办学情况视察后,建议市政府把有限的教育经费主要投入义务教育,通过调整结构,形成以政府办义务教育为主、社会力量办义务教育为辅,以社会力量办职教为主的新格局。同年,对中小学教师队伍建设开展调查,提出进一步提高教师队伍素质的意见,并针对科普工作存在的认识不足、体制不顺、队伍不强等问题,从提高全民素质、实施科教兴市的战略角度,提出一系列意见供有关部门研究参考。2002年,市政协组织24个委员活动小组负责人对环境保护进行视察,对责任单位的工作予以讲评;同时组织部分工商界代表人士赴外地考察城市建设情况,并向市政府及有关部门提出把环境保护列入城市建设规划的重要内容,进一步加强环保第一审批权等意见。5年内,共组织委员291人次,进行42次视察,形成调查报告8份。

市政协九届委员会期间,围绕加强干部队伍建设、转变干部作风、重点工程建设、农村科普工作等方面的问题进行视察;市政协组织百余名委员对全市96个县处级党政领导班子的工作进行评估,配合做好绩效考核工作;并参与有关部门的工作检查、评议、听证;参与招考公务员的面试;参与房屋拆迁听证。期间,共组织委员150人次进行45次视察,写出视察报告6份送市委、市政府及有关部门。

二、行风评议

1993年,市政协按照中共湘潭市委七届六次全会"关于开展行风评议"的决定,派出部分委员及民主党派、工商联人士参与行风评议。1994年,市政协派出60余名委员,参加19个单位的行风评议。在行风评议中,发现部分党政机关存在超标准使用小汽车、无偿占用企事业单位钱物等问题,市纪委、市监察局根据政协委员提供的线索进行清理,共清出违规购买小汽车78辆,采取变卖、调换或改作特种业务用车等办法全部予以处理;清退党政机关及工作人员无偿占用企事业单位的交通工具及通讯设备130台(件)。1995年,市政协派出20名委员参加市直10多个单位的行风评议,做到尽职尽责。如在评议市教委期间,发现有些学校对学生收费过多。行风评议代表与市教委一道深入调查,广泛听取各方人士意见,彻底弄清收费情况,并与市教委制定改进的措施。同时,呼吁市委、市政府筹资2000多万元解决拖欠教师工资问题。

1996年起,市政协每年都选派40至60名委员担任行风评议员,参与行风评议工作,行风评议逐步走上经常化、规范化轨道。1996年,先后评议市公安局、市国土局、市工商银行、市建工局、市农机局、市烟草局、市科委、市广播电视局等8个单位,评议代表共揭摆问题431个,促进自清自查问题592个,查处156个,澄清落实800余个,为国家和集体挽回损失128万元。通过行风评议,一些单位制定"重点岗位轮换""内部权力分解""收支两条线""基建工程张榜招标承包""两公开一监督"等五项廉政制度的实施细则。1998年,政协委员提出"行风评议"以禁赌为切入点,加强机关干部作风建设,市委就此专门制定《关于县(处)级领导干部参与打牌娱乐活动的暂行规定》。

2000年,市政协成立行风评议工作领导小组,形成政协主席挂帅,专委会、委员活动小组、民主党派、工商联以及县市区政协全力参与的工作格局。领导小组共组织30名政协委员分为6个评议小组,分别对全市经济发展大环境、个体私营经济小环境、商品市场环境存在的问题综合评议,对市包装装潢管理办的"三乱"、岳塘区法院的司法不公、市技术监督局的执法不严等问题进行个案评议。并将评议所涉及的个案移送有关部门督办,进行跟踪监督,共有25件个案查处到位,《人民政协报》《湘声报》予以报道。2001年3月,市政协办公室通过新闻媒体向社会各界发出公告,接受群众对经济发展环境中存在问题的举报,并成立信访组,专门处理群众来信来访。年内共接到人民来信125件,交有关部门审查立案114件,其中涉及经济环境方面的87件,其他方面27件,分五批交34个承办单位办理,年内办理84件。

2004年,市政协派出20余名政协委员参加市电信行业、市卫生系统的行风评议。在电信行业的评议中,通过走访用户和调查了解,征集建议70余条,提交电信主管部门采纳后,促进了员工观念的转变,进一步加强了员工职业道德的建设;在卫生系统的行风评议中,针对医药购买和医疗服务中存在的临床促销、开单提成、收受回扣和红包礼金、开大处方、滥检查乱收费等问题,先后走访80余人次,并向门诊、住院病人现场发放意见征求表200份,协助医疗卫生部门完善综合质量考核制度,重新修订临床、医技科室、行政后勤部门综合质量考核评价标准,建立院朝会和全院性巡视督查制度,完善客户管理和客户意见反馈机制。

三、特约监督

从 1993 年开始，受有关部门或单位聘请，市政协派出部分政协委员担任党风义务监督员、特约监督员、廉政监督员、医德医风监督员等。当年 2 名政协委员受聘担任市国土局行风监督员，认真监督该局改变工作作风、改善服务态度、提高办事效率，协助有关部门查处该局某副局长伙同他人炒地皮获取非法收入 6.1 万元的案件。并督促该局制订《财务管理暂行规定》《业务工作关系操作规定》。同年受聘担任中国银行湘潭市支行行风监督员的 3 名政协委员，对该行出现压汇票、自办公司、贷款收取回扣、个别工作人员服务态度恶劣以及炒股票等问题提出严肃批评，帮助该行整顿作风，提高服务质量。1994 年，有 40 多名政协委员应邀担任审计、执法监督和医风医德等部门监督员。1995 年，特约监督员遍及检察、司法、城建、人事、工商等部门。至 1997 年七届政协期间，共派出特约监督员 170 多人，涉及 10 多个单位和部门。

1998 年起，市政协委员担任特约监督员已成为纠正行业不正之风、提高工作效率、反腐倡廉的一项举措。每年派出 40 多名特约监督员到市直各单位。2001 年，贯彻执行中共湘潭市委《关于进一步加强人民政协工作的意见》，市政协执行市委要求，对“国家及工作人员履行职责、遵纪守法、勤政廉政的情况，实行民主监督”。同年，执行中共湘潭市委《关于规范市政协委员担任特约监督员开展民主监督工作的意见》，进一步选派好特约监督员，注重发挥特约监督员的作用，加强有效监督。至 2002 年八届政协期间，共派出特约监督员 200 多人次，涉及 20 多个部门。

2003 年，市政协建立特约监督员回政协述职制度，总结交流经验。2004 年，市政协建立健全特约监督员推荐程序，保证特约监督员的政治业务素质。规定特约监督员与被监督单位经常交换意见。至 2005 年九届政协前三年期间，150 余人次政协委员担任法院、检察院和市直有关部门特约监督员。

四、反映社情民意

市政协从第七届起，开展了解和反映社情民意工作，为委员建言献策拓展新的途径。市政协发动各界别委员广泛听取群众意见和呼声，及时通过政协的渠道向党委、政府反映重要情况。制订《关于加强反映社情民意工作的意见》，创办《政协之声》和《社情民意摘报》内刊，刊载政协委员反映的社情民意信息，报送市委、市政府。政协委员了解到湘乡市有吸毒人员到医院索要杜冷丁等麻醉药品的信息后，经市政协渠道及时通报给湘潭市、湘乡市两级公安机关后，公安部门在湘乡开展清理打击专项行动，迅速解决涉毒严重事件。期间共编发《政协之声》《社情民意摘报》50 多期，委员反映信息 700 多条。

1998 年，位于市区长城乡、先锋乡和湘潭县响水乡三地交汇处的市第一技工学校附近的经营户开设电游室，设置老虎机，引诱学生参与赌博，严重影响学生的学习和身心健康，群众反映强烈。市政协委员就此向有关部门建议整顿违规网吧，取缔违法经营，整顿校园周边环境，并通过《政协之声》1998 年第 2 期刊载，引起有关部门的重视。市文化、公安、工商等部门加强重点整治和依法管理力度，使校园秩序明显好转。至 2002 年八届政协期间，共编发《政协之声》《社情民意摘报》70 多期，委员反映民意信息 800 多条。

2003 ~ 2005 年，九届政协期间，市政协办公室制发《关于建立反映社情民意工作先进集体和个人评选与奖励的实施意见》,建立反映社情民意网络,对信息员进行培训,反映社情民意工作逐步规范化。政协委员反映“湘潭市精神卫生中心危房改造迫在眉睫”的社情民意信息,经市委书记陈润儿批示,促成市精神卫生中心的改造和建设。期间,编发《政协之声》《社情民意摘报》40 多期,委员反映民意信息 500 多条。

第三节 参政议政

一、全会进言

市政协在召开全体会议期间,邀请市党政主要领导和有关部门负责人到会听取委员作大会发言。

市政协五届第四、五次会议上,有 24 位委员作大会发言,主要内容有:坚持四项基本原则,旗帜鲜明地反对资产阶级自由化,振兴湘潭经济,开创政协工作新局面等五个方面的意见。

市政协六届委员会召开 6 次全体会议,有 66 位委员作大会发言,主要内容有:加强政治协商、民主监督,不断完善企业分配制度,建立和健全工会对劳动保护的监督检查制度,走有湘潭特色的出口创汇路子,加强出口农副产品的质量和出口农副产品的市场管理,培养外贸人才,加快商业网点建设,加大鼓励和支持个体私营经济发展的力度,改善外商投资环境等。

市政协七届委员会召开 5 次会议,有 83 位委员作大会发言。主要内容有:搞好国有大中型企业,控制物价涨幅,深度开发丘岗地,重视发展个体私营经济,增强科学决策功能,整顿机关作风,加强地方财源建设,保护耕地和依靠科技进步发展经济等。

市政协八届委员会召开 5 次会议,有 104 位委员作大会发言,主要内容有:以实施“名牌战略”带动资产重组,培养和造就一批高素质的企业干部队伍,关心职工生活,加大人事制度改革力度,大力发展高新技术,改造提升传统产业,优化用人环境,建立完善社会保障体系,打击生产和销售伪劣商品,加快小城镇建设,加强和完善城市规划,加速农业现代化,加速科技园区建设,建立和健全法律援助体系,提高工业企业技术创新能力,加强城市开发管理中的环境保护,加强政法队伍建设等。

市政协九届委员会第一、二、三次会议上,有 28 位委员作大会发言,主要内容有:建立和完善信用制度,优化经济发展环境,打造“红色文化”品牌,加快组建企业集团,建立新型农村合作医疗制度,强化建设项目的审计监督,打造文化名城,促进农民增收,加大艾滋病防治力度等。

二、提案、建议案

(一)提案工作

市政协第六届委员会期间,制定《提案工作细则》,使该项工作进一步规范化、制度化;制定《关于征集政协委员提案的意见》,改变过去对提案另行打印再转承办单位的做法,直接以提案原件复印转呈,缩短提案的交办时间。湘潭市蓄电池厂连年累计亏损达 60 多万元,市政协委员于 1988 年就解决该厂的困难问题呈交一份提案,经市政协组织调查,提请市政府有关部门解决原材料和资金困难,又帮助企业理顺隶属关系,改革企业内部经营机制,推行全员风险抵押承包,企业出现生机。市政协委员提交的《关于加速农业科技进步振兴湘潭农业》的提案,受到市政府高度重视,除原有一位副市长抓农业外，另增派一位副市长抓科技兴农工作。湘潭县、湘乡市、韶山区、郊区选配科技副县(市区)长，有些还选配科技副乡(镇)长。建立健全科技推广体系，为农民提供多方面的服务。届内，委员提案立案数1349件，比上届483件增加866件。其中，办理后得到解决的1033件；列入计划逐步解决的76件；未解决的240件。

市政协第七届委员会期间，委员们围绕民生问题的提案比较多。1994年，针对市场粮油价格不稳定等问题，委员们提出《平拟市场粮油价格，充分发挥国有部门主渠道作用》等多件提案。市粮食部门认真研究解决，采取从外地组织购进一批稻谷、面粉和杂粮投入市场，满足需求，平抑粮价；经上级批准，从储备粮中，每月重点安排大专院校和水淹灾区用粮和市民优惠价粮2160吨，确保困难群体用粮。市政府采纳《关于进一步搞好"米袋子""菜篮子"工程》的提案，制订《副食品风险基金管理办法》，制发《蔬菜食品财政补贴的通知》，同时安排300万元作收购市级储备粮的费用。市政协常委会及委员提出《关于筹措资金及盘活企业存量资产的建议》，市政府采取一系列措施，由市财贸办、市经委联合下发《关于进一步做好"增资减债"工作的通知》，实行激活沉淀资金、扩大招商引资、清理回收外流资金等办法，帮助企业拓展筹措资金渠道；发动企业清仓查库，开展压缩"三项资金"活动；举办市内企业"闲置设备和超贮物资调剂会"，成交额达200多万元；千方百计开拓市场，扩大企业产销率。委员重点就"米袋子""菜篮子"、住房困难、煤气供应、公交问题等向市委、市政府进言，还有许多提案就开放搞活小型企业、发展个体私营经济、发展一乡一品特色农业、解决湘钢废水污染湘江问题、筹措资金盘活存量资产等提出提案。期间，立案1439件，比上届增加90件。其中，办理后得到解决的795件；列入计划逐步解决的562件；未解决的82件。

市政协第八届委员会期间，建立重点提案主席督办责任制，加大解决提案的力度。《关于发展订单农业、推进湘潭市粮食产业结构调整》等提案，引起市政府高度重视。市工商联界的委员提出《关于湘潭市非公有制企业融资问题的建议》，被政府列为重点提案，但因牵涉面广，一些实质性的问题未能解决。政协委员再次提出《关于加大私营经济贷款担保力度的建议》提案，市政府召集市经委、财政局等部门进行专题研究，并经市委常委会议讨论，拨出铺底资金，成立湘潭市中小企业贷款担保公司。届内，委员围绕推进湘潭社会经济发展、加强农业产业化进程、改善企业经营外部环境、加强城市基础设施建设、改善市容市貌、树立良好的湘潭形象等问题，提案立案数1249件，比上届减少190件。其中，办理后得到解决的1016件；列入计划逐步解决的128件；未解决的105件。

市政协九届一次会议制定《关于优秀提案评选、表彰实施办法》《湘潭市政协办公室关于办理政协提案的意见》，激励委员深入实际调查研究，为湘潭市社会经济发展多写提案，多出优秀提案；九届二次会议修订《提案工作条例》、编印《提案工作手册》，发至市、县(市、区)政协委员和承办单位，以指导和规范全市提案工作；为加速重要提案的呈送、批阅和办理，从九届三次会议起，采用《重要提案摘报》形式，及时送市委、市政府领导批阅，加大重点提案的落实办理力度。委员们就多种形式拉动湘潭经济发展、改善企业周边环境、加强城市建设和管理、创建生态园林城市等方面进言，《关于巧借"节会"拉动湘潭经济发展的建议》，被市委、市政府采纳。2003年后，中国(湘潭)齐白石国际文化艺术节等节会成功举办，对提升湘潭的知名度、强化招商引资力度、促进经济社会全面协调发展起到积极作用。市政协九届一、二、三次会议，共提案立案数797件，其中，办理解决的749件；未解决的48件。

第五至九届湘潭市政协提案工作情况

表 6-3-1 单位:件

届次		立案件数	提案处理				
			解决	列入计划	未解决	反馈满意率(%)	评选优秀提案
第五届	四次	110	85	14	11	—	—
	五次	142	92	13	37	—	—
第六届	一次	261	156	51	9	—	—
	二次	231	159	25	47	62.7	—
	三次	316	243	—	73	71	—
	五次	330	265	—	65	90	—
	六次	256	210	—	46	—	—
第七届	一次	206	100	95	11	81.55	14
	二次	288	107	113	68	80.3	13
	三次	341	165	176	—	89	16
	四次	355	311	41	3	90	22
	五次	249	112	137	—	90	—
第八届	一次	226	114	99	13	90	14
	二次	270	239	29	2	90	15
	三次	265	236	—	29	95	15
	四次	264	237	—	27	90	17
	五次	224	190	—	34	—	90
第九届	一次	283	256	—	30	98.9	17
	二次	240	236	—	4	—	17
	三次	274	257	—	4	91.97	18

(二)建议案工作

1988~1989年,市政协关于推广“吨粮田开发”并设立“丰收计划奖”“农业科技进步奖”“星火奖”的建议案,被市委、市政府作为制定发展粮食生产的重要措施。1991~1992年,市政协先后4次组织政协委员对市内的文物古迹和风景名胜地进行视察,就文物古迹的修缮与管理、人文优势和旅游资源的开发利用等问题提出建议案,得到市政府领导的高度重视和采纳。六届政协期间,共向市委、市政府提交建议案4件。

1993~1994年,市政府采纳市政协《关于加强我市行政事业单位国有资产管理的建议》,发布政府2号令,把行政事业单位规费收入纳入财政预算管理,实行收支两条线制度。1997年,市政府采纳市政协《关于实施名牌战略,振兴湘潭工业的建议》,制定《湘潭市工业主导产品调整意见》,对全市工业产品结构和产业结构调整作出重大部署。七届政协期间,市政协向市委、市政府提交建议案

13件。

在1998年八届一次全会上，市政协决定把建议案作为政协履行职能的一种重要方式。此后，政协常委会建议案、政协主席会议建议案工作进一步加强。1999年，市政协组织为期2个月的科技成果转化专题调研，形成《关于加大科技成果转化力度的建议案》。市委常委扩大会议听取市政协关于此课题的专题汇报；省政协常委会在协商科教兴湘战略时，指定湘潭市政协作专题发言；省委办公厅、省政府办公厅、省科委要求湘潭市政协提供建议案，以供决策参考。在八届政协期间，政协向市委、市政府提交10件建议案。

2003～2005年，市政协组织委员深入企业调查，研究信息化和工业化的现状、存在的问题及应采取的对策，提出以信息化带动工业化的10项措施，形成《以信息化带动工业化，实现湘潭经济跨越性发展》的常委会建议案，提交市委、市政府；针对城市社区建设面临的新情况，市政协经过调研，形成《关于我市社区居委会建设的调查与建议》《关于拯救文化遗产　打造文化名城》等主席会议建议案，为市委、市政府加强城市基层组织建设和城市文化建设提供参考，被省政协评为全省调研成果二等奖。市政府就这两份建议案的办理落实情况专题向市政协常委会通报；市政协从全市文化遗产的现状和存在的问题、拯救文化遗产的历史价值和现实意义等方面出发，组织开展“拯救文化遗产，打造文化名城”的专题调研，提出独特见解和切实可行的建议，形成政协常委会建议案，提交市委、市政府。九届政协前3年期间共向市委、市政府提交建议建案3件。

三、专题调研

1986～1987年，市政协经济促进会和工商组针对湘潭市酱油生产优势没有充分发挥，传统名优产品“龙牌”酱油供不应求的现状，就如何加快酱油生产的发展，对全市8个国营集体、乡镇酱油企业调查，从管理体制、原料、资金和技术等方面的条件和措施，提出组建龙牌酱油集团公司的建议，市政府很快采纳实施。期间，共进行专题调研66次，委员参加人数达240人次，写出富有参考价值的调查报告100余份，受到市党政领导和有关部门的赞许和重视。

第六届市政协组织就发展教育、开展社会办学、建立健全全市农业社会化服务体系、深化科技体制改革、加快科技成果转化、调整农业产业结构、发展私营经济等方面进行专题调研。为协助市委、市政府贯彻落实好《中华人民共和国义务教育法》，促进全市基础教育的发展，1992年，市政协组织委员开展专题调查，提出加强湘潭市基础教育的意见，在当年召开的全市教育工作会议上，列为会议的中心议题，并安排市政协在会上作专题发言。期间，专题调查112次，向市委、市政府及有关部门提交调研或考察报告98份。

第七届市政协届内，坚持“议大事、抓重点、办实事、讲实效”的原则，市政协常委会开展的改善煤气营销管理、推进农业产业化、加快“三资”企业发展、实施名牌战略、加快小城镇建设、发挥高校优势、加快“普九”进程、全面实施素质教育等重大课题调研，为市委、市政府科学决策提供重要依据。1997年，市政协就市区煤气供应不正常，百姓怨声不断，且财政负担逐年增多的情况，开展对煤气生产、供应及营销管理等问题调查，提出《关于改善湘潭市煤气生产、经营管理的建议》的调查报告。市政府对多套方案比较后，采纳市政协的这个建议，理顺煤气生产经营管理体制，使煤气供应不正常的问题得到解决。其间，委员开展专题调研19次，各专门委员会组织调研64次，共提交调研考察报告 35 份。

第八届市政协期间,先后围绕促进非公有制经济发展、实施名牌战略、科技成果转化、国企改制、人文资源开发利用、提升城市品位、教育改革、科技园区建设、优化经济发展环境等重大问题进行调研。湘潭布市是中南地区大型布市之一,日营业额达 800 万元。1998 年,几处临时停车场因整顿市容被取消,客商的货车无处停放,严重影响经营。日营业额降至几十万元,严重制约布市经营。市政协开展商品市场调查,听取群众意见。参与调查的 5 位政协常委联名向市政府提出解决布市经营环境问题的方案。届内,共开展专题调研 115 次,共提出调研报告 87 个。

第九届市政协坚持以经济建设为中心,全面落实科学发展观,为促进湘潭全面、协调、可持续发展进行调研。2003 年,市政协先后组织三次专题调研:深入农村,剖析农村税费改革后社会公益事业发展中存在的问题和原因,针对面临的问题提出建议,大部分被市委、市政府决策"三农"问题时所采纳;深入企业,了解掌握第一手资料,研究湘潭市信息化和工业化存在的问题和对策,向市委、市政府提出湘潭市信息化带动工业化的 10 项措施;对城市社区建设调研,提出"关于湘潭市社区建设的调查与建议",为市委、市政府加强城市基层组织建设提供决策参考。期间,共进行专题调研 25 次,提交调研报告 21 份。

第四章　其他职能工作

第一节　文史资料征编

1988 年,按照湖南省政协的安排,市政协与湘潭县政协、湘潭大学历史系联合编撰《平江起义前的彭德怀》专辑。1989 年,编辑出版《在潭黄埔校友话旧》专辑,全书展示国共合作时期,一批黄埔爱国将士抗击日寇、保卫祖国的战斗精神。1990 年,编辑出版《湘潭文史》第 8 辑,该辑为综合性史料汇编,以反映近、现代经济建设和文化教育为中心题材,兼及一些近、现代名人,如左宗棠、马福益、蒋纬国与湘潭史事的联系等。1991 年,为迎接毛泽东同志诞辰 100 周年,市政协文史委与韶山市政协携手,采取"分头征集、联合采访、重点约稿、统一整理"的办法,至翌年初,出版《巍巍韶峰》,全书 21 万字,反映一代伟人毛泽东与家乡人民的血肉联系和深厚感情,讴歌韶山人民"为有牺牲多壮志,敢教日月换新天"的革命精神。与此同时,和市卫生局联合整理辑录《食疗方集锦》一册。至 1992 年第六届政协 5 年期间,出版文史专辑资料共 6 辑。

第七届政协期间,1993 年,市政协与市图书馆联合编纂《齐白石研究大全》,全书 40 余万字,分齐白石生平研究和艺术研究两大部分,辑有年谱长编、师友录、白石论艺术、学者论白石、自述、诗选、印选、家谱及研究资料目录索引等,卷首还刊有首次公开发表的多幅齐白石作品及有关照片。1994 年,编辑出版《黎锦晖》专辑,全书 30 万字,以翔实的史料,全方位、多角度地介绍著名音乐家、作曲家黎锦晖及其主要作品。1995 年,编辑出版《湘潭文史》第 12 辑,该辑以工商史料为主,对湘潭古城的膏盐矿业、粮食行、易俗河米市、石鼓墟场、小东门鱼苗集市等,均专文进行追溯与综述。1996

年,为迎接香港回归,组织编辑出版《游子春秋》,全书 21 万字,将湘潭籍的海外和台、港、澳人士在政治、军事、经济、科技、文化、教育等各个领域中的艰苦曲折历程及其获得的成就一一介绍,既忠实地反映历史,又对人物作客观公正评价。至 1997 年共编辑出版专辑、资料、编著共 5 辑。

1999 年,编辑出版《湘潭文史》第 14 辑,全书 30 万字,重点推介工作在祖国各地的一批湘潭籍知名人士的学习和生活及其奋斗历程。2001 年,编辑出版《韶山银河》,全书史料翔实,叙述生动,详尽介绍韶山灌区工程建设的始末,并辑录大量当时工地创作的优秀歌谣,展示党群团结、战天斗地的风貌。至 2002 年八届政协期间,共编辑出版文史资料 2 辑。

第九届政协期间,编辑《湘潭揽胜》,全书 25 万字,全面反映湘潭历史人物、自然景观,为海内外人士了解湘潭提供颇为详尽的资料,是一本厚重的湘潭名片。同年,该书获湘潭市第五届哲学社会科学优秀成果奖。

第二节　海外联谊

(见本志第三篇中共湘潭地方组织第七章统一战线工作第四节海外联谊和对台工作)

第三节　自身建设和委员联络

一、自身建设

六届市政协工作机构:1986 年,市政协对工作机构作部分调整,调进一批干部,加强机关工作,并修订岗位责任制、机关工作制度和管理制度。1988 年,两次修订岗位责任制及有关制度,实行目标管理,调整、健全专门委员会的机构设置,撤销原有的工作组委员会,组建经济建设、科学技术、文教卫体、法制群团等 4 个委员会。1989 年 6 月,将祖国统一联络委员会改名为祖国统一联谊委员会。1991 年,将经济建设委员会和科技委员会合并为经济科技委员会,增设研究室。至此,六届政协工作机构为:提案委员会、经济科技委员会、文教卫体委员会、法制群团委员会、学习委员会、文史资料委员会、祖国统一联谊委员会、办公室、研究室。另保留 11 个工作组。

七届市政协工作机构:1993 年 1 月,市政协七届一次常委会会议决定工作机构仍为 7 个专门委员会和办公室、研究室;另设农村经济、工业经济、工业科技、财贸、城市建设、高等教育、中小学教育、医疗卫生、文艺新闻、体育、工会、青年、妇女、民族宗教、法制、台湾事务、侨务等 17 个工作组。1995 年后,相继制定《关于政治协商、民主监督、参政议政的规定》《常务委员会议事规则》《专门委员会工作通则》《各专门委员会与市党政群机关对口联系的规定》《委员持证视察的规定》《党组会议规则》《主席会议规则》等规章制度,使政协工作不断步入规范化、制度化的轨道。1996 年 12 月机构改革后,设五委一室,即经济科技委员会、提案委员会、祖国统一联谊委员会、学习文史委员会(文史资料委员会并入)、办公室(研究室并入)。

八届市政协工作机构:1998 年 1 月,市政协八届一次常委会会议决定工作机构仍为一室五委。同年 12 月,祖国统一联谊委员会改名为港澳台侨联络委员会。同年,为发挥界别的作用,按区域跨界别将政协委员划分为24个活动小组，每个常委都定组指导，参加小组活动，并将政协机关委室人员分到各组，负责联络、协调、服务工作。2001年，鉴于新时期人民政协工作向经济领域和基层延伸的特点，市政协向市委呈交关于在全市设立政协联络工作机构的专题报告。市委据此下发《关于在乡（镇）设立政协工作委员会的意见》，各乡镇普遍建立政协联络工作委员会。

九届市政协工作机构：2003年，市政协九届一次常委会会议决定工作机构为一室五委，即办公室、提案委员会、经济科技委员会、文卫法制群团委员会、学习和文史资料委员会、港澳台侨联络委员会。2005年5月，港澳台侨联络委员会改名为港澳台侨和外事委员会。同年，制定政协机关领导班子和干部绩效考核实施办法，设置委员联络信息中心，配备专干从事委员联络工作，并委派一副主席分管。为加强对县（市、区）政协工作的指导，建立市、县、区政协主席联席会议制度；市委下发《关于在乡（镇）设立政协联络工作委员会的意见》，政协的组织建设得到进一步加强。

二、学习宣传

为做好新时期的政协工作，市政协加强人民政协理论和统一战线理论的学习、宣传和研究，加强对政协委员的理论和业务培训。1987年，市政协举办湘潭市社会经济发展学术研讨会，收到论文40余篇，专辑印刷出版。1988年，市政协着重抓中心学习组和常委会议的学习，开展“社会主义初级阶段理论”的学习和“生产力标准”的大讨论，并邀请高校教授向部分委员和各界人士作学术报告或放录音报告。1989年春夏之交北京发生政治风波后，市政协及时召开各民主党派负责人和各界人士座谈会，认真学习领会中共中央领导的讲话，组织政协委员与湘潭师院的部分大学生举行谈心会，组织委员先后到湘潭大学、湘潭矿院等院校视察，举办高校思想政治工作理论研究会，为维护安定团结作出积极努力。1990～1992年，市政协作出《关于深入开展学雷锋活动的决议》，在政协机关和委员中，大力弘扬雷锋精神，加强思想道德和作风建设；举办纪念辛亥革命80周年大会、辛亥革命志士后裔座谈会、诗书画展览会，增强中华民族、炎黄子孙的凝聚力；举办政协委员先进事迹图片展览，拍摄反映政协委员先进事迹的电视录像片《奉献》4集，编印《政协委员风采》，褒扬政协委员爱岗敬业的奉献精神。1993年，成立湘声报社、同力杂志湘潭通讯联络处，在市级以上报刊推介16位全国、省、市区政协委员的优秀事迹；将原不定期编印的政协简报定名《湘潭政协工作》，作为政协正式会刊。1994年，召开学习《邓小平文选》理论研讨会，有10位委员撰写论文参加全省理论研讨会。组织委员中的老大学生赴大专院校与大学生座谈。同年9月，开展纪念人民政协成立45周年活动，与市新闻媒体开辟《新时期的统一战线之光》专栏，宣传报道30多位统战优秀代表和政协委员的典型事迹。1995年，在委员比较多的单位建立学习小组；举办纪念抗日战争胜利50周年画展；与市委统战部联合召开“社会主义市场经济条件下的统一战线和人民政协”理论研讨会，有38位委员宣读论文，有5篇论文选送参加省政协的研讨会；市政协办公室与市委统战部、宣传部开展长达两个月的统一战线与人民政协的宣教活动，在各新闻媒体开辟专栏，上稿100多篇次。1996年至1997年，市政协积极宣传江泽民对台工作的八条意见，先后举办台湾问题和香港问题报告会；召开迎香港回归研讨会及各界人士座谈会；政协学习文史委员会与省历史学会、湘潭大学人文学院发起，组织在张家界市举行“庆祝香港回归暨香港回归与中国近现代历史学术研讨会”，全国各地学者100余人出席，会议收到论文100余篇。1999年，市政协相继召开澳门回归形势报告会、座谈会，认真学习邓小平关于“一国两制”统一祖国的论述，政协委员和港澳台亲友还先后举行对李登辉的“两国论”批判会40多场次，近2000人参加。2000年至2005年，市政协机关开展讲学习、讲政治、讲正气的“三讲”活动，并组织政协各参加单位、24个委员学习活动小组，重点学习《“三个代表”重要思想学习纲要》《中共中央关于完善社会主义市场经济体制若干问题的决定》、胡锦涛总书记关于“两个务必”的讲话等。根据政协换届后新委员较多的情况，举办人民政协、统一战线理论讲座，系统学习人民政协理论、民主党派历史沿革等知识。

三、界别活动

2004年，根据全国政协主席李瑞环关于“人民政协只有突出界别的特点，发挥界别的作用，才能更好地履行职能，使各项工作生动活泼，富有成效”的指示，市政协制定《关于充分发挥市政协界别作用的意见》，设置界别活动组，选配召集委员，建立界别活动的指导和服务机构，形成常委会议听取界别活动组工作汇报制度和主席、副主席以及机关委办联系界别活动组制度，并将委办联系界别开展活动的成绩纳入年终考核。各界别围绕市委、市政府的工作重点，结合本界别的特点，针对社会的热点、难点和发展中的重大问题，深入调查研究，体察社情民意，积极建言献策。民革界精心组织调研，向市政协提交3份调研报告均入选大会交流材料。其中，《长株潭可持续发展与生态城市建设的调查与建议》获民革湖南省委调研成果一等奖。农林界先后组织委员到湘潭县、湘乡市调查，提出《关于全面开展我市优势农产品产地环境质量调查评价的建议》《关于大力推广湘乡市农业高新技术的建议》《关于加大农业科技园建设力度的建议》《深入农村，了解民情》的调查报告，引起市政府领导的高度关注，市政府为此制定解决问题的方案，使农村弱势群体的困难状况有所缓解。

2005年，市政协28个界别活动组（共青团界与青联界合并为一个活动组）开展各项活动150余次，委员参与面90%以上。农林界组织委员三次视察水利建设，为湘潭县、湘乡市、韶山市等地建设农民饮水解困工程献计进言，被当地政府和有关部门采纳、实施。教育界的《湘潭市教师队伍建设的现状和对策》《湘潭市职业教育改革与发展情况的调查和建议》等调查报告，为市委、市政府决策提供依据。文艺界组织视察万楼、关圣殿，就重建万楼、整修关圣殿，拯救文化遗产，打造文化名城，提出一些建设性的意见和建议。社会福利界联合第四委员学习组，针对流浪乞讨人员救助管理难的问题，视察市救助管理站，并书面向市委、市政府反映情况，市政府因此出台《关于加强城市生活无着的流浪乞讨人员救助管理的意见》，成为全省第一个出台此文件规定的市州。

第四节　“两为”活动

1991年，经市政协六届十五次常委会议和六届五次全体会议审议，通过“我为振兴湘潭经济争贡献，我为人民政协添光彩”的决定，组织政协委员参加“为经济和社会发展献一个良策；提供一条重要经济信息；帮助引进和开发一个生产项目；举荐一个人才；支持和帮助落实一项改革措施；促进用活用够用好一项经济政策”活动。市政协委员、农科所研究员邓定武任国家重点项目“两系杂交水稻技术攻关”课题小组副组长，几经试验，于1991年在全市示范栽培3576亩，亩均增产100千克。市政协常委、湘潭纺织印染厂副总工艺师熊长松为首研制出光电整纬系统运行稳定装置，性能优于进口产品，造价仅为进口产品的六分之一，为企业节约外汇 200 万美元。全国政协副主席王任重到湘潭视察工作，认为“两为”“六个一”“这是个很好的新鲜经验”。时任湖南省政协主席刘正也肯定这一活动是“开创政协工作新局面的一种好形式”。随即省政协向全省各级政协发出《关于转发湘潭市政协〈关于围绕振兴湘潭经济开展“六个一”活动的情况体会〉的通知》，要求各地政协和省政协各专门委员会，学习借鉴湘潭市政协经验。同年 7 月，中共湘潭市委批转市政协党组《关于组织政协委员围绕振兴湘潭经济开展“六个一”活动情况的报告》，肯定市政协开展的“两为”活动，是新时期人民政协开展工作的一条好经验，有利于调动各界人士建设社会主义的积极性，促进经济建设和社会各项事业的发展。至 2000 年的 10 年间，市政协委员引进资金 1.05 亿元，开发生产项目 696 个，扶贫扶教捐款 101 万元，助办公益事业 900 件，献计献策 8840 条，提供咨询服务 1980 人次，参与的政协委员占总数 95%以上。

2002 年，市政协办公室制定《关于建立委员活动小组的办法》，将“争贡献添光彩”活动贯穿 24 个政协委员活动小组活动的内容。市政协委员刘长庚潜心教学科研，成果获省科技进步二等奖、湖南省社会科学优秀奖；2004 年市政协委员、湖南五菱机械股份有限公司董事长谢军经多方联系、谈判，引进德国 HIRO 电梯生产项目，并与电梯公司签订合作协议。同时，谢军又促成引进德国一家著名风机制造企业与湘潭一家民营企业签订三方合作协议；市政协委员毛命军经营的毛家饭店，走连锁经营之路，至 2005 年，已发展连锁店 78 个，年上交国家税收 3000 万元，安置就业人员近 6000 人；市政协委员谭千红创办湘潭汽车城，引进资金 2500 万元，总投资 5000 万元。建成广州本田专卖店，年创利税 150 余万元，安置就业人员 200 余人，时为湘潭市汽车、摩托车销售龙头企业。至 2005 年的 4 年内，共引进资金 5400 万元，开发生产项目 356 个，扶贫扶教捐款 166 万元，助办公益事业 40 件，提供咨询服务 400 人次，参与的政协委员占总数 90%。

第七篇　民主党派湘潭地方组织

概　述

1986年，民主党派湘潭地方组织有中国国民党革命委员会湘潭市委员会、中国民主同盟湘潭市委员会、中国民主建国会湘潭市委员会、中国民主促进会湘潭市委员会、中国农工民主党湘潭市委员会、九三学社湘潭市委员会、中国致公党湘潭市工作委员会（以下分别简称民革湘潭市委、民盟湘潭市委、民建湘潭市委、民进湘潭市委、农工党湘潭市委、九三学社湘潭市委、致公党湘潭市工委）7个，共有成员721人。是年起，7个民主党派在成员中开展坚持四项基本原则反对资产阶级自由化、爱国主义、社会主义、中共统战理论方针政策教育。

1989年，面对春夏之交北京发生的政治风波，各民主党派分别召开市委会，统一思想认识，坚决和中共中央保持政治上的高度一致，坚决拥护中国共产党的领导，坚决维护安定团结的政治局面；做好有“三胞”关系成员的思想政治工作，配合政府部门，加强与港澳台亲友和海外亲友联系，宣传中共中央的正确决策和“一国两制”方针。1990年起，各民主党派分别组织学习《中共中央关于坚持和完善中国共产党领导的多党合作和政治协商制度的意见》，教育民主党派成员坚持四项基本原则，坚持改革开放，反对资产阶级自由化。年末，7个民主党派共有成员1554人。

1991～1996年，各民主党派分别组织学习中共十四大精神、邓小平南方重要讲话。1997年，各民主党派以香港回归祖国为契机，大力开展爱国主义教育。1999年，各民主党派召开市委（扩大）会议，学习中共中央、国务院《关于强烈谴责以美国为首的北约对我国驻南斯拉夫使馆进行导弹袭击的通报》，表明民主党派的政治立场。年末，7个民主党派共有成员2105人。

2000～2004年，各民主党派分别组织学习中共十六大精神、“三个代表”重要思想。2005年，中共中央颁发《关于进一步加强中国共产党领导的多党合作和政治协商制度建设的意见》后，各民主党派及时举办不同层次的学习班，印发学习辅导资料，帮助民主党派成员准确把握中共中央文件精神，加深对中国共产党领导的多党合作和政治协商制度的认识，增强接受中国共产党领导、走中国特色社会主义道路的坚定性和自觉性。年末，7个民主党派共有成员2748人。

第一章　中国国民党革命委员会湘潭市地方组织

第一节　组织建设

1986～1987年，为中国国民党革命委员会湘潭市委员会（以下简称民革湘潭市委）第八届市委会任期，有委员12名，刘甲华任主任委员。下辖8个基层支部，有党员182人，平均年龄63岁。

1988年4月，民革湘潭市委召开第九次党员代表大会，选举第九届委员会委员11名，增设市委常务委员会，刘甲华任主任委员。同年，成立民革湘乡市委，下设四个支部；新建雨湖一、二支部，市第四职业中专支部，板塘一、二支部，市郊区支部和易俗河小组。有党员207人，其中大、中专以上学历161人，占总数的78%；有"三胞"关系的87人，占42%；平均年龄53岁。1989年，贯彻民革中央指示精神，在发展上严把素质关，成立湘潭钢铁公司支部、市第十六中学支部、湘乡市人民医院支部、湘乡市第三中学支部；258名党员中，大、中专以上学历220人，占85%，文化层次明显提升。1990年，成立市第十二中学支部、雨湖直属支部，发展新党员15人，党员增至273名，平均年龄56岁。1991年，由于老党员自然减员，党员总数减至271人。

1992年1月，民革湘潭市委召开第十次党员代表大会，选举第十届委员会委员13名，刘甲华任主任委员。为适应湘潭市行政区划调整，成立第一职业中专支部，部分支部名称相应变更，有党员270名。1993年，因刘甲华主委去世，增补马扬为主任委员。同年，成立湘潭电缆厂支部（后更名为岳塘一支部）、经济促进会支部，有党员287名。1994年，组织发展遵循"发展与巩固相结合的方针"，注重人才的引进，年内有党员296名。1995年，有党员322名，其中女党员72名；有中、高级职称的167人，占党员总数52%；平均年龄52岁。

1996年12月，民革湘潭市委召开第十一次党员代表大会，选举第十一届委员会委员15名，撤销市委常务委员会，马扬任主任委员。同年，成立市高等院校支部、市化工研究院支部及市文艺支部，有党员335名。1997年，有党员352名，其中具有高级职称的38人，中级职称的169人。1998年，成立省纺织专科学校支部，有党员361名。1999年，成立湘潭师院支部，有党员378名。2000年，成立易俗河支部、湘潭大学支部，有党员392名，其中女党员95名；有中、高级职称的246人，占党员总数63%；平均年龄50岁。

2001年5月，民革湘潭市委召开第十二次党员代表大会，选举第十二届委员会委员15名，马扬任主任委员。年内重点吸收一批有参政议政能力和发展潜力的中青年知识分子成员入党，党员总数达408名。2002年，根据民革中央和民革湖南省委的部署，全面推行支部工作目标管理和量化考核，持续开展"基层组织建设年"活动。湘钢支部、岳塘二支部、雨湖二支部被评为省先进支部，湘潭钢铁公司支部被评为全国先进基层组织，受到民革中央的表彰。2003年，新建市财税金融支部，撤销市第一职业中专支部，将其成员并入市第四职业中专支部。2005年，民革湘潭市委辖1个县级地方组织和23个基层支部。党员488名，其中女党员141名；有中、高级职称333人，占党员总数

68%;平均年龄 51 岁。

第二节　参政议政

1986～1987 年,全市民革党员中,有各级人大代表、政协委员 56 人。其中,省人大代表 2 人,市人大代表 2 人;省政协委员 2 人,市政协委员 19 人(其中副主席 2 人)。这一时期,民革湘潭市委及其成员围绕改革开放、经济建设、民主法制开展调研和协商,共参加各类协商座谈会、情况通报会 30 多次,提出提案、议案 90 多件。刘甲华、田翠竹等"关于善始善终落实统战政策的建议"得到中共湘潭市委的重视和采纳。

1988 年,全市民革党员中,有省人大代表 5 人,市人大代表 3 人,县、区人大代表 3 人;有省政协委员 1 人;市政协委员 15 人,县、区政协委员 29 人。民革湘潭市委及其成员联系本部门、本地区实际,参与省、市、县(市、区)大政方针、人事安排、重大决策的调研和协商。其中,聂光旭撰写的《湘潭市 2000 年经济、科技、社会发展战略研讨》成为中共湘潭市委、市政府制订发展战略的重要参考;《关于在易家湾兴建水电站的建议》《关于理顺城区管理体制的建议》提案得到中共湘潭市委、市政府及有关部门的重视。至 1992 年,民革湘潭市委围绕经济建设中心及群众关心的重要问题,在深入调查研究的基础上,提出提案 8 件,参与重要调研和协商 45 次。

1993～1997 年,全市民革党员中,有省人大代表 1 人,市人大代表 3 人,县、区人大代表 4 人;有省政协委员 1 人,市政协委员 15 人,县、区政协委员 29 人;有 13 人被聘为"特约四员"(即特约监察员、特约检察员、特约审计员、教育督导员)和行风评议员。期间,《关于支持在我市创办私立学校的建议》的提案被评为市政协优秀提案;《如何抓好中小学爱国主义教育》的建议受到中共湘潭市委的重视;集体提案《要高度重视解决职工居民住房困难问题》得到国务院的重视。集体提案《关于市拘留所和收容教育所必须尽快分开的建议》提出后,市政府迅速作出反应,拨款 150 万元补充收容教育所的基建费用。该提案被市政协评为优秀提案。这一时期,民革湘潭市委及其成员参加中共湘潭市委召开的民主生活会、恳谈会、党派联席会和市政府召开的有关会议 70 余次,提交集体提案、建议案 98 件,个人议案、提案 214 件,两次被市政协评为提案工作先进单位。

1998～2002 年,全市民革党员中,有省人大代表 2 人,市人大代表 5 人,县、区人大代表 5 人;有省政协委员 2 人,市政协委员 13 人;县、区政协委员 26 人;有 23 名党员担任"特约四员"和行风评议员。期间,集体提案《关于加强种子生产经营管理的建议》《对我市城市环境卫生综合治理的管见》以及《吁请市政府有关领导现场办公,尽快解决强制戒毒所当前困难》(民革湘潭市委牵头,全市民主党派联合署名)被市政协评为优秀集体提案;集体提案《加强对挂靠企业的清理整顿》《建立完善的社会保障体系确保国企改革目标的实现》《国企改革要重视土地资产的处置与运营监管》被指定为市政协大会书面发言;集体提案《进一步规范批发市场管理的建议》《市政道路建设质量管理亟待加强》得到时任市长直接批转有关部门办理;伍可鸣《开发我市优质名牌大米的建议》《关于解决南盘岭水果批发市场停车场的建议》被市政协评为优秀提案。这一时期,民革湘潭市委及其成员参加中共湘潭市委、市政府召开的政治协商会、情况通报会、专题座谈会等 69 次,提交集体提案、建议案 200 多件,个人议案、提案 500 多件。

2003 年,全市民革党员中,有省人大代表 2 人,市人大代表 2 人,县、区人大代表 3 人;有省政协委员 2 人,市政协委员 21 人,县、区政协委员 32 人;有 25 名党员担任“特约四员”和行风评议员。是年,民革湘潭市委制订实施《参政议政工作暂行规定》,全年提交集体提案 8 件。其中,民革与民盟、九三湘潭市委共同提出的《关于加大邮政执法力度》的提案,得到邮政部门的高度重视,获市政协年度优秀集体提案奖;《呼吁湘潭市尽快建立毛泽东网站》提案受到中共湘潭市委的重视,采纳提案中的有关建议,在“湘潭在线”网站开辟《深情怀念毛泽东》专题论坛。围绕建设省内经济强市和推进农业产业化、工业化和城镇化主题,民革湘潭市委三次召开参政议政工作会议,成立课题小组,深入调查研究,撰写出《优化经济环境,促进湘潭发展》《加快我市信息化建设的建议》《如何加快我市外向型经济发展》等调研报告。后者,在民革湖南省委召开的全省参政议政经验交流会上获一等奖。为落实“党委出题,党派调研,政府采纳,部门落实”的新模式,民革湘潭市委确立“提前介入,精选课题,深入研究,责任撰写”的工作思路,重点完成 3 个课题。《论长潭株可持续发展的生态城市建设》《我市中等职业教育的改革与发展》在年底民革湖南省委召开的全省课题调研会上,分获一、二等奖;《关于建立我市新型农村合作医疗制度的思考与建议》在全市民主党派、工商联调研成果评比中获一等奖。2004 年,民革湘潭市委以经济建设为中心,紧扣发展主题,撰写调研材料。《关于促进湘潭市农村劳动力就业与转移的调查和建议》被确定为市政协九届三次全会大会发言;《关于支持金海水果批发市场整体搬迁,制止恶意破坏的建议》得到市政府的高度重视,为此专门召开协调会,促使问题得到解决。同年,民革界的市政协委员采用持证视察方式对某工商分局企业年检时存在搭车收费问题实施民主监督,受到市政协表扬。当年,共提出集体提案 9 件,个人提案、议案 50 多件,上报社情民意 20 多条。2005 年,民革湘潭市委《关于湘潭市发展物流产业的对策和建议》的调研报告获民革全省调研成果一等奖和全市党派工商联调研成果二等奖;《关于湘潭市中等职业教育改革与发展的思考与建议》被市政协评为优秀集体提案;曾杰武撰写的《积极发展产业积聚,促进湘潭经济发展》被市政协评为优秀个人提案。当年,共提交提案、议案 83 件,组织完成重点调研课题 5 项,向民革湖南省委递交调研报告 5 件,向中共湘潭市委、市政府提交调研报告 4 件;上报社情民意 40 件。

第三节 社会服务

1986 年,民革湘潭市委接管由市政协创办的新技术促进会,成立中山科技咨询服务部,致力于向乡镇推广科技成果,实现引进新型多效植物生长调节剂——“叶面宝”,推广应用面积达 6.67 万公顷。1988 年起,先后成立市台湾同胞经济开发公司、市奥林饮料经营部、市福利化工厂、市现代科技设备服务部、市三环艺术装饰公司等企业,探索直接为经济建设服务的途径。至 1992 年,民革湘潭市委辖有经济实体 21 个,注册资金 320 万元,职工 350 余人。同时,民革湘潭市委还通过成立经济建设促进会的方式,教育鼓励党员立足本质,创先争优作贡献。易映华在担任小学校长期间,创办油漆厂,获利 100 多万元,为改善办学条件和教师生活作出贡献,被教育部评为“全国优秀教师”。

1993 年起,在民革中央的安排下,民革湘潭市委与贵州毕节地区建立扶贫联系点,支持湘中皮革化工公司总经理曾杰武到该地区推广蓖麻油开发项目,得到民革中央好评。湘潭大学应用化学系副教授邓建成帮助湘西古丈县研制“西洋参锗茶”通过湖南省科委鉴定,获湘西自治州科技二等奖。

杨桂祁为市化工研究院牵线搭桥,成功引进美国气巴公司在湘潭投资360万元合作办厂。赵国庆联系台湾亲友出资人民币288万元在湘潭成立合资湖南恒宇建材有限公司。易映华动员其在台湾的叔叔捐款10余万元,为湘潭县歇马乡修建水泥公路。胡永强兴办的市通和住宅合作社积极参加安居工程建设,建成6万平方米住宅,受到市政府表彰。1997年,民革湘潭市委组织相关企业在岳塘区双马镇征地6.67公顷,创办中山工业园区。1998年,根据上级关于清理整顿挂靠企业的指示,民革湘潭市委与下属企业全部脱钩,不再管理企业事务。至2000年的7年间,民革湘潭市委及其成员共为湘潭市引进经营项目3个,公益项目1个,直接引进外资1亿多元人民币。

2002年,原中山学校更名为市中山高考补习学校。该校调整办学方向,创新办学理念和管理模式,帮助300多名高考落榜生圆了大学梦,高考文理科本科上线率、高考上线率均居全市补校前列。同年,谭宁恁创办的12所幼儿园和2所老年公寓产值达700多万元,所辖托幼中心被评为省幼教工作先进单位。次年,被评为全国先进民办教育单位。2005年,发动党员与农村孩子实行"一帮一",先后与20多名农村贫困学生结成助学对象。是年,熊夺先被民革中央评为全国社会服务工作先进个人。

第四节　祖国统一联谊

1986年,全市民革党员中有"三胞"亲属关系的150余人。民革湘潭市委认真贯彻中共中央"和平统一、一国两制"的方针政策,充分发挥民革组织对台、对外工作的独特优势,积极主动地开展祖国统一联谊工作。期间,围绕纪念孙中山先生诞辰120周年,发动民革成员参与祖国统一问题的理论研讨,撰写对台、对外宣传稿件;与市政协、市文联联合举办书画展;疏通渠道,促使党员成诗璇、刘原创作的书画作品入台展出。至1991年,共接待回乡探亲、观光、讲学的"三胞"328人次,有16名党员出境探亲访友,与台、港澳及海外亲友通信2600多封,寄予海外酬唱诗词300多首,展出全国各地征集来的作品130余件。

1992～2002年,民革湘潭市委积极宣传中共中央、国务院的对台方针政策,与一切分裂祖国的言行作斗争。针对台湾民进党当局公开发表分裂祖国言论,民革湘潭市委及时组织学习中台办、国台办新闻发言人的重要谈话,通过各种方式表明"反独促统"的政治立场。党员郭胥宇赴台探亲归来,他将自己的真情实感写成《赴台杂记》一文,旗帜鲜明地声讨陈水扁分裂祖国的言行,被《湖南民革》机关报登载。由主委马扬带队有5位民革党员参加的湘潭市教育考察团入台考察交流。2003年,民革党员中赴台探亲访友28人次。2004年,主委马扬接待台北湘潭同乡会会长、台湾原《青年战士报》社长罗卓君先生。2005年,台湾亲民党主席宋楚瑜回乡探亲扫墓,李克济作为宋楚瑜的同窗好友,特地从厦门赶回来与之见面,共叙友情、乡情。同年,举办以"警钟长鸣,勿忘国耻"为主题的纪念抗日战争胜利60周年征文,在有关报刊发表文稿30多篇。

第二章　中国民主同盟湘潭市地方组织

第一节　组织建设

1986 年，是中国民主同盟湘潭市委员会（以下简称民盟湘潭市委）第八届市委会任期，有委员 14 名，钱南浦任主任委员。下辖 19 个支部，共有盟员 222 人。其中，高教界 36 人，中小教界 105 人，文艺界 14 人，科技界 48 人，机关企业 19 人。

1987 年 12 月，民盟湘潭市委召开第九次盟员代表大会，选举第九届市委委员 17 名，秦本杰任主任委员。年内成立民盟湘潭矿业学院支部，因民盟湘潭大学支部由省辖改为市辖，基层支部增至 21 个，盟员增至 311 人。1989 年，将雨湖、湘江两个支部进行调整，组成河西教育支部及河西联合支部。同年 6 月，成立市郊区支部，后并入河西教育支部。至年底，全市共有盟员 346 人。其中，具有中级以上职称的 185 人，占盟员总数的 53.5%；平均年龄 53.9 岁。1990 年，设立民盟板塘直属小组。1991 年，湘潭医院民盟支部随医院更名为民盟湘潭市中心医院支部。

1992 年 1 月，民盟湘潭市委召开第十次盟员代表大会，选举第十届市委委员 15 名，余明光任主任委员。1993 年，板塘直属小组与湘潭市十二中学支部合并，成立民盟板塘支部。

1996 年 11 月，民盟湘潭市委召开第十一次盟员代表大会，选举第十一届市委委员 15 名，余明光任主任委员。1999 年末，全市有民盟基层组织 23 个，盟员 395 人。盟员中，有中级职称 181 人，占盟员总数的 45.8%；有高级职称 181 人，占盟员总数的 45.8%；平均年龄 57.4 岁。2000 年，撤销河西教育支部，成立民盟湘潭市第十一中学支部和民盟湘潭市工贸中专支部，原民盟区县支部更名为民盟湘潭易俗河支部。

2001 年 5 月，民盟湘潭市委召开第十二次盟员代表大会，选举第十二届市委委员 15 名，杨鹏程任主任委员。同年，因湘潭机电专科学校和湖南纺织专科学校合并为湖南工程学院，两校的民盟支部分别更名为民盟湖南工程学院南院支部和北院支部。2002 年，设立湘潭市民盟机关直属支部。2003 年，因湘潭工学院与湘潭师范学校合并为湖南科技大学，两校的民盟支部亦按地理位置设立南校区支部、北校区支部和雨湖校区支部。2004 年，成立民盟湖南科技大学基层委员会，成为民盟湘潭市委下辖的首个基层委员会。该委员会下设 3 个支部。至 2005 年底，民盟湘潭市委下辖基层委员会 1 个，基层支部 25 个，共有盟员 475 人。盟员中，具有中级职称的 199 人，占盟员总数的 41.8%；具有高级职称的 232 人，占盟员总数的 48.8%；具有大专以上学历的 397 人，占盟员总数的 83.5%；平均年龄 56.3 岁。

第二节　参政议政

1986～1987 年，全市民盟成员中，有 62 人分别任各级人大代表和政协委员。其中，省人大代表

3人，市人大副主任1人，县(区)人大常委会副主任2人；省政协委员5人，市政协副主席1人，县(区)政协副主席1人。民盟湘潭市委组织他们履行参政议政职能，就湘潭市党政领导班子建设、机构改革、民主法制建设、发展文化教育事业等提出提案、议案100余件。关于“加强乡镇中学建设”“纠正不正之风”“新建农贸市场”等建议均被中共湘潭市委、市政府采纳。

1988年，全市民盟成员中，有省、市、县(区)人大代表、政协委员51人。其中，市人大副主任1人；省政协委员4人，市政协委员11人，县(区)政协副主席2人。至1989年的2年间，民盟湘潭市委坚持以经济建设为中心，围绕大政方针和改革开放认真履行参政议政的职能。秦本杰先后提出有关文教事业、廉政建设等重大提案、议案39件，大多为省、市有关部门采纳。刘觉非积极参加市、区两级人大代表视察活动，提交议案11件，提出各类建议、批评和意见100多条，先后就群众反映强烈的社会治安综合治理、兴建菊花塘公园、整顿中洲路农贸市场、拓宽书院路等问题建言献策，被市人大常委授予“优秀人民代表”称号。1990年，黄棣华参与市农业局青山桥区较场乡调研，通过走访3个村20多家菜牛养殖户，写成专题调研报告《组织推广养殖菜牛专题调查》，提交市政府有关部门，引起重视。1991年，刘奇膺、陈选青、姚振光分别受聘担任市教育督导员、特约监察员和特约审计员。1992年，民盟湘潭市委提出《关于山区初级人才培养的调查》和《德育评估后的调查和意见》两份调研报告。后者对《湖南省德育评估方案》实施后存在的问题和弊端进行重点分析，提出中止该方案的建议，经民盟湖南省委认同并转呈省教育厅，对日后废除《湖南省德育评估方案》起到重要作用。举荐盟员担任政府部门实职取得进展，刘盛娥被选任湘潭市体委主任。至1992年3年间，共提出提案、议案80余件，重要建议和批评意见200多条。

1993年，全市民盟成员中，有省、市、县(区)人大代表、政协委员49人。其中，市、县(区)人大代表各1人；省政协委员2人，市政协委员12人，县(区)政协副主席2人；共举荐9名优秀盟员到政府部门任职。湘潭大学中文系教授肖艾被推荐担任湖南省文史馆馆长。1994年，民盟湘潭市委《加强宏观调控，确保湘潭市种植业结构调整规划的全面落实》的集体提案，引起强烈反响。1995年，民盟湘潭市委在市政协全会上所作《目前我市国有企业存在的一些问题及若干对策的思考》的大会发言，引起中共湘潭市委、市政府的重视。《湘潭市农村文化市场的现状及其对策》《关于湘潭市农村文化站建设的近况》两篇社会调查成为中共湘潭市委加强农村文化建设的重要决策参考。1996年，余明光向湖南省政协全会提交《关于增加农业投入稳定健全农技队伍把科技兴农真正落到实处》的提案，得到省政府有关部门的重视。《关于加强农村文化建设的建议》获当年市政协优秀提案奖。王志忠被民盟湖南省委评为参政议政先进个人。1997年，《积极推进湘潭市农业产业化进程》的集体提案在市政协全会上交流。张铁珊《关于在公共场合禁止吸烟》的议案获市人大会议通过并实施。至1997年的5年间，民盟湘潭市委以及盟员中省、市、县(区)三级人大代表和政协委员就湘潭市的经济建设、民主法制建设和社会发展共提出提案、议案100余件，调研报告60余件。

1998年，全市民盟成员中，有市人大代表1人(副主任1人)；省政协委员4人，市政协委员19人，县(区)政协委员14人(副主席1人)；有2人在市政府职能部门担任实职。是年，《地方政府的经济职能调节如何适应社会主义市场经济发展的需要》的调研材料得到中共湘潭市委、市政府好评。《通过农业产业化体系，加快湘潭经济发展速度》的提案，被市政协评为优秀提案。1999年，《塑造湘潭城市形象》《关于湘潭市高校后勤社会化的调查对策建议》的提案被市政协评为优秀集体提案。黄棣华《关于解决布市场停车难》的提案被市政协评为优秀个人提案。余明光在湖南省政协全会上提出《建立湖南硅谷，进行高校资源重组》的建议被省政府有关部门采纳。2000年，为配合中共湘潭市委、市政府实施“经营城市”战略，民盟湘潭市委对湘潭市城市管理体制进行深入调研，撰写《关于改革湘潭市城市管理体制的调查及建议》，并在市政协全会上作大会发言。2001年，民盟湘潭市委形成《关于加强湘潭市司法队伍建设的思路和建议》《加强对湘潭市沿江生态风光带人文资源的开发、建设和保护》《规模种植芦荟并形成加工产业》3份调研报告。黄棣华关于《领导干部要改进调查研究方法》、谭敬清《帮助红叶宾馆走出困境的建议》两件提案被市政协评为优秀个人提案。2002年，民盟湘潭市委完成《湘潭市小城镇建设中存在的问题及其对策建议》《检察工作如何应对加入WTO》两份调研报告，并以此作为提案提交市政协。同年，杨鹏程被聘任为湘潭市重大决策专家组成员。至2002年的5年间，民盟湘潭市委以及盟员中省、市、县(区)三级人大代表和政协委员就湘潭市的经济建设、民主法制建设和社会发展共提出提案、议案90余件，调研报告40余件。

2003年，全市民盟成员中，有省人大代表1人，县(区)人大代表2人；有省政协委员3人，市政协委员15人(副主席1人，常委3人)，县(区)政协委员16人(副主席2人)。民盟湘潭市委《湘潭市高级技能人才现状需求与对策建议》在市政协九届二次全会上发言，并获优秀集体提案奖。2004年，民盟湘潭市委向中共湘潭市委、市政府递交《关于湘潭槟榔产业发展的思考和建议》《挖掘和整合湘潭市高校科技资源、为打造先进制造中心服务》两份调研报告。同年，民盟湘潭市委被调整与市政府农村工作办公室开展对口协商，并共同制定《关于坚持和完善对口协商制度的意见》。2005年，民盟湘潭市委就湘潭市“十一五”规划、政府工作报告、市场建设、路桥命名、乡村治理等方面提出许多建设性意见。集体提案《关于减轻个人医疗费用过重的建议》获市政协优秀集体提案奖。重点完成《关于湘潭市市场建设的调查与建议》《关于湘潭路桥名称的调研与建议》《农业税免征后湘潭市乡村治理组织变革的思路与建议》三项专题调研。其中《关于湘潭市市场建设的调查与建议》受到中共湘潭市委、市政府的重视与采纳；《关于湘潭路桥名称的调研与建议》获全市民主党派、工商联调研成果二等奖。至2005年的3年间，民盟湘潭市委以及盟员中省、市、县(区)三级人大代表和政协委员就湘潭市的经济建设、民主法制建设和社会发展共提出提案、议案60余件，调研报告30余件。

第三节 社会服务

1986年，民盟湘潭市委发起并组织召开民盟“长沙、衡阳、常德、邵阳、怀化、岳阳、湘潭”7市“普通中学教学改革研讨会”，共38人参加会议，收到论文及调查报告60余篇，有9堂电视录像在会上交流。会议起草《关于加强教育和实行九年义务教育的建议》，向湖南省教委提出关于“把基础教育摆到战略重点地位”等20多个问题和建议。同年，开办潭州业余大学。1987年起，支持盟员陈沛华创办湘潭市潭州书画院经营文化用品，开展文化交流。先后经营管理湘潭市振华港澳台经济开发公司、湘潭市工业炉窑研究所等16家挂靠企业。至1990年，潭州业余大学共培训学员229名。1991年，该校与省速记协会联合开班，邀请省内知名快速记录专家来潭讲学，听众达1100多人，后与长沙电视中专联合办班两期，毕业学员百余名，大多被沿海省市录用。1996年，民盟湘潭市委发动盟员参与抗洪救灾活动，捐款3.8万元；另捐款2474元对口援助受灾严重的湘乡市潭市镇联校。至

1997 年，民盟湘潭市委先后开办湘潭市求是职业中等专业学校、电脑培训学校、少儿假期书画、英语、舞蹈培训班等，培训各类学员 890 余人。1998 年后，民盟湘潭市委与所辖企业全部解除挂靠关系，各类教育培训机构亦相继停办。2000 ~ 2005 年，市主委杨鹏程因其师德师风堪称楷模受到省政府记一等功奖励，并被教育部授予"全国首届百名国家级高校教学名师"称号；盟员王家勇因其教学成绩突出，被教育部授予"全国模范教师"称号。

第三章　中国民主建国会湘潭市地方组织

第一节　组织建设

1986 年，是中国民主建国会湘潭市委员会（以下简称民建湘潭市委）第五届市委会任期，有委员 12 名，施宁荪任主任委员。下辖工业技术等 12 个基层支部（小组），共有会员 118 人。1987 年 3 月，民建湘潭市委进行支部调整和换届选举，共设立企业支部（小组）6 个，行业支部 5 个，地区综合支部 3 个。

1988 年 10 月，民建湘潭市委召开第六次会员代表大会，选举第六届市委委员 13 名，施宁荪任主任委员。同年在湘潭钢铁公司设立总支部，下设 5 个支部；增设湘江支部、雨湖支部和金融支部；撤销工商一支部、工商二支部，其成员就近安排到其他地区性支部和行业支部。至 1989 年的 4 年间，共发展新会员 185 人，其中具有大专以上文化程度的 116 人，占新会员总数的 62.7%。平均年龄 52.6 岁。这期间，会员发展速度较快，整体素质和参政议政能力均较前有所提高。

1991 年 12 月，民建湘潭市委召开第七次会员代表大会，选举第七届市委委员 15 名，施宁荪任主任委员。至 1995 年，组织发展注重吸收一些政治素质高、代表性强的人士入会，速度明显放慢。期间，根据民建中央六大通过的章程规定进行支部调整和届期改选工作，基层组织结构没有变化。

1996 年 10 月，民建湘潭市委召开第八次会员代表大会，选举第八届市委委员 15 名，熊长松任主任委员。是年，共辖有 13 个基层支部（其中湘钢为总支部），有会员 267 人。会员中，大专以上文化程度 174 人，占会员总数的 65.2%；具有中级职称的 112 人，占会员总数的 41.9%；具有高级职称的 49 人，占会员总数的 18.4%；平均年龄 52.8 岁。1997 年 10 月，根据会员发展及会员工作变动情况，撤销市色织染整厂支部，其成员就近安排到湘潭纺织印染厂支部；根据在大专院校发展会员情况，建立大中专院校小组；根据部分民营企业家加入民建组织的情况成立民营企业支部，撤销经济管理支部。至 2000 年底，全市共有总支部 1 个，支部 15 个，会员 289 人。会员中，大专以上文化程度的 190 人，占总数的 65.8%；具有中级职称的 123 人，占总数的 42.6%；具有高级职称的 55 人，占总数的 19%；平均年龄 53.9 岁。期间，江麓支部被民建中央授予"全国先进支部"称号。

2001 年 3 月，民建湘潭市委召开第九次会员代表大会，选举第九届市委委员 17 名，刘长庚任主任委员。此时，一些大专院校从事经济理论教学和研究的专家学者、一些非公有制经济代表人士及政府部门从事经济管理工作的人士加入民建组织，会员素质提高，活力增强。据此，民建湘潭市委决定对支部设置作出调整，撤销民营企业支部和大中专院校小组等，成立岳塘总支部、易俗河支部。至2005年底，共辖有2个总支，14个支部，有会员362人。会员中，大专以上文化程度的244人，占总数的67.4%；具有中级职称的173人，占总数的47.8%；具有高级职称的75人，占总数的20.7%；平均年龄54.8岁。期间，张文辉被推选为“全国优秀会员”，受到民建中央表彰。

第二节 参政议政

1986年，民建湘潭市委突出以经济界人士为主的政党特色，坚持以促进经济发展为中心参政议政，邀请部分专家学者、科技干部20余人，专题研讨湘潭经济发展战略，向中共湘潭市委提出促进经济横向联合的建议。施宁荪率湘潭市经济技术友好协作代表团赴上海开展横向经济联络活动，至1987年，共参加洽谈会8次，签订合同、协议12项。

1988年，民建湘潭市委成立以民建界别政协委员为主的湘潭市经济发展战略研讨会，为促进湘潭经济发展出谋献策。至1989年，共召开会议2次，收到有关促进湘潭经济发展的论文、建议16篇。同时，民建湘潭市委积极促成湘潭电机厂、江南机器厂等大型国有企业之间的横向联系，组织力量对市区钉锅、陶瓷、蔬菜供求情况进行调查，提出在市区增设豆腐、藕煤供应点，以及加强农贸市场管理等建议，均被政府部门采纳。根据民建中央关于协助中共搞好治理整顿的社会调查的部署，民建湘潭市委组成6个调查组，分赴全市大中型企业、食品行业及乡镇企业进行调研，撰写出《大型企业面临的困境及摆脱困境的几点建议》《湘潭市商办食品工业的现状和问题》及《乡镇企业在治理整顿中的困境与出路》等调查报告。其中，《企业面临的困境及摆脱困境的几点建议》中所提主要意见被中共湖南省委、省政府听取和采纳。1990年，结合开展“质量、品种、效益年”活动，民建湘潭市委先后对14家国营、集体企业进行调查，提出发展湘潭市食品工业的建议。市政府采纳其建议，决定对食品工业给予政策扶持和贴息贷款支持。施宁荪围绕宏观调控这一重大课题，通过深入调查研究，在全国政协七届三次会议上以《加强中央财力，适当控制分权》为题作大会发言，为中共中央、国务院制订积极的财政政策建言献策。1991年，在全国政协七届四次会议上，施宁荪关于《校正国民收入分配格局，增强中央宏观调控功能》的大会发言在国内外产生很大影响，法国《欧洲时报》和美国《侨报》都有评述。1992年，针对国内出现的投资过热现象，施宁荪向中央适时提出建立投资规模预警机制的建议。至1992年的5年间，全市民建会员中，有10人当选为各级人大代表，29人担任各级政协委员，共提出有关国家及本地区大政方针、经济发展、人事安排及人民生活重大问题的提案、建议案23件。

1993年，在全国政协八届一次会议的大会发言中，施宁荪再次提出要抓住主要矛盾，加强调控，保持经济高速发展的动态平衡，受到中共中央政治局委员、国务院副总理邹家华接见。1997年，施宁荪先后以“农业体制要有突破性改革，改变农业增长方式，形成规模经营，确保农产品的有效供给”“抓住‘九五’契机，适度调控，促进新一轮经济周期的启动”为题，在全国政协大会上提出建议，受到中央领导的高度重视，被国外媒体称之为“一位来自基层的经济学家。”在市政协七届四次会议上，集体提案《狠抓两个根本性转变，加快产业和产业结构调整升级》受到中共湘潭市委、市政府的重视。至1997年的5年间，全市民建会员中，有5人担任各级人大代表，其中1人任市人大常委，1

人任区人大常委会副主任；有 27 人担任各级政协委员，其中 1 人任全国政协委员，1 人任市政协副主席，1 人任区政协副主席；有 2 人分别担任湘潭市特约监察员和特约审计员；有 5 人担任市行风评议员。共提出有关国家及本地区大政方针、经济发展、人事安排、人民生活等重大问题的提案、建议案 60 余件。

1998～2002 年，由民建湖南省委牵头、民建湘潭市委具体组织开展的“湘潭市国有企业债务状况”重点调研项目，形成《关于国有企业债务状况的调查及其对策》的书面报告。该报告提出“有进有退”“债转股”，加强内部管理和技术产品创新力度等建议，得到中共湖南省委、省政府及中共湘潭市委、市政府的重视，被选作省、市政协全会的大会发言。在市政协八届三次全会上，民建湘潭市委提交集体提案 12 件。其中，《关于湘潭市国有企业债务状况的调查及对策》中的有关建议被列入中共湘潭市委、市政府重大决策程序，被市改制办采纳；《发展风险投资，推动我市高新技术产业发展》的提案受到承办单位市科委的肯定并付诸实施；《关于大力发展私营中小企业》的提案列为当年市政协重点提案予以督办，促成市政府出台发展个体私营经济的相关文件。此外，《迎接“入世”机遇和挑战，加快我市外经贸发展》《关于大力发展我市县域经济的建议》《关于湘潭市城市规划战略设想及建议》《湘潭民营高科技企业发展现状及对策》和《做大做强房地产业，繁荣湘潭市场经济》等集体提案均被选作市政协大会发言材料。《加入 WTO 对湘潭的影响》及《请求市政府领导现场办公，尽早解决强制戒毒所当前困难》(与其他民主党派联合)被评为优秀集体提案。5 年间，全市民建会员中，有 5 人担任各级人大代表，其中 1 人任省人大常委；有各级政协委员 25 人，其中 1 人任全国政协委员，1 人任市政协副主席，1 人任区政协副主席；有 4 人担任“特约四员”；有 6 人担任市风评议员和执法监督员。共提出有关国家及本地区大政方针、经济发展、人事安排、人民生活等重大问题的提案、建议案 90 余件，调研报告 11 件。

2003 年起，关于《规范客运市场，加快我市公共交通的改革步伐》的集体提案由市政协主要领导督办、新闻单位进行跟踪报道，在全市引起强烈反响。集体提案《关于重点扶持粮食龙头企业建设，发展“订单农业”，推进我市粮食产业结构调整的建议》，得到市政府的重视。集体提案《加强环境保护，实现湘潭环境与经济的协调发展》提出的九条建议，促成湘潭市环保局开展对湘潭段水污染专项整治工作；《加快推进科教兴市战略》的调研报告提出建立和完善科技人才激励机制、完善产学研联盟等 7 条具体建议；《关于湘潭品牌战略的调研报告》从分析湘潭品牌建设存在的问题入手，提出提高企业及全社会的商标、品牌意识等合理化建议，均得到中共湘潭市委、市人民政府的重视与认同。至 2005 年的 3 年间，全市民建会员中，有各级人大代表 7 人，其中 1 人任市人大常委，1 人任区人大常委会副主任；有各级政协委员 49 人，其中 1 人任省政协常委，1 人任市政协副主席；有 1 人任市特约监察员，有 7 人任市行风评议和执法监督员。民建湘潭市委以及会员中的人大代表、政协委员共向市、县(区)两级人大、政协提交提案、建议案 65 件，完成省市两级重大调研课题 7 项，提交调研报告 7 件。

第三节　社会服务

1986 年，民建湘潭市委发挥与经济界密切联系的特点，继续举办“经济管理刊授联合大学湘潭分校”“北京经济函授大学湘潭分校”和“建联业余职业学校”,进行专业证书和技术职称培训。1988年,创办湘潭市经济技术咨询服务公司,吸收已离、退休的会员以及与民建有密切联系的工程技术人员参加,进行新产品、新技术开发和为各行业提供技术咨询服务。公司研制出的高级不锈钢清洁球获1989年湖南省二轻“优秀新产品奖”;先后为湘潭市科通技术实业有限公司开发成功“六合牌”速效电子治疗仪,为郊区联合村村办企业设计剪、卷、挤组合机床和兴办铸造厂,为霞城乡弹簧厂编写年产1000吨的轧制金属制品企业可行性研究报告书,为市郊湘盾金属制品厂设计简易低功率轧机工艺设备,帮助市社会福利厂解决产品质量问题。至1992年底的7年间,共开办各类技术培训班14个,培训学员1508人;开办国家承认大专学历的专科班9个,毕业学员373人;开办其他专业班5个,培训学员369人。

1993年,民建湘潭市委发起成立裕华期货经纪有限公司,大胆探索全新的经营模式,为促进湘潭经济发展争作贡献。1995年,民建湘潭市委在全省民建组织中率先成立企业家联谊会,开展信息交流,维护成员合法权益,教育、引导企业家会员注重职业道德,多为社会作贡献。同年,民建会员企业湖南六合医疗保健用品公司生产的“六合牌”速效电子治疗仪获“95中国高新技术新产品博览会”金奖和“第四届世界妇女大会中国区医药保健城湖南优秀参展奖”,产品出口马来西亚、新加坡、日本、菲律宾等国。1999年,民建湘潭市委支持高骅创办湖南东信棉业有限公司,改造、收购市第二纺织厂等国有企业,走上规模经营的道路。

2001年起,民建湘潭市委与湘潭大学联合举办在职硕士研究生课程班,采用滚动招生、集中授课的形式开展教学活动,尝试为企事业单位培养高级管理人才。根据民建中央社会服务工作会议精神,引导非公有制企业会员“致富思源,富而思进”,投身社会公益事业。黎格勒及所属企业员工向市残联捐款1.6万元。2004年,落实民建湖南省委社会服务工作会议精神,成立法律与经济咨询服务团湘潭分团,为企业会员无偿提供经济和法律服务;支持湖南皇爷食品有限公司董事长张刚强向湖南希望工程捐款100万元。2005年,鼓励、支持非公有制经济会员企业家参与扶贫帮困和服务“三农”活动。张刚强再次向湖南希望工程捐款100万元,捐建的希望小学达14所。年内,全市各级民建组织共开展“三下乡”活动10次,为“春蕾助学”捐资2.5万元,培训农村劳动力1800人;为下岗工人再就业开展技能培训2500人,在会员企业中安排下岗工人再就业580人。

第四章 中国民主促进会湘潭市地方组织

第一节 组织建设

1986年,是中国民主促进会湘潭市委员会(以下简称民进湘潭市委)第一届任期,有委员7名,唐泽映任主任委员。是年,成立雨湖区小教支部;撤销河东联合支部,成立湘潭纺织印染厂支部、板塘支部、岳塘支部。至年底,共有基层支部7个,会员92人,其中教育界会员90人,占97.8%。1987年,湘潭师范小组、岳塘支部三中小组分别从其支部中分离出来,成立湘潭师范支部、市三中支部。

1988 年,成立湘潭教师进修学院支部、湘潭师范学院支部、湘潭钢铁公司支部;工作单位在市郊区的会员从岳塘支部、河西中教支部中分离出来,成立市郊区支部。1989 年,成立市聋哑学校支部、市第一职业中专支部、市文艺支部、市直属支部、省轻机和市七中联合支部;撤销河西中教支部,成立市第二中学支部。

1990 年 7 月,民进湘潭市委召开第一次会员代表大会,选举第二届市委委员 9 名,唐泽映任主任委员。至年底,全市共有基层支部 18 个,会员 210 人。会员中,教育界 188 人,占总数的 89.5%;具有中高级职称的 174 人,占总数的 83%;会员平均年龄 50.1 岁。1993 年,成立雨湖区第三支部;原岳塘支部、板塘支部改建为岳塘区第一支部、岳塘区第二支部;原雨湖区小教支部、湘江区小教支部改建为雨湖区第一支部、雨湖区第二支部;原直属支部更名为市机关支部;撤销原郊区支部,其会员并入雨湖区第三支部。1995 年,成立法律支部。至年底,全市共有基层支部 19 个,会员 248 人,界别拓宽至文化艺术、科技、医卫、新闻出版、法律、财税金融等领域。会员中,教育界 210 人,占总数的 84.7%;具有中高级职称的 202 人,占总数的 82%;会员平均年龄 49.3 岁。期间,陈次衡被评为“全国优秀会员”,受到民进中央表彰。

1996 年 11 月,民进湘潭市委召开第二次会员代表大会,选举第三届市委委员 11 名,谢勇任主任委员。年内,成立雨湖区机关支部。1997 年 11 月,因谢勇工作异动,增补邹崇埴任主任委员。1999 年,成立市一中支部。2000 年,定为加强基层组织建设年,出台《关于加强基层组织建设的意见》等文件,推动基层组织制度化、规范化建设。同年,因湘潭纺织印染厂破产改制,故撤销湘潭纺织印染厂支部,其会员并入岳塘区第二支部。至年底,全市共有基层支部 20 个,会员 337 人。会员中,教育界 257 人,占总数的 76.3%;经济界 23 人,占总数的 6.8%;具有中高级职称的 297 人,占总数的 88%;会员平均年龄 49.3 岁。

2001 年 5 月,民进湘潭市委召开第三次会员代表大会,选举第四届市委委员 12 名,马石城任主任委员。是年,因湘潭师范并入湘潭教师进修学院,故撤销湘潭师范支部,其会员并入湘潭教师进修学院支部;市聋哑学校支部更名为市特殊教育学校支部;集中湘潭县境域的会员,成立易俗河支部。2004 年,湘潭职业技术学院的会员从省轻机和市七中联合支部中分离出来,成立湘潭职业技术学院支部。2005 年,全市共有基层支部 21 个,会员 414 人。会员中,教育界 286 人,占总数的 69.1%;具有中高级职称的 375 人,占总数的 90.6%;会员平均年龄 50.7 岁。期间,文艺支部被民进中央授予“全国先进基层组织”称号,支部主委唐湘麟出席民进中央在北京召开的专题表彰大会。

第二节　参政议政

1986 年,全市民进会员中,有市人大代表 3 人,县(区)人大代表 3 人;省政协委员 3 人,市政协委员 6 人,县(区)政协委员 8 人。至 1987 年,民进湘潭市委及其会员围绕教育改革、推动两个文明建设建言献策,共参加重要情况通报会、座谈会 20 余次,提交重要提案、议案 18 件。其中,唐泽映关于《必须深化教育改革,以适应社会主义建设需要》的调研报告引起中共湘潭市委的重视;征集关于《中华人民共和国教师法》以及“中小学教学大纲”的修改意见共 17 条上报民进中央并转国家教委。

1988 年,全市民进会员中,有市人大代表 2 人、县(区)人大代表 4 人,省政协委员 3 人、市政协委员 9 人、县(区)政协委员 15 人。1989 年,就湘潭县某些边远地区中小学教师用煤难问题,民进湘潭市委联合市政协、湘潭日报社开展走访调查,提出专项议案和提案,引起中共湘潭市委、市政府重视,促成问题得到解决。1990 年,集体提案《各级政府要提高对教育的认识,切实重视教育》得到中共湘潭市委、市政府的重视,市政府采纳提案意见,召开"全市教育工作会议"。1991 年,《落实教育经费"五个口子"要有硬措施》《要妥善解决好教师的月奖和年终奖金》《搞好学校合理布局设点的建议》等提案、议案都在教育界产生积极反响。至 1992 年的 5 年间,民进湘潭市委及其会员共参加民主协商会、通报会、座谈会及参政议政专题调查等 60 余次,共提交集体提案、议案 26 件。

1993 年,全市民进会员中,有省人大代表 1 人、市人大代表 3 人、县(区)人大代表 1 人,省政协委员 2 人、市政协委员 12 人、县(区)政协委员 9 人。民进湘潭市委继续突出教育这一主题开展参政议政活动。是年,集体提案《关于解决我市农村"普九"遇到的三个突出问题的建议》《我市如期实现"普九"的可行性分析及对策》《认真实施"两法",坚持依法治教》等在教育界引起强烈反响。唐泽映陪同民进湖南省委副主委严尧卿到湘潭县古城乡和石坝乡考察调研农村普及九年制义务教育,省、市政府对他们所反映的拖欠教师工资问题高度重视,召开专题会议,责成当地政府迅速妥善解决。集体提案《进一步解放思想,大力促进我市勤工俭学的开展》促成全市农村学校勤工俭学基地当年通过省教委验收,成为全省基地达标先进市。此外,金志林提出《加快开发长株潭金三角的建议》促成昭山经贸旅游开发区的设立。举荐会员参与"一府两院"工作取得突破,谢勇被选拔担任湖南省高级人民法院副院长,蒋孟来被选拔担任湘潭市审计局副局长。至 1997 年的 5 年内,民进湘潭市委及其会员共参加各类座谈会、协商会、情况通报会 80 余次,提交提案、议案 100 余件,其中集体提案 20 余件。

1998 年,全市民进会员中,有省人大代表 1 人、市人大代表 1 人、县(区)人大代表 1 人,省政协委员 1 人、市政协委员 18 人、县(区)政协委员 13 人。是年,邹崇埴在市政协八届一次全会上关于《加强党的领导,保证政令畅通》的发言,反响强烈。中共湘潭市委领导作出批示,将发言稿印发给"四大家"领导参阅。集体提案《关于迅速在我市推行素质教育的建议》直接促成市政府出台《关于中小学全面实施素质教育的规定》的文件。邹崇埴在市政协八届二次全会上作《关于加强我市专业大市场税收征管的建议》的发言,时任市长批示:"这个建议提得好。如能将这个问题解决好,对于市场秩序、政府增收、反腐倡廉、社会稳定都具有重要意义"。2000 年,民进湘潭市委《关于加大治理我市经济发展环境力度的建议》引起中共湘潭市委领导重视,促成市政协组织专题协商。集体提案《积极推行任期经济责任审计,努力加强领导干部队伍建设》提出建立领导干部任期经济责任审计机制的建议得到中共湘潭市委、市政府领导的赞同。2001 ~ 2002 年,民进湘潭市委由主委马石城带队,深入湘潭县、湘乡市、韶山市开展调研,先后完成《关于我市初中辍学率的调查》《关于农村税费改革后农村义务教育面临的新问题及对策研究》等调研报告,引起中共湘潭市委、市政府的重视和关注。至 2002 年的 5 年中,民进湘潭市委及其会员共参加各类座谈会、协商会、通报会 140 余次,提交提案、议案 100 余件,其中集体提案 29 件。

2003 年,全市民进会员中,有市人大代表 3 人、县(区)人大代表 4 人,省政协委员 2 人、市政协委员 13 人、县(区)政协委员 21 人。民进湘潭市委按照"党委出题,党派调研,政府采纳,部门落实"的模式开展调研,组织撰写提案议案。其中,关于进一步调整农村中小学布局、严禁截留和平调或挪用农村中小学收费资金、全面推行教师聘任制等建议全部被教育主管部门采纳。2004年，集体提案《关于巧借节会，拉动我市经济发展的建议》提出举办中国水府庙水节、齐白石国际艺术节，被市政府采纳并实施。《关于重点解决湘潭县龙口乡金子村水利设施建设资金的建议》为金子村争取到1万元的水利建设资金。集体提案《关于综合治理雨湖公园周边环境，建立休闲娱乐健身文化区的建议》被市城管局采纳。调研报告《关于预防和控制未成年人犯罪问题的调查与建议》得到民进湖南省委的肯定。至2005年3年间，民进湘潭市委及其会员共参加各类座谈会、协商会、情况通报会200余次，提交提案、议案100余件，其中集体提案30件、重要调研报告8件。在民进湖南省委组织的创先争优活动中，民进湘潭市委被评为"民进湖南省参政议政工作先进市委会"。

第三节　社会服务

1988年，报经市教育局批准，民进湘潭市委创办湘潭市楚才业余学校。1991年"六·一"儿童节，邀请会内有关专家在市区开展教育心理咨询活动，为儿童及其父母进行智力测验、咨询，受众达363人次。同年，创办"湘潭市楚才高考补习学校"。

1993年，民进湘潭市委启动科技支农扶贫工作，以九华乡为科技支农定点乡，民进会员刘炳荣免费为该乡的奈李种植提供技术指导。同年，湘潭市楚才高考补习学校招收文、理两班学生99名，有58人被大专院校录取或单位录用。1994年，"湘潭市楚才业余学校"更名为"湘潭市楚才职业学校"。同年，组织市委委员和部分教育界会员为湘潭县仙女乡良山小学和仁兴小学捐书1000册、捐款1000元，争取有关部门下拨危房修缮费5000元。1995年，与市政协文教卫体委员会、市教育促进会共同发起并组织市金庭小学与湘潭县明道小学开展"手拉手扶贫支教活动"，为明道小学筹集捐款10800元和一批衣物、文具、书籍。1997年，发动会员向湘潭县和湘乡市贫困学校捐书1398册。至1999年，选择湘潭县河口镇紫塘小学为扶助点开展扶贫支教活动，共为其筹集建设资金18万元，捐赠教学用具价值6万余元；另为特困学生捐款4820元，捐赠衣服1200件，有7位会员对该校7名特困学生进行一对一帮扶，每人每期向特困学生提供200元学杂费，直至小学毕业。

2000年，民进湘潭市委发动会员向湘潭县河口镇天白小学、古塘桥中学捐赠480套课桌椅等教学用具。2002年，组织文艺支部慰问湘潭县最边远的顶峰小学师生，向其赠送价值5000元的图书、文具、衣物等。同年，争取市教育局、湘潭大学、市一中、市十二中、白石小学等单位的支持，共向湘潭县古塘桥中学、天白小学、紫塘小学捐赠价值8万元的电脑等教学设备。2003年，向市特殊教育学校捐款3746元、捐赠5000余元的教学和生活用具。至2004年，共向湘潭县边远山区学校捐赠教学仪器设备价值20多万元。2005年，湘潭市楚才职业学校因生源不足等问题停止招生。是年，民进湘潭市委被民进湖南省委评为"手拉手扶贫助学作出积极贡献单位"。

第五章 中国农工民主党湘潭市地方组织

第一节 组织建设

1986年,是中国农工民主党湘潭市委员会(以下简称农工党湘潭市委)第一届任期,有委员8名,林华国任主任委员。是年,农工党湘潭市委下辖5个支部,有党员32人。1987年,成立医药、市中医院、岳塘、湘潭大学4个支部,有党员115名。1988~1990年,成立市郊区、市一医院、湘潭锰矿、湘江4个支部,有党员160名。其中,医药卫生界106人,占66%;中级职称以上118人,占75%。

1990年2月,农工党湘潭市委召开第二次党员代表大会,选举第二届市委委员10名,郭文煌任主任委员。1991年,成立湖南纺织专科学校联合支部(后更名为湖南工程学院支部),同时对原有的13个支部进行换届选举,制定规章制度,规范支部活动。1993年,撤销湘潭大学支部、市郊区支部,整合成立湘潭蓄电池厂支部、湘潭市中西结合医院支部。

1996年10月,农工党湘潭市委召开第三次党员代表大会,选举第三届市委委员11名,刘炜任主任委员。是年,全市有党员161人。其中,高级职称23人,中级职称127人,平均年龄54.5岁。由于自然减员较多,党员发展呈迟缓状态。1997年,先后成立妇幼、市二医院、市三医院3个支部。同年,湘潭大学的党员从湘潭蓄电池厂支部中脱离出来,恢复湘潭大学支部;将湘潭蓄电池厂支部更名为科技支部,撤销湘江支部、机关支部,成立雨湖支部。是年,发展新党员40人,党员总数增至202人。2000年,成立易俗河支部、湘潭师范学院支部(后更名为湖南科技大学支部),恢复机关支部,卫校支部更名为湘潭职业技术学院支部。有党员269人。其中,医药卫生界181人,占67.3%;中、高级职称253人,占94.1%;平均年龄49岁。

2001年4月,农工党湘潭市委召开第四次党员代表大会,选举第四届市委委员15名,黄群策任主任委员。2004年,农工党湘潭市委制定支部考核方案,从参政议政、宣传通讯、支部生活、组织工作4个方面对支部进行年终考核评定。2005年,成立雨湖二支部。至此,农工党湘潭市委下辖21个基层支部,有党员336人,主要分布在医药卫生、科技、教育界。其中,女党员146人,占43%;少数民族党员5人,占1.8%;有博士后3人,博士13人;大学以上学历299人,占88.4%;中、高级职称318人,占94.6%;平均年龄44岁。期间,湘潭职业技术学院支部、市中心医院支部先后被农工党中央评为“全国先进支部”,姚宏被农工党中央评为“优秀党务工作者”。

第二节 参政议政

1986年,全市农工党员中,有市人大代表3人,县(区)人大代表3人;省政协委员1人,市政协委员7人,县(区)政协委员11人。农工党湘潭市委组织他们紧密联系工作实际,积极参政议政。1987年,关于《近年来国产新药和我市的供应概况》《湘潭县歇马乡医卫情况调查报告》得到市医药卫生主管部门的重视。

1988 年,全市农工党员中,有市人大代表 1 人,县(区)人大代表 2 人,省政协委员 1 人,市政协委员 7 人,县(区)政协委员 19 人。至 1992 年的 5 年间,农工党湘潭市委及其成员参与省、市、县(区)大政方针、人事安排、重大决策的调研和协商 35 次,共提交提案、议案 103 件。谷剑峰《必须解决群众买煤难》的提案促使市政府迅速采取得力措施,及时打击"煤霸",市民生活用煤得到保障。

1993 年,全市农工党员中,有市人大代表 1 人,省政协委员 1 人,市政协委员 10 人,县(区)政协委员 9 人,有 7 人被聘为"特约四员"。农工党湘潭市委及其党员中的人大代表、政协委员突出医卫特点参政议政。《要大力加强防治青少年犯罪的工作》《关于加强农村卫生院医务人员培训的建议》《关于加强公路交通秩序综合治理》被市政协评为优秀集体提案;郭文煌《引凤筑巢还是筑巢引凤》的提案为遏制盲目开发调整经济过热提出相应的对策和措施,受到中共湖南省委、省政府的重视;集体提案《呈请设立妇幼卫生常年专项经费》针对农村医务人员素质低,医疗设备条件差而导致产妇婴儿死亡事故多发的状况,呼吁政府拨专项经费加强妇幼保健工作,市政府高度重视,迅速拨款 5 万元设立妇幼卫生专项基金,并对 895 名接生员进行业务培训。至 1997 年的 5 年间,农工党湘潭市委及其成员共参加省、市、县(区)三级民主协商会、通报会、座谈会、参政议政专题调查等 50 余次,共提交提案、议案 110 件。

1998 年,全市农工党员中,有省政协常委 1 人,市政协委员 12 人,县(区)政协委员 10 人,6 人被聘为"特约四员"。是年,农工党湘潭市委在各级政协大会发言 5 次。《关于加大反腐倡廉力度的建议》《惩治司法腐败建设一支为政清廉的政法队伍》《重视经济发展中人力资本的作用, 加大人事制度改革力度》《加大禁毒力度,确保一方平安》等大会发言反响强烈。集体提案《关于把市中心医院门诊建设列为市重点工程的建议》得到市政府的关注和重视;《关于促进全国中医小儿马蹄内翻足医疗中心早日开工兴建的建议》得到省卫生厅的重视;《关于发挥医疗专科优势, 服务经济建设的建议》《严肃整顿治理日趋发展的嫖赌活动》《关于优化组合市医疗事故鉴定委员会成员的建议》等提案被市政协评为优秀提案。《加强对基层领导统战意识的教育》《关于加强对农村基层卫生院医务人员培训》被收入《湖南省政协委员优秀提案汇编》。推荐 7 位党员进入各级政府部门担任实职,其中湘潭大学教授杨翔任湖南省司法厅副厅长。至 2002 年的 5 年间,农工党湘潭市委及其成员参加有关部门组织的座谈会、通报会和协商会 60 余次,提交省政协提案 23 件,市政协提案 56 件,县(区)政协提案 60 多件。

2003 年,全市农工党员中,有区人大代表 1 人;省政协委员 2 人,市政协委员 13 人(副主席 1 人),县(区)政协委员 13 人;"特约四员" 4 人。农工党湘潭市委参政议政突出"一个中心、三个关注"(以国家发展的大局为中心;关注湘潭市的中心工作和重大问题;关注湘潭市政府在工作中尚未注意或关注不够,但又急需解决的主要问题;关注湘潭市人民群众关注的热点、难点问题),关注广大老百姓的"菜篮子",提交《湘潭市肉品安全情况调查报告》《治理"蔬菜餐桌污染",大力发展优质安全蔬菜》等提案、建议案,引起中共湘潭市委、市人民政府的重视。王军《争取国债资金,加强市疾病预防控制中心建设》的提案促成市政府投入 340 万元国债资金建成市疾控中心。该提案被市政协评为年度优秀提案。针对部分城市人口因病致贫或下岗后生活无着落的情况,农工党湘潭市委深入调查走访街道办事处、老城区、老居民,提出《谨防城市人口相对贫民化,杜绝城市贫民窟的形成》的调研报告,受到农工党中央、农工党湖南省委高度重视,将其作为全国政协、省政协的大会发言材料。曾建平《关于修改〈医疗事故技术鉴定暂行办法〉的建议》《关于设立紧急监护系统的建议》《关于提请设立医疗意外救助基金的建议》等一系列与医改有关的提案,受到中共湖南省委、省政府的重视;集体提案《关于优化组合医疗事故鉴定委员会组成人员的意见》获市政协优秀成果奖,《筹建湘潭市毒物检测中心势在必行》被市政协评为精选提案,《加大艾滋病防治力度,确保我市全面健康发展》《关于加快我市老年病区建设的建议》被市政协评为年度优秀集体提案。至2005年3年中,农工党湘潭市委及其党员参加各级各类座谈会、协商会、通报会等40余人次;向各级人大、政协提交题案议案近100件,提交重要调研报告8件;有14件提案受到表彰奖励,其中集体提案8件。

第三节 社会服务

一、办学

1985年9月,为适应国家进行中等教育结构改革,大力发展职业技术教育,农工党湘潭市委向市教育局申请获准创办"前进职业学校"(非学历教育业余形式),实施对社会青年就业前的技术培训。1987年,为教育、挽救失足青少年开办机械维修职业高中班,43名学员经培训达到高中文化程度和二级技术工人水平,并经劳动部门择优推荐、分配工作。1990年,前进职业学校共有在校学生226人,4个专业,6个班,专、兼职教职工30名。2001年,该校因租用场地到期停办。

二、办医

1986年,农工党湘潭市委创建市联合保健医院并使之成为对外服务的重要窗口。2001年该医院被农工党中央和农工党湖南省委授予"社会力量办医先进集体"荣誉称号。至2005年,医院拥有综合性科室12个,住院部一处,医护人员55人,其中高级职称10人,中级职称8人,多数为农工党退休的名老医师和富有管理经验的医药干部。医院就诊人数累计达67万余人,共举办各类较大规模义诊、赠药、医学讲座32次,获得良好的社会效益和经济效益。

三、其他

1987年,农工党湘潭市委组织7名眼科医生深入湘潭县青山桥区开展防盲治盲活动,为1172名眼疾病人做全面检查,并对32名白内障、泪囊炎、斜视和双目失明患者进行手术治疗。1989年,陈艾斌向"中国初级卫生保健基金会"捐款30万元资助西部贫困儿童,被农工党中央评为"社会服务工作先进个人"。1990年,农工党湘潭市委在雨湖路开展"一条街服务"活动,近100名党员参加医疗、药剂、卫生、机械、建筑、法律等方面的咨询服务。1997年,农工党湘潭市委协同市政协组织名老中医到湘潭县列家桥、古城乡等敬老院开展免费诊治活动。1998年后,农工党湘潭市委坚持开展"国际科学与和平周"扶贫助学、送医送药活动,共向贫困地区、困难学生捐资捐物300余次,价值30余万元。2000年,农工党湘潭市委被农工党中央和农工党湖南省委评为"国际科学与和平周"活动先进集体。2002年,农工党湘潭市委发挥医卫界党员众多的优势,积极参与抗击"非典",有党员

24 人奋战在第一线。2003 年，农工党湘潭市委协助国际"世博恩"组织向湘潭大学学生免费赠送近视眼镜价值 2 万元；连续六年为湘潭卫校每年扶助 2 名贫困学生，共捐资 1.2 万元。2005 年，农工党湘潭市委开展"用爱心编织毛衣，为孤残儿童送温暖"活动，有 97 名党员参加。

第六章　中国致公党湘潭市地方组织

第一节　组织建设

1986 年 6 月，中国致公党湘潭市工作委员会（简称致公党湘潭市工委）成立，有委员 5 人，王宋大任主任委员。是年，有党员 40 人，其中女党员 8 人，平均年龄 51.9 岁。1987 年，成立湘潭钢铁公司支部（简称湘钢支部）和湘潭纺织印染厂支部（简称湘纺支部）两个基层支部。1988 年，随着党员人数的增加，致公党湘潭市工委将原有的湘潭大学、医卫、中教、河东及市政机关 5 个党小组整合成立雨湖、岳塘和湘江 3 个支部。是年，辖有基层支部 5 个，党员 90 人。

1989 年 1 月，致公党湘潭市工委召开第一次全体党员大会，选举第一届致公党湘潭市委委员 9 名，张传升任主任委员。1990 年，致公党湘潭市委将原有的雨湖支部改建为雨湖一支部、雨湖二支部，成立湘潭矿业学院党小组，将岳塘支部改建为湘潭电机厂支部及岳塘党小组。是年，共辖有湘钢、湘纺、雨湖一支部、雨湖二支部、湘机和湘江 6 个支部，党员 98 人。

1995 年 1 月，致公党湘潭市委召开第二次全体党员大会，选举第二届致公党湘潭市委委员 11 名，张传升任主任委员。是年，共有党员 102 人，其中女党员 32 人，离退休党员 48 人，平均年龄 56.4 岁。1998 年 10 月，将工作关系不隶属湘潭纺织印染厂的党员剥离出来，成立板塘支部。

2000 年 4 月，致公党湘潭市委召开第三次全体党员大会，选举第三届致公党湘潭市委委员 13 名，胡旭晟任主任委员。至 2001 年，先后成立湘潭大学支部、审计支部、金融支部及广场支部。基层支部 11 个，党员 216 人，其中女党员 61 人，平均年龄 50.2 岁。2001 年 9 月，胡旭晟调省社会主义学院任职，辞去致公党湘潭市主委职务。2002 年 10 月，增补苏健全为主任委员。是年成立湘江总支委员会，下辖湘江、财税、经营、文体 4 个支部。2003 ~ 2005 年，相继成立教育、湖南科技大学、湖南工程学院 3 个支部，将湘纺支部更名为板塘二支部。至此，致公党湘潭市委辖有 1 个总支委员会和 17 个基层支部，党员 316 人，其中，女党员 81 人，平均年龄 42.9 岁。

第二节　参政议政

1986 ~ 1987 年，全市致公党员中，有 7 人担任省、市、县（区）人大代表；有 15 人担任省、市、县（区）政协委员；有 1 人担任湘潭市人民政府副市长。致公党湘潭市工委组织他们积极参与地方政治、经济、文化等重大问题的决策和协商。林清法关于搞好市内食品工业监督的建议，朱澄祖、吴国城关于加快湘潭市煤气工程建设的建议，张传升关于纠正职称评定和对外贸易中的不正之风的建议等得到中共湘潭市委、市政府的重视和采纳。

1988 年，全市致公党员中，有 1 人担任全国人大代表，1 人担任省人大代表，4 人担任市人大代表，2 人担任区人大代表；3 人担任省政协委员，6 人担任市政协委员（1 人担任副主席），9 人担任区政协委员（1 人担任副主席）。致公党湘潭市工委以及致公党员中的各级人大代表、政协委员就湘潭邮政、电讯、教育、食品卫生、粮食以及农业生产等开展调研提出多项建设性意见。刘汉娥关于在湘潭大学建立公安派出所的建议被有关部门采纳。1989 年，林清法在市人大八届三次会议上提出《解决煤气配套工程，逐步扩户提高效益》的建议、周大恺在市政协六届一次会议上提交《关于改善投资环境，吸引外资》的提案，均受到中共湘潭市委、市政府的重视和采纳。至 1992 年的 5 年间，致公党湘潭市委及其党员共参加中共湘潭市委、市政府组织的民主协商会、通报会、座谈会及调研视察活动 40 多次，共提出提案、议案 105 件。

1993 年，全市致公党员中，有 2 人担任省人大代表，1 人担任市人大代表；2 人担任省政协委员，8 人担任市政协委员（1 人任副主席），4 人担任区政协委员；2 人被聘为“特约四员”；1 人被选为“行风评议员”。是年，陈秀华与 10 名归侨省人大代表联名向湖南省人大八届二次会议提交《关于解决建国以后回国归侨干部、职工退休工资待遇问题的建议》，受到中共湖南省委、省政府的重视并被采纳。1994 年，《关于加强审计公正职能，发挥审计在宏观调控中的作用》的集体提案引起市党政领导的重视，将其批转市审计局落实。1996 年，致公党湘潭市委会同市审计局联合提出的《加强审计工作，防止国有资产流失》的建议被市政协七届四次会议选为大会发言材料。在随后召开的湖南省七届四次政协全会上，致公党湘潭市委将该建议作为提案提出，中共湖南省委书记王茂林、省长杨正午指示有关部门“高度重视，认真办理”。1997 年，致公党湘潭市委将参政议政的关注点聚焦在政府及百姓关心的热点、难点问题上。郭德穗《关于发展湘潭布市的几点建议》，被市政协选为大会发言材料。张传升会同市外贸部门深入外资企业调查了解情况，联合撰写出《招商引资面临的问题与对策》的建议，在市政协七届五次会议发言后，又被选为省政协七届五次会议发言材料。期间，致公党湘潭市委发动全体党员参与市政协开展的“六个一”（贡献一条良策；提供一条信息；找准一个项目；举荐一个人才；用活一项政策；解决一个难题）活动。湘纺支部被市政协评为“六个一活动”先进单位；周大恺、黄菊华、沈世策被市政协评为“六个一”活动先进个人。至 1997 年的 5 年间，致公党湘潭市委及其党员共参加中共湘潭市委、市政府组织的座谈会、协商会、通报会及调研视察活动 60 多次，共提交提案、议案 45 件。

1998 年，全市致公党员中，有 1 人担任市人大代表；有 2 人担任省政协委员，8 人担任市政协委员（1 人任副主席），5 人担任县（区）政协委员；有 5 人担任 “特约四员”。是年，老党员谭文德，自费考察长江流域湖南、湖北段水文情况，写成《关于整治湘鄂两省及长江干堤的建议》，得到国家防汛抗旱指挥部的重视，受到国务院副总理温家宝的赞扬。张传升就高校房源紧张问题建议在大学周边建设一批学生公寓。此建议受到时任市长的高度重视，促成在湖南科技大学快速兴建 8 栋学生公寓。从 2000 年开始，根据“党委出题、党派调研、政府采纳、部门落实”的调研模式，致公党湘潭市委开展调研活动。刘正强提交的《我市加入 WTO 后面临的挑战和机遇》、潘达栋《关于合理引导我市城市建设的建议》、乐华《关于私营企业参与国有、集体企业改组改制的思考》、孔立人和胡旭晟《关于进一步加强司法队伍建设，确保公正执法，文明执法的建议》等提案分别被市政协八届三次全会和八届五次全会选为大会发言材料。任玉奇针对“三农”问题进行专题调研，向全国人大提出《关于取消农业税的议案》，为国家取消农业税提供决策参考。至2002年的5年间，致公党湘潭市委及其党员共参加中共湘潭市委、市政府组织的各类座谈会、协商会、通报会及调研视察活动50多次，共提交提案、议案61件，提交重要调研报告7件。

2003年，全市致公党员中，有1人担任全国人大代表，2人担任市人大代表，5人担任县（区）人大代表；1人担任省政协委员，12人担任市政协委员（1人任副主席），11人担任县（区）政协委员（1人任副主席）；有5人担任“特约四员”。是年，致公党湘潭市委关于《湘潭城市垃圾处理问题对策》为市政府制定垃圾处理办法提供科学依据。2004年，集体提案《关于加快国家建设项目审计监督的建议》《湘潭物流发展战略探讨》《湘潭市县域经济发展情况的调查与发展思路》等受到中共湘潭市委、市政府的重视。其中，《湘潭县域经济发展情况的调查与发展思路》获年度全市民主党派、工商联调研成果二等奖。苏健全《以禁赌为切入点，加强机关干部作风建设的建议》引起中共湘潭市委重视，促成湘潭市一系列禁赌措施出台。2005年，致公党湘潭市委向中共湘潭市委、市政府提交《当前农民增收存在的问题与建议》《整合教育资源，提高办学效益，促进教育事业持续稳定协调发展》《加快湘潭市政管理现代化的主要对策》3件调研报告。其中，《当前农民增收存在的问题与建议》获当年全市民主党派、工商联调研成果三等奖。至2005年3年间，致公党湘潭市委及其党员共参加中共湘潭市委、市政府组织的各类座谈会、协商会、通报会及调研视察活动30多次，共提交提案、建议案40余件，提交重要调研报告6件。

第三节 社会服务

1986年起，致公党湘潭市工委重视发挥党员在经济、科技、管理等方面的智力资源，促进湘潭经济建设。1988年3月，成立“湘潭致公技术经济咨询服务部”，并举办“普通立密新技术办公会”，市内有28家水泥厂120位业内人士参加。随后，由致公党湘潭市工委出面，促成湘潭市乡镇企业14名行政管理和技术人员前往山东烟台学习水泥生产新工艺、新技术。1990年，部分老致公党员退休后利用自己的一技之长服务社会。罗宗沛策划成立湘潭潇湘商旅学校，先后培养出旅游专业人才近百名。沈世策独资创办湘潭市工业成套技术开发公司，生产出“平频电阻器”“矿用机车复轨器”等矿山专用设备。1991年，致公党湘潭市委与湘潭卫校合办中医职高班，培训53人，经过全省统一考试，全部合格毕业。1995年“六·一”儿童节前夕，致公党湘潭市委机关与农工党湘潭市委机关一同前往湘潭市社会福利院看望慰问孤残儿童，并为他们作免费健康检查。1998年，致公党湘潭市委参加全市民主党派机关扶贫帮困活动，共捐赠书籍618册。2003年，致公党湘潭市委发动党员为生活困难的党员陈亦军捐款8100元。2004年，致公党湘潭市委为解决湘乡市翻江镇洪门村农电改造资金不足问题，多次出面与市电业局协商，为该村争取到专项电网改造资金5万元。至2005年的20年间，致公党湘潭市委及其党员参与抗洪救灾、扶贫帮困，共捐款近10万元。

第七章　九三学社湘潭市地方组织

第一节　组织建设

1986年,九三学社湘潭市委员会(以下简称九三学社湘潭市委)第一届委员会,有委员4人,袁龙蔚任主任委员。辖3个支社、5个直属小组,有社员35人。1987年,将所辖基层组织进行调整,相继成立湘潭锰矿支社、湘潭电机厂支社、湖南省煤炭工业学校支社、湘潭师范学院支社、综合支社5个支社。

1988年10月,九三学社湘潭市委召开第二次社员大会,选举社市委委员11名,袁龙蔚任主任委员。年内,将综合支社改组分成区调所支社和综合支社。辖湘潭大学、湘潭钢铁公司、湘潭矿业学院、区调所等9个支社,有社员161人。社员中,高级职称25人,占总数的16.5%,中级职称116人,占总数的76.3%;平均年龄49.1岁。1989~1991年,根据"九三学社章程"的有关规定,九三学社湘潭市委对市属各支社进行换届选举,新成立九三学社南方公司直属小组,全市共辖支社9个,直属小组1个,社员184人。

1992年1月,九三学社湘潭市委召开第三届代表大会,选举社市委委员14名,袁龙蔚任主任委员。

1996年9月,九三学社湘潭市委召开第四届代表大会,选举社市委委员14名,王键任主任委员。期间,一批年富力强、学有专长且代表较强的新社员充实到各级基层组织。市委根据工作需要,将综合支社更名为雨湖区支社,直属小组改为河东支社,将湘潭师范学院支社分成湘潭师院南院支社和北院支社。至此,共辖11个支社,有社员276人。社员中,中级职称143人,占总数的51.8%;高级职称128人,占总数的46.3%;平均年龄51.5岁。

2001年4月,九三学社湘潭市委召开第五届代表大会,选举社市委委员17名,王键任主任委员。2002年10月,因王键调湖南省教育厅任职,辞去九三学社湘潭市主委职务,届中增补陈安华为主任委员。至2005年,九三学社湘潭市委侧重发展高校有代表性人士和在社会科学领域有造诣的专业人士入社,促使社员整体素质进一步提升。先后将雨湖区支社分成雨湖区一支社、雨湖区二支社;在湖南城建职业技术学院成立支社;在湘潭大学、湖南科技大学成立基层委员会。至此,九三学社湘潭市委共辖有2个基层委员会,即:湘潭大学委员会(含4个支社)、湖南科技大学委员会(含3个支社);8个支社,即:湘钢支社、湘机支社、河东支社、湖南城建职院支社、湘锰支社、湖南地调院支社、雨湖区一支社和雨湖区二支社,共有社员368人。社员中,具有高级职称的202人,占总数54.9%;具有中级职称的157人,占总数42.7%;大学以上文化252人,占总数的68.5%;平均年龄52.3岁。

第二节　参政议政

1986~1987年,全市九三学社社员中,有2人担任省政协委员,4人担任市政协委员(副主席1

人),9人担任县(区)政协委员(副主席2人);有2人担任县(区)人大代表。九三学社湘潭市委组织他们围绕经济和教育体制改革发表意见,共提交提案20多件。袁龙蔚《关于高等教育和科研管理体制的改革》《关于纠正高校评定职称工作中的不正之风》等意见均受到有关部门的重视和采纳。

1988年,全市社员中,有县区人大代表2人;全国政协委员1人,省政协委员2人,市政协委员4人(副主席1人),县(区)政协委员11人(副主席2人)。九三学社湘潭市委围绕湘潭市的中心工作以及人民群众关心的热点、难点问题,组织社员中的人大代表、政协委员积极建言献策。1989年,袁龙蔚提出的《关于加强对教育经费投资效果的监督》的提案,国家教委给予明确答复:"您的提案很好,我委正会同有关部门拟订教育经费法规,进一步健全教育经费的财务和审计监督制度……"社市委突出科技兴市、"强工富市"以及反腐倡廉等课题提出建设性意见。袁龙蔚在全国政协七届五次会议上提交的《关于三峡工程要考虑加强基础科学研究》的提案,水利部答复称:"提案要求加强三峡工程基础科学研究的意见很重要……"社市委在市政协七届一次全会上关于《党政干部经商必须脱钩》的提案,得到中共湘潭市委和市政府的采纳。至1992年5年间,九三学社湘潭市委及其成员共向市以上人大、政协提交提案、议案24件。其中,袁龙蔚向全国政协提交个人提案7件。

1993年,全市社员中,有全国人大代表1人,市人大代表4人,县(区)人大代表2人;全国政协委员1人,省政协委员2人,市政协委员8人(副主席1人),县(区)政协委员9人(副主席2人)。是年,袁龙蔚在全国政协八届一次会议上《关于加快精神文明建设步伐的建议》的提案 ,中共中央宣传部答复:"您的建议很好……"谭义彬关于在全市中小学开展防治近视眼的建议,引起市教委的重视。在当年的试点工作中,市教委特邀谭义彬到试点学校进行具体指导。周宇平在全国人大八届二次会议上提出《制订中华人民共和国公民道德标准行为规范的建议》,被中共中央宣传部采纳;在全国人大八届四次会议上关于《加强长、株、潭地区经济协作,充分发挥该地区在发展湖南经济中的作用》的建议,得到国家计委和湖南省人民政府的重视,在助推长、株、潭经济协作和一体化进程中起到积极作用。陈永麟《关于政府机关转变职能兴办实体,要采取措施,政企分开,防止官商再度泛滥》的提案被省政协评为优秀提案。《发挥湘潭高校优势,促进我市经济发展》的集体提案提出积极稳妥地走联合办学之路、五校联合招收走读生以及精心组织高校科技人才为湘潭经济发展献计出力等建议得到中共湘潭市委、市政府的采纳。该提案被市政协评为年度优秀提案。张晋安撰写的调究报告《湘潭市科技人才队伍素质状况与对策研究》获中共湖南省委组织部教育优秀成果二等奖及市政协优秀提案奖;《湘潭市国企科技人才流失问题的调查与思考》被中共湖南省委组织部《湖南组织工作》内参刊用。至1997年的5年间,九三学社湘潭市委及其成员共向市以上人大、政协提交提案、建议案20余件,重要调研报告8件。

1998年,全市社员中,有全国人大代表1人,市人大代表2人,县区人大代表2人;全国政协委员1人,省政协委员3人,市政协委员13人(副主席1人),县、区政协委员5人(副主席1人)。是年,社市委在市政协八届一次全会上关于《培养和造就一支高素质的企业干部队伍是搞活国有大中型企业的关键》的集体提案获年度优秀提案奖。1999年,社市委《迎接知识经济新挑战,建设开发大学经济区》的市政协大会发言引起中共湘潭市委的高度重视,时任市委书记登门与社领导交换意见,共商大计。2000年,在市政协八届三次全会上,市社委集体提案《大力发展高新技术,改造提升传统产业》被列入全会四个专题协商课题之一,得到中共湘潭市委和市政府的高度重视。张晋安关于“改革完善教育投资体制”“加快软科学人才队伍建设”以及“打击毒品犯罪”等建议均得到中共湘潭市委领导的肯定。社市委在市政协八届五次会议上《关于加速我市科技园(区)建设的建议》的大会发言受到中共湘潭市委及有关部门重视。该建议获年度市政协参政议政优秀成果奖。至2002年的5年间,九三学社湘潭市委及其成员共向市以上人大、政协提交提案、建议案25件,重要调研报告6件。

2003年,全市社员中,有县(区)以上人大代表9人(省人大代表1人);有省政协委员1人,市政协委员13人(副主席1人),县、区政协委员9人(副主席1人);有6人担任“特约四员”,有5人担任行风评议员。社市委《关于湘潭市第二产业发展的调研报告》得到中共湘潭市委、市政府的重视与采纳,《对我市贯彻实施〈民办教育促进法〉情况的调查与建议》的调研报告得到教育部门的认同。张晋安主笔撰写的《发展职业教育,科学规划“十一五”蓝图》、梅亚夫执笔撰写的《关于湘潭市文化产业的调研报告》均在全市民主党派、工商联调研成果年度评选中获奖。至2005年的3年中,九三学社湘潭市委按照“党委出题,党派调研,政府采纳,部门落实”的调研工作模式,共组织重点调研活动5次,完成重要调研报告8件;共向市以上人大、政协提交提案、建议案19件。

第三节　社会服务

1991年,九三学社湘潭市委开始探索发挥自身科技优势服务经济和社会。是年,韩浩然创办的湘潭市南方空调环保技术开发公司与香港泰盛企业有限公司合资开办“湘潭华盛空调环保工程有限公司”,设计研制出高效节能三元叶片风机,填补国内空白。1992年,举办“九三学社湘潭市社员科技成果展览”,参展成果达400多项。是年,九三学社湖南省煤炭工业学校支社为广东梅田矿务局代培技工97人,三级技工达标率100%,四级电工达标率43%,毕业操行评定优秀生占71.6%。同年,举办职称俄语考前培训班,培训41人。1993年,九三湘潭市委先后成立“湘潭德赛科技经贸公司”“湘潭市精信机电安装工程公司”两家企业,探索直接服务经济建设的方法。1996年,湘潭华盛空调环保工程有限公司技工贸总收入达2400多万元,并连续三年被评为湘潭市重合同守信用单位。1997年以后,社市委根据上级有关规定与所辖企业脱钩,不再挂靠和管理企业。

附一　1990年湘潭市民主党派基本情况统计

表 7-1

党派	基层组织		成员			年龄			中上层			当年发展人数
	总支以上	支部(社)	总人数	其中女性	其中在职	40岁以下	41岁至60岁	61岁以上	高级知识分子	中级知识分子	业务骨干	
民革	1	27	275	60	226	71	124	80	16	176	54	15
民盟	—	22	341	88	193	49	181	111	90	154	32	3
民建	—	14	267	58	193	61	132	74	27	99	50	11
民进	—	18	210	91	191	56	142	12	28	66	—	10
农工	—	12	161	66	118	24	110	27	14	106	39	9
致公	—	5	108	30	77	20	69	19	25	48	33	8
九三	—	9	192	63	163	27	147	18	66	123	3	2
合计	1	107	1554	456	1161	308	905	341	266	772	211	58

附二

1999年湘潭市民主党派基本情况统计

表 7-2

党派	基层组织					现有成员		文化程度		职称				平均年龄	任职								
										高级		中级			人大		政协						县处以上政府实职
																	省级		市级		县(市)区级		
	县级委员会	总支委员会	支部(社)	小组	总数	总人数	其中女性	大专以上	比例(%)	人数	比例(%)	人数	比例(%)		县(市)区以上代表	县(市)区以上副主任	常委	委员	副主席	委员	副主席	委员	
民革	1	—	27	1	29	378	90	250	66	53	14	212	56	51.7	5	1	—	2	1	13	1	26	1
民盟	—	—	23	—	23	395	116	312	79	181	45.8	181	45.8	57.4	1	1	—	4	—	19	1	14	2
民建	—	1	18	—	19	287	70	173	60.3	39	13.6	133	46.3	53.6	5	—	—	1	—	13	1	11	—
民进	—	—	21	—	21	318	138	138	67	73	23	209	66	48.9	1	—	—	1	1	18	—	13	1
农工	—	—	17	—	17	248	98	215	86.7	55	22.2	176	71	49.1	—	—	1	1	—	12	—	10	—
致公	—	—	9	1	10	172	46	142	82.5	39	22.6	101	58.7	50.4	2	—	—	2	1	8	1	7	—
九三	—	—	11	—	11	307	92	306	99.7	142	46.3	163	53.1	52.4	1	—	1	3	1	13	1	5	—
合计	1	1	126	2	130	2105	650	1536	72.9	582	27.6	1175	55.8	51.9	15	2	2	14	4	96	5	86	4

附三　2005 年湘潭市民主党派基本情况统计

表 7–3

党派	成员							平均年龄	基层组织					任职								
	现有成员总数	性别		文化程度		职称			总数	县级委员会	基层委员会	总支委员会	支部(社)	人大		县处以上政府实职	政协					
																	省级		市级		县(市)区级	
		女性	比例(%)	大学以上	比例(%)	中高级	比例(%)							县(市)区以上代表	县(市)区副主任		常委	委员	副主席	委员	副主席	委员
民革	488	141	28.9	225	46.1	341	69.9	51	30	1	—	—	29	6	—	3	1	2	1	21	2	32
民盟	475	165	34.7	301	63.4	327	68.8	56.3	25	—	—	—	25	4	—	1	—	3	1	16	2	15
民建	362	107	29.6	244	67.4	198	54.7	54.8	16	—	—	2	14	7	1	—	1	1	1	21	1	28
民进	414	179	43.2	233	56.3	375	90.6	50.7	21	—	—	—	21	6	2	3	—	2	1	13	1	21
农工	336	146	43.5	298	88.7	316	94	43.6	21	—	—	—	21	1	—	—	—	2	1	13	—	13
致公	305	84	27.5	207	67.8	262	85.9	47	19	—	—	1	18	1	—	1	—	1	1	12	1	11
九三	368	128	34.8	252	68.5	359	97.6	52.3	10	—	2	—	8	9	—	1	—	1	1	13	1	9
合计	2748	950	34.6	1760	64	2178	79.3	50.8	142	1	2	3	136	34	3	9	2	12	7	109	8	129

第八篇　群众团体

第一章　湘潭市总工会

第一节　职工队伍

1986年末，全市职工总数(本章职工人数均指建立工会组织的单位职工数)275437人，占全市总人口11.5%，占全市非农业人口46%。其中女职工107612人，占职工总数39.07%。全民职工214183人，占职工总数78%；集体职工61254人，占职工总数22%。按国民经济12大行业分类，农林牧渔业职工6610人；工业职工156999人；地质勘探水利业职工2844人；建筑业职工21008人；交通、运输、邮电、仓储业职工14303人；贸易餐饮业职工27960人；房地产、社会服务业职工3469人；卫生、体育、社会福利业职工5656人；教育、文艺、广播电视业职工19407人；科研、综合技术服务业职工1654人；金融保险业职工2095人；机关团体职工13432人。

1987年后，随着改革开放的深入，生产力的解放，各行各业的快速发展，全市职工队伍人数逐步增长，至1991年末，全市职工总数312780人，年均增长2.2%。其中女职工128240人，占职工总数41%。全民职工250850人，占职工总数80.2%；集体职工61930人，占职工总数19.8%。

1992年开始，部分国有、集体企业不能适应社会主义市场经济要求，先后关停并转，已建工会组织的单位职工人数逐年减少。至1997年末，全市职工总数289751人，年均减少1.5%。其中女职工118105人，占职工总数38%。国有经济单位和机关、事业单位职工226914人，占职工总数78%；集体经济单位职工53862人，占职工总数19%，其他经济单位职工8975人，占职工总数3%。

1998年起，因全市整合职工队伍，在民营企业、合资企业、股份制企业、股份合作企业等新经济组织中组建工会，职工人数再次逐年增长。至2002年末，职工总数362727人，年均增长3.4%。其中女职工141464人，占职工总数39%。国有经济单位和机关、事业单位职工253909人，占职工总数70%；集体经济单位职工36273人，占职工总数10%；其他经济单位职工72545人，占职工总数20%。

2003年后，新经济组织组建工会工作发展很快，职工人数随之增加。至2005年底，职工总数408963人，年均增长5%。其中，女职工159238人，占职工总数38.9%。公有制经济单位在岗职工230666人，占职工总数56%(其中，国有经济单位113713人，占职工总数的28%；集体经济单位16951人，占职工总数4%；联营企业中公有制职工29922人，占职工总数7%；机关、事业单位70080人，占职工总数17%)；离开本单位仍保留劳动关系的职工42690人，占职工总数10.5%；其他所有制经济单位职工100002人，占职工总数24.5%(其中内资经济单位职工94726人，占职工总数23.22%；港澳台投资经济单位职工3207人，占职工总数0.78%；外商投资经济单位职工2069人，占职工总数 0.5%），下岗失业人员 35605 人，占职工总数的 9%。职工队伍结构和分布发生重大变化。全市公有制经济单位在岗职工按国民经济 19 大行业分布情况是，农林牧渔业 3377 人；采掘业 9950 人；制造业 29926 人；电力、煤气、水的生产和供应业 4340 人；建筑业 16553 人；交通运输、仓储、邮政业 7899 人；信息传输、计算机服务和软件业 3267 人；批零贸易业 5175 人；住宿和餐饮业 3778 人；金融业 6767 人；房地产业 3869 人；租赁和商务服务业 4330 人；科研技术服务和地质勘查业 4873 人；水利、环境和公共设施管理业 5658 人；居民服务和其他服务业 3320 人；教育业 30419 人；卫生、社会保障和社会福利业 13115 人；文化、体育和娱乐业 3970 人；公共管理和社会组织（此为新统计表的提法，指之前统计表中的机关团体或机关、事业单位）70080 人。

第二节　工会组织

1986 年 4 月，市总工会第十一届委员会主席赵成顺退居二线，市总工会副主席李桂芬接任主席。是年，市总工会机关设两室七部：办公室、技协办公室、组织部、宣传教育部、生活保险部、生产保护部、女工部、财务部、民主管理部。共编制 23 人，实有 64 人。直属事业单位有市工人文化宫（专职工作人员 36 人）和市职工大学（专职教师 17 人）。县（区）工会有湘潭县总工会、湘乡县总工会、韶山区总工会、雨湖区工会委员会、岳塘区工会委员会、板塘区工会委员会、湘江区工会工作委员会、郊区工会工作委员会。此外，还有市直属机关工会工作委员会（1987 年 5 月重新设立）。全市工会组织总数 1362 个、专职工会干部 1252 人、兼职工会工作者 56099 人、会员 262709 人，会员人数占职工总数的 95.38%。其中，行政机关、事业单位有工会组织 541 个、会员 36293 人。企业有工会组织 821 个、会员 226416 人（其中全民企业工会组织 445 个，会员 174875 人；集体企业工会组织 376 个，会员 51541 人）。

1987 年 7 月 25 ~ 27 日，市工会第十二次代表大会召开。出席大会的正式代表 455 人，特邀代表 10 人。市总工会主席李桂芬作题为《深化改革，开拓创新，充分发挥工人阶级在社会主义文明和社会主义民主建设中的主力军作用》的工作报告。会上选举产生市总工会委员 35 人，候补委员 7 人，常务委员 10 人，副主席 4 人，李桂芬为市总工会主席。选举产生市总工会经费审查委员会委员 9 人。1988 年 7 月，因李桂芬调离，市总工会召开十二届三次委员（扩大）会议，补选易本昌为市总工会主席。1988 年 9 月，市总工会机关将民主管理部、生活保险部合并为民主管理社会保障部，增设事业部。仍为两室七部，编制 23 人，实有 64 人。直属事业单位除市工人文化宫和市职工大学外，新设市总工会招待所。1992 年 9 月，全市工会组织总数 1416 个、专职工会干部 1572 人、兼职工会工作者 62190 人、会员 298960 人，会员人数占职工总数的 96%。其中行政机关、事业单位有工会组织 472 个、会员 53813 人。全市企业有工会组织 944 个，会员 245147 人（其中全民企业工会组织 569 个，会员 192969 人；集体企业工会组织 375 个，会员 52178 人）。

1992 年 10 月 7 ~ 10 日，市工会第十三次代表大会召开。出席大会的正式代表 349 人，特邀代表 30 人。市总工会副主席王巧伶作题为《解放思想，开拓前进，充分发挥工人阶级在改革开放和经济建设中的主力军作用》的工作报告。会上选举产生市总工会委员 41 人，常务委员 10 人，副主席 4 人，吴昌续（市人大常委会副主任）为市总工会主席。选举产生市总工会经费审查委员会委员 9 人。

市总工会机关新增研究室、法律顾问室，编制人数不变。直属事业单位新增机关劳动服务公司。年末，所辖县(市、区)工会有湘潭县总工会、湘乡市总工会、韶山市总工会、雨湖区总工会、岳塘区总工会和市直属机关工会工作委员会。1997 年 1 月，市总工会十三届八次委员(扩大)会议召开，根据市委决定，吴昌续不再兼任市总工会主席，补选谭甫臣为市总工会主席。至此，市直各委、局以及各公有制企业工会主席全部按同级党政副职配备落实到位。至 10 月底止，全市工会组织总数 1135 个、专职工会干部 1368 人、兼职工会工作者 39573 人、会员 275891 人，会员人数占职工总数的 95%。其中，行政机关、事业单位有工会组织 413 个、会员 54347 人。公有制企业工会组织 675 个，会员 216954 人(其中国有企业工会组织 391 个，会员 170772 人；集体企业工会组织 283 个，会员 46182 人)；非公有制企业工会组织 47 个，会员 4590 人。市总工会被全国总工会评为“新经济组织组建工会工作先进单位”、全国工会基层工作先进市。

1997 年 11 月 25 ~ 27 日，市工会第十四次代表大会召开。出席大会的正式代表 300 人，列席代表 4 人，特邀代表 20 人。市总工会主席谭甫臣作题为《高举伟大旗帜，贯彻总体思路，把湘潭工运事业全面推向新世纪》的工作报告。会上选举产生市总工会委员 44 人，常务委员 11 人，副主席 4 人，谭甫臣为市总工会主席。选举产生市总工会经费审查委员会委员 8 人。市总工会机关增设法律工作部(与法律顾问室合署办公)和经审办公室、机关党委办公室。编制 37 人，实有 37 人。劳动服务公司更名为机关就业服务站，所辖县(市、区)工会新增高新开发区工会工作委员会。2001 年 8 月，市职工大学整体划出。2002 年 11 月，全市工会组织总数 2127 个、专职工会干部 866 人、兼职工会工作者 6593 人、会员 349489 人，会员人数占职工总数的 96%。其中行政机关、事业单位有工会组织 639 个、会员 59517 人。全市公有制企业工会组织 637 个，会员 214642 人(其中国有企业工会组织 362 个，会员 184249 人；集体企业工会组织 275 个，会员 33393 人)。因加大在新经济组织中组建工会工作的力度，非公有制企业工会组织增至 851 个，其中股份合作企业 215 个、联营企业 19 个、有限责任公司 32 个、股份有限公司 37 个、私营企业 443 个、港澳台投资企业 5 个、外商投资企业 8 个、其他 92 个，合计会员 72330 人。

2002 年 12 月 24 ~ 26 日，市工会第十五次代表大会召开。出席大会的正式代表 319 人，列席代表 15 人，特邀代表 10 人。市总工会党组书记、副主席聂建楚作题为《努力实践“三个代表”，切实履行基本职责，团结和动员全市职工为把湘潭全面建设成为小康社会而奋斗》的工作报告。会上选举产生市总工会委员 44 人，常务委员 11 人，副主席 4 人，赖社光(市委常委)为市总工会主席。选举产生市总工会经费审查委员会委员 9 人。2003 年 6 月，赖社光调岳阳工作。7 月，市总工会十五届三次委员(扩大)会议召开，补选李江华(市人大常委会副主任)为市总工会主席。各县(市、区)总工会主席全部按副县职干部高规格配备落实到位。至 2005 年，市总工会机关由原六室八部精减为二室七部一科，研究室并入办公室，法律工作部和社会保障部合并为法律保障部，生产保护部和技协办公室合并为经济工作部，财务实业部改称财务部，增设政工科，撤销机关党委办公室。共编制 32 人，实有 30 人。实有人员比 1986 年精减 53%。下辖工人文化宫和机关就业服务站。当年县(市、区)工会有：湘潭县、湘乡市、韶山市、雨湖区、岳塘区五个总工会和市直属机关工会工作委员会、高新开发区工会工作委员会两个派出机构。全市工会组织总数 2641 个、专职工会干部 912 人、兼职工会工作者 9097 人、会员 388930 人，会员人数占职工总数的 95%。其中行政机关、事业单位有工会组织 784

个,会员70080人。公有制企业工会组织525个,会员220664人(其中国有企业工会组织341个,会员208713人;集体企业工会组织184个,会员11951人)。非公有制企业工会组织1305个,其中股份合作企业367个、联营企业48个、有限责任公司135个、股份有限公司80个、私营企业645个、港澳台商投资企业11个、外商投资企业19个,合计会员98186人。是年,湘潭县云湖桥镇联合工会被全国总工会评为"全国百家示范乡镇(街道)工会",易俗河镇联合工会被全国总工会评为"全国新经济组织工会组建工作先进单位",谭家山镇联合工会被评为"全省非公有制企业工会工作先进单位"。市总工会被评为全省唯一的"全国工会系统先进集体"。

第三节　工会活动

一、"职工之家"建设

1986年,市总工会贯彻落实全国总工会"整顿工会基层组织,建成'职工之家'精神",提出抓基层、打基础、促改革,把创建"职工之家"活动纳入全市工会发展计划进行部署。各级工会制订相应的"建家"细则,开展"整顿建家"活动。到1989年12月,有1140个基层工会建成合格"职工之家",占应建"家"的基层工会的98.1%,还有78个基层工会跨入市级"先进职工之家"的行列,其中湘潭钢铁厂、江南机器厂、湘潭电机厂、湘潭市工矿药厂四家企业被评为市级"模范职工之家"。

1990年起,市总工会组织开展"建小家,保大家"活动,指导基层工会把工会小组建成"职工小家",从第一线维护职工的合法权益,促进生产任务的完成和管理水平的提高。江南机器厂工会首先提出用三年左右的时间,把全厂1300多个工会小组建成职工小家。1991年后,全市建设"职工小家"和"职工之家"活动全面铺开。至2000年,基层工会中合格"职工之家"1559个,占应建"家"基层工会数的99.4%。合格"职工小家"10976个,占应建"小家"工会小组数的80%。

2001年起,启动非公有企业创建"职工之家""职工小家"活动,扩大"建家"范围。至2005年,全市基层工会中合格"职工之家"2483个,占应建"家"基层工会数的95%。从中评出"先进职工之家"429个,"模范职工之家"163个,其中省级"模范职工之家"55个、全国"模范职工之家"11个。全市合格"职工小家"12087个,占应建"小家"工会小组数的85%。从中评出市级"先进职工小家"1081个,市级"模范职工小家"155个,省级"模范职工小家"33个,全国"模范职工小家"11个。

二、民主管理

1986年起,全市工会民主管理工作以推行职工代表大会制度为重点,积极推行职代会民主评议领导干部制度,对企事业中层以上(有的只对厂、公司级)领导干部进行民主评议监督,每年一次。由工会对职工代表进行思想动员或培训;被评干部在职代会作述职报告,民主测评;面对面或背靠背的群众评议;职工代表投信任票;工会将群众评议意见写成书面材料,一方面交被评干部提出整改措施,另一方面提供组织、人事部门作为考核干部的重要依据,把群众评议与对干部的奖惩结合起来。1987年,为深化企事业单位民主管理,各级工会广泛开展民主管理达标竞赛、知识竞赛、争当优秀职工代表竞赛和争当民主管理先进单位的"主人杯"竞赛,涌现湘潭钢铁厂、湘潭电厂、湖头岭米厂等一大批职工民主管理的典型。至1992年6月，全市建职代会1303个，占应建单位的92%；培训职工代表25789名，比1986年增加154%。有113个企事业单位通过职代会民主选举厂长（经理）。全市评选出12个省级民主管理先进单位，93个市级民主管理先进单位，这105个单位的厂长、经理、书记和工会主席同时受到表彰。是年，基层职代会民主评议厂（公司）级领导9573人，评干面达87.5%。经民主评议，获得奖励的领导干部236人，评议后被降职、免职的177人。

1993年，湘潭市被列为全省股份制改造试点城市。市总工会在巩固和发展公有制企业职代会制度的同时，积极推动股份制、股份合作制、民营等非公有制企业民主管理，在非公有制企业中开展建立职代会工作。到1998年，全市共轮训职工代表51578名，超额16%完成省总工会下达的计划，有88%的股份制企业、46%的乡镇企业、29%的三资（中外合资、中外合作、外商独资）企业建立职代会制度。

1999年起，湘潭市成立由市纪委书记为组长，有纪检、组织、监察、工会等部门参与的市厂务公开工作协调小组（后改为领导小组），办公室设在市总工会民主管理部。领导小组先选定湘潭钢铁公司、江南机器厂、韶峰水泥集团、湘潭电机厂、江滨机器厂等大中型国有企业为厂务公开试点单位，后在全市全面推行以职代会为基础的厂务公开工作。至2002年，湘潭市厂务公开面达96.6%，被评为省厂务公开工作先进市，湘乡市被评为省厂务公开工作先进县（市、区），韶峰水泥集团、湖南铁合金厂、湖南裕华粉业公司被评为省厂务公开工作先进单位，湘潭钢铁集团有限公司被评为全国厂务公开工作先进单位。

2003年7月，市委办公室、市政府办公室批转市总工会《关于加强非公有制企业民主管理工作的意见》，市总工会选择湘钢梅塞尔、京华化工有限公司、金刚钢结构有限公司、湘潭市水泥电杆厂4家非公有制企业进行厂务公开工作试点。当年非公有制企业有56家开展厂务公开工作，占建立工会组织的非公有制企业的12%。至2005年，全市应推行厂务公开的企事业单位1367家，实际推行1348家，厂务公开面达到98.6%，其中国有、集体企业及其控股企业100%实行厂务公开。96%的国有事业单位、院（校）实行所、院、校务公开，规模以上非公有制企业有241家开展厂务公开工作，推行面达39%，全市企事业单位中基本形成厂（所、院、校）务公开长效机制，厂务公开工作整体上步入规范化运作轨道。年底，湘潭电机集团有限公司、湖南湘铝有限公司被评为省厂务公开工作先进单位。

三、维护职工合法权益

1986年以后，为发动和组织职工群众参与企业管理，维护职工权益，市总工会根据《中华人民共和国工会法》《中共中央关于经济体制改革的决定》、中共中央、国务院颁布的《全民所有制工业企业职工代表大会工作条例》和全国人大通过的《中华人民共和国企业法》，自编教材和学习资料，培训工会干部和职工代表。各企业工会和职代会利用参加党委、人大、政府、政协和企业行政等机构的会议机会，在涉及职工利益的重大问题上，及时提出工会的主张和建议。至1991年，共组织职工群众同党政领导公开对话773场次，解决工伤认定方面的纠纷39起，工资福利方面的矛盾65起，对住房分配不满的诉求47起，对领导滥用职权处分职工的问题12起。

1992年，国有企业举步维艰，不少职工生活困难。市总工会组织专题调查组，到国有大中型企业进行调研，及时向市委、市政府和省总工会反映职工的呼声，为党政部门和上级工会提供决策依据和建议。1993年，市委、市政府下发《湘潭市全心全意依靠职工群众办企业的若干规定》。各县（市、区）、局和企事业单位工会据此在企业改制过程中，加大宏观参与力度，从源头切实维护职工主人翁地位和民主权利。1994年起，市总工会以贯彻实施《中华人民共和国劳动法》为契机，深入开展维权工作。至1995年7月，共就涉及职工利益的有关问题提出建议、提案150条，写出各类专题调研报告130余篇，及时反映职工的要求。接待并处理职工来信来访596起、1415人次（其中集体上访78起、514人次），协助劳动行政、工商、建设等部门纠正违规劳动合同1320份，依法为3874名农民工清欠工资442.2万元，为4名在施工现场负伤的农民工补偿医药费28360元，依法责令17家用人单位清退4622名劳动者押金218万余元，依法责令用人单位为247名劳动者补发工资35万余元，3起拖欠工资多年的案件通过法院强制执行。

1995年8月，市总工会贯彻实施全国总工会关于《工会参加平等协商和签订集体合同试行办法》等文件精神，要求各级工会代表职工与企事业单位、雇主及雇主集团就劳动标准、劳动报酬、工作时间、休息休假、劳动安全卫生、保险福利等事项，经协商谈判签订书面协议并形成制度。工会不再从个体案例入手，为职工维权，而是从协商、签订、监督履约入手，从源头全面维护职工合法权益。工会维权工作进入规范化、制度化、系统化的轨道。9月，市政府批转市总工会、市劳动局《关于建立平等协商、签订集体合同制度的意见》，成立以市委常委、常务副市长为组长的湘潭市推行平等协商签订集体合同协调领导小组（以下简称市协调领导小组），召开全市推行平等协商、签订集体合同制度动员大会，确定45家企业为试点单位。1996年，该项工作在全市全面推开，至年底，共有202家企业经过与本企业工会组织、职工代表就劳动标准、劳动条件及其他与劳动关系相关的问题，进行协商、签订集体合同并形成制度，全市推行平等协商、签订集体合同工作跻身于全省前列。1997年，市总工会贯彻省总工会《关于工会参加工资集体协商的指导意见》和《关于进一步加强平等协商和集体合同工作的通知》精神，对部分企业的集体合同履约情况进行调查分析，督促整改。同时，还把组建工会和集体合同工作推向新建非公有制企业。至2002年底，全市有1319家企业签订集体合同，覆盖职工30.86万人，其中公有制企业608家，建制率95%；新建非公有制企业711家，建制率58%。签订集体合同工作开展后，侵权事例大为减少。7年间，市总工会接到职工对工伤事故处理不当的举报15起，对工资过低或工资未能按时发放的举报18起，对领导滥用职权处分职工的举报7起。三项共40起，其中21起自己签订集体合同的企业，市总工会已依照集体合同条款予以调解。对于未签订集体合同的企业职工的19起举报诉求，市总工会会同市劳动和社会保障局和市企业家协会予以妥善处理。

2003年，制订出台《关于实行企业工资集体协商的意见》，并在部分企业进行工资协商试点后全面推行。是年，全市开展工资协商的公有制单位有367家，占公有制企事业的57%；开展工资协商的非公有制单位有664家，占已建工会的非公有制企业的38%。湘潭电机集团有限公司和湘钢梅塞尔公司签订工资集体协议后，因职工对工资方案有知情权、商议权和部分决定权，职工工资分别比上年增长11%和14%。2004年2月，市政府办公室印发《湘潭市人民政府与市总工会联席会议制度》，5个县（市、区）总工会与同级政府也相继建立联席会议制度。市总工会和各县市区充分运用政府与工会联席会议工作机制，把涉及劳动关系的重大事项及相关法律政策问题作为联席会议的重要内容讨论解决,加大工会从源头维权的力度。9 月 22 日,市总工会开通“12351”职工维权热线电话。受理职工对劳动法律、法规和政策方面的咨询;对需要帮扶和解决生活困难职工的求助;对侵害职工合法权益行为的控告、申诉,对紧急突发事件和重大安全事故的报告等。至 2005 年,接热线电话 69 个,均作出相应处理。至是年底,全市共有 1788 家企业建立平等协商签订集体合同(包括工资集体协商)制度,覆盖职工总数达 34 万余人。其中公有制企业建制率 96%,非公有制企业建制率 60%。有 98.2%的企业把职工最关注的问题写入集体合同,60%的企业兑现职工最关注的条款,职工满意率达 73%。3 年内,市总工会接到因工伤亡方面的举报 8 起,因工资方面的举报 10 起,因企业无理辞退职工的举报 4 起。会同有关部门妥善处理 22 起,2 起支持被侵权职工通过诉讼程序解决。

四、送温暖工程及参与再就业工程

(一)送温暖工程

1986 ~ 1993 年,全市各级工会在每年元旦、春节期间,组织慰问节日加班、伤病、困难、受灾的职工,称“送温暖活动”,共筹资 3200 万元,慰问职工 10 万户(次)。市总工会连续 8 年被省总工会评为送温暖活动先进单位。

1994 年起,市总工会根据全国总工会的部署,将元旦、春节“两节”送温暖活动拓展为“送温暖工程”,使送温暖活动经常化、制度化、社会化。市总工会派出 6 个组,深入 70 多个停产、半停产企业,落实省总工会和市政府关于妥善安排停产、半停产企业职工生活的有关规定,为职工群众排忧解难。1995 年,市总工会先后走访 371 家企业和 94181 户职工,基本摸清全市困难职工生活状况,建立和完善特困职工档案。配合全国总工会、国务院发展研究中心和省总工会对贫困职工生活状况进行百户抽样调查,以推动职工最低生活保障制度的出台;发起成立一个群众性互助互济组织—湘潭市职工困难互助会,发展团体会员单位 41 个,会员 8.6 万人,筹集资金 80 万元,用以解决部分特困职工的生活必需品和子女就学难题。至 1996 年,各级工会共筹资 1300 万元,救济慰问困难职工 5 万户次。市总工会的送温暖工程连续 3 年被评为全省先进单位。

1997 年,市总工会与市希望工程基金会协商,筹措 5 万元资金,解决 110 个特困职工子弟入学的问题。当年,各级工会共筹资约 400 万元,救济慰问职工 1.5 万余户次。年底,市总工会被全国总工会保障工作部评为先进单位。

1998 年后,市总工会协助市委、市政府制定《特困企业和特困职工认定管理制度》《困难职工救助制度》《生产自救制度》《分流安置制度》等文件。市内 15 家大中型企业组建职工困难互助基金会。各县(市、区)工会全部组建职工困难互助会。推动“送温暖工程”深入开展。2002 年 3 月,市总工会获全国总工会“送温暖工程先进单位”。至 2002 年,全市有特困企业 278 家;贫困职工 57914 人,其中贫困的在职职工 13216 人,占在职职工总数的 4.71%;贫困的下岗职工 39061 人,占下岗职工总数的 54.71%;贫困的退休职工 5637 人,占退休职工总数的 7.31%。全市工会共筹资 2000 万元,救济慰问贫困职工 9 万余户次。

2003 年起,市总工会结合“双联”(党政机关联系困难企业,机关干部联系困难职工)工作开展“送温暖工程”。在全省率先成立困难职工帮扶中心,接待来信来访 186 起 325 人次,募集捐款 11826 元,救助特困职工及家属 32 人。2005 年 1 月 24 日,市总工会、市“双联办”、市民政局在市体育中心联合组织情系困难职工的“爱心货场”。场上展示151个机关单位的干部、职工捐献的衣物6万余件，有4万多件衣物被7000多名困难职工当场领走，余下的由市民政局送往贫困乡镇继续实施救助。至年底，全市共有548个行政事业单位联系、慰问困难企业206家，18622名机关、事业单位的干部职工联系困难职工13437名，为他们捐款捐物约140万元，资助困难学生519人。此外，各级工会还通过企业赞助、职工募捐等形式筹集善款1506.21万元，用于救助特困企业和贫困职工4.5万余户次。

（二）参与再就业工程

2001年，全市共有下岗职工7万余人，失业人员1.8万人。面对严峻的就业形势，市政府2001年底开始组织实施“城区五万人就业工程”，市总工会成立市再就业服务中心，帮助下岗职工自谋职业、自主创业。2002年后，市总工会围绕对困难职工实施就业援助、落实再就业优惠政策、“4050”（指40岁以上的女职工和50岁以上的男职工）下岗失业人员再就业难等问题，向市委、市政府、省总工会报送调查报告9篇。参与制订《关于进一步做好下岗失业人员再就业工作的实施意见》《关于大力推进社区就业工作的意见》等政策文件。同时加强舆论引导和政策宣传，至2003年，与劳动局一起举办三次规模较大的劳动力交流集市，帮助2140名下岗职工实现再就业。2004年3月，市总工会组织5000余名下岗职工参加湘潭市首届下岗失业人员创业大比拼活动，在比拼活动招聘会上，约500人找到合适的工作岗位。5月，与市“双联办”合作，积极推介“集体购买家政服务”活动，全市有5210名机关干部购买家政服务，凭“家政服务卡”安置“4050”下岗人员1500名。当年工会自办培训机构9个，培训下岗职工5393名，帮助2881人实现再就业，自办职业介绍机构13个，通过职业介绍实现再就业的4965人。

2005年，市总工会健全全市再就业信息网，全市各级工会都将下岗职工再就业工作纳入工会工作重要议事日程。利用职工技协、文化宫、俱乐部、职工学校举办各类培训，进行就业指导。10月，优秀下岗职工周慧敏（女）、胡松毅参加全省再就业巡回报告团，介绍再就业经验。

五、职工技术协作

1986年，全市工会职工技术协作委员会（简称技协）有82个，技协专业队（组）192个，技协会员13000多人。开办短期技术市场15处，常设技术市场5处。至1989年，技协组织（改称职工技术协会）增至86个，专业队（组）206个，技协会员发展到14123人。无偿服务方面，共完成新产品、新技术开发20项，技术扶贫、技术服务5项，技术攻关9项，技术改革12项，新技术推广7项，共创效益2.5亿元。领取营业执照进行有偿服务的技协实体18家，实现技术有偿服务项目2384项，成交额1727.42万元，纯收入473.1万元，上缴税收54.96万元。

1990年起，国有企业普遍效益滑坡，全市经济形势严峻，技协工作受大气候的影响停滞不前。1991年4～5月，市总工会举办十年职工技协成果展览，展出1981～1991年技协成果106项。1992年9月，市总工会组队参加首届湖南省职工技协、合理化建议成果展览会，展出78项科技成果。在合理化建议成果评比中，湘潭市获金牌奖5项、银牌奖9项、铜牌奖17项。至1998年底，职工发明创造和开发新产品244项，技术革新和推广先进技术1088项，共提出合理化建议127981条，采纳51643条，实施44074条，其中实施技术攻关项目2294项，共创造价值25636万元。此阶段，全市技协实体减至4家，有偿服务收效甚微。

1999年后,技协将工作重心从国有企业拓展到事业单位和民营企业,并针对企业生产经营中的难点和重点,主动选题立项,积极开展技术攻关和技术革新。至2002年,完成技术贸易合同408个,实现合同金额1570万元,纯收入450万元,上缴税收79万元。技协有偿服务重现起色。

2003年起,社会上传出"工会技协赚钱"的质疑,一些企业行政组织对技协收费不予支持。2004年,湘潭电机集团有限公司、湘潭钢铁集团有限公司、江麓机械集团有限公司、湖南移动通讯湘潭分公司等几家技协大户不再从事有偿服务。2005年,各级技协共签订技术合同43项,成交金额1066万元,纯收入230万元,上缴税金22万元。至年底,全市技协攻克技术难关6540项,完成技术革新2827项,其中,效益在200万元以上的12项,有9项获全国职工技协优秀成果奖。

六、劳动竞赛

(一)全员劳动竞赛

1986年,全市从上到下都成立劳动竞赛委员会,工会负责竞赛的具体组织工作和日常工作。是年,全市劳动竞赛委员会295个,占企事业单位总数的93%,其中县、区7个,市直局21个,国、省营企业21个,市属企业246个。是年起,市总工会响应中共中央、国务院关于在全国各行业广泛开展增产节约、增收节支运动的号召,制订全市企业单位年人均增产增收100元,人均节约100元的"双增双节"(增产节约、增收节支)目标,各企业工会将"双增双节"指标落实到车间、班组和个人,并和生产计划一同考核。市总工会还和市经委一道,在54个年产值500万元以上的骨干企业中开展"将帅达标"立功竞赛活动,在班组和职工中开展"主人杯"立功竞赛活动,推动"双增双节"运动向纵深发展。至1987年,据442个单位统计,共节约钢材6092吨,节煤63400吨,节电11500度,节约木材42200立方,节约各种油料1950吨,回收利废各种物资64000吨,共计节约资金5088万元,人均实现年增收节支230元。年底,共表彰生产、技术、革新、经营、管理、节约等各项能手507名,表彰双文明班组500个。10个企业获竞赛金杯奖,30个企业获银杯奖。

1988年起,各级工会开展以班组升级、双文明建设为主要内容的劳动竞赛。是年,全市参赛班组8782个,占班组总数的64%。评出合格班组6216个,质量信得过班组1047个,双文明先进班组1519个。江麓机械厂301车间冲压班运用套裁下料和利用边角废料,多生产机器零件36万多个,增收6100多元。荣立集体三等功,被评为厂双文明先进班组。至1998年的11年内,各级工会组织厂际赛、班组赛、对手赛、技术表演赛、科研成果赛等多种形式的劳动竞赛4000场次,参赛职工累计12万人次,职工发明创造和开发新产品250项,技术革新和推广先进技术1090项,完成技贸合同1518个,实现技贸合同额2313万元,采纳实施合理化建议44100条,共创造价值26000万元。市总工会先后在省总工会组织的省辖六市群众生产工作竞赛中获银杯奖、被评为全省工会经济工作先进单位和全国工会经济工作先进单位。

1999年起,市总工会响应全国总工会提出的"要面向新世纪,在全国广大职工中实施经济技术创新工程","要围绕创新,开展劳动竞赛"号召,在全市组织"创新兴湘"劳动竞赛活动。湘潭钢铁公司淘汰平炉,以转炉生产高碳钢,炼钢工人冯宇通过无数次对原材料到冶炼的全过程的跟踪分析,总结创新出一套新的冶炼高碳钢操作法,每年可多产钢2万多吨,增效1000万元以上。至2000年,各级工会组织职工技术攻关196项,创价值540万元。在市总工会召开"职工技术创新成果交流会"

上,有 33 项创新成果受到表彰。

2001 年起,市总工会按照全国总工会的部署,在职工中普及和推广"创造学"知识。选派 11 名骨干参加全国总工会和省总工会开办的"创造学"师资培训班,自行举办 4 期"创造学"学习班,培训职工 360 名,各基层工会开办"创造学"学习班,共培训职工 4 万余人。2002 年 4～5 月,市总工会组织全市职工科技创新知识竞赛,有 40 多家单位参赛,12 个单位获奖。年底,市总工会获全省首届职工科技创新知识电视大奖赛"优秀组织奖"。至 2005 年,全市各级工会引导职工开展技术创新、发明创造,共推出新产品、新技术、新材料 1061 项,创经济效益 2 亿元,其中 2 项获"全国职工技术创新成果奖",12 人在全国技能竞赛中获奖。

(二)女职工"芙蓉杯"竞赛

1986 年起,各级工会都根据女职工的特点组织女职工劳动竞赛和学习竞赛,要求做"四有"(有理想、有道德、有文化、有纪律)、"四自"(自尊、自信、自立、自强)新女性。至 1990 年,全市评出女先进生产(工作)者 73480 人、"三八"红旗手 11726 人,女劳动模范 24 人,合计占女职工总数的 20%。是年,市总工会被省总工会评为年度女工工作竞赛优胜单位。

1991 年 3 月,省总工会将全省女职工各项竞赛统一定名为"芙蓉杯"巾帼建功劳动竞赛。是年,市总工会成立 "芙蓉杯"竞赛领导小组,全市成立竞赛领导机构 1469 个,制定竞赛方案 2164 个。女职工参赛面达 92.8%,年均参赛 10 万人。市总工会女职工委员会连续 4 年被省总工会评为全省女职工先进集体,1996 年被全国总工会评为女职工先进集体。至 1997 年,全市开展"芙蓉杯"劳动竞赛、技术表演 1143 场次。竞赛中,1564 人次打破各项生产记录,涌现各级能手、标兵 3508 人。其中受省总工会表彰的有 50 人。

1998 年后,总结推广竞赛经验。2002 年,省总工会"芙蓉杯"竞赛现场经验交流会在湘潭召开,对湘潭的"芙蓉杯"竞赛工作给予充分肯定。至是年底,各级工会召开现场经验交流会 47 场。全市评选出市级芙蓉百岗明星 106 名、市级芙蓉标兵岗 140 个、省级芙蓉百岗明星 20 个、省级芙蓉标兵岗 25 个,湘潭市总工会、湘乡市总工会、湘潭市教育局工会和湘潭钢铁集团有限公司、湘潭电机集团有限公司、湖南湘铝有限责任公司、江麓机械集团有限公司、湘潭市电信分公司 8 个单位的女职工委员会被评为全省"芙蓉杯"竞赛先进女职工集体。

2003 年开始,突出技能竞赛、攻关竞赛和效益竞赛,鼓励女职工立足本岗、勇于创新;使竞赛向管理、经营、计划、营销、后勤等领域开拓延伸,把竞赛渗透到企业、学校、医院管理的全过程。至 2005 年,全市女职工实现技术攻关革新项目 1756 个,创价值 9661.6 万元;双增双节价值 22614.2 万元;提合理化建议 22770 条,被采纳 4912 条,创价值 5586.22 万元。共评选出市级芙蓉百岗明星 100 名、市级芙蓉标兵岗 102 个、省级芙蓉百岗明星 15 个、省级芙蓉标兵岗 22 个,其中湘潭钢铁集团有限公司、湘潭电机集团有限公司、湖南湘铝有限责任公司的女职工委员会被评为全国工会先进女职工集体, 湘潭钢铁集团有限公司第二炼钢厂环保动力车间大布袋班被评为全国女职工建功立业标兵岗、市总工会女工部部长李萍被评为全国工会先进女职工。

七、经费管理

1986 年,市总工会依照《中华人民共和国工会法》的规定对各级工会经费进行管理。因企业效益普遍较好，职工工资稳中有升，各基层工会依法逐级上缴工会经费的工作进展顺利。至1990年5年间，收缴工会经费1569万元，比上5年增加932.06万元。5年共上解省总工会803.67万元，支出职工活动费（用于工会开展教育、文体、宣传等活动，下同）87.28万元、工会业务费（用于培训工会干部、加强自身建设和开展业务工作等，下同）68.18万元、补助下级费（包括扶贫济困，下同）354.31万元、工会行政费（用于行政管理、后勤保障等，下同）184.02万元，收支平衡略有盈余。期间，市总工会被全国总工会评为财务工作先进单位。

1991～1995年，大多数基层工会依法逐级上缴工会经费，5年共收缴3226.48万元，上解省总工会1637.77万元，支出职工活动费270.62万元、工会业务费128.54万元、补助下级费738.89万元、工会行政费331.49万元，收支相抵略有盈余。期间，市总工会连续4年被全国总工会评为“财务工作先进单位”。

1996年起，由于公有企业在深化改革过程中遇到许多困难，大部分公有企业资金匮乏，部分企业停产、破产，工会经费收缴率下降。至2000年的5年间，收缴工会经费3077.23万元，上解省总工会1756.51万元，支出职工活动费144.66万元、工会业务费140.25万元、补助下级费531.7万元、工会行政费412.44万元。收支相抵仍略有节余。

2001年起，市总工会围绕依法收缴工会经费与市财政局联合下达《关于党政机关事业单位拨缴工会经费由财政统一划拨给工会的通知》的文件，全市6个县（市、区）直属机关事业单位，都由同级财政统一拨给同级工会。还在省内率先与市中级人民法院、市财政局联合下达《关于贯彻实施 < 工会法 > 中有关工会经费问题的具体规定的通知》的文件，发至全市基层单位，规定对拒缴工会经费的可以通过法院下达支付令强制执行。对个体私营企业，通过个体私营经济协会和工商局以行业监管的形式，在营业执照年审时，代收工会经费。对外资企业则借助市招商局和税务部门的力量，由“催收”变为“以审促收”“以审促管”。通过依法收缴，全市工会经费收缴额逐年递增。至2005年的5年间，收缴经费4509.41万元，上解省总工会2202.11万元，支出职工活动费149.1万元、工会业务费408.61万元、补助下级费765.18万元、工会行政费843.27万元。经费管理做到增收节支，收支平衡，略有结余。期间，市总工会3次被全国总工会评为“全国工会财务工作先进集体”。

八、劳模管理

1986年初，全市共有劳动模范516人，其中市级、厅局级劳模292人，全国五一劳动奖章获得者、省部级劳模208人，全国劳模16人。是年起，市政府对市级劳模增发其工资5%的退休费。省级劳模和全国劳模的退休费按上级决定分别增发其工资的10%和15%。市总工会对全市劳模逐人建立劳模登记卡。各基层工会建立健全劳模管理制度，配备专（或兼）职干部负责劳模管理工作。每年“五一”节前后，市总工会、市委宣传部组织对劳模进行系统的采访报道。每年元旦、春节、五一节，各级工会都要对劳模进行走访、慰问。至1994年的9年间，全市工会推荐、评选劳模262人，其中市级、厅局级劳模171人，全国五一劳动奖章获得者、省部级劳模85人，全国劳模6人。各级工会共支出劳模慰问金50余万元。

1995年起，市政府根据市总工会提交的为全市各级劳模实行补充养老保险的报告，明确要求各有关单位根据劳模的级别和年龄在人寿保险公司为每个劳模缴纳一定金额的保险金，待劳模退休时,市级劳模、省级劳模、全国劳模可分别从保险公司再领到 40 元 / 月、60 元 / 月、80 元 / 月的补充养老金。在省内首例实行劳模补充养老保险。2000 年,市总工会还与市邮政局联合发行一套“湘潭劳模风采”明信片。至 2001 年的 7 年间,全市推荐、评选劳模 191 人,其中市级、厅局级劳模 99 人,全国五一劳动奖章获得者、省部级劳模 79 人,全国劳模 13 人。各级工会共支出劳模慰问金 80 余万元。

2002 年,市总工会再次对全市劳模基本情况全面调查,向市委、市政府提交调查报告并草拟《湘潭市劳动模范管理暂行办法》(以下简称《办法》)。2004 年 4 月 23 日,市政府常务会议审议通过该《办法》,正式颁布实施。全市按《办法》建立劳模最低收入保障制度，暂定市级劳模月收入不得低于 800 元（以后视社会经济情况再酌情调整),不足部分由市政府补贴(省以上劳模按上级文件执行)；实行劳模重大疾病保险制度；建立劳模困难基金会；确保劳模的劳动权利，企事业单位在转制、改制中不安排劳模下岗;对劳模工作实行信息化管理和动态考核;恢复市级劳模评选制度，每两年从全市优秀职工中选树 20 名劳模。至 2005 年的 4 年间,全市工会推荐、评选劳模 67 人,其中市级、厅局级劳模 27 人,全国五一劳动奖章获得者和省、部级劳模 35 人,全国劳模 5 人。各级工会共支出劳模慰问金 70 余万元。另外,还特别慰问下岗、自谋职业的劳模 38 人和因退休、伤病、天灾人祸而生活困难的劳模 253 人次,发困难劳模慰问金近百万元。2005 年末,除调出、故亡和违法违纪取消荣誉者外,全市共有劳模 744 人。其中全国劳模 37 人,全国五一劳动奖章获得者、省部级劳模 249 人,市、厅局级劳模 458 人。

图 8-1-1　2005 年 4 月 25 日,市委、市政府、市总工会领导欢送 24 名省级劳模和全国劳模赴省赴京参加劳模表彰大会

九、文艺活动

1986 年,全市工会系统有工人文化宫、俱乐部 45 个,专职工作人员 170 人;图书馆(室)527 个,专职工作人员 160 人,藏书 831724 册;电影放映队 57 个,专职放映员 94 人;各种职工业余文艺团队 179 个,参加职工 4818 人次;职工业余文艺创作组 97 个,参加职工 1151 人次;兴趣爱好小组 618 个,参加职工 11907 人。是年始,各级工会组织职工群众开展业余文艺活动,活跃职工文化生活。每年新年春节期间组织新春游艺会、舞龙、舞狮和元宵灯会,五一节、国庆节前后举行职工文艺汇演,或音乐舞蹈曲艺小品调演,或书法、美术、摄影作品展览,或收藏集锦展览,或交谊舞、歌手比赛等活动。至 1989 年的 4 年间,各基层工会创作文艺节目 690 个,上演 306 个,观众 4 万余人次。其中 200 个节目参加全国和省、市总工会举办的职工文艺汇演,17 个节目获省总工会奖。由湘潭电机厂冯莎玲编导、该厂职工王湘平、焦海红、范波表演的柔姿舞短剧《智斗》先后获全国机械工业工会文艺调演金奖和省总工会演出特别奖,后在中央电视台《综艺大观》栏目播出。

1990 年 8 月,市总工会成立市职工文化协会,协会会长由市总工会副主席兼任,首批团体会员

85 个。市职工文化协会组织全市的大型职工业余文艺活动。1991 年 5 ~ 6 月,为纪念中国共产党建党 70 周年,组织职工文艺调演,演出 9 台 110 个节目,从中选调 2 台 30 个节目参加全省文艺调演。其中,9 个节目获创作奖,5 个节目获演出一等奖,10 个节目获演出二等奖,8 个节目获演出三等奖,市总工会获全省最佳组织奖。1993 年,为纪念毛泽东同志诞辰 100 周年,组织职工参加全国征文大赛和全市歌咏比赛,韶山市总工会获全国征文大赛组织奖。1995 年,为纪念"五一"国际劳动节和全国总工会成立 70 周年,举办湘潭市首届职工文化节,历时一个多月,120 个单位、8 万多职工参与,共举办职工文化论坛、文艺演出、邮展书展等系列展览 100 多场次。至 1996 年的 7 年间,各级工会共创作文艺节目 430 个,上演 400 个,观众 9 万人,其中 166 个节目分别获市级创作奖、演出奖,39 个节目获省总工会奖并分四次在省电视台播放。由刘晓明作曲、黄多编导、湘潭钢铁集团有限公司职工艺术团表演的男子群舞《冶炼之光》获"首届中国民族歌舞周"创作、表演双一等奖。但是,由于多数企业在改革中遇到困难,效益不好,职工文化生活受到影响,全市工会系统文化宫、俱乐部减至 41 个,图书馆(室)减至 458 个,市职工文化协会团体会员减至 68 个。

1997 年起,各级工会以迎接港澳回归、纪念中华人民共和国建国 50 周年、中国共产党建党 80 周年、中共十六大召开等为主题,开展一系列文化活动。至 2005 年的 9 年间,共组织歌舞表演 150 多场、歌咏大会 120 多场、相声、小品晚会 80 多场、青年歌手赛 46 场、中老年交谊舞赛 40 场、书画摄影比赛 60 场、集邮收藏展览 35 场、时装模特表演 7 场、赛诗会 6 场,参加职工达 30 万人次。但是,这期间由于许多公有企业改制重组,有的处于停产半停产状态,致使职工文体人才外流,文体活动锐减。2005 年末,全市工会系统共有文化宫、俱乐部 39 个,图书馆(室)346 个。市职工文化协会团体会员减至 13 个。

第二章　共青团湘潭市委

第一节　共青团组织

1986 年 5 月 4 ~ 6 日,共青团湘潭市第十次代表大会召开,出席大会的正式代表 351 名,特邀列席代表 24 名。团市委书记郭学辉代表共青团湘潭市第九届委员会作题为《坚持不懈地在实践中培育"四有"新人,带领全市团员青年投身改革、献身"四化",为湘潭两个文明建设作出积极的贡献》的工作报告。大会选举产生共青团湘潭市第十届委员会委员 35 人,十届一次委员会选举常务委员会委员 9 人,副书记 2 人,郭学辉为团市委书记。团市委内设办公室、组织部、宣传部、工农青年部、学校工作部 5 个部室,定编 16 人。是年末,全市有共青团员 120927 人,团支部 5264 个,基层团委(总支)259 个,一级机构团组织 66 个。1990 年 1 月,郭学辉调离,由团市委副书记张立湘主持全面工作。1990 年 10 月市委任命胡伯俊为团市委书记。1991 年 4 月底,全市有共青团员 126171 人,团支部 5350 个,基层团委(总支)264 个,一级机构(部、办、委、局)团组织 67 个。

1991 年 5 月 4 ~ 6 日,共青团湘潭市第十一次代表大会召开,出席大会的正式代表 312 名,特邀列席代表20名。胡伯俊代表共青团湘潭市第十届委员会作题为《满怀信心,再鼓实劲,为振兴湘潭经济建功立业》的工作报告。大会选举产生共青团湘潭市第十一届委员会委员41人,十一届第一次委员会选举常务委员会委员11人,副书记3人,胡伯俊为团市委书记。1991年12月,胡伯俊调离,由团市委副书记李江南主持全面工作。1992年3月,市政府成立市未成年人保护委员会,办公室设团市委。1992年6月,根据市编委《关于市文化局、共青团市委调整科(部)设置的批复》,团市委撤销组织部、宣传部,设组宣部、事业发展部。是年,市委批转市委组织部、团市委《关于加强团的组织建设的决定》。1993年7月,市委任命李江南为团市委书记。1994年3月,根据市编委《关于成立湘潭市希望工程基金促进会办公室的批复》,设立市希望工程基金促进会办公室,为正科级全民事业单位,定事业编5名。1995年1月,李江南调离,由团市委副书记曾广文主持全面工作;6月,市委任命周放良为团市委书记。同年,市委批转市委组织部、团市委《关于加强共青团在实施青年人才工程中的作用的决定》。1996年4月底,全市有共青团员136430人,团支部5278个,基层团委(总支)331个,一级机构团组织89个。

1996年5月4~6日,共青团湘潭市第十二次代表大会召开,出席大会的正式代表310名,特邀列席代表28名。团市委副书记朱少中①代表共青团湘潭市第十一届委员会作题为《面向新世纪,开拓新局面,在强工富市的创业实践中贡献青春和力量》的工作报告。大会选举产生共青团湘潭市第十二届委员会委员41人,十二届第一次委员会选举常务委员会委员9人,副书记2人,朱少中为团市委书记。1996年7月,根据市编委《共青团湘潭市委职能配置、内设机构和人员编制方案的通知》,团市委设办公室、组织部、宣传部、工农青年部、学校工作部5个职能部室,核定机关行政编15名,工勤编1名,市希望工程基金促进会办公室事业编3名。1999年,市委印发《关于进一步加强和改善对共青团工作领导的实施意见》。团市委在各级团组织中开展创"五四红旗团委"活动,从是年起,每年评选10个"五四红旗团委"和10个"五四红旗团支部"。是年,团市委被共青团中央授予全国创建"五四红旗团委"活动组织奖。2001年1月,朱少中调离,由团市委副书记黄韧主持全面工作。2001年4月,全市有共青团员142367人,团支部5562个,基层团委(总支)343个,一级机构团组织98个。

2001年4月28~30日,共青团湘潭市第十三次代表大会召开,出席大会的正式代表316名,特邀列席代表27名。团市委副书记黄韧代表共青团湘潭市第十二届委员会作题为《立足新世纪,谋求新发展,在建设经济强市的战略实践中建功成才》的工作报告。大会选举产生共青团湘潭市第十三届委员会委员41人,十三届第一次委员会选举常务委员会委员10人,副书记3人,黄韧为团市委书记。2002年4月,根据市编委《关于印发〈共青团湘潭市委机关机构改革方案〉的通知》,团市委设办公室、组织部、社会服务部、宣传联络部4个部室,核定机关行政编11名,工勤编1名,市未成年人保护委员会办公室事业编1名,市希望工程基金促进会事业编3名。2005年3月,根据市编委《关于共青团湘潭市委员会内设机构更名的批复》,社会服务部更名为青工青农部。是年,团市委以团组织联建,团干部联手,团员青年联动为基本形式的"三联共建"活动的经验和作法,被团中央编入《增强团员意识主题实践活动百例》,向全国推广;调研报告《以"三联共建"模式加强基层团组织建设的

① 后被湘潭市纪委查出任湘潭县和湘潭市领导时有违纪违法行为,移交司法机关,判处有期徒刑。

调查与思考》获全国基层团建创新理论成果二等奖。是年末，全市有共青团员 154195 人，团支部 6104 个，基层团委（总支）342 个，一级机构团组织 73 个。有市级五四红旗团组织创建单位 180 家，有 20 个单位分别被共青团中央和团省委授予“五四红旗团组织”称号。

第二节 共青团活动

一、青少年思想道德教育

1986 年起，全市共青团各级组织以典型引路，进行革命传统教育和树立正确人生观、世界观教育。先后开展“学雷锋、树新风”宣传教育以及“四有教育”（有理想、有道德、有文化、有纪律）等思想教育活动，组织“四有新人报告团”巡回报告和“缅怀湘潭英烈、发扬革命传统”演讲比赛以及开展“人生路标”征文比赛等活动。1990 年，在第十一届亚运会期间，发动青少年开展“亚运寄语”活动；组织“学赖宁，做党和人民的好孩子”等系列宣传教育活动。

1991～2000 年，共青团各级组织结合重大纪念活动、开展毛泽东思想及邓小平中国特色社会主义理论教育和爱国主义教育。期间，纪念共青团建立 70 周年，开展团情知识竞赛；举办纪念毛泽东诞辰 100 周年毛泽东思想青年研讨会；学习《邓小平理论》（第三卷）；开展“讲文明、树新风”巡回演讲活动；举行“迎回归，爱祖国”歌咏大赛；组织“抗洪救灾”事迹宣讲团，全市共青团员缴纳特殊团费；主办“光辉历程—纪念‘五四’运动 80 周年大型图片展”。

2001 年，团市委组织志愿者服务团深入农村、社区学习宣传“三个代表”重要思想；纪念中国共产党成立 80 周年，举办“党在我心中”演讲比赛活动；组织开展“湘桂青少年革命圣地互访”活动，组织参与团中央、国家旅游局主办的“百万青少年湘潭韶山行”大型活动。2004 年，学习贯彻《中共中央国务院关于进一步加强和改进未成年人思想道德建设的若干意见》，组建“未成年人思想道德讲师团”，开展宣讲活动 42 场次。2005 年，开通湘潭青年网，学习贯彻《中共中央国务院关于进一步加强和改进大学生思想政治教育的意见》，在各高校开展专题宣传教育活动；开办《今日大学》专刊，在《湘潭日报》开辟《青少年在线》专栏，打造青少年思想道德教育新载体。

二、青年文明号创建活动

1986～1993 年，全市青工战线各级团组织以“共青工程”活动为龙头，围绕经济建设开展一系列活动。工交企业开展“骏马杯”劳动竞赛；窗口服务行业开展“岗位学雷锋，满意在潭城”优质服务示范窗口竞赛，创建一批以青年为主体，在生产、经营、管理和服务中体现高度职业文明，创造一流工作成绩的青年集体（班、组、队）、青年岗位（岗、台、车、船、站、所、店）和青年工程。

1994 年，根据江泽民“青年文明号”的题词，团市委在商业、公安、金融、税务、交通、邮电、卫生等窗口行业开展青年文明号创建活动，并逐步向重点工程建设、工业企业和机关事业单位推进。1995 年，全市共创建市级青年文明号集体 20 家，省级青年文明号集体 6 家。1997 年，市中心医院心血管内科（十六病室）获湘潭市第一家国家级青年文明号集体。2002 年，成立湘潭市青年职工工作委员会，由市政府分管副市长兼主任，15 家成员单位组成，办公室设团市委。在全省率先出台《青年文明号管理办法》和《青年文明号淘汰制试行办法》。2003年，对全市272家市、省、国家级青年文明号集体进行交叉检查、考核打分，对9家不符合条件的市级青年文明号进行摘牌，对13家不符合条件的省级青年文明号建议命名单位摘牌。2004年，全市有金融、税务、公安、公交、公用事业、旅游、电信、邮政、电力、商业、冶金、物资、供销、卫生、粮食、交通、消防等21个行业和系统先后与团市委联合开展行业创建，5个县市区全部启动地方创建。团市委被共青团中央评为全国青年文明号优秀组织单位。至2005年的11年间，全市开展青年文明号创建活动的基层创建单位近500家，拥有国家级青年文明集体13家，省级青年文明号集体72家，市级青年文明号集体182家。

三、青年岗位能手活动

1986~1994年，企业各级团组织在青年职工中开展以“小发明、小革新、小改造、小设计、小建议”为主要内容的“五小活动”和“争当新长征突击手”活动，深化企业“双增双节”，同时开展各种形式的青工技术练兵比武活动，共取得青年“五小”“QC”成果1万余项，其中获国家专利200余项，国家级表彰57项。王黎、彭定娟、刘建新、汪文忠被共青团中央授予全国新长征突击手称号，被团省委授予新长征突击手称号46名，被团市委授予新长征突击手称号257名。

1995年，在企事业单位中普遍开展青年岗位能手活动，使多数青年职工成为技术熟练、作风过硬的各级青年岗位能手，同时造就一批“品德优良、技能精湛、贡献突出”的优秀青年人才。1996年，团市委获全国青年岗位能手活动优秀组织奖。1998年，在韶峰水泥集团召开青年岗位能手活动现场经验交流会，推介韶峰水泥集团团委开展“四个一”（即一日一题、一周一课、一旬一练、一月一考）竞赛活动。1999年，在湘潭电机厂举办全市首届“青工技能比武”大赛，共有车工、钳工、焊工3个工种的百余名选手参加。2000年，团市委承办湖南省“青工技能比武”大赛，湘潭市获团体总分第一名。

图8-2-1　1997年10月，韶峰水泥集团公司团委开展“青工技能月”活动。图为青工实际操作比武现场

2001年起，在全市开展“青工技能年”“青工技能大比武”“成才在岗位，奉献在岗位”等主题活动。2002年，团市委再次被共青团中央评为全国青年岗位能手活动优秀组织奖。唐拥军、陈旭、董日中被共青团中央授予全国青年岗位能手称号。2005年，全市共有各级青年岗位能手3000余名。

四、下岗青工再就业和青年就业创业活动

1998年，随着国有企业改革的深入，下岗青工不断增多，团市委开始实施下岗青工再就业工程，成立“湘潭市下岗青工再就业指导中心”，企业各级团组织成立下岗青工再就业服务中心14家。1999年，团市委联合市劳动局在湘潭高等院校和技校建立下岗青工再就业培育基地8家。

2000年起，为帮助下岗失业青年在创业中实施再就业，团市委开始实施青年就业创业行动。至2003年4年间，团市委联合市劳动局共举办下岗（失业）青年劳动力集市4届，联合市人事局共举办

青年人才交流集市 2 届，共提供各类就业岗位 1.3 万余个。湖南步步高连锁超市有限公司董事长王填被共青团中央授予“全国十大杰出青年兴业领头人”称号，团市委被共青团中央、劳动和社会保障部评为“帮助青年创业计划”优秀组织单位。湘潭日晟物业有限公司总经理邹网舟被团省委授予首届“湖南十大杰出青年兴业领头人”称号，湘潭东宝饮料有限公司总经理申勤被团省委授予“湖南省优秀青年兴业领头人”称号。

2004 年 7 月，湘潭市被共青团中央定为“全国青年创业培训基地”。2004 ~ 2005 年，团市委、市青年企业家协会举办 2 届青年人才交流大会，组织市内和长沙、株洲及沿海等地 210 余家用人单位设点招聘，提供各类就业岗位 10500 余个。全市各级团组织为下岗青工开展各项技能培训和转岗就业培训 320 余场次，培训各类下岗（失业）人员 2.6 万余人次。全市共培养和扶持各级青年兴业领头人 120 余人，为下岗失业青年提供就业岗位 1.5 万余个。

五、青年星火带头人活动

根据国家科委、共青团中央关于在全国农村中开展“青年星火带头人”活动的精神。1989 年 1 月，团市委、市科委启动此项活动。1990 年，全市农村培养青年星火带头人 225 人，并通过他们带动广大的农村青年学技术。1991 年，湘潭市实行“农村青年星火带头人”登记卡制度，共登记青年星火带头人 557 人。青年星火带头人以乡镇企业青年厂长（经理）和有一定基础的青年专业户、科技示范户为主。1994 年，在韶山市大坪乡黄田村成立湘潭市第一所农村“星火学校”。至 1996 年，全市农村共建立各类“星火学校”65 所，组织农村青年参加系统的实用技术和经营管理知识培训。1997 年起，重点开展“燃百乡星火、育千名能人、福万家桑梓”的农村青年星火带头人科技服务活动，为星火带头人提供信息、技术、生产资料等方面的服务。至 2005 年的 17 年间，全市共举办各类实用技术培训班 7050 期，提供各类信息 9 万余条；投入资金 272 万余元，扶植、培养青年科技示范户 1900 多户，培训青年农民 56 万余人次，培养各级农村青年星火带头人 2100 余人。曾伟强、赵新明被共青团中央评为全国农村青年“科技示范户标兵”，李厚德、彭建军、贺继烈、陈国锋被共青团中央、农业部评为全国农村青年“星火带头人”。

六、服务百村致富行动

1995 年 9 月，根据团中央在全国农村基层团组织中实施“共青团服务万村脱贫致富奔小康行动”（简称“服务万村行动”）的精神，团市委启动“服务百村致富行动”，选择 100 个条件较好的城市团支部与 100 个农村团支部结对，开展科技、信息、文化、政策、项目和资金等方面的服务。1999 ~ 2000 年，重点开展乡镇“青年科技图书站”建设，组织发动城市团员、青年、青年乡镇企业家、青年星火带头人等，在 50 个乡镇建立青年科技图书站。2001 年起，实施农村青年增收成才行动，促进农村劳动力转移，培养农村青年创业致富带头人。2003 年，湘乡市团委被共青团中央、农业部评为“服务农村青年增收成才奖”先进集体，杨庆华、陈国锋、陈重新、赵声安被共青团中央、农业部评为“农村青年创业致富带头人”，谭建贵、王先跃被共青团中央、农业部评为“服务农村青年增收成才奖”先进个人。2005 年，共青团湘潭县委被共青团中央、农业部评为农村青年文化建设先进县，团市委被共青团中央、农业部评为“服务农村青年增收成才奖”先进集体。

七、青年文明社区创建活动

1996 年 12 月，根据共青团中央、民政部、建设部、国家工商行政管理局联合发起创建“青年文明社区”活动的精神，团市委启动“青年文明社区”创建活动。以社区团建为基础，以发展社会服务项目为重点，组织青少年广泛开展社区服务，美化社区环境，维护社区秩序，丰富社区文化生活。1997 年，团市委首批命名 20 个“青年文明社区”。2000 年，开展社区青年志愿者服务站(点)建设，全市共建立社区青年志愿者服务站(点)48 个。2002 年起，开展“大学生志愿者社区援助”活动。至 2005 年的 4 年间，全市共开展大学生志愿者社区援助活动 8 万余人次。是年，团市委被共青团中央、民政部、建设部、国家工商行政管理总局授予第四批 “青年文明社区”创建活动组织奖。

八、青年志愿者行动

1990 年，团市委开展以志愿服务五保孤寡老人、残疾人、军烈属和农村特困户为主题的“温暖工程”活动，全市各级团组织共承包各类服务对象 12000 余户(名)，签订“四定一包”(定人、定期、定对象、定内容、包服务)责任书万余份，直接参加活动的青少年达 160 万余人次，赠送钱物折合人民币 300 余万元。

1992 年，湘潭市“温暖工程”活动受到团省委的充分肯定，并向全省推广。1993 年起，进一步拓展“温暖工程”服务领域，深化“温暖工程”内涵。全市开展以 614 名地下党员为服务对象的“火炬行动”“雷锋家乡学雷锋”活动。1995 年，成立湘潭市青年志愿者协会，建立湘潭市青年志愿者服务总站，全市建立青年志愿者服务站 20 余个，省级学雷锋服务基地 15 家。是年起，每年的 3 月定为“青年志愿者服务月”。1996 年起，先后开展“雷锋公司进社区”“雷锋公司进乡村”“雷锋公司服务万家”“美化家园、净化心灵” “学习文花枝、共建文明城”等大型主题志愿服务活动。至 2005 年的 14 年间，全市青年志愿者注册人数 5.3 万名。参加志愿服务的青年志愿者 34.5 万人次。

九、实施“希望工程”

1989 年 10 月，共青团湘潭市委响应共青团中央、中国青少年发展基金会提出的建立救助贫困地区失学少年基金的号召，市县(区)各级团委开始组织筹集发展基金，实施“希望工程”，让因家庭贫困而失学的孩子重返校园。1993 年 12 月，中国青少年发展基金会捐资 100 万元，湖南省青少年发展基金会捐资 10 万元，在韶山学校小学部建立全省第一所希望小学—韶山希望小学。1994 年，湘潭市成立希望工程基金促进会办公室。1995 年起，先后开展希望工程“一助一”活动、城乡少年“手拉手”活动、“万家企业献百元”“千家支部助学行动”“青年文明号助学行动”“城市特困职工子女助学行动”等活动。至 2005 年的 15 年间，湘潭市

图 8-2-2　1993 年 12 月 25 日，中国青少年发展基金会秘书长徐永光出席韶山希望小学竣工剪彩仪式

希望工程累计筹资1638.75万元，救助农村失学少年儿童和城市特困职工子女12109人，资助家庭困难大学生就学252名，援建希望小学23所，帮助67所学校修缮校舍，改善办学条件。

十、未成年人权益保护和预防青少年犯罪

为贯彻实施《中华人民共和国未成年人保护法》，1992年，市政府成立由14个职能部门组成的湘潭市未成年人保护委员会（下称“未保委”），并在团市委设立办公室（下称“未保办”）；组织全市中小学生未成年人保护知识竞赛。1995年，根据《湖南省实施<中华人民共和国未成年人保护法>办法》的规定，市未保委成员单位增加到18个。1996年，团市委联合工商部门在全省率先成立3·15青年志愿监督服务站，维护青少年消费者合法权益。1997年，团市委、市司法局共同成立全省第一个市级维权机构——湘潭市维护青少年合法权益服务中心，并开通维权热线。全年共接待上访群众362人次，受理案件90余件，解答法律咨询1520余人次。1998年起，团市委联合公安、检察、法院、司法、工商、文化、劳动等10个未保委成员单位开展“优秀青少年维权岗”创建活动。9月，市政府召开首次全市未成年人保护工作会议，成员单位增加至20个。2000年，团市委开展“心手相连”—社区志愿者与未成年人结对活动，共有1350余名青年志愿者与社区未成年人结对。2001年，贯彻实施国务院《禁止使用童工规定》，团市委和市劳动社会保障局等职能部门共同组织对部分民营企业，特别是槟榔企业进行明察暗访，查处违法使用童工案件3起。2002年，在团市委机构改革中，专门设立“未保办”，定事业编1人。同年5月，湘潭市综治委成立预防青少年违法犯罪工作领导小组，领导小组办公室设团市委，与“未保办”合署办公。2003年，重点抓好基层未保组织网络建设，指导各县市区先后成立未保委。2004年，团市委与市文化局联合开展湘潭市“青少年安全放心网吧”创建活动；8月，开展“两法一办法”执法检查，重点抽查暗访城区20多家网吧、书市，查处1家“黑网吧”，查处3家网吧接纳未成年学生上网。2005年，全市共有9家单位被湖南省委宣传部、省精神文明建设指导委员会、省教育厅、省司法厅、团省委、省未成年人保护委员会评为“湖南省保护未成年人先进集体”，21人被评为“湖南省优秀青年卫士”、8人被评为“湖南省保护未成年人优秀公民”，李均华获“湖南省保护未成年人杰出公民”，宾茂良被共青团中央评为全国预防青少年犯罪工作先进个人。至2005年，岳塘区法院刑事庭（青少年法庭）、市检察院侦查监督科获团中央、中央综治办、最高人民法院、最高人民检察院、教育部等13家单位授予的“优秀青少年维权岗”，有6家获团省委、省综治办等13家单位授予的“优秀青少年维权岗”称号。

附一　湘潭市青年联合会

1986年，湘潭市青年联合会（简称市青联）在委员中开展“爱祖国、比贡献、长才干、建功业”竞赛活动。1987年6月，市青联五届一次全会召开。是年，市青联先后成立湘潭市青年书法协会、湘潭市青年摄影协会、湘潭市青年企业管理者协会、湘潭市青年演讲协会等4个青年协会组织。1988年，市青年企业管理者协会在会员单位开展“为兴潭建功、在岗位成才”竞赛活动。1989年，团市委、市青联组织举办首届湘潭市青年书法作品展览；市青联、市美术协会联合举办“湘潭籍师生回乡美术作品展览”。是年，市青年演讲协会组团参加在吉林长春举办的“希望杯”全国青年演讲大赛，湘潭市夺得

大赛冠军。1992 年,团市委、市青联在市青少年宫组织举办首届莲城模特艺术大赛。1993 年,市委宣传部、团市委、市青联在韶山组织举办"龙的传人"全国青年演讲大赛。10 月,在原市青年企业管理者协会基础上成立湘潭市青年企业家协会(简称青企协)。

1994 年 12 月,市青联六届一次全会召开。1995 年起,团市委、市青联开展"青年智囊团"活动,组织市青联委员为湘潭经济社会发展献计献策。1996 年,市委组织部、市委宣传部、团市委、市青联联合评选表彰首届"湘潭市十大杰出青年"和"湘潭市十大杰出青年企业家"。1997 年,青联委员为彭德怀诞辰 100 周年纪念工程募捐活动。

1999 年起,市青联、青企协发动青联委员、青企协会员为下岗青工再就业提供就业岗位和就业信息,参加团市委组织的劳动力交流集市。至 2002 年的 4 年间,市青联委员单位、市青企协会员单位共为下岗青工提供就业岗位 6700 余个。

2003 年 6 月,市青联七届一次全会召开。是年,市青联围绕市委、市政府提出的"创建文明城市、打造三个中心、实现跨越发展"的总体目标开展活动。2004 年,市青企协被中国青年企业家协会评为"2004 年度协会建设优秀奖"。2005 年,市青企协在全国青企协系统率先开展"创建节约型企业"活动。同年,市青联、青企协开展"青年学习成才行动",与北京和君企业咨询公司合作推出由名师主讲的卫星远程培训,首期招收学员 50 多人。开展"首届湘潭青年五四奖章"评选活动,授予 5 人"五四奖章"。曹慧泉、董日中被团省委、省青年联合会授予"湖南省十大杰出青年"荣誉称号。

附二　湘潭市学生联合会

湘潭市学生联合会(简称市学联)成立于 1984 年。

1986 年起,市学联、学生会组织坚持"受教育、长才干、作贡献"方针,开展大学生"三下乡"(文化、科技、卫生下乡)、"四进社区"(科教、文体、法律、卫生进社区)和中学生"四个一"(参观一次爱国主义教育场所、参加一次志愿服务活动、为回报父母长辈做一件实事、学习一项生产生活技能或自理自护知识)社会实践活动,每年有上万名学生参加。1988 年 12 月 9~10 日,市学联第二次代表大会召开,出席大会的正式代表 120 名,列席代表 30 名,市学联第二届委员会由 26 个会员团体组成,大会选举产生市学联第二届委员会主席团成员 13 人、副主席 3 人,主席 1 人。

1996 年开始,团市委、市教育局、市学联每两年评选表彰一批十佳大学生、十佳中专生、十佳中学生、十佳大学生思想品德奖。2000 年 12 月 9~10 日,市学联第三次代表大会召开,出席大会的正式代表 125 名,列席代表 32 名,市学联第三届委员会由 29 个会员团体组成,大会选举产生市学联第三届委员会主席团成员 13 人,副主席 3 人,主席 1 人。是年,团市委、市学联被中宣部、团中央授予"三下乡"社会实践活动优秀组织奖,湘潭大学、湘潭师范学院(后为湖南科技大学)、湖南工程学院、湘潭职业技术学院等被评为全国和全省"三下乡"社会实践活动先进单位。2001 年,团市委、市学联组织 22 支党员大学生"三个代表"实践服务团,深入农村、社区,学习宣传"三个代表"重要思想。2005 年,市学联以"三联共建"活动为载体,发动全市大中专院校及部分外地院校的学生,到联建点开展扶贫帮困、捐赠图书、义务维修、支教扫盲、技术咨询、普法宣传、医疗卫生、文艺演出、革命传统教育、禁毒宣传等社会实践活动。12 月 10~11 日,市学联第四次代表大会召开,出席大会的正式代

表131名，列席代表35名，市学联第四届委员会由27个会员团体组成，大会选举产生市学联第四届委员会主席团成员13人，副主席4人，主席1人。至2005年，团市委、市教育局、市学联联合组织评选表彰湘潭市十佳大学生、十佳中专生、十佳中学生、十佳大学生思想品德奖共200余人。

附三　少先队

1986年起，全市少先队先后组织开展“学雷锋”“红领巾永远跟党走”“学赖宁，做党的好孩子”“缅怀革命先烈、弘扬民族精神”“学三湘英模”等一系列教育活动；组织“争做文明湘潭人”主题队会，开展“争做合格小公民”“爱心助成长、共建文明城”活动。1987年11月22~23日，中国少年先锋队湘潭市第一次代表大会召开，出席大会正式代表85名，其中成人代表40名，少先队员代表45名，大会选举产生中国少年先锋队湘潭市第一届工作委员会委员26人，主任2人，副主任3人。

1990年起，湘潭少先队开展以“忠心献国家、热心献社会、孝心献父母、爱心献亲属、诚心献朋友”为内容的“五心”教育，把理想、道德、法制和革命传统教育具体化；通过组织“升国旗仪式”“追寻革命先辈足迹”“观看百部爱国主义影片”等系列活动，加强爱国主义教育。1994年，团市委与市少工委组织少先队开展“手拉手”活动，组织“同在蓝天下，快乐共成长”城乡学校结对活动。湘潭县石潭彩虹希望小学与深圳景山实验小学，乌石希望小学与市云塘小学、湘钢一校，市和平小学与韶山学校，市风车坪学校与湘潭县青山桥中心小学的手拉手活动。

1996年开始，团市委、市教育局、市少工委每两年评选表彰一批十佳少先队员、十佳少先队辅导员、关心少先队工作十佳领导。1997年“六一”期间，市少工委组织100对城乡小朋友“手拉手”结对，邀请100名农村小朋友到城市小朋友家作客，共度“六一”儿童节。

2000年12月9~10日，中国少年先锋队湘潭市第二次代表大会召开，出席大会的正式代表91名，其中成人代表40名，少先队员代表51名，大会选举产生中国少年先锋队湘潭市第二届工作委员会委员28人，主任2人，副主任4人。2004年，市少工委贯彻《中共中央国务院关于进一步加强和改进未成年人思想道德建设的若干意见》，组建未成年人思想道德建设讲师团，到全市各小学进行专场讲座30多场次。2005年12月10~11日，中国少年先锋队湘潭市第三次代表大会召开，出席大会的正式代表99名，其中成人代表45名，少先队员代表54名，大会选举产生中国少年先锋队湘潭市第三届工作委员会委员32人，主任2人，副主任5人。

至2005年的10年间，全市共有60多万少先队员参加“手拉手”活动。团市委、市教育局、市少工委联合组织评选表彰湘潭市十佳少先队员、十佳少先队辅导员、关心少先队工作十佳领导160余人。金庭学校蒋剑文、和平学校关巧华被共青团中央、教育部、全国少工委授予全国优秀辅导员称号，市云塘学校梁超荣获中国少先队“星星火炬奖”。

第三章　湘潭市妇女联合会

第一节　妇联组织

1986 年 10 月 21 ~ 23 日，湘潭市妇女联合会第七次代表大会召开，出席大会的正式代表 484 名，特邀列席代表 32 名。刘德莲代表市妇联第六届执委会作题为《发奋自强，在改革中开创妇女工作新局面》的工作报告。大会选举产生湘潭市妇联第七届执委会委员 45 人，七届一次执委会选举常务委员会委员 13 人，副主任 3 人，刘德莲为主任。是年末，全市共有妇女 118.72 万人，2 县 6 区、17 个县属区公所、155 个乡、街道建有妇联，共有专职妇联干部 243 人；1835 个村、居委会建妇代会组织 1791 个，占应建数的 97.6%，配专职妇代会主任 1791 人；机关事业单位及民主党派建妇委会 17 个，配兼职妇委会主任 17 人；妇女联谊会组织 2 个，会员 187 人。1987 年 3 月，全市妇女组织延伸到厂矿，建有女职工委员会 3 个，由专职人员负责女工工作。1990 年末，市妇联内设办公室、组宣部、保护妇女儿童权益部、儿童少年工作部、法律顾问室等 6 个部室。1991 年，全市共有妇女 128.7 万人，1 县 2 市 5 区、172 个区、乡（镇、街道）建有妇联，共有专职妇联干部 190 人，兼职妇联干部 8 人；1846 个村、居委会建妇代会组织 1832 个，占应建数的 99.2%，共有专兼职妇代会主任 1832 人；机关事业单位及民主党派建妇委会组织 57 个，配兼职妇委会主任 57 人；厂矿建女职工委员会 7 个，配专职女工工作人员 5 人，兼职女工委员 46 人；各类妇女联谊会、协会组织 5 个，会员 884 人。

1991 年 12 月 4 ~ 6 日，湘潭市第八次妇女代表大会召开。出席大会的正式代表 450 名，特邀列席代表 33 名。刘德莲代表市妇联第七届执委会作题为《发扬“四自”（指自尊、自信、自立、自强）精神，争做“四有”（指“有理想、有文化、有道德、有纪律”）女性，为实现“八五”计划，振兴湘潭经济建功立业》的工作报告。大会选举产生湘潭市妇联第八届执委会委员 45 人。八届一次执委会选举常务委员会委员 13 人，副主任 3 人，刘德莲为主任。是年，市妇联保护妇女儿童权益部和法律顾问室合并为妇女儿童权益部，增设事业发展部，兼设市儿童少年工作委员会办公室、妇女“双学双比”领导小组办公室、妇女学研究会和女企业家协会等机构。1993 年 9 月起，市妇联主任改称主席。1996 年，全市共有妇女 133.2 万人，1 县 2 市 2 区、82 个乡（镇、街道）建有妇联，有专兼职妇联干部 106 人；1892 个村、居委会全部建立妇代会组织，设专兼职妇代会主任 1892 人；机关事业单位及民主党派建妇委会组织 86 个，配兼职妇委会主任 86 人；全市建女职工委员会 1548 个，设专职女职工工作人员 187 人，配兼职女工工作人员 2082 人；各类妇女联谊会、协会组织 6 个，会员 1322 人。

1996 年 11 月 27 ~ 28 日，湘潭市第九次妇女代表大会召开。出席大会的正式代表 450 人，特邀列席代表 37 人。胡湘玲代表市妇联第八届执委会作题为《平等发展 自立自强 求实创新 团结奋进，为振兴湘潭争创巾帼辉煌》的工作报告。大会选举产生湘潭市妇联第九届执委会委员 42 名（原定执委会委员 45 名，因市妇联暂缺部室长 3 名），九届一次执委会选举常务委员会委员 13 名，副主席 3 人，胡湘玲为主席。2001 年，全市共有妇女 135.71 万人，5 个县（市区）、83 个乡（镇、街道）建有妇联,有专、兼职妇联干部 103 人;1946 个村、居委会的妇代会组织健全,设专兼职妇代会主任 1946 人;机关事业单位及民主党派建妇委会 108 个,配兼职妇委会主任 108 人;全市建女职工委员会 1762 个,配专职女职工工作人员 198 人,兼职女职工工作人员 2296 人;各类妇女联谊会、协会组织 7 个,会员 1602 人。

2001 年 12 月 17 ~ 19 日,湘潭市第十次妇女代表大会召开。出席大会的正式代表 450 名,特邀列席代表 28 名。胡湘玲代表市妇联第九届执委会作题为《实践“三个代表”,团结创新,努力推进新世纪湘潭妇女运动的新发展》的工作报告。大会选举产生湘潭市妇联第十届执委会委员 43 人。十届一次执委会选举常务委员会委员 13 人,副主席 3 人,胡湘玲为主席。2003 年,市妇联增设妇女儿童工作委员会办公室,内设办公室、组宣部、儿少部、维权部、事业发展部、妇儿工委办公室、市妇女儿童活动中心 7 个部室;兼设妇女“双学双比”“巾帼建功”活动协调小组办公室、维护妇女儿童合法权益联席会议制度办公室、“五好文明家庭”创建活动小组办公室、家庭教育工作委员会办公室、妇女学研究会、女领导干部联谊会、女体育协会、女企业家协会等 9 个协调机构。2005 年 11 月,成立湘潭高新区妇女工作委员会,下设 1 个街道办事处妇联,17 个村(社区)妇代会组织,共有专兼职妇女干部 22 人。至是年末,全市共有妇女 137.6 万,5 个县市区、80 个乡(镇、街道)建有妇联,配专、兼职妇联干部 101 人,其中 65%的乡镇妇联主席兼其他职务;1748 个村、社区全部建立妇代会,配专、兼职妇女主任 1748 人,其中 70%的村妇代会主任兼计育专干,社区妇委会主任全部是兼职。市直 13 条战线、108 个县处级以上单位成立妇委会,组建率分别达 81%、88%,78%的科级独立核算单位成立妇委会组织,均配备兼职妇委会主任。全市女职工委员会达 2022 个,占应建数的 77.3%,设专职女职工工作人员 162 人,兼职女职工工作人员 2865 人。全市有 7 家乡镇企业、6 家个体劳动者私营企业协会、专业市场建立妇委会;各类妇女联谊会、协会组织 8 个,会员 2068 人。

第二节 妇联活动

一、维护妇女儿童合法权益

1986 年,全市各级妇女组织贯彻落实有关法律法规,依法履行维权职能,采取巡回演讲、播放录音、图片展览、举办普法学习班、讲座、办咨询站等形式,讲解宣传《中华人民共和国宪法》《中华人民共和国婚姻法》《中华人民共和国继承法》《中华人民共和国民事诉讼法》和《中华人民共和国经济合同法》等法律,切实维护妇女儿童各项基本权益,并配合劳动部门对企业贯彻落实《女职工劳动保护规定》情况进行检查督促,查处录用不满 16 周岁女工等违规用工现象;组织厂矿女工部开展“五期”(月经期、怀孕期、产期、哺乳期、更年期)保护设施检查评比,评选先进卫生室。全市共举办妇女普法学习班 82 期,参加学习人员 6214 人,法律讲座 98 讲,听众 18.6 万人。1989 年,全市各级妇联更加重视妇女健康权,组织 1786 名妇女举办保健学习班 21 期,市妇联组织市直机关单位 964 名女干部职工进行健康检查。至 1991 年的 6 年间,全市开展各类法律宣传 1300 场次,各级妇联接待妇女群众上访 8000 余件次,结案率达 90%以上,参与处理典型维权案件 245 件。

1992 年,贯彻实施《中华人民共和国妇女权益保障法》(简称《妇女权益保障法》),依此推动解决湘潭县古城乡等农村少数地方男方到女方落户或女方与城镇青年离婚后回娘家无责任田的问题。全市各级妇女组织配合司法部门调处各类家庭矛盾纠纷514起，解决遗留案18起。1993年，市妇联成立“富好法律服务所”，收案5起，结案4起。

1994年起，湘潭市妇女儿童工作委员会领导小组明确由市妇联负责市妇儿工委的日常工作。1998年，市妇联牵头制定《湘潭市妇女儿童工作委员会工作规划》和《湘潭市妇女儿童工作委员会各成员单位工作职责分工细则》，明确各成员单位实施和执行“两法”“两纲”的职责范围。为保障“两纲”顺利实施，市妇联与统计部门联合举办监测评估统计培训班，至1999年的6年间，全市共培训妇女骨干412人。各级妇联接待妇女群众上访7000余件次，结案率达92%以上，参与处理典型维权案件326件。

2000年，韶山市接受国务院妇儿工委“两纲”督查组督查，得到国务院妇儿工委办公室主任、全国妇联副主席刘海荣的高度肯定。2001年，市妇联牵头制定《湘潭市妇女发展规划（2001～2010年）》《湘潭市儿童发展规划（2001～2010年）》（简称“两个规划”）。此后，每年组织召开1至2次妇儿工委成员单位会议，推动各项指标落实。2002年10月，市政法委牵头，市妇联等15个部门单位成立湘潭市维护妇女儿童权益工作联席会议制度，2003年3月6日，召开第一次联席会议。此后，每年定期不定期召开会议，各成员单位除述职外，还对侵害妇女儿童权益的严重案件进行讨论解决。各县市区也先后建立相应的维权工作联席会议制度。2004年4月，市妇联、市公安局、市检察院、市中级人民法院、市司法局联合下发《关于建立反家庭暴力网络的通知》，全市建立“家庭暴力110报警中心”和“家庭暴力投诉站”79个、“家庭暴力调解委员会”87个、妇女维权接待站93个；在村、社区妇代会组织建立家庭纠纷说服小组和劝解小组1044个，配备维权联络员2020人；建立“家庭暴力伤情鉴定中心”7个，“妇女维权合议庭”2个，女子法庭1个，少年犯罪审判庭1个，聘任20名优秀女干部为基层人民法院陪审员；成立湘潭市妇联妇女法律援助站，为特困妇女免费提供法律援助。2005年6月，市妇联在岳塘区横街社区举行“零家庭暴力试点社区”启动仪式，市、县（市、区）两级公、检、法、司、民政、文明办、妇联等部门负责人参加，横街社区131名居民代表与社区居委会当场签下“零家庭暴力”双向承诺书。各县（市区）相继创建“零家庭暴力”试点社区（村）。9月，市维护妇女儿童权益工作联席会议制度办公室牵头，组织成员单位对5个县（市区）、高新开发区妇女儿童权益工作进行督查。是年，韶山市妇联、湘潭县妇联被评为省维权工作先进集体，市妇联被评为湖南省实施“两个规划”先进单位，并获全国维权贡献奖。至2005年的6年间，全市各级妇联接待妇女群众上访5000余件次，结案率97%，参与处理典型维权案件127件。

二、妇女干部培养与选拔

1986～1989年，市妇联协助组织部门培养、选拔女干部，经常性地举办妇女干部学习培训班，选送优秀女干部参加全国、全省妇女干部培训学校的培训学习，鼓励广大女干部接受在职教育，女干部综合素质不断提高，参政议政意识逐步增强，女干部人数稳定增长。至1990年，全市共有女干部17464人、女党员5039人，进入市县乡三级领导班子女干部756名，其中县处级女干部53人，占同级干部的5.5%，科级女干部703人，占同级干部的12.9%。1990年，市妇联与市委组织部联合制定《湘潭市培养选拔女干部工作三年规划（1991年～1993年）》（以下简称《规划》）。《规划》对各级党政班子中的参政女性名额和比例作出明确规定。市、县(市区)妇联建立妇女人才信息库;组织成立女领导干部联谊会、女企业家协会;加强女人大代表、女政协委员之间的交流;推荐女干部到各级党校学习,全市培养选拔女干部工作成绩显著,1993年,全市有女干部21177人,占干部总数的37.1%,县处级女干部81人,占同级干部的8.7%;科级女干部845人,占同级干部的15%。至是年底的5年间,全市录用女干部407人,占录用总数的31.6%;提拔女干部216人,其中县级46人、科级170人,占提拔同级干部总数的16.7%。

1994年,市妇联制定出台《湘潭市培养选拔女干部工作第二个三年规划(1994~1996年)》。各级党委、组织部门、妇联按《规划》要求,进一步加大妇女人才选拔、推荐力度,加强女干部理论培训,择优选送女干部到外省以及市、县(市区)机关综合部门跟班学习或挂职锻炼,促进女干部快速成长。1997年末,全市共有女干部23880人,占市干部总数的37.6%,比1993年增加4.6个百分点;5个县(市区)党委政府班子按要求全部配齐女性,其中雨湖区有一名女区长;县(市区)党代表中女性占22%,女人大代表占26.1%,女政协委员占20.4%,比1993年分别提高3~5个百分点;乡镇换届选举按照《规划》配备女干部,全市产生女书记、女乡镇长12名;共有女性专业技术干部18200人,占专业技术干部总数的43%,其中有高级职称的300人、中级职称的4580人,占女技术干部总数的25.2%。

1998年起,继续加大培养选拔女干部工作力度。2001年,市委制定出台《2001~2005年湘潭市培养选拔女干部发展女党员工作规划》。2003年,市直机关机构改革,在精简领导班子成员时,市委提出女干部的配备必须保持或超过改革前的比例,要求同等条件下优先选配女干部。是年,全市县处级女后备干部达139人,占同级后备干部的18.25%。同年,市妇联举办全市青年女后备干部座谈会、县(市区)党政女领导干部座谈会,此后,市妇联每年组织召开此类座谈会,关心女干部成长。2004年,市委从县(市区)党政正职中选拔1名女干部担任副市长,市政府班子成员中长期没有女性的局面得到改变。2005年,市委、人大、政府、政协各有1名女领导干部,占同级干部数的7.14%;有县级女领导干部168人,占同级干部总数的15.76%;市直单位县级领导班子成员中,共有女干部93人,占班子成员的11.9%;有56个县级班子配备1名以上女干部,占班子数的59.76%;县(市区)领导班子成员中,共有女干部26人,占班子成员的15.67%,5个县(市区)党委政府领导班子均配备1名女干部。全市59个乡镇和21个街道党委、政府领导班子中,共配有女干部97名,其中,13名女干部担任正职。

三、农村妇女"双学双比"竞赛

1986~1988年,为提高农村妇女素质,引导妇女群众发展商品生产,脱贫致富,振兴湘潭经济,全市各级妇女组织在继续抓扫盲学习的基础上,组织农村妇女开展"学文化、学技术、长才智、争贡献"(简称"两学")竞赛活动,为农村妇女送书刊、办学校,开设实用技术培训班,直接培训妇女27304人次。农村妇女在种植业、养殖业、加工业、服务业等领域充分施展才华,为农村经济发展献计出力,涌现女性为主的专业户、重点户31642户。1990年,响应全国妇联号召,开展"学文化、学技术、比成绩、比贡献"(简称"双学双比")活动,成立湘潭市农村妇女"双学双比"活动协调小组,"双学双比"活动由点及面在全市铺开,1380名县、乡、村妇女干部分村包干入户劝学,举办扫盲班183期,入班人数7963人,其中妇女4818人,青壮年妇女非文盲率达99.8%,湘潭成为全省乃至全国高标准无盲市;举办技术培训班964期,受训妇女达35万人次,受训率为75%。市、县市区妇联成立柑橘、食用菌、生猪、家禽、特种水产等研究会124个,培养和树立科技示范户5500户。是年,湘乡市东郊乡杨树村李其英被评为全国养猪能手。至1990年的5年间,全市共评选表彰科技致富女能手2786人。

1991~1992年,全市农村妇女"双学双比"竞赛活动转为以发展庭院经济为重点,各级妇联开展"莲城女能手争贡献夺魁赛""庭院经济百花赛"等竞赛活动,各协调部门为参赛妇女累计发放贷款278万元,提供优质果木苗50万株,优良家禽苗4万只,化肥600吨,送技术上门1675人次,印发科技资料12万册;全市创办"三八"绿色基地205个,面积达7300亩,组织妇女植树造林130万株,有10123名妇女获得绿色证书。全省农村妇女发展庭院经济经验交流会在湘潭市召开。1993年,市妇联组织6名科技致富女能手组成科技兴农报告团,在5个县(市区)作巡回报告。1995年,全国妇联副主席赵地率全国妇女"双学双比""巾帼建功"活动检查团到湘潭检查工作,市妇联抓妇女扫盲、发展庭院经济的做法受到上级肯定。至是年的5年内,市、县(市区)妇联主动与有关部门配合,举办实用技术培训班1395期,培训妇女19万人次,新增以妇女为主的科技示范户、种养连片专业户1400户,收入过万元的3200户。期间,湘潭县被评为全国"双学双比"活动先进单位,李其英、刘梦辉被评为全国"双学双比"能手,市妇联被评为全国第二届"巾帼扫盲奖"先进集体。

1996年后,全市各级妇联组织牵线搭桥,组织乡村妇女干部、女党员、科技人员、女能手、科技示范户与当地贫困妇女开展结对帮扶,至1997年的两年间,结对5450对。全市通过结对活动,为贫困妇女提供致富信息1208条,开发庭院项目32个,帮助落实贷款资金近100万元,解决化肥指标150吨,提供鸡苗7万只,瘦肉型良种猪300头,优质果树苗170万株,60%的结对户取得帮扶成效,涌现一批先进农村妇女典型。湘潭县杨家桥镇九江村养猪专业户赵小京,带动周围32户农户发展规模养殖,使九江村成为全市重要的生猪养殖基地和生猪品种改良基地,被世界妇女高峰基金会授予"农村妇女生活创造奖";湘潭涓江鞋业有限公司总经理肖小舟被评为全国农村妇女"双学双比"能手。至2000年的5年间,全市有妇女为主的庭院经济户24.3万户,种植专业户4.25万户,养殖专业户18.7万户和从事其他产业的专业户4806户。农村妇女中涌现出县级以上能手3265人,农民技术员2084名。

2001年,全市组织万名农村妇女,开展"四看四比"(即看谁养殖业数量多、出栏多,比发展养殖业的干劲;看谁品改搞得好,养殖成活率高,产量高、利润高,比依靠科技致富的技术和本领;看谁在养殖业流通领域中销量多、营销额大、收入大,比对促进农村养殖业发展的作用大;看谁对个人与集体、国家关系处理得好,上交税收多,比对国家的贡献大)竞赛活动。当年全市16641名妇女参赛,产生养殖女状元523名,先进单位35个。市花卉苗木场场长周电辉,培育52个优质花卉苗木品种,苗木30万株,创造经济价值150万元,并带领周围10户农户栽培苗木,走规模化、产业化经营路子。其花卉苗木场被林业部评为"全国质量信得过苗圃",她本人获全国"三八"绿色奖章。2002年,全市"双学双比"活动以提高农村妇女科技致富能力为重点,市妇联在韶山市永义乡东湖村成立全国首家农家女流动学校,农家女流动学校利用灵活机动的教学模式,到各县(市区)举办种植、养殖等农业科技讲座6期,873人参加。各县(市区)妇联相继开办农家女流动学校。至2005年的5年内,涌现县级以上"双学双比"先进典型1468人,市十大农村创业女杰。湘乡市棋梓镇谷水村喻明辉、岳塘区昭山乡新民村戴桂香被评为全国农村妇女"双学双比"女能手,市畜牧工作站站长卢小林被评为全国农村妇女“双学双比”优秀科技服务工作者。市妇联被评为全国农村妇女“双学双比”竞赛活动先进集体，湘潭市农家女流动学校授牌为全国妇女培训基地。

四、城镇妇女“巾帼建功”竞赛

1991年始，全市贯彻执行全国妇联等13家单位关于在城镇妇女中开展“巾帼建功”活动的文件，成立湘潭市城镇妇女“巾帼建功”竞赛活动领导小组。此后，全市各级妇联以“巾帼建功”活动为载体，组织城镇女职工“岗位成才，岗位建功”，并积极引导妇女就业创业。全市各级妇联组织围绕“巾帼建功”开展城市“十条龙”竞赛（即在城市十条战线妇女中开展竞赛）。各单位突出行业特点，组织女职工学文化、学技术，开展岗位练兵，提高自身素质，立足岗位建功。十大厂矿女职工在“双增双节”“提合理化建议”活动中，人均节约200元、共提合理化建议5690条且采纳率达30%、实现项目革新635项，创造价值400余万元。8月，市妇联召开“巾帼建功”现场经验交流会，推广湘潭钢铁公司等12家单位和个人的经验。是年，市教委女职工委员会被评为省“巾帼建功”先进集体，胡亮英、刘少英、吕瑞兰被评为省“巾帼建功”先进个人。

1992年后，市妇联在城镇妇女组织中开展以“五学五创”（学政治、学文化、学科学、学技术、学业务；创一流产品、创一流质量、创一流服务、创一流管理、创一流业绩）为主要内容的巾帼建功活动，全市10万妇女职工踊跃参赛。1994年，湘潭电机厂被评为全国城镇妇女“巾帼建功”先进单位。至1995年的5年内，各单位共开展劳动竞赛2234场次，提合理化建议34622条，技术比武3613场次，完成技术革新291项，为企业创效达4000万元，十大厂矿女职工委员会组织女职工接受各类职业技术培训、岗位培训82782人次，等级技术培训68900人次。全市产生各级“巾帼建功”先进个人7415名、先进集体625个。

1996年起，市妇联在13个窗口行业的100个柜（组、店、所）组织开展“巾帼文明岗”竞赛活动。各厂矿女职工委员会围绕“强工富市”的战略目标，开展以“立足岗位成才”和“我为企业分忧”为主题的生产竞赛活动。至2000年的5年内，全市女职工开展各类生产劳动竞赛7206场，实现技术攻关革新改造项目804个；全市共创市级“巾帼文明示范岗”80个，“十佳巾帼文明示范岗”10个，“巾帼建功”标兵144名；省级“巾帼文明示范岗”7个，“巾帼建功标兵”23名；湘潭市住房资金管理中心被评为全国“巾帼文明示范岗”，韶峰水泥集团总经理李韵珍被评为全国“巾帼建功标兵”；市妇联被评为省“巾帼建功”先进单位。

2001年起，市妇联在全市公安等十个行业中开展“十行百佳”评比竞赛活动。以“树文明新风，做文明使者，献优质服务，展巾帼风采”为主题，采取行业试点，条块启动，典型示范等方式，通过“公示”“讲评”“淘汰”等考核管理办法，对各单位申报的“巾帼文明岗”和“巾帼建功标兵”进行验收评选。2005年，举行全市“巾帼建功”表彰大会暨风采展示活动。至2005年的5年内，全市共评选出市级“巾帼文明岗”166个、“巾帼建功标兵”242名；省级“巾帼文明岗”18个、“巾帼建功标兵”20名；全国“巾帼文明岗”7个、“巾帼建功标兵”6名；市妇联被评为全国城镇妇女“巾帼建功”先进集体；胡湘玲、周宝莲、陈喜兰①、刘永珍被评为全国城镇妇女“巾帼建功”标兵；冯青被评为全国“巾帼创业带头人”；

① 后被省纪委查出，在担任湘潭市商业银行董事长、党委书记期间，涉嫌受贿和滥用职权，移交司法部门，判处有期徒刑。

王东辉被评为全国“十行、百佳”先进个人；湘潭市第一人民医院十一病室、湘潭市第十六中学、湘潭市气象台、湖南移动通信有限责任公司湘潭分公司中心营业厅、湘潭职业技术学院应用外语系、湘潭电化科技股份有限公司动力分厂高压班、湘潭市地方税务局省级税收征收分局计财科、湘潭市第一人民医院九病室和湘潭市和平小学 9 个单位先后被评为全国城镇妇女“巾帼文明示范岗”。

五、“五好文明家庭”创建

1986 年，全市各级妇联认真贯彻中共中央《关于社会主义精神文明建设指导方针的决议》精神，号召广大妇女争创“五好文明家庭”（“五好”：爱国守法、热心公益好，学习进取、爱岗敬业好，男女平等、尊老爱幼好，移风易俗、少生优育好，勤俭持家、保护环境好）、争当文明个人，倡导文明家风、民风，营造良好社会风气。全市共评选表彰“五好文明家庭”638 户，其中市级 100 户。1989 年，各县市区妇联、厂矿女工部完善“五好文明家庭”建卡、建档，立台账和档案跟户走访制度，并对历年表彰的“五好文明家庭”进行检查，其中典型户 1807 户，升级户 21 户，被取消光荣牌的 25 户。至是年的 4 年间，全市共有“五好文明家庭” 33270 户，其中县（市区）以上 13022 户。

1990 年后，“五好文明家庭”创建活动逐步规范化。1994 年，市妇联以国际家庭年为契机，举办全市家庭时装风采赛、莲城美好家庭评选等活动。各县市区、各单位相应举办家庭文明建设现场会等活动，充分展示现代文明家庭的风采。至 1996 年的 6 年中，全市共有五好文明家庭 1.2 万户。

1997 年，成立湘潭市“五好文明家庭”创建活动协调小组，并把“五好文明家庭”创建活动纳入全市精神文明建设总体规划，归口由市精神文明建设指导委员会负责，由市政府对“五好文明家庭”进行表彰。市妇联还与湘潭电视台联合拍摄专题片，推介雨湖区先锋乡建新村柳跃虹、龙志伟家庭的先进事迹。11 月 1 日，市妇联组织岳塘区霞光村、雨湖区民主新村、市妇联机关成立家庭文明小分队，开全省之先。家庭文明小分队向全市广大家庭发出倡议，将每季第一周的星期六定为全市统一的“家庭文明义助活动日”，主要开展扫街、义务理发、修理电器等活动，把道德、美德、公德渗透到每个家庭。年末，全市发展家庭文明小分队 52 支，产生“五好文明家庭”320 户。1998 年，市妇联推出“我爱湘潭”为主题的系列活动，在菊花塘公园举办“同心伴侣喜栽同心树，文明家庭共建同心园”植树活动，营造“我爱湘潭、我为湘潭作贡献”的文明新风。1999 年，市妇联与市精神文明办、湘潭都市频道联合举办湘潭首届家庭文化艺术节，11 户家庭进入决赛，湘钢退休教师贺桂华一家以纸艺、书法、表演夺取大赛桂冠。至 2002 年的 6 年内，全市共有“五好文明家庭”1 万户。柳跃红、龙志伟家庭被评为第三届全国“五好文明家庭”。

2003 年后，全市各级妇联创新“五好文明家庭”创建活动形式，先后开展“美德之家”“学习型家庭”“节约型家庭”等创评活动和争创“五好文明家庭”竞赛活动，为使活动尽快展开，举办湘潭市第二届家庭文化艺术节。2004 年 5 月 12 日，市妇联、市文明办在岳塘区霞城乡和平村举行以“讲文明、树新风”为主题的“美德在农家”活动启动仪式，建立全市第一个高标准的市级示范点。各县市区妇联也相继举行启动仪式并建立示范点。年末，全市共建农村妇女文化活动站 111 所，组建腰鼓队、秧歌队 684 支，“美德在农家”活动成为精神文明建设的有效载体。2005 年 10 月 14 日，市妇联、市农办、市文明办在韶山市召开全市“美德在农家”现场经验交流会，确定韶山村为“湘潭市美德在农家示范村”。至 2005 年 3 年内，市县妇联共评选表彰“五好文明家庭”810 户、其中省级 30 户，创建“美德在农家”市级示范点 2 个、县级示范点 61 个。

六、春蕾计划

1995 年，市妇联组织开展中国儿童基金会发动的“迎接第四次世界妇女大会亿万爱心献春蕾”（简称“爱心献春蕾”）活动，正式实施“春蕾计划”，与市教委、团市委联合下发《关于“春蕾计划”实施意见》，当年收到市直机关单位、厂矿妇女组织助学款 3.7 万元，对口救助孤女和特困女童 145 名。

1996 年，市妇联规范“春蕾助学”活动，将扶助单位和个人、被扶助对象登记造册，向扶助者颁发《湘潭市“春蕾计划”助学证书》。1997 年，市妇联组织 100 名女童（农村 50 名贫困女童，城市 50 名优秀女童）开展为期三天的“爱心献春蕾”“手拉手”夏令营活动，增进城乡小朋友友谊。韶山市毛家饭店老板汤瑞仁，除个人扶助 2 名孤儿外，拿出 10 万元成立韶山市汤瑞仁助学基金会，资助贫困女童 54 名。2000 年，市妇联组织县市区妇联干部深入到乡镇、村，对资助经费到位及贫困女童濒临失学情况进行调查摸底，为濒临失学的 1362 名 6～14 岁贫困女童登记造册，制定“每个单位扶助贫困女童 3～5 名，扶助资金 300～500 元 / 人·年”的标准。至 2000 年的 5 年内，全市各级妇联接受并发放“春蕾助学金”73.52 万元，落实助学女童 5052 人次。

2001 年后，全市各级妇联利用每年的“六一”儿童节开展“春蕾助学”活动，热心单位、热心人士逐年增多。2003 年，市妇联与市关工委、步步高超市联合举办“春蕾女童夏令营”活动。至 2005 年的 5 年中，先后有 314 个单位和部门 9.4 万人参加“爱心献春蕾”活动，全市各级妇联接受并发放“春蕾助学金”480 万元，资助 1589 名贫困女童完成学业。

七、家庭育儿教育

1986 年起，市妇联重点抓家长学校的发展，促进少年儿童健康成长，全市积极创办各类家长学校，举办骨干学习班、讲座、座谈会和经验交流会，各县市区妇联利用有线广播、图片展览、板报等形式，普及家庭教育知识，开展科学育儿咨询活动和“合格家长”评比表彰活动，促进家长更新育儿观念，提高科学育儿水平。是年，全市共表彰先进集体 30 个，优秀家长 98 名，35 人被评为省优秀保教工作者。1988 年，市妇联联合教育局、工会发文，将办好家长学校列为各学校、园所创先评优的重要条件。全市各级妇联评选表彰“优秀家长”和“家庭积极分子”3305 名，先进家长学校 254 所。其中，市级“优秀家长”53 人，先进家教工作者 22 人，先进家长学校 11 所。组织 6600 名家长参加全国“优生、优育、优教”知识竞赛，市妇联获优胜奖。至 1990 年，全市家长学校发展到 634 所，80%与学校、幼儿园、学前班相配套成立。

1993 年，湘潭市成立家庭教育工作委员会，五个县（市区）相应成立领导机构。至 1995 年的 5 年中，各级妇女组织共举办家长骨干培训班 461 期，培训骨干 2664 人次，举行家庭知识竞赛 6 场次。

1996 年起，市妇联组织全市 30325 名年轻妈妈参加全国妇联开展的年轻妈妈读书活动，引导年轻妈妈掌握科学育儿知识。表彰市级优秀年轻妈妈 101 名，其中 7 人荣获“全国优秀年轻妈妈”荣誉称号。市妇联获全国年轻妈妈读书活动最佳组织奖，雨湖区妇联等 4 个妇女组织获组织奖，王金玲等 7 人获全国优秀家长和家庭教育园丁奖，市卫生局欧阳志海被评为全国家庭教育工作先进个人。至 2000 年，全市有各类家庭学校 1328 所，有家庭教育辅导员 1468 人。雨湖区中小学生家长学校联校被评为全国家庭教育工作先进单位。

2001年后，全市各级妇联继续深入推广家庭教育。2003年4月，市妇联组织6000名妇女参与省妇联举行的儿童早期教育进万家有奖知识竞赛活动。2005年，市妇联实施“母亲素质教育”工程，聘请9位家庭教育专家和优秀教师代表组建家庭教育讲师团，深入县市区、厂矿、院校宣讲家庭教育知识。市妇联被评为全省“双合格”家庭教育工作先进集体，雨湖区熙春路逸夫学校被评为全国“双合格”优秀(示范)家长学校。

1986~2005年湘潭市全国三八红旗手、三八红旗集体

表8-3-1

个人或集体		荣誉称号	授予时间
姓名	单位及职务		
眭宝华	湖南农药厂厂长	全国三八红旗手	1989年
彭雪辉	湘潭市妇联副主任	全国三八红旗手	1989年
李韵珍	韶峰水泥集团总经理	全国三八红旗手	1998年
胡湘玲	湘潭市妇联主席	全国三八红旗手	2001年
王东晖	湘潭市检察院审查起诉科副科长	全国三八红旗手	2001年
龚润谷	湘乡市壶天镇小水村党支部书记	全国三八红旗手	2002年
李健如	湘潭市妇联主席	全国三八红旗手	2004年
王西平	湖南怀其皮革集团制革有限公司总经理	全国三八红旗手	2004年
韶山市妇联		全国三八红旗集体	1997年
湘潭市商业银行		全国三八红旗集体	2004年

第四章　湘潭市科学技术协会

第一节　科协组织

1986年11月18～20日，市科协召开第四次代表大会。出席大会代表349名。市科协党组书记程汉孝代表第三届委员会向大会作题为《团结奋斗，投身改革，为振兴湘潭贡献才智》的工作报告。大会选举产生委员71人。四届一次全委会选举常委19人，副主席2人，程汉孝为主席。市科协机关设办公室、学会工作部、科普工作部、咨询工作部。直属事业单位有湘潭市科学技术协会咨询服务中心(后更名为湘潭市科学技术咨询中心)、湘潭市科学技术进修学院。1991年，市科协共辖市级学会、协会、研究会48个，会员18691人；县(市区)级学会、协会、研究会46个，会员5766人；企业院校科协 41 个；乡（镇）科协 131 个；农村专业技术协会、研究会 97 个，会员 5342 人；全市各级科协和所属团体共有会员 4 万多人。

1991 年 11 月 29～30 日，市科协第五次代表大会召开。出席大会正式代表 263 名，特邀代表 37 名。副主席刘平代表第四届委员会向大会作题为《团结奋斗，为科技进步、振兴湘潭建功立业》的工作报告。大会选举产生委员 61 名。大会通过《湘潭市科学技术协会章程》和学会组织通则等有关文件。五届一次全委会选举常委 14 人，副主席 5 人，王庆河为主席。市科协机关增设组宣工作部，撤销咨询工作部，参照中国科协和湖南省科协的作法，湘潭市科协列为市政协组成单位。1993 年 11 月，根据市委决定，市科协与市科委合署办公，"两块牌子、一套人马"。合署后市科协保留学会组宣部、普及工作部。1995 年 9 月，增设咨询工作部。根据市委决定，从 1996 年 5 月 1 日起，市科协与市科委分署办公，市科协机关设办公室、学会工作部、普及工作部。直属事业单位有市科协技术咨询中心、市科学技术进修学院。1996 年，市科协共辖市级学会、协会、研究会 47 个，会员 2 万多人；县（市区）级学会、研究会 57 个，会员 8000 多人；企业院校科协 41 个；乡（镇）科协 132 个；农村专业技术协会、研究会 179 个，会员 1.8 万人；全市各级科协和所属团体共有会员 5 万余人。

1997 年 2 月 25～26 日，市科协召开第六次代表大会。出席大会正式代表 256 名，特邀代表 31 名。市科协主席王庆河代表第五届委员会向大会作题为《团结拼搏，为实施科教兴市和强工富市战略，为实现我市"九五"计划和 2010 年远景目标而奋斗》的工作报告。大会选举产生委员 61 人。六届一次全委会选举常委 17 人，副主席 6 人，王键为主席。六届六次常委会补选常委 2 人，免去常委职务 2 名；市科协机关设办公室、学会组宣部、普及工作部、咨询工作部。直属事业单位两个不变。2001 年，市科协共辖市级学会、协会、研究会 47 个，会员 2 万多人；县（市区）级协会、学会、研究会 57 个，会员 8000 多人；企业院校科协 41 个；撤区并乡后，全市 59 个乡镇建立科协 30 个；农村专业技术协会、研究会 129 个，会员 7000 多人；全市各级科协所属团体共有会员 5 万余人。

2001 年 12 月 24～25 日，市科协召开第七次代表大会。出席大会正式代表 281 名，特邀代表 35 名。市政协副主席、市科协主席王键代表第六届委员会向大会作题为《团结拼搏，加快发展，开创科协工作新局面》的工作报告。大会选举产生委员 60 名。七届一次全委会选举常委 17 人，副主席 6 人，葛乐军为主席。市科协机关设办公室、学会工作部、普及工作部、组宣工作部。直属事业单位两个不变。2005 年，市科协共辖市级学会、协会、研究会 47 个，会员 2 万多人；县（市区）级学会、协会、研究会 57 个，会员 8000 多人；企业院校科协 29 个；乡（镇）科协 22 个；农村专业技术协会、研究会 76 个，会员 6000 人；全市各级科协及所属团体共有会员 5 万余人。

第二节　科协活动

一、学术活动

1986 年，市科协与市政协经济科技委员会组织科技人员深入城市、农村进行考察调研，撰写论文和调查报告，并召开"湘潭市社会经济发展研讨会"，对全市社会经济发展战略目标进行科学论证。1987 年起，各级科协把学术活动与经济建设结合起来，开展"百千万"（评选百篇以上优秀论文，做千件以上实事，培训万名以上人员）活动，组织科技人员为企业和农村经济发展出谋划策。到1988年，市科协连续两年开展“百千万”活动，被评为全省科协系统先进单位。1989年后，市科协与市农委及相关学会组织科技人员对全市农业产业结构、粮食生产、农田建设、生态环境、乡镇企业、农民科技素质等方面进行调研，提出对策建议。至1991年的6年间，全市共开展学术活动950次，参加人数8万多人次；撰写学术论文和调查报告5000多篇，其中在省、国家级刊物发表800多篇；邀请70余名国内外专家来潭讲学；出版学术和科技刊物20余种。

1992年起，市科协系统围绕振兴湘潭开展学术活动。与市委组织部联合举办“九十年代科学发展与中国现代化”讲座；各级学会、协会就全市引进新技术、开发新产品、提高人口素质等几十个课题进行研究，并提出科学建议。1994年，市科协组织首届“最佳学术活动”评选工作。市交通学会、市机械化自动化学会、市统计学会、市轻工学会被评为学术交流活动A级奖。1995年，市科协召开“建设湘潭农业强市理论研讨会”。至1996年的5年间，全市开展学术活动920场次，参加人数78680人次；撰写学术论文和调查报告10800篇，其中在省、国家一级刊物发表2000多篇；出版学术和科技刊物34种。

1997年，市科协组织第二届“最佳学术活动”评选工作，举办实施《湖南省科学技术协会条例》座谈会；与市委办公室联合举办《知识经济与21世纪科技发展》报告会，邀请中国科学技术与社会发展研究中心、中国科普研究所所长袁正光教授讲课。1998年，湘潭市7篇科技论文在全省第七届自然科学优秀论文评比中全部获奖，湘潭师院、湘潭大学的论文获省一等奖。1999年开始，市科协组织农、林、水、气象、预防等学会专家开展自然灾害及疾病预测预报工作，开创全国地市级此项工作先河，得到中国科协的称赞。至2001年的5年间，全市开展学术活动2200多场次，参加人数9万多人次；撰写学术论文和调查报告1.2万多篇，评出优秀论文400多篇，其中29篇在省级论文评比中获奖；出版学术和科技刊物42种。

2002年起，市科协围绕全市经济和社会发展的热点、难点问题，组织跨行业的科技季谈会。同时，市科协邀请专家与市级有关领导参加“湘潭市城市建筑特色”“湘潭市生态环境建设与可持续发展”“新材料、新技术、新发展”“湘莲科技与文化”“食品安全与安全食品”“湘潭市国民经济和社会发展十一五规划纲要”等科技季谈会，探索湘潭经济发展新思路。2005年，市科协举办的“长株潭循环经济和生态环保产业发展论坛”科技季谈会，被省科协评为省第六届科技论坛“十佳学术活动”。是年，市政府首次拨专款奖励全市两年一度自然科学优秀论文作者420人。至2005年的4年间，全市开展学术活动1000多场次，参加人数6万余人次，撰写学术论文和调查报告近万篇，2000多篇论文在国内外各类技术刊物上发表；邀请200多名国内外专家来潭考察和讲学，出版学术和科技刊物42种。

图8-4-1 2002年湘潭市科协组织专家学者科技论坛

二、科技普及

（一）农村科普

1986年开始，市科协与市政协经济科技委员会、市民政局等单位开展科技扶贫，先后组织科技人员赴湘潭县、湘乡县等9个区乡（镇），就乡镇企业和脱贫致富等方面存在的科学技术难题进行考察座谈。通过对24个乡镇企业的调查研究，针对乡镇企业提出的44项技术难题，分期分批进行解决。至1987年，共引进开发新产品51个，举办培训班194期，培训人员9022人次，发放资料1.1万份；提供种子、苗木、饲料、化肥及其他生产资料价值4万多元；共扶持61个乡镇、132个乡镇企业、1054户贫困户，为贫困乡村增加产值4860万元，使其中64%的贫困户基本脱贫，12%的贫困户开始致富。

1988年起，市科协加强乡镇科协建设，发展农村专业技术协会、研究会，建立科普示范基地，兴办经济实体，引进推广新技术、新品种和新产品。市科协先后在谭家山、杨嘉桥、昭山、月山镇等乡镇利用农村集市举办大型科普活动，发放科技资料。1990年，市科协与湘潭县旺冲乡高峰村签订3年协议，组织13名科技人员进村，分8个专题进行调研，为高峰村发展制定总体规划和具体实施计划，推广9项实用技术。市科协干部与聘请的57名科技人员，轮流到村普及科学技术，推动全村经济发展。至1991年的4年中，全市共开展农村科普活动300多场次，参加科技人员2910人次；发放科技资料15万份；引进推广新技术、新品种、新产品120项；建立科普示范基地2个；全市农村有各级各类科技示范户1341户，其中省级示范户30户。

1992年，市科协与市成教办、农委、科委联合举办第一届全市农村科普知识竞赛活动，800多人参赛。1994年，开展科普金桥竞赛活动，全市39家厂矿企业院校科协，53家学会，近100家农村专业技术研究会，1000余户科技示范户参加竞赛活动。1995年，韶山市科协被评为全国农村科普工作先进单位，市科协科普部部长黄友津被评为全国农村科普工作先进个人。至1996年的5年中，全市共开展农村科普活动470场次，参加科技人员3000人次；发放科技资料24.8万份；引进推广新技术、新品种、新产品46项，增加产值2.9亿元；建立科普示范基地7个；全市有各级各类农村科技示范户5752户，其中省级科技示范户92户。

图8-4-2　市县科协组织科普集市推广收割机

1997年后，全市继续加强科普示范基地建设和扶持培育科技示范户，先后建立湘潭县谭家山镇、韶山市银田镇科普示范基地；雨湖区长城乡科普示范基地被授予省级科技示范基地。1999年开始，全市开展“十百千”（全省创十个科普示范县市区，100个科普示范乡镇，1000个科普示范基地）科普示范工程建设。岳塘区根据区域优势，提出建设“万元亩”工程，从昭山乡到东坪镇，先后建立花卉苗木、罗氏沼虾、美国王鸽、法国番鸭、大棚蔬菜、金鱼养殖、远山奶牛、韭菜园等10个科普示范基地。2001年岳塘区获得省级科普示范区称号，同时列入全国科普示范县（区）的创建行列。至

2001年的5年中,全市共开展农村科普活动210场次,参加科技人员6500多人次;发放科技资料31.8万份;引进推广新技术、新品种、新产品64项,增加产值3亿元;建立科普示范基地17个;全市有各级各类科技示范户数1.5万余户,其中省级科技示范户135户。

2002年,继续加强科技示范户、农村专业技术协会和科技示范户联合会等科普队伍及科普示范基地建设。湘潭县、雨湖区利用现代化信息技术,开通网站,设计网页,为科技示范户拓展市场。2003年后,重点围绕突发性疾病,组织科技人员下村入户,宣传防治禽流感科普知识,举办预防非典宣传活动24场次,为59个乡镇、1600个村送去资料5万多份,组织科普集市15场,交通要道张贴图片2000多张。市科协组织畜牧专家到湘潭县梅林桥镇白云管区香查村开展预防禽流感科普活动。湘潭县被定为全国第三批科普示范县。市科协副主席陈伟、韶山市农业技术推广中心高级农艺师雷天问、湘潭县谭家山镇荷叶坝村村主任彭文魁被评为全国农村科普工作先进个人。至2005年的4年中,全市共开展农村科普活动230余场次,参加科技人员1.3万人次;发放科技资料40余万份;引进推广新技术、新品种、新产品46项,增加产值3.5亿元;建立科普示范基地22个,全市有各级各类科技示范户1.6万多户,其中省级科技示范户180户。

(二)城市科普

1986年以后,市科协系统围绕重大节日或纪念日,开展城市科普活动。组织900多名科技工作者参加科普集市服务;展出科技成果和实物970多件,发放科普资料2900多份;举办“人体奥秘”与“伪中药鉴别”两项展览,为2000多名观众放映科普录像74部。1989年,市科协开展“迎国庆科普宣传周”活动,组织62个学会、1600多名科技人员参加科普宣传,举办科普讲座和报告会115场,放映科普录像和科教影片110场。市科协与市文化局举办“1979－1989年湘潭著述成果展览”,共展出各类科学著述370种。1990年,市科协组织“学雷锋科普服务周”活动,21个市级学会和厂矿院校科协300多名科技人员上街开展科普服务,为群众解答科技难题1000多个,义务看病130多人次,同时放映科技影片、录像,赠送科技资料,进行技术表演和科普展览等活动。至1991年的6年中,全市共开展城市大型科普活动20次,参加科技人员3100人次;发放科技资料26000余份;展出科技图片1600张、科技成果与实物1600多件;放映科技影片、录像300多片场;参与活动的群众5.3万人次。

1992年后,城市科普活动继续以科技兴市为主题,市科协与有关单位先后举办“’93年科技兴市宣传周”及“’96年科技兴市宣传周”活动,组织科普报告会、科普一条街、科技人员恳谈会、科技交易会,放映科教影片和录像,开展学科学、用科学活动。湘潭市“科技兴市”活动周在全省“科技兴湘”活动周中被评为优秀奖。至1996年的5年中,全市共开展科普活动470场次,参加科技人员5000人次,发放科技资料24.8万份,参与活动的群众23万多人次。

1997年开始,创建城市科普工程,开展“百千万”活动。岳塘区、雨湖区相继建立街道科协、社区科普领导小组。2000年,市科协组织编辑《家庭科普伴温馨》科普读本,举办“中试杯”家庭科普知识竞赛活动。在白石纪念馆举办《崇尚科学文明、反对封建迷信》大型科普展览。2001年,市科协举办第二届科普知识竞赛活动。组织“崇尚科学、拒绝邪教”科普报告会,科技人员深入厂矿、街道社区巡回报告18场,听众5万多人。市科协科普工作被省科协评为一等奖。至2001年的5年中,全市共开展城市科普活动520场次,参加科技人员7000多人次;发放科技资料32万份,参与活动的群众30余万人次。

2002年起，市科协推进“科教进社区”活动，与有关单位先后举办第三届、第四届家庭科普知识竞赛活动。以“关爱健康、科学生活”“崇尚科学，摒弃陋习，争做文明湘潭人”为主题，采取知识讲座与知识竞赛等方式，开展防治艾滋病、拒绝毒品、科学健身、科学消费、崇尚科学、远离邪教等科普活动。岳塘区被评为全国科普示范城区，岳塘区社建村办事处等6个社区创省级科普示范社区，市科协分别被中国科协、省科协评为“全国科普日”活动先进集体。2005年，市科协与市委宣传部、市文明办以树立科学发展观，共建和谐社会为主题，开展“全国科普日”系列活动，雨湖区被评为省级科普示范城区。至2005年的5年中，全市共开展城市科普活动230场次，参加科技人员5000多人次，发放科技资料20万份，参与活动的群众10万余人次，为企业和居民办实事1100余件，全市评选“科普之星”10名，优秀科普志愿者10名。

三、科技咨询

1986年，全市科技咨询中心有成员单位60个，咨询服务科技人员7000多人。1988年后，市科协拓展咨询领域，积极开展科技咨询活动。是年末，市科协咨询中心有成员单位70个，科技咨询服务人员10000多名。1989年，市科协为湘潭压缩机厂开发新产品4项，同时与6个乡镇企业及区街企业签订产品扩散加工合同，总产值35万元。市科协咨询中心请专家为湘潭电厂修复总阀，避免停产的重大损失。1990年，市科协组织专家对湘潭第二大桥综合开发与沙子岭综合规划进行考察论证，提出科学可行的方案；先后为200家企业开发新产品40多项。至1991年的6年中，全市科协系统共开展科技咨询2000多项，参加咨询服务的科技人员3400多人，为企业新增产值2亿元，咨询合同额3000万元。

图8-4-3　企业关注科技咨询中心的项目

1992年，全市科协咨询中心共签订咨询合同273项，实现合同额2570.89万元。1993年起，市科协各咨询单位围绕乡镇企业开展科技咨询，组织1300多科技人员深入60多个乡镇、街道开展技术引进、应用、改造、革新“四技”服务，咨询决策科技项目28个，使企业增加产值2400多万元。江南机器厂科技咨询部开发犁田机、收割机和打稻机等新产品，新增产值1000多万元；湘乡水泥厂科技开发公司为20家乡镇企业提供科技咨询和技术服务；机电专科学校技术咨询部为岳塘区霞城乡等6家乡镇企业开发机电新产品5项，年新增产值1500多万元，增加利税300多万元，节约成本286万元，出口创汇70万元。至1996年，全市科协系统共开展科技咨询1612项，参加咨询科技人员6500人次，为企业年新增产值1.3亿元，咨询合同额9564万元，上缴利税3000多万元。

1997年起，科技咨询业务逐年下降。至2001年，全市共开展科技咨询58项，参加咨询科技人员530人次，为企业新增产值2000多万元，咨询合同额1500多万元，上缴利润510万元。

2002年后，企业改制基本完成，企业自择咨询渠道，原有科技咨询网络成员单位不断萎缩和消亡（撤并）。至2005年，全市科协系统共签订咨询合同208个，咨询金额726万元。

四、青少年科技活动

1986年起，为培养青少年学科学、爱科学、用科学和热爱祖国、热爱社会主义的良好风气，市科协组织开展青少年科技活动，每年举办一次青少年科学创造发明竞赛，先后开展航天知识讲座、化学科技夏令营、小创造大王、小发明小论文竞赛等。湘潭市在全省第八届、第九届、第十届青少年科学创造发明比赛中，分别获团体第四、第二、第六名。至1991年，全市青少年参加科学创造发明竞赛活动5万人次，作品5000件，获省级奖励45件，国家级奖励3件。

1992年后，青少年科学创造发明、科学小论文竞赛活动增加生物竞赛内容。1993年，湘潭市选送25件作品参加全省第11届青少年科学创造发明比赛，获一等奖1件、二等奖4件(篇)、三等奖3件(篇)。1995年，全市开展生物科技竞赛活动，百项生物竞赛作品获省一等奖1个、二等奖3个、三等奖3个，优秀组织奖1个；湘潭市二中学生周庆新发明的“登楼拐杖”作品获全国二等奖，并获得国家专利，市青少年科技辅导员协会获全国优秀组织活动奖。至1996年的5年中，全市青少年参加科学创造发明竞赛和生物竞赛活动8万多人次，作品1450件，获省级奖励49件，国家级奖励3件。

1997年，市科协与市教委等5个部门联合组织“青少年生物和环境实践”“青少年科技创新”竞赛，参赛作品92件，8件作品分别参加全省、全国竞赛。获省奖作品8件，团体总分居全省第三名。湘潭县一中学生左新《一种野生鱼类研究》项目获全国“长江小小科学家”基金奖，是全省唯一获得殊荣的项目；湘钢一中“五个一生物百项科技活动”获全国优秀活动奖。1998年，湘潭市第十一中学学生许娜的《便携折叠式视力保护器》获全国青少年发明创造二等奖，湘机中学、市第一中学、湘潭县第一中学、湘乡东山学校、湘乡市第三中学被省科协和省教育厅授予省青少年科技活动基地。至2001年的6年间，全市青少年参加科学创造发明和生物百项竞赛活动5万人次，作品1200件(项)，获省级奖励110件(项)，国家级奖励10件(项)。

2002年后，市科协与市教育局组织校园科技活动，开展知识竞赛、航模表演、电脑编程、动画设计、机器人竞赛、小发明竞赛、组合机床表演、厨艺竞赛、时装设计、书法美术等科技活动；联合举办青少年科技创新大赛，每年参加大赛的作品300项左右，获省级以上奖励项目20项以上。2004年，市科协以“神舟五号”载人飞船发射成功为契机，开展航天知识讲座、“江南杯”航模制作竞赛、国防科技教育展览、西安航空科技夏令营等青少年航空航天科技教育系列活动。并会同相关部门先后举办第二届、第三届全市大学生科技创新大赛，共创作作品193件(篇)。在省第25届青少年科技创新大赛中，湘潭市获一等奖2项、二等奖13项、三等奖9项。风车坪小学科技实践活动和雨湖学校学生李慕君的科幻画“多功能环保鞋”均获一等奖，并获全国优秀科技实践活动一等奖和优秀科幻画二等奖。2005年，市科协和市教育局举办“青少年科技活动月”活动。至2005年的4年中，全市青少年参加科学创造发明竞赛活动10万人次，参加竞赛作品1039件(项)，获省级奖励59件(项)，国家级奖励12件。

五、企业科技攻关

1986年，市科协围绕企业发展，提高企业效益，组织科技人员对企业遇到的技术难题进行攻关。1987年开始，市科协会同相关部门开展“讲理想，比贡献”竞赛活动，发动和组织企业科协引导企业科技人员围绕企业生产的需要，广泛开展科技攻关，提合理化建议等活动。年内，湘钢科协、湘乡水泥厂科协组织科技攻关，成效突出，被授予全国厂矿科协先进集体。1988年，市建材学会组织科技人员对韶山涂料厂进行技术攻关，使该厂106涂料生产成本每吨降低200元。1990年，厂矿企业科协根据企业生产成本过高的问题，开展节能降耗等技术攻关。全市30多家企业2万多名科技人员参加攻关竞赛。湘乡铝厂科协工艺二组攻克“两万吨氟化铝增产降耗”难关，被授予全国“讲理想，比贡献”竞赛先进攻关小组称号。湘钢科协被授予全国“厂矿科协工作先进集体”。张铁石、胡云章、黄福清被授予全国“优秀科协工作者”荣誉称号。至1991年，全市科协系统组织参加企业科技攻关的科技人员2.3万人次，为30多家企业攻克技术难题1295项，提合理化建议8000多条。

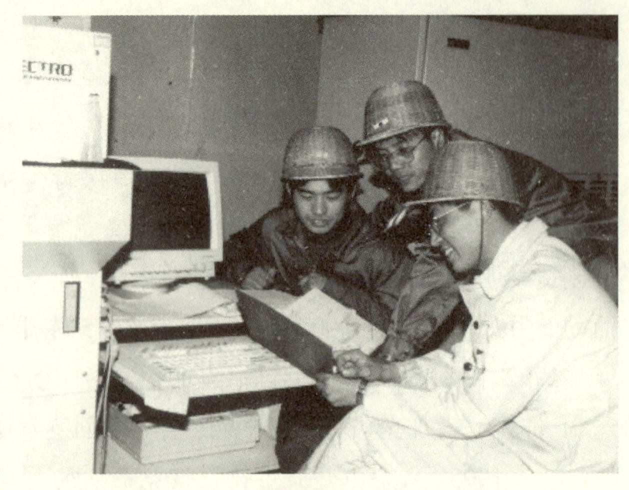
图 8-4-4　湘钢科技人员进行科技项目攻关

1992年以后，市科协与企业科协先后组织科技人员对湘乡铝厂每年排放2万吨煤渣含碳量进行技术攻关，建立煤渣生产线，每年获纯利110万元。湘钢科协科技攻关成效显著，连续三届被评为全国“讲理想，比贡献”竞赛先进单位，获1994年度全省“十佳厂矿科协”称号。湘潭电缆厂铜包钢攻关小组被评为全国“讲理想，比贡献”竞赛先进集体。江南机器厂科协被评为全国厂矿科协先进单位。向显德等20名科技工作者和组织者分别被评为全国和全省“讲理想，比贡献”竞赛先进个人。至1996年，全市由科协系统组织参加科技攻关的科技人员35220人次，为厂矿企业攻克技术难题3465项，提合理化建议6220条。

1997年起，各企业科协以技术创新为重点，开展科技攻关“讲理想，比贡献”竞赛。市科协组织举办“科技兴企名人”评选活动，连续三届评出科技兴企名人20人。1998年，湘钢科协、市合成化工厂科协被评为全省“讲理想，比贡献”竞赛先进集体。湘潭锰矿电解一分厂李念文被评为全国“讲理想，比贡献”竞赛先进个人。1999年，湖南铁合金厂科协组织联合攻关，解决“重油含水量有所增加影响生产及产品质量”问题，节油率达10.8%，一年降低成本60余万元。市科协与市委组织部、市人事局举办第一届青年科技奖评选活动，以后每两年评选一次，第一届、第二届共有25位全市优秀青年科技工作者获奖。至2001年的5年中，全市由科协系统组织参加科技攻关的科技人员2万人次，为40家企业攻克技术难题2600项，提合理化建议7600条。湘钢副总经理、总工程师曹慧泉获省第三届青年科技奖，湘潭电化厂总经理肖军获省科技兴企名人奖，湘潭锰矿高级工程师谭建杰被评为全国“讲理想，比贡献”竞赛先进个人。

2002～2005年，市科协系统组织科技人员5万多人次，以科技创新为重点，开展“讲理想，比贡献”竞赛，为企业攻克技术难题1500多项，提合理化建议8000多条。全市评选出三、四届青年科技奖获得者23人，获省先进个人15人，国家先进个人4人，其中江南机器集团有限公司总工程师吴伊平荣2005年全国优秀科技工作者称号。

第五章　湘潭市归国华侨联合会

第一节　侨联组织

1986年,湘潭市归国华侨联合会(以下简称市侨联)第二届委员会主席方一鹤、副主席金桂芳两人因"彩电事件"被判刑,侨联工作受到影响。1990年7月,全市有侨联小组15个,归侨92人,侨眷2549人。

1990年8月2~3日,湘潭市第三次归侨侨眷代表大会召开,出席代表98人。市侨联副主席刘守章作题为《在改革开放中再创侨联工作新业绩》的工作报告。大会通过《湘潭市归国华侨联合会工作细则》,选举第三届侨联委员会委员25名,其中常委7名,副主席3名,刘守章为主席。是年8月,湘潭县侨联成立,与县侨办合署办公。1994年1月29日,市侨联召开第三届二次全会,刘守章因身体原因,辞去主席职务,选举市政府巡视员刘连坤为主席(兼)。

1997年5月22~23日,湘潭市第四次归侨侨眷代表大会召开,出席代表108人,特邀代表7人。市侨联主席刘连坤作题为《发挥优势,服务中心,为开拓侨联工作新局面而团结奋进》的工作报告。大会选举第四届委员会委员20名,其中常委10名,副主席4名,胡湘生为主席。1998年6月,湘乡市侨联成立,机构设在中共湘乡市委统战部内。至2001年底,因自然减员,全市有归侨87人;因新移民逐年增多,侨眷增至近2万人。

2002年6月6~7日,湘潭市第五次归侨侨眷代表大会召开,出席代表109人,特邀代表66人。市侨联主席胡湘生作题为《发挥优势,广交朋友,努力为湘潭经济发展和现代化建设作出新贡献》的工作报告;大会选举第五届侨联委员会委员24名,其中常委10名,副主席4名,郝林为主席。2003年11月26日,召开湘潭县第三次侨代会,恢复县侨联(2002年2月机构改革时,湘潭县侨联被撤销),仍与县侨办合署办公。2004年,在湖南省第五次侨代会上,湘潭市侨联被湖南省委统战部、省侨联评为"湖南省侨联工作先进单位"。是年9月20日,湘潭市第一个社区侨联小组—岳塘区霞光社区侨联小组成立。2005年11月,雨湖区和平社区侨联小组成立。湘潭大学、湘潭钢铁集团公司等单位的"三胞"(港澳同胞、台湾同胞、海外侨胞)联谊会作为市侨联的团体会员,参加侨联活动,开展侨联工作。至是年底,全市有归侨76名,侨眷2.7万余人;有湘潭籍华侨、华人和港澳同胞约2万人。是年,归侨、侨眷较为集中的雨湖区和岳塘区开始筹备成立侨联。

第二节　侨联活动

一、维护权益

1986年,市侨联协助有关单位继续平反纠正"文化大革命"期间归侨、侨眷的冤假错案和"文化大革命”以前的老案。至1990年底,应平反纠正的案件全部落实,其中纠正冤假错案47起,历史老案164起,清理归侨、侨眷档案中混淆两类不同性质的“海外关系”材料2170份,并依据知识分子政策为4961名归侨侨眷办理职称评定和晋升。同时,协助市侨办为28户侨务对象落实私房政策,退还私房4户,计1060平方米;补偿24户,计9476平方米,补偿经费24万多元。

1991年起,全市贯彻实施《中华人民共和国归侨侨眷权益保护法》(以下简称《保护法》)和《中华人民共和国归侨侨眷权益保护法实施办法》(以下简称《实施办法》)。市侨联编印《保护法》3000份,发给有侨情的单位和归侨、侨眷。市侨联受理有关维权的来信来访30件(次),办结率90%。

1994年5月,为配合《保护法》的全面实施,成立湘潭市侨联法律服务所,至1995年底,共受理归侨、侨眷和海外侨胞有关维权方面的来信来访20件(次)。湘潭大学教授、侨眷肖艾要求认定参加工作时间。经过有关部门调查核实,市委组织部确认其为新中国成立前参加工作,并由退休改为离休,享受副厅级待遇。

1996年初,根据省政府办公厅《关于对归国华侨退休后给予生活补助费的实施意见的通知》精神,从当年1月1日起,凡新中国成立后参加工作的退休归国华侨,每人每月给予50元生活补助费。年底,全市59名退休归侨有45人的补助费落实到位,其余因单位停产、破产等原因未能落实。1997年,湘潭市亭阁古建筑有限责任公司经理、侨眷黄半耕在湘潭县易俗河开发区购买建厂房的土地,被他人侵占90平方米,市、县侨联及时出面与国土、规划部门联系,被占土地得到归还。1999年,市外侨办下发《关于开展归侨侨眷职工下岗和再就业情况调查的通知》,推广江麓机械厂、湘乡铝厂的经验。至1999年,64名退休归侨中仍有10名省属单位、破产企业的退休归侨未能享受生活补助。

2000年7月,市侨联和市侨办对全市82名归侨生活状况进行专题调查,向市政府呈报《特困归侨生活状况汇报》,提请市财政拨出专项资金用于救助家庭收入过低或无收入归侨。2001年5月,市政府决定每年安排3万元解决特困归侨的生活困难。是年中秋节前夕,对24户特困归侨进行慰问。

2002年,全市贯彻落实中国侨联《关于开展“维护侨益年”活动的决定》,各级侨联组织依法维侨护侨,归侨、侨眷运用法律武器维护自身合法权益。湘潭中澳房地产开发有限公司与市内一家房产公司合资开发项目,由于承建方资金未到位,造成工程项目下马,国土部门需退还中澳房地产开发有限公司已缴纳的土地出让金37万元。但岳塘区国土局长时间未予落实。中澳房地产开发有限公司将此情况反映和投诉到相关市领导和市外侨办。市外侨办派人到中澳公司调查,并将情况向有关部门反映,促使岳塘国土局分两次退还该资金。韶山市银田乡侨眷黄宙良因秉公直言遭人殴打致伤,向法院提起诉讼。市侨联得知后即往医院探望,同时向韶山市人民法院陈述侨联意见,后又旁听此案庭审。法院依法判处打人者赔偿医药费等4000元,黄宙良的合法权益得到有效维护。市侨联主席郝林被国务院侨办评为“2002年全国侨务信访工作先进个人”。2003年4月29日,经市司法局批准,成立湘潭市法律援助中心市侨联工作站,市侨联法律服务所自行撤销。市外侨办与市人事局联合成立“湘潭市归侨侨眷下岗职工再就业培训中心”,举办计算机技能班、厨师班、美容美发班等,共培训500余人。2004年6月24日,市政府第28次常务会议决定,因单位倒闭、停产的14名退休归侨和5名无业老年归侨每人每月50元生活补助费由市财政从切块经费中列支。至此,全市68名退休归侨和无业老年归侨的生活补助全部落实到位。7月1日新修订的《实施办法》公布实施,全市开展“侨法宣传月”活动,各级侨联和社区通过开展文艺活动等形式宣传《保护法》和《实施办法》。至2004年,法律援助中心市侨联工作站共接待来信来访100件(次),其中法律咨询60余次,解答涉侨政策18次,督促审理涉侨案件4次。侨资企业——恒辉集团有限责任公司与邵阳化工厂环保工程纠纷案,经工作站律师协调,案件得到合理解决,为恒辉集团有限责任公司挽回经济损失40万元。

2005年2月,根据省政府《关于对老年归国华侨给予生活补助费实施意见的通知》精神,退休归侨每人每月生活补助费由50元提高到100元,当年全部落实,其中27名破产企业和无业归侨的生活补助费由市政府发放。6月,建立侨资(属)企业联系点制度,对湘潭市恒辉环保有限责任公司、陈氏精密化学有限责任公司、阳光托幼集团、蒙哥饲料有限责任公司实行挂牌定点服务,当年为这些单位协调解决生产用电、工地阻工等问题5起。是年,全市各级侨联共接待处理有关维权的来信来访30余件(次),信访办结率95%。

二、参政议政

1993年始,市政协新增侨联界别。市侨联成为市政协组成单位,有市政协委员6人。此后,全市各级侨联积极向各级人大和政协推荐侨界人士担任代表或委员,并组织他们在文教卫生、市政建设、公益事业等方面开展调研,撰写调查报告、提案、议案及建议,参与各项大政方针的制定与实施。至1999年的7年间,全市有182名归侨侨眷担任县(市、区)以上人大代表或政协委员,有33名归侨侨眷被提拔担任县(团)以上领导职务。共撰写调查报告、提案、议案及建议50余份。市侨联《关于维侨护侨的情况和建议》及《特困归侨生活状况汇报》分别报送省侨办和省侨联,为制定相关政策提供参考依据。省人大代表、市侨联委员陈秀华在省八届人大会议上与他人联合提出《关于给建国后参加工作的归侨退休职工加发生活补贴的意见》的提案,被省政府采纳,并形成湘政办发〔1996〕3号文件,为退休归侨每人每月增发50元生活补贴。

2000年7月,市侨联组织侨界人大代表和政协委员采取入户走访、座谈、问卷等形式,对82名归侨家庭进行全面调查,撰写《湘潭市归侨生活状况调查报告》,并建立“五侨”联席会议制度(由市人大教科文卫委员会牵头,市政协港澳台侨联络委员会、市政府外事侨务办公室、市侨联、致公党湘潭市委五个涉侨单位组成,采取轮值主席单位的办法,每年召开一次“五侨”联席会议,研究商讨有关侨务事项)。2001年初,市侨联向市政协八届四次会议提交《划拨专项资金,用以救助特困归侨》的提案,该提案被评为参政议政优秀成果奖。至2001年的2年间,共撰写提案、议案、调查报告10余份。

2002年6月,市侨联向市委统战部专题汇报推荐侨界政协委员和人大代表的事宜,向市人大提交《关于在市人民代表大会安排适当名额的归侨侨眷代表的请示》,8~10月,市侨联对有关部门推荐的10位市政协委员和5位市人大代表人选逐个进行考察,确定推荐7名委员和3名代表。同时,各县(市、区)侨联向县(市、区)推荐人大代表和政协委员40余名。年底,市政协委员、市侨联副主席刘忠针对招商引资工作重资轻智现象提交《侨务工作更应注重“招商引智”》的提案,引起市政府领导和社会各界的高度重视。

2003年,市侨联从工业、农业、环保、社会治安、再就业等方面提出十个课题,组织侨界政协委员和人大代表开展调研,共提交提案、论文、建议12份。《湘潭市城市垃圾处理对策》被评为市委统战系统一等奖;《关于突破招商引资困境的提案》《关于合理引导我市城市建设的建议》《打造国内二级物流中心,服务和促进湘潭的工业化进程》《关于营造充满生机和活力的工业化体制环境的提案》《依托湘江航运,建设湘中南现代物流中心》分别列为市政协大会重点发言材料,被相关部门采纳;《关于优化湘潭市投资环境的建议》《关于做好新时期海外留学人员工作的思考和建议》和《关于新移民工作的思考与建议》,为政府有关部门提供了有价值的情况和参考意见;《关于对宣传工作内容的一些意见》被选为湖南省政协优秀提案。

2004 年,市侨联组织侨界人大代表、政协委员开展调研活动 4 次,共写提案 12 份,调研论文 7 篇。《湘潭市归侨生活状况及有关权益保障情况》专题调研报告,受到市财政、人事、医保等部门的重视,特困归侨的救济和退休归侨的生活补贴经费得到落实。《加大外资(外来)企业典型宣传力度,吸引更多企业来潭落户》的提案,引起中共湘潭市委宣传部的重视,随后多次进行典型报道,集中展示湘潭招商引资成果,吸引一批外商来潭投资兴业。《关于加快湘潭市政建设的主要对策》《关于加强市容环境长效管理的几点建议》和《关于建立高效物流系统,把湘潭培育成国内物流中心的建议》被有关部门采纳。

2005 年,全市各级侨联针对经济建设和社会发展的热点难点问题,撰写调研论文 12 篇。侨界政协委员、人大代表分别就侨法宣传、城市管理、农村学校建设、职业教育等方面撰写论文、提案、建议 20 篇。《关于在城市低保工作中加强民主管理的建议》《环保信息应该及时披露》《关于新农村建设过程中不容忽视农民素质提高的教育》《社会治安综合治理的几点建议》及《关于进一步完善"绩效考核"工作的研究》等,引起有关部门的重视并采纳。市侨联主席、市政协常委郝林撰写的《做好侨联参政议政工作的思考》获市政协优秀成果二等奖。市侨界政协委员、湘潭县响水中学校长刘建新撰写的《关于解决农村中学教育资金困难的提案》受到市、县两级教育部门的关注。是年底,还组织市侨界政协委员赴江苏、浙江开展"如何有效引进、利用海外人才"的专题调研,为市政府实施人才兴市战略提供有效的决策参考。

三、联络联谊

1986 年起,市侨联利用每年的传统节日及五一、国庆、元旦等,组织归侨、侨眷开展联谊活动,或参观游览,或举办舞会、茶话会、联欢会,进行形势教育和爱国主义教育。1989 年春夏之交北京发生政治风波期间,市侨联举行侨界人士座谈会,号召归侨、侨眷主动向国外亲人去信、去电解疑释惑。至 1990 年 12 月,共向海外寄信 5000 多封,照片 1000 余张。

1991 年 3 月,市侨联邀请湘潭日报社、湘潭电视台、湘潭人民广播电台,召开侨界宣传联络会议,推荐 11 位优秀归侨、侨眷,进行典型报道。市侨联主席刘守章在市人民广播电台发表《悠悠寸草心,报得三春晖》的讲话。6 月,召开全市马来西亚归侨座谈会。1992 年,市侨联对全市 56 个有侨情的单位和 89 户归侨进行走访调查和慰问。1993 年 5 月,湘潭大学教授、归侨李永明应邀到台湾清华大学讲学,实现湘潭市首次海峡两岸学术交流。至是年的 3 年间,市侨联召开座谈会、联谊会 10 次,参加归侨侨眷 300 余人,处理国内来信 400 余件,国外来信 37 件,帮助 4 名海外华侨找到失散的亲人,接待回国探亲、旅游、讲学的华侨、华人 150 余人。

1995 年,市侨联向全市有关单位印发《湘潭市重点侨务对象名册》《湘潭市海外重点侨胞名册》

《湘潭市海外留学生情况摸底表》1000余份，还通过部分归侨、侨眷了解，整理《湘潭籍境外有址侨民、留学生一览表》，并和市侨办编印《湘潭市海外华侨华人和港澳同胞重点人士名录》，共收录300余个人物条目。在此基础上，确定境外重点侨务工作对象30人，市内重点侨务工作对象200人。1996年初，市侨联聘请23名热心侨务工作的归侨、侨眷为联络员。12月26日，市侨联举行迎香港回归报告会，120余名代表参加。会上，对7名工作成绩突出的联络员给予表彰。

1997年5月，组织全市500名归侨、侨眷参加“迎九七回归香港基本法知识竞赛”活动，试卷收回率达95%。在湖南旅美联谊会成立两周年之际，市侨联致函祝贺，并寄上白石老人之孙齐灵根的作品，对他们多次寄来会刊《乡音》表示谢意。12月，召开马来西亚、新加坡、泰国、缅甸归侨座谈会。1998年，市侨联开展“热线联系”活动，确定境域外23名经济上有实力、政治上有影响、社会上有地位、学术上有成就的华人华侨及新移民为热线联系对象。5月，湘乡市侨联主席彭九仪赴台湾探亲，拜访马英九及其父亲马鹤凌，转交其亲友托带的家信并赠送两幅本市画家的作品。

1999年4月，市侨联决定此后每年的5月12日为“归侨侨眷活动日”。是年6月，组织全市归侨、侨眷200多人观看《侨联四十年》，参观彭德怀纪念馆，座谈交流海外子女创业情况等，归侨、侨眷之间的联谊逐渐增多。同时，利用中国传统节日和圣诞节，向海外华侨华人寄发贺卡和慰问信1000余份。

2000年，联络联谊活动创新意，除利用传统节日寄发贺卡、召开春节联谊会、中秋茶话会外，还组织归侨、侨眷子弟参加中国侨联举办的“世界华人小学生作文大赛”活动，全市共选送作文54篇，有4篇分别获二、三等奖。2001年，市侨联对600余名新侨民的档案进行整理，编印《新侨民情况简表》，并开展调研，撰写论文《关于新侨民工作的思考和建议》。市侨联主席胡湘生两次到北京拜访湘潭籍“留美杰出青年”、被誉为“中国引入高科技产业风险基金第一人”“中国信息的使者”、美国国际数据集团（IDG）亚洲区总裁熊晓鸽先生。8月28日，组织以科技界人士为主的80名归侨、侨眷参加“为中华民族腾飞作贡献”长旗签字传递活动。

2002年，市侨联重新编印《归国华侨名册》《侨联代表通讯录》《侨联委员通讯录》《常用工作通讯录》，发放侨情调查表200份，确定重点联系对象100人。

2003年“非典”期间，全市侨界开展“三个一”活动，即打一个电话、写一封信、发一个电子邮件，向海外亲友报平安，宣传党和政府抗击“非典”的决心和举措。各级侨联共走访归侨、侨眷2000多人次，组织联谊活动30场次。

至2005年的10年间，市侨联还先后与长沙、娄底、衡阳、郴州市侨联建立协作机制，多次开展学习交流活动；与芝加哥湖南同乡会、洛杉矶湖南同乡会、底特律中国协会、旅美湖南同乡会、欧洲华人华侨联合总会、香港华侨华人总会及100多名海外重点人士建立友好关系，密切保持书信、电讯联系。

四、为经济社会发展服务

1986年，市侨联与中国人民银行湘潭市分行配合，继续宣传侨务政策，沟通汇路，使侨汇逐年增多。至1989年，全市共收到侨汇780余万元。市侨联发动和鼓励归侨、侨眷吸收海外亲友资金兴办侨属企业29家，有从业人员144人，年产值356.8万元，创利税30余万元。

1990～1992年，根据国务院办公厅《关于中华全国归国华侨联合会和中华全国工商联合会开办公司问题的复函》精神，市侨联自办经济实体，先后成立华侨贸易公司、华侨科技服务部，年均营业额达500万元。同时，发挥归侨、侨眷的优势，以湘潭为基地，在沿海建窗口，外引内联，为发展湘潭经济牵线搭桥，全市新增加的100余个外商项目中，绝大部分都直接或间接与“侨”有关。1993年12月，通过归侨、侨眷联系，市政府邀请250余名海外华侨、华人和港、澳、台商来潭参加毛泽东诞辰100周年纪念大会暨经贸洽谈会，引进一批投资项目。湘潭钢铁厂引进高速线材轧钢机，与港商合资开办湘辉金属制品公司。江南机器厂侨眷韩松卿通过海外亲友的关系，促成江南下属湘潭电工厂与台湾其宇股份公司合资成立湖南省第一家生产中文数字显示呼叫器的企业—湖南阿里山电工实业有限公司，使湘潭电工厂走出困境。1994年，湘潭县侨联先后扶持兴办侨属企业16家，拥有固定资产700万元，年均创利税65万元。在中国侨联第五次代表大会上，湘潭县侨联被评为全国侨联工作先进集体。

1995年4月，市侨联召开全市侨界经济工作座谈会，与会归侨、侨眷相互交流信息，共提出10多条“招商引资”建议。同时，市侨联制定五年经济工作规划和挂靠企业管理办法。

1996～1999年，根据市委市政府的“强工富市”发展战略，市侨联两次召开以“共商湘潭经济大计”为主题的全市归侨侨眷代表人士座谈会，与会人员提出20多条意见与建议。此后，许多归侨、侨眷主动向各级政府建言献策，近100人向海外亲友写信800多封，介绍市委市政府“招商引资、招商引智”的优惠政策。湘乡市人民医院大内科主任、归侨黄鼎秀技术精湛，医德高尚，全心全意为患者服务，被评为“全国归侨先进个人”。湘潭县侨联主席莫尚固因招商引资等工作业绩突出，被评为“全国侨务工作先进个人”。

2000年7月，市侨联为市政府准确提供100余名参会客商信息，与市侨办共同策划、承办市委、市政府在香港举行的“湖南湘潭·香港侨界合作恳谈会”。会上，香港华侨华人总会与市政府共同签署《经济社会友好合作协议书》，签订招商引资项目7个，签约金额2400万美元。是年底，根据市政府有关规定，市侨联华侨贸易公司等10个经济实体全部与侨联脱钩，并在《湘潭日报》登报注销。

2001年，市侨联采取问卷形式，对50余家侨资、侨属企业的生产经营、投资环境等进行调查。市政府针对存在的问题，制定相应措施，在立项、征地、办证、税费等方面为外商提供优惠政策服务。2003年，侨属企业湖南新曦电子有限责任公司和中南计算机学校因管理有序、效益显著，被省侨联评为“科技兴湘”先进单位。至2003年末，全市有86家由华侨、华人、港澳同胞投资兴办的企业，占全市外资企业的71.6%。

市侨联在积极招商引资的同时，还大力“求贤引智”。先后邀请英特尔资深软件设计师唐朴祁博士到湘潭大学信息工程学院举办学术讲座；推荐曾获得3项美国专利的张泉博士任湘潭市粮食技校名誉校长；推荐美国马里兰大学教授、博士生导师周怀北与湘潭大学合作；推荐美国软件开发专家符合与湘潭职业技术学院合作开办物流管理专业；推荐海外优秀学者胡书琴女士和何熙辉先生分别担任省侨联海外顾问和湘潭市高新区德国工业园顾问。

2004年2月，市侨联向福建省厦门市、泉州市等地侨联和海外侨团、侨商推介湘潭市招商引资项目200余个。5月，市政府组织涉侨、涉台部门赴厦门市召开项目发布会，通过厦门侨联推荐，邀请14名侨界企业家来湘潭参加首届中国（湘潭）齐白石国际文化艺术节暨经贸洽谈会。7月，湘潭市蒙哥饲料有限责任公司总经理、市侨联兼职副主席、侨眷刘蒙榕致力于饲料开发和牲猪饲养产业化，被国务院侨办和中国侨联授予"全国归侨侨眷先进个人"称号。

2005年，各级侨联给国内友好侨联和海外侨团、华侨华人寄送招商项目目录和相关资料1000多份，安排来潭海外重点人士、友好侨联考察市高新区、九华工业园和招商项目共计10批次。全市各级侨联积极引进侨界捐赠款物发展教育和公益事业。至是年的10年间，共引入海外捐资1000余万元，用以新建学校9所，教学楼10栋，为60所学校修整和添置教学设备，兴修村道30条，架电排、修河堤50处。"黄弼臣教育基金会""王氏基金教育工作者子女学业优良奖""白云中学小学专项奖学金"等在湘潭相继建立，先后奖励和资助学生200多人，发放奖金50多万元。

第六章　湘潭市工商业联合会

第一节　工商联组织

1986年，湘潭市工商业联合会（简称市工商联）第九届执行委员会有执委39名，常委13名，副主任委员3人，主任委员李暑安。有市直会员510名。市工商联根据中共湘潭市委办公室《批转市工商业联合会〈关于工商联发展组织，吸收新会员的请示报告〉的通知》精神，开展新会员发展工作。同年，湘潭县工商联、湘乡县工商联恢复工作。1987年5月19日，市工商联第九届三次执委会议选举杨则敬为主任委员。1988年9月，有市直会员550名，其中国营企业会员8名，集体企业会员29名，个人会员513名。

1988年9月21～22日，市工商联召开第十届会员代表大会。参加会议的代表有130人，大会听取和审议杨则敬所作的《湘潭市工商业联合会第九届执行委员会工作报告》，传达全国工商联五届常委会七、八、九次会议和省工商联五届六次会议精神。会议选举执行委员37名，副主任委员8名，杨则敬为主任委员。1990年1月成立雨湖区工商联。1993年1月，成立韶山市工商联；3月，成立岳塘区工商联。1993年3月2日，经市委、市政府同意，成立市总商会，与市工商联两块牌子，一套人员。至1993年4月底，全市共有会员2608名，其中企业会员378名，团体会员18名，个人会员2212名。

1993年5月11～12日，市工商联召开第十一届会员代表大会暨湘潭市总商会成立大会。参加会议代表116人，其中有原工商业者代表16人，非公有制经济代表79人，工商联机关干部和特邀代表21人。大会听取和审议杨则敬所作的《湘潭市工商业联合会第十届执行委员会工作报告》，选举执行委员38名，副主任委员8名，主任委员暂缺。是年12月，根据全国工商联"七大"通过的《中国工商业联合会章程》的规定，市工商联领导职务称谓由原主任委员、副主任委员改称会长、副会长。1994年10月7日，市工商联召开十一届四次常委会议，选举湖南迅达集团总裁、湘潭新产品开发研究所所长伍尚魁为会长。1997年4月，各县市区工商联组织健全，会员队伍扩大，全市共有会员4616名，其中企业会员746名，团体会员61名，个人会员3809名。

1997年5月15～16日，市工商联（总商会）召开第十二届会员代表大会。参加会议的代表有

202名,其中有非公有制经济代表人士109名,工商联机关干部13名,股份制企业代表8名,分会(同业公会)负责人44名,团体会员10名,原工商业者代表6名,市工商联自办企业负责人2名,特邀代表10名。大会听取和审议伍尚魁代表第十一届执行委员会所作的《继往开来,务实创新,以崭新的姿态迎接光辉的二十一世纪》的工作报告,选举执行委员61名,副会长9名,伍尚魁为会长(兼)。2000年4月,市工商联召开十二届四次执委会,选举康顺佳(女)、刘明星为副会长。2001年12月,全市共有会员4761名,其中企业会员856名,团体会员65名,个人会员3840名。

2002年1月10~11日,市工商联(总商会)召开第十三届会员代表大会。参加会议的代表有234名,其中非公有制经济代表人士154名,市委统战部、市工商联机关干部代表39名,乡镇分会、团体会员代表20名,原工商业者代表7名,其他有关部门代表14名。大会听取和审议汤泽培代表第十二届执行委员会所作的《求真务实,开拓创新,全力开创新世纪我市工商联工作的新局面》的工作报告,选举执行委员80名,副会长12名,汤泽培为会长。2005年11月,汤泽培调任民进湖南省委专职副主委兼秘书长。12月14日,在市工商联第十三届五次执委会上,颜集成当选为市工商联会长。其时,全市共有会员4947名,其中企业会员1010名,团体会员67名,个人会员3870名。

第二节 工商联活动

一、参政议政

1986~1988年,市工商联积极参加国家政治生活,发挥“政治协商、民主监督”的作用。担任各级人大代表和政协委员职务的工商联会员,认真撰写议案和提案,围绕城市规划建设、市民“菜篮子”、落实党对原工商业者的各项政策、平反冤假错案、对外开放和发展旅游事业、改善环境污染以及与人民群众密切相关的问题等,提出合理化建议。在全市工商联系统中,有市人大副主任1人,市政协常委1人,市政协委员3人,县市区政协常委3人,政协委员4人。共提交提案、议案124件,被采纳89件;专题报告6个,被采纳4个。

1989年起,市工商联工作任务由经济性为主向统战性为主转变,工作对象由国营企业向非公有制经济成分转变。1991年,根据中共中央批转中央统战部《关于工商联若干问题的请示》的通知精神,市工商联组织对非公有制经济人士结构、经营、思想状况进行全面调查。同年推荐伍尚魁副主委为市监察局特邀监察员。至1993年,对400多名政治上坚定、经济上有实力、社会上有影响的重点代表人士进行考察建档工作,从中推荐70名入选各级人大代表、政协委员。其中,省人大代表、省政协委员各1名,市人大代表、政协委员各2名,县市区人大代表、政协委员64名。市工商联向政府及有关部门提交提案、议案80多件,撰写专题调研报告、论文28篇,为湘潭政治、经济的发展提供决策咨询。

1994年,市工商联先后对湘潭县茶恩寺竹制品行业、青山桥皮鞋行业、湘乡市制革行业和湘潭县肉食加工批发行业进行调研,形成的《关于加快我市个体私营经济发展的思考》提案被市人民政府评为优秀集体提案。1996年,市工商联针对彭德怀故居建设过程中出现的进度缓慢的问题,提交《关于加快彭德怀同志故居建设的建议》;一批会员参加行风评议、特约监督,履行参政议政、民主监督职能。市工商联连续三年被市政协评为优秀提案单位。1997 年,市工商联参与市政府关于发展个体私营经济若干意见的制定和讨论并提出修改意见,被市政府采纳。是年,全市工商联中,有省人大代表 4 名,市人大代表 16 名,县(市区)人大代表 13 名。至年底的 4 年间,共撰写提案、议案 508 份,被采纳 384 份;专题报告 19 个,被采纳 10 个。

1998 年起,市工商联先后就私营企业参与农业开发、私营企业主状况、非公有制企业融资难、私营工业企业发展、长株潭岳非公有制经济发展等课题组织开展调查研究,形成系列调研报告,其中《关于我市个体私营企业参与农业开发有关情况的调查报告》和《关于个体私营企业融资难问题的思考》引起市委、市政府领导的重视。至 2001 年,在全市工商联系统中,有省人大代表 5 名,市人大代表 18 名,县(市、区)人大代表 20 名。4 年中,共撰写议案、提案 685 件,被采纳 502 件,专题报告 14 个,被采纳 7 个。

2002 年后, 市工商联就中小企业融资、农村集体土地流转、科技企业与科技项目的组织与实施、湘潭电气制造业、园区建设、招商引资等课题开展调查研究,形成系列调研报告,其中农村集体土地流转和中小企业融资两个调研报告列入市政协大会发言材料。全国人大代表、市工商联执委、金侨集团董事长任玉奇深入全国各地,在一年的时间里重点考察湖北、云南、广东和湖南的 70 个县,200 多个乡,开展"三农"问题调查。2004 年,全国人大代表、市工商联执委、金侨集团董事长任玉奇向全国人大提交取消农业税的议案,全国人大将其列为当年 1 号议案。市工商联参与湘潭市非公有制经济"五百强"评选及市级优秀中国特色社会主义建设者的推荐评比工作,第一次较为客观地评出全市非公有制经济 100 家纳税大户和 20 名优秀中国特色社会主义建设者。至 2005 年,全市工商联系统中,有全国人大代表 2 名,省人大代表 8 名,市人大副主任 1 名,市人大代表 48 名,县(市、区)人大代表 76 名。4 年间,提交提案、议案 410 件。被采纳 364 件; 专题报告 18 个,被采纳 9 个。

二、兴办经济实体

1987 年 7 月,经湘潭市人民银行批准,市工商联筹建湘潭市河西城市信用合作社,行政属市工商联领导,业务属市人民银行领导。8 月,河西城市信用合作社共招收股金 13 万元,股东 193 人,召开第一次社员代表大会。9 月 22 日正式对外营业。1989 年,河西城市信用社总收入 86.3 万元,营业支出 43.7 万元,管理费用 12.9 万元,实现税前利润 10 万元。1991 年,河西城市信用社实现各项存款 1645 万元,各类贷款 1159 万元,全年营业收入 119.8 万元,非营业收入 41.4 万元,营业支出 66.3 万元,非营业支出 48.1 万元,实现利润 20.2 万元。1993 年,全社存款 4028 万元,营业收入 370 万元,实现利税 36.89 万元。

为了加强宏观调控,进一步整顿和稳定金融秩序,1996 年 8 月,湘潭市成立湘潭城市合作银行筹备领导小组。通过近一年的工作,在原市区 9 家城市信用社基础上组建地方股份制商业银行。此后,河西城市信用社不再属市工商联领导。

三、光彩事业

1994 年 12 月,伍尚魁等 11 位民营企业家发出《积极投身扶贫活动,让光彩事业在湘潭大放光彩》的倡议书,倡议先富起来的民营企业家帮助贫困地区发展经济,走共同富裕之路。市工商联成立市光彩事业推动委员会。1995年，市工商联广泛发动民营企业家投身光彩事业，投入资金145万元,安排劳动力640个,帮助农民增加收入。姜畲轧钢厂田特坚发动民营企业家捐资2.2万元,帮助岐头村修好水毁公路1500米;一批会员资助13名贫困学生上学,市工商联妇委会和女企业家为福利院儿童捐款捐物1万余元。1996年,新增光彩事业项目25个,投入资金171万元,安置待业和农村劳动力1455人。为抗洪救灾捐款33.85万元。1997年,新增光彩事业项目7个,投入资金930余万元,安置劳动力2000多人,为抗洪救灾、防洪保安工程捐资139.8万元。1998年,市工商联召开抗洪救灾赈灾募捐大会,全市非公有制经济共捐款140余万元。

1999～2002年,市工商联帮助老少边穷地区脱贫致富,引导私营企业投身光彩事业,共投入资金167万元,安置人员就业1780人;为希望工程捐资27.84万元;组织市仁和医院等十家私营企业捐资捐物1万元,慰问湘潭县茶恩寺特困群众。

2003～2005年,市工商联会员企业步步高公司捐资20万元援建湘西1个卫生院;步步高公司和华顺公司启动招工扶贫计划,解决湘西7500个农村劳力的就业问题。湖南恒盾集团扶持山区农民建立15万亩楠竹生产基地,与1.5万户农户签订楠竹销售协议,安置农村劳动力500人,城市下岗职工600人,其董事长王检忠被评为“湖南省优秀光彩人物”。期间,市工商联组织三次较大规模的光彩事业活动,发动和组织会员企业捐资救困、捐资助学200多万元。

四、维护会员合法权益

1986～1988年,市工商联积极协助党和政府落实统战政策。原来错划为右派分子的17人全部得到平反,1736名原工商业者有1536人区分为“三小”(小业主、小商贩、小手工业者);应领定息2149人,金额987486元,实领定息1968人,金额612815元。未领定息的大部分为湘潭纺织印染厂在国外未归的投资者,市内绝大部分投资者的定息补发到位。退赔人民币3315元,银洋416元,金器17件。原工商业者得到安排的有8人。其中科级2人,店副经理6人。“文革”期间下放农村的3户全部返回城市,被扣减的工资按政策予以补发。复查改正5起政治历史案件,被挤占的和私房改造中被错改的私房问题多数得到解决。原工商业者除12人经人事部门研究条件不符未予认定干籍外,其他168人的干籍问题都得到解决。协助政府为曹玉环、王翰章、罗毅进行平反。

1989～1993年,市工商联为非公有制企业处理经济纠纷8起,为企业挽回经济损失24万元。

1994～1997年,市工商联为会员提供法律咨询266次,调处经济纠纷114起,协调关系48次,为会员企业挽回经济损失553余万元。

1999～2001年,市工商联为市光华纺织品公司、昌盛实业公司、万顺园林装饰公司、顺风空调公司等私营企业协调理顺关系。为湖南科通公司、深情工贸公司、长株潭大市场、花石镇湘莲公司、姜畲玻璃厂、湘乡城北制革厂等企业解决经营环境和贷款难的问题。为会员维护合法权益58起,挽回经济损失610万元。

2002～2005年,市工商联成立非公有制经济维权委员会。维权委员会由非公有制经济人士中的人大代表、政协委员、综合监督部门和社会知名人士组成,按照“有求必应,尽力而为”的原则,服务于全市非公有制企业。通过舆论支持、向上级反映个案情况、政府有关部门协调等解决问题。湘潭电气设备公司在征地扩建过程中,由于村民土地补偿等问题,部分村民多次到公司门口阻工。市工商联经多方努力,终于化解矛盾。期间,为会员维护合法权益 30 起,挽回经济损失 700 多万元。

第七章　湘潭市文学艺术界联合会

第一节　文联组织

1986 年,湘潭市文学艺术界联合会(以下简称市文联)拥有 8 个文学艺术者工作协会,70 余个基层文学、艺术创作社团,文学社团成员 2000 余人,艺术创作人员 1000 余人。其中,国有文化单位(剧团、戏剧工作室、艺术馆、纪念馆等)的文学、音乐、舞蹈、美术、导演、表演等创作人员 300 余人,业余从事文艺创作、表演的有 2700 余人。市、县两级主要有白石、望衡、嘤鸣、湘乡、起风、钢花 6 家诗社;有涓源、红杏、滴水洞、白石青年、晓花、隐山、仙女山、金凤、风帆、新星等文学社。阳光任市文联主席。

1989 年 10 月 4 日,市文联第三次代表大会召开。市委副书记齐美成作题为《百花齐放,推陈出新,为繁荣新时期社会主义文艺事业而奋斗》的报告。选举市文联第三届委员会委员 53 名,副主席 2 名,杨振文为主席。市文联直属事业单位为雨湖杂志社。1993 年 7 月 19 日,市文联与市文化局机构合并,实行一套工作机构、两个机关名称的体制。合并后,杨振文任市文联主席。一年后,根据上级部门关于政府部门不宜与群团性质机构合并的精神,市文联与市文化局分开办公。1994 年,在市文学工作者协会的基础上,成立湘潭市作家协会。1996 年 5 月 10 日,成立湘潭市少年儿童文学艺术家协会。市级各文艺工作者协会相继完成向文艺家协会的更名和转型。全市有湘潭市作家协会、湘潭市民间文艺家协会、湘潭市美术家协会、湘潭市书法家协会、湘潭市戏剧家协会、湘潭市曲艺家协会、湘潭市音乐家协会、湘潭市舞蹈家协会、湘潭市摄影家协会、湘潭市影视艺术家协会 10 家文艺家协会,会员 1989 人。民间艺术社团主要有:铁流版画会、啄木鸟画会、中国画研究会、野草画会等。全市有文艺专业和业余创作人员近 2000 人。

1996 年 12 月 28 日,市文联第四次代表大会召开。市文联党组书记孙南雄作题为《讴歌新时代,迎接新世纪,谱写湘潭文学艺术新篇章》的报告。选举市文联第四届委员会委员 75 名,副主席 7 名(其中 5 名为兼职),孙南雄为主席。至 2001 年底,湘潭市白石诗社、湘潭市楹联学会相继成为市文联所属文艺家协会。市、县两级及域内大专院校有雨湖、旋梯等诗社,红叶李、山茶花、小荷、蓝天等近 10 家文学社。全市民间美术社团发展到 10 余个,主要有湘潭油画研究会、湘潭莲城书画研究会、湘潭市中国工笔画学会、湘潭市花鸟画研究会、湘潭市五月画会、湘潭县齐白石画院等。全市有文艺专业和业余创作人员 2100 多人。

2002 年 2 月 1 日,市文联第五次代表大会召开。市文联党组书记赵志超作题为《与时俱进,再创辉煌,为进一步繁荣湘潭文学艺术事业而奋斗》的工作报告。选举市文联第五届委员会委员 49 名,副主席 7 名(其中 5 名为兼职),赵志超为主席。2003 年 6 月 21 日,湘潭市文艺评论家协会成立。2004 年 7 月 6 日,全市第一家城市区文联岳塘区文学艺术界联合会成立。2005 年 6 月 30 日,晓霞山文艺村被定为湖南商学院实习基地。至年底,相继成为市文联所属文艺家协会的有:湘潭市青年文艺家协会、湘潭市文艺评论家协会、湘潭市设计艺术家协会、湘潭市企事业文学艺术联合会、湘潭钢铁(集团)有限公司文学艺术联合会、湘潭电机集团公司文学艺术联合会。市、县两级新成立云龙、雏凤等文学社团。市级文艺家协会发展至 15 家,文学艺术社团 86 个,会员 3976 人,其中省级会员 43 人,国家级会员 79 人。市作家协会 167 名会员中,有省作协会员 121 人,全国作协会员 4 人。全市有文艺专业和业余创作者 5000 多人。

第二节　文联活动

一、文学活动

1986 年,举办全市业余文学创作讲习所,先后邀请《十月》主编张兴春、湖南"行吟诗人"彭浩荡、青年作家聂鑫森讲课,700 人参加学习。湘乡红杏文学社先后被全国教育学会、全国语文教育学学会、全国中学生文学研究会授予"全国中学生优秀文学社""全国中学生优秀文学社百家"称号,其社长周湘华(高二女生,16 岁)发表中、短篇小说多篇计 12 万字。是年,《雨湖》文学季刊创刊,刊幅 64 页,期发 12 万字,为内部交流刊物。1987 年,举办"全国退稿诗文征文"活动,收到应征稿 2 万余件,评出获奖作品 155 件,并结集成《沃野撷英》一书,著名诗人臧克家为作品集题写书名。此为全国首次退稿诗文征文活动。1988 年 10 月,《小小作家》创刊,四开报型,刊名由冰心题写。该刊旨在提高中、小学生作文水平,期发 3 万余份。是年,举办"首届全国微型文学征文大赛",收到全国范围内作品 8000 多件,评出 100 余件获奖作品结集成书。1989 年 8 月,市文联经过 3 年搜集整理的《中国歌谣集成湖南卷·湘潭分卷》《中国民间故事集成湖南卷·湘潭分卷》《中国谚语集成湖南卷·湘潭分卷》编辑出版,共计 104 万字。10 月,湘潭县嘤鸣诗社入编中国诗词学会《中华诗词年鉴》。至 1989 年底的 4 年中,全市共组织文学创作知识讲座近 10 次,参加人员 100 余人,在各级各类公开报纸、刊物、出版社发表、出版文学作品 1000 多件,其中在省级以上专业文艺类刊物发表的 100 多件。至此,湘潭的小说、杂文、诗歌进入最繁荣时期。

1990 年,全市先后举办"文学社团新诗大赛""首届百花文学征文""共产党人颂"征文等活动,邀请著名作家张铁夫、《湖南文学》主编潘吉光讲学。是年,《雨湖》及《小小作家》在全国整顿压缩报刊中停办。1993 年 12 月,为纪念毛泽东同志诞辰 100 周年,市文联与《湘潭日报》副刊部联合举办"故园杯"征文活动,共收到全国范围内作品 900 余件,42 件作品在《湘潭日报》上发表,《我陪毛主席游泳》等 36 件作品获奖。1994 年,举办纪念毛泽东《在延安文艺座谈会上的讲话》发表 52 周年"湘潭新时期文学成果展",共展出千余名作者(1979 ~ 1994)著作、集结作品 110 部、单篇作品 1000 多件,介绍重点作者 56 人,陈列 100 余人省级以上文学奖证书(奖状)。1995 年,仙女文学社《仙女山》中发表的作品,被公开发行报刊选载 100 余件,其中获全国性奖 1 件,获全省性奖 3 件。树人文学社相继获"全国中学生优秀文学社""全国中学生优秀文学社团百家"称号。1996 年,召开全市繁荣长篇小说创作座谈会,35 位作家出席。至是年底的 7 年中, 全市组织文学创作讲座 10 次, 参加人员 300 多人,在各级各类公开报纸、刊物、出版社发表、出版文学作品 2000 多件,省级以上文艺类刊物发表的 100 余件。

1997年,市文联、市作协举办诗歌理论研讨会。市文联与《湖南文学》杂志社联合举办笔会,在《湖南文学》11期刊发湘潭多个作家的作品。1998年,市文联及市作协对1991~1998年间全市作家在中央、省级报刊上发表的各类文学作品进行评奖,评出一等奖6部,二等奖12部,三等奖27部。2000年,组织民间文艺家到湘潭县隐山采风。2001年,市作协在湘潭工学院柳叶文学社举办文学讲座;省文联主席、著名作家谭谈,儿童文学作家金振林和庞敏来湘潭举行题为"文学与人生"的作家读者见面会;文学季刊《楚天文学》创刊,刊幅64页,期发12万字。至是年底的4年中,全市举办文学知识讲座20余次,参加人员近300人,在各级各类公开报纸、刊物、出版社发表、出版文学作品3500余件,省级以上文艺类刊物发表800余件。

2002年,市文联在湘潭县白石紫荆湖举行笔会。举办"诺贝尔文学百年"专题讲座,由湘潭大学文学院院长、教授季水河主讲。编辑出版《中国对联集成·湘潭分卷》,共收录古今湘潭籍797位联家8600副对联。2003年,市委宣传部、市文联组织湘潭作家代表团赴深圳采访,编撰报告文学集《粤海弄潮》。著名作家彭见明、王跃文等应邀到潭讲学。为纪念毛泽东诞辰110周年,举办一系列全国性征文大赛及活动,即:散文诗歌征文大赛,征集刘白羽、魏巍、高玉宝、李文模、叶文福、谷曼、张永枚等全国著名作家、诗人在内的作品1200余件,评出获奖作品110件。其中,特别奖13名,一等奖2名,二等奖7名,三等奖14名,后将获奖作品结集出版《怀念毛泽东》一书;首届"凡恩杯"潇湘青春女性诗歌、散文选拔赛,收到1080件省内外应征作品;举行"缅怀毛泽东——韶山行"笔会。是年,《君子莲》文艺季刊改版为文化季刊,《君子莲》文艺信息报创刊,均为内部交流刊物。《楚天文丛》《湘水文丛》《中国莲乡作家丛书》编辑出版。全年出版湘潭市新老作家作品、文集36部;建立湘潭文艺家书库,共征集湘潭籍(含在外地工作者)文艺家著作314部;主编报纸杂志20余种,获奖证书104件,建立作家个人档案95份。2004年,市文联举行成立45周年庆典报告会,著名作家王跃文、何顿应邀来潭举行大型文学讲座;举办第二届"凡恩杯"青年文学大赛——"放飞青春"诗歌散文赛;由市文联组织建立的晓霞山湖南省文艺家深入生活联系村(即晓霞山文艺村)在湘潭县中路铺菱角村举行授牌仪式。2005年7月,由晓霞山文艺村主办、晓花文学社承办的《晓霞山》创刊,为湖南省第一家村办文艺刊物。《湘潭文艺家辞典·文学卷》出版,共收录古今湘潭籍文学家300余人传略及文学创作主要成就,约30万字。11月,举办第三届"凡恩杯"青春文学大赛。是年,市文联组织编纂的《君子莲文丛》——《莲城今赋》《岁月流金》《粤海弄潮》《文苑撷英》相继出版。至2005年底的4年中,全市举办文学创作知识讲座10余次,参加人员500余人。在各级各类公开报纸、刊物、出版社发表、出版文学作品4000余件,省级以上文学类刊物发表800余件。

二、艺术活动

1986年,市文联创办湘潭第一所书画艺术学校——中国书画函授大学湘潭分校。1987年,举行全市民间音乐舞蹈会演,从中选拔优秀作品赴省会演。1989年1月,创办霓裳大舞厅。该舞厅被评为"省级文明舞厅"。至1989年4年间,全市举办艺术创作活动30余次,参加评奖的作品800余件,获国家级奖项3个,获省级金奖2个银奖3个铜奖1个,其他奖项5个;省级以上媒体刊发作品500余件(篇)。

1990年,市文联创办霓裳图片社。1991年7月,市文联与市人防办联合举办首届全省人防书画大奖赛。是年,市文联、市城管办牵头在河西桥头广场东侧建筑钢质现代雕塑与具有传统风格橱窗的“湘潭市艺术长廊”,成立“湘潭市艺术长廊编辑部”。在市第五届文化节开幕式上,举行《毛泽东和他的儿子》首映式。1992 年,举行“报春杯”卡拉 OK 大奖赛。举办纪念毛泽东《在延安文艺座谈会上的讲话》发表 50 周年美术、书法、摄影作品展览,共展出书法作品 47 件,其中 11 件入选省展,3 件作品入选全国展。中国音乐家协会名誉主席吕骥应市文联与市音协邀请来湘潭,举行指导工作座谈会。1993 年,湖南省第四届油画展在湘潭举行,市文联组织 18 件作品入选参展。1994 年,为庆祝新中国成立 45 周年举办美术展览,共征集油画、国画、雕塑、版画等作品 380 件,展出 120 件,选送 58 件作品参加湖南省第四届油画展、“潇湘巨变”画展、湖南省美展,其中 4 件获省四届油画展一等奖,3 件入选全国二届油画展(全省入选作品共 4 件),13 件入选全国八届美展。1995 年,举办中国书画函大湘潭分校校庆 10 周年典礼。1996 年 9 月,举办湘潭市美术、书法、摄影展,从中选拔参加省展的作品,入选数及获奖数均为全省各州市之冠。是年,市文联组织书画作品参加联合国教科文组织中国协会举办的纪念联合国成立 50 周年世界和平友好国际书画大赛。至 1996 年的 7 年间,全市举办艺术创作活动 50 余次,参评作品超过 1000 件,举办艺术培训班 33 个,培训学员近 3000 人。全市艺术作品在全国获一等奖 4 个,二等奖 5 个,三等奖 2 个,其他奖项近 60 个,获省级一等奖 30 余个,二等奖 20 余个,三等奖 40 余个,其他奖项近百个。在国内外、省级以上媒体刊发作品 300 余件(篇),办展 20 余次。

1997 年,为庆祝香港回归,市文联组织系列活动:举办大型美术、书法、摄影、根雕展览,共展出作品 500 多件;组织庆祝香港回归文艺晚会;纪念香港回归的“日月同辉”雕塑于国庆前落成;市文联策划、创作大型浮雕《百年警示录》浓缩香港 1840 年~1997 年的屈辱、抗争、奋斗、回归的历史,中央电视台《晚间新闻》作详细报道;青年画家陈芳桂创作大幅帛画《湘潭雄峰图》,为国务院港澳办收藏。是年,湘潭—肇庆书画联展展出两地数十名书画家作品;“97 湘潭商品交易会暨中国艺术大展—齐白石回顾展”在金都大市场举行,展出白石老人真迹 67 件;组织书法代表团访问广东顺德市、中山市。是年,市文联组织部分歌曲、词曲作者赴韶山灌区采风,创作歌曲 30 余首。1998 年,广东省肇庆市书画家代表团回访湘潭,并与湘潭书画家举行两地书画作品联展。1999 年,组团参加海南省“椰城之夏”中国画邀请展暨 14 城市画家环岛采风活动。为迎接澳门回归暨庆祝新中国成立 50 周年,市文联举办诗歌音乐会。组织 82 件美术书法摄影作品参加庆祝新中国成立 50 周年湖南省艺术作品展。2000 年,由市文联与珠海市文联联合主办的“敖普安对联书法展”在珠海市收藏家活动中心开幕,展出敖普安撰联并书写的冠名对联百余副。“周宗岱画展”在湖南书画研究院展厅开幕;湘潭市首届少年儿童作文书画大奖赛颁奖仪式暨书画展开幕式在市博物馆举行。2001 年,开展庆祝建党 80 周年系列文化艺术活动和广场文化活动等 35 场次。其中有湘潭市第二届少儿作文书画大赛、庆祝书画摄影艺术大展、全国楹联大赛等。湘潭《当代美术报》《湘潭书艺》报创刊,《湘潭书艺》报出版《毛泽东书艺》专号。至 2001 年的 5 年间,全市开展艺术创作活动 50 余次,展出作品 1000 余件。全市艺术作品共获国家级奖项 10 余个,省级奖项 50 余个,其中银奖 20 余个,其他奖项 30 余个;在省级以上媒体发表作品 2000 余件(篇)。

2002 年,举行欢迎“八一·振邦”足球队移师湘潭“东方威酒之夜·共创辉煌”大型文艺焰火晚会。为纪念毛泽东《在延安文艺座谈会上的讲话》发表 60 周年,在霞光西路举行“文化一条街”活动;

全市举行大型文艺成果展暨文艺界知名人士座谈会；组织100余名摄影爱好者到韶山采风，摄影800余幅，举办毛泽东诞辰110周年摄影展；大型美术书法摄影作品展在市博物馆开展。举办全市首届民间职业（业余）剧团调研，组织齐白石后裔及湘潭市部分书画家举行中秋书画笔会。2004年，组织百名文艺家下基层。9月，市书法家代表团访问澳门，在澳门科教文中心展览厅联合举办"澳门·湘潭书法作品联展"。11月，澳门书法家代表团回访湘潭，在齐白石纪念馆举办两地书法联展。是年，庆祝新中国成立55周年美术作品展在湖南科技大学美术楼展览厅开展，展出80件作品，部分作品入展全国十届美展和全国十届美展湖南优秀作品展。首届中国（湘潭）齐白石国际文化艺术节期间，市文联举办"天地大写意"中国书画艺术大型实景展出；为齐白石纪念馆新馆布置"齐白石艺术生平展""齐白石绘画藏品展"等5个固定展厅，还增设"全国二十家书画名家纪念馆馆主藏品联展""全国著名画家作品邀请展""齐白石艺术节新人暨全国中青年中国画作品提名展"3个重要展览；举办书画家笔会；评出首届"齐白石艺术新人奖"等活动。是年底，湘潭市文联承担城市中心区包括东方红广场主雕塑创意及设计、制作的监制，莲台咏莲诗词书法的征集，锦桥湘潭历史文化图文设计等在内的一系列文化策划。全市其他艺术作品展览（大赛）还有：霖园杯"美在伟人故乡"书画摄影大赛、新世纪书法篆刻作品风采展、湘潭当代油画展、首届全市硬笔书法展、庆祝中国共产党建党80周年书画摄影艺术大展、第二届湘潭市工笔画展、庆祝中国共产党第十六次代表大会召开工笔画展等。2005年，《湘潭文艺家辞典·美术书法卷》出版，该书收集湘潭历代美术书法家资料27万余字；湘乡市青年画家廖虹江花鸟画展在齐白石纪念馆开展；市委、市政府同意设立湘潭市文学艺术成果奖，此为湘潭市文学艺术政府最高奖。《君子莲》文艺信息报发起"20世纪湘潭十大文化名人"评选，获选的是：毛泽东、齐白石、王闿运、杨度、黎锦熙、黎锦晖、释敬安、张天翼、萧三、吕骥。市文联与市企事业文联举行纪念抗战胜利60周年书画笔会。至2005年的4年间，全市共举办艺术创作活动30余次，展出作品1000余件。全市文艺作品获国家级奖项6个，省级一等奖30余个，银奖4个，铜奖4个，获其他奖项近百个；在省级以上媒体发表作品2000余件（篇）。

第八章　湘潭市社会科学界联合会

第一节　社科联组织

1986年4月24日，湘潭市哲学社会科学学会联合会（以下简称市社科联）第四次代表大会召开。出席大会的正式代表96名，特邀代表8名。市委书记、市社科联第三届委员会主席（兼）郑培民出席会议讲话。市委宣传部副部长、市社科联第三届委员会副主席朱浩然作题为《面向四化，立足湘潭，繁荣和发展社会科学事业》的工作报告。大会审议通过新的市社科联章程；选举市社科联第四届委员会委员48名，副主席8名（其中专职副主席1名），市委副书记孔令志兼任主席。全市有市级学会、协会、研究会、高校社科联（以下统称学会）14个，会员3000余人。1989年11月，湘潭市社会科学研究所成立（以下简称市社科所），龙泽元任所长，为副县级全民所有制事业单位，与湘潭市哲学社会科学学会联合会合署办公，两块牌子、一套人员，定事业编制6名，归口市委宣传部管理。

1989年12月15~16日，市社科联第五次代表大会召开。出席大会的正式代表115名，特邀代表43名。市社科联专职副主席龙泽元作题为《繁荣和发展社会科学，推进湘潭改革和建设的深入发展》的工作报告。大会审议通过新的市社科联章程；对湘潭市首届社会科学成果评奖获奖成果进行表彰；通过“湘潭市哲学社会科学学会联合会”改名为“湘潭市社会科学联合会”的决议；选举市社科联第五届委员会委员65名，副主席7名(其中专职副主席1名)，市委宣传部副部长朱浩然兼任主席。全市有市级学会36个，会员7000余人。1995年4月，“湘潭市社会科学研究所”撤销，“湘潭市社会科学联合会”更名为“湘潭市社会科学界联合会”，为正县级事业单位，编制6名。1996年，市社科联内设办公室和学术学会工作部，核定事业编制7名(含机关后勤服务人员1名)。

1997年12月18日，市社科联第六次代表大会召开。出席大会的正式代表138名，特邀代表22名。市社科联专职副主席齐培根作题为《高举旗帜，求真务实，进一步开创社科联工作新局面》的工作报告。大会审议通过新的市社科联章程和市社科联学会管理办法；选举市社科联第六届委员会委员85名，副主席6名(其中专职副主席1名)，湘潭工学院党委副书记、副院长朱有志兼任主席。全市共有市级学会46个，会员1.1万人。1998年7月，成立“湘潭市社会科学成果评审委员会”，由18人组成。同年，国家机构改革启动，市社科联机关、人员参照《国家公务员暂行条例》进行管理(取消职称工资，套改实行职务级别工资)，核定机关事业编制6名，1名工勤事业编被核减。

2002年5月27~28日，市社科联第七次代表大会召开。出席大会的正式代表239名，特邀代表23名。市社科联专职副主席肖曙光作题为《珍视机遇，乘势而上，大力拓展社科联工作的新局面》的工作报告。大会审议通过新的市社科联章程和市社科联学会管理办法；通报表彰湘潭市社会科学工作先进集体和优秀社会科学工作者；选举市社科联第七届委员会委员57名，副主席6名(其中专职副主席1名)，湘潭大学副校长田银华任主席(兼)。全市共有市级学会46个，会员1.2万人。同年，市社科联机构改革方案获批准，定事业编制6名，内设办公室和学会工作部(前身为“学术学会工作部”)2个科室。

2004年5月，市委办、市政府办下发《关于调整湘潭市哲学社会科学成果评审委员会工作职能及成员的通知》，明确“湘潭市哲学社会科学优秀成果评奖活动受市委、市政府委托评奖，属湘潭市社会科学成果最高奖”(中共湘潭市委、湘潭市人民政府奖)。调整后的湘潭市哲学社会科学成果评审委员会由25人组成，评审委员会在市社科联设立办公室。从此届起，湘潭市哲学社会科学成果评审委员会实行任期制，每届任期五年，原则上与市社科联换届同步。2005年底，全市共有市级学会48个，会员1.3万人。

第二节 社科联活动

一、课题调研、学术交流

1986年，市社科联围绕“地、市”合并后如何完善市带县体制、加速改革县级经济体制，组成6个调查组深入湘潭县开展两个月的调查，撰写《加快县级经济体制改革》等6篇调查报告。召开“完善市领导县体制研讨会”，共收到论文83篇，部分成果被采纳。同年，举办“湘潭市‘七五’经济社会发展战略征文”活动，收到论文121篇，评选出优秀论文21篇，提出建议300余条。1987年，召开“体制改革与思想政治工作理论研讨会”，收到论文131篇。1988年，市社科联组织部分专家教授，对“湘潭市煤气第二期工程和湘潭市柴油机厂等企业进行横向联合的可行性”进行科学分析和论证，完成两份论证报告。次年，召开“生产力标准与思想政治工作研讨会”和“湘潭区域经济发展四十年回顾与反思研讨会”。至1989年的4年间，市社科联和所属各学会共组织全国、全省及全市性学术活动80多次，组织调研活动6次，参与活动4000余人次。

1990年，市社科联与湘潭大学等4家单位一起，组织22人分成3个小组深入到18个乡25个村，进行实地调查，历时3个月，完成农业“投入产出”“农民负担”“农村教育”三个专题的调研报告，被湖南省级刊物采用，并被市政府有关部门纳入决策参考。1991年，市社科联与财会、计划、金融三个学会共20人组成4个调查小组，历时50天，深入40家企业对湘潭市工业企业效益进行调查。汇撰2.5万字的综合调查报告。1992年9月，市社科联与湖南省孔子研究会、湘潭教育学院联合主办主题为“儒家文化与社会主义精神文明建设”的湖南省孔子学术思想研讨会，70多名专家学者参会。1993年6月，市社科联与市委宣传部等10余家单位联合发起组织召开“纪念毛泽东诞辰100周年暨全国第八次社会主义社会辩证法研讨会”，170余人参与研讨。收到专著9部和论文130多篇，有84篇论文载入中国社会出版社出版的论文集。1994年，市社科联与市委宣传部、市委讲师团联合组织学习《邓小平文选》第三卷和《中共中央关于建立社会主义市场经济体制若干问题的决定》理论研讨会。1995年，市社科联与湘潭市历史学会等8家单位以“牢记历史，勿忘国耻”为专题，联合召开纪念抗日战争胜利50周年学术讨论会，交流论文46篇。1996年，市社科联与市邓小平理论研究会等单位联合召开“学习江泽民论十二大关系与实施‘强工富市’发展战略理论研讨会”。同年，市社科联发起组织“从长株潭‘金三角’对比分析看湘潭经济社会发展战略”课题研究，组成两个课题组，分别完成“‘金三角’中湘潭城市经济结构战略分析”“‘金三角’中湘潭市城市发展战略布局论证”两个子课题。1997年，该课题题目改为“‘金三角’区域中的湘潭经济社会发展战略”，报经湖南省社会科学规划办公室批准，正式列入湖南省社会科学“九五”重点科研课题规划。年内，完成“‘金三角’与湘潭金融发展”“湘潭商贸发展战略”“湘潭工业发展战略研究”等三个子课题。同年，市社科联与市委宣传部联合组织召开“香港回归与湘潭经济发展”座谈会。组织市社科界专家、学者召开学习中共中央“十五大”精神座谈会。至1997年8年间，市社科联及其所属学会共组织全国、全省及全市性学术活动100多次，组织调研活动6次，参与活动5000余人次。

1998年，召开“纪念党的十一届三中全会暨改革开放20周年理论研讨会”。1999年，市社科联与湘潭师范学院、中共长沙市委宣传部在桑植组织承办全国首届中国史青年史学工作者学术研讨会，60余人与会。2000年，市社科联组织编印成《学习十五届四中全会精神，推进国企改革与发展理论征文论文专集》。组织召开“市社科理论界学习湘潭市第九次党代会精神理论座谈会”。2001年，市社科联与市委宣传部、市委讲师团联合举办湘潭市社科理论界学习江泽民“七一”重要讲话理论座谈会，55篇优秀论文入编《湘潭市学习江泽民“七一”重要讲话，实践三个代表理论研讨会论文集》。2002年，市社科联召开湘潭市社科理论界学习、宣传中共中央“十六大”精神座谈会。是年，市社科联被湖南省社科联评为先进集体。至2002年的5年间，市社科联及其所属学会共组织主办（协办)国际性学术研讨会4次,全国、全省及全市性学术活动60多次,组织调研活动5次,参与活动3000余人次。

2003年,市社科联参与湘潭市纪念毛泽东同志诞辰110周年活动的协办工作,并组织5篇论文参与“毛泽东建党学说与‘三个代表’重要思想研讨会”。2004年4月,市社科联召开贯彻落实中共中央3号文件精神座谈会,30余人参会。配合湘潭市创建省级文明城市中心工作,在对长三角、珠三角地区四个城市对比研究的基础上,完成“人文社会科学在文明城市创建活动中的作用”专题研究。2005年,市社科联组织召开“构建和谐社会与湘潭发展”理论座谈会,共收到论文132篇。至2005年的3年间,市社科联及其所属学会共组织主办(协办)国际性学术研讨会3次,全国、全省及全市性学术活动50多次,组织调研活动7次,参与活动2000余人次。市社科联连续三年被湖南省社科联评为先进集体。

二、社会科学知识普及

1986年起,湘潭市社会科学知识普及宣传工作以举办各类培训班、学术讲座、科普咨询的形式开展。1987年5月,市社科联邀请武汉大学刘涤源等7名专家教授到潭,举办为期7天的“东西方现代化管理比较讲习班”,193人参加学习研修。1991~1993年,市成人教育研究会连续举办6期国有大型企业、乡镇企业厂长(经理)经营管理培训班,培训240多人次。至2001年的6年间,市社科联及所属各学会共开展科普咨询服务活动69次,举办各种培训班、学术讲座520多(期)次,培训2万多人次。

2002年后,湘潭市社会科学知识普及宣传工作以开展“社会科学普及宣传月”活动的形式进行。遵循省委、省政府《关于加强哲学社会科学普及工作的意见》,市委、市政府批准市社科联《关于湘潭市社科普及工作经常化有关事项的请示》报告,确定每年4月为湘潭市“社科普及宣传月”,逐步建立健全社科知识普及工作机制。6月,市社科联组织开展首次社科普及月活动,会同市委宣传部、市直机关工委等9个部门,制发《关于开展湘潭市“社科科普宣传月”活动的通知》,以知识竞赛的方式,组织“信息化带动工业化社科知识竞赛”活动,有1000多人参与活动,经电脑随机抽取,对27名获奖者进行表彰奖励。下半年,市社科联与湘潭日报社等新闻媒体合作,以开辟社科理论专版的方式,普及宣传社科知识,《工业化:富民强市之路》等10余篇科普文章相继在《湘潭日报》理论专栏发表。2003年,社科普及宣传月活动以“管理创新”为主题。3月31日,市社科联会同市直有关单位和各高校,联合举办“管理创新”知识竞赛活动,发放答卷3万多份,回收答卷2327份,经电脑随机抽奖,表彰特等奖5名、一等奖10名、二等奖20名、三等奖75名。2004年,社科普及宣传月活动以“发展经济、壮大财政”为主题,开展评选表彰湘潭市“优秀理财专家”和“优秀理财能手”活动。市社科联会同市社会科学成果评审委员会等四个部门联合制发《关于评选湘潭市优秀理财专家(能手)的通知》。全市财政系统和企事业单位有33人申报参选,评出湘潭市优秀理财专家3人、能手9人,并推荐7人参与湖南省级理财专家(能手)评选。其中,1人被评为省级优秀理财专家,4人被评为省级优秀理财能手。2005年,社科普及宣传月活动以“开发人才资源,推进人才强市”为主题,与新闻媒体联手,在《湘潭日报》上重点宣传推介市社科专家及其工作团队,连续推出“人才资源是第一资源”“城市发展亟需特色战略”“利用优秀电影教育资源加强未成年人思想道德建设的研究”“理论创新催化实践创新”“寻求真理，勿忘本位”五个专题板块、推介境域社科人才及其研究成果。至2005年的4年间，市社科联及所属各学会共开展科普咨询服务活动12次，举办各种培训班、学术讲座80多次，培训3600多人次。市社科联连续四年被评为“湖南省社会科学知识普及工作先进单位”。

三、社会科学成果评奖

1988年4月～1989年5月，经市委、市政府批准，市社科联组织开展湘潭市首届社会科学研究成果评奖活动，成立“湘潭市首届社会科学研究成果奖评审委员会”，由17人组成。采取分项计分评审方式，在400个申报成果中，评出优秀成果奖78个(未分等级)，1989年11月，市委、市政府对获奖成果予以表彰。

1994年9～12月，组织开展湘潭市第二届社会科学优秀成果评奖，成立湘潭市第二届社会科学优秀成果评审委员会和评审办公室，由16人组成。采取学科评审组分类评审方式，在198个申报成果中，评出一等奖8项，二等奖22项、三等奖33项、优秀奖43项。12月，市委宣传部、市社科联对获奖成果予以表彰。1997年8月，市委办、市政府办印发《湘潭市社会科学优秀成果评奖办法〈试行〉》的通知，对社科评奖工作作出明确规定。

1999年3～11月，组织开展湘潭市第三届社会科学优秀成果评奖，成立湘潭市第三届社会科学优秀成果评审委员会和评审办公室，由17人组成。采取学科评审组分类分项计分评审方式，在190个申报成果中，评出一等奖7项、二等奖15项、三等奖30项、优秀奖57项。11月，湘潭市社会科学成果评审委员会对获奖成果予以表彰。

2002年8月～2003年3月，组织开展湘潭市第四届社会科学优秀成果评奖，成立湘潭市第四届评奖组织领导机构及评审委员会和评审办公室，由16人组成。采取学科评审组分类分项计分评审方式，在169个申报成果中，评出特别奖5项，一等奖6项、二等奖22项、三等奖40项，优秀奖45项。2003年3月，湘潭市社会科学成果评审委员会对获奖成果予以表彰。

2004年8月～2005年4月，组织开展湘潭市第五届社会科学优秀成果评奖，成立市第五届社科成果评奖组织领导机构及评审委员会和评审办公室，由17人组成。采取学科评审组分类分项计分评审方式，在145个申报成果中，评出特别奖8项，一等奖9项，二等奖14项、三等奖41项，四等奖28项。2005年4月，市委、市政府颁发《关于表彰湘潭市第五届哲学社会科学优秀成果的通报》给予表彰。

第三节　社会科学成果

1986年起，全市广大社科工作者深入开展理论研究，涌现大批优秀社科成果。1988年，王勤的《现代汉语》和彭湘庆、张静安的《自然辩证法原理》获国家教委高等院校优秀教材二等奖。至1991年的6年间，全市有460多部社科类著作公开出版，在公开刊物上发表学术论文4000多篇。

1992年，在湖南省首届社会科学优秀成果奖评审中，尹世杰的《中国消费结构研究》，姜书阁的《骈文史记》获一等奖。邓球柏的《帛书周易校释》，蔡德容的《中国城市住宅体制改革研究》获二等奖。1994年，羊春秋的《散曲通论》获湖南省第二届社会科学优秀成果一等奖，董寿昆的《住宅商品化与金融》获二等奖。1995年，刘业超的《现代文心》，董寿昆、熊海斌的《国有企业股份制改造中的难题与对策》获湖南省第三届社会科学优秀成果二等奖。1997年，李家骧的《吕氏春秋通论》，郑必清、陈湘舸、周显志、王启云、李伍荣的《消费调控论》获湖南省第四届社会科学优秀成果二等奖。至1997年的6年间，全市共有590多部社科类著作公开出版，在公开刊物上发表学术论文5200多篇。

1999年，张铁夫、邱运华、曾思艺的《普希金的生活与创作》获湖南省第五届社会科学优秀成果一等奖；曾簇林的《马克思恩格斯艺术哲学纲要》获二等奖。郑必清、王启云、陈湘舸、周显志、李伍荣的《消费调控论》获教育部第二届中国人文社会科学优秀成果三等奖。其中《普希金的生活与创作》被俄罗斯科学院、俄罗斯文学研究所和多家普希金博物馆收藏，俄罗斯联邦政府授予张铁夫“普希金奖章”。张铁夫长期从事比较文学与世界文学、俄罗斯文学研究，成为湖南省“比较文学与世界文学”领域学术带头人，被评为第二届湖南省优秀社会科学专家。2002年，邱兴隆的《关于惩罚的哲学—刑罚根据论》和陶敏、李一飞、傅璇琮的《唐五代文学编年史（初盛唐卷、中唐卷）》获湖南省第六届社会科学优秀成果一等奖。石友金、肖国安、彭清华的《反贫困行为研究》，刘桂斌、刘长庚、刘巨钦、楚尔鸣、赵文绪的《社会主义与市场经济有机结合论》获二等奖。《社会主义市场经济新论》和《社会主义与市场经济有机结合》这两部著作是刘桂斌教授主持的国家哲学社会科学“九五”规划重点课题项目《市场经济与社会主义公有制有机结合》的最终研究成果。因在该学术领域的颇多研究成就，刘桂斌被评为第二届湖南省荣誉社会科学专家。2003年，邱兴隆的《关于惩罚的哲学—刑罚根据论》获教育部第三届中国高校人文社会科学优秀成果三等奖。至2003年的5年间，全市共有680多部社科类著作公开出版，在公开刊物上发表学术论文7500多篇。

2004年，刘建武的《信念教育读本》，肖国安、邹新月、罗发友、李汉通、石友金的《中国粮食市场研究》，邱兴隆的《比较刑法》（第一卷，死刑专号），季水河主编的《比较文学与世界文学研究丛书》获湖南省第七届社会科学优秀成果一等奖。王继平的《湘军集团与晚清湖南》，刘友金、黄鲁成、蒋利平、叶俊杰、王记志的《企业技术创新研究》，李树丞、刘长庚、楚尔鸣、李勇辉、李辉文的《中国民营高科技企业发展研究报告》，陶敏、李一飞的《隋唐五代文学史料学》，彭国甫的《多与群众交朋友》获二等奖。季水河主编的《比较文学与世界文学研究丛书》由东方出版社出版发行，季水河因而成为湖南省“比较文学与世界文学”领域的学术带头人，被评为第三届湖南省优秀社会科学专家。2005年，彭国甫的《多与群众交朋友》获湖南省“五个一”工程奖。《地方政府公共事业管理绩效评价研究》获湖南省第八届社会科学优秀成果一等奖、中国教育部第四届高校人文社会科学优秀成果三等奖。该项目获国家社科基金立项。因在学术领域的诸多成就，彭国甫被评为第三届湖南省优秀社会科学专家。王启云、陈伟、沈文中、张今杰、潘送求的《自学考试制度论》，王继平的《近代中国与近代文化》，刘友金、罗发友、唐晓波、冯晓、罗登辉的《集群式创新理论与应用研究》，刘建武的《执政为民论》，刘长庚、陈赤平、卓越的《联合产权论－产权制度与经济增长》，夏新华的《法治－实践与超越》，廖才定任主编，陈准、肖曙光任副主编的《湘潭历史文化丛书》（分《历史考述》《经济史略》《文化史话》《风物揽胜》四册）获湖南省第八届社会科学优秀成果二等奖。至2005年的2年间，全市共有270多部社科类著作公开出版，在公开刊物上发表学术论文3600多篇。

附　1986~2005年湘潭市在中国35家重点出版社①出版的社科类著作

表 8-8-1

出版时间	著作名称	出版社	作者	作者单位
1986	骈文史论	人民文学出版社	姜书阁	湘潭大学
1988	唐宋词鉴赏辞典	上海古籍出版社	姜逸波	湘潭大学
1988	资本论辞典	人民出版社	李新家	湘潭大学
1989	汉武通义	人民文学出版社	姜书阁	湘潭大学
1990	唐才子传校笺	中华书局	羊春秋	湘潭大学
1990	竟陵派文学研究论丛	中国社会科学出版社	羊春秋	湘潭大学
1990	左权传	人民出版社	王孝柏	湘潭市志办
1991	历代小品大观	上海三联书店	羊春秋	湘潭大学
1991	运用法律手段清债为策	北京出版社	何文燕	湘潭大学
1992	挑战与对策	农村读物出版社	向春阶	湘潭大学
1993	《中国旅游文化辞曲》贵州部分	上海古籍出版社	李家骧	湘潭大学
1993	韶山市志	中国大百科全书出版社	《韶山志》编辑委员会	
1995	新儒学批判	上海三联书店	刘启良	湘潭大学
1995	食文化	中国经济出版社	向春阶	湘潭大学
1995	酒文化	中国经济出版社	向春阶	湘潭大学
1995	《普希金》文集第7卷	人民文学出版社	张铁夫	湘潭大学
1995	节日文化	中国经济出版社	郑长天	湘潭大学
1996	文艺学导论	中国经济出版社	刘启良	湘潭大学
1996	企业跨国经营论	中国经济出版社	刘长庚	湘潭大学
1998	中国共产党——从“一大”到“十五大”	北京出版社	唐正芒	湘潭大学
1999	国际金融	人民出版社	谢罗奇	湘潭大学
1999	社会主义与市场经济有机结合论	人民出版社	刘桂斌 刘志凡 刘长庚 刘巨钦 余新民 赵文绪	湘潭大学
1999	刘锦棠评传	中国青年出版社	曹建英 章育良	湘潭市志办 湘潭大学

① 源自《中华人民共和国资料手册》

续表

出版时间	著作名称	出版社	作者	作者单位
2000	汤佩文水彩作品	人民美术出版社	汤佩文	湖南科技大学
2001	增订注释全唐诗	文化艺术出版社	陶　敏	湖南科技大学
2001	沈全期宋之间集校注	中华书局	陶　敏	湖南科技大学
2001	隋唐五代文学史料学	中华书局	陶　敏	湖南科技大学
2001	企业技术创新论	中国经济出版社	刘友金	湖南科技大学
2001	刘怡果画集	人民美术出版社	刘怡果	湖南科技大学
2001	邓小平理论概论	机械工业出版社	朱登武	湖南工程学院
2002	联合产权——产权制度与经济增长	人民出版社	刘长庚	湘潭大学
2002	湘军集团与晚清湖南	中国社会科学出版社	王继平	湘潭大学
2002	机遇与成才	中国物质出版社	吴毅君	湖南科技大学
2003	晚清社会思潮研究	中国社会科学出版社	郭汉民	湘潭大学
2003	近代中国与近代文化	中国社会科学出版社	王继平	湘潭大学
2003	民事诉讼法	中国人民大学出版社	陈　刚	湘潭大学
2003	外国法制史	中国人民大学出版社	夏新华	湘潭大学
2003	戴高乐与非洲的非殖民化研究	中国社会科学出版社	陈晓红	湘潭大学
2003	幸福得如同上帝在法国	人民文学出版社	吴岳添	湘潭大学
2003	《"三个代表"重要思想学习纲要》读书笔记	人民出版社	彭国甫	湘潭大学
2003	语文教育学的现代阐释	中央编译出版社	赵厚玉	湖南科技大学
2003	中国与周边国家关系	中国社会科学出版社	唐希中	湖南科技大学
2003	农村人口老龄化与老年保障研究	中国人口出版社	周绍斌	湖南科技大学
2003	中国文化的精神价值——中国人文精神之检讨	上海古籍出版社	赵行良	湖南科技大学
2003	中小企业集群式创新	中国经济出版社	刘友金	湖南科技大学
2003	领导者道德建设论	中共党史出版社	刘绍明	湖南科技大学
2003	湘潭年鉴(2003年卷)	中华书局	《湘潭年鉴》编辑委员会	
2003	管理学	机械工业出版社	单山鸣	湖南工程学院
2004	中国证据法草案(建议稿)及立法理由书	中国人民大学出版社	廖永安 陈　刚	湘潭大学
2004	比较民事诉讼法	中国人民大学出版社	陈　刚 廖永安	湘潭大学
2004	汉末魏晋南北朝坞壁考论	中国文史出版社	夏毅辉	湖南科技大学
2004	中国文学新潮论	中国社会出版社	彭在钦	湖南科技大学

续表

出版时间	著作名称	出版社	作者	作者单位
2004	中国现代主义文学史论	中国书籍出版社	李林展	湖南科技大学
2004	摆贝——一个西南边地的苗族村寨	三联书店	潘年英	湖南科技大学
2004	中国画二十家	北京美术摄影出版社	杨国平	湖南科技大学
2004	重商帝国:1689-1783年的英帝国研究	中国社会科学出版社	张亚东	湖南科技大学
2004	齐白石辞典	中华书局	敖普安 李季琨	市文联
2004	企业策划理论与实务	机械工业出版社	朱培立	湖南工程学院
2005	民企成长与品牌战略	上海三联书店出版社	郑　昭	湘潭大学
2005	高新技术产业经济学	中国经济出版社	楚尔鸣 李勇辉	湘潭大学
2005	经济学与消费者行为	中国人民大学出版社	龚志民	湘潭大学
2005	中国刑法解释	中国社会科学出版社	黄明儒	湘潭大学
2005	民事诉讼法专论	中国社会科学出版社	廖永安	湘潭大学
2005	模范刑事诉讼法典	中国人民大学出版社	胡之芳	湘潭大学
2005	晚清词研究	中国社会科学出版社	莫立民	湘潭大学
2005	唐代荆楚本土诗歌与流寓诗歌研究	中国社会科学出版社	周建军	湘潭大学
2005	普希金的生活与创作	中国社会科学出版社	张铁夫 曾思艺	湘潭大学
2005	探索人性,揭示生存困境——文化视角中的中外文学研究	中国社会科学出版社	曾思艺	湘潭大学
2005	世界文苑论坛——以亚洲文学为主	中国社会科学出版社	黎跃进	湘潭大学
2005	阅读与阐释——中国美学与文艺批评比较研究	中国社会科学出版社	季水河	湘潭大学
2005	黑龙江站话研究	中国社会科学出版社	陈立中	湘潭大学
2005	区域民族旅游开发的理论与实践	中国旅游出版社	张河清	湘潭大学
2005	侗族传统社会过程与社会生活	民族出版社	廖君湘	湖南科技大学
2005	结构转型与农村发展研究	知识出版社	谷红波	湖南科技大学
2005	商业银行信贷风险统计与纳什均衡策略研究	中国经济出版社	邹新月	湖南科技大学
2005	湘潭年鉴(2005年卷)	中华书局	《湘潭年鉴》编辑委员会	
2005	经济法律教程	机械工业出版社	卢明纯	湖南工程学院
2005	现代企业管理	机械工业出版社	吴振顺	湖南工程学院

第九章　湘潭市贸促会

第一节　贸促会组织

1988年12月，依据湖南省贸促会关于同意设立湘潭支会的批复，筹建中国国际贸易促进委员会湘潭支会（简称湘潭市贸促会）。1990年6月，市机构编制委员会办公室根据上级有关精神，核准成立中国国际贸易促进委员会湘潭支会办公室，同时加挂“中国国际商会湘潭商会”（简称湘潭国际商会）牌子，两块牌子一套人马，会长、副会长由相关领导兼任，机构为市对外经济贸易委员会直属正科级事业单位，定事业编制3名，人员和办公场所由市对外经济贸易委员会在机关内部调整解决。

1990年7月25日，市贸促会成立暨第一届委员代表大会召开。出席大会代表110多人，其中：企业代表56人，市直及县（市、区）部门代表52人。市外经贸委主任兼市贸促会筹委会主任袁绍裘作《关于全国、全省贸促工作发展情况和我市第一次委员大会筹备工作报告》。会议选举贸促委员39名，副会长4名，市政府常务副市长王为民为会长（兼）。是时，湘潭国际商会还处在宣传发动、申报登记阶段，大会没有选举产生国际商会企业会员和个人会员。

1991年12月13日，市贸促会第一届二次委员（扩大）会议召开。出席大会代表120多人，其中：贸促委员39人，企业会员代表65人，市直部门负责人20多人。会议选举贸促委员38名，国际商会企业会员55家，国际商会个人会员21名，副会长5名，市政府常务副市长张汉良为会长（兼）。

依市贸促会（国际商会）的规则，理应五年换届，但由于多种原因而延期。1999年9月1日，市机构编制委员会办公室重新核准并明确市贸促会（国际商会）为正县级联合性社会团体组织，核定为全额拨款事业单位，并参照《国家公务员暂行管理条例》进行管理，内设办公室（会务部）和涉外联络事务部（法律部）2个职能部室，定编制6名，归口市对外贸易经济委员会（市招商合作局）管理。

2000年8月25日，市贸促会（国际商会）成立10周年之际，市贸促会第二届委员大会暨湘潭国际商会第一次会员代表大会召开。出席会议的代表160多人，其中：贸促委员代表52人，企业会员代表85人，个人会员代表21名。朱明华作《努力发展湘潭贸促事业，为促进全市对外开放和经济繁荣而奋斗》的工作报告。会议选举贸促委员57名，副会长3名，商会企业会员43家，商会副会长6名，市政府常务副市长朱明华为会长（兼）。2002年4月，在湘潭市机构改革中，市贸促会（湘潭国际商会）核准为正县级联合性群众团体组织、全额拨款事业单位，参照《国家公务员管理条例》进行管理，内设办公室（会务部）、涉外联络事务部、法律事务部（同时使用“出证认证处”“中国国际贸易仲裁委员会湘潭办事处”名称）3个部（室），核定事业编6名，归口市对外经济贸易局（市招商合作局）管理。同时，依国家有关领导干部不兼任社团职务的相关规定，市领导不再兼任贸促会会长，加上未到换届选举，贸促会领导出现空缺。2003年10月20日，市政府任命罗纲为市贸促会（国际商会）会长。2004年11月22日，市政府任命魏建（女）为市贸促会（国际商会）会长，同时免去罗纲会长职务。

2005年11月10日，市贸促会第三届委员大会暨湘潭国际商会第二次会员代表大会召开。出席大会代表210多人，其中：贸促会委员及市直部门代表75人，企业会员单位代表129人。魏建作《奋发工作，开拓创新，努力服务于湘潭跨越式经济的发展》工作报告。大会选举贸促委员46名，副会长1名，企业商会企业会员117家，商会副会长8名，魏建（女）为会长。

第二节　贸促会活动

一、贸易促销

1989年开始，市贸促会根据市政府委托，按照“展销结合，以展促销，以销为主”策略，负责组织湘潭企业在境域或出国（境）参加各类专业性或综合性的商品博览会及国际贸易展览会。是年，组织13家企业40多人参加国家贸促总会在北京举办的国际专业商品博览会。1990年，组织市化工厂等21家企业48人参加国家经贸部和国家贸促总会在北京举办的海峡两岸经贸洽谈会及国际专业商品博览会；另外，还组织湘潭电机厂、江麓机械厂2家企业共5人随湖南省贸促会团组到智利、阿联酋参加国际电工展销会与国际机械制造展销会，直接与外商洽商贸易，当年实现出口210万美元。1991年4月8～15日，组织市轻工系统16家单位和企业共33人赴北京参加由国家贸促总会组织举办的“国际科技博览会”。会上，韩国晓星物产株式会社与市皮革制品厂、湘潭绣品总厂签订8000件皮服装和200万元抽纱制品的来料加工合同。年内，还先后组织3家公司出国考察和洽谈贸易。1992年2月13～23日，组织市外贸基地公司和市冶金化工厂负责人出访新加坡，与新加坡水玻璃有限公司洽谈成交每月出口黄丹500吨的合同。4月8～21日，由副市长张汉良为领队的11人经贸考察团，对越南河内市、胡志明市和中越边境城市凭祥、弄茺、浦寨进行经贸考察。与越南成套设备进出口公司等10多家工商企业就相互经济技术合作、对外贸易等领域展开广泛接洽，共签订《湘潭产各类机械设备在越南由越方总代理经销》等5个经贸合作协议和《越方同意湘潭单独组团赴越参加国际商品博览展销会》等3个合作备忘录。后又先后组织10多家企业的厂长、经理赴越考察、商洽贸易，共签订6个经贸合同，出口300多美元。1993年，市贸促会采取参团方式，组织企业、部门负责人共6批43人（次）随省分会组团出访香港、澳门、新加坡、马来西亚、泰国、日本、韩国和美国，进行贸易考察、洽谈与产品推销，签订外销合同1280万美元。1994年4月，市外经贸委副主任刘白云率队的8人赴越考察，推销商品，达成月供出口185、195系列柴油机各200台、电解二氧化锰200吨的贸易合同2个。11月24～30日，由副市长张汉良率江南机器集团公司等21家企业共35人，携带参展样品200多件实物与40多幅图片，赴越南参加胡志明市94’国际商品博览会。期间共签订贸易合同12个，金额4538.2万美元，其中出口3645万美元；正式签约《湘潭在越设立办事机构越方提供方便的合作备忘录》。市政府为此拨专款8万元，对市贸促会驻越南胡志明市平盛郡经贸办事处予以扶持，并组织发动相关企业选送价值50万的货物到越南交办事处展开贸易推销。1995年，市政府两次组团赴越南胡志明市参加国际商品博览会。至1995年的7年间，市贸促会共组织115家企业、271人次的出国考察参展或境域参展促销活动，签订出口贸易合同（含协议合同、备忘录）47个，出口金额1.02亿美元。

1996年底，市贸促会创办的驻越南经贸办事处移交江南机器厂进出口公司。1997年，组织6批

(团组)、60多人次的政府和企业领导及各阶层的经贸界人士赴美国、欧共体、东南亚、港澳进行商务考察、参展、洽谈贸易,签订外销合同1100万美元。1998年,市贸促会提出开发柬埔寨和新的海外市场构想得到政府重视与采纳。3月22~26日,组织湘乡铝厂厂长等3人随省会团组赴阿联酋迪拜参加23届春季国际商品博览会,推销产品,签订氟化盐、冰晶石贸易合同2个,当年实现创汇300多万美元。其后,市贸促会先后又组织10多家企业、30多人次到越南、南非、中东、拉美、欧洲、美国考察市场,推销商品。1999年1月9日,市贸促会与南宁市贸促会签订合作备忘录,商定在柬埔寨联合举办"中国南宁——湘潭出口商品展销及经贸洽谈合作会"。10月,"中国南宁——湘潭出口商品展销暨经贸洽谈会"在柬首都金边开幕。湘潭由副市长殷正海率队,双方各派出30多人赴柬与会,共设展位42个,商品上千种。现场共签订双边经贸合作协议、合同13个,金额2046万美元。2000年,市贸促会先后组织3个农业技术小分队赴柬考察、洽谈合作事宜,就《湘潭提供优质稻种、中柬双方共建水稻示范基地项目》达成正式合作协议。至2000年的5年间,市贸促会共组织91家企业、159人(次)出国考察、参展、开展经贸促销活动,签订经贸合作合同(协议)20个,出口创汇5132万美元。

2001年5月4~10日,市贸促会与市外事侨务办联合组成经贸代表团赴越南参加河内国际博览会,并应邀对越南同奈省边和市进行访问和经贸考察,商洽双方缔结友好城市,促成当年10月越方应邀到潭回访正式签约。2002年,出境参展与考察2批9人(次)多为随省分会组团出访,签订贸易合同4个,出口创汇580万美元。2003年12月7~17日,市人大常委会副主任李崇轩率湘潭钢铁集团等10家大中型国有企业和迅达集团等8家民营企业负责人组成的经贸代表团一行46人,赴越南参加"2003年越南国际贸易展览会",签订出口贸易合同1268.5万美元,进口合同4万美元。至2005年的5年间,市贸促会共组织38家企业、79人(次)出国考察、参展、开展经贸促销活动,签订外贸合同7个,出口创汇3293万美元。

二、参与招商引资

1991年开始,市贸促会转型服务并参与招商引资活动。是年5月,经国家贸促总会推荐,市贸促会邀请日本客商堀田敏夫一行3人来湘潭市红旗农场考察、洽商橘片罐头生产合作项目。1992年11月23~26日,贸促会承担市政府在深圳博物馆举办的"92'湘潭(深圳)商品展销订货暨经技贸洽谈会"组织工作。1993年2~5月,通过中介联络邀请4批12人次的台湾商人来潭考察、洽商投资易俗河造纸厂铜版纸项目、市化纤厂聚酯项目、湘潭锰矿电解金属锰项目和先锋农场天赐食品饮料等5个项目。10月8~11日,市贸促会承担市政府交办的"纪念毛泽东同志诞辰一百周年文艺会演暨经、技、贸洽谈会"招商组和商品展销摊位的布展设计任务。1994年,市贸促会承担市政府组团参加湖南"'94(香港)经贸洽谈会"前期联络与招商工作,会上签订利用外资合同、协议12个,投资总额8.8亿美元,其中引进外资3500万美元。1995年4月12日,经市政府授权,市贸促会发函邀请越南胡志明市平盛郡越共郡委书记朱明迪、郡人民委员会副主席陈公利一行20人来潭考察,参观湘潭钢铁集团、湘潭柴油机厂、省建筑陶瓷厂等企业,洽商合作项目。8月,组织湘潭13家企业、18人(次)赴韩国参加经贸招商会,发布招商项目35个,签订合同、协议3个,引进外资1000万美元。至1995年的5年间,市贸促会共组织企业300多家、700多人(次),参与全市各种对外经贸交流与招商活动,洽谈项目213个,签约198个,总投资8.69亿美元,其中利用外资4.15亿美元。

1996年,市贸促会协助市政府组织企业参加省第四届“港洽会”。1997年,组织3批30多家企业赴东南亚地区进行商务考察和项目对接洽谈,达成合资合作协议3个,项目总投资1260万美元。1998年7月,市贸促会采取中介代理、中介招商等形式,组织企业参加在深圳举行的湖南产权招商洽谈会,共签约项目22个,总投资18377.67万美元,利用外资15560.7万美元,其中签订合同13个,合同外资7923.6万美元;引进内资签约项目9个,金额15963万元。1999年8月,市贸促会协助市政府在湘潭本地组织举办“商贸三会”(即湘潭市名优特新产品展销会、工业产品看样订货会、中小企业产权交易会)。2000年5月27~31日,市贸促会组织12家企业、20多人赴北京参加第三届“中国北京国际科技产业博览会”。对外发布招商项目110个,签约项目28个,投资总额5.6亿人民币。至2000年的5年间,市贸促会组织各类团组参加境域外招商引资活动,共发布项目212个,签约79个,投资总额81251.4万美元,其中合同利用外资39243.4万美元。

2001年4月,市贸促会组织企业赴北京招商,拜访国家贸促总会,参加第四届中国北京高新技术产业周暨中国北京国际科技博览会和(北京)湘潭市招商项目对口洽谈会。发布推介项目86个,签订合作协议16个,投资总额2亿美元。2002年5月,组织湖南铁合金厂、湘潭高新技术开发区、昭山开发区、湘潭县天易经济开发区等7家单位参加“第五届中国北京高新技术产业周暨中国北京国际科技博览会”活动,发布项目40个,达成合作协议7个,协议投资金额3210万美元。2003年9月12~15日,组织湖南铁合金厂等企业参加第六届“中国北京高新技术产业周暨中国北京国际科技博览会”,促成湖南铁合金厂与美国国际投资集团驻京办事处成功对接“废气发电”项目。2004年5月21~26日,组织市科技局、湘潭高新技术开发区、湘潭县天易经济开发区、湘乡皮鞋工业园等12家单位、企业、23个项目,参加“第七届中国北京高新技术产业周暨中国北京国际科技博览会”活动。达成合作协议6个,投资金额1000万美元;湖南铁合金厂“自备热电厂”项目与欧立莱投资贸易有限公司对接签订1.2亿人民币合作协议。2004年11月8~14日,市贸促会与市经委联合组织23家企业32人参加“2004香港中小企业国际市场推广日暨湖南中小企业香港招商推介会”,对外发布招商项目100个,促成市染料化工总厂整体转让给香港鸿晖国际有限公司项目顺利签约,总投资6000万美元。11月15~16日,市贸促会组织湘潭平安电气有限公司、湘潭电机集团微特电机分公司、湘乡石材有限公司等8家企业参加在长沙国际展览中心举办的“2004湖南——欧盟中小企业合作伙伴洽谈会(简称欧洽会)”。达成来料加工贸易协议2个,总投资800万美元。2005年,市长彭宪法率湘潭市政府代表团一行19人,赴日参加中国湖南(东京)招商洽谈会及“2005日本爱知世博会”,出席日本世博会中国馆日开幕仪式和湖南周“湘潭城市日”活动,并对友城滋贺县、彦根市和日本(株式会社)金子制作所日立公司电机事业部进行访问考察。贸促会派员随团出访,承担访问团在日期间的事务性的工作。代表团发布招商项目54个,引进投资总额3200万美元。由于此次出访活动组织出色,市贸促会被湖南省贸促会评为“组织先进单位”。至2005年的5年间,市贸促会组织企业、单位在境域外招商引资,共对外发布招商合作项目286个,签约项目65个,投资总额3.22亿美元,其中利用外资2.8亿美元。

三、法律服务

1989~1992年,市贸促会为满足湘潭外贸企业和外商投资企业及各种经济组织对涉外法律服务的需要，组织会员企业选派10多人脱产参加全省举办的国际经济法和经济法两个大专证书班学习，并通过全省组织的法律顾问资格考试。1993年5月，为适应履行贸促会章程所规定的职责要求，配备律师1名。6月，省贸促会下文批复设立"湖南省贸促会法律部湘潭办事处"和"湖南省国际经贸律师事务所湘潭工作站"，与市外经贸委"法律顾问室"合署办公，并授权市贸促会法律服务机构为湘潭地区的外贸企业、三资企业、其他外经贸企业或组织提供涉外法律服务。1994年10月10日，根据国家贸促总会关于增设湘潭为原产地签证代办点通知精神，市贸促会成为全省14个市州支会中最早配备有专业律师与健全法律机构的单位。至1995年3年间，市贸促会律师担任12家企业法律顾问，代理诉讼案件13宗，标的金额300多万元，帮企业挽回经济损失70多万元，提供法律咨询200多人次；及时为全市外贸企业和三资企业办理原产地证书120多份。

1996年后，市贸促会开始对重点服务企业试行律师介入经济合同签订制度，并在企业轮流举办经济法律、法规讲座；每年定期举办进出口企业原产地证学习班，普及办证知识，规范办证程序，实行"专人专办、持证上岗、低费高效、杜绝差错"的办证工作目标管理。至2000年的5年间，市贸促会律师担任21家企业法律顾问，受理经济纠纷案件或代理仲裁诉讼案件共90多宗，调解处理非诉讼事务纠纷50多件，标的金额5000多万元，挽回经济损失1200多万元；接受涉外经贸法律咨询300多人次，并部分出具律师意见书；签发出具原产地证1120多份，代办外国驻华使馆认证文书37份，涉及出口创汇额1亿多美元。

2001年起，市贸促会不断完善涉外法律服务体系，充分利用出证认证、仲裁、调解、法律咨询等多种涉外法律手段，为企业服务。2005年起，根据国家贸促总会的统一布置与要求，开始实行网上签证。是年，网上签证86份。至2005年的5年间，担任8家企业法律顾问，为各类进出口企业和商会会员单位提供法律咨询上百次，出具律师意见书30多份，受理经济纠纷案件或代理仲裁诉讼案件共30多宗，调解处理非诉讼事务纠纷11件，标的金额8000多万元，挽回经济损失2300多万元；签发出具原产地证4800多份，认证商业单据800多份，代办领事认证200多份；举办5期有200多家企业参加的办证申领员培训班；先后组织300多家企业参加WTO规则培训、CEPA业务培训、农产品进入欧盟市场认证业务培训。

四、信息服务

1989～1993年，随着社会主义市场经济体制的确立，面向国内外市场的大批企业迫切需要实用的经贸信息服务的实际问题，市贸促会积极参与"中国贸促网"和"湖南省贸促信息服务网"建设，吸纳本地200多家生产企业为网员单位，以快讯方式为网员单位提供贸易和合作机会信息约2000条；与市计委信息中心、市物价局等6个部门合作，创办发行《市场信息》旬刊，为湘潭企业提供实用的经贸信息服务。期间，共出刊212期，发行8万多份，分类整理发布各类实用信息、贸易机会1万多条，促成湖南电线电缆集团公司成功进军越南市场，市外贸化医公司、市外贸五矿机械公司与天津市化工进出口公司、广州市化工进出口公司和广州市机械设备产品进出口公司等成功开展横向经济联合，建立互利双赢的出口供货渠道。免费为100多家湘潭生产企业订阅《中国贸促报》。帮助47家湘潭生产企业和15家外贸公司将产品需求信息与寻求合作项目，通过《中国贸促报》对外推介宣传。市贸促会牵头组织编印《湘潭经贸指南》12000多册，在各种展销会或招商会上对外赠送。

期间,全省14个市州贸促会各项工作评比,湘潭获第一。

1994～1995年，市贸促会及时将从国家贸促总会获取的各驻外商务机构和其他信息渠道收集的3800多条国外经贸市场、商品动态以及贸易机会、投资机会等信息,分类编辑成《湘潭出口合作机会信息》刊物共86期,帮助企业利用既得信息开发新产品、结识新客户、开拓新市场;同时,充分利用兴起的互联网技术及外贸经营权放宽的契机,与有关单位合作,将120多家湘潭出口生产企业及产品资料,成功录入国家贸促总会主办的"中国出口商品网",以供外商上网查询;并帮助60多家生产企业和20多家外贸公司借助每年春、秋两次广州交易会上的《广交会会刊》和《中国出口机会》英文刊物等传播媒介,发布湘潭企业产品广告及供货信息180多条,帮助企业寻找商机,促成市化工厂、市染料化工厂、湘潭电缆厂、湘潭钢铁公司、湘乡铝厂、江南机器厂等20多家生产企业与国外客户直接建立稳定业务联系。

1996～2000年,市贸促会根据信息来源和经济形势的发展变化,积极发展对外联系,主动与香港贸发局驻武汉办事处、香港国际贸易信息研究中心、美中经贸文化发展促进中心、越南胡志明市堤岸经济发展中心、德国萨尔兰州工商会等境域外经贸服务机构和北京、上海、青岛、南宁、广州、深圳、惠州等外省(市)贸促会发展横向工作联系和信息交流,建立资源共享关系,拓宽信息来源。根据服务招商引资和外贸拓展市场的现实需求,为企业提供贸易与合作机会信息4200多条,带动湘潭企业"走出去"投资办厂。湘潭神州龙实业有限公司依据信息到阿尔及利亚成功创办服装加工厂,既增加出口,又带动劳务输出。

2001～2005年,以电子网络技术为支撑的信息产业兴起,市贸促会依靠国家和湖南贸促网及湖南投资在线等信息平台,服务政府与企业招商引资和外贸拓展市场,继续发挥贸促会信息主渠道作用。期间,共编印《湘潭贸促简报》16期3000多份,其中,"越南投资政策简介""越南主要矿藏资源分布状况及对外商投资矿产活动有关政策规定""到越南投资贸易应注意的事项"等信息受到市政府主要领导和会员企业高度关注。

第十章　湘潭市残疾人联合会

第一节　残联组织

1986年,湘潭市有市级盲人聋哑人协会1个,分会(小组)9个;县(区)级盲人聋哑人协会3个;全市共有会员1万余人。至1989年,全市有残疾人约6.5万人,约占总人口的3%。其中视力残疾11700人,听力残疾14950人,语言残疾1950人,肢体残疾2.34万人,智力残疾4550人,精神残疾5200人,多重残疾3250人。市盲人聋哑人协会分会(小组)发展到21个;县(市、区)级盲人聋哑人协会8个,全市会员增至1.6万余人。全市共配备专(兼)职协会工作人员32名,形成完整的协会工作体系。

1990年5月12～13日,根据湖南省残疾人联合会关于各市(州)残疾人组织工作的要求,市残疾人联合会(以下简称市残联)成立,召开第一次代表大会,出席代表124名,其中残疾人70名(含特邀代表 12 名)、健全人 54 名(含特邀代表 12 名)。市盲人聋哑人协会主席李树山作题为《振奋精神,同心同德,为残疾人事业持续稳定发展做出新贡献》的工作报告。中国残联主席兼理事长邓朴方出席大会并发表讲话。大会推举杨序传为市残联理事长。由理事长提名 1 名副理事长,3 名理事,组成第一届湘潭市残联执行理事会。大会通过《湘潭市残疾人联合会章程》。继续保留市盲人聋哑人协会,新成立市肢残人协会、精神病人和智残人亲友协会,选举产生协会主席、副主席。市残联为副县级事业单位,内设机构有办公室、康复部、群宣部,定编 11 人,业务仍归口市民政局。至同年 10 月,全市 8 个县(市、区)残疾人联合会相继成立,湘潭市获全省县(市、区)级残联组建工作第一名,受省残联表彰,中国残联亦发来贺电。1991 年,全市 131 个乡镇、24 个街道均成立残疾人联合会,1626 个村和 225 个居委会均成立残疾人协会。1992 年,随着行政区划的调整,县(市、区)级残联由 8 个调整为 5 个。1993 年 7 月,市残疾人劳动服务部和市残疾人用品用具供应服务站成立,为正科级事业单位,各定编 3 人。1994 年 4 月,市人民政府残疾人工作协调委员会成立,委员会由市劳动局、民政局、卫生局等 35 个单位组成,副市长刘运前任主任。10 月,全市 5 个县(市、区)亦成立残疾人工作协调委员会。1995 年 1 月,市政府决定将市残联从民政划出,归口市政府直接管理,同时,机构升格为正县级,经费单列,设党组、理事会,业务科室不变。2 月,市残疾人劳动服务部更名为市残疾人劳动就业服务部,编制增至 6 人。至年底,全市有残疾人 8 万余人,占总人口的 2.92%。其中视力残疾 1.36 万人,听力残疾 1.68 万人,语言残疾 1200 人,肢体残疾 2.72 万人,智力残疾 4800 人,精神残疾 6000 人,多重残疾 1.04 万人。全市各级残联和协会共有会员 5 万余人。

1996 年 11 月 7～9 日,市残联第二次代表大会召开,出席代表 200 名,其中残疾人 105 名(含特邀代表 12 人)、健全人 95 名(含特邀代表 13 名)。市残联理事长杨序传作题为《巩固“八五”成就,再创“九五”辉煌,为残疾人事业的发展写下新篇章》的工作报告,大会推举杨序传为理事长。由理事长提名 2 名副理事长,4 名理事,组成市残联第二届执行理事会。市肢残人、盲人聋哑人、精神病人和智残人亲友 3 个协会亦同时换届。12 月,市残联内设机构调整为办公室、康复科、群宣就业科。1997 年 7 月,市残疾人服务中心成立,为正科级事业单位,定编 15 人,经费自收自支。10 月,市残联福利实业总公司成立,有干部职工 20 余人,其中残疾人 14 名。1998 年,5 个县(市、区)残联全部从民政划出,归口所在县(市、区)政府直接管理,机构升格为正科级。同时,均召开代表大会,完成换届选举。2000 年 1 月,市残联第二届主席团第四次会议召开,因杨序传退休,推举符如堂为理事长。至年底,全市有残疾人 10 万余人,占总人口的 3.57%。其中,视力残疾 2 万人,听力残疾 1.8 万人,语言残疾 1800 人,肢体残疾 3.6 万人,智力残疾 6000 人,精神残疾 7000 人,多重残疾 1.12 万人。全市各级残联和协会共有会员 6.5 万人。

2001 年 12 月 2～3 日,市残联第三次代表大会召开,出席代表 164 名,其中残疾人 84 名(含特邀代表 25 名)、健全人 80 名(含特邀代表 22 名)。市残联理事长符如堂作题为《同心同德,求实开拓,努力推进我市残疾人事业新发展》的工作报告。推举汤光强为理事长。由理事长提名 2 名副理事长,4 名理事,组成市残联第三届执行理事会。市肢残人、盲人聋哑人、精神病人和智残人亲友 3 个协会亦同时换届。2002 年 1 月,市残联内设机构由“一办两科”调整为“一办两部”,即办公室、康复部、组(织)宣(传)教(育)就(业)保障部。4 月,湘潭钢铁集团有限公司、湘潭电机集团有限公司在全省率先成立残疾人联合会,省残联充分肯定在大型企业建立残联这一做法,并在全省推广。是年,县、乡(镇)机构改革,全市82个乡(镇)、街道的残联全部保留,并配有专(兼)职干部82名。2003年4月,市残联第三届主席团第二次会议召开,因汤光强调离,推举徐荣辉为理事长。至年底,市残联内设机构有办公室、康复部、组宣教就保障部。直属单位有市残疾人劳动就业服务部、市残疾人用品用具供应服务站、市残疾人服务中心、市残联福利实业总公司,共有干部职工50余人。全市有县(市、区)级残联5个、大型企业残联5个,乡(镇)、街道残联82个。农村1632个村和城镇186个社区、居委会均设立残疾人协会。全市有残疾人12万余人,占总人口的4.25%。其中,视力残疾19140人,听力残疾28032人,语言残疾1584人,肢体残疾37728人,智力残疾8352人,精神残疾7944人,多重残疾17220人。全市各级残联和协会共有会员约8万人。

第二节　残联活动

一、康复

1986年，残疾人康复工作主要是开展防盲治盲，至1987年12月，全市进行白内障复明手术641例,有效率95%。1988年8月,市康复中心成立,是湖南省首家以残疾人为特定服务对象的医疗康复机构,被省民政厅确定为全省防盲治盲基地。1989年4月,根据湖南省残疾人“三项康复”(即盲人白内障复明、小儿麻痹后遗症矫治、聋儿听力语言训练)工作会议精神,湘潭市三项康复工作领导小组成立,接着组织力量开展“三康”调查。全市共调查“三康”对象1890人,其中白内障患者765人,小儿麻痹症728人,聋儿397人。两年内完成白内障复明手术120例、小儿麻痹矫治手术30例、聋儿语言训练25例。

1990～1993年,三项康复工作全面铺开。市康复中心、湘潭医院(现市中心医院)等医疗单位在正常接诊的同时，还派医疗队19次下乡巡诊，共为1024名白内障患者进行复明手术，有效率达98%。市康复中心还组织编写《基层医院白内障复明手术指南》一书,为全省培训白内障复明手术医师40名,先后被中国残联和国务院十一个部、办、委授予“白内障手术复明工作先进单位”称号。湘潭县被评为“全国防盲治盲先进县”。市聋哑学校和市直机关幼儿园开办聋儿听力语言训练班,训练聋儿60名,有效率达100%。市中医院主任医师杨寿娥采取中西医相结合,首创“小儿马蹄内翻足”矫治法,为270名小儿麻痹患者进行矫治手术,有效率达100%。中央电视台记者到潭实地采访三项康复工作情况,以《了不起的成果》为标题进行报道,先后6次在黄金时段播放。

1994年起,残疾人康复项目逐年增加,除三项康复外,新增精神病防治康复、肢体残疾康复、智障儿童康复、低视力配镜、麻风病畸残康复、特殊人群补碘等。是年,湘潭市被确定为全国精神病防治康复试点市,首家精神病防治康复工疗站在雨湖区平政路办事处成立。全市共建街道、乡镇工疗站33个,接诊精神病患者1500余人,通过药物和工作疗法,90%的患者疗效明显。为6433名精神病患者建立档案和分类卡,将精神病人监护工作落实到人,监护率达95%。

1995～1999年,为方便群众,城镇街道社区和农村乡镇(村)建立残疾人康复站(点)875个,湘潭县和湘乡市各设立聋儿语训中心1个。5年内,共完成盲人白内障复明手术2835例、肢体残疾康复手术1756例、聋儿语训240例、智障儿童康复训练670例、小儿麻痹矫治300例、低视力配镜

3500例、特需人群补碘3.2万人次、精神病人治疗4100例。湘乡市聋儿语训中心学生朱银霞参加全省聋儿语训演讲比赛，获第一名。

2000～2004年，先后成立市小儿脑瘫防治中心、市聋儿语训中心、市白内障复明指导中心、市肢体训练矫治中心和市精神病防治中心。共完成白内障复明手术4645例，其中通过实施"视觉第一中国行动""彭立珊光明行动"（由香港著名企业家、慈善家彭立珊先生投资、以扶贫济困送光明为宗旨、免费为贫困白内障患者实施复明手术）和"胖哥光明行动"（由湘潭知名品牌槟榔"胖哥"老板王继业出资、免费为贫困白内障患者实施复明手术），为800名特困家庭白内障患者免费治疗。精神病社区康复防治网络形成，全市设监护小组1.51万个，监护率为96%。95%的乡镇、街道建立康复指导站，50%的村、社区建立康复室。全省社区康复工作经验交流会在湘潭县召开，湘潭市社区康复新模式向全省推广。雨湖区被评为全省"社区康复工作先进单位"，岳塘区被评为全省"精神病防治工作先进单位"，湘潭县先后被评为全省和全国"社区康复服务工作先进集体"。2005年，湘潭市首次实施"市政府光明行动"，由市政府出资，免费为500例贫困家庭的白内障患者进行复明手术，复明率100%。为市区的100名贫困精神病患者免费配送药品。年末精神病防治监护率达98%。至2005年6年间，全市完成白内障复明手术5825例，低视力配镜497例，聋儿语训499例，肢体矫形手术和肢体康复训练539例，小儿脑瘫康复训练140例，智障儿童系统化康复训练164例，特需人群补碘24万人，麻风畸残康复训练4例。

二、就业

1986年，城镇有劳动能力的残疾人继续由民政部门安排进福利企业，农村的则就地参加生产劳动，全市63家福利企业安排残疾人1053名，占职工总数的44%。1987年3月，市政府批转市民政局《关于残疾人就业问题的报告》，要求"各级各单位在招工时，应适当安排有劳动能力的残疾人""也可以采取举办福利工厂或个体经商等形式解决残疾人就业"。由此打破由民政部门独家安排残疾人就业的局面，逐步形成以厂矿、街道、乡镇为依托，以小型分散为主体的多层次、多渠道安排残疾人就业格局，至1988年底，全市福利企业发展到127家，安排残疾人2170人，残疾人占职工总数的35%。另有300多人成为个体工商户。

1989年，38家福利企业经营不善停产，600多名残疾职工倒流社会。1990年，按照中央的部署，全市福利企业清理整顿后有新的起色，300余名残疾人重新得到安排。1991～1994年，通过各种渠道共安排1056名残疾人就业。岳塘区盲人罗明照自强自立，开办"摸摸商店"，以优质的服务赢得顾客赞誉，被评为全国商业系统劳动模范、省商业明星，并当选为湖南省残联副主席、省盲人协会主席、中国盲人协会副主席。

1995年，湖南省按比例安排残疾人就业工作试点在湘潭进行，市政府制定《湘潭市按比例安排残疾人就业的规定》，要求各级党政机关、企事业单位按本单位职工总数的1.5%、乡村企业按2%的比例安排残疾人就业。未达到比例的，按全市上年度职工人均收入标准缴纳残疾人就业保障金（以下简称保障金）。保障金主要用于残疾人培训、基础设施建设和扶持残疾人就业等。1997年5月，市残联理事长杨序传被评为全国残疾人事业先进工作者，并出席在北京召开的"全国自强模范、助残先进表彰会"，受到江泽民等中央领导的接见。1998年，全市有1138个单位与市或县（市、区）两级残联签定《按比例安排残疾人就业协议书》,覆盖面达85%,新安置427名残疾人就业。至是年3年间,全市共征收保障金148万元,培育扶持200多名残疾人成为“自强闯市场示范户”。

1999年4月,市残联副主席、肢残人李星身残志坚,全心全意为残疾人服务,被评为首届“湘潭市十大杰出青年”,当选为湖南省肢残人协会主席、中国肢残人协会委员。是年,为提高残疾人劳动技能水平,加强就业前培训,市残联利用香港嘉道理慈善基金会捐赠的30万元资金,购置电脑34台、毛衣编织机20台、盲人按摩床40张及相关配套设施,在市残疾人服务中心大楼建立残疾就业培训基地。残疾人参加培训班,吃、住、培训全部免费。2000～2001年,全市共举办电脑、编织和盲人按摩培训班8期、培训400余人。至2001年的3年间,全市通过各种渠道共安置残疾人1200余人就业,收取就业保障金315万元。

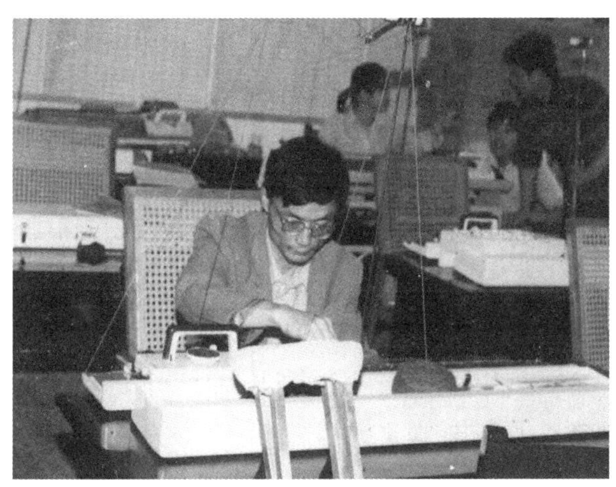

图8-10-1　残疾人参加毛衣编织培训班

2002年起,培训项目逐年增加,培训面不断扩大,由市级培训发展到县(市、区)和乡镇培训,至2005年4年间,全市共举办各类培训班65期,培训残疾人5000多人次。湘乡市采取多种形式加强对农村残疾人的培训,安排400名残疾人进乡镇企业,扶持2000余名残疾人发展种植和养殖业,被中国残联评为“残疾人按比例就业先进单位”。市直机关、企事业单位依法按比例安排残疾人就业工作逐年落实,市残联与市人事局联合举办首场残疾人专场招聘会,600余名残疾人应聘,实现就业200余人。全市共安排残疾人424名,缴纳保障金506万元。

三、文艺体育

(一)文艺演出

1986年1月,湘潭市残疾人业余艺术团成立,先后在市直机关、厂矿和基层单位演出20余场,深受群众欢迎。至1987年12月,艺术团精心编排一批哑剧和舞蹈节目,参加中国首届艺术节和全省、全国聋哑人艺术节调演,获国家级一等奖1个、二等奖3个、三等奖2个、创作奖1个;省级一等奖1个、二等奖1个、三等奖2个、组织奖1个。

1988年11月,市残疾人业余艺术团受中残联委托,代表中国赴捷克斯洛伐克联邦共和国布尔诺市,参加国际聋人节50周年暨第十届聋人哑剧节活动,共演出《钉子》《邻居》《服务员》《公园一角》《旋律与噪音》五个哑剧及舞蹈《葬花吟》。获最高奖——友谊金奖。被捷克斯洛伐克《世界哑剧舞台》和共产党党中央机关报《红色权力报》誉为“东方之花”。市政府给市盲人聋哑人

图8-10-2　1988年第十届国际聋人哑剧节最奖——友谊金奖奖杯

协会集体记功一次。

1989～1995年，市残疾人业余艺术团先后参加全国残疾人艺术节调演、中南六省文艺汇演、湖南省残疾人文艺调演和湖南省"笑的艺术"大赛，获国家级一等奖2个、二等奖4个、三等奖1个、创作奖2个；省级一等奖7个、二等奖7个。市残疾人业余艺术团部分演员随湖南省残疾人巡回报告演出团在全省巡回演出17场。1996年12月5日，市残疾人业余艺术团专程赴北京为全国残疾人事业工作会议作汇报演出，获得与会人员的高度赞扬。

1997～2001年，市残疾人业余艺术团参加全国及全省第四届残疾人文艺调演，赴广西南宁市参加中南五省残疾人文艺调演和中残联组织的全国残疾人文艺比赛，获国家级一等奖1个、二等奖2个、创作奖1个；省级一等奖4个、二等奖3个、创作奖1个。

2002～2005年，两次组织残疾人业余摄影爱好者创作28幅反映湘潭特色的作品参加全省残疾人摄影大赛，获一等奖4个、二等奖6个、三等奖17个，其中5幅作品被推荐参加全国残疾人摄影大赛，成绩位于全省市州之首。在全国第六届残疾人文艺汇演中，市残联选送的手语剧《除夕》获金奖，是湖南省唯一获得金奖的剧目；舞蹈《挣》获优秀奖。

1986~2005年湘潭市残疾人参加省以上文艺、摄影比赛成绩

表8-10-1

时间	文艺、摄影比赛名称	成绩				
		一等奖	二等奖	三等奖	创作奖	组织奖
1986.4	湖南省聋哑人艺术表演	1	1	2	—	1
1986.10	全国聋哑人艺术节表演	1	1	2	1	—
1987.5	中国首届艺术节表演	—	2	—	—	—
1988.4	全国首届残疾人艺术节调演	2	2	—	1	—
1988.10	中南区六省文艺汇演	3	4	—	—	—
1988.11	第十届国际聋人哑剧节	友谊金奖	—	—	—	—
1989.5	全国残疾人第二届艺术节调演	—	2	1	1	—
1990.10	湖南省"笑"的艺术比赛	1	1	—	—	—
1993.6	湖南省第三届残疾人文艺调演	2	—	—	—	—
1997.5	全国第四届残疾人文艺调演	—	2	—	1	—
1997.10	湖南省第四届残疾人文艺调演	1	1	—	—	—
2001.9	湖南省残疾人文艺汇演	2	2	—	1	—
2001.10	中南5省残疾人文艺调演	1	—	—	—	—
2001.5	中国残联文艺调演	1	—	—	—	—
2002.4	全省残疾人书法摄影大赛	3	2	2	—	—
2004.6	全省残疾人摄影赛	1	4	15	—	—
2005.9	全国第六届残疾人文艺汇演	1	1	—	—	—
合计	—	21	25	22	5	1

(二)体育竞赛

1986 年,湘潭市残疾人体育代表队参加全省聋哑学校乒乓球邀请赛、田径选拔赛、游泳锦标赛和第四届亚运会选拔赛,获国家级金牌 1 枚(跳远、岳光辉);省级第一名 19 个、第二名 13 个、第三名 7 个、第四名 1 个,并打破 4 项省纪录。岳光辉在北京举行的第四届残疾人亚运会选拔赛中,跳远以 4.65 米的优异成绩夺得第一名,被选拔为国家队运动员代表。

1987 年 5 月 5 日,举办湘潭市第二届残疾人运动会,共有 8 个代表团 300 余人参加,设田径、乒乓球、轮椅竞赛三大项,分伤残人、弱智人两个组比赛。岳塘区、板塘区、湘乡市夺得男子团体前三名;湘乡市、板塘区、岳塘区夺得女子团体前三名,共打破两项全省纪录。接着,湘潭市组队参加全省残疾人运动会、全国第二届残疾人运动会、全国首届特殊奥林匹克运动会,共获国家级金牌 1 枚、银牌 2 枚、铜牌 3 枚;省级金牌 20 枚、银牌 14 枚、铜牌 3 枚;破 1 项全国纪录和 5 项省纪录。

1988 ~ 1992 年,举办湘潭市第三届残疾人运动会,组队参加全省第三届残疾人运动会、全国首届残疾人举重射击邀请赛、全国残疾人射击锦标赛,共夺得国家级金牌 3 枚(射击、刘立新)、银牌 1 枚、铜牌 1 枚;国家级第一名 4 项、第二名 1 项、第五名 2 项、第六名 3 项,破一项全国纪录;省级金牌 22 枚、银牌 14 枚、铜牌 7 枚。

1993 ~ 1997 年,举办湘潭市第四届残疾人运动会,组队参加全省第四届残疾人运动会、第二届残疾少年田径游泳赛、远东南亚运动会、第一届亚太地区特殊奥林匹克运动会,共获国际比赛金牌 13 枚、银牌 13 枚、铜牌 5 枚;省级金牌 29 枚、银牌 27 枚、铜牌 17 枚。韩文参加远东南亚运动会,勇夺 1 金 1 银 1 铜,破两项世界纪录,其中铁饼成绩为 38.8 米,超出世界纪录 9 米多。

1999 年, 湘潭市承办全省第五届残疾人运动会。市残疾人体育代表团以团体总分第一(301 分)、金牌 27 枚、银牌 12 枚、铜牌 8 枚的优异成绩名列各地州市榜首,获体育道德风尚奖。2000 年,组队参加全国第五届残疾人运动会,获金牌 2 枚、银牌 2 枚、铜牌 1 枚。赵伟以 2'59〃26 的成绩打破 200 米蛙泳世界纪录,后代表国家队赴澳大利亚的悉尼参加第十届世界残疾人奥林匹克运动会,勇夺 100 米蛙泳银牌,实现湘潭籍运动员奥运奖牌“零”的突破,获得省、市政府各 5 万元的奖励。

2001 ~ 2005 年,先后组队参加全省第三届青少年残疾人运动会、全省第六届残疾人运动会、全国第六届残疾人运动会、全国特奥地滚球赛、东亚地区特奥足球赛和远东南亚运动会,获国际比赛金牌 2 枚、银牌 3 枚、铜牌 5 枚;国家级金牌 12 枚、银牌 15 枚、铜牌 12 枚;省级金牌 27 枚、银牌 19 枚、铜牌 9 枚。市残联还成功承办有 12 支代表队、300 多名残疾人参加的全国特殊奥林匹克篮球赛,受到国家体育总局和中国残联的赞扬,被国家体育总局和中国残联评为“2001 ~ 2005 年全国特奥工作先进单位”,谢奇岐等 2 人被评为“先进工作者”,黄周博等 5 人被评为“优秀运动员”。市体育中心被中国残联选定为全国残疾人体育训练基地,中国残联理事长汤小泉来潭为基地授牌。

1986~2005年湘潭市残疾人参加省以上运动会成绩

表 8-10-2

时间	赛区	运动会名称	金牌	银牌	铜牌	第一名	第二名	第三名	第四名	第五名	第六名	其他
1986.4	北京	全国第四届亚运会选拔赛	1	—	—	—	—	—	—	—	—	—
1986.6	湘乡	湖南省六市聋哑人篮球锦标赛	—	—	—	—	1	—	—	—	—	—
1986.7	湘潭	湖南省四市乒乓球邀请赛	—	—	—	4	3	2	—	—	—	—
1986.7	岳阳	湖南省四市乒乓球锦标赛	—	—	—	4	2	—	1	—	—	—
1986.8	岳阳	湖南省伤残人游泳锦标赛	—	—	—	5	2	1	—	—	—	—
1986.8	衡阳	湖南省聋哑学校田径选拔赛	—	—	—	6	5	4	—	—	—	破4项省纪录
1987.6	长沙	湖南伤残人运动会	20	14	3	—	—	—	—	—	—	破5项省纪录、1项全国纪录
1987.3	深圳	全国首届特殊奥运会	—	1	1	—	—	—	—	—	—	—
1987.8	唐山	全国第二届伤残人运动会	1	1	2	—	—	—	—	—	—	—
1988.6	西安	全国首届伤残人举重射击邀请赛	—	—	—	3	1	—	—	1	1	—
1989	南京	全国残疾人射击比赛	—	—	—	1	—	—	—	1	1	破1项全国纪录
1989	武汉	全国首届残疾人技能竞赛	—	—	—	—	—	—	—	—	1	—
1990.5	西安	全国残疾人射击锦标赛	3	1	1	—	—	—	—	—	—	—
1991.9	湘潭	湖南省第三届伤残人运动会	22	14	7	—	—	—	—	—	—	团体总分第三名
1994.8	北京	远东南亚残疾人运动会	1	1	2	—	—	—	1	—	—	—
1995.5	长沙	湖南省第四届残疾人运动会	21	17	14	—	—	—	—	—	—	团体总分第二名
1996.11	上海	第一届亚太地区特奥会	12	12	3	—	—	—	—	—	—	—
1997.8	湘潭	湖南省第二届残疾少年田径游泳赛	8	10	3	—	—	—	—	—	—	团体总分第二名
1999.4	湘潭	湖南省第五届残疾人运动会	27	12	8	—	—	—	—	—	—	团体总分第一名
2000	上海	全国第五届残疾人运动会	2	2	1	—	—	—	—	—	—	—
2000	澳大利亚悉尼	第十届世界残疾人奥运会	—	1	—	—	—	—	—	—	—	百米蛙泳
2001	邵阳	全省第三届青少年残疾人运动会	8	9	4	—	—	—	—	—	—	体育道德风尚奖
2002	泰国	远东南亚运动会	1	—	2	—	—	—	—	—	—	
2003	益阳	湖南省第六届残疾人运动会	19	10	5	—	—	—	—	—	—	团体总分第三名
2003	南京	全国第六届残疾人运动会	5	9	5	—	—	—	—	—	—	—
2003.12	湘潭	全国特奥篮球赛	7	5	5	—	—	—	—	—	—	—
2005	上海 哈尔滨	东亚地区特奥足球、全国特奥地滚球	1	4	5	—	—	—	—	—	—	—

四、权益维护

1986～1989年，市盲人聋哑人协会按照“平等、参与、共享”的原则维护残疾人权益，共接待残疾人来信来访400多人次，协助有关单位处理打人侵权案件和调解房屋产权纠纷等160余起。协会统一制作文明安全示路杖，发放给城区262名盲人，盲人持“示路杖”可免费乘坐市内公交车。

1990年12月，《中华人民共和国残疾人保障法》（以下简称《残保法》）颁布实施。1991年4月，全市开展《残保法》宣传月活动。8月，湘潭县响水乡卢学军高考成绩达到本科分数线，但因肢体残疾，录取成为难题，经市领导多方联系，终被湘潭大学计算机系录取，卢学军毕业后，被安排到市和平小学任教，成为学校的教学骨干，被评为省、市优秀教师和全国模范教师。1992年，全市首次进行残疾人普查，为第一批25853名残疾人颁发《残疾人证》。1993年2月，市政府制定残疾人优惠政策12条，对残疾人办理营业执照、减免税费、提供经营场地以及入学、升学、就医、种养技术扶持等给予优先、优惠和照顾。至1994年的5年间，全市各级残联和协会接待残疾人来信来访近千人次，协助处理交通事故和调解家庭纠纷等420起。

1995年，国家规定每年5月的第三个星期天为法定“全国助残日”。此后的每年4月，市委办、市政府办联合发文，号召全市人民开展助残募捐活动，为残疾人排忧解难送温暖。1997年，湘潭县将残疾人事业纳入政府工作计划，在残疾人维权等方面成绩显著，被国务院残疾人工作协调委员会评为“全国残疾人工作先进县”。市残联被省政府残疾人工作协调委员会评为“全省残疾人工作先进单位”。至是年的3年间，全市各级残联和协会接待残疾人来信来访800余人次，协助处理调解残疾人婚姻等问题近200起。

1998年1月，成立“湘潭市残疾人法律援助中心”，专门聘请律师为残疾人服务。县（市、区）亦成立相应机构。10月，市政府召开全市残疾人事业法制工作会议，总结贯彻实施《残保法》的情况，要求各级领导和人民群众进一步提高扶残助残意识，依法维护残疾人合法权益。至2000年的3年间，全市各级残联共接待来访13509人次，来电来信2375次（封），回复率达100%，未发生一例恶性上访和突发性事件。各级法律援助中心为残疾人提供法律援助180次。

2001年12月，市政府召开纪念《残保法》颁布实施10周年座谈会，收集残疾人权益维护等方面的意见和建议20余条。2002年，全市再次开展《残保法》宣传活动。针对有的单位既不愿接收安排残疾人就业，又不缴纳保障金的现象，市残疾人劳动就业服务部依法向法院提起诉讼，维护残疾人的劳动就业权益。市第二公证处承诺每年5月为“助残活动月”，免费为残疾人提供法律咨询、代写与公证事项相关的文书、办理公证；为行动不便者上门服务；平时为残疾人办理公证，一律减半收费。2003～2005年，市第二公证处为残疾人免费办理公证60余起。对有困难的残疾人，全市各级政府均给予临时救助。有2556名无劳动能力、无生活来源的残疾人纳入城市最低生活保障或农村“五保”，实现“应保尽保”。至2005年5年间，全市各级残联和协会共接待残疾人来信来访5200人次，协助处理房屋拆迁等案件和纠纷600余起。雨湖区文化街的双下肢残疾人唐迪苗，因住房和门面被拆迁，开发商补偿不合理，其诉至雨湖区人民法院，一审败诉。市残联副理事长、市人大代表李星，运用人大代表的依法监督权，与律师一起协助唐迪苗上诉，市中级人民法院撤销原判，唐迪苗得到应有补偿。

第十一章 湘潭市红十字会

第一节 红十字会组织

市红十字会成立于1917年,中华人民共和国成立后于1957年重建,曾一度中断活动。根据中国红十字会总会要求,1988年初,市筹备恢复红十字会。是年7月8日,市政府召集有关部门商定,正式恢复市红十字会。随后召开市红十字会第一次会员代表会议,卫生、教育、民政等部门派员参加。会上选举市红十字会第一届理事会理事17名,副会长5名,副市长郑曾铨任会长,办公室设在市卫生局,专职人员3名。至1989年12月5日,市辖8个县(市、区)全部建立或恢复红十字会组织,确定一名专职或兼职人员。至1990年底,全市有基层红十字组织304个、团体会员单位16个、理事单位17个,共有成人会员57860人。

1991年6月,市政府明确规定市红十字会理事会由市政府分管领导担任会长,民政、卫生、教育、交通、公安、交警等有关部门单位负责人担任理事会成员,定期召开理事会。市红十字会行政上挂靠市卫生局,活动经费由市政府提供。市红十字会办公室为日常办公机构。每年5月8日为世界红十字日。各县(市、区)红十字会均依照市红十字会体制,健全组织,开展工作。各级医疗机构及大部分学校建立红十字会组织。1991年9月调整市红十字会成员:陈玉春任会长,副会长由原来的5名增至6名(其中专职副会长1名),并由会长、副会长7人组成常务理事会。是年,全市有基层红十字组织324个,团体会员单位16个,理事单位17个,共有会员58450人。

1993年10月起,贯彻实施《中华人民共和国红十字会法》和《湖南省实施〈中华人民共和国红十字会法〉办法》,市红十字会依法取得社会团体法人资格,工作逐步走向法制化、规范化。1994年,因救护培训和红十字青少年工作突出,市红十字会获“全国红十字系统先进集体”称号。1996年,全市有基层红十字组织351个,团体会员单位19个,理事单位17个,共有会员6万余人。2002年12月,市编委明确市红十字会为副县级单位,定编4人。市红十字会办公室工作人员纳入公务员管理系列。是年,全市有基层红十字组织375个,团体会员单位20个,理事单位18个,共有会员6.32万人。

2003年3月,市红十字会召开第二次会员代表大会,选举市红十字会第二届理事会理事17人,副会长4名(其中专职副会长1名),谭山平任会长。是年9月,召开第二届理事会二次会议,因人事异动,选举周巧艺担任会长。至2005年,全市有基层红十字组织386个,团体会员单位20个,理事单位18个,共有会员65208人。

第二节　红十字会活动

一、救灾助残济困

(一)救灾

1990年,市红十字会通过各种渠道筹集救灾款物,并根据灾情将救灾物资分配到县级红十字会,由其转赠受灾群众。备灾救灾物资主要由省红十字会备灾中心筹集,物资大部分来自中国红十字会总会,港、澳、台及兄弟省(市)红十字会和国际红十字会组织。是年,湘潭县、湘乡市部分乡镇遭受水灾,市红十字会组织4支医疗队赴灾区救助,进行免费医疗和防疫,将募集的捐款1.25万元和衣物540件赠发灾民。

1991年,市内大部分地区先后发生洪灾和旱灾,市红十字会募集救灾款物折合人民币37.4万元;接受香港红十字会捐赠药品价值1万余元,台湾红十字会捐赠大米34吨,新加坡红十字会捐赠服装3226件,所捐款物均及时分发灾民;接受香港红十字会捐赠丰田双排座小车一辆,供赈灾专用。是年,常德受灾,市红十字会向该市赠送药品一批,价值1.2万元。1992~1993年洪灾期间,全市先后组织红十字医疗队66个,参加医护人员506人次,救治灾民1.07万人次。市各级红十字会共募集款物折合人民币31万余元,与省红十字会下拨的18万余元救灾款物一并发放灾区。

1994年夏季,市内发生百年未遇特大洪涝灾害,市红十字会与卫生部门协作,组织16支医疗防疫队深入灾区开展救护和消毒防疫。同时,全市各级红十字会紧急筹集赈灾款物,接受中国红十字总会、香港红十字会和台湾红十字会捐赠大批救灾物资,有大米90吨、方便面800箱、衬衣、运动服3241件、绒衣760套、棉衣1014件、棉被1050床、旅游鞋500双以及各类治疗、防疫药品500余箱,总价值达66万余元,并全部分发受灾群众。韶山市红十字会接受台湾红十字会捐赠福特牌赈灾救护车1辆。

1995年水灾期间,市红十字会在市直单位发动募捐,募集现金27.56万元,全市各级红十字会共募集救灾款物折合人民币32.6万元。此后三年,市内自然灾害连年未断,市红十字会在上报灾情、争取援助的同时,迅速组织医疗队赴灾区防病治病,发动募捐,筹集善款。至1998年的3年间,共筹集救灾款物折合人民币61万余元,受益群众3200余人。

1999~2001年,市内未发生重大自然灾害,少数地区遭受水灾均及时得到救助。救灾款物折合人民币12万余元。期间,市红十字会支援水患重灾区益阳市,赠送价值9.2万元药品和3000元现金。

2002年起,境域水灾频发,市各级红十字会组织救灾慰问活动,发放救灾款物。2005年1月,印尼苏门答腊海域发生海啸,市红十字会发出紧急募捐倡议,组织各种形式的募捐活动。共募集善款31.6万余元,通过省红十字会转交灾区民众。同年夏季,境域暴雨成灾,部分乡镇受损严重,市红十字会在闹市街头组织募捐活动,现场募集善款近万元。至2005年的4年间,全市红十字会共募集款物折合人民币136万余元,受益群众1.2万人。

(二)助残济困

1989~1991年,市红十字会组织医疗慰问队,先后到湘乡市大乐乡、岐山乡,湘潭县歇马乡、石鼓乡，为贫困农民、孤老病残及烈军属服务，开展免费医疗，赠送棉被、衣物和慰问金。医务人员在湘潭县歇马乡巡诊时，登上海拔800余米的顶峰山为贫困村民体检治病。湘潭县花石镇陈家垅村，某晚露天放映电影时，村民急避暴雨，过度拥挤一室，造成楼房坍塌群死群伤恶性事故，县红十字会发动募捐救助，半月募集4万余元，供受灾村民医治伤病和处理善后事宜之用。湘潭县石潭镇儿童阳思敏不慎跌入锅内，造成重度大面积烫伤，并发感染，生命垂危。市红十字会理事单位和广大会员捐款2万余元，使小孩及时得以救治。雨湖区街道卫生院9名红十字会员，连续数年坚持为街道6个居委会的36名孤寡老人免费送医送药。至1991年底，共募集资金7.2万元，救济400余人。

1992年4月，市红十字会接受台湾曹氏(曹仲植)基金会捐赠的残疾人轮椅33部，并随后分发。1993年5月，市红十字会发放台湾曹氏基金会第二批捐赠残疾人轮椅50部。至1993年，市红十字会募集款物折合人民币12万余元，用于助残济困1500余人。

1994～1996年，市红十字会组织医务人员前往湘乡市泉塘乡、横铺乡和湘潭县烟山乡、峡山口乡等地慰问贫困农民、五保户和残疾人，送医送药，赠发棉被和现金。每逢"5·8"世界红十字日，市红十字会到市社会福利院、市聋哑学校慰问，捐赠药品及医疗器械，发放生活物资。韶山市红十字会募集善款2万余元，救助两名白血病患儿。期间，红十字会共募集资金13万余元，物资30余种折合人民币8万余元，助残济困2000余人。

1997年起，市红十字会通过募捐和红会门诊筹款等方式，持续开展扶贫济困活动。市红十字会派出医疗队为湘潭县青山桥镇石板塘村村民免费治病，发放棉被衣物。市红十字会在市区开展"奉献爱心，扶贫济困"募捐活动，筹集善款近2万元，及时分发特困户。雨湖区红十字会开展"送温暖工程"活动，慰问孤寡老人、残疾人及困难户，组织义诊，赠送物资和现金折合人民币4万余元。为重度烫伤患者章某发起募捐，筹款1.2万余元。为朱某某女儿治疗白血病募集善款1万余元。韶山市红十字会为家境贫困、身患重病的何某某等3名学生募集3.21万元。至1999年的3年间，全市红十字会共募集资金26.3万元，物资折合人民币6万余元，助残济困3000余人。

2000年，以"集善款，办善事，博爱助人"为主题，开展人道主义救助。各级红十字会募集6.73万元，用于敬老助残、济困扶贫等慈善活动。是年正值抗美援朝50周年，市红十字会与湘潭县红十字会联合组织医疗慰问活动，看望湘潭县光荣院28位曾参加抗美援朝的孤寡老人。次年1月，湘潭县红十字会送茶恩寺特困户刘某某到湘潭市仁和医院，免费进行手术治疗白内障。至2001年，全市红十字会经济实体共提供救助基金23万余元，用于社会救助活动。

2002年，开展"红十字博爱送万家"社会救助活动，市委、市政府领导带队，分赴湘乡市岐山乡、东郊乡、横铺乡、岳塘区昭山乡、雨湖区部分街道居委会、市福利院和聋哑学校，看望慰问贫困村民、下岗职工、孤寡病残者，赠送棉被、衣物、食品，发放慰问金；在市区各大型超市、宾馆设置募捐箱28个，向社会开展募捐，募集现金约1.5万元；开展专项救助，为7名特困学生和重病患者发放救助款5400元；举行红十字募捐箱善款发放仪式，首批11名受援者每人获善款800元。湘乡市红十字会多次组织医疗队为贫困地区村民义诊，免费发放药品价值2万多元。湘乡市红十字医院、湘乡市红十字金薮骨科医院、湘潭市红十字会湘乡急救中心为特困伤病员、五保户和困难户全年减免医药费4万多元。2003年，省红十字会"博爱送万家"活动向雨湖区窑湾街道100户困难家庭每户发放价值100元的慰问物资。向市特困企业无线电二厂捐赠价值1万余元的食品一批。2004年，中国红十字总会“红十字博爱送万家”活动向雨湖区城正街道500户困难家庭每户发放价值200元慰问物资。同年，市红十字会募捐箱善款第二次发放仪式举行，15名重病、特困人员各领取800元救助金。2005年，市红十字会向特困企业、特教学校、农村贫困中学赠送价值3万余元的款物。是年10月，澳门红十字会投资32.8万元援建的改水项目在韶山市大坪乡大坪村竣工，全村有246户、922人喝上山泉自来水。是年秋季，湘潭县射埠镇发生禽流感疫情，市红十字会募集50台美的牌微波炉赠送该县基层防疫部门和疫区困难村民，用于抗击禽流感。市红十字会与湖南工程学院在湘乡市翻江镇开展扶贫义诊活动，向村民赠送学生军训服装、胶鞋各1000余套（双）。至2005年的4年间，助残济困活动经费76万余元，除部分系上级红会下拨外，其他全来自市红十字会救助基金，受益群众5000余人。

二、初级卫生救护

（一）救护人员培训

1988年，市红十字会开始培训初级卫生救护师资骨干，举办2期师资学习班，有副主任医师、主治医师56人参加轮训，成为市内首批合格的基层防疫部门初级卫生救护师资人员。同时，在市直医院和部分厂矿职工医院举办13期心肺复苏学习班，有671名医务人员参加学习，卫生救护培训工作全面展开。

1989年，市红十字会与市卫生局、市公安局、市商业一局、二局、市交通运输局联合发出《关于开展群众性卫生救护训练的通知》，共举办卫生救护学习班54期，2189人参加。年内，举办全市首届卫生救护技术竞赛，33个代表队、200多人参赛。

1990年开始，市红十字会与各有关部门配合，对机动车驾驶员进行救护训练，以学习外伤救护四项技术（包扎、止血、骨折固定、搬运伤员）和现场心肺复苏为主课，辅以事故现场保护和交通安全教育等内容。至1991年，共举办全市性机动车驾驶员培训班56期，学员8765名。

1992年，窑湾街道红十字会与航运公司红十字会联合举办水上救护培训，参加学习100余人次。1993年，全市举办机动车驾驶员卫生救护训练班42期，有关行业从业人员卫生救护训练班46期，共培训14560人次。1995年，利用全市各医院创二甲医院时机，对临床医师和护士普遍进行四项技术和心肺复苏的复训。至是年底的4年间，全市各级红十字会及学校红十字会举办卫生救护培训和一般卫生知识讲座652期，参加学习人数9.79万人次。

1996～1997年，全市举办卫生知识讲座460余次，听课人数12万余人次。举办救护培训班120期，学员9200余人次。

1998年后，全市各级红十字会继续举办卫生救护培训班。经过卫生救护训练，各基层红十字会多数建立卫生救护站或医疗服务站，处理小伤小病，宣传卫生知识。各级红十字会团体会员单位组织医疗救护队，担负抢险救灾和大型群体活动的救护。2003年，市红十字会选派红十字医疗机构业务骨干12人分批参加省红十字会举办的初级卫生救护师资培训班。遵照上级红十字会意见，2004年后，初级卫生救护培训主要在中小学校师生中开展。是年举办培训班42期，学员3800余人次。至2005年的7年间，共举办各类救护培训班335期，培训学员2.72万人次。

（二）救护网络建设

按照省红十字会统一部署，在国道沿线设立红十字救护站，担负交通事故紧急救护。救护站从乡镇卫生院和县(市、区)医院中择优选定,培训急救员,配备特制的红十字急救箱、担架和常规抢救药品,明确救护站任务、救护员职责,建立各项规章制度,并在各站(点)紧靠公路旁设立规格、式样统一的醒目标牌,以争取抢救时间。

1991年3月开始,在卫生、公安、交通部门支持协助下,在107国道湘潭地域内全长90千米公路上,每隔7千米左右设立一个红十字救护站(点),共设站(点)13个,选定中间地段的中路铺区医院设立中心救护站。1992~1993年,在320国道湘潭境域沿线设站18个。初步形成公路卫生救护网络。

1994年,经市政府和卫生部门同意,将交通要道旁的市三医院挂牌为市红十字医院,由其负责各红十字救护站业务指导,承担特大交通事故抢救任务。同时,在107国道交通事故易发段白云乡增设救护站。市红十字会为6所重点救护站配备价值1.4万余元急救设备。至1995年,冠名红十字救护站的医疗机构达35个。

1996~1999年,市红十字会每年对各救护站进行1~2次工作检查。先后安排23名业务骨干至上级医院进修,陆续更新急救设备共计12万余元。

2000年后,公路沿线卫生救护站建设不断加强和完善,形成以湘潭市红十字医院、湘乡市红十字医院为龙头;以湘潭市红十字湘乡急救中心、湘潭市红十字岳塘急救中心、湘潭县中路铺红十字中心站为骨干;以各级红十字救护站、红十字冠名医疗机构为基础的救护网络。随着公路交通状况改善,公路救护工作质量和效率进一步提升,红十字救护站(点)逐步撤并调整,精简幅度较大。2003年6月,市红十字会组织专人对现仅存的16家救护站进行清理整顿,按照《医疗机构管理条例》要求,下文批准14家较正规医疗机构为冠名红十字救护站,统一名称和标牌,明确职责和义务。到2005年,公路红十字救护网络有救护机构17个,其中医院6所,救护站(点)11个。

(三)伤员救护

各医疗卫生机构作为红十字团体会员单位,均成立红十字救护队,参与突发事件急救及自然灾害救护工作。1989年5~6月,市红十字会组织14所医院轮流出动320名医务人员,日夜对参加游行、静坐、绝食的学生、群众和维护秩序的公安干警、武警战士进行救护,现场救护患病学生、公安干警982人次,抢救中暑、晕倒等病情较重的学生84人次,圆满完成政府交给的救护任务。

1991年11月8日晚,广西电影制片厂《周恩来》摄制组途经湘潭县中路铺地段,天雨路滑,车辆翻入农田,主要演员王铁成摔成重伤,折断6根肋骨,经中路铺中心站3个多小时紧急抢救,使伤者转危为安。演员古月、孙飞虎受伤也得到及时救治。至1992年,107、320两条国道救护站共抢救交通事故伤员1300余人次,其中危重伤员420人次。

1993年6月,湘潭县射埠乡老人谭某某在107国道行走时被车撞成重伤,经红十字上星桥救护站三昼夜抢救方苏醒,伤情好转出院,该站免收其全部医药和生活费用。至1997年,34个救护站共抢救交通事故伤员3151人次,其中危重伤员632人次。

1998~2005年,公路救护站共抢救交通事故伤员4100多人次,其中危重伤员731人次。

三、无偿献血与造血干细胞捐献

(一)推动无偿献血

1988年起,市红十字会积极参与输血献血工作,推动无偿献血。每年“5·8”世界红十字日期间,均开展义务献血和无偿献血宣传活动，广泛动员群众献血。1993 年，全市有 8 人无偿献血，总量 2050 毫升；1384 人参加义务献血，总量 40480 毫升。此后，献血宣传动员活动连年开展，至 1997 年的 5 年间，共有 7121 人次义务献血，总量 2789535 毫升；49 人次无偿献血，总量 9710 毫升。

1998 年 10 月 1 日，《中华人民共和国献血法》正式实施，各级红十字会依法参与推动无偿献血工作。采取设立宣传站、出动宣传车、展出版报、印发资料、张挂巨型横幅等多种形式大规模进行宣传。市红十字会与市献血办公室协作，积极组织各团体会员单位参与无偿献血活动。1999 年，湘潭市获省无偿献血先进城市称号。至 2000 年底的 3 年间，全市无偿献血人数为 9836 人次，采血总量为 3191800 毫升，占临床用血量的 90%左右。

2001 年，市内实现临床用血全部来自无偿献血。2005 年，市内创建湖南省首支"无偿献血志愿者服务队"（湘潭市红十字志愿者联盟前身），至年底，全市无偿献血 12780 人次，献血量 4107200 毫升。

（二）组织造血干细胞捐献

2002 年起，市红十字会大力宣传造血干细胞捐赠的重要意义和有关知识，组织发动群众捐献造血干细胞，救助白血病患者垂危生命。是年，湘潭市大学生"爱心血库"启动仪式在湘潭大学举行。2004 年 3 月，省、市红十字会联合在湖南科技大学组织造血干细胞志愿者行动启动仪式，400 多名大学生报名参加捐献，现场采集造血干细胞血样 253 人份，为全省大面积造血干细胞样本采集工作起了带头作用。随后，在全市卫生系统医务人员中开展造血干细胞捐献活动，启动仪式在市中心医院举行。市红十字会与市中心血站先后在市政府门前和白石广场联合开展宣传活动，发放有关造血干细胞捐献宣传资料，现场采集干细胞样本 1 0 多人份。接着，湘乡市和韶山市卫生系统都举行了造血干细胞志愿捐献活动。2005 年 3 月，湘潭市二医院副主任医师许文湘志愿捐献造血干细胞，成功救治一名白血病患者，成为全省卫生系统第一名捐献者。年内，在市区几所高校深入宣传发动，组织 3 次大型造血干细胞捐献活动，共采集样本 1100 多份。全市造血干细胞捐献者中有 16 人血样与患者初配成功。16 人中高分辨采样 11 人。至 2005 年底，湘潭市捐献造血干细胞工作名列全省第二。全市共采集干细胞样本 2100 人份，高分辨配型 11 人，成功捐献造血干细胞 1 人。

四、红十字青少年工作

1988 年，全市有 8 所中、小学校首批建立红十字会，青少年会员 3636 人。1989 年，学校红十字会发展到 14 个，红十字青少年各项活动逐渐开展。暑假期间，部分学校和单位红十字会，组织举办红十字青少年夏令营，到长沙、韶山等地参观学习。市一中高二女生左莉出席南方八省在庐山举行的夏令营活动，获会务知识和心肺复苏竞赛两个第一名。次年，市红十字会选派 6 名红十字青少年参加省红十字会组织的武陵源风景区夏令营活动，获卫生救护知识竞赛二等奖。

1991 年，市教委红十字青少年工作委员会（下称市红十字青少委）成立，具体指导学校红十字会工作。大庸市发生特大洪灾，红十字青少委开展"手拉手、心连心，献给灾区一片心"救灾活动，捐献衣物 56889 件，现金 1845.30 元，粮票 384.5 千克，由市教委主任、市红十字会副会长率队送往大庸市灾区。1992 年，继续对红十字青少年进行初级卫生救护培训和一般卫生知识教育。全市多次举办"四项技术"，心肺复苏学习班，培训 1414 人次。举办卫生知识讲座，听课 20528 人次。市一职校学生齐宇参加中国红十字会总会在河北承德避暑山庄举办的国际红十字青少年夏令营，获田径赛第二名。1993 年后,全市红十字青少年参加社会服务活动越来越多。至 1995 年底,全市有中小学校红十字会组织 45 个,红十字青少年会员 50577 人,参加社会服务活动 14763 人次,受益者 21946 人。

1996～1999 年,多次举办红十字青少年夏令营,先后到韶山、井冈山、遵义等地开展活动。2000 年,全市红十字青少年工作暨表彰大会召开,表彰市二中、市工业贸易中专、唐兴寺小学、岳塘区三完小、岳塘区建设路小学、韶山乡学区、湘乡市东郊小学及湘潭县一中 8 个先进单位。2001 年,市红十字青少委组织 1000 余人参加"春蕾杯"征文活动。韶山学校肖慧、湘钢二中赖舍等 4 人分获小学组、中学组一等奖。2005 年,举办全市中学初级卫生救护知识竞赛,11 支队伍,36 人参加。市三中、市十二中代表队获一等奖。是年底,全市中、小学校红十字会 44 个,青少年会员 156420 人。参加社会服务活动达 5.35 万人次,受益者 6 万余人次。

五、对台服务

1988 年,市红十字会组织恢复后,为海峡两岸同胞互相查找失散数十年的亲友,担负市区查找任务。是年,共收到台胞、台属"寻人表格"376 宗,通过公安部门电脑网上查询以及电视播放信息,经市红十字会与对台办等有关部门协同查询,为 93 名台湾同胞和市内台属找到亲人。次年,全市共受理海峡两岸查人通信表格 396 宗,查到 148 宗。其中中国红十字会总会和省红十字会转来台湾查人表格 285 宗,查到 76 宗;发往省会、总会 111 宗,查到 72 宗。接待台属来访咨询 254 人次。

1990 年起,查人转信数量明显减少,至 1994 年的 5 年间,全市收到总会和发往总会查人表格 108 宗,查到 18 宗。接待台胞、台属咨询 109 宗,协助处理台胞死亡、继承遗产和其他事件 31 宗,收到台湾财团法人交流基金会信件 19 宗。随着改革开放推进,台胞及大陆人员往返增多,查人转信工作在 1994 年后因无信件往来而相应停止。

第十二章 湘潭市个体劳动者私营企业协会

第一节 个协组织

一、市个体劳动者协会

1986 年,市个体劳动者协会统一机构名称,县(市)、区称个体劳动者协会,区(镇)、办事处称分会,乡镇为联组,村、居委会为小组。

1987 年 2 月 20 日,市个体劳动者协会召开第二次代表大会,出席大会代表 130 名,先进个协工作者 26 名。大会选举第二届理事会理事 13 名,副会长 2 名,于绍川(市工商局副局长,此后,各级各届会长均由工商局副局长兼任)任会长。是年,成立县(市、区)级协会 8 个,基层分会 53 个,会员小组 705 个。共有个体工商户 28240 户,从业人员 44762 人。1990 年 9 月,市工商局批准市个体劳动者协会设立办公室、宣传教育部、维权服务部。

1991 年 4 月 2 日，市个体劳动者协会召开第三次代表大会，出席大会代表 134 名。大会选举第三届理事会理事 15 名，副会长 2 名，会长暂缺，由常务副会长主持工作。5 月，市个体劳动者协会经市民政局注册登记为全市性社会团体法人。是年，县（市）、区级协会 10 个，基层分会 55 个，会员小组 1029 个。共有个体工商户 34740 户，从业人员 55890 人。1992 年 4 月，市个体劳动者协会三届五次理事会决定，增补曾祥富为市个体劳动者协会第三届理事会理事并任会长。1993 年 1 月，市个体劳动者协会三届八次理事会决定，曾祥富因退休免去第三届理事会理事和会长职务。增补寻民凤为第三届理事会理事并任会长。1995 年，市个体劳动者协会被省个体劳动者协会和中国个体劳动者协会评为全省、全国个体劳动者协会先进单位。周雪辉被评为全省、全国个体劳动者协会先进工作者。1996 年 3 月，经市个体劳动者协会三届十五次理事会决定，寻民凤因工作变动免去第三届理事会理事和会长职务。增补萧金生为第三届理事会理事并任会长。1996 年 10 月，市个体劳动者协会与市私营企业协会合并，更名为市个体私营经济协会。

二、市私营企业协会

1992 年 6 月，根据 1988 年 6 月国务院关于《中华人民共和国私营企业暂行条例》的有关规定，湘潭市召开首届私营企业代表大会，出席大会代表 47 人，大会审议并通过市工商局副局长曾祥富的工作报告、《湘潭市私营企业协会章程》，选举第一届理事会理事 13 名，副会长 2 名，曾祥富任会长。是年，全市注册登记私营企业 336 户，从业人员 2689 人。1993 年 3 月，经市私营企业协会理事会决定，免去曾祥富第一届理事会理事和会长职务。增补寻民凤为第一届理事会理事并任会长。1995 年 9 月，市个体劳动者协会、市私营企业协会两块牌子，一套人马，合署办公。1996 年 10 月与市个体劳动者协会合并，更名为市个体私营经济协会。

三、市个体私营经济协会

1996 年 10 月，经市个体劳动者协会三届十六次理事会议和市私营企业协会一届十六次理事会议讨论，决定将市个体劳动者协会、市私营企业协会合并，更名为市个体私营经济协会，并报请市编制委员会办公室、市民政局审核批准。原定 12 月召开第四次代表大会，但由于与市工商联在协会名称上产生分歧，在市政府的协调下，没有召开代表大会。1997 年 7 月 10 日召开小型会议，成立由 31 人组成的湘潭市个体私营经济协会第四届理事会。第四届理事会第一次会议选举常务理事 13 名，副会长 5 名，萧金生任会长。12 月，市个体私营经济协会被省个体劳动者协会评为全省先进单位。是年，各县（市、区）个体劳动者协会均更名为个体私营经济协会，有县（市、区）级协会 9 个，基层分会 46 个，会员小组 1056 个。共有个体工商户私营企业 41179 户，从业人员 113263 人。2002 年 3 月 1 日，根据湖南省个体劳动者协会第四次代表大会更名为湖南省个体劳动者私营企业协会的情况，为保持上下名称一致，市个体私营经济协会更名为市个体劳动者私营企业协会。

四、市个体劳动者私营企业协会

2002 年 3 月 1 日，召开湘潭市个体劳动者私营企业第五次代表大会，出席大会代表 174 名。大会选举市个体劳动者私营企业协会第五届理事会理事 26 名，理事会第一次全体会议选举常务理事

15 名,副会长 8 名,李祖玉任会长。是年,各县(市、区)个体私营经济协会均更名为个体劳动者私营企业协会,有县(市、区)协会 6 个,基层分会 45 个,会员小组 1073 个。共有个体工商户、私营企业 40004 户,从业人员 92696 人。2003 年 4 月 25 日,市个体劳动者私营企业协会召开个体私营企业工会联合会第一次会员代表大会,选举 7 人组成第一届工会委员会。根据市总工会《关于调整全市非公有制企业工会管理体制的通知》精神,2004 年 11 月,撤销市个体私营企业工会联合会。2005 年 12 月,市个体劳动者私营企业协会被省个体劳动者私营企业协会评为先进单位。至 2005 年底,有县(市、区)协会 6 个,基层分会 39 个,会员小组 267 个,个体工商户 33630 户,私营企业 4082 户,共有从业人员 67930 人。

第二节　个协活动

一、文明经营

1986 年,市个体劳动者协会(以下简称个协)针对少数会员违法、违章经营,以及个体工商户较集中的地方脏、乱、差问题,组织开展文明经营竞赛活动。各县、区协会制定创建“文明街”“文明厂”“文明户”规划,统一制定文明公约,狠抓落实。4 月,市个协举办为期 4 天的骨干培训班,学习《中华人民共和国宪法》等有关法律法规。各县、区及基层协会逐级举办普法学习班。接着,市个协对全市个体工商户进行经营作风大检查。通过检查,全市评出文明经营户 836 户,出席全省先进个体工商户 13 名,出席全国个体劳动者代表大会代表汤瑞仁和全国先进个体劳动者朱建鸿。市个协将出席全国、全省先进个体工商户的典型材料及文明经营户名单,编印成《潭城个体文明花》一书。1987 年,针对少数个体工商户偷税漏税、打架斗殴、赌博、吸毒等违法犯罪事件,市个协发出《关于在全市个体工商户中深入开展普法和职业道德教育的通知》,将全市个体经济发展状况、个体工商户中违法犯罪典型案例及不讲职业道德的典型事例,编制成 60 余幅文字图片,在全市各地巡回展览。1988 年,市个协组织开展法律知识竞赛活动。很多会员由不懂法到学法用法,做到守法经营,依法致富。至 1990 年的 5 年间,共评选全国商业劳模 1 人,全国先进个体劳动者 1 人,省级先进个体劳动者 53 名,市级先进个体劳动者 148 名,县(市)、区级文明经营户 4768 户。

1991 年 6 月,市个协组织罗明照、朱建鸿等 7 人,现身说法,在会员中巡回演讲,介绍他们文明经营、优质服务的先进事迹。1992 年 10 月,市个协与市普法办联合举办“二五”普法知识测验答题有奖活动,引导会员守法经营、依法致富。至 1995 年的 5 年间,共评选省级先进个体工商户 37 户,优秀私营企业 12 个,市级先进个体劳动者 287 人,县(市、区)级文明经营户 5037 户。

1996 年,市个协以中央宣传部、国内贸易部联合在全国开展“百城万店无假货”活动为契机,在个体工商户、私营企业中开展“户户讲道德,店店无假货”活动。市工商局、市个协、市私营企业协会(以下简称私协)先后两次联合发文,进行具体部署安排。各级个协、私协配合工商部门,对个体户、私营企业进行检查整顿。全市涌现出一批文明经营户,会员汤瑞仁被全国总工会评为全国职工职业道德建设双十佳。1997 年,市个体私营经济协会(以下简称个私协会)会同市工商局、市技术监督局在全市个体工商户、私营企业中开展“质量信誉优秀单位”评比活动。共评选 70 户“质量信誉优秀单位”。至 2000 年的 5 年间，共评选全国职工职业道德建设双十佳 1 人，省级先进个体工商户 7 户，优秀私营企业 2 个，市级“质量信誉优秀单位”262 个，县（市、区）级文明经营户 3735 户。

2001 年，根据中央文明办等五部委在全国开展“共铸诚信”活动的通知精神，市个私协在个体工商户、私营企业建立诚信机制，在会员中广泛开展“不制假、不售假”诚信教育活动，同时开展“诚信守法经营单位”评选活动。至 2005 年的 5 年间，共评选省级“诚信守法个体工商户”56 户，市级“诚信守法经营单位”242 个，县（市、区）级“诚信守法经营单位”1295 个。

二、引导发展

1986 年起，市个协把引导个体经济发展列入工作重点。1987 年 12 月，组织召开“个体企业经营管理经验交流会”，23 位代表参加会议。湘潭县湘涓电镀厂厂长胡述安等 11 位代表发言，介绍经验。

1988～1991 年，为引导城镇待业人员和农村剩余劳动力就业，全市各级个协举办钟表修理、家用电器修理、美容美发、服装裁剪、摄影、水电维修、科学种养等各种技术培训班 339 期，参加培训达 16553 人次。至 1992 年底，个体工商户发展到 39619 户，比上年增长 14%，从业人员 61749 人，比上年增长 10.5%。私营企业发展到 336 户，比上年增长 30%。

1993～1994 年，市个协、市私协分批组织个体工商户、私营企业到江浙沿海发达地区考察学习。1995 年 4 月，市个协联合湘潭电视台，对个体工商户和私营企业经营状况进行调查，拍摄《湘潭个体私营经济发展中存在的问题与对策》电视专题片连续播放，引导个体私营经济发展壮大。1996～2000 年，市个私协组织会员以外出参观学习、召开经验交流会等形式，引导个体私营经济上规模、上档次、上效益。

2002 年，为引导个体私营企业向生产型、科技型、外向型发展，市个私协会组织私营企业参加全省十大行业 500 强企业评选活动，共有 30 家企业评为全省十大行业 500 强。2003 年 7 月，市个私协会组织湖南迅达集团、摩尔化工有限公司等 11 位私营企业家，参加湖南省个私协会和省经济电视台联合举办的 2003 年（中国）湖南民营企业竞争力论坛。市个私协会还与市烹饪协会联合组织餐饮人才参加全国第五届烹饪技术大赛。10 月，市个私协会、市工商局联合举办“为下岗失业人员再就业牵线搭桥会”，免费为下岗人员提供“一站式”服务。3851 名求职者与 90 家私营企业达成就业意向，其中，40 名残疾人达成就业协定。2004 年，组织金侨房地产等 11 家公司和 200 多家私营企业负责人参加《架设腾飞金桥，共谋湘潭发展》座谈会，引导企业创名牌。10 月，组织 20 家私营企业参加湖南省民营企业成果展暨优秀人才招聘会，与 900 名应聘者签订就业意向协议书。2005 年，市个私协会与市工商局联合举办“春暖潇湘、情驻湘潭”全省“五一”联动招聘大会，全市 110 家私营企业提供 5000 人就业岗位，4000 多人与用人单位达成用工意向；组织湖南迅达集团、湖南立发颜料公司、湖南龙行天下酒业公司、湘潭电器设备公司、湘潭美术广告公司赴深圳参加中国首届商标节，促使个体私营企业增强品牌意识和对知识产权和无形资产的重视。2005 年底，个体工商户私营企业成为经济发展的重要增长点。全市个体私营经济增加值 173.61 亿元，占全市 GDP46.86%。

三、维护权益

1986 年，市个协组织会员，抵制各种不合理收费。1987 年，市个协聘请法律顾问，为会员提供法律帮助。会员刘某某与长沙湘城机械厂签订购置、安装冷冻设备合同,对方以次充好,造成10万元损失。在律师的帮助指导下,向法院提起诉讼,人民法院依法判决长沙湘城机械厂赔偿4万元。1989年,针对个体工商户连年下降、"三乱"(乱收费、乱摊派、乱罚款)名目繁杂等现象,市个协会同市工商局组织专项调查,形成《关于向个体工商户乱收费、乱摊派、乱罚款情况的调查报告》和《三乱象把刀、滥割何时了》的文章,《人民日报》等全国和地方14家报纸杂志登载,引起市委、市政府领导高度重视,责成有关部门对各行政事业单位的收费项目进行检查整顿,"三乱"之风得以遏制。至1990年的5年间,共处理各种侵权案件929起,为会员挽回经济损失189.39万元。

1991~1992年,维权工作的重点仍然是制止向个体工商户和私营企业乱收费、乱摊派、乱罚款。1993年4月,市个协成立个体私营经济法律服务部,聘请律师1人,与维权服务部合署办公。5月,岳塘区交警大队向107国道沿线个体饮食经营户非法收取"路边店停车费",并出动警车,沿途巡查,不交费者不允许停车,给部分个体饮食户造成严重损失。法律服务部接受委托后,向岳塘区人民法院提起行政诉讼,岳塘区交警大队接到应诉通知书后,取消收费项目,并将已收取的1.5万元全部退还给个体饮食经营户。1994年11月,飓风工业品有限公司诉市公安局治安科和雨湖公安分局云塘派出所违法行政,两次没收烟花鞭炮一案,在法律服务部的帮助下,挽回经济损失5.3万元。1995年5月,经市中级人民法院批准,设立"湘潭市个体私营经济协会办案联络处",市中级人民法院直接受理个体工商户、私营企业被侵权案件的诉求。至1995年的5年间,共处理各种侵权案件1447起,为会员挽回经济损失1303万元。

1996年5月,湘潭布市百名个体工商户的布匹,被广东省惠东县公安局以走私布为由扣留,即将进行拍卖。布市个协前往惠东县公安局进行协调,据理力争,惠东县公安局依法将布匹全部退还业主,挽回经济损失270万元。1997年10月,湘潭布市17户个体工商户的布匹被一名司机骗走,个私协会会同公安部门一道追回价值80万元布匹。1998年6月,市个私协会成立以个体工商户、私营企业为主要服务对象的"湘潭市宏盾法律事务所"。2000年5月,雨湖区个私协开通维权服务热线电话,为个体工商户和私营企业答疑解难。至2000年的5年间,全市共处理各种侵权案件983件,为会员挽回经济损失1844万元。

2001年,宏盾法律事务所法律工作者由4人增至6人。私营企业台通实业有限公司与湘潭市机械局的房屋转让纠纷案,市中级人民法院一审和省高院二审判决台通公司败诉。市个私协了解情况后,指派专人代理其向最高人民法院申诉。最高人民法院作出裁定,指出省高级人民法院认定事实不清,适应法律不当,指令省高级人民法院另行组成合议庭再审。省高级人民法院作出再审判决,撤销该案一、二审判决,台通公司胜诉。2002年5月,市个私协会在湘乡市召开维权工作经验交流会,介绍湘乡市个私协会建立网络维护会员合法权益,把侵权事件制止在萌芽状态中的经验。2004年,市个私协会与湖南湘君律师事务所组成法律顾问室,由7位律师为会员提供常年法律服务。8月,市个私协会召开全市减负工作大会,300多位私营企业经营者参加,免费发放《湖南省加快民营经济发展文献汇编》2680册、湘潭市《关于治理向企业乱收费、乱罚款和各种摊派》文件摘编150册、《湖南涉外企业行政事业性收费项目及标准》90册。成立"市个私协会企业减负工作领导小组",设立投诉中心,公开投诉电话,在各县(市、区)个私协会设立减负工作联系点,制定减负工作实施意见,做到有报必查,有困必帮。至2005年的5年间,共处理各种侵权案件910起,为会员挽回经济损失 1946 万元。

四、公益活动

1986 年 4 月，湘乡棋梓桥地区遭受特大风暴冰灾，市个协组织会员向灾区捐款 6.81 万元。个体工商户致富不忘国家，积极认购国库券，1987 年，全市会员认购国库券 48.221 万元。1988 年秋，洞庭湖区遭受特大洪涝灾害，会员主动向灾区捐款捐物。1989 年，各级个协组织会员慰问五保老人、烈军属 560 人次，慰问金 6890 元；慰问特困会员 981 人次，慰问金达 6980 元；为北京亚运会捐款 4.72 万元。1990 年 3 月，市个协组织市区 120 名会员在建设北路街头开展为民义务服务活动，为群众免费修理钟表和家用电器、修理单车、理发、服装裁剪、中西医看病等，服务 2879 人次。全市各级个协组织会员开展为民义务服务活动 91 场次，服务 4.7 万余人，免费 6.5 万余元。湘乡虞塘个协会员陈欣慰赡养一孤寡老人，二十一年如一日，送饭送水，接屎接尿，不是亲人胜似亲人，被市个协树为学雷锋先进典型。至 1990 年的 5 年间，全市会员为公益事业捐款 68.91 万元，认购国库券 250.37 万元。

1991 年，国内一些省、区遭受历史上罕见的特大洪涝灾害，全市个协会员踊跃捐款捐物，受到市政府的表彰。1992 年，组织会员为希望工程捐款 8 万元；号召广大会员支农扶贫，购买化肥 12 吨，分别送与湘潭县较场乡和湘乡市双江乡贫困农民。1993 年 3 月，为纪念毛主席“向雷锋同志学习”题词发表 30 周年，全市各级个协组织会员 400 人，开展为民义务服务活动。1994 年，私营企业主为修建湘江堤垸捐款 18.17 万元，其中，伍尚魁个人捐款 15 万元。1995 年，市个私协组织会员开展岗位学雷锋活动。各基层分会组织会员定期上门为残疾人服务，慰问五保老人，慰问人民子弟兵。至 1995 年的 5 年间，全市会员为公益事业捐款 403.66 万元，其中救灾捐款 243.37 万元。

1996 年，市政府决定，每年 4 月为个体工商户、私营企业“光彩事业活动月”。各级个私协以此为契机，在全市范围内掀起“光彩事业活动月”高潮，在希望工程、扶贫助残、防洪救灾等社会公益事业中，全市个私协会会员共捐款 129 万元，参与人数达 34183 人。1997 年 4 月，市个私协理事两次到湘潭县青山桥顶峰村考察，为该村送去款物 2 万元；为湘乡市白田镇上扶学校购制 5 万元的校服、图书、课桌等教学设备。是年，全市会员为希望工程光彩基金捐款 300 万元，成立教育基金会 4 个，金额 13 万元。1998 年，全市会员为彭德怀纪念馆捐款 3.32 万元。至 2000 年的 5 年间，全市个私协会员为社会公益事业捐款 977.25 万元。

2001 年后，全市会员积极参加社会公益事业活动。至 2005 年，为各项公益事业捐款 92.7 万元。会员汤瑞仁 17 年累计各项捐款 100 多万元，获全省“希望工程光彩基金捐资积极分子”等光荣称号。

第九篇　外事侨务

概　述

1985年1月，市侨务办公室（简称侨办）从市政府办管理范围划出单设；1986年3月，市外事办公室（简称外办）成立，同时撤销湘潭市政府办公室外事接待科。两办均为市政府直属县级机构。全市共有旅居海外的华侨、华人约5000人，港澳同胞（湘潭籍）4100多人。分布在28个国家和地区。是年，市侨办采取“走出去，请进来”的方法，为湘潭市“三引进”（智力、资金、技术）穿针引线，吸引华人华侨、港澳同胞来湘潭经商、投资办厂、捐资建校助学。外办则与有关单位合作，制作反映湘潭悠久历史、人文风情、经济发展的画册和录像带，加强对外宣传工作；热情接待来潭考察访问、商贸洽谈、技术援助的外国友人；协助企业、高等院校从国外引进专家和技术人才；为因公出国（境）人员办理相关手续，并逐步开展国际交流。1988年，外事接待192批、523人次，比1986年增加60批、132人次。1989年春夏之交北京发生政治风波，来潭外宾降至105批、225人次。1991年，来潭的外国经济、文教专家和技术人员175批、402人次，涉及20个国家和地区。侨务系统接待来访与洽谈经贸的海外人士25批77人次。港澳同胞来潭投资办厂17家，直接引进外资1309万美元。1994年，来潭的华人华侨、港澳同胞179批、1084人次。其中，经济方面762人次，学术方面186人次，其他236人次。外事部门接待外宾120批、345人次，涉及日本、美国、英国及港澳等24个国家和地区；办理因公出国（境）手续140人次；并协助企业、高等院校引进外国专家15名。湘潭市还先后与日本彦根市、美国南艾尔蒙地市正式缔结友好城市关系。是年，市委、市政府将市外办与市侨办合并，成立市外事侨务办公室（简称市外侨办），接着又成立湘潭市人民对外友好协会（属民间对外交流组织性质，与市外侨办两块牌子，一套人马）。

1994年后，湘潭市贯彻执行中央和省委、省政府一系列对外工作方针政策和有关侨务的法律法规，陆续出台《关于进一步规范因公出国（境）管理工作的通知》《关于进一步完善我市外事接待工作的若干规定》等文件。市外侨办重点帮助涉外单位学习了解中央和省、市关于外事工作的方针、政策，以及外事工作的礼仪、规格和有关规定；指导有关单位制定接待计划，处理涉外工作中遇到的问题，及时纠正违反外事纪律的现象；帮助涉侨部门贯彻落实《中华人民共和国归侨侨眷权益保护法》和《湖南省归侨侨眷权益保护法实施办法》。1999年，湘潭市侨资企业发展到93家。其中侨伟房地产开发有限公司投资规模达2000万元人民币。2000年，办理110批330人次的因公出国（境）手续，出访国家（地区）32个；接待来自20个国家和地区的外宾249批、2340人次。接待境外华人华侨100多人次，其中有来潭进行经济考察、咨询、讲学的30多名知名学者、专家、华侨华人社团负责人；协助企业向国家外国专家局申报并批准引智项目12个，引进经济技术专家17人；向省政府申请贴息贷款项目1个，争取到贴息资金4万元；捐资建校由原来以香港同胞个人名义捐资为主转向以社会团体和慈善机构捐资为主。湘潭县侨办主任莫尚固被国务院侨办评选为“全国侨务工作先进个人”，湘乡市人民医院副主任医师、归侨黄鼎秀被评为“全国侨眷先进个人”。市外侨办还与香港华人华侨总会、美国底特律中国人协会、美国洛杉矶湖南同乡会、荷兰华侨华人总会建立起良好关系。

2001 年，为纪念湘潭市和日本彦根市缔结友好城市十周年，市委书记卞翠屏应日本彦根市市长中岛一邀请，率湘潭市友好代表团对彦根市进行访问。市外侨办与日方积极协调使访问取得圆满成功。2003 年，为落实市委、市政府实施城区五万人就业工程，市外侨办与市人事局合作，成立“湘潭市下岗归侨侨眷职工再就业培训中心”，举办下岗归侨侨眷职工再就业指导班、创业班、计算机技能班等，实现下岗归侨侨眷职工基本再就业，受到上级肯定。是年 9 月，全国归侨侨眷下岗职工再就业暨发展归侨侨眷非公有制经济经验交流会议在湘潭市召开。湘潭市人民政府《倾注真情促就业，凝聚侨心谋发展》材料被会议印发。至 2003 年 6 年间，协助企事业单位申报智力引进项目 39 个，经国家外事局批准立项 30 个，引进外国专家 52 人，获得项目支助经费 100 多万元（是年起该项工作划归市人事局管理）。2004 年，为加速经济发展，湘潭市先后举办中德（湘潭）环境管理及企业合作大会、首届中国（湘潭）齐白石国际文化艺术节。市外侨办促成印度尼西亚、白俄罗斯、乌克兰驻华使领馆官员来潭参加活动，日本彦根市、乌克兰卢茨克市派代表团前来祝贺，香港星火基金会代表团来访并进行捐资建校活动。2005 年，接待外宾 283 批，2953 人次，涉及到美国、英国、法国、日本等 25 个国家和地区；全年因公出国（境）131 批，461 人次，其中招商引资、业务洽谈等占总人数 75%；引进经济专家 30 多批次，文教专家 50 多人；侨资企业 43 家，港资企业 77 家。其中投资额在 1000 万元人民币以上的 34 家。接受捐资建校、助学、奖学、奖教金额 600 多万元，改造和新建农村贫困学校 20 多所，资助农村贫困学生 1000 多人；湘潭市国际友好城市发展到 4 个，其中与日本彦根市在文化交往、青少年交流、专业人才培训等方面取得一批实际成果。湘潭市外事侨务工作受到国务院侨办和省外侨办肯定。是年，主任王惠亚获“全国侨办系统先进工作者”称号，受到党和国家领导人的接见。

综观全市 20 年外事侨务工作，也有不足之处，如友城布局不够合理；对外交往中一般性考察较多，经贸、科技等实质性内容相对较少；捐资建校中引资奖励政策没有配套，受捐地方政府承诺的配套资金有时不能及时到位等。

第一章　外事

第一节　涉外管理

一、因公出国（境）管理

1986 年，市外办全年办理因公出国（境）人员手续约 50 人次。随着改革开放不断深入和经济建设快速发展，因公出国（境）人员逐年增多，任务从一般考察向围绕以经济为中心的技术、商贸考察和洽谈方面转移。为使因公出国(境)管理工作有条不紊地进行,市外办加强对因公出国(境)工作的归口管理:及时向有关部门通报上级关于因公出国(境)工作的指示;根据外交部和省外办有关政策精神以及市委、市政府的要求制定管理办法;综合全市因公出国(境)情况,向市委、市政府和上级有关部门报告;加强对因公出国(境)工作的协调和监督。1990 年,因公出国(境)人员达 100 人次,比 1986 年翻一番。1995 年,因公出国(境)人员达 246 人次。1996 年,根据外交部、省外办的有关规定,湘潭市开始实施出国护照专办员制度,统一申办和回收全市因公出国(境)人员护照签证。1997 年因公出国(境)人数增加到 370 人次。

1998 年,为贯彻中共中央办公厅《关于地方外事工作的若干规定》和湖南省《关于加强全省外事工作的意见》,湘潭市制定《关于加强因公出国(境)管理的规定》,规范因公出国(境)呈报审批程序,调整护照专办人员,并组织建立由市外侨办牵头,有市委宣传部、市对外经济贸易委员、市科学技术委员、市公安局、市国家安全局等涉外部门参加的联席会议制度,协调处理重大涉外事项。同时建立出访情况汇报制度,要求因公出国(境)人员回国后整理上报出访情况及成果,以提高出访质量。2000 年,办理因公出国(境)手续 110 批、330 人次,涉及到 32 个国家和地区。其中,经贸考察、技术服务、设备验收、项目洽谈占 63%,研修、培训、学术交流占 13%,其他占 24%。护照回收率 80%。出访报告制度得到有效实行,全年收到 48 篇。

2001 年,为进一步规范因公出国(境)管理工作,市委办公室、市政府办公室联合印发《关于进一步规范因公出国(境)管理工作的通知》,要求每次因公出国(境)目的要明确,有实质性内容;团组结构要合理,人员要精干,身份要真实。如有弄虚作假,除取消团组出访任务外,当事人 3 年内不得派出国(境)执行公务。情节严重的由纪检、监察机关追究有关人员的责任。同时对涉及办理因公出国(境)手续的单位进一步明确分工。根据通知规定,市外侨办继续做好因公出国(境)归口管理工作外,具体承办市委、市人大、市政府、市政协领导和副厅级以上领导出国团组、10 人以上出国团组、一次审批多次出国人员以及友好城市交流、文化、教育、卫生、体育、研修、培训等团组人员的《出国、赴港澳任务批件》(以下简称任务批件)或《出国、赴港澳任务确认件》(以下简称任务确认件),同时负责出国人员的外事纪律教育,出具《护照签证申请证明》,并统一办理护照和签证等手续。是年,办理因公出国(境)手续 137 批 294 人次。其中,友好交流 16 批 52 人次,经贸考察、贸易洽谈、技术交流 103 批 222 人次,学术访问 18 批 20 人次。

2005 年 4 月,市政府召开市外事工作领导小组会议,专题讨论进一步简化因公出国(境)申办手续具体实施办法,并通过《关于进一步规范和简化因公出国(境)手续的意见》,以市委办、市政府办文件形式联合下发。是年共办理 131 批 461 人次出国(境)执行公务手续,创历年之最。其中,招商引资、经贸考察和业务洽谈、技术培训、设备验收等约占总人数的 75%,友好访问和一般考察占 25%;企业人员占 65%,机关公务员占 35%。

附　湘潭市重要团组出访情况

1987 年 4 月,市长李壬申率湘潭市友好代表团访问日本彦根市。

1988 年 6 月,副市长孔令志赴联邦德国出席世界城市建设与管理讨论会。

1990 年 1 月,副市长孔令志率湘潭市友好代表团访问日本彦根市。

1991 年 10 月,市长范多富率湘潭市代表团访问日本彦根市,并与日本彦根市市长狮山向阳签署《湘潭市与彦根市缔结友好城市协议书》。

1994 年 10 月,市长孔令志率湘潭市政府代表团访问美国加利福尼亚州南艾尔蒙地市,并与该市签订缔结互为友好城市协议书。

1995 年 10 月,副市长康庆浩率湘潭市友好代表团访问日本彦根市。

1997 年 6 月,副市长马扬率湘潭市经贸考察团到越南、柬埔寨进行商务考察访问。9 月,市人大常委会主任王为民率湘潭市赴欧经贸考察团到瑞士、德国就金迪化纤有限责任公司引进设备事宜进行考察访问。11 月,市长蒋建国、市人大常委会副主任张丽婷分别率湘潭市友好代表团、湘潭市人大交流团同时访问日本彦根市。

2000 年 2 月,市委副书记陈坤率湘潭市友好代表团访问日本彦根市。3 月,副市长彭宪法率湘潭市代表团参加湖南省政府在德国慕尼黑举行的湖南省欧洲投资贸易洽谈会。7 月,市委书记卞翠屏率经贸考察团赴香港进行招商考察。

2001 年 4 月,副市长朱明华率市经贸考察团赴越南边和市、胡志明市访问考察,并参加河内国际贸易博览会。7 月,又率招商团赴美国硅谷参加省政府在美举行的招商活动。10 月,市委书记卞翠屏率湘潭市友好代表团赴日本彦根市参加两市结好十周年纪念活动。

2003 年 12 月,市人大常委会副主任李崇轩率市贸促会、经委、市乡镇企业局等部门负责人以及湘钢、江南、江滨、湖铁、金迪等企业负责人赴越南胡志明市参加越南国防贸易展览会。

2004 年 9 月,市委书记陈润儿、市委副书记余爱国率湘潭市代表团赴德国、英国招商考察。代表团在德国向中小企业发布湘潭市高新区的招商合作项目,并向德国工商界大力推介中德工业园。12 月,副市长谭山平率湘潭市经贸代表团参加在越南河内市举行的国际贸易展览会。

2005 年 5 月,市长彭宪法率湘潭市代表团赴日本参加爱知世界博览会,并举办湖南周“湘潭城市日”活动。6 月,又率湘潭市友好访问及物流考察团,访问日本彦根市,学习考察日本物流企业。代表团还到韩国考察物流企业。12 月,市长彭宪法率湘潭市商务代表团赴德国进行商务考察和洽谈。

二、外事接待管理

1986 年,外事接待工作主要是完成外交部、省外办安排到湘潭市参观访问、考察的外宾接待任务,以及为在潭企业接待外国专家做协调管理和咨询服务。全年接待 132 批、391 人次。其中重要团组有日本彦根市亲善使节团、索马里妇女代表团、安哥拉妇女代表团。为扩大对外影响,市外办与有关部门一起组织编印《莲城湘潭》折叠画页,出版《潭城纪胜》一书,摄制《韶山情思》录像带,对外积极宣传、推介湘潭。1988 年,来潭外宾上升到 192 批、523 人次,涉及 20 个国家和地区。1989 年,受春夏之交发生在北京的政治风波影响,来潭外宾降至 11 个国家和地区的 105 批、225 人次。1991 年,中国政治局面稳定,经济快速发展,来潭外宾人数很快回升,全年接待来自 20 个国家和地区的经济、文教专家和技术人员 175 批、402 人次(不含旅游观光者),外贸人员 200 多人次。其中,湘潭钢铁公司 24 批、51 人次,江南机器厂 21 批、36 人次,江麓机械厂 30 批、75 人次,湘潭电机厂 34 批、67 人次,湘潭纺织印染厂 35 批、73 人次。至 1991 年的 6 年间,全市共接待外宾 907 批、2363 人次。

1992～1994 年，接待外宾人数又有上升，3 年共接待 780 批、3568 人次。范围涉及 24 个国家和地区。期间，湘潭新电厂 31 亿元人民币建设项目获国家批准，瑞典大瀑布公司高级代表团应陈邦柱省长邀请来电厂考察，市外侨办与厂方多次会商，使接待工作圆满完成。

1995 年起，市外侨办通过召开会议、举办各种培训班、编印《涉外工作手册》等多种办法，帮助各涉外单位学习掌握中央有关外事接待工作的方针政策、接待规格规定和礼仪；指导制定接待计划；帮助处理涉外工作中遇到的问题，及时纠正违反外事接待纪律的现象；指导和组织在潭外国专家开展各种联谊活动。并与湘潭钢铁集团公司、湘潭电机集团公司、江南机器厂、江麓机械厂、市化纤厂、湖南铁合金厂等常年有涉外接待任务的单位加强联系，对需要协助或共同接待的，市外侨办全力为其做好咨询、指导和服务工作。2000 年，根据国家外国专家局、湖南省外国专家局有关精神，市外侨办与市公安局联合下发《关于加强安全防范，确保在潭外国专家安全的通知》。要求各聘请外国专家单位会同当地公安部门，对本单位外国专家涉及的工作场所、生活住地、娱乐休闲场所、交通工具及外部环境进行安全检查，对发现的问题限期进行整改。市外侨办为此进行年度检查。由于各方重视，管理措施到位，全市范围未出现问题。是年接待外宾达 249 批、2340 人次，涉及到 20 个国家和地区。至 2000 年的 6 年内，共接待外宾 1210 批、13520 人次。其中重要团组有外国驻华使节访湘团、朝鲜民主妇女同盟中央委员会副委员长郑明姬率领的朝鲜妇女代表团、菲律宾农业代表团、柬埔寨政府招商投资考察团等。

2001 年，为适应对外开放的新形势，市委办、市政府办印发《关于进一步完善我市外事接待工作的若干规定》。要求涉外人员遵循"礼宾服从政治""一视同仁、区别对待""礼遇适度，节俭办事，规范操作，注重实效"的原则；遵守外宾赠送的礼物超过 200 元以上的应上缴组织，有价证券和礼金必须谢绝等纪律。市外侨办认真贯彻文件精神，提升接待组织能力和服务水平。2004 年，湘潭市先后举办国际性大会——中德（湘潭）环境管理及企业合作大会、首届中国（湘潭）齐白石国际文化艺术节。市外侨办根据市委、市政府要求，按外事政策和礼宾惯例向有关国家驻华使领馆官员、国际友好城市的政府和民间友好团体、香港的华侨华人社团负责人发出邀请，并跟踪联系落实每项具体接待工作，圆满完成任务。至 2005 年的 5 年内，共接待外宾 1253 批、12962 人次。其中重要团组有联合国东帝汶水利专家到韶山灌区参观考察；法国驻华大使毛磊、文化专员梅山乐、驻武汉总领事尚多礼对湘潭大学的访问；越南共产党中央政治局委员阮富仲对易家湾仰天湖养鱼场的参观考察；乌克兰卢茨克市政府代表团对湘潭市的访问等。

三、涉外事件处理

1994 年，新加坡卢氏工程有限公司董事长在江麓机械厂洽谈业务后赴机场途中，在 107 国道湘潭段发生车祸，司机当场死亡，董事长受重伤，被送往湘雅医院抢救。市外办及时赶到医院慰问伤者。伤情稳定后，董事长返回新加坡继续治疗。是年，衡阳市电信局一部小车行至湘潭二大桥路段时发生车祸，车上一名外宾（巴基斯坦电讯工程师，受聘于瑞典艾立信电信公司）当场死亡，三名中国人受伤。市外办闻讯后立即派人协助交警部门处理善后事宜，将死者遗体送往殡仪馆存放，并请来阿訇按阿拉伯民族信奉的伊斯兰教习俗处理。后遗体被送回巴基斯坦。

2000 年上半年，湘潭市进出口公司在办理因公出国手续时有弄虚作假现象被湖南省外办驻京签证处发现。市外侨办积极协助调查,使问题得到解决。

2004 年 3 月,湘潭大学外教史迪文森(尼日利亚籍)到市外侨办递交一份致市长的信,“控告”湘潭大学外语学院克扣其部分工资,并要求面见市长。市外侨办当即与湘大联系,并于即日下午在湘大国际交流处召开劳资纠纷协调会,使劳资双方消除误解,问题圆满解决。是年 7 月,湘潭市公安局出入境管理科依法扣留在本市非法居留的尼日利亚人肯尼迪,并及时向市外侨办通报有关情况并洽商处理办法。市外侨办将有关情况向省外办汇报。尼日利亚大使馆派一参赞来潭,在市外侨办人员的陪同下赴市公安局拘留所确认肯尼迪的身份,后将其遣送出境。

第二节 友城交往

一、与日本彦根市的友好交往

彦根市位于日本滋贺县境域,面积 99.8 平方千米,人口约 11 万,是滋贺县第二大城市。1986 年 9 月,经中国湖南省与日本滋贺县(互为中日友好省、县)牵线搭桥,以大久保昭教为团长的日本彦根市友好访华团一行 5 人应邀到湘潭市访问,揭开两市友好交往的序幕。1987 年 4 月,湘潭市将湘潭县出土的商代晚期“青铜豕尊”运往日本彦根市参加该市举办的世界古城博览会,并在彦根城博物馆开馆之日展出,当地新闻报刊争相报道,日本各地前往参观的人数达 100 万之多。介绍湘潭市悠久历史、名胜古迹、杰出政治家和文化名人、现代经济和城市风貌的《金湘潭》录像带,经日本东京电视台译制后在彦根市播放。1990 年 12 月,湘潭市中小学生书画作品在彦根市政府大厅和各中小学巡回展出。

1991 年 3 月, 中国人民对外友好协会和日本彦根市议会分别同意两市可以建立友好城市关系。10 月,市长范多富率湘潭市代表团应邀访问日本彦根市,并与日本彦根市市长狮山向阳签署《湘潭市与彦根市缔结友好城市协议书》。协议书明确:“两市将根据和平友好、平等互利、相互信赖、长期稳定的原则,努力推进经济贸易、文化交流、科学卫生等各个领域的广泛交流与合作,以增进两市的繁荣与发展”。还明确两市政府隔年派团互访。根据友城协议精神,彦根市从 1991 年起接收湘潭市研修生进修(要求大专以上学历,有一定的日语听、读能力),为湘潭培养经济、技术等方面人才。研修生除国际往返旅费、国内手续费由派出方负责外,在日境域的所有费用,包括研修费、生活费、外出考察费、一般医疗费、各种保险费、租用住房以及聘请翻译费等,每人每年约 350 万日元由彦根市负担。是年 10 月,湘潭市派出首批研修生 1 人赴日研修语言。

1993 年 11 月,彦根市日中友好协会以理事长宫下勉为团长的友好观光团一行 9 人,应邀来湘潭市参加纪念毛泽东诞辰 100 周年文艺汇演暨经济技术贸易洽谈会。

1995 年 4 月,市外侨办梁永丽(女)作为国际交流员,由市人民政府选送并受中华人民共和国派遣,赴日本彦根市工作一年。她与彦根市政府国际交流课相互交流管理经验;宣传、介绍湘潭的悠久历史、风土人情、经济发展状况及前景。

1996 年,湘潭市与彦根市结为友好城市五周年。应湘潭市市长蒋建国邀请,以彦根市市长中岛一、市议会议长藤田昌利为正副团长的彦根市友好亲善使节团 27 人,于 10 月 9 ~ 16 日对湘潭市进行访问。两市市长共同签订《湘潭市与彦根市关于进一步发展友好关系的协议书》。协议书明确今后两市继续加强政府间的交流和研修生的派遣，增加开展两市中学生交流内容，加强经济、文化等领域的交流与合作。彦根市赠送湘潭市价值85万日元的血液冰箱2台，湘潭市回赠湘绣精品——双面绣大熊猫和一尊汉白玉马雕像。日本客人还出席在湘潭市菊花塘公园内的友谊园落成及两市结好五周年纪念碑揭幕仪式，并参观韶山和市直幼儿园、湘潭大学、湘潭钢铁集团公司。

1997年8月，由湘潭市外办和市教育委员会主办，日本国彦根市国际交流课和彦根市教育委员会协办，以"和平、友谊、面向21世纪"为主题的"湘潭市·彦根市中学生友好夏令营"在中方开营。来自彦根市7所中学的7名中学生（也是彦根市首批中学生代表）和湘潭市一、二中14名中学生共同参加在湘潭和北京两地举行的夏令营全部活动。在潭期间，日方营员以民宿形式分别住入中方营员家庭，了解和体验中国的普通家庭生活及民俗风情。1998年8月，湘潭市派出首批中学生友好交流团一行18人（其中学生12人）到彦根市进行为期一周的友好访问。交流团拜会彦根市市长、教育长，参观市立东中学校、少年自然之家、儿童活动中心等，进行书法、舞蹈、音乐、武术、游艺节目表演。双方还就中日两国的教育、文化、家庭、环境、交通等问题进行广泛探讨与交流。在彦根市期间，中学生们住入市民家中，体验日本人民的日常生活。之后，两市中学生交流以隔年互访形式固定下来。

1999年，经市外侨办牵线搭桥，日本彦根市国际亲善协会会长、原日本天理大学校长大久保昭教被湘潭师范学院聘为终身名誉教授。大久保昭教系日本滋贺县知名人士，长期从事教育管理和研究。是年9月22日，大久保昭教来到湘潭师范学院就日本国民教育作专题演讲。

2001年，湘潭市和彦根市缔结友好城市十周年。应彦根市市长中岛一邀请，市委书记卞翠屏、人大常务委员会副主任谭世明、副市长朱明华率湘潭市友好代表团15人、市少儿艺术团23人，共38人赴彦根市访问。两市签订《关于进一步发展二十一世纪友好关系协议书》。协议书明确，两市继续开展政府间的隔年互访；继续开展研修生培训（湘潭市也可根据需要连续派遣相关领域的人员，每批2人）；两市中学生仍实行交替互访；促进两市工商界在平等互惠的基础上开展往来；积极推进文化、教育、科技、体育、卫生、环保等领域的交流与合作，共促发展和繁荣。在两市结好十周年纪念大会上，湘潭市向彦根市赠送一副大型双面湘绣屏风，彦根市向湘潭市赠送120万日元用于扩建菊花塘公园友谊园。市少儿艺术团在彦根市进行两场精彩文艺节目演出。

2002年8月，为纪念中日邦交正常化30周年，中国人民对外友好协会、日本日中友好协会及两国乒乓球协会在北京奥林匹克中心联合举办"中日友城乒乓球赛"。湘潭市与彦根市各派出男、女两名选手联合组队参赛。是年，湘潭市菊花塘公园友谊园利用日本彦根市赠款建成中式亭和日式回廊，增种樱花树，面积从1000平方米扩大到3600平方米。

至2005年20年间，湘潭市和彦根市共派出18个代表团、9个中学生交流团互访。彦根市为湘潭市培养研修生11批23人，涉及语言、城市给排水、行政、教育、机械、环保、农业、医疗、老年人护理等。

二、与美国南艾尔蒙地市友好交往

1993年4月，美国加利福尼亚州南艾尔蒙地市市长奥勒摩斯、副市长帕度和该市中国姊妹城市委员会主席顾敬才一行3人应邀访问湘潭市。客人在潭期间，湘潭市市长孔令志、市人大常委会主任伍克文、市政府巡视员郑曾铨会见美国客人。在双边会谈中,奥勒摩斯再三表示与湘潭市结为友好城市的意愿,并亲笔签署授予孔令志、郑曾铨南艾尔蒙地市荣誉市民称号;孔令志也签署授予奥勒摩斯先生、帕度先生湘潭市荣誉市民称号。双方还交换象征友好的信物——"金钥匙"。南艾尔蒙地市位于美国加利福尼亚州洛杉矶东南 15 千米,面积 6 平方千米,人口 2.2 万,90%为墨西哥籍,亚裔约占 8%。是年 10 月,市长孔令志率领湘潭市政府代表团访问美国加利福尼亚州南艾蒙地市,并与该市签订缔结互为友好城市协议书。至 2001 年,南艾尔蒙地市先后三次派员到湘潭市访问和交流。

2002 年 7 月,美国南艾尔蒙地市副市长、美籍华人顾敬才一行 6 人到湘潭访问,参观韶山,访问湘潭大学并就学术交流、华语培训、招收留学生等问题进行探讨。湘潭市市长陈润儿会见顾敬才。

2005 年,经美国南艾尔蒙地市——湘潭市姊妹城市协会主席顾敬才介绍和市外侨办积极努力,南艾尔蒙地市的中学青年教师萨姆和新闻记者杰森,自愿来潭进行为期两个月的英语口语义务教学活动。在潭期间,他们对湘潭市一中的初中学生进行为期五周的英语口语培训,并利用闲暇时间到湘潭县第二中学和第八中学,举办中学生英语学习讲座。

三、与越南边和市友好交往

经越南归国华侨何宗桃牵线,湘潭市从 1999 年开始与越南边和市联系,互通书信和电话,各自介绍市情,表达结好愿望。边和市位于越南南部,距胡志明市 30 千米,是同奈省省会,面积 156 平方千米,人口 50 万。

2001 年 4 月,以副市长朱明华为团长的湘潭市经贸团应邀赴边和市考察访问,促成边河市太阳合作社向湖南省轻工机械厂洽谈购买设备。11 月,应湘潭市市长陈润儿邀请,边和市人民委员会主席黎文光、人民议会主席胡文山率边和市代表团访问湘潭市并正式签署缔结友好城市协议书。协议明确,双方根据平等互利原则,在经济、贸易、科技、文化、教育、体育、卫生、人文等方面开展多种形式的交流与合作,促进共同繁荣发展;双方领导人和有关部门保持经常联系,以便就双方交流与合作事宜及共同关心的问题进行协商。在潭期间,代表团参观湘潭钢铁集团公司、江麓机械厂、市柴油机厂、新电厂、金迪化纤公司、省轻工机械厂等企业和湘潭大学、市第一中学。

2004 年 12 月,应边和市人民委员会邀请,以湘潭市副市长谭山平为团长的湘潭市经贸代表团一行 11 人,在参加越南国际贸易展览会期间,对边和市进行友好访问,进一步探讨双方合作的前景,并为江麓机械厂、湘潭柴油机厂、省轻工机械厂的产品出口东南亚搭建桥梁。2005 年,两市继续保持友好联系。

四、与乌克兰卢茨克市友好交往

2002 年 9 月,经乌克兰基辅 XZ 贸易公司总经理陈幸梓牵线搭桥,湘潭市与卢茨克市建立联系,互寄信函和相关资料。该市位于乌克兰西部沃伦欧布拉特州,是州府所在地,距乌克兰首都基辅 400 千米,面积 4161 公顷,人口 30 万。工业有机械制造、化学、纺织、工具制作、食品工业和加工工业等;有沃伦国立大学、卢茨克国立技术大学、卢茨克生物技术学院、沃伦经济管理学院、卢茨克人文高级学校等 10 所大学和 42 所中学;每年有各种国际会议、讲座、研讨会在此举行。

2002 年 10 月，卢茨克市市长科里威斯基先生致函湘潭市市长陈润儿，表示愿意在平等互利的基础上开展两市的经济贸易、文化教育、体育和旅游等方面的交流与合作。2003 年 1 月，应市长陈润儿邀请，乌克兰卢茨克市市长科里威斯基一行到湘潭市进行友好访问。副市长朱明华代表湘潭市政府与卢茨克市市长举行会谈，并就建立友好城市关系，促进双方经济发展和社会进步达成一致意向。科里威斯基一行还参观韶山、湘潭市一中、湘潭大学、金迪化纤厂、湘潭钢铁集团公司、湘潭电机集团公司。是年 9 月，应乌克兰卢茨克市政府的邀请，受湘潭市政府代市长彭宪法的委托，市委常委、宣传部长廖才定率湘潭市友好代表团对乌克兰卢茨克市进行友好访问。卢茨克市市长安东·科里威斯基与湘潭市代表团团长廖才定就两市合作前景进行友好洽谈，并正式签署《乌克兰国沃伦州卢茨克市与中华人民共和国湖南省湘潭市友好城市交流备忘录》。备忘录明确："双方将在下列领域开展广泛合作：工业、运输、贸易、建筑、地区美化设施和城市公共事业；文化和艺术、教育和职业培训；环境保护；卫生保健……""双方协定每年不少于一次协商会议，共同审核协议完成的情况"。代表团一行还参观该市食品加工厂、商品设备厂、植物培植厂、十四中学、基辅大学、沃伦国立大学等，湘潭大学代表与沃伦国立大学草签两校教育合作意向书。代表团在基辅受到中国驻乌克兰大使馆大使李邦国的接见。

2004 年 11 月，卢茨克市应邀派遣代表团来湘潭市出席首届齐白石国际艺术节。2005 年，两市继续保持着友好联系。

第三节　智力引进

改革开放后，为加速经济技术和文化事业发展，湘潭市认真贯彻执行国务院和省人民政府关于智力引进工作政策精神，积极聘用国外经济技术和文教专家。1987 年 2 月，市政府专门召开有关厂矿、文教单位负责人会议，传达上级关于引进国外智力工作指示，明确湘潭市引进国外智力工作归口市外办管理。1988 年 10 月，市政府再次召开引进国外智力工作会议，要求全市企事业单位和科研院所加大智力引进力度。是年，全市有 18 个单位聘用外国专家、技术人员 204 人次（含短期设备安装调试人员）。

1989～1993 年，市外办通过向省和国家两级外国专家局申请，协助湘潭市企事业单位引进项目 11 个，外国经济技术及文教专家 16 名，涉及机电、冶炼、陶瓷、化工、农业等行业和高等院校，直接为提高企业技术、高校教学水平服务。省建筑陶瓷厂聘请法国卫生陶瓷专家西尔万·雷德特垂到厂，对陶瓷生产中的模具与成型两大工艺技术问题进行指导。湘潭大学、湘潭师范学院、湘潭矿业学院分别聘请 7 名、2 名、1 名外教到校教学。

1994 年开始，湘潭市国有企业和高等院校加快改革和发展步伐，需要引进高水平的国外专家和先进技术。市外办确定引智专干，深入到全市厂矿、企业、学校、科研院所调查研究，了解需求情况，加大服务力度。1997 年，湘潭市成立引进国外智力工作领导小组。至是年底，共引进经济、文教专家、技术人员 100 多名。其中，湘潭钢铁公司投资 10 多亿元建成新高炉和预应力钢丝绳厂生产线后，为确保工程的顺利投产，引进 30 多名外国专家来厂安装调试和技术指导。教育系统引进国外专家由单一语言类向文、理、工多科发展，5 所大专院校和 1 所中等职业学校引进语言专家 17 名，引进理工科专家 32 名。

1998 年后,智力引进工作重点围绕环保、高科技、高技术产业和农业产业结构调整进行。其中,市化工研究院聘请法国颜料专家指导高档镉颜料生产工艺,解决后处理中颜料着色力差和分散性差、煅烧工艺掌握不好引起的报废问题,每年避免经济损失 10 万元以上,同时节约生产过程中蒸馏用水,使每吨产品成本降低 4000 元左右。该院还引进瑞士汽巴精化公司技术,双方共同投资兴办湘潭颜料化工有限公司,生产高级有机颜料喹吖啶酮,使产量从 200 吨增加到 400 吨。湘潭市湖南恒辉环保实业有限公司聘请荷兰、德国环保专家为其解决无机陶瓷膜在微滤和超滤过程中不同的工艺参数及技术指标等难题,成为利用世界领先水平的无机膜过滤技术研究、开发含油废水和高浓度有机废水治理技术的环保企业。至 2003 年的 6 年内,共申报引进智力项目 39 个,经国家外事局批准立项 30 个,引进外国专家 52 人,获项目支助经费 100 多万元;向省政府申请贷款贴息项目 5 个,获贷款贴息和项目推广资金 22 万元。是年,湖南科技大学被评为"全国聘请外国文教专家工作先进单位"。此后,智力引进工作划归湘潭市人事局管理。该局"专业技术人员管理科"改为"专业技术人员与外国专家管理科",重点负责对外国文教专家的管理与服务。至 2005 年,在潭外国经济专家稳定在年 30 多批次。有来自美国、英国、德国、法国、意大利、日本等国文教专家 56 人。经国家外国专家局批准,湘潭大学、湖南科技大学、湖南工程学院等 8 家单位先后获国家外国专家局批准的"聘用外国文教专家单位资质认可证书"。

第二章　侨务

第一节　侨务对象

一、华人华侨

1986 年,湘潭市有海外华人、华侨和港澳同胞 9000 多人(港澳同胞 4100 多人),旅居在 28 个国家和地区。其中,约 17%的人从事科技、文化工作,13.3%的人从事商贸工作,少数人从政,其余从事别的职业。海外华人华侨通过不懈努力,不少人在居住国或地区成为社会上有影响,科研、技术上有成就,经济上有实力的知名人士。美籍华人李惠英(原籍湘潭县)、唐声瓒(原籍湘潭市区)、黄力夫(原籍韶山),法籍华人成之凡(原籍湘乡市)等一批有影响的老华人、华侨的事迹,前志已有记载。除此之外,其中还有湘潭籍著名核能专家马国均,他于 1945 年日本投降后到中国台湾就职,50 年代到美国留学成为核能专家,以后在西屋电气公司匹兹堡总公司核能部从事核子发电设备研究制造工作。在中国秦山核电站研究设计过程中,马国均 4 年内 3 次应邀来中国作高难技术咨询。他随西屋高级代表团访华时受到中国政府领导的接见,并获邀参加国庆盛典。黎念之,祖籍湘潭县茶园铺。1954 年毕业于台湾大学化工系,1956 年赴美定居后在史蒂文科学技术学院获博士学位。他发明对化学工程学科发展和应用影响深远的液体膜,先后获美国专利 44 项。1990 年当选为美国工程院士。黎念之先后多次应邀到北京、上海等地讲学。

1992 年，湘潭市在海外的华人、华侨和港澳同胞人数增加到 1.1 万多人（其中港澳同胞约 6700 人）。1996 年，市侨办分地区和系统对境域新移民情况展开调查，到是年底 10 年内，全市出国定居人员 252 人，出国留学 213 人。出国留学人员中，有一部分学成后留在国外取得所在国国籍。这些人员分布在 16 个国家和地区，成为新的华人华侨。其中有的业绩可观，在海内外引人注目。美国 IDG 公司高级副总裁、亚洲地区总裁熊晓鸽，1956 年出生于湘潭县歇马乡。他先后就读于湘潭市五中、湘钢一中、湖南大学、美国波士顿大学等。以后进入美国国际数据集团（IDG），任该集团亚洲地区总裁兼执行董事、美国太平洋风险基金会副董事长兼总裁。还有美国福特公司高级工程师、底特律地区中国人协会主席胡书琴（女），她先后就读于湘潭市一中、湘潭大学，以后赴美国韦恩州立大学读研究生，毕业后在美国福特汽车公司任高级工程师，从事产品设计开发工作，同时积极参加和组织社区华人华侨活动，任美国底特律中国人协会主席。该协会下设九个专项委员会和五个地区中心与功能中心。1998 年 9 月，胡书琴女士受国务院侨办的邀请回国参加“海外知名学者暨科技团体负责人座谈会”，并参加国庆活动，受到党和国家领导人的接见。此外，湘潭籍年轻华人华侨中还有美国 BML 国家实验室物理学家李正、美国昆虫专家、美国昆虫学会主席黄智勇、美国花旗金融集团亚大部总经理朱亚丹、美国应用研究公司总裁欧阳锶、美国辛辛那提大学国际地理专业教授、华人海外学者协会主席柳林、湖南旅美联谊会会长潘震环等。

2000 年，湘潭市在海外的华人、华侨和港澳同胞约为 1.6 万人。2005 年达 2 万人。

二、归侨侨眷

1986～1987 年，湘潭市有从印尼、泰国、马来西亚、缅甸、柬埔寨、新加坡、菲律宾、越南、老挝、日本等 14 个国家回国定居的归侨 104 人（其中湘潭籍 3 人），主要在市区的机关、工厂和院校工作。有侨眷 7873 人。至 1990 年，湘潭市境域的归侨因自然减员原因降至 92 人。

2000 年，全市归侨 82 人，平均年龄 56.8 岁。其中有工作单位 77 人，退休 66 人。侨眷约 2 万人。到 2005 年底，归侨人数因自然减员原因下降为 76 人。其中，雨湖区 31 人，岳塘区 35 人，湘潭县 2 人，湘乡市 8 人。除岳塘区 1 人和湘潭县 1 人为农村户口外，其余 74 人都为城镇户口。侨眷侨属约 2.7 万人。

第二节　侨务工作网络与权益维护

一、建立侨务工作网络

20 世纪 80 年代末 90 年代初，湘潭市的基层侨务工作主要放在归侨、侨眷相对集中的大中型厂矿企业和高等院校。这些单位一般在党委统战部（科）或宣传部（科）设专职或兼职侨务干部，负责本单位归侨、侨眷侨属的来访接待、安置、就业、政策落实以及与海外华人、华侨、港澳同胞的联系等工作。市侨办则与这些单位的党委统战部（科）或宣传部（科）建立工作联系。各厂矿企业和高等院校贯彻党和国家的侨务政策，既注意维护归侨侨眷侨属合法权益，又注重发挥归侨侨眷侨属与海外、境外有广泛联系的优势作用，为本单位的经济和文化建设服务。江麓机械厂发动本厂1000多名侨务工作对象拓展海外市场，1991年自营出口额超1000万美元。为此，省政府和省侨办分别在该厂召开表彰大会和全省大中型企业侨务工作现场会。湘潭大学等高校则积极开展归侨侨眷知识分子工作，帮助归侨侨眷办理到境外探亲、讲学等相关手续。

20世纪90年代中期，企业逐步与行政脱钩，管理走向自主化，基层侨务工作出现新问题。为实行包括企业人员在内的全社会侨务的指导与管理，湘潭市尝试以社区为依托开展基层侨务工作，并探索具体管理办法。2003年5月，市外侨办印发《关于加强城市社区侨务工作的意见》，随后举办两期100多人参加的社区侨务干部培训班，集中学习侨务政策和法律法规等知识，并选择雨湖区广场社区、湘潭大学社区，岳塘区霞光社区为全市社区侨务工作联系点。联系点率先成立起侨务工作领导小组，建立工作机构，明确兼职干部和社区侨务工作任务，做到社区侨情调查、归侨侨眷的就业和扶助、来信来访处理及权益保护等工作有人抓有人管。市外侨办将联系点的做法逐步推广，到2005年底，全市社区侨务工作网络基本形成。

二、权益维护

（见本志第八篇群众团体第五章湘潭市归国华侨联合会第二节侨联活动“一、维护权益”）

第三节　侨务经济管理

1987年，经市计划委员会批准，市侨务办公室办起第一家直属企业——市华侨旅游侨汇公司。到1991年，发展到4个经济实体，拥有固定资产90万元，自有流动资金133万元，营业额2000多万元，实现利税130万元。1996年发展到12家，产值2500万元。是年，为加强对市外侨办直属企业和侨属企业的管理、指导、扶植和监督，成立市侨务经济管理协会（为侨办直属企业和侨属企业自愿组成的行业非营利性社会组织）。根据省委、省政府关于党政机关与所办经济实体实行脱钩的通知精神，从2000年起，市外侨办不再管理这些企业。

一、发展侨属企业

1989年，湘潭县谭家山紫竹村侨眷杨炳初，自办家庭企业，从事碾米、榨油加工和烧炼焦碳，有固定资产4万元，流动资金3万元，年收入超过3万元。昔日的贫困户走上脱贫致富的行列。湘乡市侨属蒋昌宁，在海外亲属和侨务部门的支持和帮助下办起冶炼厂，不但自己摆脱贫困，还拿出数万元资助其他侨眷侨属。1991年底，全市有侨眷企业12家，从业人员161人，安置眷属46人。1994年，湘潭市侨属私营企业19家，从业人员223人，产值458万元，实现利税73万元。侨属个体经营户发展到334户（其中生产型58户，商贸型276户），从业人员892人，总产值750万元。

1995年，为推动侨属企业经济发展，市外侨办组织开展评比先进、学习典型活动，湘潭县侨联机械厂、湘潭县黄荆坪亭阁古建筑有限公司、湘乡市侨联冶炼厂、中南经济技术研究所、韶山市林家湾批零商店等5家企业受到表彰。到1997年，全市侨属企业425家，从业人员1000多人，年产值2761万元。根据上级精神，2000年起，实行政企分开，政府侨务部门不再对侨属企业进行管理与统计。从此侨属企业完全融入社会企业范畴,管理走向自主化。

二、引进侨资企业

1986 年开始,为鼓励外商来潭投资兴业,湘潭市政府出台一系列优惠政策,主要有外商投资企业经营期在 10 年以上的,免征企业所得税 2 年,减半征收 3 年;生产出口产品企业和先进技术企业的外国投资者,将其从企业分得利润汇出境外时免缴汇出利润所得税;外商投资企业的土地使用费 5 年内予以减免征收,兴办能源、交通、基础设施项目的,免征 5 ~ 10 年的土地使用费,期满后减半征收等。港澳同胞、海外侨胞除享有上述外商来潭投资、办厂所有优惠政策外,还可以在投资企业安排亲属就业,投资额在 5 万美元以上的,可安排其在国内的亲属 1 ~ 2 人到城市落户等。1989 年,香港、澳门等地区客商直接投资的合资企业 12 家,投资额 915 万美元。1991 年达 17 家,投资额 1309 万美元。1993 年,黄淑媛(香港)兄妹携手在湘乡市成立湖南侨伟房地产开发有限公司,注册资金 100 万美元,为湘潭市首家港商独资房地产开发公司。是年,港澳等地区来潭投资额 1326 万美元。

1999 年,湘潭市响应国务院侨办“兴国利侨”号召,组织开展“为侨资企业服务行动年”活动。其主要内容是开展侨资企业普查,重点了解和帮助解决存在的困难和问题。市外侨办在普查后确定湖南湘进电化有限公司、湘潭中澳房地产开发有限公司、侨伟房地产开发(湖南)有限公司、翔鹏精细化工有限公司、万建林(湘潭)锌晶发展有限公司等 5 家实力较强、影响较大、有代表性的企业为全市侨资企业联系点,给予重点关注和指导。是年底,湘潭市侨资企业发展到 93 家。其中侨伟房地产开发有限公司投资规模达到 2000 万元。

2001 年,市政府建立招商引资促进机制和鼓励政策,实施开放带动战略,又有一批侨资项目落户湘潭。香港新奥燃气控股公司与湘潭煤气公司合资兴建城市天然气管道,项目总投资 3000 万美元,其中港资 2100 万美元。香港中环水务有限公司投资 1.4 亿元,与湘潭市自来水公司合资兴建湘潭中环水务公司。

2002 年,为支持侨务经济发展,由省侨办拨款 5 万元,湘潭市财政局、市科委给予配套资金 10 万元共计 15 万元建立市侨务扶贫基金。为管理和使用好基金,市外侨办制定《湘潭市侨务扶贫基金管理办法》。是年,首笔基金提供给市蒙哥饲料有限公司(侨资企业),支持其发展膨化鳝鱼饲料。2003 年,归侨、市恒辉环保公司董事长刘梅荣被推荐为归国创业成功人士,参加国务院侨务办举办的“第三届华侨华人专业人士回国创业成果报告会”。

由于产业结构的调整和市场的剧烈竞争,到 2005 年底,湘潭市实际运行的侨资企业 43 家,港资企业 77 家。其中投资额在 1000 万元以上的 34 家。

附　港澳台同胞和海外侨胞捐资建校助学

湘潭籍海外侨胞、港澳同胞关心湘潭的学校建设和青少年教育。他们得知学校条件简陋,学生上学有困难后,慷慨捐资,帮助建校助学。1986~1998 年,先后有香港的黄淑媛、沈炳麟、云大棉,加拿大籍赵声瑜等个人分别捐资 9 万元、15.12 万元、20 万元、13 万元。1999 年后,资金来源由华人华侨、港澳同胞个人转向以海外社会福利团体和慈善机构为主,范围由港澳地区逐步向其他国家和地区延伸,金额也有较大提升,至2005年的20年间,累计达650多万元。他们的义举为促进家乡学校危房改造,加速义务教育的发展起到一定促进作用。

1999~2005年湘潭市接受捐资建校助学情况

表9-2-1

受助学校名称(个人)	捐资单位(个人)	捐资金额(人民币)	助学奖学奖教(人民币)	说明
韶山镇泰学校	香港镇泰集团	100万元	—	—
湘潭大学逸夫楼	香港邵逸夫	80万元	—	—
湖南科大逸夫楼	香港邵逸夫	50万元	—	—
熙春路逸夫学校	香港邵逸夫	55万元	—	—
韶西路逸夫学校	香港邵逸夫	55万元	—	—
湘潭县八中	香港星火基金会	38万元	—	—
韶山银田中学	香港星火基金会	30万元	4万元	—
湘潭县白石中学	香港星火基金会	20万元	4万元	—
湘潭县九华中学	香港星火基金会	18万元	4万元	—
湘潭县射埠中学	香港星火基金会	20万元	4万元	—
湘潭杨嘉桥中学	香港轩辕基金会	30万元	2万元	—
湘潭县烟山中学	香港轩辕基金会	20万元	2万元	—
湘潭县湘江小学	台湾慈心慈善基金会	15万元	—	—
韶山杨林小学	香港应善良基金会	15.2万元	—	—
韶山云源小学	香港应善良基金会	9.2万元	—	—
湘乡育塅小学	美国欣欣基金会	10万元	—	电脑10台
湘乡粟山小学	美国欣欣基金会	10万元	—	—
湘潭县鹧鸪学校	美国明光基金会	10万元	—	—
湘潭县铁江学校	美国明光基金会	10万元	—	—
韶山学校	黄弼成教育基金	—	2.8万元	—
湘潭县白石小学	日本滋贺县友好人士	100万日元	—	—
	日本滋贺县中日友协理事长雨田八郎	10万日元	—	—
湘潭县白石、湘江、京桥云小学	日本彦根市家长教师协会	5.5万元(学习用品)	—	—

第十篇　民政

概　述

1986～1990 年，贯彻实施《中华人民共和国村民委员会组织法(试行)》(以下简称《村组法(试行)》和《中华人民共和国城市居民委员会组织法》。全市 1626 个村民委员会完成依法换届选举，从此村级组织走上村民自治轨道。233 个城镇居民委员会亦首次完成依法换届，退休人员和在职干部成为居委会骨干，居委会建设得到加强。市境域共发生 5 次严重旱、涝、虫灾，造成人员伤亡，民房倒塌，粮食减产，市政府及时发放赈灾款物，组织灾民开展生产自救，同时探索新的救灾方法，组织各乡镇建立"农村救灾扶贫互助储金会"，首批储金 800 余万元。优抚安置工作稳步发展，实行征兵、优待、安置"一条龙"服务，建立一批"军地两用人才"介绍所，67%的农村退伍军人得到安置。城镇开始对义务兵家属实行普遍优待。城乡养老事业受到重视，全市 1212 名孤寡老人入住农村敬老院或城市福利院，10146 户"五保户"(五保：保吃、穿、住、医、葬)全部实现"以乡统筹，乡、村、组三级供养"，基本生活得到保障。社会福利事业打破由国家包揽的单一化模式，形成国家、集体、个人创办社会福利事业格局，全国城市社会福利事业单位深化改革工作会议在湘潭召开，推广湘潭市多层次多渠道发展社会福利事业的经验。市社会福利院被民政部评为"全国民政系统先进单位"。这一时期，成立湘潭社会福利有奖募捐委员会，共销售国家发行的中国福利彩票 1200 万元，民政经济有新发展。成立湘潭市社会团体登记管理处，对全市社团进行清理整顿，准予注册发证 163 家。按照《中华人民共和国婚姻法》和《婚姻登记管理条例》，全面加强婚姻登记管理，实行婚前健康体检，结婚登记合格率 100%。市政府出台《湘潭市殡葬管理暂行规定》，倡导移风易俗，丧事从简，全市年均综合遗体火化率 9.8%。

1991～1995 年，民政事业在改革中快速发展。基层政权建设进一步加强，依照《村组法(试行)》，全市村委会调整为 1632 个，并完成第二次换届选举。开展村民自治示范活动，共建立 67 个村民自治示范村。湘乡市龙洞乡中朝村等 5 个村被评为湖南省"村级之星"。居委会调整为 274 个，并完成第二次换届，居委会建设以服务为重点，兴办经济实体，发展社会服务网点 345 个。雨湖区关圣殿居委会被评为"全国模范居委会"。市境域遭受 6 次洪涝、冰雹灾害，直接经济损失 4.5 亿元，市政府均及时组织抢险救灾，转移安置灾民，发放赈灾款物。救灾扶贫互助储金会投放 665 万元，用于开展生产自救。市委和市政府决定创建"全省双拥模范城"，成立"双拥"工作领导小组，市政府与湘潭军分区签订《军民共建"双拥"模范城协议书》，拉开创建序幕。贯彻民政部漳州会议精神，发展民政经济，全市城乡福利企业发展到 152 家，年均产值过亿元，创历史最好水平。福利彩票销量逐年提升，5 年共销售 3473 万元。市政府颁发《湘潭市农村"五保"供养实施细则》，全市 11732 名"五保"对象的生活得到改善。市和各县(市、区)均成立农村养老保险办公室，经过试点，首批有 30 万人参保，投保金额 800 余万元。市政府决定将市残疾人联合会从民政划出，直接归市政府管理。市和湘潭县、湘乡市及韶山市成立革命老区工作办公室，此后每年都安排一定的资金投入老区建设。经过清理整顿和规范登记，全市325家社团组织开始健康有序发展。婚姻登记由乡镇分散登记改为由县（市、区）集中登记，结婚登记合格率100%。市政府发布《湘潭市殡葬管理规定》，出台《关于违反殡葬管理规定的处罚办法》，并与各县（市、区）人民政府签订目标责任状，有效推动殡葬改革，全市年均综合遗体火化率上升到11.2%。

1996～2000年，根据省民政厅的部署，全市民政工作以推进基层民主政治建设为重点。期间，1632个村委会进行第三、四两次换届选举。全市村民自治示范村增加到763个。示范村以民主选举、民主决策、民主管理、民主监督为主要内容，制定村规民约，设立村务公开栏，全面推行村务公开。湘潭县先后被评为“湖南省村民自治模范县”和“全国村民自治模范县”。全市居委会增到279个，并进行第三、四次换届。面向社会公开招聘居委会干部，改变由离退休人员任居委会干部的做法，居委会建设进一步加强。市境域遭受8次洪涝、龙卷风袭击，直接经济损失9.13亿元，市政府均及时组织开展救灾募捐，帮助受灾群众恢复生产，重建家园。农村救灾扶贫互助储金会因放款难收回等原因，按国务院和省政府要求进行全面清收和兑付，并撤销储金会，全市3000万元储金全部清盘，广大储户的利益得到保护。优抚工作方面，市政府改革城镇退伍军人安置办法，推行用人单位和退伍军人双向选择，确保退伍军人第一次就业，湘潭市被省政府评为退伍军人安置工作先进单位。“双拥”创建工作成绩显著，省政府和省军区授予湘潭市“全省双拥模范城”称号。随着城市困难群体结构的变化，市政府决定在全省率先实施城市居民最低生活保障实施办法，全市有低保户7936户17233人，4年共发放低保金4083万元。成立湘潭市慈善会，此后每年开展募集善款和扶贫济困活动。湘潭市地名办由城建部门移交市民政局，根据省政府部署，分别勘定湘潭市与长沙、株洲、衡阳、娄底交界的4条市级行政区域界线和市境域各县（市、区）的6条行政区域界线，20处有争议的地段均得到妥善解决，共埋设永久性界桩84个。全市5年共发行社会福利彩票5323万元。社会团体登记管理和婚姻登记管理等社会事务工作均依法进行，先后取缔“湘潭市维权协会”等15个非法社团，撤销湘潭市气功协会等5个气功组织。结婚登记合格率继续保持在100%。殡葬管理进一步加强，全市年均综合遗体火化率提升到12.5%。

2001～2005年，湘潭民政以加强社会保障制度建设为重点。市政府颁发《湘潭市实施〈城市居民最低生活保障条例〉细则》，低保范围由城镇纯居民和市属企业特困职工，扩大到中央和省属企业特困职工，凡符合低保条件者，实现“应保尽保”。农村居民最低生活保障制度经过试点，在雨湖、岳塘区和韶山市试行。全市城乡还启动特困家庭大病医疗救助制度。随着农村税费改革，市政府下发《关于切实做好农村五保供养工作的通知》，“五保”户生活费由“以乡（镇）统筹”改为实行财政转移支付。市政府把加强农村敬老院建设作为为民办实事任务之一，投入近1000万元，对67所敬老院进行改、扩建，生活设施添置一新，3050名入院老人安享晚年，湘潭市获全省敬老院建设一等奖。5年共销售福利彩票1.1亿元，共筹集社会公益金2000余万元，资助敬老院、福利院及社区“星光工程”等一批社会公益事业建设项目，直接受惠者达10万人。根据民政部《关于在全国推进城市社区建设的意见》精神，市城区和县（市）城区由原来的240个居委会调整为186个社区居委会，依法选举产生第一届社区居委会委员，开展创建“文明和谐社区”活动，社区功能得到强化，居民自治更加完善。市政府出台《湘潭市城镇退役士兵自谋职业暂行办法》，对自谋职业的退役士兵，在发给安置补助费的同时，还给予工商、税务优惠扶持。“双拥”创建工作深入扎实，湘潭市在获得“全省双拥模范城”三连冠基础上，市委、市政府提出用3年时间实现创建“全国双拥模范城”奋斗目标，全市掀起新的“双拥”热潮。市政府决定将市老龄工作办公室并入市民政局，老年人活动丰富多彩，敬老爱老蔚然成风。农村社会养老保险曾一度交湘潭市人寿保险公司经营，后仍回归民政部门管理。期间因国家金融政策调整，业务工作暂停。因原材料涨价、产品滞销等原因，部分福利企业转产或停产，但残疾人全部纳入低保，基本生活得到保障。社团登记管理、婚姻登记管理、流浪人员救助、殡葬管理等各项社会事务工作取得显著成绩。5年中，有多项民政工作跻身全国或全省先进行列。其中，韶山市被民政部评为“全国民政工作先进市”，韶山市韶山村被评为“全国民主法治示范村”，湘乡市被评为“全国老龄工作先进单位”，湘潭市老龄委被评为“全国老龄工作先进单位”，雨湖区被民政部评为“全国社区建设示范区”，湘潭市军队离休退休干部休养所被民政部、解放军总政治部、总后勤部评为“全国军休事业服务管理工作先进单位”；岳塘区霞光社区主任王小娟等4人被评为“全国优秀社区工作者”或“全国社区志愿者先进个人”；雨湖区老年公寓院长刘丽萍等5人被评为全国“孝亲敬老之星”。还有35个单位和15名个人评为省级先进，并受到奖励。

第一章　基层自治组织

第一节　村民委员会

1986年，全市有1626个村民委员会(以下简称“村委会”)。9月，贯彻中共中央、国务院《关于加强农村基层政权建设工作的通知》，市委抽调市、县(区)两级干部180名到农村指导村委会完善人民调解、治安保卫、计划生育组织和工作制度。

1988年，根据《中华人民共和国村民委员会组织法(试行)》(以下简称《村组法》)，成立湘潭市《村组法》实施工作领导小组。市人大九届二次会议作出《关于认真贯彻落实〈村组法〉，加强村级组织建设的决议》。1989年4月，湘潭县泉塘乡水库村、棋盘村、泉塘村和湘乡市湖山村及市郊区荷塘乡金湖村实行《村组法》)试点，依法进行换届选举，建立健全人民调解、治安保卫和计划生育组织，完善村规民约。随即全市农村全面铺开。至1990年6月，1626个村依法完成首次换届，共选出村民委员会委员8444名，其中村委会主任1626名。村委会成员中，初中以上文化程度占80%，中共党员占71%，妇女占20%。村委会由主任、副主任和委员3~7人组成。

1991～1994年，因行政区划调整，村民委员会增至1632个。村委会建设以完善村规民约，建立议事会议制度为重点，按照“民主选举、民主决策、民主管理、民主监督”的方针开展工作。每10户推选1名议事员参加议事，决定本村重大行政事务。依照《村组法》，全市1632个村完成第二次换届选举。根据省政府下发的《湖南省村民自治示范活动方案》和省民政厅《关于在全省农村开展村民自治示范活动的通知》，开展村民自治示范活动，加强组织机构建设、建立村民代表大会制度、制定村民自治章程，按照体现村民意志的村规民约和自治章程治村。至1995年底，有67个村被市评为村民自治示范村。韶山市韶山乡被评为“中国乡镇之星”。韶山乡韶山村村委会主任毛雨时带领全体村民致富而成为模范村民自治村，被评为全国优秀村委会主任。湘潭县响塘乡、湘乡市棋梓镇、雨湖区先锋乡被评为湖南“乡镇之星”；湘潭县响塘乡雅爱村、湘乡市龙洞乡中朝村、泉塘镇三角村、岳塘区板塘乡月华村、韶山市韶山乡韶山村被评为湖南“村级之星”。岳塘区板塘乡新华村村主任郭松林等10人被评为全省模范村委会主任。

1996年，全市村委会进行第三次换届选举。在选举中，坚持“民主和依法”的原则，尊重村民意愿，保障村民的民主自治权利，采取“海选”（由有选举权和被选举权的全体村民投票选举村委会候选人，从候选人中选出当选人）形式，由村民直接选举产生村委会委员8494人，其中村主任1632人。选民参选率达98.5%，参选直投率达91.4%，新当选的村委会主任中，中共党员占89.9%，妇女占2.5%，有10%的村主任兼任中共村党支部书记。村委会成员具有初中以上文化程度占88%，40岁以下占62.1%。中央电视台记者到湘潭县谭家山镇长塘村现场采访村委会选举实况。联合国开发计划署考察团现场考察湘潭县响塘乡长安村候选人提名“海选”形式，参加响水乡黄龙村召开的民主决策村务的村民代表会议，观摩响水乡雅爱村村民选举村委会成员的全过程。考察团团长、美国孙璐瑜女士称赞：“整个选举过程很规范，很民主，达到国际标准。”

1997年，为加强村级民主政治建设，村委会以开展村民自治示范为主，推行村务公开。全市有村民自治示范村763个，村民自治模范村359个，示范村有村民自治章程，设立村务公开栏，建立村民代表会议制度。湘潭县把村民自治与县域内各级领导在基层办点、农村中共党支部建设和整顿与扶贫、社会治安综合治理、文明乡镇建设、村级财务清理等结合进行，涌现出185个村民自治模范村。12月，被省政府命名为“湖南省村民自治模范县”。

1998年，市委、市政府下发《关于在全市农村普遍建立健全村务公开制度，进一步推进村民自治工作的意见》《湘潭市推行村务公开制度工作实施办法》，规定对村级财务、计划生育、土地征用和宅基地审批、农民负担、电费收缴、救灾救济和奖、售款物发放、集体经济项目承包经营、村干部工作责任目标等村民关心的热点重点问题，在村设立的公开栏中定期公布。在村务公开中，建立健全村民代表会议，设立村务公开监督小组和民主理财小组。至年底，全市进行财务清理和财务公开的村达90%，实行较为规范的村务公开并建立固定公开栏的村达70%。

1999年，全市进行第四次村委会换届选举。在选举中坚持“直接、平等、差额、无记名投票”原则，把住“四关”即：民主推选村民选举委员会、选民登记、候选人推荐确定、正式选举，全市1632个村完成换届选举。产生新一届村委会成员5903人。其中，村主任1632人，妇女1674人，中共党员4229人，初中以上文化的5549人。是年，湘潭县深入开展村民自治活动，各项制度健全完善，村务公开统一规范，被评为“全国村民自治模范县”。

2001年，市民政局、市农办、市监察局联合下发《关于认真搞好全市第四届村民委员会任期财务清理的通知》和《关于切实搞好农村村级财务和减轻农民负担工作的紧急通知》，对一些问题较多的村进行重点整治，全市查处违纪违法的村干部154人，被罢免、撤职和处分的76人。湘潭县花石镇马龙村、排头乡高塘村、石潭镇芙蓉村5名村干部贪污公款8万多元，除退赔公款外，被移交司法机关处理。湘乡市月山镇箭楼坪村会计挪用公款2.1万元，在追回公款的同时，撤销其村委会委员和会计职务。2002年1～6月，全市第五次村委会换届选举。民主选举产生村委会成员5881人。其中，村主任1632人，妇女1700人，中共党员4550人，高中以上文化的1800人。换届选举后，根据国务院和省政府的有关精神，规范村委会印章使用和管理规定，清理财务账目，实行财务公开。

2003年，全市农村落实市第十二届人民代表大会第一次会议关于《加强农村基层政权建设的议案》，建立健全以村民代表会议制度为主体的民主决策体系，完善村务公开，统一财务管理，统一会计凭证、账簿和报表，统一印章票据和凭证管理，统一会计科目记账方法，统一制作财务公开栏目。从此，将每年3月定为全市农村"财务清理公开月"，形成"村务村民定，大事大家知"的制度。是年，韶山市被省政府授予"全省村民自治模范市"。2004年，根据中共湖南省委关于在农村建设全面小康示范村的部署，按照"农民富、村庄美、风尚好"的要求，全市建立农村小康生活示范村20个。

2005年，全市进行第六次村委会换届选举，分选举准备、选民登记、海选提名和正式选举、建立村委会下属组织及健全规章制度四个阶段实施，至10月22日完成，全市1632个村共选出村委会成员5730人，其中村主任1632人。村委会成员中，高中以上文化程度的1853人，妇女1640人，中共党员3605人。按上级有关精神，换届选举实现村主任、中共村支部书记"一肩挑"的村有660个，占总村数的41%。雨湖区被省政府评为全省第六次村委会换届选举先进单位。

第二节　居民委员会

1986～1989年，全市有21个街道办事处、220个居委会和9个家属委员会，居委会委员1145人，其中主任229人。根据国务院《关于加强城市街道居民委员会工作的通知》，开展争创"五好家庭""文明单位"和争做文明市民活动，兴办便民利民的经济实体194个，有2000余户"五好家庭"和40个先进居委会受到市政府表彰。

1990年，因县(区)建制变化，全市居委会增至225个。是年，贯彻落实全国人民代表大会常务委员会颁布《中华人民共和国城市居民委员会组织法》(以下简称《居组法》)，依法进行第一次居委会换届选举。选举中采取"三轮"选举制，由居民及驻地单位提名候选人，候选人名单在居民中广泛征求意见，再由领导小组、居委会、驻地单位、居民小组长共同协商候选人，最后由居民直接投票选举产生新的居委会主任、副主任和其他委员，并当场公布选举结果，充分体现民意和民主。全市225个居委会和37个家属委员会共选出委员1325人。其中，主任262人，离退休人员581人。居委会工作机构设治保、调解、卫生、计划生育和社会福利事业等委员会及委办经济管理站。

1991～1994年，因城市区划调整，居委会增至274个。根据省民政厅关于开展城市社区服务工作的部署，以老、幼、病、残和优抚对象为服务重点，建立以街道为主体，以居委会为依托的服务体系。全市兴办7个社区服务示范街道、16个示范居委会，成立3个社区服务志愿者协会，参加服务的人员达2100人，为1600名孤老、残疾人和烈军属实行定人、定对象、定时间、定任务的综合包户照料。为方便居民，开设老年茶座、文化室、医疗站等100多个服务网点。市政府增拨经费20.6万元，扶持居委会兴办经济实体。居委会办工业企业88个，年产值1638.8万元，创利82.44万元。居委会办服务网点271个，年营业额1884万元，创利110.7万元，居委会资金困难得到缓解。

1995～1996年，全市居委会发展工业企业120家，商业服务网点498个，服务项目76个。开展老年人、残疾人、家政等11个系列服务，参加社区服务的人员44381人。社区建设以服务为重点，兴办经济实体,得到省和民政部的充分肯定。雨湖区雨湖路街道被评为“中国街道之星”,雨湖区平政路街道关圣殿居委会被评为“全国模范居委会”。岳塘区建设路街道霞光村居委会谭清华组织居民兴办便民利民经济实体,为孤老残幼服务,被评为“全国优秀居委会主任”。

1997 年,因城市区划调整,新增 5 个居委会。全市进行第三次居委会换届选举。选举依法按组织发动、宣传培训、选民登记、推选候选人、正式选举、颁发当选证书程序进行,共选出新的居委会成员 1230 人。其中,主任 316 人,市、县(市、区)两级人大代表和政协委员占 6%,30 岁以下的占 13%,中共党员占 45.2%,中专以上文化程度占 8.7%。社区服务开始实行认证制度。各社区服务网点须持《社区服务证书》开展服务活动,首批发证 300 个。到 1999 年底,全市各类社区服务中心发展到 221 个,站点 17080 处,3 万人从事社区服务,其中安置下岗职工 3000 余人,年创收达 2000 万元。

2000 年,全市 279 个居委会和 37 个家属委员会依法进行第四次换届选举。为拓宽视野,广纳人才,开始面向社会公开招聘居委会干部,改变离退休人员在居委会任职过多状况,经过资格审查、笔试面试、考察体检、民主选举等程序,招聘录用 70 人充实到居委会。新当选的 1241 名居委会委员中,中共党员占 57%,具有高中以上文化的 1014 人,占 81.7%。

2001 年,根据民政部《关于在全国推进城市社区建设意见》及境域地域特点、资源分布和居民的认同等因素,以主要街巷、道路为界,对岳塘、雨湖两区 220 个居委会和家属委员会调整划分为 160 个社区,新的社区平均为 1103 户,管理人口为 3318 人,最大的社区 2859 户 8946 人。社区调整后,依法建立社区组织体系,成立中共党组织和居民自治组织,依法选举社区居委会委员 552 名,平均年龄 38 岁,高中、大专以上文化的 503 人。社区居委会设主任 1 人,副主任 3 人,下设调解、治安、文教卫委员会,有妇女、老年、计划生育、关心下一代等群团组织。每个社区居委会的工作经费由原来的每年 4500 元提高到 3 万元。是年,市政府组织 100 名社区居委会主任,由市长带队赴上海、南京、杭州参观学习社区建设经验。全市建立 10 个社区示范点。社区以三大服务(家政、配送、保健服务)、三大管理(物业、车辆、公共管理)为内容,全面推进社区建设。

2002 年 7 月,市政府出台《湘潭市大力推进社区就业工作的意见》,各级政府累计投入社区建设经费 680 万元,辖内单位无偿为社区提供办公活动场地 5000 平方米,资金 380 万元。城市两区累计建立各类服务网点 4000 多个。各社区安置辖区内下岗、失业、待业人员 2.4 万人就业和再就业。7 月 18 日,经全国社区建设示范城市评审委员会评估验收,全市第一批 20 个示范社区创建单位全部合格。市政府给予每个单位 5 万元奖励。为规范社区卫生管理,方便居民就医,全市成立 19 个社区卫生服务中心,社区卫生服务工作被评为全省一类市。是年,霞光村、南盘岭、通济门三个社区居委会被评为全省先进社区居委会;雨湖区被评为全国社区建设示范区。

2003 年,湘潭县、湘乡市、韶山市的城区居委会相继调整为社区居委会,乡镇的居委会不变。至此,全市有社区居委会 186 个,其中雨湖区 76 个,岳塘区 84 个,湘潭县 8 个,湘乡市 16 个,韶山市 2 个;农村乡镇居委会 56 个,其中湘潭县 27 个,湘乡市 24 个,韶山市 5 个。是年,首届社区居委会和第五次居委会采取“公开招聘、择优入围、民主选举”办法进行选举,共选举产生社区、乡镇居委会委员 1120 人,其中主任 242 人。新当选的委员平均年龄 39 岁,最小的 18 岁。大专文化的 226 人,中专、高中 408 人。是年,中共岳塘区霞光社区党支部书记、主任王小娟和中共雨湖区文运街社区党支部书记、社区主任陈定辉热心社区工作,尽心尽职服务居民,被中共中央组织部、国家民政部授予

"全国优秀社区工作者"称号;岳塘区社区志愿者协会被中国社会工作协会评为全国社区志愿者先进单位;岳塘区滴水街道江滨社区居委会向洪善、岳塘区建设路街道霞光社区居委会冯爱春被中国社会工作协会评为全国社区志愿者先进个人。

2004 年 4 月,市委、市政府召开全市社区建设工作会议,部署创建文明社区任务。市政府下拨 350 万元奖励先进文明社区,给湘潭县、湘乡市、韶山市 26 个社区追加 39 万元工作经费,驻社区单位和各界人士广泛参加社区建设,争取社会支持资金 661 万元。通过验收,113 个社区全面达标,社区有中共党的组织,有 100 平方米以上的办公用房,有自治章程和居民公约,下岗人员就业和再就业率达 7%以上。市政府授予 66 个社区为市级示范社区。湘潭市被评为"全省社区建设先进单位"。

2005 年,市委、市政府把改善社区基础设施作为推进社区建设的大事来抓,全市共投入 2460 万元,新建社区居委会办公楼 66 栋,面积 1.6 万多平方米,改扩建房屋 3 万多平方米,社区办公服务用房平均达 300 平方米,并配齐办公桌椅、电教设备等。兴办社区就业安置实体 200 多个,社区"星光老年服务站"150 个。全市社区建立家政、养老托老、卫生保健、计划生育、保安保洁等社区专业服务队 751 个,各类社区服务网点 4000 多个,安置社区从业人员 1.5 万人,其中下岗职工 8284 人。霞光村等 16 个社区被评为全省创建和谐社区先进单位,中共宝塔街道办事处书记徐鹏等 20 人被评为省创建和谐社区先进个人、并记二等功一次。

第二章　社会福利事业

第一节　孤儿、弃婴收养

1986 年,市社会福利院有在院孤儿、弃婴 42 名。其中女婴占 95%,男婴占 5%,残疾婴儿占 35%。弃婴的姓氏由市福利院定为姓"社"(指社会主义)或姓"湘"(指湘潭),以此两姓给婴儿起名。

1987 ~ 1990 年,市社会福利院共接收遗弃女婴 132 名。随着弃婴的增多,市社会福利院从收养照料好弃婴转变为让孩子重返家庭而实施送养。期间,加拿大鲍罗德夫妇通过国家法定程序,到市社会福利院办理婴儿社兵工的收养手续,社兵工成为湖南省首例外国人收养的女婴;国内公民合法收养市社会福利院孤儿 4 名。

1991 年 5 月,市社会福利院 23 名婴儿感染上中毒性菌痢,6 名婴儿患贫血发烧,经抢救治疗,仍有 13 名婴儿死亡。事发后,市政府责成市民政局查明原因,总结教训,立即采取补救措施。市民政、卫生部门给市社会福利院增配医务人员 1 名,设立婴儿入院观察室,并着手筹措资金兴建孤儿楼。是年,市社会福利院接收弃婴 83 名。其中,女婴 71 名,残婴 28 名。

1994 年 1 月,市政府投入 50 万元、建筑面积为 3000 平方米的首栋孤儿楼竣工开园,床位增至 120 张,设有医务室、消毒室、教室和游乐室,添置一批教具、玩具及游乐设施,婴幼儿生活娱乐环境得到改善。

1995 ~ 1999 年,按照国家司法部、民政部发布的《外国人在中华人民共和国收养子女实施办法》

和外国人收养工作程序，外国人共收养市社会福利院婴儿195名；按照《中华人民共和国收养法》（以下简称《收养法》）经市民政局审核批准和市公证处公证，国内公民收养市社会福利院婴儿18名。

2000年，市民政局组织各县（市、区）分管收养登记管理工作的局长、科长、民政工作人员学习国家颁布的《收养法》和《外国人在中华人民共和国收养子女登记办法》，举办收养登记人员学习班2期，培训25人。至2002年的3年间，社会福利院共接收弃婴115名，外国人收养40人，国内公民收养20人。

2003年11月20～21日，湖南省计划生育委员会对湘潭市收养登记进行检查，76例收养登记，均做到收养登记程序到位，资料齐全，档案规范，无1例违法收养，收养登记合格率100%。至2005年的3年中，市社会福利院共接收弃婴114人。其中，女婴108人，残疾婴儿40人（男婴6名）。外国人收养76人，国内公民收养10人。外国人收养孤儿后，多数仍与市社会福利院保持联系，寄来书信和收养小孩的照片。爱尔兰籍科尔曼夫妇收养市社会福利院女婴社裕如后，先后3次带社裕如回市社会福利院"探亲"。市社会福利院对一些年龄偏大，不便送养的孤儿，负责供其上学，先后有6人上中学、2人上大学，4人走上社会参加工作。少数残疾儿童则由市社会福利院终身供养。

第二节　城市孤寡老人和农村"五保"供养

一、城市孤寡老人供养

1986年，市社会福利院和湘江区社会福利院共有在院孤寡老人55人。是年，岳塘区政府为安置城区孤寡老人，新建岳塘区社会福利院，占地0.87公顷，建房面积1000平方米，配备工作人员2名，当年收养孤寡老人20名。

1988～1989年，贯彻全国第八次民政工作会议精神，全市福利事业打破由国家包揽的单一化模式，形成国家、集体、个人举办福利事业的格局，多方筹集福利资金，推动城乡养老事业发展。两年全市用于兴办福利企业和福利院、敬老院建设的资金共有1450万元。其中，国家投入95万元，厂矿投入240万元，乡镇、街道居委会集体投入965万元，个体投入150万元。共新建福利企业12个，改、扩建敬老院、社会福利院5所。市社会福利院炊事员冯明高一心扑在炊事工作上，满腔热情为孤寡老人和孤残儿童服务，被评为湖南省劳动模范。

1990年10月，雨湖区政府为满足城区孤寡老人需求，建成雨湖区老年公寓，占地6亩，有住房54间，床位65张，配备工作人员8名，当年收养孤寡老人30名。至此，市城区共有4所福利院。是年，根据社会需求各福利院开展有偿"寄养"服务，由老人的家属或工作单位与社会福利院（老年公寓）签订"寄养"协议，支付寄养费用，至1996年，共收"寄养"老人75人。

1997年，市社会福利院经湖南省福利院评审委员会实地考察评审，被评定为省一级社会福利院。1999年2月底，湘江福利院因电路故障发生火灾被烧毁后，该院24名孤寡老人转入雨湖区老年公寓。是年，雨湖区老年公寓经省福利院评审委员会检查验收，被评定为省二级福利院。

2000～2005年，全市福利院有孤寡老人70名，孤寡老人生活条件逐年得到改善，供养标准每人每月伙食费200元，还发给日常生活用品和零花钱。各社会福利院经常开展敬老爱老活动。雨湖区老年公寓院长刘丽萍把真挚的爱奉献给老人，在全国敬老爱老助老主题教育活动中获“葆春杯”奖，被评为“孝亲敬老之星。”

二、 农村“五保”供养

1986～1990年，全市农村有五保户10143户，10579人，其供养方式仍为分散和入住敬老院集中供养两种。在131个乡镇中，有128个乡镇实现五保供养“以乡统筹”。乡镇兴办敬老院125所，入住老人1146人。五保人员年均生活费300元、口粮(稻谷)300千克以上。

1991～1993年，全市投入308万元扩建敬老院房屋186间，面积3720平方米，改善五保老人居住环境，入住敬老院老人增至1409人。全市五保户供养年人均口粮300～350千克，年生活费300～500元。

1994～1995年，按照市政府《湘潭市农村五保供养实施细则》(以下简称《细则》)，五保供养继续实行分散和集中供养。分散供养为自理和寄居两种，对生活不能自理的安排入住乡镇敬老院集中供养。五保供养经费按本乡镇上年度人均收入的0.3%提留列入五保供养专项资金。撤区并乡后，全市59个乡镇五保供养有54个乡镇实行以乡统筹，5个乡镇实行乡村联筹，供养标准提高到人年均830元。全市125所敬老院，在院老人1433人，年人均生活费1120元。市、县(市、区)、乡镇投资198.6万元，改造敬老院房屋面积3134平方米。

1996～1997年，通过贯彻《细则》，全市11732名五保对象人均年生活费达到900元，85%的乡镇按0.3%统筹到位。全市46所敬老院由平房改建为楼房，由多人间改为小套间。涌现出一批上等级上档次的敬老院。湘潭县古城乡敬老院环境优雅，管理规范，为老人服务热情周到，被国家民政部评为“全国模范敬老院”。

1998～2000年，贯彻国务院《五保供养条例》和民政部《农村敬老院管理暂行办法》，提高五保对象的生活标准，开展农村敬老院达标活动。全市各级政府共投入1474万元改扩建敬老院52所。改、扩建后的敬老院成为公寓式庭院，每间套房带厕所和洗漱间，配置统一的桌椅床铺等。全市105所敬老院有73所达到“三通三靠三有三化一中心”标准，即：通水、通电、通公路；靠乡镇住地，靠繁华地带，靠公路；有种植业，有养殖业，有商店；环境美化，庭院绿化，室内空气净化；成为全乡镇五保老人服务活动中心。岳塘区霞城乡敬老院被评为省级文明窗口敬老院。

2001年，全市有五保户11907户，12935人。撤并9所规模较小、地域偏僻的敬老院，全市保留乡镇敬老院96所，集中供养1477人。分散供养的五保户口粮每人每年300～350千克，生活费每人每月30～45元，最高的每月100元。

2002～2003年，农村实行税费改革，五保供养经费开始全部纳入乡镇财政预算，实行财政转移支付。市政府贯彻省政府颁发的《湖南省农村五保供养暂行办法》，下发《关于切实做好农村五保供养工作的通知》，明确规定每人每年生活费不低于600元，口粮不少于350千克稻谷。五保生活费由市财政拨给县(市、区)民政局，再由县(市、区)

图 10-2-1 改、扩建后的湘潭县响水乡敬老院

民政局拨给乡镇民政专干直接发到五保户手中。市财政两年转移支付五保生活费 1566.26 万元。

2004 ~ 2005 年，按照省委、省政府为民办实事的指示精神，市委、市政府把改扩建敬老院作为为民办实事的一项重要任务，利用各县(市、区)撤区并乡后原乡政府办公楼和卫生院闲置的房屋，另投入资金 901.1 万元，改扩建农村敬老院 22 所、城区敬老院 4 所，共有占地面积 434.8 亩，建筑面积 57850 平方米。院内床、桌、柜、椅添置一新，电视、棋牌配备齐全，每院配工作人员 3 ~ 5 名，在院内或附近设立医疗门诊点(所)，定期为老人作健康检查。每所敬老院有菜地、鱼塘、果园和猪栏，开展种养殖业，以副补院，改善老人生活。至 2005 年，全市有敬老院 96 所，享受五保供养 15319 人，入住敬老院集中供养 3050 人。

第三节　福利生产

1986 年，全市有各类社会福利企业 63 家，福利企业拥有固定资产 800 多万元，流动资金 600 多万元，从业人员 2368 人，其中残疾职工 1053 人。通过联营、转产，完成年产值 1596 万元，利润 124 万元，实现扭亏为盈。

1988 年，贯彻全国民政工作大连会议精神，推动群众性福利生产，以大厂矿为依托，带动城市和农村兴办福利企业。是年，全市各类福利企业发展到 127 家。其中，政府部门 13 家，厂矿 9 家，街道、居委会 20 家，乡镇、村 85 家。年产值 1419.9 万元，利润 19.36 万元。

1989 年，按照中央提出的治理经济环境、整顿经营秩序的方针，对福利企业进行清理整顿，全市有 68 家福利企业因管理制度不健全、缺乏自我约束机制、超范围经营、倒买倒卖等被取消资格。1990 年，全市福利企业经过整顿后有新的起色，城乡福利企业又迅速发展到 108 家。是年，全市福利企业总产值达 3548 万余元，创利税 137 万多元。

1992 年，全市福利生产企业转换经营机制，强化内部管理，把企业推向市场。市电焊条厂、针棉蜡染厂、金属制品厂 3 个局直属福利企业由过去的事业单位企业管理转换为企业性质的商品生产经营单位。市民政部门成立福利生产管理办公室，按市民政、财政、税务部门联合制定的《关于征收福利企业管理费的通知》等文件精神管理企业。年底，全市福利企业产值 9000 万元，创利税 800 万元。

1993 ~ 1998 年，市工商部门免收办理营业执照等管理费，税务部门由先征后免税金改为即征即免，扶持福利企业发展。期间，福利企业增至 134 家，从业人员 3433 人，其中残疾职工 1500 人，完成产值 3.438 亿元，创利税 1950 万元。

1999 年，市民政局直属福利企业有职工 600 多人，其中残疾人职工 200 多人，因产品无销路，难以发放职工工资，致使不少残疾职工上访。为保障职工基本生活，稳定职工队伍，根据国家劳动部门有关政策，市民政局筹措 125 万元为 3 家局直属福利企业职工投入社会养老保险。

2001 ~ 2004 年，市民政、工商、税务局联合组织检查福利企业，通过年检，15 家企业因残疾人职工所占比例未达到 30%以上被取消福利企业资格，24 家企业因停产、倒闭、转产而自行消失。福利企业减至 95 家。

2005 年，福利企业改制。湘潭钢铁集团有限公司、湘潭电机集团有限公司、湖南湘乡铝厂、江南机器厂等大中型国有企业的福利工厂完成股份合作制改造。是年，全市有福利企业 99 家，从业人员 3646 人，其中残疾职工 1632 人，完成年产值 6.092 亿元，实现销售收入 5.364 亿元，创利税 4000 多万元。

第四节 社会福利有奖募捐

1987 年 11 月 7 日，根据国家民政部、计划委员会、财政部等七部委《关于做好社会福利有奖募捐工作的联合通知》精神，成立湘潭市社会福利有奖募捐委员会（以下简称市募委），下设有奖募捐处。社会福利有奖募捐以发展社会福利事业为目的，通过发行彩票方式筹集资金用于公益事业。其宗旨是“扶老、助残、救孤、济困”。市募委制定《有奖募捐试行办法》，福利彩票销售总金额的 35%作为资金返回中奖者，15%作为成本费用，其中上交中国有奖募捐委员会发行费和印刷费 5%，上交湖南省有奖募捐委员会发行费 1%，市募委发行费为 5%，代销费为 4%，总金额除去上述费用的净收入作为社会福利基金，其中 30%上交中国社会福利有奖募捐委员会（以下简称中募委），余下 70%中的 5%上交省募委，其余由市募委作社会福利基金，存入市工商银行，专人管理，专款专用。12 月 8 日，市募委决定首批发行传统型面额 1 元的有奖募捐券 100 万元，将任务分配到城区 12 个街道办事处和湘潭钢铁厂、湘潭电机厂、江麓机械厂、江南机器厂、湘潭纺织印染厂、湘潭锰矿。在湘潭军分区大门前举行首发式，至 1988 年 1 月销售任务全部完成。是年，各县（市、区）相继成立社会福利有奖募捐委员会并设办公室。

1989～1991 年，全市共销售中国福利彩票 1000 万元。根据中国残疾人联合会关于残疾人康复纲要的要求，为完成白内障复明、聋儿语训、小儿麻痹康复任务，经市政府批准，投入福利彩票资金 32 万元，将市盲人按摩诊所扩建为市康复中心。

1992 年，社会福利有奖募捐彩票发行由行政型向经营型转变，由现金兑奖发展为实物兑奖，全市共发行福利彩票 1202 万元，人均购买彩票 4.6 元，居全省之冠。

1993 年，为拓展农村彩票市场，湘潭县、湘乡市、韶山市在乡镇每逢农民赶集之日组织开展 5～20 万元的“小奖组”彩票销售。至 1995 年的 3 年中，共销售福利彩票 2271 万元。

1996 年，市募委根据彩票销售潜力和销售量的增加，决定在城区开展 1000 万元“大奖组”彩票销售。元旦期间，组织 500 人的发行队伍在市体育中心发行 1000 万元“大奖组”彩票，当场实物兑奖，广大群众争先购买，仅 5 天半时间销售一空。接着雨湖区和岳塘区各成功发行福利彩票 1000 万元。是年，开始采用电脑销售彩票，由彩民自选号码，电脑打印，每注彩票 2 元，共设立投注站 45 个。全年共完成 3710 万元发行任务，创福利彩票发行最高纪录，受到省募委和中募委的表彰。至 1998 年，市募委投放 360 万元福利资金用于资助市残疾人联合会兴建市残疾人服务中心大楼等一批为残疾人、老年人、孤儿服务的社会福利事业项目。

1999～2000 年，全市福利彩票投注站发展到 100 个，发行即开型和电脑彩票 2190 万元。2001 年，根据国务院《关于进一步规范彩票管理的通知》规定，彩票资金构成比例调整为：返回比例 50%，发行费用比例 15%，彩票公益金比例 35%，按“收支两条线”原则，彩票发行收入实行专户管理，市设立彩票发行财政资金专户。全市发行 400 万元。同年 11 月，根据省政府统一部署，拨付 20 万元福利资金支援湘潭市对口扶贫的湘西永顺县。

2002年,根据湖南省募委和省财政厅规定,全市彩票发行收入全额上交省财政资金专户,发行经费和留成福利资金由省财政下拨到市彩票发行财政专户,市彩票发行中心和市财政再按彩票销售分成比例下拨到县(市、区)彩票发行财政专户。2003年,湘潭市社会福利有奖募捐处更名为湘潭市社会福利有奖募捐委员会办公室。8月,市募委组织全市20名彩民代表参观市社会福利院、岳塘区霞城乡敬老院、湘乡市光荣院等一批受福利彩票资助单位,彩民耳闻目睹福利彩票公益金发挥的社会效益和作用,福彩的信誉度进一步提升。2005年,全市有福利彩票投注站140个。其中,城区94个,农村乡镇46个。4年间共销售福利彩票1.2935亿元,筹集社会福利资金2323万元。市募委投放1945万元兴建市老年活动中心、改扩建农村敬老院及社区“星光工程”等一批社会福利项目,改善老人居住环境和社区工作条件,直接受惠者10万人。

第三章 赈灾救济

第一节 赈灾

1986年上半年,境域部分乡镇遭受暴雨、冰雹灾害。7~9月旱情严重。全市38万多农户受灾,死亡19人,受伤517人;倒塌房屋3319间,粮食减产8750万千克。市政府下拨790多万元、衣被6万多件,帮助灾民解决吃、穿、治病困难。市民政部门为特困户代交家庭财产和自然灾害保险费13.5万元。

1987~1988年,全市发生多次干旱、特大暴风雨、病虫和低温寒霜等灾害,造成81个乡镇受灾,重灾1.7万户7.34万人,死亡8人,伤263人;死耕牛211头;倒塌民房5780间,全倒户254户;农作物受灾面积131213.33公顷,其中,6593.33公顷颗粒无收。市政府发动群众抗灾救灾,恢复生产,组织转移灾民3.9万余人,下拨救灾款165万元,其中80万元用于灾民购买口粮、65万元帮助灾民修建房屋、10万元添制衣被、10万元用于灾民治病和安葬死亡灾民。

1990年,境域先后遭受严寒冰冻、暴雨、干旱、龙卷风等9次自然灾害,全市77万人受灾,因灾死亡33人,受伤676人,造成经济损失1.4亿元。市委、市政府5次召开救灾会议,市领导深入灾区慰问灾民,组织73.5万人次帮助灾区运送救灾物资、抢救伤员、转移安置灾民,下拨救灾款220万元,赶制衣被25万件,募集生活用品12330件,生产工具3550台(件),募集大米25万千克,粮票20.88万千克救助灾民。

1991年,根据省政府部署,开展向市境外支灾募捐活动。全市募集款物500余万元,分别支援安徽省安庆市和湖南省常德、益阳、湘西等市、州。1992~1993年,全市先后发生冰雪、冰雹、龙卷风、洪涝、干旱等灾害,造成94.5万人受灾,因灾死亡20人,倒塌房屋4594间,经济损失2.2亿元。市政府下拨245万元救灾款,投入救灾扶贫基金487万元,发放大米60吨、医用药品10箱、棉被2000床、蚊帐1000床、棉衣2000件、毛毯1000床、衣服2183件、毛衣769件救助灾民。

1994年,境域遭受百年一遇的特大洪涝灾害,又先后遭受龙卷风、冰雹袭击,造成特重灾民20万人,因灾死亡26人,伤1108人,倒塌房屋19985间,全倒户3561户;粮食绝收达1.2万公顷,因灾减产1亿多千克，直接经济损失达6亿多元。灾情发生后，市委、市政府、湘潭军分区组织80多万干部群众和部队官兵投入抢险救灾；发动全市捐款捐物，募集现金518万元，水泥、化肥、煤炭等生产生活物资3000多吨，衣被8.6万件；下拨救灾款700万元，组织灾民群众开展生产自救和灾后重建。年底，3561户房屋全倒户搬进新居，其中在湘潭县境域新建3个灾民新村，集中安置128户灾民。

图10-3-1 坐落于湘潭县易俗河镇的灾民新村

1995年上半年，境域连续遭受暴雨和山洪及龙卷风袭击，全市有26个乡镇受灾，特重灾民12.3万人，倒塌房屋15288间，其中全倒户1696户，因灾死亡35人，农作物受灾面积达49933.33公顷，绝收18600公顷，减产粮食1.3亿千克，2133.33公顷湘莲绝收，造成直接经济损失9.13亿元。7月3日，市委、市政府召开抗洪救灾紧急动员会。次日，举行向灾区人民捐款仪式，市领导带头捐款，全市共募集救灾款500多万元。市政府下拨救灾款907万元，水泥2300吨，化肥1000吨，农药10吨，食盐10吨，大米200吨，衣服8万余件，棉衣1500件，棉被1000床，毛衣裤1300套救助灾民。帮助1696户全倒房户新建住房。1996~1997年，根据国家救灾救济体制改革实行分级负担的精神，市建立救灾救济“217”科目(财政科目编号)。是年，市财政列入救灾救济预备金149.3万元，其中湘乡市30万元，湘潭县60.9万元，韶山市18万元，雨湖区20万元，岳塘区20.4万元。

1998年，全市5次遭遇暴雨、龙卷风等自然灾害的袭击，共有66个乡镇、街道受灾，受灾人口68.25万元，成灾人口39.5万人，农作物受灾面积72666.67公顷，其中绝收面积9833.33公顷，倒塌房屋17942间(其中全倒房户2037户)，全市因灾直接维修损失4.35亿元。灾情发生后，民政部门及时分赴灾区慰问安置灾民，先后下拨救灾救济款110万元，解决灾民的吃住困难。市政府组织开展支灾募捐活动，全市共收到募捐款1000余万元，其中市本级770万元，物资折价120万元。560万元善款和折价120万元的物资分发给全市灾民，市审计、监察、财政部门对救灾款物的发放进行跟踪审计检查，保证救灾款物及时准确到位。

1999年，境域无大灾，根据省政府统一部署，湘潭市对口支援省内重灾区。市政府召开支援外地救灾会议，发动全市捐款1120万元，捐水泥、钢材等物折价约130万元，先后支援岳阳、益阳、常德、张家界等地重灾区。

2000~2002年，境域先后6次遭洪水袭击，全市47个乡镇82万余人受灾，因灾死亡9人，被困群众30180人，倒塌房屋15800间，全倒户920户；农作物受灾面积73000公顷，绝收达9000公顷。市政府组织干部深入灾区紧急转移灾民14680人，下拨救灾款760万元，调拨大米2.5万千克，帐篷100顶安置重灾民，帮助全倒房户恢复住房，发放救灾棉被2600床，棉衣棉裤4000件。

2003年5~6月，部分乡镇发生洪涝灾害，下半年，久旱无雨，全市因灾死亡8人，受伤154人，被洪水围困17450人，因旱灾发生饮水困难11.1万人，洪旱灾害造成粮食减产292.9万千克，直接经济损失3.25亿元。市政府组织干部群众紧急转移安置灾民15150人；下拨救灾款640万元，衣服

1 万余件，棉被 1300 床救助灾民。对 860 户全倒房户造册登记，给予重点救助，每户 2000 元，其中 100 户特困户各 5000 元，帮助新建住房。

2004 ~ 2005 年，全市部分乡镇遭受特大山洪，多处山体滑坡，受灾人口 92.67 万人，成灾人口 53.45 万人，因灾死亡 9 人，失踪 1 人；倒塌房屋 10094 间，全倒户 1447 户；农作物成灾面积 31800 公顷；牲畜死亡 2791 头。灾情发生后，市政府从救灾救济“217”科目预备金中紧急拨款 50 万元救助灾民，组织干部群众紧急转移安置灾民 2.8 万人，及时将 1330 万元救灾款发放到灾民手中，帮助恢复生产，重建家园。

第二节　社会救济

一、荒时救济

1986 年冬，市政府组织对境域边远贫困地区和因灾造成的特困户及五保户，实施冬令救助，下拨 24 万元订制 11300 件棉衣、棉裤、棉被，于 11 月 10 日前发放给 1 万多贫困户过冬。年底，根据省政府部署，全市募集衣被 6 万余件，捐送湘西自治州贫困山区。

1989 年，全市因上年自然灾害造成农业减产歉收，春荒缺粮有 2.1 万余户，9 万余人，缺粮 450 多万千克。湘潭县 3481 户杂交制种户在春节期间靠借米下锅的有 230 户，春节后缺粮达 2500 多户。湘乡市有 40 个村、19592 人地处边远山区和水库尾上，生活完全处于半自给半靠统销救济。市政府拨给救济款 50 万元，帮助他们安全度过春荒，开展生产自救，未发生外出逃荒和非正常死亡。

1990 ~ 1998 年，境域多次发生洪涝干旱、冰雹低温灾害，造成五保户、特困户春夏缺粮食，寒冬少衣被的困难，共下拨 221 万元救助困难户安全越冬和度过春夏荒。

2002 ~ 2003 年，市民政部门组织荒时调查，经过走村串户对五保户、特困户的生活情况摸底排队，全市有特困对象 35032 户，12.2 万余人，占农村人口 6%，缺少口粮需国家救济的有 9.98 万人。市政府先后下拨 1500 万元，用于困难户购买口粮和添制衣被。

2004 ~ 2005 年，因旱涝灾害，全市 19.4 万多人春荒缺粮，市政府及时下拨 800 万元救济款，帮助困难群众度过春荒。冬令期间，下拨 470 万元救济困难户过冬。

二、救灾扶贫互助储金会

1986 年，随着扶贫工作的开展，根据上级有关文件精神，发挥村民互助互济作用，全市开始组建农村救灾扶贫互助储金会（以下简称储金会）。至 1991 年，共建立村级储金会 1600 个，入会农户 47.5 万户，总储金达 770 万元。

1992 ~ 1996 年，全市有村级储金会 1631 个，同时建立 7 个乡级储金会，入会农户 52 万户，储金总额达 2348 万元。投放使用 1152 万元，帮助 2.6 万农户、灾民解决建房、治病、购口粮和生产资料及发展种养殖业等。

1997 年，国家改革救灾体制，实行分级负担，市、县（市区）、乡（镇）、村四级建立储金会网络，市设储金管理会，县（市、区）设分会，乡（镇）设联会，村设储金会。全市有储金管理会 1 个，分会 5 个，联会 60 个,储金会 1632 个,储金总额 3000 万元。救灾扶贫互助储金会开办初期,在救灾和扶贫方面发挥出应急解难作用,后因管理不善,放款难清难收。根据国务院和省政府的统一部署,从 1998 年开始,对全市储金会进行全面清理整顿。市组织工作组下到乡镇检查了解情况,帮助制定储金清收兑付方案。至 2000 年底,全市 3000 万元互助储金平稳清收、兑付清盘,各级互助储金会全部撤销。

三、其他救济

(一)精减退职职工救济

1986 年,根据国家对精减退职职工救济政策,全市有享受原工资 40%救济的精减退职职工 924 人,人均每月 22.6 元,全市发放救济费 25.1 万元;给予定期定量(简称“双定”)救济的 1755 人,人均每月 11.5 元,全市发放救济费 24.2 万元。1991 年,全市享受原工资 40%救济的 924 人,人均每月 26.8 元,全年发放救济费 29.9 万元;给予“双定”救济的 2356 人,人均每月 16 元,全年发放救济费 45.3 万元。2000 年,因自然减员,全市享受原工资 40%救济的 630 人,人均每月 35.6 元,全年发放救济费 26.9 万元;给予“双定”救济的 2051 人,人均每月 20 元,全年发放救济费 49.22 万元。2005 年,全市享受原工资 40%救济的 532 人,人均每月 50 元,全年发放救济费 31.92 万元;给予“双定”救济的 1367 人,人均每月 25 元,全年发放救济费 41 万元。

(二)起义投诚和特赦人员救济

1986 年,全市有起义投诚人员 631 人,特赦人员 41 人。其中有 43 人每人每月享受 37~42 元生活补助,其余 629 人享受“双定”救济,每人每月 10~25 元,年共发放救济费 15.096 万元。1987~1994 年“双定”救济标准未变。1995 年,全市享受“双定”救济的起义投诚人员 465 人,特赦人员 21 人,人均每月 25 元,年发放救济费 14.58 万元。1996~2004 年,救济标准无变化。2005 年,全市享受“双定”救济的起义投诚人员 367 人、特赦人员 5 人,人均每月 30 元,年发放救济费 13.4 万元。

(三)特困家庭大病救助

2005 年,为缓解城乡困难群众就医难,市政府启动城乡特困家庭成员患有恶性肿瘤等重大疾病的医疗救助制度,门诊医疗救助金每人每年最高为 1000 元,住院医疗救助金每人每年最高为 3000 元。是年,全市农村有 1258 人获大病医疗救助金 174 万元,城市有 345 人获大病医疗救助金 43 万元。

四、流浪人员救助管理

1986~1991 年,市收容遣送站收容流浪乞讨人员 4704 人,遣送 2187 人,中转 1016 人,其亲属接走和自行回乡的 1365 人,得到安置的 3 人,移交公安部门处理 133 人。

1992~1996 年,依据省民政厅《关于收容遣送工作有关问题的通知》精神,配合市综合治理、重大节日及卫生检查等活动,加大收容遣送力度,共收容流浪乞讨人员 2968 人,遣送 1060 人,中转 508 人,其亲属接走和自行回乡的 1350 人,移交公安部门处理 50 人。

1997 年 12 月 2 日,市政府贯彻《湖南省城市流浪乞讨人员收容遣送条例》,明确收容遣送工作继续实行由民政、公安部门共同承担。收容以公安部门为主,民政部门配合;遣送管理以民政部门为主,公安部门配合。精神病人由民政部门收治;危重病人由公安部门收容后送卫生部门治疗;麻风病人由卫生部门负责收治、遣送。收容遣送车挂警车牌照,工作人员统一着装。至 1999 年,全市共收容遣送流浪人员 5799 人次。

2000 年 4 月，市政府颁布《湘潭市外来人口管理若干规定》，实行收容收费管理。是年，配合公安部门“110”联动，依法收容遣送流浪乞讨和无暂住证、无临时就业证、无计划生育证的“三无”人员 2928 人，收治流浪街头的精神病人 15 人。

2001 年，为改善收容条件，扩大收容场地，市民政部门筹集资金 100 多万元，购买土地 6 亩，新建少儿流浪救助保护中心，建筑面积 1000 多平方米。至 2002 年的两年间，共收容遣送 9463 人次。

2003 年 6 月，根据国务院颁布的《城市生活无着的流浪乞讨人员救助管理办法》(以下简称《救助管理办法》)精神，取消收容遣送中的收费管理，由强制收容遣送转变为“自愿受助、无偿救助”。9 月，湘潭市、湘乡市收容遣送站更名为救助管理站。市救助管理站投资 9 万元改善救助人员吃、宿环境，实行旅馆式服务。至年底，有求助人员 240 人，其中符合救助条件得到救助的 205 人。

2005 年 10 月，市政府下发《关于加强城市生活无着的流浪乞讨人员救助管理工作的意见》，按属地管理原则，建立民政、公安、财政、交通、城管等部门参加的城市流浪乞讨人员救助管理工作联动机制，形成“属地管理，条块结合，以块为主，协调配合”的救助工作体系。是年，救助流浪在城市生活无着的乞讨人员 2412 人，发放返乡经费 12 万多元，其中 325 名危重病人、老年痴呆病人、精神病人及智障儿童在查清家庭住址或户籍所在地后，送回原籍或由其亲属接回。

第三节　城乡居民最低生活保障

一、城镇居民最低生活保障

1996 年前，对城镇生活困难的居民实施临时救济和定期定量补助。

1997 年，随着产业结构调整，企业转换机制，部分职工下岗，加之原有社会救济对象，形成一个新的城市困难群体。市政府颁发《湘潭市城市居民最低生活保障制度实施暂行办法》，决定从 10 月起，在全省率先实施城市居民最低生活保障制度。凡具有湘潭市城区常住户口的居民户月人均收入低于城市居民最低生活保障线的，均属于保障对象。通过摸底调查，依据湘潭市居民基本物质生活需求和物价指数，确定最低生活标准为每户每月人均 120 元，未达到此标准的，补足到 120 元。最低生活保障制度采取“分步实施”的办法，首批确定城区贫困居民 840 人和市属困难企业职工 756 人为保障对象，人均每月发给保障金 61 元。是年底，首发最低生活保障金 29268 元。

1999 年，全市最低生活保障制度全面铺开，在城区无业居民，省、市属企业和湘潭县、湘乡市、韶山市城镇居民及县(市)属企业全面付诸实施。全市享受低保的有 5837 户、15023 人，年累计发放保障金 696 万元。

2000 年 1 月，市政府颁发《湘潭市城市居民最低生活保障管理制度》，对低保对象的申报、审批、资金发放、人员职责等方面重新作出明确规定，由低保对象个人申请，居委会审查，街道办事处审核报县(市)、区民政部门审批，市民政部门备案。年底，全市共有各类最低生活保障对象 7936 户、17233 人。全年共发低保资金 1323 万元，其中省以上财政拨款 844 万元，市财政承担 262 万元，县(市、区)承担 217 万元。

2001 年 1 月，市委、市政府下发《关于进一步加强城市居民最低生活保障工作的意见》，对低保对象实行动态管理，凡月收入低于低保标准的进入低保，之后若月收入超过低保标准，则取消低保。年内，共审批新增低保对象 3916 户、8223 人，原已享受对象增标 85 户，减标 103 户。取消原已享受对象 1087 户，2577 人。年底，全市低保对象共有 10399 户、26645 人，发放低保资金 2035.6 万元。

2002 年，市政府根据人均生活水平的提高和物价指数上涨因素，决定从 1 月 1 日开始，城市居民最低生活保障月标准从 120 元提高到 156 元。同时，根据中共中央、国务院关于最低生活保障要做到"应保尽保"，扩大低保面，至年底，全市低保对象共有 31716 户、82458 人。全年累计发放保障金 3937 万元(含市属县以上集体企业退休人员 2477 人，年保障金 466 万元)。达到中共中央、国务院提出的"应保尽保"要求。

2003 年，为加强对城市居民最低生活保障工作的管理，经市编制委员会批准，成立市城市居民最低生活保障工作管理局，为正科级事业单位。县(市、区)分别成立最低生活保障工作办公室，城市两区 18 个街道办事处设立低保救助站，全市 186 个社区居委会配备低保专职管理人员 197 人。是年底，全市低保对象 31428 户、79813 人，共发放保障金 4373 万元。

2004 年 3 月，市政府颁发《湘潭市实施 <城市居民最低生活保障条例> 细则》，对低保资金筹措、机构队伍建设、资金监督管理、申报审批程序等作出具体规定。是年，全市建立与低保制度相配套的水、电、燃气等实行收费减免办法，低保户每月免交 4 吨自来水费、4 立方米燃气费、6 度电费等。

2005 年，市低保工作管理局更名为市社会救助工作管理局，当年给低保对象每人每月增加 10 元，至年底，全市城市低保对象 35606 户、76515 人，年累计发放保障金 6278 万元，月人均救助额度 68.4 元。

二、农村居民最低生活保障

2002 年，根据省政府关于农村社会保障制度建设的通知精神，韶山市、雨湖区、岳塘区进行农村居民最低生活保障试点，共选定无劳动能力、无子女、无生活来源的"三无"特困人员 89 户，245 人为最低生活保障对象，低保标准为每人每月 50 元，年发放保障金 11.76 万元。至 2005 年，市农村居民最低生活保障制度在雨湖区、岳塘区和韶山市正式实施，共有低保救助对象 3938 人，全年发放保障金 163.86 万元。

第四节 慈善事业

一、组织机构

1994 年 8 月，筹备成立湘潭市慈善会。其宗旨是募集资金，扶贫济困。

1995 年 3 月 14 日，设湘潭市慈善会办公室，为正科级差额拨款事业单位，编制 5 人。11 月，派员赴京参加中华慈善总会第一次全体成员代表大会。1998 年 10 月，湘潭市慈善会成立暨首届代表大会在湘潭宾馆召开。与会代表 156 人。会议通过《湘潭市慈善会章程》《湘潭慈善会创始基金章程》和《湘潭慈善会资金管理办法》。至 2005 年，因未召开代表大会，机构无变化。湘潭慈善会共有团体会员 77 个，个人会员 9 名。

二、活动

1995 年 6 月，湘乡市新湘路敬老院因洪灾房屋全部倒塌，中华慈善总会拨款 10 万元，市慈善会捐 3 万元，资助重建。

1996 年，市慈善会为资助孤儿就学，向社会各界募集善款 16 万元，实施“百名孤儿助学工程”。从 10 个贫困乡镇选定 100 名孤儿为助学对象，从当年起直至高中毕业，给予每人每学期 100 元的资助，其中被评为校、县、市、省级“三好学生”，还给予 100～500 元不等的奖学金。

1997 年 8 月，市慈善会与北京华彬贸易公司联合主办首届孤儿夏令营，组织 20 名农村孤儿参观市烈士陵园、炎帝陵和井冈山革命根据地，接受爱国主义教育。

1998 年，市慈善会响应省政府支援岳阳重灾区的号召，将募集价值 10 万元的食品送往岳阳市慰问灾区人民。是年，将募集的 14 台海尔冰柜和 5 台 29 寸创维彩色电视机，分送给市内 15 个福利院、敬老院。

1999～2000 年，市慈善会接收省慈善总会价值 15 万元的捐赠食品，分送给全市 30 所敬老院、福利院。募集善款 48 万元，给城乡 1200 个特困对象每人发放 400 元慈善医疗资助卡，持卡人可凭卡到定点医院就诊(取药)。在中华慈善总会的帮助下，国际“微笑列车”和瑞典“希望之星”慈善机构考察团先后到湘潭考察，确定给唇腭裂患者免费治疗和给市福利院捐赠儿童启智用品两个项目，有 18 名唇腭裂患者得到免费治疗，市福利院获捐助 21 万元。瑞典“希望之星”慈善基金会国际部负责人毕婕女士捐赠 8 万余元帮助市福利院兴建儿童游乐场所。2002 年 12 月，市慈善会发出倡议，开展扶贫济困“慈善一日捐”活动，工商企业捐献一天利润，党政机关、企事业单位干部、职工个人捐献一天工资，当年收到善款 40 万元。期间，共募集善款 132 万余元，全部用于扶贫济困。

2003～2005 年，为唤起民众关注慈善事业，在全市开展“让爱心遍布湘潭城，我为慈善献爱心”活动，并在《湘潭晚报》上设立“爱心专栏”，表彰捐款捐物的单位和个人。期间，募集善款和食物折款共计 322 万元，先后慰问 1000 多特困户和雨湖区老年公寓、岳塘区福利院、湘潭锰矿等 8 个单位，资助 24 名特困学生每人 5000 元、10 名贫困学生每人 500～2000 元，救助白血病患者 3 名。

第四章　优待抚恤

第一节　优待

一、农村优待

1986 年，根据国家民政部、财政部《关于进一步做好定期定量补助工作，切实解决在乡复员军人生活困难的通知》精神，对在乡老复员军人，抗日战争入伍老战士生活困难的，因病不能从事生产劳动的，因年老丧失劳动能力造成生活困难的及在部队立功受奖、贡献较大而生活困难的，适当扩大定期定量(简称“双定”)补助面，提高补助标准。全市共有在乡老复员军人9213人，调整后享受“双定”补助的4109人，比调整前增加1651人，平均每人每月由原来6~7元增加到16元。在此基础上，对2名在乡退伍老红军战士每人每月再增补10元，对95名孤老烈属、335名孤老复员军人每人每月增补5元。全年发放“双定”补助金82万元。

1988年，市政府下发《革命烈士家属、现役军人家属、革命伤残军人的优待办法》，农村义务兵家属优待由部分优待改为普遍优待；优待金以村统筹改为以乡镇统筹。优待金标准提高到310元/年。是年，农村义务兵家属6175户，发优待金194.3万余元，平均每户311.4元。在乡291户烈属发优待金32856元，每户平均112.9元；在乡335户伤残军人发优待金13774元；认定“红军失散人员”181人，每人每月发给生活补助费20~30元，全年共发放54300元。

1990年，市政府决定，农村义务兵年优待金标准提高到330元/年，发放优待金206万元。全市老复员军人全部享受“双定”补助，发补助费176.9万元。1992年，农村义务兵优待标准提高到350元，抗战时期退伍老战士每人每月平均“双定”提高到26元，解放战争时期的退伍老战士每人每月提高到22元。全年共发放690.86万元。是年7月，建成湘潭县光荣院，占地2.87公顷，建筑面积5400平方米，配备工作人员5名，当年接收入住孤老复员军人14名，孤老复员军人吃、住、医和生活费用由光荣院供给。1994年5月，建成韶山市光荣院，占地0.53公顷，建筑1500多平方米，接收供养孤老复员军人10人。1995年，湘潭县光荣院兴办油墨厂、停车场等经济实体，实行“以副养院”，被国家民政部评为“全国文明光荣院”。

1996年，在乡复员军人“双定”补助金每人每月增加10元，其中孤老复员军人每人每月再增加5元补助。全市月增补41500元。是年底，建成湘乡市光荣院，占地1公顷余，建筑面积2400平方米，年底接收供养孤老复员军人14人。

1998~1999年，市政府下拨223.5万元，为在乡的228户特困老复员军人修建新房，为1000余名在乡部分伤残军人解决生活和治病困难。

2003年，国家实行农村税费改革，全市农村义务兵家属优待金的发放由财政转移支付，优待金标准每人每年不低于600元，县(市、区)财政将优待金拨给乡镇民政所直接发给义务兵家属。全年为5100多户义务家属发放优待金306万元。是年，按省民政厅关于《湖南省在乡老复员军人疾病治疗暂行办法》，对在乡老复员军人分别给予年医疗补助金60~80元，共发放64.49万元。

2004年，市政府下发《关于提高重点优抚对象抚恤补助标准的通知》，建立重点优抚对象抚恤补助标准自然增长机制，从当年1月起，每人每月提高3元。

2005年，根据国家民政部、财政部《关于提高部分优抚对象抚恤补助标准的通知》精神，从1月起，在乡老复员军人生活补助费在原基础上，每人每年增发500元。抗日战争时期入伍的每人每月不低于132元；新中国成立后入伍的每人每月不低于122元，全年共发放377.6万元。

二、城镇优待

1987年，市政府决定从1月起，对城市义务兵家属实行普遍优待。全市共有城镇义务兵1010人，年人均优待金197.55元，共发放优待金17.78万元；其中在职职工入伍的110人，年人均优待金

512元,共发放5.63万元。湘乡市实行两个70%,即:在职职工入伍的按原工资的70%发给优待金,年人均优待700元;待业青年入伍的按学徒工工资70%发给优待金,年人均优待250元。

1989年,市政府出台《义务兵优待统一实行基本优待与奖励优待办法》。基本优待每户每年不少于300元。荣立一等功发给奖金200元,荣立二等功发给奖金100元,荣立三等功发给奖金50元。1990~1996年,有1400名立功受奖军人家属得到21万元奖励,大中型厂矿给300名入伍青工晋升一级工资。

1999~2005年,城市两区义务兵优待金逐年提高,年人均达到1200元。在职职工入伍的义务兵优待金按本人标准工资的70%发给。在部队立功和被评为优秀士兵的现役军人由市按其立功大小一次性分别给予1500元、1000元、500元、150元和100元的奖励。7年为4806户义务兵家庭共发放优待金571万元。

第二节　拥军优属

1986年春节前夕,市委、市政府召开县以上单位负责人会议,号召各单位采取多种形式慰问驻广西、云南边防部队。全市写慰问信101500封,筹集慰问品107种,计184638件,价值160154元。市委、市政府组成两个慰问团,分别赴广西、云南边防前线,慰问人民子弟兵,受到部队广大官兵热烈欢迎。

1987年"八一"前夕,市委、市政府举行庆祝中国人民解放军建军60周年大会,会上表彰江麓机械厂等22个拥军优属先进单位和18名拥军优属先进个人。要求各有关职能部门在物资供应、求医治病、生活住房、购车船票、银行贷款、子女就业、入学入托等方面为优抚对象提供优惠条件。12月20日,中国人民解放军海军命名东海舰队新服役的"556"舰为"湘潭舰",以副市长郑曾铨为团长的湘潭代表团赴上海参加命名大会,受到沪东造船厂、驻厂海军代表和"556"舰全体官兵热烈欢迎。东海舰队向湘潭代表团赠送用五色法琅片装饰成的"湘潭舰"模型,郑曾铨为"湘潭舰"题写"莲城骄子",向部队回赠由湖南省著名书法家杨向阳书写的"海疆卫士"匾额。

1988年7月29日,市委、市政府召开全市先进烈军属和复员转业退伍军人表彰大会,表彰200名先进个人并颁发荣誉证书。1989年春节期间,共青团湘潭市委组织青年、团员6660人向边防战士写慰问信66132封,邮寄明信片和纪念品3656份。为提高全民国防意识,市委宣传部、湘潭军分区政治部和市民政局、团市委联合在市青少年宫举办湘潭市国防教育展览,国防部长张爱萍题写《湘潭市国防教育展览馆》匾额,展览馆内容分设"知我国防、为我国防、壮我国防"3部分。至1990年,共接待参观群众60余万人次。湘潭市被评为全省拥军优属先进单位。

1991年初,为贯彻落实全省拥军优属工作会议精神,按照"同呼吸,共命运,心连心"的拥军优属要求,市政府与湘潭军分区签订军民共建《双拥模范城协议书》,要求做到组织领导坚强有力、国防教育广泛深入,政策法规落到实处、军政军民关系融洽,军民共建富有成效。6月3日,成立由市长任组长,有22个部办委局负责人为成员的市"双拥"工作领导小组。各县(市、区)亦相应成立"双拥"工作领导机构。

1993年8月,开展纪念延安"双拥"50周年活动。全市各级组织拥军优属服务小组684个,有

7277 人参加活动，为烈、军属和驻军部队服务，为军人家属调整倒班工种 1347 人(次)，解决优抚对象住房困难 128 户，解决子女入学入托 238 人，建立军民共建点 20 个。

1995~1997 年，各县(市)政府与人武部和驻军签订军民共建《双拥模范城协议书》。驻韶山市部队建立军民共建点 15 个，联系户 28 户。湘乡市政府筹措 30 万元建立拥军优属保障基金，为优抚对象排忧解困，国家民政部和解放军总政治部授予湘乡市“全国拥军优属先进单位”称号。

1999 年 5 月，为迎接湖南预备役师步兵第一团移驻湘潭，市委、市政府在城区东湖路划地 23 亩，拨款 1500 万元，帮建办公楼、干部公寓楼和士兵综合楼 7373 平方米。是年，省政府、省军区授予湘潭市、韶山市“全省双拥模范城”称号。

2002 ~ 2004 年，市委、市政府支持武警湘潭支队建设，在河东大道划地 70 余亩，拨款 500 万元帮助兴建营房。在河东市政中心划拨土地 40 亩，拨款 400 多万元支援湘潭军分区新建办公楼。各县(市、区)连续 3 年共投入 4000 多万元兴建和维修人武部营院。湘潭大学开展智力拥军活动，培养学生国防意识，编写《现代国防教育概论》和《国防教育》教材，为部队输送优秀人才 1000 余名，被国家民政部、解放军总政治部评为全国“爱国拥军模范单位”。湘潭市第二次获“全省双拥模范城”称号。

2005 年，随着创建“双拥模范城”深入发展，全市开展双拥共建结对和“援建军营图书室、共建学习型军营”活动，军、地结成共建对子 68 对，先后为驻军捐赠图书 1 万余册；市第三次获“全省双拥模范城”称号。11 月 30 日，市委、市政府、湘潭军分区召开全市争创“全国双拥模范城”动员大会，提出在 3 年内实现创建“全国双拥模范城”的奋斗目标。

第三节　褒扬

一、追功授号

1986 年 3 月 5 日，根据国家民政部《关于对辛亥革命、北伐战争、抗日战争中牺牲的国民党人和其他爱国人士追认为革命烈士问题的通知》精神，经调查核实，原国民革命军 16 师 95 团某班班长黄自强，湘潭县盐埠润塘人，于 1937 年 10 月 19 日在上海对日作战中阵亡。报经省政府批准，追认为革命烈士。

1987 年，湘乡市望春门办事处桑枣村村民龚德云，在桑枣村桥头饭店门前，因制止犯罪分子行凶，被犯罪分子刺死；湖南铁合金厂护厂队队长杨福平，在厂区附近追捕盗窃厂内材料的犯罪分子时，被犯罪分子刺死；湘乡市东山乡城东村村民罗策，在涟水河三叉河渡口，因抢救落水精神病人不幸牺牲。以上 3 人报经省政府批准为革命烈士。

1988 年 12 月 22 日，经调查落实，湘潭县中路铺镇人马辑熙，男，1903 年 8 月出生，生前原系中共上海南中支部书记，1927 年 5 月 14 日在上海江湾被国民党反动派杀害，报经省政府批准，追认为革命烈士。

1989 年 2 月，市人民检察院副科级检察员游炳炎，在市城区车站路抓捕逃犯时不幸牺牲。经报请省政府批准为革命烈士。1990 年 10 月 18 日，湘潭县姜畲镇石安村村民陈高明在该村碳盆塘抢救落水的戴建军母子 3 人时牺牲，经省政府批准为革命烈士。

1990年，经调查核实，原国民革命军陆军预备9师35团上校团长毛岱钧(韶山市韶山村人)，1938年9月在江西九江阻击日军南下时阵亡；原国民革命军陆军8师44团少校团副易蔚甫(湘乡市新湘路人)，1937年10月在上海对日作战中阵亡。报经省政府批准，3月8日追认毛岱钧为革命烈士；4月13日追认易蔚甫为革命烈士。

1995年3月22日，中国人民解放军陆军某部战士杨建国(市岳塘区易家湾街道人)，在驻地勇斗歹徒光荣牺牲，部队批准其为革命烈士、中共党员，并追记二等功。

1996年9月26日，市机电职业中专学校电会六班全体学生在班主任的带领下，到株洲市马家河乡古桑洲野炊，曾凡同学不慎落水卷入激流中。在紧要关头，该班戴跃龙、吴秋平等学生和班主任一道，奋不顾身，跳入激流救出曾凡，但戴跃龙(市雨湖区广场街道人)、吴秋平(株洲人)不幸牺牲。2002年7月4日，省政府批准戴跃龙、吴秋平为革命烈士。

二、瞻仰祭扫

1986年3月26日，为加强对青少年革命传统教育，市民政局、教育局联合发出通知，要求全市中、小学生在清明节前后到市革命烈士陵园进行悼念活动。市区各学校先后组织3.15万名师生到市烈士陵园瞻仰祭扫。10月5日，湘乡县举行隆重集会纪念黄公略牺牲55周年暨故居开放剪彩仪式。

1987年4月5日，为加强爱国主义教育，市政府在市烈士陵园举办以歌颂革命烈士为主题的书画展览，展品中有中共中央顾问委员会常委王首道、委员萧劲光，省委副书记刘正、省政协副主席杨第甫和著名书画家夏湘平、李铎、廖静文等的题词和书画。市委、市政府、湘潭军分区主要负责人和社会各界共300多人参加揭展仪式，并向烈士纪念碑敬献花圈。

1988年，为弘扬革命传统，纪念湘潭籍革命烈士，市委宣传部、市民政部门组织演讲团，举行“湘潭英烈演讲会”，从7月31日至10月下旬，历时两个多月，在市区和湘乡、韶山巡回演讲28场，听众达5万多人次。

1989年，经市政府批准，市烈士陵园重新装修烈士骨灰堂，收集展出对越自卫还击作战中牺牲的12名立二等功以上的湘潭籍烈士事迹、照片及部分遗物，开设新中国成立后牺牲的英烈事迹第二陈列馆，将彭德怀元帅和10位湘潭籍将军的图片、简介、史料、实物及罗亦农、黄公略两位著名英烈仿铜半身塑像充实到市烈士陵园第一陈列馆。至年底，到市烈士陵园瞻仰祭扫的群众5.3万人次。1992年4月2日，市政府将市烈士陵园定为市革命烈士纪念建筑物重点保护单位。

图10-4-1　韶山烈士陵园

1993年，为纪念毛泽东诞辰100周年，投入资金1300多万元新建韶山烈士陵园。陵园位于韶山市英雄路天鹅山，占地10.73公顷，由中共中央顾问委员会常委王首道题写“韶山烈士陵园”，园内建造主体有恢宏肃穆的门楼、神圣威严的国旗台、气势凌云的烈士塔、栩栩如生的毛泽东一家6位亲人铜像以及五杰亭、六英亭、青松亭、百杰亭等纪念景点。12月26日正式对外开放。

1994年,市烈士陵园和韶山烈士陵园被省民政厅定为全省第一批爱国主义教育基地。1995年1月,韶山烈士陵园被民政部批准为全国百家爱国主义教育基地之一。

1996年3月,国务院批准韶山烈士陵园为全国烈士纪念建筑物重点保护单位。是年清明节期间,共青团湘潭市委在市烈士陵园举行千名成人预备期青年志愿者宣誓仪式活动。1997~2004年,每年到韶山烈士陵园和市烈士陵园瞻仰祭扫的师生和各界人士3~5万人次。2005年,为纪念抗日战争胜利60周年,湘潭钢铁集团有限公司退休干部罗月盈倡议发起捐资修建抗战胜利纪念碑,于8月2日在当年(1944年)当地人民群众组织的自卫队围歼日军"七五七"松蒲部队,击毙日本侵略军45人的地方(今湘潭县茶恩寺镇)落成。

三、编写烈士传记、名录

1985年10月,根据省民政厅的部署,成立湘潭市《烈士传》编纂工作办公室。市、县(区)民政部门组织专人撰稿,搜录市内革命烈士事迹,编写传记。

1987年3月~1989年9月,由市委书记郑培民作序,《湘潭英烈》第一、二、三辑先后出版,共收录全市在新民主主义革命时期牺牲的烈士传记73篇,烈士简介15篇,印刷3500册,发到全市各单位作为革命传统教育资料。

1990年10月25日,出版《湘潭英烈》第四辑(抗美援朝专辑),收录毛岸英等烈士传记87篇。此后,市烈士传编纂工作中止。

2003年3月和2004年4月,省革命烈士传编纂委员会决定,为中华人民共和国成立后牺牲的部分革命烈士立传,为1840年鸦片战争以来牺牲的所有烈士编写英名录,均由省革命烈士传编纂委员会统一出版《三湘英烈》和《湖南省革命烈士名录》。市烈士传编纂工作重新启动,至2006年底,向省革命烈士传编纂委员会办公室报送符合入传条件的烈士传记50篇,烈士名录(词条)2100名,共计约50万字。市烈士传编纂工作结束。

第四节　抚恤

一、牺牲、病故军人抚恤

1986~1988年,根据省民政厅部署,通过摸底登记审核,给466名革命烈士家属、因公牺牲军人家属分别颁发《革命烈士家属证明书》和《因公牺牲军人家属证明书》。全市有革命烈士家属、因公牺牲军人家属、病故军人家属(简称"三属")786人。按国家规定的抚恤标准,住农村的烈属和因公牺牲的军人家属每人每月35元,住城镇的45元;住农村的病故人员家属每人每月30元,住城镇的40元。至1992年的7年间,共发放抚恤金2246.3万元。

1993年,根据国家民政部的通知,为836名"三属"人员提高抚恤费标准,人均每月提高10元。1994年"三属"人员抚恤费,住城市的每人每月提高到100元,住农村的每人每月提高到60元发给。至1995年3年间,共发放抚恤金748万元。1996年,提高"三属"抚恤费每人每月5元,粮价补贴8元。至1999年的4年间,共增发1029.24万元。

2000～2004 年,根据国家民政部通知,给予全市 836 名"三属"人员提高抚恤标准。城镇"三属"定期抚恤金每人每月 210 元。农村"三属"定期抚恤金每人每月 160~170 元,5 年共发放 900.72 万元。

2005 年,根据国家民政部、财政部《关于提高部分抚恤补助标准的通知》,决定从 2004 年 10 月 1 日起提高部分优抚对象的抚恤补助标准。城镇户口的烈属每人每年 4200 元,农村户口的烈属每人每年 2640 元;因公牺牲的军人家属,城镇户口的每人每年 3900 元,农村户口的每人每年 2520 元;病故军人家属,城镇户口的每人每年 3600 元,农村户口的每人每年 2340 元。全市当年共发放抚恤费 596.6 万元。

二、伤残抚恤

1986～1988 年,全市有伤残人员 1655 人,其中特等 3 人,一等 54 人,二等甲 158 人,二等乙 363 人,三等甲 529 人,三等乙 548 人,3 年共发放伤残保健金 106.7 万元。

1991 年,根据省民政厅的通知精神,成立市革命伤残军人换证办公室,对全市伤残军人档案进行清理,纠正伤残部位、等级、性质误差 580 处,给 1640 名伤残军人换发新证。

1994 年,全市新增伤残军人 27 人。经省民政厅批准为 16 名伤情变化的伤残军人提高伤残等级。由三等乙级提为三等甲级 10 人,三等甲级提为二等乙级 4 人,二等乙级提为二等甲级 2 人。4 名家住农村的一等伤残军人,经市政府批准办理农转非手续。

1996 年,全市伤残军人 1798 人,抚恤保健费的发放由乡镇代发改为市民政部门直接发放。省民政厅下发《关于提高部分优抚对象抚恤补助标准和粮价补贴的通知》,为 57 名在乡特等、一等伤残军人每人每月追加生活补助 10 元和地区补贴 8.8 元。全年发放伤残保健金 437 万元。

1997～2002 年,国家先后 5 次提高在乡革命伤残军人抚恤费标准,全市有在职享受伤残保健金的 1141 人,在乡享受伤残保健金的 771 人,共发放伤残保健金 1060.3 万元。

2003 年,国家第十六次提高在乡革命伤残军人抚恤费标准,全市享受伤残抚恤的有 1929 人,发放伤残保健金 377.1 万元。根据医疗体制改革,市政府决定二等乙级以上伤残军人参加医疗保险,医药费由医保中心实行实报实销;三等伤残人员伤口复发医药费由其单位报销。是年,有 578 名伤残军人享受医疗保险。

2005 年 6 月 30 日,按国家民政部、中国人民解放军总后勤部《关于印发〈军人新旧残疾等级套改办法〉的通知》精神,将原 6 个等级套改为 8 个级别,特等为一级,一等为三级,二等甲为五级,二等乙为六级,三等甲为七级,三等乙为八级。至年底,完成 2107 名伤残军人、伤残警察、伤残国家机关工作人员和支前民工的伤残等级套改和换证工作,全年发放伤残军人保健金 777.6 万元。

1986~2005在乡革命伤残人员抚恤金标准

表10-4-1

单位:元

等级	类别	1986年1月起	1988年1月起	1991年1月起	1994年1月起	1996年1月起	1998年1月起	1999年1月起	2000年1月起	2002年1月起	2003年1月起	2004年1月起	2004年套改	类别	2004年10月起
特等	因战	570	1200	1560	2240	3240	3540	5340	6000	7000	8400	9960	一级	因战	11300
	因公	518	1100	1440	2100	3080	3380	5180	5840	6800	8240	9800		因公	10800
一等	因战	498	1020	1260	1860	2460	2760	4000	4600	5400	6480	7680		因病	10440
	因公	464	950	1170	1740	2330	2630	3870	4470	5270	6350	7550	三级	因战	8960
	因病	—	860	1060	1620	2200	2500	3740	4340	5140	6220	7420		因公	8400
二等甲	因战	390	740	920	1250	1430	1550	2020	2480	2900	3330	3880		因病	7800
	因公	350	660	830	1150	1320	1440	2110	2370	2790	3220	3770	五级	因战	5600
	因病	—	600	760	1070	1230	1350	1920	2280	2700	3130	3680		因公	5040
二等乙	因战	296	538	656	856	960	1080	1320	1680	1940	2230	2600		因病	4550
	因公	263	480	590	780	880	1000	1240	1600	1860	2150	2520	六级	因战	4480
	因病	—	450	554	740	840	960	1200	1560	1820	2110	2480		因公	4200
三等甲	因战	180	336	416	536	628	748	900	1050	1180	1360	1560		因病	3600
	因公	180	322	400	516	608	728	880	1030	1160	1340	1540	七级	因战	3600
三等乙	因战	140	272	342	442	526	646	780	930	1050	1210	1390		因公	3000
	因公	140	272	342	442	526	646	780	930	1050	1210	1390	八级	因战	2240
														因公	1920

第五节　扶持革命老区建设

1952年,省人民政府批准湘潭县(含今韶山市)为革命老区。1986年,省人民政府批准湘乡县为革命老区。

1991年底,市、县(市)两级成立革命老区经济开发办公室。其职能是加强对老区工作的指导和资金投放、使用、回收及开发项目的审定。至1992年,市政府投放老区资金23.5万元,扶持开发修路建桥等15个项目。县(市)老区办投入资金165万元,直接开发经济实体8个。湘潭县老区办被评为省老区经济开发先进单位。

1993～2001年,为加快老区建设步伐,全市投放老区资金501万元,贴息贷款50万元,发动群众捐资100万元,扶持发展种养殖和加工业141个,建希望小学3所,修建乡村公路70千米,桥梁10座,水库1个,改造水利设施30处。

2002～2004年,市老区经济开发办公室改变扶持方法,"变分散扶持为集中扶持,变救助型扶持为产业化扶持",先后投入老区资金90万元,并吸纳社会资金800多万元,重点扶持韶山神牛有限公司、湘乡市水府实业有限公司、湘潭县杨嘉桥镇三合村生猪养殖场、响水乡青竹村生猪产业发展协会和水果产业发展协会4个适合本地经营发展的龙头产业,促进老区经济发展,带动老区农民致富奔小康。

2005年12月31日,为促进革命老区经济快速发展,成立湘潭市革命老区开发经济促进会。是年,市政府投入老区扶持资金50多万元,扶持老区建设项目9个。其中,扶持韶山市银田镇三华村修建一条综合机耕道,改善26.67公顷农田的排涝和灌溉条件;扶持湘乡市壶田镇岩前村新修公路11千米。

第五章　安置

第一节　复员退伍军人安置

1986年,城镇退伍军人安置仍执行"按系统分配任务,包干安置"的总原则和对立功受奖的转业志愿兵实行跨系统区别对待的安置办法。是年,接收退伍军人2028人,其中城镇退伍军人586人,安置率100%。农村退伍军人1442人,按照"从那里来回那里去"的原则回乡安置,当地政府注重开发使用军地两用人才,使其在家乡建设中发挥骨干作用。

1987年,市委、市政府决定继续做好军地两用人才开发使用工作,全市建立军地两用人才介绍所44个,退伍军人职业培训中心11个,开办各种技术培训班144期,培训1220人。通过培训,介绍退伍军人进乡镇企业1046人,担任乡、村干部482人,进集体和国有企业360人,进经济联合体136人,当民办教师59人,进城个体经商172人,成为各种专业户372人。全市67%的回乡退伍军人得到安置。

1989～1993年，市政府拨专款7.5万元在湘乡市建立两个退伍军人安置基地，开发使用两用人才390人。湘乡市中沙乡退伍军人熊惠生自筹资金20多万元，创办安置基地，带领当地12名退伍军人开荒造林133.33公顷，进而带动湘乡市农村千余名退伍军人造林413.33公顷。熊惠生先后被市政府授予劳动模范、省政府授予退伍军人先进个人、民政部授予全国“双拥标兵”称号，其安置基地被评为“全国模范军地两用人才安置基地”，事迹在北京军事博物馆展出。期间，市政府召开全市退伍安置工作总结表彰大会，表彰湘潭钢铁公司、湘乡铁合金厂等13个退伍安置先进单位和100名先进退伍军人。

1994年，市政府改革城镇退伍军人安置办法，推行用人单位和退伍军人双向选择。同时扩大安置面，把原规定分配去向局限于县以上大集体扩大到区、街、乡、镇或“三资”（中外合资、中外合作、外资独资三种注册资本类型的企业）企业单位；把原区以下单位子弟由市级统一分配，改为由区政府负责安置，并调整过去安置不合理状况，把部分父母工作单位经济效益差的由市级统一安置调整到经济效益较好的单位安置。是年，769名城镇退伍士兵全部得到妥善安排。

1995～1998年，城镇退伍兵安置继续推行双向选择的办法，对回农村的退伍军人，乡（镇）村开展普遍走访，县（市、区）开展重点走访，建立困难退伍士兵信息卡。下拨经费54.7万元，帮助273名退伍军人修建房屋483间，扶持537名退伍军人发展庭院经济。

1999年，市政府下发《关于切实做好退伍安置工作的通知》，确保城镇退伍军人第一次就业。规定各用人单位不得对接收的退伍军人进行文化考试和体检录用；不得试行试用期，非个人原因，两年内不得辞退或以优化组合为由使其下岗；退伍军人父母所在单位不得以已有一子女在本系统工作为由拒绝接收。对拒接或没有完成任务的单位，按《中华人民共和国兵役法》规定，追究单位负责人责任并予以处罚，劳动、人事、编制部门停办其单位的招工录干和人员调动手续，全市884名城镇退伍军人全部得到安置。是年，依照省民政厅、财政厅《关于城镇退伍军人待安置期间发给生活补助费问题的通知》规定，从当年起，建立城镇退役士兵待安置期间生活补助制度，城镇退伍军人待安置期6个月内每人每月补助生活费120元。市政府为市本级271名退伍士兵发放补助费28.8万元。湘潭市被省政府评为退伍安置工作先进单位。

2000年，实施新《中华人民共和国兵役法》。城镇退伍军人安置工作推行“双向选择、供需见面、包底安置”的办法，鼓励退役军人到非国有经济单位就业。是年，接收城镇退伍士兵926人，安置就业率96%，其中20人自愿到非国有经济单位就业。

2002年，市政府下发《关于做好退伍士兵安置工作的通知》，坚持指令分配的同时，试行城镇安置任务有偿转移，即：有接收能力而无工作岗位的单位，按每名应接收任务1.5万元的标准向市财政缴纳安置保障金。至2003年，办理有偿转移安置4人，收取保障金6万元。对农村804名生活困难的退伍士兵，纳入县（市）、乡“双扶”对象。市本级下拨经费36.08万元，资助退伍士兵修房建房1293间，组织农村退伍军人劳务输出500多人。安置78名特困企业退伍士兵从事城市社区最低生活保障工作和交通协管员工作。

2005年，市政府颁布实施《湘潭市城镇退役士兵自谋职业暂行办法》，明确规定：凡持《优待安置证》的退役士兵，且其父母或配偶都属于倒闭、破产企业职工或纯居民，并与安置部门签订城镇退役士兵自谋职业协议书,可领取自谋职业补助金。服役期满 2 年的,发给一次性补助金 1.5 万元;满 2 年以上 9 年以下的每增加一年增发 2000 元; 满 10 年以上的三级转业士官发给一次性补助金 4.5 万元。在服役期间荣立一等功或被大军区以上单位授予荣誉称号的增发 1 万元,荣立二等功的增发 5000 元,荣立三等功的增发 1000 元。领取退役士兵自谋职业一次性补偿金后,政府不再为其安排工作。是年,全市接收城镇退伍士兵 705 人,市本级有 249 名与安置部门签定自谋职业协议书,领取一次性补偿金 311.9 万元,湘潭县、湘乡市、韶山市对城镇退伍士兵自谋职业者亦按此办理。对全市历年符合安置政策而未安置的城镇退役士兵的遗留问题,逐个摸底调查,符合政策的纳入当年安置计划,对单位已接收档案而未安置上岗的 281 人,由各接收系统、单位按现行安置政策调整安置或按单位同工龄职工待遇落实补发生活费,遗留问题得到解决。

1986~2005年湘潭市退伍军人接收安置情况

表10-5-1　　　　单位:人

年度	全市合计				湘潭市区				湘潭县				湘乡市				韶山市			
	接收人数	安置人数			接收人数	安置人数			接收人数	安置人数			接收人数	安置人数			接收人数	安置人数		
		安排工作	自谋职业	回乡生产		安排工作	自谋职业	回乡生产		安排工作	自谋职业	回乡生产		安排工作	自谋职业	回乡生产		安排工作	自谋职业	回乡生产
1986	2028	568	—	1470	424	360	—	74	875	146	—	729	675	39	—	636	54	23	—	31
1987	1681	365	—	1316	536	105	—	431	426	92	—	334	670	155	—	515	49	13	—	36
1988	1754	475	—	1279	522	266	—	256	726	122	—	604	454	79	—	375	52	8	—	44
1989	1378	326	—	1052	225	110	—	115	531	84	—	447	571	115	—	456	51	17	—	34
1990	1477	621	—	865	264	273	—	—	534	107	—	427	637	232	—	405	42	9	—	33
1991	1025	603	—	564	211	353	—	—	284	76	—	208	492	162	—	330	38	12	—	26
1992	1017	556	—	461	397	320	—	77	209	45	—	164	365	171	—	194	46	20	—	26
1993	1485	525	—	960	514	180	—	334	557	172	—	385	367	160	—	207	47	13	—	34
1994	1355	767	—	588	550	508	—	42	358	84	—	274	392	156	—	236	55	19	—	36
1995	1907	892	—	1015	1220	587	—	633	204	61	—	143	431	228	—	203	52	16	—	36
1996	2006	1001	—	1005	1142	664	—	478	366	98	—	268	448	226	—	222	50	13	—	37
1997	1793	870	—	923	882	539	—	343	417	111	—	306	440	202	—	238	54	18	—	36
1998	1589	758	—	831	728	450	—	288	330	90	—	240	472	196	—	266	59	22	—	37
1999	1862	840	—	1022	884	507	—	377	486	105	—	381	432	203	—	229	60	25	—	35
2000	2052	926	—	1126	998	509	—	489	492	132	—	360	501	256	—	245	61	29	—	32
2001	2031	963	—	1068	978	544	—	434	493	131	—	362	496	248	—	248	64	40	—	24
2002	1655	806	—	883	586	440	—	146	520	137	—	383	516	196	—	320	67	33	—	34
2003	1663	768	31	864	475	408	30	37	589	132	—	457	533	193	1	339	66	35	—	31
2004	1597	671	66	834	462	317	55	64	568	112	7	449	519	219	4	296	48	23	—	25
2005	1501	672	67	762	423	360	45	18	490	96	15	379	530	196	7	327	58	20	—	38
合计	32856	13973	164	18888	12421	7800	130	4636	9455	2133	22	7300	9947	3632	12	6287	1073	408	—	665

第二节　军队离休、退休、退职人员安置

1986年，全市有湘潭市泗洲路、湘潭县、湘乡市3个军队离休退休干部休养所(简称军休所)。根据中国人民解放军总政治部和国家民政部关于军队离退休人员移交地方管理的通知精神，7月3日，市委、市政府在岚园宾馆举行首批78名军队离退休干部(简称军休干部)进点安置欢迎大会，56名入住湘潭市泗洲路军休所、6名入住湘潭县军休所、16名入住湘乡市军休所。

1987～1990年，全市新接收安置军休干部16名，无军籍退休职工39名。各军休所成立老干管理委员会、关心下一代协会、老干人才开发公司、老战士宣传队等组织。70%的军休干部走向社会，开展生产经营活动，共兴办各类经济实体15个。军休所工作人员实行岗位目标考核责任制，制定《尊老爱老十六条准则》及学习、生活、生产经营等规章制度，军休所建设逐步走向正规。

1991～2001年，全市新建军休干部安置住房7000多平方米。新接收军休干部79名，无军籍职工51名。经市编委批准，市军休所升格为副县级事业单位，内设办公室、服务管理科和计财科。

2002年，中央军委、国务院推行军队离退休干部安置改革，不再集中建房，军休人员由集中安置改为分散安置，分散安置的军休人员由国家拨款给个人自建或购买住房。同时，根据民政部通知精神，开展地方接收军休人员普查，对历年来的军休人员和无军籍职工进行审核。至年底，通过普查审核，全市共有军休人员173名。其中，离休66名，退休107名。另有无军籍职工90名。

2003～2005年，全市新接收军休干部54名，无军籍职工6名。同时筹措资金70万元，完善军休所餐厅、卫生所等设施建设。湘潭市泗洲路军休所被民政部、中国人民解放军总政治部、总后勤部授予“全国军休事业服务管理工作先进单位”称号。

20年间，全市三个军休所共接收安置军休干部227名，无军籍退休职工96名。

第六章　其他社会事务管理

第一节　婚姻登记管理

1986年，农村的婚姻登记机关设在乡(镇)政府，城区的设在街道办事处。是年3月，国务院发布《婚姻登记管理办法》规定：“婚姻登记机关的登记员应由县级以上民政部门进行业务培训，考试合格并取得婚姻登记证书的人员担任”，至1987年，市、县两级相继举办7期婚姻登记员业务资格培训班，学习《中华人民共和国婚姻法》和《婚姻登记办法》，由司法、妇联、计划生育委员会负责人授课，参训学员400余人次，经过考试考核，有338名获得婚姻登记员资格证书。两年内办理结婚登记14022对，离婚380对，复婚54对。

根据省卫生厅和计划生育委员会关于提高人口素质的要求，从1988年1月起，全市实行婚前健康检查。是年，办理婚前健康检查23500对。1989年，市及县(市、区)相继成立婚姻登记管理站，市

区婚姻登记由原街道办事处办理改为城区民政局集中办理,农村仍由乡(镇)政府登记。

1992年,省民政厅将涉港、澳、台及涉外婚姻登记业务由省厅登记改为地、市民政部门登记。是年,市民政局办理涉港澳台及涉外婚姻登记31对。1993年,为防止违法婚姻,确保婚姻登记真实性,全市建立出具婚姻状况证明专职人员制度。村、居委会或具独立法人资格职工人数在50人以上的单位,确定一名出具婚姻状况证明的专职人员。是年,向社会公布婚姻登记收费标准:每张《婚姻状况证明》和《未婚证明》工本费2元,婚前教育费每对2元,婚姻档案保管费2元,补办事实婚姻手续罚款20元。全市有婚姻登记机构138个,婚姻登记员146人。年内处理早婚和证件不符违法登记事件16起,没收非法印制的婚姻登记证件968件。

1995年,市政府下发《关于进一步加强婚姻登记管理的通知》,规范婚姻登记管理。全市办理结婚5437对,离婚638对,复婚45对,涉外结婚51对。是年,市民政局成立婚姻服务中心,开展婚前教育、体检、介绍婚礼用品、婚庆仪式、照相摄影、婚庆宴请等系列服务,被民政部评为全国婚姻服务先进单位。

1997~1999年,根据省民政厅、公安厅、省工商局《关于加强婚姻介绍机构管理的通知》精神,对全市20余家婚介机构清理整顿,查处13家非法婚介机构,依法审批4家婚介所,实行婚介机构年审制度。编辑出版《婚姻家庭法律法规汇编》一书,免费发放至乡、镇、街、村、居委会。

2000年1月1日,为迎接21世纪的到来,市政府在市体育馆举行“湘潭市世纪婚礼文娱晚会”。

2001年5月,按照省民政厅的要求,针对有的擅自提高婚姻登记收费标准、推销婚礼用品等现象,开展治理婚姻登记搭车收费。8月30日,市民政局在《湘潭日报》上向社会郑重承诺,办理国内婚姻登记收费10元,婚检收费50元,并从10月20日起,各级婚姻登记机关不得将纪念品、婚庆用品摆放在婚姻登记室,杜绝婚姻登记搭车收费和销售婚庆用品行为。

图10-6-1 市婚姻服务中心在韶山组织举行集体婚礼

2003年,依照国务院新颁布的《婚姻登记条例》精神,婚姻登记由乡(镇)登记改为县(市)民政局集中登记。市民政局取消婚姻当事人双方单位出具证明、强制婚检等内容,公布新条例相关事项和办理婚姻登记工作流程。

2004~2005年,全市办理结婚登记40700对,离婚登记6680对,涉港、澳、台结婚登记63对,离婚1对,婚姻登记合格率100%。

1986~2005年湘潭市婚姻登记情况

表10-6-1　　单位:对

年度	湘潭市区				湘潭县			湘乡市			韶山市		
	结婚	离婚	复婚	涉港澳台及涉外婚姻	结婚	离婚	复婚	结婚	离婚	复婚	结婚	离婚	复婚
1986	6175	179	24	—	8925	86	11	6280	57	11	1018	12	—
1987	7847	201	30	—	12071	135	23	5166	60	6	1170	5	2
1988	4675	340	32	—	11285	114	5	6491	77	12	1049	4	2
1989	6425	177	20	—	11285	114	5	12644	71	8	997	12	1
1990	5100	541	57	—	13047	93	—	6685	132	26	1016	16	1
1991	6689	486	77	—	13042	135	15	6976	42	13	897	25	—
1992	5429	491	139	31	12500	69	10	7937	123	18	1080	34	—
1993	5854	520	114	34	8605	152	5	6487	100	2	1046	11	1
1994	5057	651	35	57	8407	199	7	6000	90	1	962	—	—
1995	5437	638	45	51	8726	182	13	6428	103	2	993	5	—
1996	4955	732	53	78	8126	229	7	6350	113	2	859	17	—
1997	4955	732	53	45	8126	239	7	6350	113	2	859	17	—
1998	5666	982	54	69	7577	247	7	5867	117	2	780	34	3
1999	5041	465	46	3	7405	310	17	5720	125	5	631	29	—
2000	4690	1168	44	65	7394	626	4	4143	224	7	680	41	7
2001	5144	1280	57	51	6390	342	6	4521	120	—	657	56	2
2002	4484	1263	60	23	6185	399	12	4362	125	5	649	80	—
2003	6287	1505	86	24	8650	620	10	4580	280	15	668	62	—
2004	6539	1849	94	40	7582	721	26	5869	558	12	768	126	10
2005	6064	1898	43	23	7466	759	36	5648	639	4	764	129	—
合计	112513	16098	1163	594	182794	5771	226	124504	3269	153	17543	715	29

第二节　殡葬管理

一、殡葬改革

1986~1987年,湘潭市年均遗体火化1220具,城区遗体火化率为58%,农村遗体火化率不到1%,全市综合遗体火化率为9%,丧事大操大办,封建迷信活动较为普遍,有些地方刮起旧墓重修之风。全市因土葬一年耗费木材9000立方米,占用土地33.33公顷,耗资5000万元。

1988 年,按照《湘潭市殡葬管理暂行规定》,加大行政管理力度,取缔市区内一处棺材交易黑市,销毁棺木 23 副。推广雨湖区广场街道办事处火化率 99%的先进经验;在湘潭县、湘乡市农村开展建立殡葬文明理事会试点;《湘潭日报》开展历时三个月的殡葬习俗改革专题大讨论,共发稿件 107 篇,对全市城乡迷信活动和迷信用品生产情况在多家媒体曝光,遏制丧葬陋习蔓延。1989 年,湘潭市火葬场更名为湘潭市殡仪馆。两年间共火化遗体 2916 具,年均综合遗体火化率 9.8%。

1990 年,市政府倡导移风易俗,丧事从简。全市各街道、乡、村建立殡葬文明理事会 2000 余个,街道、乡村、社区选出当地有影响的人士担任理事会负责人,制定倡导丧事简办、死后火化的文明公约。1991 年,市城郊出现私建墓地、买卖墓穴现象,市民政、国土部门联合下发《关于制止丧葬滥占土地私建坟墓的实施意见》,市民政、公安、国土、城管等部门联合签发《加强殡葬管理的通知》,开展殡葬改革宣传。各县(市、区)相继配备殡葬监察员 20 名,城区街道办事处聘请殡葬管理员 24 名,居委会聘请殡葬信息员 84 名,形成殡葬管理网络。至 1993 年的 4 年间,全市火化遗体 6394 具,年均综合遗体火化率 10.2%。

1994 年,市政府先后出台《湘潭市殡葬管理规定》《关于违反殡葬管理规定的处罚办法》《关于加强医院太平间尸体殡葬管理的通知》,明确要求市区内人口及外来人员死亡,除国家规定少数民族公民外,一律实行火化。国家职工和其他享受劳动保护、赔偿抚恤人员死亡后不实行火葬的,不得享受丧葬费及因此而造成的困难补助或社会救济。共产党员、国家干部、职工干扰殡葬工作,为亲属或他人大办丧事,搞封建迷信活动,造成很坏影响的给予党纪政纪处分。各县(市、区)政府相继成立殡葬改革领导小组,市政府与各县(市、区)政府签订目标管理责任状,县(市、区)政府分别与各乡、镇、街道签订目标责任状。1995 年,市殡仪馆被评为湖南省殡葬管理工作先进单位。1996 年,为加大殡葬执法力度成立湘潭市殡葬执法监察大队。1997 年,经市编制委员会批准,市殡仪馆升格为副县级事业单位。全市火化率逐年提高,4 年间共火化遗体 7928 具,年均综合遗体火化率 11.2%。

1998 年,依据国务院颁布的《殡葬管理条例》和市政府发布的《关于加强湘潭市殡葬管理的公告》,明确湘潭市全境为火化区,规定雨湖区、岳塘区为强制火化区,湘潭县、湘乡市、韶山市为推行火化区,少数偏远地区为提倡火化区。是年,起棺火化 13 具,处理违规案件 40 余起。全年火化遗体 2600 具,年均综合遗体火化率上升到 12%,为全省平均水平的两倍。

1999 年初,市民政、国土、工商部门联合下发《关于严禁乱埋乱葬,严格殡葬执法的通知》,市纪委下发《湘潭市共产党员、国家干部违反殡葬管理规定的处罚办法》。市民政、公安、国土、监察部门组成殡葬改革联合执法队,集中办公,开展集中整治乱埋乱葬和中共党员干部违反殡葬法规的专项治理。查处乱埋乱葬案件 31 起,其中中共党员干部殡葬违规 3 起,均给予罚款和党内警告处分。是年,韶山市大坪乡 100 多位老人,集体签字立下誓言,自愿死后遗体火化,并向湘潭 30 多万老人发出倡议书;岳塘区中洲路街道南国村社区 100 多位老人,在一块长 3 米的红布上签名,立言破除丧葬陋习。全年有近万名老人立言死后遗体火化。至 2001 年的 3 年间,共火化遗体 7572 具,年均综合遗体火化率 12.5%。

2002 年,贯彻省政府颁布《湖南省殡葬管理实施办法》。全市城乡开展宣传活动,出动各类宣传车辆 110 台次,张贴标语 25 万张,悬挂横幅 80 余条,出板报 500 余块,全市形成良好的殡葬改革氛围。各县(市、区)政府将殡葬改革纳入年度目标考核内容。湘潭县、湘乡市实施殡葬改革任务指标一票否决的目标管理责任制。2003 年 3 月，市政府针对境域一些村民私建乱造坟墓和买卖墓地、墓穴现象，发出《关于禁止私建乱造坟墓的紧急通知》，严厉查处岳塘区东坪镇、雨湖区先锋乡、长城乡、湘潭县响水乡、河口镇、杨家桥镇少数村民擅自将自留地、林地开发成墓地对外出售行为，乱埋乱葬现象得到有效遏制。两年间共火化遗体 5739 具，年均综合遗体火化率 13%。

2004～2005 年，市政府将殡葬法规纳入全市"普法教育"内容，依法查处殡葬违规 195 起，强制开棺火化遗体 18 起，起棺火化遗体 4 起，平毁乱埋乱葬坟头 81 冢，全市火化遗体 6194 具，年均综合遗体火化率 13.8%。

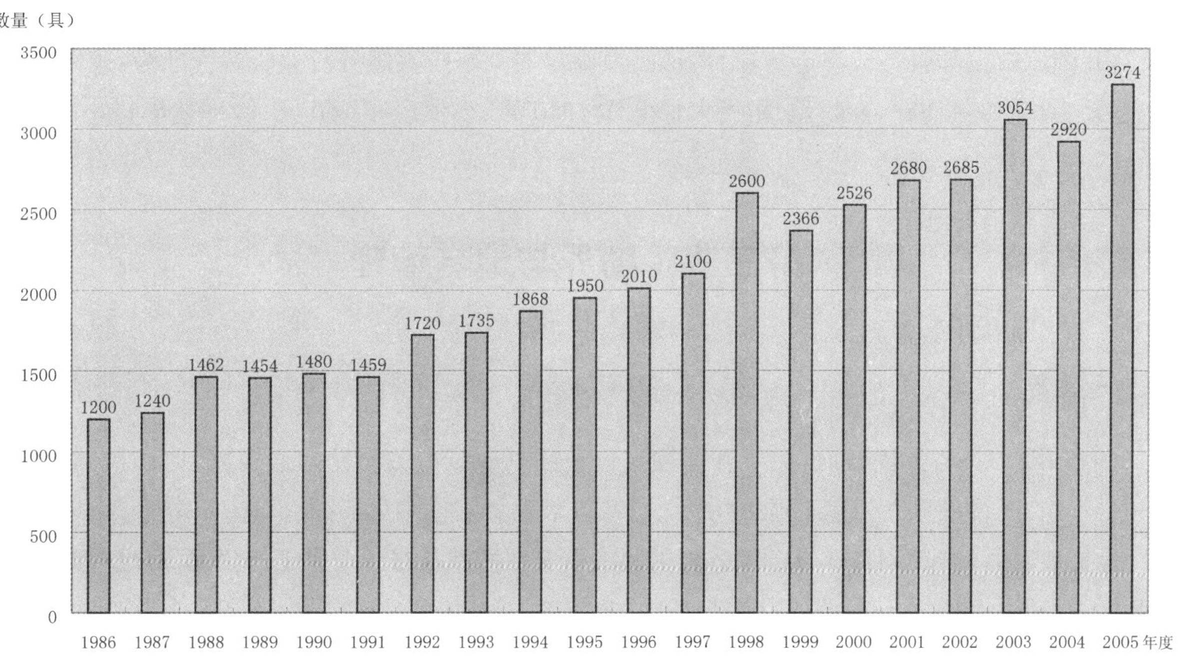

图 10-6-2　1986~2005 年火化遗体统计图

二、殡葬服务

1986～1989 年，市政府拨款 40 万元，殡仪馆自筹部分资金，改造殡仪馆场地、设施，新建 400 多平方米的大、小悼念厅 3 个，改造火化车间，添置两台柴油火化炉，扩建停车场。至 1993 年，经国家民政部检查验收，市殡仪馆获《国家三级殡仪馆合格证书》。

1998 年，经市政府批准，市民政局与深圳南油电器设备有限公司合资，在岳塘区马家河牛形山兴建湘潭市福寿陵园。征地 2.13 公顷，投资 200 万元，建成牌楼一座，亭阁 3 座，服务用房 200 多平方米，墓位 4000 余个。市殡仪馆投资 20 多万元，对原有湘殡公墓区进行改造扩建，征地 0.47 公顷，修建人行通道和绿化带，改善墓园环境。

1999～2000 年，市政府批准市民政局、市殡仪馆与广州金凤实业有限公司签订合资协议，由广州金凤实业有限公司投资 1000 万元，建成国家二级殡仪馆。工程分两期进行，一期工程投资 300 多万元，新建 1000 多平方米遗体火化车间和业务接待室，添置新型遗体火化炉两座，配备消毒室、冰冻室、停尸室、法医解剖室、骨灰盒展示厅、业务洽谈休息室等。对原悼念厅进行装修、安装空调、音响，拓展硬化进馆道路。至 2002 年，一期工程竣工，新炉点火运转正常。是年，随着殡葬服务规模扩大，殡葬行业推行规范化管理，开展业务技术培训和岗位练兵，标示服务指南，公布服务项目与收费标准；统一着装，统一服务用语，增设茶水，医疗紧急救助等便民利民项目，实行24小时丧葬系列服务。湘潭县、湘乡市、韶山市各配备1台殡葬专用运输车，市殡仪馆增加两台殡葬专用运输车，方便市民。

2003～2004年，市殡仪馆推行火化、悼念、安抚、墓葬、接待全方位人性化丧事服务，制定不同服务层次和服务内容的收费价格，满足不同层次、不同环节的社会需求。对低保户、特困户给予优惠，每具遗体火化减免100元，汽车、运尸费优惠20%，确保弱势群体丧户享受基本丧葬服务。

2005年9月27日，市发改委、物价、市民政部门邀请市人大代表、政协委员及市民代表、新闻媒体，召开湘潭市殡葬服务政府定价项目听证会，确定湘潭市殡葬服务行业收费标准为：遗体整容每具80元，火化每具400～800元，租用大悼念厅1380元、小悼念厅260元，冷冻遗体每小时8～10元等。

第三节　勘界与地名管理

一、勘界

1996年，根据省人民政府《关于开展勘定行政区划界线有关问题的通知》精神，成立湘潭市勘界领导小组，下设勘界办公室。至2001年，行政区域勘界工作结束。

潭衡线：1996年11月13日，湘潭、衡阳两市政府在湘潭县召开勘界工作会议，商定两市之间的行政区域界线。湘潭县与衡山县域界线有1处争议，经双方协商，按省测绘局1978年出版的1:10000地形图（以下均按此图）上的界线走向定界，全线涉及湘潭、衡山、衡东三县12个乡镇，勘定长度101千米，埋设永久性界桩15个。1997年5月9日，两市政府负责人签定《联合勘定行政区域界线协议书》。

潭娄线：1997年5月30日，湘潭、娄底两市政府在娄底市召开勘界工作会议，商定两市之间行政区域界线。湘乡市与娄底市、双峰县有4处争议，经双方协商按1:10000地形图上的界线走向定界。全线涉及湘潭、湘乡、娄底、双峰四县（市）23个乡镇，勘定长度230.3千米，埋设永久性界桩13个。1998年6月9日，两市政府负责人签定《联合勘定行政区域界线协议书》。

潭长线：1998年，湘潭、长沙两市分别召开韶山与宁乡段、湘潭县与长沙、望城、宁乡县段、岳塘区与长沙县段勘界会议，1999年又先后召开第二次勘界会，对6处有争议地段双方在互谅互让的基础上达成友好商定，全线勘定长度311.7千米，埋设永久性界桩15个。1999年8月24日，两市政府负责人签定《联合勘定行政区域界线协议书》。

潭株线：1999年6～11月，湘潭、株洲两市政府在株洲市两次召开勘界工作会议。对两处有争议的地段，通过友好协商，按1:10000地形图上用红色实线予以标定。全线涉及株洲市的石峰区、天元区、株洲县和湘潭市的岳塘区、湘潭县，勘定长度125.01千米，埋设永久性界桩8个。2000年6月28日，两市政府负责人签定《联合勘定行政区域界线协议书》。

岳塘湘潭县线：1999年5月19日，湘潭县和岳塘区政府在岳塘区召开勘界工作会议，全线涉及岳塘区昭山、易家湾、滴水埠、霞城、下摄司、双马和湘潭县响水、河口、易俗河共10个乡镇和街道,无争议。勘定长度20.1千米,埋设永久性界桩5个。2000年11月28日,区、县政府负责人签定《联合勘定行政区域界线协议书》。

湘潭县韶山线:1999年10月19日,湘潭县和韶山市政府在湘潭县召开勘界工作会议,全线涉及湘潭县云湖桥镇和韶山市银田镇,无争议。勘定长度13.7千米,埋设永久性界桩3个。2000年11月28日,县、市政府负责人签定《联合勘定行政区域界线协议书》。

湘乡韶山线:1999年11月25日,湘乡市和韶山市政府在韶山市召开勘界工作会议,全线涉及湘乡市金石、白田、龙洞和韶山市银田,永义、韶山、大坪、杨林共8个乡镇,无争议,勘定长度78.8千米,埋设永久性界桩5个。2000年11月28日,两市政府负责人签定《联合勘定行政区域界线协议书》。

湘潭县湘乡线:1999年12月21~22日, 湘潭县和湘乡市政府在湘乡市召开勘界工作会议,全线涉及湘潭县云湖桥、石潭、乌石、排头、分水、石鼓和湘乡市龙洞、东郊、梅桥、山枣、栗山及东山街道共12个乡镇、街道。有1处争议,双方协商,达成一致意见,勘定长度111.5千米,埋设永久性界桩7个。2000年11月28日,县、市政府负责人签定《联合勘定行政区域界线协议书》。

岳塘雨湖线:2000年4月13日,岳塘和雨湖区政府在市民政局召开勘界工作会议,两区行政区域界线以湘江为界,全线涉及雨湖区护潭乡和窑湾、中山、平政、城正街及岳塘区霞城、荷塘、板塘和东坪镇、宝塔、五里堆、社建村、滴水埠等4个乡9个街道,无争议。勘定界线长度15千米,埋设永久性界桩5个。2000年11月28日,两区政府负责人签定《联合勘定行政区域界线协议书》。

雨湖湘潭县线:2000年7月20日,雨湖区和湘潭县两政府在湘潭县召开勘界工作会议,全线涉及雨湖区护潭、先锋、长城和湘潭县的响水、姜畲、杨家桥、河口共7个乡镇,有1处争议,双方友好协商,达成一致意见。勘定长度48.6千米,埋设永久性界桩7个。2001年1月8日,区、县政府负责人签定《联合勘定行政区域界线协议书》。

二、地名管理

1979年前,湘潭市沿用历史和自然地名,新建道路、街道由政府命名,无地名管理职能部门。1980年国务院下发开展全国地名普查通知,市政府委托市建设委员会组织有关人员,开展全市地名普查。至1982年,完成地名普查任务,出版湘潭首部系统地名工具全书《湖南省湘潭市地名录》。

1987年9月,成立湘潭市地名委员会。1988年6月,设立湘潭市地名管理办公室,归口市建委管理。机构成立后,收集、整理和审批《中华人民共和国地名词典》中有关湘潭地名词条300余条。同年,根据省政府关于在城乡设置地名标志的安排,市政府批转市地名委等9个单位《关于在全市城乡设置地名标志的意见》,明确划分地名管理职责,具体部署开展地名标志设置工作任务。市地名办负责设置城区街、道、巷地名标志,公安部门负责街、巷、门牌号的设置,地名管理经费在城市维护费中列支。9月,市内主干道上设置第一批造型美观、色彩清新、用字规范、汉字和拼音对照并具有方向标注的地名标志。这批地名标志在牌面内容、规格设计上有创新改进,成为全省地名标志的基本模式。

至1991年4年间,市区内共设置大小道路标志262块,街巷标志313块,一地多名,一名多地状况得到理顺。湘潭县花石镇、湘乡市城关镇相继完成地名标志设置工作。8月，在全省率先完成市区地名补查的资料更新，建立系统地名档案。市区地名补查和资料更新共完成1:2000地名调绘176幅，计52.79平方千米，查得地名6353条，其中城市地名2961条，提供地名标志更新成果表1845份，创造性地用微机管理地名，并在全省率先开展地名咨询无偿服务。同年，市政府颁布《湘潭市地名管理实施细则》。1992年12月31日，湘潭市地名管理办公室由市建设委员会移交市民政局。1993年，各县（市、区）相应成立地名区划管理机构，配备1名专职人员。1994年，在市长途汽车站，设置大型城市地名图牌《湘潭市城区图》。

1997年9月，设置107国道岳塘区境域易家湾至板摄路口共6块地名标志。11月，设置107国道湘潭县境域易俗河至茶恩寺共6块和320国道5块地名标志。1998年7月8日，市地名办与规划、城建、公安等部门重新认定城区17条主干道20条次干道起始点，于9月新设和更新城区部分道路地名标志。

2000年11月，湘潭市被省地名委员会列为全省第一批城市标志设置试点单位。年底，建设北路西起点试设第一块标准地名标牌。新的地名标牌设计新颖、美观大方，成为城市一个新的亮点。

至2004年，湘潭市城区主要道路共设路牌290块，地名标牌由原来光标牌更换为灯箱式标牌，城市两区街、巷设置指路牌2000多块。同年，湘乡市和韶山市市区、湘潭县城区完成路牌设置。

2005年，市政府引资在岳塘区新建德国工业园，园区内五条主干道分别命名为莱茵路、格林路、火炬北路、火炬南路、长新路。是年，湘潭城区（含湘乡、韶山市区）主要道路、街道地名设标工作完成，并通过省级验收。年底，成立湘潭市地名志编纂委员会，筹备编写《湘潭地名志》。

第四节 社会团体组织登记管理

1986年后，社团组织发展很快。市级有企业管理、科学技术、个体劳动者、医学等325个协会，县（市、区）有150家社团组织，因审批不规范，政出多门，出现管理混乱。1990年5月，实施《中华人民共和国社团登记管理条例》，设立市社团登记管理处。湘潭县、湘乡、韶山市亦成立相应机构，城市各区配备1名社团登记管理专职人员。是年，通过摸底调查统计，有市级社团326家。依据国务院和省政府关于认真清理整顿社会团体的有关精神，市委、市政府实行“政府出面，民政牵头，条块结合，齐抓共管，加强领导，注重宣传，立足长远，健全机构，分段安排，稳步推进”的方针，开始全面清理整顿各类社团组织。至1991年底，认定准予注册发证并赋予代码的163家，依法撤销78家，延缓登记72家，自动解散1家，停止活动1家，上报省民政厅审批9家，改为事业单位2家，清理整顿结果在《湘潭日报》上公布。11月26日，市政府举行社团公开颁证大会，给予114家市级社团颁发登记证书。县（市、区）社团清理整顿工作同步开展，办理登记150家。

1995年，依照《社会团体管理条例》，246家社团参加年检，其中核定199家合格，15家不合格，依法停止湘潭市电子计算机协会和湘潭市“万法归一功”协会活动。

1996年，根据省民政厅有关社团管理规定，修改社团年审办法，明确规定社团业务范围、会费收取标准、社团重大活动等，须经批准方能付诸实施。民政、公安部门对市内出现传播资产阶级自由化思想的“芳草梦园”“大别山诗社”，予以取缔。全市年检合格社团212家，变更登记27家，注销登记2家,停止活动1家。是年,中共中央明确民办非企业单位统一归口民政部门登记,双重负责,分级管理。全市共有各类民办非企业组织4717个,从业人员24061人。

1997年初,市高新区宝塔乡江边村少数村民因怀疑村干部有经济问题,擅自成立"自治会",印发章程、私刻公章,张贴标语,强制收取活动经费,组织非法集会,致使村委工作瘫痪,村民思想混乱,造成极坏的社会影响。市委、市政府责成有关部门与当地党委、政府查清原因,清理财务,依法取缔非法组织"自治会"。

2000年,根据国家修改后的《社会团体登记管理条例》,市级社团办理重新登记121家,申请注销57家,依法撤销90家,办理变更登记77家,新批准注册登记7家,对因财务管理混乱,擅自提高会费标准的20家社团责令限期整顿,对有明显违规的4家社团实施行政处罚。依法取缔湘潭市维权协会、离退休协会等15个非法组织。是年,依据《中共中央、国务院关于处理对社会有危害的气功组织有关问题的意见》精神,撤销湘潭市气功协会等5家气功组织。

2002年,根据省民政厅《关于做好社团分支、代表机构复查登记的通知》,对全市52个社团分支、代表机构开展复查登记,23个获准登记,29个注销。对全市非营利性中介机构主体资格和中介服务活动进行整顿规范,查处中介性民办非企业单位违章行为。是年,批准登记民办非企业单位59个,其中市本级16个,县(市、区)43个。全市80%的社团组织完成复查登记,并依法在《湘潭日报》上公告。至2003年,有市级社团205家,民办非企业单位26家,县(市)、区级社团146家,民办非企业单位45家。

2004年,市政府下发《关于进一步做好农村专业经济协会培育发展和登记管理的实施意见》,采取简化登记程序和降低"门槛"等措施,培育一批适应市场经济需要的农村专业经济协会。全年登记县、乡、村三级在农、林、牧、渔等领域服务于种植、养殖、生产、加工、销售的各类农村专业经济协会79家,备案4家。

2005年,随着城市第三产业和农村种植业、养殖业的发展,基层民间各类协会发展迅速,农村注册登记136家专业经济协会。城区注册登记社区公益发展协会和家政服务中心等45家。是年,全市206家社团年检,其中不合格8家,注销登记1家,撤销7家,年检结果在《湘潭日报》上公告。社团组织建档率达100%。

第五节　老龄工作

一、机构

1986年4月26日,根据省委、省政府有关文件精神,市委、市政府决定成立市老龄问题委员会,下设办公室,各县、区成立相应机构。其职能是:调查了解全市老年人状况,协调处理老年人有关问题,组织老年人开展活动,维护老年人合法权益。1987年4月10日,市老龄问题委员会更名为湘潭市老龄工作委员会(简称市老龄委),各县(市、区)亦更名。1988年,市和各县(市、区)老龄工作办公室归口各级政府直接管理。市老龄办为副县级单位。1989年,根据市老龄工作会议要求,为活跃农村老年人生活,维护老年人权益,全市1626个村有1326个建立老年协会。各级老龄工作机构建立后，围绕“老有所养，老有所医，老有所为，老有所学，老有所乐，老有所教”开展工作。

2001年8月，市政府决定将市老龄工作办公室并入市民政局。2005年，全市老龄委机构15个，城市社区老年协会294个，农村村级老年协会1607个。

二、活动

1987年，市老龄委组织开展“老有所学”活动，8月18日，创办“湘潭老年大学”，设音乐、书画、舞蹈等普通班1个，专科班4个，学制两年，常年有学员120人。市老龄委、卫生局、文化局等单位联合发文，给城区1600名老年人发放“优先证”，老年人凭证可优先乘车、就医、取药、购物、游园等。1988年1月，市九届人大一次会议决定：将每年“九·九”重阳节定为全市人民敬老日。3月31日，成立市老年人“法律顾问室”，专门接待与老年人有关的案件，实施法律援助，对特困老人提供无偿服务，办公地点设市司法局。

1989年，省七届人大常委会作出决定：将农历九月初九定为湖南老年人节。庆祝第一个老年节期间，市老龄委举办全市老年书画展览，共有209人的230件作品参展。是年，根据市老龄委、财政、工商、税务局联合下发《关于兴办老年经济实体的通知》，全市组织老年人兴办各种经济实体504个，有1092名老年人从业，年产值达686万元，利润93万多元。市老年人法律顾问室接待老年人来信来访156人（次），调解老年人的赡养、婚姻、财产等侵权案件64起，由司法机关立案处理14起。

1992年，全市成立市老年医学会、老年学学会、老年书画协会、老年体育协会、离退休科技工作者协会、老年会计协会，共有会员1.8万多人。是年，市老龄委在全市广泛开展“为老年人送敬意、送温暖”、老年人“为党增辉、为民造福”评选表彰活动。表彰41个先进单位和78名先进个人。有6个先进单位和12名先进个人受到省老龄委表彰。是年，市老龄委办公室被省老龄委评为目标管理先进单位。

1994年，全市组织学习《湖南省老年人保护条例》，举办报告会233场，开办学习班1280期，印发宣传资料2万余份。全市农村有10万多老人的子女与老人签订义务赡养责任书。是年，市老龄委在全市开展“敬老好家庭、敬老好子女、关心爱护子女的好老人”的评选活动。表彰敬老好家庭24户、敬老好子女26名、关心爱护子女的好老人26名。其中6户敬老好家庭、6名敬老好子女、6名关心爱护子女的好老人受到省老龄委通报表彰。

1995年，市老龄委下发《关于评选“十佳村老年协会”和“十佳村老年协会会长”通知》，评选出湘潭县石鼓镇海云村等10个老年协会为十佳村老年协会、青光村老年协会会长等10人为十佳村老年协会会长。

1996年1月16日，市委、市政府批转市老龄委《关于筹办庆祝我市老龄事业发展十周年纪念活动的报告》，9月28日，召开宣传贯彻《中华人民共和国老年人权益保障法》动员大会，组织宣传全市10年来老龄事业发展成果展览。

1997年，市政府下发《关于认真宣传贯彻〈中华人民共和国老年人权益保障法〉的通知》，印发《老年人权益保障法》手册10多万本，举办学习班859期，培训宣讲骨干12500人。市政府批转市老龄委《关于农村老年人不承担义务工和劳动积累工的意见》，发至各县（市、区）贯彻执行。是年，根据国家、省老龄委关于评选表彰“敬老好儿女金榜奖”“老有所为奉献奖”“重视老龄工作功勋奖”的通知精神，开展评选工作。30名县以上党政负责人获市“重视老年工作功勋奖”，71人获“敬老好儿女金榜奖”，59人获“老有所为奉献奖”，其中，7名获省老龄委表彰。赵爱纯、张银华获全国“敬老好儿女金榜奖”；江麓机械厂老年综合经济服务部获全国“老有所为奉献奖先进单位”。1998年，为城区1500名70岁以上老年人发放《老年人优待证》，老年人凭证免费乘市内公交车和游览景点。

2001年，执行省政府决定，从当年3月起，年满100周岁以上的老年人，每人每月由政府发给200元长寿保健费补贴，并由省政府颁发《百岁寿星荣誉证》。是年，全市首次有26位百岁老人获此项补助费和荣誉证书。

2002～2003年，根据省老龄委规定：凡满60周岁以上的老年人，凭身份证到当地老龄委办理《湖南省老年人优待证》，全市有3.1万名60岁以上老年人办理蓝本《老年人优待证》，老年人凭证优先购车船票和就诊取药。

2004年8月22～10月22日，市举行首届老年艺术节，设文艺汇演、绘画、摄影、工艺美术、科学论坛、评选“十大寿星、十大孝星”和“银龄美”（即75岁以上健康老人艺术风采美）7项活动，有2000名老人受到市政府表彰。

2005年，市老龄委组织120名老劳模、老干部、特困老人、五保老人观光莲城新貌，参观新建的东方红广场、白石公园、湘江三大桥等，见证湘潭历史发展。是年，为老年人办理《老年人优待证》1.5万本，接待来访600余人次，处理投诉侵权案件100多起。至年底，全市百岁以上老年人38人，发放长寿保健补助费8.9万元。市老龄委被评为全省老龄工作先进单位，湘乡市老龄委被评为全国老龄工作先进单位。

2005年湘潭市百岁老人

表10-6-2

单　位	姓　名	性别	出生年月	家庭住址
湘潭县	胡再益	男	1901.3	龙口乡
湘潭县	陈赵民	女	1903.1	分水乡
湘潭县	李先元	女	1902.5	梅林桥镇
湘潭县	谭爱英	女	1904.4	龙口乡
湘潭县	赵润芳	女	1904.8	石鼓镇
湘潭县	曾楚氏	女	1905.5	易俗河镇
湘潭县	刘胡氏	女	1903.9	排头乡
湘潭县	熊玉英	女	1905.4	河口镇
湘潭县	朱左氏	女	1904.3	石鼓镇
湘潭县	李陈民	女	1903.3	姜畬镇
湘乡市	易段氏	女	1901.4	山枣镇
湘乡市	谭竹英	女	1903.4	东山办事处
湘乡市	彭娥秀	女	1903.11	毛田乡

续表

单 位	姓 名	性别	出生年月	家庭住址
湘乡市	张良秀	女	1903.11	畜牧水产局
湘乡市	冯春云	男	1904.1	月山镇
湘乡市	李秀英	女	1904.3	翻江镇
湘乡市	李山秀	女	1904.5	壶天镇
湘乡市	刘保初	男	1901.4	金石镇
湘乡市	周旭中	男	1904.1	月山镇
湘乡市	李玉英	女	1902.9	湘乡教师进修学校
湘乡市	李福钦	男	1904.11	东郊乡
湘乡市	谈刘氏	女	1905.4	梅桥镇
湘乡市	罗湛氏	女	1905.5	山枣镇
湘乡市	黄卫华	男	1904.11	湘乡啤酒厂
韶山市	沈清道	女	1902.3	银田镇
韶山市	熊述林	男	1902.12	杨林乡
韶山市	黄文氏	女	1904.3	大坪乡
雨湖区	黄绍南	男	1901.9	宁乡女儿家
雨湖区	文金秀	女	1903.2	平政街道
雨湖区	王冰梅	女	1904.10	云塘街道
雨湖区	冯安太	男	1905.1	城正街道
雨湖区	刘带子	女	1905.8	鹤岭镇
岳塘区	丁刘民	女	1900	荷塘乡
岳塘区	胡冬连	女	1902	双马镇
岳塘区	潘淑元	女	1901	板塘乡
岳塘区	符细才	女	1904	中洲路街道
岳塘区	杨丁氏	女	1903	书院路街道
岳塘区	吴年芝	男	1903	下摄司街道

第十一篇　人事

概　述

1986年，全市共有国家机关、企事业单位干部职工31944人。其中，行政机关8854人，事业单位7323人，企业单位15767人。是年起，为适应国有企业领导体制、国有企业厂长负责制推行，市内国有大中型企业普遍设立人事部门，协助厂长选拔、任免干部，进行内部人事管理；政府人事部门向企业放权，使厂长管事与管人结合，让企业有更多人事管理权；企业进行招聘、选举等多种形式的用人制度改革探索，公开招聘厂长、经理，从优秀工人中聘用管理人员和专业技术人员，企业干部能进不能出与能上不能下的局面开始破除。以专业技术职务聘任制为核心的职称改革，在国有事业和国有企业单位先后铺开。通过从下至上民主推荐、单位审查申报和各级评委会评审，41257名专业技术人员首次评聘上各类专业技术职务，享受技术职务工资。党政机关和事业单位补充工作人员初步推行考试录用制；乡镇机关和企业补充干部实行合同制、聘用制；有选择地从优秀工人、农民中录用国家干部，起用经济建设第一线人才；简化干部调配手续，坚持保重点、保基层原则，及时调配干部，保障市内重点工程和新建扩建工程进行以及乡镇、街道企业发展对人才的需求，并通过招聘、技术承包、技术咨询、兼职和聘用等多种形式，试行在计划指导下的人才和智力交流；各级人才市场先后建立，引进人才工作得到重视。按照党中央、国务院统一部署，先后两次进行工资改革，废除传统的职务等级工资制，初步建立起符合机关、事业单位各自特点的工资制度和正常的工资增长机制。干部管理进一步加强，机关事业单位工作人员的工作纳入责任、考核、奖惩三结合目标管理岗位责任制。人事管理权限逐步下放，行政职能逐步改变，人事工作坚持宏观控制、微观搞活方针，强化服务职能，开始由集中、封闭、神秘型转向指导、服务、开放型。贯彻执行中央裁军100万战略决策，至1993年6年间，先后安置军队转业干部1401名，随调家属416名。1993年末，全市共有干部54918人，其中行政机关干部9809人，事业单位干部25387人，企业单位干部19722人。

1994年，湘潭市开始实施国家公务员制度。各级成立实施工作领导小组，举办国家公务员制度实施工作骨干培训班，组织国家公务员制度知识普及教育和过渡培训。按照国务院要求，全市着手进行机构改革，转变政府行政管理职能，实行政企分开，构建适应社会主义市场经济的行政管理新体制。各单位在机构改革基础上，严格按市编委员会核定的“三定”（定职能、定机构、定职位）方案，执行职数设置，职位总数少于或等于“三定”方案核定的行政编制数额。1995年，国家公务员制度在湘潭全面实施。1996年为“湘潭市国家公务员规范化管理年”。至1997年9月，乡镇以上行政机关和参照《国家公务员暂行条例》管理的党委、人大、政协以及群团机关在进行“三定”后完成入轨工作。湘潭市公务员推行工作经验得到国家人事部好评。此后，按照《国家公务员暂行条例》，公务员推广竞争上岗和岗位轮换制度；启动国家公务员初任培训、任职培训、专门业务培训和更新知识培训；率先在全省出台《关于进一步加强机关事业单位工作人员考核工作的意见》及实施细则，强化考核奖惩工作，《湖南日报》和《人民日报》《中国人事报》对湘潭的考核工作经验先后进行报道。事业单位人事制度改革从试点单位起步。国有企业人事制度改革打破传统档案工资制，扩大经营管理人员和员工活工资的分配比例，建立由业绩考核、综合素质考核、岗位资格考核三部分组成的考核体制，坚持考核结果与收入分配、职务聘任、工作调整使用直接挂钩。人事部门在“精简行政机构，转变行政职能，增加服务职能，面向市场，服务市场”方针指导下，先后建立人才开发中心、干部培训中心、考试指导中心、机关事业单位社会保险处、专业技术人员服务中心，形成为各类人才的培训、使用、开发、管理、交流、保险提供“一条龙”服务的体系。建立、健全机关事业单位社会保险机构，出台机关事业单位养老保险制度改革实施细则，90%以上的机关事业单位参保，年征收养老保险金过2000万元，参保单位离退休人员按时、足额领取离退休费，机关事业单位社会保险体系逐步形成。这一时期，由于机械、电子、冶金等行业处于低谷，全市人才流失严重。正式办理手续调入的高级人才仅40人，调出的却有80人，未办手续离岗的高级人才达500人之多。2000年，市政府出台《关于进一步深化三项制度改革和加强企业管理的意见》，明确企业管理人员不再套用国家行政机关干部级别，原企业干部统称经营管理人员。至2000年的7年中，妥善安置军队转业干部721名，随调家属148名。2000年末，全市共有国家公务员、经营管理人员、专业技术人员60480人，其中公务员7783人，事业单位管理人员和专业技术人员38361人，企业单位经营管理人员和专业技术人员14336人。

2001年起，人事制度改革全面推进，国家公务员录用、考核、奖惩、职务任免、职务升降、职位轮换、培训、交流、回避、辞职、辞退、申诉、控告等项目由单项实施逐步过渡到全面配套实施，各项人事制度管理与国家公务员制度的要求接轨运行。竞争上岗加大力度，2002年以竞争上岗与人员分流为重点，推进机构改革和公务员队伍建设，全市53%的公务员进行岗位轮换，其中市直单位轮换面87%。面向社会公开招考的制度从市直机关扩展到乡镇，从国家行政机关扩展到事业单位，从公开招考一般公务员扩展到公开招考科级和县(处)级公务员；人事部门探索出一套公开考录办法，面试工作经验在全省人事工作会议上介绍，被中央和省、市媒体推介。不断改进国家公务员和机关、事业单位工作人员考核办法，以工作实绩为重点的绩效考核从县处级领导班子和县处级领导干部拓展到科级以下国家公务员及工作人员，对末位进行相应处置，形成适度压力，在省内外引起强烈反响，得到国家人事部和省人事厅领导肯定。公务员管理工作被评为全省先进单位。事业单位人事制度改革在试点基础上全面铺开，按照“脱钩、分类、放权、搞活”的思路，在事业单位推行全员聘用制，管理人员实行竞聘上岗，技术人员实行职务聘任，一般工作人员实行优化组合，并改革内部分配制度，适当拉开收入差距。2005年，全市1096家事业单位完成聘用制改革，占事业单位总数72.9%。其中，市本级事业单位7960人与用人单位签订聘用合同，聘用率75.5%。事业单位聘用制在全市初步确立。专业技术职务任职资格评审、考试与职务聘任逐步分开。市人事职改部门改进和完善职称职改工作监督办法，加强专业技术人员职业道德培训，实施公示制度和职改系统化微机管理，被评为全省职称改革工作先进单位。是年，在全国首创农民技术职称评审，1人获高级技术职称，27人获中级技术职称，12人获初级技术职称，《中国人事报》推介这一做法。干部教育方面，除国家公务员培训、企事业单位管理人员培训和专业技术人员继续教育等日常培训外，还对干部进行计算机知识普及培训与考核和依法行政、信息化与电子政务、干部实用英语、普通话、公务员法师资骨干等培训。军队转业干部安置方面,积极探索自主择业新路子,帮助91名军队转业干部自主择业。并根据中央和省委有关文件精神,在全省率先出台9项措施,解决企业军转干部工资、养老金和医疗保险等问题。人才开发方面,市委、市政府提出"人才强市"战略,制定"十五"人才发展规划,实施"新世纪人才工程",建设湖南金三角企业经营管理人才市场,成立全省首家人才资质测评中心,出台人才开发的一系列配套措施。各级人事部门把整体性人才资源开发作为人事工作重点,加大招才引智力度,先后引进各类人才1026名。企业博士后工作站和"留学人员创业园"先后在湘潭挂牌成立,一批高级人才到潭创业、兼职或提供技术咨询服务,为湘潭市经济和社会全面协调可持续发展提供人才支持和智力保障。至2005年的5年间,共接收安置军队转业干部395名,随调家属97名。2005年末,全市共有国家公务员、经营管理人员、专业技术人员52714人。其中,国家公务员(工作人员)10440人,国有事业单位经营管理人员和专业技术人员37854人,国有企业经营管理人员和专业技术人员4420人。

第一章 机构编制及事业单位法人登记管理

第一节 机构管理

1986年,中共湘潭市委、市人民政府根据《中共湖南省委、省人民政府关于机构编制管理的若干规定》文件精神,制定出《关于进一步加强机构编制管理的具体规定》,严格统一的规定编制机构序列、职务序列、编制使用范围和核定的编制员额,不准擅自增设机构、机构升格和任意扩大人员编制。是年,市直党政群机构89个。

1986年市直党政群机关机构设置

表11-1-1

部门分类	机构个数	机构名称
党委部门	6	市委办公室、市委政策研究室、市委组织部、市委宣传部、市委统战部、市委政法委
按党章宪法规定设置的机构	5	市纪委、市人大办公室、市政协办公室、市中级人民法院、市检察院
政府工作部门	41	市政府办、市计划委员会、市经济委员会、市科学技术委员会、市农村经济委员会、市建设委员会、市财贸委员会、市民政局、市公安局、市司法局、市审计局、市财政局、市税务局、市工商行政管理局、市物价局、市统计局、市人事局、市劳动局、市物资局、市城市建设局、市交通局、市轻工局、市二轻局、市机械冶金局、市化学工业局、市煤炭工业局、市农业局、市林业局、市水利水电局、市蔬菜畜牧水产局、市一商局、市二商局、市粮食局、市教育局、市文化局、市卫生局、市体育运动委员会、市广播电视局、市计划生育委员会、市环境保护局、市乡镇企业局

续表

部门分类	机构个数	机构名称
人民团体	7	市总工会、团市委、市妇女联合会、市科学技术协会、市文学艺术界、市归国华侨联合会(侨务办公室)合署办公、市工商业联合会
直属机构	11	市委老干工作局、市编制委员会、市信访办公室、市委党史资料征集办公室、市档案局、市直属机关党委会、市国土管理局、市人民防空办公室、市职工教育办公室、市打击经济领域犯罪领导小组办公室、市委落实政策领导小组办公室
局级企事业单位	19	市经济体制改革委员会办公室(经济研究室、经济技术协作办公室)、市城市管理办公室、市城市规划办公室、市委理论教育讲师团、市地方志编纂办公室、市纺织工业公司、市建筑工程管理局、市建筑材料工业公司、市房地产公司(局)、市电子仪表工业公司、市城市建设开发公司、市对外经济贸易总公司(委员会)、市供销合作社联合社、市烟草专卖局(烟草公司湘潭分公司)、市食品工业办公室,市医药总公司、市标准计量局、市委党校、湘潭日报社

注:局级企事业单位经济体制改革委员会办公室(经济研究室、经济技术协作办公室)只计一个机构

1987年,市委、市人民政府为制止机构编制和干部队伍膨胀,批转《市编制委员会关于市直非常设机构情况和清理意见的报告》及《关于加强事业单位机构编制管理的暂行规定》(以下简称市编委),市编委会同有关部门对非常设机构进行全面清理,市直党政群机关原设有非常设机构80个,通过清理,撤销33个,并作出“党政群机关一律不再增设机构、机构升格的决定”;是年9月,完成湘乡撤县建市的机构设置工作;12月,根据《国务院关于县级以上地方各级人民政府设立行政监察机关的通知》精神,成立市监察局,为市政府工作部门。1988年9月,为适应经济体制改革和政治体制改革的发展需要,市政府经济研究室、市经济体制改革委员会、市政府经济技术协作办公室分设为三个独立事业机构;10月,撤销市城市规划办公室,成立市勘测规划管理处,为副处级事业单位;市规划设计院,为正处级事业单位,归口市建委管理;12月,根据省编委《关于湘潭市编委会更名的批复》,湘潭市编制委员会更名为湘潭市机构编制委员会(以下简称市编委),下设办公室,为常设的正处级行政单列机构。1989年,根据机构编制分级管理的原则,理顺五个城(郊)区机构编制管理体制,将机构编制管理权下放到城(郊)区,并制定《关于加强城(郊)区机构编制管理工作暂行规定》。3月,市蔬菜畜牧水产局更名为市畜牧水产局;市委对台办公室加挂市政府台湾事务办公室的牌子;11月,成立市城市规划办公室,为正处级事业单位,同时撤销市勘测规划管理处;成立市社会科学研究所,为副处级事业单位;1990年1月,市政府经济技术协作办公室加挂市引进办公室牌子;4月,市教师进修学院更名为湘潭教育学院;5月,根据《省编委关于设立零陵等地市人民政府(行署)法制办公室的批复》文件精神,成立市政府法制办公室,为副处级行政机构;市政府外事办公室加挂市旅游局牌子;6月,成立市湘江二大桥管理处,为副处级事业单位,归口市建委管理;9月,为贯彻稳定方针,进一步理顺市政府经济管理机构,市委、市政府决定,并报请省编委批准,市纺织工业公司、市建筑材料工业公司、市电子仪表工业公司、市医药总公司加挂局的牌子;根据《省编委关于湘潭市经济贸易委员会列为市人民政府工作部门的批复》,市对外经济贸易委员会列为市政府工作部

门;12 月,湘潭医院更名为市中心医院。1991 年 4 月,按照省编办要求,市机构编制部门将工资基金管理职能移交市人事部门;市乡镇企业局更名为市乡镇企业经济委员会;5 月,撤销市农机管理处,成立市农机管理局;市政府外事办公室(市旅游局)加挂市委、市政府接待处牌子;成立市政府行政复议办公室,与市政府法制办公室两块牌子,一套人员;6 月,根据《省编委关于设立社会综合治理办公室的批复》,成立市社会综合治理办公室,与市委政法委合署办公;同时撤销原市社会治安综合管理办公室;7 月,成立市转业军官培训中心,为副处级事业单位;11 月,撤销市运输市场管理处,成立市公路运输管理处,为副处级事业单位;12 月,市房产公司(市房产管理局)更名为市房地产管理局;是年,根据湘政函《关于撤销韶山区设立韶山市的通知》,完成韶山撤区建市的机构设置工作。1992 年 1 月,市委对台办公室更名为市委台湾工作办公室;市城市规划办公室更名为市城市规划局;为加强矿产开发的监督管理,市矿产资源开发管理办公室更名为市矿产资源管理局;3 月,市机械冶金局更名为市机械局、市建筑材料工业公司(局)更名为市建筑材料冶金工业公司(局);7 月,成立市政府驻北京办事处,为副处级事业单位;8 月,市委党校加挂湘潭行政学院的牌子;市国有资产管理办公室更名为市国有资产管理处,为副处级事业单位;市政府驻深圳联络处更名为市政府驻深圳办事处,为副处级事业单位。

1992 年开始,湘潭市在全国率先稳妥地推进市化工、机械、建材冶金、电子仪表、物资、纺织、轻工、二轻、医药等 9 个行政职能局,转体成企业集团或总公司。同时,市建筑设计院等 31 家单位退出事业机构序列,实行企业化管理。是年,经国务院批准,市郊区、雨湖、湘江、岳塘、板塘 5 个区合并为雨湖、岳塘 2 个区;根据《市委关于机构编制委员会更名和调整成员的通知》,市机构编制委员会办公室更名为市委机构编制委员会办公室;1993 年 3 月,成立湘潭市总商会,与市工商业联合会两块牌子、一套人员;5 月,根据《财政部关于同意成立湘潭市财政证券公司的批复》,成立市财政证券公司,为副处级事业单位;8 月,根据《市委、市政府关于湘潭市 1993 年机构改革方案的通知》,撤销市物价局、市政府食品工业办公室,其职能并入市计划委员会;是年,按照中共“十四”大报告提出的“大幅度裁减非常设机构”的精神,市委、市政府下发《关于清理和裁减非常设机构的通知》,全市共撤销非常设机构 58 个,保留 65 个。

1994 年,根据省委、省政府统一部署,市委、市人民政府下发《关于湘潭市市级党政机关机构设置的通知》,全市启动改革开放以来第三次机构改革。重点是以适应市场经济要求,进一步改革计划、投资、财政等管理体制,撤并一些专业经济部门和职能交叉的机构,将综合经济部门的工作重点转移到宏观调控上来。经过改革,设置市直党政机构 57 个,比改革前的 72 个减少 15 个,精简 20.83%,内设机构 387 个,比改革前的 534 个减少 147 个,精简 28%,5 个县(市、区)党政机构共设置 150 个,比改革前的 169 个减少 19 个,精简 11.2%;并对涉及部门的主要职责、内设机构、人员编制和领导职数进行“三定”规定。5 月,市转业军官培训中心加挂市国家公务员培训中心的牌子;6 月,为加大对知识产权的保护,成立市专利管理局,为副处级事业单位;12 月,市城市公用事业管理局更名为市城市管理局。

1994 年市直党政群机关机构设置

表 11-1-2

部门分类		机构个数	机构名称
市委工作机构		9	市纪律检查委员会、市委办公室、市委组织部、市委宣传部、市委统战部、市委政法委（社会治安综合治理办公室）、市委政策研究室、市直机关工委、市机构编制委员会办公室
市委部门管理机构		3	市委老干部工作局、市委台湾工作办公室（市政府台湾事务办公室）、市委保密委员会办公室（市保密局）
按党章宪法规定设置的机构		4	市人大机关、市政协机关、市中级人民法院、市检察院
政府工作机构	政府组成单位	24	市政府办（市政府经济研究室）、市计划委员会、市经济体制改革委员会、市经济委员会、市教育委员会、市科学技术委员会、市建设委员会、市对外经济贸易委员会、市公安局、市国家安全局、市司法局、市监察局、市审计局、市民政局、市财政局、市人事局、市劳动局、市交通局、市农业局、市林业局、市水利水电局、市文化局（市新闻出版〈版权〉局）、市卫生局、市计划生育委员会
	政府工作机构	11	市农村工作办公室（中共湘潭市委农村工作部）、市财贸工作办公室、市外事侨务办公室、市统计局、市工商行政管理局、市国土管理局、市乡镇企业经济委员会、市环境保护局、市地方税务局、市粮食局、市物价局
政府部门管理机构		6	市人民防空办公室、市信访办公室、市技术监督局、市法制办公室（行政复议办公室）、市地质矿产局、市国有资产管理局
政府议事协调机构		4	市城市管理委员会办公室、市老龄工作委员会办公室、市爱国卫生运动委员会办公室、市蔬菜产销办公室
人民团体		8	市总工会、团市委、市妇女联合会、市科学技术协会、市文学艺术界联合会、市归国华侨联合会、市社会科学界联合会、市工商业联合会
局改事业单位		9	市广播电视局、市体育运动委员会、市档案局、市城市公用事业管理局、市畜牧水产局、市农机管理局、市城市规划局、市建筑工程管理局、市房地产管理局

注：不属于市委、市政府的工作机构不在此表之内

1995 年 2 月，市人大法制委员会更名为市人大内务司法委员会；市人大城乡建设委员会更名为市人大城乡建设环境保护委员会；湖南省广播电视大学湘潭分校更名为湘潭广播电视大学；4 月，市委、市政府接待处从市外事侨务办公室中分出单设，为正处级事业单位，归口市委办、市政府办管理，以市委办管理为主；5 月，市对外经济贸易委员会加挂市招商局的牌子，同时撤销市外资引进管理办公室牌子；6 月，根据《省编委关于湘潭市计划物价委员会分设的批复》，市计划物价委员会分设为市计划委员会，为市政府组成单位，市物价局为市政府正处级工作机构；8 月，成立市农村合作经济管理处，为副处级事业单位，归口市农村工作办公室管理；成立市党员电教中心，为副处级事业单位，归口市委组织部管理；9 月，成立市规划设计院，为副处级事业单位；市旅游局明确为正处级事业单位，归口市外事侨务办公室管理；11 月，成立市招商局，为正处级事业单位，归口市对外经济贸易委员会管理；成立市收费管理局，为副县级事业单位；12 月，市乡镇企业局更名为市乡镇企业经济委员会；是年，全市开展撤区并乡建镇工作，全市由 17 个区公所 128 乡镇撤并为 59 个乡镇。其中湘潭县 22 个（由 9 个区公所、64 个乡镇合并），湘乡市 22 个（由 8 个区公所、46 个乡镇合并），城市两区 10 个，韶山市 8 个。

1996 年 1 月，成立市社会劳动保险事业管理局，为副县级事业单位，同时撤销市社会劳动保险

事业管理处的牌子；5月，成立市计划生育综合服务中心、市粮油购销总公司、市经济建设投资公司，均为副处级事业单位；6月，湘潭公路总段更名为市公路管理局；7月，市劳动服务公司更名为市就业服务局；12月，成立市农村综合开发办公室，为副处级事业单位；是年，为进一步巩固机构改革成果，有效地制止和纠正不按办事程序和审批权限，擅自设立机构及超编进入等违反机构编制管理规定的现象，市委、市政府向全市副县级以上党政机关转发《中共湖南省委、省政府关于进一步加强机构编制管理工作的意见》和省编办、省纪委等部门联合下发的《关于严禁擅自增设机构、机构升格、增加编制和超编进入的通知》，结合湘潭市实际，制订《关于进一步加强机构编制管理工作的意见》和《关于加强机构编制管理工作实施细则》，规范机构编制的申报、审批程序，促进全市机构编制工作的制度化、规范化建设。1997年5月，市机关事业单位养老保险工作处更名为市机关事业单位社会保险局，明确为副处级事业单位；6月，市对外宣传办公室（市政府新闻办公室）更名为市委对外宣传办公室（市政府新闻办公室），并升格为副处级事业单位；1998年2月，市地方志编纂办公室更名为市人民政府地方志办公室；是年，根据市委“强工富市”的决定，市化工、机械、建材冶金等8个工业（集团）公司加挂“局”的牌子。1999年，按照上级统一部署，调整理顺社会保障、医疗保险、药政、药检和中药监管等职能。将市劳动局更名为市劳动和社会保障局，成立市医疗保险基金管理服务中心，组建市药品监督管理局。

2001～2002年，贯彻《中共湖南省委、省人民政府关于市县机构改革的意见》《中共湖南省委、省人民政府关于湘潭市机构改革方案的通知》，实施市直党政机关各部门定职责、定内设机构、定人员编制和领导职数的“三定”工作，遵循党政机构不超限额、不转不增、依法依规和适度精减的原则设置。机构改革后市直党委机构11个，比改革前的12个减少1个，减少8.33%。政府机构32个，比改革前的41个减少9个，精简21.95%。市委、市政府承担行政职能的35个局级事业机构纳入改革的范围，撤并11个，精简31.43%。

2001年市级党政群机关机构设置

表11-1-3

部门分类	机构个数	机构名称
市委工作机构	9	市纪律检查委员会机关、市委办公室、市委组织部、市委宣传部、市委统一战线工作部、市委政法委员会、市委政策研究室、市委直属机关工作委员会、市机构编制委员会办公室
市委部门管理机构	2	市委老干部局、市信访局
按党章宪法规定设置的机构	4	市人大机关、市政协机关、市中级人民法院、市检察院
政府工作机构	30	市政府办公室、市发展计划委员会、市经济委员会、市教育局、市科技局、市公安局、市监察局、市民政局、市司法局、市财政局、市人事局、市劳动和社会保障局、市国土资源局、市建设局、市交通局、市水利局、市农业局、市林业局、市对外贸易经济合作局、市文化局、市卫生局、市计划生育委员会、市审计局、市环保局、市统计局、市粮食局、市乡镇企业局、市物价局、市规划局、市城市管理局、市商业贸易发展局
政府部门管理机构	1	市政府法制办公室

续表

部门分类	机构个数	机构名称
政府议事协调的办事机构	1	市人民防空办公室
人民团体	8	市总工会、团市委、市妇女联合会、市科学技术协会、市文学艺术界联合会、市归国华侨联合会、市社会科学界联合会、市工商业联合会
市委、市政府承担行政职能局级事业机构	24	市委党校、市党史资料征集办公室(地方志办公室)、市委讲师团、市党员电教中心、市委市政府接待处、市广播电视局、市体育局、市档案局、市畜牧水产局、市农机管理局、市房产管理局、市旅游局、市供销社、市信息中心、高新开发区管委会、市知识产权局、市移民开发局、市住房办、市农村能源办公室、市农村合作经济管理处、市农业综合开发办公室、市环境监理所、市重点工程建设办公室、市计划生育综合服务中心

注:此次机构改革不属于市委、政府的工作机构不在此表之内

市委办公室加挂市农村工作领导小组办公室牌子；市社会治安综合治理委员会办公室与市委政法委员会一个机构、两块牌子;保留市委处理“法轮功”邪教问题领导小组办公室(市人民政府防范和处理邪教问题办公室),由市委政法委管理;保留市委台湾工作办公室(市人民政府台湾事务办公室),仍由市委统一战线工作部管理;市机构编制委员会办公室为市机构编制委员会的常设办事机构,是市委、市政府的工作机构;保留市民族宗教事务管理处的牌子,由市政府办公室管理;市监察局与市纪律检查委员会机关合署办公,机构列入政府部门序列,不占政府机构限额;市对外经济贸易合作局加挂市招商合作局牌子;市文化局加挂市新闻出版(版权)局牌子。根据中央有关文件精神,市人大机关、市政协机关、市中级人民法院、市人民检察院、群众团体机关的机构改革,主要任务是完善机关职能,理顺工作关系,调整和精简内设机构,精减人员编制,优化人员结构;按照加快实现政企分开的要求,对市政府工业、物资等 9 个专业经济主管部门,取消“局”的牌子和人员控制数,以全面落实企业自主权,有关行政职能划入政府相关部门,保留各自行业管理办公室。按照中央关于党政机关和政法机关一律不准经商办企业的规定，市直机关与所办经济实体和管理的直属企业解除行政隶属关系,并在人财物方面彻底脱钩。按照加快实现政事分开的要求,按照转变职能、理顺关系、精兵简政、提高效率和政企分开、政事公开、政社分开的原则,以“三定”为重点,全面推进市、县(市、区)、乡三级机构改革工作。将社会自我调节和管理的社会性事务逐步移交中介组织承担,对全市的中介服务机构进行清理整顿,已有的资产评估、律师、会计、审计等机构与所属政府部门脱钩,体制独立。在调整撤并机构的基础上,按上下对口,便于统一领导和管理的“精简、统一、效能”原则,调整部门之间的职能 313 项,其中市级 169 项,县级 144 项。县级党政机构设置 152 个,比改革前减少 19 个,精简 11.1%;承担行政职能的局级事业机构设置 68 个,比改革前减少 18 个,精简 20.9%;全市乡镇事业站所设置 510 个,比改革前减少 247 个,精简 32.6%。2003 年,注重制度建设。制定《湘潭市机构编制管理暂行规定》和《湘潭市机构编制委员会会议议事规则》。是年,根据湘编办文件精神,对开发区管理机构的行政级别、内设机构、人员编制和领导职数配备进行规范。

2004 年,根据《中共湖南省委办公厅、省人民政府办公厅关于市州县市区机构改革的意见》,市政府进行机构和职能的调整。组建市人民政府国有资产监督管理委员会,为市政府直属特设机构。将市发展计划委员会改组为市发展和改革委员会,为市政府工作部门。组建市商务局,为市政府工

作部门。市商务局加挂市招商合作局牌子。保留市经济委员会。市乡镇企业局有关工业企业、工业经济管理的职能划归市经济委员会。为提高安全生产监督管理工作的权威，将市安全生产监督管理局由市政府直属事业单位改为市政府工作部门；市计划生育委员会更名为市人口和计划生育委员会，市乡镇企业局改组为副处级事业机构，与市农业产业化管理办公室一个机构、两块牌子，归口市农村工作领导小组办公室管理；市政府法制办公室升格为正处级机构；设立市民族宗教事务局（副处级）；为加强环境保护，实行市环保部门对区环保部门领导班子的垂直管理；保留市化工、机械、纺织、电子、建材冶金、一轻、二轻、煤炭、物资、一商、蔬菜肉食、糖酒副食、饮食服务、建筑等14个行业管理办公室。经调整，市政府设置工作机构29个，部门管理机构2个，议事协调的常设办事机构1个，直属特设机构1个；涉及职能调整的部门有市发改委等18家，共调整职能29项。2005年，根据省委、省政府的部署，成立市城市管理行政执法局（不占政府工作机构限额），将市城市管理局更名为市公用事业管理局。市农村工作领导小组办公室更名为市人民政府农村工作办公室。是年，全市党政机构设置61个（工作部门44个，部门管理机构17个），其中：市直工作部门9个，部门管理机构2个；五个县（市、区）工作部门各7个，部门管理机构13个。全市政府行政机构设置147个（工作部门133个，部门管理机构和议事协调机构13个，直属特设机构1个）其中：市直工作部门29个，部门管理机构2个，议事协调机构1个，另直属特设机构1个。

2005年市直党政群机关机构设置

表11-1-4

部门分类	机构个数	机构名称
党委工作部门	9	市纪律检查委员会机关、市委办公室、市委组织部、市委宣传部、市委统战部、市委政法委（社会治安综合治理办公室）、市委政策研究室、市直机关工委、市机构编制委员会办公室
党委部门管理机构	4	市委老干部局、市信访局、市委台湾工作办公室（市政府台湾事务办公室）、市委防范和处理邪教问题领导小组工作办公室（市政府防范和处理邪教问题领导小组工作办公室）
按党章宪法规定设置的机构	4	市人大机关、市政协机关、市中级人民法院、市检察院
政府工作部门	29	市政府办公室、市发展和改革委员会、市经济委员会、市教育局、市科学技术局、市公安局、市监察局、市司法局、市民政局、市财政局、市人事局、市劳动和社会保障局、市国土资源局、市建设局、市交通局、市水利局、市农业局、市林业局、市商务局、市文化局、市卫生局、市人口和计划生育委员会、市审计局、市环境保护局、市统计局、市粮食局、市物价局、市规划局、市公用事业管理局、市安全生产监督管理局、市城市管理行政执法局
政府部门管理机构	2	市政府法制办公室、市民族宗教事务局
政府议事协调机构	1	市人民防空办公室
政府直属特设机构	1	市国有资产监督管理委员会
人民团体	8	市总工会、团市委、市妇女联合会、市科学技术协会、市文学艺术界联合会、市归国华侨联合会、市社会科学界联合会、市工商业联合会

注：不属于市委、市政府的工作机构不在此表之内

第二节 人员编制管理

1986 年,根据省委、省政府《关于机构编制管理的若干规定》,市委、市政府制订《关于进一步加强机构编制管理的具体规定》,凡党政机关及事业单位调入人员,组织、人事、劳动部门严格把关,并与编制、财政"三堂会审"和"三挂钩"(人员与编制、人员与经费、人员与结构)办法进行管理,实行分管机构编制工作的党政主要领导"一支笔"审批制度,其他任何人不得随意插手干预。是年,全市党政群机关总行政编制为 5938 名,实际在职人数 7654 人,超编 28.89%,其中市级 2782 名(包含事业编制 149 名),在职人数 3985 人,超编 43.24%。造成超编的主要原因是 1983 年湘潭地区与湘潭市合并,两套机构人员合并为一套所致。全市事业总编制 30364 名,实际在职人数 28767 人,占编制的 94.74%,其中市级 15837 名,在职人数 12947 人,占编制的 81.75%。1987 年,按照省政府的统一部署,对县(市、区)所属 173 个乡镇行政编制重新核定。共核定乡镇行政编制 2852 名,实有在职 2897 人,超编 45 人。

1988 年,市委、市政府贯彻中共中央、国务院、省委、省政府关于制止机构、编制和干部队伍膨胀的要求,按本年度人员编制控制目标(以上年度末为基数行政机关人员增长率为负 0.5%,事业单位人员增长率为 3%)进行清理。是年,全市共有行政编制 6367 名,增长率为负 0.08%;事业编制 34353 名,增长率为 1.5%。1992 ~ 1994 年,市委、市政府将工业、商业和物资经济主管部门成建制转为企业(集团)或总公司,全市县级以上机关减少行政人员 1035 人。其中市直机关减少 729 人。1995 ~ 1996 年,全市首次核定离退休服务人员事业编制、机关后勤服务人员事业编制。离退休服务人员按机关离休人数 10 人或退休人数 30 人的比例配 1 名,市级共核定 65 名;后勤服务人员事业编制按机关行政编制总数 12%配 1 名,全市共核定 399 名,其中市级 174 名。

1998 年,市委决定,由市编办牵头,组织市委政法委、市人事局等部门就市公安机构编制情况进行调研后,经市编委研究同意,市公安局机关精减 100 名干警充实到分局和派出所,解决一线警力不足的问题。1999 年,通过对市直环卫事业单位实行政事分开、管理与服务分离等措施,环卫处机关工作人员精简 21%,基层管理人员精简 27%,精简的人员全部充实到第一线,并清退临时清扫人员 150 人;针对教育系统长期形成的人员编制管理困难的问题,采取调整学校布局和优化资源配置等措施,合理调整全市学校布局,减少中小学 296 所,清退代课老师 1542 人。是年,根据《省委、省政府关于乡镇、街道财政所机构编制情况进行统计摸底的通知》等文件精神,市委、市政府相继出台《关于清退乡镇机关、事业单位临时雇请人员的通知》和《关于乡镇机关事业单位人员分流的实施意见》,全市乡镇机关事业单位共清退各类临雇人员 2081 人。

2001 ~ 2002 年,根据《省委、省政府关于市县机构改革的意见》《省委、省政府关于湘潭市机构改革方案的通知》精神,市委、市政府制定《湘潭市机构改革人员分流实施意见》。确定编制精简的五条原则:不超总额,严格范围,分类精简,实事求是,人随事走。市级行政编制以 1998 年年报为基数,党群包括人大、政协机关精简 20%,市直政府部门精简 30%,县(市、区)级政府部门精简 25%,政法机关专项编制精简 10%。根据湘潭市实际,市直党群部门精简 24.6%,政府部门精简 34.8%。市直党政群机关核定行政编制 1403 名(不包含政法系统人员编制),比改革前减少 358 名,精简 20.3%。24 个承担行政职能的局级事业单位核定全额预算事业编制1060名，比改革前减少255名，精简19.3%；领导职数一般配1正2副，编制较多、任务较重的综合部门可增配1至2名副职；市直机关内设机构领导职数3人以下配1名，4人以上配2名，7人以上配3名。按上述规定，市直部门共配领导职数370名，比改革前减少43名，精简11.6%；县(市、区)党群机关核定行政编制1842名，比改革前减少562名。核定乡镇(含城区街道)行政编制2321名，比改革前减少528名。县(市、区)级承担行政职能的局级事业单位核定全额预算事业编制692名，比改革前减少147名。全市乡镇事业站所核定事业编制4128名，比改革前减少989名。县(市、区)级机关部门领导职数配置724名，比改革前减少149名。全市乡镇领导职数配置717名，比改革前减少142名。

2004年，对市属大中专学校和市直卫生系统，试行编制总额控制、财政包干的管理体制，控制财政支出，减少审批环节，扩大用人单位的自主权。

2005年，全市党政群机关总编制为12062名，在职人数11794人，占总编制的97.78%。其中全市党政群行政编制总数为6125名，在职6078人，占总数的99.23%。其中党委行政编制1329名，在职人数1369名，占编制的103%；人大行政编制369名，在职人数374人，占编制的101.36%；政府行政编制3350名，在职人数3529人，占编制的105.34%；政协行政编制292名，在职人数250人，占编制的85.62%；民主党派行政编制199名，在职人数177人，占编制的88.94%；群团行政编制418名，在职人数379人，占编制的90.67%；待分配行政编制141名，占总编制的1.17%。6125名行政编制中机关为3570名，乡镇机关2146名，财政所375名、物价检查所34名。全市政法系统行政编制4150名，在职人数3968人。其中法院行政编制576名，在职人数524人；检察院行政编制433名，在职人数382人；公安行政编制2635名，在职人数2620人(54名监狱编制按统一口径放在两劳)；司法行政编制506名，在职人数442人。全市物价所行政编制34名，另配有自定编制32名；全市离退休服务人员事业编制84名，在职人数57人；全市工勤编制590名，在职人数672人，全市其他编制1114名，在职人数1019人。全市事业单位总编制为50433名，实有47458人，其中按地区分：市级16338名，在职人数14678人；县(市、区)34095名，在职人数32780人。按经费来源分：财政拨款制42900名，在职人数40328人。其中市级11391名，在职人数10347人，县(市、区)31509人；经费自筹编制7523名，在职人数7118人。其中市级自筹编制4947名，在职人数4331人，县(市、区)自筹编制2576名，在职人数2787人。是年，严格执行省委组织部、省人事厅、省编办《关于严格机构编制和人员管理有关问题的紧急通知》，控制机构编制增长，市直财政全额拨款编制空编1397名，按财政口径人均工资和公务经费3.5万元计算，全年共节约财政支出4890万元。

2005年末，湘潭市党政群机关、事业单位编制和实有人员数见表11-1-5和表11-1-6。

2005年湘潭市党政群机关编制和实有人数

表11-1-5　　　　单位:人

项　目	行政编制	在职人数
市　直	1537	1465
市属区	508	595
市街道	204	207

续表

项　目	行政编制	在职人数
县级市	772	986
县	583	659
乡　镇	2521	2166
总　计	6125	6078

2005年湘潭市事业单位编制和实有人数

表11-1-6　　单位:人

序号	项　目	机构数	编制数	实有人数
1	教育事业单位	944	24401	21394
2	科学研究事业单位	15	336	304
3	勘察设计事业单位	4	208	245
4	勘探事业单位	1	117	117
5	文化事业单位	83	948	857
6	新闻出版事业单位	6	149	99
7	广播影视事业单位	32	501	464
8	卫生事业单位	129	9116	8801
9	体育事业单位	14	189	152
10	农林牧水事业单位	412	3982	4362
11	交通事业单位	37	1735	1519
12	地震事业单位	2	6	6
13	环境保护事业单位	13	158	157
14	测绘事业单位	3	16	19
15	信息咨询事业单位	18	182	149
16	标准计量、技术监督、质量检测事业单位	5	54	62
17	知识产权事业单位	2	14	13
18	物资仓储、供销事业单位	12	177	173
19	房地产服务、城市公用事业单位	99	3015	3326
20	社会福利事业单位	48	392	400
21	经济监督事务事业单位	45	265	272
22	机关后勤服务事业单位	50	508	550
23	其他事业单位	539	3963	4017
	总计	2513	50433	47458

第三节 事业单位法人登记管理

根据湖南省人民政府《湖南省事业单位登记管理办法(试行)》的规定,市编委1996年5月印发《湘潭市机构编制委员会办公室职能配置、内设机构和人员编制方案》,明确市机构编制服务中心更名为市事业单位法人登记管理处,为市编办直属的正科级事业机构,主要负责本级管辖范围内事业单位的名称预先核准,事业单位法人设立、变更、注销登记、公告、档案管理、核发和收缴《事业单位法人证书》等工作。是年,全市首次完成事业单位法人登记2654家,其中:市直351家,县(市、区)2303家。当年12月,市事业单位法人登记管理处经市编委批准更名为市事业单位登记管理处,升格为副县级事业机构,核定全额拨款事业编制5名。1997年,贯彻《湖南省事业单位登记管理办法(试行)实施细则》,规范事业单位登记管理。县(市、区)按规定相继设立事业单位登记管理机构,负责所辖区域内事业单位法人登记管理工作。1998年7月,根据省机构编制委员会办公室统一部署,对全市3000多家事业单位进行全面清理和跟踪调查,办理事业单位变更事项627件,规范机构名称6个,纠正擅自变更名称的印章10枚,撤并注销事业单位32家。是年10月,贯彻国务院《事业单位登记管理暂行条例》,依法规范事业单位登记管理;2000年2月,市事业单位登记管理处更名为市事业单位登记管理局;2002年2月,市机构编制委员会决定,市事业单位登记管理机构为市编办内设机构,并加挂市事业单位登记管理局的牌子,负责人高配副处级。2004年起,贯彻《国务院关于修改 < 事业单位登记管理暂行条例 > 的决定》、国家事业单位登记管理局制定的《事业单位登记管理暂行条例实施细则》,依法进一步加强事业单位的管理。至2005年末,全市事业单位法人登记1810家,其中:市直360家、湘潭县588家、湘乡市604家、韶山市58家、雨湖区108家、岳塘区92家。

第二章 干部来源与素质结构

第一节 干部来源

一、录用

吸收录用干部是增加干部的主要渠道。每年由市人事局根据全市干部队伍自然减员和经济、社会发展对干部的需求情况,编制录用干部计划,按省人事厅下达的招干指标计划认真组织实施。20世纪80年代初,按照"革命化、年轻化、知识化、专业化"的要求,录用干部的条件一般为:坚持四项基本原则,拥护党的路线、方针、政策;作风正派,遵纪守法,服从组织分配;具有高中毕业以上文化程度或同等学历,或具有所需要的专业技术知识和业务能力;身体健康,年龄一般在25岁左右,特殊情况可根据不同工作需要,由用人单位决定。1986年开始,为解决城镇就业问题,把录用电大、函大、职大、业大、夜大毕业的城镇“五大”生作为录干重点对象，充实基层，充实企业，充实生产第一线，加强政法、金融、税务部门力量。除学历外，其他录用条件不变。至1990年，全市录用国家干部1778人，其中，从“五大”毕业生中录用1427人，被录“五大”毕业生占录用国家干部总数80%。

1991年开始，停止从城镇“五大”毕业生中直接录干，把从有突出贡献的工人、农民中选拔、录用干部作为补充干部队伍的重要途径。录用对象为在管理岗位和专业技术岗位的在职工人或聘用干部，获得省委、省政府及中央部、委、办表彰的中共优秀党员、先进工作者、劳动模范、优秀党务工作者及企事业单位的主要负责人、优秀村干部、乡镇企业家优先录用。年龄条件放宽到40岁。至1994年，全市从优秀工人和优秀农民中录用559人为国家干部。但在此后几年时间里，一度出现过标准不严、录取面过宽问题，让一批不具备录干条件的工人、农民、商人、无业人员等通过人才市场取得干部身份，其中一部分人通过各种关系成了公务员。

1995年，出台《湘潭市国家公务员考试录用实施办法》，规定全市机关和具有行政职能的事业单位补充主任科员以下非领导职务工作人员必须严格坚持“凡进必考”原则，严把进口关。报考条件为：拥护中华人民共和国宪法，拥护中国共产党的领导，热爱社会主义；遵纪守法，品行端正，具有为人民服务的精神；具有大专以上学历；年龄在18周岁以上35周岁以下；身体健康。至2002年，面向社会公开招考国家公务员951名，充实各级党政群机关。2003年，从1800多名报考人员中为市公安局等36个单位择优录用国家公务员（机关工作人员）177名，报考人数与录用职位数之比为全省之最。其中市直机关录用的46名及省属驻潭单位录用的6名均为本科学历；公安系统（含湘潭县、湘乡市）录用的84名中，本科35名，大专47名，中专2名。2004年，从参考的1725名考生中录用135人，具有大学本科学历的60人，大专67人，中专（省警校公安专业毕业生）8人。录用的135人中，25岁以下97人，25～30岁29人，30～35岁9人。2005年，从2200名报考人员中，为39个单位择优录用国家公务员128人。参照公务员录用办法，为城市管理行政执法局录用执法工作人员35名，为市直12家全额拨款事业单位录聘用工作人员47名。录用的128名国家公务员中，具有大学本科学历的76人，具有大专学历的45人，25岁及以下94人，26～30岁26人，31～35岁8人。

二、接收大、中专毕业生

1986年，根据“统筹安排，合理使用，加强重点，兼顾一般和面向基层，充实生产、科研、教学和生产第一线”方针，接收由国家统一招收、统一分配大、中专毕业生。至1990年，全市共接收统一分配大、中专毕业生6159人，占全市绝对增加干部数量的60.4%。1991～1995年，实行指令性计划，按生源地进行分配，共接收应届毕业生8576人，占此期间全市绝对增加干部数量39%；其中，高等院校毕业生3855人，中等专业学校毕业生4721人。

1997年，国家改革招生制度，对大、中专毕业生原则上不再包分配。1998年后，湘潭市取消分配计划，按“双向选择，自主择业”的原则落实就业。一部分大、中专毕业生通过报名参加公务员考试进入国家公务员队伍。政府鼓励毕业生向多种所有制经济就业，鼓励和支持毕业生从事个体、私营经济，自主创业；鼓励城区生源毕业生到乡镇就业。2000年，成立湘潭市大中专毕业生就业指导中心。在潭4所全日制本科院校先后有近2000名大学毕业生到指导中心应聘，300余名大学毕业生与应聘单位达成意向协议。至2005年，就业指导中心举办3届“高校毕业生就业服务周”活动，为高校毕业生开设专场服务,动员2300余名大学毕业生入市应聘,成功推荐810名大学毕业生到潭工作。

三、选聘乡镇合同制干部

1984年下半年,为适应农村经济体制改革的需要,湘潭市在补充农村乡镇机关干部时实行聘用合同制度。选聘的对象是:担任管理工作两年以上的农村村委、村民小组长,乡镇不脱产农技人员,高中毕业后在农村参加两年以上生产劳动的优秀知青,复退军人;年龄一般在30岁以下,个别表现突出并有业务专长的,年龄可放宽到35岁。其条件是:坚持四项基本原则,热爱农村工作,思想品质好,作风正派,有高中以上文化或同等学历,有分析问题和语言表达能力、有行政管理和组织工作能力。通过考试考核、公开招聘、择优录用、签订合同,在聘用期间享受同级国家干部的政治、生活和福利待遇,但不转户口和粮油关系,口粮自带,不足部分由乡镇解决;原承包的田土、山林继续保留。1986年末,全市乡镇合同制干部406名。1990年开始,采用"依照合同和条件解聘或辞退一点、从中择优录用一点、在工作需要和编制允许的前提下补充一点"的"三点子"办法完善聘用措施。并加强培训,提高合同制干部的素质,实行定性考察与定量测评相结合的办法考核。解聘、辞退不胜任工作或犯有严重错误合同制干部,录用优秀合同制干部为国家干部。至1990年,全市先后为乡镇机关选聘合同制干部676人。其中,123人被录干或招工,62人被解聘或辞退, 实有合同制干部491人。1992年末,全市共有乡镇合同制干部503人。

1993~1994年,101名合同制干部被录为国家干部,全市尚有聘用合同制干部402名,分布在128个乡镇的乡级领导和财政、计生、妇联、司法、共青团、武装等岗位。

1996年,随着国家公务员制度的实行,聘用乡镇合同制干部工作停止。

四、民办教师转公办教师

1987年,为推动农村九年义务教育发展,调动民办教师积极性,根据教育战线职工自然减员缺额指标审批录用民办(代课)教师为公办教师;对其中被评聘为中学一级、小学高级或被授予全国优秀教师、全国优秀班主任荣誉称号以及从事教育工作15年以上者予以优先录用。是年,录用693人。从90年代开始,随着师范院校毕业生增多,不再安排民办教师。对原有在职民办教师每年按录用计划安排一定数量转为公办教师。1996年,中共中央、国务院提出"争取本世纪末基本解决民办教师"的目标,全市加大解决民办教师问题力度,增加录用人数,为1986年底以前担任民办教师工作,取得省教委颁发《民办教师任用证书》且时仍在岗、符合录用条件的民办教师办理转公办教师手续。至1998年,共为4465名民办教师解决"民转公"问题,全面完成全市农村中小学民办教师录用工作。1999年,为规范教师队伍管理,停止办理此类人员的录用,按照省里统一部署,全面清退乡镇临时雇请人员,至年底,共清退中小学代课教师2177名。

五、安置军队转业干部

1986年,贯彻中共中央、国务院"改革体制、精简编制、减少员额一百万"和转业干部原则上由原籍、入伍地或配偶所在地安置的指示精神,市委安排3名常委负责安置工作,成立由市委、市政府、湘潭军分区领导和组织、人事、编制、劳动等有关部门负责人组成的军队转业干部安置领导小组。具体安置工作由市委组织部和人事局负责。其中,组织部负责团职以上干部分配,人事局负责营职以下干部和随调家属分配。湘潭市制定的接收安置条件是:本人或爱人的原籍是湘潭市及所辖县(市、区)或从湘潭入伍;本人或爱人的父母在湘潭工作或居住,有常住户口,身边无人照顾;本人或爱人系独生子女,原籍无亲人,有特殊困难要求到湘潭工作;驻潭部队及本人申请留湘潭安置。接收安置坚持任人唯贤的原则,重用专业技术人才。采取供需见面、推荐选用的安置办法,尽量对口安排,满足个人要求。同时,将转业干部在部队表现与分配联系起来,对在部队荣立二等功以上或大军区授予英雄模范称号,具有大专以上文化程度并取得工程师以上职称的专业技术干部,在高原、海岛、边远地区工作 15 年以上或从事飞行、潜艇工作 10 年以上者,在工作安置上给予适当照顾。至 1989 年的 4 年中,全市共接收安置转业干部 1081 人,安置随调家属 313 人。大部分转业干部被安置到公、检、法和银行、工商、税务、保险等部门工作。

20 世纪 90 年代,湘潭市行政机关和部分事业单位人员超编较多,领导班子配备人数多,不少企业效益下滑,军转干部的去向与职务安排遇到较大困难。为解决矛盾,市委、市政府对有增加干部指标和需要加强管理的单位、市直事业单位和中央、省属驻潭单位及经济效益好又有承受能力的企业实行指令性安置。至 1999 年的 10 年间,全市共接收安置军队转业干部 900 名,随调家属 222 名。

2000 年,在企业继续减员增效、股份制企业用人自主、政府精简机构、社会就业压力增大的情况下,军转安置面临新的难题。市委、市政府采取按规定增加非领导职数或先进后出、带编分配、有编进编、无编待编的办法,安排军转干部加强政法和行政执法部门。2001 年,根据中央和湖南省有关自主择业军转干部管理的文件精神,制定《湘潭市自主择业军转干部管理服务暂行办法》,为自主择业军转干部办理落户手续和医疗保险,建立自主择业军转干部档案,将有关信息加入全省人才招聘信息网。至 2003 年的 4 年间,共安置军转干部 305 人,安置随调家属 78 人。2004 ~ 2005 年,共接收军转干部 231 人,进机关或行政编的 219 人,占军转干部总数的 95%,安置进事业单位 11 人;安置随调家属进事业单位 26 人,进企业 52 人。除在本市推荐就业外,还积极向外地推荐就业,组织自主择业军转干部参加省人民政府举办的民营企业大型人才交流会,先后被长沙、怀化和广东等地聘录用 14 人。至 2005 年 5 年中,全市共接收自主择业军转干部 91 名。

1986~2005 年湘潭市安置军队转业干部情况

表11-2-1

单位:人

年度	转业干部						随调家属	帮助军转干部自主择业	安排驻潭部队随军家属
	合计	其中							
		师职	团职	营职	连、排职	专业技术人员			
1986	487	—	246	136	201	102	143	—	—
1987	337	—	219	82	151	83	107	—	—
1988	170	—	—	—	—	—	37	—	—
1989	87	1	13	21	31	21	26	—	—
1990	65	—	12	21	15	17	17	—	—
1991	65	—	4	18	21	22	14	—	—
1992	66	—	11	16	18	21	16	—	—
1993	124	—	8	33	56	27	56	—	—
1994	105	—	10	19	51	25	19	—	—
1995	92	—	14	28	29	21	22	—	—
1996	81	—	10	30	21	20	26	—	—
1997	77	—	10	26	24	17	17	—	—
1998	94	—	14	36	26	18	14	—	—
1999	131	—	19	36	43	33	21	—	—
2000	141	—	17	54	46	24	29	—	—
2001	64	—	9	21	16	9	15	9	—
2002	50	—	4	21	16	9	9	9	—
2003	50	—	2	25	19	4	25	24	6
2004	134	—	14	44	57	19	32	29	13
2005	97	—	11	25	49	12	16	20	17

第二节 干部结构

一、性别结构

1986年,全市31944名干部中,男性23193人,女性8751人,分别占干部总数73%和27%。在8854名机关干部中,有女性1484人,占机关干部的16.7%;在7323名事业单位干部中,女性2966人,占40.5%;在15767名企业单位干部中,女性4301人,占27%。随着干部队伍的扩大和党有关妇女工作政策的贯彻落实,女干部不断增加。女干部在干部队伍中所占比例逐年上升。1990年,在全市50796名干部中,女性17141人,占干部队伍总数比例上升到33.74%。在9474名机关干部中,女性1691人,占17.8%;在23727名事业单位干部中,女性10009人,占42%;在17595名企业单位干部中,女性5441人,占31%。1995年,在56662名干部中,女性20976人,占干部队伍总数比例上升到37%。在10317名机关干部中,女性2117人,占20.5%;在27192名事业单位干部中,女性12383人,占45.5%;在19153名企业干部中,女性6476人,占33.8%。由于市委、市政府认真贯彻落实国务院《中国妇女发展纲要》有关妇女参政目标的规定和中共中央组织部关于大力培养妇女干部的要求,把选拔女干部作为加强各级领导班子建设的重要举措来抓,女干部在全市干部队伍中的比例明显上升。2000年,在全市60480名干部中,女性26483人,占干部队伍总数的比例上升到43.8%。在7783名国家公务员和工作人员中,女性1636人,占21%;在38361名事业单位干部中,女性19864人,占51.8%;在14336名企业干部中,女性4983人,占34.7%。

2001年后,市委进一步加大对女干部的培养、选拔和任用,各级党组织和妇联组织积极培训、推荐、输送妇女干部,使许多女干部逐步走上各级领导岗位,大批优秀的女性专业技术人员脱颖而出。2005年,在52714名干部中,女性24038人,占干部队伍45.6%。在10440名国家公务员和工作人员中,女性2506人,占24%;在事业单位37854名管理人员和专业技术人员中,女性20042人,占53%;在企业单位4420名经营管理人员和专业技术人员中,女性1490人,占33.7%。女干部在事业单位所占的比重高于党政机关和企业单位,专业技术干部多于管理干部,尤其是卫生、教育、财会和图书、档案、文博等专业技术人员中女性所占比例较大,全市6864名卫生技术人员中,女性4264人,占62%;20026名教师中,女性12276人,占61.3%;1018名会计中,女性559人,占54.9%;277名图书、档案、文博技术人员中,女性184人,占66.4%。

二、年龄结构

1986年,全市31944名干部中,30岁以下7505人,占干部总数23.5%;31~40岁8523人,占干部总数26.68%;41~50岁9692人,占干部总数30.34%;51~60岁6088人,占干部总数19%;61岁以上136人,占干部总数0.43%。在8854名机关干部中,30岁以下2112人,占23.8%;31~40岁2274人,占25.7%;41~50岁2413人,占27%;51~60岁2004人,占22.6%;61岁以上47人,占0.53%。

此后,按照中央提出的干部要革命化、年轻化、知识化、专业化要求,大批年轻干部充实干部队伍尤其是各级领导岗位;为压缩编制,对党政机关、事业单位已到退休年龄的干部一律办理退休手续;企业施行内退制度;因此,干部队伍的年龄结构进一步变化,年轻干部的比重逐年增大,干部老龄化的现象逐步得到解决。1990 年,在 50796 名干部中,30 岁以下 15265 人,占干部队伍总数比例上升到 30%;31~40 岁的 11913 人,占干部总数 23.45%;41~50 岁 13537 人,占干部队伍 26.64%,51~60 岁的 9885 人,占干部队伍 19.46%;61 岁以上 196 人,下降到 0.38%。在 9474 名机关干部中,30 岁以下 2324 人,占 24.5%;31~40 岁 2391 人,占 25%;41~50 岁 2356 人,占 24.8%;51~60 岁 2353 人,占 24.8%;61 岁以上 50 人,占 0.5%。1995 年,在 56662 名干部中,30 岁以下 17545 人,占干部队伍总数 31%;31~40 岁的 15664 人,占干部队伍总数 27.64%;41~50 的 14798 人,占干部队伍总数 26%;51~60 岁的 8655 人,占干部队伍 15%;61 岁以上 116 人,占 2%。在 10317 名机关干部中,30 岁及以下 2427 人,占 23.5%;31~40 岁 3149 人,占 30.5%;41~50 岁 2806 人,占 27%;51~60 岁 1902 人,占 18%;61 岁以上 33 人,占 0.32%。

2000 年,全市 60480 名干部中,30 岁下 23680 人,占干部队伍总数比例上升到 39%;31~40 岁 18272 人,占干部队伍总数 30%;41~50 岁 13619 人,占 22.5%;51~60 岁 4899 人,占干部队伍总数比例下降到 8%;61 岁以上仅 10 人。在 7783 名国家公务员和工作人员中,30 岁及以下 1336 人,占 17%;31~40 岁 2595 人,占 33%;41~50 岁 2345 人,占 30%;51~60 岁 1497 人,占 19%;61 岁以上只有 10 人。

2005 年,全市 51714 名干部中,35 岁以下 19875 人,占 37.7%;36~45 岁 19932 人,占 37.8%;46~54 岁 10737 人,占 20%;55 岁以上 2170 人,只占 4%。在 10440 名国家公务员和工作人员中,35 岁以下 3268 人,占 31%;36~45 岁 4146 人,占 39.7%;46~54 岁 2566 人,占 24.5%;55 岁以上 460 人,占 4%。

三、政治结构

1986 年底,全市干部总数 31944 人。其中,中共党员 17457 人,占干部队伍 54.6%;共青团员 4331 人,占干部队伍 13.6%;民主党派 173 人,占干部队伍 0.54%;无党派人士 9983 人,占干部队伍 31%。行政机关 8854 人中,有中共党员 6537 人,所占比例为 73.8%;有民主党派人士 21 人,占 0.24%。

1989 年后,由于干部队伍的较快增长和干部统计范围的变化,中共党员在干部队伍中的比例有所下降。1990 年,在 50796 名干部中,中共党员 22226 人,占干部队伍总数 43.7%。行政机关中,中共党员仍占较高比例,9474 名机关干部中,有党员 7130 人,占 75.2%。共青团员和民主党派人士有所增加:共青团员 8999 人,占干部队伍总数 17.6%;民主党派人士 485 人,占干部队伍 0.95%;无党派人士 19086 人,占干部队伍 37.57%。1995 年,全市 56662 名干部中,有中共党员 22122 人,占干部队伍总数 39%;在 10317 名行政机关干部中,有中共党员 7581 人,占 73.4%。有共青团员 10210 人,占干部队伍 18%;民主党派 690 人,占干部队伍 1.2%;无党派人士 23640 人,占干部队伍 41.72%。

2000 年,在 60480 名干部中,有中共党员 21606 人,占干部队伍总数 35.7%;民主党派 369 人,占 0.6%。在 7783 名国家公务员和工作人员中,有中共党员 6136 人,占 78.8%;民主党派 47 人,占 0.7%。

2001 年后,中共党员在行政机关和国有企事业单位中都有增加。2005 年,全市 52714 名干部中,有中共党员 31188 人,占干部总数 84.54%。在 10440 名国家公务员和工作人员中,有中共党员 8827 人,占 84.54%;在 6037 名国有企业干部中,有党员 2921 人,占 48.4%

四、文化结构

1986 年,在全市 31944 名干部中,具有大专以上文化程度的 7983 人,占干部队伍总数 24.9%;具有中专文化程度 8817 人,占总数 27.6%;具有高中文化程度 5116 人,占总数 16%;初中以下文化程度 10028 人,占总数 31.4%。在 8854 名行政机关干部中,具有大专以上文化 1589 人,占 18%;中专 1647 人,占 18.6%;高中 2461 人,占 27.8%;初中以下文化程度 3157 人,占 35.6%。

以后,随着录干对文化程度要求提高和在职干部文化学习与进修培养,大专以上文化程度干部逐年增多。1990 年,在 50796 名干部中,具有大专以上文化程度 20085 人,占总数 39.5%;中专 16789 人,占总数 33%;高中 6600 人,占总数 13%;初中以下 7322 人,占总数 14.4%。在 9474 名行政机关干部中,具有大专以上文化 2923 人,占 30%;中专 2390 人,占 25%;高中 2300 人,占 24%;初中及以下 1861 人,降为 19.6%。90 年代初,开始接受毕业研究生,干部队伍文化结构进一步变化。1995 年,在 56662 名干部中,具有大专以上文化的 22706 人,占总数的 40%;中专 20139 人,占总数的 35.5%;高中 8295 人,占总数的 14.6%;初中及以下 5522 人,只占总数的 9.7%。在 10317 名行政机关干部中,具有大专以上文化的 4056 人,占 39%;中专 2823 人,占 27%;高中 2249 人,占 21.8%;初中以下 1143 人,占 11%。1996 年开始,严格推行公务员管理制度,随着录取报考公务员的大学毕业生人数增多,干部队伍文化素质进一步提高。2000 年,在 60480 名干部中,有研究生 84 人;大学本科和专科文化 26562 人,占 44%;中专 23342 人,占 38.5%;高中 7252 人,占 12%;初中及以下 3240 人,占 5%。在 7783 名国家公务员和工作人员中,有研究生 33 人;大学本科和专科 3974 人,占 51%;中专 2074 人,占 26.6%;高中 1388 人,占 17.8%;初中以下 314 人,只占 4%。

2001 年后,贯彻市委、市人民政府人才引进政策,引进高层次人才到潭工作,使干部队伍文化结构出现新的变化。2005 年,在 52714 名干部中,有大专以上学历 37545 人,占总数 71.2%。全市 10440 名国家公务员和工作人员中,有博士学位 4 人,硕士学位 22 人,研究生学历 84 人,大学本科 3731 人,大学专科 4734 人,大专以上学历占 81.9%。

五、专业结构

1986 年,全市有 16 个系列专业技术干部 14834 人。1989 年,教育行政部门领导的中小学教职员纳入干部管理,全市专业技术干部增至 38935 人,1990 年为 44933 人。1992 年,政工干部开评技术职称,全市专业系列增至 17 个,1995 年,增加船舶人员技术门类,专业系列增至 18 个,专业技术干部 41785 人。2000 年,专业技术人员增加到 44983 人。2005 年,全市 23 个系列专业技术干部 36383 人,其中,具有正高级专业技术职务 107 人,副高 4403 人,中级 13773 人,初级 17511 人,未聘任专业技术职务 589 人;市直单位 11054 人,县(市、区)17454 人,乡(镇)7875 人。

1986~2005 年部分年份湘潭市国有事、企业专业技术人员情况

表11－2－2　　单位：人

项目	1986	1988	1990	1992	1995	1998	2000	2001	2004	2005
合　计	14834	21707	44933	41008	41785	43116	44983	45413	37862	36383
工程技术人员	5876	6523	8038	7556	7603	6382	6100	5986	3976	3392
农业技术人员	958	872	848	1210	807	797	964	994	1147	1256
科学研究人员	389	372	349	290	198	132	123	104	97	134
卫生人员	3673	4026	5121	5087	5481	5976	6737	6962	8479	6927
教学人员	622	1685	17822	16086	17263	21428	23170	23803	18877	20137
经济人员	80	4026	6803	5862	4822	3028	2785	2565	1601	1225
会计人员	2262	2667	3747	2789	2761	3039	3022	2891	1808	1597
统计人员	668	786	1092	807	739	597	536	479	307	230
翻译人员	3	25	39	42	41	7	6	16	8	2
图书档案、文博人员	25	422	649	507	552	511	491	502	345	305
新闻、出版人员	45	97	116	96	104	81	74	71	111	106
律师、公证人员	—	40	84	70	86	84	54	34	15	19
播音人员	6	7	14	18	26	21	20	30	38	48
工艺美术人员	25	45	54	44	34	38	37	38	27	22
体育人员	44	49	41	36	30	34	35	35	55	32
艺术人员	158	65	116	60	59	22	30	65	112	150
政工人员	—	—	—	448	1178	938	799	838	859	801
船舶技术人员	—	—	—	—	1	1	—	—	—	—

六、分布、层次

1986年，全市31944名干部中，行政机关8854人，占总数27.7%，事业单位7323人，占总数22.9%，企业单位15767人，占总数49.3%；市直单位23538人，占总数73.6%，县(市、区)6863人，占总数21.4%，乡(镇)1543人，占4.8%。随着改革的深入进行，干部分布发生明显变化。1990年，全市50796名干部中，行政机关9474人，所占比例下降到18.65%；事业单位23727人，所占比例上升到46.71%；企业单位17595人，所占比例下降到34.64%。市直单位干部30984人，在干部总数中所占比例下降到60.99%，县(市、区)干部17447人，所占比例上升到34.35%，乡(镇)干部2365人，所占比例为4.66%。1995年，在全市56662名干部中，行政机关干部10317人，所占比例下降到18.2%，事业单位干部27192人，所占比例上升到47.9%，企业单位干部19153人，所占比例下降到33.8%；市直单位干部32221人，所占比例下降到56.8%，县(市、区)干部16572人，所占比例上升到29%；乡(镇)干部7869人，所占比例上升到13.9%。2000年，在全市60480名干部中，行政机关7783人，所占比例降至12.87%，事业单位38361人，所占比例上升至63.43%，企业单位14336人，所占比例下降至23.7%。市直机关26034人，所占比例下降到43.05%，县(市、区)23334人，所占比例上升到38.58%，乡(镇)干部11112人，所占比例上升到18.37%。2005年，行政机关干部10440人，占干部队伍总数的19.8%；事业单位干部37854人，所占比例达到71.8%；企业单位干部4420人，所占比例降为8.4%；市直单位干部18280人，所占比例降为34.7%；县(市、区)干部24113人，所占比例 为45.7%；乡(镇)干部10321人，所占比例 为19.6%。

1986~2005年部分年份湘潭市干部分布情况

表11-2-3 单位：人

项目	年 份	1986	1988	1990	1992	1995	1997	1999	2000	2003	2004	2005
项目	总 数	31944	35575	50796	54902	56662	58229	61100	60480	57160	54169	52714
类别	行政机关	8854	9786	9474	9856	10317	8354	8603	7783	7037	10079	10440
类别	事业单位	7323	8555	23727	24906	27192	34722	37886	38361	40054	38419	37854
类别	企业单位	15767	17234	17595	20140	19153	15153	14611	14336	10069	5671	4420
层次	市	23538	26597	30984	33295	32221	29380	27547	26034	22898	19412	18280
层次	县(市、区)	6863	7264	17447	15021	16572	19003	23141	23334	24042	24190	24113
层次	乡(镇)	1543	1714	2365	6586	7869	9846	10412	11112	10220	10567	10321

注：1990年起，包括教育行政部门主管的中小学教职员；1997年起，湘潭电机厂、湘潭电缆厂划归省机械厅统计

第三章　人事制度改革

第一节　企业人事制度改革

1986 年，湘潭市贯彻中共中央、国务院颁发《全民所有制企业厂长工作条例》，改革国有企业领导体制，推广厂长(经理)负责制。随着厂长(经理)负责制的实行，企业内部人事管理开始围绕落实厂长(经理)的用人权进行改革。大中型企业在行政上设立人事部门，协助厂长选拔、任免、管理企业干部。企业坚持"管少、管好、管活"原则，下放人事管理权限，在总厂统一管理全厂干部的前提下，分厂有权自行安排、使用自己的干部。在用人制度上，企业进行多种形式的改革探索。是年，市电化厂在厂内公开招聘双氧化车间主任，从 8 个报名者中择优选聘两人分别担任正副主任，扭转了车间的生产局面。聘任制也被广泛采用，企业内部各级干部之间以聘任的形式组合起来。小型企业或门店的领导班子大多采用选举制，根据群众的意志确定领导干部人选。企业实行招聘制、聘任制、选举制等改革后，对聘用领导干部确定任职期限，实行任期目标责任制。江南机器厂经过任期责任目标考核，提拔 153 人，50 名中层干部退出领导岗位，9 名科级干部降为一般干部，使企业干部开始走上"能上能下""能官能民"的轨道。1987 年，对企业干部的考核进行多方面的探索，采用民意测验、民主评议、考试和定量测评、定量描述的办法考核干部。是年，湘潭钢铁厂运用定量测评办法对全厂 1109 名科级以上干部进行考核，根据考核结果及时调整干部，提拔 90 人，免职、降职 38 人。市化学助剂厂经过考核，调整 20%的行政管理人员充实生产第一线。

1988 ~ 1991 年，市内国有企业继续推行管理人员和专业技术人员的招聘制和聘用制，从优秀工人中聘用管理人员和专业技术人员 8754 名，占企业干部总数 15.8%。

1992 年，根据《全民所有制工业企业转换经营机制条例》的精神，市人事局先后印发《进一步扩大企业人事管理自主权的意见》《湘潭市全民企业管理人员和技术人员实行聘用(任)制试行办法》和《湘潭市全民所有制企业实行专业技术职务评聘分开和内部评聘的暂行办法》，企业可以在不受上级行政干预的前提下自主设置内部机构，确定人员编制，决定用人方式，制定分配办法，并实行专业技术职务评聘分开和内部评聘；企业的干部调配、人才交流，除跨地、市调动仍需政府人事部门之间协调审批外，其余全部由企业自主办理。至年底，全市各企业从内部工人中聘用管理人员和技术人员 9361 名，一些企业实行管理人员和专业技术人员全员聘用制。企业人事管理基本做到用人与治事相统一。

1996 年起，国有企业改革进入以股份制改革为核心的现代企业制度建设时期，企业人事制度改革在平稳中推进。按照建立现代企业人事制度的要求，湘潭钢铁公司、湘潭电机集团、湘潭化纤厂等企业在原来改革的基础上，实施下岗分流、减员增效，进一步完善中层管理人员动态考核和末尾淘汰的办法；建立由业绩考核、综合素质考核、岗位资格考核三部分组成的考核体制。坚持考核结果与收入分配、职务聘任、工作调整使用直接挂钩。是年，出台《湘潭市国有企业聘用制管理人员和专业技术人员管理实施方案》，在全市大中型企业普遍推行聘用制，进一步落实企业用人自主权。

从2000年开始，为实现政企分离，实行适应现代企业制度要求的管理办法，取消国有企业行政级别，企业不再套用党政机关行政级别，不再比照党政机关干部的行政级别确定企业经营管理者的待遇。

2001年，全市企业单位人事制度改革在收入分配政策上迈出较大步伐。市属绝大部分国有企业打破过去档案工资制，扩大经营管理人员和员工活工资的分配比例，实行技术人员项目奖励制和职工合理化建议奖励制，制订向科技人才和有突出贡献者奖励的分配制度和奖励办法。对新进企业工作的大学毕业生工资也作出适当调整，稳定和吸引年轻人才。2002年，电化集团等企业规范和完善年薪制。2003～2005年，企业结合规范公司法人治理结构，深化内部人事制度改革，完善选人用人机制，实行民主评议、厂务公开、交叉任职等办法，积极探索新形势下对企业经营者激励和监督的新途径，逐步建立符合企业特点的现代企业人事制度。

第二节 事业单位人事制度改革

1996年下半年，湘潭市按照中央和省委组织部、省人事厅的部署，启动事业单位人事制度改革试点工作。先后选择市中心医院、市第一人民医院、市第十一中学、雨湖区风车坪小学、市政设施维护处等14个单位进行事业单位用人制度改革试点。改革试点单位推行以聘用制为主要形式的分类管理办法，对管理人员实行职员聘用制，对专业技术人员实行专业技术职务聘用制，对工勤人员实行以技术等级考核为主要内容的聘用制度；用人单位与个人在平等自愿、协商一致的基础上，以聘用合同的形式确定一定时期内双方的劳动关系及权利和义务。

为顺应教育体制改革的要求，教育系统推行教师全员聘用制。至2001年，全市22382名教师员工与学校签订聘用协议。湘乡市和湘潭县的一部分中小学校引入竞争机制，推行教师选校长、校长聘教师的“双选双聘”，329名教师骨干通过竞聘走上校长岗位，197名校长落选；86名教师待岗分流。先期进行聘用制改革的湘乡市和湘潭县教育系统，按照正确处理国家、单位、个人三者关系的原则，在严格执行省、市工资政策的基础上，根据各单位特点，改革内部分配制度，逐步建立重实绩、重贡献、向优秀人才和关键岗位倾斜的分配激励机制。根据每个教职员工的出勤和教学实绩以及考评结果，适当拉开工资差距。有的科研院所实行技术、项目承包制度，制定一系列奖励措施；有的单位把产权、技术纳入分配因素；市直农林水和卫生系统一部分事业单位按月考核，把实绩考核结果作为分配的主要依据，逐步完善员工绩效工资和岗位工资制；市中心医院实施岗位工资改革，重要的技术岗位人员的月收入与一般管理岗位人员的月收入差距达4倍以上。

2002年5月，湘潭市成立事业单位人事制度改革领导小组及其办公室，先后制定《湘潭市关于深化事业单位人事制度改革的实施意见》《聘用制管理暂行办法》《关于做好机关、事业单位补充工作人员的实施意见》《关于办理事业单位人员聘用合同鉴证和人事争议处理的规定》《关于搞活事业单位内部分配的意见》等一系列指导性文件。重点对文化、科研、交通、城建、农口等部门所属的事业单位进行聘用制改革。推行聘用制后，对未聘人员按照“社会保障、政策引导、内部消化、人事代理”的原则，采取内部退养、辞职辞退、转岗增岗、落聘托管、行业调剂、待岗培训等措施，积极稳妥地安置分流人员，建立并逐步完善社会保障体制和失业保险制度，妥善安置2800余人，其中通过人事代理推荐就业316人，98%的事业单位纳入到社保体系。同时，加强聘用合同鉴证和人事争议仲裁工作，切实维护双方的合法权益。期间，全市共受理与聘用合同有关的人事争议案件125起，均严格按有关政策法规及时予以协调处理，未造成一起上访。至2005年底，全市1096家事业单位完成聘用制改革，占事业单位总数的72.9%，其中，市本级事业单位7960人与用人单位签订聘用合同，聘用率75.5%。

第三节 公务员制度实施

1993年，湘潭市在国务院颁布《国家公务员暂行条例》后，立即启动推行国家公务员制度的工作。在市人事局组建国家公务员制度推行办公室，举办首期公务员制度推行骨干培训班，在全市部署学习公务员制度，并将1993年作为公务员考核的起始年度。

1994年，国家公务员制度在湘潭市进入实施阶段。市成立国家公务员制度推行工作领导小组及办公室，各县(市、区)也相应成立非常设组织机构。制定湘潭市国家公务员制度实施方案和《湘潭市国家公务员制度实施办法》《湘潭市国家公务员职位设置办法》《湘潭市国家公务员非领导职务设置办法》《湘潭市现有行政机关人员过渡办法》等5个配套文件，组织市直单位和县(市、区)以及工商、税务、公安等部门7000多名干部参加首批国家公务员过渡培训和结业考试。湘潭市实施国家公务员的范围为：市、县(市、区)、乡镇(街道办事处)各级行政机关和行使国家行政职能、从事行政管理活动的单位中除工勤人员以外的工作人员(包括这些单位从事老干部管理、纪律检查、监察、党群工作的人员)。国家公务员制度的实施在机构改革、“三定”(定职能、定机构、定职位)的基础上进行，各单位根据工作需要合理设置职位，制定职位说明书，按照职位要求和过渡考核的结果，采取个人自荐、平等竞争和组织认定相结合的方式选配人员。1995年，经省人事厅批复，湘潭市首期实施国家公务员制度的有55个单位。其中，市人民政府工作部门24个，政府直属工作机构11个，委办管理的行政机构7个，市直属事业单位9个，市政府议事协调机构的办事机构4个。8月4日，《湘潭市国家公务员制度实施办法》正式颁布。8月14日，市人民政府举行新闻发布会，宣布湘潭市国家公务员制度全面实施。1996年，开展“湘潭国家公务员规范化管理年”活动，公务员制度推行工作在全市全面铺开。市、县(市、区)两级行政机关基本完成职位分类、人员过渡工作，乡镇一级行政机关国家公务员制度推行工作开始起步。与此同时，在市委组织部成立“参照管理工作办公室”，制定颁发《湘潭市参照国家公务员暂行条例管理工作实施意见》和党委、人大、政协、工会、妇联、共青团机关参照《国家公务员暂行条例》管理的实施办法等7个文件。1997年，市直53个行政单位、市辖5个县(市、区)165个直属行政单位和81个乡镇(街道办事处)机关公务员制度的过渡入轨工作完成，6750名机关工作人员过渡为国家公务员。全市各级参照《国家公务员暂行条例》管理的党委、人大、政协以及群团机关也完成过渡工作。湘潭市公务员制度推行工作的作法受到国家人事部的好评。是年，按照《国家公务员暂行条例》有关规定，开除公务员2名，辞退公务员16名，为全市机关、事业单位342人办理退休手续。至此，国家公务员制度在全市基本确立。

1998年开始，湘潭市推行国家公务员制度进入健全、完善阶段。先后出台《关于进一步加强机关事业单位工作人员考核工作的意见》及实施细则，采取分级分类考核办法，强化国家公务员的考核、奖惩工作；出台《关于在全市党政群机关开展竞争上岗工作的意见》和《湘潭市党政群机关中层干部推行竞争上岗的实施办法》，加大竞争上岗力度；下发《关于执行国家公务员任职回避和公务回避制度的通知》，在市内国家行政机关和参照管理机关实行任职回避和公务回避制度，对已形成的应回避关系，在1998年底前全部调整到位。至2000年，全市有94个单位对所属部分科室和部门负责人实行竞争上岗。竞争上岗由市直单位延伸到县（市、区）和乡镇、街道办事处，先后有50个单位和64个乡镇对78个空缺中层干部职位实行竞争上岗。乡镇机关把竞争上岗作为分流超编人员和清退临时雇请人员的一项重要措施，全市64个乡镇共分流超编人员432名，清退临时雇请人员2723名。2002年，以竞争上岗与人员定岗分流为重点，推进机构改革和公务员队伍建设，市、县（市、区）、乡（镇）三级党政机关和部分承担行政职能的事业单位，严格执行新一轮机构改革“三定”方案，65%的职位实行竞争上岗。竞争上岗与岗位轮换、国家公务员任职回避及公务回避工作有机结合起来，全市公务员轮换面53%，其中市直单位87%。在此次机构改革、竞争上岗中，7000多人走上新的岗位，中层干部的年龄和文化结构进一步优化，正科级干部平均年龄由机构改革和竞争上岗前的43岁下降到40岁，副科级以上干部95%达到大专以上文化程度。

2004年，市人事局根据各单位报送的公务员花名册，对职位、职数设置、进入时间、补充方式、过渡形式等进行全面审核，在全省14个市州中率先建立起国家公务员管理台账。至年底，先后对市直54个单位进行审核，6782名国家公务员经审核登录后正式进入微机管理。2005年，所辖5县（市、区）的公务员管理台账全部建立。全市10073名公务员审核登录后正式进入微机管理，有效地杜绝人员混岗现象，为实施《中华人民共和国国家公务员法》奠定基础。

第四章 人才开发与交流

第一节 人才资源开发

1986年，湘潭市为解决现代化建设发展对人才的需求，通过多形式、多渠道开发人才资源。开展横向人才与智力交流，为一些经济效益差、技术人才奇缺的企业招聘技术干部98名；组织企业与本市及外地的一些高等院校建立长期技术协作关系；发动市退休工程师协会的276名退休工程师与企业签订技术咨询合同781个；通过在职工程师兼职和聘用退休工程师的办法解决区街企业对人才尤其是专业技术人才不足的困难。是年，雨湖区矿山电器厂聘用退休技术干部和技术工人30多人，使企业快速发展。

1987年，为振兴全市乡镇企业，促进科技人员管理体制改革，组织504名科技人员下到乡镇企业进行技术指导。1988年，制定《关于放宽放活科技人员政策促进人才合理流动的规定》，鼓励科技人员下乡，领办乡镇企业或承包项目。1989年，为县（市、区）选派3名科技副县（区）长，在市直机关选派41名干部驻农村乡镇办支乡联系点46个，其中有37人担任乡镇党政副职。

1990～1995年，继续放宽放活科技人员政策，不断加强人才市场建设。抓好人才培训与人事代理，为科技人员牵线搭桥，组织人才交流，为市内重点建设工程、新建和扩建单位、重点技术改造项目和传统产业单位输送人才780名。

1996年，在全市开展跨世纪学术和技术带头人培养对象的选拔工作，确定培养对象7名，后备人选8名；推荐国家级中青年专家1名，省级跨世纪学术和技术带头人培养对象后备人选2名。是年，市人事局组织编写出版《湘潭市民间人才录·第一辑》和《湘潭籍外地人才通讯录·第一辑》。《湘潭市民间人才录》分种植、养殖、建筑、医药、文学、艺术和其他六大类，共计10万余字，收录212名民间人才的详细情况。《湘潭籍外地人才通讯录》收录具有中级以上技术职称或科级以上职务、在全国各地工作的湘潭籍人士1617名。

1998年，湘潭市把整体性人才资源开发摆上人事工作首位，制订和出台《湘潭市跨世纪人才资源开发规划》《湘潭市关于引进紧缺人才的办法》《湘潭市关于开展农民技术职称认定试点工作的意见》《湘潭市下岗管理人员和专业技术人员再就业管理办法》。市人才开发中心引进中国南方人才市场信息管理软件，采用世界先进的Oraele大型数据库管理人才信息，通过互联网共享全国人才信息。开通湘潭第一条“人才信息高速公路”后，每天从全国各地获得的信息量相当于过去的几十倍，仅从省内各人才市场获取人才供求信息800余条，提供就业岗位3000余个。

2000年，制定《湘潭市“市级优秀专家”及“专业技术骨干人才”管理暂行办法》，选拔高级优秀专家30名、专业技术骨干212名。市人才开发中心与湘潭师范学院、湘潭工学院等10多所大中专院校签订联合开发人才协议；制订跨世纪人才资源开发规划，印制《湘潭市专业技术人才录》；对全市国有企事业和非公有制企业的人才状况进行调查，建立全市人员信息基础数据库，将国家公务员、企业与事业单位管理人员和专业技术人员纳入信息库。全市共有各类人才91122人。其中，女性37043人，少数民族407人，具有高级职称1853人，具有中级职称18706人，具有初级职称30125人；党政机关11869人，国有事业单位37886人，国有企业单位14611人，非公有制企业和乡镇企业12890人，农村实用人才13866人。2001年后，市人事部门加快人才市场建设步伐，搭建人才服务平台，改进服务方式，积极引才引智，促进人才合理流动。至2005年，全市国有和集体企事业单位11016名经营管理人才中，有博士1人，硕士8人，具有大专以上学历的6666人，占60%。在37957名专业技术人才中，具有高级技术职务4526人，占12%；具有中级技术职称13995人，占36.9%；具有初级技术职称18810人，占49.6%。

2005年湘潭市企、事业单位经营管理人才情况

表11-4-1　　单位:人

项目		总数							学历					年龄					
			女	少数民族	中共党员	博士	硕士	港澳台及外籍人士	研究生	大学本科	大学专科	中专	高中及以下	35岁及以下	36岁至40岁	41岁至45岁	46岁至50岁	51岁至54岁	55岁及以上
国有	事业单位	7390	2235	33	4769	—	8	1	27	1719	3267	1027	1350	2553	1271	1469	912	764	421
	企业单位	2823	831	4	1533	1	8	—	12	303	1129	510	869	569	623	727	49	278	136
集体	事业单位	127	49	—	52	—	—	—	—	11	40	45	31	43	25	24	26	9	—
	企业单位	676	247	—	422	—	—	—	—	15	144	174	343	100	56	178	156	130	56

2005年湘潭市企、事业单位专业技术人才情况

表11-4-2　　单位:人

项目		合计	专业技术职务				构成			学历					年龄					
			高级		中级	初级	女	中共党员	少数民族	研究生	大学本科	大学专科	中专	高中及以下	35岁及以下	36岁至40岁	41岁至45岁	46岁至50岁	51岁至54岁	55岁及以上
				正高级																
国有	事业单位	33169	4438	98	12783	15361	18595	14611	91	73	8498	15143	7848	1607	13743	7079	5107	3104	2946	1190
	企业单位	3214	72	9	990	2150	1135	1388	10	12	461	1354	793	594	885	781	650	447	257	194
集体	事业单位	998	4	—	91	869	507	184	5	—	27	162	461	348	493	197	127	91	53	37
	企业单位	576	12	—	131	430	202	173	2	1	34	195	172	174	107	103	96	178	60	32

第二节　人才市场

1992年8月8日，湘潭人才市场正式成立。当年，为单位和个人提供多种形式人事服务，发布人才供求信息18期，共708人，其中个人供职485人，单位需求223人；落实到位124人，占人才信息总数18%。其中为乡镇企业输送专业技术人员17人，为“三资”企业输送专业技术人员27人。1993～1994年，市属各县(市、区)人才市场相继建立，人事部门进一步完善人才市场的各项管理制度和人才开发与人才交流办法，定期、不定期地开办人才市场集市。1995年，举办4届人才交流会和人才集市，入场单位268个，入市人数达1.2万人次，应聘2185人。10月，出席全国人才市场建设经验交流会，经验材料《实行行政职能与服务功能的有机结合，发挥政府人才市场在人才流动中的主导作用》入选《全国人才市场建设经验汇编》。

1996年，制定《湘潭市非政府人事部门所属人才交流机构管理暂时规定》，实施招聘广告审批制度和人事争议仲裁制度。成立“湘潭市人才市场管理办公室”，配备专人对人才市场进行培育、建设和管理，对非政府人才市场设立进行审批。是年，市人民政府办公室发出《关于定期举办人才、劳动力交流集市的实施意见》，安排市人事局每年2、5、8、11月各举办一次人才交流集市。至1999年，共举办大型人才交流集市13场，参加招聘的单位854个次，57200人次入市求职，8832人成功交流或达成意向协议。

2000年11月，由湖南省人事厅与湘潭市人民政府共同组建、湘潭市人事局具体承办的省级专业性人才市场——湖南省“金三角”企业经营管理人才市场正式建成。该市场有全省场地设施规格较高的人才交流厅，设有专家测评室、微机测评室、信息查询室，使用面积近2000平方米，可同时容纳100余家单位入市招聘人才。与此同时，成立全省首家人才资质测评中心，聘请专家、教授担任测评顾问，并建立微机测评系统。11月8日，举办首届企业经营管理人才交流大会，来自省内外103家用人单位设摊招聘人才，4500余名经营管理人才和专业技术人员入市求职登记，其中700余名省内外求职者与招聘单位达成意向协议，11家企业与前来应聘的经营管理人才签订正式合同。

2001年，湘潭人才市场每月逢20日举办人才交流集市。全年市、县人事部门共举办各类人才交流集市31场次，927家用人单位到会招聘人才，提供招聘岗位8900余个，入市求职者达6.2万余人次，10800余人次达成意向协议，7900余人次交流成功。其中为盘龙山庄大酒店、湖南万容包装公司等15家企业举办人才专场招聘15次，招聘中层管理人员和员工529人。组织企事业单位参加外省、市举办的人才交流大会或通过网上人才招聘，先后为湖南铁合金厂、湘乡铝厂、金迪化纤公司等11家企业引进急需的经营管理人员和科技人员73名。通过与在潭高等院校联系，先后为迅达科技集团股份有限公司、东信棉业有限公司等39家企业推荐大中专毕业生570名就业。

2002年后，湘潭人才市场围绕市委、市政府提出的“五万人再就业工程”举办人才集市和公开招考活动，每月5日和20日定期举办大型人才集市。组织企业赴长沙、广州、西安等地参加人才交流活动，与广州等18个沿海城市政府人才交流服务机构建立友好合作联系，推荐域外就业。市人才开发中心与长沙、株洲市人才市场达成三市人才资源合作合作开发及人事人才工作合作协议，建立三市人事局长联席会议制度，举办区域性人才交流大会。至2004年3年中，举办各种人才交流会

162 场,提供就业岗位 3.2 万余个,推荐 10000 余名下岗人员再就业。期间,市人才开发中心被评为全省再就业工作先进单位。

2005 年,举办大型人才交流大会 22 场,2300 余家单位入市招聘,提供岗位 1.3 万余个,9700 余人入市求职,其中 6000 余人次通过市场交流推荐找到工作岗位。为江南九华生产基地、梦泽山庄等 13 家企业举办专场招聘 10 期,提供岗位 1200 余个,2000 余人入市应聘,为企业招聘急需人才 600 余名,推荐、配置经营管理骨干 73 名。是年,两次开展大学毕业生就业服务周活动,组织 109 家单位入市招聘,动员 1500 余名大学毕业生入市应聘,成功推荐 500 余名大学毕业生到潭工作;举办第六届湖南省"金三角"企业经营管理人才交流大会,82 家大中型企业参会,提供岗位 1200 余个,3000 余名经营管理者入市交流,其中 900 余名企业经营管理人员与企业达成流动意向。市人事局创建湘潭人才市场网(www.xtrcsc.com),扩大人力资源搜索范围,为用人单位和广大求职人员提供更为广泛的人才供求信息。1800 余人通过湘潭人才网站找到工作,成功推荐 730 人域外就业。

第三节 人才引进

1986 年起,各级人事部门主要为市内各重点工程和新建扩建工程解决急需人才,充实建设和生产第一线。一些企业逐步认识到人才对于企业发展的重要性,主动到高等院校和毕业生分配主管部门争取指标,或用较优惠待遇吸引外地、外单位科技人员。市染料化工厂先后引进科技人员 15 人,并用为其解决全部学费的办法从湘潭大学和株洲化工学校招聘自费走读生 12 名。有的单位将引进的知识分子提拔到领导岗位,发展为中共党员,并优先安排住房,解决家属子女"农转非",发放书报费、技术津贴等。至 1990 年,全市共引进各类专业人才 850 人。

1991 ~ 1997 年,受国家经济大环境的影响,市内电子、机械、冶金等处于低谷的行业,科技人才流失严重,人才引进也受到影响,仅引进人才 980 人,引进高级人才 40 人,调出的却有 80 人。

1998 年,全市拥有人才的数量虽然仍高出全省市州平均数,但高层次和高新技术人才不足,人才结构与分布亦不尽合理。7 月 1 日起,市委、市政府实施《湘潭市关于引进紧缺人才的办法》。《办法》界定紧缺人才主要是指具有硕士以上学位或副高以上专业技术职称的人员,还包括湘潭市经济建设急需且能在经济建设中发挥重要作用的优秀本科生及具有中级专业技术职称的突出人员。引进的紧缺人才主要到困难企业担任行政管理、经营、科技等方面领导职务。规定新来湘潭市工作的紧缺人才,经市人民政府批准到特困企业工作的,两年内由政府负担基本工资;应聘到区街、乡镇企业工作的,可将档案寄存在市人才开发中心,免收本人、配偶及子女的城市增容费,子女入学比照军转干部子女转学政策执行。硕士学位以上的研究生和副高职称以上的专业技术人员来湘潭工作的,可以按政府房产、物价等部门审定的价格在市辖区内购房,由所在企业补贴 30%的购房费;急需引进且能在经济建设中发挥重要作用的优秀本科毕业生及具有中级专业技术职称的突出人员在市辖区内购房,其购房费可在 60 平方以内由所在企业补贴 30%。

1999 年,制定并出台《关于引进和开发科技人才的规定》,大力引进高层次人才来潭创业。2000 年,湖南省内第三家、湘潭市首家企业博士后工作站在湘潭电机集团公司挂牌成立。毕业于燕山大学的秦世吉博士进站工作后,使湘潭电机集团公司的轻轨车车体设计得到提升。2003 年,市人事局人才开发中心牵头组织湘潭大学、湖南科技大学、湘潭电机集团公司等10多家企事业单位赴北京、长沙等地参加高新技术人才交流大会或通过牵线搭桥，引进硕士以上学位与具有高级专业技术职务的高层次人才145名；组织迅达科技集团股份有限公司等34家民营企业参加"湖南省首届民营企业大型人才交流会"，100多名高级人才与参会企业达成引进意向，其中有2位博士签约加盟；制定《湘潭市人事局关于鼓励和支持民营经济发展的实施意见》，积极引导民营企业大力引进人才，全年帮助民营企业从外省市引进各类急需人才300名。湘潭高新技术开发区成立全市首家留学人员创业园，曾在德国留学的詹复江携其研制开发的智能队列信息管理系统入园创业。2004年，全市企事业单位引进副高以上专业技术职称或硕士以上学位的人才126名，其中，博士24名，硕士97名，其他副高以上专家5人。在潭高校和市直中学等8个单位聘请外籍文教专家56名。2005年，全市加大招才引智力度，制定《湘潭市关于引进高层次人才和急需人才暂行办法》。对引进到财政全额拨款的市直各机关事业单位工作的高层次人才，由市政府发给一定数额的津贴。引进的副高以上职称和全日制普通高等院校硕士以上学位的高层次人才，不受单位编制、增人计划指标、职称职数指标的限制，各职能部门从速办理相关手续。引进的高层次人才的子女在市内中小学校就学，可在全市范围内自由选择学校，所选学校按当地教育、物价、财政部门当年批准的收费项目和收费标准收取学杂费。同时，制定《湘潭市关于促进科技成果转化、深化企业专业技术人才分配制度改革和完善优秀人才社会保障机制暂行办法》。鼓励支持各类人员进行科技成果转化，对高新技术成果转化实行税收优惠政策，对科技成果转化有功人员进行奖励，对企业专业技术人才实行重实绩、重贡献的岗位工资制、年薪制、津贴制以及奖励股权期权等分配制度，对市级以上优秀专家及获得国家级、省级"技能大师""技术能手"称号的人才实行医疗保障和养老保险优惠政策。是年，全市把引进紧缺人才、增加人才资本积累作为实施人才强市战略的一项重要内容，扩大选才视野，创新纳贤举措，人才引进工作卓有成效。按照"不求所有，但求所用"原则，采取不迁入户口，不转移人事档案关系，不办理调入手续的方式，引进高层次人才或智力的企业不少于30家，租赁人才或智力100余人次。江南机器集团主动邀请3名国内顶尖级专家来企业讲学，聘请他们不定期为企业提供技术咨询服务，指导帮助企业进行技术难题攻关。湘潭平安电器集团聘请西北工业大学两名教授开发研制国内名牌——弯扭组合铝叶片。凌天科技集团聘请2名博士来企业兼职，成立新产品开发机构，成功研制地温空调等科技含量高的新产品。一些事业单位和民营企业采取高薪、高待遇和利润分红与预支工资、学费等措施，引进各类人才600名。至2005年的8年间，全市共引进人才1890人。

第四节 人事代理

1994年，为适应社会主义市场经济的发展，解决多种所有制经济尤其是非公有制经济单位在人才引进、毕业生接收、职称评定、人事档案管理等方面遇到的问题，实行人员使用与人事关系管理分离，湘潭市人才开发中心开始人事代理服务。是年，为193名待业或临时受聘的专业技术人员建立、代管人事关系和档案，为52名寄存人事、档案关系的专业技术人员组织职称评审，为86名寄存人事、档案关系的人员调整档案工资。1995年，人事代理单位增加到9个，代管人数增加到541人，办理档案寄存898人。

1997 年,出台《湘潭市人事代理暂行办法》,对人事代理的性质、业务范围、服务对象、代理与被代理单位双方的权利、义务等作出具体规定。1998 年后,按照《湘潭市人事代理暂行办法》和有关政策规定,加强以档案寄存、户籍管理、职称评审、党团组织关系代管为主要内容的人事代理服务。至 2001 年的 5 年间,为湘钢梅塞尔气体有限公司和步步高食品有限公司、心连心实业有限公司、迅达科技集团股份有限公司等 75 家企事业单位进行人事代理,代理人事档案 3000 多份。

2003 年,出台《关于做好大中专院校毕业生人事代理工作的实施办法》,进一步明确湘潭市大中专院校毕业生人事管理措施。2004 年, 市人才开发中心对岚园宾馆 135 名改制人员和离退休人员实行人事代理。2005 年, 市人才开发中对莲城宾馆和江南机器厂 506 名管理人员和专业技术人员实行人事代理。至年底,在湘潭市人才开发中心实行人事代理的单位达 49 家,人员 4200 人。

第五章　人事管理

第一节　计划管理

1986 ~ 1990 年, 人员计划和工资总额计划由市编制委员会办公室负责, 干部计划由人事与组织部门共同承担。1991 年 4 月,根据国家和省有关文件精神,机关、事业单位的人员计划、干部计划和工资基金的管理使用纳入人事管理体制。在市人事局成立综合计划科,负责拟定机关、事业单位的人员计划和工资总额计划,会同组织部编制全市干部计划,组织人事计划的实施和监督检查,开始建立全市人事计划管理网络和管理制度。县(市、区)人事部门设置综合计划管理机构或配备工作人员。市委、市政府转发《关于加强行政机关、事业单位编制、人员和领导职数管理的暂行规定》,明确由人事局统一下达机关事业单位职工人数计划、工资总额计划,并在实施过程中将职工人数和工资总额控制在计划预算内,实行机关、事业单位工资基金管理、工资计划与人员增长“三挂钩”,有效地控制机关、事业单位工作人员的增长。市属事业单位人员增长率在 2%以内,低于全省平均增长幅度。1993 年,市直机关、事业单位总人数由上年底的 18346 人减少到 18023 人,其中,市直机关减少 137 人,市直事业单位减少 185 人。

1997 年,国家公务员制度在全市基本确立后,按照《国家公务员暂行条例》及市编制部门的文件规定,合理设置职位职数,严格控制领导职数,严禁随意设置或擅自多配或高配非领导职数。对由财政拨款的事业单位,严格按核定编制申报计划、下达专业技术职务指标、公开考试和鉴证聘用合同等途径予以约束。凡未经审批下达计划擅自新增的人员,一律不核定工资。在增人计划安排时,重点向基层单位倾斜。至 2005 年的 9 年间,县(市、区)干部由 19003 人增至 24113 人,增长 26.86%;乡(镇)干部由 9846 人增至 10321 人,增长 5%;市直单位干部由 29380 人减至 18280 人,减少 37.78%。

第二节 行政任免与调配

一、行政任免

1986年，根据劳动人事部《关于任免党政工作人员必须严格按照法律程序和有关规定办理的通知》精神 和《中华人民共和国地方各级人民代表大会和地方各级人民政府组织法》的规定，湘潭市和各县（市、区）人民代表大会常务委员会任免本级政府的秘书长、各局局长和各委员会主任。是年，干部任免权限由原下管两级改为下管一级，市、县政府组成人员外的县级行政干部，由市人民政府任免，科级行政干部的任免由市委、市政府各分管部门考察审定，市人事局下发任免通知，颁布市人民政府的任命书。至1991年，市人事局共办理任免干部手续4341人次。

1992～1995年，任免干部540人次。其中，代市人民政府任干部396人次，免86人次，提请市人大常委会决定任命干部65人，免、撤职19人。

1996年起，按照《国家公务员职务任免暂行规定》，对国家公务员和参照实施国家公务员制度的单位人员的任免，按有关管理权限办理。市委管理的，由市委组织部办任免手续，送政府人事部门备案；市人大常委会、市政协任免人员，按有关章程分别自行任免。市长、副市长和市人民政府工作部门的主任、局长、市政府秘书长，按法定程序，由市人民代表大会选举任免。当年，按照任免程序，市人事局办理行政任免手续174人，其中任职137人，免职37人；代政府提请人大常委会决定任免干部15人。1997年，办理任免干部手续151人，其中任职108人，免职43人。

1998年，制定并实施《湘潭市党政领导干部任免管理工作暂行办法》，明确干部任免范围、任免权限与方式、程序。任免坚持党管干部和依法依规原则与民主集中原则，使干部选拔任用置于党的领导和人民群众监督之下。1999年后，市、县（市、区）人民政府组织的任免，严格按照《中华人民共和国地方各级人民代表大会和各级人民政府组织法》和《湘潭市党政领导干部任免暂行办法》进行，人事部门根据党委推荐，提出任职议案，报政府讨论审定，以市、县（市、区）长名义提请本级人大常委会审议决定任免，颁发任（免）通知。至2005年的7年间，市人事局代政府任免干部1395人，其中任职913人，免职482人。

二、干部调配

1986年，为克服调配工作统得过死、技术干部结构分布不合理、不平衡等问题，市人事部门下放干部调配权，简化调配手续：县（市）的干部调配由县（市）人事部门办理调配审批手续；市区的干部调配，由行政、事业单位调往企业单位，或企业与企业之间的互调，由各区人事部门负责；调入区行政机关和控编事业单位的则由区人事局办理，报市人事局审批。市属各单位的干部调配在市区范围内企业与企业之间，或行政、事业单位调入企业的，由调出、调入单位直接协商办理；调入行政机关和控编事业单位，由各主管单位报市人事部门审批；凡跨市干部调动，均由主管单位报市人事局审批。干部调配坚持在编制总额和增人计划内进行，重点为湘潭的经济建设调入急需的各类人才，充实加强基层单位。是年，为新建、扩建单位和区街、乡镇及一些中小企业调进专业技术人员130

名,占调入总数的60%。1987年,调入具有大中专以上文化干部130名,其中具有中级职称的29名;为工商、税务、银行、公安、检察等部门调进干部80名,为新扩建单位调配干部51名。1988年,从市外调入干部347名。其中,调入基层单位的275名,占调入总数的80%;调入各类专业技术人员319名,占调入总数85%。1991年,选调58名年龄在40岁以下、具有大专以上文化程度干部充实经济管理部门。积极疏通中央、省属单位的专业技术人才向市属企业和县(市、区)流动的渠道,办理100多名中央、省属单位的专业技术干部向市、县、区流动的手续;为10个经济管理部门直接从高等院校候选优秀大学毕业生10名;为基层税务部门选调干部28名;为市内各重点工程、新建扩建单位引进207名专业技术人员,其中高、中级专业技术人员86名。

1992年,将企业干部调配权力下放,除进、出湘潭市(省、部属在潭单位和市直单位)外,其他调配权全部下放到企业。印发《关于雨湖、岳塘两区行政机关、事业单位人员流动、安置的几点意见》和《关于调整雨湖、岳塘两区干部调配权限的通知》,将区属干部调整、人才交流权(包括进出湘潭市区)全部放到区人事局。是年,调配、交流干部1477人,其中市外调入316人,调出湘潭590人,市内调整571人。1993年,调配工作进一步下放权力,简化手续。企业需要调配干部,只要调出调入单位手续齐备,市局做到随到随办。对行政机关和财政全额拨款的事业单位调入干部,则实行从严控制和择优录用。年内,共调配干部2041人。其中,市人事局调配干部1125人,按流向划分,从市外调入269人,调往外地458人,市内调整398人;按人员结构划分,高级专业技术人员41人,中级专业技术人员226人,初级专业技术人员592人,其他人员266人;按调动理由划分,解决夫妻分居270人,照顾家庭困难44人,其他原因811人。至1993年的8年间,共调配干部4320人。

1994年后,按照《国家公务员暂行条例》规定,公务员必须进行岗位轮换和任职回避。干部调配除为经济建设人才需要服务和为完成军转安置服务外,还为公务员岗位轮换、任职回避做好调动工作。对于调入市行政事业单位人员,必须有列编通知单和增人计划卡,严格按程序审批;对于调出本市的人员和公开考试录用人员,随到随办。办理调配手续时,要求各单位按照60%的轮岗要求,进行公务员岗位轮换。同时坚持落实任职回避制度,防止从调配口出现新的近亲现象。1995年,将企业干部和大专院校教师的调动交人才交流中心办理。1997年,先后在市国土局、市计委、市公安局所属的事业单位进行“面向社会,公开招聘,择优选调”的试点,选调干部32名。至1997年的4年间,共调配干部2180人。

1998~2005年,严格按干部管理原则和权限进行调配,先后为2952人办理调动手续。其中,机关、事业单位调入1771人,为企业和大专院校办理调动人员1181人(调往外地621人,从市外调入专业技术人员560人)。

第三节 考核奖惩

一、考核

1986年,对机关、事业单位干部的考核主要是实行岗位责任制。考核内容为品德、能力、出勤、政绩即“德、能、勤、绩”四项。1987年,改以职责划分为主的岗位责任制为以分解具体任务指标为特色的目标管理责任制，考核任务有定量指标，考核标准数据化，考核结果更加客观、公正，奖惩更加准确。1988年起，推行目标管理，实行分级分类负责、形式灵活多样的管理体制：以两个文明建设为主要内容的综合目标管理，以经济效益为主要内容的效益型目标管理和以职责、任务为主要内容的岗位规范型目标管理；从干部个人到工作部门、单位，层层与主管部门签订目标管理责任书，明确完成任务好坏的考核、奖惩措施。

1994年，成立湘潭市国家公务员（机关工作人员）考核委员会，由市委、市政府有关领导和市纪委、市委组织部、市人事局、市财政局、市监察局等部门负责人组成。市人事局考核奖惩任免科为考核委员会的办事机构，负责考核日常管理工作。1995年，按照《国家公务员暂行条例》和《国家公务员考核暂行条例》的要求，采取分类管理、分级负责、分层次考核的办法，组织全市党政群机关、事业单位的考核工作。全市参加考核35826人，评出优秀等次5063人，占14.13%；称职等次30462人，占85.53%；不称职等次和不定等次共121人，占3.4%。考核工作经验总结被省人事厅推荐到国家人事部，得到充分肯定。1996年，制定《关于加强平时考核工作的意见》，针对不同职务层次的工作特点，制定平时考核主要内容，量化考核标准；同时实行考核优秀等次比例审批制度，将各单位考核优秀等次比例与单位的两个文明建设、违法违纪案件的发生、干部调训计划的执行以及计划生育政策的落实等情况挂钩。是年，全市23个机关和事业单位考核优秀等次比例由原来15%核减至10%。同时，严格兑现考核结果，凡考核中被评定为优秀等次或不称职等次的人员分别给予相应的奖励或处罚。11名考核不称职人员被辞退。1998年，市委发出《关于进一步加强机关事业单位工作人员考核工作意见》，将原湘潭市国家公务员（机关工作人员）考核委员会更名为湘潭市机关事业单位工作人员考核委员会，具体负责全市考核工作。市考核委员会设立举报电话，成立督查组，并聘请市人大代表和政协委员参加。考核内容为德、能、勤、绩四个方面，重点考核工作实绩。实行领导考核与群众考核相结合，定性考核与定量考核相结合，平时考核与年度考核相结合；年度考核与民主评议领导干部、机关目标管理岗位责任制考核及年终评奖一并进行；领导干部按《党政领导干部考核工作暂行规定》进行考核。年度考核结果分优秀、称职、不称职三个等次。年度考核定为优秀、称职等次的，可以享受晋升工资、晋职、晋级、发给一次性奖金、给予嘉奖等有关待遇；定为不称职，且符合辞退或开除条件的，予以辞退或开除；对年度考核评为不称职县处级领导干部，一律就地免职。是年，对全市219个行政事业单位62250名国家公务员和工作人员进行考核。被确定为优秀等次8319人，占参评总人数13%，称职等次52346人，占参评总人数84%，不称职等次67人，占0.1%，受到告诫和诫勉85人，占0.1%，不确定等次1198人，占2%。在优秀等次8319人中，记一等功2人，记二等功97人，记三等功631人，嘉奖6110人。对67名不称职人员，市、县两级政府人事部门按规定分别予以相应处理。湘潭市干部考核做法与典型经验被《人民日报》《湖南日报》《中国人事报》等报刊报道。1999年，将科级以下干部考核由原来的“优秀、称职、不称职”三个等次调整为“优秀、称职、基本称职、不称职”四个等次；领导干部述职和民主测评范围由县级以上领导干部扩大到市直各单位科（室）长（主任），市直独立的二级事业单位主要负责人，县（市、区）部、办、委、局及乡镇、街道办事处的党政正、副职；民主测评结果由各级考核委员会（考核办公室）掌握，作为评定领导干部年度考核等次重要依据。年底，全市机关、事业单位61245人参加年度考核。其中，8476人被评定为优秀等次，52015人被评定为称职等次，76人被评定为基本称职，73人被评定为不称职等次。对考核被评为优秀等次 6217 人给予嘉奖以上奖励，对考核不称职 5 人开除公职，3 人予以辞退。2000 年，制定并出台《湘潭市机关事业单位考核工作补充规定》，对原考核办法作了补充完善：突出考核主体，严格执行“一级考核一级”规定；在对考核对象进行德、能、勤、绩综合考核基础上，突出廉的考核，要求县处级领导干部述职时重点述绩、述廉；认真组织对县处级领导干部进行民主测评，把民主测评结果作为确定领导干部年度考核等次重要依据之一，但不搞“以票取人”。2001～2003 年，结合市政府工作部门工作情况述职汇报和经济指标完成情况进行考核，严格控制优岗指标，积极探索绩效考核办法，并在市环境保护局和市委接待处等单位试行。

从 2004 年开始，全面实施绩效考核。根据《湘潭市党政领导班子和领导干部绩效考核办法（试行）》起草的《湘潭市直机关事业单位科以下工作人员绩效考核意见》，由市委办公室、市人民政府办公室批转各单位执行。是年，按照新的办法进行年度考核。全市应参加考核人员为 62086 人，401 人因提前离岗或长期病休未参加考核，实际参加考核为 61685 人。其中，地厅级干部 49 人，县处级干部 1192 人，科级及科以下国家公务员（工作人员）16841 人，专业技术人员 34846 人，工勤人员 8757 人。评为优秀等次 7595 人，占 12.3%；评为称职等次 53559 人，占 87%；评为基本称职 85 人，占 0.14%；评为不称职等次 172 人，占 0.28%，不确定等次 274 人，占 0.44%。

2005 年，组织 5 个县（市、区）和 161 个市直单位 61723 人参加考核，其中地厅级干部 49 人，县处级干部 1188 人，科级及科以下干部 14538 人，专业技术人员 37229 人，工勤人员 8719 人。评为优秀等次 7971 人，占 12.9%；评为称职等次 53290 人，占 86.3%；评为基本称职 124 人，占 0.2%，定为不称职 80 人，占 0.13%；258 人不确定考核等次，占 0.33%。

二、奖励

1986 年，根据岗位责任制考核结果，对国家行政机关、党群系统和人大、政协机关与事业单位工作人员进行评奖。奖励有记功、记大功、浮动升一级工资、固定一级工资 、“先进工作者” 等。在年终综合评比中给予升级奖励，采取浮动，限期一年；连续两年获记功以上奖励者其升级奖励即予固定。至 1993 年，全市综合表彰先进个人 42143 人次，其中先进工作者 32103 人次，记功 8966 人次，记大功 512 人次，浮动升一级工资 621 人，固定升一级工资 520 人。“一事一奖”945 人次，其中 44 人受到记功奖励。

1994 年，按照《国家公务员暂行条例》和《国家公务员考核暂行规定》评奖。奖励规范为嘉奖、三等功、二等功、一等功、授予荣誉称号等 5 种。年度考核评奖由市考核委员会规定一定评奖比例，受奖面控制为机关、事业单位人员总数 15%，记二等功、三等功人数不超过受奖总人数 15%。在年度考核中被确定为优秀、称职等次的，具有晋职、晋级和晋升工资资格，并发给一定数额奖金。连续三年被评为优秀等次的可提前晋升一级工资。平时有特殊功绩的，可以随时给予奖励。至 2000 年的 6 年中，全市嘉奖 30840 人次，记三等功 4683 人次，记二等功 627 人次，记一等功 16 人次。

2001 年，按照省委、省政府的安排和要求，把“人民满意公务员”的推荐、评选和表彰活动作为奖励的一项重要内容，五年评选一次。韶山市计划生育委员会主任苏爱平因锐意改革，心系群众，身患多种疾病仍奋战在工作岗位上，全市计生工作多次被评为先进，被评为全国“人民满意公务员”；湘潭县青山桥镇纪委书记黄纪先和湘乡市工商局副局长刘昌越被评为湖南省 “人民满意公务员”。

2004 年，湘潭县易俗河镇政府因为大力招商引资，加快企业改制，促进全镇经济、社会全面发展，人民生生活水平普高提高，实现让人民满意的目标，被评为全国“人民满意公务员”先进集体。

2005 年，出台关于进一步规范奖励审批的办法，全年审批一事一奖 37 项，比上年减少 42%，克服授奖工作中存在的随意性，维护奖励严肃性。是年，对年终绩效考核评为优秀等次的 7971 人给予奖励。其中，嘉奖 7536 人，记三等功 383 人，记二等功 52 人，记一等功 6 人。

三、惩戒

1986 年，对国家行政机关工作人员惩戒按《国家机关工作人员奖惩暂行条例》执行。行政处分分警告、记过、记大过、降级、降职、撤职、开除察看、开除 8 种。是年，全市机关事业单位中受处分 70 人。其中，警告 16 人，记过 15 人，记大过 5 人，降级 4 人，降职 3 人，撤职 13 人，开除察看 7 人，开除 7 人。1987 年底，恢复设立湘潭市监察局，各县(市、区)也相继恢复监察机构。监察部门负责立案调查案件的处理。人事部门负责办理市、县直属机关和事业单位工作人员违反纪律的日常惩戒工作。至 1995 年的 10 年间，共有 96 人受到警告处分，71 人记过，35 人记大过，3 人被降级，30 人被撤职，28 人受到开除处分。

1996 年，干部惩戒按《国家公务员暂行条例》执行。行政处分分为警告、记过、记大过、降级、撤职、开除 6 种。至 2005 年的 10 年间，共有 308 名国家公务员和工作人员被处分。其中，受警告处分 100 人，由监察机关给予处分的 37 人；受记过处分 69 人，由监察机关给予处分的 23 人；记大过的 43 人，由监察机关给予处分的 10 人；受降级处分 35 人，由监察机关给予的 14 人；被撤职 46 人，由监察机关给予处分的 14 人；受开除处分的 15 人。

第四节　干部(公务员)教育培训与人事考试

一、教育培训

1986 年，干部教育培训由市、县(市、区)党委的组织和宣传部门组织领导，政府人事、教育部门配合，干部所在单位及上级主管部门实施计划，以分散培训为主。至 1990 年，共培训干部 15565 人次。其中，行政干部业务培训 1730 人次，全员培训 8900 人，新干部转正前“入门培训”4712 人；举办行政管理专业证书班，学员 77 人；公共关系专业证书班，学员 50 人；公务员行为规范师资培训 96 人。

1991 年，根据省人事厅部署，组织全市机关、事业单位 8400 多名干部参加每人 60 个课时的公务员行为规范教育培训。1992～1994 年，按照上级关于控制长训、发展短训和控制脱产、发展业余培训方针，有计划地进行干部教育培训。全市先后举办新干部培训、乡镇聘用干部培训、计划生育专干培训、人事干部岗位培训、档案专业人员培训、公务员制度普及和过渡培训等门类的岗位培训班 15 期，参训人数 11335 人次。

1995 年，市政府明确国家公务员培训工作归口政府人事部门负责。是年，举办国家公务员初任培训、任职培训、更新知识培训、专门业务培训等培训 41 期，参训人员 2130 人；国家公务员制度知识普及教育和过渡培训 15000 人；其他各种类型培训班 35 期，参训人数 2312 人。

1997 年，贯彻落实中共中央、国务院关于建设高素质干部队伍指示精神和全国、全省 1996～2000 年干部教育培训规划，干部教育培训进一步受到重视。"不经培训不上岗，不经培训不任职，不经培训不提拔"用人制度基本形成。培训内容进一步规范。规范后的人事培训工作包括国家公务员培训、企事业单位管理人员培训和专业技术人员继续教育、新进国家干部队伍人员的入门培训、军转干部上岗前培训、人事干部业务培训、机关事业单位工勤人员培训、各类专门人才培训等。是年，全市 4256 名专业技术人员接受职业道德教育；2080 名国家公务员、专业技术人员和经营管理人员参加计算机知识普及培训和考核；2200 名机关事业单位技术工人参加工人技术理论等级培训与考核；与在潭部分高等院校联合，开办英语、计算机、文秘 3 个专业培训。至 2000 年的 4 年间，先后有 1910 人参加公务员初任培训，1237 人参加任职培训。2001 年，根据省人事厅的文件要求，对 45 岁以下国家行政机关工作人员、企事业单位管理人员和专业技术人员进行计算机知识普及培训与考核，至 2002 年的两年间，全市 15307 人参加初级与中级两个阶段的培训与考核。

2003 年，进一步加强对公务员与工作人员教育培训，重点加强市场经济条件下政府运作、依法行政、宏观决策和工作创新能力，进行当代政治、经济、法律、科技、信息技术和现代管理等知识及外语培训。是年，除组织新进机关事业单位人员入门培训 8 期、公务员任职培训 2 期、军队转业干部上岗前培训 1 期、人事干部业务培训 2 期，711 人参加培训外，还组织全市国家公务员进行依法行政知识培训、国家公务员行为规范培训、实用英语普及培训、计算机知识中级培训，参训达 1.6 万人。

2004 年，加强培训基地基础设施建设，投入 30 余万元对市干部培训中心进行改造。组织 100 人参加任职培训和更新知识培训、1200 人参加干部实用英语培训。组织全市公务员和依照公务员制度管理人员进行《行政许可法》考试考核。市直单位参考 3425 人，县(市、区)直机关及乡镇机关参考 4818 人，参考率达 99.3%，及格率达 99.8%，市人事局被评为全省《中华人民共和国行政许可法》培训先进单位。

2005 年，700 人参加初任培训，100 名新任科级职务的公务员参加任职培训，4000 人参加继续教育培训。是年，组织市直 1200 名公务员参加信息化与电子政务培训，培训率超过 60%；组织 5000 人参加更新知识等培训，组织 3000 名公务员参加普通话培训与考核，合格人数超过 90%。

二、人事考试

1988 年，湘潭市采取考试办法，面向社会公开招干。市人事部门为政法、税务、工商行政、审计、银行招收干部，在公开、平等基础上，经过考试并经体检、政审，从 3635 名应考者中，择优录取 172 名新干部，不仅为招干单位选拔到一批优秀人才，而且抵制不正之风，得到省纪委通报表扬。1989～1991 年，完善考试办法。为克服"高分低能"弊端，在笔试之后增加面试。在公开招考公安防暴警察、乡镇聘用制干部和税务干部中，均采取笔试与面试相结合并把重点放在面试上的选拔方式，分别从 56 名报考者中遴选防暴警察 30 名，从 1092 名报考者中遴选乡镇聘用干部 60 名，从 690 名报考者中遴选税务干部 50 名。此后，"凡进必考" 成为制度。1994 年 6 月，成立湘潭市考试指导中心，负责全市专业技术人员职称外语等级考试、专业技术人员职(执)业资格考试、国家公务员和机关工作人员录用考试、机关事业单位工人技术等级岗位理论考试等人事考试。1995 年，组织全市任职资格考试和外语考试 13 次，参考人数 19940 人。1996 年，组织会计、统计、计算机软件、经济、审计等专业 3943 人参加专业技术资格考试、4800 人参加职称外语水平考试、12398 人参加机关事业单位技术等级岗位理论考试、41 人参加国际商务师、执业药师、执业中药师的资格考试。1997 年，举行外语、执业资格等各类人事考试 33 次，参考人数 1 万余人。至 1998 年，人事考试工作从报名输送信息到考场编排、准考证生成、阅卷等，全部采用信息卡、光电阅读、微机管理。

1999 年起，考试指导中心逐步规范考试内容与程序设置，采用电子监控和手机信号屏蔽设备，纪检监察人员监督考试等措施，严防作弊。在公务员招录考试中，重点改进面试方法。委托省人事厅组织专家命题，异地聘请评委，面试前按 1 : 1.5 的比例建立临时评委库；对面试考点全封闭、严管理；临时评委库成员面试前 15 分钟参加随机抽签决定是否上场；考生随机抽签面试顺序，应考时只报抽签序号，不准透露有可能产生舞弊的信息。邀请市人大司法委、市纪委、市监察局参与试卷装拆封、通讯工具管理和抽签、评分、统分、亮分等每一个环节，对考试全过程进行监督。湘潭面试工作经验于 2004 年在全省人事工作会议上作了介绍，中央和省、市报刊进行推介。至 2005 年的 7 年间，共 68700 多人参加国家公务员和机关工作人员录用考试、外语水平考试、执业资格考试等人事考试。市人事局组织严密，纪律严明，被省人事厅誉为全省人事考试放心单位。

第五节　专业技术人员管理

一、职称评聘

1986 年 2 月，湘潭市贯彻国务院《关于实行专业技术职务聘用制度的规定》精神，改革职称制度，把原来的职称评定改为专业技术职务评聘，按照定岗定责原则，规定限额指标，坚持评聘结合，并相应地实行以职务工资为主要内容的结构工资制度；市成立职称改革领导小组；并在湘潭市中心医院、湘潭日报社、湘潭市图书馆等 6 个单位进行卫生、新闻、图书资料三个系列职改试点。县（市、区）和各主管部门也都相继设立职称改革办事机构，配备专门工作人员。1987 年 6 月，职称改革首先在市内全民事业单位铺开。全市建立 19 个系列中级评审委员会，72 个初级评审委员会，253 个市属事业单位和县（市、区）属事业单位 2.5 万多名专业技术人员参加首次技术职称评定。国有企业的职称改革在湘潭电机厂和湘潭电缆厂试点，1988 年在全市铺开。至 1989 年 9 月，全民事业和企业单位的首次评聘工作全面完成。全市事业单位参评总人数 23338 人，经个人申报、单位审查推荐、评审委员会评审、主管部门审核平衡，共评聘各类专业技术职务 22273 人。其中，高级 830 人，中级 7395 人，助理级 9850 人，员级 4198 人；企业单位参评总人数为 20673 人，评聘各类专业技术职务 18984 人，其中高级 523 人，中级 5161 人，助理级 8800 人，员级 4500 人。与此同时，指导乡镇企业进行职称评定。全市乡镇企业评聘总人数 3251 人。其中，评聘高级专业技术职务 9 人，中级 288 人，助理级 1488 人，员级 1466 人。4083 名民办教师评聘技术职务。集体企业中，3651 人评聘各种专业技术职务。其中，高级 1 人，中级 310 人，助理级 1100 人，员级 1240 人。

1990 年，根据国家人事部和省人事厅要求，对全市 53531 名评聘了专业技术职务的人员进行全面复查，对不符合评聘条件 268 人分别作出处理：取消任职资格 197 人，解聘 38 人，缓聘 32 人，低聘 1 人。1991 年，对全市 2456 家企事业单位共 45461 名专业技术人员进行年度或任期考核，定为优秀岗位 8260 名，称职 34975 名，基本称职 2062 名，不称职者 164 名。对不称职人员按政策作出岗位调整处理。1992年起,全市事业和企业单位专业技术职务评聘工作走上正常化、正规化和制度化轨道,评聘办法在实践中逐步完善,考核管理逐年加强。坚持考评结合,对统计员、计算机软件人员和经济员等部分系列实行以考代评。民营企业专业技术人员职称评定正式铺开。到2000年,全市组建中级评审委员会20个,评聘专业技术职称19277人,其中高级2396人,中级16881人。

2001年开始,专业技术职务开始实行评聘分开,各单位专业技术职务岗位职数,由过去按限额指标控制改为按结构比例控制。凡符合参评条件的专业技术人员,除中专、中小学教师需逐步到位外,其他系列专业技术人员只要经过所在企事业单位推荐,均可申报评审相应专业技术职务任职资格。各系列通过评审获得专业技术任职资格,不再直接与工资等待遇挂钩,由用人单位根据人事职改部门核定岗位职数按需设岗,公平竞争,择优聘任。对2000年12月31日前经评审(考试)取得相应专业技术职务任职资格并已聘任相应专业技术职务人员,在2001年1月1日以后被高职低聘的,其职务工资按原职务工资标准执行,津补贴等其他收入,由单位按新聘职务确定,退休时可按原评聘专业技术职务工资计发退休费。2001年1月1日起,经评审(考试)取得高于原专业技术职务任职资格并已聘任人员,在今后被高职低聘,工资近低套入新聘任专业技术职务工资档次,并按低聘职务确定津补贴等其他收入,退休时亦按低聘职务工资计发退休费。2003年,对参评人员实行资格申报前和评审后的双重公示,进一步增强职称评聘的透明度。2005年,出台《湘潭市农民技术职称评审办法》,并在湘潭县响水乡青竹村开展农民技术职称评审试点。人事局聘请21位有关专业专家任评委,从100多名农民中评定40名技术职称。其中,1人获高级职称,27人获中级职称,12人获初级职称。试行农民技术职称评审,在全国首创,得到省人事厅和国家人事部领导赞赏,《中国人事报》推介这一做法。至2005年的5年间,评定高级职称2150人,评定中级职称8532人。

1986~2005年湘潭市评定专业技术职称情况

表11-5-1 单位:人

年 份	高级职称	中级职称
1987~1989	1622	24262
1992	324	1307
1993	336	1730
1994	274	1474
1995	259	2201
1996	193	2273
1997	224	2625
1998	256	1771
1999	259	1674
2000	271	1826
2001	370	1524
2002	461	2649
2003	380	1195
2004	441	1464
2005	498	1700

二、专业技术人员特殊待遇

1986年，继续按照国家和湖南省人事、公安、粮食部门有关文件精神，为拥有中级以上职称专业技术人员的家属解决“农转非”问题。至1990年，共为729人办理迁入城镇落户、由国家供应粮食手续。继续为340名拥有高级技术职称专业技术人员发放《高级科技人员物资供应证》，为841名拥有高级职称人员发放《高级专业技术人员医疗证》。

1991年，根据中共中央、国务院关于给做出突出贡献的专家、学者、技术人员发放特殊津贴通知精神，开始在科技、教育、文化、卫生等岗位和工农业生产第一线从事专业技术工作的在职人员中选拔、推荐对国家经济社会发展作出特殊贡献和取得突出业绩专家、学者、技术人员享受政府特殊津贴。是年，在选拔、表彰全市优秀科技工作者基础上，择优推荐有特殊贡献专业技术人员享受政府津贴。经国家人事部报国务院批准，市化工研究院院长王庆和、湖南农药厂厂长眭宝华（女）终身享受每月100元政府特殊津贴。1994年末，全市享受政府特殊津贴人员94人。

从1995年起，政府特殊津贴5000元一次性发放到个人，免征个人所得税。至2000年，共有28人享受这一待遇。2001年起，政府特殊津贴一次性补贴20000元。至2005年，共有15人享受这一待遇。

1986~2005年湘潭市享受政府特殊津贴人员名单

表11-5-2

姓 名	性别	出生年月	所在单位	职称	从事专业	津贴评定时间	津贴类别
李 威	男	1929.01	湘潭电缆厂	高工	机械	1987	100元/月
杨其壁	男	1941.12	湘潭电缆厂	高工	有色冶金	1987	100元/月
刘孟英	男	1941.06	湘潭电缆厂	高工	电线电缆	1987	100元/月
俞蟠升	男	1941.06	湘潭电缆厂	高工	电线电缆	1987	100元/月
程天铸	男	1941.03	湘潭电缆厂	高工	电缆	1989	100元/月
蒋巨安	男	1943.11	湘潭电缆厂	高工	机制	1989	100元/月
曾毅刚	男	1948.01	昭山开发区企业事务局	工程师	弹边设计	1989	100元/月
王庆河	男	1947.01	市化工研究院	研究员	有机化工	1991	100元/月
眭宝华	女	1938.02	湖南南天股份有限公司	高工	化工	1991	100元/月
赵立武	男	1942.05	湘乡市农技中心	高级农艺师	水稻	1991	100元/月
韩光烈	男	1930.10	湖南华菱湘潭钢铁有限公司	高工	化工环保	1991	100元/月
余 忠	男	1940.03	湖南江麓机电科技有限公司	研高工	军工	1991	100元/月
蒋中柱	男	1937.11	市粮油科学研究所	研究员	仓储	1992	100元/月
吴升鹏	男	1939.08	市畜牧水产局	高级农艺师	饲料	1992	100元/月
傅家骝	男	1937.11	湘潭锅炉厂	高工	压力容器	1992	100元/月
金健康	男	1940.06	市林业科学研究所	副研究员	林业	1992	100元/月
周乃贵	男	1935.03	市家禽育种站	高级畜牧师	饲料	1992	100元/月
李 浩	男	1938.04	市卫生防疫站	主任医师	防疫	1992	100元/月
刘武松	男	1957.11	市染料化工总厂	高工	化工	1992	100元/月

续表

姓 名	性别	出生年月	所在单位	职称	从事专业	津贴评定时间	津贴类别
李世祥	男	1939.03	湖南液压件厂	高工	机械	1992	100元/月
涂楚国	女	1941.01	市卫生防疫站	主任技师	防疫	1992	100元/月
李同庆	男	1938.08	湘潭电化集团公司	高工	化工	1992	100元/月
张惠茹	女	1939.12	市化工研究院	高工	林产化工	1992	100元/月
刘启炎	男	1932.8	湖南华菱湘潭钢铁有限公司	高工	团矿	1992	100元/月
关 华	男	1944.12	湖南华菱湘潭钢铁有限公司	高工	耐火材料	1992	100元/月
严昌华	男	1941.09	湖南华菱湘潭钢铁有限公司	高工	焦化	1992	100元/月
唐重恒	男	1929.07	湘潭电机厂	高工	电器	1992	100元/月
张合年	男	1938.01	湘潭电机厂	高工	机械	1992	100元/月
王鸿吉	男	1938.03	湘潭电机厂	高工	电控	1992	100元/月
牟惟迁	男	1931.12	湘潭电机厂	高工	电器	1992	100元/月
王必英	男	1947.05	湘潭电机厂	高工	电机	1992	100元/月
池耀田	男	1940.01	湘潭电机厂	高工	电机	1992	100元/月
陈石勋	男	1938.02	湘潭电机厂	高工	机械	1992	100元/月
何吉祥	男	1937.02	湘潭电机厂	高工	电控	1992	100元/月
邓奇文	男	1939.03	湖南江麓机电科技有限公司	高工	军工	1992	100元/月
彭丁升	男	1939.07	湖南江麓机电科技有限公司	高工	军工	1992	100元/月
何铅珊	男	1936.02	湖南江麓机电科技有限公司	高工	军工	1992	100元/月
倪嘉谋	男	1936.03	湖南江麓机电科技有限公司	高工	军工	1992	100元/月
秦有定	男	1935.02	湖南江麓机电科技有限公司	高工	军工	1992	100元/月
罗传沛	女	1938.12	湖南江麓机电科技有限公司	高工	军工	1992	100元/月
孙文进	男	1938.12	湖南江麓机电科技有限公司	高工	军工	1992	100元/月
刘清溪	男	1936.10	湖南江麓机电科技有限公司	高工	军工	1992	100元/月
刘国荣	男	1931.01	湖南科技大学	教授	地质	1992	100元/月
柳祖汉	男	1946.01	湖南科技大学	教授	地质	1992	100元/月
沈家驹	男	1921.04	湖南科技大学	教授	化学	1992	100元/月
唐海清	男	1932.08	湖南科技大学	教授	地质	1992	100元/月
唐希中	男	1938.01	湖南科技大学	教授	历史	1992	100元/月
夏华强	男	1936.08	湖南工程学院	教授	—	1992	100元/月
丁树模	男	1935.03	湖南工程学院	教授	—	1992	100元/月
叶国恭	男	1935.12	湖南工程学院	教授	—	1992	100元/月

续表

姓 名	性别	出生年月	所在单位	职称	从事专业	津贴评定时间	津贴类别
赵德铭	男	1938.02	湘潭纺织机械厂	高工	液压	1993	100元/月
胡树金	男	1943.04	湘乡市机械厂	高工	机械	1993	100元/月
李辉杰	男	1935.05	湘潭锅炉厂	高级经济师	企管	1993	100元/月
刘国安	男	1936.01	市水产科研所	副研究员	水产	1993	100元/月
宋长珠	女	1934.01	市科委	副研究员	化工	1993	100元/月
张　洁	男	1940.08	市二医院	主治医生	医疗	1993	100元/月
杜镇中	男	1933.04	市职业病防治所	主治医生	预防医疗	1993	100元/月
朱　菱	男	1940.09	湘潭电机厂	高工	电机	1993	100元/月
梅柏杉	男	1957.08	湘潭电机厂	高工	电机	1993	100元/月
段家典	男	1936.01	湘潭电机厂	高工	机械	1993	100元/月
张小田	男	1933.12	湘潭电机厂	高工	管理	1993	100元/月
周联保	男	1937.08	湘潭电机厂	高工	机械	1993	100元/月
杨声利	男	1938.02	湖南江麓机电科技有限公司	高工	军工	1993	100元/月
李学韶	男	1942.02	湖南江麓机电科技有限公司	高工	军工	1993	100元/月
黄炳明	男	1938.07	湖南江麓机电科技有限公司	高工	军工	1993	100元/月
董传仁	男	1942.05	湖南江麓机电科技有限公司	高工	军工	1993	100元/月
常昌达	男	1937.01	湖南江麓机电科技有限公司	高工	军工	1993	100元/月
张奎生	男	1937.03	湖南江麓机电科技有限公司	高工	军工	1993	100元/月
林国庆	男	1942.10	湖南华菱湘潭钢铁有限公司	研究员级高工	炼钢	1993	100元/月
戴国团	男	1944.06	湖南华菱湘潭钢铁有限公司	高工	团矿	1993	100元/月
唐炳如	男	1933.10	湖南华菱湘潭钢铁有限公司	高工	炼钢	1993	100元/月
周学良	男	1934.05	湖南华菱湘潭钢铁有限公司	高工	金属制品	1993	100元/月
黄克恭	男	1937.09	湖南华菱湘潭钢铁有限公司	高工	热工	1993	100元/月
潘群仆	男	1934.10	湖南华菱湘潭钢铁有限公司	高工	炼铁	1993	100元/月
伍锡杨	男	1939.10	湖南华菱湘潭钢铁有限公司	高工	化工	1993	100元/月
尹凤姣	女	1943.02	湖南华菱湘潭钢铁有限公司	高工	电气	1993	100元/月
张福元	男	1935.10	湖南华菱湘潭钢铁有限公司	高工	金属制品	1993	100元/月
王承泽	男	1934.02	湖南华菱湘潭钢铁有限公司	高工	金属制品	1993	100元/月
邓新文	男	1931.08	湖南科技大学	教授	采矿	1993	100元/月
康咏秋	男	1938.01	湖南科技大学	教授	中文	1993	100元/月
林　发	男	1938.06	湖南科技大学	教授	化学	1993	100元/月

续表

姓 名	性别	出生年月	所在单位	职称	从事专业	津贴评定时间	津贴类别
肖自心	男	1937.01	湖南科技大学	教授	地理	1993	100 元 / 月
杨向阳	男	1934.02	湖南科技大学	教授	美术	1993	100 元 / 月
卓 越	男	1927.12	湖南科技大学	教授	地质	1993	100 元 / 月
高增伏	男	1942.07	湖南工程学院	副教授	—	1993	100 元 / 月
朱正心	男	1939.08	湖南工程学院	教授	—	1993	100 元 / 月
周金明	男	1938.11	湖南工程学院	教授	—	1993	100 元 / 月
张学元	男	1938.07	湖南工程学院	教授	—	1993	100 元 / 月
李希云	男	1943.07	市二化厂	高 工	化工	1994	100 元 / 月
卢钟廷	女	1938.04	市科委	副研究员	机械	1994	100 元 / 月
李伯瑾	男	1941.02	市林业局林技推广站	高 工	林业	1994	100 元 / 月
陈孟伦	男	1936.02	市中心医院	主治医师	血液内科	1994	100 元 / 月
黄海元	男	1946.10	湖南华菱湘潭钢铁有限公司	高工	团矿	1994	100 元 / 月
李寿佛	男	1935.02	湘潭大学	教授	数学	1994	100 元 / 月
颜国荣	男	1939.01	湘潭电机厂	高 工	电器	1995	一次性 5000 元
钟建新	男	1964.05	湘潭大学	教授	凝聚态物理	1995	一次性 5000 元
黄云清	男	1962.12	湘潭大学	教授	计算数学	1995	一次性 5000 元
王钟秀	男	1938.06	湖南科技大学	教授	地质	1995	一次性 5000 元
杨寿峨	女	1947.02	市中医院	副主任医师	中医	1995	一次性 5000 元
陶学潜	男	1942.04	市开关厂	高 工	机械	1995	一次性 5000 元
颜梅魁	男	1946.01	市艺术研究所	一级编剧	编剧	1995	一次性 5000 元
丁毫光	男	1945	湖南江麓机电科技有限公司	研高工	军工	1996	一次性 5000 元
周良墉	男	1948.02	湖南华菱湘潭钢铁有限公司	研高工	机械	1996	一次性 5000 元
杨奇斌	男	1938.12	湘潭大学	教授	物理学	1996	一次性 5000 元
王文祥	男	1939.08	湖南科技大学	教授	地质	1996	一次性 5000 元
刘凡保	男	1944.11	湖南华菱湘潭钢铁有限公司	高工	金属制品	1997	一次性 5000 元
王商和	男	1943	湖南江麓机电科技有限公司	研高工	军工	1997	一次性 5000 元
周益春	男	1963.02	湘潭大学	教授	物理学	1997	一次性 5000 元
刘国荣	男	1957.07	湖南工程学院	教授	自动化	1997	一次性 5000 元
黄铁华	男	1946.08	市畜牧水产局	高级畜牧师	养殖	1998	一次性 5000 元
丁应文	男	1948.01	市中心医院	主任医师	外科	1998	一次性 5000 元
张清辉	男	1945.09	湘潭大学	教授	机械学	1998	一次性 5000 元

续表

姓 名	性别	出生年月	所在单位	职称	从事专业	津贴评定时间	津贴类别
成继勋	男	1944.01	湖南科技大学	教授	自动化	1998	一次性 5000 元
陈德祥	男	1939.12	湘乡市畜牧局	高级畜牧师	养殖	1999	一次性 5000 元
孙景先	男	1940.06	湖南江麓机电科技有限公司	高工	军工	1999	一次性 5000 元
陈石勋	男	1938.03	湘电集团股份有限公司	高级工程师	—	1999	一次性 5000 元
罗和安	男	1954.06	湘潭大学	教授	化工	1999	一次性 5000 元
黄光华	男	1943.06	湖南华菱湘潭钢铁有限公司	高工	电气	2000	一次性 5000 元
李罗斌	男	1943.09	农业局泉塘子农技站	高级农艺师	农学	2000	一次性 5000 元
曹晨忠	男	1957.05	湖南科技大学	教授	化学	2000	一次性 5000 元
李建军	男	1963.07	湖南工程学院	副教授	机械	2000	一次性 5000 元
黄雪梅	女	1951.12	市中心医院	主任医师	儿科	2000	一次性 5000 元
贺先明	男	1949.05	湖南江麓机电科技有限公司	研高工	总体战略决策	2001	一次性 20000 元
柳秀导	男	1964.05	湖南江麓机电科技有限公司	研高工	总体战略决策	2001	一次性 20000 元
张为民	男	1960.07	江南机器集团有限公司	研高工	弹药系统	2001	一次性 20000 元
刘国繁	男	1959.01	湖南工程学院	教授	自动化	2001	一次性 20000 元
吴买生	男	1962.12	湘潭市畜牧水产局	推广研究员	动物育种繁殖	2002	一次性 20000 元
徐惠余	男	1962.02	湖南江麓机电科技有限公司	研高工	机械工程	2002	一次性 20000 元
郭晋云	男	1958.04	湘潭大学	教授	基础数学	2002	一次性 20000 元
杨鹏程	男	1949.08	湖南科技大学	教授	历史	2002	一次性 20000 元
胡燕平	男	1957.03	湖南科技大学	教授	机电	2002	一次性 20000 元
董日中	男	1972.08	湘电集团有限公司	高级技师	数控加工	2003	一次性 20000 元
彭国甫	男	1963.01	湘潭大学	教授	行政管理	2004	一次性 20000 元
朱培立	男	1953.06	湖南工程学院	研高工	机电	2004	一次性 20000 元
肖国安	男	1958.09	湖南科技大学	教授	经济	2004	一次性 20000 元
刘建武	男	1959.11	湖南科技大学	教授	党史	2004	一次性 20000 元
张文辉	男	1964.08	湖南江麓机电科技有限公司	研高工	车辆工程	2005	一次性 20000 元

注：以上享受政府特殊津贴人员，有国家级优秀专家王庆河；有省级优秀专家蒋中柱、吴升鹏、涂楚国、李同庆、杨寿峨、陶学潜、颜梅魁、黄铁华

三、外国专家管理与服务

1986～2001 年，市内外国专家不多，管理由市外事侨务办公室负责。2002 年，来潭外国专家增加，市人事局“专业技术人员管理科”改为“专业技术人员与外国专家管理科”，职责包括对外国专家的管理与服务。

至2005年，经国家外国专家局批准，全市有湘潭大学、湖南科技大学、湖南工程学院等8家单位获“聘请外国文教专家单位资质认可证书”，有美、英、日、德、法、意等国文教专家56人。在潭外国经济专家稳定在一年30多批次。政府和聘用单位给外国专家提供各种便利的工作和生活条件，对工作优秀的外国专家给予荣誉和奖励。

第六节　退休干部管理

1986年，全市退休干部2912人。按照中央组织部《关于加强老干部工作的几点意见》要求，湘潭市成立以市委副书记为组长的退休干部管理工作领导小组，机关事业单位的干部退休工作纳入人事管理。1988年，市人事局增设工资福利科，市直31个单位，5个县(市、区)17个县属区，116个乡、18个镇均相应设置离退休干部管理服务机构，配备专职或兼职管理人员790人。各级退管办帮助离退休干部落实政治、生活“两项待遇”，建立《基本情况登记卡片》，赠送人手一册《退休生活问题解答》，围绕退休干部“老有所养、老有所为、老有所乐”，开展一系列为退休干部服务的工作。鼓励和支持有条件单位因地制宜建立退休干部活动场所；组织书画、门球、钓鱼等比赛，开展有益于退休干部身心健康的文体活动；并为退休干部发挥“余热”创造条件，鼓励和引导退休干部利用他们丰富的社会经验、工作经验和专业技术特长优势，在身体条件许可和自愿、量力前提下，参与社会公益事业和精神文明建设等。1990年末，全市退休干部9102人。1991年，首次召开全市机关、事业单位退休干部管理服务工作表彰会，表彰先进单位8个，先进个人41名。1993年，为全市12739名离、退休人员增加离退休费，每月人均37.6元，书报、洗理费及生活补助费每月人均80元。1994年，离退休干部参加工资制度改革，工资套改后，人均增资144.4元，其中，正处级人均226.1元，副处级人均215元，其他人均124元；专业技术人员人均增资160.2元，其中，教授级人均334元，副教授级人均222.5元，其他人均131元。

1995年，湘潭市机关事业单位养老保险工作开始起步。4月19日，市政府下发《关于印发〈湘潭市机关事业单位工作人员养老保险试行办法〉的通知》。湘潭市机关事业单位社会保险处在人事局挂牌办公，各县(市、区)也相继成立机关事业单位社会保险所。养老保险金均由各单位按月从职工工资中提取1%的资金交人事部门社会保险处(所)保管，待职工离退休以后按月支付给其本人作为养老保险金(即离退休费或离退休金)。1997年，机关事业单位社会保险处更名为机关事业单位社会保险局，升格为副县级单位。是年，出台《湘潭市机关事业单位养老保险制度改革实施细则》，《细则》在原有基础上，把全市党政群机关和全额拨款事业单位列入养老保险制度改革范围，并按照单位缴纳职工工资总额24%、个人缴纳个人工资总额3%的比例征缴养老保险金。全市机关事业单位养老保险制度改革全面启动。至年底，全市(包括县市区)共有828个单位、36000名在职和离退休干部参加养老保险，参加保险人数占应参加保险人数64%。所有参保单位离退休干部都能按时领取离退休费，全年共支付离退休费1000万元。

2001年，深化机关事业单位养老保险制度改革，市直392家机关事业单位19349名工作人员参加基本养老保险，参保率94%，征收养老金2400万元，为2502名机关事业单位离退休干部支付离退休费2100万元。

2005 年末，全市退休干部 15844 人，其中机关、事业单位 13799 人。由人事部门综合管理，供应关系所在单位直接管理与按规定移交到街道、社区的由所在街道、社区管理和退休干部自我管理服务相结合的退休干部管理体制基本形成。

2005 年机关事业单位退休人员待遇情况

表 11-5-3　　　　单位:人、元

项　目	机　　关			事　业　单　位		
	年末人数	平均人数	人均年退休费	年末人数	平均人数	人均年退休费
地厅级	33	22	22136	11	11	20545
县处级	730	692	19396	257	250	17144
乡科级	3665	3591	15305	1209	1208	14843
科员及以下	258	243	12568	315	316	11165
教授级	1	1	21000	51	53	14245
副教授级	58	53	19358	894	891	17112
讲师级	76	74	12784	4320	4318	14506
助教级	17	17	13059	1102	1090	12683
其他	42	42	8786	760	759	10126
工人	494	427	11391	3689	3672	11458

第六章　工资福利

第一节　工资

1986 年，根据中共中央、国务院《关于国家机关和事业单位工作人员工资制度改革问题的通知》，湘潭市实施新中国成立以来第二次工资制度改革，在机关、事业单位废除自 1956 年以来实行的职务等级工资制，建立以职务工资为主的结构工资制，即将原执行的标准工资加上副食补贴、行政节支奖等合并为基础工资、职务工资、工龄津贴和奖励工资四个部分。全市 40615 人参加工资制度改革，每月工资总额由改革前的 268.8 万元增加到 358.7 万元；人均月工资由改革前 66.18 元提高到 88.32 元，增长 33.45%。

1987 ~ 1992 年，根据上级有关政策，适当扩大教育、科研、卫生等事业单位工资分配自主权，采用分级控制办法和运用经济手段，加强对工资基金的管理。市人事部门先后就事业单位工效挂钩试点情况、机关与事业单位津贴和补贴情况、工资水平状况及农林水第一线专业技术人员浮动工资等 6 个专题进行调查，对改善机关、事业单位的工资待遇问题提出建议，为上级制定工资有关政策提供参考。1992年,提高奖励工资、工龄津贴和粮食补贴标准,全市机关、事业单位工作人员工资收入比上年人均月增52.77元。

1993年,根据中共中央和国务院有关文件精神,进行工资制度改革。机关行政人员实行职务级别工资制(简称职级工资制),按照不同职能,分为职务工资、级别工资、基础工资和工龄工资四个组成部分。其中,职务工资和级别工资是工资构成主体,体现按劳分配主要内容。基础工资按大体维持工作人员基本生活费用确定,各层次人员均执行相同基础工资90元。工龄工资按工作人员工作年限确定。事业单位按行业工作性质和特点,对专业技术人员实行5种不同类型的工资制度。工资构成中,固定部分和活的部分的比例按资金来源分为:全额拨款单位为7:3,差额拨款单位为6:4,自收自支单位按5.5:4.5或5:5执行。机关、事业单位工人实行技术工人工资。全市52421名机关、事业单位工作人员参加工资改革,人均月增工资102.8元。其中市直机关参加工资改革4895人,月增工资总额478149.2元,人均月增工资97.7元;正处级干部人均月增工资229.6元,副处级182.5元,正科级138.6元,副科级74.2元,科员52.7元,办事员48元。

1994年起,建立正常增资机制,国家公务员和事业单位工作人员主要按正常晋档、提升基础工资和级别工资等提高工资收入。公务员和工作人员考核定为称职、基本称职以上的,每2年在本职务工资标准内晋升1个工资档次;事业单位考核合格的,每2年晋升1个工资档次。凡晋升职务即就高套入新职务的工资档次,从晋升职务的下月起执行;凡连续考核5年称职(含基本称职)以上或3年考核优秀的,属机关的可提前2年晋升1个级别工资,属事业的在升级指标内可越级晋升1个职务工资档次。机关、事业单位技术工人经升级考核合格,可就近就高套入新的工资档次。工龄每增长1年,工龄工资增加1元,直至退休。1997年,市内机关行政人员基础工资标准由每人每月90元提高到110元。1999年,基础工资增加到每人每月180元,级别工资标准由十五级至一级每人每月55~470元提高到85~720元。2001年1月,基础工资标准由180元提高到230元,级别工资由十五级至一级每人每月85~720元提高到115~1166元。10月,调整全市国家公务员工资标准,公务员各职务层次职务工资起点标准由最低50元至最高480元提高到100元至850元。2003年7月,对机关事业单位国家公务员职务工资再次调整,各职务起点工资由100~850元调升到130~1150元。

2005年,机关、事业单位职工年平均工资16493元。其中,国家公务员年均工资16525元,事业单位职工年均14410元。

1995~2005年部分年份湘潭市机关、事业单位职工工资总额

表11-6-1

项　目		总计(千元)	基本工资(元)	奖金(元)	津贴和补贴(元)	年平均工资(元)
1995年	机关	92894	46383	11282	31446	6960
	事业	298681	176484	34674	82434	6624
1998年	机关	99800	51163	9449	35666	7709
	事业	326882	184600	26683	114060	7478

续表

项　目		总 计 （千元）	基本工资 （元）	奖金 （元）	津贴和补贴 （元）	年平均工资 （元）
1999 年	机关	115561	67908	11709	35503	8422
	公务员	67793	39602	6276	21393	8556
	事业	405783	253177	53561	98786	8425
2000 年	机关	114996.5	71904.2	11168.8	31725.5	9042
	公务员	44502.4	28855.2	4114.4	11467.4	8675
	事业	424339.5	270309.6	47541.5	104446.2	8640
2001 年	机关	130667	87893	12010	30466	10550
	公务员	60521	41310	5083	12442	10440
	事业	467795	334740	41570	89613	9357
2003 年	机关	152406	104620	14514	32717	12459
	公务员	63128	45729	5377	11932	12623
	事业	562826	432708	43339	86545	10934
2004 年	机关	176554	115353	19421	39073	14544
	公务员	68807	48135	6479	13370	14652
	事业	636717	483875	55254	96411	12879
2005 年	机关	209110	127619	24360	56690	16493
	公务员	160535	97627	19158	42936	16525
	事业	696464	482029	88555	119767	14410

第二节　福利

一、福利费的提取与使用

1986 年，按机关、事业单位职工工资总额和离退休工资总额 2.5%提取福利费用于集体和个人福利事业。1994 年起，机关按职工工资总额和离退休职工工资总额的 3 %提取。每人每年洗理费 18 元，防暑费 4.5 元，防寒费 3 元，由单位在福利费内开支以及预算包干结余或预算外资金结余中统筹解决。市人事局规定国家机关事业单位福利费用范围严格执行政策，用于解决工作人员的基本生活困难、家属患病死亡安葬等造成的生活困难、慰问老干部及住院的工作人员费用、其他特殊困难、补助集体福利事业的费用。福利费由市财政局按国家机关工作人员工资总额一定比例提取后拨市人事局。人事局除留下少数作机动资金外，其余按各单位实有人数分拨各单位使用。不足部分，由市人事局向市财政申请专款解决。事业单位按同等标准自行提取。市人民政府办有机关幼儿园 2 所，解决市直机关干部子女入托问题。多数单位自办职工食堂、托儿所、洗澡堂、理发室、医务室等集体福利事业。市财政给予集体福利事业以一定补助。六一儿童节，市人事部门慰问机关幼儿园，有时送去玩具、食品、电视机，或送上一两千元现金。元旦、春节期间，组织、人事部门集中看望市内及在长沙住院的重病干部，送上一定慰问品或慰问金。

1996年后至2005年,多数机关食堂实行"自负盈亏"承包经营方式的管理。随着社会主义市场经济和社会公共事业的发展,多数单位举办的机关职工食堂、澡堂、托儿所、理发室等逐渐停办。只有干部职工及离退休干部的健康检查、节日慰问住院病人及干部疗养、干部与职工的困难补助、独生子女补贴、防暑与防寒补助等坚持下来。

二、休假

国家公务员和事业单位工作人员享有元旦、春节、劳动、国庆、妇女等节假以及年休假、婚假、丧假、产假、探亲假、事假、病假。

(一)年休假

1991年开始,全市国家机关、党派团体及由地方财政全额拨款的事业单位干部享受年休假待遇。根据职工工作年限,每年给予职工一定的休假日期。工作年限5~10年的给予7天假日,10~20年的给予10天假日,20年以上的给予14天假日。实施公务员制度后,年休假天数仍然依据工龄确定:参加工作满1年不满5年的员工,每年休假5天;参加工作满5年不满15年的员工,每年休假10天;参加工作满15年不满25年的员工,每年休假15天;参加工作满25年以上员工,每年休假20天。

(二)婚假

职工结婚假为3天,凡实行晚婚者增加婚假12天。

(三)丧假

职工父母、岳父母或公婆死亡可给予3天丧假,丧事在外地料理的可给予路假。

(四)产假

女职工生育正常产假90天,难产增加产假15天,多胞胎生育者每多生一个增加产假15天;另外,领取独生子女证的母亲增加产假一个月,其中实行晚育的再增加产假一个月。

(五)探亲假

职工探望配偶每年一次,假期30天;未婚职工探望父母每年一次,给假20天,如二年一次可给假45天;已婚职工探望父母4年一次,给假20天。探亲假和路程假期内工资照发。探望配偶和未婚职工探望父母的往返路费给予报销,已婚职工探望父母的往返路费,在本人月标准工资30%以内的,由本人处理,超过部分由单位负担。

(六)事假

职工因事必要,可请事假。在规定期限内工资照发。

三、病休期间待遇

职工享受公费医疗,机关事业单位工作人员患病的医疗费,按公费医疗改革办的规定执行。两个月以内的病休,病假期间工资照发。超过两个月不足六个月的,病休期间工资根据本人参加工作时间定,工作年限不满10年的发本人标准工资的90%,满10年及其以上的发本人标准工资的100%。病休超过六个月按工龄不满10年、已满10年两个等次分别发给本人标准工资的70%、80%。获得省政府授予的劳动模范、突击手、"三八"红旗手、战斗英雄可酌情提高10%~15%。1949年10月1日前参加革命工作的职工病休,工资照发。

1991年11月1日起，对身患癌症、重症精神病的机关事业单位人员，由地市级以上所辖医院或地市级以上所辖的肿瘤、精神病专科医院诊断证明，经单位批准，在停止工作期间原则上照发本人标准工资，福利待遇与在职人员同等对待，住院费、医疗费凭票据报销。

四、伤残待遇

机关、事业单位工作人员因工（公）致伤致残（含因工感染血吸虫及职业病）丧失劳动能力，由人事部门指定县属以上医院进行专门鉴定，每年一次。因工（公）致伤的，由县（市）人事部门审批；因工（公）致残的，由湘潭市人事局审批。因工（公）负伤致残人员，按国务院和省人民政府文件规定，根据鉴定的残废等级发给一定数额的保健金。

五、丧葬补贴及抚恤

随着人民生活水平的改善和各种殓葬用品价格上涨，职工死亡丧葬补助和抚恤金不断提高。1986～1990年，职工因病死亡丧葬费300元，因工死亡400元。1990年9月1日起，病故丧葬费提高为600元，包干使用，因工（公）死亡为700元。1997年8月起，病故的调整为每人900元，因工（公）死亡的，每人1300元。2001年，湖南省人事厅、财政厅联合下发《关于提高我省机关事业单位工作人员死亡丧葬费标准和遗属生活困难补助费标准的通知》，提高职工死亡殓葬费标准，病故者提高到1500元，因工（公）死亡提高到2000元。2005年，再次调整机关、事业单位工作人员死亡后的丧葬补贴标准，凡病故的工作人员，其丧葬费由现行的1500元调整为4000元；因工（公）死亡的，其丧葬费由现行2000元调整为5000元。湘潭市城区及所辖县（市）均为火葬区，死者是国家、集体单位干部职工的父母应实行火葬（回民穆斯林除外），否则，其遗属不得享受丧葬补助费和其他各种补助及抚恤金。

根据国家民政部《关于调整军人、机关工作人员、参战民兵民工因公牺牲、病故一次性抚恤金标准的通知》，职工因病死亡，一次性抚恤金为10个月本人基本工资；因公死亡一次性抚恤金为20个月本人基本工资。至2005年底，一直执行这一标准。

根据湖南省老干部工作局2000年《关于适当提高无固定收入的离休干部配偶、遗孀及新中国成立前参加革命新中国成立后退职干部生活补助费标准的通知》及2001年湖南省人事厅、财政厅的有关文件规定，遗属生活困难补助标准为：遗属系非农业人口的，居住城市1人者，每月补助费为180元；2人或2人以上者，每人每月补助费为160元。遗属系农业人口的，1人者每月补助费140元；2人或2人以上者，每人每月补助费为120元。

2005年，调整遗属生活困难补助标准，遗属系非农业人口、居城市一人者，每人每月补助费由180元调整为210元；2人或2人以上者，每人每月补助费由160元调整为190元。遗属系农业人口，1人者每人每月补助费由140元调整为170元；2人或2人以上者每人每月补助费由120元调整为150元。上述对象不论家住何处，对经组织确认因工（公）死亡工作人员的遗属，在前述标准的基础上，每人每月由增发45元调整为65元。抗日战争时期参加革命工作的遗属（不含配偶）每人每月由增发60元调整为80元。红军遗属（不含配偶）每人每月由增发80元调整为100元。遗属系孤身一人，无直系亲属者每人每月由增发50元调整为70元。

第十二篇　劳动和社会保障

概　述

1986 年，湘潭市按照国务院关于劳动制度改革"四个暂行规定"(《国营企业实行劳动合同制暂行规定》《国营企业招用工人暂行规定》《国营企业辞退违纪职工暂行规定》《国营企业职工待业保险暂行规定》)的精神，逐步推行劳动制度改革，建立健全劳动保障体系。9 月，成立市社会劳动保障事业管理所，开始建立起城镇职工社会养老保险制度和待业保险制度，并建立起养老保险、待业保险基金。是年，参加社会养老保险企业 73 家，参保人数 10074 人；参加待业保险企业 332 家，参保人数 16.7 万人。10 月份起，全市全民所有制企业开始废止"内招职工""子女顶替"的招工办法，新招工人开始实行劳动合同制，初步建立起以劳动合同形式确定劳动关系的新型劳动用工制度。当年新招收合同制工人 10074 人，企业用工形成固定工、合同工、计划内临时工并存的局面。劳动工资制度改革，继续试行工资总额与工效挂钩办法。是年，全市有职工 33.72 万人，职工年人均工资 1293 元。1987 年，参加待业保险单位 547 家，参保人数 16.87 万人，居全省第一。1988 年起，劳动行政部门适应政企职责分开、宏观管好、微观搞活的要求，实施转变职能，强化服务为主要内容的内部改革，逐步从管得过多、统得过死的管理模式中解放出来，劳动用工制度逐步放开。由于城镇自然增长的劳动力迅速增加，以及"农转非"(农村人员进入城镇经批准转变成非农业人员)，大量农村劳动力进入城镇，加之企业改革深化、实施减员增效，内部富余人员增多，社会安置负荷加重，全市城镇待业人员逐年增加，就业难的问题十分突出。市政府采取设立劳务市场管理处，创办劳动服务公司、发展集体经济、清退计划外用工和农村劳动力，招用合同制工人等措施，解决城市就业难问题。1990 年，全市有职工 31 万人，其中技术工人 15 万人，技术工人高级技工占 6%，中级占 35%，初级占 59%；职工年人均工资 2245 元，比 1986 年年人均工资增长 73.63%。参加社会养老保险和待业保险的人数分别为 15.69 万人和 19.93 万人。至 1990 年的 5 年间，全市培训就业人员 6.7 万余人，共安置就业人员 60958 人，占应安置人员 84.3%。其中新招合同制工人 2.78 万人，占全民职工总数 10.6%。城镇登记失业率为 3%。各级政府运用行政、法律、经济等手段，强化现场安全生产监察，治理整顿矿山采矿秩序，加强特种设备安全监察，遏制重大伤亡事故，但仍有伤亡事故发生。全市发生生产伤亡事故 384 起，重伤 241 人，死亡 194 人。劳动关系和谐发展，共受理各类劳动争议投诉 40 起，结案率 100%，劳动争议案件逐年下降。

由于劳动用工制度改革处于起步阶段，企业用工仍然实行计划管理，一部分人，特别是城市纯居民和特殊行业的待业人员得不到及时安置。职工队伍技能素质偏低，不能适应经济发展的需要。一些企业忽视安全生产，抗灾能力低。

1991 年，随着经济体制改革的发展，劳动制度改革不断深入。劳动行政部门实施简政放权，把劳动用工管理权、劳动用工调配权、工资奖金分配权、职工退休审批权等11项权力下放给企业。逐步建立起劳动监察体系、健全社会保障体系和就业服务体系。面对劳动力资源供大于求、安置难度大的状况，逐步改革统分统配就业安置制度，全面放开用工计划，面向市场，广开就业门路。劳动服务公司兴办的集体企业、市场介绍就业成为安置就业人员的重要渠道。企业内部，对固定用工制度实施改革，开始实行劳动合同制。社会保险事业稳步发展，参加离退休费社会统筹的国有企业453家，参保职工人数16.20万人，占应参保单位和人数100%。1992年起，社会养老保险由国有企业扩展到民营企业、个体劳动者及帮工和"三资"(指中外合资企业、中外合作企业、外商独资企业)企业的中方职工，全市开始实行"统一比例，统一核算，统一管理，分级结算"的社会养老保险办法。同时建立起国有企业补充养老保险和职工个人储蓄性养老保险制度。待业保险由国有企业扩大到城镇集体所有制企业、劳动服务公司企业和行政单位的合同制工人。全员劳动合同制及其他各种用工形式得到全面推广，逐步完成国家计划用工到企业自主用工，企业、职工双向选择的改革。1993年，机关、事业单位社会养老保险开始起步。参保单位207家，参保人数4128人。1994年，湘潭市成立劳动监察大队，县(市、区)成立劳动监察中队，同年市政府颁发《湘潭市劳动监察暂行规定》，开始依法对劳动用人单位和民办职业介绍机构进行劳动执法监察，对非法用工、发布虚假用工信息等侵犯劳动者合法权益行为予以查处，维护职工合法权益，促进用人单位和劳动者建立稳定和谐劳动关系。1995年，加强工资宏观调控，全市开始实行《工资手册》使用制度和最低工资标准制度。全市有职工29.1万人，职工年人均工资5186元，比1990年增长131%。社会养老保险统一归口劳动行政部门管理，全市社会养老保险步入发展、巩固、完善时期，全方位、多层次、一体化社会养老保险制度初步建立。是年，全市参加社会养老保险16.25万人，比1990年增长3.6%；湘潭市被评为湖南省社会养老保险先进单位。参加待业保险单位1467家，参保人数22.36万人，参保人数比1990年增长12.19%。实行劳动合同制单位1594家，职工27.7万人，占职工总人数95%，名列全省第一。城镇登记失业率为3.4%。至1995年的5年间，全市共受理各类劳动争议投诉422起，其中案外调解385起，立案仲裁处理37起，立案起数比前5年下降7.5%。为劳动者追回各类资金215.4万元。全市发生生产伤亡事故441起，重伤344人，死亡261人。分别比前5年上升14.8%、42.7%、34.5%；根据"先培训，后就业"的方针和"实用、实效"的原则，全市培训待业人员5万余人，培训在职职工1.4万余人，职工劳动技能素质得到提高；全市净安置待业人员57617人，占应安置待业人员85.2%。

劳动用工制度全面放开后，企业用工自主权和劳动者择业自主权扩大，劳动关系多元化，一些企业，特别是"三资"、民营企业出现侵害劳动者合法权益的现象。就业矛盾仍然突出，社会保险程度低，覆盖面窄。企业安全投入少，不安全因素增多。

1996年，劳动制度改革巩固发展，组织起来就业、市场介绍就业和自谋职业的市场就业格局初步形成。大批劳动者进入市场求职，初步实现劳动力供需双方见面，竞争上岗。劳动合同制由国有企业扩大到乡镇企业、民营企业和"三资"企业。为帮助待业人员和下岗职工实现就业和再就业，各级就业培训机构开展就业前培训和转岗培训。全市1万余名失业人员接受就业前培训。是年，成立湘潭市职业技能鉴定中心，开始对民营企业、个体工商户从业人员进行职业技能等级鉴定并颁发技能等级证书。社会养老保险实施社会统筹与个人账户相结合的养老保险办法，建立统一制度、统一标准、统一管理、统一调剂使用养老保险基金制度。1997年，市政府相继出台《湘潭市安全生产领导责任制》《湘潭市关于加强安全生产工作的决定》和《关于加强乡镇煤矿安全生产工作的通知》，强化安全生产责任制和事故责任追究制，明确安全生产职责，完善安全管理体制。从反腐败入手，加大对乡镇矿山安全监督的力度，杜绝无证开采。由于企业资产重组和实施破产等原因，企业下岗人员不断增加，至 1998 年，全市下岗职工 8.44 万人，促进就业，控制失业成为各级政府目标管理的重要任务。政府通过实施再就业优惠政策，扶持下岗失业职工自主创业和自谋职业；鼓励用人单位招收下岗职工，鼓励企业发展小型企业，帮助下岗失业职工组织起来就业。是年，加强工资调控，开始在国有企业推行工资指导线制度，按照上级相关规定，制定工资增幅上线和增长下线，以保证工人的最低工资水平和控制最高收入者的工资收入差距不致过大。1999 年，湘潭市劳动局更名为湘潭市劳动和社会保障局。撤销原劳动局、卫生局所属医疗保险基金管理机构，成立湘潭市医疗保险基金管理服务中心，归属劳动和社会保障局管理。2000 年，全市实行工资指导线的国有企业达 162 家。全市有职工 30.3 万人，职工年人均工资 6682 元，比 1995 年增长 29%。对技工学校、大专院校毕业生、企业在职职工及宾馆服务、美容美发等服务技术工种进行职业技能鉴定，建立起培训考核与就业、待遇相联系的技能培训激励机制。城镇登记失业率为 2.92%。各类企业与职工签订劳动合同的 29.4 万人，占职工总数 97%；参加养老保险的人数 23.53 万人（机关、事业单位 49996 人），比 1995 年增长 44.7%；参加失业保险的职工 24.7 万人，比 1995 年增长 10%；医疗保险制度改革稳步发展，市政府相继出台《城镇职工基本医疗保险制度改革实施办法》、“公务员医疗补助”“城镇职工大病医疗互助”等政策，参保单位达 596 个，职工 3.7 万人。至 2000 年的 5 年间，全市共培训下岗失业人员 2 万余人，培训劳动预备对象 5.3 万人，培训农村劳动力 2 万余人；进行劳动技能鉴定 15732 人，获得职业资格证书的 15726 人，其中获得中级资格证书的 7767 人，获得初级资格证书的 7959 人；全市 11.31 万名失业、下岗职工实现就业和再就业，占应安置人员的 94%。由于用人单位和劳动者之间的关系日趋复杂以及劳动者维权意识的增强，劳动争议案件快速增长，全市共受理各类劳动争议投诉 464 起，立案处理 285 起，立案处理比前 5 年增加近 7 倍；强化劳动执法监察，为劳动者追回拖欠的工资、押金、医疗、工伤补偿等费用 327.4 万元，比前 5 年增长 52%，劳动者的合法权益得到维护；全市发生生产伤亡事故 291 起，重伤 133 人，死亡 347 人，分别比前 5 年下降 34%、61.3%，上升 32.95%。

由于部分企业经济不景气和实施破产等原因，下岗职工大量增加，一些企业不能按时按规定缴纳各项社会保障金，一度出现收不到位、发不足额的状况，一些下岗职工生活困难、就业难的问题成为社会经济生活中的突出问题。

2001 年，政府实施“城区五万人就业工程”，采取社区就业和市场推荐就业等各种就业形式，非公有制经济和第三产业成为吸纳城镇劳动力的重要领域，从业人员逐年上升。是年，有 4.25 万下岗失业人员实现就业和再就业。劳动争议仲裁和劳动监察步入法制化轨道，国有企业劳动合同签订、鉴证规范化、制度化。离退休人员养老保险金得到按时足额发放，个人账户发放率达 96%。医疗保险参保人数增加到 9.5 万人，医疗保险金收缴率达 95.5%。2002 年，劳动保障行政部门进行机构改革，根据市编委《湘潭市劳动和社会保障局职能配置、内设机构和人员编制规定》，新增工伤保险、女工生育保险职能、划出安全综合管理、矿山安全监察、职业安全卫生、锅炉、压力容器安全监察等职能，湘潭市劳动监察大队更名为湘潭市劳动保障监察支队，市区、县（市）劳动监察中队更名为劳动保障监察大队。当年,新增安置就业6.8万人,就业成绩显著,市劳动和社会保障局被国家劳动和社会保障部记一等功。2003年,就业形势日趋稳定,城镇登记失业率控制在4%以内,湘潭市被评为湖南省"两个确保和再就业工作先进单位"。机关、事业单位养老保险业务于12月份整体由市人事局移交市劳动和社会保障局。按照市政府《湘潭市城镇职工生育保险实施细则》规定,湘潭市生育保险于2004年8月1日正式启动。市医疗保险管理服务中心更名为市医疗生育保险基金管理服务局,并出台相关生育保险政策。工伤保险于同年启动实施,实行市县(市)统筹。至此,全市稳步建立起职工养老、失业、医疗、生育、工伤等五大社会保险体系,社会保障功能日趋完善。2005年,全市有职工31.4万人,其中31.2万人与企业签订劳动合同,占全市职工总数99.3%。职工年人均工资13308元,比2000年增长99.1%。城镇登记失业率控制在4%以内。各县(市、区)医疗保险全面启动,稳步扩面,全市参加医疗保险人数达29.29万人,实现基金收入19119.45万元,资金收支平衡,参保职工基本医疗需求得到保障。全市参加养老保险人数达27.56万人(含机关、事业单位62202人),比2000年增长17.13%;收缴基金43546万元,发放养老金56205万元,离退休人员养老金做到按时足额发放;失业保险参保人数达28.93万人,比2000年增长17.12%;收缴基金5500万元,发放失业保险金2500万元;参加城镇职工生育保险14.13万人,收缴基金242万元(市本级),基金收缴率达98%,支出保险金169万元;工伤保险参保人数18.48万人,基金收入369.23万元,支付工伤保险费25.55万元;全市有从业人员45万人,其中技术工人16.5万人,占从业人员37%。技术工人中、初级技术工人5.3万人,占技术工人32%;中级技术工人9.5万人,占技术工人58%;高级技术工人1.31万人,占技术工人7.9%;技师0.23万人,占技术工人1.4%;高级技师仅90人,占技术工人0.05%。至2005年的5年间,劳动监察开展"追薪行动",为34548名劳动者追回拖欠工资3232万元,为投诉者挽回经济损失312.9万元,共计3544.9万元,比前5年增长近10倍;受理劳动争议案件276起,比前5年减少约3.2%,结案率100%;共培训职工100078人,其中下岗失业人员53546人,待业人员6632人;全市38038人通过职业技能鉴定,37095人获得职业资格证书,其中获得初级职业资格证书的6632人,获中级职业资格证书的29196人,获高级职业资格证书的1267人。全市19.34万名失业、下岗人员和农村进城务工人员得到安置就业,占应安置人员的98.5%。通过对矿山和危化品企业的专项治理整顿,开展现场安全监督,控制伤亡事故发生。全市共发生各类伤亡事故6208起,受伤6814人,死亡748人,分别比前5年增长20倍、50倍和1.15倍。

劳动和社会保障工作稳步发展,工资收入不断提高,社会保障功能逐步完善。但是,安置就业仍然十分艰巨,大龄失业人员就业难的问题突出。职工队伍中技能人员,特别是高技能人员缺乏,难以满足社会需求。一些企业侵害劳动者合法权益、拖欠职工工资的现象时有发生,生产伤亡事故难以得到有效控制。

第一章　企业劳动用工管理

第一节　企业劳动用工计划与调配

一、企业用工计划

1986年，用工制度改革之初，企业劳动用工实行计划管理，国营、集体企业用工须申报计划，招用人员须凭劳动指标。是年末，湘潭市企业职工人数33.72万人，其中全民职工23.42万人，集体职工10.3万人；工资总额4.01亿元，其中全民单位3亿元，集体单位1.01亿元。全民所有制工业企业全员劳动生产率15260元。是年，根据省下达的招工计划（1.28万人），全市招工1.1万人，占计划招工人数85.9%。招工人数占全年总安置人数94%。按照省下达的计划，对农村集体医务人员、兽务人员、电话员、水利员、信用社工作人员“五大员”纳入县以上大集体计划内的转办录用工作，共转办录用4873人。安置军队转业干部家属150人，审查批准5614名工人退休，补员招工4609人。从10月份起，全民企业新招工人统一实行合同制。

1987年，根据省下达招工计划（11000人），全市招工9880人，占计划招工人数90%。是年，集体招工计划权力下放，企业开始自主招用集体制工人。全民性质招工实行劳动合同制以后，有的全民所有制企业为解决职工子女招工问题，不顾用人需要招收集体工与全民工混岗作业（俗称全民带集体）。有的企业无力安排工作，单位便与被招收人员双方签定合约，只办招工手续暂不上班。全年招收集体性质员工4000余人。1988年，根据省下达的招工计划，205个用人单位共计使用临时工4412人，使用城镇劳动力2003人，农村劳动力1989人，审批全民合同制招工指标1828个。1989年，全民企业招工补员4769人，混岗工人达到14518人，1990年通过调岗安置，混岗作业人员降至14216人。湘潭纺织印染厂按照省下达的计划，使用临时工600人。为加强对农村劳动力进城的管理，劳动行政部门会同公安等有关部门制定农村劳动力进城临时务工管理办法，实施务工许可证、户口暂住证制度。规定用工单位使用临时工、农民工必须凭“两证”招收，农村劳动力向城市转移的速度和数量得到有效控制。

1991～1992年1月，根据省下达的招工计划（1.88万人），全市招工17945人，占计划招工人数95.4%，占总安置人数92%。根据市计委下达的专项招工计划，从乡镇计划生育临时工作人员中招收68名合同制工人从事计生工作。1992年2月1日起，湘潭市废止招工指标制度，用工计划全面放开，劳动行政部门不再向企业下达招工指标。企业在保证完成各项经济指标、劳动生产率提高的情况下，按照“增人不增工资、减人不减工资”的原则，根据自身经济发展需要自主确定用人计划，决定招工时间、条件和数量。是年，企业自主招收录用10157人。

二、企业劳动力调配

1986年，市劳动行政部门将湘乡县、湘潭县、韶山区范围内跨地区调动工人的审批权下放给县(区)；将市属企业之间的工人调动审批权下放给市属企业主管局，采取进出平衡的原则对职工调动进行总量控制。全市共办理工人调动2614人，其中调入1435人，调出1179人。1988年，照顾解决职工夫妻两地分居和家庭困难等问题，全市调进调出职工4139人，市内调剂1810人。1989年，外地调入湘潭市的工人数量得到有效控制，主要采取对调的方式，全年完成工人调动1880人。1990年，职工调动主要为解决企业对技术人员的需求，引进技术骨干。办理工人调动2925人，其中外地调入1544人(其中引进技术人员1208人)，调往外地1381人。1992年，职工调动审批权全面放开，劳动行政部门不再行使职工调动审批职权，打破地区、行业、不同身份职工的界限，由企业根据生产情况变化和用人需要，自主决定吸收与调离，采取面向社会，平等竞争的原则择优引进技术人员。全年企业自主调动2775人，其中调出1385人，调入1390人。

第二节 劳动合同制

1986年10月起，根据国务院《关于用工制度改革的四个暂行规定》精神，湘潭市全民所有制单位废止“子女顶替”和内招职工子弟的用工办法，企业新招常年性工作岗位的工人，统一实行劳动合同制，招用临时工、季节工与被招用者签订劳动合同。企业、职工以劳动合同的形式维护双方的合法权益。招收职工实行“面向社会、公开招收、全面考核、择优录用”的办法，企业招用人员进行“双向选择”。是年，驻市中央、省属全民企业新招全民合同制工人7700人，市属全民企业招收合同制工人2374名，全市全民合同制工人总数占全民企业职工总数的3.8%。废止“子女顶替”政策公布后，一些企业为解决职工子弟招工进企业，违反政策搞突击补员招工。湘潭钢铁厂宣布1958年前参加工作的职工未到退休年龄的可以放宽几岁提前办理退休顶职；湘乡铝厂宣布年满48岁的职工可提前退休由子女顶职，以致弄虚作假，更改年龄，将13~14岁在校职工子女顶替进单位。市劳动部门对此进行调查，采取有效措施予以纠正。1990年，全市全民合同制工人2.78万人，占全民职工总数10.6%。

1991年，劳动合同制扩展致中外合资企业的中方职工和全民企业计划内临时工。新招全民合同制工人增至32090人，占全民所有制职工总数12%。当年起，开始对企业固定工制度实施改革。部分企业试行全员劳动合同制，打破职工身份的界限，企业与职工以签定劳动合同的形式确定劳动关系和奖惩办法；部分企业实行多种形式的劳动组合，择优上岗，把竞争机制引入企业职工内部；部分企业打破干部与工人的界限，实行企业干部聘任制，全市工业企业聘任干部7562人，占企业干部总数15.4%。至1992年，全市35家工业企业(含中央、省属企业)全面推行三项制度(劳动人事、工资分配、社会保险)综合配套改革，出台整改方案142个，涉及职工8万余人。有42家工业企业，200余家商业企业实行合理劳动组合，涉及职工3.5万人，其中与企业签订上岗合同的职工有3万人。有21家企业实行全员劳动合同制，涉及职工5500人。有91家国营企业精简机构176个，压缩非生产人员914人。1993年，全市实行合理劳动组合，合同化管理，全员劳动合同制等形式的国有企业达211家，涉及职工21.29万人。通过优化劳动组合，打破职工一职定终身的“铁饭碗”制度，一部分未被组合的人员失去工作岗位。是年,企业下岗7500人。1995年,贯彻实施《中华人民共和国劳动法》,全面深化劳动领域配套改革,全员劳动合同制从全民企业逐步扩大到集体、外商投资企业。全市实行劳动合同制的国有、集体和外商投资企业达1594家,涉及职工27.7万人。实行劳动合同制的企业数和职工数分别占上述企业总数和职工总人数95%,名列全省第一。

1996年初,市政府发布《关于在全市企业中实行劳动合同制的通知》,规定全市各类企业在年底前全部实行劳动合同制。是年,全市国有、集体企业、外商投资企业、乡镇企业签订劳动合同企业1646家,占企业总数99.5%;职工31.71万人,占职工总数96%,机关、事业单位的工勤人员签订合同的达3900人,为工勤人员总数的95.1%;湘潭县花石水泵厂等26家乡镇企业520名职工与单位签订劳动合同。湘潭钢铁公司、江南机器厂、省建三公司等510家国有企业20.31万名职工签订集体劳动合同。劳动关系、用工制度走上合同化、法制化管理的轨道。2000年,全市国有、集体企业、外商投资、乡镇、民营企业与职工签订劳动合同,涉及职工29.4万人。比1995年增长6.1%。乡镇企业、城镇民营企业和个体工商户签订劳动合同的从业人员有较大幅度的增长。

2001年,开展对民营企业、个体工商户雇工人员、农村进城务工人员劳动合同签订工作,强化劳动合同管理,规范用工制度。全年民营企业、个体工商户共签订劳动合同19000余份。2003年,以宣传落实《湖南省劳动合同管理规定》为契机,强化乡镇企业、民营企业劳动合同管理,乡镇企业单位和个体民营企业劳动合同的签订率分别达到80%和50%。至2005年,全市国有、集体、民营、“三资”等684家企业与职工签订劳动合同,占全市同类企业总数87.23%;涉及职工31.2万人,占全市职工总数99.3%。其中签订集体合同的企业642家,涉及职工29.7万人。劳动合同签订率国有控股企业98.6%,外商投资企业100%,乡镇、民营企业87.6%。

第二章　就业与再就业

1986年,湘潭市劳动就业以计划安置为主,一部分需要安置的人员得不到及时安置。是年,全市有待业人员14000人,安置就业11700人,占待业安置人员83.5%。至1990年,全市待业人员60958人,通过采取清退计划外用工、发展集体经济安置职工子女就业等措施,安置待业人员51380人,占待业安置人员84.3%。政府采取分配任务、计划安排等办法,安置40个纯居民子女和80名煤矿职工子弟就业。城镇登记失业率为3%。

1991年,城镇待业人员12000人,企业富余人员急剧增加,就业形势严峻。至1995年,全市累计有6.76万名待业人员和富余职工需要安置。政府通过企业招工、技校招生、扩大民营企业、“三资”企业就业领域安置待业人员,57617名待业人员实现就业,占待业安置人员85.2%。城镇登记失业率3.4%。

1996年,全市待安置的待业、失业人员4万人,劳动力资源供大于求的矛盾非常突出。湘潭市成立“劳动就业和再就业工作领导小组”,把“促进就业,控制失业”纳入各级政府管理目标。至2000年,全市有待业、失业人员10.21万人。通过实施税费减免、贷款扶持等优惠政策,鼓励待业人员自主创业和组织起来就业,以及市场介绍就业等措施,全市9.11万名待业、失业人员(其中新登记个体工商户11597家,新增从业人员23194人;登记民营企业263户,新增从业人员4615人)实现就业，占待业安置人员 89.2%。城镇登记失业率 2.92%。

2001 年，全市有待业、失业人员 4.5 万人，政府通过实施“城区五万人就业工程”，坚持“市场主导，政府扶持，社会援助，自谋职业”方针，落实生活保障与扩大就业相结合、搞好企业安置与推动社会安置相结合、政府提供援助与劳动者自主就业相结合等措施，采取增加生产经营就业，开发城市公益性岗位就业，开拓社区服务就业，拓宽街道管理型就业，做好培训储备就业等办法，使 4.25 万人实现就业和再就业。2002 年，动员全社会力量，落实各项就业优惠政策，采取各种方式安置就业 6.8 万人（含农村劳动力转移人员），劳动就业工作取得显著成绩。市劳动和社会保障局被劳动和社会保障部记一等功。2003 年，全市就业压力开始缓解。湘潭市被湖南省人民政府评为全省两个确保（确保国有企业下岗职工基本生活、确保企业离退休人员基本养老金按时足月发放）和再就业工作先进单位。2004 年，市劳动和社会保障局局长刘碧华被评为全国再就业先进工作者。至 2005 年的 5 年间，全市共登记待业、失业人员 19.63 万人（含农村劳动力转移人员 5.07 万人），安置就业 19.34 万人，占待业安置人员 98.5%。城镇登记失业率控制在 4%以内。就业局势趋于稳定。

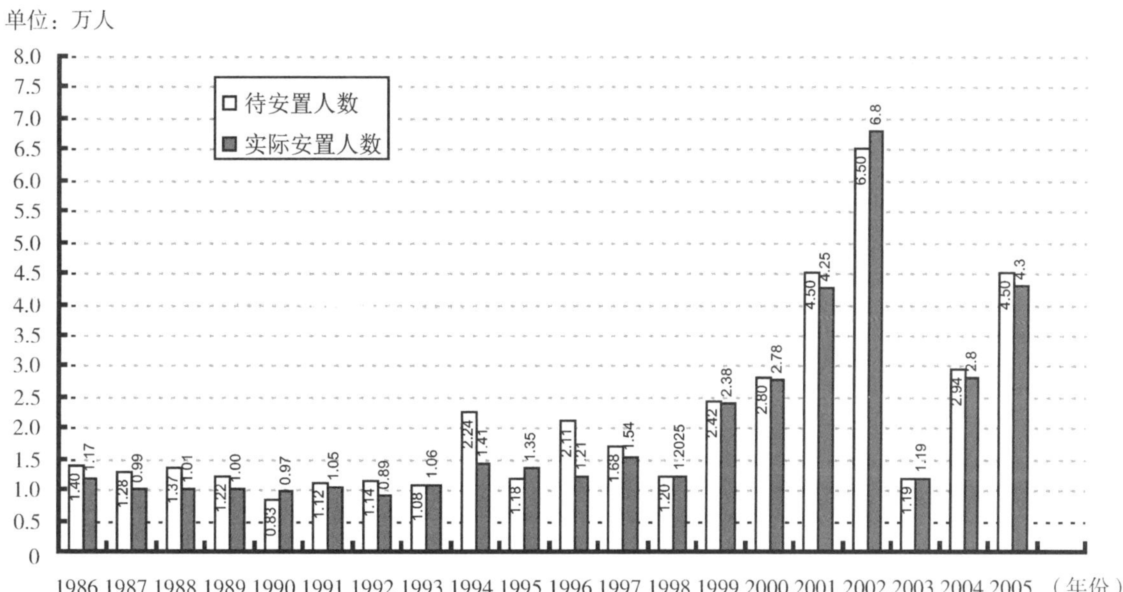

图 12-2-1　1986~2005 年湘潭市就业安置情况

第一节　劳动服务公司安置就业

1986 年始，湘潭市劳动服务公司逐步进入巩固发展阶段，劳动服务公司集体经济出现快速发展。国家机关、社会团体、企事业单位纷纷成立劳动服务公司，创办劳动服务实体，安置职工子弟和社会青年就业。劳动服务公司创办的劳动就业服务企业成为安置城镇待业人员就业的重要渠道。至 1988 年的 3 年间，全市有劳动服务公司 270 余家，安置待业人员 1.2 万余人。1989 ~ 1990 年，全市有劳动服务公司 275 家，劳动就业服务企业 453 家。安置待业人员 5800 人，完成生产经营总额 4.19 亿元，实现利润 2378 万元。湘潭钢铁厂劳动服务公司投资 48 万元，集资 72 万元，兴办集体企业标准件厂，安排 120 名大龄青年就业。

1991 年，劳动服务公司创办的劳动就业服务企业经过性质认定，纳入政府工交生产管理范围，增强其吸收就业的能力，劳动服务企业快速发展。全市新成立 11 家机关、厂矿劳动服务公司，共完成生产经营总额 3 亿元，实现税利 1685 万元，安置待业人员 2544 人。是年，全市共有劳动服务公司 286 家，劳动就业服务企业 464 家，安置待业人员 1.54 万人，拥有固定资产 5295.6 万元，流动资金 9974.6 万元。生产上规模，产品上档次，从根本上改变劳动服务公司初创时期"一把扫把扫马路，一口铁锅炸油条，一个棚子卖烟酒，一部板车收废品"的三五人摆摊设点的经营状况。1993 年，新批准成立各类劳动服务公司 26 家，建立和恢复乡、镇、街道劳动服务站 97 个，劳动生产经营总额 3.62 亿元，实现利润 1850 万元，安置待业人员 2936 人。湘潭市劳动服务公司属下的莲城服装厂实现年产值 1108 万元，销售额 1108 万元，年产销率 100%，产品出口创汇 190 万元美元，实现利润 62 万元。1995 年，全市共有劳动服务公司 476 家，劳动就业服务企业 655 家，从业人员 30769 人。是年，完成生产经营总额 4.28 亿元，实现利润 1600 万元，安置待业人员 2700 人。市劳动服务公司莲城服装厂经理龙碧玉安置待业青年就业，企业效益突出，被评为全国劳动模范。

1996 年，劳动就业服务企业生产经营总额达 5.85 亿元，实现利润 1586 万元，安置待业人员 2865 人。2000 年，全市有各类劳动服务公司 401 家，劳动就业服务企业 508 家，从业人员 30290 人；完成生产经营总额 5.2 亿元，实现利润 1600 万元。安置待业人员 2600 人。

2001 ~ 2005 年，随着经营体制转轨，企业改制，机关、社会团体、学校所办劳动服务公司全部撤销，所办劳动服务企业亦随之撤销。湘钢、江南、湘机、江麓等大型企业的劳动服务公司改为"实业公司"，劳动就业服务企业随经营体制的改变而逐步改变经营方式，转入合作经营或个体承包经营。

第二节 组织劳务输出异地就业

1986 年，随着劳动用工制度改革的开展，市劳动行政部门逐步组织开展向外劳务输出，安置待业人员就业。是年，输出 1470 人。1987 年以后，劳动用工制度逐步放开，城镇失业人员和企业富余人员、下岗职工日益增多，劳务输出成为安置就业的重要渠道。至 1990 年的 5 年间，有 11070 人实现异地就业，占安置就业人员 21%。

1991 年，市、县（市、区）劳动行政部门共组织劳务输出异地就业 3598 人。1993 年，市、县（市、区）成立劳务输出机构，配备专人负责劳务输出工作。市劳动局在广东顺德、广西北海、海南海口等城市设立劳务输出机构。劳务输出地点由广东沿海开发地区扩展到上海、北京、江苏、浙江等 15 个省市，国外扩展到越南、俄罗斯、叙利亚、利比亚、德国等国家。至 1995 年 5 年间，组织输出城镇劳务人员 23594 人，占就业人员 40%。

1996 年，各级劳动行政部门把劳务输出作为"促进就业，控制失业"的重要手段，认真组织劳务输出，至 2000 年的 5 年间，全市组织输出城镇劳务人员 36304 人，占就业人员 39%。

2001 年，湘潭市实施"城区五万人就业工程"，劳务输出形成部门联动、合力组织的格局。根据"多头并进，加速发展、有序流动、优质服务"的指导思想，市劳动保障、人事、妇联、团委、外贸等部门，充分发挥各自的优势，齐心协力搞好劳务输出，帮助待业人员和下岗职工实现异地就业和再就业。劳动保障部门派员专门赴广州、东莞、深圳、珠海等地考察当地劳动力市场需求情况，与当地达成长期合作意向。外贸部门组织厨师赴德国务工，在德国赢得"湘潭厨师"的口碑。2003 年，以市中心劳动力市场为主体、联通县(市、区)、城市街道、社区四级网络，通过定期信息发布和实施招收、培训、录用、护送、跟踪、管理等"一条龙"服务，扩大下岗失业人员输出渠道。2004 年，各县(市、区)以公共职业介绍机构为龙头，以乡镇劳动保障站为网点，充分利用现代信息网络，为农村富余劳动力提供用工信息，做好劳务输出跟踪管理服务，在巩固老的输出基地的基础上，开辟新的输出基地，并积极做好劳务输出前的上岗培训。全年共培训 4825 人。至 2005 年 5 年间，劳动保障、人事、团委、工会等部门广泛收集异地用工信息，在用工需求量大、外出务工人员密集的地区设联络点，聘请联络员，加强劳务输出的组织引导，开展有组织的劳务输出。共输出 75025 名下岗失业人员实现异地就业，占就业人员 38%。

第三节　劳动力市场介绍就业

1992 年 9 月，湘潭市建立和培育劳动力市场并对外开放，湘乡市于同年 11 月创办劳动力市场。1993 年，各级职业介绍机构相继成立，各级劳动行政部门开办职业介绍所 6 个，机关、社会团体、个人开办 21 个，介绍临时用工 27197 人，介绍其他形式用工 5023 人。1994 年，湘潭县、韶山市及城市两区建立有形劳动力市场。职业介绍机构继续发展，全市 80%的待业人员通过职业介绍所介绍实现就业。1996 年，全市 81 个乡镇、街道中，有 75 个建立劳动力管理站，建站率达 92.5%。是年 9 月 7 日至 18 日，市劳动局举办湘潭市首届劳动力市场集市，全市 136 家国有、集体、合资、民营企业等用人单位入市招聘，求职者 3000 余人次，有 566 人被用人单位录用。全年进入劳动力市场求职的达 26676 人，劳务成交 12557 人。1997 年 7 月 10 日至 12 日，市劳动、人事、外经贸委、乡经委联合在江麓俱乐部举办全市人才、劳动力交流集市，用人单位和求职者进入市场，实现供需见面，双向选择。是年，全市举办劳动力、人才交流集市 8 次，入市用人单位和职业介绍机构 1219 家，提供就业岗位 17797 个，工种 840 个，入市求职者 13246 人次，其中下岗职工 5777 人次。介绍成功 4254 人次，其中下岗职工 1226 人次。1999 年，湘潭市被列为全国 100 个城市劳动力市场"三化"(市场化、专业化、社会化)建设试点城市。全年举办大型劳动力交流集市 12 次，成功交流 4326 人次，各级各类职业介绍机构介绍 17008 人次，5124 名下岗职工通过职业介绍实现再就业。2000 年 9 月，总面积 2900 平方米，可同时容纳 3000 人入市交流的湘潭市中心劳动力市场投入使用。市中心劳动力市场每月举办一次劳动力交流集市，全年达成用工协议 5043 个。全市各类职业介绍机构发展到 23 家，以市中心劳动力市场为核心，以城乡劳动职业介绍所和劳动力管理站为网点的市场就业网络初步形成，全年成功介绍就业 20115 人次，其中下岗职工 13017 人次，向外省组织输出劳动力 7800 人。个体民营协会举办劳动力交流集市 43 期，组织 61 家民营企业招聘下岗职工 240 名。

2001 年，市政府出台《关于定期举办劳动力交流集市的实施意见》，把原来每月举办一期劳动力交流集市改为每周五举办一期。2002 年，市政府拨款 160 万元完善市中心劳动力市场硬件建设，市中心劳动力市场建设向"功能完善，制度健全，网络畅通"的目标迈进。通过功能设施改造，市中心劳动力市场大厅设置大型电子显示屏，触摸屏，实现全国劳动力信息联网和长株潭劳务信息一体化。市劳动和社会保障局在中心劳动力市场设求职登记、职业指导、职业介绍、培训申请、鉴定申报、档案管理、社会保险关系接续“一站式”服务窗口,每天提供就业岗位 50 个。2003 年,各级职业介绍机构成功介绍就业 2.32 万人次。举办下岗失业人员专场招聘会 36 场,提供就业岗位 6 万个。2004 年,全市各级公共职业介绍机构共组织“4050”人员(指女满 40 岁,男满 50 岁以上的下岗人员)、农民工、大专学生等各类专场招聘会 41 场,入市招聘的用工单位 1380 家,提供就业岗位 4.2 万个。国庆前夕,全省迎“十一”大型联动招聘在湘潭设主会场,共组织 329 家用人单位现场招聘,提供就业岗位 1.23 万个,入市人员 1.8 万人,达成就业意向 3786 人。2005 年,根据季节特点和特殊群体的需求,职业介绍部门采取市县联动和部门联动等模式,将招聘会搬到市、县、区、街道、乡镇和社区,全年有针对性地组织大龄下岗职工专场、独立工矿企业专场、大专院校毕业生专场、残疾人专场、民营企业专场等招聘会 94 场,提供就业岗位 5.48 万个、3.64 万人达成就业意向。

第四节 社区安置就业

2001 年,湘潭市启动“城区五万人就业工程”,市政府下发《关于推进社区就业工作的意见》。实施以政策置换岗位,将有关城市管理的基础工作交由社区实行有偿管理,将城区机关、学校、企业团体的后勤服务移交社区统一管理。建立社区物业管理,安置失业、下岗人员从事物业管理工作。通过挖掘社区就业潜力,湘潭市社区兴办家政、配送、保健、托老、托幼、托病、保安、保绿、保洁、物业、车辆公共管理等就业实体 162 个,共安置下岗失业人员 4800 人。南盘岭社区成立钟点服务社、扩大服务范围,安置下岗工人 128 人,员工人平收入 400 ~ 500 元,有的高达 1000 余元。霞光社区开办便民服务网点,安排社区下岗职工,特困户人员、刑满释放、劳教人员,残病人员 134 人就业。通过社区就业安置,一些无业人员找到适合自己的岗位。群众反映:社区就业的人多了,游手好闲的人少了,自食其力的人多了,吃低保的人少了。

2002 年,市政府加强对社区工作的领导和管理,相继成立社区建设工作领导小组和社区就业工作协调委员会,160 个社区组建社会保障服务中心,每个社区配备专职社会保障员,采取招聘的方式,从下岗失业人员中,挑选 552 名素质较高,责任心较强的人,通过培训,充实到社区从事环保、低保、捐助、调解、治安、计划生育等社区管理工作。政府花钱买岗位,从下岗失业人员中公开招聘 400 人从事社区低保工作的社会保障专干。为鼓励社区安置下岗失业职工,市政府筹集资金 100 万元,创建 20 个就业示范区,对成效显著的社区进行奖励。政策规定,社区就业劳动组织每安置一名下岗工人,给予奖励 300 元,对非公有制经济安置下岗失业人员给予税收减免,贷款扶持等政策优惠。是年,通过开发第三产业特别是社区服务,兴办社区实体 389 个,开发就业服务项目 100 多项,建立各类服务网点 4000 多个,安置就业 2.6 万人。其中下岗工人 1.64 万人,80%为就业困难对象。全市下岗失业职工中,“4050”人员超过 2 万人,这些人“上有老、下有小、读书少、退休尚早、再就业已老”,一部分人长期失业,生活无保障。社区根据自身就业门槛低,需求旺、形式灵活、效应大的特点,积极安置大龄下岗工人就业。南盘岭社区安置 228 人就业,其中 35 岁以上的下岗女工占 95%,初中文化以下的占 60%,无专业技能的占 70%。晓塘社区家政服务中心安置 245 名下岗失业人员,大多是年龄偏老、文化偏低、技术偏差的女性。城市两区社区开发 600 多个单车看管岗位,用于安置弱势群体就业。政府集资 300 万元,建立就业基金,用于社区就业劳动组织,劳动密集型企业及下岗、失业人员自主创业提供小额贷款、担保贴息，以缓解自谋职业，自主创业贷款难的问题。霞光社区建立便民服务社，从原来的家庭卫生、保姆服务向法律、医疗、保健、信息服务等发展，共建立53个网点，形成十大服务系列。新梁街社区创办"文化一条街"，拥有各类文化实体50家。成立一支由22人组成的水电安装维修队，为居民提供水电安装服务。

2003年，全市街道、社区全面建立劳动保障工作机构，配备专人和安排专项经费，形成以市本级为中心，区为骨干，街道为依托，社区为基础的四级就业服务网络。是年投入120万元创建40个市级示范社区。2004年，社区开发公益性岗位80%用于安排大龄困难对象，全年共安置"4050"人员6900人。2005年，深入开展社区创建最充分就业社区活动，扩充社区服务网点和社区专业服务队伍，2个街道，22个社区被评为省最充分就业街道和最充分就业社区、38个社区被评为市最充分就业社区。全市创办社区实体213个，开发社区就业岗位9935个，安置下岗失业人员9515人。

附　再就业工程

1992年，湘潭市有各类企业1479家，职工317719人，其中国有企业591家，职工216459人；县以上集体企业861家，职工98203人。计划经济体制下职工能进不能出的用工方式使企业富余人员不断增加。到1993年，企业在体制转轨实行优化劳动组合过程中，产生下岗职工1.2万人。1994年，湘潭市被国家劳动部确定为实施"再就业工程"试点城市。是年，全市17%的国有企业，33%的集体企业处于停产半停产状态，大量富余人员停工待岗。到1996年，全市全民、集体企业中待分流的困难职工和富余人员达1.5万人，下岗职工4.2万人。随着企业兼并破产和减员增效力度的加大，企业下岗人员急剧增加，全市实施"再就业工程"步伐加快。市政府先后出台《湘潭市国有企业分流分离和再就业实施方案》《关于建立再就业服务中心的实施意见》，采取加强就业指导，资金扶持、支持组织起来就业和自谋职业，鼓励用工单位招用失业人员等措施，解决下岗职工再就业问题。全市介绍3500名下岗职工到企业重新就业，帮助1470名下岗职工通过组织起来自主创业和自谋职业实现就业，18594名下岗职工实现转换就业。再就业职工占下岗职工的56%。为加强再就业服务和下岗职工的管理，市劳动局、机械局、江南机器厂等9家部门、企业于1997年相继成立"再就业服务中心"，接纳国有企业兼并破产和减员增效过程中产生的下岗职工（市再就业服务中心负责接纳不具备成立再就业服务中心的行业和企业托管的下岗职工）。全市75个乡镇建立劳动力管理站，机关、企业成立劳动力就业、再就业服务机构114家，形成城乡就业服务网络。是年，通过"转移一批、输出一批、调剂一批、买断一批、剥离一批、退养一批、托管一批、救助一批"（以下简称八个一批）的分流安置，帮助全市15024名企业下岗职工和失业人员实现再就业。进入再就业服务中心托管的下岗职工11388人，通过分流安置8645人，再就业率达76%。湘潭市实施"再就业工程"的"八个一批"分流安置下岗职工的做法得到上级和有关部门的充分肯定，时任国家劳动部部长李伯勇视察湘潭时给予高度评价。在1997年全国200个城市实施"再就业工程"现场会上湘潭市与会人员作典型发言。中央电视台、《湖南日报》、省电视台、省广播电台等多家新闻媒体先后作重点报道，新华社《决策信息》推介湘潭市采取八种分流方式安置企业下岗职工的做法。1998年，市政府实行"鼓励下岗职工自谋职业和鼓励用人单位招收下岗职工，发展小型企业和劳动就业服务企业"的"两鼓励一发展"政策，开辟青云鞋业城、中山路步行一条街、金都服务再就业基地，安排下岗职工3000余人，举办大型人才劳动力交流集市12次，帮助2288名下岗职工实现再就业，全市有9000余名职工在个体私营经济中得到安置，1200名下岗职工摆摊设点从事个体经营。2000年，国有企业进入再就业服务中心的下岗职工新增12468人，签定基本生活保障协议和再就业协议的下岗职工新增11157人。滞留再就业服务中心的下岗职工达43183人，签定协议的达27218人。至2000年，490名下岗职工通过自主创业实现就业。全市下岗职工总数达到8.44万人，实现再就业58236人，占下岗职工总数69%。

2001年，在实施"城区五万人就业工程"过程中，通过搞活国有大中型企业返聘一批，启动恢复中小型企业消化一批，发展第三产业特别是社区服务业吸纳一批，劳务合作输出一批，清岗腾位调剂一批，自谋职业和自主创业开拓一批的办法，全年安置下岗失业人员4800人。2002年，贯彻中共中央、国务院、省委、省政府"关于进一步做好下岗失业人员再就业工作的通知"精神，为促进下岗职工实现再就业，市政府出台一系列再就业优惠政策，对再就业弱势群体实施就业援助，坚持以下岗职工中"4050"(女40岁、男50岁)大龄困难对象为重点，促进大龄困难对象就业。政府花钱在大龄下岗职工中公开招聘500名交通秩序协管员。在机关、事业单位中推行集体购买家政服务活动，为再就业困难对象提供就业岗位。全市自主创业人员达2600人，带动9000余人实现再就业。是年10月，市、县(市、区)两级工商、税务、劳动、卫生、环保、公安、消防、文化等部门在市、县(市、区)分别建立下岗职工从事个体经营办理证照的"绿色通道"，下岗失业人员持《再就业优惠证》可以在15天内一次性办完工商、税务登记等手续。全市有1600多名下岗失业人员通过"绿色通道"办理个体经营执照。通过税费减免、社会保险补贴等优惠政策，拓宽就业岗位。步步高、心连心等连锁超市在持续发展的同时，吸纳下岗失业人员近6000人。2003年，市政府下发《湘潭市人民政府关于进一步做好下岗失业人员再就业工作实施意见》，要求到2005年实现7万下岗失业人员再就业。是年，市、区两级财政投入资金400万元，帮助建立基层劳动保障工作平台，城区24个街道(镇)和160个社区建立社会保障服务站，初步形成市、区、街道、社区四级就业再就业服务网络体系。是年，市政府投资培育再就业基地40家，步步高商场成为首家再就业基地，大批下岗失业职工得到安置。是年，劳动行政部门为符合条件的下岗失业人员核发《再就业优惠证》4.6万个。下岗失业人员再就业可凭证享受税收减免、收费减免、小额担保贷款、社会保险补贴、岗位补贴及一次免费就业培训和绿色通道就业援助服务等优惠政策。金融机构共计为自主创业人员和吸纳下岗失业人员30%以上的中小型劳动密集企业发放小额担保贷款1250万元。湘乡市成为首家向下岗失业人员发放小额贷款的县级市，湘潭市商业银行共计发放小额担保贷款363万元，推动全市再就业工作。2004年，市政府对商贸、服务、槟榔制作等一批劳动密集型民营企业，继续采取扶持，使这类企业上规模，成为吸纳下岗失业人员再就业的主要基地。是年，全市有槟榔生产企业和家庭作坊1800家，吸纳从事槟榔制作、销售的下岗失业人员2.2万人；有60家民营企业、20个社区就业实体、6个工业园纳入全市各级就业基地，"孵化"就业岗位8000个，安置下岗失业人员6000人。30多家国有企业通过整体改制和资产重组，帮助3000余名下岗失业人员重新找到工作岗位。全市2.27万名下岗失业人员实现再就业（含"4050"人员6900人)，部分下岗失业人员通过"绿色通道"实现自主创业就业。2005年，通过落实再就业优惠政策，安置下岗失业人员2000人，在政府的鼓励支持下，2466名下岗职工通过"绿色通道"实现自主创业，带动3091人重新就业。全市审批发放《下岗再就业优惠证》6.2万个，减免税、费2100

万元,落实社保补贴 1.2 万人计 1353 万元,发放公益性岗位补贴 6700 人计 510 万元,免费再就业培训 2.19 万人,免费职业介绍 3.04 万人,为 155 名自主创业的下岗失业人员发放小额贷款 306.5 万元。6500 名下岗职工通过“绿色通道”实现自主创业。至 2005 年的 5 年间,全市共有下岗职工 12.2 万人,共安置下岗职工再就业 93912 人,占下岗职工的 77 %,其中安置“4050”人员 13723 人。

第三章　劳动工资

第一节　企业工资水平

1986 年，湘潭市全民企业和集体企业新的工资标准由原来的 130 种简化为 5 种，全市有 125311 名职工套改新的工资标准,增加月工资总额 100.62 万元,月人均增资 8.03 元。通过工资套改,全市职工年人均工资为 1293 元,其中全民所有制单位职工年人均工资为 1358 元,集体所有制单位职工年人均工资 1093 元。1987 年,市、县属全民企业职工平均每人晋升工资 2.13 级,月人均增资 25 元,国家机关干部月人均增资 11 元。中小学教职员工月人均增资 23.12 元,其他事业单位职工月人均增资 15.38 元。全民职工工资标准增长略高于中小学教职员工,明显高于国家机关和其他事业单位。是年,湘潭市职工年人均工资达到 1461 元。1988 年,部分企业开始实行工资总额与经济效益挂钩政策，企业经营发展经济效益提高，全市职工工资总额为 62786.4 万元，比上年增长 28.1%。一些企业滥发奖金、补贴,造成工资增长过快。职工年人均工资 1829 元,增幅为 25%,由于物价增长过快,剔除当年生活费价格增长因素,职工实际年人均工资为 1449 元,比上年下降 0.8%。其中全民职工实际年人均工资 1548 元,比上年增长 0.6%;集体职工实际年人均工资 1188 元,比上年下降 1.8%。农业、工业、建筑、运输、科研、党政机关职工实际工资水平比上年均有下降。社会分配不公、企业负盈不负亏的现象日益突出。1989 年,湘潭市部分企业工资盲目增长的势头得到控制。市、县(区)两级全民企业工资总额 21765.5 万元,比上年增长 15.1%,增长幅度下降 15 个百分点。1990 年,根据国务院和省人民政府有关文件精神,湘潭市企业职工增加(转)一级标准工资,889 名在职职工和 9891 名学徒工、见习人员办理工资升级和提高待遇手续。全年增长工资 1547 万元,月人均增资 12.8 元。是年,全市总挂钩应提工资总额 25425.42 万元,职工年人均工资 2245 元,比 1985 年人均增长 91.2%。

1991 年,职工年人均工资 2579 元。1993 年,企业增资调标和调整离退休金标准,打破干部和工人的界限,将福利、津贴、补贴纳入工资标准,将原来工资 17 级 33 等延升到 45 级。1994 年,全市增资总额 1.615 亿元,其中国有企业 336 家,职工 92584 人,增资总额为 9445 万元,人均月增资 85 元。城镇县以上集体企业 445 家,职工 62660 人,增资总额 6015 万元,人均月增资 80 元。其他企业 162 家,职工 6765 人,增资总额 689 万元,人均月增资 85 元。是年,部分民营、外资企业侵害职工合法权益,不按规定付给劳动者报酬。部分经营亏损的国有企业停发、减发工资的职工达 9000 余人,少数企业不能按时给职工发放工资。1995 年,全市职工年人均工资 5186 元。比 1990 年增长 131%。

1996 年起,企业正式实行岗位技能工资制,调动职工的劳动积极性,企业经济效益稳步提高。至 2000 年,职工年人均工资 6682 元。比 1995 年增长 28.8%。

2001 年，全市推行绩效岗薪制，改革促进企业经济的发展，职工工资快速增长，年人均工资 7558 元。2004 年,全市职工年人均工资 10499 元。2005 年,全市职工年人均工资 13308 元,比 2000 年增长 99.1%(工资增长水平见表 12-3-1)。

1986~2005 年湘潭市职工年均工资表

表 12-3-1

年份	年均(元)	比上年增长%	年份	年均(元)	比上年增长%
1985	1174	—	1996	5472	5.5
1986	1293	10.1	1997	5600	2.3
1987	1461	13	1998	5714	2
1988	1829	25	1999	6025	5.1
1989	2048	12	2000	6682	10.9
1990	2245	9.6	2001	7558	13
1991	2579	14.8	2002	8652	14.4
1992	2839	10	2003	9216	6.5
1993	3640	28	2004	10499	13.9
1994	4612	26.7	2005	13308	26.7
1995	5186	12.4	—	—	—

第二节　企业工资改革

1986 年,为搞活企业工资分配,增强企业内部分配自主权,湘潭市工业企业工资改革在 1985 年试点基础上，继续在湘潭纺织印染厂、湘潭电缆厂等 8 家企业试行工资总额与上缴税利挂钩的办法,7 家纺织企业 8000 多名职工开始试行“新五岗”工资制。(指纺织行业根据生产特点、按照劳动量大小、工作环境艰苦程度等因素,将原来的 18 级工资改为 1 ~ 5 岗工资,称为“新五岗”)。1987 年,湘潭市经国务院批准,列为实行工资总额与经济效益挂钩的城市。下半年试行全市工资总额同净产值挂钩办法。全市采取 9 种不同的挂钩形式,建筑行业主要实行工资总额与百元产值挂钩,商业企业主要实行工资总额与实现税利挂钩,煤炭企业主要实行吨煤工资含量挂钩等。实行工资总额与经济效益挂钩,企业生产经营得到发展,经济效益得到提高。1989 年,全市全民所有制挂钩企业按 1980 年不变价格计算,完成社会总产值 160411.24 万元,比 1986 年增长 19.2%,年均增长 6%;净产值 50639 万元，比 1986 年增长 40%，年均增长 11.8%；实现税利 32476 万元，比 1986 年增长 20.8%,年均增长 6.5%;挂钩工资总额与职工平均挂钩工资分别比 1986 年增长 37.6%和 26%(同期全市职工生活费价格指数增长 6.43%)。全年上缴税利 23598 万元,全员劳动生产率 18257 元,分别比1986年增长21.1%和12%。工效挂钩办法激发企业内在活力,有的企业在资金短缺、原材料紧张的条件下,千方百计克服困难,走出困境。湘潭电缆厂当年实现利润807万元,成为当年全国同行业少数几个盈利企业之一。工效挂钩办法促进企业内部分配制度改革,企业初步形成计件工资、单项承包、百分计奖、联产联质联责计奖、效益结构工资、岗位技能工资等多种分配形式。职工工资与劳动成果挂钩,职工的生产积极性普遍提高。至1990年,全市336家全民企业全部实行工效挂钩,其中实行工资总额与上缴税利挂钩企业60家,与实现税利挂钩277家,与实现税利和销售收入双挂钩35家,其他14家。全市248家集体企业开始实行工效挂钩办法。

1991年,市政府出台《关于加强企业职工标准工资管理的通知》和《关于加强城镇集体所有制职工工资收入管理的意见》,提出"进一步搞活企业内部工资分配的意见"。进一步完善工效挂钩办法,改进基数核定,实行按保底工资反算下年效益工资基数和核定当年基数。全市有359家效益上升和192家效益下降的企业增加和扣减效益工资或工资基数。同时,在湘潭柴油机厂等7家企业进行岗位技能工资试点。1992年,市电化厂、塑料四厂、市物资企业集团公司、湖南电线电缆集团公司等单位试行税利工资含量包干,少数企业实行经济效益指标基数和工资总额按挂钩浮动比例同向调整或减亏挂钩办法,90%的企业职工个人劳动报酬与贡献挂钩,内部分配逐步向苦、脏、累工种以及科研开发、产品销售等关键岗位和有突出贡献的人员倾斜。全市第一批实行岗位技能工资制的7家企业、6.5万名职工进入工资套改运行。1993年,新增工效挂钩企业20家,全民和集体挂钩企业达770家,职工人数15万人。实行岗位技能工资制的企业达80家,职工人数56372人。省轻工机械厂创造的按效益计酬分配办法和按业绩考核的"滚动升级法",以及市锅炉厂创造的"并行工程管理法""计件工资制"在工业企业得到推广。湘潭百货大楼、商业大厦创造"承包任务到柜台,销售任务到个人"的联销联利计酬分配方式在商业企业广泛推行。1994年,全市771家全民、集体企业,15.4万名职工继续实行工效挂钩办法,72家企业1.1万名职工实行工资总额包干。计件工资、效酬工资等体现按劳分配原则的分配方法得到进一步推广。工资结算制度逐渐完善。至1995年,全市695家市县属国有、集体企业实行工效挂钩,不具备挂钩条件的54户企业实行工资总额包干办法。实行岗位技能工资的企业126家,实行计件工资、效酬工资、单项承包等多种分配形式的国有、集体企业达60%以上。

1996年,根据省劳动厅、财政厅《关于湖南省国有企业经营者年薪制试行办法的通知》,市政府颁发实施《湘潭市企业经营者年薪制试行办法》,湘潭电化厂等6家企业成为首批经营者年薪制试点单位,试点单位年底按规定予以兑现。全市129家企业、7.6万名职工正式实行岗位技能工资制。1998年,在企业工资总量调控上,实行工资总额分类调控管理办法,在完善考核指标的基础上,继续实行工效挂钩和工资总额包干办法。至2000年,实行经营者年薪制的企业扩大到11家。实行岗位技能工资等分配形式企业135家。

2001年,经过审核,对2000年经营者年薪制的11家企业予以兑现。同时在全市推行湘钢的绩效岗薪制。2002年,全市实行工资总额与上缴税利挂钩的企业尚有21家。其中国有及国有控股企业10家,职工9242人;集体企业11家,职工5011人。2003年,挂钩企业增至26家,其中国有企业12家,职工4242人;集体企业14家,职工5011人。至2005年,实行经营者年薪制的企业由11家减少到5家。实行工效挂钩企业26家。

第三节 企业工资宏观调控

一、最低工资标准

1995年,市政府加强工资宏观调控手段,根据省劳动厅《关于进一步加强企业工资总额宏观调控的意见》,实行《工资手册》使用制度,对实行工效挂钩和工资总额包干企业实行全面审核。为保证劳动者最低工资水平,开始实行最低工资标准制度。根据《湖南省最低工资规定》,结合全市就业状况,生产力水平及企业实际情况,制定颁布全市最低工资标准:市区每月175元,县(市)每月160元。1996年,全市最低工资标准:市区每月190元,县(市)每月175元。1997年全市最低工资标准:市区每月205元,县(市)每月190元。1998年,全市最低工资标准:市区每月215元,县(市)每月205元。1999年7月1日起,全市最低工资标准调整为:市区每月由215元提高到225元,县(市)每月由205元提高到215元。2000年,最低工资标准:市区每月由225元提高到250元,县(市)每月由215元提高到225元。2001年,最低工资标准为:市区每月265元,县(市)每月245元。2002年,最低工资标准为:市区每月300元,县(市)每月280元。2003年,最低工资标准:市区每月340元,县(市)每月320元。随着钟点工的出现,确定最低小时工资标准为:市区4元/小时,县(市)3.5元/小时。2004年,全市最低工资标准:小时工资:市区4.5元/小时,县(市)4元/小时,月工资:市区每月380元,县(市)每月360元。2005年7月1日起,全市最低工资标准:市区每月420元,县(市)每月400元;小时工资:市4.5元/小时,县(市)4元/小时。市区月最低工资标准比1995年增长140%,县(市)增长150%。

二、工资指导线和劳动力市场工资指导价位

1997年,市政府明确规定,全市企业工资总额纳入劳动行政部门管理,不能确保国有资产保值、亏损企业完不成扭亏指标的,不得增加工资和发放奖金。同时,为控制劳动者收入差距不致过大和保证企业基本工资制度改革的平衡过渡,开始试行工资指导线(劳动部门根据本地区当年预期经济增长、物价指数、就业状况等因素制定的,并以一定形式向社会公布,指导企业的工资分配的当年企业工资增长目标)制度。市政府制定《湘潭市企业工资指导线制度试点实施意见》。1998年,湘潭市被列为湖南省工资指导线七个试点城市之一,全面推行工资指导线制度。开始建立工资基金审批制度,发挥政府宏观调控职能。市政府制定1998年整个工资调控目标和企业年度工资增长调控幅度,改进和改善政府对企业工资分配宏观调控机制。1999年,完善以实行工资指导线为主要形式的宏观调控办法。2000年,根据省劳动和社会保障厅工资增长指导意见,结合全市经济效益回升实际,制定当年工资指导线,确定工资增长率10%的增长基准线,15%为增幅上线,5%为增长下线。至此,全市实行工资指导线国有企业162家。

2001年,全市执行工资指导线的企业达到304家,其中国有企业170家,职工58012人,集体企业134家,职工24716人。当年发布劳动力市场60个通用职位的工资指导价位。2002年发布30个职位(工种)市场工资指导价位。至2005年,全市实行指导线的国有企业245家,集体企业146家。

参照湘潭市生产经营基本正常的109家企业在岗职工的工资收入水平，按专业技术和学历，分“高位数”“中位数”“低位数”三个档次，累计发布劳动力市场工资指导价位的职位(工种)223个。

2005年湘潭市劳动力市场工资指导价位

表12-3-2　　单位:元/月

职位	高位数	中位数	低位数
企业董事	12957	1478	561
生产和经营经理	3948	1221	545
财务经理	4647	1302	646
行政经理	2467	1081	582
人事经理	3182	1165	512
销售和营销经理	4749	1428	667
广告和公关经理	1629	964	828
采购经理	5885	1203	695
研究和开发经理	2693	1440	787

2005年湘潭市分专业技术等级工资指导价位

表12-3-3　　单位:元/月

专业技术等级	高位数	中位数	低位数
初级工	1887	823	420
中级工	2077	969	591
高级工	2217	1023	704
技师	2316	1089	816
高级技师	5840	1421	1114
其他人员	2039	1042	420
正高级专业技术职务	9147	1643	882
副高级专业技术职务	7261	1603	854
中级专业技术职务	3323	1181	602
初级专业技术职务	2775	1077	517
未评定技术职务人员	1841	751	420

2005 年湘潭市分学历工资指导价位

表 12-3-4　　　　单位:元/月

学历	高位数	中位数	低位数
博士	12891	1784	1350
硕士	6859	1386	1081
本科	3929	1323	705
大专	3001	1061	615
高中、中专、技校	1845	852	495
初中及以下	1500	550	420

第四章　职业技能培训与鉴定

第一节　职业技能培训

一、技工学校培训

1986 年,湘潭市有技工学校 14 所(市属技校 2 所),其中中级技校 6 所;校舍面积 2.63 万平方米,教职员工 484 人;开设有冶炼、电工、焊工、汽修、车、钳、铣等 41 个技术专业(工种)。技校学生实行计划内统招统分制度。为解决技校资金问题，当年开始实行集资办学和学习经费部分自理的办法。是年招收计划内学生 1625 名,分配毕业生 2030 人。1988 年,技工学校采取“定向招生,差额招生”“择优录取、择优分配”的办法,改学生助学金制为奖学金制,建立技工学校基金制度,毕业生实行技术等级考试，开始试行毕业证和技术等级证的双证制度。1990 年，学校校舍总面积增加到 10.95 万平方米,拥有教职员工 1018 人,年培训能力达 4800 人。是年,开始实行技术等级与工资待遇挂钩。技校学生经统考达到四级等级的,毕业分配到单位定级工资执行本单位同工种三级工资标准,一年见习期满定为同工种四级副,表现突出的可定为四级正。是年,全市技工学校组织车、钳、电工等 12 个工种、920 名技校毕业生参加技术等级考试,三级合格率达 98.5%,四级合格率达 25.9%。至 1990 年的 5 年间,技工学校共招收学生 9711 人,毕业生全部向社会分配,就业率 100%。

1991 年，全市技工学校有 22 个工种、2047 名技校毕业生参加技术等级统考，三级合格率为 99.4%,四级合格率为 26.5%。1992 年 17 个工种、1637 名技校毕业生参加三级技术等级考试,合格率达 100%。市级组织的四级技术等级统考,12 个工种、765 名毕业生合格率为 52%,872 名毕业生参加省组织的四、五级统考的 5 个工种,四级合格率为 29.7%,五级合格率为 11.5%。1993 年,湘潭电机技工学校被评审为全国重点技工学校，铁十二局技工学校被评审为省重点技工学校，全市 1278 名技校毕业生参加省技术等级考试,三级合格率为 100%,四级合格率为 59%,五级合格率为

4.1%。1994年,技工学校改进招生办法,高中毕业生在校培训期限由三年缩短为二年。根据市场对技术人才的需要,对专业设置进行适当调整,增设数控技术等专业。1995年,技工学校取消统一招生和统一分配的统招统分方式,职业技能开发逐步走向市场。全市技工学校以实施《中华人民共和国劳动法》和《湖南省职业技术教育条例》为契机,面向劳动力市场,拓宽招生和毕业生分配的范围,搞好技工培训与社会用工的衔接,增强技校的吸引力。是年,自主从社会新招学生2635人。至1995年的5年间,技工学校共招收学生11213人,比前5年增长15%;分配毕业生9549人,比前五年减少3.2%。就业率100%。参加技术考核获得三、四、五级技术等级证的分别为4852人、3864人、795人。

1996年,市第一技工学校被国家劳动部评审为国家级重点技工学校。1997年,技工学校培训进一步拓宽招生范围,全市招生2087人。市一技校、湘潭电机技校为广东企业在内地招生培训210人,招收委培生521人。江南技校、江麓技校面向农村,招收农村学员146人。2000年1月7日,市第一技工学校经国家劳动和社会保障部批准为高级技工学校,湘潭市技工培训开始具有培养高等级技能人才的培训基地。至2000年的5年间,全市共招收学生21865人,比前五年增长95%;毕业19365人,比前5年增长102%。通过技能考核获得三、四、五级技术等级证的分别为9848人、7342人、2045人。自主择业就业率达98%。

2001年,技工学校招生2694人,分配毕业生2645人。2003年,技校采取与社会学校联系生源,与企业挂钩,面向农村等措施,自主招生4528人,比上年增加1700人。2005年,经省劳动和社会保障厅批准,湘潭市高级技工学校和市二技工学校合并,沿用市高级技工学校校名,办学规模4000人。是年,除湘锰技校和电缆技校随企业破产而撤销外,全市尚有技工学校8所,(高级技工学校1所,省部级重点技工学校6所,职业技术学校1所),学校占地总面积49.2公顷,建筑面积21万平方米,拥有固定资产9000多万元,专用通用生产实习教学设备2000多台(座),教学仪器8000多件(套),一线在编教职工917人,兼职教师365人。大多数学校设有电工、焊工、汽修、化工分析、家电、数控等实验室,常年开设数控、模具设计、家电维修、汽车驾驶及维修、电焊、冶炼、旅游与酒店管理、计算机应用、文秘等专业。年培训能力达5000人。至2005年的5年间,共招收学生2.34万人,比前5年增长12%,为社会输送技术工人2.3万人,比前5年增长18.7%,其中高级技术工人816人。在校生30611人,比前5年提高40%,毕业生平均就业率达95%以上。获得三、四、五级技能等级证的分别为7230人、8584人、3542人,工人技师2684人。

二、社会力量办学培训

1986年,湘潭市仅有厨师培训等民办机构2家。1988年始,民办职业培训机构逐步发展,至1990年,全市拥有各类社会办学机构18家,先后开设烹饪、焊接、饮食服务、电器维修等专业30个。培训能力6000人。5年间共培训学生4000余人。

1991年起,全市社会力量办学稳步发展。1995年,技工学校培训取消计划招生,职业技能开发走向市场,政府实行鼓励社会力量办学的政策,有的单位、个人纷纷组织力量开办培训学校,开展职业技能培训。社会力量办学、民办职业培训迅速发展。但同时出现社会职业培训乱挂牌、乱办班、乱收费现象。全市具备一定规模的社会力量办学机构发展到40家。至是年的5年间,共培训学生9000余人,比前5年增长1.25倍。

1996 年，针对社会力量办学无序发展的状况，为整顿培训秩序，规范社会力量办学，根据国家职业教育法的要求，全市组织对社会力量办学培训逐一进行办学资格审查，严肃查处违章办学行为，开始实行社会力量办学许可证制度。到 1999 年，全市 43 家社会力量办学机构通过办学资格审查，湘潭大学计算机科学培训学校、湘潭市职业技术培训中心等 12 家单位获得全国统一的《社会力量办学许可证》。至 2000 年的 5 年间，全市共有各类职业技能培训学校 109 所。开设槟榔制作、汽车驾驶、计算机应用、美容美发、饮食服务、丝网花、烹饪、月嫂服务等专业。共培训学生 4.5 万余人。比前 5 年增长 5 倍。

2001 年起，市培训部门加强对社会办学机构的监督，每年由办学机构根据自身办学资金、教学设施设备、师资力量等情况填写办学资格审查表，报培训部门审查，由培训部门组织进行年检。符合条件的发给审查合格证和社会力量办学许可证。2005 年，全市在劳动保障行政部门注册审批的民办职业培训机构有 45 家，其中市区 23 家，湘乡市 18 家，湘潭县 3 家，韶山市 1 家。增设电工、焊工、钳工、行车工等专业，年培训能力达 1.6 万人。湘潭县就业培训学校、湘乡市金天科技职业学校、中南计算机学校初具规模，年均招新生 600 人以上，为沿海地区培训和输送大批技术人员。湘潭厨师培训中心、月嫂培训学校、世纪风美容美发培训学校等民办培训机构承担部分下岗失业人员再就业培训任务，面向市场培训大量适应社会需要的技术人才。至是年的 5 年间，共计培训各类技术人员 5 万余人，比前 5 年增长 11%。

三、培训中心培训

1986 年，全市各级培训中心根据"先培训、后就业"方针，有计划地开展就业前培训，先后统一组织培训待业人员 8500 名。1988 年以后，根据社会生产需要和企业用工计划，按照"实用、实际、实效"的原则培训待业人员，通过统一考核并颁发结业证。1990 年，全市共有就业培训中心 16 个，固定培训网点 39 个，年培训能力达 8000 人。至是年的 5 年内，共开办培训班 173 期，培训待业人员 38756 人，其中 34500 人领取结业证书。

1991 年，全市培训待业青年 7824 人，其中结业 6380 人。1993 年，就业(转业)培训逐步走向规范化，开始对企业富余人员进行定期转岗培训和结业考核。全市通过就业培训结业的 5450 人，其中经过半年以上培训的学员 2500 人，二年以上培训的学员 900 人。有 3530 余名企业富余人员通过转业培训和转岗培训，其中 2530 名待岗职工实现转换就业和重新就业。是年，市就业培训中心综合大楼建成开业，该中心建筑面积 5000 平方米，拥有教室 6 间，实习场地 3000 平方米，学员宿舍 180 平方米。开设缝纫、烹饪、家电维修、美容美发等 10 多个工种(专业)，可同时容纳 300 人课堂教学、200 人实习操作，是一个集理论教学和实习操作的就业培训基地。至 1995 年的 5 年间，全市共有 29874 名待业人员、19335 名下岗失业人员接受就业前培训和再就业培训。结业 48500 人，其中待业人员 29454，企业富余人员、下岗失业人员 19046 人。培训人数比前 5 年增长 2.7%。

1996 年起，为缓解劳动者就业压力，提高求职人员的技能素质，根据国家教育法有关规定，湘潭市开始实行劳动者就业准入制度，初次求职人员必须经过职业培训并取得相应职业资格证书(毕业证、技术等级证或岗位资格证)进入劳动力市场求职。社会求职人员取得技术等级证或岗位资格证书后方能进入劳动力市场办理就业或开业手续。对取得证书者，在就业、工资待遇等方面实行相应倾斜。是年，共培训城镇待业人员 7865 人，失业职工 2310 人，全年培训进城务工农村劳动力 1352 人。1997 年，湘潭市被国家劳动部确定为全国首批 36 个劳动预备制度试点城市之一，市政府成立“湘潭市劳动预备制度实施工作领导小组”，发出《关于建立和实施劳动预备制度的通知》。是年，共组织 1.25 万名劳动预备制度对象进入培训机构参加培训，参训人数占应培对象的 71%。2000 年，湘潭市被国家劳动和社会保障部确定为农村劳动力转移培训试点城市，市就业培训中心等 19 家单位被正式认定为农村劳动力转移培训定点单位。至 2000 年的 5 年间，全市参加就业培训 57027 人，其中下岗、失业职工转岗培训 2.1 万人，农村进城务工人员 2352 人。结业发证的 49610 人。培训人数比前 5 年增长 15.8%。

2001 年，全市组织再就业培训 8100 人，农村劳动力转移培训 5300 人。2002 年，湘潭市第一家出国劳务人员培训基地在市机电工业学校挂牌成立。2004 年，市就业培训中心被评为全国重点就业培训中心。2005 年，市职业培训中心被国际劳工组织授予“SIYB(创办和改善你的企业)中国创业培训项目授权培训机构”，成为国家劳动部在全国正式认可的 30 个创业培训基地之一。创业培训经验在全省推广。市培训中心等 8 个创业培训机构，全年举办创业培训班 90 期，培训学员 3346 人，使 2100 名学员走上自主创业之路。至 2005 年的 5 年间，全市培训 100078 人，其中下岗失业人员 53546 人，待业人员 6632 人，农村劳动力 39900 人。结业发证 95074 人。培训人数比前 5 年增长 75.5%。“十五”期间，全市 80%以上的下岗失业人员免费接受一次职业培训。

四、企业在岗职工培训

1986 年，湘潭市有 9268 名在岗职工接受岗位中级技能培训。1989 年，全市实行工人技师评聘，试点范围扩大到市属 9 个行业，14 家企业。1990 年，湘潭市成立工人考核委员会，开展工人技师考核工作试点验收，新增 35 个技师评聘试点和 19 个技师评聘试点单位。经培训考核合格。至是年的 5 年间，任聘工人技师 540 名。培训职工 1.5 万余名。

1991 年，市经委、建委、财委、总工会等部门所属单位举办各类应知应会技能培训班 135 个，培训在职工人 6000 余人。湘潭液压件厂、谭家山煤矿等单位 1816 人经过培训，参加市统一组织的应知应会考试考核。在岗职工提升培训调动职工学习技能的积极性，不断取得好成绩。1993 年，湘潭电机厂青工董日中在青年奥林匹克赛全省选拔赛中获全省车工第一名，王晓哲获第二名。至 1995 年的 5 年间，全市共培训职工 1.4 万余人，与前 5 年基本持平。通过技能培训考试考核，评定高级技工 251 人，技师 94 人，高级技师 8 人。

1996 年 11 月，驻潭湖南省第三建筑公司的孙际辉和江麓机械厂的李其伟名列国家劳动部首次评选、表彰的 103 名“全国技术能手”之中，为湖南省仅有的 2 名。2000 年，湘潭市从 3 家企业选拔 10 名焊工组成代表团参加湖南省“晨辉杯”焊接技术比赛，湘潭钢铁公司代表队获团体总分第一名，湘潭钢铁公司的杨正坤、赵美君和湘潭电厂的许溅来当场晋升为焊工技师，杨正坤获得省技术能手称号，杨正坤、许溅来选入省代表团参加全国焊工比赛，湖南省获团体总分第九名。至 2000 年 5 年间，职工岗位培训主要是对富余人员和下岗职工进行转岗、待岗培训和再就业培训(见培训中心培训)。

2001 年，市内大型企业在做好在岗职工培训的基础上，组织单位技术能手参加全省全国职业技能大赛。2002 年,江麓机械厂职工唐银波获省技术能手称号。湘潭钢铁公司焊工艾爱国、市中医院医师杨寿娥被全国总工会授予“职工自学成才者”称号,艾爱国荣获全国总工会“中华技能大奖”,被评为“全国十大杰出工人”和全国劳动模范。2003 年 7 月至 9 月,湘潭钢铁公司、湘潭电机厂等 8 家企业组织车、钳、铣、焊 4 个工种 12 名选手参加由省总工会、省劳动和社会保障厅、省经贸委、省科技厅组织的全省首届职工技能大赛,湘潭代表队获 3 个第一名,2 个第二名,2 个第三名,有 10 名选手进入前十名。(湘机)董日中、(湘钢)艾爱国获全省首届技能大师称号。湘潭市分别获得“优秀组织奖”“优秀赛区奖”“重大贡献奖”。10 月,10 名湘潭市获奖选手入选湖南省代表队参加全国职能技能大赛,获团体总分第四名,董日中、王金宇进入前十名。2004 年,建成湘钢、湘机、江南、湘铝培训中心和市高级技工学校等 5 个国家级高技能人才培训基地,启动实施“技能振兴行动”。全年培训技能人员 1.26 万人。湘潭电机厂职工牟密获全国技术能手称号。至 2005 年的 5 年间,全市培训职工 4 万余人,比前 5 年增长 1.8 倍。

第二节 职业技能鉴定

1996 年,湘潭市成立“职业技能鉴定中心”,组建车工、钳工、铣工、电工、焊工、锻造工、计算机系统操作工、家电维修等 18 个工种技能鉴定站(所),职业技能鉴定工种达 90 个,鉴定站场地 1100 平方米,鉴定设备近千台(套),可同时容纳 600 余人进行职业技能鉴定。有考评人员 32 人。是年 8 月,市劳动、工商部门联合发出《关于个体工商户、民营企业从业人员实行职业资格证书制度有关问题的通知》,对个体工商、民营企业中从事中式面点师等 12 个工种专业人员实行职业资格证书制度,并在全市开始对个体、民营企业从业人员进行职业技能鉴定。建立起培训、考核与就业相结合、与待遇相联系的激励机制。是年,鉴定 488 人,有 485 人通过鉴定获得职业技能证书。1997 年,职业技能鉴定范围逐步扩大,技能鉴定部门组织开展对职业技术学校毕业生和企业职工进行等级技术鉴定。是年,对潭城职工学校等 14 所职校毕业生和市化纤厂等企业在职职工实施技术鉴定。在全市 14 所职业技术学校参加鉴定 4300 名毕业生中,获中级技术等级证书 889 人,获初级技术等级证书 3411 人。1998 ~ 1999 年,有 6226 人技校毕业生通过技术等级鉴定,并获得初、中级技术证书。至 2000 年的 5 年间,共鉴定各类技术人员 15732 人,获得职业资格证书的 15726 人。其中获得中级技术等级 7767 人,获得初级技术等级 7959 人。

2001 年,职业技能鉴定全面展开,覆盖全市企业职工、技工学校、大中专院校毕业生。企业在岗位职工及宾馆、餐饮、美容美发等服务技术工种,从业人员通过职业技能鉴定,获初级技术等级证书的 1546 人,获中级技术等级证书的 3218 人,获高级技术等级证书的 267 人。2002 ~ 2003 年,职业技能等级鉴定与职业培训结合起来,共有 14052 人参加技能培训并进行等级鉴定,有 13982 人分别获得中、高级职业资格等级证书。2004 年,职业技能鉴定、取证人数达 8460 人。2005 年,按照“标准、教材、命题、考务管理、证书核发”五统一的要求,全市组织对 103 个专业、工种进行职业技能鉴定,鉴定人数 10495 人,有 9769 人通过审核获得职业资格证书,其中获初级职业资格证的 2466 人,获中级职业资格证的 6658 人,获高级职业资格证的 548 人,获技师资格证的 98 人。至 2005 年的 5 年间,全市共鉴定 38038 人,获得职业资格证书的 37095 人,其中获初级证书的 6632 人,获中级证书的 29196 人,获高级证书的 1267 人。鉴定人数比前 5 年提高 142%。获得技术等级证书的人数比前 5 年提高 135.88%。

第五章　劳动争议仲裁与劳动监察

第一节　劳动争议仲裁与劳动合同鉴证

一、劳动争议仲裁

1986 年,湘潭市成立市劳动争议仲裁委员会,市劳动局增设劳动争议仲裁科。各县、(市、区)和企业也相继成立劳动争议仲裁机构,恢复“文化大革命”时中断的劳动争议仲裁工作。劳动争议仲裁机构按照调解、仲裁,依法判决程序,在注重做好劳动合同鉴证和管理同时,依法开展劳动争议仲裁处理工作,维护稳定和谐的劳动关系。按照国务院《关于国营企业劳动争议处理暂行规定》,首先协助企业制定和完善厂规厂纪,建立调解组织机构,充分发挥企业调解组织作用。依照国务院《关于辞退违纪职工暂行规定》和省政府实施细则,市国有企业重新制定或修改厂规厂纪,成立劳动争议调解组织。1987 年,全市 486 个全民所有制单位中有 141 个单位制定辞退违纪职工具体办法。至 1990 年,全市制定辞退违纪职工具体办法的全民、集体企业达 422 个,成立劳动争议调解委员会 538 个。湘潭钢铁厂、江南机器厂等单位制定《劳动争议调解工作细则》,配备劳动争议调解专职干部。为提高从事劳动争议仲裁、调解工作者的专业知识水平,5 年内全市举办劳动争议仲裁处理培训班 18 期,培训干部 976 人。各级仲裁机构贯彻落实“重在源头,重在调解和重在预防”的方针,积极做好劳动争议预防调解工作,依法受理劳动争议仲裁案件,全市受理劳动争议投诉案 40 起,全部调处结案。

1991 年起,随着社会主义市场经济体制的建立,各种经济体制并存,企业用人自主权和劳动者择业自主权扩大,劳动者与用人单位之间的劳动关系日趋复杂,劳动争议案件急剧上升,群体性案件增多,加之一部分人自主择业,特别是农民工进城务工,用人单位不按规定签定劳动合同,劳动争议仲裁处理难度增大。有的企业强调企业自主权而忽视职工的合法权益,随意辞退职工,有的经营业主不平等履行劳动合同条约,肆意侵害员工的权益。1994 年起,实施《中华人民共和国劳动法》(以下简称《劳动法》),劳动者维权意识逐步增强,劳动争议案快速增长。至 1995 年的 5 年内,全市受理劳动争议投诉案件 422 起。比前 5 年上升 10.5 倍。其中案外调解 385 起,立案处理 37 起,结案率 100%,无一错案。

1996 年,全年受理劳动争议投诉案件 200 起,案外调解 102 起,立案 98 起,是年,结案 96 起,结案率 98%。1997 年,企业劳动争议调解工作加强,全市厂矿企业共成立劳动争议调解委员会 650 个,乡镇调解委员会 8 个,全部配备专职人员负责劳动争议调解工作。至 2000 年的 5 年间,全市受理劳动争议案件 464 起,比前 5 年上升 10%。案外调解 179 起,立案处理 285 起,结案率 100%。

2001 ~ 2005 年,部分用人单位不认真履行劳动合同,任意拖欠工资,超时加班加点,违法收取押金,职工受伤害不依法给予赔偿等等,尤其是民营企业侵犯劳动者合法权益现象比较严重,而劳动者相对处于弱势。劳动仲裁机构秉着公平、公正原则,认真调查处理结案,维护劳动者的合法权益。5年间共受理劳动争议案件276起,其中集体争议案件13起。劳动争议案件比前5年下降3.2%,结案率100%。

二、劳动合同鉴证

1986年,劳动争议仲裁机构成立后,针对企业新招劳动合同制工人签定的劳动合同存在着内容不符合政策法规,条款不完备,手续不完善,不能体现企业与劳动者的平等互利原则等现象,准备开展劳动合同的鉴证工作。1987年2月,市劳动行政部门正式发出《关于做好劳动合同鉴证工作的通知》,规定用工单位与新招合同制工人签定的劳动合同必须经劳动争议仲裁部门审查鉴证,使之达到"手续完备、条款齐全、符合政策、程序合法"的要求,成为维护企业和工人合法权益的有效法律文书。至1990年的5年间,共鉴证劳动合同22909份,纠正不规范合同3000余份,占鉴证合同13%。

1991年,根据企业固定工制度改革需要,对企业与职工签定的合同进行审查鉴证。全市劳动合同鉴证工作从国有企业合同制工人扩展到计划内临时工,"三资"企业的中方职工及集体、乡镇、民营企业的合同制工人。劳动合同鉴证逐步走上规范化、制度化。全年鉴证劳动合同34325份,共纠正不规范合同5000份,为预防和减少劳动争议的发生起到重要作用。湘潭市劳动合同鉴证工作,得到国家劳动人事部门的充分肯定,并在全国推广实行。1992年,深入贯彻国家劳动部颁发的《劳动合同鉴证实施办法》,进一步规范劳动合同鉴证工作。全市劳动合同鉴证全面展开,至1995年的5年间,共鉴证劳动合同12.5万份,比1990年增加4.46倍;纠正不规范合同1.8万份,占鉴证合同的14.4%。

1996年,全市实施劳动合同制度的企业1646家,涉及国有、集体、民营、"三资"企业职工31.71万人,对98.8%的劳动合同(包括企业集体合同)进行鉴证。至2000年的5年内,共鉴证劳动合同18.2万份,比1995年增加45.69%;纠正部分条款不合法的合同38080份;更正和处理无效合同3576份(不规范合同和无效合同占鉴证合同的22%)。通过合同鉴证,有效地维护企业和职工的合法权益,减少劳动争议案件的发生。

2001年,对510家国有集体企业合同进行鉴证,涉及职工27万余人。至2005年的5年内,对全市648家企业及部分乡镇、民营企业劳动合同进行鉴证,鉴证率达87.2%。其中国有及国有控股企业劳动合同鉴证率98.6%,乡镇民营企业鉴证率87.6%,农民工劳动合同鉴证率47.6%。共鉴证劳动合同20.5万份,比2000年增加13%;纠正不规范合同2.4万份,占鉴证合同11%。

第二节 劳动监察

1994年5月,根据湖南省劳动监察条例规定,湘潭市成立市劳动监察大队,同时颁布《湘潭市劳动监察暂行规定》,随后湘乡市、雨湖区、岳塘区相继成立监察中队,初步形成市、县、区两级劳动监察网络。劳动监察职能主要是依据劳动法律法规对用人单位遵守劳动法律、法规的情况进行监督检查,对违反劳动法律、法规的行为进行处理。1995年,贯彻实施《劳动法》,劳动监察部门组织开展全市劳动用工检查和民办职业介绍机构清理整顿工作,重点抽查"三资"企业和民营企业劳动用工、职工休息休假、民办职业介绍机构劳务信息发布等情况。对部分企业、特别是民营、"外资"企业中侵犯职工合法权益,非法使用童工,任意克扣工人工资,忽视安全生产、不按规定发放劳动保护用品,发布虚假用工信息等行为依法进行查处。对违规企业发出劳动监察指令书18份,提出整改意见57条,责令限期整改,并上门进行复检,对限期不改的施以经济处罚或停业整改。是年,为劳动者追回各类资金215.4万元。1996年,采取专项检查与日常监察相结合,全面开展劳动监察执法工作。全年监察各类企业986家,涉及职工27.5万人。对非法使用童工及强迫职工超时加班的4家用人单位依法进行经济处罚;责令用人单位补发员工被克扣拖欠的工资、押金、集资款、医药费、工伤补偿费180多万元;督促企业补签劳动合同36500份,补发《就业证》1200个,1000余人补办临时用工手续,补缴"两金"(养老保险金、待业保险金)48万元;全年受理投诉案件51起,立案查处21起。1997年,通过劳动监察,为劳动者追回被克扣的工资、押金、医药费、工伤补偿费共计112万元,补签劳动合同7200份,督促补缴社会保险金38万元。1998年以后,部分企业出现违反劳动法规,侵害职工合法权益的行为,引发职工到市委、市政府集体上访,企业与劳动者经济纠纷案件增多。劳动监察部门加大监察执法力度,查处企业违规行为,至2000年的7年间,对违规企业下达整改指令书194份,取缔不合法民办机构7家;全市接待投诉举报1200余起,立案调查处理劳动违法案件134起,处理投诉案件108起,为劳动者挽回经济损失327.4万元。

2001年起,劳动监察逐步由行政管理向依法管理转变,全市监察执法队伍不断加强。是年,全市有劳动监察专干29人。立案查处劳动违法案件38起,对违规单位实施经济处罚6.52万元;受理投诉举报案件87起,为投诉者挽回经济损失47.3万元。2002年,重点开展社会保险征缴扩面、职业准入持证上岗、规范用工行为、劳动力市场清理整顿、禁止使用童工等专项监察,对用人单位不签劳动合同、收取员工押金等违法行为进行行政处罚,对非法职业介绍机构进行打击。是年,市劳动监察大队更名为市劳动保障监察支队。县(市)区劳动监察中队更名为劳动保障监察大队。2003年,劳动监察重点开展清欠农民工工资的"追薪行动",对涉及拖欠农民工工资的重点行业和区域,进行全面检查,受检单位460个。对占清欠总额90%的建筑市场项目、房地产开发项目、大中专院校和政府投资工程项目建立清欠档案,明确清欠目标,与建设部门联合行动,对110家建设单位进行执法监察。2005年,围绕社会保险扩面、农民工工资支付、劳动合同签订等重点工作,开展"监察执法年"活动,为7653名农民工追讨欠发的工资668万元,责令用人单位为2356名劳动者清退押金138.5万元,为2249名劳动者补发工资119.2万元;督促159家用人单位为2338名员工办理养老保险手续,105家单位为1046名员工办理失业保险手续。是年,劳动保障监察设立劳动保障监察举报接待室,设立专门投诉电话,安排专人值班接待投诉人员,为投诉者打造一个投诉举报的绿色通道。至2005年的5年间,市、县(市、区)劳动保障监察部门共接待投诉举报19395人次,对1800多家用人单位进行日常监察,共查处案件1112起,清欠工资总额3232万元,责令支付工资补偿金572万元,为劳动者挽回经济损失312.9万元。

第六章　安全生产与劳动保护

第一节　安全生产监督管理

1986年,湘潭市企业安全生产管理归口市劳动行政部门,由市劳动行政部门代表政府对全市工矿企业安全生产行使国家监察职能。市政府成立由劳动、工会、经委、建委、乡镇经委、公安、矿管、交通、煤炭等部门组成的安全生产委员会,下设安全生产办公室,挂牌市劳动局,具体执行安全生产协调、综合管理职能。是年,针对安全生产滑坡的状况,市政府提出以"预防为主"的方针,为减少生产伤亡事故,防止重特大伤亡事故的发生,强化现场安全监督,组织市总工会、劳动、经委、煤矿等部门开展3次全市性安全检查,2次矿山专项安全监察。查出安全隐患1340处。关闭非法制造"土锅炉"企业11家,查封非法生产的"土锅炉"18台,封闭小煤窑18个。是年,全市工矿企业发生重伤以上事故15起,重伤9人,死亡10人。1988年以后,矿山企业生产伤亡事故十分严重,小煤窑、小锰矿无证开采,秩序混乱。市政府组织矿管、煤炭、公安、劳动等部门进行整顿治理,使矿山乱采滥挖的现象得到控制,但生产伤亡事故仍有发生。至1990年的5年间,全市发生生产伤亡事故384起,重伤241人,死亡194人。

1991年,乡镇矿山管理失控、事故频发,仅8月20日至9月10日,响水乡小锰矿连续发生伤亡事故3起,死亡6人,重伤1人。在"有水快流""先上车、后补票"思想影响下,有的机关、群众团体、部队集资到谭家山矿区采煤。谭家山矿区当时有小煤窑59个(其中30个是独眼井),办理开采证的只有4个。市政府发出《关于切实加强乡镇煤矿安全管理的通知》,组织对全市矿山企业开展执法监察,责令地方政府行业主管部门对乡镇小煤矿、小锰矿开展治理整顿和专项整改。通过打击非法采矿行为,禁止无证开采,一度失控的采矿秩序有一定好转,但生产伤亡事故却居高不下。1993年,贯彻落实国务院关于加强安全生产管理的精神,市政府采取措施强化安全管理,落实安全生产责任制和完善安全生产措施。由市安全生产委员会(以下简称市安委)牵头,劳动、总工会、公安、消防等部门先后组织以"反三违"(违章指挥,违章作业,违章操作)、消除事故隐患为重点的一系列现场安全检查,分别检查电业、建筑行业、交通、化工、烟花鞭炮、矿山、"三资"企业等50个单位。发现部分企业存在资金困难,安全投入减少;设备老化,缺乏抗灾能力;生产环境差,尘毒严重超标,职业病危害严重;少数职工安全意识差,自我防护不力,违章指挥,违章作业;乡镇企业建筑行业事故频发,进城务工农民受伤害多等事故隐患和问题,其中发现重大隐患20处,市安委及时下达限期整改监察书,分别责成单位将整改责任落实到人,限期进行整改,消除事故隐患。是年,市政府发出《关于在企业实行安全生产目标管理,推行安全生产保证金制度的通知》,湘潭钢铁厂、湘潭电机厂、湖南铁合金厂等单位试行安全风险抵押承包,以经济手段强化安全生产管理,对实现安全目标管理,促进安全生产起到重要作用。1994年,全市部分"三资"企业、乡镇企业安全投入少、安全生产条件差、生产工艺落后、管理不善的状况没有得到根本改变。谭家山煤矿地区是湘潭市产煤的重点矿区,有小煤窑

50多个，地方政府每年收取管理费几十万元，却没有专项安全投入，生产伤亡事故得不到有效控制。1995年，贯彻国务院关于“企业负责、行业管理、国家监察、群众监督”安全生产十六字方针，加强对安全生产监督管理。全市开展对建筑施工企业实行安全资格认证和矿山安全生产条件审查认证工作，对从事房屋建筑、土木工程、设备安装、机械化施工、装饰工程、防腐保温、电力安装等全民、集体所有制企业和乡镇、外资、中外合资及个体企业的安全施工基本条件和矿山安全资格进行审查。全年共审查建筑企业20家，国有矿山5家，乡镇矿山25家。依法督促市工矿药厂、岳塘区荷塘铸管厂进行危房改造，消除重大安全隐患。至1995年的5年间，全市发生生产伤亡事故441起，重伤344人，死亡261人。

1996年，按照全省统一部署，全市开展以“治理隐患，预防事故，整章建制，促进发展”为主题的“安全生产年”活动。市、县(市)区、乡镇、企业安全管理机构进一步加强，重点矿区成立矿管站。市政府出台《湘潭市安全生产领导责任制》，明确“谁主管、谁负责，谁批准、谁负责，谁主管、谁批准、出了问题就追究谁的责任”的领导责任追究制。全市重点抓乡镇矿山、乡镇建筑施工企业、生产、运输、销售危险物品企业和易燃易爆、燃气市场的整顿和管理，对全市存在的如市工矿药厂硝酸钾生产车间危房、湘乡化工厂设备老化、市合成化工厂煤气库腐蚀等十大安全隐患下达整改意见和停产通知，查封“土锅炉”78台，取缔“土锅炉”制造厂家8家，配合省劳动厅对5家起重提升设备生产厂家进行审查发证。加大对乡镇矿山治理整顿的力度，市政府出台《关于制止党政机关、群众团体及其工作人员参予办矿的通知》，从反腐败入手，清理党政干部集资入股办矿，整治矿区周边环境，杜绝无证开采。通过治理整顿，全市国有工矿企业生产伤亡事故较上年有较大下降。但乡镇矿山的事故没有得到有效控制，重特大生产伤亡事故接连发生。1997年，市政府颁发《湘潭市关于加强安全生产工作的决定》和《关于加强乡镇煤矿安全生产工作的通知》，明确各级政府、部门、单位的安全职责，明确法人代表是安全生产第一责任人，全市形成领导负责，一级抓一级的安全生产管理格局。全年加大安全生产综合治理与监察力度，重点对矿山、特种设备、液化气、烟花鞭炮市场进行监察检查。查出安全隐患1000余起，督促安全隐患整改率达95%。1998年，重新制定《湘潭市安全委员会职责》，明确市安全委员会成员单位及各主管部门的安全职责范围和相应的责任，形成安全生产齐抓共管的合力。全年组织3次全市性的安全检查，分别对矿山、化工、建筑施工场地及易燃易爆生产、销售场所、公共娱乐场所进行安全检查督促，消除隐患。对55个乡镇煤矿进行安全基本条件审查，为15个具备安全生产条件的乡镇煤矿颁发基本安全合格证书，关闭38个不具备安全生产条件的矿井。督促乡镇矿山加大安全投入，整改安全生产条件。至2000年的5年间，全市发生生产伤亡事故291起，重伤133人，死亡347人。

2001年，市政府发出《关于加强安全监控，严防事故发生的通知》，对发生生产伤亡事故单位实行责任追究制。全年开展对乡镇矿山、易燃易爆、交通运输、车站、码头、小化工、小水泥、旅游景点等特殊行业进行全面安全检查，查出隐患1800余处，重大隐患40处，通过整治，绝大多数隐患得到整改。2002年3月，湘潭市企业安全生产监督管理职能由市劳动保障部门移交市经委。锅炉、压力容器、压力管道、特种设备安全监察职能、机构、人员、编制由市劳动和社会保障部门移交市质量技术监督部门。2004年，成立湘潭市安全生产监督管理局，调整充实市安全生产委员会组成单位，安全监督管理由工矿企业安全生产扩大到消防、道路、水上交通等方面，全面执行安全生产监督管理职能。各县(市)区成立安全生产监督管理机构,25个乡镇设立安监站,配备专职安全员。根据国务院和省政府《关于进一步加强安全生产工作的决定》精神,市政府出台《湘潭市人民政府关于进一步加强安全生产的决定》,完善安全生产责任制和安全生产目标管理考核办法。组织开展3次以“治理事故隐患”为主题的安全大检查,查出隐患476处,发出整改通知192份,停产整顿通知16份。通过开展矿山、危险化学品、道路交通、民用爆破和公共聚集场所消防安全等专项治理整顿,事故高发势头得到遏制。2005年,市政府出台《非公有制企业安全生产工作的指导意见》和实施方案,对全市非公有制企业安全生产实施全面监督管理。10月份组建市安全生产执法支队,各县(市)着手筹建执法大队,湘潭县成立由乡镇长任主任的乡镇安全委员会,城市两区(岳塘、雨湖)和韶山、湘乡两市所辖街道办事处、乡镇共设立安监站63个,安全监察体系进一步完善。市安全生产监督管理局先后对全市1260家生产经营单位进行安全检查,查处隐患3083处,下达整改指令862份,责令24家企业停产整顿。开展矿山专项整顿,关闭6家无证煤矿,责令18个乡镇煤矿停产整顿。关闭非煤矿14家,责令停产整顿23家。对14起非法采矿行为进行打击,刑事拘留3人。取缔非法经营成品油11家,无证经营危险化学品单位7家。通过整顿,矿山企业乱采滥挖的现象得到遏制,生产伤亡事故得到控制。至2005年的5年间,全市发生生产伤亡事故6208起,其中重大伤亡事故3起。死亡748人,受伤6814人。

附 湘潭市企业生产重大伤亡事故

1986年,全市工矿企业发生生产伤亡事故15起,死亡10人,重伤9人。1988年,全市国营煤矿发生伤亡事故10起,死亡11人,重伤10人;乡镇煤矿发生伤亡事故16起,死亡23人,重伤15人。由于不具备基本安全生产条件,冒险开采,谭家山平塘村村办煤矿二井发生瓦斯爆炸,造成一次死亡5人,重伤5人的重大伤亡事故。1991年,全市工矿企业发生生产伤亡事故108起,重伤81人,死亡54人。1991年3月7日,市列家桥煤矿违章放炮作业引起煤尘爆炸,造成死亡35人、重伤1人的特大伤亡事故,直接经济损失128万元。1993年,发生生产伤亡事故95起,死亡31人,重伤68人。湘乡市育塅乡杨名村鞭炮厂因管理不严,隐患整改不到位,违章作业造成重大爆炸伤亡事故,当场死亡9人,重伤4人、轻伤3人。1994年谭家山矿区乡镇煤矿一年内死亡46人,仅吊萝死亡14人。1995年湘潭县第三化工厂(个人承包企业)因为管理不到位,生产场地通风不良,职工未按规定穿戴防护用品(没有发放),发生严重砷中毒事故,10名操作工中毒,4名在治疗中相继死亡,工厂也因之关闭。1995年12月19日,湘潭县党生煤矿(个体矿)发生窒息重大伤亡事故,死亡15人;1996年1月7日,湘潭县盛家山煤矿(乡镇矿)发生瓦斯爆炸重大事故,死亡15人;6月25日,湘潭县谭家山矿区裳霞煤矿(乡镇矿)发生透水重大事故,死亡15人;5月21日,市自来水公司一水厂搬迁工程工地发生水下爆破重大生产伤亡事故,造成3人死亡、4人重伤、6人轻伤。7月12日,锰矿地区发生一小锰矿井下中毒窒息重大事故,死亡5人,12人受伤、直接经济损失10多万元。12月31日,湘潭县盐埠发生私人鞭炮作坊重大爆炸事故,死亡4人。1998年11月10日,湘潭县响水乡一化工厂(个体承包厂)由于管理不到位,生产作业环境差,操作不规范,救护方法不当等原因,发生硫化氢大量外泄事故,导致5人死亡、1人重伤。2004年7月14日,湘潭县谭家山镇双扶煤矿双扶井在吊萝提升运输时,挂断井下电缆,发生电缆起火的责任事故,造成10人死亡,18人受伤。12月13日,湘潭县谭家山镇新立煤矿发生井下火灾事故,死亡8人,轻伤3人,直接经济损失300万元。

第二节 劳动保护

一、职业安全卫生与福利

1986年起,全市多数企业,特别是大型国有企业认真落实国家劳动保护政策,按规定给职工发放劳保用品和保健食品,定期进行职业健康检查。1988年,成立市劳动安全卫生检测站,负责全市职业安全卫生检测工作,加强劳动安全卫生监督。按照国家有关规定,全市企业对享受保健食品的职工调整保健食品标准:享受保健待遇工种每人每月享受肉3斤、油1斤、食糖1斤折算现金13元;享受保健待遇工种的,每人每月享受肉2斤、油1斤、食糖1斤折算现金10元。是年,通过审查,41家劳动保护用品生产厂家和3家劳动保护用品销售单位取得生产和销售资格,并获得省劳动厅颁发的生产、销售许可证。至1990年,全市国有、集体企业和部分乡镇企业完成劳动保护建档工作。125家可以享受保健待遇的单位按规定审批发放保健食品,62家单位经审批按规定发放劳保用品。

1991年,企业在改制过程中,单纯追求经济效益、忽视安全生产的倾向抬头,职工应有的劳动保护福利待遇难以到位,部分企业存在劳动环境差的现象。劳动安全卫生监督部门贯彻《湖南省劳动保护条例》,组织对相关企业进行现场测验,督促企业增加劳动保护投入,改善劳动环境,落实职工劳保福利待遇。1992年,保健食品审批权、普通劳动用品定点生产审批权由市劳动部门下放给企业,保健食品的发放和普通劳保用品的生产由企业自主决定发放和生产。1993年,市劳动安全卫生监督部门组织对湖南农药厂等11家企业不同岗位的尘毒、噪音、劳动强度进行现场测验,发现有的企业粉尘、噪音等超过国家规定的标准,劳动安全卫生监督部门发出整改通知,督促企业加强技术改造,改善劳动条件,要求定期对有毒有害岗位进行尘毒检测,定期对从事有害的职工进行健康检查,按规定进行岗位轮换。1994年起,大多数企业按照《劳动法》的规定,实施新的工时标准和休息休假制度,逐步实行"双休日"制,每周工作不超过40小时,严格控制加班加点,劳动防护设施得到完善,防寒防冻、防暑降温等保健工作得到加强,劳动条件得到改善。但是,少数企业劳动保护工作一度削弱,职工劳保福利难以落实。有的单位强调企业自主权,以降低生产成本为由,任意减少劳动保护应有的投入或支出,甚至取消劳保福利待遇。一些乡镇企业、外商投资企业生产场地拥挤、设备陈旧、生产工艺落后、劳动保护措施不到位、劳保福利低,有的甚至连必需的劳动防护用品也没有。湘潭县第三化工厂(私人承包企业)因为未按规定给职工发放劳保用品而发生职工砷中毒死亡事故。有的外资、民营企业任意安排职工超时加班加点。台商独资企业湖南登升鞋业有限公司强迫女工加班加点,每月累计达100小时以上。1995年,劳动安全卫生监督部门通过监察,查处湖南登升鞋业有限公司、湖南侑宏机械实业有限公司(外商投资企业)等7家企业,督促改善生产环境,加强劳动保护。

1996年,湘潭市有外商投资企业158家,乡镇、民营企业5万余家。劳动安全卫生监督部门贯彻《劳动法》的规定,加强劳动保护工作,重点加强对外资、民营、乡镇企业的职业安全卫生监督,当年检查87家外商投资企业,下达限期整改通知12份,跟踪督促整改,使企业生产环境得到改善,职工劳保福利待遇得到保障。至2000年,督促企业为工伤职工落实工伤医疗费及补偿30余万元。

2001 年以后，劳动安全卫生监督部门通过劳动执法监察，对严重违反劳动保护法规行为进行严肃处理，督促企业按国家规定的标准落实劳动保护待遇，特别是落实职工工伤医疗费和工伤补偿金。2004 年，市政府规定，国有企业破产、关闭企业 5～6 级伤残职工可提前退休进入统筹，职工因病、非因工丧葬待遇和直系亲属救济费等有关待遇作适当调整。企业职工因病或非因工死亡，丧葬补助由死者所在单位发给当地上年度平均工资 4 个月丧葬补助费（在火葬区不实行火葬的，不得享受）。供养直系亲属救济费，供养直系亲属 1 人为死者当地上年度社会平均工资 24 个月；2 人为 28 个月；3 人及以上为 32 个月。同年，工伤保险全面启动，职工因工伤亡待遇得到保障。至 2005 年，为因工负伤职工落实工伤治疗、补偿 35 万元。大型国有企业生产环境不断得到改善，劳动保护措施按国家规定得到落实，外商投资企业、乡镇、民营企业劳动保护不断加强。全市 177 人享受工伤保险待遇。

二、女工、未成年工保护

1986 年始，湘潭市贯彻国务院关于《女职工劳动保护规定》，国有企业女工、未成年工（16～17 周岁）特殊劳动保护不断得到加强，女工"五期（经期、婚期、孕期、产期、哺乳期）待遇按规定得到较好落实。1992 年起，按市政府规定，怀孕七个月以上的女职工和哺乳期女职工，经本人申请，单位批准，可休 1～3 年长假。劳动用工制度全面放开以后，由于种种原因，部分企业特别是外商投资企业女职工和未成年工特殊劳动保护没有按《劳动法》的要求标准落实，有的单位非法使用童工，不顾女工和未成年工的生理特点，强迫加班加点。湘潭晶钻宝石有限公司在没有任何劳动保护措施情况下，安排女职工从事手工切割水晶和磨制钻石工作，长时间在湿水环境下作业，手指被泡肿发白，工作长达 12～14 小时。劳动职业安全监察部门把维护女工、未成年工合法权益作为劳动监察的重要内容，严厉打击强迫女工、未成年工加班加点、非法使用童工行为。对类似晶钻宝石有限公司的行为进行严肃处理。

1996 年起，开启女职工团体健康保险工作，使参加保险的患有乳腺癌、子宫癌以及其他严重疾病的女职工能及时得到保险赔付。每两年组织一次女职工妇科病普查，每次普查率达 80%，每年安排从事有害有毒工种的女职工进行体检，体检率达 90%，至 1995 年，全市有近 30 万人次患妇科病和 0.4 万人次从事有害有毒工种的女职工享受到公费医疗待遇。2000 年起，女职工卫生费由每人每月 7～10 元提高至每人每月 8～12 元。

2001 年，市劳动和社会保障局、法制办、经委、公安局、工商局、教育局、总工会、团市委、妇联等单位联合开展对实施国务院关于《禁止使用童工的规定》情况进行调查，并建立《湘潭市综合治理非法使用童工行为工作联席会议制度》和《湘潭市综合治理非法使用童工行为工作方案》，确定每年第三季度派出联合调查组就禁止使用童工的法律法规实施情况进行调查，打击非法使用童工及强迫加班加点行为，对责任单位实施罚款处理，维护女工、未成年工合法权益。全年查处 3 起个体工商户招用女童工案件，责令 3 家工商户清退 7 名女童工。政府组织指导开发适应妇女生理条件的就业领域，大力促进妇女就业。在招工用人上，规定不得提高对下岗女工的录用标准，倡导男女同工同酬，不得以性别为理由强迫女工下岗，不得在哺育期间辞退女工。是年，全市有女职工 108135 人，占职工总人数 39.7%，女职工从业比例比 1986 年提高 6.3 个百分点。2002 年起，女职工卫生费补贴标准由每人每月 8～12 元提高到 15 元。2004 年 8 月，建立职工生育保险，女工生育待遇得到保障。至

2005 年的 5 年间，全市有 6432 名下岗女工通过各种途径实现再就业，占女职工人数 5.9%。

三、伤残鉴定

1986 年，企业职工因工负伤或患重病要求病退的，由企业呈报劳动行政部门认定，送指定医院进行体检，聘请专家根据体检结果进行劳动能力鉴定，完全丧失劳动能力符合退休条件的，办理提前退休手续。至 1988 年，全市共有 326 名符合退休条件的伤残（病）职工办理提前退休手续。

1989 年，成立湘潭市伤残鉴定委员会，由市总工会、监察、劳动、人事、中心医院等 8 个部门相关负责人和专家组成，全面负责企业伤、病职工劳动能力鉴定审批工作，对因工致残达到 1~4 级（含破产改制企业 5~6 级）和因病完全丧失劳动能力（男 50 岁、女 45 岁以上）的企业职工办理提前退休手续。在做好调查摸底的基础上，于 1991 年开始进行伤残鉴定工作。至 1995 年，全市 1463 人通过劳动能力鉴定，671 人符合退休条件，办理提前退休手续。

1996 ~ 2000 年，4158 人通过劳动能力鉴定，2687 人符合退休条件，办理退休手续。

2001 ~ 2005 年，2064 人通过劳动能力鉴定，647 人符合退休条件，办理提前退休手续。

第七章　社会保险

第一节　职工基本养老保险

一、企业职工基本养老保险

1986 年 9 月，遵照国务院《国营企业实行劳动合同制暂行规定》以及关于劳动合同制工人实行社会养老保险和“建立劳动保险机构”精神，湘潭市社会养老保险制度改革开始起步。根据市编委《转发市劳动局〈关于增设和加强三个机构的请求报告〉的批复》，成立市社会劳动保险事业管理所（正科级事业单位，1991 年改为管理处），对外开展社会养老保险业务工作。职工基本养老保险实施的对象是国有企业新增的劳动合同制工人。养老保险待遇包括职工退休费、丧葬补助费。当时划归劳动部门管理的为全民所有制单位职工和县（市）劳动行政主管部门所属的劳动服务公司直接创办企业的职工，以及独立核算全民带集体企业单位职工。集体企业实施社会养老保险，业务由湖南人寿保险公司湘潭分公司经办。当年全市 73 家国有单位 10074 名合同制工人参加养老保险，筹集保险基金 254.76 万元。1987 年，针对国有企业离退休费负担畸重畸轻状况，开始在国有企业固定职工中实行离退休费社会统筹。其统筹比例按企业在职职工和离退休人员工资之和的 13%计提，与合同制工人养老保险分轨运行。全市 148 家单位 27755 名退休人员参加统筹保险，当年受益人数 15214 人；支出养老保险金 314 万元。当年，社会养老保险缴费标准，按全市全民合同制工人月平均工资 67 元的 18%和 3%计提（单位 18%、个人 3%）。从 1989 年开始，全市全民企业单位职工离退休费进行统筹核算，实行全民企业固定工离退休费用市、县（市）统筹。1990 年，贯彻执行市政府关于《湘潭市全民所有制单位临时工养老保险暂行办法》和实施细则，建立和实行全民所有制单位临时工养老保险制度。至年底，全市 16 家单位 210 名计划内临时工参加养老保险。全市参加养老保险社会统筹职工 15.69 万人，收缴养老金 5493 万元。其中离退休人员 45340 人，支付离退休金 4907 万元，年人均 1082.30 元。

1991 年，计划内临时工参加养老保险人数增加到 427 人。全市 453 家全民企业，162031 名固定职工和 30528 名劳动合同制工人和临时工参加社会养老保险基金统筹，单位和职工人数分别占应参保数 100%。全年共收缴离退休费统筹基金 7369.96 万元，收缴率 97.8%，收缴合同制工人和临时工养老保险费 778.49 万元，收缴率 98.75%。全市 48393 人享受养老保险待遇，支出养老保险金 6474.58 万元。1992 年以后，湘潭市社会养老保险由国有企业扩展到民营企业和个体劳动者及帮工。国有企业职工养老保险金，由过去的固定工、集体混岗工与合同制工人、计划内临时工的分轨运行改为并轨运行，两金合并使用。同时建立起国有企业补充养老保险和职工个人储蓄性养老保险制度。基金收缴改以工资总额和离退休费总额两个总额之和作为基数提取养老保险基金。原来增支单位按人均不超过 7 元收缴改为按单位全部增支额 60%收缴，受益单位按人均不超过 10 元拨付改为按单位全部受益额 30%拨付。根据国务院《关于企业离退休人员增加离退金的通知》和省政府关于企业离退休人员增加离退休金的通知精神，从当年起对企业离退休人员和退职人员人均增加离退休金和退职生活费(未参加 1985 年工资制度改革的全民企业离退休人员，每人每月增发 10 元离退休金；离退休人员按本人月基本离退休金 10%增加离退休金，不足 12 元的按 12 元增加，不足 10 元的按 10 元增加)。为加强对离退休人员管理，全市建立离退休人员管理处、办(委)89 个，自管小组 317 个，配备专、兼职干部 327 人，自管骨干 680 人，初步形成以社会管理为主，企业管理为辅，离退休人员自管为基础的离退休人员管理网络。是年，为 27 家特困企业增拨受益金 129.9 万元。1994 年，全市养老保险实行统一比例，统一核算，统一管理，分级结算的养老保险办法。建立和实施“三资”企业中方职工养老保险制度，全市 13 家“三资”企业 576 名中方职工参加养老保险。年内，按省劳动厅、省财政厅《关于调整全省企业离退休人员离退休金的通知》精神，及时为离退休人员调整离退休金。为 64 家特困企业增拨退休金 391.11 万元。1995 年，成立湘潭市社会劳动保险事业管理局(原为管理处)，升格为副县级事业单位。社会保险管理体制进一步完善。全市城镇企业职工以及民营业主、城镇个体工商户及帮工，外商投资企业中方职工的社会养老保险和社会养老保险制度改革等，均归属劳动行政主管部门统一管理。原由人寿保险公司承办的各类职工养老保险业务全部移交市劳动行政部门所属社会保险机构。至年底，全市有 492 家国有企业、在职职工 16.25 万人参加基本养老保险，其中离退休人员 49776 人；9 家“三资”企业的 421 名中方职工参加基本养老保险，83 家企业 3.58 万名职工参加企业补充养老保险。全年收缴养老保险金 15149 万元，支出离退休费 12171 万元，年人均 2445.15 元。国有全民企业基本养老保险覆盖面达 100%。当年，湘潭市被省政府评为湖南省社会保险工作先进单位。

1996 年，根据《国务院关于深化企业职工养老保险制度改革的通知》和《湖南省人民政府关于深化企业职工养老保险制度改革的通知》文件精神，市政府颁发《湘潭市企业职工养老保险改革实施办法》，全市建立统一制度，统一标准，统一管理，统一调剂使用养老基金制度，全面实施社会统筹与个人账户相结合的基本养老保险办法。全市参加养老保险的职工全部建立个人账户，为首批 2 万名职工发放个人账户手册。为 7 万多名退休人员调整增加退休金(月人均提高 37.7 元)。是年，全市离退休费占在职职工工资总额25%,鉴于退休费用负担过重的原因,重新调整全市养老保险基金缴费比例,确定单位按在职职工工资总额25%、个人按本人标准工资3%缴纳;外商投资企业参加社会养老保险按全省平均工资400元人/月作为缴费基数。养老保险金由银行代为缴扣。1997年,社会养老保险发挥社会保障调剂功能,为特困企业垫付养老金424万元,为56676名企业离退休人员调整离退休养老金(未参加1994年调标的退休人员每人每月增加退休费15元,参加调标的退休人员每人每月增加退休费10元,1996年元月1日以后退休的人员每人每月增加退休费35元)。是年,全市参保单位827家,参保职工24万人,离退休人员7万人。1998年,贯彻落实省政府关于《湖南省建立统一企业职工基本养老保险制度的实施意见》精神,实行企业职工基本养老保险制度与国家统一方案并轨,基本养老保险金开始实行统一缴费比例,统一个人账户规模,统一养老金计发办法。企业职工基本养老保险费改"全额结算、差额拨付"为"全额结算、全额拨付"。是年,全市应收缴养老保险金1.6亿元,实际收缴1.29亿元,收缴率80.6%,应支付离退休金1.7亿元,实付1.44亿元,企业欠付600万元。至年底,企业累计欠发离退休人员养老保险金4257.65万元。为确保离退休人员离退休金按时足额发放,维护社会稳定,市政府按照属地管理原则,对个别特殊困难企业采取由政府和社保机构给予帮助的办法,保障离退休人员基本生活。政府动用积累2300万元为欠发养老金的离退休人员补发养老金1901.15万元。保证全市国有企业1272名离休人员和64274名退休人员的养老保险金做到按时足额发放。1999年,市政府颁布《关于强化社会保险费征缴的暂行规定》和《关于城镇民营企业和个体工商户从业人员参加社会保险的通知》,是年,养老保险扩面增加1万余人。全市参加职工基本养老保险社会统筹离退休人员66377人,占在职职工37.59%,养老保险金占在职职工缴费基数34.9%,高于28%征缴比例6.9个百分点。从4月份起,对职工基本养老保险金社会统筹率作适当调整,企业缴费比例由23%降至22%,职工个人缴费比例由个人缴费工资基数5%提高到6%,民营企业、个体工商户单位缴费比例由10%提高到11%,个人缴费由4%提高到5%;从7月份起,按照参加工作年限,离退休人员基本养老金水平每人分别提高30~60元。2000年7月份起,社会养老保险实行收支两条线,结算方式由差额缴拨改为全额缴拨,实行收付分离。是年,全市新增参保单位136家,新增参保人数7807人,其中民营企业、个体工商户新增参保人数2190人,全市参保人数18.53万人,其中离退休人员72538人。收缴基本养老金30381万元,支出离退休金35646万元,年人均4914.1元。

2001年,社会养老保险实现个人账户网络化,筹资渠道多元化,养老金发放社会化。全年新扩面参保7210人,全市企业职工参加基本养老保险人数18.99万人,其中离退休人员76989人,相当于在职参保职工人数40.5%,离退休人员养老金支出占在职职工工资总额42.1%。从4月份起,企业职工个人缴费比例由个人缴费工资基数6%调整到7%,城镇民营企业、个体工商户单位缴费比例由13%提高到15%,个人缴费比例由6%提高至7%。至当年6月,全市养老保险金社会发放率100%。7.9万名企业离退休人员养老保险金得到如期足额发放。2003年,为方便个人续保和工商户缴费,市本级与中国银行湘潭市分行共建个人投保缴费单位,实行"就近缴存,定期划拨"。当年,国有、集体、外商投资企业缴费比例由22%降至21%,职工个人缴费比例由7%提高至8%。城镇民营企业单位缴费比例统一为20%,职工个人缴费比例由7%提高至8%。灵活就业人员、城镇个体工商户统一按缴费工资基数的22%缴纳基本养老金,业主按雇请全部从业人员缴费工资基数14%为其从业人员缴纳基本养老金,从业人员本人按其缴费工资基数的 8%缴纳。缴费基数最高为全省上年度职工平均工资的 300%,最低为 80%。是年,全面实行企业职工退休审批公示制度,企业职工退休须进行张榜公布。全面推行企业退休人员社会化管理服务,依托街道、社区劳动保障工作平台,在社会保障机构和社会服务保障中心建立退休人员管理台账,健全社会化管理服务的各项制度。全市设立 26 个社会保障服务站,176 个社会保障服务中心,配有 48 名街道(镇)社会保障员和 326 名社区社会保障员,发放企业退休人员社会化管理服务联系卡 10 万张,为年老、因病不能领取养老金的退休人员办理《领取养老金有效证书》3870 份,个人账户发放率 96%。同时,规范社会保险费申报和缴纳及养老保险待遇稽核工作,建立举报冒领养老金奖励制度和养老保险金发放监控制度。全年查处少报缴费人数 1.2 万人,追缴欠费 32 万元,查处冒领养老金人数 286 人,追回冒领金额 22 万元。是年,成立湘潭市企业职工养老保险协会,为参保企业和参保职工服务,及时协调处理社会保险工作中出现的矛盾和问题,探索搞好社会保险工作新办法,促进社会保险事业发展。2004 年,市政府发布《关于进一步做好城镇非公有制经济从业人员基本养老保险工作的通知》,明确城镇民营企业、个体工商户、外资企业、民办非企业单位必须参加企业职工基本养老保险。对农村进城务工人员参保、重续养老保险关系,补缴养老保险费等现实问题作出具体政策规定。全市实行省统一的缴费标准:企业按上年度全省人均工资 20%、个人按 8%缴纳。是年,实施"社会保险扩面年"活动,企业养老保险新增参保人数 2.3 万人,其中以个人身份参加养老保险 4000 人。根据市政府第 32 次政府会议纪要精神,国有破产企业、关闭企业 5~6 级工残人员提前退休进入统筹。2005 年,社会养老保险继续做好参保扩面工作。为适应湘潭市非公有制经济发展水平,对 2004 年以来新办外资企业、城镇民营企业、民办非企业单位在整体参保前提下,实行缴费费率优惠。单位缴费比例由 20%降至 14%,民营企业最低缴费基数由不低于上年度全省平均工资 80%下降到 60%。同时在规定时间内允许男年龄不超过 50 周岁,女年龄不超过 45 周岁初次参保者,从 1996 年起补缴养老保险金。全年新增养老保险参保人数 40032 人(市本级 22806 人),其中民营企业、个体工商户 4290 人。全市参保单位 1638 家,参保人数 21.34 万人,征缴养老保险金 43546 万元(市本级 2719 万元)。全市 87860 名企业离退休人员,发放养老金 56205 万元,年人均 6397.1 元。

二、机关、事业单位职工基本养老保险

根据国务院"四个暂行规定"有关精神,1993 年,全市机关、事业单位开始实行职工基本养老保险。当年有 207 家机关、事业单位 4128 名合同制工人参加基本养老保险。养老保险缴费标准为单位每人每月缴纳 17 元,个人缴纳 2 元。当年收缴养老保险基金 94 万余元。1994 年 2 月,根据市编委办《关于成立湘潭机关事业单位养老保险工作处的批复》文件成立市机关事业单位社会保险处,为市人事局直属正科级事业单位。其职能主要是负责全市机关、事业单位社会保险制度的建立与实施,对下级机关社会保险机构业务工作进行指导和监督;承担市直机关、事业单位工作人员(含离退休人员)养老保险费的征缴、下拨以及离退休人员的综合管理工作。1995 年 4 月,市政府颁发《湘潭市机关、事业单位工作人员养老保险试行办法》,确立"以支定收、略有节余、适当积累"原则和"分步实施"办法。从 6 月 1 日起,对市直机关、事业单位的劳动合同制工人、聘用制干部、计划内临时工和人事关系挂靠在机关、事业单位或人才流动服务机构等四部分人实施养老保险、收缴养老保险费。

是年，538 家机关、事业单位 5060 名合同制工人参加基本养老保险，收缴养老保险费 75 万元。

1996 年，养老保险范围扩大到自收自支、差额拨款事业单位全体在职职工和离退休人员。养老保险费缴纳标准，单位按在职职工工资总额和离退休费总额之和 23%计提，个人按本人工资总额 1%计提。编内临时工按每人每月 50 元收缴(其中单位缴纳 45 元，个人缴纳 5 元)。寄档在市人才交流中心的人员，按每人每月 50 元收缴。离休、退休、退职人员个人不缴费。养老金支付标准为国家、省、市规定计发的离休费、退休费、退职费及津补贴。市直共有 159 家单位 7207 名职工参加养老保险。共收缴养老保险费 606.5 万元，919 人享受养老保险，首次支付离退休金 275.3 万元。1997 年 5 月，根据市编委员办《关于湘潭市机关事业单位养老保险工作处更名并明确级别的批复》，湘潭市机关事业单位社会保险处更名为湘潭市机关事业单位社会保险局，升格为副县级事业单位。同年 5 月，根据省政府关于《湖南省机关事业单位养老保险制度改革办法(试行)》和市政府办公室颁发的《湘潭市机关事业单位养老保险制度改革实施细则》，从 1997 年 6 月 1 日起，养老保险范围扩大到全市各类机关事业单位的全体职工。同时，调整养老保险费征集标准：单位按职工工资总额和离退休费用之和 24%、个人按本人工资总额 3%计提。挂靠机关、事业单位人员，有聘用单位的，以市直机关、事业单位上年度月平均工资总额为基数，按单位缴纳标准与个人缴纳标准之和，每年一次性缴纳，没有聘用单位的，按每人每月 54 元缴纳。机关、事业单位养老保险实行个人账户与社会统筹相结合，按 16%的记账比例为每位参保人员建立基本养老保险个人账户。由财政全额拨款的机关、事业单位职工，个人缴纳部分按在职职工上年度月平均工资 3%缴纳，离退休人员养老金仍由财政负担。各县(市、区)参照《实施细则》，出台养老保险制度改革试行办法。当年基金征缴收入首次突破千万元，达到 1276.9 万元，支出 1006.9 万元，滚存节余 907.9 万元。至 2000 年，全市 1469 家机关、事业单位 49996 人参加基本养老保险，全年全市征收养老金 5277.5 万元，支付离退休金 4277.7 万元，基金滚存结余 4170.5 万元。

2001 年，全市参加养老保险人数 59686 人，收缴养老保险金 10156 万元。其中离退休人员 16221 人，支付离退休金 8519 万元。2002 年 1 月，机关、事业单位按照职工本人缴费基数 11%建立养老保险个人账户，个人账户手册发放至参保人员个人。2003 年 1 月起，由参保单位于每月 20 日前按年初确定的缴费基数申报缴费。不按规定申报缴费，按该单位上月缴费数额的 110%确定应缴数额。单位补办申报手续并缴纳保险费后再按规定结算。参保单位不按规定缴纳养老保险费的，由机关、事业单位社会保险机构责令限期缴纳。逾期不缴的，每月加收 5‰的滞纳金。根据市政府决定，当年 2 月，市机关事业单位社会保险局由市人事局管理改由市劳动和社会保障局管理，为市劳动和社会保障局直属的副县级事业单位。机关、事业单位养老保险业务由市人事局整体移交市劳动和社会保障局。是年，对全市机关、事业单位养老保险执行情况进行稽查审核，共核查参保单位 734 家，查出少报、漏报缴费人数 104 人，少缴、漏缴养老保险费 20 万元；11 人冒领养老金 4.6 万元，欠缴和冒领金额全部追回。2004 年，按照《湘潭市人民政府办公室关于调整市直差额拨款和自收自支事业单位养老保险个人缴费比例的通知》精神，1 月 1 日起，市直差额拨款和自收自支事业单位养老保险个人缴费比例由 3%调整为 4%。到 12 月，全市参加养老保险人数 62715 人，养老保险基金征缴总额 1.76 亿元，发放离退休人员离退休金 1.57 亿元。至 2005 年，全市机关、事业单位参保人员 62202 人(其中市直参保 18781 人)，征缴养老保险费 18531 万元(其中市直收缴 4892 万元)，支付离退休人员离退休金 16564 万元(其中市直支付 3442 万元),基金滚存节余 15059 万元(其中市直累计节余 7863 万元),收缴历年欠费 396 万元,查处 15 起冒领养老保险金事件,追回冒领金 5.7 万元。

第二节　城镇职工待业(失业)保险

1986 年,根据国务院关于《国营企业职工待业保险暂行规定》,湘潭市开始建立待业保险制度并建立保险基金,由市劳动服务公司负责开展待业保险业务。基金收缴按企业工资总额 1%、个人缴费按每人每月 1 元标准缴纳。待业保险对象为国有企业正式职工。是年，全市参加待业保险单位 332 家,参保人数 16.70 万人,投保金额 113.5 万元。保险基金由银行代扣代缴。至 1987 年,全市参加待业保险单位上升至 547 家,参保人数 16.87 万人,投保金额 143.75 万元,居全省第一。发放待业救济金标准为:工龄不满 3 年的,发给 6 个月的待业救济金,每月为本人标准工资 70%;工龄满 3 年不满 5 年的,发给 9 个月待业救济金,每月为本人标准工资 70%;工龄满 5 年不满 10 年者,发给 14 个月待业救济金,第 1 至 12 个月为本人标准工资 70%,第 13 至 14 个月为本人标准工资 50%;工龄满 10 年不满 15 年的,发给 17 个月待业救济金,第 1 至 12 个月为本人标准工资 70%,第 13 至 17 个月为本人标准工资 50%;工龄满 15 年不满 20 年的,发给 21 个月待业救济金。第 1 至 12 个月为本人标准工资 75%,第 13 至 21 个月为本人标准工资 50%;工龄满 20 年以上的,发给 24 个月待业救济金,第 1 至 12 个月为本人标准工资 75%,第 13 至 24 个月为本人标准工资 50%。至 1990 年,参加待业保险的全民、事业单位 599 家,参保职工 19.93 万人。是年,收缴待业保险金 169.41 万元,参加保险人数和收缴金额分别比 1986 年上升 19.3%和 49.2%。

1991 年,参加待业保险的全民、事业单位扩大到 649 家,职工 20.76 万人。1992 年,职工待业保险范围由国有企业扩大到城镇集体所有制企业和劳动服务公司企业，企业辞退的富余人员及被除名、开除的职工均纳入救济范围。年内,对 1680 名待业职工实施待业救济,发放救济金 53.5 万元。1993 年,全市 916 家全民企业、企业化管理的事业单位和招有合同制工人的行政事业单位参加职工待业保险,人数 20.73 万人。参加待业保险的城镇集体企业 450 家,人数 6.7 万人,企业数和参保职工人数均占城镇集体企业和职工总数的 60%。是年收缴待业保险费 811 万元，收缴率 94.5%。为 3796 名待业职工发放救济金 114.12 万元。至 1995 年,参加待业保险单位 1467 家,职工 22.36 万人,国有企业、企业化管理事业单位参保率 100%。其中集体企业 530 家,职工 7.98 万人。参保企业职工人数占企业职工人数 75%。是年,收缴待业保险金 2211.7 万元,为 28020 人发放待业保险金 555.42 万元。参加保险人数和收缴金额分别比 1990 年增长 12.14%和 12.38 倍。

1996 年,失业保险基金收缴比例由按企业职工工资总额 1%提高到 1.2%,个人缴费由原来每人每月 1 元提高到每人每月 2 元。是年,失业保险以搞好失业职工和下岗职工再就业扶持和困难企业救济为重点,全年累计为失业职工发放救济金 220 万元,用于困难企业下岗职工生活救助金 531.7 万元,为失业职工提供生产自救费 7.7 万元,引导和帮助 1189 名失业职工实现再就业,促进 1 万名下岗职工实现转换就业。1997 年,部分企业经济不景气,失业保险金收缴困难。市本级投保失业保险企业 591 家,职工 17.4 万人,应收失业保险金 1268.4 万元,实际收缴 1047.9 万元,收缴率 64.4%,其中足额缴纳企业 161 户,占应缴企业 27%;分文未缴 199 户。是年,为失业保险职工发放救济金

139.1 万元，为 11 家破产企业和部分困难企业一次性发放生活救济金 351.4 万元，为失业职工和下岗职工提供转业费 175.2 万元。1998 年，失业保险金征缴比例从元月 1 日起提高到按企业工资总额 3%计提，其中企业负担 2%，个人负担 1%。自收自支事业单位及行政单位合同制工人纳入失业保险范畴。1999 年，贯彻落实国务院《失业保险条例》和湖南省实施办法，强化失业保险，进一步做好扩面工作，保障失业人员失业期间基本生活，促进再就业。是年，失业保险待遇由每人每月 155 元提高到每人每月 201.5 元，其中失业保险金 191.5 元，门诊医疗费 10 元。至 2000 年，全市参保单位 1199 家，比 1995 年下降 18.27%；参保人员 24.7 万人，比 1995 年增加 10.52%。是年，收缴失业保险基金 2600 万元，比 1995 年增加 17.58%。全年支出失业保险金 718.2 万元。

2001 年，全市参保人数 21.4 万人，共收缴失业保险金 2690 万元，为 2000 余名失业职工发放失业保险金 350 万元。2002 年，全市事业单位参保人数 46672 人，失业保险覆盖面 87%。根据市政府办公室《关于开展银行代扣代缴失业保险费工作的通知》精神，从 9 月份开始，全面推行银行代扣代缴失业保险金征缴方式，全年征收失业保险金 3851 万元，为 3000 余名失业职工发放失业保险金 566 万元。2003 年，失业保险向事业单位拓展，全市净增参保人数 1.35 万人，征缴、清欠失业保险金 4190 万元，比上年提高 8.8%。2004 年，失业保险新增失业保险人数 2.1 万人，全市参加失业保险人数 27.56 万人，失业保险基金征缴总额 4680 万元，为 4.5 万人次下岗失业职工支付失业保险金和下岗职工生活保障金 2600 万元。2005 年，市政府发出《关于切实做好事业单位和社会团体参加失业保险工作的通知》，规定市辖区内所有事业单位及其专职人员、民办非企业单位及其职工，不分隶属关系、不分经费来源、不分职工身份，都必须依法参加失业保险。市劳动和社会保障局出台《湘潭市失业保险金申领发放暂行办法》，对失业保险申领对象、申领条件、申领程序、失业保险标准、补助以及发放办法作出明确规定，失业保险金申请发放管理实现制度化、程序化、规范化。根据《湖南省实施失业保险条例办法》规定，2005 年 7 月起，失业职工失业保险金发放标准调整为：市区每人 336 元 / 月，湘潭县、湘乡市、韶山市辖区内每人 320 元 / 月，失业人员门诊调整为市区 17 元 / 月，湘潭县、湘乡市、韶山市辖区内 16 元 / 月。至年底，新增失业保险人数 13318 人，全市参加失业保险人数 28.93 万人，比 2000 年增长 17.1%；年内征缴基金 5050 万元，比 2000 年增长 94%。共计为 12300 名失业职工发放失业保险金 2500 万元，发放失业职工住院医疗补助金 200 万元。

第三节 城镇职工医疗保险

1996 年初，根据《国务院关于建立城镇职工基本医疗保险制度的决定》和省政府《关于建立城镇职工基本医疗保险实施办法》，湘潭市城镇职工医疗保险开始筹备。4 月，湘潭市被国务院确定为全国第二批职工医疗保障制度改革试点城市之一。市政府着手组建市医疗保险机构，制定市医疗保障制度改革试行办法，确定医疗改革分公费医疗、劳保医疗两线运行。公费医疗改革由市卫生局负责实施，劳保医疗改革由市劳动局负责实施，并出台《湘潭市医疗保障制度改革实施方案》。经过对全市 110 家企业职工医疗费用支出情况调查测算，按照“社会统筹与个人账户相结合”原则确定医改实施细则，建立起不分行政、企、事业单位，不分所有制和用工形式，各类职工都覆盖在内的社会统筹与个人账户相结合的城镇职工医疗保障制度。1997 年 3 月 1 日起，医疗保障制度改革实施方案正式运行。城市两区、韶山市按此方案相继启动。医疗保险实行“个人账户和统筹基金”两账分开，小病、门诊用“个人账户”包干，节余归己，大病住院进入统筹。统筹基金的最高支付限额为 3 万元，超过 3 万元部分由个人负担 20%。医保基金统筹比例，行政单位在职职工与退休人员医疗保险基金按职工工资总额 12%缴纳；企业按职工工资总额 10%缴纳；个人按本人工资 2%缴纳，由用人单位从职工工资中代扣。离休人员、老红军、二等乙级以上革命残废军人不设立个人医疗账户，个人不缴纳医疗保险费，建立个人台账，医疗费用由社会统筹医疗基金支付。是年，全市参加医疗保险行政事业单位 511 家，参保率 88.87%；参保人数 33025 人，参保率为 89.23%；实收医疗保险基金 1923.75 万元；支出医疗保险费 2283.75 万元，收支两抵账面出现亏损。1998 年，机关、事业单位全面启动医疗保险，并对企业医疗保险运行进行摸底测算，确定基数。全年收入 2253.43 万元，支出 2404.9 万元，亏损 151.47 万元。1999 年 3 月 1 日，市政府决定撤销市劳动局所属“湘潭市职工医疗保险基金管理中心”和市卫生局所属“湘潭市行政事业单位医疗保险基金管理中心”，行政事业单位医疗保险工作由卫生局移交劳动局统一管理。是年 9 月，根据市编委办《关于成立湘潭市医疗保险基金管理服务中心的批复》，成立湘潭市医疗保险基金管理服务中心，为副县级事业单位，负责全市机关、事业单位和企业医疗保险基金征缴、审核和支出管理，对定点医疗单位医保业务进行审查。是年，制定特殊病种管理办法，确定 18 种符合住院条件又可在门诊治疗的特殊病种，可在门诊治疗，门诊费进入统筹基金支付范围。是年，共审定特殊病种患者 2175 人，支付特殊病种医疗费 125.73 万元。采取对定点医疗机构实行“总额控制，目标管理”的措施，控制医疗费过快增长。是年，市本级参保单位 255 个，占应参保单位的 68.92%，参保人数 24210 人，占应参保人数的 80.46%；其中在职参保人数 17484 人，退休人员 5914 人，离休人员 812 人；医保基金账面收入 2584.48 万元，账面支出 2030.52 万元，医保基金开始由亏转盈。2000 年，市政府出台“低水平，广覆盖”为原则的“城镇职工基本医疗保险制度改革实施办法”，配套出台“公务员医疗补助”“城镇职工大病医疗互助”等政策。至年底，全市参加医疗保险机关、事业单位 596 个，职工 3.7 万人。年内收缴医疗保险金 1877 万元。支出 1690.71 万元。

2001 年，《湘潭市城镇职工基本医疗保险实施办法》和“大病医疗互助”制度及“公务员医疗补助制度”正式实施。年底，各县(市、区)医疗保险改革全面启动，医疗保险参保人数由年初 5.9 万人增加到 9.5 万人(大中型企业托管 7.7 万人)，比上年增长 156.7%。是年，实际收缴医疗保险金 3076 万元，收缴率 99%，支付医疗保险金 2053 万元，整体运行良好。为方便市民就医购药，按市医疗保险配套措施规定，全市审批定点医疗单位 45 家，参保职工持医疗卡可就近就诊和选择药店刷卡购药。2002 年，市政府规定，对拒不参加医疗保险和缴费的行政事业单位，财政拨款单位按该单位应缴数额(包括个人应缴部分)从其财政预算拨款中按月扣缴至市医疗保险基金专户；自收自支单位，由财政从其预算外财政专户存款中扣缴；解决医疗保险参保面窄，共济能力不强问题。是年，全市参保人数 23.5 万人(含医保托管单位职工)，比上年增长 147.3%。2003 年，参保人数达到 24.4 万人(含医保托管单位职工)。对医疗保险缴费标准作相应调整，用人单位按在职职工上年度工资收入 6%和退休人员上年度退休费 4%缴纳医保基金。在职职工个人按上年度工资收入 2%缴纳，退休人员个人不缴纳基本医疗保险费；公务员医疗补助，按在职人员上年度工资总额 2%缴纳；大病互助医疗，每人一年按 60 元缴纳；二等乙级以上革命伤残军人由原资金渠道按湘潭市前三年同类人员实际支出人均医疗费用标准缴纳。基本医疗保险统筹基金最高支付限额由3万元调低至2.5万元。根据省劳动和社会保障厅等6家单位联合发出的文件精神，是年元月起，停止实行公费医疗和劳保医疗制度。2004年，新增灵活就业人员和困难企业职工参加医疗保险5000余人。对灵活就业人员参保实行较低的缴费费率，采取不进个人账户办法，使参保人员享受住院医疗和大病互助待遇。困难企业职工和离退休人员则按照权利与义务相对应原则享受医疗待遇。是年，"湘潭市医疗保险基金管理服务中心"更名为"湘潭市医疗、生育保险基金管理服务局"。2005年新增参保人数15629人(市本级10546人)。参保就医人员住院起付标准由原来200元提高到400元。为保证困难改制企业职工基本医疗，采取由退休人员选择首诊医院、费用包干原则。至年底，共有1200名困难企业退休人员参加基本医疗保险，同时接纳86名离退休干部遗孀、配偶参加医疗保险。为保障基本医疗保险平稳运行，控制医疗费用过快增长，市医疗保险机构采取对定点医疗单位进行目标管理，对急性阑尾炎等19个病种实行限额付费和总额包干费用结算，加强对离退休干部就医管理和费用监控等措施，有效遏制不合理医疗费用支付。至年底，全市医疗保险参保人数29.29万人(其中市本级19.98万人)，其中在职20.35万人，离退休人员89052人，伤残荣誉军人332人。年内收缴医疗保险金19159.45万元，支出医疗保险费7169万元。

第四节　城镇职工生育保险

2004年8月1日，湘潭市城镇职工生育保险正式启动。根据市编委《关于市劳动和社会保障局工伤、生育保险机构有关事项的批复》精神，生育保险业务经办管理职能划归原市医疗保险管理服务中心，原市医疗保险管理服务中心更名为"湘潭市医疗生育保险管理服务局"。城镇职工生育保险实行市、县(市、区)两级统筹。根据市政府关于《湘潭市城镇职工生育保险实施细则》精神，所有用人单位在职职工均应参加城镇职工生育保险，缴费由用人单位按上年度在职职工工资总额0.7%进行缴纳，职工个人不缴费。是年，市政府出台《城镇职工生育保险诊疗服务项目支付标准》等7个配套政策，本着以支定收，收支平衡原则，对生育保险缴费率由原来0.7%下调为0.5%，生育津贴暂不纳入统筹，仍由原资金渠道发放。2005年，全市参加城镇职工生育保险人数141277人(市本级76271人)，市本级收缴生育保险基金242万元，基金收缴率98%以上。至12月底止，共有1201人享受生育保险待遇，其中生育人数903人，终止妊娠人数117人，计生手术人数80人，费用总支出169万元，其中生育费156万元，终止妊娠费1万元，计生手术费1万元，一次生育补助金9万元，生育保险基金做到收支平衡，略有结余，整体运行良好。

第五节　职工工伤保险

2003年11月，根据国务院《工伤保险条例》规定，湘潭市开始筹备职工工伤保险工作。2004年，工伤保险全面启动。成立"湘潭市工伤保险管理服务局"，为副县级事业单位，归口市劳动和社会保障局管理。各县(市)也相继成立工伤保险机构。主要负责征收工伤保险基金，办理工伤保险登记业务，审核工伤保险待遇，管理工伤保险金的支出，工伤保险协议医疗机构业务审查等。是年，登记参保人数16.50万人。市工伤保险实行市县(市)两级统筹,用人单位及职工按属地管理原则参加所在统筹地区工伤保险,工伤保险基金由用人单位缴纳的工伤保险费、工伤保险基金利息、延迟缴纳工伤保险费的滞纳金,以及依法纳入工伤保险基金的其他资金等项经费组成。工伤保险基金根据以支定收,收支平衡原则确定缴费费率。湘潭市一、二、三类行业基准收费暂定为0.6%、1.2%、2.4%,职工个人不缴纳工伤保险费。建立工伤保险储备金制度,统筹地区按照当年当地工伤保险基金收缴总额10%提取储备金,其中7%用于建立市级工伤保险储备金,3%上解给省。为提高工伤保险管理人员业务水平,2005年,市工伤保险管理服务局举办业务培训班2期,共有253家企业,375名劳资或工伤保险管理人员参加培训。同时,按照参保时间、基数、人数、费率"四统一"原则,积极推进工伤保险扩面,新增参保人数19780人,全市共有参保人数18.48万人,实现基金收入364.87万元。至12月底止,两年来全市有177人享受工伤保险待遇,支出医疗费用34.16万元。通过监督核查,共审出违规资金4.6万元。核查3起不符合工伤认定事故,杜绝10多万元基金流失。

第六节 农村社会养老保险

1992年,韶山市被列为全国农村社会养老保险试点单位。市和县(市、区)均成立农村养老保险试点工作领导小组。韶山市于9月率先在5个乡镇,6个乡镇企业和两个村开展养老保险。保险以村民为对象,入保者可自愿选择50、55、60岁三种中的一种为缴纳保险费终止时间,一年一至两次交纳或一次性预交,保险金记入个人账户,到约定时间领取养老金。共有1.5万人参保,投保面为总人口19%,投入保金42万元。

1993年4月14日,市政府决定将市民政局承办的农村养老保险工作及工作人员移交湘潭市人寿保险股份有限公司经营管理。

1995年5月,执行省委、省政府关于农村社会养老保险仍归民政部门承办指示,市农村养老保险工作及部分工作人员由市人寿保险股份有限公司移交市民政部门。同月,根据市政府颁发的《湘潭市农村社会养老保险管理规定》,除雨湖区没有开展农村社会养老保险外,市、县(市、区)、乡三级分别建立农村社会养老保险领导小组和养老基金管理委员会,市设立农村社会养老保险管理处,县(市、区)设农村社会养老保险代办站。全市农村有30多万人进入社会养老保险,收取保金800万元。

1996年,市农村社会养老保险管理处更名为市农村社会养老保险局,为副县级事业单位,经费自收自支。是年,新增30多万人进入农村社会养老保险,收取保金2000万元。

1997~2001年,全市农村有270人到期按标准领取养老金,共发放养老金6.5万元。

2002年,因国家金融政策调整,农村社会养老保险基金不能按年息13%保值增值,难以实现与投保人约定到期领取养老金和支付管理服务费而停办新增保险业务。2003年,根据省劳动和社会保障厅《关于清理回收养老保险金的通知》精神,对农村社会养老保险基金进行全面检查清理。湘潭县保险基金580万元,湘乡市1560万元,韶山市66万元,岳塘区113万元,雨湖区80万元,除湘乡市拆借130万元外,其余资金全部按政策规定存在国家专业银行。2005年,全市有2000多人到期领取养老金达40多万元;退保4000人,退出保金90万元。至年底,全市有农村养老保险基金2566.5万元,全部存入国有银行。

第十三篇　军事

概　述

1986年，湘潭军分区精简整编，8县（区）人民武装部由军队序列改为地方建制。1987年，军分区组织现役干部和人民武装干部进行多能训练，提高组织、指导民兵训练和战时快速动员的能力。武警湘潭市支队进行针对性实战演练和制暴防暴训练，提高战术技术水平和处置突发性事件的能力。湘潭市人民防空贯彻《人民防空条例》，进行改革，防护工程结合民用建筑修建，逐步走向法治化、规范化轨道。

1988年，全市开展以领导干部、民兵预备役人员和大中学生为重点的全民国防教育。在中学开展"三防"（防原子、防化学、防生物武器）知识教育试点。全市143名军队离休干部被授予中国人民解放军功勋荣誉章；现役军（警）官、士兵分别被授予军（警）衔，离职干部休养所的现役军官改为文职干部。民兵工作改革压缩民兵规模、改进民兵编组、精简训练内容，实现民兵训练基地化。民兵总数占全市总人口11.94%，专业分队比1987年增加10%。市民兵通信兵训练中心相继为省市培训出一大批合格无线电报务员。1989年，组建民兵应急分队，巩固发展全民国防教育成果，加强教育阵地建设，建成湘潭市全民国防教育馆。

1990年开始，湘潭军分区加强渡海登岛作战、城市防空及快速动员等战术理论的学习、演练。武警湘潭市支队严格执行《军事训练条例》《军事训练若干规定》，从难从严训练部队，涌现一批"四会"（会讲、会做、会教、会做政治思想工作）教练员等军事训练尖子。人民防空加强法规建设，修订防空袭预案，规划人防工程建设与城市建设相结合。至1991年6年间，驻潭部队政治思想教育以建设中国特色社会主义为主要内容。开展向雷锋等英模学习活动，进行"理想信念"教育。全民国防教育加强阵地建设和教育骨干培训，走向经常化、社会化、规范化、法制化轨道。

1992年，撤销湘江、雨湖、岳塘、板塘、郊区人民武装部，新组建雨湖区、岳塘区人民武装部。湘潭县组建新县城建设大会战民兵师，成建制投入新县城、经济开发区基础建设会战。1994年，民兵应急分队组建摩托化机动分队，提高快速处置突发事件能力。广大民兵积极参加"三富一维护"（广大民兵带头富、帮助群众致富、实现共同致富，维护社会治安）活动，促进湘潭经济发展。1995年，驻潭部队组织共建107、320国道文明路活动，打击车匪路霸，一批军（警）民共建点受到湖南省政府、省军区表彰。1996年，湘潭市组建民兵抗洪抢险轻舟分队。开展民兵工作"三落实"（组织落实、政治落实、军事落实）创先进单位活动，严格遵照《民兵军事训练大纲》施训。五县（市、区）人民武装部收归军队建制，实行军队和地方双重领导。市县两级政府成立国防动员委员会。至1996年的5年中，组织民兵逾8万人次4次投入抗洪抢险。

1997年开始，军分区和武警部队加强信息化和指挥自动化建设。调整民兵预备役布局，优化结构,改进编组。先后组建民兵舟桥营、抗洪抢险机动突击团;压缩民兵应急分队规模。武警湘潭市支队加强科技练兵,着眼“打得赢”目标,贴近实战要求,突出战术技术和综合技能训练,加强处置突发性事件和制暴防暴演练。

1999年,全军预备役部队改革,湖南陆军预备役步兵师第1团在全市调整组建;进行适龄青年兵役登记、退伍军人服预备役、地方与军队专业技术对口人员服预备役登记统计,基干民兵组织建设得到巩固和发展;高等院校和高级中学学生军训由试点到普及;开展国防潜力调查,完善国防工程、国防动员潜力和作战指挥综合数据库。至2001年,省市县国防动员三级指挥网建设逐步完成,初步实现指挥自动化。新建人防指挥中心和地下防空指挥所,完善通信指挥自动化,人防警报覆盖率和鸣放率达100%。2002年,进行城市民兵工作改革,全市基层武装部及70%村级民兵营达到正规化建设标准。组织开展“支持复退军人继续创业”和“扶贫帮困”等活动。完成“中南—预1号”演习任务。进行兵役征集改革,在湘潭大学进行征集大学生入伍试点。至2002年的4年间,驻军部队所建扶贫帮困点152个359户,70%脱贫;为特困职工、残疾人等弱势群体捐款10万余元,为希望工程捐款19万余元,赠送图书53000余册,帮助560名儿童重返校园。

2003年起,军分区组织干部轮训竞赛,实行末位淘汰;组织兵员快速动员、城市防空战术演习,提高指挥机关作战指挥、组织能力。2005年,在非军事部门具有专业技能的青年职工和职业技术学院应届毕业学生中直接招收士官试点。至2005年,全市民兵总数比1998年减少11.4%;其中基干民兵占民兵总数9.94%,专业技术兵比例达47.3%。经过调整组建和教育训练,预备役第1团基本形成作战能力,能遂行战时可能担负的任务。这一时期,驻潭部队先后进行“军人战斗作风”“革命人生观、艰苦奋斗、爱国奉献、尊干爱兵”“反腐倡廉”“讲政治、讲正气、讲学习”以及“实践三个代表,保持共产党员先进性”的教育,涌现出一批精神文明建设先进单位和先进个人。

第一章　军事组织

第一节　湘潭军分区

1986年1月31日,根据广州军区精简调整命令,湘潭军分区机关撤销各科和教导队、干部文化轮训队,辖司令部、政治部、后勤部,及警卫通信班、卫生所、汽车班、民兵武器装备仓库;司令部设司令员、第一政治委员(中共湘潭市委书记兼任)、政治委员、副司令员、参谋长和参谋;政治部设主任、干事,后勤部设后勤部长、参谋和助理员、管理员,机关编制总员额比1983年减少41.17%。3月,根据中共中央通知,市委书记不再兼军分区第一政治委员,只兼军分区党委第一书记。

1990年8月,军分区复建教导队。1992年12月,军分区机关进行调整精简,增设司令部副参谋长和政治部副主任各一名,比1986年员额减少4%。1993年3月,军分区机关、直属队调整精简。司令部辖作战训练、通信、军务装备、动员、机要、技术保障办公室;政治部辖组织保卫、干部、宣传办公室;后勤部辖战斗勤务、营房、供应、生产办公室;勤务班扩编为勤务排。比1992年12月编制员额增加 35.4%。

1997 年 10 月,军分区机关进行体制编制精简调整。撤销副司令员、副参谋长、政治部副主任编制。司令部辖作战训练、军务装备、动员科;政治部辖组织干部、宣传保卫科;后勤部辖战斗勤务、供应科;勤务排精简为勤务班;比 1993 年编制员额精简 41.5%。1998 年 12 月,司令部军务装备科、动员科合并为军务动员科。1999 年 9 月,湖南陆军预备役步兵师第一团在湘潭市组建后,该团团长、政治委员分别兼任军分区副参谋长和政治部副主任。2004 年 9 月,根据湖南省军区《关于省军区体制编制调整精简命令》,军分区机关精简调整,撤销科的编制,比 1997 年 10 月编制员额减少 47.4%。

1986~2005 年湘潭军分区副师以上领导人名录

表 13-1-1

职务	姓名	籍贯	任职时间
司令员	潘季良	湖南宁乡县	1983.5 ~ 1998.7
	吴凯建	河北迁西县	1998.7 ~ 1999.1
	李四保	湖南岳阳市	1999.1 ~
政治委员	金斗初	湖南双峰县	1983.5 ~ 1986.9
	黄祖示	湖南韶山市	1986.10 ~ 1990.6
	何耀东	湖南宁乡县	1990.9 ~ 1992.3
	邓荣兴	湖南浏阳市	1993.2 ~ 1998.2
	张邦祖	湖南临澧县	1998.2 ~ 2001.11
	胡伏安	湖南桃江县	2001.11 ~
副司令员	李毓流	广东茂名市	1986.1 ~ 1993.7
	李四保	湖南岳阳市	1998.9 ~ 1999.1
	周作春	湖南醴陵市	2004.2 ~
参谋长	胡贻杜	湖南东安县	1983.6 ~ 1990.7
	谭甲南	湖南宁乡县	1990.7 ~ 1995.12
	李四保	湖南岳阳市	1995.12 ~ 1996.11
	吴广明	广东潮阳市	1996.11 ~ 1997.7
	王献民	湖南益阳县	1997.7 ~ 2000.6
	李立田	湖南南县	2000.6 ~
政治部主任	邓荣兴	湖南浏阳市	1983.6 ~ 1992.12
	谭高先	湖南益阳县	1993.2 ~ 1996.5
	胡伏安	湖南桃江县	1996.5 ~ 1997.7
	魏永景	湖南道县	1997.7 ~ 2004.5
	王松华	湖南攸县	2004.5 ~

第二节 县(市、区)人民武装部

1986年1月,县(区)人民武装部(以下简称“人武部”)为军队序列,湘潭县、湘乡县、湘江区、雨湖区、板塘区、岳塘区、郊区人武部隶属湘潭军分区。湘潭县、湘乡县人武部为正团级机构,设部长、第一政治委员(县委书记兼任)、政治委员、副部长,辖军事、政治工作(简称“政工”)、后勤科;湘江区、雨湖区、板塘区、岳塘区、郊区人武部,为副团级编制,设部长、第一政治委员(区委书记兼任)、政治委员,下不设科。7县(区)人武部编制总员额为××名,其中军官××名,士兵××名。3月,根据中共中央通知,县(区)委书记不再兼县(区)人武部第一政治委员,仍兼人武部党委第一书记。湘潭市韶山区人武部为地方建制县级区人武部。根据湖南省人民政府、湖南省军区《关于县(市、区)人民武装部编制问题的通知》,筹建现役湘潭市韶山区人民武装部。5月28日,根据中共中央、国务院、中央军委关于军队整编和改革方案精神,军分区所辖湘潭、湘乡、韶山、湘江、雨湖、板塘、岳塘、郊区8县(区)人武部由军队序列改为地方建制,接受地方党委和军分区双重领导。全区共移交现役干部96人,移交职工26人,移交地方民政部门安置的离退休干部7人,代供代管的牺牲病故干部随军遗属21户计71人。县(区)人武部,均为副县级机构,设部长、政治委员、副部长,辖军事、政工、后勤科。

1987年3月,湘乡县改为县级市,县人民武装部随之改称湘乡市人民武装部。1988年,根据湖南省人民政府、湖南省军区《关于县(市、区)人民武装部编制调整问题的通知》,县(市、区)人武部增设办公室,配主任1人。县(市、区)人武部编制员额总数不变,湘潭县、湘乡市人武部编制干部员额增加10.5%,职工员额减少26%;韶山、雨湖、湘江、岳塘、板塘、郊区人武部编制干部员额增加20%,职工员额减少33.3%。1990年12月,湘潭市韶山区改为县级韶山市,湘潭市韶山区人民武装部随之改称湖南省韶山市人民武装部。1992年6月,湘潭市行政区划调整,根据湖南省人民政府、湖南省军区命令,撤销原市辖5区人武部,新组建岳塘、雨湖区人武部,设部长、政治委员、副部长,辖办公室,军事、政工、后勤科。2区人武部总员额比原5区人武部总员额减少40%;全市县(市、区)人武部编制总员额减少21.3%。

1996年4月,根据中共中央、国务院、中央军委《关于县(市、区)人民武装部收归军队建制的通知》,湘潭县、湘乡市、韶山市、雨湖区、岳塘区五县(市、区)人武部由地方建制收归军队建制,隶属湘潭军分区,均为正团级机构,设部长、政治委员、副部长,辖军事、政工、后勤科。全市有41名人民武装干部收归军队编制,并授予军官军衔。2004年9月,根据湖南省军区《关于省军区体制编制调整精简命令》,各县(市、区)人武部再次调整精简,由副部长兼军事科长,增编士官1人。至2005年调整完毕,全区人武部编制军官总员额减少33.3%。

第三节 湖南陆军预备役步兵师第一团

中国人民解放军湖南陆军预备役步兵师第一团,前身为株洲陆军预备役步兵师第一团,1984年11月16日组建于株洲县渌口镇。1999年,遵照中央军委的指示,预备役师由地建师改为省建师,预备役团由县建团改为地建团,列为一类预备役部队。5月10日,由原株洲市调整到湘潭市组建,驻岳塘区人武部训练基地(晓塘路)。依据《中国人民解放军军官服役条例》和预备役部队的要求,预备役步兵第一团编制为司令部、政治处、后勤处、装备处,下辖3个步兵营、炮兵营和警卫侦察连、通信连、工兵连、卫生队、汽车连、修理所等直属分队;设团长(兼湘潭军分区副参谋长)、第一政治委员、政治委员(兼湘潭军分区政治部副主任)、副团长、副政治委员、参谋长,司令部辖作战训练、炮兵、通信、军务装备、机要、管理股;政治处设主任,辖干部、组织、宣传、保卫股;后勤处设处长,辖财务、军需、营房、军运油料股;装备处设处长、助理员。团长、政治委员、参谋长、政治处主任、后勤处处长、装备处处长,团机关各股长,所辖步兵营、炮兵营和直属分队的营(连)长由现役军官担任。全团从作战部队和县(市、区)人武部分两批调入现役军官。预任军官依据《中华人民共和国预备役军官法》,按照“德才兼备、平战兼顾、专业对口、注重质量”的要求,由军地共同考察选配。按照中共湖南省委、省人民政府、省军区《关于认真做好全省预备役调整组建工作的通知》要求:市人民政府分管民兵预备役工作的副市长预任第一政治委员;副团长、副政治委员由市委、市政府有关部门负责人及各县(市、区)委、政府领导预任。各营政治教导员预任团副政治委员;副营长由县(市、区)委、政府有关部门负责人预任;政治指导员、副连长、排长由组建单位的有关负责人、专职武装部长、专职武装干部等预(兼)任。全团配齐各级预任军官,其中复退军人比例达58%,专业对口率达86%。由团机关成立的4个小组协调县(市、区)人武部组建预备役营(连)分队。在岳塘区、湘潭县、湘乡市分别组建步兵营,在雨湖区组建炮兵营;警卫侦察连在岳塘区昭山乡、通信连在市电信局、工兵连在市公路局、卫生队在市第二人民医院、汽车连在湘运湘潭公司、修理所在江南机器厂等单位组建。各分队人员主要由退役士兵和经过训练合格的基干民兵及地方与军事专业对口人员组成。9月7日,预备役步兵第一团调整组建完毕,在湘潭市成立。选举产生中共预备役步兵第1团委员会,第一政治委员兼任第一书记,团政治委员任书记,团长任副书记,共有委员17名。并按照营有党委、连有支部、排有小组、班有党员的要求健全基层党组织。之后,根据情况需要对部分分队进行调整组建;到2005年,预编士兵中复退军人比例为85%,专业对口率为95%。

第四节 武警湘潭市支队

1986年,武警湘潭市支队机关设司令部、政治处、后勤处、消防处。下辖直属武警3个中队,湘潭县、湘乡县、韶山区中队,轮训队,市消防大队(下辖3个中队),湘乡县、韶山区消防中队,八县(区)消防股,教导队。11月,撤销消防处。市消防大队、县(区)消防中队和消防股划归新组建的武警湘潭市消防支队。1988年组建直属机动中队,1990年机动中队扩编。1992年3月,武警湘潭市支队编制调整。原直属第1、3中队合并为直属第2中队,原机动中队改称直属第1中队,原直属第2中队改称湘潭市中队,轮训队改为教导队。1994年12月,省直属第1支队第1中队(韶山市警卫中队)调整建制为湘潭市支队直属第1中队;原市支队直属第1、2中队分别改称第2、3中队。1998年4月,组建电厂中队,负责湘潭市大唐电厂安全保卫任务。2005年6月,根据中央军委《关于调整武警部队体制编制有关问题的通知》,负责守卫201电台、湘潭铁桥任务的省直属第2支队第4中队调整建制为湘潭市支队直属第4中队。组建湘潭市支队直属大队,辖支队原4个直属中队。

第二章　兵役

1986年，湘潭市继续贯彻《中华人民共和国兵役法》，实行义务兵役制为主体的义务兵和志愿兵相结合，民兵与预备役相结合的兵役制度。进一步加强预备役建设，与民兵组织相结合编组第一、二类预备役，进行预备役军人登记统计，结合民兵训练对预备役人员进行训练，建立和完善战时兵员快速动员体制。1998年12月后，遵照修改后的《中华人民共和国兵役法》规定，实行义务兵和志愿兵相结合，民兵与预备役相结合的兵役制度。义务兵服役年限均改为两年，志愿兵可直接从非军事部门有专业技术的公民中招收。调整服第一类预备役退役士兵役期，放宽第一类预备役参训年龄。2005年，在全市非军事部门直接招收士官试点。

第一节　兵员征集

一、义务兵征集

1986年，湘潭市兵役工作在市人民武装委员组织领导下，由军分区、县(区)人武部组织进行。市、县(区)均成立征兵领导小组，下设征兵工作办公室(以下简称“征兵办”)。从是年起，兵役登记结合年度民兵组织整顿进行。义务兵征集年龄，男青年年满18至20岁，女青年为年满18至19岁，应届高中毕业生年满17岁的，如本人自愿也可以征集。农村征集的新兵，具有初中毕业以上文化程度，僻远山区具有高小毕业以上文化程度；城镇征集的新兵，具有高中以上文化程度。全市有35277名适龄青年报名，报名率为77%。各单位由卫生院(所)对每一个应征青年进行目测、初检和病史调查后，向县(区)体检站送检初检合格对象。县(区)设置体检站。根据《应征公民体格条件》(1986年8月国防部颁发)，男性新兵身高要求1.6米以上，体重47千克。政审按照《关于征集公民服现役的政治条件规定》(1980年10月公安部、总参谋部、总政治部颁发)实施。

1987年，市征兵领导小组要求在征集非农业户口青年时，党政军机关所在地和大型企业适当征集，企事业单位在职青工比上年多征集一些，适当控制征集县以下乡镇非农业户口青年数量。各区、乡统一印刷《外出青年应征报名通知单》，分别寄往外出青年家庭及本人，限期定点报名应征。全市有50169名适龄青年报名应征，报名率为84.2%。将农村青年复查三分之一改为全面复查。实现有史以来无一责任退兵，湘潭市获湖南省人民政府征兵工作一等奖。

1988年未进行新兵征集。1989年，根据《中华人民共和国兵役法》和《征兵工作条例》规定，兵役工作改由各级人民政府组织领导，成立以副市长为组长，军分区司令员、政治委员、参谋长为副组长，军分区机关、市政府办公室、宣传、公安、卫生、财政、民政、运输、粮食等单位领导为成员的征兵领导小组。下设征兵办公室，为常设机构，编制4人。是年改为春季征兵。要求城镇应征青年一律凭户口簿、毕业证、待业证报名，远离户口所在地一年以上的，必须有现实表现的证明材料。全市有78240名适龄青年报名应征，报名率为77.2%；送检比例为1:4。政审按照公安部、总参谋部、总政治部《关于征集公民服现役的政治条件的规定》实施。

1990 年春季，全市有 55242 名适龄青年报名应征。按照《潜水员、潜艇兵、水面舰艇人员体格条件差异表》，先行征集水兵、潜艇兵、潜水员等条件兵 132 名。对初定入伍的青年，全部进行肝功能化验和乙型肝炎表面抗原检查。按公安部、总参谋部、总政治部《关于征集公民服现役的政治条件的规定》以及《关于征集公民服现役的政治条件的补充规定》进行政审。是年冬季再次征兵，全市有 53282 名适龄青年报名应征，报名率达 93.7%。对应征对象初检目测用肉眼观察改为用医疗器械检查。针对部分单位适龄青年报名数比任务数过大的矛盾，对报名青年进行文化考试，择优送检。岳塘区、雨湖区、韶山市和湘乡市的城关镇三个办事处等采取封闭式体检。根据《关于〈应征公民体格条件〉的补充规定》，增加性病和艾滋病等检查项目。按照公安部、总参谋部、总政治部《关于征集公民服现役的政治条件的规定》进行政审。湘乡市廉洁征兵措施被国防部征兵办公室推广。全市取得连续五年无责任退兵。

1991 年冬季征兵，根据国防部颁发的《应征公民体格检查标准》，男青年身高提高到 1.62 米，体重提高到 50 千克；女青年身高提高到 1.58 米，体重提高到 48 千克；视力由右眼 5.0 以上改为 4.9 以上。根据省征兵办补充规定，场检合格对象进行性病检查、新增尿液检查。女青年只征集 1990 年应届高中毕业生。全市 51200 名适龄青年报名应征，报名率达 95.4%。完成 1320 名新兵征集任务。1992 年冬季，兵役征集年龄范围，在职男青年职工放宽到 21 周岁。全市有 49100 名适龄青年报名应征，报名率为 95.4%。市区、韶山市、湘潭县全部实行封闭式体检。市征兵办制定下发《加强廉洁征兵，确保兵员质量》《关于加强征兵工作中思想政治工作》及《奖惩措施》等。

1993 年冬季征兵，对具有高中毕业以上文化程度的男青年，征集年龄放宽到 21 岁，征集中专、技校毕业的学生和企业单位具有高中以上文化程度的管理人员、技术人员。女青年只限 1993 年满 18 岁至 19 岁的应届高中毕业生。全市适龄青年 3.4 万余名，报名率为 87%。是年起，全市体检站均实施封闭式体检。根据公安部、总参谋部、总政治部《对〈关于征集公民服现役的政治条件的规定〉的几点说明》，把应征青年的现实表现（思想表现、政治表现和作风道德表现）作为审查的重点，严防将对党和社会主义制度不满、资产阶级自由化思想严重，以及有流氓、盗窃、打架斗殴行为等思想品质不好或有犯罪前科的征入部队。有部分大中专毕业的青年入伍。1994 年冬季征兵，全市严格按照征兵工作各项要求，完成新兵征集任务。湘乡市人武部部长周道山被国防部征兵办公室评为“全国廉洁征兵先进个人”。1995 年冬季征兵，全市在完成征集任务过程中，雨湖区个别医务人员未能严格遵守《应征公民体格检查标准》《应征公民体格检查办法》，出现身体责任退兵 2 人，市征兵领导小组给相关责任人予以处罚。

1996 年冬季征兵，全市适龄青年应征报名率达 86%。按照公安部、总参谋部、总政治部《关于征兵政治审查组织实施工作的规定》，实行基层推荐负责制。实行村乡县逐级审查、公安机关交叉审查和有关部门联合审查。按照省征兵办下发的《关于对征接兵工作人员违反征兵纪律行为的处理意见》精神，市、县、乡、村层层签订《征兵工作目标管理责任书》。市、县征兵纪检（监察）组接待处理群众反映和举报 40 多件次，查实淘汰不合格人员 10 人。实现无责任退兵。韶山市人民政府征兵办公室、岳塘区副区长陈德才分别被省征兵办评为“征兵工作先进单位”“征兵工作先进个人”。

1997 年冬季征兵，因有进藏新兵征集任务，全市适龄青年报名 22646 人，报名率为 61%，报名率偏低;后经召开紧急会议和宣传发动,报名率上升到80%。市纪委、监察局、军分区政治部作出《关于廉洁征兵向社会公开的九项承诺》,接待处理群众反映和举报乱收费、弄虚作假20多件次,查实淘汰不合格人员3名。军分区纪委查处岳塘区人武部开设预征青年培训班收费问题,责成退回全部收费,处理相关责任人。

1998年冬季,兵员征集对象具有大专以上文化程度的青年放宽至22周岁。全市有25267名适龄青年报名应征,报名率为85.15%。政审坚持逐级审查、区域联审、走访复查和外调制度、政审工作目标管理责任制。送检对象、双合格名单、预定新兵名单张榜公布,接受群众监督。湘乡市人武部个别领导为照顾关系户,将穿上军装待启运的12名新兵换下来,引起众怒,300多名群众围堵武装部,阻挠新兵起运。军地工作组对该事件进行查处,给予相关责任人市人武部部长、军事科科长等纪律处理。1999年冬季,根据上级征兵命令,适当扩大高中以上学历青年的征集范围,征集非学历教育民办大学的在校生、高等院校接收的无学籍学生及在各类高考补习班学习的学生。全市有23762名适龄青年报名,报名率为81.5%。2000年冬季兵员征集,体检增加艾滋病、性病等检测项目。

2002年冬季,把征集高中以上文化程度的青年比例作为征兵工作责任考评的范围,列入各单位评比先进的依据。高中毕业以上文化程度"双合格"青年在定兵时予以优先。根据省征兵办指示,在湘潭大学进行大学生征集试点,征集30名男性在校大学生。政审继续采取三级审查、交叉联审等办法,突出以应征青年的现实表现为主。政治条件兵的审查,参照中央警卫团条件兵的政审条件审查。是年征集大学生78名(含湘潭大学在校生20人)。

2003年冬季征兵,依法应当缓征的正在全日制高等学校就学并取得学籍的学生,本人自愿应征且符合条件的批准入伍,原就读学校按照有关规定保留其学籍,退伍后准其复学。男青年为年满18~20岁,高中毕业以上文化程度的青年和企业事业单位职工放宽到21岁,大专以上文化程度的放宽到22岁;女青年为年满18~19岁。根据本人自愿,征集部分年满17岁的女青年和2003年应届高中(含职高、中专、技校)毕业的男青年入伍。在校大学生征集范围,扩大到湖南科技大学和湖南工程学院等其他全日制大学。针对进藏进疆新兵多和扩大在校大学生征集范围,加大宣传发动力度。根据国防部《应征公民体格检查标准》,增加心理测试。全市送检3404人,体检合格1779人。进藏进疆新兵增加心电图检查;对每一个预定新兵再进行血液和尿检复查。是年征集大学生93名(含在校大学生50人)。实现连续五年无责任退兵和"五无"(无责任退兵、无安全事故、无腐败行为、无违规操作、无军地纠纷)目标。湘乡市东山办事处武装部长谷某、昆仑桥办事处武装部长周某、白田镇武装部长王某在征兵中向应征青年及其家长索拿卡要,分别被判处有期徒刑或党纪处分。2004年冬季征兵,高中毕业以上文化程度和企业事业单位职工放宽到21岁,大专以上文化程度放宽到22岁,大学本科应届毕业生放宽到23岁。全市适龄青年报名超过13000人。根据国防部征兵办的《关于征兵体检有关问题的通知》,放宽大专以上文化程度青年、在校大学生视力标准,明确血常规检查、尿液检查、酶标法检测等辅助检查标准,以及文身、白癜风等其他问题的有关规定。女性身高提高到1.6米以上。按照公安部、总参谋部、总政治部《征兵政治审查工作规定》和有关规定,政审落实平时考查、三级审查、区域联审和外调取证工作,突出应征青年的现实表现,特别是把外出务工、人户分离、长期待业的青年作为审查重点。是年征集大学生93名(含在校生50人)。2005年冬季,全市应征青年报名超过11500人。实行征集条件、征兵程序、预征对象名单、体检政审合格名单、调查走访“五个公开”。军分区司令部参谋廖迪辉、湘潭县人武部军事科长谭建设分别被国防部、广州军区评为“征兵工作先进个人”。全市实现连续7年无责任退兵，韶山市实现38年无一责任退兵。

二、士官征集

1998年12月《中华人民共和国兵役法》修改后，对兵役制度作重大调整，实行义务兵与志愿兵相结合、民兵与预备役相结合的兵役制度。士官改革实行分期服役制度。士官由服役期满的义务兵选改外，还可“直接从非军事部门有专业技术的公民中招收”。2005年6～8月，总装备部、海军、广州军区试点从非军事部门具有专业技能的公民中招收士官。分别招收测地仪器技师、航外测量员、液压修理工、特种车辆维修、机械加工、继电保护员、钳工、车工、焊工。招收条件为：男性士官，中专学历的，须获得国家颁发的初级以上职业资格证书，且从事本专业工作满一年以上；大专以上学历，招收应届毕业生。招收年龄不超过25周岁，部队特殊专业需要或具有技师、高级技师职业资格证书的，年龄适当放宽1~2岁。身体检查、政治审查方法与义务兵相同。在湘潭钢铁有限公司、湘潭电机集团有限公司、湘潭液压件厂、江南机械集团有限公司、江麓机械集团有限公司等大型企业的在职职工和湘潭职业技术学院以及上述企业职业学院的应届毕业生中招收士官17名。

第二节　预备役

一、预备役登记统计

1986年，根据《中华人民共和国兵役法》规定，预备役由服满现役的退伍军人和未被征集的符合兵役条件的人员充任。预备役军官包括退出现役转服预备役的军官；授予预备役军官职务的专职人民武装干部、民兵干部和退伍士兵以及高等院校毕业学生和非军事部门的工作人员。预备役士兵分为第一类和第二类预备役。基干民兵和经过预备役登记的28岁以下的退伍士兵和专业技术人员编为第一类预备役士兵；把普通民兵、经过预备役登记的29岁至35岁的退伍士兵，以及其他符合预备役士兵条件的男性公民，编为第二类预备役士兵。第一类预备役士兵年满28岁转入第二类，第二类预备役士兵年满35岁退出预备役。是年全市服预备役士兵×××××名，第一类、第二类预备役分别约占16.86%、83.14%。预备役军官、预备役士兵登记统计，分别由军分区、县（市、区）人武部干部（政治工作）、军务动员（军事）部门组织，结合民兵整组工作进行。

1992年6月8日，市委组织部、人事局、公安局、财政局、军分区司令部、政治部下发《关于在全市开展转业干部预备役登记工作的通知》，对1988年9月1日至1992年3月31日期间由军队和武装警察部队转业到地方工作的干部进行转服军官预备役的登记统计。1993年起，当年由军队和武装警察部队转业到地方工作的干部，凡政治上表现好，身体健康，未满下列年龄的：排级职务（含相应职务等级的文职干部）35岁，连级职务40岁，营级职务45岁，团级职务50岁，师级职务55岁；初级专业技术职务45岁，中级专业技术职务55岁，高级专业技术职务60岁，均应进行转服预备役登记。凡符合登记条件的由所在地县（市、区）人民武装部根据其原在部队所任职务，确定专业名称和专业编号，并进行登记。每年核对截止时间为6月30日，并上报增减变化情况。因政治原因不予登记或健康状况免予登记的，应报上一级兵役机关批准。从1994年开始，转业干部预备役登记统计转入正常的年度工作中，由县(市、区)人武部政工科进行登记，军分区干部部门进行统计上报省军区。

1999年12月，根据修改后的《中华人民共和国兵役法》规定，对预备役人员的登记统计工作进行修改。士兵预备役规定为18～35岁，分为第一类预备役和第二类预备役两类。第一类士兵预备役包括：经过登记服士兵预备役的35岁以下的退出现役的士兵、经过军事训练28岁以下的基干民兵、35岁以下的地方与军事专业对口的技术人员，其他编入预备役部队和预编到现役部队的28岁以下的士兵。第二类士兵预备役包括：除服第一类士兵预备役的人员外，编入民兵组织的人员；其他经过登记服士兵预备役的35岁以下的男性公民。编入预备役部队和预编到现役部队的预备役士兵，年满29岁后转入第二类士兵预备役。是年全市登记统计第一类预备役有×××××人，第二类预备役有××××××人。2002年，服预备役的地方与军事专业对口技术人员采用新标准，统计人数减少。

2004年5月，湘潭军分区获全军预备役军官登记检查评比军分区(警备区)第二名，雨湖区人武部获全军预备役军官登记检查评比人民武装部第十二名，受到解放军总政治部通报表彰。到2005年，全市第一类、第二类预备役人员比1986年分别减少43%、10%。其中退伍士兵服预备役登记统计人数比1986年减少57.4%。

二、预备役军官授衔

1996年12月，按照中央军委的指示精神，对退出现役的军官服预备役授予预备役军官军衔。由湖南省军区司令员庞为强、政治委员乔新柱批准×××名预备役军官改授、授予预备役校官军衔。由湘潭军分区司令员潘季良、政治委员邓荣兴批准×××名预备役军官改授、授予预备役尉官军衔。1997年以后，退出现役军官服预备役军衔由批准其退役权限的军政首长授予。1999年9月，湖南陆军预备役步兵师第1团在湘潭调整组建完毕，授予预备役军官职务的专职人民武装干部、民兵干部和退伍士兵、高等院校毕业学生和非军事部门的工作人员军衔，由相应授予军衔权限的领导批准，有×××名预备役军官被授予预备役军官军衔。2000年起，预任军官军衔根据其任免情况由相关军政首长批准授予、晋升或免除预备役军官军衔。

三、战时兵员动员预编

战时兵员动员预编，是在平时将预备役人员编入现役的部队，主要明确预备役人员编入部队的番号，担任的职务以及报到的地点、时限，利于战争初期迅速完成兵员扩编动员。2002年，根据总参谋部和省军区赋予的预编任务和预编部队有关要求，南海舰队在湘潭县、湘乡市、岳塘区、雨湖区预编专业技术兵。全市战时兵员动员预编对象均为退役士兵，分别编入南海舰队某基地、潜艇某支队、航空兵某团。对预编人员情况、技术专业、住址和联络方式、预编部队进行核对，登记造册上报。此后，每年根据现役部队和省军区预编计划做好退役士兵预备役动员预编。至2005年，军分区、县(市、区)人武部按照上级指示，结合民兵组织整顿对预编兵员进行点验，点验内容主要对预编对象的政治思想、专业技术、作风纪律和身体状况进行审查和考核，从优选定预编兵员，完善预编人员档案材料。

第三章　后备力量建设

1986～1990年，湘潭市后备力量建设主要是压缩民兵规模，扩编专业技术分队，稳定和巩固基层武装组织。1991～1996年，适应新时期军事战略转变，组建民兵应急分队，推进以劳养武活动，发动组织民兵预备役人员积极“参建”（即参加社会主义物质文明和精神文明建设）“参治”（即参加社会综合治理）。1997～2001年，以经济建设和国防建设“两者兼顾”为指导，以加强县（市、区）人民武装部建设、国防动员与预备役指挥机关为重点，重点抓好民兵应急分队、专业技术分队、抢险救灾机动突击部（分）队三支队伍建设，完善党管武装、基础设施、法制法规三项制度，组织民兵预备役人员开展“三富一维护”（即带头致富、帮助群众致富、实现共同致富和维护社会治安）活动。2002～2005年，进行城市民兵工作调整改革，以预备役部队、防空作战、信息作战、勤务保障、军兵种力量和应急维稳等六支队伍为重点，加强组织建设，落实编制体制，健全教育训练，达到平时应急，战时应战要求。

第一节　预备役部队建设

一、军事训练

1999年9月，预备役步兵第一团组织步枪、冲锋枪、机炮等3个分队280人的阅兵式训练，并参加湖南陆军预备役步兵师成立阅兵式。首长机关在完成共同训练、分业训练的基础上，完成1次快速动员演练、1次战术想定作业，每个训练周期内完成1～2次首长机关演习。分队训练进行士兵训练和分队军官训练。现役士兵的训练，采取专设训练机构培训和部队自训相结合的形式；预备役士兵的训练采取部队自训形式进行，平均训练30天。全体预备役军官和士兵，优先安排新编入部队人员训练。

2000年5月，第一团接受预备役师快速动员训练检验，点验步兵第1营3连和机枪连的收拢集结，兵员到位率为85%；8～9月，第一团第1营官兵接受总参谋部、广州军区和湖南省军区的验收，完成上级赋予的快速动员训练任务。2001年，按照《中国人民解放军预备役部队军事训练与考核大纲》，重点进行以高科技知识为内容的军事理论学习，以参谋“六会”和“四新”（新知识、新理论、新技能、新装备）为主要内容的机关干部骨干业务训练，以反空袭作战、联合作战、新“三打三防”、快速动员为主要内容的现代高技术战争研讨。9月，炮兵营1个双37高炮班赴沅江参加实弹射击考核，命中拖靶1个，成绩优秀。2002年起，进一步加强首长机关战术训练；分队训练进行士兵“一专多能”、轻武器实弹射击、山地进攻和军官编组作业训练。9月，全团成建制参加广州军区组织的“中南—预1号”综合动员演习，完成收拢集结、机动开进、宿营、参战动员、室内和野外战术作业演练。2003年，首长机关、分队军官和专业技术骨干重点进行高科技知识、本级指挥、参谋业务新“六会”、专业技能训练，进行渡海登岛作战、山地进攻战斗战术演练。2004年，组织现役军官训练527人次，预编官兵训练 1425 人次。参加预备役师组织的首长机关对抗演练和分布交互式异地同步对抗演练。2005 年，第一团突出城市防空袭、应急动员和反恐维稳训练，进行首长机关谋略和组织指挥训练，完成 406 名预编士兵入队训练。

二、基础设施建设

1999 年，根据中共湖南省委、省人民政府、省军区《关于认真做好全省预备役调整组建工作的通知》要求，按照“规范配套、实用节约”原则，明确预备役第一团基础设施，市主要负责团机关建设，县(市、区)主要负责营(连)建设；所需经费按比例分三年安排到位，列入各级财政预算。并成立以市长为组长、军分区司令员为副组长的营房建设领导小组。1999 年 12 月营房建设正式动工，2001 年 7 月竣工，先后建成办公楼、预任军官训练楼、公寓楼和食堂、招待所等一批基础设施，建筑总面积 7337 平方米。预备役营(连)由县(市、区)人武部腾出部分房屋办公。

在营房营院建设基本竣工后，第一团投入 350 万元，完成作战指挥、通信联络、教学训练、生活保障等配套设施建设。至 2005 年，第一团建立健全作战指挥室、战备值班室、多功能会议和战备资料室；安装与省军区、军分区(预备役师)、县(市、区)人武部互通的语言、文字、数据、图像传输通信信息网；修建器材室、车炮库、操场，修缮武器弹药库；与军分区共同使用市民兵预备役干部训练中心教学设施以及射击场、战术训练场；办公室添置计算机、打印机、传真机及复印设备；对营区绿化、道路硬化，配套生活设施。

第二节　民兵

一、组织建设

1986 年，全市基干民兵政治条件参照征集兵员政治条件执行，要求政治可靠，历史清楚，拥护中国共产党，热爱祖国，热爱社会主义制度，热爱劳动，遵纪守法。身体条件按照《应征青年体格评选条件》执行，普通民兵必须健康无疾病。男民兵为 18 岁至 35 岁，其中基干民兵为 18 岁至 28 岁；女性只编入基干民兵。18 岁至 35 岁符合民兵条件未参加基干民兵的男性公民和从基干民兵中转队过来的民兵，编为普通民兵。28 岁以下的退出现役的士兵和经过军事训练的人员，以及选定参加军事训练的人员，编为基干民兵。民兵干部的选配，注重选拔年轻、有一定的文化和军事素质、热爱民兵工作、在群众中有较高威信、身体健康的民兵，重点选拔优秀退伍军人担任，同时注意选拔一定数量女干部。普通民兵选配好民兵营长，基干民兵选配好连、排长。民兵编组方法：在农村，仍坚持以村编普通民兵营，村民小组编普通民兵排，乡镇建基干民兵连，村建基干民兵排或班。建立民兵专业分队的乡，只编一种专业分队，规模较大的乡，一种专业分队难以完成基干民兵组训任务的，可选一部分编专业连，另一部分以村编步兵排或班，在一个乡内不编两个基干民兵连。在城市，根据厂矿、企业单位人数，分别编班、排、连、营，人数较多的大型厂矿编团，基干民兵实行单独编组，分别编为班、排、连、营。高炮分队以市城区为中心，在各区编组民兵高射炮兵团，并建立指挥机构。机关、院校、科研单位和一些小型企业，平时一般不建立民兵组织。全市基干民兵中，专业技术分队编有地面炮兵、高射炮兵、高射机枪、侦察、通信、防化、军械修理等分队，占基干民兵总数的12.6%。县(市、区)民兵组织整顿安排在春插后的5月份进行，民兵组织整顿的时间，县(市、区)一般安排1个月左右，乡镇10天左右，村和基层单位5~6天。至1988年，民兵工作进行两次大的调整，专业技术分队增加到54个连。1990年，县(市、区)按照中共中央《关于进一步做好组织民兵配合公安部门维护社会治安工作的意见》，从基干民兵中组建民兵应急分队，分编成班、排、连，由乡(镇、街道)武装部直接掌握。

1991年，按照"控制数量，提高质量，抓好重点，打好基础"方针，做好民兵预备役工作，重点抓好民兵应急分队建设。民兵应急营(连)的营(连)长、教(指)导员，由军分区和县(市、区)人武部指派相应职务的干部兼任，政工干部由地方党政干部兼任；排长由专职武装干部兼任。全市民兵总数占总人口12.3%；其中基干民兵占总人口1.37%。

1992年，湘潭市区划调整后，全市民兵应急分队进行编制调整，营总数减少50%，连总数减少15.8%。1994年4月，组建民兵摩托化应急分队。市组建1个脱产集中食宿的特务排；县(市、区)分别组建营、连和独立连(排)，共配置59辆三轮摩托。1996年6月，组建市民兵抢险救灾突击营，编轻舟、植桩、森林灭火、人工增雨等专业分队。

1997年，根据中央军委《"九五"期间全军后备力量建设计划》和总参谋部、总政治部《关于深化民兵工作调整改革的意见》，按照"规模适当、布局合理、重点突出、可靠管用"的方针，调整民兵组织，重点抓民兵应急分队、专业技术分队、民兵抗洪抢险突击团、民兵抗洪抢险舟桥营的建设。5月23日，根据省政府、省军区的指示，组建跨地区执行任务的民兵抗洪抢险机动突击团。至1998年，全市民兵数量占总人口9.84%，其中基干民兵数占民兵总数9.7%。

1999年，城市民兵编组实行"三个扩展"(向新兴企业扩展；向行业系统和对口单位扩展；向大专院校和科研机构附属企业单位扩展，通常以连建制分单位编组，不足一个连的行业系统、企业主管部门和街道办事处统一编连)。农村民兵编组坚持以行政村为主体，向乡镇企业并适当向乡镇所在地集中，在符合建立基干民兵组织条件的乡镇企业，建立基干民兵组织，以乡镇企业为单位编连，在行政村根据人数灵活编组。调整改革后，全市基干民兵组织规模减小20.61%；组建有高射炮、高射机枪、82迫击炮、60迫击炮、侦察、通信、防化、军械修理等专业技术分队，民兵抗洪抢险机动突击团1个；民兵应急分队比1998年减少28.57%。

2001年，根据省人民政府、省军区《"十五"期间湖南省国防后备力量建设计划》的精神，重组湘潭市民兵双37高射炮兵团，编3个营和指挥连、通信连、军械修理所。2002年，贯彻落实中共中央、国务院、中央军委《关于加强和改进城市民兵工作的意见》和湖南省城市民兵工作改革会议精神，进行城市民兵工作改革，根据城市民兵担负的任务和企事业单位发展变化的情况，逐步建立以企事业单位为基础、以大中型企业为骨干、以街道为依托的城市民兵格局。重点建设民兵防空、支前保障和应急维稳三支队伍。2003年，调整组建民兵技术支援大队、电子对抗分队和网络作战分队。2004年，市民兵高炮团改建为防空团；原编组的双37高炮营不变，增加团直指挥连、地空导弹连、对空观察连、高射机枪连、工兵连。从是年起，根据总参谋部要求，全市民兵组织整顿统一安排在第一季度进行。

2005年，依托原民兵军械、车辆装备维修分队进行扩编，组建民兵装备技术保障大队，辖军械、通信、车辆、工程、防化装备技术保障和装备技术机动支援保障分队。全市民兵组织规模总数比

1998年减少11.4%，其中基干民兵占民兵总数9.94%。撤销民兵团建制，改编为独立营、连；专业技术兵比例达47.3%；民兵专业分队编组有地炮、通信、工兵、防化、侦察、特种工兵等分队。对口专业分队组建信息战、运输、水文气象、维修抢修、卫生勤务、防化救援、工程抢修、伪装防护、森林灭火等9类17种专业分队。

二、军事训练

1986年，湘潭民兵军事训练，主要由军分区、县（市、区）人武部负责。县（市、区）人武部普遍对民兵军事训练进行一系列改革，减少训练人数，简化训练程序，精简训练内容，改革训练方法。改两年一个训练周期为一年完成，改春训为冬训。至1988年，8个县（区）相继建立民兵训练基地，全市建基地面积366797平方米，其中住房面积8745.4平方米、教室面积1700.3平方米，训练场地133466.4平方米，实现生活设施、训练场地、教员队伍、训练器材"四配套"，民兵军事训练走上基地化训练。至1990年5年间，基干民兵训练任务比1985年训练改革前减少62.4%。1991年起，全市民兵规模逐步减小，但训练任务逐步增加，训练质量有所提高。1992年，由湘乡市派出6名民兵代表湘潭市参加湖南省民兵军事三项（射击、投弹、5千米越野）竞赛，获团体总分第四名。1993年，江南机器厂武装干事赵延平被总参谋部表彰为全国民兵、预备役部队优秀"四会"教练员。至1995年，年度训练任务增加41.17%。各县（市、区）按五年一计划，分年度施训的要求，严格按照《民兵军事训练大纲》施训，落实训练时间。

1996年开始后的5年间，训练任务比前5年增加22.83%。1998年后，民兵军事训练按照"规模适当、布局合理、重点突出、可靠管用"的方针，一般安排在夏收以后进行，各专业技术分队根据具体情况安排时间进行。对口专业技术分队结合岗位训练。重点抓好民兵应急分队、专业技术分队、民兵抢险救灾分队的训练，实行分类施训考核，成绩部分为合格，大多为良好、优秀。

2001开始后的5年，训练任务比前5年又增加8.96%。并且，这时更加注重专业训练，尤其注重防汛抢险和森林防火的训练。2003年4月10日，湖南省人民政府、省军区在湘潭市岳塘区双马镇地域召开现场观摩会，组织800余名民兵扑灭山火演练，湘潭市森林防火应急分队经验在全省推广。2004年，全市民兵森林防火应急分队调整配齐配强骨干后进行森林灭火骨干集训。2005年9月16日，组织雨湖区民兵应急分队一个连成建制进行战术背景下实兵演练，受到湖南省军区工作组肯定。

三、政治教育

1986年起，湘潭市基干民兵政治教育由每月一课改为每季度一课（简称"四课教育"），普通民兵每年结合整组和年终总结进行一至二次。主要内容有国防教育、民兵基本知识教育、时事政策教育和精神文明教育。1988年，贯彻中共中央宣传部、解放军总政治部《关于在民兵、预备役人员中加强国防教育的通知》，以民兵预备役人员为主要对象，以爱国主义为主题，开展国防政治、国防精神、国防义务的普及教育。市委宣传部、军分区政治部组织编写《国防教育讲话》《民兵预备役人员国防教育讲义》。

1989年，军分区对民兵突出进行"四个坚持"（坚持共产党的领导、坚持社会主义制度、坚持改革开放、坚持人民民主专政)教育和坚决反对动乱的战备形势教育。1990年,民兵政治教育坚持"三项制度"(教育计划制度、干部任教制度、检查评比制度)、"四课教育",至1993年的4年间,全市组织民兵政治骨干培训24期,培训政治教育骨干3100多名,县(团)级以上领导干部给民兵上政治教育课315人次。

1998年,市委宣传部、军分区政治部下发《关于加强民兵政治教育的意见》,强调民兵政治教育重点对象是民兵干部、基干民兵。基干民兵每年集中进行政治教育不少于4次,时间不少于16课时。普通民兵的政治教育结合整组、征兵、重大节日活动进行,每年不少于两次,每次不少于4个课时。同时,编写印发《民兵政治读本》。

1999年起,民兵政治教育内容为总政治部下发的《参训民兵政治教育纲目》中规定的内容等。6月,湖南省民兵预备役政治工作会议在湘潭市召开,湘潭市介绍开展民兵教育"五结合"(结合民兵军训、结合民兵整组、结合征兵、结合成建制参加两个文明建设);建立"三队"(应急突击队、文明服务队、乡土文化队),推动民兵活动经常化等经验。湘潭市被省委、省政府、省军区授予"民兵政治工作先进单位"。

2000年6月,全市民兵政治工作会议在岳塘区召开,总结推介"民兵活动阵地化、政治教育网络化、保障科技练兵经常化、国防服务社区化"的做法。

2002年起,全市在加强基层正规化建设中,注重民兵政治教育阵地建设,加强"青年民兵之家"建设。2004年,民兵政治教育重点进行加强台海形势和爱国主义教育,强化"准备打仗"的观念。2005年,根据反"台独"军事斗争准备要求,在民兵预备役人员中开展"强化战斗精神,提高打赢能力"的教育,重点进行民兵预备役性质、任务、职能教育。同时,加强教育阵地建设,除少数濒于破产单位的基层武装部"青年民兵之家"不达标外,其余均达标;9600多个村级民兵营"青年民兵之家"达标。军分区被总政治部评为"全国民兵预备役政治工作先进单位"。

四、主要活动

(一)参加重点工程和农田水利建设

1986年起,湘潭民兵积极参加社会主义经济建设,为振兴湘潭、发展经济作贡献。1991年冬,为响应市委、市政府提出粮食亩产过"吨粮"的要求,各人武部发动全市11万多民兵,改造低产田4000公顷,开荒133.33公顷,新开水渠2.5万余米,河渠清淤10万多立方米。1992年6月,湘潭县治迁址易俗河,县人武部组织全县10万民兵分期分批成建制参加会战。用70天时间,搬走山头31座,修涵洞、架桥梁123处,开挖、填埋土石方450多万立方米,完成6条宽80至100米、全长11.38千米的城区主要干道的土建工程。1995年6月,湘潭县、湘乡市山洪暴发,水利设施遭严重毁坏,全市组织以4万余民兵为主体的修复水毁工程队伍,共修复塘坝2823处、桥梁98座、堤防597处、渠道3150处、防洪堤54处。1998年冬,在抗击长江流域百年未遇的大洪水后,湘潭市委、市政府号召进行十项冬修水利工程建设,军分区动员和组织5000多名民兵成建制参加水利建设,承担湘江和平大堤工程建设,圆满完成任务。此后,未成建制组织民兵参与重点工程和农田水利建设。

(二)参加精神文明建设

1986年起,广大民兵积极带头学科学用科学;带头破除封建迷信,移风易俗;带头学习革命先烈和英雄模范事迹,树立良好社会风尚。开展学雷锋活动,扶贫济困,参与公益事业,为人民群众做好事,抵制社会上"一切向钱看"不良风尚,有力地推动城乡文明新风的树立。广大民兵还积极参加省军区发动的参加两个文明建设的活动。着力开展"文明家庭、文明单位、文明村镇"建设,县(市、区)武装部组织民兵带头建立文明村、文明单位联系点。1989 年,全市民兵建立"学雷锋送温暖"小组 593 个,城市民兵共积肥 2200 吨送往农村,捐赠粮票 3 万余斤和大批衣物,为烈军属、五保户和人民群众做好事 14572 件。至 1991 年, 2 个基层武装部、23 个民兵文明单位示范点被评为市(县、区)先进单位,4 名人民武装干部、2044 名民兵被评为先进个人。

1994 年后,广大民兵积极开展带头致富、帮助群众致富、实现共同致富和维护社会治安的"三富一维护"活动。各县(市、区)人武部建立各类扶贫点 360 个。组织民兵开展向烈军属、特困户"送温暖"活动,至 1996 年 3 年间,全市 31000 余民兵为 6317 户烈军属、282 户特困户捐款捐物总计 15.6 万元。1997 年,组织民兵预备役人员"一兵帮一户"活动;并开展捐资助学活动。至 2001 年的 5 年间,全市 1875 个民兵科技大户帮助 1200 多个贫困户脱贫;为烈军属、特困户捐款 12.5 万元;直接和间接援建希望小学 6 所,捐资助学 4 万余元,帮助 120 名失学儿童重返校园。2002 年后,广大民兵积极参加"全面建设小康社会作贡献"活动,一批民兵科技户、专业户发挥辐射作用带动群众致富。2005 年,人武部门坚持把组织民兵预备役人员全面建设小康社会作为用兵练兵、富兵强兵的途径,扶持复员退伍军人,开展自主创业,率先致富活动。

(三)维护社会稳定

1989 年初,湘潭市组织"一打四整顿"(即打击严重刑事犯罪和经济犯罪,整顿公共秩序、交通秩序、文化市场、特别行业)运动,出动民兵 1257 人,协助公安机关设关堵卡、维护秩序、追捕罪犯。春夏之交发生政治风波期间,全市组织 12000 多名民兵参加维护秩序。成立 21 个民兵应急分队、115 个护厂队、97 个护村队,有 2800 多名民兵参加保护重点目标。军分区组织 267 人的值班分队担负全市应付突发事件任务,湘乡市人武部组织民兵分队进行 53 天武装巡逻,有力震慑刑事犯罪分子和其他故意闹事人员。

1990 ~ 1993 年,全市民兵在配合公安机关开展打击"强奸妇女、拐卖儿童、卖淫嫖娼、黄赌毒"等活动中,出动 1350 名民兵昼夜巡逻,民兵配合公安机关破获各类案件 66 起, 抓获不法分子 274 人,制止偷盗、哄抢事件 61 起,挽回经济损失近百万元。1994 年,有 480 个乡、镇(街道)、村(居委会)成立民兵联防队。6 月 11 日晚,涟源市湄江镇龙少楼驾驶的运煤大货车途经韶山市大坪乡韶峰水泥厂附近公路时,遭拦路抢劫,住在附近的民兵赵楚强、赵仕强迅速召集 10 多名民兵和村民赶到出事地点,堵卡、围山,将以谭湘为首的 4 名歹徒抓获。

图 13-3-1　岳塘区昭山乡民兵护路分队在巡逻

1995 年,全市民兵治安联防队发展到 1400 多个,积极开展护村、护厂、护路、护水、护电等活动,协助公安执勤破案。在湖南省 107 国道沿线军民共建文明路现场观摩会上,湘潭军分区政治部、武警湘潭支队、驻湘潭电机厂军事代表室、湘潭县中路铺镇、岳塘区昭山乡受到省军区的通报表彰。1996年，全市民兵参加全省第二次集中整治农村社会治安工作，成建制投入民兵1166个班（组）6472人，参加执勤160400余人次。1997～2003年，民兵治安联防队进一步开展护村、护厂、护路、护水、护电等活动。2004年，岳塘区昭山乡民兵护路分队被中央综合治理办公室、国家铁道部和总参谋部评为“全国护路联防工作先进集体”。2005年，各级人武部门加强组织辖区内民兵联防分队的治安巡逻，维护社会秩序。积极配合政法部门开展打击“两抢一盗”犯罪专项行动。

第四章　拥政爱民

第一节　参加地方经济建设

20世纪80年代中后期至90年代中期，湘潭军分区参加地方经济建设的主要做法是按照上级的规定，兴办一批生产经营性企业，特别是发展养殖业，为国家创汇。同时为湘潭抗洪抢险、抗旱救灾作出贡献。1997年12月，军分区下发组织部队和民兵参加冬修水利动员令，协调组织驻潭部队和武警、消防官兵400余人，参加彭德怀元帅故乡乌石村农田水利建设大会战，修建240米长、7米宽、5米深的水渠。1998年冬，军分区动员机关和人武部、干休所官兵和组织民兵成建制参加并承担湘潭市十大冬修水利工程建设项目之一——湘江和平大堤建设工程。1999年5月，市委、市人民政府、军分区作出《关于做好拥军优属、拥政爱民和争创“双拥模范城”》决定，军分区制定下发《驻潭部队拥政爱民工作规定》。

2000年后，驻潭部队进行以“牢记宗旨，服务群众”光荣传统教育、“驻湘潭、爱湘潭、建湘潭”拥政爱民教育，激发广大官兵建设第二故乡责任感。2002年，在全市“双拥”工作表彰暨交流会上，武警湘潭市消防支队等8个拥政爱民先进单位，孔郊梨等15名拥政爱民先进个人受到表彰。

至2005年的20年间，驻潭部队参与重点工程建设、水库整治、堤垸修筑、光缆施工等建设项目65个，完成工程595处，完成土石方100多万方，完成劳动工日20余万个。

第二节　参加地方精神文明建设

1986年起，驻潭部队参加军民共建活动由单独的共建发展到部队与民兵共建单位同附近其他单位联建；并以培养“四有”（有理想、有道德、有文化、有体力）新人和帮助群众发展生产、发财致富为主要内容。军分区机关与湘潭大学、砂子岭离职干部休养所与市第九中学结为共建单位。1991年，湘潭市与南海舰队“湘潭舰”建立共建关系。全市有军警民共建单位68个。军分区组织干部战士清扫街道，维持秩序，组织医务人员为群众看病治病。至1992年7年间，军分区卫生所为群众治病1.35万人次。组织一批干部、战士担任驻地学校校外辅导员，对青少年进行传统教育。战斗英雄、军分区顾问鲁湘云（1982年离休）担任21所中小学校外辅导员，为青少年讲革命传统和战斗英雄事迹，受到省军区表彰。

1995年起，湘潭市开展军警民共建107、320国道文明路活动。8家军事单位与107国道沿线的8个乡镇建立军民共建点，签订共建文明路协议书，军事单位派人进驻联络点，打击车匪路霸，保证道路畅通。在湖南省107国道沿线官兵参加文明路现场观摩会上，军分区政治部、武警湘潭支队、驻湘潭电机厂军事代表室、湘潭县中路铺镇、岳塘区昭山乡受到湖南省人民政府、省军区通报表彰。武警湘潭市支队与湖南省储备155库被湖南省委宣传部、省军区政治部评为“军民共建先进单位”。2001年，武警湘潭市支队被武警湖南省总队、湖南省物资储备管理局评为“警民共建文明库”。2003年，军分区政治部发出《关于积极组织部队参加创建“文明湘潭”活动的通知》。驻潭部队积极投入湘潭市“创建文明城市、创建文明单位，做文明市民”万人签名活动和“知我湘潭、爱我湘潭、建我湘潭、兴我湘潭”等一系列活动中。军分区和雨湖、岳塘区人武部配合城管、工商部门整顿城区市场秩序，配合公安部门维持治安秩序，配合环卫部门开展清扫保洁活动，配合宣传、文化部门开展群众性文艺活动。军分区所属县市区武装部选派一批教员，认真做好少年军校训练工作。2004年，和平小学、风车坪小学被共青团湖南省委、省军区政治部、省少年工作委员会和省国防教育委员会评为“湖南省优秀少年军校”。2005年，军分区组织部队官兵和民兵预备役人员参加创建“和谐湘潭”活动，积极扶持复退军人自主创业、率先致富；其做法被广州军区、湖南省军区转发推广。

第三节　内卫执勤和处置突发事件

一、看押和看守

1986年，武警湘潭市支队(以下简称“支队”)贯彻执行《内卫勤务条例》，健全执勤制度，完善作战预案；加强内卫勤务骨干培训，提高执勤人员业务素质；开展“红旗哨所”“执勤能手”“执勤无事故先进单位”等活动，以防脱逃、防腐蚀、防违纪为重点，开展遵纪守法、拒腐防变等勤务整顿，确保执勤目标安全。改善执勤条件，目标警戒区内安装高压电网、报警系统等设施，改进执勤设施和沿袭30多年的执勤方式，提高执勤的安全系数。全年看守人犯2830名，清监查所39次，制止罪犯自杀1起1人、逃跑1起1人。1987年6月，湘潭县中队哨兵王怀春执勤时发现有4名人犯逃跑，立即发出警报信号，中队官兵迅速按人犯逃跑处置预案实施追捕，成功捕回4名人犯。10月8日，担任湘潭市矽砂矿劳改大队看押勤务的官兵成功处置一起在押犯脱逃事故。是年，支队执行各种勤务186次，出动兵力1277人次；看守人犯629名，看押劳改人员665名；执行押解勤务56次，押解人犯243名；执行逮捕勤务45次，逮捕人犯58名；执行处决勤务4次，处决死刑犯5名；执行追捕勤务1次，追回逃犯1名。1988年，支队被湖南省总队评为“执勤工作先进单位”。1989年，担负看押勤务的分队以防脱逃制、制止脱逃为重点，严格落实各项安全措施，保证监所的正常秩序。

1990年后，支队贯彻《内卫勤务规定》《战备制度规定》《处置事件规定》等法规，修订完善各项勤务制度，开展勤务教育整顿，保证执勤目标安全和监所的正常秩序。1991年，支队看守人犯1083名，看押劳改人员595名；执行押解勤务74次，押解罪犯636名；执行逮捕勤务8次，逮捕罪犯33名；执行处决勤务12次，处决死刑犯28名。1992年，根据武警总部颁发的《内卫勤务规定》，武警部队不再担任劳作区的押解勤务。全年看守人犯1706名;执行押解勤务31次,押解罪犯311名;执行逮捕勤务31次,搜捕人犯23名;执行处决勤务8次,处决死刑犯16名。

1993年,根据公安部下发的《公安机关看守所安全大检查,值班巡视暂行规定》,支队所有中队配合公安干警搞好执勤工作。1994年,支队在湘潭市中队召开执勤现场会后,各中队积极了解本辖区的敌情、社情和执勤目标动态;修订完善执勤管理措施,健全勤务制度,规范干部值班和勤务领班员制度、勤务日记登记制度和"三班四哨两小时"等勤务制度12月,根据形势任务的需要和省武警总队的命令,支队结束看押勤务。全年支队看守人犯2674名,看押犯人291名;动用兵力79人次执行押解勤务3次,押解犯人219名,行程5426千米;执行处决勤务6次,处决死刑犯28名。成功制止人犯(犯人)闹事1起7人、行凶3起11人,自杀5起5人。

1995年,支队进行勤务专项治理整顿,学习《内卫执勤规定》,对执勤人员进行政治审查;围绕"五个熟悉"(熟悉目标周围及其周边环境;熟悉哨兵职责和任务;熟悉情况处置的原则和方法;熟悉有关制度和要求;熟悉执勤方案。)和"五个能力"(能发现、能判断、能处置、能制敌、能宣传),加强执勤工作。加强执勤硬件建设,各目标单位共投入经费15万元,改善岗楼5座,加固监狱围墙63米。支队共看守人犯2670名,看押犯人298名;动用兵力85人次执行押解勤务41次,押解人犯230名,行程5530千米;执行处决勤务4次,处决死刑犯16名。1997~1998年,连续两年进行勤务专项治理整顿,规范执勤秩序。

1999年9月,根据公安部、武警总部看守勤务"内转外"通知精神,支队担负看守勤务的分队全部完成由"内看守"转为"外看守",执勤警力紧张问题得到缓解。2000年,支队根据《执勤规定》《战备制度规定》和《处置突发事件规定》,在看守中队开展"三个一遍"(对所有执勤目标检查一遍、对周围环境走访一遍、对存在问题分析一遍)活动,确保固定执勤目标安全。1月17日,湘潭市看守所在押犯罗某趁提审干警疏于防备时,逃脱至东湖路一居民区,湘潭市中队经过3个小时的搜捕,成功抓捕脱逃人犯。2001年起,武警支队坚持走科技强警之路,不断完善执勤设施,提高执勤手段。是年,支队共执行押解勤务4次,押解人犯63人。2002年,支队三级网建设工程建成,执勤目标的安全性和执勤活动的可操作性得到提高。全年执行押解17次。2003年起,支队担任看守任务的中队以防逃、制逃为重点,建立健全规章制度,落实安全措施,保证监所的正常秩序。至2005年,共制止罪犯逃跑1起、制止罪犯暴动、闹事、行凶、自杀5起11人。支队被省武警总队评为"正规化执勤一级支队"。

二、警卫和守卫

1986年,韶山毛泽东故居和滴水洞由武警湖南省总队第1支队第1中队守卫;湖南省人民广播电台201台和湘潭铁桥由省总队第2支队第4中队守卫;湖南省储备物资局155处库区由武警湘潭市支队直属第3中队守卫;湘潭市支队接收省军区移交的守卫守护目标27处。此后,对上述目标的守卫,均按照《内卫勤务条例》有关规定,结合实际情况执行。

1991年3月,国家主席江泽民到湘潭视察,湘潭市支队参与视察沿线、住地、视察现场等地的警卫任务。1992年,支队参与湖南省"龙舟节""烟花节""森林保护节""长沙服装艺术节""南岳庙会""桃花源游园会"等大型活动临时警卫和安全保卫任务。1993年,在毛泽东诞辰100周年庆典活动期间,支队派出官兵完成活动场地、首长住地、"韶山号车队"安全保卫和警卫任务。1994年12月,担任韶山毛泽东故居和滴水洞守卫的第 1 支队韶山警卫中队改隶市支队后，其守卫任务不变。1997 年开始，根据国家有关规定及省武警总队指示精神，支队派出兵力担任湘潭市大唐发电厂守卫工作。1997～1999 年，支队先后担负中央电视台“心连心”艺术团赴毛泽东故居慰问演出、彭德怀诞辰 100 周年庆典和湖南省第三、第五届残疾人运动会的安全保卫任务。2000 年，支队先后派出兵力 400 多人次，完成湘潭市龙舟赛、衡阳“南岳寿文化节”、湘潭市“世纪狂欢夜”活动安全保卫工作。2001 年，支队先后派出兵力 500 多人次，完成“城郊之夜”文艺晚会、湘潭市龙舟节、湘乡旅游节、湘桂青年互访广场命名和湘潭市纪念中国共产党成立 80 周年一系列大型活动安全保卫工作和全国人大常委会副委员长姜春云到潭的警卫任务。2002～2005 年，支队先后完成国家副主席曾庆红，中共中央总书记、国家主席、中央军委主席胡锦涛，国务院副总理黄菊，中共中央政治局常委李长春，国务院副总理回良玉，中央组织部部长贺国强，全国政协副主席白立忱、黄孟复（全国工商联主席），中央政法委书记罗干等中央领导到潭沿线、住地、视察现场警卫任务；完成台湾亲民党主席宋楚瑜回乡祭祖安全保卫工作。此外，支队还完成“陈赓大将诞辰一百周年纪念大会”“陈赓大将铜像揭幕仪式”“毛泽东同志纪念馆改馆开馆仪式”等大型活动安全保卫工作 5 次；还担负全国足球甲 A 联赛“八一湘潭”队比赛主场安全保卫工作 15 次。2005 年 6 月，省总队直属第 2 支队担任湖南省人民广播电台 201 台和湘潭铁桥守卫任务的中队转隶湘潭市支队，其守卫任务不变。

三、武装巡逻

1986 年，武警湘潭市支队依照《内卫勤务条例》，不定期地派出巡逻纠察队，配合公安等部门维护城区社会治安秩序，严察军警人员军（警）容风纪。1987 年，根据公安部关于“大中城市和沿海开放城市，武警部队要实施经常性的治安巡逻”的指示，支队成立治安巡逻队，担负巡逻任务。1989 年国庆期间，支队出动官兵 230 人次、摩托车 45 台次进行武装巡逻。1990 年后，支队派出机动分队，与公安干警一起，进行市区武装巡逻。特别是在“两会”（全国人民代表大会、全国政治协商会议）、“两节”（春节、国庆节）期间及敏感时期，支队及时派出武装巡逻队，打击犯罪，维护社会稳定。

1991 年，在执行巡逻时，及时制止群体性斗殴，抓捕犯罪嫌疑人，收缴违禁物品。1993 年到 1995 年“严打”斗争，支队先后参加“集中严打”“边界公路行动”“水网行动”“铁路行动”，在完成搜捕、堵卡等任务的同时，加强武装巡逻。2002 年，在严厉打击犯罪活动中，武装巡逻 235 次，兵力达 4600 余人次。2003 年，针对市内“两抢”案件不断增加，支队派出警力进行武装巡逻，对犯罪分子进行震慑。至 2005 年 15 年间，支队派出武装巡逻 2000 多组次，出动兵力 1.3 万余人次，抓获犯罪嫌疑人 100 多名，制止行凶 37 起，处置滋事 63 起。

四、处置突发事件

1989 年 4～6 月，支队出动官兵 5000 余人次、车辆 200 台次，抓获犯罪嫌疑人 30 余名，制止冲击党政机关事件 10 次，疏散围观群众 98 次，保证要害部位绝对安全。

1998 年 4 月 23 日至 5 月 8 日，张家界市发生传销人员闹事事件，根据武警湖南省总队命令，支队出动 100 人次，协助张家界市支队圆满地处置此事件。

1999 年 2 月 15 日，湘乡市南门口广场居民区内因燃放鞭炮引起附近烟花鞭炮仓库爆炸，一栋三层居民楼被炸塌，武警支队湘乡市中队和第二中队40名官兵紧急出动赶赴现场参与抢救，救出遇险群众17人。8月23日，湘乡市望春门办事处县前街新居楼个体户4人被犯罪嫌疑人廖某某、白某劫持。第二中队奉命出动30名官兵配合湘乡市公安局处置劫持人质事件。击毙犯罪嫌疑人白某，抓获犯罪嫌疑人廖某某，4名人质安全获救。

2003年，全国部分地区“非典型肺炎”疫情暴发，为控制病疫传入湘潭地区，支队协助政府担负维护社会治安、设置路卡等临时勤务。

2004年9月27日，近1000名梅花鹿养殖受害群众聚集在湘潭火车站以西约300米湘黔铁路岔道处，扬言堵塞铁路。支队接到市委、市政府要求派兵协助处置的命令，在向武警湖南省总队请示报告后，出动100名官兵。在政策攻势和武力震慑下，700余名参与闹事群众自行解散。后为防止闹事人员反弹，武警官兵在铁路沿线派出3个巡逻组巡查，至事态平息。

第四节 扶贫帮困

1986年，湘潭军分区按照省军区的统一部署，组织部队、民兵预备役人员帮助乡镇的贫困群众解决温饱、脱贫致富。湘潭县人武部与县光荣院结成帮扶对子，帮助老人们打扫卫生、拆洗被褥，陪老人们过节。1987年起，军分区按省军区制定的10年扶贫工作规划，轮流派出机关干部，到湘乡市桂花乡（1995年并入中沙镇）扶贫点，帮助该乡兴修水利、兴办果园、植树造林等。1997年，军分区组织部队干部、专武干部和民兵预备役人员开展“一帮一”活动，建立扶贫帮困点和联系户。军分区机关扶助湘潭县乌石村发展碎石厂、木材加工厂和集贸市场，轮派干部到该村驻点帮助，先后投入资金70万元。2002年起，军分区把帮助贫困学生作为扶贫帮困重点，22名团以上干部与湘潭县乌石乡22名特困学生；预备役第一团4名团职干部与岳塘区双马镇4名失学儿童；湘乡市人武部14名干部与14个残疾家庭的孩子结成“一帮一”助学对子。驻潭部队领导深入到湘潭市助剂厂等“双联”（机关联系困难企业、党员干部联系困难职工）企业做工作，为特困职工、残疾人等弱势群体捐款捐物10万余元，为希望工程捐款19万余元，赠送图书资料53000余册，帮助560名失学儿童重返校园。至是年底，共建立扶贫帮困点152个359户，其中70%脱贫。2005年，军分区机关到湘潭市化工厂、湘乡市东郊乡新塘村进行扶贫帮困，为下岗职工和特困户捐钱捐物。

第五节 抢险救灾

一、抗洪抢险

1992年7月上旬，全市普降暴雨。军分区、县（市、区）人武部紧急组织58个民兵抢险分队11600余人投入抗洪抢险；其中集中8个分队1452人作为全市机动力量，32个分队5816人投入抗洪抢险，共堵漏284处，救出被洪水围困群众242人，抢救出财产价值17万余元。武警湘潭市支队先后出动兵力100人次、车辆23台次和1支医疗队，共抢运物资90多吨，修复堤坝100余米，平整农田1公顷，抢救、疏散群众54人。1993年6～8月，仰天湖溃堤，武警湘潭市支队机动中队80多名官兵与民兵、当地干部群众奋战两天两夜修复湖堤。

1994 年 6 ~ 7 月，百年不遇的洪水接连四次袭击湘潭县沿江一线地区，给人民生命财产带来严重威胁，军分区快速、全力组织驻潭解放军、武警官兵和民兵进行抗洪救灾。共出动 2.2 万余人次、车辆 100 多台次、防汛器材 200 多件，义务投工 11 万余个，填补土石方 13 万余立方米，装运麻袋 40000 余袋、木材 230 立方米，抢救和转移 3000 余人、牲畜 6330 头，物资 480 吨、各类财产 61.5 万余元，紧急排险 24 处。军分区参谋长谭甲南因指挥有力、工作突出被国家防汛总指挥部、民政部、人事部和总政治部表彰为“全国防汛抢险先进个人”。湘潭县人民武装部部长沈运球等受到广州军区的通报表彰。

1995 年 6 月，湘潭县、湘乡市山洪暴发，全市迅速调集 4 万余名民兵成建制投入抗洪抢险第一线，转移群众 1 万余人，抢救各类物资 1200 吨和耕牛、牲猪等 1.4 万头。灾后，广大民兵又参加修复水毁工程。

1996 年 7 月 19 日，湘乡市潭市镇、虞唐镇山洪暴发，湘乡县人武部全力以赴组织民兵进行抗洪抢险。军分区司令员潘季良率机关人员赴湘乡市抗洪救灾。7 月 22 日，湖南省军区紧急通知增援华容县抗洪抢险，军分区立即组织市民兵抢险救灾突击营轻舟连 46 人、冲锋舟 7 艘、橡皮舟 4 艘、车辆 8 台，火速赶赴华容县，出色地完成任务，受到当地人民群众和政府的好评，省政府给带队的岳塘区人武部政委何正良记一等功，省军区给军分区司令部参谋何坚记三等功。

1998 年 5 月 22 日，涟水上游普降暴雨，湘乡市棋梓镇、翻江镇受灾严重。湘乡市人武部迅速组织沿线乡镇民兵应急分队投入抢险救灾，调集民兵抗洪抢险突击营和轻舟分队全线出动增援。6 月 26 日，湘江、涟水上游连降暴雨，防洪堤长时间水浸，湘潭县石潭镇白托管区地段决堤 13 米，淹没稻田 266.67 公顷，4000 余名群众被洪水围困。湘潭县、岳塘区民兵抢险救灾突击营 150 名队员携 9 艘冲锋舟、橡皮舟，火速赶赴抢险救灾。经过近 6 小时的连续奋战，被困群众全部被营救转移。湘江河东大堤一大桥至食盐仓库出现 50 米滑坡，仰天湖大堤王家寨泄洪渠出现 30 米长裂缝，团结渠同时出现险情，岳塘、雨湖两区 2000 名民兵经过两日的连续奋战，出动车辆 200 多台次，搬运石块 4000 立方米，大堤加垫 3 万多袋土石，植护堤木桩 200 余根，确保湘江大堤安然无恙。6 月 27 日，武警湘潭市支队出动 120 名官兵、10 台汽车，装填沙土 3000 多袋，搬运沙石 200 余吨，加固仰天湖大堤。6 月 28 日，十万垅大堤杨泗庙地段出现滑坡，军分区迅速组织机关、直属队、干休所和武警支队共 200 多人投入抗洪抢险。同时，雨湖区人武部所有人员和民兵抢险分队 170 人在十万垅和团结渠抢险。7 月，全市再次动员组织 5000 名民兵抗洪抢险队员参加湘江的抗洪抢险。7 月 25 日，湘潭市民兵抗洪抢险突击团轻舟分队赴华容县支援抗洪抢险，圆满完成省军区赋予的任务。8 月 8 日，武警湘潭市支队赶赴华容增援抗洪，奋战 6 昼夜，完成任务。

1999 年 7 月 23 日和 28 日，军分区组织市民兵抗洪抢险突击团分两批赴益阳市抢险救灾，出动人员 408 人，车辆 45 台。在抢险救灾中，共出动兵力 9964 人次，冲锋舟 2786 次，车辆 50 多台次，抢救被洪水围困群众 8631 人，抢救物资 76.6 吨，运砂卵石 140 吨，堵管涌 1 处，抢修加固堤坝 400 米，挽回经济损失 100 多万元。8 月 13 日，从益阳市归来的轻舟分队又南下郴州抗洪抢险，出动 15 艘冲锋舟、车辆 20 台次、110 名轻舟队员，出色完成省防汛指挥部赋予的任务。

2002 年 8 月，湘江流域普降暴雨，全市数十个乡镇、街道发生洪灾，给人民群众生命财产安全带来威胁，湘潭县、湘乡市、雨湖、岳塘区人武部迅速组织民兵抢险救灾，排除险情数十处，转移受灾群众987人，保护数十万群众生命财产安全。同时，在这次抗洪抢险过程中，武警湘潭市支队出动官兵600人次、车辆21台次，参加抢险11次，排除险情10处，堵管涌8处，装运沙石8000多袋60多吨，挽回经济损失6560万元。22～31日，武警湘潭市支队在湘阴南湖垸抗洪抢险，出动450人次、车辆27台次，抢险9次，清草除障3万多平方米，搬运沙石3000多袋，排除险情8处，成功保护了30多千米南湖垸大堤。

二、抗旱救灾

1988年抗旱，人工增雨出动高炮130门次，民兵1570人次。1991年发生严重旱情，全市出动7万余名民兵疏通水道、抽水提灌、看守水源、维护秩序。在湘潭县柱塘乡、青山桥乡，湘乡市桃林水库，韶山市花园村设立4个作业点，组织民兵高炮分队38人，出动高炮4门；7月20日～8月16日，作业27次，发射催雨弹751发，成功降雨26次，其中降中雨以上11次。1992年7月29日始，民兵高炮分队出动42人，历时29天，设立3个炮点（湘潭县青山桥乡、韶山市韶山乡、湘乡市双江乡），出动高炮3门，作业12次，发射催雨弹371发，炮点降雨总量达112.9毫米。1995年7月24～8月18日，民兵高炮分队设立3个炮点，作业26次，发射催雨弹640发，炮点累计降雨132毫米。1998年8月下旬至9月上旬，在湘潭县中路铺和严冲水库，湘乡市育塅乡设立3个炮点，历时15天。育塅乡炮点作业4次，炮点降雨57.5毫米；湘潭县2个炮点共作业9次，炮点降雨73.8毫米。2000年7月18日～8月13日，出动民兵高炮分队38人，高炮4门，设立湘潭县中路铺、严冲，湘乡市花坪、壶天4个炮点，作业23次，发射催雨弹506发，成功降雨。2003年，出动高炮2门和车载火箭作业系统2台；出动民兵40余人，设立人工增雨作业点6个，增雨作业7天，作业14次，发射催雨弹128发、火箭弹24发，炮点降雨总量135.1毫米。至2005年的8年间，进行人工增雨50余次，降雨有效率98%，有效地缓解旱情。

三、护林防火

1992年10月27日凌晨，湘乡市褒忠山国营林场外围林带发生火灾。湘乡市人武部紧急调动韶峰水泥厂、湖南铁合金厂、湘乡铝厂、湘乡化工厂4支民兵应急分队670人，投入灭火战斗。砍伐防火隔离带30多亩，保住200余公顷成材林。这是市内人武部首次组织森林救火。1993年，广大民兵积极协助公安、林政人员宣传《中华人民共和国森林法》《森林防火条例》，树立禁山碑。充实以民兵为主体的乡村护林员队伍。湘乡市建立以民兵为主体的防火扑救队27个，有152个乡村林场健全护林联防网络。1994年，全市树立禁山碑3万多块；在10处重点防火区设置昼夜值班瞭望哨。岳塘区荷塘乡林场发生森林火灾，岳塘民兵应急分队投入扑灭山火。1995年，组建民兵森林扑火专业队伍。1996年5月，全市民兵抢险救灾突击营编组4个森林扑火突击排共117人，进行专业训练和扑灭山火演习。

1998年农历正月初一，韶山市如意镇狮子山综合林场发生森林大火，如意镇、韶山市人武部先后调动民兵、干部、职工80余人，将大火扑灭。1998年后，军分区把灭火和防火结合起来，发挥民兵护林防火分队的作用。将全市森林划分为15个重点护林防火区。平时在每个防区组织民兵护林防火队员3～5人为1组，每个防区2～3组，负责巡逻守护；在森林特别防火期间，增加防护力量，指派每个防区组织护林防火队员8～10人为1组，每个防区3～5组，进行昼夜巡逻防护。在森林防火重要地带、重点部位设立98个民兵护林防火瞭望台（报警站）。选派责任心强的民兵担任观察报警员；在防火重点时期，组织民兵护林防火应急分队队员轮流担任观察报警员。1999年4月17日17时，湘潭县乌石镇斑竹村大湾组发生森林火灾，该村民兵营长徐铁柱组织民兵和群众50余人扑救，保住33.33公顷森林和20余户村民生命财产安全。至2000年的3年间，全市民兵森林防火应急分队为群众上课38场（次），刷写固定标语400余条，印发宣传资料近3万份，在进山要道和林区重要位置树立封山育林禁火碑。发现火情19起，制止乱砍滥伐37起，消除火灾隐患16起。

2001年，全市民兵森林防火应急分队扑灭森林火灾达70余次，挽回经济损失3000多万元。2003年4月，民兵森林防火应急分队充实力量，军分区与市林业局一起组织系统的扑火专业训练。2005年3月6日，湘潭县中路铺镇荷塘晓霞山林场发生特大森林火灾。县人武部组织县人武部干部、职工和县民兵森林防火分队218人，易俗河、梅林桥、谭家山、中路铺、白石铺、茶恩寺等乡镇民兵应急分队310人，武警湘潭市支队68名官兵赶赴现场灭火。历时9小时，砍伐隔离带6千米。至7日22时将森林大火扑灭，使火灾损失减至最低。至2005年的5年间，民兵森林防火应急分队参加扑灭较大森林火灾19次，出动2800人次。

第五章　国防动员与国防教育

第一节　国防动员

一、国防动员机构

1986年，中共湘潭市委人民武装委员会负责国防动员工作，主要是承担境内战争潜力调查、战争动员预编、全民国防教育等任务；市人民防空委员会领导下的人民防空办公室负责人民防空工作和人民防空动员工作；市交通战备领导小组领导下的交通战备办公室负责交通战备建设和交通动员工作。

1996年11月7日，根据国务院、中央军委，广州军区和湖南省人民政府、湖南省军区指示精神，湘潭市、县（市、区）相继成立国防动员委员会。湘潭市国防动员委员会与中共湘潭市委人民武装委员会是一套机构两块牌子，是市内主管全市国防动员工作的议事协调机构。国防动员委员会由市委书记任第一主任，市人民政府市长任主任，市委副书记、副市长、军分区司令员、政治委员任副主任，委员由军分区司令部、政治部、后勤部机关，市委办公室、市政府办公室，市委组织部、宣传部，市发展与改革委员会、经济贸易委员会、公安局、财政局、卫生局、民政局、粮食局、人事局、交通局、劳动和社会保障局、规划局、气象局、科技局，人民防空办公室、湘潭电信公司、总工会、共青团市委等部门负责人组成。

市国防动员委员会下设国防动员委员会办公室、人民武装动员办公室、经济动员办公室、人民防空办公室、交通战备办公室。国防动员委员会办公室为市国防动员委员会综合办事机构,设军分区司令部,主任由军分区参谋长兼任。人民武装办公室为市国防动员委员会负责武装力量动员的办事机构,即原人民武装委员会办公室,设军分区司令部,军分区参谋长兼任主任。经济动员办公室(即市发展与改革委员会经济动员办公室,接受双重领导)是市国防动员委员会负责国民经济动员的办事机构,办公室主任由市发展与改革委员会主任兼任。人民防空办公室为市国防动员委员会负责人民防空工作和人民防空动员工作的办事机构,原市人民防空委员会撤销后,改归市国防动员委员会领导。交通战备办公室是市国防动员委员会负责交通战备建设和交通动员工作的办事机构,由原市交通战备领导小组办公室调整而来,设市发展与改革委员会,办公室主任由发展与改革委员会主任兼任。2004 年 2 月 12 日,增设政治动员、科技动员办公室,市国防动员委员会办公室改称综合办公室。政治动员办公室为市国防动员委员会负责政治动员的办事机构,设军分区政治部,政治部主任兼办公室主任。科技动员办公室是市国防动员委员会负责科学技术动员的办事机构,设市科学技术局,由该局局长兼任办公室主任。

二、动员建设

1986 年,全市利用民兵整组、兵役登记、民兵预备役登记统计等工作进行国防潜力调查,主要调查统计内容为:地方与军事专业对口技术人员、交通运输能力等有关情况、地方医疗能力情况、物资储备情况、电信能力情况。根据动员潜力和情况的变化,修改和完善 1980 年制订的《湘潭市对空作战预案》《战时兵员动员方案》《城市应急作战机动方案》等各类作战方(预)案。

1989 年,军分区依据省军区战时扩编动员计划,制订《湘潭市扩编动员计划》,明确扩编规模和动员任务,主要是应急扩编动员、战争初期扩编动员和战争爆发后半年内兵员伤亡补充等内容。1992 年 3 月,通过兵员动员演习,发现计划中存在的问题,采取针对措施,进一步修订完善动员计划。

1996 年 11 月,市国防动员委员会成立始,各办公室相继制订、修改和完善各类动员预案。坚持每年组织军地力量进行国防动员潜力调查,建立人民武装兵员动员数据库、国民经济动员数据库。1997 年,军分区机关通过兵员动员演习,修订完善兵员动员计划方案。1998 年,市经济动员办公室遵照省经济动员办公室的部署,对全市主要经济和企业开展经济潜力调查,了解翔实的数据。1998 年 8 月至 1999 年 3 月,人民防空办公室对《湘潭市防空预案》进行修订,制订各类保障计划共 13 种。2000 年 8 月 30 日 ~ 9 月 22 日,军分区进行兵员快速动员演习,组织修订《湘潭市兵员快速动员方案》,制定《湘潭市科技动员预案》《湘潭市高技术专业人员动员预案》《湘潭市兵员快速动员预案》《湘潭市后勤快速动员预案》等一系列战时快速动员方案。2000 ~ 2001 年,市经济动员办公室再次开展经济潜力调查,基本摸清全市人力、财力、物力等资源的数量、质量和分布情况。

2002 年,全市武装力量、经济动员、人民防空、交通战备专业技术保障分队和舟桥、森林防火分队等,统一纳入民兵组织,合理编组,分类建设。从信息部门、科研院所、高等院校等高技术人才密集的单位选编专业技术人员,分别组建心理战分队、网络战分队、电子战分队。8 月 8 日至 9 月 26 日,市国防动员委员会、军分区和 5 个县(市、区)国防动员委员会及其人武部、预备役第一团参加广州战区组织的"中南—预 1 号"演习。分别进行演习准备、网上战术演习、实兵演练(预备役官兵收拢集结、转服现役、兵员交接，民用车辆征用，部队机动）等内容的演练。全市县以上党政军领导和国防动员委员会成员 200 余人参加，组织预备役第 1 团官兵，动用车辆、火炮、轻武器，装备物资 4166 件，实施兵力机动至长沙等地，往返 300 余千米。

图 13-5-1　参加“中南—预 1 号”动员演习的预备役

2004 年，武装力量动员办公室修订《湘潭市兵员动员预案》。预案明确全市首批动员为现役部队补充军官、士兵数；预备役第一团实施快速动员转服现役，加入上级渡海登岛作战；动员组建防(反)空袭部队和维稳反恐部(分)队，做好持久作战准备。至 2005 年，市国防动员委员会各专业办公室分别修订完善《湘潭市兵员动员预案》《国民经济动员预案》《交通战备动员预案》《城市反空袭预案》《部队、民兵反恐防暴行动预案》《民兵森林防火应急行动预案》《民兵抗洪抢险行动方案》《人民防空紧急疏散行动预案》《民兵支前保障预案》等 10 余个战备方(预)案。

第二节　国防教育

1988 年，针对部分适龄青年不愿履行兵役义务，部分单位优抚政策不落实等情况，市委宣传部、军分区政治部围绕公民国防意识和履行国防义务状况，分组开展抽样调查，并据此制发《关于在全市公民中开展国防教育的意见》，决定全民国防教育以县团级以上党、政、企业领导干部、民兵预备役人员和大、中学生为重点，逐步普及到全市群众。建立由各级党委、政府统一领导下，由同级人民武装委员会(简称‘武委会’)负责，以宣传、军事、教育部门牵头，民政、文化、司法、工会、共青团、妇联等单位配合，齐抓共管，共同组织实施。教育内容主要有国防形势、国防理论、国防历史、国防精神、国防政策法规、国防义务、国防常识等，并把国防教育纳入党校教育、民兵预备役人员教育、全市大中小学、职工轮训等课程范围。市委宣传部、军分区政治部还组织力量编写《国防教育讲话》作为教材。为了配合全民国防教育，在市烈士陵园开设革命烈士事迹陈列馆；编写出版《湘潭英烈》；组织宣讲团广泛宣传湘潭籍革命烈士事迹，听众 5 万人次。拍摄、播放《同心曲》《老山行》等系列拥军优抚专题电视录像片。

1989 年，全市各级建设一批国防教育馆室。1990 年 2 月 7 日，湘潭市全民国防教育委员会成立。委员会下设办公室。至此，全民国防教育改由全民国防教育委员会负责。全市 8 个县(市、区)及 61 个县(团)级大型厂矿、大专院校相继成立全民教育国防委员会及办公室；其他厂矿、学校和乡镇、街道办事处则成立全民国防教育领导小组。6 月，湘潭市国防教育委员会制发《湘潭市全民国防教育大纲》。9 月 14～18 日，湖南省全民国防教育委员会在湘潭市召开国防教育现场经验交流会。国家教委、总参谋部、总政治部、广州军区派员参加会议。省全民国防教育委员会表彰湘潭市及雨湖区、湘乡市、韶山区等全民国防教育先进单位。

1991 年，全市建立国防教育园地 152 个，有 21 所中学坚持开设“三防”知识课。1992 年，市全民国防教育委员会组织力量编写《民兵预备役人员国防教育讲义》《中小学生国防教育课本》《公民国防知识通俗讲话》。1993 年 10 月 8 ~ 10 日，军事科学院《国防》杂志编辑部与市全民国防教育委员会在湘潭举办全国新时期全民国防教育研讨会。25 个省（市、自治区）的国防教育委员会代表 100 多人参加会议。至 1993 年的 6 年间，全市党政机关、厂矿企业、学校举行国防教育报告会 1000 余场次，听众 30 多万人次；利用市（县、乡镇、厂矿）报刊和广播，青年民兵职工之家等举办系列国防知识讲座。1994 年，成立市全民国防教育讲师团，深入机关、学校、厂矿、农村讲授国防教育课。同时，建立一支以干部、复退军人、民兵为主体的教育骨干队伍，开展形式多样教学活动。1996 年，先后开展“扬长征精神，壮我国威军威”演讲活动和国防知识百题书面竞赛、国防法和国防教育法宣传等活动。1997 年，全市举办建军 70 周年“长城杯”“我与人民军队”有奖征文活动。1998 年，先后组织开展“南沙万里行”“将军故里行”“徒步韶山行”等活动和国防知识竞赛，全市开设人防知识课的学校 50 所，受教育学生 9973 人。

2000 年 3 月，市全民国防教育委员会办公室、市教育委员会、市科学技术协会、共青团市委联合举办国防知识教育暨海、陆、空军兵器模型展览活动，在全市 35 所中、小学巡回展览。2001 年，全市组织开展“宣传国防教育法，进行革命传统教育”活动，邀请鲁湘云等老英雄在 21 所学校讲授革命传统；举办“国防颂”专题文艺晚会。2002 年起，全市结合“一线指挥部”（即县（市、区）人武部）建设和民兵基层建设，规范县乡村三级教育阵地建设标准，形成市有国防教育展览馆，韶山、乌石国防教育基地；县（市、区）、乡镇、街道、厂矿有国防教育室，村有青年民兵之家。2004 年 5 月，举办“湘潭市首届航天航空模型竞赛”活动，共有 3000 多名青少年学生参赛，参观人数达 5 万余人。举办“军谊杯”国防知识抢答赛，市第八中学代表队胜出，代表湘潭市参加全省“国防知识电视大赛”，获一等奖。

2005 年，军分区组织全市国防建设巡礼大型图片展览，并在《国防》杂志上发表展示湘潭开展国防教育和国防动员成果。全市 90%以上乡镇、街道、厂矿有国防教育室，50%村级民兵营建设试点单位设有国防教育挂图和国防教育宣传专栏。10 月，中共湘潭市委、市人民政府命名湘乡市东山学校、湘乡市碧洲公园（黄公略纪念碑）、韶山市烈士陵园、湘潭市青少年宫、湘潭市博物馆、湘潭市烈士陵园为市全民国防教育基地。

附　学生军训

1985 年 9 月，根据《中华人民共和国兵役法》关于高等院校、高级中学学生必须接受基本军事训练的规定和国家教育部、劳动人事部、财政部、解放军总参谋部、总政治部、总后勤部《关于高等院校、高级中学进行军事训练试点的通知》及全国学生军训试点工作会议精神，湘潭军分区协同市教育委员会在湘潭市第一中学进行学生军训试点。军事训练内容，按照陆军士兵要求，军事科目为共同条令（内务、纪律、队列），“三防”（防原子、防化学、防细菌）知识，单兵战术动作，步枪第一练习实弹射击等；政治教育主要是人民军队的性质、宗旨和光荣传统。训练时间，集中训练 10 天，利用新生入学前的暑假进行；分散训练 12 小时，在 1 年内完成。1988 年，根据省政府、省军区通知精神，市成立学生军训领导小组。军训试点学校增加湘潭大学、湘潭师范学院、湘乡师范学校、湘潭市第二技术学校。大学生训练内容，按陆军院校要求，在中学生基础上，军事科目增加现代军事科学知识、现代战争特点、外军研究、军兵种知识、军事地形学、卫生与防护等,政治教育增加时事政策教育及社会调查、军事思想、兵役法、战时动员等。集中训练5周,分散训练2~3周,一般在第一、二学年进行。全市接受军训的大、中学生为1878人。1990年11月,市第一中学参加省军训试点抽测,各训练科目总评成绩为良好。1993年,军训试点学校扩展到湘潭矿业学院、湘潭机电专科学校等14所高等院校和中等专业学校,共训大中专学生5245人、中学生342人。1994年起,大学生军事训练内容按国家教育委员会、总参谋部、总政治部下发的《高等院校学生军事训练教学大纲》执行。列入全国军训计划的学校对新生集中训练4周,军事理论学习时间不少于60小时。1995年,成立由市全民国防教育委员会、军分区、武警支队、市教育委员会等部门组成的学生军训领导小组,负责学生军训的组织指导和实施。

1999年,学生军训在高级中学全面展开。根据省教委《关于1999年度学生军训和国防教育的通知》,高级中学结合新生入学教育进行一周的军事训练,训练内容增加人民防空知识。列入全省高级中学军训试点学校,训练时间为两周,训练内容按《民兵步兵分队军事训练大纲》实施;训练结束时由县(市、区)人武部按《民兵军事训练成绩评定标准》进行考核,考核合格者,毕业后编入基干民兵组织。2002年,湘潭大学参加湖南省学生军事训练汇报表演,获团体总分第二名。2003年,中学生军事训练内容按照《高级中学学生军事训练教学大纲教学治部9》(教育部、总参谋部、总政治部制定)实施;训练科目为国防法规、人民军队性质、宗旨和光荣传统、共同条令、轻武器射击、单兵战术、战伤救护、识图用图,共集中训练83课时;军事思想、军事科技、现代国防、国际战略环境、高技术战争等知识讲座15课时,在2年内完成。2005年,全市109所普通高等院校、中等专业学校和技术职业学校(院)、高级中学入校新生军训。9月,全市11所示范性高级中学学生军训会操比赛,会操成绩总评良好。至2005年的6年间,学生军训32.34万人。

第六章 人民防空

第一节 人防组织机构

1986年,湘潭市人民防空办公室(简称“人防办”)为市人民防空委员会的常设办事机构,受市人民政府和军分区双重领导,是政府人民防空工作主管部门,为正县级行政机构。湘潭县、湘乡县、韶山区、雨湖区、湘江区、板塘区、岳塘区都先后恢复人民防空委员会及办公室。1987、1988年,市人防办进行局部调整。1992年8月湘江、雨湖、板塘、岳塘、郊区五区合并后,设雨湖、岳塘两区人防办。湘乡、韶山为省级人防重点市。1994年,湘潭县列为省级人防重点县。1995年,雨湖、岳塘两区人防工作并入区城建局,对外保留人民防空办公室牌子。1996年11月,撤销湘潭市人民防空委员会,市人防办调整由新成立的市国防动员委员会领导。除县(市、区)人防办外,市人防办还直接领导湘潭钢铁公司、湘潭电机集团、湘潭电缆厂、湘潭纺织印染厂、湘潭锰矿、江南机器厂、江麓机械厂、韶峰水泥集团、湖南铁合金厂、湘乡铝厂的人防工作;其中湖南铁合金厂、湘乡铝厂由人武部管理人防工作外,其他单位均设人民防空办公室。2005年,湘潭电缆厂被华菱集团收购后,未设人防工作管理机构。

第二节　人防执法

1986年起，为贯彻落实《人民防空条例》(1984年颁布)，湘潭市人民政府先后颁布相关政策。1987年12月，市政府颁发《关于开发利用人防工程的若干规定》，对开发利用人防工程的领导与管理、开发经费、税收减免与电价优惠、收入分配、人防工程维护管理等作出规定。1988年3月，市物价局根据《关于开发利用人防工程的若干规定》，核定人防工程使用收费标准。1992年5月，市政府颁发《关于结合民用建筑修建防空地下室的规定》，规定修建防空地下室的范围、对象、标准及防空地下室易地建设费征收标准。1993年，市政府颁发《关于收取人防公共工程维护管理"四项费用"的通知》，规定"四项费用"(企业抽调参加人防工程施工义务劳动人员的工资、福利、劳动用品、零星工具等四项费用)的征收范围、对象、标准(企业职工年标准工资总额的1.3%)、开支渠道、减免程序、征收管理和监督措施等。1994年，市政府制发《贯彻省人防办等单位〈关于防空地下室易地统建费和人防公共工程维护费征收实施办法〉的意见》，将防空地下室易地建设费征收标准由每平方米500元调整为1000元，将人防公共工程维护管理"四项费用"规范为人防公共工程维护费，其征收标准调整为企业职工年标准工资总额的0.8%。市物价局、电业局制发《关于人防工程用电价格问题的通知》，明确人防工程内用电执行照明电价，免收营业性照明用电加价。市中级人民法院开始介入人防执法。全年共追缴漏建防空地下室和漏缴防空地下室易地建设费110万元。1995年，市建设委员会、市人防办联合下发《转发〈省建委、省人防办关于加强结合民用建筑修建防空地下室设计、施工质量管理的若干规定〉的通知》，明确湘潭市城市规划区修建防空地下室的建筑面积、防护等级、平战功能、技术设计，由市人防办审查并办理有关手续；湘潭县、湘乡市、韶山市城区修建防空地下室，由县(市)人防办审查并办理有关手续；对因设计和施工单位的原因使防空地下室不合格的，做非防空地下室处理，并追究设计、施工单位的责任。市中级人民法院设立人防行政法规办案联络处，加大办案力度。1996年，市人防办查出漏建防空地下室项目50个，追缴易地建设费60万元。市物价局、市人防办对市高新区等单位违法征收易地建设费进行检查，责令立即停止征费行为，全额上缴所征易地建设费。至1996年的11年间，全市依法查处任意拆除、毁坏人防工程案件34起，补建人防工程60平方米，工程口部6个，恢复人防工程1300平方米，收取工程补偿费42万元。

1997年，《中华人民共和国人民防空法》实施后，湘潭市适时出台配套政策措施。5月，市物价局制发《关于防空地下室易地统建费征收标准的通知》，按楼层核定防空地下室每平方米造价：10层以上1400元，7至9层1300元，7层以下1200元。是年查出漏建防空地下室项目37个，追缴易地建设费72万元。1998年，查出漏建防空地下室项目42个，追缴易地建设费83万元。1999年，市政府、军分区联合制发《关于加强人民防空工作的决定》，对依法理顺人防领导和管理体制，贯彻"人民防空经费由国家和社会共同负担"原则，加强人防预算外资金管理，抓好结合民用建筑修建防空地下室工作，加强人防工程维护管理，加大人防执法力度等作出严格规定。省人大调查组将湘潭饭店人防工程毁损案和湘钢水泥厂人防工程污染案列为全省重点案件，限期整改。是年，市和湘乡市停止从人防征费中征收政府统筹资金；各级各单位加强人防工程维护管理。重点查处湘潭钢铁厂水泥厂生产废水长期污染人防工程案，责令限期整改。湘潭钢铁厂为此拨出专款20万元，根除水泥厂700平方米人防工程污染。市物价局、财政局、审计局、市人防办发出《关于上缴防空地下室易地建设费的通知》,限令高新区建设局于1999年11月20日前,将已征收的易地建设费全额上缴。至2000年的4年间,市人防办申请法院执行案件25起,大部分经法院调解结案,实施强制执行的只有6起。

2001年8月,市政府、军分区颁发《湘潭市防空警报设备维护管理的规定》。2004年,市人防办针对某建筑安装公司擅自拆除湘潭电机厂一台防空警报案件,责令实施限期整改,并处以罚款。市人大常委会审议市政府《关于人防执法情况的汇报》和人大常委会城乡建设环境保护委员会《关于人防执法检查的报告》。市政府就落实"五个纳入"(将人防建设纳入国民经济和社会发展计划,将人防建设纳入城市总体规划,将人防建设经费纳入政府财政预算,将人防工作纳入各级政府任期目标,将人防教育纳入国防教育体系)采取有力措施,强调狠抓结合民用建筑修建防空地下室,各类开发(园)区、新建小区、旧城改造项目等,过去未建防空地下室的要限期补建,无法补建的要限期按标准向市、县(市)人防行政主管部门交纳易地建设费。对未经人防行政主管部门审查的新建民用建筑,规划部门不得发给《建设工程规划许可证》,建设部门不得发给《施工许可证》。市政府法制办组织清理2001年以来市政府及其办公室发出的关于开发(园)区建设、鼓励外来投资等方面的10个文件,列出上述文件中违背人防法律法规的条款,提出修改意见。湘乡市、湘潭县政府先后出台《关于结合民用建筑修建防空地下室的规定》。要求新建工程按国家强制性标准设计,依法选择施工队伍,严格施工质量管理。至2005年的5年间,查出一批漏建防空地下室项目,追缴易地建设费1685万元;每年申请执行案件10起左右,除有3起强制执行外,其他经法院调解结案。查处拆除、毁坏和污染人防工程案件21起,清除污染,恢复工程原貌。

第三节 人防工程

一、工程建设

1986年,湘潭市已有人防工程若干平方米的,包括地道、坑道、地下室,建成多条疏散主干道,大部分工事连片成网。但因质量差或长期渍水而报废或封闭的有若干万平方米工事。1987年,停止构建单建式人防工事,将大型建筑与人防工程结合起来。1990年,市人防办制定湘潭市人防建设与城市建设相结合规划。1994年10月~1999年1月,投资1200万元,建成湘潭第一个重点人防工程——9308工程。2000年,全面修订湘潭市人防建设与城市建设相结合规划,制订《湘潭市2000~2015年人防工程建设规划》,根据人防建设与经济建设协调发展相结合的原则,全面规划,突出重点,分阶段,分区域安排人防工程建设。

2001年8月~2003年11月,投资430万元,建成雨湖广场人防工程。2004年12月~2005年6月,投资2000万元,完成0436工程主体。

二、工程维护管理

1986年起,湘潭市各级、各单位逐步建立和完善人防工程维护管理制度。各单位投入资金用于人防工程改造、排渍和正常维护管理。1989年,湘潭市电焊条厂投入83万元,改造人防工程470

平方米，扩建人防工程200平方米。至1990年的5年间，全市投入人防工程维护费194万元。

1993年，湘潭纺织印染厂投入13万元，完成彭家浸人防排水工程，使淹没13年的3600平方米人防工程根除水患。1993~2000年，市人防办投入166万元，新建口部伪装房7个，面积1021平方米；投入193.85万元，对岳塘干道、雨湖干道、703干道和人民路干道的部分进行清理维护。至2000年的10年间，全市共投入人防工程维护费1053.4万元。

2001年，市人防办投入200万元，完成人民路干道和韶山路干道清理维护任务，改造工程口部5个。至此，市属人防干道全部实现灯明、水畅、路洁，并与湘大科技园成功研制人防干道工程监控系统，随时观察干道维护管理情况。湘潭电机厂以市属干道维护管理为榜样，投入42万元清理厂内人防干道工程。湘乡铝厂、韶峰水泥集团、湖南铁合金厂的人防工程，当年达到灯明、水畅、路洁的要求。湘乡铝厂还投入14万元，改造口部一个，新建连接通道68平方米。7月15日，国家人防办来潭调研，称赞湘潭市人防干道维护管理全国一流。10月18~19日，湖南省人防干道维护管理现场经验交流会在湘潭召开，国家、广州军区人防办领导，广东、广西、海南、湖北等省（区）人防办领导和省内代表120余人出席会议。重点推广湘潭经验，市人防干道"灯明、水畅、路洁"成为全省人防工程维护管理的标准。2002年，市人防办投入170万元，改造干道工程口部4个，并修建伪装房。2003年，进一步完善管理机制，收回被一个单位占用的红卫泵房产权。根据上级指示，组织单位人防工程达标。市人防办在江麓试点并取得经验后，于12月上旬召开单位人防工程维护管理经验交流会，要求全市单位人防工程在次年底达到省颁标准。在全省人防干道维护管理达标验收中，湘潭成为第一批达标城市和人防干道工程维护管理先进城市。2004年，统一规范各类管理制度。市人防办与各县（市）区、大型企业人防办签订责任状，领导分片督查达标工作。9月8日，市人防办在韶山召开工程达标工作汇报和再次动员会。全市投入367万元，其中湘潭电机集团有限公司投入100万元，湘潭钢铁集团公司投入90万元。至12月，经市人防办验收，全市单位人防工程全部达到省颁标准。2005年11月，湘潭市单位人防工程达标顺利通过省级验收，被评为一等奖。至2005年的5年间，全市投入人防工程维护费1827.35万元。

三、人防工程开发利用

1987年12月31日，市人民政府颁发《关于开发利用人防工程若干规定》。1988年9月，市人民防空委员会在湘江区召开人防平战结合现场经验交流会。之后，开发利用人防工程稳步发展，形成以种养为主，仓储业、商业、小工业和文化卫生事业同时并举的格局。利用人防工程种植的蘑菇、储存和加工的香蕉占领湘潭市场，人防养鸡一度闻名省内外。1988年12月23日，省委书记、省长熊清泉视察市人防养鸡实验场。1988年12月、1989年4月，广州军区和全国人防养殖种植现场经验交流会均以湘潭为现场，总参谋部工程兵部政委刘振堂少将到潭检查。市人防养鸡试验场《利用人防工事饲养AA鸡技术介绍》在全国现场会上获一等奖。湘乡水泥厂、江南机器厂、江麓机械厂、省建筑三公司通过开发利用，实现"以洞养洞"目标。至1995年，人防工程利用率上升到45%。20世纪90年代末，随着重点工程建设和结合民用建筑修建防空地下室工作不断加强，开发利用人防工程各项指标实现新的突破。1999年，韶山中路人防工程投入使用，市区当年的人防工程利用率47%，产值达1810.8万元，利润333.55万元，产值、利润同比分别增长3倍和1.98倍。2000年，市区在人防工程内安排下岗职工再就业增加到700余人。2005年,将雨湖广场人防工程改做地下商业广场。安排就业人员增加至1200余人。但由于决策不当,管理混乱,监督不力,市人防养鸡试验场租赁承包2年多,累计亏损30.5万元。

1986~2005年湘潭市开发利用人防工程产值、利润统计

表13-6-1　　单位:万元

年份	产值(营业额)	利润
1986~1990	2499.7192	586.0767
1991~1995	3510.15	758.23
1996~2000	5934.55	1210.86
2001~2005	11815.88	1678.04
合计	32760.229	4233.067

第四节　人防组织指挥

一、城市防空袭预案

随着国际形势和城市发展变化,1991年6月,按上级要求,市政府成立由市长为组长的修订《湘潭市防空袭预案》工作领导小组及其办公室,召开各县(市)区、大型企业分管人防工作的领导、市党政军相关部门负责人参加的修案工作会议。至1992年5月,按照高技术局部战争防空袭斗争要求,根据核化危险源调查结果、《湘潭市核毁伤分析报告》及城市社会情况,三易其稿,全面完成修案任务。

1998年8月,市人民政府、军分区发出《关于做好〈湘潭市防空袭预案〉修订工作的通知》,再次成立修订预案工作领导小组,召开全市工作会议。1999年3月,全面完成预案修订工作。修订后的《湘潭市防空袭预案》,由基本方案、保障计划和图表等三大部分组成。基本方案包括城市基本情况、敌情判断、任务与决心、对空作战、城市人口疏散、人员紧急隐蔽、消除空袭后果、各种保障计划要求、防空袭组织指挥等九部分。保障计划包括空情、通信、治安及交通管制、消防、"三防"、医疗救护、交通运输、道路桥梁抢修、供电和灯火管制、工程、物资、供水、政治工作等13种。有关图表包括敌情判断图、兵力部署及重点目标防护图、早期和临战人口疏散图、就近就地疏散隐蔽及工程保障图、通信保障和物资保障图等。

二、指挥所(室)

湘潭市原有人防地下指挥所两个,始终保持良好状态。2000年,结合市人防办办公楼建设,新建地面指挥作战室。为适应高技术条件下局部战争防空指挥作战需要,2003年筹建市人防指挥中心,2004年12月19日动工,2005年6月完成地下指挥所主体建设任务。

三、疏散与演练

湘潭市按照人防工作要求，加强城市人口疏散地域建设，落实疏散计划和进行疏散演习。1988年，根据湖南省人防办要求，学习衡阳经验，开展城乡经济技术挂钩试点，加强城市人口疏散地域建设。市人防办组织雨湖区人防办、雨湖街道办事处与湘潭县仙女乡相互考察，达成共识。雨湖区人防办和雨湖街道办事处投入资金2万元，帮助仙女乡开办瘦肉型养猪场和精细化工厂。1989年初，市人防办总结试点经验，提出“因地制宜、城乡互利、量力而行、循序渐进”原则和“块块为主，首先发挥厂矿企业作用”工作方法，扩大城乡经济技术挂钩试点。湘江区中山路办事处与韶山区如意乡，板塘区五里堆办事处与湘潭县柱塘乡，岳塘区与湘潭县中路铺乡，湘潭电机厂与湘潭县排头乡相互支持，将城市人口疏散计划落实到疏散地域的村、组、户，造具花名册。1999年，市人防办按照“条块结合，以块为主”原则，采取各行政区、单位集体组织与个人投亲靠友相结合办法组织人口疏散。在市、区人民防空疏散指挥部统一指挥下按计划疏散到接收地域。按接收地区人口与城市疏散人员3.6:1的比例，将全市战时疏散人口落实到湘潭县、韶山市25个乡镇、697个村的居民户要求。制订《湘潭市防空袭预案》的人口疏散规定。2005年11月1日，市政府、军分区在江麓体育场以敌对湘潭市纵深目标实施突袭为背景，举行防空袭疏散演习。市属高炮、医疗救护、消防、运输等4支专业队伍1300名队员和部分居民、学生参加演练。市国防动员委员会(以下简称‘国动委’)主要领导组成演习指挥部，市直有关部门、单位负责人和群众5000多人观看演习。9时整，疏散演习开始。高炮分队进入射击位置，实施对空警戒；医疗救护分队抢救伤员；消防分队迅速扑灭敌突袭造成的火灾；运输分队进行人员疏散运输，各类人员按照湘潭市临空疏散预案紧张有序进行。至10时30分演习结束，此次演习为战时防空疏散积累经验。

四、专业队伍

1986年8月，随着形势变化和战略重点转移，湘潭市对防空专业队伍进行调整，由2000多人精简71.7%。1991年，根据平战结合原则和经济社会发展，结合修订防空袭预案，按城市人口0.5%调整充实防空专业队伍。调整后，共有通信、防化、医疗救护、运输、道路与桥梁抢修、自来水抢修、电力抢修、治安、工程抢修、消防等10支防空专业队。战时，按规定留城人口比例扩建防空专业队伍。重要经济目标单位各自组建防空专业队伍，桥梁专业队临战时组建。防空专业队伍以岗位训练为主，重要经济目标单位每年组织训练。1993年7月，市人防办组织市石油公司、湘潭电缆厂等单位的消防专业队集中训练3天。1998～1999年第二次修订防空袭预案，仍按城市人口0.5%调整充实10支防空专业队伍。2004年后，防空专业队伍训练仍以单位组织岗位训练为主，按民兵专业分队训练大纲制定训练计划，做到训练“四落实”(训练内容落实、训练人员落实、训练时间落实、训练效果落实)。2005年11月1日，在市举行的防空疏散演习中，参加演练的部分市直人防专业队伍，按要求完成演练任务。

五、重要经济目标防护

1988年开始，湘潭市根据上级部署拟制重要经济目标防护方案。3月，市人防办确定重点经济目标,并将其分为一、二、三类,其中一类为特别重要目标。经试点,当年完成第一个重要经济目标防护方案拟制工作。1989 年,重要经济目标防护方案拟制工作全面开展。1993 年 8 月 16 日至 9 月 4 日,对已拟制方案落实和适用情况进行检查后,开始逐个修订,至 1994 年,全部完成任务。随着城市经济发展,重要经济目标不断增加,拟制防护方案工作亦同步跟进。至 2005 年,一类重要目标防护方案拟制任务基本完成。

第五节 人防通信警报

一、通信警报建设

1986 年,市人防办通信依靠 50 门磁石交换机。1987 年,市人防办投入 5 万元,将磁石交换机更换为纵横式自动交换机。防空警报器增至 24 台,实现集中管理。1988 年起,利用人防通信设备开展平战结合,为用户安装单机 4 台;增加警报器 6 台。1989 年,完成警报控制台改制,为全省提供样机,培训操作人员。1992 年,增加警报器器 1 台。1993 年,人防办投入 13 万元,实现人防电话程控化;开通与全省人防联络网 100 瓦单边带电台。1997 年,为用户安装单机增加至 20 台。1999 年,增加警报器 6 台;至此,全市防空警报器共有 37 台。其中,市区 29 台,市区音响覆盖率 85%。湘潭县、韶山市首次拥有防空警报设备,湘乡市防空警报器增加至 5 台。同时,将 25 台警报器下放给所在单位管理。2000 年 6 月,实现人防通信集团化,用户单机达 35 台。是年,湘潭市被定为全省防空警报建设试点城市,市政府投入 170 万元,建成城市综合报警计算机网络遥控系统。该系统设中央控制中心,移动控制中心和电视、广播、移动电话、无线寻呼等 4 个分中心。12 月 19 日,国家人防办副局长李杨,广州军区副参谋长宋才文、省政府常务副省长周伯华及 12 个省市人防办负责人和湖南省人民防空会议全体代表,到湘潭观摩综合报警系统演示。湘潭率先成为湖南省人防通信警报建设先进城市,全国第一个在建成区实现防空警报音响覆盖率和警报鸣响率两个 100%的城市。2001 ~ 2005 年。随着城区拓展,增设警报设备 12 套,始终保持市区防空警报音响覆盖率和警报鸣响率两个 100%。

二、通信警报管理、执勤与培训

1986 年,湘潭市根据国家人防办要求,建立和完善人防通信警报设备维护管理、人防通信警报工作目标管理、人防通信警报值勤、人防通信警报工作人员培训、人防警报社会化管理、人防警报试鸣等制度。2001 年,市人民政府颁布的《湘潭市防空警报设备维护管理规定》,规定各级政府、各行各业、各单位在防空警报设备维护管理方面的权利和义务。市人防办坚持每年 5 月和 8 月组织全市警报设备设施检修,每年 1 次检查警报设备维护管理情况,每年 1 次警报试鸣,坚持 24 小时人防通信警报值勤。2002 年,根据省委、省政府、省军区规定,全市警报试鸣日由 9 月 26 日改为 11 月 1 日。2004 年,举办全市人防警报维护管理业务培训班,县(市、区)、大型企业人防办和警报设置单位共 44 人参加培训。为提高通信警报工作人员业务素质,通信站始终坚持岗位业务培训,年人均培训时间 180 小时。至 2005 年的 5 年间,市人防办选派 8 人次通信警报工作人员参加国家、广州军区和省人防办主办的专业培训,2 人取得武汉通信指挥学院人防通信管理专业大专学历。

第六节 人防经费保障

人防经费主要来源于国家拨款、地方自筹、单位自筹、行政性征费、平战结合收入等。湘潭市人防建设经费逐年增加，1986～1991年，国家拨款51万元(含省人防办有偿投资)，市财政拨款10万元用于公共人防工程维护。1992年开始，征收人防工程易地建设费。市人防办坚持将人防征费直接进入财政专户，凭省人防办和市政府批准的计划开支使用经费。1992～1993年国家拨款45.17万元，行政性征费373.94万元。1994～2005年，国家拨款733.24万元，市财政拨款100万元，行政性征费5254.04万元。投入人防工程建设1.23亿元。其中市级投入6130万元，社会投入6207.55万元。社会投入中，各机关、团体、企事业单位自筹人防工程维护费1324.75万元。

1987~2005年湘潭市人防资金来源统计

表13-6-2　　　　单位:万元

年份	合计	国家拨款			市财政拨款	行政性征费			其他
		小计	其中			小计	其中		
			工程经费	业务经费			易地建设费	公用人防工程维护费	
1987	11.3	9.83	1.57	8.26	—	—	—	—	—
1988	20.61	17.61	9.87	7.74	—	—	—	—	—
1989	14.67	11.17	5.65	5.52	—	—	—	—	—
1990	18.2	9.2	3.64	5.56	5	—	—	—	—
1991	19.08	9.08	3.27	5.81	5	—	—	—	—
1992	128.88	13.47	7.12	6.35	—	110.41	110.41	—	—
1993	300.23	31.7	25.1	6.6	—	263.53	256.28	7.25	
1994	421.59	51.3	35	16	—	351.59	213.23	138.36	18.7
1995	320.98	95.5	85.3	10.2	—	221.73	97.41	124.32	3.85
1996	352.54	34.1	23.4	10.7	—	308.73	228.43	80.3	9.71
1997	383.81	96.62	88.5	8.12	—	279.45	211.95	67.5	7.24
1998	297.74	99.84	94.5	5.34	—	188.6	156.4	32.2	9.3
1999	133.98	6.98	—	6.98	—	120	90	30	7
2000	341.56	98.8	69	29.8	—	232.76	146.8	85.96	10
2001	494.1	34.1	—	34.1	—	450	386.11	63.89	10
2002	535.8	47.8	—	47.8	—	478	409.11	68.89	10
2003	722.46	39.4	—	39.4	—	673.06	580.02	93.04	10
2004	925.01	34.1	—	34.1	50	828.91	728.53	100.38	12
2005	1715.91	94.7	—	94.7	50	1121.21	972.91	148.3	450
合计	7158.58	835.3	452.22	382.98	110	5627.98	4587.59	1040.39	585.3

第十四篇　公安

概　述

1986年，全市公安工作重点是继续开展严厉打击严重危害社会治安的犯罪分子和维护社会稳定（简称“严打”和“维稳”），先后开展3次大规模反盗窃专项斗争，逮捕盗窃犯罪嫌疑人311人；与有关部门配合，打击破坏改革开放经济犯罪，破获案件438件，逮捕303人。全市共立各类刑事案件1994起，破获1501起，破案率75.28%；破获的各类案件共挽回经济损失400多万元；立治安案件3478起，查处违反治安管理人员2335人；处理交通事故678起，因交通事故死亡38人，致伤469人，经济损失58.3万元；全市有公安民警895人，其中大专以上学历80人，占干警总人数8.94%。11月，以武警湘潭市支队消防处为基础组建武警湘潭市消防支队（又称湘潭市公安消防支队）。消防支队由单一的技术训练转入以智能、体能、技术相结合的综合、协同训练。1987年起，继续贯彻执行中共中央关于“严打”工作“大来大搞、中来中搞、小来小搞”方针和新的《社会治安管理处罚条例》，落实治安防范和治安管理措施，建立治安执勤专业队伍与治保会（组）相结合联防队伍，采取专项斗争与专项治理相结合形式，推行内部单位治安保卫承包责任制，加强对警卫目标、旅游、重大节日、重要集会、大型文体活动、商贸交易会以及集贸市场安全保卫；开展个体工商户自防工作；加强道路交通管理、监所管理以及人口管理；开展防盗、防火、防爆等“六防”大检查，查禁卖淫嫖娼、赌博、扒窃、打击流氓犯罪，反盗窃，反抢劫等专项斗争；开展铁路沿线与水上治安整顿；同时，开展打击破坏改革的经济犯罪行动，遏制各种案件发生，维护社会稳定。1988年3月1日起，全市开始启用居民身份证，是年，城市区（含郊区）和韶山区应发证（16周岁以上）486991人，实发证（除去缓发、不发以及外出未办证的之外）408072人，占应发证人数83.79%。市政府颁布《湘潭市义务消防组织暂行规定》，消防支队制订《消防监督10项标准实施办法》，每年对列管单位坚持验收。1989年春夏之交北京“政治风波”波及湘潭，全市公安机关及时处置打砸抢烧事件，收审一批犯罪嫌疑人，共清查出重点对象214人，处理207人；其中判刑52人，逮捕64人，劳教16人，治安处罚55人，收容审查2人，教育释放25人。1990年，市公安局成立情报指挥中心，根据所获取的情报信息，开展集中打击行动，全市出动警力1万人次，查获犯罪嫌疑人427人，抓获负案在逃犯22人；在全市公审、公判、处决、处理一批犯罪分子。针对团伙犯罪突出的情况，全市开展以“破大案，挖团伙，打抢劫，追逃犯”为主的“严打”斗争，摧毁各类犯罪团伙550个，其中打击处理盗墓团伙20余个，为湘潭市历史上首次打击盗墓犯罪活动。加强人口、道路交通、监所与特种行业管理，开展群防群治工作，遏制各种犯罪行为。是年，全市立各类刑事案件10586起，破获5797起，破案率54.76%，比1986年分别提高430.89%、286.21%与下降20.52个百分点；破获各类案件挽回经济损失1162万元；立治安案件5722起，查处违反治安管理的人员6204人，比1986年分别增加64.52%、165.7%；处理交通事故1063起，因交通事故死亡 132 人，致伤 672 人，经济损失 110.1 万元。全市有公安民警 1042 人，其中大专以上学历 264 人，占民警总人数 25.34%；比 1986 年分别增长 16.42%和 2.3 倍。消防支队贯彻“练为战”指导思想，加大训练改革，开展各类练兵活动，增强抗御火灾整体功能。

这一时期，市内治安形势依然严峻，治安纠纷日趋增多，刑事案件居高不下，特别是对人民群众生命财产安全造成一定威胁的抢劫、杀人等恶性暴力案件大幅度上升。

1991 年起，全市公安工作贯彻中共中央十三届七中全会精神和全国人大《关于加强社会治安综合治理的决定》以及中共中央综合治理委员会关于在全国范围内开展反盗窃斗争的决定，继续打击刑事犯罪活动，先后开展反盗窃、打击流氓犯罪、打团伙、破大案、“追逃犯”、打抢劫等专项斗争；先后开展查禁赌博、打击卖淫嫖娼专项斗争，收缴非法持有枪支弹药的统一行动，开展“三级”（派出所、联防队、居委会）治安巡逻，加强特种行业和户政、交通管理，继续加强铁路沿线和水上治安管理。是年，全市身份证查验工作成绩突出，市公安局被公安部评为先进集体。1993 年，全市公安工作继续进行“严打”和“维稳”，开展以打击车匪路霸为重点的“金剑行动”，以打击卖淫嫖娼为重点的“正风行动”，以整顿交通秩序为重点的“畅安工程”和“追逃”工作。全年破获车匪路霸案件 323 起，其中特大案件 153 起，抓获车匪路霸犯罪嫌疑人 672 人；查获卖淫嫖娼案件 491 起，查获卖淫嫖娼团伙 23 个，抓获 106 人；全市摸排逃犯 323 名，抓获 173 人；根据全国公安厅局长会议精神，全市开始办理农村户口迁入城市盖有蓝印户口专用章的城镇居民户口，全年共办理蓝印户口 1602 人。是年，市消防支队被公安部评为“全国消防部队基层建设先进单位”。1995 年，全市公安工作贯彻市委“强工富市”战略方针，开展打击破坏经济建设以及经济犯罪专项行动，全年破获诈骗案 125 起，为国家和集体挽回经济损失 1000 多万元；严厉打击刑事犯罪，开展以打击持枪、持械抢劫等恶性暴力性犯罪，打击团伙尤其是带黑社会性质的团伙犯罪，打击群众深恶痛绝的街痞巷霸等流氓恶势力和建设落实各项综合治理措施的“三打一建”为重点的统一行动；清理房屋出租户和暂住人口，加强重点人口管理，整顿公共场所和交通秩序，创建安全小区。是年，全市立各类刑事案件 4342 起，破获 3601 起，破案率 82.94%，比 1990 年分别下降 58.98%、37.88%和提高 28.17 个百分点；破获的各类案件共挽回经济损失 1895 万元；立各类治安案件 10125 起，查处违反治安管理人员 16032 人，比 1990 年分别增长 76.95%和 158.4%；处理交通事故 1056 起，因交通事故死亡 301 人，致伤 1155 人，经济损失 991.9 万元。全市有公安民警 1167 人，其中大专以上学历 372 人，占民警总人数 31.88%，比 1990 年分别增长 11.99%和 6.54%。是年末，全市有 13 支企业专职消防队，共 260 人，执勤车辆 33 台；有 613 支义务消防队，共 15021 人。

这一时期，社会治安形势仍然很严峻，各类治安案件大量增加；公安机关事业经费较少，警力不足，在一定程度上制约公安工作。

1996 年始，全市贯彻实施新的《中华人民共和国刑事诉讼法》，针对市内爆炸抢劫、盗窃等案件频发情况，全市公安工作继续开展“严打”行动，以刑事侦破为重点，加强要案与恶性案件侦破；全市“110”报警服务台开通；全市刑事案件侦破推行探长制，并逐步建立和规范侦察员等级制。是年，全市所有杀人案件全部告破，收审人员全部处理完结。为加强计算机管理，市公安局成立计算机监察管理科，负责全市计算机信息系统的保卫工作。消防支队进行训练改革，按照“火怎么灭，兵就怎么练”指导思想，训练由“应试型”向“实践型”转变，是年 5 月，五县（市、区）消防股改编为消防大队。

1998 年起，先后开展打击盗窃机动车犯罪，打击车匪路霸与地痞地霸；开展禁毒、“追逃”“扫黑”等专项斗争与对企业、学校周边治安环境整治，开展对枪支弹药、危爆物品清查整顿，加强对文化娱乐场所和特种行业管理，开展创无毒社区工作，加强道路交通管理，创建“平安大道”活动；加强户政管理，进行城镇户籍管理制度改革；全市实施科技强警，建立人防、物防、技防相结合全方位治安防控体系，在重要单位与重点部位安装电控设施和报警装置，巡警部门对重要场所、要害部门以及存放汽车、摩托车地方实行徒步巡逻，加强铁路沿线以及水上治安管理，遏制案件发生。是年，湘潭市在全省率先建立由公安“110”转变为政府大“110”的服务机制，全市有关国计民生重要行业和单位进入“110”联动运行轨道。湘潭市出入境人口微机管理的网络经过完善，设备的软、硬件在全省处于领先水平。1999 年始，根据中共中央关于取缔“法轮功”邪教组织的精神，对境域参加“法轮功”邪教组织的人员进行清查和防控。是年，全市停止办理蓝印户口。11 月，武警湘潭市消防支队组建特勤中队。2000 年，对刑事案件侦破，坚持快侦快破，严厉打击原则，开展夏季“打拐”专项斗争；加强道路交通“畅通工程”建设与交通设施建设；开展打击“黄、赌、毒”专项行动，社会治安好转。全市立各类刑事案件 7079 件，破获 3315 件，破案率 46.83%，比 1995 年分别增长 63.04%和下降 7.94%与 36.11 个百分点，破获的各类案件共挽回经济损失 444.37 万元；立各类治安案件 9710 起，查处违反治安管理人员 11882 人，比 1995 年分别下降 4.1%与 25.89 %；处理交通事故 2517 起，因交通事故死亡 109 人，致伤 2223 人，经济损失 688.1 万元。全市有公安民警 1310 人，其中大专以上学历 739 人，占民警总人数 56.41%，比 1995 年分别增长 12.25%和 24.53%。

这一时期，全市公安工作虽然取得显著成效，但由于社会矛盾较突出，加之极少数民警执法不公或滥用职权办“人情案”，在人民群众中造成一些不良影响，以致干群关系紧张，暴力妨碍执行公务案时有发生；刑事犯罪案件高发，治安管理难度加大；重特大灾害性事故频发、恶性事件损失严重。

2001 年，针对境域“法轮功”等邪教组织及非法宗教蔓延的情况，市委、市政府成立防范和处理“法轮功”邪教问题领导小组办公室，展开对“法轮功”邪教组织及非法宗教活动的打击，全市查处“法轮功”邪教组织及非法宗教活动涉案人员 91 人。其中，逮捕 6 人，刑事拘留 33 人，取保候审 3 人，劳动教养 22 人，治安拘留 27 人。全市公安机关继续贯彻中共中央以“稳定压倒一切”工作方针，加强人口、出入境、交通和监所管理，打击严重刑事犯罪和整治社会治安，先后开展“迅雷”行动、“狱内侦查”和“扫毒”等专项斗争。2003 年，市公安局刑警支队建成高规格法医解剖室，市刑警支队、湘潭县、湘乡市及钢城公安分局建成指纹远程工作站。全市刑事侦破利用技术情报直破重特大案件一直保持在全省先进行列，市刑警支队被评为“全国指纹会战先进单位”。是年起，全市开始组建志愿消防组织，志愿消防组织有固定人员、灭火器材，经费由政府供给或自筹。湘乡市棋梓镇，湘潭县花石镇、青山桥镇分别成立志愿消防队。2004 年，全市通过打击“法轮功”等邪教组织及非法宗教活动，打击严重刑事犯罪，整顿社会治安，社会治安明显好转。同时，推出一系列便民措施，简化各项手续，突出服务职能，各职能窗口建立审批办证中心，实行“零距离”接待制，开展“一站式”审批和“一个窗口”服务，对各服务窗口实行问责制，办证、办案等工作效率明显提高。市公安局缉毒支队连续三年被省公安厅评为“全省禁毒工作先进单位”，市公安局强制戒毒所被公安部授予“一级强制戒毒所”称号。年末，志愿消防队发展到 11 支，共 100 余人。2005 年，全市立各类刑事案件 12601 起，破案 8491 起，破案率 67.38%，比 2000 年分别增长 78.01%、156.14 %和 20.55 个百分点；破获的各类案件挽回经济损失 206 万元;立各类治安案件 9797 起,查处违反治安管理人员 10945 人,比 2000 年分别增长 0.89%与下降 7.89%;处理交通事故 1707 起,因交通事故死亡 246 人,致伤 2325 人,经济损失 360.6 万元。全市共查处邪教组织 10 个,查处人员 60 人,其中刑事处理 15 人,治安处理 33 人。全市居民有 232 万人办理身份证,办结率百分之百。全市有公安民警 1620 人,其中大专以上学历 803 人,占民警总人数的 49.57%,比 2000 年分别增长 23.66%和下降 6.84%。年末,全市有企业专职消防队 9 个,消防队员 185 人,车辆 22 台。全市列管一级消防安全重点单位 104 家、二级消防安全重点单位 430 家、公安派出所列管三级消防安全重点单位 7430 家。

这一时期,是对敌斗争复杂期、社会矛盾凸显期、刑事案件高发期,社会治安大局总体平稳,人民安全感不断增强。但公安机关面临的不仅是维护社会治安的稳定,而且面临反恐防暴的严峻形势。个别民警违法违纪,受到处罚,湘潭市公安局治安警察支队侦察大队长邹某某犯受贿罪、巨额财产来源不明罪,被判处有期徒刑 4 年。

第一章　治安管理

第一节　查禁贩毒吸毒

1986 年,市政府发出《关于继续抓好禁绝鸦片烟毒工作的通知》,全市加强对禁毒工作的宣传和查处涉毒违法犯罪行为。到 1990 年,未发现涉毒违法犯罪活动。

1991 年,境域涉毒违法犯罪抬头,且开始蔓延,1992 年 5 月,市政府成立市禁毒领导小组,下设办公室。根据禁毒工作需要设立戒毒所,各县(市、区)成立相应机构。市公安局刑侦大队防范中队抓获梁某某(长沙人)等 5 人吸毒团伙。全年共破获毒品犯罪案件 10 起,抓获吸贩毒品违法犯罪嫌疑人 24 名,收审 1 名;缴获海洛因 60 余克,强制戒毒 15 人。1994 年 11 月,市公安局挂牌成立缉毒大队,隶属市公安局刑警支队,与市禁毒办合署办公。全年排查出吸毒人员 500 人左右,其中重点吸毒人员 50 人;贩毒人员 10 人。1995 年,为摸清市内毒情,市公安局向社会发放吸、贩毒人员摸底表 5000 余份,查出吸贩毒人员 2000 人(其中市区 1900 余人、湘乡市 60 余人)。根据调查情况开展侦破打击,全市共查破毒品违法犯罪案件 63 起,查获违法犯罪嫌疑人 166 人;其中收审 7 人,逮捕 4 人,劳教 8 人,强制戒毒 96 人;缴获海洛因 198 克、罂粟壳 40 千克、杜冷丁 20 支(医用麻醉品),没收吸食、注射毒品器具 451 件、各类凶器 11 件,改装手枪 1 支。毒品违法犯罪出现新的特点:患有严重疾病的人和残疾人充当毒品"零售商"的增多;女性和老人出面充当"零售商",犯罪嫌疑人隐藏在其后;盗窃违禁药物进行注射、贩卖案件上升;教唆、引诱、欺骗他人吸食毒品现象突出;在食品(煮活鱼)中掺入罂粟壳消费等。1996 年 5 月,市公安局、市卫生局批准市精神卫生中心开办自愿脱瘾(戒毒)治疗中心。湘潭市投资 30 万元,改扩建可容纳戒毒人员 120 人的市戒毒所,配备民警、专职医生、护士和保安。是年,全市有吸、贩毒人员 2000 余人,破获毒品违法犯罪案件 82 起,抓获吸贩毒品违法犯罪嫌疑人 942 人,缴获海洛因 199 克。

1997年，随着境域涉毒人员增多，毒品违法犯罪由城区向县(市、区)蔓延；吸毒诱发的刑事犯罪越来越突出；吸贩毒犯罪出现内外结合、多头入侵情况；吸、贩毒活动的隐蔽性和对抗性增强。为打击涉毒犯罪，全市公安机关与300家公共娱乐场所业主签订《禁毒责任状》，规定娱乐场所发生涉毒案件业主应承担的责任。取缔不符合戒毒条件，为吸贩毒人员逃避缉查提供保护的自愿戒毒所。市公安局缉毒大队加大对涉毒案件查处力度，全年破获毒品违法犯罪案件398起，其中贩毒案140起(重大案9起，特大案3起)；抓获毒品违法犯罪嫌疑人888人，其中贩毒犯罪团伙20个99人；查获吸毒团伙29个62人；刑事拘留39人，逮捕28人，劳教87人，强制戒毒393人；捣毁吸、贩毒窝点、网点34处；缴获海洛因698.74克、鸦片185克、杜冷丁121支，吸、注射毒品工具600余件。带破其他刑事案件49起。1998年，境域率先在全省开展无毒社区创建工作。"6·26"国际禁毒日前后，公安机关利用报刊、广播、电视专栏等宣传禁毒；在齐白石纪念馆举办"全国禁毒教育挂图展览"；在宝丰街举行"热爱生命 拒绝毒品"大型活动；参观群众达数万人。在全市中学开设毒品预防课，每学期不少于10课时。市公安机关对涉毒违法犯罪无论贩毒数量多少一律立为刑事案件查处，吸毒成瘾的一律强制戒毒，复吸毒者一律送劳动教养。全年开展"打团伙、破大案、抓毒枭"行动。在全市开展创建"无毒社区"活动，由派出所、企业单位、居委会和家庭组成"四位一体"的帮教体系。对吸毒人员采取走访、谈心，进行尿检、教育、监控等多项措施，帮助吸毒人员戒毒，并建立帮教档案。1999年，全市建立1070个帮教小组，对1000余名吸毒人员进行帮教。2000年，市政府成立市禁毒委员会，取代原市禁毒领导小组，并增加市人大、政协、海关、工商、共青团、妇联等成员单位。县(市、区)相应成立禁毒委员会。将全市19个毒品泛滥较严重社区定为创建"无毒社区"工作重点。市委、市人大、市政府领导负责督导5县(市、区)禁毒工作。公安部门指导建立健全"无毒社区责任制"，实行综合治理"一票否决"制；选派民警到全市1000多所学校担任法制副校长和禁毒辅导员，为中小学生讲授毒品预防课，60%的中小学生受到教育。韶山市成为全省第一个"无毒县(市、区)"。全市有"无毒社区"161个，毒情一般社区182个，毒情严重社区41个。是年，全省禁毒工作暨创建"无毒社区"现场会议在湘潭市召开，市公安局、雨湖区、湘潭钢铁集团有限公司、市强制戒毒所、雨湖街道办事处、雨湖区昭潭乡、市第四中学在会上介绍创建"无毒社区"经验。市公安局禁毒警察支队成立。国家禁毒委员会将湘潭市定为全国创建"无毒社区"工作示范点，并把湘潭市创建"无毒社区"经验向全国推广。全市有吸贩毒人员2267人，破获毒品违法犯罪案件648起，抓获吸贩毒品违法犯罪嫌疑人739人，比1996年分别上升13.35%、690.24%与下降21.55%。

2001年始，入境毒品渠道日渐多样化，经过周边城市多层次贩运，几经周折再流入市内；流入毒品种类趋向多元，出现冰毒、摇头丸、K粉等新型毒品种类；80%的贩毒犯罪嫌疑人以贩养吸，出现少数家族贩毒团伙；毒品案件立案破案率逐年提高。是年，市公安局禁毒警察支队更名为缉毒警察支队。2003年，市第四中学被公安部评为全国百所中学学生毒品预防教育示范学校。2004年，创建"无毒社区"工作全面推进，全年授牌"无毒社区(乡镇、街道、村)"265个；建立吸毒人员帮教小组1345个，有帮教人员4230人；全市建立毒品预防教育示范学校14所。2005年4月，市禁毒人民战争领导小组成立，下发《湘潭市禁毒人民战争实施方案》，明确禁毒工作目标、任务、措施和实施步骤。是年，全市有吸贩毒人员2368人，破获毒品违法犯罪案件882起，抓获吸贩毒品违法犯罪嫌疑人964人，比2000年分别上升4.46%、36.1%与30.45%。

第二节　查禁卖淫嫖娼

1986年，境域城镇宾馆、娱乐场所、理发、按摩场所及公路沿线餐饮场所出现暗娼卖淫。1987年，以城市五区和农村集镇、公路沿线为重点，以县(市、区)为单位，开展打击嫖娼卖淫行动。采取边清查、边处理、边整顿方法，共查处卖淫嫖娼案125起，查处违法犯罪嫌疑人474人。其中，容留卖淫窝主62人，皮条客22人，嫖客252人，卖淫女138人。对其中163人实行收容教育、性病治疗；逮捕7人，劳动教养33人，治安拘留17人，治安罚款313人；对57人进行教育后，作具结悔过处理。1989年，全市把打击卖淫嫖娼列入"一打四整顿"(打击严重刑事犯罪和严重经济犯罪；整顿公共秩序，整顿特种行业，整顿文化市场，整顿交通秩序)专项行动进行整治。全市发现有卖淫嫖宿活动旅社42家，抓获卖淫女、嫖客35人。1990年，全市共查出卖淫嫖娼案234起，查处卖淫嫖娼人员544人，比1987年分别增长87.2%和14.8%。对卖淫嫖娼人员分别进行处理，其中收容教育88人，劳教1人，治安拘留4人，罚款451人。

1991年，出动621名民警、干部、医务人员及70辆汽车，清查107、320国道两旁246家旅店，对546名从业人员逐个检查，查获并收容、收审嫖客、卖淫女、容留妇女卖淫的店主106人。是年起，湘潭县公安局组织打击卖淫嫖娼常设队伍，加强对路边店管理与控制。1995年，全市查处卖淫嫖娼案件848起，卖淫嫖娼人员2146人，比1990年分别上升262.39%和294.49%。对卖淫嫖娼人员分别进行处理，其中少管1人，收教246人，治安拘留50人，罚款1618人，警告231人。

1996年始，市、县公安局出动民警130余人次，对·度被称为"红灯区"的湘潭县易俗河金城娱乐城等娱乐场所进行全面清查。至1998年，共关闭和取缔易俗河金城、大市场及明珠等300多家卡拉OK厅和舞厅，并对从业人员进行严格审查；全市卖淫嫖娼犯罪活动得到遏制。1999年秋季，开展禁娼禁赌统一行动，取缔营业性陪侍活动场所4个。2000年，全市开展打击卖淫嫖娼专项行动，对625家旅馆、339家按摩服务场所、1415家娱乐休闲场所进行清查，共查处违规违法经营娱乐服务场所1280家，其中取缔无照经营场所61家，吊销营业执照104家。全年共查处卖淫嫖娼案件321起，查处卖淫嫖娼人员761人，比1995年分别下降62.15%与64.54%。对卖淫嫖娼人员，刑事拘留4人，劳动教养3人，收容教育12人，治安拘留65人，罚款677人。

2001年，市政府成立以分管副市长为组长，市公安局、文化局、工商局主管副局长为副组长的文化娱乐场所专项整治行动领导小组，集中打击"黄、赌、毒"。全年共查处卖淫嫖娼案178起，组织提供营业性陪侍案23起，遣散陪侍人员356人。2005年，根据中央和省、市统一布置，开展"扫黄打非"专项整治行动，市公安局与市文化局、工商局以及宣传等相关部门，加大"扫黄打非"力度，查缴淫秽色情书刊698册，光盘10400余张；对高校周边环境进行整顿清理，取缔色情服务场所12家，查处刑事案件28起、治安案件35起。是年，全市共查处卖淫嫖娼案件244起，查处卖淫嫖娼人员587人，比2000年分别下降23.99%和22.87%。在查处人员中，收容教养22人，治安拘留221人，罚款253人，警告91人。

第三节 查禁赌博

1986年，市内部分地区赌博活动开始抬头，市公安局通过全面调查取证，查处39名情节严重的赌头、赌棍和惯赌人员。1987年，全市共查处赌博案552起，查处理参赌人员1471人。其中，治安拘留210人，罚款1261人。此后，赌博案件仍然上升，全市公安机关加大查赌禁赌工作力度，并将赌博列入“六害”（卖淫嫖娼、制作贩卖传播淫秽物品、拐卖妇女儿童、私种吸食贩运毒品、聚众赌博、利用封建迷信骗财害人）予以重点打击。1991年，全市贯彻《湖南省禁止赌博条例》，严厉打击赌博活动。全年查处赌博案4200起，处理参赌人员8990人，比1987年分别上升660.87%和511.15%。

1992年以后，全市公安机关继续开展打击赌博活动，及时查处赌博案件。1997年，全市开展“一稳定二打击三整治”（确保全市社会政治持续稳定；打击严重刑事犯罪，打击严重经济犯罪；整治重点地区、重点路段、重点单位和重点场所的治安秩序，整治交通秩序，整治火险隐患）集中统一行动。针对市内公共娱乐场所利用电游进行赌博，市公安局发布《关于坚决取缔啤酒乐园等有奖经营活动公告》，公安、文化等部门联合组织150余人在全市开展集中清查行动，查封继续经营赌博项目2家娱乐场所，现场收缴赌资2.6万余元。是年，市公安局治安支队行动大队查处赌博案件51起，现场收缴赌资12万多元，当众销毁赌具30余件，治安处罚77人。1998年，根据省委要求，全市开展“三打两建一扫”（打击暴力犯罪，打击济经犯罪，打击毒品犯罪；建立安全文明小区，建立安全模范单位；扫除社会丑恶现象）专项行动，重点查禁“黄、赌”，坚持打防并举、标本兼治原则，关闭全市所有赌博场所。省委常委、省委政法委书记、省公安厅厅长李贻衡率武警对湘潭县易俗河金城娱乐城等“黄、赌”泛滥场所开展打击行动，共查获各类“黄、赌”案件366起，取缔“啤酒乐园”“开心天地”“龙虎斗”等赌博场所48家。抓获“黄、赌”违法人员517人。其中，刑事拘留24人，劳动教养5人，收容教育26人，治安拘留37人，治安罚款306人。全市全年查处赌博案件993起，处理参赌人员3407人，比1991年分别下降76.36%和62.1%。

1999年，市公安局先后两次组织对城区电游场所进行突击清查行动，清查电游室54家，当场查获有奖电游营业41家，收缴“牌机”等有奖电游板97块，并分别对业主进行处罚。全年收缴赌博电游板237块，并严厉打击一批“黄、赌”违法犯罪分子。此后，在公安机关严厉打击刑事犯罪、不断查处赌博违法下，赌博风得以收敛。2004年，全市公安机关针对少数娱乐场所仍然存在“黄、赌”现象，开展专项整治，查处143处涉黄涉赌场所，销毁电游赌博机主板1684块、各类电游赌博机686台。治安、巡警部门先后在湘潭县、市区的宾馆酒店、城郊结合部位查获“六合彩”“扳砣子”等大型聚众赌博案件；在易俗河城区和市区东方红演艺中心端掉两个地下赌场，收缴赌资100余万元，查获涉案人员100余人。2005年，全市公安机关集中整治“黄赌毒”等社会丑恶现象。共清查各类休闲场所400余家，查处赌博窝点60余个，查处赌博类违法犯罪案件147起，处理参赌人员772人。比1998年分别下降85.2%和77.3%。

第四节　特种行业管理

1986年,全市特种行业管理范围有4个行业、2392家,其中旅馆业700多家、刻字业32家、印刷业200多家、废旧收购业1460家。市公安局治安管理部门先后两次对其大规模清理,发现犯罪线索370余条,查处案件204起,其中大案10起,抓获违法犯罪嫌疑人157人,挖出犯罪团伙10个。1987年,以县(市、区)为单位,开展对旅社行业的检查、整顿,并分片验收评比。全市清查饮食店、旅店2400多家,对有严重问题的46家旅社分别作出处理,其中26家被吊销营业执照,20家停业整顿。1989年,全市开展严厉打击严重刑事犯罪和严重经济犯罪,整顿公共秩序和交通秩序,整顿文化市场和特种行业的"一打四整顿"行动,查出有违法行为的废旧收购点81家,查获收窝赃犯罪嫌疑人57人,盗窃犯罪嫌疑人47人。对容留卖淫嫖娼活动的42家旅店,分别依法进行处理。1990年,全市特种行业管理范围仍为4个行业、2360家。全年查处利用特种行业从事违法犯罪案件193起,比1986年下降5.39%,其中重特大案17起;抓获违法犯罪嫌疑人129人,比1986年下降17.83%。

1991年,市政府制定《关于加强废旧行业管理的若干规定》,强化废旧收购行业管理。对全市209家印刷业进行清理整顿,关闭11家,停业整改10家。1992年起,市公安局制定五条措施,加强对特种行业管理;并对全市特种行业进行清理整顿,重新核(换)发《特种行业许可证》,对检查不合格单位,限期整改;对有违法行为又教育不改的坚决取缔;对从事特种行业人员进行培训,未经培训的一律不准上岗;完善特种行业管理制度,坚持"谁主管谁负责"原则;充分发挥行业协会(组织)作用,推广行业自治;规范特种行业办证、换证,简化手续,统一收费标准。1994年,根据公安部第16号令,废旧收购业改为废旧金属收购业。对特种行业各单位负责人和从业人员进行培训,全市共举办业务培训班19期,培训1797人次;公安机关严格把住审批关,对申请开办特种行业单位,进行经营场地勘查验收,符合条件方可办证。全年申报办证有254家,批准开业231家。严厉打击违法犯罪,全年组织5次大规模集中清理整顿行动,重点治理大厂矿周围废旧收购业,出动干警千余人次,查出问题1332项(处),下达整改通知书198份,取缔82家有严重违法行为和无证经营户。1995年,全市开展"百日安全"竞赛活动,整顿打字、印刷、复印行业,收缴非法印刷品7000余册,其中聋哑学校印刷厂非法印刷5000余册《圣经》。根据公安部《典当业治安管理办法》规定,将典当业列入特种行业管理范围。是年底,全市特种行业管理范围5个行业、1850家。全年查处利用特种行业违法犯罪案件185起,抓获犯罪嫌疑人134人,比1990年分别下降4.15%和3.88%。

1996年始,全市公安机关全面清理整顿分布在企业周边废旧收购点(站),"禁设区"(严禁在钢厂、铁路工地和其他大中型厂矿企业周围1000米内设废旧金属收购站[点])内的收购站点被取缔,"禁设区"外的站点被重新审查,限数布点。根据《中华人民共和国拍卖法》和公安部规定,先后将拍卖业、信托寄卖业、二手手机市场三个行业列入特种行业管理范围。全市继续整顿废旧金属收购站点和清理整顿印刷业、旅馆业。1998年,全市有特种行业1826家。其中,旅馆业808家,印刷业475家,废旧业344家,刻字业59家,旧货典当业140家。通过依法行政,按规定审批,取缔无证经营52家,吊销《特种行业许可证》4家,停业注销118家。是年,开展对全市典当行的整顿,整改典当旧货调剂行29家,依法扣押来历不明非法典当物品34件,处罚7人;取缔无证经营4家,停业整顿4

家，注销8家，吊销1家；市公安局治安管理部门组织对全市旅馆业进行安全防范评审，共评审96户，评出合格旅馆61家，其中一星级9家、二星级7家；对全市1550家机修业点进行全面整顿，举办从业人员和业主法制培训班两期，培训300余人次。1999年，特种行业由管理型逐步转变为服务型；开展对机动车修理业、按摩服务业、印刷、旧货、调剂商行等特种行业的专项清理整顿。2000年，组织寄卖业、生产性废旧金属收购业、印刷业培训学习班3期，培训业主及从业人员200余人，并分别核发资格证和上岗证。根据公安部规定，机动车修理业、报废机动车回收业列为特种行业管理范围。全市特种行业管理范围达10个行业1885家，全年查处利用特种行业违法犯罪案件175起，抓获犯罪嫌疑人128人，比1995年分别下降5.41%和4.47%。

2001年以后，全市对特种行业进行整顿，全面规范特种行业场所管理，确保特种行业合法经营。加强对印章、印刷、典当、拍卖业管理。开展旅馆业联网工作，到2004年，全市有57家50个床位以上旅馆实现联网，入网率89.4%，通过网上查询信息，抓获在逃人员2名。2005年，根据省公安厅64号文件规定，市公安局将即开锁业列入特种行业管理范围，在市区批准1家即开锁营业场所。至年底，全市特种行业管理范围达11个行业、1414家。其中，二手手机店55家，寄卖调剂行45家，旧货交易(信息)服务部20家，典当业2家，废旧物资收购业351家，机动车修理业381家，旅馆业553家，即开锁业7家。全年查处利用特种行业违法犯罪案件190起，抓获犯罪嫌疑人152人，比2000年分别增加8.5%和18.8%。

第五节　危爆物品管理

1986年，根据国务院、公安部规定，市公安局加强对枪支弹药、民用爆炸物品、烟花爆竹、剧毒化学品和放射性物品等危爆物品管理。市公安局对全市保卫系统93个单位的枪支(含体育运动用枪支)弹药、警械采取逐单位、逐人，对枪、对弹、对证登记，全面检查，确保武器安全。对全市烟花爆竹生产和销售单位进行安全大检查。对全市各医疗卫生单位进行放射性物品及卫生防护管理工作大检查，并协调有关单位制定《湘潭市放射卫生防护管理暂行规定》。1988年起，全市公安机关认真贯彻落实省政府《关于加强爆炸物品管理的通知》精神，市公安局先后制定《枪支管理规定》《关于加强民用爆炸物品的管理规定》，各级公安机关和相关单位制定防范措施，对全市枪支弹药和爆炸危险物品的生产、储存、使用和管理情况进行检查和整顿。针对湘乡市将购买炸药、雷管、导火索的审批权限下放到派出所，管理上出现明显漏洞，市公安局将购买危险爆炸物的审批权限收归到县(市、区)公安局(分局)。同时，对全市燃气贮存、灌装、运输和销售等单位(含个体)进行检查和整顿。至1990年的5年间，全市共收缴各类非法枪支735支，子弹825发，管制刀具1105把；收缴非法生产经营爆竹5665万响、烟花575件；收缴非法购买的炸药5吨、雷管4600枚；收缴剧毒物品90千克(支)；发生安全事故6起，查处案件15起，查处违法人员225人。

1991年，全市公安机关对烟花爆竹市场和企事业公安机构人员滥着警服、滥配警械等开展依法整治。1992年，全市以枪支弹药、烟花爆竹为重点，加强危爆物品管理。各级公安机关落实枪支弹药管理办法，明确枪支弹药专人管理；对发放的枪支弹药，做到枪、卡、证、表四统一；对配发的2200支枪支进行检验，均未发现问题。同时，出动公安民警2626人次，收缴非法枪支190支，收缴子弹

177 发;查处案件 22 起,收缴土炮 1 门,管制刀具 221 把。对全市 28 家生产烟花爆竹企业,逐一检查,对伪劣烟花爆竹全部销毁;治安部门对烟花爆竹销售市场、储存点要求挂证营业,取缔无证经营。全年共取缔 6 家,收缴爆竹 1133 万响,烟花 115 件。1994 年,针对市内少数地区对枪支、弹药、爆炸物品和警械警具管理不严,一些单位非法生产销售警械、警具问题,市公安机关加强对枪支弹药、爆炸物品和警械、警具的清理整顿。1995 年,根据《中华人民共和国民用爆炸物品管理条例》,对全市民用爆破器材生产、经营、流通单位逐个进行审查整改,并重新办证;对全市营业性射击场经营状况、安全意识、管理制度和防范措施等情况进行检查审验;对全市猎枪弹具生产、销售情况进行大清查,取缔非法生产和销售点,收缴 154 支猎枪、弹具,对符合条件持有猎枪人员进行安全教育;对全市体育运动用枪支,特别是发令枪生产、销售进行大清查,并逐件登记审查。至 1995 年的 5 年间,共收缴各类非法枪支 985 支,子弹 2500 发,管制刀具 1300 把;收缴非法生产经营爆竹 9586 万响,烟花 1300 件;收缴非法购买的炸药 4 吨,雷管 4500 枚;收缴剧毒物品 89 千克(支);发生安全事故 7 起,查处案件 18 起,查处违法人员 275 人。

1996 年,市公安局制定《湘潭市公安局清理整顿爆炸物品的统一行动方案》和《湘潭市公安局清理收缴爆炸物品、枪支弹药行动方案》(以下简称《方案》)。市、县公安局依据《方案》,关闭矽砂矿、汾水两个非法生产炸药工厂,封存炸药 5 吨。对全市 116 家销售、使用雷管炸药单位、27 家生产烟花爆竹单位进行检查,取缔非法经营、使用爆炸物品单位 20 家,督促经营爆炸物品的 6 家派出所纠正错误,取消煤炭局爆炸物品经销权;对大桦岭采石场、银田煤矿等 48 个安全生产达不到标准的单位,提出整改意见,发出整改通知书限期整改。全市贯彻《中华人民共和国枪支管理法》,对枪支弹药进行清理整顿,公安机关采取条块结合、点面结合方法,城市以大厂矿为重点,农村以山区、林区为重点,先在党政机关干部和企业在职职工中进行清理,然后全面展开,对难点和死角集中警力进行清理收缴。1999 年,对全市所有公务用枪进行清理办证;对爆炸物品使用许可证,实行分级负责,层层把关审核,全年办理使用许可证 156 个,爆破员作业证 361 个,爆炸物品准购、准运证 250 余个;审批民用炸药 600 余吨、雷管 100 余万枚、导火索 50 余万米、剧毒物品 4000 多千克。2000 年,开展以防范安全事故为主要内容的专项治理行动。市公安局制定《湘潭市关于加强烟花爆炸生产经营安全监督管理和清理整顿方案》及《整顿烟花爆竹销售市场方案》,市政府成立以副市长为组长的领导小组,加强对涉爆人员业务培训。全年清理检查烟花爆竹生产企业 3 家,销售点(店)4606 个,发整改通知书 564 份,整改隐患 396 处,查处涉及烟花爆竹违法案件 71 起,处罚违法人员 71 人,收回安全许可证 76 个,收缴烟花爆竹 770 万响。检查全市 6 个大的炸药仓库,消除隐患。至 2000 年的 5 年间,共收缴各类非法枪支 7300 余支、子弹 15000 发,管制刀具 1700 把;收缴非法生产经营爆竹 1500 万响,烟花 300 件;收缴非法生产购进炸药 3 吨,雷管 1500 枚;收缴剧毒物品 85 千克(支);发生安全事故 5 起,查处案件 40 起,查处违法人员 50 人。

2001 年起,全市开展治爆缉枪整治行动。市公安局对全市 200 多个单位、3012 支枪实行分行业集中保管,对全市配发枪支单位和个人重新核查发证,严格执行领用报告登记制度和用后及时归还制度,对涉枪单位经常开展检查监督。根据省公安厅《关于进一步加强公务用枪管理使用专项整治行动工作的通知》精神,市公安局治安支队对全市配枪单位及持枪人进行全面清查,核枪核证,对持枪人员进行枪支使用保管等考试。2003 年,市公安局开展民用爆炸物品、危险化学品专项整治行动及打非行动。是年，查处非法生产经营鞭炮 7500 万响，花炮 78928 个，查处涉及烟花爆竹违法案件 3 起，查处违法人员 14 人。由市农业局牵头，市公安局、工商局等部门对全市集贸市场、农药经营点（店）等进行突击清查，共收缴“毒鼠强”“三步倒”等剧毒鼠药 1498 包（瓶），“毒鼠强”水剂 414 支，粉末 18.3 千克。2004 年，组建湘潭市爆破公司，对全市爆破器材实行“封闭管理”。全年收缴废旧炮（炸）弹、燃烧弹、疑似炸弹装置 8 件，销毁散存在各县市区收缴的废旧炮（炸）弹 70 余枚。刑侦支队完成市内公务用枪的枪弹痕迹激光编码建档工作。2005 年，规范枪支管理，采取不定期抽查与普遍检查相结合方法，发现隐患及时处理。全年有 21 个单位添置保险柜，有 15 个单位加固枪库及值班室门窗；收缴高校应上缴枪支 35 支；对金融系统防暴枪进行办证和换装工作。成功处置步步高超市疑似爆炸物事件。收缴处理废旧炮弹 15 枚；处置 4 起废弃氰化钾、废弃放射性物品事件。至 2005 年的 5 年间，共收缴各类非法枪支 1780 余支，子弹 20000 余发，管制刀具 800 把；收缴非法生产经营爆竹 2000 万响，烟花 350 件；收缴非法购买的炸药 5 吨，雷管 7800 余枚；收缴剧毒物品 90 千克（支）；发生安全事故 3 起，查处案件 40 起，查处违法人员 70 人。

图 14-1-1　处理废弃炸弹等危爆物品

第六节　“110”报警服务

1987 年 7 月，按照公安部《关于大中城市公安局普遍建立 110 报警服务台的通知》精神，市公安局向市政府提出《关于建立 110 报警系统的意见》。是年，建立报警“110”电话。1996 年 9 月，将原盗（匪）警报警电话“110”扩大为“110”报警报务台，职能集接处警于一体，并招收 30 名合同接警人员接警。各县（市、区）公安（分）局先后成立“110”处警大队，专司处警事务。12 月 31 日，“110”报警服务台正式开通。1997 年起，逐步完善“110”服务机制，加大“110”为社会服务的宣传。是年 10 月 20 日，市政府召开“学习‘110’、利用‘110’，双层覆盖，服务社会”新闻发布会，决定在发挥公安“110”报警接处警服务同时，分期分批组织市直窗口单位和有关企事业单位纳入“110”网络机制，变“110”单一覆盖公安为上接政府、下联社会的双层覆盖，形成由政府牵头，以公安“110”为主体，各有关部门配套联动的“大 110”网络系统。首批纳入“110”双层覆盖向社会公开承诺的单位有市自来水公司、市电业局、市煤气公司、市政设施维护处、市环卫处、市工商局、市消费者协会、市技术监督局、市民政局、市林业局、市劳动局、市交通局、市邮电局（市邮政局和市电信分公司）、市城管办（市城管局）、市卫生局、市卫生防疫站等 18 个单位，处理与人民群众息息相关的水、电、气安全供应事故以及消费者权益保护等方面向社会公开承诺。全年接报警 32963 起，有效处警 15712 起。

1998 年，“110”社会服务联动单位增加到 28 个，并分别签定《110 服务承诺责任状》，接警量也迅速增加。湘潭市率先创立政府大“110”做法，得到省委、省政府肯定，在两次全省“110”社会服务联动工作会议上，湘潭市作经验介绍。是年，湘潭市“110”社会服务联动工作步入规范化轨道。1999 年，“110”联动办公室制发《湘潭市“110”社会联动工作争创国优工作意见》，全面推进“110”联动工作。2000 年 5 月 1 日，市公安局巡逻防暴警察支队成立，将雨湖、岳塘巡逻防暴警察大队收回支队直接管理,专司处警工作。湘乡市、韶山市、湘潭县公安局相继成立巡逻防暴警察大队。市支队制订处警制度,规范处警行为,承诺市区接警5分钟之内赶到现场,城郊界10分钟内赶到现场。全年接报警133977起,有效处警102010起,比1997年分别上升306.45%和549.25%。

2001年,添置"110"巡逻处警车10台。市公安局巡逻防暴队由原来静态处警改为动静态处警相结合,把警力安排在案发多的地段,并加强对早、中、晚及夜间时段控制,提高对街面控制能力和处警快速反应能力。是年,湘潭市公安局"110"报警服务台向社会公开录取25名接警员。全市公安机关接处警12273起。其中,违法犯罪案3085起,治安事件9起,人民群众求助1248起。2002年,市公安局"110"报警服务台被省公安厅授予"全省青年文明号"称号。2003年,"110"报警服务系统成立专职自行车巡逻队、防暴大队和打击"两抢"(抢劫、抢夺)专案队。2004年,"110"报警服务台被共青团中央、公安部授予2003年度"青年文明号"称号。是年,市公安局"110报警服务台"整体搬迁到河东大道28号交警支队新办公大楼;"110"和"122"合并;"119"报警台与"110"并网,实现信号控制、信息查询、监控、接警、指挥调度与非现场执法等;湘潭市在省内率先实现"三台合一",并成立湘潭市公安局指挥中心。2005年,加强指挥中心建设,强化全市"110""119""122"三台合一工作,构建市局、分(县、市)局、派出所三级联防,形成从城市到农村全方位、立体化防控指挥网络。全年接报警381810起,有效处警309924起,比2000年分别增长184.98%和下降203.82%。

第七节　公共信息网络监察

1996年,湘潭首次出现电脑游戏室。为加强对计算机管理,市公安局成立计算机管理监察科,主管全市计算机信息系统保护工作,查处危害计算机信息系统安全违法犯罪案件,担负全市计算机信息网络中心日常运行、管理工作。当年查处利用网络违法犯罪案件1起,删除有害信息97条。1997年,市公安局制定《湘潭市计算机安全管理办法》,规范全市计算机信息系统保护管理工作;对全市80余家开放式机房(网吧前身)、1000余台计算机进行规范化管理;对企事业单位、学校计算机机房进行安全管理,完成30余家企业单位、学校计算机房安全检测、防雷接地工作。1998年,全市有计算机3.8万余台,从业人员4万多人。举办18期计算机安全人员培训班,培训1100人。编写《计算机安全技术》(上、下册)。制定计算机机房、信息系统、安全专用产品等方面的检测、验收技术标准,初步形成业务管理规范化,检验、检测标准化,计算机操作上岗人员证件化,数据管理微机化。1999年,打击计算机违法犯罪活动,查处利用计算机进行违法犯罪案件7起。查处利用互联网传递、张贴、散布反动言论犯罪嫌疑人2人。同时,解决公安内部计算机2000年(即"千年虫")问题。市公安局被公安部评为解决计算机2000年问题先进单位。2000年,成立犯罪信息中心、互联网监控中心、湘潭市信息港,建立户政、刑侦主页;市公安局制定《湘潭市网吧安全管理暂行办法》,成立网吧联组,出台《网吧联组管理暂行办法》,省公安厅将湘潭市做法向全省推广;加强对重点计算机应用单位检查和指导;对国际互联网使用单位进行全面检查,发出安全隐患整改通知书112份,建立与落实安全组织141个,重点单位落实率100%。全年查处利用网络违法犯罪案件5起,删除有害信息274条。为治安部门提供网络赌博破案线索50多条,关闭黄色网站1个,接处公安部、省公安厅协查案件20起。利用互联网技术侦察手段办理刑事案件30起,破获26起,其中命案2起,抓获犯罪嫌疑人 27 人,挽回经济损失 13 万元。

2001 年,公安与电信、工商、文化等单位对全市 412 家网吧进行清理登记,检查验收,对符合规定的 311 家重新建档发证,不符合规定的 25 家限期停业整顿,取缔无证网吧 51 家。举办法律法规、技术安全知识培训班 18 期。对 312 家注册网吧,统一安装“网络神探”网吧信息安全管理软件进行管理。完善政府上网单位备案登记制度,为政府网站的建立做好审批工作。加强对全市 26 所大中专院校、重点高中、重点企业计算机信息网络安全管理,对银行、证券、保险单位做好金融计算机犯罪和因计算机安全问题引发的金融风险事件防范工作,共培训金融系统计算机操作人员 800 余人,实行持证上岗。2002 年,开展对互联网有害信息专项清理整治行动。共检查接入服务单位 18 家,网站 43 个,固定 IP 专线用户 37 个,网吧 363 家(其中证照不全的 75 家,无证的 21 家),非经营性上网服务场所 19 家;清除有害信息 329 条;依法关闭、取缔无证网吧 21 家,责令整改 54 家,停业整顿 37 家,并与相关单位及场所签定责任书 359 份。市公安局计算机管理监察科更名为公共信息网络安全监察科。2003 年,出台《网吧暂行管理办法》,要求网吧内证照、规章齐全,并悬挂张贴统一编印的《管理人员职责》《互联网上网服务营业场所管理条例》和《上网人员须知》,严格落实上网人员身份登记制度、网吧服务器日志留存、电子备案制度等。全市 350 家注册网吧开展“网络神探”安全软件升级和 IC 卡实名登记系统安装工作。湘潭市对网吧规范管理做法被推广全省。2004 年,调查县、市两级 40 余家 ISP 和 ICP,走访 800 家党政机关和企事业单位、502 家网吧和 58 家非营业性上网服务场所及 12 家规模较大本地网站,通过调查完善数据资料,对信息资料进行重新分类整理和归档;组织清除电子垃圾邮件、网吧整治、打击淫秽色情网站等专项行动。共出动警力 800 余人次,检查网吧 500 家,签订安全责任状 500 份,下发整改通知书 305 份,责令停业整顿 35 家,取缔无证网吧 27 家。2005 年,全市网监部门先后开展互联网基础调查和互联网站清理整顿工作,湘潭被定为“网络神探”非接触式 IC 卡实名上网登记系统升级试点城市。市城区及县(市)网吧全部完成系统升级工作,受到省公安厅奖励。同时,与电信协商免费开通 10M 光纤线路,分配 6 个固定 IP 地址,确保侦察管理工作顺利开展。全市共有 ISP、ICP 互联网数据中心 11 个,重点联网应用单位 58 家,托管主机 14 个,虚拟空间服务单位 6 个,互联网站 85 个,论坛 17 个。全年查处利用网络违法犯罪案件 7 件,删除有害信息 326 条,比 2000 年分别上升 40%和 19%。

第二章 户政与出入境管理

第一节 户口管理

一、常住人口管理

1986 年,全市常住人口 63.2 万户 247.31 万人。其中,农村 49.43 万户 196.33 万人,城市 13.77 万户 50.98 万人。全市的常住人口管理重点是对农业人口转非农业人口以及迁出入人口的管理。是年，全市审查农转非户口 604 户 1596 人，办理迁入 44922 人，办理迁出 42519 人。随着对外开放和搞活经济，市内去边境地区（指广东的珠海、深圳、新疆、西藏、云南、广西地区）人员不断增加，年内办理前往边境地区通行手续 1045 人。1988 年起，农转非审批实行群众评议，三榜定案（居委会、派出所、公安局张榜公布），做到“三公开”（政策、指标、批准名单公开）“四优先”（无房无田亲属投靠、手持迁移证、计划外出生子女落户、退伍转业军人落户优先）。年内办理去边境通行证手续及换发证手续 4800 人。1990 年 10 月，改革“农转非”审批制度，“农转非”工作实行现场办公审批。市公安局发出《关于搞好市、郊居民户口迁移的通知》，规定：商品粮居民户口要保证到常住地落户，凡迁入理由正当的，都要及时办理迁移落户手续；市区迁入郊区的，由迁出派出所决定；郊区迁入市区的，由市区派出所合签接收意见后，办理迁移手续，但外县、市居民迁入市区、郊区，须报市公安局审批。凡因病需农转非户口，一律持派出所介绍信到市公安局法检所进行病情检查。是年，全市共办理“农转非”户口 7919 人，办理迁入 770 人，办理迁出 514 人，比 1986 年分别增长 396.18%和下降 98.29%和 98.79%。全市常住人口 75.16 万户 265.24 万人。其中，农村 57.87 万户 209.02 万人，城市 17.29 万户 56.22 万人。

1991 年起，市公安局制定《关于办理人口登记的有关规定》，常住户口“项目变更”需写出书面报告，填写申请变更表，经派出所、分局审查，市局批准后，方能办理。在审批办理“农转非”过程中，发现弄虚作假现象比较突出，针对这种情况，市公安局成立清理“农转非”领导小组，下设办公室，各县（市）局和区分局均设立相应机构，抽调清理人员 312 人，对 1988 ~ 1990 年办理的职工、居民家属 4428 户 5179 人的“农转非”户口进行清理，发现各类弄虚作假的“农转非”户口 84 户 99 人，对其一律注销户、粮关系，清退回原籍。1993 年，根据全国公安厅局长会议精神，本着“严格控制大中城市，积极发展小城镇”的方针，按照“当地需要、当地受益、当地负担、当地有效”的原则，制定适当放开户口迁移政策，经市政府批准，1993 年 10 月 1 日起，开始办理从农村迁入城市盖有蓝印户口专用章的城镇居民户口（简称蓝印户口）。市政府安排计划指标 2000 个（岳塘、雨湖两区各分配 750 个，高新区 500 个）。全年农转非户口 1602 人。雨湖公安分局在 4 个乡进行户口整顿试点，查出未落户 1605 人，发现漏登、死亡未销、参军未销、被逮捕或劳教未销以及迁出未销、重登等问题。市公安局户政科对这些问题以《农村户口管理问题极多亟待整顿》为题撰文上报。省公安厅将其作为户政管理经验编发专题简报。1994 年，为探索城市化户口管理，清理整顿农村户口和建立人口信息微机管理系统，开展对农村户口应注销而未注销，不应注销而注销户口，应落户而未落户及其他差错清理整顿，做到人头、户口内册、户口外册“三统一”。发现应落户未落户 14789 人，不应注销户而销户 125 人，应销未销户 7501 人，发现和纠正项目差错 5107 项。湘乡、韶山等地还与微机信息达到统一。湘乡市龙洞乡清理工作成绩突出，其经验在全市、全省、全国推广。1995 年起，根据市人民政府市长会议精神，对进入市区人员加收城市增容费。同时，为探索农村户口管理制度改革，开展农村户口城市化管理试点工作。岳塘区霞城乡和湘乡市望春门办事处在试点基础上建立人口信息微机系统，该项工作走在全省前列。是年，全市农转非户口 2431 人，办理迁入 49108 人，办理迁出 44086 人，比 1990 年分别下降 69.3%和增长 627.77 倍与 84.77 倍。全市常住人口 82.96 万户 274.3 万人。其中，农村 59.86 万户 210.15 万人，城市 23.1 万户 64.15 万人。

1997 年，根据省政府办公厅批复《湘潭市关于解决湘潭县县城搬迁征地转户问题的请示》，批准易俗河镇云龙村、百花村、赵家洲村、烟塘村、山塘村、上马村及因国家建设被征用土地的岳塘区荷塘乡综合农场条江组，宝塔街道办事处长塘村 3367 人，由农业人口转为非农业人口，供应城镇居民定量粮。1998 年，农村各乡、镇的户口全部由公安派出所接管，实行微机管理，全市联网；全面进行核户调查、编制、装订门牌；并设置村牌、路牌；以村为单位绘制农户居住方位图。是年，全市办理农转非户口 10593 人，比 1995 年增加 335.75%，办理迁入 62515 人，迁出 57664 人，比 1995 年分别增加 27.3%和 30.8%。全市常住人口 81.9 万户 277.36 万人。其中，农村 59.52 万户 208.93 万人，城市 22.38 万户 68.43 万人。

1999 年，加强人口信息微机管理系统建设。全市贯彻落实国务院《关于解决当前户口管理工作中几个突出问题意见的通知》精神，市公安局选择雨湖区的商贸特区、岳塘区的开发区进行人口信息管理试点。人口信息微机管理系统实现“百城联网”与户政办公区域网络。全市人口信息管理系统实现跨省、市、区的常住人口信息的快速查询。2000 年，为促进全市招商引资工作，对外来投资、兴办实业、购买房屋和商业门面的公民及随同居住的直系亲属准许落户。为配合第五次全国人口普查，户政部门采取多种形式培训户口普查员，全市共举办培训班 149 期，培训 950 人。2001 年，户政部门在全省率先推行无底卡制作居民身份证。市公安局与市房管局一道，规范市内新建、改建房屋门牌号码管理。市公安局户政科改为人口管理支队。全年办理农转非户口 13964 人，办理迁入 4138 人，办理迁出 36875 人，比 1998 年分别增长 31.82%下降 93.38%和 36.05%。全市常住人口 82.85 万户 280.47 万人。其中，农村 60.28 万户 212.05 万人，城市 22.57 万户 68.42 万人。

2002 年起，市公安局制订《湘潭市公安局关于户籍管理的意见》及《关于简化户口审批程序的通知》等户政管理新政策，对来潭投资兴办实业、购建房屋人员优先办理落户迁移手续，降低户口迁移的门槛，简化“三投靠”（夫妻投靠、未成年子女投靠父母、老年父母投靠成年子女）和投资落户审批手续，缩短审批周期。凡派出所受理的落户申请，须在 10 个工作日内办结；县（市、区）公安局人口管理大队受理落户申请，须在 7 个工作日内审批完毕。户政部门开展户政“基础工程”建设，提高人口信息质量，完善实时网络建设。对变更、更正户口项目不全、不准的现象，采取入户核对、电话核实、网上核查等方式，按照户口登记项目，逐户、逐人、逐项核对，做到《常住人口登记表》、居民身份证、居民户口簿、计算机储存信息“四统一”。2004 年，市公安局人口管理支队发出《关于开展常住人口信息质量纠错的通知》，在全市进行人口信息全面清理和纠错、补录工作，共清理纠正无出生时间 1143 人、无证号 2944 人、姓名不全 998 人、重证号和重复登记人口 8050 余条、其他逻辑错误 18750 余处。根据《湘潭市人民政府关于深化户籍管理制度改革的实施意见》精神，市公安局发出《关于实施一元化户籍管理制度和规范常住人口登记管理的通知》，对市内常住人口登记管理的程序作出详细规定，对常住人口四项异动进行完善和明确，规定人口主项信息变更的三级审批制度、公示制度和人口信息初录程序规定，并印发新的《公民主项信息变更、更正审核表》和《补录人口信息审核表》。主项信息随意变更以及补录人口信息不规范问题得到遏制，人口信息质量明显提高。2005 年，全市 5 个县（市、区）人口信息全部进入达标行列，在全省人口信息质量检查评比中，雨湖区、岳塘区、韶山市被评为全省人口信息质量先进单位。全市办理农转非户口 6364 人，比 2001 年减少 54.43%，迁入 5077 人，迁出 48269 人，比 2001 年分别增加 22.7%和 30.9%。全市常住人口 89.5 万户 290.62 万人。其中，农村 62.46 万户 216.79 万人，城市 27.04 万户 73.83 万人。

二、暂住人口管理

1986年，为加强对暂住人口管理，全市成立临时治保会154个，有治安人员343人，设义务户口申报站117个。全市暂住人口17073人，登记发证9058人。在暂住人口中破获刑事案件25起，查处治安案件88起，发现和抓获违法和犯罪嫌疑人92人，缴获赃物折款8824元。1989年，全面清理整顿暂住人口，选配暂住户口协管员256人，对暂住人口集中的“三工三队”（三工指农民工、临时工、包头工；三队指基建队、包工队、单位承包的施工队）和出租房主、个体经商户普遍推行治安承包合同。对居住两个月以上、年满16周岁的公民需办理暂住证，全市暂住人口25806人，登记发证24000人，比1986年分别增长51.15%和164.96%。破获刑事案件41起，查处治安案件115起，发现与抓获违法犯罪嫌疑人86人。

1990年，境域暂住人口中各类违法犯罪案发频繁，占暂住人口数0.6%。为搞好暂住人口管理，全年聘请专职暂住人口协管员68人、兼职协管员287人。推广平政路派出所房屋出租制度，出租房屋必须有派出所租屋许可证，承租人必须签定治安合同。在郊区护潭乡探索城郊结合部暂住人口的管理，建立暂住人口申报、发证、管理等一系列制度，为郊区开展暂住人口清理提供经验。是年起，随着改革开放的不断深入，外地来潭务工、经商等暂住人口日益增多，暂住人口鱼龙混杂，各类案件居高不下，人口工作出现新的问题。1994年，全市以暂住人口管理为重点，三次开展对暂住人口的清理整顿。建立暂住人口登记管理站236个，设有暂住人口专管员42人，协管员306人。1995年，设置暂住人口申报站395处。雨湖区、岳塘区每个居（村）委会都建立申报站，统一制订八种制度，包括户主申请书、登记表、治安责任书、承租人基本情况、暂住人口登记、检查内容和档案归档。全市每个派出所都成立暂住人口管理办公室，配备暂住人口协管员385人。1996年，全市暂住人口42721人，登记发证31411人，比1989年分别增加65.5%和30.9%。破获刑事案件67起，查处治安案件139起，挖出犯罪团伙6个，发现和抓获各种违法犯罪嫌疑人278人；挽回经济损失16535元。

1998年始，建立暂住人口管理信息系统，开展流动人口清理整顿行动。2000年，为建立健全新型人口管理机制，实现人口管理工作从“以户口管人的静态模式”向“以落脚点管人的动态模式”转变，做到暂住人口管理“底子清、档案清、信息快、效果好”，在全市范围内开展实有人口清理工作，澄清常住人口和暂住人口底数。同时，对市内的“三无”（无有效证件、无固定居所、无正式职业）人员进行清理，出警力1100余人，社会力量430余人，清理旅社、招待所、发廊300余家，工地92个，房屋出租户3781户，清理暂住人口14952人，填写暂住人口信息表12821份，督促办证4408个，遣返“三无”人员1745人，遣送584人，抓获犯罪嫌疑人54人。是年，全市暂住人口66833人，登记发证32181人，比1996年分别增加56.4%和2.5%。破获刑事案件78起，查处治安案件156起，发现和抓获各种违法犯罪嫌疑人387人；挽回经济损失26069万元。

2001年始，探索新的户政管理模式，对流动人口聚集较多的企业、学校、车站、旅店、集贸市场、建筑工地的周边，以及城镇郊区进行重点清查。清理整顿租赁房屋户，派出所与租赁户签订《租赁房屋治安管理责任书》，建立租赁登记簿。公安派出所逐步完善暂住人口实行微机管理目标，提高流动人口暂住的登记率、办证率。为落实《部门计划生育工作目标管理责任书》各项措施，对全市流动人口计划生育管理工作进行督查。2003年，市公安局发出《关于做好暂住人口管理和服务工作切实保护暂住人口合法权益的通知》，结合严打整治“迅雷”行动，对人员复杂的公共场所、集贸市场、旅店、房屋出租户、基建工棚等场所开展专项清查行动。全市共清理出租房屋5918户，清理暂住人口16153人次，补办暂住证6488个。发现流动人口中违法犯罪线索106条，破获刑事案件101起，查处治安案件147起，抓获现行作案人员51人，刑事拘留43人，治安拘留23人。2005年，全市暂住人口25117人，登记发证18533人，比2000年分别减少62.4%和42.4%；登记房屋出租9758户，与出租户主签订治安责任书7915份；破获刑事案40起，查处治安案136起，发现和抓获违法犯罪嫌疑人156人；挽回经济损失36358万元。

第二节 居民身份证管理

1986年11月，湘潭市按照公安部规定，对16周岁以上公民颁发居民身份证工作开始试点。1987年4月全面铺开。至11月，郊区、雨湖区、湘江区、岳塘区、板塘区和韶山区先后完成制证基础工作，由计算机打印的底证，全部送省技术制证中心进行技术制证，并陆续取回成品证件，全部发放到居民手中。湘潭市郊区和城市四区及韶山区，所辖街道办事处（乡）38个、居（村）委会372个、共167260户、616926人，其中16周岁以上486991人，占总人数的78.94%。经核准应发证447310人，占16周岁以上人数的91.85%；缓发证7002人，不发证205人，外出6个月以上和因公在外未照相32031人，共计39681人，占16周岁以上人数的8.15%。1988年3月1日起，湘潭市开始启用居民身份证（湘潭县、湘乡市全部发证后启用）。到1989年，全市常住适龄人口与外地迁入的人口，共发居民身份证328632个，占应发证的19.6%，发临时身份证2500个。

1990年，全市在完成第四次人口普查同时，对银行、邮电等部门居民身份证实行查验。1991年，由市公安局牵头，市人民银行、市工商银行、市中国银行、市建设银行、市农业银行、市邮电局、市一商局、市二商局、市供销社和湘潭钢铁厂、湘潭锰矿、江南机器厂、湖南铁合金、湘乡水泥厂14家单位联合发文，作出查验居民身份证具体规定。在全国查验居民身份证验收工作中，市公安局被公安部评为先进集体。1992年，居民基础制证108916个，录入微机267万人，录入人口图像65万张，为港澳台同胞查询亲友120次。1993年，3个试点派出所开通微机管理，13个派出所完成户口核实验收工作。全年共发居民身份证97471人，受到省公安厅表扬，并在全省颁证经验交流会上作典型发言。湘潭县、湘乡市、韶山市全部建立后期管理系统，湘潭县同时建立图像系统。1994年，市区32个派出所建立人口信息微机管理。全市对年满16周岁以上的人员造册登记，登记率达100%。全年办理居民身份证82242个，发放临时身份证19991个。

1995年，市区32个派出所系统联网全部开通，成为继长沙、郴州市后全省第三个实行联网的城市。为管理维护好系统，市公安局制订《湘潭市人口信息微机网络系统管理制度》《人口信息查询制度》《派出所微机操作员制度》《派出所机房工作守则》等制度。微机室将16周岁以上居民图像录入系统，共录入27万余条，使全市人口信息变成“活辞典”。3个县市人口信息系统完成，为港、澳、台同胞及各界群众寻亲访友160人次，为政法部门查询案件线索1303人。1997年，农村61个派出所建成人口信息系统，并将市城区32个派出所电话网络改用数据网。全市270余万常住人口信息全部录入信息系统。同时，与省、市邮电部门制订《公安综合信息管理网络方案设计》，并下发《关于全市公安综合信息管理系统建设实施方案》。1998年，市公安局制订《关于工作对象管理信息系统建设实施方案》。全市采集、录入信息40985人，相片扫描34591人。同年，市公安局建立公安派出所工作对象管理系统、公安综合信息管理系统，以及市公安局局域网和户政办公自动化网络等信息系统；市内共清理收回差错居民身份证32149个，其中重证号7999个、多证号21305个、错号证及错证2442个，其他收回证403个；发现人头差错1095人、案件线索39条，抓获违法犯罪嫌疑人48人，破刑事案件22起，查处治安案件42起，拘留20人，劳教214人。是年，湖南省居民身份证编号清理纠错工作现场会在湘潭市召开，推广湘潭市雨湖区开展居民身份证编号清理纠错试点工作经验。1999年，全市办理居民身份证97357个，发放临时身份证4981个。

2000年，按照省公安厅《关于全省编制居民身份证号码的实施方案》要求，市公安局认真做好公民居民身份证编号排位工作，全市居民都是采用升位号码的身份证，全年共制发身份证104936个。同时，在全市推行无底卡居民身份证制作技术，对制证管理人员、技术骨干、户政、内勤人员进行技术培训，制证合格率99.8%。2001年起，全市在全面推行居民身份证无底卡制作技术基础上，做好无底卡居民身份证的制作技术软件升级工作；为确保身份证唯一性、准确性、严肃性，加强对身份证日常管理工作，对办错的身份证进行清理纠正，加强人像信息制作管理、查处违反身份证管理和搞好军人身份证赋码等工作；开展户政基础工程建设，继续完善人口信息核对、公民身份号码编制、居民身份证号清理纠错工作，为第二代居民身份证换发工作奠定基础。实行户籍制度改革，推行便民利民服务措施，规范服务行为，简化审批程序，缩短审批周期，提高办事效率。2004年，市公安局推行“一站式”户籍审核审批制，将身份证快证受理权下放到派出所受理，实现全市户口异动网上审批和自动化传输。全年接待群众4万余人次，身份证异地办证473个、办理各类户口2288人，其中大专院校学生迁入5784人，迁出240人，其他迁入154人，户口项目变更5282项；人口信息查询1200人（次）。2005年，根据公安部的规定，市公安局制订第二代居民身份证核发工作方案，组织各县市区技术员参加二代证照相技术和网络技术培训，对全市派出所现有办证设备摸底造册。开展二代证办证设备造型定型、数据转换、人口信息集中清理、纠错等准备工作，对各办证服务处进行二代证软件、硬件及灯光的安装调试；是年起，全市启动第二代身份证受理工作，当年办理二代证19416个；发放临时身份证4500个。同时，未成年人凭户口可以办理身份证，身份证式样、质地、编号与成年人身份证一样。至2005年，全市累计办理居民身份证232万个，占应发证100%。

第三节　重点人口管理

1986年，全市有重点人口6109人，占人口总数2.47‰。为有效地控制重点人口重新犯罪率，设立对重点人口帮教小组，全年共建帮教小组4661个，确定帮教成员11806人。通过帮教，重点人口停止犯罪3247人，占重点人口的53%。此后，市各级公安机关每年对重点人口进行清查。1989年国庆前夕，全市公安机关对重点人口进行全面排查，共摸排出各类危险分子196人，安排控制力量619人，对其进行控制。1990年，市公安局结合全国第四次人口普查，对重点人口进行全面清查，全市有重点人口5727人，占人口总数2.16‰。建立帮教小组5128个，有帮教人员11076人。重点人口为公安机关提供打击处理对象369人、侦察线索737条，破获各类案件701起。

1991 年起，全市先后开展对重点人口清理和整顿。1994 年，全市有重点人口 5546 人，撤管 1036 人，新列管 1191 人。韶山市公安局在重点人口中，破获棉织厂 8000 余元毛巾被盗案。岳塘公安分局民警在找重点人口谈话教育中，破获一起盗窃摩托车案。1995 年 3 月，市公安局在雨湖路派出所开展重点人口管理试点工作。该辖区内原有重点人口 86 名，重新考察后，撤销 42 人，摸排出新对象 33 人。是年，全市有重点人口 5760 人，比 1990 年增加 0.6%，占人口总数的 2.1‰。建立帮教小组 5412 个，有帮教人员 11042 人。重点人口为公安机关提供侦察线索 64 条，破获案件 52 起，抓获犯罪嫌疑人 54 人。

1996 年以后，市公安局制订《关于工作对象管理信息系统建设实施方案》，明确重点人口包括已列管的重点人口和应列管对象，即对符合列管条件又未列管的对象，按规定列管后作重点人口对象。1998 年，根据省公安厅的统一布置，建立重点人口管理信息系统。市公安局制定方案，分层次进行动员和培训，全市共举办培训班 75 场次，培训 1376 人。同时，制定《工作对象管理》《信息材料传递》《工作对象信息维护、查询》以及《工作对象管理信息系统工作的检查考核办法》等规章制度。是年，全市有重点人口 5614 人（当年新列管 1817 人）。其中，有刑事犯罪嫌疑 2969 人，有危害社会治安 1363 人，因民事纠纷激化可能铤而走险 111 人，被判处管制、缓刑、假释、监外执行和被监视居住、取保候审 105 人，刑满释放、解除劳教和解除收容教养不满三年 1066 人。市公安局在云塘派出所管辖范围进行重点人口管理措施试点，并向全市推广。1999 年，全市组织各级户政部门学习公安部对重点人口管理新规定，并把重点人口管理工作提到重要议事日程，坚持定期考察，使重点人口管理工作规范化、制度化。户政干警深入管区认真摸排，防止漏管，并将重点人口信息全部录入微机，实行微机管理。全市有重点人口 5570 人，比 1995 年减少 3.3%，占人口总数 2‰。建立帮教小组 4038 个，有帮教人员 4020 人。重点人口为公安机关提供侦查线索 742 条，破获各类案件 738 起，抓获违法犯罪嫌疑人 201 人。

2001 年，配合严打整治斗争，开展对流动人口大清查，澄清“工作对象”底数，在重点人口中列为帮教对象有 218 人，重点人口为公安机关提供打击处理对象 6 名，提供侦查线索 14 件，破获案件 2 件。2003 年以后，市公安局先后制订《开展工作对象信息采集、录入工作的实施方案》和《关于依法加强对管制、剥夺政治权利、缓刑、假释和暂予监外执行罪犯监督考察工作细则》，将司法部门提供的刑释解教人员信息全部录入工作对象系统，加强对监外五种人的监督考察工作。对 25 岁以下有轻微违法犯罪行为青少年和刑满释放、解除劳动教养不满 5 年人员，采取分类管理方式，进行教育、感化、挽救，预防、制止刑事重大案件发生。2005 年，加强对刑满释放和解除劳动教养人员管理，并将此项工作列入社区民警目标管理考核中，预防和减少刑释解教人员重新犯罪。全市有重点人口 2669 人，比 1999 年减少 55.7%，占全市总人口的 0.94‰。建立帮教小组 2958 个，有帮教人员 6436 人。重点人口为公安机关提供侦察线索 8056 条，破获各类案件 458 起，抓获各类违法犯罪嫌疑人 460 人。

第四节　出入境管理

一、出境管理

1986年,出入境管理工作由市公安局政保科负责。全市受理出国护照申请32人次,办理赴港澳台55人次。护照审批一直到1991年都是由省公安厅审批。1992年5月,市公安局设立出入境管理科,负责审批与办理出境手续。全市办理出境9264人次,办理赴港澳台150人次。1994年,省公安厅确定湘潭市公安局出入境管理科为护照制证点,并授权代办经香港去台湾证件。至1995年的2年间,市公安局共受理审批出国护照申请3844人,出境人员探亲访友、定居、留学、商务考察、劳务等,分别前往100余个国家和地区。1998年,全市办理出国1059人次、赴港澳台458人次,比1986年分别增长32倍和7.33倍。

1999年初,市公安局出入境管理科按照省公安厅指示,负责制作娄底、湘西、永州、怀化等4个地市出国(境)证件,市公安局打破常规,将为外地群众服务纳入窗口服务范围,并确定外地市优先,即到即办。全年为四地市群众制作护照664本,往来台湾通行证455本。"报备制"工作按照"打好基础、加强协调、架好网络、积极推进"的总体思路,加强公安内部与横向单位的联络,制定"报备制工作实施细则"。出入境管理科按照逐步放宽出国(境)审批原则,保证出国(境)渠道畅通。共受理审批护照申请733人,其中非公务活动199人;受理审批赴台湾申请301人;受理审批双程赴港澳申请206人;受理审批出国境旅游818人。2000年,市公安局两次召开"公安出入境管理工作服务经济建设新闻发布会"和"出入境管理工作为经济建设服务座谈会"。市公安局出入境管理科通过印制宣传小册子、民警主动上门宣传、提供企业出国境信息等方式,为湘潭企业走出国门铺路搭桥,共促成16家企业365人出国、赴港澳发展。是年,全市办理出国2587人次,去港澳台423人次,比1998年分别增长144.3%和下降7.6%。

2001年始,启用"97"新版护照,执行新的《中华人民共和国普通护照审批、签发管理规范》规定,市公安局严格按"护照管理规范"要求,办理出国(境)证照。同时,加强查控力度,完善公安机关内部"报备制"工作制度和网络,及时对重点时期、重点人员的查控报备,并制定责任倒查追究制度,全年录入微机"报备制"对象328人,确保出国(境)管理及时、准确、高效。2002年,贯彻公安部"六项改革措施"和省公安厅"十项改革举措",市公安局召开新闻发布会,宣传出入境新政策。出国境申请人数比上年增长57%。共受理审批护照申请2554人,受理审批赴台湾申请409人,受理台胞回乡定居申请7人,受理审批双程赴港澳申请1493人,受理单程赴港澳定居申请60人。2003年,在"非典"疫情严重时期,公安出入境管理部门积极配合政府有关部门,采取有力措施,加强对出入境人员的"非典"预防、控制、隔离工作。受"非典"影响,全市受理审批出国2071人次,受理审批去港澳台申请2194人次,比2000年分别下降19.9%和上升420%。查处潘某某等人骗取出国(境)证件,组织妇女赴台卖淫案。

2004年,全市贯彻落实公安部"三十条便民措施"和省公安厅关于简化受理、审批手续的利民新举措。即持有效的往来港澳通行证的内地居民再次赴港澳,无须提交派出所意见;审批出国护照,取消个人出国旅游须提供4000美金存款证明。2005年,出境管理进一步简化出国(境)审批手续,创造宽松、便利的办证环境。10月8日起,省公安厅下放港澳旅游的受理、审批权限,市公安局出国(境)受理审批工作量剧增。全市受理审批出国3833人次,受理审批赴港澳台湾2072人次,比2003年分别增长87.5%和减少5.6%。

二、入境管理

1986年始,随着市内改革开放推进,政策放宽,经济社会发展,来境域考察、兴办企业人员逐步增加。1987年,全市登记临住境外人员2615人。其中,外国人1700人,华侨、港澳居民810人,台湾居民105人。1993年,全市登记临住境外人员3753人,比1987年上升36.63%。其中,外国人1297人,华侨、港澳居民993人,台湾居民1463人。

1994年,根据公安部和省公安厅要求,市公安局发出《关于将外管任务列入派出所的工作试点的通知》,将湘乡市公安局和雨湖分局定为试点单位。8月,市公安局查获用假美金骗兑人民币从事诈骗活动的2名巴基斯坦人穆法斯尔和拉提夫,并依法将其遣送出境。1995年,实现对临时入境人员微机管理,湘潭市被列为首批联网城市。1996年5月,市公安局遣送4名非法入境、非法居留的越南妇女。1997年,雨湖区警方查获伊朗人阿里查德冒称荷兰国籍的人非法入境、非法居留、在国内流窜一年之久,市公安局依法将其遣送出境。1998年,出入境人口管理工作坚持为湘潭市经济建设服务,改坐等审批为主动上门服务。被省公安厅政治部授予全省公安系统文明窗口单位。是年,全市登记临住境外人员849人,比1993年下降77.38%。其中,外国人325人,华侨、港澳居民201人,台湾居民323人。

1999~2004年,先后查处蒙古人民共和国全军歌舞团一行39人非法居留案、马拉维人阿莫斯在"1+1热舞吧"非法就业案、喀麦隆艾滋病患者非法居留案、尼日利亚人肯尼迪非法居留案、越南妇女庞氏梅非法入境案。2004年,出入境管理部门实行新的《外国人签证和居留许可工作规范》,简化签证操作方法和居留审批程序,外国人申请延期、加签、变更,统一按"申请签证"审批和制作;进一步放宽台湾居民申请停留延期、暂住的限制条件,取消台商申请多次往返、暂住受投资金额限制条件,鼓励台商在大陆购买房产、投资经商办厂。2005年,加强外管业务培训和打击外国人"三非"(非法入境、非法居留、非法就业),举办业务培训班5次,查处外国人"三非"案件6件。是年,全市登记临住境外人员1126人,比1998年增长32.6%。其中,外国人478人,华侨港澳台居民423人,台湾居民225人。

第三章 刑事侦查

第一节 刑事技术

1986年,市公安局刑侦大队内设有刑事技术中队,县(市、区)公安局(分局)设有相应的机构。市公安局成立市法医检验所,城区派出所配备情报技术警察。8月1日,湘乡火车站职工李某某家电被盗,价值3000多元,案犯作案后将现场打扫干净,技术员在缝纫机抽屉上发现一枚汗迹指纹,经比对认定该站职工章某某作案。是年,全市技术出勘现场1151起,其中出勘大案现场169起。提取各类痕迹物证1029件;受理各类痕迹物证2117次(件);毒物化验80次;法医尸检35具,活检148人;利用痕迹物证直破案86起,其中大案13起;为侦查提供依据27次,破案130起。1987年后,刑事犯罪案件逐年上升。1990年,全市组织7名情报技术人员,全面搜集整理两年来未破重、特大案件的痕迹物证,选择26名犯罪嫌疑人所留比较清晰指纹进行定位、定特征和分型归类,比对库存指纹档卡4万余份,破获重、特大案件4起。湘潭县公安局刑警陈铁光因刑事情报工作突出,被公安部授予"全国刑事情报先进个人"称号,市刑侦大队获公安部"全国刑事犯罪情报资料工作模范单位"称号。是年,全市刑事案件比1986年增长430.89%;全市技术出勘现场2760件,比1986年上升139.79%。提取各类痕迹物证2211件。法医出勘现场604次,尸检418具,活检3086人,物证化验100次,毒化物化验93次。利用技术直接破大案341起,比1986年上升162%,占当年刑事案件破案总数5.9%。全年收集人头资料4882份,收集案件资料1235份,检索各种信息卡片2891次。利用情报资料破案364起,占破案总数6.2%。其中直破大案63起,占破大案总数8.87%。

1991年开始,全市刑事立案数量减少,情报技术工作量相对减轻。1993年,刑侦大队改为刑事警察支队,刑事技术中队改为技术情报大队。市公安局技术员龚赴里创造出笔迹微机管理检索系统,其识别准确率98%。在全国公安科技计算机应用比赛中夺得第一名。专家认为,"该系统功能齐全,速度快,准确率高,操作简便,代表国内目前应用计算机管理与检索识别笔迹最高水平,填补国内公安笔迹识别技术的空白。"公安部破格评定龚赴里为高级工程师职称;中国公安大学聘请龚赴里为兼职副教授。龚赴里因积劳成疾病逝,被公安部追认为公安一级英雄模范。1994年,市刑警支队情报员陆燕荣因情报工作贡献突出,被公安部授予"全国优秀民警"称号。1995年元月,抓获流窜犯曾某,经详细比对指纹,破获4年前被盗1.93万元债券大案;4月,湘潭县河口镇一幼女被"指奸"后杀害,案犯被抓后拒不交代犯罪事实,使讯问陷入僵局,法医黄清芳发现案犯作案后尚未洗手,便提取其双手指甲缝污垢检验,发现污垢中大量鳞状扁平上皮细胞与被害幼女阴道上皮细胞形态完全一致,使案犯低头认罪。此为全国首例利用指甲污垢检测破"指奸"杀人案。1996年,全市技术出勘现场3707起,比1990年上升34.31%,提取各类痕迹物证3510件,比1990年上升58.75%,提取率为94.69%;利用痕迹物证3196件,利用率为86.2%。法医尸检422具,活检6369人。共收集人员资料8372份,案件资料3411份。微机检索176902份。利用技术情报直接破重、特大刑事案件186起,比1990年增长195.24%。法医黄清芳获公安部"全国优秀人民警察"称号。

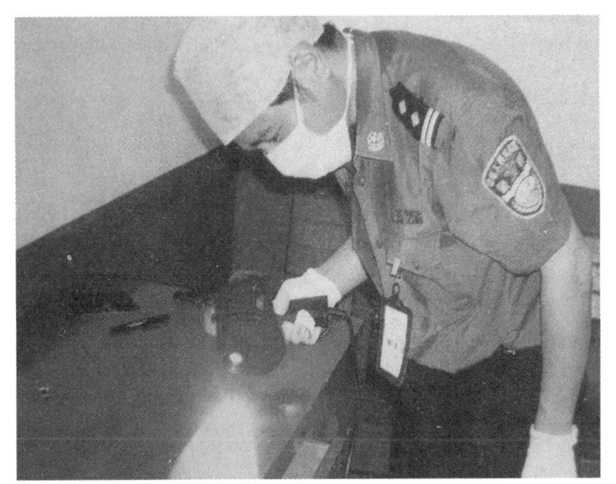

图14-3-1　运用科学技术装备识别指纹

1997年3月18日,湘潭县谭家山镇旷红斌家被4个蒙面人持刀抢走1600元。情报人员在已存资料中检索出疑犯李某某的信息卡片和照片,一举破获此案,并带动破获多年来系列抢劫案10起,挖出犯罪团伙1个。4月30日,湘潭县河口镇太和村张某(9岁)兄妹食物中毒死亡。死者家属报案后,化验员文明亮经过调查、勘验,认定死者为“毒鼠强”中毒,进而证实凶手为死者继母杨某某。1998年,建立全市机动车检索系统,利用车辆微机检索技术,查证落实被盗、被抢机动车70辆。湘潭市被盗车辆微机检索技术在全省推广;是年,深圳发生持枪抢劫案,市公安局刑侦大队根据深圳警方提供的现场弹壳与市内枪支档案比对,发现是湘潭市被盗枪支所发射,省公安厅根据湘潭市公安局提供的枪支资料,突审犯罪嫌疑人陈某某,使此案迅速破获。此为全省首例利用枪支情报资料直接破获暴力犯罪案。湘乡市虞唐镇邓某某被捆绑手脚、砍伤、抢走公款3.4万元。勘验其伤痕表皮划痕分布均为双手可及,床上鞋印系印造,犯罪嫌疑人跳窗逃走路线违反常规等,认定该案为监守自盗。是年,全市利用技术、情报直破重、特大案件,占当年破重、特大案件总数14%,连续三年保持全省各市州先进行列。1999年起,实现全市微机管理网络化。刑事情报专干增加到18人。2001年初,湘潭县响水乡发生抢劫杀人案,经现场勘验,通过血型和“DNA”检验确切证据,认定犯罪嫌疑人为叶某某。2002年7月,训练归来的警犬首次出警,破获涉案13克的贩毒案。刑警支队李强因刑事技术成绩突出,被公安部授予“全国优秀人民警察”称号。2003年,市公安局刑事警察支队建成高规格法医解剖室、警犬基地;湘潭、湘乡市及钢城分局建成指纹远程工作站;岳塘分局开通以案件信息和人员信息为主体,联通至派出所的公安信息系统,完善刑事案件、作案人员、逃犯、指纹、盗抢机动车等刑事犯罪信息库。市刑警支队被公安部评为“全国指纹会战”先进单位。2005年,全市刑侦系统网站建成。全市刑事技术室达到三级技术室标准。全市技术出勘现场6478起,比1996年上升74.75%,提取各类痕迹物证5253件,比1996年上升49.66%,提取率为81%,利用4832件,利用率为92%,法医尸检648具,活检5409人,为58起重特大案件的侦破提供科学依据。

第二节 刑事破案

1986年,市公安局设有刑侦大队,各县(市、区)公安(分)局设有刑侦中队,各公安派出所配有刑事警察1～2人。是年,全市三次组织反盗窃行动。全年立刑事案件1994起(其中盗窃案1790起),破1501起,抓获犯罪嫌疑人1539人,其中盗窃犯罪嫌疑人1302人;挖出犯罪团伙132个,成员535人,其中抓获严重危害人身安全的流氓、抢劫、强奸等犯罪团伙成员151人。1987年,以郊区周某某为首的3人盗窃团伙,一次性盗窃过路货车上的貂皮401张,价值6.4万元,破案后,挖出该团伙6年来盗窃案63起。1989年,乘春夏之交北京发生政治风波之机,市内一批违法犯罪嫌疑人进行打、砸、烧等犯罪活动。公安机关查出策划以及组织者和犯罪嫌疑人209人,其中逮捕52人。建设银行湘潭市分行霞光村储蓄所发生麻醉抢劫案,被抢现金4.7万元。两名犯罪嫌疑人在衡阳被抓获。是年,刑侦大队喻军因反扒工作成绩显著,被公安部授予“二级英模”称号。1990年,市公安局组建一支35人特警队,负责全市的暴力恶性案件处置工作。针对团伙犯罪突出情况,全市公安机关开展以“破大案、挖团伙、打抢劫、追逃犯”为主的“严打”斗争,摧毁各类犯罪团伙550个,瓦解成员2677人。全市古墓被盗掘千余座。湘潭县、湘乡市打击处理盗墓团伙20余个,抓获犯罪嫌疑人300余人,其中40余人受到刑罚。此为湘潭市历史上首次打击盗墓犯罪活动。在破获的刑事案件中,诈骗案显著增加,其犯罪特点以伪造公章、证明、介绍信、提货单、合同、银行信汇行骗;假冒公司负责人、民警行骗;利用已倒闭或被撤销单位的名义行骗;为他人婚姻牵线搭桥行骗;为他人代买紧俏物品行骗等。犯罪成员多为中年人(占 71.3%);重、特大诈骗案多为流窜犯或团伙所为。至 1990 年的 5 年间,全市共立各类刑事案件 24566 起,破案 15955 起,破案率 64.95%。其中,重特大案件立 2247 起,破 1742 起,破案率为 77.53%。

1991 年始,全市开展打击团伙犯罪、打击盗窃犯罪、打击车匪路霸专项斗争;先后组织清查流窜犯、逃犯统一行动;开展以打击团伙犯罪为重点的统一行动;打击车匪路霸统一行动;打击盗窃犯罪统一行动等专项侦破战役。1992 年,针对自行车被盗严重情况,全市组织声势浩大自行车侦破战役,全市各级党政齐抓共管,抽调民警和治安保卫人员收缴被盗自行车 7100 辆。破获美国金华企业公司职员余某某、刘某等人以伪造单位和银行本票等手段,诈骗湖南进出口公司钱财 700 万元(其中现金 137 万元)。此为湘潭市内第一件涉外诈骗案。1993 年 2 月,市公安局刑侦大队更名刑事警察支队(正科级),各县(市、区)刑侦中队升格为刑侦大队。全市开展打击车匪路霸、非法制枪持枪、盗窃摩托及地痞流氓团伙专项斗争,摧毁各类犯罪团伙 554 个。其中,抢劫团伙 100 个,强奸团伙 16 个,流氓团伙 98 个,盗窃团伙 298 个,车匪路霸团伙 18 个,非法制枪持枪团伙 24 个,瓦解成员 2193 人。市区共发生持枪抢劫、持枪杀人等涉枪案 20 起,打死 3 人,打伤 40 多人;查获涉枪犯罪嫌疑人 200 余人。3 月 10 日,3 名犯罪嫌疑人闯入解放南路一居民家,用自制炸药将女户主杨某炸成重伤,抢走现金 500 元。在追捕中,首犯包某拒捕,被当场击毙。11 月 18 日,板塘星月大厦价值 21.8 万元金器被盗,14 天后 3 名犯罪嫌疑人被抓获,被盗金器全部追回。1995 年,全市开展"三打三整一建"(打击持枪持械犯罪,打击团伙犯罪,打击街痞地霸流氓犯罪;整顿暂住人口和房屋出租户,整顿公共复杂场所,整顿交通秩序;建立安全小区)百日破案活动,破获现行案 772 起,破获重大积案 223 起,摧毁持枪持械、黑社会性质、市痞巷霸、流氓、盗窃等各类团伙 160 个,抓获其成员 660 人。5 月 18 日,犯罪嫌疑人谢某某盗窃湘潭电缆厂黄铜杆时被发现,逃至湘潭电机厂一居民家,持刀胁持 15 岁男孩为人质负隅顽抗。警方在政治攻势无效情况下,从六楼顶层悬梯而下,出其不意,开枪击毙案犯,救出人质。至 1995 年的 5 年间,全市共立各类刑事案件 22543 起,破 16716 起,破案率 74.16%。其中,重特大案件立 6392 起,破 4859 起,破案率 76.02%。

1996 年 5 月,破获轰动全国特大麻醉碎尸系列大案,犯罪嫌疑人韩某、郑某、欧阳某军、欧阳某(女),使用麻醉品,先后杀害司机及货主 4 人,抢劫汽车 4 辆,4 名案犯全部被执行死刑。7 月,3 名伊朗籍人先后流窜长沙、邵阳、湘潭连续行窃作案 8 起,盗窃现金 2 万余元。湘潭警方组成 15 人侦破小组,很快破案。此为湘潭市破获的首例入境外国人盗窃案。是年,刑事警察支队由正科级升格为副县级。1997 年,市刑事警察案件侦破推行探长制,逐步建立和规范侦察员等级制。9 ~ 10 月,全市金融系统发生 4 起大案均告破:市商业银行出纳员王某某利用点钞装箱之机,以空箱换实箱盗窃现金 71 万元;市工商银行江滨储蓄所咨询员李

图 14-3-2　1996 年抓获震惊全国的系列"麻醉劫案"犯罪嫌疑人

某，趁出纳员外出理发之机，在微机上虚打 3 个假名存折，异地取走现金 73 万元；湘潭县射埠镇王某某，骗取女友易俗河信用社出纳员的钥匙，盗走现金 6 万元；韶山市永义乡郭某某持枪、爆炸抢劫市建设银行国药分理处未遂。11 月，市公安机关破获一起团伙诈骗案，浙江农民陈某某、李某等人伪造证件，打着跨国公司的名义，利用合同进行诈骗，并追回该团伙在全国 12 省、市 48 家企业合同诈骗所得预付款 300 万元。1998 年，先后破获劳改释放人员陈某中盗窃手枪案和香港“世纪绑匪”案，张某某的同伙湘潭籍人田某某、徐某某、陈某光等案犯被抓获。1999 年 3 月，湘乡查获假武警车辆 1 辆，抓获犯罪嫌疑人 4 人。此为新刑法实施以来市内查获的首例假冒军人招摇撞骗案。2000 年，全市刑事案件侦破坚持露头就打，快侦快破，严厉打击原则。全市开展夏季“打拐”专项斗争，查获拐卖妇女儿童团伙 8 个 26 人，解救被拐妇女、儿童 455 人。3 月，岳塘区连续发生两起恶性杀人案，犯罪嫌疑人杨某兵、杨某顺等携枪支、炸药逃向宁波。湘潭警方与浙江警方联合追捕，并将开枪拒捕的“二杨”击毙，生擒其同伙肖某某。至 2000 年的 5 年间，全市各类刑事案件 23382 起，破 13928 起，破案率 59.57%。其中，重特大案件（按公安部统一规定，2000 年开始，重、特大案立案、破案数不作统计，改为八类恶性案件数统计）立 9750 起，破 5948 起，破案率 61%。

2001 年 8 月，配合全省“治暴缉枪”专项斗争，摧毁一特大贩卖枪支团伙，缴获枪支 28 支，为该专项斗争中缴获枪支最多案例。2003 年起，爆炸、强奸、抢劫、抢夺、盗窃案上升。犯罪嫌疑人通过信件、电话，以实施爆炸、投毒、伤害、公布个人隐私等相威胁，叫被害人将钱打到指定账户而诈取钱财，其犯罪对象主要为食品行业、学生家长、党政主要负责人等。是年，全市利用特情线索协助破案 1000 余起（其中包括上年“9·25”抢劫案，“4·21”雇凶杀人案、107 国道系列抢劫案等一批重大案件）。2004 年 12 月，破获一起中华人民共和国成立以来最大的绑架、抢劫、爆炸案。案犯绑架彭某某，勒索彭 60 万元后，将彭某某驾驶的丰田霸道车炸毁。同时，还破获首次利用拼接色情图片和设置色情圈套、偷拍色情录像带，敲诈市政府领导案例。2005 年 3 月，湘潭、长沙等地在 20 多天时间里发生入室抢劫、杀人案 6 起，杀死 4 人、重伤 2 人。湘潭警方深入现场，并扩大串并范围，相继抓获犯罪嫌疑人沈某、傅某某，并挖出两疑犯在全国近 10 个省、市作案 19 起的犯罪事实。10 月 12 日，经过两年侦察，市刑警支队在杭州将公安部 B 级通缉逃犯赵某某抓获归案，成功破获历时 4 年的抢劫、杀人积案（含 2003 年湘潭县青山桥死 4 人命案）。10 月 14 日，易俗河镇信用社被抢 33 万元现金，警方闻讯，一路追击，将一嫌犯抓获，追回被抢全部现金，缴获自制手抢 1 支，另一犯罪嫌疑人于第二日落网。12 月 8 日，民警朱宋祁闻护潭广场一妇女呼救，迅速持枪奔赴现场。歹徒正在抢劫该妇女财物，并砍断该妇女 2 根手指。在罪犯即将乘的士逃跑之际，朱亮明身份后令其服法，罪犯挥刀袭警，朱鸣枪示警，歹徒

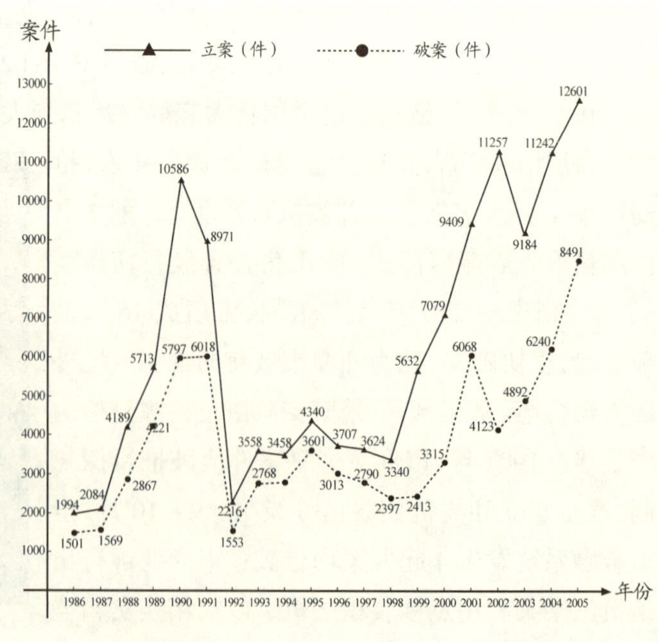

图 14-3-3 1986~2005年刑事案件曲线图

继续向朱行凶,朱果断将其击毙。2005 年,全市发生现行命案 49 起,破 46 起。湘潭市命案侦破综合排名全省第三,湘潭县命案破案率 100%,位列全省第一。全省侦破命案现场调度会在潭召开,湘潭市防控命案经验在全省推广。湘潭县公安局主管刑侦副局长陈明因其制作的刑事情报资料在全国同行业中最齐、最完整而被评为“全国优秀人民警察”。至 2005 年的 5 年间,全市立各类刑事案件 53693 起,破 29814 起,破案率为 55.53%。其中,立 8 类恶性案件 4920 起,破 3798 起,破案率 77.1%。

第三节 预审

1986 年,市公安局设有预审科,县(市、区)公安局(分局)设有预审股,负责全市刑事案件预审、移送起诉管理,指导全市 4 个看守所的工作(参见“监管”),参与市本级“三类”(即:反革命案件、涉外案件、判无期以上徒刑的刑事案件)案件侦查等。是年,预审人员配合“严打”斗争,调整和充实预审队伍,对大案要案进行摸底排查,对疑难案件调查取证,深挖案犯犯罪事实。1987 年,全市预审共受理各类刑事案件 621 起 982 人,初审报捕 665 人,检察院批准逮捕 578 人,终审移送起诉 416 案 642 人。1988 年,市服装公司供销经理部发生一起市内首次团伙白天开车抢劫杀人案件,市公安局预审科受理此案,为“稳、准、狠、快”地打击刑事犯罪分子,对案犯进行集中讯问和调查取证,仅 7 天时间预审结案,移送检察院起诉。1989 年,昭山乡昭山村发生以龚某某为首特大抢劫案,预审科仅 39 天时间便移送起诉。1991 年,全市预审受理各类刑事案件 636 起 1132 人,初审报捕 1098 人,检察院批准逮捕 983 人,终审移送起诉 946 人。

1992 年,预审重点是及时妥善处理危害改革开放案件和经济建设案件。1993 年,震惊全省的“3.10”恶性爆炸抢劫案发生后,主犯逃离现场,预审员直接赶赴现场参与调查取证,与刑警一起抓获两名犯罪嫌疑人,仅用 16 天将全案审结,36 天判决,创全市办案速度之最。是年,全市预审部门深挖案件 165 起 65 人,追缴赃款 21 万元,查破刑事案件 61 起。1994 年,城区华都舞厅发生伤害致死案,定性分歧较大,社会反映强烈。预审部门反复调查,调阅案卷,邀请司法机关、人大、政协相关部门座谈分析,最后定性为“正当防卫”,无罪释放。湘潭电机厂宿舍发生一女职工在家自杀身亡案,预审发现“自杀”疑点较多,突审死者丈夫,丈夫供述杀妻过程,同时深挖出一名曾强奸死者的犯罪嫌疑人和一名包庇犯。是年,全市预审受理案件平均结案时间 25 天,最快的 7 天。1995 年,“三类”刑事案直接由县级公安机关向市人民检察院移送起诉,湘乡市、湘潭县、韶山市公安局预审股开始承办“三类”案件。在办理王某某抢劫案中,发现其作案手段不似初犯,且在其家中搜出不明物品,遂由物到人、由案到人,几经侦审,终于破获王在广州所作三起特大案,追缴赃款、赃物总价值 30 万元。

1997 年,全市预审受理各类刑事案件 466 起 953 人,审结 226 起 689 人;批准逮捕 501 人,移送起诉 449 人。是年 11 月,全市各级公安机关撤销预审科(股),其预审业务归属各级刑事侦查支队(大队),刑事侦、审合并。

第四章 道路交通安全管理

第一节 道路交通秩序整治

1986年,除对市区8个交叉路口实行严格管理外,对主要街道实行巡逻检查。全年查处道路各类交通违章35124起;320、107国道检查车辆20985辆,查处机件不合格车8115辆;处理道路违章建筑662件,处理道路堆放物954件,拆除临街棚店426个;发布禁令,禁止畜力车在市区通行。统一调整通勤车和公共汽车停靠点,改进道路管理设施,增添无线电通讯设备,新建3个交通指挥岗台,维修、油漆道路护栏1800米。1987年,湘江、岳塘区交警大队开展市区交通安全大整顿。湘江区交警大队以市区主要道路为主,集中警力,对机动车、非机动车、乱摆摊担、路障等进行大检查。岳塘区交警大队在107国道线上设立5个检查站,加强路检路查,调整设置5路车和长途客车停靠点,减少交通堵塞、改善市区交通秩序。1988年,为缓解交通堵塞,对通往市区过大桥的拖拉机、人力车、畜力车实行限时限线行驶;将市政府门前5路车停靠点西迁;扩宽桥头岗亭至市一中岗亭的机动车道;桥头、大礼堂两个岗亭在车辆行驶高峰期,改灯控指挥为手控指挥;招聘42名合同民警加强主要路口交通管理;实行车辆分流,人民路和韶山路的过往货车一律单向行驶;撤销4个不合格检查站;在主要道路设置标志标线,对破坏道路设施、占道违章行为加强严格管理;开展自行车大检查;清除路障,整顿马路市场。1989年,成立市交通秩序整顿领导小组,开展交通秩序大整顿;加强个体车辆管理,控制马车上户,统一管理马车行驶路线和停靠点,定期或不定期进行安全检查;在春夏之交北京政治风波波及湘潭期间,各交通要道严重堵塞,交警昼夜执勤,出警350人,疏导交通。平息后,对机动车、非机动车进行整顿。是年,全市查处道路各类交通违章7.5万起,比1986年增长113.5%。

1990年起,全市每年都开展整顿交通秩序统一行动。先后对人力三轮车和机动三轮车进行专项治理;对自行车违章现象进行突击整顿,制止各种违章行为;对中巴车和出租车的管理,采取封锁外围、控制点线的方法;对两轮摩托车违章、无牌、无证的进行严格检查;对车辆、行人违章,乱摆摊点,违章搭棚及路障等进行整顿;全市交通秩序逐年好转。1993年始,先后开展"金剑"行动和"畅安工程"行动,有15万市民参加"畅安工程伴我万里行"签名活动;进行公路"三乱"(乱摆、乱停、乱建)整顿,拆除非法站卡,拆除马路市场,销毁人力"跑跑车"。1995年,纠正违章47700起,比1989年下降36.4%。

1996年起,采取定点和流动相结合、教育和处罚相结合的形式,治理"三乱",创建"平安大道"。整顿市区12个堵车地段,处罚乱停乱靠车辆964辆,查扣出租摩托车1200辆,销毁机动"跑跑车"50辆;举办100期、400人违章学习班。1998年,派出大量警力昼夜巡查107、320国道的交通状况,支援抗洪抢险。1999年,交警支队在107、320国道湘潭段开展创建"平安大道"活动,历经5个月的整治,交通事故4项(事故起数、死亡人数、伤亡人数、财物损失数)指标全面下降,公路"一低三化"

（交通事故发案低、城市交通管理科学化、法制化、规范化）得到落实，交通标志标线进一步规范完善。湘乡市、湘潭县、雨湖区和岳塘区分别在107、320国道湘潭段建立公路巡逻民警大队，7个公路巡逻中队，设立55个报警点；投入警力2000人次，整顿马路市场11处。湘潭县交警大队第二中队获公安部“创建平安大道先进单位”称号。全市查处道路各类交通违章18500余起，比1995年下降61.2%，查扣无牌无证机动车730辆，治安拘留5人。

2000年始，加强“畅通工程”建设与交通设施建设，治理车辆严重超载。市“畅通工程”领导小组将建设路和韶山路（共11千米）确定为湘潭市交通管理“严管街”。2001年7月16～23日，落实全国治理严重超载违章统一行动周活动，全市交警在15个卡点设关堵卡，共出动警力1028人次、警车383台次，纠正超载违章车辆1625辆，卸客转载67辆，劝返613辆，扣留机动车125辆，吊扣驾驶证1228本。2002年，市政府成立市道路交通安全委员会，办公地点设市公安局交警支队。先后开展以严查严重交通违章为重点的交通秩序整治的“夏季攻势”，以遏制交通事故为重点的“预防交通事故活动月”，以纠正行人、非机动车违章为重点的整治行动。全年投资700余万元，新增4个路口的多相位红绿灯，32盏行人横道灯；增设交通标志457块，施划标线24790米，在城区8个主要路口设置高档护栏。2003年，继续开展创建平安大道工作。开展“严打报废中巴车非法载客专项行动”，查获报废中巴车3辆，刑事拘留2人。投资240余万元，在海关路口、南盘岭路口、护潭路口、芙蓉路口新增多相位红绿灯，32盏行人横道灯，增设交通标志369块，施划标线118245米；投资900余万元，完成智能交通指挥平台系统、中央控制室、指挥大厅、大屏显示和11个路口的现代化信号灯系统、电视监控系统、电子警察的基础工程建设。2005年，投资570余万元，施划标线74650米，新增标志299块。新增宝塔路口、迅达路口、军分区路口、霞光路口、二环线桃园路口和湘潭饭店路口多相位红绿灯，并对其中5个路口的渠道进行改造。制定《集中整治“双超”违法行为专项行动工作方案》，开展打击盗抢机动车专项行动，全年检查疑似盗抢车辆4500辆次，查获盗抢嫌疑机动车397辆；查扣无牌无证机动车2680辆；查扣报废车辆77辆；查处假牌假证36个，抓获盗抢机动车嫌疑人6人，行政拘留各类违法人员53人。全年开展各类交通专项整治行动18次。全市查处道路各类交通违章91027起，比1999年上升392%，暂扣机动车6181辆，暂扣证件768个，依法吊销驾驶证35本，罚款1148万元，行政拘留62人，立案处理交通事故1898起，刑事拘留42人。

第二节　道路交通事故处理

1986年，交通事故勘察处理由市交通局监理所负责。是年，发生并处理交通事故678起，死亡38人，受伤469人，直接经济损失58.37万元。

1987年5月，市公安局交通警察大队与市交通局监理所合并，成立市公安局交通警察支队，设立安全宣传科，负责全市交通事故处理工作。交通事故处理依据交通监理部门制定的《交通事故处理规定》，坚持“以责论处”和“三不放过”（事故原因不清不放过，事故责任人未处理不放过，整改措施不落实不放过）的原则。是年，全市发生并处理事故交通事故1219件，死亡126人，受伤744人，直接经济损失98.33万元。1988年8月1日起，实施国务院颁布的《中华人民共和国道路交通管理条例》。交警支队印发《关于交通事故处理中一些具体业务问题的补充规定》。1990年，全市发生并处理道路交通事故 1063 起,死亡 132 人,受伤 672 人,直接经济损失 110.1 万元,比 1986 年分别上升 56.78%、247.37%、43.28%与 88.62%。

1991 年 9 月 22 日起,实施国务院发布的《道路交通事故处理办法》(以下简称《办法》)。市交警支队依照《办法》,遵循从重从严和“三不放过”原则,加大对肇事驾驶员打击处罚力度。是年,全市依法逮捕肇事驾驶员 19 人,治安拘留 16 人,注销驾驶证 38 本,吊扣驾驶证 92 本。1992 年,交警支队举办 3 期交通事故处理培训班,学习《道路交通事故处理办法》和公安部发布的《交通事故处理程序规定》。全年对已审理交通事故进行重新认定的案件 95 件,其中定性准确 64 件。1993 年,全市发生并处理交通事故 1145 起,比 1990 年上升 7.71%,死亡 210 人,受伤 801 人,直接经济损失 319.1 万元,比 1990 年分别上升 59.09%、19.21%和 189.83%,发生逃逸案 67 件,侦破逃逸案 49 件,破案率为 73%;事故结案率为 90%;全年处理肇事驾驶员 1208 人,其中追究刑事责任 19 人,行政拘留 23 人,注销和吊扣一年以上驾驶证 44 本,吊扣驾驶证 6 个月的 405 本。

1994 年 2 月 8 日晚 11 点 50 分, 在 107 国道易家湾地段发生一起汽车撞死 4 人后驾驶员逃逸现场的全国首例特大交通事故案。案发后一个月破案,在河南泌阳县城关镇抓获犯罪嫌疑人柴某。1995 年,在韶山市举办两期交警人员事故处理业务培训班;在湘潭县召开事故处理工作现场经验交流会,推广湘潭县交警大队实施阳光作业,交通事故处理勘调分离的经验。1997 年,撤销城区 2 个大队事故调处股,成立湘潭市公安局交通警察支队交通事故调处大队,负责城区道路交通事故勘查、处理工作。1998 年,市公安局交通警察支队成立交通事故认定委员会,县(市、区)交警大队成立交通事故责任认定委员会,负责辖区内交通事故的认定。全市共发生并处理交通事故 1972 起,死亡 271 人, 受伤 1749 人, 直接经济损失 967.4 万元。比 1993 年分别上升 72.2%、29%、118.2%与 203.1%。全年受理交通事故责任重新认定申请 130 件,通过审理,维持 86 起,变更 31 起,撤销 5 起,当事人撤销 8 起。发生交通肇事逃逸案 135 起,侦破逃逸案 55 起,破案率为 40.7%。

1999 年 5 月开始,交通警察开始办理涉嫌交通肇事犯罪的刑事案件。2000 年,市交警支队撤减事故大队调处职能,成立雨湖、岳塘事故处理中队,负责交通事故接警、处警、现场勘查、责任认定和损害赔偿等。制定“湘潭市道路交通事故处理工作规则”;实行办案质量“百分制考核”办法;建立事故例会制度。全年排查事故多发路段 12 处。2003 年,上瑞高速公路开通,车辆分流,交通事故明显减少。交警部门事故调处大队牵头,对历年事故车辆、事故押金进行清理,健全管理制度。根据公安部推广应用“交通事故信息统计系统 2003 版”,实行死人交通事故 24 小时直报公安部的要求,市交警支队作出交通事故立案分级审批的决定,一般事故由股队长审批,重大事故由大队领导审批,特大事故由支队领导审批。加强对交通事故现场勘查防护,统一配齐反光背心、锤筒与隔离带,每月由事故大队对现场勘查防护工作开展督查。统一发放摄像机、数码照相机和现场勘查工具箱。2005 年,交警支队成立交通事故处理专家小组,开始受理与交通事故有关的信访案件。全市发生并处理交通事故 1707 起, 死亡 246 人, 受伤 2325 人, 直接经济损失 360.6 万元。比 1998 年分别下降 13.44%、9.23%、32.93%与 62.73%。发生交通肇事逃逸案 37 起,侦破逃逸案 36 起,破案率为 91.9%。处理肇事驾驶员 91027 人,其中追究刑事责任 42 人,治安拘留 62 人,注销和吊扣驾驶证 35 本。

第三节 车辆、驾驶员管理

1986年,建立健全驾驶员培训、考试、考核和机动车检验,档案、牌照、执照管理等制度。1987年,市公安局车辆管理所成立。全市有驾驶员18900人,培训驾驶员2199人,考核驾驶员4452人,年度审验驾驶员18129人,肇事驾驶员复试187人。全市有机动车(含摩托车,以下含)6236辆,核发机动车牌证4345个,转户落户1168辆,改造改型车36辆,报废机动车335辆。1988年5月1日起,汽车按车牌尾号分月分批到“机动车辆安全技术检测中心”进行年度检验。1989年,湘潭车管所(股)在全省车管工作会议上介绍车管工作经验。1990年,年检机动车18814辆。同时,根据省公安厅文件精神,接管农用车辆驾驶员,换发新驾驶证28680本,年审驾驶员19334人,占应审的85.3%。全市有机动车19616辆,驾驶员22672人,培训驾驶员9421人,比1987年分别增长214.56%、19.96%和328.42%。

1991年始,市车管所组织对全市大客车、中巴车、出租车驾驶员进行以道路驾驶和交通法规为主要内容的考试,并对大型客车、中巴车、出租车进行季度检验。做好启用换发“九二”式机动车号牌、行驶证工作,严把车辆检验上户关,禁止技术状况不合格的车辆上道行驶。1996年,全市共检测机动车50166辆,合格率为98%。新车上户10464辆,其中汽车2092辆,摩托车8372辆。换发行驶证10464本。办理报废车264辆,变更改造改型869辆,车辆过户912辆,换发“九二”式号牌2350副,补牌162副,补行驶证398本。全市有机动车51813辆,驾驶员67828人,培训驾驶员27921名。比1990年分别增长164.14%、199.17%和196.37%。

1997年6月,交警支队成立驾驶员管理科、出租车管理科,此后,车辆管理和驾驶员管理分离,驾管科负责驾驶员的培训、考试和管理。出租车管理科负责对全市出租车统一管理,包括“X”出租车号牌的拍卖,号牌经营权的管理,组织全市各出租车主从单个走向联组,又从联组发展到成立公司;摩托车驾驶员培训考试下放到各县(市、区)交警大队。1999年,按照公安部《车辆管理所业务岗位规范》《关于机动车登记项目公开的规定》《关于机动车登记预防性检查规定》《关于违规办理机动车登记的报告规定》和《关于违规办理机动车登记的处理规定》等规定,办理机动车注册、补牌、补证、转移年度检验等手续。全年办理机动车注册12047辆,补牌253副,补证456本,转移登记351辆,变更登记180辆,车辆报废288辆,年度检验16226辆,配合省交警总队对湘潭市“湘0、湘警”牌年检,查扣29辆挂靠车辆和非免检车辆。驾管部门对驾驶员实行无纸化考试,全年对驾驶员考试248场。建立驾驶证档案76687个,核发驾驶证7200本,换发驾驶证6000本,补发驾驶证2650本,年审驾驶证49496本。2000年,全市有机动车辆105307辆,驾驶员233298人,培训驾驶员15900人,比1996年分别增长1.03倍、2.44倍和下降43.05%。

2001年起,驾驶员管理工作严格实行“谁考试、谁签字、谁负责”考试责任终身追究制,正式使用数码相机对机动车进行照相,并输入计算机。是年,全自动检测线投入使用,对客运车辆实行户籍化管理。对9座以上从事客运的专用车辆及驾驶员建立详细完备的资料档案(按照公安派出所建立人口户籍档案的形式),落实交通安全措施,并由交通民警实施责任管理;实行交警主导,客运单位主管,车主及驾驶员主动“三位一体”的交通安全管理模式。2003年,组织出租车的士号牌经营权拍卖，共拍卖号牌765副，拍卖金额6785万元。是年，城市两区有的士车885辆，的士车驾驶员2065人；客运车辆2135辆，客运驾驶员2641人。9月1日启用号牌“2选1”自选系统，全年车辆注册4645辆，其中进口车83辆，补领车牌454副，补发行驶证736个，转移735辆，转籍382辆，注销517辆。新增机动车驾驶员9968人。驾驶证管理实行制证与保管分离；严格对驾驶员的注册审查程序，严把年龄关和异地办证关，对不符合条件的坚决不予审批。严把审验关，严格按照先输入年审信息后签章的程序，全年共审验机动车驾驶员31409人。2004年5月1日起，实施《中华人民共和国道路交通安全法》以及与之配套的《机动车登记规定》《机动车登记工作规范》。出租车管理科开展出租车辆更换和出租车号牌经营期的延期工作，将769辆二、三类出租车辆更换为一类出租车辆，办理延长经营期使用手续558台次。10月12日计算机操作系统升级，启用新的系统对外办理业务。全市拥有驾驶员无纸化考场1个，红外线考场1个和对外业务窗口11个。2005年，车管部门逐辆检验全市95辆从事危险化学品业务运输车辆和63辆槽车，查处非法改造车2辆；拆除加装罐件车1辆，强制报废已达报废期限车2辆。率先在省内使用科目一无纸化考试和科目二计算机红外线桩考仪系统考试，科目一、二考场采取全封闭管理，在考试过程中，严格进行“三对照”（对照考生笔迹、申请表相片、身份证相片），杜绝考场作弊或代考现象。出租车管理科的管理范围延伸至危险物品运输车辆、学校校车、幼儿园园车、9座以上企事业单位职工自用车。全年纳入客运车辆户籍化管理的车2618辆，驾驶员3547人（的士车除外），分别由支队5个基层大队215名交通民警实行责任承包管理。是年，全市有机动车辆253750辆，驾驶员380085人，培训驾驶员15931人，比2000年分别增长140.96%、62.92%和0.2%。

第五章　警卫与内部保卫

第一节　警卫

市公安局警卫科又称市公安局第五科，1984年3月8日转为现役，武装警察建制，同年升格为副团职单位。

1986年起，警卫部门的主要任务是负责党和国家高层领导人及重要外宾来潭视察或参观访问安全。湘潭是毛泽东、彭德怀、齐白石故乡，每年到韶山等处参观的党和国家领导人以及国际友人等达数十批次。遵照中共中央关于保卫工作必须做到万无一失的要求，每逢重大警卫活动，警卫部门都要制订周密的警卫方案，确保首长和贵宾安全。1993年，毛泽东诞辰100周年，中共中央总书记、国家主席、中央军委主席江泽民为毛泽东铜像揭幕，心连心艺术团到韶山演出等中央及省市多项纪念活动在潭举行，警卫工作做到万无一失。至是年的8年间，全市共完成警卫任务31批次，出动警力4.5万人次。

1994年起，警卫系统经费实行单列，不再由武警部队代供。对直接接触警卫对象的有关人员进行政审，坚持“先审后用”。1995年12月27日，市公安局警卫科升格为正团职单位。1997年，成立中共湘潭市委警卫处，与市公安局警卫科、武警部队湘潭市警卫处三块牌子，一套人马，正团职现役编制。至1997年的4年间，共完成各项警卫任务41批次，出动警力4.7万人次。

1998年起，负责彭德怀诞辰100周年纪念活动以及全省第三届青年运动会、省农民运动会、省残疾人运动会等大型活动在潭举行的警卫任务。至2002年的5年间，共完成各项警保卫任务30批次，出动警力4.3万人次。

2003年，警卫处完成胡锦涛、曾庆红、李长春、贺国强、回良玉、唐家璇、李铁映、曾培炎、刘云山、李蒙、黄孟复、万国权、张怀西等党和国家领导人来潭视察，江泽民、李长春、朱镕基等专列的警卫任务和毛泽东诞辰110周年、陈赓大将诞辰100周年等大型纪念活动警卫工作。全年完成各项警卫任务84批次。2005年，为温家宝、贾庆林、钱其琛、顾秀莲、俞正声、毛致用等党和国家领导人来潭视察和参观警卫，为台湾亲民党主席宋楚瑜回乡祭祖警卫。至是年的3年间，共完成各项警卫任务69批次，出动警力4万余人次。警卫处受到省公安厅通令嘉奖。

第二节　企事业单位保卫

1986年，市公安局设内保科，县（市、区）公安局（分局）设内保股；大型企业设有保卫处（保卫部），中小型企业设有保卫科（保卫股），负责企事业单位安全保卫。全市列管的内保单位有407个。内部保卫有治安专职巡逻队144个，专职巡逻队员1948人。是年，全市内部保卫系统组织警力1052人开展反盗窃斗争，查证群众提供的1000多条线索，破获刑事案件857起，挖出犯罪团伙58个，抓获违法犯罪嫌疑人565人，挽回经济损失3.5万余元。1987年，治安保卫工作重点是加强防范工作，实行层层签订责任合同，推广江南机器厂等7个单位预防暴力性案件的经验。推广技术防范器材，全年增加各种防盗报警器370多台。1988年，全市内部保卫单位投资323.9万元，用于治安防范设施建设，其中添置防火、防盗设施2779件，安装报警器360台；内部治安专职巡逻队增加到193个，人员增加到2123人，重点要害部位值班人员增加到2779人；组织安全检查3870次，查出隐患漏洞4286处，整改4103处；通过治安巡逻和值班守护，预防各类案件582起，预防事故194起。市政府表彰和奖励市工商银行、红旗钢铁厂、湘潭柴油机厂等一批治安保卫工作做得好的单位，并推广他们的经验；处罚市锅炉厂等治安保卫工作不落实单位。是年，全市列管内保单位265个。破获刑事案件387起，抓获违法犯罪嫌疑人629人，分别比1986年下降54.88%与上升11.33%。其中全年有156个单位未发刑事案件，占全市列管单位58.8%。

1989年春夏之交北京政治风波波及湘潭，时间长达54天，有34个单位9万余人次参加游行示威；5个工厂先后被迫全部停产或部分停产。为此，市公安局对一些亏损企业、停产、半停产单位进行专题调查，对“美食家协会”“共同体”“黄手绢行动”等6起非法组织活动开展侦查调查，并全部查清。对21名重点对象展开侦控工作，查处案件14件。1990年，全市以稳定大局为中心，强化内部治安管理，落实各项治安防范措施。全市有214个单位建立健全治安承包责任制，签订治安承包合同，占列管单位81%。1991年，第二次对全市经济文化保卫系统的敌情进行调查（即“91工程”）。1993年，在企业改革中，一些企业相继发生威胁企业领导和骨干以及危害企业改革案件，全市加强对此类案件侦查处理。1995年，全市列管内保单位335个。破获刑事案件390起，抓获违法犯罪嫌疑人

571 人,比 1988 年分别下降 0.78%和 9.2%;有 236 个单位没有发案,占列管单位 70.4%。

1996 年,经济保卫工作坚持“预防为主,确保重点”工作方针,严格遵照“宜散不宜聚,宜缓不宜激”原则,稳妥处理可能导致群众性闹事的问题。建立和完善由公安民警、保卫干部、经济警察、护厂队员、治安联防队员参加和治保会组成的治安巡逻立体交叉网。1999 年,全市开展为期 100 天的整治工矿企业周边治安秩序行动,整治企业周边违章收购点 55 处,查处非法违章收购点 28 处,责令迁出收购点 14 处,打击处理非法收购人员 14 人,关闭取缔违法矿点 46 处,清查房屋租赁户 315 户,遣返盲流人员 166 人,处理各类工农纠纷 43 起。2000 年,全市投入安全防范专项资金 1304 万元,加强重点部门防范设施布控,市电信局办公楼曾经被盗,装上红外线报警器后,再没有发生被盗现象。全年发现并及时堵塞隐患和漏洞 311 处,预防各类案件 14 起,破各类刑事案件 154 起,其中破特重大案件 71 起,破盗窃工业企业材料案 55 起,破一般案件 28 起;查破治安案件 151 起,为国家挽回经济损失 65.93 万元,查处违法犯罪嫌疑人 348 人,其中逮捕 36 人,劳教 40 人,治安处罚 90 人,其他处理 162 人。是年,全市列管内保单位 308 个。破获刑事案件 280 起,抓获违法犯罪嫌疑人员 372 人,比 1995 年分别下降 28.21%与 34.85%。

2001 年,内部保卫继续加大防范力度,维护社会稳定。全市共投入安全防范专项资金 410 万元,完善安全防范设施,重点加强金融系统防范。9 月 10 日,农业银行湘潭分行营业部在一天内堵截 3 起承兑汇票诈骗案,金额近 100 万元。是年,预防各类案件 8 件,涉及金额 400 余万元。2002 年后,以人防为本,完善物防设施,提高技防能力。开展以防火防盗为主的“四防”安全检查。同时,对盗窃、哄抢、侵吞、破坏企业财产进行打击;对企业周边违章建筑,学校门口非法营运以及学校周边开办电游室、桌球室、录像室、舞厅和卡拉 OK 厅(简称“三室两厅”)等违法经营,开展专项整治。2003 年,各列管单位共投入资金 350 万元,加强防火、防盗设施建设。2005 年,根据国务院颁布的《企业事业单位内部治安保卫条例》,市公安局制定《全市治安保卫重点单位工作实施方案》与《全市金融单位安全保卫工作目标管理考核办法》。按要求和规定重新确定列管内保单位 132 个。破获刑事案件 305 起,抓获违法犯罪嫌疑人 390 人,比 2000 年分别上升 8.93%与 4.84%。

第三节 治安联防

1986 年,为加强治安防范,维护社会稳定,全市开展警民治安联防,以公安派出所为主体,机关、企业事业、街道办事处、居委会等单位保卫人员组成点、面、线相结合的治安巡逻执勤队,由各公安派出所领导和组织行动。是年,全市有治安巡逻队 45 个,有队员 602 人。中山路治安联防队先后抓获唐某某和另 3 名犯罪嫌疑人,破获刑事案 11 起,挖出一个 7 人盗窃团伙。全市治安专业巡逻执勤队协助公安机关查处治安案件 386 起,抓获违法犯罪嫌疑人 365 人;调处纠纷 151 起,挽回经济损失 15 万余元,收捡单车 600 余辆。在组建专业治安执勤巡逻队同时,动员 2000 余名退休人员,1500 余名职工在厂矿企事业单位内部和街头巷尾开展护厂、护店、护仓和义务巡逻,维护社会治安。联防队协助公安机关破获各类刑事案件 235 起,抓获违法犯罪嫌疑人员 2414 人,预防各类刑事案 450 余起。1988 年,治安联防采取“防、抓、破”相结合办法,实行科学防盗。市公安机关总结和推广雨湖区和平桥居委会组织离退休老人巡逻和湘潭县乌石乡组织村民自防、自治、自卫经验,加强治安管理。1989年起，开始设立治安岗亭，并加强防范措施与加强夜间巡逻，遏制盗窃案件扩大。1992年，市城区设立治安岗亭19个。治安联防队89个，有治安联防队员1200人，分别比1986年增加97.78%和99.34%。协助公安机关破获刑事案510起，抓获犯罪嫌疑人4906人，比1986年分别增加4.54倍和124.41%；协助查处治安案1994起，抓获违法犯罪嫌疑人员5630人，比1986年分别增加416.58%和144.25%；调处纠纷2522起，预防制止案件发生456起。

1993年，市区内重点路段6个治安岗亭重新建设，融治安岗亭和报警点为一体。1995年开始，市公安局在市公安干校举办联防队长培训班。1997年，治安支队和县（市、区）治安部门重新招聘联防队员，并严格规定派出所联防队员配备数额，对不合格队员进行整顿和辞退。全市有治安联防队92个，队员657人；分别比1992年增加3.37%和减少45.25%。协助公安机关查破刑事案件554起，抓获犯罪嫌疑人580人，分别比1992年增加6.67%和减少88.18%。协助公安机关查处治安案件570起，抓获违法犯罪嫌疑人员2325人，比1992年分别减少71.41%和58.70%。调处各类纠纷972起，预防发案241起。10个铁路治安岗亭全年共协助公安机关查破案件92起，摧毁犯罪团伙8个，抓获犯罪嫌疑人29人，预防制止治安事件28起，挽回经济损失46万元。

1998年5月，根据省公安厅指示精神，全市92个联防队全部撤销，657名治安联防队员全部辞退。

第四节 保安服务

1988年4月，全市第一个保安服务单位—雨湖保安服务处成立，由市、区公安局领导，属事业性质的企业管理单位，担任内保单位的保卫，成员大多为退伍军人。是年，还先后成立岳塘、湘江、板塘3家保安服务处。全市保安人员达400余人，其中复员退伍军人占68%，党团员占72%；全年共预防盗窃案件118起，预防安全事故5起，督促整改隐患漏洞170处，抓获各类违法犯罪嫌疑人234人，调解纠纷172起，协助公安机关破案47起，其中重大案件4起，收检自行车192辆。1992年，加大投入，添置新装备，建立无线台通讯联网；撤销雨湖、湘江、岳塘、板塘4家保安服务处，成立湘潭市保安服务公司。1994年2月，进行保安机构改革，按照行政区划重新设立雨湖、岳塘两个分公司和一个直属大队，将人、财、物全部下放到分公司。1997年，全市设立保安单位85个；有保安队员800余人；协助公安机关抓获违法犯罪嫌疑人逾1000人；协助公安机关查破各类案件415起；预防灾害事故162起，调处各类纠纷2300余起。

1998年，各保安分公司相继出台各种规章制度，使保安队伍管理进入科学、规范的轨道。此后，因一些企业破产，保安队伍大量收缩。到1999年，全市保安队员不足400人。2000年底，剩下几十人。2001年，各级保安服务公司不断拓宽保安服务领域，保安人员数量开始回升，全市共有保安队员110人。全年协助公安机关破案6起，抓获违法犯罪嫌疑人13人。保安服务由单一人防服务向人防、技防、物防（即安排人员保卫、技术手段监控、物质加固保护）相结合服务方向发展。2002年以后，各级保安服务公司加强管理，树立形象，提高服务质量，拓宽服务市场，队伍逐年壮大。2005年，全市保安队员930人；协助公安机关查破各类案件112起，抓获违法犯罪嫌疑人242人；开展安全检查2700余次，整改隐患32处，为客户挽回经济损失100万元。市保安公司被评为2005年度全省先进单位。

第六章　监所管理

第一节　看守所管理

1986年,全市有湘潭市看守所、湘潭县看守所、湘乡县看守所和韶山看守所。湘潭市看守所位于湘潭市东湖路15号,有监房、放风间、食堂等设施。1997年3月,依照新《中华人民共和国刑事诉讼法》规定,将原湘潭市收审所转为湘潭市第二看守所,原湘潭市看守所改为湘潭市第一看守所,全市共有5家看守所。1998年4月,第一、二看守所合并为湘潭市看守所,全市仍为4家看守所。1990年,湘潭市看守所由原股级升格为正科级,各县(市、区)看守所为股级单位。2005年,看守所级别和数量没有变化。

一、教育改造

1986年,全市各看守所对收押人员,一律坚持进行入所教育,对在押人犯强调必须遵守所规所纪,并通过广播宣传党和政府政策,采取聘请"三长"(公安局长、检察院长、法院院长)作政治、前途、形势的动员报告,管教干部个别谈话,安排家属规劝等多种形式开展教育。还组织在押人员听法制课和法律知识考试。是年,参考人员685人次,及格率达95%。1988年起,对收押人员进行文明改造,每年都开展打击"牢头狱霸"工作和评选文明监室活动。1993年起,监所对在押人员进行科学管理,文明管理,先后开展法制、形势、前途、遵守监规等教育。至1996年的11年间,全市共收押8921人,请"三长"作政治、前途、形势的动员报告每年10次,管教人员找在押人员谈话7600人次,开展文明监室评比48次、评出文明监室98次、文明改造470余人,家属规劝890余人次。

1997~2000年,全市看守所共收押5964人,对在押人员上法制课193次,找在押人员个别谈话22100人次,安排家属规劝4100多人次,请"三长"作政治、前途、形势的动员报告每年12次。对牢头狱霸及时组织打击,对27名有牢头狱霸行为的人,分别进行训诫和加带械具处理。组织开展文明监室评比36次,评出文明监室42次,文明改造个人220人。各看守所对在押人员执行依法管理、从严管理、科学管理、文明管理水平不断提高。

2001~2005年,全市共收押17533人,利用广播进行集体训话、政策前途教育、法制道德教育、遵守监规教育679次,个别谈话63000次,家属规劝教育28400人次,请"三长"训话17次,开展文明监室评比30余次,评出文明监室60次,文明改造个人356余人。

二、监所安全

1986年起,各看守所沿袭以往制度,对羁押人员依据法律文书及相关手续进行收押,入所时进行严格检查,严格禁止在押人员将危险爆炸物品、凶器、毒品等违禁物品带入监室。看守民警坚持24小时昼夜巡查值班制度,坚持日安全检查,建立分监管理责任制。经常组织清监,及时发现和处置安全隐患，定期或不定期召开看守所、驻所检察室和武警中队三家联席会议，在监内物建安全耳目。至 1989 年，全市看守所共预防和处置突发事件 8 次，组织大清监 94 次，共查出违禁物品 960 件，预防脱逃、自杀、行凶等事故 103 起。

1990 年起，各看守所针对羁押人数持续增加状况，全面加强值班巡视力量，由 24 小时双人值班巡视增加到 24 小时 6 人值班巡视。到 1995 年，共组织大清监 32 次，共查出违禁物品 450 件，预防脱逃、自杀、行凶等事故 78 起。

1996～2000 年，各看守所每年召开驻所检察室、武警中队、看守所三家联席会议，组织大清监 31 次，查出违禁物品 533 件，预防自杀、脱逃、行凶等事故 89 起。

2001～2005 年，全市各看守所每年召开驻所检察、武警以及看守所三家联席会议，组织大清监（含安全大检查）409 次，查出违禁物品 747 件，预防自杀、行凶、逃跑等事故 124 起。

三、生活卫生

1986 年起，全市各看守所保障在押人员饮食标准内吃热、吃熟、吃够、吃得卫生。经常组织在押人员洗澡、理发、剪指甲，保证监内内务整洁。每月监内消毒 1～2 次。冬天给少数无衣、被对象发放棉被、棉衣，夏天发放防暑药品。对新收押对象进行健康检查，对患病在押人员及时送医院急诊治疗。1996 年夏天起，全市各看守所延长放风时间，增加绿豆稀饭。1999～2005 年，在坚持生活卫生制度同时，还组织在押人员做广播体操。

四、狱侦工作

1986 年起，全市公安机关每年开展坦白检举深挖犯罪政治攻势，并且依法运用各种侦察手段深挖犯罪。至 1990 年，全市看守所共获取案件线索 222 条，破特大案件 6 起、重大案件 26 起，一般刑事案件 54 起，增捕 3 人，从宽处理 6 人，从严处理 5 人。

1991～1994 年，全市看守所共获取案件线索 682 条，破特大案件 18 起、重大案件 77 起、一般刑事案 150 起，查处治安案 47 起。

1995 年起，开展坦白检举、深挖犯罪活动。先后破获马某某在岳阳市岳阳楼区“4.20”杀人案；高某某重大杀人劫车案及 2000 年杀人劫车案。至 2000 年的 6 年间，通过狱侦工作，获取案件线索 50 条，破获刑事案件 12 起，查破治安案件 17 起。

2001 年，各看守所继续开展深挖犯罪活动。2002 年 7 月，市看守所开展为期一个月的“深挖犯罪”专项行动，获取犯罪线索 213 条，破获刑事案件 81 起，刑事拘留 7 人，抓获犯罪 13 人，起诉 1 人。至 2005 年的 5 年间，全市看守所挖出各类犯罪线索 286 条，破获各类刑事案件 64 起，抓获犯罪嫌疑人 108 人，其中杀人案 2 起，网上追逃 8 人。

第二节　拘留所管理

1986 年，全市有湘潭市行政拘留所 1 所，位于市郊先锋乡金塘湾，占地面积约 1 公顷，设有拘留室 8 间，食堂和办公房、干警宿舍及养猪场地，除拘留室和两户干警住宅外，均为“干搭垒”房，条件十分简陋。行政拘留所由市公安局治安科直管，配备民警 6 人，工作人员 2 人。是年，先后发布《关于继续抓好禁绝鸦片烟毒工作的通知》《关于严厉打击非法出版活动的紧急通知》《关于禁止营业性录像放映和加强录像管理通知》等系列规定，对违反《治安管理处罚条例》的人员进行处罚。年内行政拘留 1058 人。1987 年，全市开展整顿特种行业、打击暗娼卖淫专项斗争以及危爆物品大检查活动，依照新的《治安管理处罚条例》，对违反《条例》行为的人进行治安处罚。全年拘留 906 人。1988 年，行政拘留所改名为治安拘留所，仍属治安科管理。1990 年 12 月，治安拘留所（股级）从治安科中单列出来，改为市公安局治安拘留所（正科级），由市公安局直管。是年，全市共拘留 143 人，是历年来拘留人数最少一年。至 1990 年的 5 年间，全市拘留 3058 人，制止割脉、吞食玻璃等自伤自残案件 12 起。

1991 年，市妇女收容教育所、治安拘留所合署办公，称为收教拘留所。全年收教拘留 199 人。1992 年，为改善拘留场所条件，全所拆除两栋"干打垒"平房，新建一栋三层 730 平方米砖砼综合楼，建有食堂、仓库、单身干警宿舍、办公、会议室，并增添两台小车和手机、BB 机等一些必要的设备。1993 年起，对拘留人员进行法律法规和党的政策教育，并请单位领导、家庭成员配合教育。至 1995 年的 5 年间，全市拘留 1678 人，制止割脉、吞食玻璃、铁器等自杀未遂案件 14 起。

1996 年，市收教所和治安拘留所分开办公。12 月，全省第一届收容教育拘留所现场经验交流会在湘潭召开，市收容教育拘留所在会上介绍经验。全年治安拘留 580 人。没有发生安全问题。此后，每年对拘留人员进行法律法规教育，开展领导谈话、家庭成员谈心等多种形式教育活动。2000 年，市治安拘留所内增设大幅管教固定标语，设立检举箱、宣传栏，民警挂牌上岗，鼓励拘留人员检查揭发他人违法犯罪线索；制定并实施《拘留人员行为规范》，健全管理拘留人员档案和卡片，实行人性化管理等。对个别不服管教人员予以严肃处理。至 2000 年的 5 年间，全市共拘留 670 人，查处治安案件 25 起。

2001 年，因修建市北二环路，拘留所决定搬迁，除搞好对拘留人员管理教育工作外，主要筹备整体搬迁工作。2002 年，拘留所修订并实施《拘留人员行为规范》。至 2005 年的 5 年间，全市拘留 2116 人，其中司法拘留 230 人；查获违法犯罪线索 18 条，其中有价值线索 3 条，破刑事案件 3 起，查获治安案件 2 起。

第三节　收容教育所管理

1988 年 9 月 10 日，市公安局收容教育所成立，配备民警 7 人，隶属市公安局治安科管理，与治安拘留所合署办公，两块牌子，一套人马。主要收容教育卖淫、嫖娼人员，同时对收教人员进行性病检查和治疗工作。1990 年 12 月，收容教育所由股级升为正科级，由市公安局直管。至 1990 年的 3 年间，全市收容教育 42 人。

1991 年开始，收容教育所与治安拘留所合署办公。当年收容人员 46 名。1993 年，收容教育 523 人，检查性病 439 人，发现性病患者 74 人。对急重病人及时送医院治疗，经过治疗，治愈率 98.5%。1994 年，市政府拨款新建收容教育所，面积 730 平方米。1995 年，全所干警分 3 批分别赴上海、南京、杭州、苏州、徐州、洛阳、深圳、北京等地收容教育所参观学习。通过学习外地经验，结合湘潭实际，建立健全管理、探亲、入所、出所、请假等各项制度，并组织全所人员学习，实行警务公开。至是年的5年间,全市收容教育1243人,办案200余起,治愈性病患者206人,治愈率95%。

1996年,收容教育所与拘留所分开办公,新所设收容室16间288平方米,学习室200平方米,办公楼600平方米,还有传达室、单身宿舍、食堂等,共1768平方米。是年,在收容教育所成立市自强职业学校,添置电脑11台,缝纫机50台等。全年治疗性病患者196人,治愈率98%。开展艾滋病检测156人次,未发现患者。由于各项工作在全省居先,全省第一届收容教育所现场经验交流会在市收容教育所召开。湘潭市收教所在会上介绍经验,其做法得到公安部、省公安厅肯定。1997年,市收容教育所实施“六三四五三三八”(即“六字方针”:教育、感化、挽救;“三个结合”:法律教育与道德教育相结合、劳动教育与职业技术教育相结合,心病治疗与身病治疗相结合;“四项坚持”:坚持以科学的理论武装人,坚持以正确的舆论引导人,坚持以高尚的情操塑造人,坚持以优秀的作品鼓舞人;“五项管理”:依法管理、科学管理、规范管理、文明管理、严格管理;“三化”:部队的军事化、职业学校的教学化、劳动场所的强制化;“三个对待”:像老师对待学生、医生对待病人、父母对待子女;“八字目标”:标本兼治、重塑人生)工程,使收容教育所成为熔铸灵魂、挽救失足青年、扫除社会丑恶现象、净化社会风气场所。组织拍摄电视录像片《新生·大墙内外》,获公安部、文化部、中共中央宣传部颁发的金盾奖。是年,全市收容教育191人,体检发现患有性病患者29人,治愈率98.5%。部分收教人员学会电脑打字,获市教委颁发的合格证书。第四次全国收教工作会议,指定市收容教育所在会上介绍经验。1998年以后,收容教育所加大管理教育工作力度,增设大幅管教固定标语、检举箱、宣传栏,形成浓厚的法制教育氛围。对患有性病人员进行治疗,治愈率98%以上,且无一起自杀、凶杀和脱逃事故。至2002年的7年间,全市收容教育1540人,有性病患者1401人,治愈率98%,无一起自杀、凶杀和脱逃事故。

2003年,根据《收教人员行为规范》的要求,加强对收教人员法律、道德、理想和前途教育,采取课堂教育与讲评相结合方式,制定《百分制考核办法》,对收教人员考核情况记载在册,严格考核安全工作。是年,所里没有发生“非典”及流行性疾病。至2005年,全市收容教育52人。有性病患者35人,治愈率100%,无脱逃、自杀等安全事故,办理嫖娼案11起,处理涉案人员23人。

第四节　强制戒毒所管理

1995年4月,市公安局在治安拘留所内建立全市第一家强制戒毒所,隶属于市公安局刑警支队管理,能容纳强制戒毒人员80人。收治戒毒人员入所时,严格按法律手续,进行健康检查和人身、物品检查,并作详细询问登记,告知其依法享有权利义务、《强制戒毒人员行为规范》以及戒毒所制定的日常生活制度规定等。定期对戒毒区环境及病室消毒。病室内务卫生坚持日检查、周评比,开展“创文明病室、争文明学员”活动。生活上每周公布菜谱,按谱采购、供给,饭量按需供应,保障戒毒人员一日三餐以及营养供给。成立医务室,保证24小时至少有一名医师和一名护士在岗。对入所人员进行严格身体检查和病史询问,建立医疗档案。严格按规定使用戒毒药品。除广泛使用“安定”“凯尔丁”“安君宁”等国家准许药品外,还应用“金甲王”“诺欣生”等戒毒戒断新药。医务人员建立巡房查房制,及时掌握戒毒人员治疗、康复情况。戒毒人员根据其吸毒时间、吸毒量等情况,确定药物治疗和非药物治疗方案,并将治疗情况记录在病历中,戒毒期间不定期对有关人员进行尿检,严防毒品流入戒毒区域，戒毒人员出所，一律免费进行尿检。在教育上，采取集体教育与个别教育相结合方式，辅之社会帮教、亲友规劝等形式。集体教育每月一次，个别谈话教育每人每月不少于一次，重点对象不少于两次。市关工委、妇联、高校团委、律师、社会团体以及知名人士等多种形式进行集体教育 18 次，受教育者 256 人次。是年，全所入所强制戒毒人员 60 名，经治疗后出所 45 人，占入所戒毒人数 75%。

1997 年，共执行强制戒毒 215 名，治疗后出所 201 人，进行集体教育 20 次，接受教育 358 人次，经过狱内侦查，侦破各类案件 16 起，抓获违法犯罪嫌疑人 20 人。1998 年，执行强制戒毒 323 人。2000 年 5 月，市公安局禁毒警察支队成立，戒毒所纳入禁毒警察支队管理。所内设过渡病室、严管病室、康复病室，将戒毒人员分类收治、分别管理。建立《接待制度》《探视制度》《提询制度》《外出看病就诊制度》《强制戒毒人员康复劳动出入制度》《戒毒区出入制度》等。对戒毒人员进行法制道德、妇女自尊、毒品危害等方面教育。经常组织开展拔河、球类、棋类、文艺、健身活动。每周四开展“五项评比”（纪律、心得、军训、文艺、卫生）活动，并奖励优胜者。坚持以人为本，注重“爱”“情”两个字，探索管理教育新模式，开通有线电视、电开水器，开放图书室、亲情电话及生日礼物制度等。是年，组织集体教育 21 次，接受教育达万余人次；亲人规劝 305 人次，民警个别谈话教育 658 人次；全所强制戒毒人员有 509 人，比 1995 年增加 449 人，上升 748%；治疗后出所 457 人，占入所戒毒人数 89.78%。

2001 年 6 月，戒毒所从禁毒警察支队分离，归口市公安局监管支队业务指导。戒毒所各项工作逐步规范化，对需要请假离所的强制戒毒人员，规定假期 3 天，由其家属出具书面报告和担保，征求办案单位意见，所长审批，报市监管支队备案；提前出所的只限于刑拘、逮捕、劳教，所外限期戒毒情形，凭办案机关法律手续；其他一律满期出所。严格坚持 24 小时值班民警巡视打卡和监控合二为一值班模式，实现值班民警与戒毒人员“面对面”管理，值班人员每 30 分钟巡查病室一次，重点病室及重点戒毒人员实行重点监控，并做好值班交接记录。坚持周重点查、月大查、节假日突击查制度，完善日安全检查制度。每日由值班、交班民警巡查病室，逐人进行安全检查，制定处置突发事件预案，每逢重大节日（春节、国际禁毒日、国庆）均进行预案演练，每月进行戒毒人员思想动态分析，防止事故发生。对治疗用麻醉药品、精神药品，严格按规定使用和管理，实行“双人专柜”管理，自觉接受市药监局检查、监督和指导。定期对戒毒人员开展有关艾滋病知识预防、教育和检测工作，设立禁毒教育展览基地，坚持对出所强制戒毒人员跟踪回访。12 月，戒毒所被省公安厅授予“二级强制戒毒所”称号。2004 年 3 月，市公安局戒毒所被公安部授予“一级强制戒毒所”称号。2005 年，对戒毒人员组织集体教育 24 次，受教育者 10030 人次，民警找戒毒人员谈话 9490 人次，亲人规劝 319 人次；全所共有入所强制戒毒人员 470 人，治疗后出所 426 人，占入所戒毒人数 90.64%。

第五节　收审所管理

1986 年，收押审查人员 1727 人，处理收押人员 1586 人。其中，逮捕 332 人，劳教 337 人，转外地处理 199 人，解除 646 人，其他处理 72 人。1987 年后，收审所沿袭以往收容审查工作作法。1991 年，收押审查人员 1234 人，处理收押人员 910 人。

1992 ~ 1995 年，共收押审查 5664 人，处理收审人员 4676 人。1996 年，收押审查 1348 人，处理收押人员 1028 人。1997 年,实施修改后的《中华人民共和国刑事诉讼法》,取消收容审查手段,延长拘留期。市收容审查所改为市第二看守所。

一、在押人员教育

1986 年,收容审查人员入所时,严格按照法律手续并进行健康、人身和物品检查,作详细登记,告知其依法享有的权利和义务以及在收容审查期间必须遵守的《收审人员守则》和日常生活制度等。此后,每年开展经常性法制教育、请"三长"讲话,管教人员分别谈话及其单位负责人与家属规劝等方式进行教育,物色建立安全耳目,适时开展打击"牢头""狱霸"活动。

1990 年以后,利用广播讲座、上法制课,进行遵守收审人员守则教育,请"三长"训话,管理人员个别谈话,制作教育笔录,组织单位负责人及家属规劝教育等方式进行教育。每年开展打击"牢头""狱霸"、文明监室评比活动。根据在押人员现实表现,对在押人员分别予以奖励和惩处。1994 年,5 名留所服刑者因表现突出,获减刑奖励,2 名因违反监规投入劳改单位。至 1996 年的 7 年间,获减刑奖励 8 人。

二、监所安全

1986 年起,收审所坚持 24 小时双人值班巡视制度,坚持日安全检查。适时组织大清监,严格检查各类违禁物品、铁器,预防脱逃和自杀、行凶等安全事故发生。1989 年春夏之交北京政治风波波及湘潭,收审所关押打砸抢犯罪分子 139 人。市委政法委及市公安局从岳塘公安分局抽调 22 名干警到收审所,加强值班,处置突发事件。是年,预防 11 次 21 人脱逃和 4 人自杀企图,确保收审工作安全。1990 年,全所组织大清监 22 次,查出违禁物品 130 多件,物色建立安全耳目 74 人次,预防自杀、脱逃事故 7 起 12 人。1993 ~ 1996 年,全所组织大清监 92 次,加强节假日值班和检查,及时预防和处置危害收审所内各种安全隐患和安全事故。

1986~1996 年全市收审所收押人员一览

表 14-6-1　　　　单位:人

年度	收押人数	处理人数	其中				
			逮捕	劳教	异地处理	解除	其他
1986	1727	1586	332	337	199	646	72
1987	1467	1321	301	132	103	719	66
1989	1719	1562	387	124	105	932	14
1990	2162	1872	709	103	63	980	17
1991	1234	910	218	252	43	380	17
1992	1215	980	205	247	49	453	26
1993	1180	915	256	262	45	332	20
1994	1994	1712	278	352	89	973	20
1995	1275	1073	232	268	63	483	27
1996	1348	1120	275	302	98	430	15

注:1988 年数据缺

第七章 打击邪教组织和非法宗教活动

第一节 打击“法轮功”邪教组织

一、宣传揭批

1992年初,“法轮功”邪教组织开始在湘潭市出现,并迅速蔓延。1999年7月22日,根据中共中央关于取缔“法轮功”邪教组织的精神,全市公安机关开始清查“法轮功”邪教组织在湘潭市的主要负责人及其骨干分子,并逐一落实监控措施。是年,摧毁“法轮功”邪教传播的主渠道,查获大量“法轮功”邪教物品及反动宣传资料,并集中销毁。为揭露“法轮功”组织的邪教面目,市委宣传部召集湘潭日报社、电视台等新闻单位,部署对“法轮功”邪教组织的宣传揭批工作。报纸、电台及时宣传中央有关处理“法轮功”邪教组织的法律政策。市公安局及时通报打击“法轮功”邪教组织的活动情况,给极少数从事非法活动的“法轮功”邪教组织骨干分子敲响警钟。市公安机关依法治安拘留“法轮功”邪教组织骨干分子肖某等人,《湘潭日报》、湘潭人民广播电台进行连续报道后,社会反映强烈。湘潭市“法轮功”邪教组织辅导站站长林某,经湘潭电机厂公安处负责人谈心后,通过新闻媒体公开表示拥护中共中央对邪教组织的决定,坚决不参与“法轮功”邪教组织活动,告诫“法轮功”邪教练习者与“法轮功”邪教组织彻底决裂。2000年,受“明慧网”等境外“法轮功”邪教网站和市内少数“法轮功”邪教组织的骨干分子串联及煽动的影响,市内“法轮功”邪教组织活动比较猖獗。8~9月,由市科协、市文明办等单位牵头,各县(市、区)和齐白石纪念馆开展“崇尚科学文明、反对迷信愚昧”的科普巡回展览。全市先后有7万余名干部、职工、农民、学生、居民以及“法轮功”邪教练习者观看展览。2001年3月14日,市委办、市政府办、市公安局、市科协联合举办全市科级以上干部“崇尚科学,拒绝邪教”报告会。6月28日,市委、市政府设立防范和处理“法轮功”邪教组织问题领导小组办公室(以下简称办公室)。办公室以中央电视台“新闻联播”和“焦点访谈”报道揭批的“自焚”事件为契机,开展对“法轮功”邪教组织的揭批和马克思主义无神论的教育活动。在广播、电视、报纸等新闻媒体上,开辟宣传教育专栏,连续举行报告会、座谈会、现身说法会,营造“崇尚科学,反对邪教”的良好社会氛围。市政府召开同“法轮功”邪教组织作斗争的先进集体、先进个人表彰大会,对一批先进集体和先进个人给予表彰奖励。湘潭县、韶山市获湖南省同“法轮功”邪教组织斗争的先进单位称号;市委宣传部、办公室等6家单位联合举办《反对邪教 崇尚文明》大型图片展览,全市170多个单位、12000人次先后参观展览。湘潭大学成立学生反邪教协会,学生自发组织起来,开展形式多样的活动,揭批“法轮功”的邪教本质。江滨机器厂成立职工反邪教基金协会,采取多种形式,揭批“法轮功”邪教并对“法轮功”邪教练习者进行帮教。至2001年的3年间,全市召开揭批“法轮功”邪教组织会议180场(次),15万人次参会,发放资料(书籍)23万份(本),举办揭批“法轮功”邪教骨干学习班147期,15万人次参加受教育。

2002年，揭露批判“法轮功”邪教本质的现代花鼓戏《圆满之梦》在全市巡演，2万余名干部群众和学生观看演出，并在全省演出80余场，观众人数达7万余人；全市665名县处级以上领导干部观看《“法轮功”地下组织违法犯罪活动》展览挂图和录像，使领导干部增强使命感、责任感；防范和处理“法轮功”邪教组织问题领导小组办公室、市委宣传部、市直机关工委、团市委和市科协等单位联合组织“崇尚科学，反对邪教”知识竞赛，全市148家单位、4万多人参赛；全市组织观看国内外综合剖析“法轮功”邪教本质的科教影片《深渊——邪教的本质》。2003年，办公室与各新闻媒体密切配合，多次对教育转化的先进集体和个人进行宣传报道，对已转化的典型人物进行专题采访和现身说法，阐明“法轮功”邪教的社会危害性；市反邪教协会开展防范和处理“法轮功”邪教组织及其他邪教问题工作理论研讨活动并举行首届理论研讨会；在雨湖路举办“宣传一条街”活动，集中向广大市民宣传“崇尚科学，反对邪教”，设立咨询台，解答市民的有关问题。2004年，全市举办骨干培训班78期，培训骨干3万多人，发放VCD光盘近200套，张贴反邪教宣传标语8万多张（条），印刷、发放宣传手册和宣传提纲11万多册（份），出动宣传车辆140多台次，举行规模较大的集体宣传活动80多次。全市90%以上的基层骨干受到培训，85%以上的农民受到教育，95%以上的农村中小学师生参加警示教育活动。至2005年的4年间，全市召开揭批“法轮功”邪教组织会议150场（次），10万人次参加揭批“法轮功”邪教组织，发放资料（书籍）15万份（本），举办揭批“法轮功”邪教骨干学习班135期，20万人（次）参加受教育。

二、侦破打击

1999年，全市贯彻执行《全国人大常委会关于取缔邪教组织、防范和惩治邪教组织的决定》，市公安机关组织有关业务人员学习《决定》，并依法处理6名“法轮功”邪教组织顽固分子。市公安机关制订“擒贼先擒王”的方针，打击少数“挑头”对象。国庆节前后，市内出现极少数“法轮功”邪教组织骨干分子秘密串联，聚众练功，密谋上京。市公安机关迅速开展调查摸排、控制教育转化等工作，使绝大多数“法轮功”邪教练习者幡然悔悟，弃旧图新。同时，传唤“法轮功”邪教组织重点对象24人，其中治安拘留7人、教育训诫18人，收缴非法出版的“法轮功”邪教书籍101册、音像制品128盘、挂图照片72张、练功服等非法物品130余件。2000年，市内“法轮功”邪教组织非法活动出现反弹。公安机关在铁路公安部门的大力支持下，拦截企图进京滋事的“法轮功”邪教组织顽固分子5批18人；市公安机关开展为期一个月的查缴“法轮功”邪教组织非法宣传品的专项行动，共出动警力2500人次，查缴“法轮功”邪教组织各类非法宣传品2300余份；抓获投放、散发、张贴“法轮功”邪教组织非法宣传品的人员15人；市公安机关与文化、工商等部门组成检查组，对市内140家网吧和348家印刷、打字等特种行业进行清理整顿，并进一步健全有关规章制度。是年，全市查处“法轮功”邪教组织非法活动人员91人。其中，逮捕6人，刑事拘留33人，劳动教养22人，取保候审3人，治

图14-7-1　收缴“法轮功”邪教宣传品

安拘留 27 人次。有 142 名“法轮功”邪教组织的顽固分子进京“护法”“弘法”。2001 年,市内“法轮功”邪教组织继续活动,全市公安机关拦截一批进京滋事的“法轮功”邪教组织的顽固分子,收缴、销毁一批“法轮功”邪教组织出版物和非法宣传品,摧毁“法轮功”邪教组织“湖南大法学会”在市内的地下组织及其指挥体系,端掉下载、印刷、传播“法轮功”邪教宣传资料的团伙,依法逮捕、刑事拘留、劳动教养、治安拘留一批“法轮功”邪教组织骨干分子,使“法轮功”邪教组织的活动得到遏制。2002 年,全市整合公安、国安等部门力量,建立侦破打击机制,强化情报信息和专案侦查工作,侦破一批“法轮功”邪教专案,追捕一批在逃的“法轮功”邪教组织顽固分子。全市集中开展打击防范“法轮功”邪教组织干扰破坏广播电视网络安全播出、利用非法经营国际电信业务进行反动宣传,对“法轮功”邪教组织人员开展“追逃查失”专项行动。市广播电视局对涉及播出安全的各个环节进行全程监督。确保广播电视网络的安全与正常传输。在 9 月 27 日和 11 月 1 日“追逃查失”专项行动中,全市出动警力 2580 人次,清查娱乐场所、印刷点、复印社、网吧、旅社、出租屋等重点场所 440 多处,抓获 5 名“法轮功”邪教对象,查实失控人员 2 人。是年,全市立案 30 起,破获 23 起,抓获“法轮功”邪教组织的违法犯罪嫌疑人 35 人,收缴 “法轮功”邪教组织各类宣传资料 6000 多份(本)。

2003 年,市内“法轮功”邪教组织的非法活动仍然猖獗,全市公安、国安机关继续进行侦破打击。抓获制作散发“法轮功”邪教宣传品地下团伙骨干成员。全年破获邪教案件 18 件,收缴大量“法轮功”邪教宣传资料。缉捕 2 名“法轮功”邪教组织的顽固分子,查实 10 名失控对象,处理 20 名“法轮功”及其他邪教组织人员。2004 年,全市立“法轮功”及其它邪教案 31 件,侦破 29 件,依法打击处理 92 人。其中,刑事拘留 26 人,逮捕 8 人,劳教 13 人,治安拘留 24 人,取保候审 3 人,监视居住 3 人,训诫 15 人。收缴各类反动宣传品 3 万余份(本)。湘乡市公安局端掉市内谭某一手经营的“法轮功”邪教组织地下窝点。2005 年,境域“法轮功”邪教组织以传播“九评共产党”为主要内容的煽动活动,在社会上产生恶劣影响,全市各级防范和处理“法轮功”邪教组织问题领导小组办公室、公安、国安等部门组织专项行动,开展侦查打击。是年,全市立“法轮功”邪教及其他邪教案 32 起,侦破 33 起,抓获涉案人员 33 人。其中,刑事拘留 14 人,逮捕 1 人,送劳动教养 5 人,监视居住 1 人,取保候审 1 人,治安拘留 8 人。收缴各类反动宣传品 6000 余份。

三、教育转化

1999 年,全市各级、各部门严格执行团结教育大多数的原则,缩小对立面和打击面,在有“法轮功”邪教练习者的单位,均采取谈话的形式与“法轮功”邪教练习者进行接触,对重点对象采取“一帮一、几帮一、帮到底”的方式进行重点教育、重点引导,逐一做好“法轮功”邪教练习者的教育转化工作。“法轮功”邪教组织湘潭辅导站站长林某,经过公安及企业领导耐心细致的思想工作,表示坚决与“法轮功”邪教组织划清界线,主动交出“法轮功”邪教书籍、录音带等资料 34 本(盒),交出全市练功点和市外 54 个联络人的电话号码和网址,并通过电视台等新闻媒体揭批和声讨李洪志及其“法轮功”邪教的罪行。通过林某现身说法,其它站点的负责人先后停止活动,不再练功。2000 年,市委召开全市加强对“法轮功”邪教练习者教育转化工作会议,强调要做好重点对象的教育转化和控制工作。市委办公室、市政府办公室下发《关于处理“法轮功”问题的若干意见》和《关于对“法轮功”练习者实行帮教转化监控领导责任制的实施办法》,要求各级党委、政府及各单位领导干部建立对“法轮功”邪教练习者帮教和监控工作的责任制，按照孤立极少数、挽救绝大多数的原则，教育尚未彻底转化的“法轮功”邪教练习者，尤其是“法轮功”邪教顽固分子和痴迷者。2001 年，全市举办“法轮功”邪教人员学习班 35 期。组织顽固痴迷“法轮功”人员参加法制教育学习班，通过学习，转化率达 87%。雨湖区建立法制教育基地，抽调 3 名帮教人员对“法轮功”邪教组织顽固分子进行法制教育。全市先后 5 次组织有关部门负责人到白马垅、新开铺劳教所看望、慰问湘潭籍的劳教学员。“法轮功”邪教痴迷顽固人员郭某，是市一中教师，通过帮教，成为全省同“法轮功”邪教组织作斗争的先进典型。全市“法轮功”邪教练习者帮教学习班现场经验交流会在湘潭县七里铺法制教育学习基地召开。2002 年，对特困企业和县（市、区）特别顽固且有可能外逃的 5 名“法轮功”邪教重点人员，举办法制学习班，进行教育转化和严密监控。各帮教单位除用政策、法律法规正确引导“法轮功”邪教组织的练习者外，更多的是用真诚，用党和政府的温暖去感动他们，引导他们与“法轮功”邪教组织彻底决裂。岳塘区防范和处理“法轮功”邪教组织问题领导小组办公室采取扶贫帮困等各种措施教育转化“法轮功”邪教人员，使其自愿脱离“法轮功”邪教组织。

2003 年，各级党委、政府和各部门各单位将处理“法轮功”邪教问题工作列入社会治安综合治理的一项重要内容，实行一票否决制。全年 38 名对象中，绝大部分对象表态不再练习邪教“法轮功”，不再从事非法活动。集中优秀帮教人员对 3 名“法轮功”邪教重点顽固对象进行密集帮教和严密监控。各县市区和大厂矿、院校先后举办法制教育班 4 期，参加教育转化学习 19 人次。举办帮教骨干学习班 1 期，参加学习班 52 人。2004 年，湘乡市龙洞乡广泛发动社会各界人士参与对“法轮功”邪教组织人员的帮教转化工作，使 12 名“法轮功”邪教组织人员全部得到转化。是年底，送长沙、株洲、益阳等地劳教劳改场所的湘潭市“法轮功”邪教组织的人员转化率都在 80%以上。全市“法轮功”邪教组织的练习者通过学习，85%以上的人员得到转化。

2005 年，全市各部门各单位坚持以提高教育转化工作质量为核心，以提高转化率、降低反复率为重点，转化一批“法轮功”邪教痴迷对象。岳塘区东坪街道广泛发动综治、公安、教育、司法等部门，做好“法轮功”邪教组织人员的教育转化工作，9 名“法轮功”邪教组织的人员彻底转化，其成功经验在全市推广。各有关部门和单位对出班、解教、释放的“法轮功”邪教组织人员协调做好接茬安置工作，并按照相关政策帮助他们解决生活中的实际困难，对帮教对象做到“接茬帮教有信心，上门帮教有热心，面对反复有耐心，不怕挫折有恒心，解决困难有爱心”。市委防范和处理邪教问题领导小组制订《关于对企业改制外出等“法轮功”人员加强管理的补充规定》，进一步明确对国有企业在破产、改制、重组，行政事业单位被撤销、合并，“法轮功”邪教组织人员外出务工、经商、探亲等情况下的教育转化和控制管理责任。是年底，全市参加“法轮功”邪教组织的练习者基本得到转化和妥善安置。

第二节　打击“一贯道”“主神”等邪教组织

1986 年，市公安局在湘潭县和湘乡市开展对反动会道门复辟活动的调查。湘潭县查获境域反动会道门成员 108 人。其中，道首 6 人，道徒 102 人；“一贯道”27 人，“宗哲教”75 人，“紫霞教”1 人，“最乘教”5 人。成员中，停止活动表示悔改的 79 人，有复辟活动的 3 人，死亡 5 人，在外工作的 5 人，下落不明的 4 人。马家堰乡“一贯道”道徒马某等人与日本的黄某、台湾的唐某勾结，串联原“一贯道”成员 10 余人，赠送台湾出版的《观音大士白衣神咒》等经书，传教咒语，迷信治病，利用金钱和物资拉人信邪教；黄某多次到潭与马某等人商议筹建“空灵岸”庙，庙建成后拟将原会道门的成员安插进庙内。1989 年，湘潭县公安局查处以韩某为首进行反动会道门复辟案。1992 年，全市各级公安机关对湘潭县的“全范围教会”、湘乡的“被立邪说” 非法聚会活动进行打击。对参加者分别予以传讯教育，对 2 名外来传道人(陈某，女，广东人；肖某，女，河北新平县人)和当地 2 名屡教不改者，予以收审。1995 年，查处台湾“观音法门”信徒 5 人，收审“被立王”信徒 1 人，治安警告非法传道人 14 人，罚款 6 人，传唤教育 20 多人。

1997 年，取缔“观音法门”等邪教组织活动点 83 个。1998 年，全力查破邪教组织“主神教”案。先后在湘潭县茶恩寺镇梵田村彭某家，抓获来自全国各地的“主神教”骨干成员 12 人；在湘潭县龙口乡天垅村抓获“主神教”骨干成员 12 人；在云南将“主神教”之“主神”刘某、主要骨干成员“精金主”李某抓获归案，株洲市公安局在 351 次火车上将主要骨干成员朱某抓获。至此，全国五大邪教组织之首的“主神教”案宣告破获。2000 年，湘乡市公安局将外逃两年多的“主神教”骨干分子易某抓获归案，罗某在政策的压力下从广东东莞来湘乡市公安局投案自首。易某被送劳动教养，罗某被取保候审；岳塘公安分局政保股一举摧毁一个引诱、胁迫 50 多名小学生参与“全范围教会”活动的秘密窝点，并对犯罪嫌疑人赵某、龙某依法刑事拘留。2001 年，“全范围教会”“主神教”“被立王”“观音法门”“门徒会”等邪教组织活动又开始抬头，市公安局给予坚决打击。湘乡市公安局对地下团伙成员进行立案侦查，发现全市“门徒会”发展的教徒 130 多名。

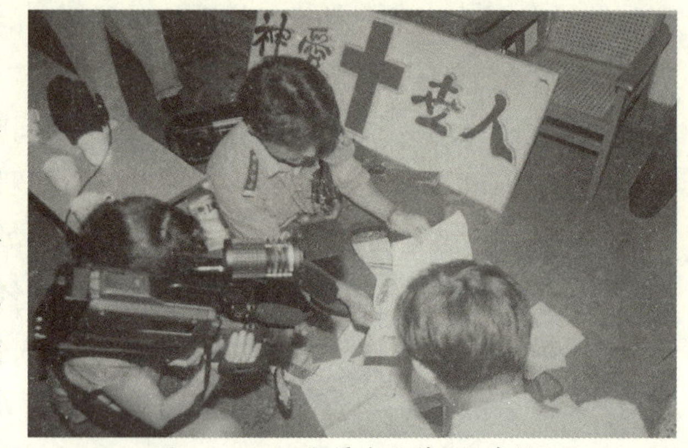

图 14-7-2 湘潭市取缔“主神教”

2004 年，湘潭县公安局破获邪教案 2 件，取缔非法聚会点 30 处；抓获涉案人员 22 人，其中刑事拘留 1 人，治安拘留 7 人，收缴邪教宣传资料 2100 余份；捣毁“门徒会”邪教组织地下窝点，骨干分子贺某、罗某、冯某和章某被治安拘留；捣毁射埠、锦石两乡的“全范围教”聚会点，抓获涉案人员 18 人，其中 3 人被治安拘留，当场收缴邪教书籍 40 余本。湘乡市公安局抓获在毛田乡天门村王某家秘密聚会的李某等 10 余名“实际神”邪教组织成员，当场缴获邪教书籍、资料 47 本(份)，光盘 28 张，一举摧毁该组织地下窝点，刘某等 5 人被治安拘留。2005 年，湘潭县公安局在茶恩寺镇杨溪村孙家冲查获“主神教”邪教组织聚会人员 15 人，现场收缴大量资料，并查获“湖南省权柄”宋某。初步查清省内“主神教”邪教组织体系和人员情况以及活动情况。韶山市公安局先后抓获邪教组织“主神教”“全范围教会”成员章某、李某、周某、陈某、蒋某 5 人，依法予以行政拘留。

第三节 打击非法宗教活动

1986 ~ 1987 年，全市没有发现非法宗教活动。1988 年，有 22 人与境外宗教电台进行书信联系，多数人中毒较深，其中 16 人有非法宗教活动嫌疑。1990 年，市公安局对板塘区非法宗教活动开展专门调查，查出参与非法宗教活动 48 人。至 1990 年的 5 年间，全市共取缔非法聚会点 5 个，参与非法宗教活动共 16 人,其中处理 5 人。

1991 年,市内个别基督教骨干分子以家庭聚会形式扩大宗教势力。当年,全市公安机关配合宗教部门查处非法聚会点 38 个,查处非法违法活动 5 起,收缴宗教宣传品 5000 多份,其中境外版 63(份)本。实习传道员汤某曾扬言到 2000 年要把湘潭市 80%的人发展为教徒。是年 8 月,处理汤某在易俗河吴家巷设立的聚会点时,收缴其随身携带的笔记本,记载着 1991 ~ 2000 年,以每年翻一番的速度发展教徒十年规划。汤某不但在内地积极进行非法宗教活动,还多次到广州与呼喊派头头林献羔、刘昭祥等人秘密勾结。1992 年,全市打击非法宗教活动,围绕与"三自会"(基督教三自运动委员会:自养、自传、自立)唱对台戏的重点对象,与宗教事务部门联系,加强对教会的管理和指导,把宗教活动引向正确的轨道。对外来传道者,发现一个收审一个,制止外地非法宗教活动的传入。全年查处非法宗教活动 3 起,涉及 99 人,其中收审 16 人。1993 年 4 月 7 日,美国人詹姆斯从香港入境,以讲学名义窜到湘潭矿业学院,在学生中散发马哈伊教的书刊,引诱学生信教,市公安部门收缴其携带的非法宗教书刊,并责令詹姆斯离潭。全年制止 6 起宗教违法活动。至 1995 年的 5 年间,全市共取缔非法聚会点 40 个,参与非法宗教活动共 200 人,其中处理 24 人。

1996 年,在全市范围内开展大规模的查禁非法宗教活动的专项斗争。共查处非法宗教活动点 31 个,举办参与非法宗教活动人员的法制学习班,受教育者 100 多人。2000 年,全市先后开展统一活动 8 次,抓获参与非法聚会的信徒 478 人。其中,治安拘留 36 人,治安警告 18 人。举办法制学习班 15 期,受教育者 263 人。岳塘区双马镇云沙村金某在自家组织非法聚会,公安分局政保部门与当地派出所干警联手出击,当场抓获"信徒"20 人,为首组织者金某等 2 人被依法治安拘留。至 2000 年的 5 年间,全市共取缔非法聚会点 37 个,参与非法宗教活动共 512 人,其中处理 56 人。

2001 年 3 月,湘乡市基督教"三自爱国会"个别成员私自以湘乡基督教协会的名义,将其内部的意见和矛盾向境外宗教组织反映,有人利用"互联网"与境外组织联系。针对这些情况,湘乡市公安机关配合当地宗教管理部门加强教育管理,开展打击非法宗教活动。湘潭县公安机关取缔石鼓镇赵某家的非法聚会点,对查获的 100 余名信教群众进行教育训诫,对 3 名外地传教士予以刑事拘留。2003 年,全市开展以深挖打击非法宗教活动为重点的"铁铲行动"。湘潭县公安局取缔非法聚会点 30 个,抓获涉案人员 22 人。其中,刑事拘留 1 人,治安拘留 7 人。2005 年,全市公安机关配合宗教部门取缔非法宗教聚会点,破获非法宗教活动案 39 起,抓获涉案人员 37 人。其中,刑事拘留 15 人,逮捕 2 人。至 2005 年 5 年间,全市共取缔非法聚会点 31 个,参与非法宗教活动人员 159 人,其中处理 40 人。

第八章　消防

第一节　机构队伍

1986 年 11 月,以中国人民武装警察部队湘潭市支队消防处为基础,组建武警湘潭市消防支队(又称湘潭市公安消防支队);支队设支队长、政治委员、副支队长、副政治委员,辖秘书科、政治处、警训科、后勤科、防火科和卫生队、轮训队、修理所等直属分队；下辖原市消防大队、湘乡县、韶山区消防中队及八县(区)公安(分)局消防股。1992年6月，湘潭市区行政区划变更，湘江、雨湖、岳塘、板塘、郊区五区调整为雨湖、岳塘两区，五区消防股亦调整为两区消防股。1994年，支队机关编制体制调整，设司令部、政治处、后勤处、防火监督处，均为副团级编制。1995年，全市有13支企业专职消防队，共260人，执勤车辆33台；有613支义务消防队，共15021人。1996年5月，五县(市、区)消防股改编为消防大队。1999年11月，组建消防支队特勤中队。2002年6月，组建湘潭县消防中队。市消防支队机关进行编制调整，司令部辖秘书科、警训科；后勤处辖财务科、供给装备科；防火监督处辖指导科、法制宣传科。市消防支队编制总员额比1997年增加4.56%。2003年起，开始组建志愿消防组织。志愿消防组织有固定的人员、灭火器材等，经费由政府供给或自筹，其人员多是兼职。湘乡市棋梓镇，湘潭县花石镇、青山桥镇分别成立志愿消防队；全市有31个社区成立消防组织机构，4个重点乡镇编制小城镇消防规划，成立志愿消防站2个。2004年，全市有企业专职消防队11支，消防队员227人，消防车24台；志愿消防队发展到11支，共100余人。2005年，武警湘潭市支队编制体制未变。企业专职消防队减少到9个，有消防队员185人，车辆22台。全市列管一级消防安全重点单位104家、二级消防安全重点单位430家、公安派出所列管三级重点单位7430家。

第二节　防火

一、宣传

1986年始，湘潭市防火安全委员会、武警湘潭市消防支队(简称“消防支队”)采用出宣传板报、挂横幅、宣传车广播、发放防火手册和组织知识竞赛、观看电影电视、举办文艺晚会和沙龙等形式，宣传防火知识，增强全市人民群众防火意识，加强安全培训，提高救生能力。1987年，消防支队在全市范围内组织放映消防教育影片441场，观众30万人次。

从1989年起，市防火安全委员会每年在全市开展“119”宣传周活动，出动宣传车辆，大街小巷悬挂宣传横幅标语，组织制作消防板报在各县、市街道展览，并设立消防咨询站。1993年5月，消防支队组织召开新闻发布会，曝光全市20处重大火险隐患。1995年，开展“消防一条街”宣传活动、“百日消防宣传”活动，湘潭钢铁厂组队代表湘潭市参加全省“平安杯”消防知识电视大奖赛，获第一名。1996年，与湖南迅达集团、湘潭电视台联合举办“迅达杯”幸福家庭消防知识竞赛和电视大奖赛。1998年6月，开展《消防条例》宣传活动，在全市街道悬挂300余幅宣传横幅，出动60多台消防宣传车在各县市区巡回展出。1999年6月，为宣传贯彻《中华人民共和国消防法》和《湖南省实施〈消防法〉办法》，召开“实施办法”座谈会，举办两期“实施消防法”培训；开展消防宣传“一条街”活动，悬挂横幅200多条，摆放宣传板报40多块，发放宣传资料2000多份。

2001年4月，消防支队特勤消防站作为“新区消防教育基地”对外开放，当年接待参观群众1500多人次。2002年，湘潭电视台、电台共同开办消防专栏；组织播放大型消防教育片《人命关天》，全市有6万余人观看；湘潭都市频道开播《聚焦消防》栏目；发放家庭防火手册1万多本、消防常识图1000多幅，接待咨询150余人；举办全市首届消防知识电视总决赛。2003年6月1日，全面启动

“教育一个孩子,带动一个家庭,影响整个社会”的消防教育工程,成立“少年消防团”。全市评选出7名“热心消防优秀领导者”和15名“热心消防优秀企业家”。2004年,先后举办“平安奔小康”和以“消除火灾隐患,关爱生命安全”为主题的“锦绣湘江”大型消防文艺专场晚会。2005年,先后组织开展“安全生产月”宣传咨询一条街活动、“大接访”公开接待日活动,共发放宣传资料5000余份,接受200余人次咨询。

二、制度与监管

1988年,市政府根据《中华人民共和国消防条例实施细则》,颁布《湘潭市义务消防组织暂行规定》。消防支队制订《消防监督10项标准实施办法》,每年对列管单位坚持验收。1989年,全市推行消防安全目标管理,层层签订责任状,坚持“谁主管、谁负责”原则,实行以法人代表负责制为中心内容的逐级防火责任制。

1991年,湘潭市防火办公室发出层层排查“十大”火险隐患通知,各单位积极开展自查自改工作;制订完成与湘潭市第五次城市总体规划相配套的《湘潭市城市消防规划》。1993年,消防支队制订《建筑工程消防管理秩序》《装饰、装修工程管理秩序》和《化学危险物品管理规定》,并与治安、内部保卫联合组织消防安全检查,检查26个单位,发现隐患87处,提出整改意见83条,查封严重违章单位1个,对6个违章单位给予经济处罚。1994年,市公安消防部门结合岳塘“2·26”海天娱乐城特大火灾教训,在全市开展以查组织、查制度、查设施、查隐患和整改重大火险隐患的“四查一改”活动,对全市200多家夜总会、歌舞厅的消防安全进行专项治理,发现各类隐患678处,责令限期整改24家,经济处罚62家。

1995年开始,消防支队组织开展易燃易爆、公共娱乐场所、建筑消防设施、城镇公共消防设施等专项治理,推行文化娱乐场所、易燃易爆场所火灾责任保险和消防安全许可证制度,严格依法行使消防监督职权,加大重大火险隐患整治力度。对擅自启封、强行营业的鸿图、晶华2家娱乐单位业主进行罚款和拘留处理,对53家公共娱乐场所进行检查,责令12家停业整改。是年,消防支队成立“消防培训中心”,对重点单位法人代表、防火负责人、防火员等特殊工种人员进行消防安全培训,举办培训班46期。1996年,消防支队对全市66个单位78套自动消防设施进行专项检查,对未按规定安装和不能正常运行的48套自动消防设施,责令限期整改。1997年,长沙燕山大火后,市委、市政府领导带队,组织100个检查组对全市进行消防安全大检查。查处建筑、装修等种类违章146处,处罚违章57个单位和121名个人。1999年,消防支队根据《中华人民共和国消防法》《湖南省实施〈消防法〉办法》,制订下发《湘潭市建筑工程、装修工程消防审核暂行规定》,设立文明窗口,公开办事程序、办事制度和收费标准,在全市实行电气消防安全检测制度,把电气检测列入电器安装后的必然程序。对全市公共文化娱乐场所进行“地毯”式消防安全检查,依法对易俗河金铃大厦等70余家卡拉OK厅、歌舞厅进行查封,对金都娱乐城实施停业整改。

2000年,消防支队成立议案委员会,对消防执法重大问题实行集体议制度,建立完善执法监督和执法纠错制度;对全市宾馆、酒店、公共娱乐、易燃易爆场所进行消防安全大检查,发现各类隐患968处,责令当场整改456处,限期整改512处,停业整改7家;颁布实施《湘潭市消防工作“十五”发展计划》《湘潭市城市消防专业规划》《湘潭市消火栓管理办法》。全年对重点工种部门从业人员消防知识培训18期1500余人。2001年,消防支队对全市范围内的加油站、储油库、液化气储备站、液化气经营门面等易燃易爆场所进行为期10天专项检查,下发《当场改正通知书》40份,《限期改正通知书》18份,取缔10家地下油站和临时加油站。2002年3月,省政府督查组对湘潭市进行为期3天消防安全督查,检查84个单位,发现隐患80处,下发限期整改通知23份,责令当场改正50余处,责令停止施工21处,查封单位6家。全市组织开展公众聚集场所安全专项治理,全市组成消防安全检查组27个,发现各类火灾隐患873处,整改消除火灾隐患865处,下发《责令当场改正通知书》191份、《责令限期改正通知书》183份、《重大火灾隐患限期整改通知书》84份,责令停业整改93家。年内,全市公众聚集场所安全专项治理通过国务院督查组检查验收。

2003年1月,市政府制发《湘潭市社区消防安全管理规定》,并在全市开展"查隐患、促整改、保平安"消防专项治理,组织10个消防安全检查小组,对全市大型公众聚集场所、易燃易爆场所、商住楼、大型集贸市场、仓库、商场等进行为期2个多月的消防安全大检查。2004年,市政府转发公安部等部、委、局《关于进一步落实消防工作责任制的若干意见》和《关于进一步加强城镇消防规划和公共消防设施建设的工作方案》,进一步明确各级政府和社会各单位的消防工作责任;先后组织开展以文物古建筑、易燃易爆化学物品为重点的消防安全专项治理和以商场、市场、酒店、公共娱乐场所为重点的消防安全大检查,全市重大火灾隐患共立案17起,有8处整改到位,决定整体拆除湘潭饭店;加强社区、农村和小城镇的消防建设。全市有119个社区将消防建设纳入"文明示范社区"建设范围,19个小城镇将消防规划建设纳入"重点镇"建设范围。2005年,全市先后开展公共娱乐场所消防安全专项治理、消防违法建筑和违法工程大检查、消防产品质量专项整治等活动。市政府两次召开常务会议专题研究湘潭布市重大火灾隐患整改问题,并形成整改决议。年内,全市社会单位20847个。其中,消防安全重点单位1227个、非消防安全重点单位19620个。

第三节 灭火

一、技术训练

1986年,市消防支队按年度计划组织武警(公安)、企业、义务消防三支队伍进行联合灭火演习8~10次,增强协同作战能力。1988年,将沿袭多年的按分工操作现有装备转到全面熟悉各类消防器材的操作训练;将单一的技术训练转到智能、体能、技术相结合综合训练;将单兵训练转到以中队为主体的一车、多车协同作战训练,并对战斗人员实行等级达标训练。1989年,消防支队举办首届消防运动会,全市有武警、企业消防训练队各1个及29支义务消防队参赛。1990年,消防支队组织全市14支武警、企业专职消防队开展消防业务竞赛。

1991年起,消防支队开展"战斗员等级达标竞赛""百日练兵竞赛"和"全员对抗赛"等练兵活动。年终业务考核,89人达到三级战斗员,31人达到二级战斗员,10人达到一级战斗员标准。1992年,消防支队三级战斗员达标率为96%,二级战斗员达标率为44%。参加全省消防部队技术训练擂台赛,在8个项目角逐中,消防支队以4项第一名,1项第二名,1项第三名佳绩获团体总分第一名。1993年5月,消防支队组织4个公安消防中队和11个企业专职消防队进行2天消防业务训练对抗赛。经训练考核,全支队三级战斗员达标率为96%,二级战斗员达标率为44%。消防支队被公安部评为“全国消防总队基层建设先进单位”。1995年,强化正规化执勤训练,队伍执勤秩序、火场指挥、装备器材、通讯条件、业务技能等得到完善和提高。全省正规化执勤训练现场会在湘潭市召开。1996~1999年,按照“火怎么灭,兵就怎么练”的指导思想,消防支队进行训练改革,由“应试型”向“实战型”转变,使训练接近火场,提高训练的实效性;由训练单个项目过渡到训练集体项目;进行排烟操、水幕操、内攻操等10多个应用性项目训练。2000年,开展全员岗位练兵,组织专门人员对辖区的高层楼房、易燃易爆场化学危险品、消防水源以及单位内部的消防水源进行调查,制定水源坐标卡110份,灭火预案90份,抢险救援预案2份,并进行实地演练。

从2001年开始,按照公安部的统一部署,以“贴近实际、面向实战、务求实效”为指针,开展为期3年的执勤岗位练兵活动,各中队改变以往关起门来训练的方法,保证每周有半天以上的时间对辖区水源、道路以及消防重点单位内部消防设施等情况进行熟悉,发现问题及时登记在案。2003年7月,投入120万元在特勤消防中队建成全省首家消防模拟训练基地,消防训练进一步向实战化、模拟化转化。2004年4月16日,全省消防部队执勤岗位练兵大比武项目演示会在湘潭县消防中队举行,市消防支队成功地演示四人悬崖救助操、普通住宅楼夜间火灾扑救操、公路交通事故抢险救援操、建筑物倒塌抢险救援操。2005年,根据公安部新颁布的《执勤业务训练大纲》,组织市区4支武警(公安)消防队、5支企业专职消防队联合公安、交警、供电、供水、医疗等社会联动部门,以全省挂牌的重大火灾隐患单位——湘潭布市为假想目标,举行大型社会联动夜间灭火救援演练。演练持续40分钟,共调集29辆各类车辆、300余人参加演练,演练圆满成功。

二、灭火救援

1986年,武警湘潭市消防支队成立后,不断完善火灾的指挥调度程序,落实等级战备制度。注重第一时间出动力量,扑灭发生的各类火灾。9月11日凌晨,湘潭百货大楼因电路故障引起重大火灾,支队官兵及时控制火灾蔓延。至1990年的5年间,未再出现重特大火灾,年均出动扑救火灾次数在50至70次之间。

1991年6月16日凌晨,市中山工贸大厦发生特大火灾。消防支队调动武警消防第1中队3辆消防车和消防人员在极短时间内赶赴现场。由于中山工贸大厦不符合高层建筑设计要求,又没有防火隔离,火情严重危及相邻建筑,武警消防中队又出动2台消防车增援;随即,消防支队火速调动江麓机械厂、湘潭电缆厂、湘潭石油公司、湘潭纺织印染厂、湖南农药厂等企业专职消防队增援,共出动消防车7辆参加火灾扑救。历时40分钟将大火扑灭,相邻建筑安然无恙。1996年7月4日17时32分,市皮革制品厂因职工在仓库内违章吸烟引起特大火灾。消防支队接警后,调集公安、企业专职消防队17台消防车、130余名消防队员投入灭火,历时1小时36分,将这场特大火灾扑灭。至1996年的6年间,共接警出动1082次,出动警力17621人次,车辆2199台次。

1997年12月20日,市烟草公司三角坪仓库发生重大火灾,消防支队调动武警、企业消防队16台消防车、130人投入灭火,经过近2小时全力施救,保护3000多万元的库存卷烟,市政府给市消防支队记集体三等功,参加扑灭火灾的消防官兵有2人记二等功、8人记三等功,51人受到嘉奖。1999年6月5日3时50分,翔鹏精细化工有限公司原材料仓库起火,桶装丙烯腈、氯丙烯连连爆炸,50

多种化工原料燃烧所产生的有毒气体弥漫火场。消防支队调集12台消防车、78名官兵投入战斗，成功地扑救这起特殊火灾，挽回经济损失2000多万元。湖南省消防总队给岳塘区消防中队记集体三等功，给高志强、旷亚明记二等功，另有9人记三等功。2000年1月9日，金泉大酒店由于电气线路安装不符合要求发生特大火灾。消防支队先后调动11支武警、企业消防队，出动29台消防车、174名消防队员投入灭火。经过一个半小时将大火扑灭，解救出被困人员26人。12月4日11时，一名歹徒挟持一辆出租车冲向湘乡宾馆，在门前被保安人员阻拦后引燃爆炸物，导致3人死亡、39人受伤。湘乡市消防大队官兵经一个多小时的奋战，疏散所有人员，并将大火扑灭。湖南省消防总队给湘乡消防中队记集体三等功。2002年7月12日23时34分，湖南省铁合金集团有限公司2号化危物品仓库发生大面积燃烧爆炸。消防支队调派2支武警消防队、3支企业专职消防队共9台消防车、84名消防官兵参加扑救行动。奋战近10个小时，将大火扑灭，确保附近油库、液化气站、2个煤气贮柜及近居民的安全。2003年11月21日，湖南工程学院新校区施工工地发生山体塌方事故，8名民工被埋，消防支队调集5台执勤车，40名官兵赶往现场实施救援，经过3个多小时，救出4名民工。2004年5月8日13时35分，湘潭县云湖桥化工厂甲苯生产车间发生火灾爆炸，消防支队先后调集9支消防队、16台消防车、180名消防队员，历经3个小时，成功将大火扑灭。2005年，消防支队先后进行4月27日中天农化物产有限公司化工火灾、8月29日107国道特大交通事故和9月26日长沙暮云镇油罐火灾爆炸事故等重大灭火救援行动。至2005年的9年间，共接警出动6153次，其中抢险救援409次；出动警力逾85000人次，车辆11997台次，保护财产挽回经济损失4亿元，营救遇险人员284人。

图14-8-1 在危化物品仓库爆炸救灾现场的消防官兵

1986~2005年湘潭市火灾情况

表14-8-1

年份	发生数(起)	重特大火灾(起)	亡人数(个)	伤人数(个)	经济损失(万元)
1986	75	—	3	6	118.13
1987	58	—	2	3	41.90
1988	64	—	10	24	39.35
1989	50	—	6	9	40.42
1990	70	—	10	17	60.98
1991	53	1	7	12	410.30
1992	64	—	7	11	80.60
1993	45	—	6	12	127.70
1994	41	2	11	11	308.70

续表

年份	发生数(起)	重特大火灾(起)	亡人数(个)	伤人数(个)	经济损失(万元)
1995	58	—	4	1	360.00
1996	58	—	3	3	708.00
1997	237	—	6	9	223.70
1998	298	1	8	18	194.40
1999	174	—	3	2	38.10
2000	173	1	16	14	212.00
2001	222	4	9	8	434.00
2002	241	1	7	6	236.00
2003	328	—	4	6	207.00
2004	298	—	6	5	244.00
2005	405	1	9	10	233.00

第四节　消防设施

1986年，市政消防设施、企事业单位内部消防设施及易燃易爆物质存放点、高层建筑、公共娱乐场所、地下建筑、大型商场、仓库等，按照国家消防器材装备配置标准配置。每年，市政府拨出一定比例城市维护费用于安装市政消火栓；企事业单位也安排专项资金用于消防器材装备的添置及维护保养。各武警消防中队、企业专职消防队装备器材逐步更新，先后添置黄河、罗曼等重型水罐、泡沫消防车辆及火场照明、指挥车辆。20世纪90年代，消防装备设施建设投入逐步加大。1995年，投资125万元建成湘潭市“消防指挥中心”。增配8对火警专线，增设4个基地台。1996～1998年，按照《湖南省消防部队正规化执勤三年规划》要求，消防支队添置6吨以上水罐车2台、中(低)压泵车2台、专勤车1台、指挥车3台；添置一台价值300多万元举高消防车(举高45米)，各执勤中队均达到3台以上执勤车辆，共有执勤车辆17台。根据现代火灾扑救需要，各执勤中队配备发电机、扩张器、往复锯、剪断钳等整套专勤器材，按标准配齐空气呼吸器、隔热服等个人防护装备，车辆装备器材均达到基数标准。

2001年，消防支队投入200万元，购置消防执勤灭火车辆3台、照明车1台、火场摄影器材1套、脉冲式水枪、消防机动泵、液压破拆器具等一批执勤灭火器材。2002年，投资78万元，购置1台举高喷射消防车，补充近30万元日常消防器材；投入20万元，添置碳纤维完全呼吸器、重型防毒服等专勤防护器材。2003年，投入300万元，购置大功率水罐消防车和普通水罐消防车各1台，添置个人防护器材108件、抢险救援器材17件、常规器材120件。2004年，投入200万元，购置3辆大功率消防车和1台抢险救援车；投入100万元，添置一批气柱式救生气垫、躯体固定气囊等专勤、防护器材；完成350兆无线集群通信指挥系统建设。按照省公安厅“110、119、122“三台合一”要求，119指挥调度中心并入110指挥中心，实现计算机集中接警处警。2005年，全支队执勤车辆增至27台。投入200多万元，购置2台大功率水罐消防车和1台泡沫消防车及一批战斗服、空气呼吸器、呼救器等个人防护装备和抢险救援器材。

第十五篇　检察

概　述

1986年，湘潭市人民检察院辖湘潭县、湘乡县、雨湖区、湘江区、岳塘区、板塘区、韶山区、郊区等8个县、区检察院，设刑事检察一科、二科、经济检察科、法纪检察科、监所检察科和控告申诉检察科等业务机构。各县市区院根据其业务工作量和干警数量，设置相应科室或配备专人，至年底全市有检察干警329人。是年，继续贯彻执行全国人民代表大会常务委员会《关于严惩严重危害社会治安的犯罪分子的决定》和中共中央关于"集中打击，一网打尽"指示精神，参与"严打"斗争，并根据最高人民检察院"突出重点，查处大案要案"要求，探索办案工作标准化、规范化、制度化和文书格式化。1987年，对重点地区、重点单位、部门开展反盗窃、查禁卖淫嫖娼、赌博、打击流氓骚扰、反抢劫、反暴力犯罪专项斗争监督；对自行侦查职务犯罪案件实行侦、捕、诉分权。并在市内大中型企业设立10个检察室。根据中共中央《关于经济体制改革的决定》和全国人大常委会《关于严惩严重破坏经济犯罪的决定》精神，提出"系统抓，抓系统"的新思路，并在金融、税务、亏损严重企业等领域、部门开展反贪污、贿赂、投机倒把犯罪专项斗争。年底，成立经济犯罪举报中心。1988年，开展对侦查活动、审判活动监督，加强对全市各监管改造场所管教执法活动和监管安全检察。1989年，重点打击打、砸、抢、烧反革命犯罪和其他刑事犯罪活动。并根据最高人民法院、最高人民检察院联合颁发《关于贪污、受贿、投机倒把等犯罪分子必须在期限内自首坦白的通告》精神，重点查办经济犯罪案件。1990年1月，检察员游炳炎在加班办理一起经济诈骗案中因追捕脱逃案犯而壮烈殉职，被评定为烈士，市委、市政府作出《关于开展向游炳炎烈士学习活动的决定》。至1990年的5年间，共批决逮捕各类刑事犯罪和经济犯罪分子4329人，起诉2782人，免起诉579人，追诉89人，抗诉61人。初查经济案件线索1953件，立案查办1228件1432人，查办侵权渎职犯罪案件181件219人，为国家和集体挽回经济损失1500多万元。

1991年，参与"严打"专项斗争方式成为常态。通过办理批捕、起诉、自行立案侦查和强化出庭公诉活动，加强对侦查活动和审判活动监督；执行最高人民检察院"一要坚决、二要慎重，务必搞准"工作方针，重点查办亏损企业中的"穷庙富方丈""三机关一部门"（党政机关、司法机关、行政执法机关和容易滋生腐败行为的部门）中腐败案件和国家机关工作人员侵权渎职犯罪。8月，湘潭市检察院成立民事行政诉讼科。1992年，湘潭市行政区划变更，原雨湖区、湘江区、岳塘区、郊区被撤销，成立雨湖、岳塘区，湘潭市检察机关原8个基层院减为5个。是年重点抓对羁押期限检察，预防和纠正超期羁押，解决久押不决问题。1993年，严把案件免予起诉、不起诉关，控制免予起诉、不起诉率，保障案件质量。加大出庭公诉力度，公诉案件出庭率100%。1994年9月，市人民检察院驻市中医院法医检验所成立。1995年，贯彻执行最高人民检察院控申工作会议精神，重点抓控申工作专业化、制度化、规范化建设，全面担负举报线索受理和初查举报线索工作任务，做到文明接待，依法处理，事事有答复，件件有处理结果。市检察院控申接待室被最高人民检察院授予“全国检察机关文明接待室”。1996 年 1 月，全市检察机关成立刑事赔偿工作办公室。至 1996 年的 6 年中，批准逮捕各类刑事犯罪分子 4524 人，起诉 3981 人，免予起诉 621 人，抗诉 70 人，立案侦查各类经济犯罪 1014 件 1182 人，立案查办国家机关工作人员侵权渎职案件 225 件 270 人，挽回经济损失 6112 万余元。接待人民群众来信来访 9735 人次，其中检举控告 2153 人次，申诉 6260 人次。

1997 年，为保证案件质量，适用修改后的《中华人民共和国刑法》《中华人民共和国刑事诉讼法》要求，根据《中华人民共和国检察官法》精神和最高人民检察院要求，落实主诉检察官办案制。当年主诉检察官所办案件审结率 100%，起诉、不起诉案件正确率 100%。克服“办案为钱”“为钱办案”和跨区域、跨管辖范围办案等利益驱动的做法，把查办党政机关、司法机关、行政执法机关以及金融、建筑、粮食等重点部门和国有大中型企事业单位中的腐败案件作为反腐败斗争重点。1999 年，试行市院与各基层院联合办案机制，规范对减刑、假释、保外就医工作监督，继续加强对抗诉案件出庭和对庭审程序监督。至 2000 年的 4 年中，批准逮捕各类刑事犯罪分子 3413 人，起诉 3711 人，抗诉 33 人，立案监督 116 件；查办职务犯罪 524 案 664 人。挽回经济损失 4800 余万元。接待群众来信来访 4635 人次。

2001 年，根据市委作出的《关于开展预防职务犯罪工作的决定》精神，检察机关把打击职务犯罪与预防职务犯罪结合起来。市检察院成立职务犯罪案件侦查指挥中心。至年底，全市检察技术部门有司法会计、法医、文检等三大技术门类，有技术资质从业人员 10 人；司法警察实行编队管理。全市有检察干警 364 人。2002 年，强化对侦查活动和审判活动监督，推行职务犯罪“首办责任制”。驻看守所检察突出解决久押不决问题。市检察院被最高人民检察院授予“全国清理纠正超期羁押先进集体”。进一步规范民事行政抗诉程序，积极化解矛盾，妥善处理告急信访和集体上访。2003 年，完善侦查工作一体化办法，联合查办大要案件，积极探索刑事检察“普通程序简易审”。是年，市检察院和雨湖、岳塘区院分别被最高人民检察院授予“全国文明接待室”。2004 年，根据市委作出的《关于进一步加强基层政法队伍建设的决定》，加强检察队伍建设。雨湖区检察院被评为全国先进检察院。市检察院、岳塘区检察院被评为“全国信息化建设先进单位”。2005 年，开展“刑事执法质量年”活动，形成“上下联动，侦诉配合，诉审协调，内外纠错”审判监督工作机制。市检察院驻市看守所检察室评为“全国一级规范化监所检察室”；市检察院被省检察院评为全省检察机关规范化执法检察院。在全省第三届“十佳公诉人”暨公诉人团体论辩赛中，湘潭市检察机关代表队获公诉团体论辩赛冠军，谭天瑶、蒋智勇、张少华分获“全省十佳优秀公诉人第二、三、七名。至年底，全市在职检察干部 390 人。市院设政治部、办公室、研究室、纪检室、监察室、机关党委、办公室、行政装备科、侦查监督科、公诉科、反贪污贿赂局、反渎职侵权局、技术科、控告申诉科、监所检察科、法警支队、民事行政检察科、预防科 16 个科(室、局、办、队)。各县市区院根据各自实际情况，设置相应科、室、局、办、队或设专人。至 2005 年的 5 年中，批准逮捕各类刑事犯罪分子 5555 人，起诉 5439 人，不起诉 198 人，立案监督 112 人，刑事抗诉 35 人，立案侦查职务犯罪 384 案 478 人，挽回经济损失 2535 万元。监所检察对不符合监外执行条件提出收监建议 43 份，收监执行 33 人。民事行政诉讼检察依据向省检察院提请抗诉案件 40 件，向市中级人民法院提出抗诉案件 84 件。

第一章 刑事诉讼检察

第一节 审查批捕

1986年，贯彻执行中共中央《关于严厉打击刑事犯罪活动的决定》和全国人大常委会《关于严惩严重危害社会治安的犯罪分子的决定》，打击各类严重刑事犯罪分子，重点审查案件证据是否充分，被告人供述与其他证据是否一致，审查案件做到“基本事实清楚，基本证据扎实”。遇到重大疑难案件，在提请逮捕前，与公安机关协商解决办法和证据的补充。1987年，根据省检察院决定，检察机关自行侦查案件的审查批捕统一归口由刑事检察部门负责，加强对自行侦查案件的监督。1988年，配合公安、法院重点打击抢劫、盗窃、赌博、卖淫嫖娼活动。在5次专项斗争中，深入发案现场，参与实地勘查、讯问、询问、调查，全面掌握案件情况。共批捕人犯346人，占全年批捕总数49.2%。根据全省刑事检察工作会议精神，探索刑事检察工作制度化、规范化、科学化建设。至1988年的3年间，受理公安机关提请批捕案犯1982人，受理检察机关自行侦查案件移送批捕案犯218人，批准逮捕1884人，不批准逮捕192人。

1989年4～6月，不法犯罪分子冲击市党、政、司法机关打、砸、抢、烧，制造一系列反革命犯罪和其他刑事犯罪，检察机关严格区分罪与非罪和在打、砸、抢、烧活动中的反革命犯罪和普通刑事犯罪，受理提请逮捕的反革命犯和打、砸、抢、烧等刑事犯罪分子73人，批准逮捕反革命宣传煽动犯罪4人，流氓犯罪47人，扰乱社会秩序犯罪5人，抢劫犯罪2人，聚众扰乱交通秩序和破坏交通设备犯罪4人，不批准逮捕10人，退回公安机关补充侦查1人。

1990年，根据中央提出的“稳定压倒一切”指导思想，坚持“从重从快”打击刑事犯罪和“从重从严”打击经济犯罪“两打”方针，突出打击杀人、抢劫、流氓、强奸、重大盗窃等七类严重犯罪和贪污、贿赂犯罪案中的大要案件。1992年，根据最高人民检察院《刑事检察工作细则》和《湖南省自侦案件审查批捕工作细则》规定，结合实际情况，制定自行侦查案件统一归口刑事检察部门制度、“追捕”漏报犯罪制度、实地核查证据制度、备案审查制度和复核复议等制度。至1992年的3年间，受理公安机关提请批捕案犯3571人，受理检察机关自行侦查案件移送批捕案犯187人，批准逮捕3337人，不批准逮捕252人。

1993年起，针对刑事案件发案率高、团伙犯罪案件突出，而报捕案件却逐年减少情况，突出“严格执法，积极办案，强化监督”工作重点，积极参与各项专项斗争，并采取“提前介入”侦查活动、复查以前的不捕案件、捕后作不诉、免诉、撤案和判无罪案件等措施，突出“稳、准、狠”与“从重从快”的“严打”精神，发案多、打击少的状况被改变。至1996年的4年间，受理公安机关提请批捕案犯4679人，受理检察机关自行侦查案件移送批捕案犯398人，批准逮捕4475人，不批准逮捕331人。

1997年起，市检察部门连续三年举办修改后的《中华人民共和国刑法》和《中华人民共和国刑事诉讼法》（下称新“两法”）学习班，制定办案制度，规范办案行为，使批捕案件质量达到“五无”（无错捕漏捕的;无捕后作绝对不诉的;追捕的犯罪嫌疑人无公安机关提出异议的;作不捕决定公安提出复议,复议后无改变原决定的;捕后的起诉案件没有被判无罪和免刑的)标准。至1999年的3年间,受理公安机关提请逮捕的案件2361案3785人,审查批准逮捕2361案3322人;受理检察机关自侦部门提请逮捕的案件175案201人,决定逮捕165案176人。

2000年,全面开展"执法效果年"活动,配合公安机关开展打拐、禁毒、打击邪教、打击假币等专项斗争,深入12个工作联系点调查研究,充分掌握斗争动态和情况,对提请报捕的1397名犯罪嫌疑人,做到快审快结。2001年,审查批捕科更名为侦查监督科。按照最高人民检察院和省委的统一部署,结合公安部《关于依法严厉打击严重刑事犯罪活动的通知》精神,充分发挥《案件证据补充侦查提纲》作用,准确把握批捕案件"两个基本"(基本事实、基本证据)要求。湘乡市检察院在办理该市山枣镇白沙村原支部书记陈某某,原村会计谭某某等12人非法拘禁、寻衅滋事、容留妇女卖淫、妨害公务案时,仅用一天时间,就对涉嫌四个罪名的12名嫌疑人作出逮捕决定。2002年,推行审查逮捕方式转变,取消阅卷笔录,简化内部工作程序;强化引导侦查取证工作;建立工作协商机制;利用《提供法庭审理证据意见书》引导取证方法,大胆引导侦查取证;对案件"提前"介入转变为"适时"介入,提出侦查意见和建议。按照省检察院制定的常见罪名逮捕证据规格办事,克服办案中的任意性。全年适时介入各类复杂疑难案件22案45人,提出意见100余条;对16案28人因事实不清、证据不足案件,运用补证提纲引导侦查取证,提出补证要求70多条。2004年,突出"强化法律监督、维护公平正义"执法理念,以"刑事执法质量年"活动为契机,总结工作经验,制定《重特大案件适时介入侦查制度》《案件退补协商制度》《疑难案件会商制度》《公、检两家联合会议制度》《案件备案审查制度》以及《案件请示制度》等。全年会商案件72案133人,解决分歧意见66件121人。在办理全市首例制造、贩卖"K粉"案件中,市检察院侦查部门主动与公安机关联系,协商解决案件有关证据认定和毒品成分定罪标准以及罪行认定问题。至2005年的6年间,受理公安机关提请批捕案犯10594人,受理检察机关自行侦查案件移送批捕案犯464人,批准逮捕9572人,不批准逮捕883人。

第二节　审查起诉

1986年,审查起诉工作继续执行依法"从重从快,一网打尽"方针,坚持"两个基本"(凡起诉的案件都要基本事实清楚,基本证据扎实、充分,程序合法)案件起诉标准,坚持个人阅卷、集体讨论、检察长决定,重大疑难案件提交检察委员会讨论制度,重点审查证据真实性、合法性、关联性。1987年,打击刑事犯罪活动的斗争转入经常性打击与专项斗争相结合阶段,对自行侦查的刑事案件由刑事检察部门审查起诉,实行侦、捕、诉分权。1988年,建立和健全案件请示汇报制度、重特大疑难案件讨论制度、案件专人负责审查制度,免予起诉实行"三级负责、二级审查制度";制定《审查起诉工作规范要求试行规定》《审查起诉工作规范化试行规定计分标准》。郊区检察院在办理彭某泉、彭某伟故意伤害致死案时,针对彭某泉的"翻供",办案人员四次深入发案地调查,挖出真凶,洗清彭的冤情,受到省检察院表彰。至1988年的3年间,共审查起诉刑事犯罪1908人,经济犯罪102人;免予起诉217人。

1989年,按照省检察院《刑检起诉部门提前介入工作试行办法》规定范围(即:特别重大案件、重大反革命案件,认为有必要提前介入的其他形式案件),提前介入案件 84 件,占案件受理数 15%。盗窃犯江某某、谢某某流窜湘潭作案,打伤警察,抢夺枪支,并对群众开枪。市检察院副检察长带领起诉科办案人员,在案件预审阶段介入案件调查和讯问被告人,案件移送起诉后,仅用 6 天时间便提起公诉,江犯被判处死刑。1990 年,刑事犯罪案件大幅度上升,犯罪团伙、重特大恶性案件明显增多。为及时打击犯罪,起诉部门对 49 件 146 人流氓团伙、37 案 138 人抢劫团伙、260 案 599 人盗窃团伙案件提前介入。平均结案时间 6 天。当年复核案件 960 件,补充证据 4650 份,复核证据 4000 余份。至 1990 年的两年间,共审查起诉刑事犯罪 2260 人,经济犯罪 264 人;免予起诉 641 人。

1991 年,免予起诉案件(以下简称免诉)比率过高,又以经济案件高于刑事案件。其主因是应当起诉而作为免诉;事实不清,证据不足而作为免诉;不构成犯罪,为了"下台阶"而作免诉三种。为尽快纠正免诉率过高现象,审查起诉部门贯彻最高检察院《关于贪污、受贿案件免予起诉的规定(试行)》和省检察院紧急会议精神,严把案件起诉关。当年刑事案件免诉 107 人,占起诉案件 10.2%;经济案件免诉 135 人,占起诉案件 108%。案件免诉率有所下降。1992 年,刑事案件免诉 133 人,占起诉案件 14.2%;经济案件免诉 143 人,占起诉案件 230%。案件免诉率不降反升。1993 年,把免诉工作作为一项重点工作,严格把关,特别是严把经济犯罪案件免诉关。市检察院规定,凡经济犯罪案件,案值 3000 元以上,5000 元以下应当免诉的,需经拟作出免诉决定的基层检察院检察委员会讨论同意并报请市检察院批准,同时还加强对免诉案件备案审查。当年刑事案件免诉 93 人,经济案件免诉 45 人,分别比上年下降 30%、69%。1994 年,为进一步巩固免诉率,市检察院规定:各基层检察院的免诉案件一律报市检察院备案审查;经济案件免诉应当请示市检察院审查批准;免诉案件一律交集体讨论,科室负责人同意,检察长批准。除制定程序性规定外,还制定实体性的规定:有前科的不能免诉;共犯中的主犯不能免诉;一人犯数罪的不能免诉;经济案犯犯罪数额超过 5000 元没有自首立功情节的不能免诉。当年全市经济案件免诉率 32.9%,刑事案件免诉率 7.6%。1995 年,在落实已有的制度外,探索经济案件免诉听证申辩制度。案件免诉率比上一年又有下降,刑事案件为 6%,经济案犯为 25%。至 1995 年的 5 年间,共审查起诉刑事犯罪 5098 人,经济犯罪 470 人;免予起诉 945 人。

1996 年,配合全国又一次"严打"斗争,采取提前介入措施,办理起诉案件 757 件 1388 人。7 月,湖南省人民检察院在雨湖区检察院召开不起诉工作研讨会,推广雨湖区检察院不起诉案件审查办法。1997 年,审查起诉部门增强证据审查意识,重视证据合法性审查,重视视听资料证据形式;运用技术手段固定证据,增强证据法律效力和证明力。为全面认真听取律师意见,制定《律师接待制度》,设置律师接待室。针对相对不起诉、绝对不起诉、存疑不起诉三种情况,制定《不起诉案件审查制度》,对经济案件的审查起诉按新法规定办,检察院侦查的经济案件,由市检察院起诉科承担,不够审级规定的,由市检察院派员以基层检察院代理检察员身份出庭支持公诉。1998 年,围绕"创湘潭审查起诉工作特色,树湘潭公诉人形象"的要求开展工作,全年案件审结率 100%,不起诉正确率 100%,无无罪判决。1999 年,全面落实主诉检察官办案责任制和错案追究制,市检察院制订《实施意见》,对主诉检察官的条件、任免、职责、待遇、考核、奖惩等方面进行规定。当年经过考试、考核等程序,全市产生主诉检察官 20 名,其中湘潭市检察院 4 人,湘潭县检察院 4 人,湘乡市检察院 4 人,雨湖区检察院 4 人,岳塘区检察院 3 人,韶山市检察院 1 人。至 2000 年的 5 年间,共审查起诉刑事犯罪 5088 人,经济犯罪 478 人;免予起诉 168 人。

2001 年，加强案件质量规范化管理，制定《审查起诉工作考评办法》。2002 年，在打击“三类犯罪”（严重暴力犯罪、多发性财产型犯罪、黑恶势力团伙犯罪）中，探索起诉工作机制改革，开展审查起诉引导侦查取证探索。2003 年，在禁毒专项斗争中，起诉毒品犯罪 46 案 47 人。市检察院起诉部门被评为“禁毒先进单位”。2004 年，以“刑事执法质量年”为契机，针对办案细节上不严谨、不完善、不规范问题，制定审查起诉办案流程一览表，统一法律文书格式制作；探索刑事和解新路子，对轻微刑事案件，促成刑事和解，减少社会不安定因素。2005 年，以“公正执法”为目标，用制度规范约束执法行为，保障“公平正义”。至 2005 年的 5 年间，共审查起诉刑事犯罪 7216 人，经济犯罪 272 人；免予起诉 381 人。

第三节　出庭公诉

1986 年，检察机关出庭公诉主要是出席第一审法庭支持公诉。提起公诉案件，除经由人民法院同意不出庭以外，检察院应派员出席法庭支持公诉。公诉人出庭宣读起诉书，参与法庭调查，证明犯罪，发表公诉词，参与法庭辩论，指控和揭露犯罪。公诉人由检察员或助理检察员担任。只有 1 名被告人或案情较为简单的，由 1 名检察员担任公诉人；多名被告人或案情较复杂的，由 2 名以上检察员出庭公诉。8 月，最高人民检察院制定《人民检察院出庭工作试行规定》，对出庭公诉任务、程序、公诉人的素质提出明确规定。全年公开审判 387 案，检察院均派员出席法院支持公诉，发表公诉词 42 万余字。1987 年，开展争当“优秀公诉人”活动，组织出庭观摩；采取听、看、议、评等办法，评选优秀公诉人。有 11 人被评为市优秀公诉人，有 3 人被评为省优秀公诉人。1988 年，公诉 418 案，组织 39 次出庭观摩。岳塘区检察院 19 个案件组织区人大代表观摩，人大代表对此满意。1989 年，探索公开宣布免诉作法，对作出免诉案件，选择行为人犯罪所在地或居住地召开免诉会，公开宣布对行为人免诉决定。至 1990 年的 5 年间，全市出庭公诉 2471 案 4146 人。

1991 年，对 242 人公开宣布免诉，发表免诉词 23 篇，1 万多群众参加旁听。1993 年起，出庭公诉实行领导把关制度。检察长带头出大庭、难庭，示范庭。市检察院制定优秀公诉人培训计划，加强对公诉人队伍培训。7 月，开展公诉人论辩对抗赛活动。岳塘区检察院、湘潭县检察院和湘乡市检察院分获第一名和并列第二名，1 人被评为全省优秀论辩手。1994 年，开展出庭公诉观摩活动，实行公诉部门负责人对出庭公诉案件严格把关制度。公诉科长应熟悉公诉案件主要证据材料和案情，并与出庭公诉人共同研究庭审中可能提出的问题和出现的困难及解决的对策。至 1995 年的 5 年间，全市出庭公诉 3019 案 4132 人。

1996 年，为迎接修改后的“两法”实施，按照修改后的《中华人民共和国刑事诉讼法》规定，雨湖区检察院试出第一个示范庭。省委政法委、市委政法委主要负责人观摩庭审全过程，并给予充分肯定。1997 年，公诉部门制订出庭公诉工作考评标准，对法律文书制作、庭前准备工作和法庭示证、质证、法庭论辩、公诉人语言、仪态等内容进行详细规定。这一年检察机关起诉科更名为公诉科。出庭公诉由原来纠问式转变为控辩式。全年组织 97 场观摩示范庭，1 人被评为全省“十佳优秀公诉人”。1999～2000 年，公诉工作全面推行主诉检察官制度，制定《关于规范出庭公诉的若干意见》，规范主诉检察官出庭公诉工作标准、职权和责任。主诉检察官办案“谁主办谁负责”。市检察院主诉检察官在公诉陈某燕等6人特大贪污、挪用、涉税案件前，制作6万多字阅卷笔录，2万多字公诉意见，4万多字举证、答辩提纲。案件公诉达到法制效果、社会效果、政治效果统一。这两年，还探索刑事案件普通程序简易审具体做法与标准。至2000年的5年间，全市出庭公诉3433案5393人。

2002年，根据最高人民检察院《关于适用普通程序审理被告人认罪案件的若干意见(试行)》规定。对罪行轻微，如实交代犯罪事实，认罪态度好，有悔罪表现被告人不出庭公诉，建议法院简易审。根据“普通程序简易审”条件，全年对93案22人建议法院适用普通程序简易审。2003年，岳塘区检察院公诉科副科长欧阳昊被最高人民检察院授予“全国十佳公诉人”称号。2004年，开展检警“三庭”工作(警察出庭、警察听庭、警察评庭)，提高公诉水平。开展优秀公诉文书评选活动，提高公诉人法律文书水平。市检察院被评为全省公诉文书评比优胜单位，市检察院制作的王某某贪污案不起诉决定书被评为全省十大优质公诉文书，市检察院1人被评为“全省优秀公诉人”。2005年，以省检察院举办的全省“十佳公诉人”论辩赛为契机，对公诉人队伍进行政治、业务“两个素质”培训。在参加全省十佳公诉人论辩赛中，湘潭代表队获团体第一名，有3人获全省“十佳公诉人”。这年，“十佳公诉人”论辩赛湘潭代表队应天津市检察院邀请参加天津市公诉团体控辩赛，受到专家、学者、教授赞扬。至2005年的5年间，全市出庭公诉4257案6955人。

第四节 侦查监督

一、侦查活动监督

1986年，根据最高人民检察院加强“侦查活动监督”和“审判活动监督”意见，开展“两个监督”活动。岳塘区检察院在审查一起司法精神病鉴定结论时，发现行为人言行举止无异常反应，便对鉴定结论提出质疑。办案人员深入发案单位进行全面调查，证明行为人既无精神病，也无精神病家族史。再次鉴定推翻原结论，行为人被判处有期徒刑。1987年，加强对检察机关自行侦查案件的侦查活动监督，自行侦查案件的审查批捕、起诉、出庭公诉工作归由刑事检察部门负责。至1987年的2年间，发现侦查活动违法64起，决定不捕59名，占提请逮捕人数8.9%，退捕31名，建议公安机关撤捕16名。

1988年，监督重点放在防止放纵犯罪行为发生，保护无罪的人不受追诉，保障刑法正确实施。湘江区检察院在办理一起抢劫案时，发现同案犯黄某通过贿赂案件侦办人员，一起重大刑事案件转为治安案件处理，通过监督，侦查机关将黄某移送检察机关批捕。全年对自行侦查的经济案件决定不捕1人，撤案3案3人，保护无罪行为人不受法律追诉。1989年，防止案件审查中“左”的倾向，对“打、砸、抢、烧”活动中的反革命犯罪审查，坚持依法办事，对有轻微违法行为尚未构成刑事犯罪的10人，不予逮捕。至1990年的3年中，向公安机关提出纠正违法意见100案182人，向发案单位提出安全防范检察建议34条。

1991年，开展对捕后改变强制措施，不捕、退回补充侦查等类案件的跟踪监督。1993年，将侦查监督工作列入岗位责任目标管理，制定《侦查监督情况登记表》和《公、检、法联席会议制度》等。当年对事实不清、证据不足的38案62人退回公安机关补充侦查，建议公安机关追捕犯罪嫌疑人8人，对公安机关侦查的41案58人中出现违法情况提出纠正意见。在联席会议上，通报1985年以来批捕在逃人员情况，并向公安机关提出追捕逃犯的建议，有 9 名批捕在逃人犯被缉拿归案。至 1993 年的 3 年间，对 220 名不构成犯罪或虽构成犯罪但没有逮捕必要的行为人作出不批准逮捕决定。

1994 年，以保障当事人合法权益为监督工作重点，对公安机关在侦查活动中的违法行为及时提出纠正意见 48 条。岳塘区检察院在办理赵某等强奸案时，发现被告人亲属作伪证，侦查人员不严格依法办事，将被害人幼女年龄改为少女年龄，将违背女方意志发生性行为改为恋爱中发生性行为，企图否认被告人强奸事实。检察机关办案人员查明事实真相，纠正侦查人员的违法行为。"故意杀人"犯郭某被刑事拘留，检察机关受理后，查明郭的行为不构成犯罪，对郭作出不予逮捕决定，公安机关不接受这一决定，仍将郭羁押于看守所。期间，市检察院向市公安机关提出释放意见未被采纳，在省人民检察院监督下，向市公安局发出违纪违法通知书，郭某在被违法羁押 50 天后释放。1996 年，建立对批捕（含不捕）、退补决定执行情况跟踪监督，捕后变更强制措施通报，"在逃""另案处理"情况登记等制度，发现、纠正和减少在侦查活动中任意变更强制措施现象。全年提出纠正意见 11 条，建议公安机关报捕 66 人，直接决定逮捕 12 人。

1997 年，根据新《中华人民共和国刑事诉讼法》规定，针对在执行强制措施上存在有法不依、违法取保、超期羁押等问题，加强对捕后改变强制措施监督。对全市 87 名捕后变更强制措施的犯罪嫌疑人进行专题调查，并将调查材料上报上级检察机关、同级党委政法委，对 99 名已被刑事拘留，但没有被批准逮捕犯罪嫌疑人进行跟踪监督，预防违法羁押情况发生。1998 年，发现公安机关侦查活动违法 59 次，发出书面纠正违法通知书 19 份。对防漏、追逃工作采取"三不放过"（对余罪，漏犯不放过；对涉案"在逃"人员，"另案"处理人员不放过；对嫌疑人检举揭发他人犯罪不放过）办法。全年追捕犯罪嫌疑人 62 名。1999 年，重点加强对犯罪嫌疑人羁押期限监督，对不符合法定规定或达不到法定规定延长侦查羁押期限案件，不批准延长羁押期限，对超期羁押的及时向侦查部门发出"纠正违法通知书"。至 2000 年的 4 年间，提出书面纠正违法通知书 410 份。

2001 年起，全市两级侦查监督部门加强与同级公安刑侦、经侦等部门联系，并建立联系制度，适时介入公安侦查活动，在介入中研究解决侦查工作中出现的重大疑难问题，把证据隐患和缺陷解决在案件报捕之前。至 2005 年的 5 年间，公、检两家召开联席会议，共商疑难案件 72 案 133 人，追捕犯罪嫌疑人 308 名。岳塘区检察院跟踪监督的犯罪嫌疑人徐某某，潜逃 5 年后被抓捕归案，获刑 14 年。

二、立案监督

1979 年的《中华人民共和国刑事诉讼法》没有规定人民检察院立案监督。1993 年，湖南省人民检察院针对实践中出现的有案不立、有罪不究、以罚代刑、以教代刑情况，决定把查处不严格依法办事、执法违法、徇私枉法的立案监督工作交由审查批捕部门办理。根据这一决定，全市检察机关分别选择在本地影响大、群众反映强烈的 2 案 8 人，直接立案侦查。黄某某为首的 4 人抢劫、流氓团伙被群众当场抓获扭送公安机关，公安机关未予追究。雨湖区检察院排除干扰，对涉嫌犯有流氓罪、抢劫罪的黄某某 4 人团伙立案侦查，黄等 4 人被判处有期徒刑。1995 年，把立案监督作为侦查监督工作重点，办理立案监督案件 12 件 14 人，当年办结的 3 案 4 人，1 人被判处无期徒刑，2 人被判 15 年有期徒刑，1 人被判 15 年以下有期徒刑。市检察院在立案查办范某某特大盗窃案中，深挖出一起公安执法人员徇私舞弊案。1996 年，立监督案件 24 件 28 人。犯罪嫌疑人郭某某当着村民面强奸村民何某某,被害人何某某报案后,郭只受到治安拘留处罚。湘潭县检察院在得到群众举报后,直接对郭立案侦查,郭被判处无期徒刑。市检察院刑事检察一科被最高人民检察院评为先进集体。至 1996 年的 2 年间,全市审查批捕部门立案监督案件无论是案件数量还是质量均居全省前列。

1997 年,修改后的《中华人民共和国刑事诉讼法》规定检察机关立案监督权。检察机关根据新的法律规定,转变监督观念,改变监督方法,加大侦查案件监督力度,扩大监督案件线索来源,除在提请逮捕案件审查中发现监督案件线索外,还接受群众举报和上级机关交办的立案监督案件线索。全年发现应当立案而未立案线索 53 条,初查后,依法向公安机关发出立案通知 36 件,抓获刑事犯罪嫌疑人 61 名,查办公安干警徇私舞弊、私放犯罪嫌疑人案件 1 件 1 人。1998 ~ 2001 年,审查批捕部门采取积极措施,不放松刑事案件立案监督工作。通过立案监督,有案不立现象明显减少。至 2001 年的 5 年中,查办立案监督案件 186 件。

2002 年起,突出抓大案。当年在立案监督案件线索逐年减少情况下,湘潭市和湘潭县检察院分别在湘潭市区街道、湘潭县中路铺镇开展立案监督工作宣传。群众举报湘潭县村民王某某有重大犯罪嫌疑。市检察院初查后认为王某某犯有强迫妇女卖淫罪,周某某、陈某某、黄某某犯有组织妇女卖淫罪重大嫌疑,且罪行严重,依法向市公安局发出立案通知书。王某某强迫妇女卖淫,情节十分恶劣,被判处死刑,周某某、陈某某、黄某某等人组织妇女卖淫,分别被判处有期徒刑。2004 年,市检察院在办理一起合同诈骗案时,发现涉案人陈某的行为属于经济纠纷,没有犯罪事实,不需要追究刑事责任,依法向公安机关发出撤销对陈某的刑事立案的《纠正违法通知书》,陈案被撤销。是年,通过监督,还排查出 4 起涉案金额 5 万元以上案件,因均不构成犯罪而未受到刑事立案追诉。至 2005 年的 4 年间,立案监督案件 44 件。

1986~2005 年湘潭市侦查监督情况

表 15-1-1 单位:人

年份	批捕	不捕	退补	追捕	立案监督	复议
1986	584	59	31	—	—	无
1987	597	58	10	12	—	无
1988	473	36	11	12	—	无
1989	1185	87	—	—	—	无
1990	1490	69	—	9	—	无
1991	1100	88	—	—	—	无
1992	520	95	—	10	—	无
1993	956	49	38	8	—	无
1994	654	83	—	—	2	无
1995	586	24	—	25	12	无
1996	708	—	—	50	13	无
1997	630	—	—	55	53	无
1998	720	114	—	107	50	无

续表

年份	批捕	不捕	退补	追捕	立案监督	复议
1999	877	170	—	114	51	无
2000	1186	160	20	77	28	无
2001	999	91	—	86	4	无
2002	831	73	—	43	8	无
2003	1632	139	—	48	4	无
2004	1013	128	—	59	11	无
2005	1089	102	—	66	25	无

第五节　审判监督

1986年起，根据最高人民检察院提出的"对法庭审判活动中的违法情况及时口头提出纠正，对违法情况严重的应提出书面纠正违法意见；对人民法院确有错误的判决、裁定应依法提出抗诉"要求，全市两级检察机关对同级法院的审判活动进行监督。湘潭县检察院在公诉刘某某等6人盗窃案件的庭审调查中，审判长将6个被告人一并提审，并将法庭内部初拟定的盗窃数额一一告知被告人并与之核对，对这一违反程序的做法，公诉人向法庭提出严肃纠正意见，休庭审后又向法院提出书面纠正意见。1989年，对法院判决认定的犯罪事实确有遗漏，或案件定性错误，或以罚代刑、量刑畸轻三个方面进行重点监督，解决有罪不究、以罚代刑、重罪轻判和庭审违法问题。至1989年的4年间，全市检察机关以书面、口头两种形式提出纠正违法意见160条次，对46起法院判决提出抗诉。

1990年起，加强对庭审活动监督和抗诉工作。抗诉不再以法院是否改判为标准，而是以事实为依据，以法律为准绳，严格审查判决、裁定书。对法院定性不准、量刑畸轻的判决、裁定，敢于抗诉、善于抗诉。盗窃犯夏某某因盗窃被判处死刑。为逃脱死刑，夏犯通过律师串通公安干警罗某为夏犯提供虚假立功证明材料。罗某涉嫌徇私舞弊罪，被市检察院立案侦查。夏犯死刑被执行。至1995年的6年间，对庭审活动违法提出口头纠正意见211次，提出书面纠正意见16次，抗诉案件64件。

1996年，针对审判活动的合法性和刑事判决的准确性，采取内外结合方法加强监督。内部监督重点是通过对"三书一表"(起诉意见书、起诉书、判决书、对判决书审查意见表)审查，外部监督重点放在查处司法人员放纵犯罪、徇私舞弊、重罪轻判等问题上。苏某某盗窃案，原判刑期15年，抗诉后改判为无期徒刑。1997年，根据新的《中华人民共和国刑事诉讼法》要求，审判监督以案件抗诉为重点，做到应抗尽抗。检察机关除认为需要抗诉的案件外，还受理被害人抗诉请求。全年主动提出抗诉案件9件，受理受害人及其亲属抗诉请求29件，有4件符合抗诉条件，依法提出抗诉。1998年始，公诉人出席二审法庭，支持抗诉。为提高抗诉出庭质量，公诉人在出庭前，采取"两书对照"办法(一审判决书、抗诉书)，审查判决中的错误，抓住问题关键，提出抗诉理由，围绕争议焦点，做好庭前准备工作。在出庭支持抗诉中，重点突出对案件性质、事实认定分歧点，进行法庭举证、质证和答辩，促使合议庭接受抗诉意见，实现抗诉目的。韶山市法院将一贪污犯罪嫌疑人判无罪，检察机关提出抗诉，二审维持原判，为维护法律严肃性，市检察院组成专门办案组，对该案主要证据重新进行复核，经由省检察院依法向省高级法院提出抗诉。检察机关为提高抗诉案件质量，其抗诉理念也从“敢于抗，善于抗，”转变到“敢抗不盲目，善抗不疏漏”的层面。至1999年的4年间，全市抗诉46案。

2000年，审判监督工作更新观念，完善抗诉工作制度，使刑事抗诉工作逐步走向制度化和规范化。2002年，抗诉工作提出“慎重、准确、及时”原则。2004年，审判监督追求“敢于监督、善于监督、有效监督”目标。2005年，建立健全“上下联动、侦诉配合、诉审协调、内外纠错”抗诉工作新机制，使抗诉工作做到，在量上该抗则抗，在质上抗则抗准。至2005年的6年间，全市抗诉76案106人，改判率77.8%。

1986~2005年湘潭市审判监督情况

表15-1-2　　单位：人

年份	起诉	免诉	不诉	追诉	抗诉	退补	说明
1986	439	46	4	16	8	—	—
1987	417	27	3	15	8	—	—
1988	480	67	3	8	19	20	—
1989	653	214	7	41	11	—	—
1990	793	225	7	9	15	—	—
1991	659	139	5	36	20	—	—
1992	514	160	—	12	—	—	—
1993	498	67	3	14	6	—	—
1994	815	82	—	21	12	15	—
1995	751	31	—	18	11	—	—
1996	744	162	—	13	21	—	—
1997	735	4	32	—	9	—	修改后的《中华人民共和国刑事诉讼法》取消了案件免予起诉规定
1998	821	—	11	38	6	—	
1999	1266	—	5	62	10	—	
2000	889	—	15	16	8	—	
2001	1276	—	31	30	12	74	
2002	912	—	28	62	13	—	
2003	949	—	38	20	10	—	
2004	1041	—	60	—	—	241	
2005	1264	—	41	—	—	232	

第二章　职务犯罪检察

第一节　反贪污贿赂检察

1986年，根据最高人民检察院反腐败斗争要“突出重点，集中力量，查处大案要案”和“把经济犯罪分子的嚣张气焰压下去”的精神，全市检察机关把打击经济犯罪作为主要任务，8个基层院均由院领导带头，重点查办厂矿企业中的经济犯罪。此时期贪污、贿赂犯罪立案标准为500元，万元以上的属大案，5万元以上案值属特大案件。当年立案207件248人，其中重大、特大案件41件，挽回经济损失240余万元。这一年，市人大八届四次会议作出《关于加强经济监督和经济司法工作的决定》，为检察机关反腐败斗争排除干扰、阻力提供保障。1987年，采取专门机关同群众路线相结合、"系统抓、抓系统"的办法，开展打击经济领域犯罪专项斗争。为解决信息不灵、渠道不畅问题，检察机关在大型厂矿和重要经济部门建立"检察室"或设"检察联络员"。1988年，市检察院制定《关于充分发挥检察机关职能作用为发展生产服务的意见》，重点打击破坏经济秩序、影响经济发展、中饱私囊的腐败案件。市检察院在市税务系统中查办立案31案，占全市经济立案总数28%。至1988年的3年间，立案查处各类经济犯罪案件417案495人，其中，大要案105人，挽回经济损失857万元。

1989年，贯彻最高人民法院和最高人民检察院联合发布《关于贪污、受贿、投机倒把等犯罪分子必须在限期内自首坦白的通告》，全力投入反贪污、反贿赂斗争。检察机关内部打破科室界限，采取全院"一盘棋"办法，使用干警力量；请示市委、市政府同意，从党政机关抽调干部协助工作。重点查办贪污、贿赂两大类案件，特别是大案要案。在《通告》威力和打击腐败犯罪声威震慑下，《通告》期限内，全市有84人向检察机关投案自首，交代犯罪金额53.1万元，退交赃款、赃物折价47万多元。犯罪金额万元以上的13人。有73人在《通告》期限内主动坦白交代问题，交代犯罪金额93万元，退款90.2万元。全年受理经济犯罪线索1609件，经过初查，立案468件548人。其中，大要案件133件，所立贪污贿赂案件数居全省第一。1990年，继续落实"两高"《通告》精神，在积极消化已有线索同时，受理新的自首坦白和举报线索1008起，重点初查853件，立案侦查375件430人。其中，特大案17件，重大案件91件。1991年，检察部门注重强化侦查意识，提高侦查技能和对案件的突破能力，注重查办案中案，从个案中查办窝案，从小案线索中查办大案，将疑案办成铁案。在湘乡铝厂工程部24名工作人员中，19人涉嫌经济问题，湘乡检察院立案查处4件4人。岳塘区检察院在江滨机器厂挖出窝案4件7人。全市查办贪污、贿赂窝案15个，立案39件53人。1992年，贯彻"一要坚决，二要慎重，务必搞准"原则，加强与纪检、监察、工商等部门配合，开展打击腐败犯罪专项斗争。在非正常亏损严重企业中深挖犯罪40案，占立案数30%。1993年，坚持"三个集中"（领导精力集中、干警力量集中、后勤保障集中）办法，重点打击党政机关中腐败犯罪。受理腐败犯罪案件线索679件，立案侦查贪污贿赂案件75件。其中，查处县处级干部9人，党政机关18人，犯罪金额10万元至100万元的14人。至1993年的5年中，立案查处各类经济犯罪案件1376案1603人，其中大要案件37人，挽回经济损失2680万余元。

1994年，根据中央政法委"6·6"电话会议和中纪委"6·9"电话会议及全国、全省检察长会议精神，澄清反腐败斗争"不可不反、不可真反，不可彻底反"的模糊观念，克服松懈情绪。针对被告人、证人翻供翻证的情况，及时研究反翻供翻证对策：加强对旁证材料收集、对证据的固定；充分利用物证、书证作用；注重解决证据之间的矛盾，使之形成锁链，将疑案难案办成铁案。当年立案查办100件贪污贿赂案、20件利用增值税发票犯罪案、3件假冒商标和制售伪劣商品案，无一出现翻供翻证情况。1995年，重点查办国有大型企业中"穷庙富方丈"案件。湘潭锰矿非正常亏损严重，职工工资无保障，群众纷纷上书中央、省、市，要求彻查该矿腐败行为。市检察院经过3个多月侦查，逮捕矿长容某（副厅级）、销售处副处长张某某和财务处处长池某某。全年立案侦查贪污、贿赂、挪用公款、偷税骗税、假冒商标等经济犯罪案161件，侦结160件，贪污贿赂案占总数70%，为国家和企业挽回经济损失1300万元。1996年，为了获取更多反腐败线索，检察系统设立举报奖励基金，奖励举报有功人员；密切与纪检监察等部门的配合。市检察院查处审判人员在民事案件审判工作中贪污受贿、徇私舞弊、枉法裁判案4件4人。岳塘区检察院立案查处区法院执行庭审判员李某利用职务之便受贿13663.95元、挪用执行款30754.24元案。至1996年的3年中，立案查处各类经济犯罪案件481件557人。其中，大要案61人，挽回经济损失4843万元。

1997年，修改后的《中华人民共和国刑法》《中华人民共和国刑事诉讼法》施行。"两法"规定反职务犯罪的主体范围缩小，传唤时间缩短，破案难度加大。反贪部门采取：强化秘密初查，隐蔽侦查意图，主动出击，果断立案。当年受理经济罪案线索286件，立案153件181人。这一年，市检察院、湘乡市检察院在办案中相继发生当事人跳楼，造成两人死亡事故。为吸取教训，应对反腐败斗争新情况和新问题，1998年，反贪工作实行侦查工作"三归口"(侦查权归口有侦查职能的部门，非职能部门不能查办职务犯罪案件；线索归口统一管理；案件线索初查归口主管领导审批)、办案流程"四把关"(立案审查关，办案程序关，法律文书制作关和对证据的固定关)办案措施，对没有侦查方案的案件不批准立案，侦查必须依方案进行。重点是在司法机关、行政执法机关、金融、建筑、粮食以及国有大中型企业等部门和单位查办腐败案件。是年，在上述重点部门查处腐败案件101件，占立案数66.1%。1999年，侦查工作探索"四强化"(强化初查意识、攻坚意识、证据意识及谋略意识)"三靠前"(领导靠前指挥、靠前把关、靠前监督)办案机制，试行市院与各基层院联合办案。市检察院与岳塘、雨湖区检察院在10家国有大中型企业和3所大中专院校中立案查处腐败要案和特大案件15件；与湘乡市检察院在金融、经济管理部门立查特大案2件。2000年，全市检察机关按照市委要求，把查办职务犯罪案件作为服务经济建设，稳定大局的一项政治任务，从提高办案法制效果、政治效果、社会效果角度出发，端正办案指导思想，规范执法行为，制定《关于进一步端正执法指导思想的意见》，并带头对过去在办案中不严格依法办案，重"实体法"、轻"程序法"做法以及争办"油水案"和利益驱动等行为全面进行自查自纠。各基层检察院重点查处跨区域、跨管辖范围争办"油水案"；不立案就采取扣押、查封、冻结等侦查措施和违法收缴、罚没行为；查处执法不公、执法不严的人和事。市检察院就办理周某某案件中存在利益驱动和违反程序问题进行全面整改，将没收不当的26万元全部退给当事人；对管辖不明，拖了三年未结的刘某某"受贿"案，连同扣押的13万元移交给有管辖权的单位管辖。岳塘区检察院对在办案中违规使用械具体罚、侮辱当事人的办案人给予行政警告处分，并免去职务调离反贪局。至2000年的4年中，立案查处各类经济案件451件575人，其中大要案件80件，挽回经济损失4802万余元。

图15-2-1　市检察院反贪污贿赂局干警在讨论案件

2001年，市检察院根据经济犯罪跨区域、跨行业作案特点，探索反职务犯罪侦查工作"一体化"，成立反职务犯罪侦查指挥中心，统一指挥协调全市经济犯罪大要案件的查办，并对重大疑难案件实行个案指导，或集中优势兵力对案件进行突破。在侦查指挥中心统一指挥下，雨湖区检察院查办湘钢华光公司占某某职务侵占551万元案，经过9个月侦查，形成案件材料209卷，将这一疑难案件办成铁案。全年查办贪污贿赂5万元、挪用公款10万元以上的33件48人；查贪污贿赂10万元、挪用公款50万元以上的4件7人，查办大要案件数占立案总数72.6%。这一年，反职务犯罪侦查工作试行主办检察官制度。2002年，继续探索侦查“一体化”，并按照省检察院规定“八不准”办案规定，提出“办大案、办好案”要求。是年成功查办湘钢星兴公司原总经理黄某某受贿80万元重特大案。2003年，总结侦查一体化经验，完善侦查工作一体化方案，树立办案与服务并重、打击与预防相结合的理念，充分发挥侦查指挥中心作用，突出联合查办大要案件。全年联合查办贪污贿赂大要案件13件15人。2004年，市检察院与市纪委、岳塘区检察院联合查办市公安局治安支队侦查大队原大队长邹某某、市公共文化娱乐管理科原科长仇某某利用职权索取各娱乐服务单位“保护费”案。该案数额巨大，犯罪嫌疑人拒不交代犯罪事实，通过证据锁链，证实犯罪事实，实现自侦案件零口供定案。全年查办“三机关一部门”的腐败案件44件53人。2005年，市检察院和雨湖区检察院联合查办湘潭第一个百万元特大腐败案件——中国建设银行岳塘支行客户经理王某某贪污公款144.80万元案。至2005年的5年中，立案查处各类经济犯罪案件273案333人，其中大要案件26人，挽回经济损失2535万余元。

1986~2005年湘潭市查办经济犯罪案件情况

表15-2-1

年份	立案数		要案数		起诉数		不诉，免诉数		撤案数		挽回经济损失(万元)
	件	人	件	人	件	人	件	人	件	人	
1986	207	248	41	48	131	157	6	27	7	10	241.71
1987	143	169	—	27	—	—	—	—	—	—	250.00
1988	67	78	—	30	—	—	—	—	—	—	366.00
1989	468	548	—	14	—	—	—	—	—	—	800.00
1990	375	430	—	12	—	122	—	—	—	—	610.60
1991	212	239	—	2	123	143	—	—	—	—	346.00
1992	189	229	—	—	26	29	—	89	—	70	223.70
1993	132	157	—	9	31	44	25	32	—	83	700.00
1994	146	176	—	7	106	116	40	47	19	19	1443.00
1995	161	186	—	26	—	120	—	—	—	—	1300.00
1996	174	195	—	28	—	—	—	—	—	—	2100.00
1997	153	181	—	15	108	—	18	—	6	8	612.80
1998	121	153	—	26	—	140(含积案)	—	2	—	—	1250.00
1999	89	123	—	21	—	97	—	1	5	6	1400.00
2000	88	118	—	18	68	88	3	4	2	5	1540.00
2001	65	87	—	14	30	39	1	1	5	8	1100.00
2002	43	51	—	5	23	25	—	—	—	—	380.00
2003	47	52	1	1	24	27	3	6	2	3	143.02
2004	62	71	2	2	35	41	—	—	1	1	440.76
2005	56	72	3	4	41	48	—	—	4	4	471.29

第二节 渎职侵权犯罪检察

1986年，根据《人民检察院直接受理的法纪案件立案标准的规定（试行）》《人民检察院直接受理侦查的刑事案件管理制度（试行）》《人民检察院直接受理侦查的刑事案件办案程序（试行）》以及相关法律诉讼文书格式样本规定，检察机关自行侦查案件进入立案标准化，办案规范化，管理制度化，文书格式化阶段。是年，坚持“坚决、严肃、慎重”方针，打击侵权渎职犯罪。市公安局治安大队民警张某在湘潭汽车站舞厅门口执行公务时与该站职工吴某碰撞了一下，便将吴鼻梁打成骨折，张某被立案查处。全年受理非法拘禁、诬告、伪证、刑讯逼供、玩忽职守、重大责任事故等严重违法乱纪犯罪案件71件，立案侦查37件，提起公诉35人。1987年，在查办侵权、渎职两类案件上有突破，办案数量增加，办案质量提高。在办案中，严格依法办案，不讲情面、不惧阻力，对检察干警违法犯罪行为也一查到底，不护短、不偏袒。湘潭县检察院干警罗某某在办案中，对当事人采取捆绑、吊打、灌尿、灌狗血等手段刑讯逼供，被立案查处，罗被判处有期徒刑。全年查处非法拘禁、非法搜查、刑讯逼供等侵权案12案；查处玩忽职守、重大责任事故等渎职案25案。1988年，根据基层法纪检察工作发展不平衡，有三个基层检察院一年没有立一件案件以及在办案中不严格依法办事的情况，开展办案纪律作风整顿，发现和纠正不严格依法办事，用违法手段打击违法犯罪做法，纠正6件错捕、3件错诉、5起漏捕案件。

1989年，重点查办侵犯公民人身权利、民主权利以及渎职犯罪案件。1990年，查办重特大渎职犯罪案件。市检察院克服当事人利诱、威胁、恫吓等困难，排除干扰，将省高级人民法院助理审判员鲁某某与湘潭市水上派出所副所长欧阳某某徇私舞弊、包庇罪犯案办成铁案，鲁、欧阳最终被定罪判刑。湘潭工贸大厦发生特大火灾，死亡3人，损失300余万元，4名责任人被立案侦查。至1991年的3年间，受理法纪案件线索423件，立案126件169人，挽回经济损失491万元。

1992年，出现绑架人质讨债的新情况。法纪检察部门敏锐地认识到这种行为严重的社会危害性和对人民群众生命安全威慑，但法律又没有明确规定，只能适应类推的法律规定，从重从快打击。湘乡市泉塘乡贺某某与同村村民陈某发生经济纠纷，遂将陈1岁的儿子绑架，逼陈还款2万元。湘乡市检察院接到报警后，迅速立案侦查，人质被解救，贺某被立案侦查。随着经济领域中的纠纷日益突现，特别是经济实体与经济实体、经济实体与法人、法人与法人之间三角债、多角债经济纠纷增多。为讨债而相互引发扣押人质事件频频发生，发案率呈逐年上升趋势。至1994年的3年间，立案80件94人，解救人质50人。其中特大案件15件。由于打击犯罪措施得力，办案较多，质量较好，市检察院作为全省检察机关唯一代表，在全国第三次法纪案件侦查工作会议上作侦破重大法纪案件典型发言。

1995年，把查办徇私舞弊、玩忽职守、非法拘禁等侵权犯罪作为工作重点，加大打击力度。当年受理法纪案件线索217条，立案38件53人，解救人质34人。市检察院法纪检察科立案查办湘潭纺织印染厂公安处副处长，市公安局云塘派出所干警徇私舞弊案。湘乡市检察院立案查办某派出所所长徇私枉法案。长沙市中级人民法院副庭长李某某、助理审判员胡某某在一审、重审、终审吴某某诉湘潭市中外合资汇源房地产有限公司拖欠信誉金32万元假案中，因受贿而枉法裁判，造成吴某某的假案胜诉。李某某、胡某某被市检察院民事行政检察部门立案侦查，同时对制造假案的吴某某、李某某另案侦查。1996年，市中级人民法院副庭长熊某在二审期间，因受贿将一名不符合取保候审条件的犯罪嫌疑人郑某违法取保候审，导致该犯在取保候审期间纠集韩某、欧某某、阳某某等人制造一系列麻醉抢劫、杀人并毁尸灭迹特大案件，熊某被岳塘区检察院以徇私舞弊罪立案查处。至1996年的2年中，立案89件。其中立案查办司法人员、行政执法人员徇私舞弊、贪污受贿案55件55人。

1997年，法纪检察科改为渎职犯罪侦查局。根据修改后的《中华人民共和国刑法》《中华人民共和国刑事诉讼法》规定，渎侦部门管辖案件的主体限于国家机关工作人员；新罪名多，渎职犯罪的33个罪名中，大部分是新罪名。为适应新的法律规定，渎职犯罪侦查工作及时调整工作重心：巩固老阵地，重点查处司法、执法人员利用职权枉法追诉、裁判、刑讯逼供等滥用职权、玩忽职守、徇私舞弊的犯罪案件；开辟新领域，重点查处行政执法人员徇私舞弊、不征少征税款、发售发票、抵机税款、非法批准征地和非法占用、出让土地使用权、徇私舞弊不移交刑事案件等新罪名案件。湘乡市壶天镇公安派出所所长贺某某徇私舞弊不移送刑事案件，造成3名抢劫犯长期逍遥法外，被立案查处。1998年，湘乡市龙洞乡公安派出所副所长罗某，刑讯逼供，非法拘禁致人重伤，罗被湘乡市检察院立案查处。1999年，重点查处司法机关工作人员执法犯法、贪赃枉法案件9人，占全年立案查办人数50%。2001年，在国土、林业、卫生等行政执法行业查办渎职犯罪。至2002年的6年中，全市立案91件111人，

2003年，重点查办司法部门以及煤炭安全监管、林业等行政执法部门渎职犯罪，对利用职权侵犯公民人身权利犯罪开展专项打击行动。市检察院与湘潭县检察院配合，查办湘潭县看守所狱医陈某、管教干警陈某某、县法院法医任某某等3人徇私舞弊办理暂予监外执行案。2005年，开展打击破坏市场经济秩序渎职犯罪专项斗争。市检察院与雨湖、岳塘区检察院共同查处市公安局巡警支队民警朱某某滥用职权等系列案6件8人；与湘潭县检察院配合，查处湘潭县矿产资源局、县煤炭安全管理办有关负责人玩忽职守案。县煤炭安全管理办负责人玩忽职守，导致谭家山新立煤矿发生矿难，造成18人死亡，直接经济损失300余万元案。所立案件当事人全部被判处徒刑。至2005年的3年中，查处各类渎职犯罪案件29案40人。

第三节 涉税犯罪检察

1986年，全市检察机关未设专门的税务检察机构，涉税犯罪案件由经济检察科办理。全年查办涉税案件3件4人。

1987年，根据省委文件精神，市检察院在湘潭钢铁厂、湘潭锰矿、市技术监督局及市税务局等国有大型厂矿企业、重要经济管理部门建立10个检察室。检察室由检察机关派出1~2名业务干部和所在单位配备1~2人合署办公。主要职责是协助所在单位加强经济管理、制度管理、法制宣传；协助检察机关办理案件。当年税务检察室立案查处涉税案件9件9人。1988年，市检察院与市税务局商议，在市税务系统增设7个检察室，配备检察人员15人，税务人员15人。是年，税务检察室与市税务局联合开展税务大检查，发现和掌握犯罪线索，立案查办抗税、偷税、漏税以及税收中的贪污、受贿罪案件31起，挽回直接经济损失40万元。1989年，开展打击涉税犯罪专项斗争。 1992年，重点查

办偷税、抗税犯罪案件。至1993年的7年中,立案查处涉税案件187件,追缴入库税款115万元。

1994年,国家税制改革,增值税发票额度可作为税款直接抵扣,利用增值税发票进行犯罪现象急剧增加。为应对新情况,打击这种新型犯罪,税务检察室主动出击,发现一起,查处一起。市税务五分局税务专干谢某伙同个体户虚开增值税发票125份,价税总额5100余万元;市永扬贸易公司杨某伙同市科工贸经营公司吉某将自己在税务机关购领的18本增值税发票倒卖给广东省潮阳市个体户周某,周虚开增值税发票89份,价税总额4.3亿元,偷逃增值税额0.63亿元,均被立案查处。全年立案查处假发票案20件32人,追回偷税款和没收非法所得共20余万元,预防1.08亿元国家增值税款流失。1995年,立案查处法人偷税、骗税等涉税案16件。湘潭市检察机关查办涉税犯罪案件成绩突出,受到最高人民检察院和国家税务总局表彰,有2人分别被最高人民检察院、湖南省人民政府记功。

1996年,为适应打击涉税犯罪工作需要,市检察院将市税务检察室擢升为市税务检察局。税务检察局下辖二个侦查科,一个综合科,配备检察干警15名。随后,各县市区检察院均相继成立税务检察局。当年全市从事税务检察工作人员41人。全年立案查处偷税、虚开增值税发票等罪案57件,为国家挽回税款和追回赃款617.49万元。1997年,根据修改后的《中华人民共和国刑法》规定,税务检察机构于当年10月1日被撤销;设立在国有大型厂矿、企事业单位10个检察室同时被撤销。

第四节　职务犯罪预防

1996年以前,检察机关没有专门的预防职务犯罪机构,只是在查办案件过程中,对案发单位存在管理制度方面的问题,由案件主办检察机关向发案单位提出《检察建议》,帮助其完善制度,预防职务犯罪。是年,市检察院根据最高人民检察院规定,率先在全省反贪污贿赂局内设立预防科,配备一名专干从事职务犯罪预防工作。1997年,检察机关制订《关于开展预防犯罪工作》的意见,采取的预防办法主要是个案预防。

1998年,预防工作提出"坚持标本兼治、注意犯罪预防"要求,将预防职务犯罪工作列入全年工作考核目标。结合办案开展个案预防,针对系统内部带有行业职业特征的职务犯罪开展行业预防,针对重点工程开展同步预防。先后对3个重点工程建设项目的招标、建材采购、工程预决算等环节进行监督,预防"工程建起来,干部倒下去"现象产生。省人民检察院、省建委联合在湘潭召开经验交流会并推广这一做法。1999年,全市采取"五个一"(一案一立项、一分析、一建议、一堂课、一回访)方式开展预防,设立预防犯罪联系点30个,提检察建议124份。与市建委联合下文规范建筑市场行为,参与12个重点工程招投标监督活动,协同查处首例3个单位串标行为,对重点工程把好合同签订、材料采购、工程质量、财务审计关。2000年,全市增建联系点20个,先后到16家大中型企业以案释法;结合案例,总结规律,帮助发案单位和有关部门研究预防对策,落实整改措施。协助湘潭钢铁公司对生产所需燃料、材料、设备的采购实行"阳光"招标,降低成本6000余万元。2001年,市委作出《关于开展预防职务犯罪工作的决定》。全市检察机关与市8家大型国有企业签定预防协议,并组织职务犯罪人员到大型国有企业和主要行业现身说法12场。湘潭县9个农电站60余名农电员听课后,主动上交被长期挪用的40余万元电费款。2002年,突出抓重点工程、行业的预防。完善《检察机关为优化经济环境服务的十二条规定》工作机制，落实“五个一”个案预防措施。雨湖区检察院对总投资近亿元的白石公园、华泰广场项目实行全过程预防监督，取得良好预防效果。

2003年，预防科从反贪污贿赂局独立出来，成为院内设机构。预防科设立预防职务犯罪专家咨询小组，推行预防项目主办责任制，建立预防职务犯罪联系点18个，开展个案预防38件。与湘潭电机厂共同开展燃料采购专项预防活动。实行采购、检验分离、岗位轮换、现场监督验收等方法，节约成本千万余元。2004年，重点突出对重点项目个案预防。市检察院对湘潭电厂二期工程招标、施工、监理情况进行跟踪监督；与市电业局配合，对该局高层住宅小区项目的招标、采购、签证、验收、结算等环节进行全程监督，并帮助其建立一整套管理制度，节约资金925万元。

2005年，开展警示教育活动，把法制宣传教育作为预防工作第一道防线，深入企业、公司、党政机关、行政执法部门、金融系统上法制课18次，听课3100余人。加强检察建议针对性、制约性和有效性。对相关单位发出52份《检察建议》，达到件件有整改措施回复的工作要求，有一份《检察建议》书被评为全省检察机关优秀检察建议书。

第三章　监所检察

第一节　看守所检察

1986年上半年，以巡回检察和专题检察两种检察方式进行。两种检察方式虽能发现一些情况，解决一些问题，但还是不能经常、及时、全面地发现和解决问题。下半年，贯彻落实最高人民检察院《关于加强看守所检察工作的通知》精神，探索对看守所检察工作实行经常化、制度化（简称“两化”）建设。通过对收押释放的995名人犯的羁押期限及收押、释放后法律文书进行检察，纠正超期羁押164人，对6名看守所干警违法违纪行为提出纠正意见。

1987年，继续完善驻看守所检察工作“两化”建设，并试行派专人驻看守所检察。湘潭市、湘潭县、湘乡市检察院各派1名专人驻看守所检察，主要检察收押、释放人员的法律手续是否齐全，管教活动是否依法进行。驻所检察员每月驻所检察不少于20天，每天不少于6小时。1988年，在巩固和完善“两化”基础上，探索看守所检察规范化建设（简称“三化”）。按照《看守所检察工作细则（试行）规定》的“业务范围”要求，市检察院制定《看守所检察工作实现规范化实施方案》《看守所检察实施规范化验收条件》，完善驻所检察目标管理岗位责任制等四项制度以及表、卡、簿登记规定，试行日、周、月工作规程与考核办法。对看守所检察工作全面实行“三化”，驻所检察时间月均23.5天，每天不少于6小时。韶山市检察院派专人对韶山市看守所进行检察，并就收取保外就医人员保证金和监管场所干部、武警在管教活动中殴打犯人的情况，提出纠正意见。至1988年的2年中，全市纠正管教活动中打骂监管对象20起、骗取人犯钱物1起、违反会见通信规定12起、其他2起。

1989年，加强安全防范检察，防止被羁押人员逃脱、自杀、自残行为发生。全市4个看守所关押近200名打、砸、抢、烧刑事犯罪分子以及反革命犯罪嫌疑人，监外一些不法分子设法将社会上的谣言传入监内，造成监内秩序混乱，人犯中出现不稳定因素。驻所检察室配合看守所、驻看守所武警，加强监区的安全防范工作，尤其是对危险人物、重点对象做细致的教育工作。因打砸派出所机关被关押的杨某某，在监内自残，驻所检察室与公安监管部门设法将杨吞下肚内的饭碗碎片排出体外，保障杨的生命安全，保证刑事诉讼活动顺利进行。至1990年的2年中，检察发现各种安全隐患漏洞42起，预防自杀5起，绝食3起，脱逃5起，纠正违反监管条例安全规定83人，提出检察建议55条；上法制课37次，个别提教1400余人次。

1991年，湘潭市、湘潭县、湘乡市3个检察院分别对所驻看守所检察室增加1名检察员，每个检察室由 2 名以上检察员组成。根据规范化的要求，市检察院对全市4个看守所执行《看守所条例》情况进行一次全面检察。检察发现，普遍存在利用未决犯干私活；私自同意人犯家属会见；少数武警战士体罚虐待人犯，利用清监机会殴打人犯；一人提审和不着装提审；不履行换押手续；超期羁押、久押不决等执法观念淡薄问题。各驻所检察室针对管教活动中27起体罚虐待在押人员问题，全部提出纠正违法意见，并督查整改落实情况。1993年，城市行政区划改变，案件积压，超期羁押情况大量增加，依法纠正超期羁押成为驻所检察工作的重中之重。检察机关采取同级催办、上级督办、预先告知和发纠正违法通知书等方法，预防和纠正超期羁押。1994年，重点加强对监管秩序检察，对看守所将较多、较长刑期犯人留所服刑进行生产创收，出现“自由犯”现象依法提出纠正违法意见，并督促看守所全面进行整改，该投监狱服刑的投监狱服刑，该加刑处理的依法起诉加刑。加大打击牢头狱霸反改造行为力度，查处牢头狱霸20人，从重打击7人。人犯冯某某的原罪在5年以下有期徒刑，因在监内殴打、体罚同监人犯，手段极其残忍，被判处死刑。至1995年的5年中，纠正超期羁押169人，预防逃跑17人，纠正监管人员违供336起，提出检察建议320件，提出纠正违法129件。

1996年，配合公安机关、看守所先后8次对被羁押人犯开展坦白交代余罪、检举揭发他人犯罪、争取立功赎罪的政治攻势。个别提教858人次，有30余人交代余罪，收到检举他人犯罪线索140余件，其中特大案件线索4件。湘潭县看守所在押犯赵某某向驻所检察室检举他人盗窃彩电26台、摩托3台等线索被查证属实，赵犯因此而立功被从轻处罚。

1997年，修改后的《中华人民共和国刑事诉讼法》实施，驻所检察突出抓诉讼期限监督。1998年，根据超期羁押时间长短，采取不同方法进行纠正，对超期羁押一个月以内的由同级检察院向办案单位发出纠正违法通知书进行纠正；对一个月以上的超期羁押案件则由上级检察院提出监督并向人大和党委政法委报告。监督采取书面提示、法律文书催办等措施，做到事前告知、事中协调、事后通报，督促整改。根据省人民检察院的安排，对全市一年以上久押不决案件进行专题调查，发现全市共有29名犯罪嫌疑人被长期羁押，最长的达6年。为尽快解决这一问题，检察机关采取省、市、县三级各自按管辖权规定，进行监督。被告人姜某某1992年2月18日因故意杀人嫌疑被羁押，至1998年案件尚未办结。驻所检察室通过多次向市中级人民法院提出纠正违法未果，后由市人民检察院向省人民检察院报告，在省人民检察院监督下，姜于1998年7月14日被释放。至2002年的6年中，发出书面纠正违法通知书629件，纠正598起，其中，超期一年以上的29起。湘乡市、韶山市、湘潭县、岳塘区一审未出现超期羁押情况，全市检察机关办理案件没有发生超期羁押现象。

2003年，在巩固纠正超期羁押基础上，对看守所在押人犯又犯罪案件加大监督力度。市看守所在押人员周某殴打同监人犯致死，驻所检察室提出监督意见，通知公安机关立案，此案主犯周某被判死刑(缓期执行),同案犯被判无期徒刑。2004 年,发出超期羁押书面提示函 16 份,全年无超期羁押案件。市检察院被最高人民检察院授予"全国清理纠正超期羁押先进集体"。2005 年,全面加强对看守所执法活动、在押人员通信、会见的情况进行监督,防止"跑风漏气"现象发生。年底,全省监所检察工作现场会在湘潭召开。全市 4 个驻看守所检察室均达到省检察院规范化建设标准。市检察院驻市看守所检察室被评为"全国一级规范化驻所检察室"。至 2005 年的 3 年中,催办将要到期案件嫌疑人 722 件次,一审无超期羁押案件;发现监管场所各类违法及安全隐患 217 起,口头和书面提出纠正意见 192 件。

第二节　监狱检察

1986 年,检察机关采取巡回检察和专题检察方式,对劳动改造机关执法活动和犯人遵纪守法情况进行检察,打击监管改造场所的又犯罪行为。至 1987 年的 2 年中,办理 16 名起诉加刑罪犯,预防 8 起恶性事故发生;纠正干警违法乱纪 17 起,提出书面和口头建议 55 次。还对 81 名已送劳改,但仍未注销城市粮食户口情况,向有关部门发出依法注销城市粮食户口的"检察建议",为国家挽回粮食指标 10 多万千克。

1988 年,试行派专人驻监狱检察制度。湘潭县检察院依《劳改检察工作细则试行》规定,派专人驻市劳改支队检察。重点检察收押、释放犯人的法律手续是否齐全、合法、及时。同时,市检察院还对市劳改支队巡回检察 16 次,用时 29 天。这一年,对保外就医情况进行专题检察,发现 2 人不符合保外就医条件,建议劳改支队纠正。犯人李某某因胆囊炎保外就医,不久便顶父职到单位上班,经检察发现,李某某病情不符合保外就医条件,且病已痊愈,驻狱检察向劳改支队提出纠正意见,李被收监。1989 年,制定驻狱检察工作经常化、制度化的标准和达标验收条件,驻狱检察工作按制度进行。重点检察收押、释放手续是否合法、齐全;管教活动是否依法进行;管理措施是否文明、有效。市县两级检察机关共检察发现各监管场所不依法律情况 82 起,全部予以纠正,其中书面 4 起,口头 78 起。办理 4 案 5 人的又犯罪案件;打击 4 起扰乱监管秩序的"牢头狱霸"行为。2 年中,驻狱检察工作时间月均 21.3 天,每天 8 小时。

1990 年,维护劳改罪犯合法权益,保障在押人员人身权利和民主权利,维护监管改造秩序。被判 4 年有期徒刑的轮奸犯翁某某不服判决,多次进行无罪申诉,引起市检察院监所检察部门高度重视,随即与案件原承办单位湘乡市检察院组成专案组,对案件进行复查。通过审判监督程序对翁进行无罪抗诉,翁被无罪释放。1991 年,驻各监管改造场所检察部门配合监管单位开展严厉打击被监管人员反改造犯罪活动,确保改造秩序和监管改造场所安全。全市 6 个驻狱、所检察员深入生产、生活、管教三大现场,发现和掌握"牢头狱霸"以及反改造典型,对构成犯罪的,依法予以打击。1993 年,在打击监管改造场所又犯罪同时,打击监外罪犯又犯罪活动,确保刑罚有效执行。1995 年,根据颁布实施的《监狱法》规定,市劳改支队改称湘潭监狱,按属地原则,仍由湘潭县检察院担当驻狱检察任务,检察室工作范围、标准、要求不变。坚持以办案为中心,突出抓好劳改场所执法检察,查处劳改罪犯重新犯罪和监管干警犯罪案件。1996 年,对 199 名被减刑、假释人员进行跟踪监督。至是年的 7 年中,打击各类"牢头狱霸"犯罪案件 71 起 84 人,被起诉的"牢头狱霸"均被加处重刑,有 2 名被判处死刑;办理在押罪犯逃脱案件 5 案 9 人;查处管教干警贪污案 1 案 1 人,徇私舞弊案 1 案 1 人,打击监外罪犯又犯罪案 10 案 10 人。

1997 年,为缓解监狱人多拥挤压力,依据犯人刑期长短,改造表现好坏,全省有计划适量扩大减刑、假释范围。为确保这一政策得到正确贯彻落实,是年把对减刑、假释、保外就医的监督作为工作重点。凡是法院作出减刑、假释裁定,或监狱提出的保外就医,驻狱(所)检察室都要进行事前审查,对发现问题提出纠正意见,时间最长不超过 2 天。湘潭县法院对罪犯王某某判处有期徒刑,暂予监外执行。驻看守所检察发现不当,即向法院发出纠正违法通知书。在两次纠正无果情况下,市人民检察院提出监督意见,王犯被投入监狱服刑。1998 年,为规范对减刑、假释、保外就医监督,市公、检、法、司共同制订《减刑、假释工作意见》。湘乡市看守所谭某某被判刑 13 年,因自残右肢被保外就医,驻湘乡市看守所检察室予以纠正,谭犯自残,依法不应保外就医,谭被投入监狱服刑。全年纠正违法减刑、假释、保外就医案 19 起。1999 年,为进一步规范对减刑、假释、保外就医工作监督,会同市公、法、司对《减刑、假释工作意见》进行修改,进一步规范减刑、假释单位呈报、检察监督、法院裁定条件和程序;明确执行机关呈报减刑、假释对象材料操作规程。2002 年,对减刑、假释裁定活动的监督力度,由事后向事前延伸。至 2002 年的 6 年中,预防减刑、假释、保外就医不当案件 119 件,参与开庭听证审理减刑、假释案件 25 次 216 人,庭审中,建议不予减刑 4 人,建议缩短减刑幅度 15 人,纠正减刑不当案件 1 件,提出检察建议 79 件。2002 年 12 月 28 日,根据《中华人民共和国监狱法》规定,湘潭监狱被撤销。驻监狱检察机构同时被撤销。

第三节　劳教所检察

1986 年,市检察院依照《人民检察院监所检察工作试行办法》规定,对市劳教委员会劳教决定是否恰当,以及劳教所收押、解教手续是否合法、齐全,管教活动是否合法进行监督,以巡回检察与专题检察相结合的方式进行。1988 年,市检察院对市劳教所检察 26 次 28 天,个别提教 6 人次。针对该所改造秩序混乱,有较多的劳教人员逃跑等问题,提出反“小团体、小宗派、小地方主义”的检察建议,并配合劳教所在劳教学员中开展“四查三反”整顿活动,给劳教学员上劳动教养标准教育课,受教人员 250 多人。通过整顿,劳教秩序好转,正气上升,邪气下降,基本刹住逃跑风。1989 年,按属地原则,由雨湖区检察院试行派员驻所检察。重点检察劳动教养决定是否存在以教代刑和劳教决定在执行中是否依法依规问题。在审查劳教决定书和案卷材料中,发现有 3 名被送劳教人员行为构成犯罪,应当追究刑事责任,便向市劳教委员会发出撤销劳教决定,将案件移送司法机关处理书面建议,3 起以教代刑案件被纠正,同时纠正 2 起因劳教人员交代余罪被减教期或提前解教案件。

1991 年,驻劳教所检察工作根据湖南省劳教检察工作“常德会议”精神,探索驻所检察工作经常化、制度化建设。按照省检察院统一规定,驻劳教所检察工作实行“一志、二卡、六表”登记制。劳教人员基本情况和改造表现在表、卡上都有体现。在对劳教所生产、生活、管教三大现场检察中,发现存在片面追求经济效益,重生产劳动(对生产劳动进行百分制考核,实行重奖且奖分高),轻教育改造(对劳教人员的学习、思想改造,认罪认错教育重视不移,教育时间不足,奖分偏低)情况,依法提出纠正意见。同时还与 10 名劳教人员建立帮教关系,促成 10 名劳教学员成为改造积极分子。1992

年，对市劳教所贯彻执行《未成年人保护法》情况进行专题检察。针对市劳教所存在以劳代教、重劳轻教情况，提出加强对劳教学员思想改造教育、加强学员对国家法律、劳教条例学习教育、加强社会主义思想道德教育等三条检察建议，纠正劳教方针政策在执行上的偏差。

1993 年，重点检查劳教学员入、出所法律手续是否合法、齐全、有无以教代刑情况；劳教政策执法情况和劳教场所管教秩序。劳教所生产规模扩大，劳教学员人数大量增加，为适应工作需要，雨湖区院增派一名驻所检察员。在审查新入所劳教人员法律文书时，发现赵某某、叶某等 4 人行为已分别构成流氓罪和伤害罪，送劳动教养不当。依法向市劳动教养委员会发出撤销对赵某某、叶某等 4 人的劳动教养决定通知。赵某某、叶某等 4 人被移送检察机关批捕。1994 年，严厉打击劳教人员犯罪活动，维护劳教场所管教秩序。驻所检察在办理脱逃劳教人员刘某与所外执行人员周某某特大盗窃案的批捕、起诉中，不仅查证刘某脱逃后与周某某的犯罪事实，还深挖出刘某入所前隐瞒的盗窃犯罪事实。1996 年，在执法检察工作中，通过审查劳教人员杨某案件，发现以教代刑案件线索。通过查处胡某违法所外就医案，发现劳教所干警违法问题。对发现问题，都依法提出纠正意见和检察建议。1998 年，在对新收学员法律文书审查中，发现劳教学员刘某贩毒数量较大，送劳动教养一年半不当，便向市劳动教养委员会发出撤销刘某劳动教养决定，移送司法部门作刑事案件办理的纠正意见，刘某被判处 5 年有期徒刑。至是年的 6 年中，发现案件线索 17 起；通知公安机关立案侦查 1 起，查处管教干警违法 2 起，办理批捕案件 3 起，起诉 10 人，纠正以教代刑 4 人。

1999 年，对劳教学员所外执行情况以及劳教所违规收费减教期情况进行专题检察，对存在问题进行纠正。查办管教干警违法犯罪案件，维护劳动教养学员的合法权益。2003 年，劳教所干警陈某某、王某在管教活动中对劳教学员多次进行体罚，手段残忍，行为恶劣，被立案查处，陈被判处有期徒刑 6 个月、王被免予刑事处分。这一年，还针对劳动教养学员“二进宫”“三进宫”占 50%情况，配合市劳动教养所对“多进宫”人员开展法制、思想道德教育活动。至 2003 年的 5 年中，立案查办劳动教养管教干警违法犯罪案件 2 件 3 人；办理劳教学员及其家属申诉案件 25 件，找劳动教养学员谈话 663 人次。

2004 年，加强对加、减教期工作的监督。市检察院与市司法局联合制定对加、减教期程序审查规定。全年参加减教期听证会 5 次；对 108 名劳动教养学员的入所、出所情况进行检察，提审劳教学员 80 人次。同时，加强对劳教学员劳动、学习、生活场所安全防范检察，有效预防安全事故发生。这一年，检察院领导驻所检察形成制度，监所检察科长每周驻所检察 2 天，节假日主管检察长驻所检察一天。2005 年，依法查处市劳教所关禁闭，造成学员袁某某非正常死亡事件。对市劳动教养所 2 年来关学员禁闭和使用械具情况进行一次专题检察，对市劳教所禁闭室不规范、不安全和劳教干警不按规定对学员使用械具情况，依法提出纠正意见。这一年，驻市劳教所检察室获“全国三级检察室”称号。

第四节　监外执行检察

1986 年起，对缓刑、假释、管制、保外就医和剥夺政治权利监外执行“五种罪犯”执行情况进行检察，主要采取全面检察或重点检察方式进行。检察中，对“五种罪犯”进行法制教育，帮助执行机关落实监管措施。1988年，对监外执行“五种罪犯”的交付和执行情况进行一次全面检察，一次重点检察。检察发现，审判机关和执行机关存在对“五种罪犯”交付执行手续不到位、监管措施不到位、帮教措施不落实等脱管、漏管现象。为解决问题，市检察院综合情况书面向市委、市委政法委、市人大专题报告。是年，由市委政法委组织市公、检、法、司四家联合下发通知，重申落实对监外执行犯交付、监管、帮教措施。1989年，监外执行检察落实制度化要求，即：上半年对监外执行罪犯进行全面检察，下半年进行重点检察。全面检察采取“请进来”方式进行。各基层检察院把辖区内监外执行罪犯集中起来，检察其交付手续是否齐备，监管措施是否及时到位，以及接受监管改造情况和改造表现。重点检察采取“走出去”办法，到罪犯所在各公安派出所、社区了解监管措施落实情况和对检察建议整改情况。通过检察，发现监外执行罪犯脱管、漏管1人，监管措施不落实38人，均向执行机关提出纠正意见，已有3人得到纠正。这一年，还对67名保外就医犯（其中刑满3人，老病死4人）进行一次专题检察，并将检察情况专题向上级检察机关报告。1990年，在对监外执行犯进行全面检察中，发现违法情况242起，发出书面、口头纠正通知242份，纠正44起。郊区、湘江区检察院分别在长城乡、江南机器厂建立监外执行罪犯工作联系点，效果明显，犯人改好率98%。至1990年的5年间，对1606人次监外执行罪犯情况进行检察。

1991年，重点对保外就医、假释罪犯执行情况进行检察。全市有保外就医犯95人，假释犯83人。存在主要问题是：执行机关未严格按照法律规定，对两种监外罪犯予以执行，脱管、漏管现象多。检察中，纠正各类违法和不依法执行问题65起，提出检察建议55条。湘乡市假释犯周某某回家4个月，由于脱管又犯盗窃、放火、抢劫罪，被加判12年有期徒刑。1992年，帮助执行机关、执行单位建立健全各项监管制度，落实各项执行措施，建立帮教工作联系点。各执行单位在检察机关协助下，新建监管小组87个，对215名监外执行犯落实监管措施。1993年，对交付机关是否依法、及时将“五种罪犯”交付执行情况进行重点检察，检察面100%。发现由于交付机关未及时交付，甚至没有交付，导致执行机关无法执行，致使较多监外罪犯重新违法犯罪，交付执行不及时12%，交付执行不到位5%，主要是外省、市法院判决和保外就医决定交付不到位情况较多。对外省、市交付不到位的全部发出交付执行检察建议函。1994年，在对保外就医犯进行重点检察中，发现罪犯张某某被判处有期徒刑18年，入狱才108天，在无重大疾病情况下便被保外就医，市检察院通过立案侦查，查明罪犯张某某因向狱警行贿被违法保外就医。张因行贿罪被加刑，湖南省二监狱违法办理张犯保外就医行为人被立案查处。省检察院向全省检察机关推广这一专题检察工作经验，并在全省范围内开展对保外就医专题检察。1995年，对全市范围内643名监外执行犯进行全面检察，对发现脱管、漏管情况全部提出纠正意见，重点对18名假释、保外就医不当或保外就医条件消失未予收监执行的，以及刑期届满未予宣布刑罚执行完毕的人员发出检察建议和纠正意见，敦促监管单位收监执行或解除监管措施，宣布刑期执行完毕。至1995年的5年间，对1699人次监外执行罪犯情况进行检察。

1996年起，全面开展执法监督。雨湖区检察院重点检察辖区9个派出所内90多个监外执行犯的执行情况。举办监外犯罪法制学习班，发放120多份法制宣传资料，向有关执行单位提出纠正违法和检察建议210余条，均得到有关单位、部门采纳。岳塘区检察院走访全区20个派出所，全面掌握区辖范围内监外罪犯情况，针对新时期监外执行工作特点和监外执行罪犯认罪服刑情况，写出专题检察报告。1998年，对全市687名监外执行罪犯进行一次全面检察，对保外就医罪犯进行重点检察。在重点检察中，对保外就医罪犯疾病及恢复情况重新进行医学鉴定，对保外条件消失应收监执行的44名罪犯，提出收监执行意见，到年底收监26人，纠正法院未交付或交付不到位69名监外执行罪犯，全部督促交付到位。2000年，岳塘区检察院对38名监外执行经济犯罪分子进行一次重点检察，针对群众反映某些监外执行经济犯罪分子在执行中存在的问题进行调查落实。至2000年的5年中，对1771人次监外执行罪犯情况进行检察。

2001年，对15名应收监执行保外就医犯全部收监执行。2002年，重点加强对减刑、假释、保外就医犯的专题监督。市检察院与市中级人民法院共同制定《关于规范办理暂予监外执行案件程序的意见》，与公安、法院、卫生部门共同制定《关于规范罪犯保外就医疾病伤残鉴定程序意见》。两个《意见》对暂予监外执行对象的疾病、伤残标准、案件鉴定审理和法律监督程序作出明确规定。雨湖区检察院对暂予监外执行的中国银行湘潭分行信托投资公司原经理肖某某，发出收监执行的检察建议未果，市检察院进行监督，肖于同年8月被收监执行。2003年，全市对112名假释执行罪犯进行一次全面检察；对保外就医罪犯疾病进行一次医学检查，对19名保外就医条件消失罪犯发出收监通知。岳塘区检察院对本地区23名职务犯罪监外执行犯逐一谈话，了解其改造情况。2005年，对2002年以来全市“减、假、保”罪犯进行一次全面复查，对监外执行条件消失应当收监执行的20人提出收监执行意见。对应当收监执行的20名罪犯的执行情况进行一次督查，至年底收监18人。至2005年的5年中，对1421人次监外执行罪犯情况进行检察，向有关执行部门发出收监执行检察建议69份，48人被收监执行。

第四章　民事行政诉讼检察

第一节　案件受理与审查

1990年前，人民检察院没有民事、行政诉讼检察机构，也不对民事、经济、行政纠纷案件的审判活动实行监督。1991年8月，根据最高人民法院、最高人民检察院联合下发的《关于开展民事、经济、行政诉讼法律监督试点工作的通知》和最高人民检察院下发的《关于开展民事行政检察工作试点的通知》要求，市检察院成立民事行政检察科，配备检察人员2名。随后，湘潭县、湘乡市、雨湖区、韶山市、岳塘区检察院相继成立机构并配备相应人员。1992年，受理民事申诉案件59件，立案审查11件，提请省人民检察院抗诉3件，对不符合抗诉条件的案件，做好当事人服判息诉工作。

1993年，根据工作需要，制定来信来访登记，案件受理初审、立案审批，借调案卷，承办人对案件事实负责、集体讨论决定，案件审结报告，案件不抗诉答复申诉人等制度。全年接待来信来访180人次，受理不服民事、行政申诉案49件，立案审查15件，审结10件。1994年，完善和落实各项制度，重点做好申诉人息诉工作。全年接待来信来访230人次，受理民事、行政申诉案52件，立案17件，审结12件。在审查案件中，对不服判决又不符合抗诉条件的案件，做好息诉服判工作。方某某不服法院“驳回起诉”决定，多次进行申诉。“驳回起诉”是未进入诉讼程序的案件，不属于申诉案件范围,检察机关不能受理,更不能抗诉。通过多次耐心细致的法律教育、解释,申诉人表示息诉。

1995 年,重点抓队伍建设和基础工作完善。结合办案,采取办学习班、轮训、集训等形式进行业务训练。规定接待群众申诉工作应坚持"三要四有"(接待要热心,回答问题要耐心,解决问题要公心,有记录登记,有请示汇报,有答复,有材料归档)。1996 年,以纪念《中华人民共和国民事诉讼法》颁布实施五周年为契机,加强队伍建设,全市民事行政诉讼检察队伍增至 19 人。1997 年,民事行政诉讼检察工作实行岗位目标管理和分片包干、指导办案等措施,对不符合立案标准但判决确有瑕疵的 9 起案件进行调解结案,立案查处审判人员徇私枉法案件 1 案 1 人。1998 年,民事行政检察部门试行接待、审查三公开(立案公开、审查公开、结论公开)制度,聘请人大代表为执法监督员。至 1999 年的 5 年中,全市民事行政检察部门受理民事、行政申诉案件 782 件,立案审查 325 件。

2000 年,探索用非诉讼方式办理民事行政申诉案件。用非诉讼方式处理案件,坚持专人审查、优先办理、及时答复原则。在办案中,坚持息诉与审查立案结合,调查取证与纠纷调解结合方法。对不符合抗诉条件案件,配合原审法院和有关部门对诉讼双方当事人进行协调,解决当事人合理诉求,做好当事人息诉工作。在办理市人大交办的谭某某诉湘乡市城建综合开发公司拆迁纠纷案时,办案人针对申诉人对案件处理结果在认识上有误解,注重用法律、政策、事实和证据,进行耐心细致的讲解和开导,调解后,申诉人对人大代表说:"我服从检察机关的意见"。该案的调解结果达到当事人、人大代表、原审法院都满意的效果。2001 年,民事行政检察工作出现案源少、抗诉难、改判难、办案周期长现象,有的基层检察院因此将民事行政检察机构撤销,职能分别并入控申科、渎侦局。针对这种情况,市检察院进一步明确基层检察机关民事行政检察工作的九项业务内容,要求撤销民事行政诉讼检察部门的基层检察院恢复民行检察机构,并配备与工作相适应的干警力量。2002 年,采取抓素质、抓规范、抓质量、抓协调办法开展工作,主动与市中级人民法院联系、协商,共同制定《关于办理民事、行政抗诉、公益诉讼案件的几点意见》,规范检察、法院两家办理民事行政抗诉案件和公益诉讼案件具体办法。之后,市检察院又根据最高人民检察院《办案规则》,制订《办理民事行政案件的若干意见》,对案件线索管理、立案、审查、处理、移送、出庭、归档等职责,进一步完善内部管理制度。2005 年,针对民事行政诉讼当事人不知道向"谁"主张权利,主张什么样的权利,怎么主张权利的问题,加强对民事行政诉讼检察工作宣传。利用广播、电台、报刊、网络等媒体,广泛宣传检察机关民事行政职能;与人大、政府的信访部门以及在大型企业建立的工作信息联系点进行定期或不定期的联系;邀请律师座谈,使民事行政检察工作为各界知晓。至 2005 年的 6 年中,全市民事行政检察部门受理民事、行政申诉案件 673 件,立案审查 356 件。

第二节 案件抗诉

1992 年,依照《中华人民共和国民事诉讼法》和《中华人民共和国行政诉讼法》的规定,全市民事行政诉讼检察部门立案审查民事、经济案件 11 件,对所立案件采取"四查四审"("四查":查案件事实是否客观存在;查当事人双方诉讼主张;查案件的法律依据;查结果是否公正。"四审":审查案件证据是否充分;适用法律是否正确;程序是否合法;审判人员是否有贪污受贿、枉法裁判行为)方法,提请省检察院抗诉 3 件,其余 8 件分别做好当事人息诉服判工作。1993 年起,民事行政检察抗诉工作全面开展。立案审查的案件实行专人办理，集体讨论，检察长决定。对认定事实不清、证据不足，适用法律确有错误，符合抗诉条件的案件依法提请、提出抗诉。提请省检察院抗诉的谭某某偿还陈某某货款1万元案，省检察院审查认为，抗诉符合法定条件，遂向省高级法院提出抗诉，再审纠正原判决。至1994年的2年间，立案32件，经审查，提请省检察院抗诉的9件，向市中级人民法院提出抗诉8件。

1995年，坚持“敢抗、会抗、抗准”办案原则，大胆行使抗诉权。岳塘区法院审判的中建四局三公司与湘潭南方电工厂贷款纠纷案，湘潭市检察院依法提出抗诉。原审法院认为检察机关抗诉有理有据，为表示信服，在再审开庭时，组织全院法官旁听，再审法庭采纳抗诉意见，撤销原判决。1997年，贯彻“严格执法、狠抓办案”工作方针，加大案件抗诉力度，加强抗诉案件出庭工作，加强法庭监督、维护抗诉成果。民行检察部门根据上级检察机关的要求，尝试派员出席再审法庭，支持抗诉。全年出席法庭16次。1998年，全面加强对抗诉案件的出庭和对庭审程序的监督工作，做到案案出庭。至1999年的5年间，立案325件，经审查，提请省检察院抗诉36件，向市中级人民法院提出抗诉124件。

2000年，树立办案质量意识。为提高案件改判效果，民行检察部门要求出席再审法庭的检察员在法庭上开展“两促”(促法庭再审公开、公平、公正；促案件改判实效)的监督。法院对检察机关的抗诉案件再审开庭44件，检察机关派员出庭100人次。2001年，突出查办争议标的大、涉农涉稳以及人民群众关心的热点案件，坚持抗诉与调解、检察建议等多种方式相结合的办法审结案件。法院对抗诉案件再审27件，检察机关派员出庭54人次；检察机关调解结案1件。通过抗诉，为申诉方挽回100多万元的经济损失。是年，为简化程序和方便群众，对诉讼标的不大，原判决确有错误，又不符合抗诉标准的瑕疵案件，采取以检察建议方式，建议法院再审予以纠正。两级检察机关全年向法院发出检察建议13件，法院再审11件，改判8件。岳塘区检察院向岳塘区法院提出再审检察建议8件，均被法院采纳，案件全部得到改判。2002年，以维护司法公正、维护司法权威为主题，向市中级人民法院提出检察建议18件，法院再审16件，检察机关派员出庭32人次，改判15件，调解结案1件。这一年，还根据省检察院开展对法院执行工作进行全面监督要求，办理执行监督案件5件。2003年起，坚持抓办案数量与办案质量并重，抗诉与检察建议并重，办案与促审促判并重。除办理民事行政申诉案外，受理不服非行政诉讼案3件，审查纠正湘潭县工商行政管理局等非诉讼行政执行仲裁案1件。2004年，市检察院民事行政检察部门在办理湘潭市红日实业有限公司负责人骗取员工身份证办理牡丹卡并进行恶意透支串案中，查明申诉人都是来自全省各地的农民，在透支事件中他们是受害者，工商银行在办理牡丹卡业务中有过错。市检察院依法向市中级人民法院提出抗诉，使这一恶意拖欠农民工工资事件得到纠正。2005年，以强化法律监督、维护司法公正为主题，为解决群众告状难及合理诉求提供法律服务。全市检察机关派员出庭40人次，办理执行和解案15件。在办理执行和解案和息诉、改判工作中，既纠正法院错误判决，又维护法院正确判决，同时还维护法律尊严和社会稳定。至2005年的6年间，立案356件，经审查，提请省检察院抗诉52件，向市中级人民法院提出抗诉122件。

1992~2005 年湘潭市民事行政检察案件情况

表 15-4-1　　单位:件

年份	受理数	立案数			抗诉	
		总件数	市检察院立案数	各基层院立案数	提请省检察院抗诉	向市中级人民法院抗诉
1992	44	11	—	—	3	8
1993	49	15	5	10	3	1
1994	52	17	9	8	6	7
1995	110	68	60	8	2	2
1996	128	37	21	16	3	11
1997	153	59	31	28	9	22
1998	209	77	25	52	13	55
1999	182	84	41	43	9	34
2000	142	77	32	45	12	38
2001	94	46	—	—	5	7
2002	93	47	20	27	6	7
2003	125	52	21	31	8	15
2004	127	82	43	39	12	30
2005	92	52	33	19	9	25

注:1992、2001 年市检察院、各基层检察院立案数缺

第五章　控告申诉检察

第一节　控告检察

1986 年,根据最高人民检察院关于检察机关信访工作改称控告申诉检察工作决定,湘潭市编委同意撤销市检察院信访办公室,成立控告申诉检察科。当年,控申检察重点解决历史遗留问题,落实党的政策,充分发挥检察机关与人民群众的桥梁和纽带作用。共受理人民群众来信来访 2028 件。

1987 年,按照最高人民检察院的规定,确定控申部门的职能、职权。各县市区检察院相继成立控告申诉检察科。1988 年,检察机关成立经济犯罪案举报中心,举报中心工作隶属于控告申诉科管理,实行两块牌子、一套人马。市检察院控告申诉科由原有的 5 人增至 7 人。各县市区检察院也相继成立经济犯罪举报站,并增加 1~3 名检察人员。全市控告申诉检察部门的工作人员由原有的 17 人增至 31 名。为扩大控告举报宣传效果,还在一些大型厂矿和税务检察室设立举报点。全年受理的举报线索中,属于检察机关管辖的举报线索 187 件。其中,贪污性质的线索 76 件,受贿性质的线索 31 件,其他性质的 80 件,涉及被举报对象 312 人。初查立案 18 件,立万元以上大案 8 件,为国家挽回

经济损失34万余元。同时,对12名举报有功人员给予奖励。1989年,根据省检察院控申检察工作制度化、规范化的要求,分别建立来访接待制度和线索管理、分流等基本工作制度。处理来信来访控告做到件件有登记,事事有回音,案案办理有结果。至1989年的3年中,受理来信来访5726人次,受理举报线索3339件。

1990年,试行自行查办经济犯罪线索。对一些简单、难度小的控告线索自行查办;对难度大、复杂的控告检举线索,交由经济检察部门办理;对不属检察机关管辖的案件,转有关职能部门处理。对集体上访、久诉不息和可能引起矛盾激化等案件优先办理。全年受理控告申诉案件2103件,审查处理2080件,自行查办46件。1991年,以重点打击经济犯罪和为经济建设服务为目标,加快线索消化。全市控申部门对积压的324件控告举报线索和新受理的587件线索进行全面初查。板塘区检察院通过查办积压的举报线索,挖出湘潭县锅厂原厂长万元受贿案。全年查办贪污贿赂等经济案件线索112件,查办侵权渎职等法纪案件线索13件,挽回经济损失124万余元。1992年,受理各类举报线索420件,初查立案115件,为国家挽回经济损失122.95万元。在全省创文明接待室活动中,湘乡市、湘潭县检察院控告申诉检察接待室被评为全省文明接待室。1993年,试行检察长接待日制度和检察长阅批重要来信制度。加强与有关方面协调,妥善处理群众集体赴京上访事件,把问题解决在基层。各县市区检察院将经济犯罪举报站改为举报中心,并向社会公布举报电话,加强举报宣传,通报查处的典型大要案件情况,奖励举报有功人员。湘潭县检察院被省检察院授予“全省检察机关文明接待室”。1994年,开展树立“窗口形象”活动,向社会推出举报、接待、办案承诺制。对不属控申部门办理的控告案件,及时转有关部门处理,对管辖难以明确的,按照谁受理、谁查处的原则办理。雨湖区、湘乡市检察院被省检察院授予“全省检察机关文明接待室”称号;市检察院被最高人民检察院授予“全国检察机关文明接待室”称号。至1995年的5年中,受理来信来访7865人次,受理举报线索3573件。

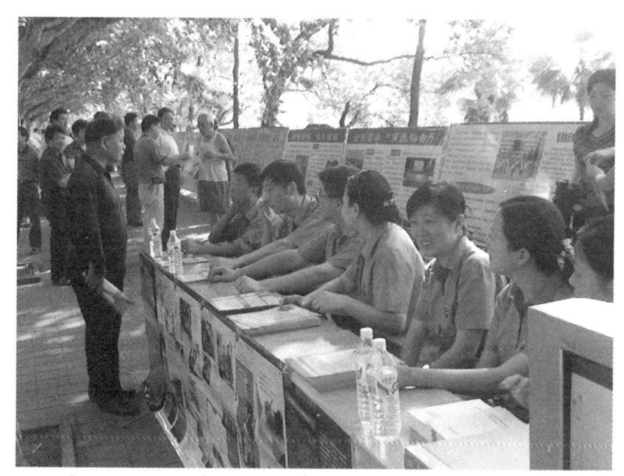

图15-5-1 市人民检察院干警在街头宣传法制

1996年,贯彻全国第三次举报工作会议精神,探索规范化、正规化、制度化管理。市检察院制定《关于举报材料统一归口举报中心管理》规定,设立举报奖励基金40万元,奖励举报人员134人,奖金34250元。全市两级检察院控申部门初查经济罪案线索436件,自行立案18件,移送自侦部门立案43件,查明犯罪金额400余万元,违法金额200余万元。雨湖区检察院控申部门被最高人民检察院授予“全国检察机关文明接待室”称号;岳塘区、湘潭县检察院被省检察院授予“全省检察机关文明接待室”称号。1998年,湘乡市潭市镇新铺村高子湾组村民集体上访,控告潭市镇镇长强行将村民家中口粮抵扣统筹提留款,造成村民彭某某服毒自杀身亡,要求检察机关查处。市检察院接到控告,立即派员参与市纪委调查组,查明事件真相,依法追究相关人员的责任。1999年,突出“执法效果年”主题,坚持接待来访从优、告急信访从优、集体上访从优、上级交办从优的原则办信访。全市统一举报中心的电话号码。至1999年的4年中,受理群众来信4366件,来访1618人次,受理检举线索4833件。

2000年,贯彻“公正执法、加强监督、依法办案、从严治检、服务大局”工作要求,突出以稳定为核心,以司法公正为根本,认真履职。两级检察长接待群众来访162天,接待群众来访211人,批阅群众来信88件次。湘乡市法院判处一件故意伤害案,申诉人认为,量刑畸轻,多次向有关部门反映,都不了了之。市检察院检察长在听取情况后,指示有关职能部门对案件进行调卷复查。经复查证实,申诉人反映情况属实,便启动审判监督程序提请抗诉。市检察院控申科被省检察院授予“人民满意政法单位”称号。2002年,做到有信必复、有访必答。初信、初访和首次申诉一次性处理率达96%。全年检察长接待上访91人次,处理积压的疑难重复上访,告急上访和集体上访9件。2003年,岳塘区检察院被最高人民检察院授予“全国文明接待室”称号。2004年,以解决群众涉法上访问题为工作重点,全面开展各项控申工作。全年受理涉法涉检来访178件,没有出现越级上访现象。2005年,坚持“以人为本、惩防并举、反腐倡廉”为工作重点,受理举报线索106件,初查立案查处的13件。年底,市检察院举报中心接待3名举报人反映一国有企业工会主席等人贪污工亡遗属补偿金,市检察院迅速组织力量查处,并赶在来年春节前将追回的工亡遗属补偿金122059.60元发放给每个遗属,当事人表示不再上访。至2005年的6年间,全市受理群众来信1994件,来访1357人次;受理检举线索1476件。

第二节　申诉检察

1986年,重点解决以前历史遗留问题,受理不服人民检察院诉讼终结的刑事处理决定,即:不捕、不诉、撤案决定;不服人民法院已经发生法律效力的刑事判决、裁定而提出的申诉案件90件。全年受理申诉案件属于刑法、刑事诉讼法实施前遗留刑事案件问题占85.4%。湘乡市检察院复查24件,占复查总数34%,解决一批历史老案问题。1987年,办理刑事申诉案件,以保证案件质量、保障公民的合法权益为重点。在办理人民群众申诉案件中,坚持专人审查与集体讨论相结合,检察长审批与检察委员会决定相结合的办案制度,认真办理每一起申诉案件,做到维持有理,撤案有据。至1987年的2年中,受理申诉案件413案,上级检察机关交办18件,办结324件。

1988年,坚持实事求是、有错必纠原则,做到全错全纠,部分错部分纠,不错维持。岳塘区检察院在办理湘潭电缆厂任某某申诉案时,通过调查,补充证据17份,对认定的4笔受贿,否定3笔,认定1笔,认定的数额不够立案标准,不认为是犯罪,便依法撤销对任的免予起诉决定。1989年,严格按照检察机关办理申诉案件工作《细则》规定,做到复查一件,息诉一件。全年受理申诉案件106件,办结72件。其中,不服免诉的案件66件,办结61件,驳回申诉43件,撤销免诉决定11件,部分改变原处理决定7件。市检察院复查胡某某不服免于起诉决定申诉案,认为胡“受贿”3万元的行为属于违反政策行为,不是受贿犯罪行为,依法撤销对胡的免予起诉决定,胡表示不再申诉。1990年,重点加强内部制约,突出对不服检察机关免于起诉决定的复查。至1990年的3年中,受理申诉案件390件,办结191件。

1991年,立案审查不服检察机关免于起诉决定申诉案件,做到驳回有理,纠正有据。市检察院在复查市红旗钢铁厂戴某某5人不服某区院免诉的申诉案时,发现原免诉决定书认定戴某某等人贪污2万元公款的犯罪事实不能成立。戴某某等人是因厂方不打算兑现承包合同奖时,才采取不透明的方法套取现金作为奖金，戴的行为不能以贪污罪论处，撤销对戴某某5人的免予起诉决定，宣告戴等人无罪。1992年，注重工作方法，讲究办案策略。对复查有可能改变原决定的案件争取形成共识，采取“请上来、走下去”的方法办案。办案中，邀请原办案部门人员参加，听取原发案单位和当事人意见，通过摆事实、举证据，对照法律和政策，取得案件处理共识。湘潭县检察院复查谭家山煤矿系列案，与省、市院领导和原办案单位一起共同研究讨论10多次，在形成共识基础上，改变6个案件的原处理决定，对维持原决定案件，做好息诉工作。1993年，根据检察机关内部制约制度规定，查办省院控申部门交办的湘乡氮肥厂职工彭某某砍伤厂长一案，使凶手彭某某受到法律惩罚。1994年，在查办原岳塘区检察院没收李某某非法所得案中，依法将应属于李合法收入的12.8万元退还给李，一起历经四年的退款申诉案得到解决。至1995年的5年间，全市受理申诉复查案件293件，立案251件，办结248件，其中撤销原决定103件，部分纠正18件，维持原决定127件。

1996年，开展“窗口树形象”活动，办理申诉案件做到受案快、办理快。1997年，坚持有错必纠承诺，湘乡市检察院在办理湘乡市公安派出所多收钱、少开票申诉案中，敢于碰硬，敢于监督，在规定时间内把案件办结，将公安派出所多收的4600元退还给申诉人。1998年，以突出执法效果为目的，办案坚持文明、热情、突出法律效果和社会效果的统一。至1999年的4年间，受理申诉复查案件139件，立案125件，办结的案件中，维持原决定64件，部分改变35件，纠正3件。

2000年起，申诉检察工作推行“首办责任制”，受理案件不推诿，查办案件不懈怠，处理结果一律公开，谁办案谁负责。办理申诉案件公开审查程序，公开听证，公开结果。2002年，重点办理积压的疑难案件、重复申诉案件。办理疑难案件，坚持原则，保证质量，该维护的坚决维护，该纠正的坚决纠正，该撤案的坚决撤案，该退赔的坚决退赔。雨湖区检察院在办理方某某不服检察机关没收非法收入申诉案中，维持2000元没收决定，退还15000元不当没收。2005年，全市控申检察部门开展“百案研讨”活动，以“百案研讨”为载体，以“自我教育、自我总结、提高自我”为主题，带动干警转变执法观念。全市两级院控申部门对2001年以来办理的自侦案件进行回顾反思，对执法不规范、办案质量不高的31件瑕疵案件，从实体和程序上找问题，分析原因，总结经验教训，使干警受到一次规范执法、公正执法教育。至2005年的6年间，共受理申诉复查案件104件，立案90件，办结 81件，其中，维持原决定45件，部分改变14件，纠正12件。作其他处理10件。

附　林业检察

1986年，检察机关没有专门的林业检察机构，所涉及的毁林滥伐违法案件，通常由法纪科负责办理。是年，湘潭县人民检察院结合当年颁布《中华人民共和国森林法》，对全县林业情况开展调查，主要针对村民毁林、滥伐等情况开展普法教育，重点在该县花石区的2个乡3个村，在宣传教育的当场就有4个村干部检讨自己带头滥砍滥伐森林的错误，并表示改正，不再毁林、滥伐林木。

2004年12月3日，市检察院按照上级有关规定，设立林业检察室。检察室由市院1人、林业局1人组成；属市检察院内设副科级部门，由院侦查监督科管理，遇有较大的涉林案件，市检察院侦监科、林业检察室联合办案。2005年，市院侦监科与市林业检察室联合查办岳塘区林业局属下林业站站长邓某滥用职权违法发放72000立方米林木运输证案，邓某受到法律追究。

第十六篇　审判

概　述

1986年，全市两级法院设有刑事审判庭、民事审判庭、经济审判庭、审判监督庭等。刑事审判庭又分刑一庭、刑二庭，分别审理重大刑事案件、经济犯罪等案件。民事审判庭审理民事、行政诉讼类案件。全市有市中级人民法院(简称“市中院”)及湘潭县、湘乡市、韶山区、雨湖区、板塘区、岳塘区、湘江区、郊区8个基层人民法院，8个基层法院派出22个人民法庭。全市法院共有在职人员390人。其中本科12人，占3%；大专23人，占6%。是年，为全国第一次“严打”第三阶段，全市法院按照“从严、从快、从重处理”原则，审理各类案件7671件，其中审结刑事案件697件991人，判处五年以上有期徒刑至死刑578人。1987年，民告官案件增多，行政诉讼案件审理从民庭析出，各级法院相继设立行政审判庭。1987～1988年，全市进行改革开放以来第一轮打击经济犯罪行动，法院审理经济犯罪案件890件720人。虽然有力地遏制犯罪，但由于强调从重从快，对合法收入、非法收入界定存在争议，出现一些错判、重判。期间，还重点对中华人民共和国成立以来历次政治运动产生的历史遗留问题进行复审，对“文化大革命”前的冤假错案进行平反。全市共对“文革”前立案复查19479件，平反各类冤假错案6038件6466人。至1988年的3年间，全市法院审结案件26822件。其中，刑事犯罪案件1750件，判处五年以上有期徒刑至死刑967人，经济犯罪案件493件，审结民商事案件12235件，诉讼标的3802.2万元，行政诉讼案件156件，无国家赔偿案件。

这一时期，社会治安形势严峻，普通刑事犯罪案件高发。随着改革开放的不断深化，受西方自由思潮的影响，离婚案件开始激增。随着经济领域内不断变革，城镇企业承包与农村联产承包的全面铺开，引发出一些新种类的经济案件。

1989年春夏之交，北京发生的政治风波波及湘潭，全市法院系统干警坚守岗位，排除各种干扰，依法审理民事、刑事案件。市中级人民法院被最高人民法院授予“全国制止动乱、平息暴乱先进集体”。各级法院执行最高人民法院和最高人民检察院发布的《关于经济犯罪分子必须在限期内投案自首的通告》，严厉打击经济领域犯罪。对在规定期限内投案自首积极退赃坦白交代者一律从宽处理。是年，审结经济犯罪案件508件，其中适用两高《通告》案件17件。1990年，《中华人民共和国行政诉讼法》正式实施。全市法院采取多形式、多层次、多渠道，培训行政审判人员和行政执法人员。是年，审判模式也发生重大变革，改审执结合为审执分离，各级法院相继设立执行庭，改变以往对民事、经济纠纷案件由同一庭或同一个人审判和执行的状况，审判与执行相互监督、相互制约、相互促进。至是年末，全市法院基本建设告一段落，22个人民法庭办公用房和宿舍竣工并交付使用，总计投资420万元，建筑面积144400平方米。中央书记处书记、中央政法委书记、最高人民法院院长任建新到潭视察宝塔法庭等单位，对湘潭法院基层基础建设给予肯定，并题词“执法如山”。省政府授予湘潭市政府、省高院授予湘潭中院“全省人民法庭建设先进单位”称号。1991 年,全国性第二次“严打”全面铺开。湘潭各级法院总结第一次“严打”经验教训,在“从重从快”基础上,强调“准”,重点开展盗窃案件、黑恶势力案件、拐卖人口、贩毒案件等系列专项审判。1992 年,湘潭市行政区划调整。市辖 5 区(岳塘、雨湖、湘江、板塘、郊区)合并为 2 区(雨湖、岳塘),原 5 区法院撤并为岳塘区人民法院和雨湖区人民法院。1993 年,根据中央和省关于“三打二整一查禁”(打击车匪路霸、抢劫和重大盗窃、拐卖妇女儿童犯罪,整顿交通秩序和重点地区、重点路段治安秩序,查禁买淫嫖娼)的统一部署,市中院抽调精干力量充实刑事审判庭。成立“321”行动领导小组,主要打击车匪路霸、抢劫杀人、重大盗窃、拐卖妇女儿童、卖淫嫖娼。专项行动共审结盗窃案件 691 件 1242 人。其中重大盗窃 292 件 546 人,摧毁盗窃团伙 21 个 147 人。至是年末,全国性第二次“严打”结束,至是年的 5 年间,全市法院审结案件 54240 件。其中,刑事犯罪案 5041 件,审结民商事案件 33136 件,诉讼标的 37574.23 万元,行政诉讼案件 1463 件,无国家赔偿案件。

这一时期,虽然开展第二次“严打”,普通刑事案件大幅下降,但重大刑事案件,尤其是涉黑团伙案件攀升,治安形势并未完全好转。民商事案件剧增,其中合同纠纷案件增幅最大,金融、证券、期货、票据、企业改制、股东权益、商标专利侵权、劳动争议、土地使用权出让转让、田土山水承包、知识产权、商品房买卖等新型纠纷案件涌现。

1994 ~ 1995 年,《中华人民共和国国家赔偿法》《中华人民共和国法官法》《中华人民共和国警察法》《中华人民共和国律师法》相继颁布实施,市中院成立国家赔偿委员会,开始受理国家赔偿案。1995 年开始,法院逐步改善审判方式,对所有案件实行排期开庭,强化庭审功能和审判长责任制,增强办案透明度。刑事审判改“纠问式”为“控辩式”,逐步提高当庭宣判率。民商事案件和行政案件改“法院调查取证”为“谁主张谁举证”,确立庭审当事人中心地位和法官中立地位,由当事人举证、质证、认证,法官居中裁判庭审模式。改重实体轻程序为实体程序并重,改二审案件为书面审理为逐步实行公开开庭审理。1996 年,全市各法院改立审一体为立审分开,均成立立案庭。所有案件均由立案庭统一立案,统一编号,委托银行统一收费后,再交有关业务庭办理。各庭根据受案先后,排期审理,电子屏幕公示。1996~1997 年,湘潭开展以专项审判为特点的严打整治活动,打击重点是黑帮团伙、暴力和盗窃三类严重治安犯罪。1998 年,根据全国、全省政法工作会议精神,全市法院针对司法腐败现象,进行自查自纠和社会举报。共查出通过办案方式接收当事人赞助财物折合人民币 300 余万元,其中,现金 33 万元,汽车 3 辆,摩托车 21 台,手机 56 部,BP 机 177 个,住宅电话 77 部,全部清退或由物价部门作价处理。纪检监察部门立案查处 23 案 37 人。其中,给予党纪政纪处分 20 人,辞退 2 人,开除公职 1 人,其他处理 4 人。各级法院均设立院长接待日,专门受理申诉和人民群众来信来访;在人大代表和政协委员中聘请监督员,对法院的工作进行监督。雨湖区楠竹山法庭庭长王泽其铁面无私、执法如山,不管是对亲友、同事,还是对上级领导,在办案中只认一个“法”字,只求一个“理”字,从不徇私情,所结案件全部为优良,上诉案件无一件发回重审或改判。湘乡市壶天法庭庭长潘封禄改变审判作风,抬起“衙门”到乡村,先后在边远的岐山、河山、大乐三个乡组织“小巡回办案”,缓解群众“告状难”矛盾,同时使案件执行率达到 98%。两人被最高人民法院授予“全国优秀法官”称号。1999 开始,专项审判被广泛引进审判体系,法院在不同时期开展不同专项审判。刑事案件专项审判把打击黑社会性质犯罪、金融犯罪、邪教组织犯罪放在首位。湘潭县胡某某、谢某某黑恶势力团伙横行乡里，殴人至死，两主犯被判处死刑。主神教案在全国产生很坏影响，犯罪团伙涉案26人，主犯刘某某被判处死刑。2000年起，湘潭开展第三次“严打”。此次“严打”，在以往“严打”基础上，增加“网上追犯”行动。严打刑事犯罪分子，重点是黑帮团伙、暴力和盗窃三类严重治安犯罪。“严打”期间，在各地召开公捕公判大会，破获的各类案件，一律从重从快处理。至2000年的7年间，全市法院审结案件94688件。其中，刑事犯罪案件8492件，审结民商事案件56154件，诉讼标的226714.74万元，行政诉讼案件7332件，国家赔偿案件30件。

这一时期，是法院改革动作最剧烈、体制震动最大的时期。也是法院全面规范、与国际司法接轨的转折时期。刑事审判进行重大改革，一些能够公开的案件尽量公开审理。允许新闻媒体参与一些案件的庭审。举证要求当庭对质，律师在受理诉讼后可以自由采集证据，一些案件允许律师提前介入。对死刑的判决尤其慎重；对判处死刑的罪犯执行，从过去单一的枪决变成枪决与注射两种选择，由过去的武警执行改为法院法警执行。经济犯罪案件呈现出技巧高超、手段隐秘、数额巨大等特征，职务犯罪是最突出的犯罪活动，走私、非法融资、金融系统职员犯罪、官员与从事经济工作的人员共同犯罪等给经济审判提出更高法律要求。经济案件在民商事案件的比例增大，一些经济纠纷案件同时又是民事案件，呈现多重复合性。全市惩治经济犯罪呈现纪委、检察院的反贪局、法院的经济犯罪审判庭多头管理格局。

2001年，法院经济审判注意与维稳和促进经济发展有机结合。对重点工程拆迁，法院设置对接机构，提前介入，现场办公。对企业破产改制，法院设立专门机构，防止破产改制过程中的国有资产的流失，破产改制以合理分流人员、妥善安置为前提。对跨区域经济纠纷案件，以追回债务为目的。湘潭电缆厂的破产、改制、分流、安置，建立现代企业制度，全部符合程序，为全省大中型企业改制探索出一条创新之路，成为这一时期全国改制先进典型案例。2002年，专项审判被广泛纳入重大刑事案件审判。一些集团犯罪的重大刑事案件的审理开始实行异地羁押、异地审判。实行“大民事”格局，中院撤销民事审判庭、经济审判一庭和二庭，成立民事审判一、二、三庭。审理和执行也反复进行改革，从审执合一到审执分开，立案与审理也经历立审合一到立审分开，排期开庭。鉴于执行难问题，法院提升执行庭地位，成立执行局。基层法院设立民事审判一庭和二庭。并将经济纠纷案件更名为商事纠纷案件，归属民事范畴，确立大民事审判格局。加大审判监督。建立审判流程卡、案件评查、错案追究制度等；引入旁听制度，从源头上减少审判误差；成立审判委员会，负责对重大案件最后会审。2003~2004年，特大团伙犯罪、黑恶势力犯罪、毒品犯罪、严重经济犯罪再次突出。弓箭楼汪某明黑势力团伙案、锰矿汪某华流氓团伙案、雨湖区齐某流氓团伙案的审判影响较大，主犯都受到法律严惩。毒品犯罪这一新型犯罪来势凶猛，法院先后开展专项审判，审判毒品犯罪83人，其中，境内中华人民共和国成立以来最大的一宗毒品犯罪案件——大毒枭周某某贩卖毒品达2250克，被依法处死刑。对经济犯罪中的职务犯罪的打击更加严厉：市国土局原局长郑某某因收受贿赂6.45万，贪污公款2万元，被判处有期徒刑7年；市韶山东路建设开发有限公司原副总经理彭某某，在负责征地拆迁、道路建设中，贪污受贿17.2万元，被判处有期徒刑5年零6个月；市公安局治安支队案件侦查大队原大队长邹某某，受贿和巨额财产来源不明，被判有期徒刑4年。此期间，青少年犯罪也比较突出。在审理此类案件中，如犯罪情节确实较轻，释放后不会对社会造成危害，征得被害人真实谅解，有具体赔偿意愿，法院采用简易程序审理，依法适用非监禁刑。湘潭法院“惩教结合，挽救失足青少年”经验被全省推广。湘潭县青山桥人民法庭把法庭搬上田间地头，把司法救助撒向弱势群体，以调解代替判决，连续五年无上诉案，无诉讼积案，无执行积案，调解率80%，被最高人民法院授予“全国优秀人民法庭”。2005年，全市法院以“公正与效率”为主题，进行审判改革。各级法院全面推行法官负责制和人民陪审员制度，聘请一批人民陪审员参与审判。针对妇女和儿童刑事犯罪案件激升，各级法院采取即报即办，快速审结。市中级人民法院被最高人民法院授予“全国法院维护儿童权益贡献奖”。是年，市中级人民法院移址岳塘区芙蓉路58号，新办公楼面积2万平方米，内设22个审判庭；岳塘区人民法院、湘乡市人民法院、韶山市人民法院办公大楼处于建设中；雨湖区人民法院实现信息化办公。是年末，全市法院有在职人员547人，其中硕士研究生15人，占2.8%，法律本科383人，占70%，法律大专137人，占25%。至是年的5年间，全市法院审结案件53830件。其中，刑事犯罪案件6658件，审结民商事案30817件，诉讼标的158590.05万元，行政诉讼案2575件，国家赔偿案件58件。

这一时期，带黑社会性质的团伙犯罪猖獗；青少年犯罪成为比较复杂的群体；针对妇女和儿童的刑事犯罪案件激升；民事诉讼案件以离婚案件最多。人民法院在审理民商事案件时，着重调解，以维护社会稳定，促进社会和谐；在审理企业破产时，以服务经济建设为重点，保护企业合法权益，主要防止国有资产流失。湘潭的司法制度日趋与国际接轨，民主与法治进程加快，公民的法制观念大为加强，保护自身权益的主动性增强。

第一章　刑事审判

1986年，湘潭各级法院刑事审判庭主要审理《中华人民共和国刑法》中规定的各类刑事犯罪案件。刑一庭主审刑事案件，刑二庭主审经济犯罪案件。贪污、受贿、职务犯罪归属于刑二庭。是年，全国第一次“严打”第三战役开始，全市法院从严、从重、从快审结各类刑事犯罪案件。刑事案件的审理原则不公开，律师不介入。至1988年的3年间，共审理刑事案件2405件。

1989年春夏之交，北京发生政治风波波及湘潭。为维护社会稳定，湘潭各级法院依法审理湘潭涉及这场风波的违法犯罪人员。同年，依据最高人民检察院、最高人民法院《关于经济犯罪分子必须在限期内投案自首的通告》，重点抓对严重经济犯罪案件的审理。至1990年的两年间，共审理刑事案件2056件。

1991，全国第二次“严打”铺开，法院重点打击杀人、抢劫、爆炸、强奸、流氓等严重刑事犯罪活动；开展反盗窃专项打击活动。1993年，根据中央和省“三打二整一查禁”部署，打击车匪路霸、杀人抢劫、强奸、重大盗窃以及带黑社会性质流氓团伙犯罪。至1995年的5年间，审理刑事案件5025件。

1996年，治安形势再次出现严峻态势，湘潭开展第二次“严打”。各级法院吸取第一次“严打”教训，强调“从重从快”同时，突出“严格依法”，重点打击黑帮团伙、暴力和盗窃三类严重的治安犯罪。此时起，刑事审判进行重大改革，一些能够公开的案件尽量公开审理，举证要求当庭对质，律师在受理诉讼后可以自由采集证据，对刑事审判监督更加多样化。对死刑的判决尤其慎重。在审理经济犯罪案件时，注意严格区分经济纠纷与经济犯罪。这一时期，经济犯罪出现犯罪标的增大、案情复杂、牵连人员多、犯罪手段智能化等特点。职务犯罪是最突出犯罪活动。而走私、非法融资、金融系统职员犯罪,官员与从事经济工作人员共同犯罪等给经济审判提出更高法律要求。至1999年的4年间,审理刑事案件5081件。

2000~2001年,湘潭开展第三次"严打"。此次"严打",在以往"严打"基础上,增加"网上追逃"行动,以打击严重刑事犯罪为主,也打击严重经济犯罪。2002年后,专项审判被广泛纳入重大刑事案件审判。法院先后开展对毒品犯罪、邪教组织犯罪、街头"两抢"犯罪、车匪路霸等专项审判。经济犯罪的审判除影响非常重大的进行公开审理外,仍然保持原方式。一些集团犯罪重大刑事案件的审理开始实行异地羁押、异地审判,以确保公平公正和审判期内安全。2004年,青少年刑事犯罪成为湘潭比较复杂的群体。从维护社会稳定和青少年未来生存考虑,湘潭法院试行惩教结合,即把教育放在第一位,惩处放在第二位,挽救失足青少年。这一经验被全省推广。2005年,针对妇女和儿童的刑事犯罪案件激增,主要体现在强迫妇女卖淫,杀害、伤害、遗弃、拐卖妇女儿童等,尤其是拐卖儿童案件一度引起中央政法委高度重视。各级法院采取即报即办,快速审结,市中级人民法院被最高人民法院授予"全国法院维护儿童权益贡献奖"。至2005年的6年间,共审理刑事案件8035件。

第一节 严重刑事犯罪案件

1986年6月,湘潭政法机关组织开展继1983年9月开始的全国第一次"严打"第三战役,法院从重从快审理刑事犯罪案件。至1987年5月,共审结各类案件7671件。其中,审结刑事犯罪案件697件,判处案犯991人,其中判处五年以上有期徒刑至死刑578人。第一次"严打"虽然遏制住社会治安恶化,但由于强调从重从快,也出现一些问题,如行政干预过多,适应法律不当,量刑普遍过重等,甚至出现冤案错案。第一次"严打"结束之后,虽然一段时间没有使用"严打"词语,但实际仍然坚持从重从快打击。法院采取对大案要案提前介入,掌握案情,缩短办案时间,从快惩处;对有教育意义典型案件就地公审公判,就案讲法,教育群众;针对盗窃案件审判中发现的问题,及时向有关单位提出司法建议,堵塞漏洞,预防犯罪;对判处无期徒刑至死刑的案件,向社会印发布告,震慑犯罪,扩大社会效果。

1988年,各级法院根据各地具体情况开展打击车匪路霸、破坏电讯设施等专项斗争。市中院审理李某某、邹某、黎某、成某犯罪团伙杀人案。该团伙杀害市民主路服装工业公司供销经理部值班员鄂某后,抢走价值35423.34元的现金和布匹。犯罪手段非常恶劣,在全市影响极大。公安机关将该团伙成员抓获后,法院分别判处李某某死刑,判处邹某、黎某死刑,缓期2年执行,判处成某有期徒刑10年。被告人李某某抢劫市建设银行换新储蓄所一案,法院提前介入,判处李某某死刑。

1989年春夏之交,湘潭出现长达54天混乱,3次出现学生卧轨,25次出现市区主要交通干线和湘江大桥桥面堵塞,全市9万人卷入游行,党委政府机关、司法机关遭到围攻和冲击。面对严峻治安形势,全市法院干警坚守岗位,恪尽职守,旗帜鲜明地反对动乱,制止暴乱,认真履行职责,对利用政治风波进行打砸抢主犯予以从重从快打击。被告人陈A在风波期间,与部分高校学生一起围堵湘潭电机厂大门,煽动工人罢工,阻止工人上班。其兄陈B和彭某等纠集20多人围攻制止动乱的公安民警,先后围攻湘潭电机厂公安处,打砸民警方某的家,造成损失1.9万余元。法院对此案进行公开审理，认定陈B、彭某的行为已经构成流氓罪，分别被判处死缓和无期徒刑，剥夺政治权利终身；陈A构成扰乱社会秩序罪，被判处有期徒刑1年。被告人李某某，带领12名不法分子打砸烧平政路派出所，行为恶劣，危害严重，影响极坏，经中院审理，以流氓罪判处被告人李某某无期徒刑、剥夺政治权利终身。全年共审结一审刑事案件815件，判处案犯1311人。其中判处五年以上有期徒刑至死刑728人，判处刑罚中涉打砸抢烧案件51件52人。市中级人民法院被最高人民法院授予“制止动乱、平息暴乱”先进集体。至1989年的4年间，全市审理重大刑事案件1053件，其中判处五年以上有期徒刑至死刑1792人。

1990年，湘潭市各级法院刑事审判打击重点是杀人、抢劫、盗窃、流氓恶势力和黑社会性质犯罪，深入开展“打团伙、端窝子”专项审判。湘潭县流氓恶势力团伙熊某某、冯某某等18人，多次结伙在湘潭县石潭、景泉、乌石、白托、古城等地的车站、墟场、商店、企业和街道寻衅滋事、聚众斗殴、强拿强要、侮辱妇女、入室盗窃，无恶不作，共进行流氓犯罪和盗窃犯罪51次。经法院审理，主犯熊某某、冯某某被依法判处无期徒刑，剥夺政治权利终身，其他团伙成员均受到法律的严惩。李某民、李某强在承运个体布商的布匹时，将货主杀害，把价值23万元的整车布匹运往河南许昌等地销赃。市中院以杀人罪、抢劫罪判处两被告死刑。1992年，“4·24”持枪杀人案的审判全市关注。被告人黄某某因打桌球与被害人张某发生争吵斗殴，邀集李、杨二人，携带小口径手枪、双管火药枪及钢刀等凶器找张某报复，黄犯用小口径手枪向张某连开两枪，把张某杀死在市粮贸大厦门前的繁华地区。破案后，市中院以故意杀人罪判处被告人黄某某死刑，其他4名成员均受到法律的严惩。至1992年的3年间，共审结一审刑事案件2713件4747人，年均结案904件1186人，其中大案要案133件298人。各类团伙犯罪案件13件109人。审结杀人、抢劫、暴力犯罪等恶性案件17件26人，其中判处五年以上有期徒刑至死刑26人。审结二审刑事案件850件，其中维持原判374件812人；改判154件279人，发回重审17件，撤诉5件。

1993年，根据中央和省市关于开展“三打二整一查禁”统一部署，严厉打击车匪路霸、抢劫杀人和重大盗窃、拐卖妇女儿童；整顿交通秩序和重点路段、重点地域治安秩序；查禁卖淫嫖娼专项斗争。市中院成立“321”行动领导小组。全市法院从其他业务庭室共抽调30余人充实到刑事审判庭，加强刑事审判工作。湘乡市唐某、彭某某等5人纠集一起，在不到半年时间里，在湘娄公路太平乡地段拦车抢劫18次，劫取近万元及手表等财物，影响非常恶劣。法院从重从快，将主犯唐某、彭某某以抢劫罪判处死刑，剥夺政治权利终身，其他3名从犯判处有期徒刑。是年审判的特大麻醉杀人劫车案震惊全国。被告人韩某伙同郑某、欧阳某军、欧阳某，以谈生意为名，哄骗被害人吃下投有高效麻醉药的食物致其昏迷等手段，先后杀死4人，劫得汽车4辆，盗窃、诈骗公私财物折价55万元，手段极其恶劣，后果特别严重。市中院以故意杀人罪、抢劫罪、盗窃罪、诈骗罪，数罪并处，判处4名被告死刑，剥夺政治权利终身。1994年，从重从快打击车匪路霸及带黑社会性质犯罪。李某某、邓某某于1994年1月14日晚借租乘摩托车之机，将车主李某骗至湘潭县中路铺镇杀害，抢走摩托车。市中院受理此案后，在10天内予以审结，依法判处两被告人死刑，剥夺政治权利终身。1995年，法院刑事案件做到快审快判，平均审结案不到25天。至1996年的4年间，全市法院审判刑事案件4122件，其中一审刑事案件3715件，二审刑事案件407件，判处五年以上有期徒刑至死刑308人。

1997年，刑事案件特别是大案要案仍处于上升趋势。全年受理刑事一审案件1074件，审结

1080件,受理上诉、抗诉案件226件,审结171件。1999年起,全市法院又把从重打击毒品犯罪专项审判作为刑事审判重点。夏某某因贩卖鸦片和海洛因1200克,马某某因贩卖海洛因234克被判处死刑,剥夺政治权利终身。2000年,市中级人民法院被省高级人民法院授予“打击毒品犯罪先进法院”称号。2001年,法院在审理湘潭县射埠镇尹氏家族流氓黑恶势力犯罪团伙案中,注重民意,从重打击。该团伙无视国家法律,在射埠、河口等地随意殴人、毁损他人财物,强拿硬要,寻衅滋事,暴力袭警,民愤很大。法院从重从快审理,两名主犯被处有期徒刑8年,从犯一律从重处罚。至2001年的5年间,全市法院审结刑事案件5708件8597人,其中审结杀人、抢劫、强奸、绑架勒索、涉枪涉黑、邪教组织等大案要案243件569人;判处五年以上有期徒刑至死刑454人,不满五年有期徒刑117人;审结二审刑事案件1235件,其中,维持原判790件,改判343件,发回重审50件,撤诉5件,调解5件,其他42件。

2002年,法院坚持依法从重从快惩处黑社会性质组织和流氓恶势力团伙犯罪。以马某某、谢某某、刘某、汪某明为首的黑势力犯罪团伙,多年以来,以经营解放路弓箭楼酒家为掩护,网罗“两劳”释放人员,多次寻衅滋事,聚众斗殴,敲诈勒索,非法运输、储存、持有枪支,为泄私愤故意杀死1人,轻伤4人,无恶不作,危害极大。该团伙主犯马某某被判处死刑,谢某某、刘某被判处死缓,汪某明被判处无期徒刑。以汪某华为首的14名流氓团伙案,在湘潭锰矿地区欺行霸市,多次暴力殴打经营业主;非法购买枪支,并多次持枪威胁、要挟、故意伤害他人,造成重伤1人,轻伤3人,当地民愤极大。汪某华被判处有期徒刑20年,其他13名团伙成员均判处3年以下有期徒刑。2003年,法院审理郭某标、郭某兵杀人抢劫案。湘潭县姜畲镇郭某标、郭某兵用刀子撬开本村村民袁某某家大门,为劫取财物,将袁夫妇杀害,并焚尸灭迹。其犯罪手段特别恶劣,后果非常严重,法院依法判处两人死刑。以齐某为首的6名恶势力犯罪团伙成员被判死刑或死缓。至2004年的3年中,审结重大刑事案件2596件3999人;审结二审刑事案件657件,其中维持原判383件511人,改判241件359人,发回重审18件,调解7件,撤诉2件,其他6件。期间,为提高办事效率,改无限期申诉为有限期申诉,树立司法权威。同时,对被告认罪案件试行普通程序简易审理。即对经过检察机关和辩护人庭前展示证据的一般刑事案件,征得检察机关和原被告同意,在被告人认罪前提下,将庭审普通程序进行简化,惩教结合。

2005年,是历年来刑事案件发案最高的一年。以易某某为首的盗窃团伙,疯狂盗窃各类汽车14辆、摩托车13台及手提电脑和发电机等公私财物,共计价值70余万元。主犯易某某被判处无期徒刑,其他团伙成员被分别判处有期徒刑。卢某某用猎枪、雷管炸药相威胁,抢劫他人财物共计价值88万余元。法院以抢劫罪判处其死刑。被告人梁某某、李某某在湘潭大学校园内杀害女大学生龙某某,并残忍地割下头颅抛掷于湘大北山树林中。此案影响非常恶劣,在全国高校中产生十分不良影响。法院根据公安机关侦查材料,公开进行审理。两犯以杀人罪分别被判处死刑和死缓。全年判处罪犯2087名,其中,审判未成年人犯罪175名。未成年人犯罪成为新的社会问题。尤其是街头两抢、两夺案件中,未成年人和残障人比例很高。在刑事审判中,全市法院积极运用法律武器维护妇女儿童合法权益。市中级人民法院获“全国法院维护妇女儿童权益贡献奖”称号。

第二节　严重经济犯罪案件

1986年，审结各类经济犯罪案件324件365人，其中重特大案件41件，涉案标的240万元。1988年，经济犯罪案件有所下降，犯罪数额标的不大。1989年8月，根据最高人民法院、最高人民检察院发布的《关于经济犯罪分子必须在限期内投案自首的通告》，开展打击严重经济犯罪工作，敦促国家工作人员、企事业单位管理人员犯贪污、受贿、投机倒把罪的，限期投案自首，对坦白交代犯罪事实，积极退赃和有立功表现的，一律从宽处理。对拒不投案自首，毁灭证据，转移赃款赃物，互相串通，订立攻守同盟或畏罪潜逃的，坚决依法从严惩处。市猪鬃厂供销员王某，先后五次贪污货款计98465元，收受贿赂3500元。案发后，主动向检察机关如实交代自己犯罪事实，积极退赃和检举他人的犯罪事实，有立功表现。依照《通告》精神，王某被从轻判处有期徒刑11年。至1990年的5年中，共审理各类经济犯罪案件3015件，涉及金额0.8亿元，被判处五年以上有期徒刑1980人。

1991年，全市法院贯彻执行中央提出的“一要坚决，二要慎重，务必搞准”原则，严格区分罪与非罪界限，审理经济犯罪案件。市制药厂厂长李某某，被检察机关以受贿罪向法院提起公诉。对于这一类问题是否属于犯罪，雨湖区法院决定通过公开开庭审理，广泛征求各界意见。市中院集体研究，一致认为李某某是改革中涌现出来的能人、企业家，其在经济活动中所获得的奖励和报酬，不能算成受贿。对公诉机关的错误及时进行纠正，对李作出无罪判决，并安排他回厂继续任职。以此案为例，法院制定审理经济犯罪案件的十六条界限，保护改革者，把经营活动依法所得与经济犯罪区别开来，发挥审判调节功能。《通告》之后，贪污、受贿一类经济犯罪案件明显下降，而非法传销、非法融资、合同诈骗、走私贩私等新的经济犯罪却开始出现。1993年，北京朝阳区公民董某假冒五个国家的国籍来湘潭诈骗，与市建材钢铁厂签订购销合同，将150万元货款挥霍一空，无法归还。中院办案人员三上北京，历尽艰险，冲破各种阻力，取得当地公安机关的支持，依法将董某逮捕送交司法审判。1995年起，湘潭重大经济犯罪案件大幅度攀升，而且经济犯罪手段更加隐秘，数额更加巨大，全市受理贪污受贿挪用公款等经济犯罪案件146件184人，审结117件134人，分别比上年增加100%、179%。所审结的经济犯罪中，判处15年以上有期徒刑1人，5～15年有期徒刑的18人，5年以下有期徒刑的47人。至1995年的5年间，全市受理经济犯罪案件1280件1440人，被判有罪的600人。涉案标的2.3亿元，法院为国家、集体及个人追回各类经济损失1.2亿元。这一时期，合同纠纷和合同诈骗等一些经济纠纷案件被列入经济犯罪，也有一些经济纠纷案件演变成经济犯罪案件。

1996年起，企业法人犯罪数量增加。经济犯罪案件呈现出职务更高、窝案串案、钱权交易、财色交易等特点。其中，金融系统和企业法人的经济犯罪尤为突出，法院围绕反腐败斗争，抓大案要案审理。更加注重程序法，充分尊重公民合法权益，90%的经济犯罪案件都进行公开审理。中国工商银行湘潭支行对账员汪某，利用职务之便，7年中作案35次，贪污公款145万元，挪用公款196万元，非法收取利息43万元，用于赌博和购买高档消费品。经市中院审理，以贪污罪判处汪某死刑，剥夺政治权利终身。市饮食服务公司总经理、正处级干部谭某某收受贿赂20余万元，被依法判处有期徒刑12年，剥夺政治权利2年，并处罚金2万元。湖南电线电缆集团公司（原湘潭电缆厂）党委书记、总经理陈某燕任职1000天，整个集团亏损3亿元，日亏损额达36万元，检察机关向法院提起公诉。社会各界对此案极为关注，朱镕基总理及省市有关领导分别作出批示。1999 年 10 月 27 日，中院公开审理陈某燕、陈某慧、李某某、彭某某、王某某等。他们被检察机关起诉指控挪用公款 4700 余万元，贪污 43 万元，虚开增值税发票 1.9 亿元，造成国家税损 150 余万元，偷税 40 余万元。经过 9 天的庭审，判处陈某燕无期徒刑，剥夺政治权利终身，并处没收财产 24 万元；判处李某某无期徒刑，剥夺政治权利终身，处罚没财产 10 万元；判处彭某某有期徒刑 14 年，剥夺政治权利 4 年，没收财产 10 万元；判处王某某有期徒刑 20 年，剥夺政治权利 3 年；判处黄某某有期徒刑 10 年，剥夺政治权利 1 年；判处陈某慧 3 年有期徒刑。虚开增值税专用发票和偷税的涉案单位湖南金湘公司、东莞金芙公司和深圳兴太阳公司分别被处罚金 150 万元、25 万元、200 万元。被告人陈某燕不服，向湖南省高级人民法院提起上诉。后省高院作出终审判决，以挪用公款罪、滥用职权罪，数罪并罚，对被告人陈某燕执行有期徒刑 10 年。其他几名罪犯都相应在刑期上有所减轻。这一时期，也存在把一些大的经济纠纷案件划入经济犯罪情况，但是迅速予以纠正。法院在审理这一类案件时，严格区分经济纠纷与经济犯罪，经济犯罪案件总数没有明显上升。至 2000 年 5 年间，全市受理经济犯罪案件 3000 余件，涉案 6000 多人，涉案标的 3.2 亿元，被判有罪 2000 多人，法院为国家、集体及个人追回经济损失 3 亿元。

2001 年，市民政局募委办主任田某在负责东方福利大厦基建工作和办理福利彩票的发行工作中，收受贿赂 16.4 万元，被判处有期徒刑 10 年。全年判处职务犯罪 77 人，其中县团级干部 4 人。2003 年，市国土局局长郑某某在负责市征地拆迁事务所综合楼、宿舍楼和国土局综合楼建设过程中，受贿 6.45 万元，并借“横向联系”之名，贪污公款 2 万元，被判处有期徒刑 7 年。全市审结贪污贿赂等职务犯罪案件 28 件，判处罪犯 42 名。2005 年，韶山东路建设开发有限公司副经理彭金庭在负责征地拆迁、道路建设过程中，共贪污受贿 17.2 万元，被法院判处有期徒刑 5 年 6 个月。市公安局治安警察支队侦察大队大队长邹某某犯受贿罪、巨额财产来源不明罪，被判处有期徒刑 4 年，并没收非法所得 50 万元。全年有 80 人因为职务犯罪被判刑。至 2005 年的 5 年间，审结经济犯罪案件 350 件 3791 人。其中判处五年以上有期徒刑 95 人，不满五年徒刑 101 人，拘役 42 人。为国家和集体挽回经济损失 5.19 亿元，没收赃款 252 万元，追还公款 140.8 万元。各类经济犯罪案件中，企业法人职务犯罪减少，与企业改制转轨，收入合理化有关。而行政机关事业单位负责人职务犯罪大幅攀升。

第三节　危害国家安全案件

1986 年，全市审理反革命案件 49 件。1987 年 3 月，赵某某得知北京正在召开第六届全国人民代表大会第五次常委会议，书写“中国分产党反共救国”反动传单 20 张，窜到北京，在火车站公共场所散发传单，被民警抓获。在羁押期间，赵在看守所墙上又刻写反动诗句。法院判处赵德晃有期徒刑 12 年，剥夺政治权利 3 年。1988 年，市中院审理“三民主义大陆挺进先锋团”案。以浙江大学化工系学生苏某为首，邀集湘潭大学化工系学生孙某、湘南财会学院学生万某组织“三民主义大陆挺进先锋团”，起草“团纲”8 条，“团员义务”9 条，并对该组织骨干进行分工。他们叫嚣要配合国民党“挥戈西指，直捣匪巢”。市中院以危害国家安全罪，分别判处苏某、孙某和万某有期徒刑 7 年、2 年和 6 个月，分别剥夺政治权利 3 年和 1 年。至 1988 年的 3 年间，全市法院共审理危害国家安全罪案件 160 件。

1989年春夏之交北京政治风波波及湘潭，出现危害国家安全案件。湘潭大学外语系讲师龙某，在北京政治风波平息之后的次日，在自己衬衣的前面和背面用毛笔写着反动标语，挤进学生游行队伍。6月6日穿着黑衣黑裤，手带黑纱，在江麓机械厂煽动工人罢工；6月7日在火车站游说，煽动铁路工人罢工；6月8日，龙带领10多名高校学生堵截湘潭钢铁厂铁路专用线长达8小时，影响48车皮原材料及时进厂，严重影响该厂生产。6月19日，龙向该校党委投案自首。法院经审理，以危害国家安全罪、聚众扰乱交通秩序罪，判处龙某有期徒刑2年，剥夺政治权利2年。

1991年，苏联解体，西方开始加大对中国的“和平演变”，境外敌特机关、宗教反动势力向中国内地渗透。市内部分高校教师受西方思潮影响，公开发表不利于国家安全的言论。

1992年，邪教组织“主神教”在湘潭出现，此后发展成拥有信徒万余人的组织，遍及全国20多个省区，被公安部列为全国五大邪教之首。“教主”刘某某采取欺骗、恐吓、胁迫等手段和“蒙召”等方式，奸污女信徒13名，其中幼女2名，通过“蒙召”生下非婚子女6名。以收取“奉献金”为名，诈骗信徒钱财22万元。中办、国办发文点名通报全国。1997年，根据修改后的《中华人民共和国刑法》，将“反革命罪”更名为“危害国家安全罪”。此类案件由市中院直接审理。由于敌我矛盾转化，一些近似的犯罪列入破坏社会公共安全罪等，属于国家安全类案件减少。1998年，邪教组织“主神教”被省公安厅破获，教主刘某某和26名骨干分子被抓获。1999年6月4日，市中院公开审理主神教案。主犯刘某某以利用邪教组织破坏法律实施罪、强奸罪、诈骗罪等数罪并罚，判处死刑。骨干分子“盼望主”朱某某被判处有期徒刑20年，其他骨干成员被各地司法机关处以劳教或劳改。

2000年后，危害国家安全的犯罪很少发生。至2005年的5年间，全市审理危害国家安全罪2件。

第二章　民商事审判

民商事案件是民事案件和经济纠纷案件的总称。1986年，民事案件与经济纠纷案件的审理与执行全部由各法院的民事审判庭负责。民事庭设民一庭、民二庭。民一庭审理民事诉讼案件、行政诉讼案件，民二庭审理经济纠纷案件。民事诉讼主要受理婚姻家庭纠纷案件、财产权益案件、人身权益案件。其中，财产权益案件包括房产纠纷、山林水利土地纠纷、债务案件、房地产案件，债务案件占民事案件30%。民二庭受理经济纠纷案件主要包括经济合同纠纷、矿产案件和其他经济纠纷，其他经济纠纷包括“两户一体”（农村的重点户、专业户、经济联合体）和企业内部承包纠纷案件。由于民事案件、经济纠纷案件与行政诉讼案件都归属民庭，庭审力量不足，审结速度慢，执行力量不够，执行难。1990年，行政诉讼从民事庭中析出，全市两级法院设立行政诉讼庭。至1990年的5年间，全市法院共审结民商事案件27604件，诉讼标的总额11453.5万元。

1991年，法院审执分离。但是执行并未完全与审判分开，民庭用三年的时间与新成立的执行庭一起处理完前10年积案的90%。1993年，根据《中华人民共和国企业破产法（试行）》规定，市中院正式受理第一起破产案件。至1995年，随着企业改制的全面开展，破产案件的审理达到高峰。1996年，市政府出台国有企业改制有关政策规定，法院把企业破产的审理作为服务经济建设的重点，主要防止国有资产流失。至2000年的10年间，全市法院共审结民商事案件74409件，诉讼标的总额

256637.7 万元。

2001 年,民事诉讼案件中以离婚案件最多。2002 年,中院撤销民事审判庭、经济审判一庭、二庭,成立民事审判一庭、二庭、三庭。基层法院设民事审判一庭、二庭,将经济纠纷类案件更名商事纠纷案件,形成大民事审判的格局。2005 年,国有、集体企业破产改制重组案件的审理基本完成。至 2005 年的 5 年间,全市法院共审结民商事案件 30817 件,诉讼标的总额 158590.1 万元。

第一节 经济纠纷案件

1986 年,随着农村实行联产责任制和城市重大经济体制改革,农村“两户一体”的经济纠纷案件和企业内部承包纠纷案件增多,开始出现企业“三角债”,经济纠纷案件总量比上年上升 23%。法院抽调大部分力量进行经济案件的专项审判,为企业清理“三角债”。清欠、追债成为法院主要工作。1987 年,全市法院审理经济纠纷案件 1300 余件,占民商事案件 4101 件的 1/3。

1988 年,经济纠纷案件继续上升。审理的合同纠纷案件中,有的购销合同只有口头协议;有的虽有书面协议,但要素不全,违约责任不明;有的以职务担保债务,使集体经济蒙受损失;有的承包合同中的承包者负债累累,使合同无法兑现;银信部门呆滞资金多,难以收回。为此,法院改变办案方式,采取以部门、行业设点,开展巡回就地办案,加大调解力度。全市审结经济纠纷案件 2258 件,其中调解 1564 件,判决 53 件,撤诉 127 件,移送 33 件。为国家、集体和个人挽回经济损失 1800 余万元。湘乡、郊区、韶山法院被省高院授予“巡回办案先进集体”。

1989 年,市中院设立经济纠纷调解中心,聘请部分退居二线老同志专门从事调解工作,即收即调。各法院继续坚持巡回办案,城区以经济审判庭为主,在街道、厂矿企业、银信部门设立巡回办案点,分片包干,任务到庭,责任到人。农村以法庭为主,开展“小巡回”,及时调处影响农业生产各种纠纷。

1990 年,生效裁判执行难的现象越来越突出。“空调白判”影响法院形象,也影响当事人的积极性,许多受害人不愿向法院起诉。一些企业关停并转,经济效益差,打不起“官司”而不向法院起诉;由于诉讼成本因素,一些工商业主将纠纷搁下来而不向法院起诉却找私人“了难”。为制止和打击非法行为,优化经济环境,法院深入大中型企业和乡镇企业广泛进行法律宣传,并在全市 97 家国有大中型企业和银信部门设立经济审判联络点,聘请 95 名联络员,对特困企业和工商企业减缓免诉讼费。开展为企业依法清欠专项服务活动。湘潭船舶厂与福建石狮市祥渔海洋捕捞船队签订加工承揽合同,担保人为石狮市祥艺水产食品开发公司。湘潭船舶厂依约为石狮市祥渔海洋捕捞船队建造四艘渔轮,并交付使用。捕捞船队拖欠货款 129 万元长期拒不归还。中院收到湘潭船舶厂起诉状后,由一名副庭长组成合议庭赴石狮办理此案。经过艰苦细致的疏导工作,成功调解此案,被告方同意归还 129 万元货款,利息 51 万元,共计 180 万元给原告,并当即付 22 万元给原告带回。剩下部分通过中院 6 次派人到被告单位才执行到位。湘潭县河口乡村民刘某拖欠河口某信用社营业所借款,该所一直不愿向法院提起诉讼。河口法庭得知后,主动上门做营业所的工作,该所抱着试试看的心理向法院递交起诉状。法庭对此案很快进行审结,并如数执行。营业所之后又将近几年无法解决的 9 起借款合同起诉到河口法庭,均依法得到妥善解决。是年,审判力量向经济审判倾斜,中院从各庭抽调力量,组成 8 个经济审判合议庭,支持经济审判一、二庭工作,重点审理跨区域涉外纠纷。大胆使用讼诉保全、强制执行、司法拘留等措施。至1992年的7年间,受理经济纠纷案件8987件,诉讼标的2.26亿元,审结8978件,为国家集体追回损失2.11亿元。

1993年,合同纠纷案件大幅回升。尤其是大中型企业购销合同纠纷多,标的大,中小企业和乡镇企业"三角债"突出,个体工商户经济往来纠纷增多。法院改坐守审判为主动为企业单位依法追债,在一些可能出现纠纷的市场、单位设立审判联系点。各级法院通过诉讼程序为一些单位收回欠款1700万余元。并为江南机器厂、湘潭电机厂、湘潭电缆厂、湘潭化纤厂、湘潭锰矿等厂矿和银信部门调解一批大的货款和借款纠纷案件。湘潭煤机厂诉东北鸡西等四个矿务局货款纠纷案,中院承办人员赴东北40余天,想方设法为厂方收回全部货款67.3万元。中院经一庭在审理市棉麻公司诉南县棉纺厂货款纠纷一案中,由于地方保护主义的影响,办案人员四次遭到上百人围攻,5人挨打受伤。办案人员不顾个人安危,克服重重阻力,终于调解结案,并将全部货款120万元执行到位。1995年,中院受理中国人民银行湘潭分行等三家单位诉海口、广州等地三被告欠款纠纷案,诉讼标的总额2500万元。经济审判一庭组织精干力量,赴海口、广州15天,依法查封、扣押被告单位别墅5栋、高级小轿车3辆,并通过艰苦细致工作,使三件大案全部调解结案,2500万元欠款全部执行到位。至1995年的3年中,全市法院受理一审经济纠纷案件9470件,审结8277件,调解结案占47.6%,为国家、集体和个人挽回经济损失5.65亿元。其中,为国有企业湘潭电机厂、江南机器厂、湘潭电缆厂等追回欠款8000万元,为银行追回4500万元。

1996年,法院配合"强工富市"和"开放带动"战略,把经济审判摆在突出位置,依法开展清欠活动,重点清理"三角债"。1997年,各级法院受理各类经济纠纷3999件,审结3496件,为国家集体个人追回损失2亿元。1998年,因海南"热"、北海"热",湘潭金融部门和一些企业数十亿资金流失在沿海的广东、海南、广西等地,给本地金融秩序造成很大混乱。各级法院紧急行动,组织精干力量,成立专案组,为银企部门收欠,追回1亿多元损失。全市法院开展百日办案竞赛,审结超期积案1100件。为营造招商引资良好环境,市委工作会议作出决策,处理涉外案件一律由中院受理,中院在经一庭和民庭成立专门负责涉外经济案件的民事案件合议庭。1999年,根据国务院关于清理整顿农村"两会"(基金会和储金会)决定精神,法院组织专门力量,派出46个巡回法庭,深入乡镇、街道就地办案。韶山银田乡因"两会"引出民事纠纷造成1人死亡19人受伤。全年受理此类案件2836件,诉讼标的达14585万元,为当事人追回被占用资金9922万元。2000年,根据中共中央《关于国有企业改革和发展若干重大问题的决议》精神,中院制定《关于开展依法为国有企业改革和发展服务专项审判活动方案》,并成立专门合议庭审理涉国企经济合同案件。全市法院共派出30个调研小组,对辖区内国有企业生产经营和债权债务状况进行摸底调查。有8000多职工的湘潭电缆厂总资产近8亿元,负债总额14亿元,该厂向中院申请破产还债。中院受理此案后,派出6个追债小组,分赴6大片区,为企业追回债权350万。湘潭钢铁集团公司在履行与深圳一客户钢材购销合同中,在发运途中,发现对方存在欺诈行为,立即向湘潭中院起诉。中院受理后,马上派人分别前往深圳和湘潭火车站,及时采取财产保全措施,使427万元钢材款化险为夷。全年审结涉国企纠纷案件172件,为国有企业和银行追回损失2亿元。2001年,湖南铁合金厂诉重庆特殊钢股份有限公司和重庆钢铁集团有限公司借款纠纷案,涉案标的3900万元。中院受理后,主管副院长带领办案人员八赴重庆,六上北京,多方协调,在取得最高人民法院支持下,成功审结此案。该厂诉大连钢铁集团公司拖欠货款900

万元,也顺利调解结案,并自动履行到位。中国工商银行板塘支行等三家银行诉兵器工业总公司等三家集团公司担保贷款5500万元案,湘潭锰矿诉辽宁本溪钢铁公司欠款3200万元案,湘潭钢铁公司诉大冶特殊钢厂欠款1600万元案等,均在审限内了结,并全部执行到位。至2001年的6年间,全市受理经济纠纷案件11732件,涉案标的9.46亿,审结11723件,为国家集体追回损失8.3亿元。

2002年,全市法院维护"三农"(农业、农村、农民)利益,巡回办案,审结假种子、假化肥、假农药案15起。湘潭县中路铺镇茅塘、潭湖等16个村民小组195户农民,从该县种子公司购进一批假种子,造成33.33公顷农田失收。法院采取缓交诉讼费、快审快结的办法保护农民利益,判处被告和第三人共同赔偿195户农民直接经济损失15万元。2003年,全市法院民庭改名为民事一庭,经济庭改名为民事二庭,经济纠纷案件通称商事案件。在统计上,民事案件和经济纠纷案件通称民商事案件。2004年,调解3000万元以上经济合同纠纷案件6件,诉讼标的1亿元。2005年,法院加大对破产改制案件审理力度,全年审理破产案件17件,化解各类债务12亿元,安置职工1.3万人。至2005年的4年中,全市法院受理经济纠纷案件11051件,涉案标的14.08亿元,审结10712件,为国家、集体追回损失13.98亿元。

第二节 婚姻家庭纠纷案件

20世纪80年代,婚姻家庭纠纷案件,主要为离婚案件,赡养纠纷也存在,但被赡养者主动提出的不多。1986年,全市法院坚持着重调解原则,审理家庭纠纷案件。针对不同的离婚原因,从维护妇女儿童合法权益出发,严格审查夫妻感情是否确已破裂,在做好思想疏导和协调工作基础上,审结婚姻纠纷案件614件,其中,调解离婚360件,调解和好155件,调解率为83%;判决离婚67件,判决不离32件。湘乡东郊法庭对调和的35起婚姻案件进行全面回访,除1对丧偶,2对反悔自愿离婚外,其余32对夫妻和睦,家庭幸福,调解巩固率达91.4%。1987年,农村离婚案件上升。法院在处理农村婚姻家庭纠纷案件时,本着调和不调离原则,尽量减少因离婚给农村带来的不稳定因素。湘潭县、湘乡、郊区法院采取"大巡回"与"小巡回"办法,开展巡回就地办案。湘潭县法院在处理杨某诉厥某离婚案件中,得知厥某身带雷管炸药,要与杨家拼个你死我活。承办人及时赶赴现场,做耐心细致的说服教育,批评其违法犯罪行为,使厥某自动交出藏在身上的爆炸物,防止一起恶性案件的发生。湘乡莲花乡村民刘某诉吴某(女)。两人于1980年结婚,已生育3个小孩,因生活困难,经常吵架斗嘴,女方上诉要求离婚,同时一气之下返回贵州娘家与他人姘居。一审判离后,男方不服上诉中院。二审期间,吴某与他人结婚,因触犯刑律受到制裁。至1989年的3年间,法院共审结婚姻案件3052件。其中,调解离婚1681件,调解和好822件,调解率为82%;判离婚389件,判不离婚160件。离婚率呈绝对上升趋势。案件多因第三者插足,也有名存实亡要求解除婚姻者。

进入20世纪90年代,赡养纠纷增多,随着全民普法的开展,被赡养者主动拿起维权武器。农村跳板式婚姻离婚案件也剧增。一些外地贫困山区稍有姿色的女青年,为了达到"农转非"(农业户口转非农业户口)、进城务工的目的,以婚姻为跳板,与湘潭城区或城郊的一些身体残疾、精神障碍、智力低下的男青年结婚,一旦解决了城市或城郊户口,甚至安排了工作以后,再提出离婚。湘潭县长岭乡山区女青年苏某为了跳出"农门",与郊区护潭乡患有脑膜炎后遗症、神志不清的男子相识不到一个月就办理结婚登记,婚后不到一年,苏某在解决菜农户口后,便以夫妻感情不和为由起诉离婚。1990年郊区法院审结跳板式离婚案件74件,占全区总离婚案件63%。湘乡虞塘镇洗马村曾某丈夫早逝,三个儿子均不尽赡养义务,在当地影响很坏。湘乡法院受理此案后,在洗马村进行公开审理,旁听群众800余人,法庭调解未果,当庭判决,每个儿子每年负担其母亲稻谷120斤,生活费72元。此后,离婚案件中又出现新情况,男人找"二奶",女人找"白脸"。外遇引发的离婚案件在判决时非常棘手,社会上呼之曰"高价离婚",财产分割的标的很大,动辄就是数十万上百万。雨湖区法院1993至1995年审结离婚案件319件,其中妻子告丈夫要求离婚的200件,占62.7%。这类离婚案件中,因丈夫有了钱,搞婚外恋,不尽家庭义务的84件,占42%;因女方嫌贫爱富傍大款,经常出入歌厅、舞场、麻将馆,导致夫妻感情破裂的51件,占25.5%。至1995年5年间,全市审理各类家庭纠纷案件3367件。其中,涉及赡养义务案件22件。

1996年后,赡养义务在一些特殊离婚案件中凸现,这类案件的审理,法院多维护弱势群体一方,无过错一方。岳塘区双马镇象形村村民黄某某因中风瘫痪,无人照料,6男3女都不尽赡养义务。岳塘区法院院长从电视节目中看到报道后主动介入。岳塘法院民庭法官和法警赶赴双马镇展开调查,并邀请老龄协会负责人和村主任成立临时办案协调小组,在黄某某床前受理老人的口头诉求,当即将口头诉状和应诉通知书分别送达她的9个子女。根据原告不能行走特殊情况,在她家门口坪地开庭审理此案。并邀请电视台现场实录做成法制节目。通过庭审和法律、道德、尊老爱幼传统美德教育,9个子女认识自己的错误,一致达成调解协议,6个儿子自愿每人每月负担母亲医疗费、护理费、生活费147元,3个女儿轮流做好护理工作。协议签字后,当场兑现1800元。至2001年的6年间,全市法院共审结各类家庭纠纷案件5422件。其中离婚案件1709件,赡养义务案件111件。

2002年,法院在审理婚姻家庭案件中,注重保护妇女、儿童和残疾人合法权益。雨湖法院在审理杨某诉唐某(女)离婚一案中,考虑被告患间歇性精神病多年,又是下岗职工,无生活来源,从维护妇女特别是弱者权益出发,做好原告工作。经过反复协商,原告同意将住房、家具和6.5万元存款全部归被告所有,并承担小孩上大学一切费用,同时向被告承诺,在她50岁之前,每年付给1200元扶养费。2003年,中院受理数起涉外婚姻案件。台湾省台中县大肚乡顶街村村民赵某(男)诉湘潭市民彭某(女)离婚案,经审理查明,赵某与彭某经人介绍草率结婚,彭某随赵回台中县定居。由于婚姻基础差,性格不合等原因,不久分居,终至离婚。经法院调解,双方自愿达成离婚协议,赵某一次性给彭支付经济帮助费6万元。对婚外同居的认定,探视子女权的行使,以及过错方赔偿等新问题的法律适应,法院尽量做到公平公正。尤其是对人民群众关注的"婚外恋""包二奶"等给配偶造成的精神损失,坚持无过错方原则。湘乡市判处一离婚案中,判处过错方一次支付另一方精神抚慰费1万元。至2005年的4年间,共审理各类家庭纠纷案件5979件,其中离婚案件5515件,家庭赡养义务案件315件,遗产继承案件87件。

第三节 民事侵权纠纷案件

20世纪80年代中期,民事侵权纠纷案件由宅基地纠纷扩展到征地拆迁、土地承包、商标侵权、盗版、民工工资拖欠等更多领域。公民从过去的被动损害而引出赔偿请求,到主动要求法律维护其他权益。1986 年,随着农村经济发展,村民生活水平提高,修建、改建房屋增多,由此引发的侵权纠纷,尤其是宅基地纠纷增多。郊区长城乡两户杨姓邻居,因旧宅拆除时留下两根水泥柱,杨乙认为柱子对着他的大门,害得他家务不顺,家人长期生病,要求杨甲拆除,将地基让给他,由此,双方发生争吵和斗殴。杨甲诉至郊区法院。法院公开审理,以案讲法,宣传唯物主义思想,调解这一侵权纠纷。全市法院审结侵权纠纷案 345 件,其中宅基地纠纷占 29.3%。1987 年,湘乡棋梓镇银塘村村民万某与周某为晒谷坪问题发生吵架,镇干部刘某前去制止,遭到万的人身攻击,污辱人格。后万又在一次全镇干部大会上恶毒语言攻击刘某,使刘的人格和精神都受到伤害,湘乡市有关党政部门前来做工作均无济于事。法庭依照《民法通则》有关规定受理此案后,对万的行为进行当庭训诫,责令赔礼道歉,挽回影响。1988 年,城镇因房屋买卖、出租、集资建房等发生的纠纷案件较多。黎某未经妻子和成年子女同意,将共有房屋一套出卖给第三人陈某。黎某之妻和女儿向法院起诉,要求保护自己的合法权利。一审判决房屋买卖协议无效,双方返回财产。陈某不服,以手续完备,房屋已交付使用为由,提起上诉,中院二审认定一审判决正确,共有人对共有财产享有权利,部分共有人未取得其他共有人同意,擅自出卖共有房屋的,应当宣布买卖关系无效。1989 年,侵犯林木、养殖业、种植业、山塘水库承包经营权的纠纷较多。李某租赁市白马湖渔场,经济效益较好。后来渔场某些负责人后悔,认为租赁不合理,要求终止租赁合同。在双方发生争执期间,还煽动职工闹事,造成渔场停产。湘江区法院受理此案后,公开审理,判处渔场遵守合同。至 1990 年的 5 年间,法院共审理各类民事侵权纠纷案件 1575 件。案件调解占 60%。

1991 年,湘乡法院落实对台政策,妥善处理 3 起涉台房屋产权纠纷案,取得台胞遗属称赞。曾某某诉潭市镇供销社房屋产权案较为典型。曾父系原国民党军队某团团长,大陆解放前逃往台湾,在潭市镇留下房屋三弄,面积约 200 平方米。中华人民共和国成立后,此房由潭市镇供销社使用,其中两间被改建。曾多次向政府有关部门要求退还房屋未果,湘乡法院受理此案后,依照民法通则和有关政策规定,判决该房屋归曾某某所有。1992 年,侵犯乡(镇)村办企业、私营企业财产权纠纷案件增多。湘潭县茅亭化工厂是一个村镇合办企业,经营状况良好。当地村民龙某某等 3 人,以化工厂污染农作物为由,纠集部分村民推倒该厂围墙,搬走 70 余万元的设备和财物,阻挠该厂抢修化工炉,造成停产 20 余天。镇政府和公安机关多次劝阻无效,该厂向法院提起诉讼,法院以侵权纠纷立案后,根据原告申请,裁定先予执行,责令被告人立即停止侵害,返还财物,恢复原状。1993 年,随着市场经济体制逐步完善,侵权纠纷虽然有所下降,但侵害企业生产经营权案件突出。湘潭县峡山口乡村办企业龙华片石场,产品市场大、利润高。一些村民犯"红眼病",以种种借口阻挠或刁难片石场生产经营,造成该场多次停产,直接经济损失 40 余万元。河口法庭受理此案后,采取强制措施,对为首聚众闹事的林某进行司法拘留,并判决村民停止侵害,恢复原状。1994 年,审理的农村侵权纠纷案件中,农村"两户一体"经济纠纷案件占 30%。1995 年 3 月,岳塘法院建设路人民法庭挂牌成立,包括庭长在内的 5 名法官全由女性组成,为全省唯一的"女子法庭"。女子法庭发挥女性工作耐心细腻特点,审理大量刑事、民事案件。是年底,该庭被市中院授予"五好人民法庭"。至 1995 年的 5 年间,全市法院共审结各类侵权纠纷案 2144 件。其中,调解 678 件,占 31.6%。

1996 年,法院在审理各类侵权纠纷案件中注重调解。1997 ~ 1998 年,农村因山田塘坝引起的纠纷非常突出。湘潭县盐埠乡盐埠村委会于 20 世纪 60 年代末决定在该村盐浮组修建一口山塘,由受益的周家组调出一丘水田给盐浮组耕种。后来由于山塘漏水失修，周家组从未受益，要求退回水田，盐浮组始终不同意。为此，发展到每年春插时，两组村民都去抢插此田而发生打架斗殴，闹得盐埠村长期不得安宁。盐埠村将这一问题反映到市人大和中院。中院从维护稳定大局出发，在“双抢”之前，由正副院长带队，深入实地考察调查，广泛听取群众意见后，先召开县政府办、水利局和区乡村组负责人联席会议，协议由水利局出钱，村组出力，在 1998 年冬将山塘和通向周家、盐浮两组的水圳修好，维持原村委会决定，从周家组调出的水田仍归盐浮组耕种。而后召开两组村民大会，向大家宣布调解协议。至 2000 年的 5 年间，全市法院共审结各类侵权纠纷案 8621 件。其中，调解 21 件。

2001 年，知识产权类纠纷案件增多。因为商标使用、注册纠纷引起的民事侵权纠纷也不少。2002 年起，鉴于很多案件既是民事纠纷，又是经济纠纷，很难单一界定。全市法院进行审判体制改革，按大民事审判格局设立审案庭，把经济纠纷列入民事纠纷，撤销经二庭、民庭，成立民一庭、民二庭、民三庭。同时成立民事案件执行局。是年，中院审理全市首起入世后涉外侵权案件——东洋皇室麦片诉华氏皇室麦片不正当竞争纠纷。此案标的 600 多万元，法院适应国民待遇原则和相关知识产权法律法规，作出一审判决后，双方服判息诉，并在执行中得到和解。是年，在农村供销合作社改制过程中，发生较多财产侵权案件。法院审判注重维护供销合作社的合法权益和推进合作社改制。湘潭县中路铺供销社将该社友爱商店公开拍卖给该社职工谢某某，附近的三个马姓村民以要求供销社经济补偿为由，强行锁闭友爱商店大门，使该商店不能如期交付竞买者使用。中路铺供销社经劝说无效向湘潭县法院提起诉讼。法院审理查明，三被告对补偿要求提不出任何事实理由和证据，纯属敲诈。法院依据《民法通则》有关规定，判决三被告立即停止侵害并承担全部诉讼费用。房地产交易纠纷也越来越多。杨某某与褚某某因屋顶面使用权纠纷诉至雨湖法院。法院查明，被告褚某某购买大同世界花苑竹园 1 栋 2 单元 702 号房和屋顶的免费以外部分，在顶面修建葡萄架、绿化池、栽种花草。原告要在屋顶面安装太阳能热水器，被告以屋顶面属自己所有而拒绝安装，由此发生纠纷诉至法院。因无法律依据，法院驳回原告诉讼请求。《中华人民共和国物权法》颁布后，屋顶使用问题有了明确的法律规定，但此类纠纷并未减少。2003 年，随着工业园建设、高速公路修建，征地拆迁补偿纠纷增多，此类维权案件增多。一些“出嫁女”虽然结婚在异地，但户口仍在娘家，根据《中华人民共和国妇女权益保护法》和《中华人民共和国农村土地承包法》的有关规定，她们对娘家的土地征用费应当享有分配权。但由于某些村组出于“嫁出的女，泼出的水”的传统观念，而不同意分给她们，剥夺“出嫁女”享有的分配权利。全年审理此类案件 7 起。雨湖法院审理一起优先购买权纠纷案件。被告雨湖城正街道办事处有 3 个门面，分别租给王某和其他两人。租赁期满，王某召集承租人开会，协商续签合同事宜，因都不同意交纳押金，续签合同未成，大家都按原合同履行。王某按原合同约定，一次性交纳办事处 5 个月租金，以后均按月交纳租金。2003 年 3 月 27 日，被告在没有通知原告及其他承租人情况下，与第三人李某签订购房协议，将 3 个门面整体售给第三人，并办理过户手续，办事处在 5 月 27 日才书面通知王某在 30 日内腾出门面。王某不从，诉至法院。法院根据《中华人民共和国合同法》和《民法通则》有关规定，判决被告城正街办事处与第三人李某签订的购房协议书无效，原告王某对承租门面在同等条件下有优先购买权利。同期，拖欠民工工资的劳资纠纷案件大增。一些企业老板恶意拖欠或者因为第三方拖欠而无力支付民工工资。而民工作为弱势群体，告状无钱，或者不谙法律程序，而采取过激行为，以自杀相威胁，将个体劳资纠纷引发成社会问题。政法机关每年不得不抽调力量为民工清欠。是年,法院受理拖欠民工工资案件21起,均得到妥善解决。2004年,公民或法人在依法保护自己合法权益同时也有一些恶意注册商标,恶意炒作发明权人本身案件。市中院受理一起侵害知识产权案件。被告经营的湘潭市青年图书室销售原告出版的《拿什么挽救你,我的爱人》一书,经鉴定系盗版。作家出版社请求法院判令被告停止侵害,赔礼道歉并赔偿损失。经审理查明,情况属实,证据确凿。中院依法判决被告汪某立即停止销售该盗版书籍,向原告书面赔礼道歉,并赔偿损失4000元。湘潭"海阔天空"为本土有名茶酒楼,它在酒店、茶饮食品方面均已注册。一些外地商户未及时到网上查询,因而导致侵权纠纷。长沙雨花区引进一家台资企业从事第三产业,使用"海阔天空"做店名,引起诉讼纠纷。湘潭"海阔天空"获胜,对方在赔偿50万损失费后,采用折中办法处理,把茶楼这一部分取名"天空",把洗浴那一部分取名"海阔"。湘潭"海阔天空"在河北、福建的维权行动中都相继获胜,成为湘潭商标维权典范。全年受理商标侵权案件60起。2005年,法院把涉及社会稳定的民事纠纷案件审理放在重要位置,防止群体事件发生。湘潭县乌石镇羊塘村351户村民认为村委会在没有召开村民会议的前提下无权对涉及村民切身利益的重大事项作出决定,集体诉村委会和第三人贺某的合同纠纷无效。法院依法撤销村委会与第三人贺某、被告周某的买卖行为,防止村民集体上访。至2005年的5年间,全市共审理各类民事侵权案件4900件。其中,调解17件。

第四节 破产案件

1986年,由于企业经营管理机制问题,湘潭很多国有、集体企业出现资不抵债,但企业破产还羞于言表。1991年末,全市实际达到破产境地的企业占总企业40%。此时,《中华人民共和国企业破产法》没有出台,国营、集体企业不允许破产。职工出于对企业的感情,死命硬撑。法院也只能就一些局部债务纠纷进行审理,无法解决企业的根本问题,真正对国有、集体企业破产审理还没有一件,但私营企业、公司破产案件审理却比较多。

1992年,市委、市政府学习中共十四大关于将股份制改造全面引入国有企业和集体企业、建立现代企业制度精神,为开展企业兼并破产作准备。由政府法制办牵头,组织体改委、经委、劳动局、国资办、工商银行和中级人民法院有关负责人,赴沈阳、南京学习考察外地实施《中华人民共和国破产法》、开展企业兼并破产的经验。市中院将破产案件统一归口由经济审判二庭办理,并明确一名副庭长加强对基层法院的业务指导。

1993年,法院开始大批量受理效益低下、资不抵债的国有、集体企业申请破产的案件。市政府成立破产工作领导小组,法院安排专人进入破产领导小组,全程介入企业破产程序。全市法院根据《中华人民共和国企业破产法(试行)》和《中华人民共和国民事诉讼法》规定,在审理破产案件中,严把"三关"(立案关、清算关、监督关),防止假破产真逃债;中院制定《监督指导清算组工作规则》,明确清算工作"五公开"(中介机构选任公开,破产企业资产公开,职工安置费用公开,企业财产变现公开,清算费用公开);重点加强对清算组在清算过程中的监督,对债权人会议决议的监督,对审计、评估等中介机构的监督。为防止破产引发不安定因素,中院组织精干法官成立专门合议庭,严格按照《审理破产案件实施细则》,审理破产案件,确保破产案件在"阳光"下进行。法院协同清算组对破产企业资产进行审计、评估和全面清理,公告结果,让职工了解自己家底。对企业拖欠职工工资、社会统筹、集资款等多项费用张榜公布,让职工明确自己权益。坚持与职工对话制度,随时接待职工来信来访。是年,确定市味精厂(属全民预算内工业企业)、市五金电镀厂(属市二轻局管辖的集体所有制企业)为破产试点单位,分别由雨湖法院和岳塘法院受理承办,中院进行业务指导。市味精厂累计亏损460.39万元,长期和流动负债637.99万元,负债率为235.4%。该厂经主管部门批准,于1993年11月1日向雨湖区法院申请破产,11月15日,法院裁定宣告破产。在公告规定期限内,申报债权的29户,其债权总额为467.17万元,占总负债的73.2%。通过债权人会议,表决通过破产财产分配方案,债权清偿率为7.05%,清偿办法以现金支付。该厂破产后,由湘潭卓越实业股份有限公司兼并,于1993年11月15日提前接收,并注入启动资金组织生产。市五金电镀厂累计亏损402.12万元,长期和流动负债522.74万元,资产负债率为245.6%。该厂经主管部门批准,于1993年10月27日向岳塘区法院申请破产,11月7日,法院裁定宣告破产。经公告和清算,申报债权的47户,其债权总额434.06万元,占总负债额83.04%。通过债权人会议,表决通过破产财产分配方案,债权清偿率为9.8%。根据市政府关于先破产后兼并文件精神,该厂由湖南液压件厂整体接收,并注入资金组织生产。雨湖区法院主动纠正一起已经宣布生效的企业破产的错误裁定。湘潭市江华有限责任公司一年前由雨湖法院宣告破产,法院在债权债务清理中发现该公司是由两个人合伙兴办的服务部基础上吸收另外两个人入股变更而来的,其工商登记注册资金为21万元,实际出资为5.5万元,按照《中华人民共和国公司法》规定,不具备有限责任公司特征,实属个人合伙企业,所以裁定该企业破产是错误的。雨湖法院坚持实事求是,有错必纠原则,依照《中华人民共和国民事诉讼法》第177条规定,撤销该院原来对湘潭市江华有限责任公司宣告破产的错误裁定,江华公司不服,重新申请裁定,雨湖法院以〔1993〕雨法字第141号裁定书驳回湘潭市江华有限责任公司的破产申请。这是全市第一起不符合破产主体资格,借破产逃债,损害债权人合法权益案件。1994年,湖南省华湘进出口集团公司诉湘潭市制药二厂解除兼并合同案中,原告以被告违反资金管理为由,请求法院判令被告返还200万元投资款和赔偿损失。经市中院审理查明,原被告所签订《接收协议书》是在自愿合法、诚信友好基础上进行的民事法律行为,各自为履行协议都作出了积极努力,理应兼并成功。但由于双方对兼并后,原告注入的200万元资金使用范围发生争执。被告在兼并协议签订后,不仅没有乱动用原告的投资款,相反积极做好各项兼并事宜,在征得原告同意下,将200万元转作本厂技术改造备用金。被告在对原告接收无望的情况下,同意与原告签订《终止兼并协议》,并在两个月内退还原告97%(194万元)的注入资金,原告同意剩下的6万元,作为对被告的补偿款。在法院主持下,双方自愿达成调解协议:原、被告双方同意终止原签《接收协议书》和《终止协议书》的履行;被告接收原告的200万元注入资金,在诉讼前已退还194万元,其余的6万元作为对被告的汽车维修费、招待费和其他损失的补偿;双方各自放弃其他诉讼请求。此案例后被收入《中国审判案例要览》(1996年经济审判卷)。

1995年,法院审结破产案件5件。其中,由市中院对市保险实业公司宣告破产,终结破产程序,安置职工11人。由雨湖法院宣告破产并终结破产程序的有雨湖印刷厂、市高新区华中技术研究所、市民政鞋厂,安置破产职工102人。湘乡茶厂由湘乡市法院宣告破产,终结破产程序,安置职工202人。1996年,中院在总结前几年审理破产案经验教训基础上,制定《审理破产案件若干规程》,对破产案件管辖、破产申请、审查与受理、破产宣告、清算组织、债权人会议、破产财产分配、破产终结等作出明确规定，并制定审理破产案件急需的 14 种法律文书格式，发至基层法院参考，受到省高院肯定。中院受理市建设局主管的钢丝绳厂（集体企业）申请破产案，破产金额 3690 万元，企业职工 677 人。审结后，该厂职工全部得到妥善处置，债权清偿率达 16.1%，是全市法院所审结破产案件中，清偿率最高的一件。法院对确认钢丝绳厂破产财产分配方案所作出的〔1996〕湘中法破字第 02-3 号民事裁定书，被收入省高院汇编出版的《破产案件审理工作手册》，成为示范性法律文书。是年，全市法院共审结破产案件 20 件。其中，由市中院宣告破产、终结破产程序的有湖南合成制药厂、市钢丝绳厂、市低压电器厂、市高压电器厂、湘潭毛纺厂、市第二机械厂、湘潭新型建筑材料厂，共安置困难职工 3324 人；由湘潭县法院宣告破产、终结破产程序的有湘潭县汽车修理厂、湘潭县造锅厂、湘潭县竹山化工厂、湘潭县潭卫药材中心，共安置职工 573 人；由湘乡市法院宣告破产、终结破产程序的有湘乡市铸造厂、湘乡市轻化厂、湘乡市家具厂、湘乡市钢丝厂，共安置职工 242 人。由韶山市法院宣告破产、终结破产程序的有韶山市兽药厂、韶山市电缆厂、韶山市玛钢总厂，共安置职工 170 人。

1997 年，根据中共十五大提出"鼓励兼并，规范破产，减员增效，实施再就业工程"精神，湘潭各级法院积极介入企业破产重组。至 1998 年的 2 年间，全市法院共审结 42 件破产案件。其中，市中院宣告破产、终结破产程序的有：市水泥厂、市压缩机厂、市压缩机配件厂、市汽车制造厂、湘潭纺织印染厂、市塑料二厂、湖南玻璃厂、市木工一厂 8 家工业企业，共安置职工 20600 人。由雨湖法院宣告破产、终结破产程序的有：市兽药厂、市纺织工业供销公司、雨湖区轻化建材厂、雨湖金属回收公司 4 家工业企业，共安置职工 69 人。由岳塘法院宣告破产、终结破产程序的有：市金洲建材实业公司、岳塘区工业供销公司、市富力经济开发部第二经营部、岳塘区再生资源开发公司、市无氧铜材厂、市湘宏化工厂、市涂料原粉厂、湖南华莲电工铜材有限公司、岳塘区物资资源开发公司、湘潭经贸建设集团公司、市九通物资公司、岳塘机电金属材料公司、市高新区五环工贸有限公司、市旺达实业公司 14 家工业企业，共安置职工 619 人。由湘潭县法院宣告破产、终结破产程序的有：湘潭县服装鞋帽厂、麦子石化工厂、花桥化工厂、光明玻璃厂、凤形电线厂、响塘水泥厂、姜畲机械量具厂、棉织厂 8 家工业企业，共安置职工 880 人。由湘乡市法院宣告破产、终结破产程序的有：湘乡市第二化工厂、电石厂、轴承厂、螺丝厂、氮肥厂、棉麻土产公司 6 家工业企业，共安置职工 751 人。由韶山市法院宣告破产，终结破产程序的有：韶山市玛钢厂、韶峰水泥厂 2 家工业企业，安置职工 140 人。

2000 年起，法院在审理国有企业破产案件过程中，把防止国有资产流失作为关注的重点。湖南电线电缆集团总公司（简称"湘缆公司"）是省经贸委主管的国有大型企业，由 5 个分公司、10 个全资子公司、4 个合资公司、5 个分厂、3 个集体企业、医院和学校组成，共有职工 8676 人。根据国家企业兼并破产有关文件和省政府《关于湖南电线电缆集团公司（湘潭电缆厂）分立、重组、破产有关问题的会议纪要》精神，纳入破产的只是集团公司总部、7 个全资子公司和电磁线厂的一部分资产。市中院受理破产申请并宣告破产后，通过清算、审计、评估，认定破产资产 2.283 亿元，负债总额 9.63 亿元，负债率 422%，在册职工 3855 人。中院派出主管副院长为首的 6 人追债小组，分赴全国 6 个片区，追回债权 350 万元。在省、市两级政府支持与协调下，银行核销呆坏账总额 7.13 亿元，对医院、学校进行分立，企业进行重组，职工得到妥善安置，终结破产程序。由国有股份公司华菱集团、上海迪策科技、湘潭市经济建设投资公司、湘潭电化集团 5 家国有股份制企业出资成立华菱线缆有限公司，整体收购湘缆，避免国有资产流失。并购重组后的华菱线缆有限责任公司轻装上阵，一跃又成为湘潭市重要纳税大户。湘缆模式得到国家有关部门肯定。全市审结破产案件5件。湘缆公司、湘潭市湖头岭米厂、湘潭钢城轧钢厂、湘潭县电机厂、湘乡市无线电厂分别宣告破产，终结破产程序，共安置职工4474人。

2001年，全市法院审结破产案件11件。其中，由市中院宣告破产、终结破产程序的有市外贸万向轮厂、湘潭韶西工具刃具公司，共安置企业职工184人；由湘潭县法院宣告破产、终结破产程序的有湘潭县酒厂、阀门厂、皮件厂、机械厂，共安置企业职工839人。由岳塘区法院宣告破产、终结破产程序的有湘潭钢粒厂、湘潭和泰金属制品厂，共安置企业职工143人；由湘乡市法院宣告破产、终结破产程序的有湘乡市机械厂和酒厂，共安置企业职工380人；由韶山市法院宣告破产、终结破产程序的有韶山饲料厂，安置职工20人。

2002年，全市法院审结破产案件21件。其中，由市中院宣告破产、终结破产程序的有市色织染总厂、市住宅建筑公司、市有机化工厂、市电器厂、市精细化工厂、湘潭离心机厂、离心机配件厂，共安置职工3316人；由湘潭县法院宣告破产、终结破产程序的有湘潭瓷厂、水泥厂、煤炭工业公司和振兴机械厂，共安置职工1887人；由湘乡市法院宣告破产、终结破产程序的有湘乡市五金交化公司、糖烟酒副食品公司、家用电器批发公司、物资公司，共安置职工763人；由韶山法院宣告破产、终结破产程序的有韶山市工艺塑厂和平板玻璃厂，共安置职工58人。

2003年，法院审结破产案件18件。其中，由市中院宣告破产、终结破产程序的有湘潭汽车配件厂、湘潭化纤有限公司、湘潭绸厂、湘潭船舶厂、湘潭塑料八厂、湘潭半导体厂、湘潭电工机械厂、湘潭建材化工厂、湘潭标准件总公司、湘潭天义包装有限公司，共安置职工5206人；由湘潭县法院宣告破产、终结破产程序的有湘潭县莲中皇饮料公司、轮船运输公司、化工厂、印刷厂、株潭水玻璃厂，共安置职工2147人；由岳塘区、湘乡市、韶山市法院宣告破产、终结破产程序的各1件，分别是湘潭市第五建筑公司、湘乡市农业物资公司、韶山市棉织厂，共安置职工817人。

2004年，全市法院审结破产案件20件。其中，由市中院宣告破产、终结破产程序的有湘潭市夜总会、市二化厂、市房地产开发公司、市电石厂、市建材钢铁厂、湖南纸浆模塑总厂、市合成化工厂、市商业大厦、市冶金化工厂、江南机器集团有限公司、中国有色金属工业二十三冶金第一工程公司、湖南三星纺织印染有限公司，共安置职工20597人；由岳塘法院宣告破产，终结破产程序的有市制钉厂、市工矿机电配件厂、市包装机械厂、市美术印刷厂、市第三织布厂，共安置职工1048人；由湘潭县法院宣告破产、终结破产程序的湘潭县云湖桥化工厂，安置职工138人；由韶山市法院宣告破产，终结破产程序的有韶山市大米厂，安置职工25人。是年，法院在审理破产案件中，千方百计为企业收回债权，为市轴承厂收回债权200余万元，为冶金化工厂收回3.6万元。岳塘区法院派出8个办案小组，奋战一个月，为湘缆收回580万元，可支付所欠破产后安置职工3个月工资。

2005年，市中院纠正一起不具备破产主体资格、借破产逃债的错案。湘乡市湘林建材化工有限公司向该院申请破产，由于法院立案审查不严，作出〔2005〕湘法民二破字第87-7号民事裁定书，宣告湘林公司破产。后来在清算中发现该公司虽然由2名股东登记注册成立有限公司，但其中一名是挂名股东，既没有出资，也不承担任何权利和义务，实属个体企业，不具备破产主体资格，法院重新做出裁定，驳回湘林公司破产申请。全年审结破产案件6件。其中，由市中院宣告破产、终结破产程序的有市第二纺织厂、市电力整流设备厂、市工矿药厂，共安置职工 1825 人；湘乡市工矿贸易公司、湘潭县液化石油气公司分别由湘乡市、湘潭县法院宣告破产并终结破产程序，安置职工 234 人。

至 2005 年的 13 年间，全市法院共审结破产案件 158 件。其中，市中院审结 53 件，雨湖法院审结 11 件，岳塘法院审结 28 件，湘潭县法院审结 32 件，湘乡市法院审结 24 件，韶山市法院审结 10 件。所审结的破产案件中，除 2 件被驳回申请外，其余均宣告破产，终结破产程序。在终结的 156 件破产案件中，全民企业 76 件，集体企业 75 件，中外合资企业 1 件，有限责任公司和股份有限公司 4 件。破产总金额为 532146.08 万元，破产企业职工共 79884 人，其中妥善安置的 72851 人，占总数91.2%。

1993~2005 年全市法院审结破产案件情况

表 16-2-1　　　　单位：件、人

年份	全市总数	湘潭市法院		雨湖法院		岳塘法院		湘潭县法院		湘乡法院		韶山法院	
		件数	安置职工	件数	安置职工	件数	安置职工	件数	安置职工	件数	安置职工	件数	安置职工
1993	2	—	—	1	—	1	—	—	—	—	—	—	—
1994	—	—	—	—	—	—	—	—	—	—	—	—	—
1995	5	1	—	3	—	—	—	—	—	—	—	—	—
1996	20	7	3324	—	—	—	—	4	573	4	242	3	170
1997	42	8	20600	4	69	14	619	8	880	6	751	2	140
1998	15	3	7000	2	26	5	143	3	268	2	165	—	—
1999	—	—	—	—	—	—	—	—	—	—	—	—	—
2000	—	—	—	—	—	—	—	—	—	—	—	—	—
2001	11	2	184	—	—	2	143	4	839	2	380	1	20
2002	17	7	3316	—	—	—	—	4	1887	4	763	2	58
2003	18	10	5206	—	—	1	—	5	2147	1	—	1	—
2004	20	12	20597	—	—	5	1048	2	—	—	—	1	25
2005	6	3	1825	—	—	—	—	1	—	1	—	1	—

第五节　民商事案件执行

1986，民商事案件称经济纠纷案件，实行审执结合，凡是民事审判庭、经济审判庭和人民法庭所审结的民商事案件，均由收案法庭或承办人负责执行，从立案、审理到执行，实行“一条龙”服务。全年审结各类民商事案件 1764 件，而判决生效执行的只有 463 件，执行率不到 1/4。至 1989 年的 4 年间，通过当事人申请，全市法院共执结民商事案件 9336 件，执行率 46.89%，执行标的总额 1972.63 万元。其中，强制执行 973 件；执行和解 3561 件。

1990年，随着《中华人民共和国民事诉讼法》的正式颁布实行，法院改审执结合为审执分离。市中院于1990年3月6日成立执行庭。此后，各基层法院也成立相应机构。

1991年起，针对前些年积压下来的一些案件，全市法院学习贯彻省委、省人大常委会、省高院《关于加强人民法院执行工作的意见》《关于加强人民法院执行工作的决定》《关于加强执行工作的若干意见》，全面铺开执行工作。各级法院都成立执行工作领导小组，重点清理执行积案。雨湖法院对历年来未执行案件清理造册，共有积案313件，其中民事95件，经济纠纷136件，已移交执行庭尚未执行82件。全院分成四个执行组，由院领导或庭长带队，分片包干，共执结212件，执行到位金额96.6万元。岳塘法院召开23人参加的被执行人学习班，组织学习有关文件，规定与会人员必须在规定的时间前履行生效裁判确定的义务；会上有2名被执行人当场交纳5000元执行款，大部分被执行人向法院作出还款计划。郊区由区人大牵头，邀请区委、区政府、政协、政法委、公安、检察、司法机关负责人参加联席会议，研究制定执行工作方案，并以区委名义转发到基层，奋战一个月，执行积案231件，执行到位金额60余万元。湘乡市建筑包工头易某，未经报批，占用0.04公顷田地建私房。国土部门下达拆除通知后，易某仍置之不理。当地群众集体数次向湘乡市政府告状，湘乡市领导多次批示坚决拆除，但执行困难重重。湘乡市政府指定湘乡市法院受理此案后，请来长沙工程兵学院定向爆破队伍，出动100多人协助法院强制执行，并请来湖南卫视现场直播，平稳解决此案。湘潭县姜畲镇村民周某诉雁坪乡村民张某财物纠纷案，被告不履行赔偿义务，法院派人做工作。当法官与被告核对谈话笔录时，与本案无关的村民汤某提出谈话笔录要由他审查，并唆使被告人不要签字、不要交钱，煽动不明真相的聂某、罗某、黄某等扣留法院警车、污辱谩骂、围攻执行人员长达3个多小时，严重妨碍公务。在乡镇党委的支持下，法院对相关人员给予罚款和司法拘留。湘乡吉祥楼和东山农副产品加工厂共同诉湖北省石首市工交物资供销公司货款纠纷案，于1992年由湘乡法院调解结案，双方协议约定在该年3月底前归还货款30万元，余下的38万元在8月底付清。到期后，被告不仅分文未付，还利用假汇票欺骗法院，并把裁定协助执行单位山西太原市海洋食品公司所欠被告的15万元划走。湘乡法院得知后，立即派人赶赴太原市将被划走的15万元款追回，并对被告强制执行23万元，剩下的20万元，由被告作出还款计划。湘潭县古塘桥电镀厂诉周某承包合同纠纷案，判决生效后，周某拒不履行。湘潭县法院采取强制措施，将周某前栋楼房评估作价3.6万元，抵作电镀厂的承包款。至1994年的5年间，全市法院共执结民商事案件11350件，执行率34.87%，执行标的总额5998.1万元。其中，强制执行2443件，通过做工作，自动履行的5039件，执行和解875件，中止执行727件，终结执行40件。

1995年，执行难的问题又开始突出。虽然法院想方设法解决执行遗案，但是由于种种原因执行并不能完全到位。社会舆论批评法院开“法律白条”，当事人指责法院“空调”“白判”。执行难的原因是：有的被执行人下落不明，逃避执行；有的法人乱设账户，转移财产，公款私存，回避执行；有的搞地方、部门保护主义，严重干扰执行；一些企业经济困难濒临破产，执行影响稳定，导致执行不能；有的被执行人态度恶劣，纠集群众围攻、谩骂、殴打执行人员，扬言“要钱没有，要命一条”，严重阻碍执行，抗拒执行等。针对这些情况，法院在执行中区别对待，加大对有执行能力而抗拒执行的打击力度。海口市海山织造厂诉湘潭市布匹经营户罗某、彭某夫妇货款纠纷案，在二审期间，被告为了逃避执行，擅自将法院查封价值20万元财产转移，雨湖法院以拒不执行人民法院判决、裁定罪，判决罗某有期徒刑 3 年。并查封被告一栋价值 20 万元楼房进行拍卖,以此偿还原告货款。至 1996 年的 2 年间,全市法院共执行民商事案件 5655 件,执行率 38.4%,执行标的额 14338.41 万元。其中,自动履行 2882 件,执行和解 803 件,强制执行 1561 件,中止 280 件,终结 103 件,不予执行 20 件。

1997 年,一些债权人为了实现自己的权益,采取不正当手段,邀集亲朋好友,雇请社会"黑势力"人员,搞法外执行,诱发许多不安定因素,群众反映强烈。对此,市人大领导主持召开全市两级法院集中清理执行积案专门会议。成立由市委、市政府、市委政法委、市中院有关领导组成的清理执行积案工作领导小组,清理出 1993 年以来积存的难案 670 件。通过集中开展专项执行活动,共执结 506 件。至 1998 年的 2 年间,全市法院共执结民商事案件 7125 件,执行率 40.2%,执行标的额 12603.65 万元。其中,自动履行 2551 件,执行和解 852 件,强制执行 2554 件,部分执行 671 件,终结执行 396 件,不予执行 101 件。

1999 年,是全国法院的"执行年"。全市法院大力抓执行。此前几年民商事执行积案达 1057 件,全年新收执行案件 3902 件,总计 4959 件执行案件需要消化。法院组织力量为银信部门和大中型企业开展专项执行,在农村和边远山区实行案件分类或分片包干执行,对拒不履行法律文书的强制执行,对抗拒执行的利用新闻媒体予以曝光,适时召开执行兑现大会。执行中,广泛使用搜查、封查、扣押、冻结、司法拘留、媒体曝光等手段,旗帜鲜明地反对地方保护主义、部门保护主义。通过执行年活动,共执结民商事案件 3262 件,其中执行积案完成 80%。2000 年,市中院调整充实执行力量,加强对基层法院执行工作统一管理,统一指挥,统一协调。特别是对涉及全市企业未执行案件进行全面清理,组织数次集中执行活动,召开三次执行公开兑现大会,当场兑现执行款 4100 万余元。湘潭锰矿申请执行辽宁本溪钢铁集团有限公司欠债一案,涉案金额 3200 万元。市中院在执行中根据掌握的财产线索,设法在深圳冻结"本钢板材"国企法人股 3150 万股,并委托深圳拍卖公司将其拍卖给上海一家公司,使此案得以执行到位。2001 年,湘潭钢铁集团有限公司诉大冶特殊钢股份有限公司货款纠纷案,判决生效后,被告拒绝履行义务。市中院受理原告申请后,成立专门执行组,多次到武汉、深圳等地寻找财产线索,在一无所获情况下,强制执行被告 3000 万法人股,通过拍卖,为原告追回拖欠 4 年之久的 1600 万元货款。至 2001 年的 3 年间,全市法院共执结民商事案件 10432 件,执行率 42.6%,执行标的总额 33049.97 万元。其中,强制执行 5659 件,执行和解 4280 件。

2002 年,市中院、湘潭县、雨湖区法院的执行庭改为执行局。法院推行当事人申请执行告知制度,重大疑难案件实行听证制度,使之明确执行风险;对查封扣押的财产与评估拍卖实行分离制度,突破一批涉及国有大中型企业的执行难案。市中院重点抓湖南铁合金厂诉重庆特殊钢股份有限公司货款纠纷案判决执行。此案 1999 年判决生效后,被告一直没有履行义务。市中院通过听证,依法追加重庆钢铁集团有限公司为被执行人,并冻结其在中国工商银行重庆大渡口支行存款 2000 万元,由于地方干预,该支行擅自将冻结的存款转移。为此,市中院一方面逐级裁定该支行、重庆分行和中国工商总行为被执行人;一方面向省高院、最高院汇报案情,在最高院和国务院有关部门支持协调下,工商总行责令大渡口支行追回此款。此案中,中院法官 6 上北京,8 进重庆,终于将 2000 万元货款全部执行到位。2003 年,湘乡、岳塘、韶山法院的执行庭改为执行局,主要负责人实行干部高配。法院积极探索执行方法,对被执行人暂无执行能力或暂时查不到可供执行财产的,推行债权凭证制度,全年向债权人发出债权凭证 50 份,认可的债权总额 1000 余万元。根据案情,灵活采取提级执行、共同执行、指定执行、集中执行等措施，有效解决一批执行难案。湘潭福海实业发展有限公司作为被执行人的系列执行案，33 户债权人分别向市中院、雨湖、岳塘、湘潭县法院申请执行，债权金额 2000 余万元。该公司唯一可供执行的财产只有尚未建好的烂尾工程“福海大厦”。为了维护社会稳定和债权人的利益，把所有申请执行的案件提上来，由市中院统一集中执行，先后 4 次召开债权人会议，并发动大家招商引资，竞买“福海大厦”。通过周密细致的工作，终于在该年 11 月将“福海大厦”公开拍卖，以 1160 万元成交，最大限度地保障了申请人的合法权益，也使这座临街多年的烂尾工程焕发了生机。2005 年，经市编委批准，市中院执行局下设执行裁判庭、执行工作庭、综合办公室三个职能部门，均为正科级，并增加 6 名科级领导职数。全市建立以政法委牵头，各有关部门参与的执行工作联席会议制度，协调解决执行中的重大疑难问题，为破解“执行难”，提高执行率提供组织和制度保障。至 2005 年的 4 年间，全市法院共执结民商事案件 8996 件，执行率 38.3%，执行标的总额 4.15 亿元。其中，强制执行 2242 件，执行和解 1558 件。

第三章　行政审判

1986 年，行政机关作出的行政决定，公民与法人组织都会自觉遵守执行，行政非诉执行案件很少，行政诉讼案件基本没有。“民不与官斗”为社会的潜规则，社会对行政机关作出的行政决定一般无条件执行，除非实在荒唐、有明显错误、显失公平的，公民与法人组织才会提起行政诉讼。由于此类案件不多，行政审判归属民事审判庭。行政审判案件包括行政诉讼案件和行政非诉执行案件。1987 年 2 月，根据最高人民法院统一布置，市中级人民法院成立行政审判庭，受理行政诉讼案件和行政非诉执行案件。6 月 1 日起正式受理行政案件。至 1990 年《中华人民共和国行政诉讼法》正式颁布实施前的 4 年多时间里，全市审理行政诉讼案件 138 件，受理行政非诉执行案件 357 件。

1990 年 10 月，随着《中华人民共和国行政诉讼法》正式颁发实施，湘潭进入依法行政新时期。当年审结一审行政诉讼案件 63 件，非诉行政执行案件 128 件。此后，法院依照《中华人民共和国行政诉讼法》开展行政审判。1991 ~ 1993 年，为行政审判工作起步阶段，全市审结一审行政案件 393 件，年均结案 131 件。 1994 ~ 2001 年，是行政审判工作的发展时期，全市审结一审行政案件 1525 件，年均结案 190 件。其中，1997 年行政非诉案件 1063 件，为最多的一年。是时，社会对《中华人民共和国行政诉讼法》进行大力宣传，但总体而言，行政诉讼的司法环境还是不佳。行政审判作为司法权对行政权的监督制约的一种形式，与长期存在的“官本位”“行政为大”“民不与官斗”的传统观念有着明显冲突。有的行政机关及其工作人员对“民告官”不理解，不认同，不支持；老百姓则认为法院与行政机关都是官，“官官相护”理所当然。行政审判仍然存在一些干扰和阻力，起诉难、审理难、裁判难、执行难的问题仍然没有根本解决。而行政机关担心自己的行政行为被提起诉讼，有的直接依照相关行政法律法规提请法院执行，致使非讼行政执行案件大量涌向法院。2002 ~ 2005 年，是依法行政案件质量提高时期，全市审结一审行政案件 243 件，年均结案 61 件。

第一节 行政诉讼案件

1986年,民事诉讼的法律意识还不强烈,“民告官”的概念还没有深入人心,行政诉讼案件的审理很少,此类案件归放于民事审判庭。

1987年,全市各级法院相继成立专门的行政审判庭,依据《中华人民共和国民事诉讼法》审理行政诉讼类案件。8月,韶山如意乡如乡村22户农民诉韶山国土局行政行为成为第一件“民告官”的案件。李万春等8户农民不服韶山国土局对22户农民乱占耕地、违章建房的行为作出“拆房还田”的处理决定,向韶山法院提起行政诉讼。此案涉及人多面广,影响重大。法院在审理此案时得到各级领导的理解和支持。韶山区委、区政府抽调14名干部配合韶山法院工作。通过20天的宣传教育和思想疏导工作后,公开开庭审理,旁听干部群众2500余人。法院判决维持韶山国土局处理决定,同时又做到补偿合理,变更部分经济补偿标准。22户农户服判息讼,至11月底,拆除全部违章建筑,如数归还耕地并种上冬季作物。省、市电台、电视台和多家报刊都进行跟踪报道;省国土局在韶山召开清理土地现场会,国务院国土总局发文:《要象韶山区法院那样维护土地管理法》。1988年,行政诉讼案件的数量略有上升。至1989年的3年间,全市法院审结行政诉讼案件111件。其中,维持行政机关处理决定48件,撤销13件,变更1件,撤诉38件。审结二审行政案件27件。其中,维持一审判决18件,撤销3件,发回重审4件,其他处理2件。

1990年,《中华人民共和国行政诉讼法》正式颁布实施。全市法院大力宣传《中华人民共和国行政诉讼法》,树立行政机关依法行政意识,提高行政人员对“民告官”的心理接受能力。同时组织干警认真学法。1991年,行政诉讼案件大幅上升。诉讼范围扩大,受案种类增多。告行政机关不作为,告公安收审、劳教、拘留,告工商、税务、计划生育、征地拆迁等新型案件增多,在诉讼范围上附带提起经济赔偿。诉讼主体层次增加,出现企业法人告环保、国土,医师告卫生局,民警告公安局等新情况。公民、法人和其他组织依法争取诉权的意识增强。凡是被一审法院裁定驳回起诉的当事人,均提起上诉,不放弃争取诉讼权利的机会,动辄行政诉讼。行政诉讼主要集中在公安和乡镇政府工作中。不服治安处罚的占行政诉讼案件一半以上,不服收容审查、劳动教养、强制戒毒的案件也不少。乡镇集中在计划生育、乱收费、乱摊派问题上。一些乡镇基层干部在计划生育中乱罚款、乱杀猪、乱扣房、乱抓人,在“三农”问题上乱摊派、乱收费,引起行政诉讼。有些行政机关对行政诉讼态度不积极,不愿当被告,采取不出庭应诉,不移送有关材料。为加强行政执法工作,法院先后在国土、税务、林业、交通、水利、计育等部门设立办案点或执行室,在宣传《中华人民共和国行政诉讼法》的同时,更直接地支持和监督行政执法,从源头上减少行政诉讼案件的产生。1992年,根据中办、国办《关于减轻农民负担的紧急通知》精神,法院为农民提供有效的法律服务,审结乱收费、乱罚款、乱摊派等“三乱”案件127件,切实做到减轻农民负担。至1993年的4年间,全市法院收一审行政诉讼案404件,审结292件。其中,维持原判80件,撤销76件,变更6件,当事人撤回起诉127件,判决履行法定职责1件,其他处理57件。审结二审行政案件127件。其中,维持原判89件,改判24件,发回重审4件。

1994~1995年,法院受理行政诉讼案件1463件。1996年,《中华人民共和国行政处罚法》正式实施,对行政机关行政行为有更加明确的程序规定,最高法院对一些具体行政行为案件基层法院是否受理出台相关司法解释。一些行政机关应诉能力提高，但也有些行政机关以消极态度应对，把一些可能引发行政诉讼的行政行为的执行推给法院。1998年，湘潭县梅林桥镇黄竹村东风组与谭家山镇高山村对忆公坟山及其林木发生权属纠纷。湘潭县政府作出《关于高山林场忆公坟山林地权属争议的处理决定》，该决定明确认定忆公坟山使用权和林木所有权归谭家山镇高山村所有。梅林桥镇黄竹村东风组不服，向县法院提起行政诉讼。法院受理后，对此案进行公开审理，县长彭鉴萱亲自出庭应诉。经法院审理，认为湘潭县政府作出的处理决定，事实清楚，证据确实，判决维持湘潭县政府〔1998〕56号文件的处理决定。至2000年的7年间，全市法院共审结一审行政案件1381件。其中，维持原决定232件，撤销和变更257件，驳回起诉213件，撤诉557件，其他处理87件，判决履行法定职责35件。审结二审行政案件263件。其中，维持原判145件，改判59件，发回重审12件，其他处理47件。

2001年，岳塘法院审理一起行政行为引起的诉讼案件。原告王某不服岳塘区民政局对其父王某智与邓某某的婚姻登记行为，向该区法院提起行政诉讼。经审理查明，2000年3月6日，王、邓各持婚姻状况证明书、户口簿、身份证到岳塘区民政局办理结婚登记。一年后，王某智自然死亡。邓某某持有的离婚证是补办的，其版本是1992年才开始正式使用，而颁证日期为1985年5月4日。根据《婚姻登记管理条例》的规定，当事人遗失或毁坏离婚证的，婚姻登记机关只能为其出具解除婚姻关系证明书，而不能补办离婚证。而且邓某某与原夫一直存在众所周知的夫妻关系。根据最高法院关于执行《行政诉讼法若干问题的解释》第57条第二款第(二)项的规定，法院判决被告颁证行为违法。被告不服，向市中院提起上诉。二审认为原判认定事实清楚，证据确实充分，程序合法，适用法律正确。驳回上诉，维持原判。2002年起，因行政机关依法行政能力加强，作出处理决定质量大幅提高；公民、法人和其他组织法律意识不断增强，自觉履行处理决定的多；法院立案实行听证制度，有效把住了立案关，行政诉讼案件大幅下降。2004年，随着大量国家重点工程的上马和工业园区的建设开工，征地拆迁中所引发的行政诉讼案件又开始猛增。行政审判工作围绕重点工程建设，充分发挥审判职能作用，为重点工程建设提供司法服务。江南汽车制造厂扩建工程是湖南省重点工程，投资1.7亿元。湘潭县政府积极支持这项开发工程，作出《关于收回云湖桥镇楠竹村160.4亩国有土地使用权的决定》，村民不服，向法院提起行政诉讼。湘潭县法院和市中院从维护社会稳定，促进重点工程建设出发，派出强有力的合议庭，深入楠竹村，挨家挨户做思想疏导工作，讲明政策，宣传法律，使广大村民真正认识支持重点工程建设，功在当代，利在千秋的道理。但村民普遍要求适当提高补偿标准。这一合理要求，在取得政府认可支持的基础上，圆满审结此案，10.69公顷土地如数收回，为江南汽车制造有限公司如期开工提供了法律保障。2005年，湘潭县法院依法撤销一起越权行政处罚案。该县海棠兽药饲料厂经营部经理罗某某以每吨1725元从衡阳市一饲料厂购进猪饲料2吨，共计货款3450元。县工商局根据群众举报，对该饲料进行立案调查，并将样品送到湘潭市质监所进行检验，结果为不合格产品，并将检验报告单送达罗某某。在产品送检期间，罗以每吨1800元将饲料销售完毕，得款3600元，获利150元。县工商局作出行政处罚决定，责令罗停止销售，没收违法所得150元，并罚款3600元。罗不服，认为湘潭县工商局无权作出处罚，向湘潭县法院提起行政诉讼。县法院经公开审理，认定县工商局无权作出处罚决定，判决撤销湘潭县工商局对罗某某的处罚决定。至2005年的5年间，全市法院共审结一审行政案件387件。其中，维持行政机关处理决定的102件，撤销和变更的 47 件,驳回当事人起诉的 39 件,经教育当事人撤回起诉的 127 件,作其他处理的 70 件。审结二审行政案件 137 件。其中,维持原判 58 件,改判 52 件,发回重审 15 件,其他处理 39 件。

第二节 行政非诉执行案件

1986 年,全市法院没有受理行政非诉执行案件。1987 年,虽然各级法院都设立行政审判庭,但是有些行政行为不纳入行政诉讼范围。行政机关依法作出行政行为,可以由作出行政决定的行政机关执行,也可以向法院申请执行。向法院申请执行的这一部分行政非诉执行案件主要集中政府行政行为的执行中,如重点工程的土地征拨与房屋拆迁,工商、税务、城管、环保等执法行动。至 1990 年的 5 年间,由国土、工商、税务、城建、环保、卫生、房产等行政机关申请法院执行的行政非诉案件 305 件。其中,通过法院做工作,当事人自动履行的 49 件,和解 33 件,强制执行 36 件,执行标的额 11.4 万元。

1991 年起,由于一些生产经营者法律意识不强,违反治安、城管、工商、税务、规划、环保、计生、卫生、防疫、食品、药品等管理规定的违法行为时有发生。行政机关对相对人的违法违规行为作出行政处罚决定的行政非诉执行案件逐年增多。1992 年,市规划局根据有关法律法规,对 14 户在河西防洪大堤上乱搭乱建业主作出无条件自动拆除的处罚决定,决定生效后,业主均无动于衷,市规划局向市中院申请执行。中院受案后,依法组织行政庭、法警支队、规划局监察大队和城管队人员,对 14 户违章建筑予以强制拆除,并处以罚款。湘潭县谭家山煤矿附近的 107 国道沿线,一些农民设立"敞开式"土法炼焦炉窑 111 座,产生大量二氧化碳等有毒气体和污水,严重危害当地农作物生长和居民身心健康。湘潭县政府根据国务院《关于环境保护若干问题的决定》精神,对所有土法炼焦业主作出无条件自动拆除处罚决定后,其中 43 家自动拆除,仍有 68 家继续生产。湘潭县政府申请湘潭县法院强制执行。湘潭县法院以法理相融,耐心细致地做疏导工作,终于使 68 家炉窑全部自动拆除。1993 年,法院注意加强行政执法工作,先后在税务、盐业、水利、交通、国土等部门设立办案点或者执行室,支持和监督行政部门依法行政。至 1995 年的 5 年间,行政机关申请法院执行的行政非诉案件 2471 件。其中,通过法院做工作,当事人自动履行 1245 件,和解 961 件,强制执行 265 件。

1996～1997 年,法院以行政非诉讼执行案件的处理为突破口,为国土、卫生、邮电等部门收回各种行政规费 100 万元。

1998 年开始,法院积极为河东大道、湘潭三大桥、韶山东路、湘耒高速等重点工程建设提供法律保障。在重点工程地成立执行室,派驻执法人员,随时为工程建设扫除障碍。雨湖区护潭乡繁城村被征用集体土地 42.6 公顷,用于韶山东路和新城区配套设施建设。1998 年前征地拆迁补偿安置已全部到位,但少数村民迟迟不肯腾地。韶山东路建设指挥部申请市中院强制执行。中院通过发布公告,派出行政执法人员挨家挨户做工作,于 1998 年 8 月 16 日,全部腾地完毕。后一些村民继续在腾出的土地上栽种农作物,以种种借口多次阻挠施工,严重影响施工进度。中院再次受理指挥部的申请,通过宣传教育,使栽种蔬菜的"钉子户"自动收回农作物。2001 年,随着湘潭重点工程建设项目增多,征地拆迁过程中的矛盾纠纷更加突出。少数拆迁户超标要价,"敲竹杠";制造借口,阻工闹事;设置障碍,破坏施工;挑起事端,围攻执法人员等。对此,政法机关成立相应的重点工程建设服务领导小组,为重点工程扫除障碍,跟踪服务。雨湖区长城乡红旗村的月塘、藕塘、上湖、自力等四个村民组被征用集体土地7.96公顷,用于湘潭大学兴建学生公寓、学术交流中心和研究生院;护潭乡繁城村被征用集体土地1.04公顷,用于湘潭市第四中学修建田径运动场。这些被征用土地均按有关法律和政策补偿安置到位。但征地拆迁过程中却出现种种阻力。有的坚持无理要求,拒不腾地;有的在已腾出的土地上栽种农作物,拒不收回;有的煽动村民阻工闹事等。在国土部门发出《腾地公告》后仍无济于事,最后申请法院强制执行。法院立案后组织力量,通过两天时间,扫除腾地阻力。市北二环路开工后,沿途极少数村民不执行市政府第4号通告,不配合职能部门征地拆迁,经常发生群体阻工事件,严重影响工程进度。北二环路建设指挥部申请中院派出执法人员进驻工地,及时排除阻力,扫除障碍,确保该工程峻工。岳塘区某村村民陈某拒不服从法院行政裁定,不服从重点工程的腾地,暴力抗法,将三罐液化气、两大瓶汽油、三桶大粪及数十千克石灰搬至楼顶,同时手持火把扬言只要法院执行,就点火自焚,与执法者同归于尽。数千人围观,导致执法中止。最后陈某被判处有期徒刑两年。至2001年的6年间,行政机关申请法院执行的行政非诉案件6799件。其中,通过法院做工作,当事人自动履行的3785件,和解2136件,强制执行878件。

2002年,在城区开展"一化三清"(城市绿化,清理整顿城市建设用地,清理违法违章建筑,清理房地产开发市场)活动中,市中院、雨湖区和岳塘区法院分别成立专门合议庭,为"一化三清"开展专项服务,执结涉"一化三清"行政执行案件173件,依法强制拆除违法违章建筑106处,腾地面积3200余平方米。由法院发出拆迁公告800份,促使大部分业主自行拆除违章建筑,为城市绿化、规范城市建设用地和房地产开发提供法律保障。2003年,农村因计划生育、重点工程腾地、各种税费而产生的非诉行政执行案件大增。2004年,全市法院贯彻执行《中华人民共和国人口与计划生育法》和《湖南省人口与计划生育条例》,依法对违反计划生育的公民征收社会抚养费,挂牌成立"计划生育案件合议庭",共受理计生非诉执行案件248件,执行224件,征收社会抚养费67.3万元。其中采取强制措施,查封扣押财产83件,司法拘留31人。韶山市银田镇仇某和彭某因超生,计生部门决定对其征收社会抚养费,被执行人拒不履行,计生部门申请法院强制执行。法院分别查封仇和彭的临街门面,促使他们筹措资金交纳社会抚养费。在3天时间里,仇、彭分别如数交纳社会抚养费6500元和3万元。2005年,九华工业园内部分村民为获取高额拆迁费,突击装修和搭建简易房屋300多处,近2万平方米。这些非法建筑,如果按一般行政非诉执行案件处理,程序多、时间长,不但不能刹住歪风,相反有蔓延之势,越发难以收场。湘潭县法院与市中院采取特事特办,运用《中华人民共和国行政诉讼法》的司法解释第92条规定,同意湘潭县国土局以有充分理由认为被执行人可能逃避执行为由,向法院申请财产保全。在申请的第三天,法院下达裁定书,并逐一进行执行,有效刹住乱搭乱建歪风。至2005年的4年间,全市法院共执结行政非诉执行案件1296件。其中,通过法院做工作,当事人自动履行259件,强制执行554件,执行标的额1959.2万元。

第四章 审判监督

1986年,法院对于申诉类案件归口审判监督庭审理,对于人民群众来信来访归口办公室办理。审判监督分刑事审判监督和民商事审判监督,还包括对已经判刑的犯人在监狱中减刑、假释决定的审查。审判监督既有自身内部的监督,又有来自外部的监督。有人大、政协、检察机关对法院的监督,也有上级法院对下级法院的审判进行监督,还有本级院长对本级和基层法院案件审理的监督。二审法院的重审也可以视为对一审的监督。1987 年,法院把信访从办公室剥离出来,专门设立告诉申诉庭,接受案件当事人的信访、申诉。撤销审判监督庭,审判监督职能由案件审判庭和告诉申诉庭一起执行。1995 年,法院设立赔偿委员会,对行政司法机关在行政行为、执法行为中确实存在过错的,判处国家赔偿。1996 年,法院恢复审判监督庭,增设立案庭。1998 年,各级法院设院长接待日,专门受理申诉和人民群众来信来访。开始在人大代表和政协委员中聘请一批人士对法院工作进行监督,称执行监督员制度。2002 年,法院审判引入旁听制度,从本源上减少审判误差,减少再审案件产生。各级法院专门成立审判委员会,负责对重大案件最后会审,防止错案产生。2005 年,针对人民群众来信来访增加,专门设立立案二庭,负责信访案件。针对法官负责制,在已有旁听基础上,法院更进一步实行审判监督,各基层法院依法提请县级人大常委会任命一批人民陪审员,经中院集中培训上岗,对职业法官进行监督。执法监督员制度、信访制度、旁听制度、审判委员会制度、陪审员制度多制并举,从各个环节尽量减少审判差错。

第一节 申诉立案审查

1986 年,湘潭各级法院信访接待归口法院办公室管理。全市法院共接待申诉信访 1878 件,其中重复信访 560 件。通过审查,需要立案再审 192 件,其中刑事 141 件,民事 17 件,经济 34 件,分别移送有关业务庭再审。

1987 年 9 月,市中院根据省高院在零陵地区中院召开的全省法院告诉申诉工作会议精神,成立告诉申诉审判庭,改信访接待由办公室行政管理为审判业务管理,将告诉申诉纳入审判监督范围,由告诉申诉庭统一负责对信访进行审查立案后,移送有关审判庭办理;负责对信访的转办、交办、重大信访的请示报告,指定管辖和简易信访的调处,对申诉信访进行立案审查,对符合立案条件的立案后,分别移送有关业务庭进行再审;对不符合再审条件的教育当事人服判息诉或裁定驳回。是年,全市法院共接待告诉信访 12858 件。通过审查,立案 3339 件,教育撤诉 1081 件,解答法律咨询 4604 件,调处简易纠纷 1311 件。接待申诉来信来访 6049 件。其中,涉及刑事 4764 件,民事 1055 件,经济纠纷 230 件。通过审查,需要立案再审的 638 件,其中刑事 624 件,民事 14 件,分别移送刑事审判庭和民事审判庭进行再审。

1988 年,随着申诉制度确立,申诉信访不断增多,为加强院长对审判工作的指导与监督,解决群众告状难问题,市中院于 8 月 22 日发布公告,确定每月 5 号为正副院长接待日。此后,形成院长接待日制度。至 1995 年的 8 年间,由院长直接处理的申诉信访 486 件。其中,来信 229 件,来访 257 人次。确定立案再审 73 件,交办、督办 284 件,教育撤诉 92 件,深入实地协调解决问题 37 件。

1996 年起,针对集体上访、越级上访、重复上访和上访老户增多情况,市中院于 1996 年 12 月 19 日撤销告诉申诉庭,恢复审判监督庭,增设立案庭。各基层法院均先后成立相应机构。告诉申诉信访统一归口立案庭管理,统一审查立案,委托农业银行统一收费。对告诉信访审查立案后,分别移送有关审判庭审理。对刑事、民事、经济、行政等生效裁判的申诉信访审查立案后,统一移送审判监督庭再审，并且统一制定《关于申诉立案暂行规定》，建立健全移送、催办、督办等项制度，把涉诉信访作为加强审判监督的窗口和渠道，坚持有信必复，有诉必理，把司法为民落到实处。至2001年的6年间，法院共接待申诉来信来访6246件。其中，刑事申诉1658件，民商事申诉4092件，行政申诉496件。通过审查，需要立案再审782件，含刑事252件，民商事494件，行政36件；裁定驳回872件，含刑事240件，民商事568件，行政64件；自动撤回申诉54件，说服教育服判息诉912件，调处36件，转有关部门处理2300件，指定管辖56件，其他处理1234件。

2002年，市中院全面推行申诉听证制度，并制定《申诉再审立案听证暂行规定》，对凡属申诉要求再审的案件，由立案庭召集申诉人、被申诉人以及原审法官参加听证会。对重大疑难申诉信访或多方打招呼的案件，邀请人大代表或执法监督员参加听证。通过听证，认为需要立案再审的，经合议庭评议作出立案再审结论后，报主管院长批准或提交审判委员会讨论决定，从程序上进一步加强对申诉立案的审查，提高再审立案质量。由于听证制度的确立，申请再诉案件大幅下降。2005年，市中院增设立案二庭，专门负责申诉信访工作。同时加强申诉信访场所硬件建设，改善接待条件和服务态度，提高服务质量。对重大申诉信访进行摘报，及时向有关领导反映，及时解决群众关注的焦点、热点问题。对符合再审条件的，及时调卷审查，组织听证审查，裁定立案后，移送审判监督庭进行再审。至2005年的4年间，法院共接待申诉来信4482件。其中，告诉1583件，申诉、申请再审746件，执行695件，其他1035件，非诉433件。来访6952人，其中，告诉2514人，申诉、申诉再审1146人，执行1059人，其他1300人，非诉895人。来访中，上访老户456次507人，集体上访53次381人。审结申诉、申请再审案件2654件，其中，驳回237件，撤诉23件，全院决定再审86件，提起再审342件，指令再审63件，终结72件，其他方式1831件。

第二节 再审案件审判

一、刑事案件再审

1986年，法院继续落实中共中央办公厅《关于进一步复查平反政法系统经手办理的冤、假、错案的意见的报告》〔1983〕9号等文件和中共中央《关于建国以来党的若干历史问题的决议》精神，进行历史老案复查工作，重点是“文革”前后判处的反革命案件；1958～1961年判处的破坏农业生产、破坏粮食政策、破坏公共食堂、破坏大炼钢铁、破坏“三面红旗”等案件；1958年下半年在小学开展的“小教肃反”案件；1959年上半年开展的“挤反扫残”案件；1959～1961年困难时期判处的偷摸“粮、牛、猪、菜”案件等历史老案的申诉复查扫尾工作。全市法院共复查上述历史老案3887件。其中，反革命案2873件。通过复查，维持原判1086件；撤回申诉的336件；改判1451件1480人，其中免刑69人，宣告无罪1019人，其他处理392人。复查普通刑事案件1014件，其中，维持原判240件；撤诉284件；改判490件499人；其中减刑2人，免刑49人，无罪416人，其他32人。次年，湖南省高级人民法院组织工作组，对湘潭的申诉复查工作进行检查验收，重点检查湘乡法院的复查工作，通过听汇报、抽查案卷，组织座谈，回访当事人、综合评议等形式，一致认为湘潭的申诉复查工作符合中央文件精神，符合法律和有关政策，达到验收标准。

1988 年，对第一次“严打”期间因“从严、从重、从快”而导致的冤假错案，只要有新的证据证明审判确实量刑过重、适应法律法规不当的，都允许申诉，重新审理。再审案件的审理，一律另行组织合议庭进行审理。原审法官都一律回避。是年下半年起，重点复查“两法”(《中华人民共和国刑法》和《中华人民共和国刑事诉讼法》)实施以来的申诉案件。至年底，对“文化大革命”前的冤假错案的立案复查再审工作全面结束，总计立案复查 19479 件 11298 人，平反纠正 6038 件 6466 人。1989 年 9 月，山西无线电厂副厂长李某某因受贿案被雨湖法院以受贿罪判处有期徒刑一年，缓刑一年。判决生效后，李不服，到处申诉，最高人民法院作出批示，指令湘潭中院再审。湘潭中院接到批示后，由主管刑事审判工作的副院长担任审判长。通过再审认定，被告李某某在产品交易中收取对方 2 万元人民币，本人多次声明，众多人知晓，并且该款一直没有动用，因此认定李某某没有受贿动机，撤销原判，宣告李某某无罪。至 1992 年的 5 年间，全市共审结刑事再审案件 764 件 1004 人。其中，维持原判 701 人，改判 280 人。在改判的 280 人中，减刑 148 人，免予刑事处罚 36 人，宣告无罪 91 人，加重刑罚 4 人，其他 1 人。

1993 年，针对经济交往中罪与非罪难以界定，法院前些年从重从快打击经济犯罪，对不属于犯罪的问题作出的有罪判决，而导致当事人越级上访、申诉，法院慎重处理经济犯罪申诉再审案件。湘乡水泥厂技术处处长与其他三名工程师，利用业余时间为外厂提供技术指导，接收酬金 2 万余元，被湘乡法院以受贿罪，分别判处有期徒刑。判决生效后，李某等 4 人不服，越级上访，多次申诉。市中院通过立案再审，认定此案酬金是技术咨询服务费，原判定性错误，予以撤销，改判李某等 4 人无罪。至 1995 年的 3 年间，全市共审结刑事再审案件 233 件 315 人。其中，维持原判 302 人，改判 13 人。改判的 13 人均减刑。

1996 年起，对再审刑事案件除法律另有规定的除外，一律实行公开审理，彻底改变以前闭门阅卷审查状况，通过公开开庭审理，接受社会各界监督，增强再审案件透明度。至 2005 年的 9 年间，全市共审结刑事再审案件 482 件。其中，维持原判 219 件 253 人，改判 210 件 236 人，发回重审 4 件，撤诉 2 件，调解 4 件，其他 43 件。在改判人犯中，免予刑事处罚 21 人，宣告无罪 36 人，加重刑罚 30 人。

二、民商事再审案件

1986 年起，全市法院坚持多调少判原则，民商事案件原审调解率 65%以上，当事人对生效裁判申请再审较少。至 1990 年的 5 年间，共审结再审案件 269 件。其中，维持原判 217 件，改判 37 件，撤诉 15 件。

1991 年，民商事案件逐年增多，调解率下降到 50%以下，当事人对生效裁判申请再审逐年上升。至 1995 年的 5 年间，共审结再审案件 540 件。其中，维持原判 472 件，改判 51 件，撤诉 17 件。

1996 开始，由于法律给公民以更多维护权益的机会，同一级审理的案件，当有新的证据提供，就可申请再审；申诉立案审查不严，原审案件存在事实不清、证据不足或适用法律不当或程序违法；当事人申请再审，检察机关提起抗诉再审，上级法院指令再审，或院长发现提起再审等导致民商事再审案件增多。1997 年，加强审判监督，逐步对民商事再审案件(法律另有规定的除外)实行公开开庭审理。这有利于群众监督，教育当事人服判息诉；有利于申诉立案审查严格把关，节约审判资源；有利于减少当事人申诉信访，节约诉讼成本。2001 年，全市各法院均设立案件质量评查室。由院长主管此项工作，并配备相应专职评查人员，对本院所审结的案件逐件进行检查和评议，并作出优秀、合格、基本合格和不合格等次，进入法官个人司法档案。同时对案件质量评查情况定期或不定期进行通报或大会讲评，促进案件质量提高。因此，民事申诉案件逐年减少。至2005年的10年间，共审结民事再审案件1858件。其中，维持原判1618件，改判187件，撤诉53件。

三、行政案件再审

1986～1989年，没有行政案件再审。

1990年，随着《中华人民共和国行政诉讼法》全面实施，全市法院受理行政诉讼案件77件，有3件进入申诉再审，占生效判决3.8%。

1991～1998年，全市法院审理行政再诉案件45件，占生效判决3.3%。市中院对雨湖区建设局与公民杨某临时建筑案进行再审。范某与杨某系上下楼邻居，杨为了扩大住房面积，将阳台伸出30厘米与雨篷连接起来进行封闭。在范不同意的情况下，雨湖区建设局作出具体行政行为，批准杨的建筑为临时建筑。于是范某将雨湖区建设局和杨某告上法庭。此前，雨湖法院一审认定雨湖建设局有权代行规划管理职能，判决维持该局的具体行政行为。范不服，向中院提起上诉，二审判决，驳回上诉，维持原判。范仍然不服，反复申诉。中院立案再审。通过现场勘察和再审查明，杨的临时建筑严重影响范的居住安全，雨湖建设局不是法定城市规划管理部门，市建设局也未授权，无权审批临时建筑。二审适用法律不当，判决错误。再审撤销一、二审判决；撤销雨湖区建设局的具体行政行为；杨的临时建筑予以拆除，维护范的安全利益。

1999年，全市受理再审行政诉讼案件增加。至2005年的7年间，共审理再审行政诉讼案件61件。

第三节　减刑、假释案件

1986～1989年，湘潭中院根据执行机关申报，裁定减刑、假释罪犯738人，其中减刑708人，假释30人，占服刑罪犯20%。罪犯陈某，因犯故意伤害罪，被湘江区法院判处有期徒刑6年，在服刑期间认罪服法，遵守监规，服从管教，悔改表现突出，经常利用空余时间担片石、平整路面，修理工具。根据劳改队申报，中院裁定减刑1年6个月。此后，陈犯发现罪犯唐某越过警戒线逃跑，立即报告管教干部，唐犯被及时抓获，有效制止一起越狱事件。鉴于陈犯有立功表现，获第二次减刑1年。

1990年起，法院通过对罪犯减刑、假释，有效地促进罪犯改过自新，重新做人。罪犯曹某因犯盗窃罪，被判处有期徒刑5年，在服刑期间，因认罪服法，遵守监规，积极改造，表现突出，在担任监区防逃巡逻工作中，认真负责，抓获越过警戒线犯人18人次，制止打架斗殴11起，有效规劝犯人15人次，先后获奖6次，被评为改造积极分子，被中院裁定减刑1年。罪犯郭某，因犯盗窃罪，被判处有期徒刑10年，剥夺政治权利2年。在服刑期间，因改造表现突出，两次减刑2年4个月后，积极改造，被分配做手工劳动中，发挥一技之长，大搞技术革新，为劳改支队节约开支，并创造良好经济效益，获得各种奖励6次，年度评为劳改积极分子，被市中院裁定宣告假释。至1995年的6年间，共裁定减刑、假释罪犯1025人，其中减刑1347人，假释158人。

1996年起，法院把减刑假释作为维护社会稳定，促进社会治安综合治理的一项重要工作，对执行机关提请减刑、假释罪犯,严格审查,及时裁定。至2000年的5年间,共裁定减刑、假释1200人。由于假释、减刑面过宽,一些假释人员出狱后又重新犯罪。对1200名减刑、假释罪犯跟踪调查,其中重新犯罪21人,占减刑、假释人犯1.8%。

2001年,对减刑、假释罪犯改变审查裁定方式,改书面审查为公开听证审理。凡是执行机关提请减刑假释人犯,中院实行排期开庭,就地组织听证,参加人员除合议庭成员外,有减刑假释的对象,邀请检察机关、执行机关有关人员参加,组织服刑人员旁听。由执行机关宣读提请减刑、假释的事实和理由,检察机关发表监督意见,罪犯本人也可以陈述自己的意见和决心。法院通过听证,当庭作出裁定。2002年,对减刑假释工作逐步细化,法院与公安、司法部门密切配合,多方为减刑、假释人犯营造内外改造环境。法院对拟报减刑、假释对象,进行听证前考察,与公安落实帮教组织、帮教人员和帮教措施;进行事后考核,对减刑、假释人犯回归社会后,定期深入当地回访,通过听、看、谈,考核他们现实表现和业绩;动员亲友进行帮教、感化,使他们成为自食其力的劳动者、遵纪守法的公民。罪犯马某系农村青年,因犯抢劫罪(系从犯)被处刑4年,服刑过半后,执行机关提请假释。市中院通过庭前考察,庭中听证,认定马犯能认罪服法,悔改表现突出,父亲病故,母亲电击致残,叔叔是运输专业户,要求他假释后由叔叔带在身边学习驾驶技术,鉴于马犯悔改表现和内外环境,法院裁定予以假释。后来通过回访,马某假释后成家立业,刻苦钻研驾驶技术,成为一名好司机;助人为乐,孝顺老人,遵纪守法,成为自食其力的好公民。罪犯李某,原系湘潭电缆厂一名干部,因犯贪污罪被处刑3年,减刑释放后,被电缆厂聘为“三峡720工程攻关小组”成员,他在工作中任劳任怨,凭借多年实践经验,大搞技术革新,创造在架机上直接修复导线的流程工艺,一年可挽回经济损失40万元以上。至2005年的5年间,共裁定减刑、假释罪犯205人,其中,减刑162人,假释43人。

附一　国家赔偿

1986~1994年,没有国家赔偿一说。虽然在实际操作中国家工作人员因执行公务而造成过错,这部分赔偿实际存在,但更多的是以“补偿”的名义。这一类案件发生在执法部门(赔偿义务机关)的较多,矛盾常常解决在赔偿义务机关与被赔偿对象的私下“了难”之中,一般是赔偿义务机关经主管上级复议机关裁定后进行赔偿,按程序送到法院按行政诉讼判决赔偿的很少。

1995年1月1日,《中华人民共和国国家赔偿法》颁布实施。市检察院根据省检察院《关于切实做好刑事赔偿工作的通知》精神,成立国家刑事赔偿工作办公室,办公室由2人组成,设1名专职副主任;各县、区检察院配备1名从事刑事赔偿工作专干。根据《中华人民共和国国家赔偿法》规定,检察机关对错拘留、错逮捕、错起诉、错判刑;检察人员在行使职权时,刑讯逼供或以殴打等暴力造成公民伤害或造成公民、法人财产损失的,根据受害人申请,要给予平反,纠正错误,承担经济赔偿。市中级人民法院于4月依法设立赔偿委员会,下设赔偿办公室,由3名审判员组成。这一年,全市共受理国家赔偿案件5件。其中,检察机关受理刑事赔偿案件4件,决定给予刑事赔偿1件。贺某某因贪污犯罪嫌疑被关押369天后被无罪释放,市检察院对贺进行赔偿并恢复名誉。市中级人民法院受理一件申请国家赔偿案件。湖南省煤炭厅设备租赁公司因雨湖区法院扣押、变卖该公司的汽车申请赔偿。经查明,雨湖区法院扣押该公司汽车,是由一起债务纠纷引起的,将汽车变卖是为了偿还该公司债务。法院在扣押、变卖过程中均依法办理,并未给该公司造成不应有财产损害,不存在国家赔偿问题。市中级人民法院驳回该公司赔偿请求。1995年起,市中级人民法院赔偿委员会办公室连续四年被省高院授予“先进集体”称号。

1996年,市检察院推行赔偿案件办案承诺制,检察机关依法应予赔偿的申诉案件,应在收到申诉书之日起2个月内作出决定。市中级人民法院狠抓对《中华人民共和国国家赔偿法》的学习培训工作。在赔偿审判工作中,坚持不徇私情,不搞地方保护主义,严格依照《中华人民共和国国家赔偿法》办事。四川省成都市华民纸箱厂请求岳塘区人民法院返还被错划拨的银行存款本息20万元,该案申请人是由残疾人组成的社会福利企业,标的不大,社会影响不小。市中级人民法院立案后,在春节期间组织力量赶赴成都了解情况,调查取证,并依法及时下达予以返还本息的决定书。韶山市教育局李某请求韶山市人民检察院因错误拘留要求赔偿一案,多次找韶山市检察院和湘潭市人民检察院,要求他们按国家赔偿法相关规定,主动给予赔偿,以达到息诉的目的。但两级检察机关对自己的确认又予以推翻,通过中院赔偿办多次主动找两级检察机关负责人核实证据材料,最终该案依法予以赔偿。1997年,市检察院组织两级院控申干部集中学习《中华人民共和国刑法》《中华人民共和国刑事诉讼法》和《中华人民共和国国家赔偿法》,并将“三法”有关内容编制成100道问答题供控申干警学习和工作中参考。至1997年的3年间,全市共受理国家赔偿案件25件,决定赔偿8件。其中,市检察院受理国家赔偿案件7件,决定赔偿2件;市中级人民法院受理国家赔偿案件18件,决定赔偿6件。

1998年起,市中级人民法院办理一批有影响的申请国家赔偿案件。姜某申请市中级人民法院和市检察院共同赔偿一案。赔偿请求人姜某因涉嫌故意杀人,于1992年2月19日刑事拘留,同年3月2日宣布逮捕。1997年8月4日,湘潭中院以〔1996〕潭中刑初字第74号刑事附带民事判决书,认定姜某犯故意杀人罪,被判处死刑,剥夺政治权利终身。姜某不服,以“请求撤销原判,改判无罪”为由,向省高级人民法院提起上诉。省高院经审理,于1998年2月26日以〔1997〕湘刑终字第552号刑事判决书,宣告姜某无罪。同年7月14日,姜某被无罪释放。姜某在赔偿请求中,不仅提出因违法羁押期间的赔偿金,而且要求赔偿义务机关赔偿身体伤病治疗费,返还被扣押的财产,在新闻媒体公开赔礼道歉,恢复名誉。经审理,市中级人民法院和市检察院于1998年12月17日作出〔1998〕潭法检赔字第1号共同赔偿决定书,共同赔偿姜某因错误羁押2335天的赔偿金59472.45元;对姜某的其他请求,因证据不足或不属于国家赔偿法规定的赔偿范围,不予支持。其后,中院赔偿办又主动与市人民检察院协调,向市财政局申请拨发赔偿金,保证赔偿金及时到位。湘潭县公安局因违法使用枪支致人死亡引发国家赔偿案。死者黄某死前涉嫌盗窃罪,被张家界市武陵源区公安分局立案侦查,该局委托湘潭县中路铺派出所协助抓捕,该所干警在执行抓捕时,开枪将黄击中致死。其父黄某某为此要求市、县两级公安机关赔偿无果,遂向各级政府、人大反映情况,并提出赔偿申请。市中级人民法院受案后,经请示高院答复,认定属于违法使用枪支,应当给予赔偿。随后,市中级人民法院作出赔偿决定:由湘潭县公安局赔偿请求人黄某某赔偿金199580元。湘潭县公安局没有提出赔偿复议,但又不主动履行赔偿义务,黄某某为此申请法院强制执行。经市中级法院审判委员会集体研究,并在省高院、市人大、市委政法委的协调和支持下,在湘潭县农业银行一次性扣划湘潭县公安局银行存款15万元,使一起因多种原因历时5年的国家赔偿案件得到圆满解决。此案作为典型案例被编入最高人民法院出版的《国家赔偿法律适用与案例评析》一书。湘潭市红泉制酱厂因被侵犯财产权，要求湘潭县人民检察院赔偿。湘潭县检察院因该厂涉嫌假冒商标、生产伪劣产品，将其立案侦查，并将生产工具、部分产品予以查封扣押，后认为情节轻微，作出撤案决定书。该厂以所退还财物损坏和由此造成经济损失为由，要求湘潭县检察院赔偿。县检察院经审查作出不予赔偿决定书，申请人不服，向法院提出赔偿申请，市中级人民法院受理后依法审理，并作出赔偿决定书，并多次与财政部门协商，邀请市检察院、市公安局一道达成一致意见，将赔偿金额一次性核拨到位。

1999 年，全市两级检察机关赔偿工作办公室重点抓赔偿工作的协调。根据《中华人民共和国国家赔偿法》规定：由公、检、法三家共同赔偿的案件，按公、检、法各家办案所占羁押期限长短，作为公、检、法机关履行国家赔偿数额的依据。财产损害由公安机关负责作出赔偿。2000 年，检察机关刑事赔偿办公室就共同承担赔偿问题再与市中级人民法院协商达成共识。属于二家共同赔偿的案件，按照受理优先原则，谁先受理即为赔偿义务机关，防止检、法两家在赔偿工作上相互推诿情况出现。建立相互通报机制，对赔偿案件，无论是谁家先受理，均应在规定时间内通知对方做好赔偿前准备工作；建立协调机制，就赔偿义务、标准按照检察委员会对审判委员会同等级别会议商定，统一运作。龙某"受贿"64 万元案被判无罪，申请刑事赔偿，市检察院依法快速作出赔偿决定。

2003 年起，随着国家赔偿工作严肃执法、敢于碰硬的深入开展，国家机关及其工作人员依法行使职权意识增强，国家机关侵权赔偿案件明显下降。2005 年，市检察院对《中华人民共和国国家赔偿法》实施 10 年来办理的赔偿案件进行专题分析，撰写出《十年来刑事赔偿案件分析调研》，得到高检院充分肯定。市中级人民法院协调解决一起历时十年赔偿难案。雨湖法院在 1995 年查封市新华印刷厂财产过程中有违法行为，给该厂造成重大损害，2002 年，市新华印刷厂（简称印刷厂）向市中级人民法院起诉雨湖法院，请求司法赔偿，赔偿标的巨大。中级人民法院依法对此作出赔偿决定，由赔偿义务机关雨湖法院赔偿印刷厂 30 万元。由于双方都不服，一直进行申诉，均已依法驳回，所以赔偿额一直未能到位。2005 年 8 月下旬，印刷厂厂长在向上级领导机关的报告中声称，如果赔偿问题得不到解决，他将采取极端行为，炸毁法院办公楼、杀掉办案法官。为防止矛盾激化，同时保障受害人合法权益，市中级人民法院院长带领赔偿办主任、主审法官及雨湖法院院长一起，将案情和处理意见向市委汇报，取得市委领导支持，最后作出决定：原定雨湖法院赔偿 30 万元不变，经双方协议，先由雨湖法院赔付 14 万元，剩下 16 万元，在年底一次付清。是年，市中级人民法院赔偿委员会办公室被最高人民法院授予"先进集体"。至 2005 年的 8 年间，全市共受理国家赔偿案件 300 件，决定赔偿 75 件。其中，市检察院受理国家赔偿案件 25 件，决定赔偿 8 件；市中级人民法院受理国家赔偿案件 175 件，决定赔偿 67 件；市检察院、市中级人民法院共同赔偿 2 件。

附二

1986~2005 年湘潭市审(执)结案件统计

表 16-1

单位:件

年度	刑事案件			民商案件				行政案件				再审案件				赔偿案件	民商执行案件	累计
	一审	二审	小计	一审	二审	小计	诉讼标的(万元)	一审	二审	非诉执行	小计	刑事	民事	行政	小计			
1986	697	178	875	1649	115	1764	566.08	—	—	—	—	4554	15	—	4569	—	463	7671
1987	626	179	805	3936	165	4101	1396.81	—	—	—	—	624	14	—	638	—	1756	7300
1988	595	130	725	6650	208	6858	1839.31	59	12	85	156	312	78	—	390	—	3722	11851
1989	816	145	961	6854	331	7185	4122.90	52	15	92	159	196	71	—	267	—	3395	11967
1990	947	148	1095	7282	414	7696	3528.40	63	14	128	205	173	91	3	267	—	3022	12285
1991	989	158	1147	5211	466	5677	4196.00	131	49	52	232	159	127	5	291	—	2920	10267
1992	777	244	1021	5210	651	5861	6648.65	116	51	113	280	136	162	5	303	—	1716	9181
1993	725	92	817	6297	420	6717	19078.28	146	27	323	496	141	101	14	256	—	2254	10540
1994	898	74	972	6243	348	6591	17297.35	207	36	188	431	90	85	1	176	—	1438	9608
1995	956	112	1068	6431	295	6726	34546.01	150	55	827	1032	88	65	6	159	1	2676	11662
1996	1136	129	1265	7521	475	7996	30920.30	229	28	949	1206	77	110	4	191	2	2979	13639
1997	1081	171	1252	8560	512	9072	29710.49	152	28	1063	1243	92	142	7	241	3	3410	15221
1998	1100	178	1278	7997	642	8639	34963.26	232	38	1199	1469	44	294	3	341	8	3715	15450
1999	1081	205	1286	8277	586	8863	41227.96	274	41	690	1005	50	273	11	334	9	3262	14759
2000	1139	238	1377	7709	558	8267	38049.37	137	37	772	946	70	261	10	341	7	3411	14349
2001	1307	450	1757	6825	514	7339	41346.85	144	29	757	930	50	231	7	288	8	3759	14081
2002	834	234	1068	4707	326	5033	28728.37	58	23	238	319	35	145	4	184	22	2244	8870
2003	898	239	1137	8415	428	8843	20486.16	61	41	317	419	15	109	7	131	11	2365	12906
2004	864	180	1044	4213	264	4477	13135.43	54	14	198	266	20	92	10	122	5	2153	8067
2005	1293	359	1652	4582	543	5125	54893.24	70	30	541	641	29	201	12	242	12	2234	9906
合计	18759	3843	22602	124569	8261	132830	426676.20	2335	570	8532	11433	6955	2667	109	9731	88	52894	229578

注:1986 年刑事再审含复查历史老案

第十七篇　司法行政

概　述

1986年，湘潭市开始第一个五年普及法律常识活动（简称“一五”普法），成立普法领导小组及办事机构，在全市公民中开展普及法律常识活动，建立社会矛盾纠纷定期排查制度。全市共有司法行政人员300名。其中，县（市、区）司法局45人，司法所177人，公证律师40人，市司法局（1980年12月3日成立）38人。有劳改、劳教专项编106名。市司法局机关设办公室、人事科、劳改工作管理科、劳教工作管理科、宣传教育科、调解指导科、律师公证科、行政装备科。有五个二级机构（市法律顾问处、市律师事务所、市公证处、市劳改大队、市劳教所）。1988年，湘潭市在全市推广江南机器厂“以法促防、以调促防、以基促防”的“四无”（无民转刑、无群体性上访、无群体性械斗、无自杀事件）创建活动。1989年，劳教所报经省司法厅、市成人教育委员会办公室批准，于11月3日正式挂牌成立市劳动教养学校。至1990年的5年间，全市完成“九法一条例”（《中华人民共和国宪法》《中华人民共和国刑法》《中华人民共和国刑事诉讼法》《中华人民共和国民事讼诉法（试行）》《中华人民共和国婚姻法》《中华人民共和国继承法》《中华人民共和国经济合同法》《中华人民共和国森林法》《中华人民共和国兵役法》《中华人民共和国治安管理处罚条例》）的宣传教育活动。通过普法验收组验收，22个一级单位合格，517个二级单位中有511个合格。人民调解调处纠纷96565件，调处成功86779件，调处成功率89.9%，防止民转刑案件7581件，涉1560人。律师担任法律顾问924家，办案8862件，为人民群众避免和挽回经济损失7020.5万元。公证机关办证33359份，其中涉外（港、澳、台）办证544份。劳改大队收押1731人，释放1699人。劳教所收容899人，解教903人。

1991年，全市“二五”普法开始，重点宣传《宪法》《湖南省禁止赌博条例》《工会法》《妇女权益保障法》《义务教育法》以及社会主义市场经济法律法规。1994年，组织实施以“化千家矛盾，促万户和睦”为主要内容的“和睦工程”，动员全系统大规模的排查化解民间矛盾纠纷。市司法局被省司法厅评为全省人民调解工作先进单位。根据国家司法部“两劳单位一般为正县级或副县级”的有关规定精神，经市委、市政府同意，市委机构编制委员会办公室作出《关于明确市劳动改造大队、市劳动教养管理所为副县级单位的批复》，正式确立市劳改大队、劳教所升为副县级单位，队、所科室为正科级。市劳改大队升格为支队，是年更名为“湖南湘潭监狱”。1995年，市委、市人大部署依法治市工作，在农村实行依法治村试点，帮助试点村建立村规民约和村民自治章程，在取得成功经验后，立即向全市推广。人民调解工作由过去主要调解农村民间纠纷发展为调解各类社会矛盾纠纷。市司法局组织开展律师职业道德和执业纪律评查活动，结合评查和年检注册，对兼职、特邀律师进行一次全面清理整顿，对90名兼职、特邀律师不予注册。至1995年的5年间，全市完成“二五普法”法律宣传教育活动，通过验收，31个一级单位和1351个二级单位全部合格。人民调解调处纠纷92054件，调处成功 88563 件，防止民转刑案件 1786 件，涉 2414 人。律师担任法律顾问 1771 家，办案 13395 件，为人民群众避免和挽回经济损失 19797.9 万元。公证机关办证 50415 份，其中涉外（港、澳、台）办证 3772 份。监狱收押 1063 人，释放 1236 人。劳教所收容 1660 人，解教 1760 人。

1996 年，湘潭市依法治市领导小组成立，并设置办公室，由市委副书记兼任领导小组组长，市司法局长兼任办公室主任。各县（市、区）也相应成立依法治县（市、区）领导小组及办公室。“三五”普法工作开始。普法内容包括《中华人民共和国宪法》《中华人民共和国刑法》《中华人民共和国合同法》等法律法规。“三五”普法明确规定普法对象为党政干部、经营管理人员、青少年、城市居民、农民及其他人员，其中重点对象为青少年，并开始实行普法合格证制度。依法治市工作在全市范围内正式全面实施。1997 年，市司法局开展“千乡万村创四无，百万大军抓排治”，组织全市司法行政系统开展“和睦工程创四无”活动，并成立专门领导机构。市县、乡、村三级联创“四无”机制形成。1998 年，调整依法治市领导小组成员，组长改由市委书记兼任，各依法治县（市、区）领导机构也作了相应的调整。市法律援助中心成立。9 月 11 日，召开全市刑释解教人员安置帮教工作大会，明确职责，制定规划，部署全市的安帮工作，并成立湘潭市“安帮”工作领导小组。2000 年，湘潭监狱实行政务公开，将监狱的管理规章制度，犯人减刑、加刑审批结果，监内执法执纪情况向犯人家属和社会公开，接受监督。湘潭市劳教所率先在全省劳教所系统中实行劳教人员加、减教期公开审批听证制度。3 月，市司法局成立“国资”（国家编制、国家经费）律师事务所脱钩改制领导小组，制定《湘潭市国资律师事务所脱钩改制方案》，着手进行国资所的脱钩改制工作。6 月 28 日，司法医学鉴定管理委员会正式挂牌成立，并开展工作。至 2000 年 5 年间，通过普法工作，全市 263 万普法对象中普及率 94.7%。人民调解调处纠纷 39710 件，调处成功 38572 件，调处成功率 97.1%，防止民转刑案件 775 件，涉 1142 人。律师担任法律顾问 2296 家，办案 14922 件，为人民群众避免和挽回经济损失 86382.4 万元。公证机关办证 28248 份，其中涉外（港、澳、台）办证 4667 份。监狱收押 1008 人，释放 947 人。劳教所收容 2684 人，解教 2809 人。

2001 年起，“四五”普法活动展开，重点宣传《中华人民共和国宪法》《中华人民共和国刑法》《中华人民共和国仲裁法》《中华人民共和国产品质量法》《中华人民共和国中外合资经营企业法》《湖南省计划生育条例》等法律法规。湘潭市提出“以防为主，调防结合，多种手段，协同作战”的人民调解工作方针，推广“岳塘经验”和“姜畲模式”，总结形成“五个一”经验（一个纠纷、一名领导、一个班子、一个方案、一抓到底）。5 月，市委办公室、市政府办公室联合下发《关于认真做好人民调解工作，切实维护社会稳定的通知》，将湘潭市县、乡、村三级联创“四无”，社会矛盾纠纷定期排查制度，乡镇（街道）司法调解中心的建设及基层司法调解组织建设用文件明确下来。市司法局获司法部“全国司法行政系统人民调解工作先进单位”称号。2002 年，湖南省青少年法制宣传教育工作经验现场交流会在湘潭市召开，会上重点推介湘潭市建立青少年法制教育基地、成立关心下一代法制报告团、普法讲师团、法制副校长等三支队伍的青少年法制宣传教育工作经验。湘潭监狱由于硬件、软件、规模及省监狱布局调整等原因，经报国家司法部批准撤销。市劳教所发生一起劳教人员在禁闭室自杀事件，造成较大的社会影响。9 月，湘潭市开始实行领导干部法律知识任职资格考试、领导干部法律素质考核考察制度。人民调解工作重点抓“两个延伸”，即延伸到社区、村和延伸到村（居）民小组。市司法局获司法部“全国司法行政系统人民调解工作先进单位”称号。2003 年，为了进一步加强和推进依法治市工作,依法治市领导小组办公室主任改由市委政法委书记兼任。先后组织开展“依法办事示范窗口单位”和“民主法治示范村(社区)”创建活动,全市的依法治理工作由三大治理发展成两大创建。积极向司法部、省司法厅行政主管部门争取首批公司律师试点任务。4月23日,“全省公司律师试点授牌颁证仪式”在潭举行。市内成立“湘潭钢铁厂、江南机器厂、湘潭电机厂”三家公司律师事务部。2004年,湘潭市召开完善矛盾纠纷排查化解机制流动现场经验交流会,全面推广岳塘区板塘乡的人民调解工作经验,即建立“乡指导、村负责、组落实”的矛盾纠纷排查化解机制,实现“乡有庭、村有站、组有室”的矛盾纠纷排查化解工作格局,达到“小纠纷不出组、一般纠纷不出村、大的纠纷不出乡”工作目标。至此,全市的矛盾纠纷化解机制趋于完善。4月,雨湖区公证处发生水印纸被盗事件,市司法局对公证机构进行全面整顿,深化公证工作改革,就规范公证主体和程序,加强公证处自律性管理,拓展公证业务领域等方面出台和实施21项管理制度,还制定全市统一使用的17种公证文书表格。市公证处、市第二公证处再次被评为“全省公证质量先进单位”。2005年,市依法治市办在全省首创“依法办事示范窗口单位”“民主法治示范村(社区)”“依法决策示范领导班子”为主体的三个创建活动,依法治市工作格局基本形成。市法律援助中心修改完善援助机构受理、办案、指派等18项制度。制定对县、市、区法律援助工作考核考评标准,同时加大对各县、市、区法律援助机构指导力度。湖南湘君律师事务所被省司法厅授予“法律援助先进单位”。市青少年法制教育基地——劳教所,有38位干警走进大专院校开展法制宣传,12300名大专院校大学生及中小学生来所接受法制教育。有近200名劳教人员走入校园进行现身说法,听课人数4万人。至2005年的5年间,全市共组织各种大型法律竞赛15场次,参赛人次20多万;大型法制文艺汇演50多场次,教育群众20余万人次。人民调解调处纠纷54838件,调处成功53384件,调处成功率97.3%,防止民转刑案件322件,涉504人。律师担任法律顾问2575家,办案20386件,为人民群众避免和挽回经济损失35783万元。公证机关办证35802份,其中涉外(港、澳、台)办证4077份。监狱收押226人,释放189人。劳教所收容903人,解教1188人。在全省“四五”普法考核验收中,湘潭市获评全省“普法依法治理工作先进市”。市教育局、市地方税务局、湘潭钢铁有限公司、湘潭县中路铺镇、雨湖区城正街道办事处通济门社区获全省“四五”普法依法治理工作先进集体。市司法局副局长周雪球被中共中央宣传部、国家司法部评为“2001～2005年全国法制宣传教育先进工作者”。

第一章　普及法律常识与依法治理

第一节　普及法律常识

1986年,湘潭市开始第一个五年普及法律常识活动(简称“一五”普法)。成立普法领导小组,市委常委、市委政法委书记兼任组长,市公安、检察、法院、司法、工会、共青团、妇联、教育、文化等相关部门负责人为成员,下设办公室(简称普法办),在市司法局法制宣传教育科(1989年改为法制宣传科)办公。普及法律常识的基本内容是“9法1条例1通则”(《中华人民共和国宪法》《中华人民共和国刑法》《中华人民共和国刑事诉讼法》《中华人民共和国民事讼诉（试行）》《中华人民共和国婚姻法》《中华人民共和国继承法》《中华人民共和国经济合同法》《中华人民共和国森林法》《中华人民共和国兵役法》《中华人民共和国治安管理处罚条例》。全市普法办组织机关干部对“9 法 1 条例”（后增加《民法通则》）的学习，全市举办 3 期县团级干部学法班，各单位也纷纷自行组织单位领导干部学习“9 法 1 条例”及《民法通则》。到年底，全市共有 2939 名县团级干部完成学法任务，参学率87%；有 55655 名一般干部通过各种方式先后完成学法任务，参学率达 82%。为确保普法工作质量，市普法办提出普法“三不漏”（不漏单位、不漏普法对象、不漏学法内容）要求，市司法局组织力量对全市普法对象学法情况进行全面核查。至 1988 年，共查出漏学单位 31 个，漏学对象 235607 人。对于查出来的漏学单位、漏学人员，要求重新学习“9 法 1 条例”及民法通则；对于漏学内容的单位、人员，要求其补学漏学的内容。1989 年，市普法办组织“一五”普法考核验收工作。对全市 253999 名考核对象，22 个一级单位及 517 个二级单位普法情况进行考核验收。通过考核验收，普法对象合格率为 98%；22 个一级单位（战线、县、区）全部合格；517 个二级单位中 511 个合格，合格率为 99%。1990 年 4 月，全市举行声势浩大的《中华人民共和国集会游行示威法》《中华人民共和国行政诉讼法》的宣传活动。先后培训宣传辅导员 1500 名，发放“两法”书籍 8.5 万册，市普法办直接为各单位讲授“两法”20 多场，向全市印发普法资料、典型案例 23.6 万份。组织召开“严打”报告会、广播会、公判会 933 场（次），受教育群众 19.7 万余人。

1991 年，全市“二五”普法开始。继续深入宣传基本法律常识，重点宣传《湖南省禁止赌博条例》《中华人民共和国工会法》《中华人民共和国妇女权益保障法》《中华人民共和国义务教育法》《中华人民共和国劳动法》《中华人民共和国农业法》《中华人民共和国反不正当竞争法》《中华人民共和国经济合同法》《中华人民共和国公司法》以及社会主义市场经济法律法规。先后有 1100 多个科级以上独立核算单位成立“二五”普法领导小组。同时，全市统一印刷《宪法讲话》《社会主义法制建设若干问题讲话》和全民普法读本等法制宣传资料 22 万余份。1992 年上半年，在城市和部分农村开展以《湖南省禁止赌博条例》为主要内容的禁赌法制宣传活动，全市印发《湖南省禁止赌博条例》、禁赌宣传提纲、案例等各种禁赌宣传资料 1 万余册，受教育的群众有 43.3 万人。是年 7 月，市普法办在充分调查摸底的基础上，根据各系统、各部门、各单位的业务需要，按照“急用先学”的原则，有计划、按层次地组织开展专业法的普及教育活动。市统计局、消防支队、财政局等 11 个部门先后举办专业法骨干培训班。市总工会、市妇联、市教委等单位先后开展《中华人民共和国工会法》《中华人民共和国妇女权益保障法》《中华人民共和国义务教育法》等专业法的学习活动。1994 年 4 月，市普法领导小组与市工会、共青团、妇联、工商、税务、交通等 11 条战线，10 大厂矿，10 大院校签订普法目标责任状。会后，各县市区、各战线、各大厂矿和各大院校也层层签订目标管理责任书，全市普法工作目标管理制度形成。年内，全市有 28 名地师级干部、1884 名县团级干部、25000 名科级干部和 16.5 万名一般干部参加统考；全市 1351 个二级验收单位和 31 个一级验收单位全部验收完毕。岳塘区霞城乡、岳塘区区长彭宪法分别被评为全国“二五”普法先进单位和优秀个人。

1996 年，“三五”普法工作开始。重点宣传包括《中华人民共和国宪法》《中华人民共和国刑法》《中华人民共和国合同法》等 89 部法律法规。组织开展学法用法演讲竞赛活动，并从中挑选 12 名获奖选手组成学法用法演讲团，分两批在全市 5 个县（市、区）、11 条战线、十大厂矿和 5 所高等院校进行巡回演讲，共演讲27场次，历时19天，听众达6万余人次。5月，市普法办组织开展第一次年度“送法下乡”活动，共印发各类宣传资料20多万份，出动宣传车辆20余台次。先后在《湘潭日报》创办“道德与法”“民主与法制”栏目；在湘潭有线电视台创办“法制经纬”专栏，设置“警示追踪”“情、理、法”“普法讲座”“法与生活”等13个栏目，每周四晚上黄金时段播出。10月，市普法办改为市依法治市办。1997年，组织开展青少年法制宣传教育，市教委组织开展每年一次的“三个一”（即要求每个教师撰写一篇学法体会文章，每个小学五年级以上的学生编辑一期法制手抄报，每个小学三年级以上班级出一期法制黑板报）竞赛活动。6月中旬，全市800名县处以上领导干部听取《中华人民共和国香港基本法》讲座，并组织全市近500名县处以上领导参加新《中华人民共和国刑法》辅导学习班。市依法治市办分两期组织全市各乡镇、街道党政领导190人在省直机关党校进行法制培训，重点学习《中华人民共和国统计法》《中华人民共和国乡镇企业法》《中华人民共和国国家赔偿法》等。全市各单位也分别组织举办不同层次的干部法制培训班。至年底，全市共举办各层次培训班520期，参训人数达7万余人次。1998年，确立“三个结合”（普法教育与党和政府的中心工作相结合、普法与各种知识性和趣味性的文化活动相结合、普法与部门工作相结合）的法制宣传工作思路，组织开展“走向法治”和“法进万家”的演讲比赛活动，全市有近2000个单位3万余人参加演讲，听众30万人次。1999年，市依法治市办与市综合治理办公室、市教委、共青团湘潭市委在市劳教所和戒毒所建立两个青少年法制教育基地，定期组织青少年到基地进行现场参观、座谈、交流，举办劳教学员和吸毒人员现身说法报告会。7月，市依法治市领导小组作出关于《加强青少年法制教育，培养守法公民》决定，市委政法委、市教委、市依法治市办共同决定在全市小学以上各级各类学校聘任法制副校长。副校长人选均是从政法部门挑选政治业务素质好、工作责任心强的干警兼任，协助学校开展法制宣传教育、促进依法治校、维护校园周边环境。全市306所中小学全部配备兼职法制副校长。2000年，开展“当家法宣传年”（当家法指部门专用法律法规）活动，编印宣传资料1.5万册，组织专业法培训13期，举办电视讲座7次，受教育群众达10万余人。共组织各类法律法规知识竞赛活动48次，组织协同有关单位开展大规模法制宣传活动5次，组织开展法制宣传月、宣传周、宣传日15次，全市263万名普法对象法律普及率94.7%。是年，市劳教所成为青少年法制教育基地。

2001年，市依法治市办先后开展“普法依法治理月”“法制宣传一条街”、依法治市10周年文艺晚会、全国法制宣传日等宣传活动，重点宣传《中华人民共和国宪法》《中华人民共和国刑法》《中华人民共和国仲裁法》《中华人民共和国产品质量法》《中华人民共和国中外合资经营企业法》《湖南省计划生育条例》等法律法规。2002年5月，组织开展第一届全市农村法制宣传教育月活动。以“普及权利义务知识，建立农村法治秩序”为主题，向村民开展以《中华人民共和国宪法》《中华人民共和国农村土地承包法》《中华人民共和国水法》《中华人民共和国村民委员会组织法》等法律法规宣传教育活动。2003年，根据省文明办、省综治办、省司法厅、省依法治省办《关于在全省开展“法律进社区”活动的意见》精神，市依法治市领导小组组织开展“法律进社区”活动，以“提高居民法律素质，推进社区依法治理”为主题，重点宣传《中华人民共和国宪法》《中华人民共和国刑法》《中华人民共和国村（居）民委员会组织法》《中华人民共和国婚姻法》等法律法规，着重抓好青少年、外来务工人员、经商人员、下岗职工和刑释解教人员的法制宣传教育。活动中，市依法治市办先后组织市直和各县（市、区）140多个相关部门近1万余人次分批到社区开展法制宣传活动，共发放宣传资料近10万份,向社区赠送法律书籍7万余册。实施社区法制建设“四个一”(一支法制宣传队伍,一个法律学校,一个法律图书阅览室,一个法制宣传栏)。到10月,有60%的社区落实“四个一”工程,社区居民的法律知识得到丰富,法律素质有所提高。2004年,突出《中华人民共和国宪法》这一重点内容,抓好普法教育,接受法律咨询2000余人次。组织全市93416人参加普法考试,参考率98.7%,合格率95%以上。2005年,开展第二批“依法办事示范窗口单位”活动,重点在公安派出所,基层司法所,物价检查所及农业、水利、文化等13个行业,年底全部验收合格。至2005年的5年间,全市共组织各种大型法律竞赛15场次,参赛人次20多万;大型法制文艺汇演50多场次,教育群众20余万人次;举办四届农村法制宣传月和五届“12·4”全国法制宣传日活动,共出动车辆1800多台次,悬挂宣传横幅6000多条,张贴宣传标语9万多张,发放各类宣传资料90余万份,接受群众咨询1.9万余人次。在湘潭电视台开设“都市法制”“交警直通车”等栏目,播放节目1100多期;在《湘潭日报》开辟“莲城警示”“律师在线”等30多个专栏,共出刊1300余期。

第二节　依法治理

1991年,市委、市人大分别作出《关于依法治市的决定》和《关于依法治市的决议》。

1994年,全市依法治理工作启动,组织工作组入驻雨湖区护潭乡文昌村进行依法治村试点,帮助文昌村建立符合当地实际情况的村规民约和村民自治章程,自主管理村务。年内在全市依法治村工作会议上推介文昌做法。“文昌经验”在湖南省首次依法治村澧县会议上得到推广。市委把依法治村纳入创建“治安模范城”方案进行统一部署,全市依法治村试点293个。1996年10月,湘潭市依法治市领导小组成立,市委副书记兼任组长,市公安、检察、法院、司法等相关部门负责人为成员,下设办公室(简称依法治市办),在市司法局宣传科办公,由市司法局局长兼任办公室主任。依法治市工作在全市范围内全面实施。湘潭市的依法治理工作分为基层、行业、地方治理三大工程,依法治理工作由农村试点发展成三大治理工作。基层治理的主要工作任务是推行依法治村,并通过依法治村工作带动依法治街、依法治厂、依法治校等工作。是年6月,全市召开依法治村经验交流会,会上推介雨湖区护潭乡文昌村、湘乡市棋梓镇通过建立村规民约或村民自治章程而达到“依法建制、以制治村、民主管理”的依法治村经验。至年底,全市有1633个村建立村规民约或村民自治章程。行业依法治理的主要工作是指导督促全市各行业各系统开展依法治理行业、系统。是年,市教委根据行业特点提出“依法建制,以制治教,以制治校”理念,成立依法治教领导小组,制定出台依法治教章程,全市各学校依法治教工作正式展开,湘潭市行业依法治理工作开始。地方治理的主要工作是全市各县(市区)针对带普遍性和倾向性的问题开展不同程度的依法治理。1997年,韶山市以“创建中国优秀旅游城市”为突破口,选准群众、游客普遍反映的旅游市场秩序问题进行为期一年的专项治理工作。以前的秩序混乱、小商贩拉客“宰客”和服务行业质量差的现象得到很大改善,并被评为“中国优秀旅游城市”。1998年10月,依法治市领导小组组长改由市委书记兼任。为进一步巩固依法治村成果,市委、市政府要求将村务公开作为依法治村的主要工作来抓,并制定下发《推行村务公开制度工作实施办法》。全市1633个村中有80%以上的村建立村务公开制度,90%以上的村建立财务公开制度。1999年,市政府针对城市脏乱差、依法行政意识淡薄、政策承诺不规范、信誉意识不强、经济诈骗等六项严重污染经济环境的现象,经过组织发动、自查自纠、督察处理三个阶段的依法治理工作,经济环境得到明显改善。

2000 年,市司法行政部门与公安机关联合对学校周边治安环境进行大规模专项整治。2001 年,湘潭市的依法治理工作主要是督促政府部门、各单位完善内部法制机制。韶山市开展“以警联村、三定三包”活动,从公、检、法、司四家抽调 71 名政法干警下到全市 71 个村、居委会,定人员、定村(居委会)、定目标,包综合治理、包维护稳定、包一方平安。雨湖区、岳塘区、湘乡市也纷纷开展不同方式的基层治理活动。在依法治村带动下,全市依法治街、依法治厂、依法治校都有较大发展。各部门、各单位按照坚持法律监督与工作监督相结合,以法律监督为主,内部监督与外部监督相结合,以内部监督为主的要求,纷纷建立内部法制机制。江南机器厂确定总法律顾问制度,建立重大事项通过专家委员会评审制度,以及 5 万元以上经济事务通过法律顾问评审制度。人民银行市中心支行按照处罚分离原则,先后成立行政处罚会审委员会、行政处罚委员会、行政复议委员会,并且建立一系列规章制度。是年上半年,针对部分乡村村民集体上访频繁现象,雨湖区委、区政府从区、街道抽调机关干部 80 多人,分 5 个工作组进驻犁头、卫星、先锋、湘竹、建新等村,用 1 个月时间开展依法整治工作,有效地缓和村民频繁集体上访的态势。2003 年初,市司法局制定印发《关于加强农村基层民主政治建设的法制宣传教育和人民调解工作考核办法》和《关于加强基层民主政治建设试点工作的方案》。按照《办法》和《方案》要求,首先在湘潭县中路铺凤形村、湘乡市东郊乡新塘村、山枣镇莲塘村开展农村基层民主法制建设试点工作,进一步完善村民选举程序、民主议事程序,完善村民自治章程、村务公开制度。按照“条块结合、以条为主”原则,以工商、税务、消防、质量技术监督、交警、国土、电业、卫生防疫、环保、交通运输管理、林政、城管等 13 个部门、行业为首批对象,重点是各部门、行业的基层单位。各创建单位成立创建“依法办事示范窗口单位”领导小组和办事机构,确保领导负责、专人办理、经费到位的工作机制,并制订创建活动方案,对本系统开展“依法办事示范窗口单位”的创建活动进行明确规定。市地税局、市国税局、市环保局、市工商局等单位将“依法办事示范窗口单位”的创建与绩效考核挂钩,实行量化考核制度,确保活动的顺利开展。通过培养试点、动员部署、组织督查、考核验收四个阶段工作,使对象单位达到“依法决策、依法管理、依法办事”要求。

2003 年 7 月,调整依法治市领导小组办公室负责人,办公室主任改由市委政法委书记兼任。市依法治市领导小组先后组织开展“依法办事示范窗口单位”和“民主法治示范村(社区)”创建活动。2004 年 6 ~ 7 月,市依法治市办按照“条块结合”原则,联合市委相关部门和纪检监察机关、人大与政协有关机构、政府法制工作部门及各部门各行业的负责人组成检查评比组,采用听取汇报、查阅资料、询问执法对象等方法,对 22 家创建单位申报的 22 个“依法办事示范窗口单位”进行集中验收。全市有 17 家单位获全省首批“依法办事示范窗口单位”称号,市依法治市办获全省“‘依法办事示范窗口单位’创建活动组织工作先进单位”称号。是年,全市各行政执法单位共办理各类行政执法案件 9784 件,未发生错案。通过省依法治省办的考核,湘潭县茶恩寺镇护湘村、湘乡市东郊乡新塘村、雨湖区先锋乡中心村等 9 个村被评为全省“民主法制示范村”。韶山市韶山乡韶山村被评为全国“全国民主法制示范村”。2005 年 3 月,开展第二批“依法办事示范窗口”单位创建活动。为提高各级领导班子的依法决策意识和水平,市依法治市办在全省首创“依法决策示范领导班子”创建活动。8 月 31 日,市依法治市办印发《关于开展首批“依法决策示范领导班子”创建活动的方案》,各县(市、区)、市直各部门按照方案具体要求,各自选择下属单位作为试点单位进行指导培养,再由市依法治市办对这些单位进行考查验收,筛选出全市“依法决策示范领导班子”试点单位。至年底,市检察院、市国税局等 10 家单位被确定为首批试点单位。

第二章　人民调解

1986 年起,湘潭市结合自身实际情况,确立“调防结合,以防为主”人民调解工作方针。人民调解主要工作是在整顿调解组织、健全调解网络基础上,集中力量调解农村民间矛盾纠纷。1994 年后,随着经济体制的改革,社会矛盾呈现出多元化,人民调解工作也由过去主要调解农村民间纠纷发展为调解各类社会矛盾纠纷。1999 年,湘潭市开始探索建立司法调解中心(室),人民调解工作开始进入大调解阶段。2001 年 5 月 23 日,市委办公室、市政府办公室联合下发《关于认真做好人民调解工作,切实维护社会稳定的通知》,将县、乡、村三级联创“四无”,社会矛盾纠纷定期排查制度,乡镇(街道)司法调解中心的建设及基层司法调解组织建设用文件明确下来。2002 年,全市大调解格局开始形成。2005 年,县乡村三级联创“四无”、乡镇(街道)司法调解中心及社会矛盾纠纷定期排查制度基本形成。

第一节　调解组织

1986 年,贯彻落实省司法厅《关于加强司法助理员队伍建设的通知》精神,人民调解队伍按“齐、专、强、稳”要求配备司法调解人员。至年底,全市有基层调解组织 2410 个。其中,农村调解组织 1736 个,城镇、企业、事业单位调解组织 674 个。全市共有人民调解员、义务调解员和纠纷信息员 38987 人。全市 173 个区、乡、镇、街道配备 178 名司法助理员,其中高中、中专以上文化 129 人,占 72.5%,任命庭、所长以上职级 129 人,占 72.5%。1987 年,对全市农村调解组织进行整顿,主要是落实农村调解组织的组织、制度、工作、报酬。通过整顿,年底全市 2410 个基层调解委员会(以下简称调委会)基本建立纠纷登记制度和岗位责任制,基本做到“组织、制度、工作、报酬”四落实。1990 年,湘潭市结合贯彻落实《人民调解委员会组织条例》,对全市 2231 个调委会进行整顿。通过整顿,90.8%的调委会达到《条例》要求,普遍建立岗位责任制和纠纷登记、回访等规章制度。

1993 年,全市 1883 个村(居委会)全部建立调解组织,村民小组和居民小组都建立调解小组和配备调解员,厂矿企业建立调委会 323 个。全市共有调解人员 3898 人,义务调解员和纠纷信息员 14504 人,基本达到农村每 10 户、城市每栋楼有 1 名调解员或信息员,调解工作网络基本形成。1995 年,为配合好撤区并乡工作,根据市委“认真组建好司法所”及“选好所长,配好班子,定好办公场地,迅速开展工作”指示要求,市司法局确立“把在撤区并乡建镇中组建司法所作为加强县市区基层司法行政工作的长远大计和重要机遇”工作思路,派出骨干力量,分赴各地指导组建司法所工作,全市新组建 41 个乡镇司法所,选任所长 41 人,选配司法员 145 人。至年底,所有新建司法所正常运转。1996 年,针对重点地区、重点企业周边地带纠纷多的问题,建立厂乡、厂街联调联防委员会 113

个,形成全市"纵到底、横到边"的纵横交错联调格局。1999年,在雨湖区的平政街道、雨湖街道和岳塘区的霞城等地试点派出所设立司法调解室,人民调解工作开始进入多种手段、多个部门协作解决民事纠纷的大调解阶段。2000年4月21日,召开各县(市、区)司法局局长、公安局局长和司法所所长、派出所所长及有关部门负责人参加的关于在派出所设立司法调解室的专题会议。随后,又召开各县(市、区)政法委书记、司法局长、部分乡镇(街道)分管政法工作的副书记、司法所长会议,全面动员和部署乡镇(街道)建立司法调解中心工作进行。到年底,全市有64个乡镇成立由党政主要领导挂帅的司法调解中心,42个乡镇司法所在公安派出所设立司法调解室。

2001年,组织调解中心建设工作办点组,到湘潭县姜畲镇,实地指导司法调解中心建设。根据试点经验,市委办公室、市政府办公室联合下发《关于乡镇建立司法调解中心的通知》,要求在全市81个乡镇(街道)都建立司法调解中心。2002年3月,全市召开司法调解中心建设经验交流会,姜畲镇、中山街道、金石镇等8个单位介绍经验。是年8月,湘潭市对全市司法调解中心建设情况进行抽样检查,被抽查的大坪、如意、月山、板塘等10个乡镇(街道)的司法调解中心均运转正常、人民群众满意、工作成效明显。至2002年11月,全市81个乡镇(街道)都按"党政领导、司法操办、部门参与、齐抓共管"要求建立司法调解中心,大调解格局形成。2004年9月,市委下发《关于进一步加强基层政法队伍建设的决定》,规定全市司法所按副科级机构设置,司法员由县(市、区)司法局进行收编管理。至2005年底,湘乡市、韶山市、岳塘区对所辖司法所全部按副科级设置。

第二节　调解活动

1986年,针对农村清明节前后因封建宗族观念引起的坟山纠纷多;春耕、双抢期间因耕牛、农具、晒场等引起的纠纷多;抗旱、防涝期间水利纠纷多;秋冬季节修建房屋宅基地纠纷多;春节农闲期间婚姻家庭、债务纠纷多等特点,建立社会矛盾纠纷定期排查制度,即在矛盾纠纷高发时段,集中力量有针对性的定期对矛盾纠纷隐患进行排查,以预防矛盾激化为目的化解矛盾纠纷。根据纠纷发生发展普遍规律,确立主动预防方针;对重点户、重点人进行重点预防;掌握好纠纷信息,及时预防。1988年,推广江南机器厂调解领导小组采取"以法促防、以调促防、以基促防"(以加强法制建设、加强调解工作、化解基层矛盾为重点,促进预防纠纷的发生)的"四无"创建活动。湘乡市梅桥乡实行建立预防纠纷激化奖励基金的"四无"创建活动。年底,市司法局在全市范围内推介江南机器厂和湘乡市梅桥乡的创"四无"经验做法。到1989年,五个城区及韶山实现调解工作"四无",湘潭县、雨湖、湘江、郊区、岳塘都设立预防纠纷激化奖励基金,总金额3.8万元。至1990年的5年间,人民调解调处纠纷96565件,调处成功86779件,调处成功率89.9%,防止民转刑7581件,涉1560人。

1991年,在全市范围内开展民间纠纷大排查,到年底,共排查各类矛盾纠纷31808起,调解31369起,调解率98.6%,成功率97.3%;排查历史遗留纠纷710起,全部调处成功;清除纠纷隐患2450处。1994年,随着经济制度改革逐步深入,湘潭市出现部分企业因转换机制、经济效益低而引发的大量社会矛盾。针对这种情况,市司法行政机关组织力量开展大规模纠纷排查和专项治理活动,首先在江南机器厂和雨湖区司法局进行试点,然后向全市推行。重点是预防调解处理城区治安性纠纷、影响企业正常生产经营和影响社会生活秩序纠纷。共排查各类纠纷2000余起,发现纠纷激化苗头 74 起，处理积压纠纷 52 件。1995 年初，市司法局提出以“化千家矛盾，促万户和睦”为主要内容的“和睦工程”民调工作思路，编写《人民调解基本知识》《百例民间纠纷调防典型案例》两本资料，指导基层调解人员对疑难纠纷的调处，设立 5 万元“预防纠纷激化奖励基金”。湘乡市把人民调解工作列入各级党政干部目标管理考核内容，层层签订责任状，并组织力量对全市 737 个村（居）委会、8515 个调解组进行调查、考察，聘请义务调解员 7533 人。市司法局被省司法厅评为全省“人民调解工作先进单位”。至 1995 年的 5 年间，人民调解调处纠纷 92054 件，调处成功 88563 件，调处成功率 96.2%，防止民转刑 1786 件，涉 2414 人。

1996 年，随着经济体制改革深入，社会矛盾纠纷由以邻里纠纷为主转化为多样化复杂化，主要表现为工农之间、地区之间、企业与工人之间、企业与企业之间的矛盾纠纷。针对这种情况，市司法局会同公安、综治、国土、农委等有关部门，按照“纵到底、横到边”要求，在重点地区、重点企业等周边地带纠纷多地方，建立 113 个厂乡、厂街等联调联防委员会。至年底，各联防组织预防调处跨行业、跨地区重大矛盾纠纷 290 余起。1997 年，市司法局根据省司法厅要求，开展“千乡万村创四无，百万大军抓排治”活动，并结合湘潭市的“和睦工程”，开展“和睦工程创四无”活动。市司法局成立活动领导机构，各县（市、区）也分别成立“和睦工程创四无”领导小组。湘乡市中沙镇发生一起涉及数百人的“风水”纠纷案。中沙镇紫山村左姓家族因某村民（非左姓家族成员）将其父葬在左氏宗族老祖坟旁，认为抢了“风水”，几次要求某村民迁坟未成。3 月 30 日，左姓家族为维护左氏“风水”和“利益”，商定在 4 月 5 日 9 时挖坟“护风水”。镇司法所干部在镇分管政法工作副书记率领下，兵分两路，分别找双方为首者和长辈做工作，并到实地察看，商讨解决方案，经过一天一晚的耐心说服教育，双方终于达成协议。至 2000 年的 5 年间，人民调解调处纠纷 39710 件，调处成功 38572 件，调处成功率 97.1%，防止民转刑 775 件，涉 1142 人。

图 17-2-1 岳塘区司法局昭山司法所进行现场调解

2001 年，全市司法调解中心建设取得进展，大调解格局初步形成。市司法局提出“以防为主，调防结合，多种手段，协同作战”人民调解工作方针，丰富发展 1986 年来的“以防为主，调防结合”的人民调解工作方针，并在工作中总结推广“五个一”（一个纠纷、一名领导、一个班子、一个方案、一抓到底）经验，即对排查出的重大社会矛盾纠纷按“五个一”要求进行治理，取得明显成效，做到“小纠纷不出组（村民组），一般纠纷不出村，重大纠纷不出乡镇”。到年底，全市 81 个乡镇街道、1850 个社区居委会、1630 个村都按要求完善和规范人民调解工作，实现“乡有庭、村有站、组有室”的矛盾纠纷排查化解工作格局。2002 年 4 月，开展全市第一个社会矛盾纠纷排查月活动，共排查出各类纠纷 1812 起，防止群体性上访 34 起，防止群体性闹事械斗 38 件，防止民转刑 63 起，防止因纠纷引起自杀 18 起。2005 年，确立“1112”矛盾纠纷排查机制（即县市区、乡镇街道每月 1 次矛盾纠纷排查，村社区每月 2 次排查），形成矛盾纠纷日常定期排查和重点时期重点排查相结合的矛盾纠纷排查机制，在县、乡、村三级实行一月一排查，以村、社区、法人为主。在重点时期，如重大节日、重要庆典活动、各类敏感时期实行重点排查化解,重点排查防控老上访户、邪教组织参与者,重点排查防控征地拆迁、单位改制、破产矛盾纠纷。至此,县(市、区)、乡镇(街道)、村(社区)三级联创“四无”机制、社会矛盾纠纷定期排查制度形成。至2005年的5年间,人民调解调处纠纷54838件,调处成功53384件,调处成功率97.3%,防止民转刑322件,涉504人。

第三章 劳动改造与劳动教养

1986年,湘潭市劳动改造大队(简称劳改大队,对外企业名称湘潭市矽砂矿),设在湘潭县荷塘乡境内,正科级别,编制54名,在岗干警职工62人,队辖管企业矽砂矿一家(有工人110人),占地面积45.47公顷,收押能力500人。湘潭市武警支队配备一个中队(连建制)的兵力担任武装警戒,主要负责犯人监房、劳动和生产场所的外围及押解犯人途中的安全维护;制止犯人逃跑、协助劳改机关追捕逃犯、平息犯人暴乱和骚乱等。湘潭市劳动教养管理所(简称劳教所)设施简陋,正科级别,编制52名(含公安劳教科2名、司法局劳教科4名),在岗54人。占地面积5.6公顷,收容能力300人。是年起,劳教人员在劳教期间,三分之一的时间进行学习,接受政治、文化、技术教育;三分之二的时间参加体力劳动,每天不超过8小时,从事工、农业生产,改造思想,认识罪错。1989年,成立劳动教养学校。1990年,劳教所增编42名;劳改大队因工作需要,经与省厅有关部门协商,向省厅借用司法行政编37名(后划拨湘潭)。至1990年的5年间,劳改大队共收押犯人1731人,释放1699人;劳教所共收容899人,解教903人。

1991年,由于原劳改大队交通不便及水资源不足等原因,开始筹备搬迁事宜。1992年初,劳改大队获准迁往湘潭县河口镇双板桥管区,占地面积18.45公顷。1993年,市劳动教养学校升级为省级劳动教养学校;省司法厅给市劳教所记集体三等功。1994年2月5日,劳改大队搬迁完毕。7月5日,劳教所升格为副县级,所辖科室为正科级。同年,劳改大队升格为劳改支队(副县级),年底更名为“湖南省湘潭监狱”,监狱所辖科室、监区均为正科级别。至1995年的5年间,湘潭监狱共收押犯人1063人,释放1236人;劳教所共收容1660人,解教1760人。

1996年,湘潭监狱通过湖南省监狱局达标验收。劳教所增编6名,总编制为100名。1997~2000年,劳教所的教育、生卫、政工、文秘等管理工作都达到省劳教局的规定标准,并且实现“四无”(无逃跑、无非正常死亡、无重大责任事故、无所内重大案件发生),受到省劳教局表彰。至2000年的5年间,湘潭监狱共收押犯人1008人,释放947人;劳教所共收容2684人,解教2809人。

2001年,劳教所开展执法执纪专项教育整顿和干警基本素质教育,干警执法执纪水平有较大提升。12月,根据省政府办公厅《关于批转省计委等单位〈湖南省监狱及劳教所布局调整改造实施方案〉的通知》精神,湘潭监狱难以达到收押规模设施的条件,市司法局报请市人民政府、省司法厅批准暂停收押犯人。所押犯人于12月28日全部调往省内其他监狱。2002年5月,市司法局报请市政府、省司法厅,省司法厅又报请司法部批准撤销湘潭监狱。7月,司法部对省司法厅《关于撤销湖南省湘潭监狱的请示》正式作出批复,撤销湘潭监狱。湘潭监狱撤销后,管理人员、场地和全部财产包括基建债务全部移交市公安局。2003年,劳教所占地面积为6.4公顷(含市雪元村0.35公顷),收容能力600人。2005年，根据市委、市政府有关领导指示精神，市司法局就劳教所的整体搬迁事项与九华经济开发区协商，确定劳教所新址建设规模。新址定在湘潭县响水乡银界村合山组境内，占地面积4.67公顷，收容能力600人，并于10月正式奠基。12月5日，由于市劳教所整体搬迁工作需要，所有劳教人员全部调往省白泥湖劳教所接受教育改造。至2005年的5年间，劳教所收容903人，解教1188人。

第一节　劳动改造

一、狱政管理

(一)收押手续

1986年，按照省劳改局的规定，收押判刑1年以上，3年以下的男性犯人。1988年，按省劳改局统一制定的《入监工作制度》，规定应凭人民法院判决书(2份)、《执行通知书》和《罪犯结案登记表》收押犯人。没有上述法律文书，或文书记载与事实不符、不完备的拒绝收押。要求犯人入监后，及时填写《劳改罪犯变动情况通知书》(3份)，发原判人民法院、提起公诉的人民检察院及犯人家属。1994年《中华人民共和国监狱法》颁布后，进一步完备收押制度。

(二)收押监管

1986年，全市狱政管理主要是分押分管、警戒与联防、戒(警)具使用、通信、会见、考核与奖惩。市劳改大队坚持“改造第一，生产第二”劳改工作方针，认真抓好狱政管理这项监狱刑罚机关主要的基础工作，教育改造犯人，改善经营管理。教育管理重点开始从“管”向“教”转移。是年，新收押犯人278人，释放310人，在押犯人386人。

1987年，市劳改大队对所押犯人开始实行分类管理，对犯人中的高级知识分子，在劳动和生活上给予适当照顾。同案犯、团伙成员及犯人中有父子、兄弟等近亲关系的不准关押在同一劳改单位。犯人与本单位干警有亲属关系的，要将犯人调离。犯人中一切有关涉外事宜，均须请示省劳改局处理。对所押犯人按犯罪性质、刑期、犯罪恶习程度和改造表现，实行分类管理。对屡、惯犯和反改造尖子从严管理；对过失、渎职、重婚、原系政法干部的犯人，以及余刑在2年以下的一般刑事犯适当宽管。1988年，市劳改大队制订《联防工作制度》，建立有关公安机关、劳改部门、武警看押部队和驻地周边的机关、学校、厂矿、乡村等单位组成的统一的联防组织，制定联防方案，明确责任范围，建立会议联系制度，规定每年由劳改大队牵头召开1～2次联防会。是年，市劳改大队实行改造、生产“双承包”责任制，将警戒联防工作列为目标管理，防逃措施进一步加强。凡是有犯人活动的场所，一定要有干警直接管理。生产现场设有警戒线、禁区，现场有干警带班看守，禁区外围有武警站岗。犯人不得超越警戒线进入禁区，如有违反者，干警、武警先口头警告勒令其迅速归队；如口头警告无效时干警、武警就可鸣枪警告。此外，节假日监区留足70%的警力，劳改队每天有一名队领导，各监区有2名干警和1名领导24小时值班，确保场所安全稳定。犯人逃跑率低于省劳改局要求1%控制率。是年，劳改队新收押犯人244人，释放318人，年底在押401人。对收押的犯人按暴力型、性犯罪型、财产型、其他类型实行分管、分押、分教。纯度为83%。

1989 年，市劳改大队制订完善《戒（警）具管理使用制度》，重申戒（警）具的使用范围，使戴戒（警）具成为教育改造犯人的一种手段。由于管理措施有力、干警责任心强、武装警戒人员坚守岗位，至 1990 年，持续五年实现“三无”（即无犯人逃跑，无非正常死亡，无重大责任事故）。获省司法厅、省劳改局赞扬和奖励。1991～1993 年，劳改大队管理工作相对稳定。1994 年，市劳改大队（7 月更名为支队，10 月更名为湘潭监狱）新收押犯人 230 名，释放 97 人，年底在押 328 人，分押分管纯度 90%。1996 年 10 月 22 日，顺利通过省监狱局规范化管理达标验收。是年，湘潭监狱新收押 287 人，未发生任何安全事故，实现“四无”（除上述三无外，无狱内重大案件发生），获全省监管工作三等奖。1997～2000 年，监狱管理工作正常稳定，场所秩序较好，分押分管纯度越来越高。2001 年，纯度达到 93%。至 2001 年的 16 年间，湘潭监狱（劳改大队）累计收押犯人 4028 人，减刑后释放 2273 人，假释 181 人，服刑期满释放 1617 人，保外就医 14 人。在执法过程中，警戒与联防、戒（警）具使用、通信、会见、考核与奖励等方面均未发现有违纪违规行为。

（三）尊重人权

1986 年，市劳改大队按照《劳改条例》《劳改队工作细则（试行草案）》以及省劳改局制定的《接见、通信和邮汇制度》，允许犯人在服刑期间同家属通信、会见。规定来会见的直系亲属一律要持有机关单位有效证明和个人身份证，会见时间一般为 30 分钟，会见时一定要有干警在场。亲属所送给犯人的现金和有价证券交由干警代其存储。如犯人亲属因交通不便，路途遥远，当天不能返回的，劳改大队应安排食宿。罪犯在服刑期间可以与他人通信，但是来往信件应当经过监狱检查，监狱发现有碍罪犯改造内容的信件，可以扣留。罪犯写给监狱上级机关和司法机关的信件不要检查。

1987 年起，监狱（劳改大队）实行犯人“生日餐”“生日歌”制度。每逢犯人过生日，监狱从生产收入中开支 10 元钱为其加餐，改善生活。监狱广播室为其点歌祝福，同时安排犯人休息一天，任何单位和个人不得以任何理由安排参加生产劳动，使犯人身处高墙深院也能感受家庭温暖和亲情。1988～1994 年，监狱保护犯人人权工作相对稳定。

1995 年，湘潭监狱采取一系列措施，切实保障犯人合法权益，将之作为监狱执法工作重要内容来抓。每逢星期天，监狱领导轮流值班接待犯人和犯人家属，上午接待犯人家属，下午接待犯人，了解干警执法中的有关情况和服刑犯人中的有关困难，及时排解犯人中的思想顾虑，及时发现干警在执法中的问题。至 2001 年底，监狱领导在接见室轮流值班中，共收到家属反映问题和建议 4000 余条（含重复内容），共听取犯人意见和建议 2000 余条（含重复内容）。有些当面能答复和解释的当时答复处理。如果当面不能答复和解释的带回狱务会上讨论研究，属合理建议予以采纳，如果暂时不能采纳的，下次接见时予以解释或采取书面形式予以答复解释。

（四）减刑、假释

1986 年，市劳改大队按照惩办与宽大相结合的政策，对犯人改造表现认真考核，实行奖罚分明奖惩制度。对遵守监规，努力学习，积极劳动，确有认罪服法表现的；向干警积极反映真实情况，防止其他犯人的违法破坏活动，有立功表现的；连续超额完成生产任务的；节约原材料，爱护公共财物有显著成绩的；革新或传授生产技术有一定成效的；防止或消除灾害事故，有一定贡献的及其他有利国家人民的行为的，分别给予表扬、记功、物质奖励，直至减刑、假释等奖励。对犯人中故意损坏生产工具的；散布反动言论或挑拨是非、妨碍其他犯人改造的；打架斗殴、无理取闹的；拉拢落后、打击积极改造犯人的;消极怠工,违反操作规程屡教不改的;以及其他违反监规纪律的,分别给予警告、记过或者禁闭等处罚。对于犯人进行暴动、行凶、脱逃、破坏等重新犯罪的,报请人民法院依法加刑。至1993年的8年间,有1200名犯人获减刑,有104名犯人获假释,有57名犯人被加刑。

1994年,湘潭监狱贯彻执行省高级人民法院、省人民检察院和省司法厅联合发出的《关于对劳改罪犯(犯人日规则)考核实施减刑、假释的通知》(1985)以及省高级人民法院、省人民检察院和省司法厅联合发出的《关于劳改犯人百分制考核的通知》(1987)精神,统一规定劳改犯人获奖励分累计达到80分以上,可呈报减刑1年。余刑在1年以下犯人,积累奖励分20分以上,可呈报减去余刑释放或给予假释;表现不好的犯人,若达不到规定的基础分,则记"负分",根据负分多少和所犯罪事实情节作为对犯人实施惩罚的尺度,严重者予其呈报加刑。1995年,为了明确各级干警掌握考核奖惩的职责与权力,湘潭监狱严格执行省监狱局《关于进一步搞好对犯人百分制考核的意见》(1988),强调各级干警各负其责,层层把关。中队干警深入改造、生产和生活三大现场,直接掌握犯人奖、扣分事项,奖分或扣分都与当事人核实。是年4月,湘潭监狱制定减刑、假释、保外就医、犯人日常考核"三公开,四把关"制度("三公开"即公开犯人考核结果,公开犯人违法处罚结果,公开犯人减刑、假释呈报名单。"四把关"即对犯人奖惩、减刑、假释、保外就医坚持监区集体研究把关,主管领导审批把关;市司法局主管局长审核把关)。为确保"三公开、四把关"制度落实,在监区内建立狱政检举箱和监狱长信箱,接受服刑人员举报监督,至年底共收到各类捡举材料95份。至1998年的5年间,有631名犯人获减刑,有54名犯人获假释,有24名犯人被加刑。

1999年,在坚持"三公开、四把关"制度基础上,制定"两公开、一监督"制度("两公开"是将减刑、假释、保外就医的实施程序及审批结果向犯人和社会进行公开;"一监督"是欢迎犯人家属和社会监督),使奖、罚更加透明,做到"公正、公平、合理",能使服刑犯人心服口服,社会反映良好。2000年湘潭监狱推行加刑、减刑、假释、保外就医的公开听证审批"阳光工程",与市中级人民法院联合实施"听证制",对加刑、减刑、假释犯人当场裁决,使犯人的人身权益受到应有的尊重。至2001年3年间,有442名犯人获减刑,23名犯人获假释,11名犯人被加刑。

二、教育改造

1986～2001年,市劳改大队贯彻省司法厅、教育厅、成人教育局、劳动人事厅联合转发国家司法部、教育部、劳动人事部《关于加强对劳改、劳教人员文化、技术教育的通知》精神,对教育改造工作进行改革,实行因人施教,分类教育,以理服人原则;采取集体教育与个别谈话教育相结合、狱内教育与社会教育相结合的方法;对犯人进行政治思想教育、文化教育和技术教育,有效地改造犯人思想,转变立场,提高守法观念,学会生产技能。

(一)政治教育

1986年,市劳改大队系统地对犯人进行普法教育和行为规范教育。1987年起,对犯人进行系统的法律常识教育,按照司法部劳改局编写的教材,重点讲授《中华人民共和国宪法》《中华人民共和国刑法》《中华人民共和国刑事诉讼法》《中华人民共和国婚姻法》《治安管理处罚条例》《劳改条例》《关于处理逃跑或者重新犯罪的劳改犯人和劳教人员的决定》《关于严惩严重危害社会治安的犯罪分子的决定》,还讲授《中华人民共和国经济合同法》《中华人民共和国继承法》《民法通则》《中华人民共和国民事诉讼法》《中华人民共和国兵役法》。1988 年上半年，有 98 名犯人参加省法律知识竞赛，有 2 名犯人获三等奖。9 名犯人参加全国法律知识竞赛，成绩良好。

1990 年，贯彻省劳改局《关于在罪犯中继续开展学雷锋活动的通知》，学习省司法厅厅长张树海致服刑犯人、劳教人员《失足不失志，奋发学雷锋》的公开信，开展“学雷锋，树新风，促改造，做新人”活动。是年下半年，市劳改大队贯彻省高级人民法院、人民检察院、公安厅、司法厅、劳教委员会发出的关于在违法犯罪人员中进行一次法制教育的《通告》，发动犯人坦白、检举各种犯罪案件，宣布“坦白从宽，抗拒从严，立功受奖”的政策，在规定的期限内，主动交代罪行的，检举属实的均按照《中华人民共和国刑法》及有关法律规定，分别予以大幅度减刑或宽大处理。市劳改大队共收到检举、揭发线索 111 条，其中有价值的 17 条，查证 7 条，抓获案犯 13 人，缴获赃款、赃物（折款）18590 元，3 人减刑，1 人记功。1991 年，市劳改大队按照省劳改局编写的《罪犯行为规范教育》教材，对犯人进行“罪犯行为规范”教育。1993 年，主要是学习中共十四大文献，《中国改造罪犯的状况》白皮书，以及共产主义人生观、社会主义道德观等。1995 年，组织犯人学习《中华人民共和国监狱法》。监狱领导带头上课、宣讲《中华人民共和国监狱法》，教育科采取上课、座谈、讨论、听取意见、考试、知识抢答赛等形式进行学习教育。全狱参加人数 100%，及格率 95%。《中华人民共和国监狱法》个人背诵抽查合格率 73%。1996 年，按市普法办部署，在狱内进行普法教育。监狱犯人普法教育通过有关部门考核验收，合格率 100%。个别谈话教育也是政治思想教育的一个重要内容，是教育改造犯人的重要方法之一，湘潭监狱（市劳改大队）十分注重个别谈话教育，把个别谈话教育纳入“管教生产”双承包目标管理合同签订内容。湘潭监狱的个别谈话经验在全省得到推介，并受到司法部肯定和赞扬。1996、1997 年，湘潭监狱被省监狱局评为全省个别谈话教育先进集体。1999 年 7 月，市司法局在监、所管教线评选出 10 名个别谈话教育能手，监狱有 6 人获此殊荣。是年，湘潭监狱花 1 万多元在省监狱局购买“国情”“国策”教学读本和法律教材，对犯人进行国情、国策和爱国主义教育。2001 年 4 月 16 日起，开办一个星期“养成教育强化训练班”，对各监区抗拒改造的 23 名犯人进行教育强化训练。

（二）文化教育

1986 年，市劳改大队规划在三五年内，基本上把劳改场所办成特殊学校，将犯人文化教育纳入社会成人教育网，实行正规课堂教育。学完小学、初中文化课程的犯人，经县以上教育部门组织考试，成绩合格者，发给毕业证书或结业证书；高中以上文化程度犯人鼓励他们报考函大、电大或组织他们参加高等教育自学考试。是年，市劳改大队在原有基础上进行扫盲教育。每星期抽两个半天时间，对犯人进行文化教育。1988～1991 年，市劳改大队犯人文化教育得到巩固和发展，4 年中有 418 名犯人获得初中毕业证书。1992 年后，市劳改大队所押犯人文化程度有较大提高，文盲和小学文化程度极少，参加文化补习班犯人不多，但文化教育始终没停。至 2001 年的 16 年间，市劳改大队（湘潭监狱）收押的犯人中脱盲率达 98%，有 850 人取得小学或初中毕业证书，其中有 761 人取得初中结业证书。有 41 人参加省成人高等教育自学考试并取得文凭。

（三）技术教育

1986 年，市劳改大队以立足改造，面向社会，着眼就业，服务社会为基本点，十分注重对犯人进行生产、技术教育。一般普遍采用师傅带徒弟办法，让犯人在劳动生产中边干边学。要求通过技术教育，使服刑 3 年以下罪犯能掌握一门职业技术；同时对机构与师资、学员与学籍、形式与时间、教材与经费、考核与发证都作出明确规定。1989 年，市劳改大队举办烹调技术和食用菌技术培训班，第一期有学员 46 人。以后几年学员不断增多，对刑满释放人员回归就业起了积极作用。至 1995 年 10 年间，有 790 名犯人获得一门以上的技能培训合格证。

1996 年，经市成人教育办公室批准成立“春华职业学校”，学校根据中专材料编写“电工”“农技”教材两套。还根据监狱生产实际编写岗前培训教材两套，做到学员人手一册。开设岗前培训班、职业培训班两个。入学率 96%，合格率 80%。1997 年后，由于监狱生产项目变化，有些来料加工项目由被加工单位派技术员现场进行技术教育，以适应生产需要。

三、劳改(监狱)生产

1986 年，市劳改大队按照省劳改局《关于劳改工作改革的暂行规定》，实行管教、生产双承包责任制。组织犯人劳动生产，充分发挥劳动生产改造犯人成为新人这一基本政策和教育手段。既能用劳动汗水洗刷犯人心灵的污垢，又能创造一定的经济效益，节约国家部分刑罚资源，同时还能改善场所的改造条件。市劳改大队以生产矽砂为主，年生产量 2 万吨。其次进行种植、养殖，年均利润 5 万元。

1988 年，贯彻执行省劳改局《关于增强劳改企业活力的意见》《关于深化和加快改革的补充意见》，开拓“菱镁砼”、配合饲料两项目，虽然当年都见了效益，但由于市场调节等客观原因，没有上规模。1989 年，贯彻执行省劳改局《关于完善、发展“双包、六改”的改革方案》，市劳改大队改革的重点进入深化阶段，推动了生产承包责任制的全面落实。1992 年，市劳改大队整体搬迁至湘潭县河口镇双板桥管区，占地面积 18.45 公顷，其中猪场、渔场 7.33 公顷，净水面 5.33 公顷。主要生产项目有：机制红砖、湘莲加工、发套加工、种植、养殖。劳改大队搬迁后还有一个监区留在原址即中路铺荷塘境域，继续进行矽砂生产，但是由于市场竞争激烈，生产设备与工序陈旧，产品销路不好，经济效益不高。直至 1994 年劳改大队搬迁完才停止矽砂生产。其他的生产项目和来料加工项目一直未停，年均利润 34 万元左右。

2000 年，湘潭监狱根据对市场信息的分析和本身的实际情况，将砖厂、猪场、渔场承包出去，把监狱的生产主攻方向调整为来料加工。强调效益观念和管理意识。一监区插发模创利润 21 万元；二监区轧湘莲创利润 11 万元，三监区制鞋帮、轧湘莲创利润 14 万元，生卫科所管辖的小卖店、小炒店、招待所创利润 17 万元，全年监狱生产收入达 63 万余元，为湘潭监狱生产创收历史之最。生产利润全部用于监狱设施建设及改善犯人生活。

第二节　劳动教养

一、政治教育

1986 年，市劳教所把政治教育摆在首位，按照司法部规定使用《法律常识》《行为规范》《思想道德修养》《爱国主义基本知识》等教材，每星期五下午集中时间进行政治教育，由教育股教师和中队专管教育工作干警讲课，对劳教人员进行理想、道德、纪律教育。1987 年起，市劳教所在劳教人员中开展理想、道德、纪律教育，用共产主义道德观念、共产主义理想和无产阶级的纪律观念，联系劳教人员改造实际，矫正其恶习，培养他们的新思想、新品质、新风尚。为了配合劳教人员的理想、道德教育，市劳教所还组织部分表现好的劳教人员到韶山、花明楼、乌石等伟人故里及雷锋纪念馆参观学习，接受传统教育。是年，在课堂教育同时，还把个别谈话教育作为政治教育重要手段。市劳教所成立由所领导和各科室负责人组成的个别谈话教育领导小组，建立健全个别谈话教育制度，把个别谈话教育纳入管教、生产双承包合同签订内容。谈话记录后，被谈话人还要在记录本上签字，不允许有任何虚假现象发生。按照干警所在岗位，每月谈话记录有 5 次、10 次、15 次不等。逐级定期检查，并将检查情况张榜公布。在干警中形成个别谈话的好风气，人人都争当个别谈话能手。建设路口辖区青年刘某，因扒窃送过少管，1989 年因再次扒窃被收容劳教两年。在教期间，管教干部经常对他进行个别谈话教育，使他能遵守纪律，服从管教，对自己所犯罪错有深刻认识，在劳教所受到缩短劳教期半年奖励。个别谈话教育不拘形式、不拘场所、灵活多变，且效果非常，得到国家司法部和省劳教局肯定，省劳教局并把它作为劳教工作的一项基础工作，统一印制“个别谈话教育记录本”在全省推广。

1991 年，市劳教所按照省劳教局要求，将劳教政治教育考试由抽考改为全员统考，由劳教所拟题和阅卷改为由全省统一拟题和阅卷；由所分别组织考试改为同时进行并相互派人监督考试，取得良好效果。在未办劳动教养学校以前，政治课教育周期长(2 至 3 年为一周期)，年终进行抽考，出现大部分劳教人员在劳教期内不能学完全部常规教育内容的情况，因此常规教育效果不佳。为了适应政治教育考试改革，教育周期由 2 至 3 年改为 1 年。常规教育内容 1 年讲授 1 遍，周而复始，每个劳教人员要参加统考，考试成绩优秀者(90 分以上)可缩短劳教期 3 天。市劳教所在 1992 年、1993 年、1999 年获全省劳教人员政治统考第一。为了促进市劳教所对劳教人员的政治教育，市司法局于 1999 年 7 月在湘潭监狱、市劳教所评选 10 名个别谈话能手，市劳教所干警有 4 人获谈话能手荣誉称号。2000 年，干警杨元平获全省个别谈话能手。2001 ~ 2005 年，政治教育以法制教育为主。

二、文化教育

1986 年，劳教人员文化教育的重点是扫盲和初小、高小、初中文化补习。1989 年，省劳教局在劳动教养管理教育工作会上提出认真贯彻以政治教育为核心，技术教育为重点，辅之以文化教育的原则，文化教育以扫盲和低文化补课为主。市劳教所对劳教人员进行文化教育，得到社会各界大力支持和好评。1990 年 10 月，市成人教育委员会办公室对市劳教所办校进行检查验收，在对办学思想、组织机构、办学条件、师资队伍、教学管理等 29 项检查考核后，给予高度评价，评为湘潭市办学先进单位。《湘潭日报》也以《高墙内的学校》为题进行报道。至年底 5 年间，有 169 名劳教人员取得初中毕业证书，有 53 名取得小学毕业证书。

1991 年起，劳教人员的文化结构有较大改变，文盲劳教人员基本上没有，文化教育重点放在高小班和初中班。每年 12 月份，市成人教育委员会办公室派员到劳教所对劳教人员文化教育进行监考。合格者发初中毕业证书。1992 年后，由于市劳教所实行管理、教育、生产承包责任制，各大队注重生产效益，有所忽视文化教育，致使文化教育时间难以保证，直至 1997 年才从重生产轻教育中纠偏过来，对劳教人员文化教育逐步走向正规化和常态化。至 2000 年的 10 年间，共有 906 名劳教人员取得初中毕业证书。2001 年起,劳教人员文化结构又有新的变化,需补习初中文化的也不多。至 2005 年的 5 年间,共有 165 人取得初中毕业证书。

三、技术教育

1986 年,市劳教所把技术教育作为对劳教人员进行教育的组成部分,使劳教人员成为有文化、懂科学、会生产的劳动者。技术教育以立足改造思想,着眼解决就业,服务所内生产,因人因地制宜为基本点。通过技术教育,使劳教人员学到一技之长,成为建设社会主义的有用之材。市劳教所对劳教人员就橡胶生产、电线电缆生产、炼铁轧钢生产等工艺流程进行多批次技术教育,还请有关专家和技术人员到所上课。并就劳教人员从事的某项生产请有经验的退休工人师傅手把手教,劳教人员在生产劳动中接受技术教育。

1999 年 11 月 4 日,成立“市劳教所职业技术培训中心”,对劳教人员的职业技术教育进行归口管理。至 2005 年的 6 年间,举办电脑培训班 9 期,培训人员 440 人,初期电脑使用证培训合格率 100%,获证率 100%。向省汽车驾驶培训中心输送学员多批,培训 88 人,培训后合格率 100%,获证率 100%。技术教育培训为劳教人员转变思想,掌握一技之长,回归社会再就业和自食其力打下良好基础。

第四章　律师事务与公证事务

第一节　律师事务

一、律师事务机构与队伍

1986 年,湘潭市从事律师事务的有四家机构(湘潭市、湘潭县、湘乡县法律顾问处,湘潭市律师事务所),从业人员共有 94 人。1988 年起,律师的职称评聘工作逐步走上正轨,严格按照司法部和司法厅有关规定把好评聘关。参评律师 77 人,其中获高、中级职称的 28 人,初级职称 49 人。随着社会主义市场经济体制的确立以及法制的不断完善,单位、公民法律意识和自我保护意识不断增强,对法律服务的需求也越来越迫切, 原有几家律师事务机构仍不能满足湘潭市经济和市民法律服务需要。是年,先后成立雨湖区、郊区、板塘区、韶山区、湘江区、岳塘区法律顾问处。1989 年,经报请市编委办同意,全市各级法律顾问处机构名称更名为律师事务所。原市法律顾问处更名为市第一律师事务所(副县级),原市律师事务所更名市第二律师事务所(正科级),县、市、区法律顾问处更名为律师事务所后仍为副科级别。1990 年,全市有律师事务所 10 家,有从业律师 193 人。

1992 年,市场经济体制发展,企业与企业之间、经营者与经营者之间合同纠纷、经济纠纷不断发生。原有的律师服务机构仍然不能满足社会、市民法律服务需要。经报请省司法厅及有关部门批准,相继成立莲城律师事务所、湘乡市第二律师事务所、湘潭县第二律师事务所、湘潭市涉外律师事务所、彩虹律师事务所和试办合作制的湘潭市君子莲律师事务所、湘潭市商务律师事务所(隶属湘潭市司法局领导,市编委办定编10人,正科级别,独立核算,自负盈亏)、湘潭市银河律师事务所(合作制,隶属湘潭市司法局管理)。12月31日,市编委办同意市第一律师事务所更名为“湖南谛议律师事务所”;市商务律师事务所更名“湖南牡丹律师事务所”;市经贸律师事务所更名为“湖南红都律师事务所”;市金侨律师事务所更名为“湖南金信律师事务所”;市涉外律师事务所更名为湖南如意律师事务所。以上律师事务所更名后,原定级别、编制、经费来源均未变。1995年,全市有律师事务所17家,从业律师293人。

1997年4月27日,成立湖南湘君律师事务所,合伙制,隶属市司法局领导、管理;年底,又成立湖南省湘剑律师事务所,合伙制,隶属市司法局领导和管理。2000年,全市有律师事务所19家,从业律师209人。

2003年4月1日,经报请省司法厅同意,设立湘潭钢铁集团有限公司律师事务部、江南机器(集团)有限公司律师事务部、湘潭电机集团有限公司律师事务部。各律师事务部均接受市司法局监督、指导,并接受湘潭市律师协会行业管理。3家公司律师事务部作为湖南省首批公司律师试点单位,省司法厅专门致函3家集团公司,建议:“照中央七部委文件规定,可设首席公司律师,享受企业‘三总师’(总工程师、总会计师、总经济师)同等待遇,公司律师事务部级别不低于本企业中层机构。”2004年9月6日,又设立湖南韶峰水泥集团有限公司律师事务部。2005年,全市有律师事务所(部)23家,注册律师201人。

二、律师事务人员管理

1986年,根据全国人大常委会发布的《中华人民共和国律师暂行条例》规定,法律顾问处受国家司法行政机关领导和业务监督,有关律师人员调配、考核、奖惩、思想教育、专业培训、业务指导与监督、律师经费、机构设置和各项物资筹措等,均由司法行政机关律师工作管理部门管理,而律师协会所进行的主要是律师思想政治、业务建设以及维护律师权益等方面工作。在管理机构上,市司法局设公证律师工作管理科,由一名副局长分管。县、市、区司法局有的设法律服务管理股,由一名副局长分管,有的设公律股,有的没有设立专门机构,由一名副局长分管工作。随着社会主义商品经济发展,社会对法律服务需求量增长,社会上原来一些长期从事算卦、看相等迷信活动的人,趁机从事“土律师”“黑律师”,招揽词讼,高价收费,干扰审判工作,扰乱法律服务市场秩序。市司法局对法律服务市场进行严肃整顿。首先从整顿兼职律师工作者着手,年初召开兼职律师工作者会议,在调整的基础上,充实律师工作者队伍。对只挂名不办案的3名兼职律师予以除名处理,并发展5名兼职律师工作者,要求全体兼职律师工作者每年从事律师工作必须达到60个工作日,或办案5件以上。否则取消兼职律师工作者资格。

1988年,市司法局决定暂不发展兼职律师工作者,并进行一次整顿清理,凡不宜继续从事律师工作和已经接受其他法律服务机构聘用的而本人又愿意辞职的人员,坚决予以解聘,并由所在单位收回证件。

1993年9月,司法局成立法律市场稽查队,在全市范围内清理非法成立的法律服务机构和社会上的“土律师”“黑律师”。撤销13家未经批准注册从事有偿法律服务机构,取缔52名不具有资格的假冒律师和法律工作者以及非法从事法律活动的“黑律师”。

1996年7月26~28日,湘乡市司法局采取封闭式形式,组织市直两个律师事务所和法律服务中心的专、兼律师及法律工作者,开展为期3天集中整训。玉宇律师事务所个别兼职律师在风险办案中所收8000元办案费未交,通过整训主动交出。法律服务中心有个别律师工作者与社会关系复杂的人联系密切,严重干扰和影响法律服务工作正常开展,在整训中也充分地暴露出来,并得到改进。

1997年,市司法局、市中级人民法院、市检察院、市公安局联合向社会公布《关于整顿法律服务市场的通知》,设置监督举报电话。湘潭县司法局成立4人组成的打击“黑、土律师”小组,并在县法院进行摸底调查,然后对无证无照进行有偿法律服务者进行严肃处理。市司法局与市中级人民法院联合制定律师和法律工作者持证上岗、亮证出庭制度。通过整顿,依法拒绝无资质注册14人,取缔无证服务人员11人,对3家不符合办所条件的律师事务所进行注销。

1998年3月,市司法局根据省司法厅《关于认真开展律师队伍集中教育整顿活动的通知》精神,对全市律师教育整顿活动做出相应部署,成立教育整顿小组,切实按照宣传发动、边整边改、整章建制、检查验收四个阶段分步实施。在教育整顿期间,全市各级司法行政机关、律师事务所走访相关单位203家,走访当事人185人,召开座谈会46次,参加人数474人,发放调查表1050份,征求意见89条,受理违法违纪线索28条,聘请行风监督员19人,共查出违法违纪律师8人,退回收缴违纪金额1.8万多元,有7人受到警告处理,1人受到停止执业一年处理。通过整顿,依法拒绝无资格注册14人,取缔无证服务人员11人。

1999年,切实做好律师年检注册工作,对不符合条件人员一律不予办理注册,全市有9名律师没有注册。经严格把关,202名执业律师、16名实习律师通过年检注册,被注册人员及时在《湘潭日报》公告。

2000年,市司法局按照司法部、省司法厅部署,成立国资律师事务所脱钩改制领导小组,使占有国家编制,拿国家工资的律师事务所改制成自由职业的中介组织。9月,制定《湘潭市国资律师事务所脱钩改制方案》,做好国资律师事务所脱钩改制前期工作。市司法局严格按照国务院、国家司法部、省政府、省司法厅有关文件要求,认真布置、抓紧落实,深入各市直所、县市区局及区县所做工作,协调处理县市区局与改制所之间的矛盾。2001年,全市12家国资所,除韶山1家按规定予以暂缓改制和市直2家(金信、莲城)申请注销以外,其余9家全部完成脱钩改制工作,真正从人员、财务、业务、名称四个方面完全脱钩,并保持稳定过渡。脱钩改制所均一次获省司法厅重新审批设所,并在是年6月全部通过年检注册。国资律师事务所改制后,市机构编制委员会将律师专业培训、奖惩及对外宣传职能划交市律师协会管理。市司法局指导管理全市律师、法律顾问工作;管理社会法律服务机构;指导律师协会工作。是年,市司法局有关部门在年检注册中,严格把关,认真审核,对不符合条件人员坚决不予注册,年内有15人未注册。

2003年,为贯彻落实市委、市政府“坚持解放思想,实现跨越发展”战略举措,市司法局与市纪委、市乡镇企业局联合成立“全市工业化法律服务团”。是年,为促进律师规范管理,诚信执业,市司法局对全市各律师事务所实行信誉等级评定制度,制定考核标准进行评分,同时由市委政法委、市人大内司委及相关单位和部分当事人、顾问单位综合考核,根据考核、考评结果进行综合评定,确定信誉等级,并向社会公示。以促进律师诚信执业、提升律师职业道德和执业纪律水平。

2005年初，市司法局对全市各律师事务所2004年规范管理和诚信执业等方面进行综合考核考评。于6月22日在《湘潭日报》上公布结果。同时还规范律师事务所年检工作，全年通过年检的律师事务所19家，公司律师事务部4家；通过年检注册的律师201人（含公司律师15人），其中，有二级律师8人，三级律师90人，四级律师113人。

三、律师执业行为

（一）法律顾问

1986年，市司法局根据《中华人民共和国律师法》规定，要求依法担任法律顾问的律师，应当为聘请人就有关法律问题提供意见，草拟、审查法律文书、代理参加诉讼、调解或者仲裁活动、办理聘请人委托的其他法律事务，维护聘请人合法权益。是年湘潭市律师执业人员担任法律顾问工作仍属起步阶段。辖区内有4家法律顾问机构。全年共担任常年法律顾问54家，为聘方挽回和避免经济损失397.6万元。1987年8月，市政府与市法律顾问处签订聘请法律顾问协议，聘请2名律师和1名兼职律师工作者为市长法律顾问。1990年，市第一律师事务所与市政府签订协议，担任市政府法律顾问。

1991年，市内国营大型企业13家，聘请常年法律顾问的12家，占92%；中型企业25家，聘请常年法律顾问的11家，占44%；为县市区政府担任常年法律顾问5家。1992年，全市律师担任常年法律顾问275家，超年计划22%。至1995年的10年间，全市律师共担任常年法律顾问2695家，为聘方挽回和避免经济损失17431.96万元；解答法律咨询51870人次；代写法律文书7323件；上法律课203场；接待来信来访2307人次；起草审修各类合同571份；处理非诉案件2048起。

1996年8月，市长蒋建国批准市司法局《关于律师应聘市政府法律顾问的方案》，以确保政府管理行为规范化、合法化，保障政府领导依法行政，运用法律手段管理社会事务。方案规定，每位正、副市长配备1至2名律师，由各位正、副市长具体安排工作。律师担任政府领导法律顾问的职责是：为政府领导宏观决策提供法律咨询，针对市长提出的有关法律问题，用口头或书面形式提供法律解释，阐明其法律关系、法律后果及相应法律责任，提出依法处理意见并拟定可供选择的方案，参与制定地方行政法规及实施细则，确保在国家法律规定范围内行使政府职权，使之合法有效。是年湘乡市第一律师事务所率先为县市区政府部门担任法律顾问。

1997年，由于全国大气候影响，湘潭市经济不够景气，经济建设遇到一定困难，如何帮助企业走出低谷，是每个执业律师责无旁贷的任务。湘晋律师事务所采用非诉讼办法，为顾问单位调处经济纠纷，非诉讼结案占全所收案30%，为企业追回欠款300多万元，避免损失200多万元，既减少当事人诉讼，又维护当事人合法权益。为减少诉讼，律师注重加大对法律顾问单位进行法律宣传、合同草拟、合同审查等预防工作。是年，全市律师担任常年法律顾问484家，为聘方挽回和避免经济损失9570.8万元。1998年，全市律师共担任常年法律顾问452家，其中国有大中型企业85家。

1999年4月，市司法局下发《律师为金融工作服务的通知》，要求全市法律服务人员积极为防范化解金融风险提供全方位优质服务。全市律师为28家金融业担任常年法律顾问，为聘用单位办理各类案件500多起，参与合同审查568份，出具法律意见书20份，为金融业挽回、避免经济损失2.8亿元。是年，全市律师事务所共担任政府及政府部门法律顾问19家，参与重大决策32项，协助处理事务50多件。同时市政府以市内最优秀的律师、法学专家组成市政府法律顾问团，为市政府、市领导提供法律帮助。是年,全市律师事务所共担任法律顾问 518 家,为聘方挽回经济损失 3.4 亿元。全市律师认真履行职责,为湘潭经济建设、构建和谐湘潭保驾护航。2000 年,全市律师共担任政府法律顾问 5 家。湘原律师事务所律师担任湘乡市政府法律顾问有 2 年多时间,积极为政府当好法律参谋,排忧解难,得到湘乡市政府好评。

2001 ~ 2004 年,湘潭市所有律师事务所担任法律顾问工作相对稳定。2005 年,湘潭市有 17 家律师事务所、4 家公司律师事务部、45 名律师介入湘钢、湘潭电机、江南机器、湘潭锰业、湘潭医药、湘潭煤气等公司的国有企业改革改制。律师通过担任法律顾问、提供专项政策法律咨询辅导、出具律师法律意见书、为国有企业改革依法实施、规范操作提供有力保障。至是年底的 10 年间,全市律师共担任常年法律顾问 4745 家;为聘方避免和挽回经济损失 79407.5 万元;解答法律咨询 65348 人次;代写法律文书 9019 件;上法律课 185 次;起草审修各类合同 603 份;处理非诉 2019 起;接待来信来访 3190 人次。

(二)刑事辩护

1986 年起,律师队伍不断壮大,刑事辩护作用凸显。市司法局根据《中华人民共和国律师法》第四章第二十八条规定,要求律师担任刑事辩护人的,应当根据事实和法律,提出证明犯罪嫌疑人、被告人无罪、罪轻或者减轻,免除其刑事责任的材料和意见,维护犯罪嫌疑人、被告人合法权益。律师在刑事辩护过程中以事实为依据,以法律为准绳,与检察机关、审判机关相互配合,不受被告人的意愿所左右,根据国家的法律规定和案件的事实真相进行辩护,以维护被告人合法权益,维护国家法律尊严。案件审结后,被告不服而有正当理由,律师还代书上诉;被告认罪态度不好,律师则进行认罪服法教育,使其服从判决。劳教人员家属江某某在有关人员唆使下,状告被市劳教所某干警强奸,并进入审判程序。某干警委托市律师事务所黄季甫律师和湘潭县法律顾问处汤育明为其作无罪辩护。一审法院仅凭当事人证词以及所伪造的物证的情况下,仍作有罪判决。一审后二位律师又为其担任二审辩护人,市中级人民法院在充分调查取证基础上,采纳黄、汤二位律师意见。于 1987 年 6 月 29 日撤销一审判决,使某干警无罪获释,重新回到劳教警察岗位上。至 1990 年的 5 年间,全市律师担任刑事辩护 3250 件,减轻处罚 1098 件,改无罪 251 件 300 人。

1991 年,根据国务院和司法部开展“质量效益年”活动指示精神,各律师事务所注重抓办案质量,提高社会效益,切实维护被告人合法权益。曾轰动湘潭企业界号称受贿百万元的市制革厂厂长李某某一案,检察院经过查证,以李某某受贿 5360 元起诉,雨湖区律师事务所韩炳玉律师接受委托后,查阅案件材料,到单位调查,取得大量的证据材料,在法庭上提出被告无罪的证据和意见,法院经过审理,采纳律师意见,作出无罪判决,使李某某重新回到该厂领导岗位后,积极工作,很快解决他被关押期间工厂亏损债务,同时还盈利 63 万余元,群众称赞律师不仅救活一个人,而且救活一个厂。至 1995 年的 5 年间,律师担任刑事辩护 2488 件,减轻处罚 809 件,改无罪 181 件 237 人。

1996 ~ 1997 年,全市律师担任刑事辩护相对稳定。1998 年,全市律师担任刑事辩护 646 件,有 242 件被人民法院采纳律师意见,31 人获无罪判处,211 件获减轻或从轻判决。1999 年,全市律师担任刑事辩护 697 件, 有 210 件被人民法院采纳律师意见,24 件获无罪判处,186 件获从轻或减轻判处。犯罪嫌疑人石某某因涉嫌抢劫,被关押 302 天。经律师出庭为其辩护,获以无罪释放。至 2000 年的 5 年间,全市律师担任刑事辩护 2931 件,减轻处罚 1089 件,改无罪 141 件 207 人。

2001～2005年,全市律师担任刑事辩护2885件,减轻处罚907件,改无罪137件170人。

(三)民事诉讼代理

1986年,市司法局根据《中华人民共和国律师法》第四章第二十五条规定,要求律师接受民事案件、行政案件当事人的委托,担任代理人参加诉讼,为改革开放和经济建设服务,维护公民和法人权益,尤其是在帮助企事业单位追回欠款、解决合同和债务纠纷、制止对企业非法索取等方面发挥作用。一般情况下,法律顾问处、律师事务所所承办案件主要是以刑事辩护为主,民事诉讼代理案件占比例不大。随着市场经济的快速发展,律师事务所承办的民事诉讼代理案件所占比例有较大改变。至1990年的5年间,全市律师共办理民事诉讼案件4034件,挽回和避免经济损失4896.4万元。

1991～1992年,全市律师担任民事诉讼案件相对稳定。1993年,全市律师办理各种案件2072件,其中经济案件671件,律师通过诉讼,参与仲裁、处理非诉讼案件,审查重大合同,共为聘方追回赔欠款2973.7万元,挽回和避免经济损失3952.9万元。至1995年的5年间,全市律师共办理民事诉讼案件8907件,挽回和避免经济损失1.58亿元。

1996年,全市律师担任民事诉讼案件相对稳定。1997年,湖南金信律师事务所律师在为市财政局代理担保贷款一案中,为被代理单位避免660万元的经济损失。莲城律师事务所接受益阳市工商支行诉深圳庆丰贸易有限公司供货合同违约一案中,一审原告益阳支行败诉后,请莲城律师事务所上诉,律师多次赴深圳、惠阳等地调查取证,在大量证据面前,最高人民法院采纳律师意见,胜诉,为中国工商银行益阳支行挽回1240万元损失。至2000年的5年间,全市律师共担任民事诉讼案件9937件,挽回和避免经济损失8.64亿元。

2001～2005年,市律师事务所共办理民事诉讼代理9419件,经济案件诉讼代理5608件,为当事人避免和挽回经济损失约3.5亿元。

(四)行政诉讼代理

1986年,全市律师根据《中华人民共和国民事诉讼法》人民法院受理法律规定可以起诉的行政案件的规定精神,开始办理行政诉讼代理业务,但行政诉讼案件不多,至1988年,全市律师共办理行政诉讼代理案件49件。

1989年4月4日《中华人民共和国行政诉讼法》颁布后,这一工作有新的进展,特别是1990年10月1日该法正式实施后,行政案件增加,律师代理业务也大幅度上升。既有担任原告代理的,也有担任被告代理的。代理案件的诉讼对象涉及各级政府、公安、工商、国土、税务、计划生育等多个部门。1990年9月4日,市建设北路市场个体工商户曹某与另一个体工商户因争揽顾客做生意发生口角,互相揪打,互有轻微伤害。辖区公安派出所依照《治安处罚条例》给予曹某警告处罚,同时书面建议市工商局建设北路市场管理所扣缴营业执照、停业整顿。建设北路市场管理所收到书面建议后,没有进行核实调查,当即下达1990年9月4日(建北)个罚第7号《个体工商户、私营企业违章处罚通知书》,决定给予曹某暂时停业处罚。停业期间,造成曹某8万元货物积库,银行贷款无法归还等经济损失。曹某不服,向上级工商部门申请复议,没有得到及时回复。于是曹某委托市律师事务所律师担任代理人,向法院提起行政诉讼。律师通过调查研究,指出原告与人发生口角、揪打的事实并没有违反工商法规,而且已由派出所处理,因而建设北路市场管理所作出的处理决定不符合法律规定。经过开庭审判辩论,法院采纳律师意见,撤销该具体行政行为,由被告赔偿部分经济损失。判决后，原、被告均未上诉。这起湘潭首例“民告官”行政诉讼案，在社会上引起较大反响。至是年底的2年间，全市律师共办理行政诉讼代理98件。

1991年，全市律师担任行政诉讼代理59件。1992年以后，行政案件都在30～60件之间，无典型案例。至1995年的5年间，全市律师担任行政诉讼代理221件。

1996年起，律师担任行政诉讼代理案件有所上升。1998年，律师担任行政诉讼代理118件。原湘潭长途汽车站对面开打字复印店的王某某，因招牌悬挂问题与城管发生口角还有肢体接触行为。本来城管人员先动手有不妥之处，但其先告状，公安以妨碍公务送王某某劳动教养一年。王不服，在申请复议期间，王请律师工作者担任行政诉讼代理，状告市劳动教养委员会，通过有关部门复查，还原事实真相。劳教委员会撤销其劳动教养一年处罚，并按有关规定给予行政赔偿。至2000年的5年间，全市律师担任行政诉讼代理279件。

2001年，中山路街道办事处辖区原市变压器厂改组为股份制，在改制过程中，该厂出台与职工一次性买断工龄要求解除劳动关系，从而中止劳动经济关系的《职工自谋职业解除劳动经济关系的证明书》，退休工人石某等9人也签订《证明书》，并分别领取1.1万元至1.3万元安置费。事后，石某等9人发现签订的《职工自谋职业解除劳动经济关系的证明书》不符合国家相关政策规定，多次向有关部门反映均无理想结果。2004年5月，同升律师事务所主动为石某等9人担任行政诉讼代理，把中山路街道办事处和市变压器厂作为被告，向雨湖区人民法院提起诉讼，请求撤销石某等9人与市变压器厂签订的《职工自谋职业解除劳动经济关系的证明书》，判令被告恢复和补足石某等9人应享受的退休待遇。一审法院未采纳律师的意见。是年9月，同升律师事务所又为石某等9人向市中级人民法院提起上诉。2005年5月，市中级人民法院作出“撤销一审判决”“被告在判决书送达之日起三十天内为石某等9人办理好退休养老手续，自2005年1月1日起纳入社会保障体系”的二审判决，解决石某等9位老人老无所养的后顾之忧。至是年底的5年间，全市律师担任行政诉讼代理219件。

1986~2005年湘潭市律师办案情况

表17-4-1

年份	办案（民、经、行）（件）	刑事辩护（件）	避免和挽回损失（万元）	年份	办案（民、经、行）（件）	刑事辩护（件）	避免和挽回损失（万元）
1986	677	558	397.6	1996	2200	510	5115
1987	839	570	1535	1997	1863	499	7108
1988	1210	589	1827	1998	2103	646	8159.4
1989	1656	825	2311	1999	3588	697	34000
1990	1230	708	949.9	2000	2237	579	32000
1991	1136	628	1978.8	2001	6900	460	9000
1992	1820	442	1324	2002	2031	578	8883
1993	2072	450	6936.5	2003	3019	624	4000
1994	2807	435	5359.8	2004	2700	585	7000
1995	3072	533	4198.8	2005	2851	638	6900

第二节　公证事务

一、公证机构与队伍

1986年初，湘潭市有公证机关3家，即：湘潭市公证处（副县级），编制8名；湘潭县公证处（副科级），编制3名；湘乡县公证处（副科级），编制4名。是年相继成立湘潭市郊区、板塘区、韶山区、雨湖区、湘江区、岳塘区公证处，均为副科级，人员由同级司法局内部调剂解决。11月，市司法局按照省司法厅《关于任命公证员有关事项的通知》，开展公证员任命工作。公证员报送省司法厅任命，助理公证员由市司法局任命后报省司法厅备案。1988年8～10月，市司法局贯彻执行省司法厅制定的《公证员职务的试行条例》的实施细则试行规定，经报请有关部门批准同意，成立“湘潭市律师、公证员系列职称改革工作领导小组”，经省司法厅公证员职务高级评审委员会两次评审，批准湘潭市公证处二级公证员1人，三级公证员7人，四级公证员和公证员助理24人。1989年起，市司法局多批次组织公证员参加省司法厅、司法部公证人员专业培训，使80%以上公证人员参加专业培训。是年9月，根据司法部文件规定，全市公证员和助理公证员进行任职资格考试，已经担任公证员、助理公证员职务的，也进行合格考试。湘潭市公证机关所有公证员先后参加任职资格考试，合格率100%。1991年，全市有公证机构9家，有公证人员47人，其中二级公证员1人，三级公证员11人，四级公证员和公证员助理26人，行政人员9人。

1992年，湘潭市市区行政区划调整为雨湖、岳塘两区后，司法行政机构及公证机构也作相应调整。1994年8月10日，经报请省司法厅、市编制办批准，同意设立湘潭市第二公证处，正科级别全民事业单位，编制8名，经费自行独立核算，自收自支，自负盈亏，行政、业务隶属市司法局管理和领导。1995年，市第二公证处率先改革转体，不要国家编制，不要财政工资，自收自支，自我约束，自我发展，成为湘潭市唯一一家自律性公证处。他们本着“改革创新，务实奋进”宗旨，彻底摒弃“坐堂办证”“等米下锅”做法，每天除留一名公证员值班外，其他人员都长期下基层联络证源和办理公证事务。至是年底，全市有公证机构6家，公证人员33人。

1996年，市司法局按照省司法厅“市公证处每个公证员要达到‘三、七、五’（即：常年公证单位3家，办证700件，创收5万元）要求”，要求市辖区公证处要达到“二、六、二”（即：常年公证单位2家，办证600件，创收2万元）要求，市辖县（市）公证处要达到“二、五、二”（即：常年公证单位2家，办证500件，创收2万元），同时要求公证员不得徇私枉法，办人情证、关系证，错证率控制在4‰以下，杜绝假证。1997、1998、1999年，市公证处分别被省司法厅评为“四好公证处”“先进单位”“红旗单位”。2001年底，全市有公证机构7家，有公证人员31人。

2002年开始，公证员任职资格要求必须通过全国统一司法考试。此外，根据有关规定，原有律师资格的；从事过多年法律服务工作的；原系检察、法院从事法律工作10年以上的；通过考核合格的可任职公证员，从而保证公证队伍素质和办证质量。是年7月12日，市司法局下发《关于明确我市律师、公证员系列职称改革工作领导小组办公室成员，设立办公室的通知》，设立律师、公证员系列职称改革工作领导小组办公室。律师、公证员系列职称日常工作由职改办负责，职称申报确立由领导小组审定。2003、2004 年,市第二公证处连续两年被评为“湖南省公证质量先进单位”。2005 年底,湘潭市有公证机构 7 家,共有公证人员 31 名,其中,有一级公证员 1 人,二级公证员 5 人,三级公证员 4 人,四级公证员及公证员助理 16 人。市公证处有司法行政专项编 11 人。

二、公证业务

(一)国内公证

国内公证主要是民事、经济事项、其他经济事项公证。

1986 年,湘潭市民事公证在原来收养、财产、继承、遗嘱、房屋买卖、房屋租赁、赠予等项基础上又开辟新的证源,有房屋搬迁、分家析产、确认财产权、亲属关系、副本影印本与原本相符、执行许可证明、有奖储蓄、宅基地使用权、保全证据、遗赠抚养协议、声明书、委托书、招聘、计划生产协议、征用土地等 20 多项。1987 年 2 月,市司法局贯彻执行省司法厅《办理借款、工业品购销、农副产品购销、建筑工程承包、林业承包 5 种合同公证试行办法》,对如何办理这 5 种合同公证作出具体规定。1987 年 5 月 19 日,根据省政府关于租赁合同“经公证机关公证后即具有法律效力”的规定,省司法厅、商业厅联合发出《关于租赁合同办理公证的通知》,规定凡是商业系统签订各种形式租赁合同必须经当地公证机关进行公证。经济合同公证又开辟新的证源。1989 年起,市内常年公证服务单位保持在 50 家以上,最多时为 109 家。1989 年后,又发展一批新的国内民事公证事项,即现场监督、担保提存、养路费征收、有奖募捐、保全合同等,还为金融系统、行政机关及事业、企业等单位担任常年公证,为聘请方参与经济谈判,起草修改法律文书,办理有关公证事项,上法制课,调处纠纷等法律服务工作。市公证处、二公证处为中国银行和建设银行信贷部、房产交易中心等单位担任常年公证。至 1990 年的 5 年间,全市公证机关办理国内公证 32815 份。

1991 ~ 1993 年,湘潭市公证工作、办证数量、办证质量相对稳定。1994 年,市公证处为市运输公司客运站 146 辆汽车实行承包经营进行公证,明确公司与经营职工之间的权利义务,沟通双方关系,化解矛盾,保证承包经营的规范运行。1995 年,市司法行政部门要求湘潭市公证机关从强化公证职能增强服务意识入手,认真组织开展法律援助工作。全年共为 10 多家特困企业、近千名下岗职工提供公证法律服务,办理公证 1100 余件,减免公证收费 20 余万元。至是年底的 5 年间,全市公证机关共办理国内公证 46693 份。

1996 年,原市五金电镀厂破产,并入湖南液压软件厂生产效益仍然上不去,根据市政府有关规定精神和厂职代会决议,湖南液压件厂五金电镀分厂整体转让给邵东县新辉商贸发展公司,兴办湘潭市工业品市场,其转让金全部用于分厂职工安置。1998 年 9 月 30 日,市公证处受理该厂产权转让、职工安置的公证申请,既保证职工合法利益,也保证开发商工程进度。至 2000 年的 5 年间,全市公证机关办理国内公证 24571 份。

2001 ~ 2002 年,全市公证办证相对稳定。2003 年 7 月,湘潭市雨湖区先锋乡东风村村民谭某年已 74 岁,有拆迁后安置房一套,面积 86 平方米,有存款 5000 元,因高血压中风多年。在患病期间,其子对他照顾体贴入微。谭某的意思身后房产留给其子继承,存款留给已出嫁女儿继承。于是请司法局某干部为其立下遗嘱,请邻居粟某、罗某、陈某作遗嘱见证人,经公证机关公证后存放在其侄媳妇处。2004 年 8 月,谭某去世,其女提出房产继承问题,其子在堂嫂处取回父亲遗嘱及公证书,使一场可能发生的家庭纠纷得到圆满解决。是年，市公证处积极与工商银行、商业银行、农业银行等金融系统联系，在银行开办公证信息点，主动上门提供服务，使绝大多数住房贷款、个人消费贷款均办理公证。在房屋产权交易中心设立公证窗口，竭诚为当事人服务，办理房产继承、买卖、拆迁安置、按揭贷款等公证。2005 年，市公证处按当事人要求，派公证员去山东、浙江办理保全证据公证。至是年底的 5 年间，全市公证机关办理国内公证 26775 份。

(二)涉外、涉港、涉澳、涉台公证

1986 年，随着国家对外开放政策深入贯彻，国际交往日趋频繁。市公证处在原办理出生、学历、经历、亲属关系、婚姻状况、收养子女、财产继承、遗嘱等 82 项涉外公证事项基础上，增加证明签字印鉴属实、委托书、声明书、受过或未受过刑事处分等 4 项涉外公证事项。是年，湘江区公证处越权办理涉外公证，违反涉外公证的管理规定，市司法局予以通报批评。1987 ~ 1989 年，涉外公证相对稳定。1990 年，根据司法部《涉台公证座谈会纪要》精神，湘潭市公证部门都可办理涉台公证。涉台公证内容和范围主要是有关民事方面的公证：亲属证明、继承权证明、夫妻关系、出生、死亡等事项证明。至是年底的 5 年间，全市公证机关办理涉外公证 544 份。

图 17-4-1 公证人员与前来办证的加拿大客人合影

1991 年，市公证处办理涉外公证种类 25 项，新增事项有死亡、生存、居住、国籍、继承权、营业证书、公司章程、法人资格、商标注册、贷款、担保、副本与原本相符、其他经济合同及其他公证事项。1993 年，市雨湖区女性公民彭某，与台商高某依法结婚。1994 年 7 月，彭某应邀去台探亲，并作为期半年短暂居住，彭找到市公证处咨询相关问题，市公证处迅速为其办理夫妻证明公证、未受刑事处分公证，为彭某办理出境证件提供必要条件。至 1995 年的 5 年间，全市公证机关办理涉外公证 3772 份。

1996 年 9 月，湘潭大学一教师为到国外留学，在临行前一天，来到市公证处申请办理学历、学位、成绩单等公证，并要求全部附上英译文。公证员从接受申请起，到受理、审查、翻译、打印出证，仅用三个小时就为其出具 16 份公证书，受到当事人好评。是年，市公证处共办理 750 份涉外公证，这些公证书发往英国、日本、德国、新加坡、阿联酋、澳大利亚、西班牙等 20 多个国家和地区使用，全部得到认可，为湘潭市公民出国留学、探亲、定居、继承财产、谋职和办理其他涉外事项创造条件。至 2000 年的 5 年间，全市公证机关办理涉外公证 4667 份.

2001 ~ 2003 年，全市公证工作相对稳定。2004 年 4 月，雨湖区公证处发生水印纸被盗事件，雨湖区司法局当即向公安局报案，同时向市司法局报告。市司法局报告省司法厅，并作出暂停办理涉外公证业务处分决定。至 2005 年的 5 年间，全市公证机关办理涉外公证 4077 份。

1986~2005 年湘潭市公证办证统计

表 17-4-2　　单位:份

年份	国内	涉外(港、澳、台)	年份	国内	涉外(港、澳、台)
1986	4611	41	1996	4682	808
1987	5930	53	1997	4131	1132
1988	5381	70	1998	5317	1407
1989	5902	90	1999	5041	635
1990	10991	290	2000	5400	685
1991	8587	381	2001	5000	740
1992	10898	599	2002	6310	847
1993	8378	686	2003	7010	858
1994	13288	966	2004	6430	742
1995	5542	1090	2005	6975	890

第五章　其他

第一节　司法考试

1986 年 8 月,全市有 210 人参加首次全国律师资格统考,有 63 人取得律师资格。此后每两年举行一次。从 1989 年 9 月开始,根据司法部有关规定精神,公证员和助理公证员都要进行任职资格考试,已经担任公证员职务的,也要进行合格考试。考试由省司法厅组织实施,全市从事公证工作的 19 人全部参考,合格率 100%。1990 年,全市参考 269 人,有 72 人取得律师资格。至 1992 年,全市共组织 4 次律师考试,参考 878 人,有 229 人取得律师资格。

1993 年开始,律师考试改为一年一次,湘潭市一直设有考点,考务工作由市司法局律师公证管理科负责实施。2000 年,湘潭市作为全国首次面向社会进行公证员资格考试城市之一,组织公证员资格考试,共有 11 人参考,1 人取得公证员资格。至 2000 年的 8 年间,全市参考 1451 人,有 435 人取得律师资格。

2001 年 7 月,根据司法部《关于国家统一司法考试若干问题的公告(第一号)》及关于取消公证员考试的通知的规定精神,从 2002 年起,国家对初任法官、检察官和取得律师资格、公证员资格实行每年一次统一司法考试制度。湘潭市由于湘潭大学、湖南科技大学等院校法律专业学生多,再加上湘潭市公安、检察、法院、司法行政系统在职干警上进心强,还有社会上没有取得法律从业资格而又热衷法律服务的人士多,每年报考人数位居全省第二。是年,市司法局律师公证管理科负责第一次国家司法考试湘潭考区考务工作。次年,改由市司法局法规科负责。司法部巡视组到考场巡视督考。至 2005 年的 4 年间，全市报名司法考试 2452 人，通过考试 329 人，通过率 13.4%。

2002~2005 年度国家司法考试湘潭市考区人数统计

表 17-5-1　　单位：人

年度	报考人数	合格人数
2002	909	116
2003	467	56
2004	460	56
2005	616	101
合计	2452	329

第二节　法律援助

湘潭市法律援助工作自恢复律师制度始，由律师事务所根据当事人情况，减、免收费。未设立正式法律援助机构。1986~1995 年，全市律师实施法律援助 1303 件，减免收费 83.7 万元。

1996 年，市司法局就组建法律援助中心进行多次研究，并做了大量前期准备工作。为使法律援助工作迅速开展起来，市司法局要求各律师事务所、每位律师年内至少承办一件法律援助案件。各律师事务所从维护社会稳定大局出发，不计个人得失，积极开展法律援助活动。年内，君子莲、国威、典明、板塘、金信、雄飞、玉宇、牡丹、湘原、县一所、惟明等 19 家律师事务所共办理法律援助案件 166 件，减免收费 11.76 万元。四川农民吴某某于 1995 年 5 月到湘潭县响水乡一家私营砖厂打工，至 1996 年 8 月砖厂拖欠其工资 3000 多元，吴多次向老板索要均遭殴打恐吓。吴向县乡行政、企业管理部门求援，均无实质效果。无奈之下，他找到君子莲律师事务所，律师了解情况后，知道吴家境贫寒，身无分文，当即表示对他实施法律援助，为他讨回公道，并为他垫付诉讼费用。经过律师努力工作，吴终于要回被拖欠的工资及误工等补助费。

1997 年，根据国家新修改后的《中华人民共和国刑事诉讼法》有关规定以及《中华人民共和国律师法》第六章第四十二条规定："律师必须按照国家规定承担法律援助义务，尽职尽责，为受援人提供法律服务。"市司法局积极拟组筹建法律援助机构，要求全市各律师事务所积极办理法律援助事务。全市办理法律援助案件 193 起，减免收费 145200 元。但这远远不能满足全市包括外来打工者、弱势群体、特困对象的法律服务需要。

1998 年 2 月 20 日，市司法局又一次起草《关于成立湘潭市法律援助中心的报告》，省市有关领导给予高度关注。3 月 18 日，市机构编制委员会办公室下达《关于成立湘潭市法律援助中心的批复》。8 月 21 日，市法律援助中心正式挂牌成立并对外办公。市法律援助中心 1999 年度被省司法厅评为法律援助先进单位。2000 年 3 月，市司法局印发《关于加强法律援助机构建设，积极开展法律援助工作的通知》，强调把县(市、区)法律援助机构的建设作为司法行政机关一项长期的重要工作任务来抓，形成以市司法局法律援助中心为核心的全市法律援助网络。10 月，司法局又印发《关于成立法律援助机构建设领导小组的通知》,并成立法律援助机构建设领导小组。11 月,经报请有关部门批准同意,成立湘乡市法律援助中心、湘潭市涉军法律援助部。市涉军法律援助部是湖南省第一家地、市级涉军法律事务援助机构,有利于及时有效地帮助部队、军人及军属解决涉法问题,维护部队军人、军属合法权益。广州军区对湘潭市这一举措给予充分肯定。至 2000 年的 5 年间,全市律师实施法律援助 895 件,减免收费 79.8 万元,为受援对象挽回和避免损失 365 万元。

2001 年 2 月 28 日,经报请有关部门批准,设立"湘潭市法律援助中心市总工会工作处",对市总工会所受理的一些有关农民工、其他行业的从业人员所投诉案件,需法律援助的实施法律援助。6 月 8 日,市司法局发出《关于进一步加强管理,切实抓好法律援助工作的通知》,要求年底后尚没有建立法律援助机构的县(市、区)要全部建立法律援助机构。8 月 30 日,《湘潭日报》对法律援助中心进行《法律援助,撒向社会弱势群体的一缕阳光》专题报道。法律援助中心主任樊坚平因法律援助成绩突出于 2001 年度被评为全国首届法律援助先进工作者。2003 年 2 月 28 日,市司法局印发《关于切实加强法律援助工作管理的通知》,要求全市律师、公证员、基层法律工作者积极履行法律援助义务。4 月 17 日,经报请有关部门批准,设立"湘潭市法律援助中心市侨联工作站",为湘潭市需要获得法律援助的归侨侨眷、海外侨胞、侨资和侨属企业服务。2004 年 2 月 25 日,市政府主持召开全市法律援助工作会议,贯彻省法律援助工作会议精神,回顾湘潭市法律援助工作,研究部署后一段时期湘潭市法律援助工作。至是年底,湘潭市及所辖 5 个县(市、区)全部建立法律援助机构。市法律援助中心属市司法局管理领导,正科级别,编制 5 名。县(市、区)法律援助中心属县(市、区)司法局管理领导,正股级级别,总编 13 名。其中,雨湖区、岳塘区、湘潭县法律援助中心编制各 3 名;湘乡市、韶山市法律援助中心编制各 2 名。是年,韶山红太阳鹿业有限公司合同诈骗一案,侵犯韶山及周边地区 147 家梅花鹿养殖户合法权益。被骗村民愤怒地砸烂公司招牌、办公用具,有的甚至冲击韶山市委、市政府,组织游行。市司法局党组得知情况后,召开专门会议,决定运用法律援助手段,积极引导鹿农依法维权,使解决矛盾纠纷走上合法诉讼之路。同时要求市法律援助中心和韶山市司法局对本案提供法律援助。市法律援助中心指派成某某、文某某等多名律师会同韶山市司法局法律援助中心指派的律师和法律工作者成立法律援助工作组,进驻鹿业公司现场办公。法律援助工作组先后多次奔赴湘乡、宁乡、娄底、双峰等地调查取证,将手中证据材料逐一落实,整理成 20 叠厚厚案卷,3000 多个数据。是年 10 月 25 日,法律援助工作组终将所有材料移交法院立案,使矛盾纠纷顺利地走上合法诉讼之路。

图 17-5-1　法律援助中心工作人员接待市民咨询

2005 年 11 月 23 日,市司法局印发《关于规范法律援助案件指派工作的通知》,强调公民申请法律援助案件和法院指派法律援助案件,应由各级法律援助中心统一管理、统一审查、统一指派、统一监督。至是年底的 5 年间,全市法律援助机构共接待来访和法律咨询 12231 人次,共办援助案件 896 件,减免费用 98.7 万元,为受援对象挽回和避免经济损失 635 万元。让社会各阶层需要法律援助对象,100%得到法律援助。自法律援助中心成立起,上级法律援助机构,同级司法行政机关及党、政领导交办案件,各级人民法院指派案件,自行申请符合援助条件的案件受理率均为100%。

第三节 司法医学鉴定

1986年起,法医鉴定机构均由公、检、法设立,并进行司法鉴定工作,为打击犯罪、保护人民群众的合法权益、维护法律公平公正,提供强有力鉴定结论。1995年后,湘潭市及所辖县(市、区)公安、检察、法院机关设立的法医鉴定机构有13家,并各自制定"法医鉴定程序",导致湘潭市法医鉴定工作秩序混乱,群众反映强烈。问题集中在:法医鉴定主管部门不一,部门之间难以协调;自侦自鉴、自检自鉴、自审自鉴,缺乏有效监督机制,使法医鉴定可信度不高;受部门利益驱动,鉴治合一,垄断治疗,法医鉴定机构商业化倾向凸现;缺乏统一主管机关,对同一案件经常出现多头鉴定、重复鉴定、多种结论现象,造成司法机关采信度难,有碍司法公正;无法对鉴定人员进行有效管理、监督,法医素质和职业道德水准参差不齐,随意出证。

面对上述问题,1998年8月,市人大组织人大代表评议市中级人民法院工作时,人大代表对全市法医鉴定工作存在的问题提出尖锐批评,要求"采取有效措施改变市法医体制无序状态"。市委、市人大、市政府根据司法部《关于加强面向社会服务的司法鉴定职能的通知》中"将面向社会服务司法医学鉴定管理职能赋予司法行政机关"规定,以及人大代表的批评和建议,并参照外省成功经验,市委办公室、市政府办公室于1999年8月12日下发《关于规范我市司法医学鉴定管理工作的意见》,2000年4月11日,市委办公室、市政府办公室印发《湘潭市司法医学鉴定管理办法》(以下简称《办法》)。根据《办法》第七条规定,设立由市司法局组织、管理和协调的市司法医学鉴定委员会及其办公室,负责全市有争议案件复核鉴定工作。《办法》规定:设立湘潭市司法医学鉴定委员会,鉴委会由市司法局、市卫生局、鉴委会办公室、市公安局、市检察院、市中级人民法院的法医和医学专家等若干人组成;委员人选由本级司法机关或者同级卫生行政部门提名,由司法行政部门聘用。鉴委会根据需要设立若干鉴定小组,并对湘潭市司法医学鉴定机构、鉴定人、鉴定程序、鉴定文书等方面作出具体规定。4月30日和5月31日,市司法医学鉴定委员会分别发出《关于湘潭市司法医学鉴定委员会组成人员的通知》《关于聘请曾建平等二十五名同志为市司法医学鉴定委员会鉴定人的通知》。25人中,15人为卫生系统具有副主任医师以上职称的医学专家,10人为公、检、法系统法医。根据司法机关执法和办案需要,划分出法医病理、法医临床、法医物证、毒物化学分析等四个专业鉴定小组。6月10日和6月20日,市司法医学鉴定委员会分别制定印发《湘潭市司法医学鉴定委员会司法医学鉴定工作细则》《湘潭市司法医学鉴定委员会职业道德和执业纪律规范》,同时还制定下发《司法医学鉴定委员会章程》《技术鉴定工作细则》《技术鉴定档案管理制度》《办公室管理案件等级制度》,这些规章制度,保证司法医学鉴定委员会各个工作环节有章可循,确保鉴定质量和司法公正。6月28日,市司法医学鉴定委员会正式挂牌成立,并对外办公,按《办法》有关规定精神积极开展工作。

市司法医学鉴定委员会成立后,根据市委办公室、市政府办公室《关于规范我市司法鉴定管理工作的意见》的有关精神,湘潭县、湘乡市、韶山市的当事人对本县(市)法医鉴定有异议,可按照程序向市司法医学鉴定检验中心申请复查。当事人对各县(市)或市司法医学鉴定检验中心及中级人民法院、市人民检察院法医鉴定有异议的,可以向市司法医学鉴定委员会提出依法重新鉴定请求,由市司法医学鉴定委员会依法组织复检。鉴定委员会办公室工作人员及鉴定人认真履行职责、科学公正地开展司法医学鉴定工作。2000 年 8 月,湘潭县花石镇 36 岁女村民王某涉嫌盗窃,被刑事拘留后在看守所死亡。家属认为王某被拘前身体健康,对死因提出质疑,四处告状、闹事。市人大知悉后,当即建议将此案交给司法医学鉴定委员会鉴定,市司法医学鉴定委员会对王某尸体进行解剖勘验,于 8 月 23 日作出鉴定结论,认定"王某患肺弥漫出血型钩端螺旋体病而死亡",消除当事人家属误会,为妥善处理其后事打下良好基础。

2001 年 1 月,市公安局法检所根据市委办公室、市政府办公室的《办法》有关精神,与市局刑侦支队法医、岳塘公安分局法医、雨湖公安分局法医优化整合,成立"湘潭市法检中心",该中心分为两个室:法医一室和法医二室,一室主要负责民事案件鉴定;二室主要负责刑事案件鉴定。法检中心有高级法医 2 名,中级法医 1 名,主检法医师 4 名。湘潭县、湘乡市、韶山市司法医学鉴定由各县市负责整顿规范。雨湖区、岳塘区不设司法医学鉴定机构,其他法医鉴定机构一律撤销。

2005 年起,根据第十届全国人大常务委员会审议通过的《全国人大常务委员会关于司法鉴定管理问题的决定》(简称《决定》)中"司法行政部门主管全国鉴定人和鉴定机构的登记管理工作,实现对司法鉴定工作的统一归口管理" 规定, 市司法局主管全市司法鉴定人和鉴定机构登记管理工作。根据《司法鉴定机构登记管理办法》和《司法鉴定人管理办法》规定,是年 7 月,经报请省司法厅批准,同意设立"湘潭市潭州司法鉴定所""湘潭县莲城司法鉴定所",业务范围包括:法医临床、法医病理、法医毒物。两所分别有从业人员 13 人和 10 人。8 月,经报请省司法厅批准,同意设立"湘潭市中澜司法鉴定所",业务范围包括:法医临床、法医病理、法医毒物,有从业人员 31 人。至 2005 年 9 月底的 5 年间,司法医学鉴定委员会共接收鉴定申请 406 件,其中经审查不符合条件退回 88 件,批准赴外地鉴定 4 件,送省政府指定医院鉴定 18 件,由司法医学鉴定管理委员会组织医学专家和法医会诊、会鉴 276 件。经复核鉴定改变原结论的 70%以上,对有争议的鉴定案件准确率 100%,法院采信率 98%以上。2005 年 10 月起,根据《决定》有关精神,"人民法院和司法行政部门不得设立鉴定机构"。市司法局和市中级人民法院设立的鉴定机构,停止对外接受任何委托的司法鉴定,并着手进行机构、人员和职能调整。

第四节 安置帮教

一、安置

中共十一届三中全会起,湘潭市对刑满释放和解除劳教人员的安置做了大量有效工作,其中一条重要经验是把安置工作纳入综合治理工程。1986 年,在"严打"斗争中,受到刑罚和劳动教养人员陆续回归社会,全市每年有 500 人以上,并呈上升趋势。有的不思悔改,不吸取教训,走上重新违法犯罪的道路,给社会治安综合治理造成较大压力,对这些刑释解教人员的安置工作是关系到社会治安的大事。市人民政府通过市委政法委、市公安局、市司法局等相关部门,与驻市大中型厂矿协商沟通，一起来做刑释解教人员回归社会安置工作。至1987年的2年间，湘潭电机厂对27名解除劳教人员全部进行妥善安置，该厂明确规定“劳改劳教人员提前释放、解除劳教的进厂即为正式职工，期满回厂的先安排临时工作，考察一年，表现好的转为职工”。至1990年的5年间，全市有刑满释放和解教人员3156人，其中90%以上得到妥善安置。

1991～1992年，全市刑释解教人员安置工作进展顺利和稳定。为了便于开展刑释解教人员安置帮教接茬（帮教工作由一个单位向另一个单位移交）工作，1993年市司法局成立“两劳人员回归工作站”，事业编制3名。市区刑释解教人员回归社会第一时间回工作站报告登记，原有工作单位的，应由原单位安置。如果原工作单位不愿意安置的，工作站需协调解决。如果回归人员无工作单位，工作站协助自谋职业。是年，岳塘区司法局在市司法局指导下，成立“两劳人员回归工作站”，并开展一系列工作。1995年，妥善安置24名无房屋、无财产、无家可归的“三无”“两劳人员”，全区“两劳”回归人员重新犯罪率下降到5.95%。至年底的5年间，全市有刑释解教人员3027人，其中有93%得到妥善安置。

1997年，由市司法局牵头，对全市1994年以来的刑释解教人员进行摸底，共查出四年来有刑释解教人员2570人，每年新增“两劳”回归人员700余人。重点抓刑释解教人员中“三无”对象（无家可归、无业可就、无亲可投）的安置工作。各县市区筹办安帮实体，其中岳塘区办编织厂。雨湖区协调理顺各有关职能部门关系，疏通安置渠道，多形式、多渠道安置刑释解教人员，并确定先锋集团公司为刑释解教人员安帮试点企业。当年该辖区内267名刑释解教人员有90%以上得到合理安置（包括自谋职业）。1998年4月，为加强对全市刑满释放、解除劳教人员接茬帮教和过渡安置工作的领导，充分发挥司法行政机关在帮教安置工作中的作用，经市委、市政府同意，决定成立市刑满释放、解教人员帮教和过渡性安置工作领导小组。组长由副市长兼任，领导小组办公室设市司法局，办公室主任由市司法局副局长兼任。是年，韶山市各级安帮机构配备足够帮教人员开展安置工作，对农村“两劳”回归人员落实好责任田，对全市85名“两劳”回归人员（除1人重新犯罪外）全部予以安置。至2000年4月的2年间，全市共接茬各类刑释解教人员485名，为306名刑释解教人员落实责任田，指导原单位安置和从事个体219名，对893名历年来的刑释解教人员落实安置措施，有31名刑释解教人员受到表扬。湘潭市各级政府建立安置帮教领导小组和办公室（站），有领导小组及办公室16个，安帮站105个。基层各级各单位对1995年以来所有刑释解教人员情况进行全面摸底调查，并做好台账登记入册工作。开展“创建无刑释解教人员重新犯罪乡镇（街道）的活动，有59个乡镇（街道）实现无刑释解教人员重新犯罪。

2001年，因人事变动，经市委、市政府同意，决定对市刑释解教人员安置帮教工作领导小组成员进行调整。新一届安帮领导小组成立后，制定《湘潭市刑释解教人员帮教办法》，明确规定刑释解教人员帮教安置工作以维护社会政治稳定，预防和减少刑释解教人员重新违法犯罪为目标。2004年，经市委、市政府同意，又对刑释解教人员安置帮教工作领导小组成员进行调整。并制定《关于落实刑释解教人员安置帮教工作领导小组有关成员单位工作职责的实施意见》，明确规定安置帮教工作领导小组有关成员单位的职责，完善《刑事判决书》《劳动教养决定书》的寄送、送返交接、安置等工作制度，一环紧扣一环，切实做好全市刑释解教人员安置工作，预防和减少刑释解教人员的重新违法犯罪，维护社会稳定。2005年，市安置帮教办有关人员深入市所辖县、市、区，对刑释解教人员进行全面调查,撰写 12 篇调查报告,为湘潭市安置帮教领导小组解决安置工作问题提供第一手资料。至是年底的 5 年间,全市有刑释解教人员 2357 人,其中有 2228 人得到安置,安置率 94%。

二、帮教

刑释解教人员回归社会和单位后,政府部门特别是司法行政部门发动当地基层组织、党、团员、群众积极分子做好对刑释解教人员的帮助教育工作,防止"两劳"回归人员再次步入歧途,重新违法犯罪。

1986 年,为了预防"两劳"人员重新违法犯罪,湘潭市各级政府、各有关单位、各厂矿企业对"两劳"回归人员作了大量帮教工作。市先锋集团公司、电机厂、湘钢、电缆厂、江南、江麓等单位积累了丰富的"帮教"经验。至 1995 年的 10 年间,全市有刑释解教人员 6183 人,其中有 2090 人外出打工和自谋职业,其余 4093 人全部得到各级有关组织帮教。

1996 年,韶山市司法局派出 4 名干部下到各乡镇,指导帮助举办 6 期、180 人的违法人员及刑释解教人员学习班,并健全以司法所(办)为主体的帮教组织。1997 年,为了掌握和摸清湘潭市 1994 年以来刑释解教人员底数和帮教情况,市司法局将刑释解教人员花名册登记表发到各县市区及乡镇街道,基本摸清刑释解教人员底数、表现及帮教情况,为全面启动刑释解教人员帮教工作打下基础。同时,还总结近几年来在刑释解教人员帮教工作做得好的单位和个人的工作经验,特别推介岳塘区创办编织厂帮教刑释解教人员经验。先锋集团公司对近几年来 32 名刑释解教人员全部进行帮教。韶山市自 1997 年起对 85 名回归人员全部落实帮教措施,无重新犯罪。韶山乡韶山村刑释人员朱某,生活无着落,村上为他成立以村负责人为组长的帮教小组,给他落实责任田,并由帮教小组做工作由村上借钱给他做本钱,从事个体经商并发家致富。至 2000 年的 5 年间,全市有刑释解教人员 3059 人,其中有 1031 人外出打工和自谋职业,其余 2028 人全部得到有关组织的帮教。

2001 年,刑释解教人员调查清理工作有新的进展,全市自 1998 年以来 3661 名刑释解教人员全部落实帮教措施,重新犯罪率由 1998 年的 3.5%降至 2.9%。中央电视台对湘潭县姜畲镇金陵村帮教成功经验作了报导。2002 年开始,在帮教工作中,全市司法行政系统以创建"无刑释解教人员重新违法犯罪乡镇(街道)"为目标,加强村(社区)安帮工作站建设,并按照 13 的比例建立帮教小组,帮教工作由村(居民)小组负责人、退休职工、党员和回归人员表现好的亲友担任,做到有专门机构管事,有专门人员帮教。同时建立好县、乡、村三级刑释解教人员台账、档案和工作卡,做到一县(市)一册,一乡镇(街道)一人一档,一村一人一卡。2005 年,市司法局指导各县(市、区)安帮办严格落实帮教工作三个制度,即刑事判决书、劳教决定书寄送制度,刑释解教人员的接茬和帮教制度,认真开展刑释解教人员一月一排查活动。全市 81 个乡镇街道、1815 个村、社区都成立安帮领导小组和安帮站。至 2005 年的 5 年内,全市共有刑释解教人员 3280 人(刑释 2021 人,解教 1259 人),共建立帮教小组 3280 个,帮教人员 9840 人,刑释解教人员接茬帮教率 100%。全市刑释解教人员重新犯罪率控制在 1.78%,为湘潭市社会稳定起了积极的推动作用。